鄞州年鉴

2020

YINZHOU YEARBOOK

宁波市鄞州区人民政府地方志编研室 编

方志出版社
Publishing House of Local Records

图书在版编目（C I P）数据

鄞州年鉴. 2020 / 宁波市鄞州区人民政府地方志编研室编. -- 北京 : 方志出版社, 2020.9
ISBN 978-7-5144-4362-2

Ⅰ. ①鄞… Ⅱ. ①宁… Ⅲ. ①鄞州区—2020—年鉴
Ⅳ. ①Z525.54

中国版本图书馆CIP数据核字（2020）第188583号

鄞州年鉴（2020）

编　　者：宁波市鄞州区人民政府地方志编研室
责任编辑：梅中英
出 版 者：方志出版社
　　　　地址　北京市朝阳区潘家园东里9号（国家方志馆4层）
　　　　邮编　100021
　　　　网址　http://www.zgfzcb.cn
发　　行：方志出版社图书经销中心
　　　　（010）67110500
经　　销：各地新华书店
印　　刷：南京凯德印刷有限公司
开　　本：889×1194　1/16
印　　张：30.75
字　　数：1296千字
版　　次：2020年9月第1版　　2020年9月第1次印刷
印　　数：0001~1500册
ISBN 978-7-5144-4362-2　　定价：320.00元

编辑说明

一、《鄞州年鉴（2020）》以马克思列宁主义、毛泽东思想、邓小平理论、“三个代表”重要思想、科学发展观、习近平新时代中国特色社会主义思想为指导，坚持辩证唯物主义和历史唯物主义的立场、观点和方法，力求系统记述全区自然、政治、经济、文化、社会和生态建设等基本情况，为促进发展、科学决策提供依据，为广大读者了解、研究鄞州提供资料，也为地方文化留下年度性史料。

二、《鄞州年鉴（2020）》采用分类编辑法，基本结构为类目、分目、条目3个层次，部分分目下设副分目，其中条目为主要信息载体。卷首设“特载”“专记”“大事记”“鄞州概览”；百科设“中国共产党宁波市鄞州区委员会”“宁波市鄞州区人民代表大会”等；卷末设“附录”“索引”。本卷年鉴根据年度特点，在保持框架结构基本稳定基础上主要作如下调整：调整“宁波市鄞州区人民政府”类目，设置“消防救援”分目；调整“纪检·监察”类目，取消“纪检监察”分目，设置“纪律审查和监察调查”分目；调整“法治·军事”类目，取消“边防”“消防”分目；调整“综合经济管理”类目，设置“国有资产管理”分目；调整“社会民生”类目，设置“退役军人事务”分目；调整“街道·镇”类目，设置“聚贤街道”分目。

三、《鄞州年鉴（2020）》彩页分别设置数字鄞州、乡村振兴、盛会聚焦、重点企业、科技创新、金融服务、公共文化、特色教育、休闲旅游等板块。内容和图片以当年度为主，个别有上溯和下延。随文图片由相应单位提供，故均未署名，封面、彩页等所征集图片的摄影者署名于书前。

四、年鉴的栏目设计和编排顺序根据年鉴基本体例和行业分类特点设置，与每个部门行政级别高低无关。收录的资料和记载的事件未予特殊说明的均限于2019年度。组织机构及其主要负责人也以2019年度在职者为准；文中所述领导职务，为事件发生时的相关主要职务。

五、根据行文实际需要，文中部分机构使用规范简称，机构的全称与简称对照表列于目录前。文中未标明党派的“区委”均为“中共区委”，“党员”均为“中共党员”（各民主党派内容除外）。缩略语随文注释，简短的在文中括注，较长的在篇末注释，多次出现不重复注释。

六、《鄞州年鉴（2020）》所采用的稿件由全区各部门、镇（街道）等机关企事业单位提供，经年鉴编辑部整理编辑，并经相关单位领导审核。文中所列数据，原则上依据《鄞州区统计年鉴（2020）》，统计年鉴中没有的以主管部门统计为准，有部分数据因统计口径不同或有所差异。根据第四次全国经济普查结果，2018年之前相关数据也作相应调整。

七、年鉴卷首有详细的中文目录，卷末有主题词索引、人名索引等，文中信息可由目录、索引、书眉获得。《鄞州年鉴（2020）》全文载入鄞州史志网（http://yzsz.nbyz.cn）。

《鄞州年鉴（2020）》编纂委员会及编辑部

编纂委员会

编辑部

《鄞州年鉴（2020）》主要供稿人

（按姓氏笔画排序）

丁才龙　于玲玲　万　犇　马　洁　马霞维　王　韵　王　静　王　薇　王丽卿　王利君
王邵逸　王柳艳　尤文琼　贝琼奕　毛颖颖　邓佳琦　卢　楠　叶　逸　叶芮岑　叶金洲
史　彬　史济萍　白　佳　朱科苗　朱雯雯　任　哲　任剑波　任艳琼　全　尊　邬盼莹
庄　健　刘保锋　刘莹姿　孙　侃　孙如琰　孙建阳　孙奎刚　李　荔　李　晶　李川韶
李飞燕　李文博　李永飞　杨　萍　杨诗诗　杨思琦　励一恺　励寅杰　吴王斌　吴芝宇
吴闽勇　吴德明　邱义斌　何文渊　余晓丽　邹　莹　汪明宇　汪滨滨　吴自鉴　张　莉
张力拉　张驰波　张程豪　张鹏飞　陆建丰　陆颖聪　陈　弦　陈　秦　陈一令　陈易新
陈奕融　陈素芳　陈雄峰　邵丹斌　邵珊珊　严　彬　林寻忠　周诗雯　郑　佳　郑　峰
郑　瑶　郑柳艳　郑爽爽　赵　奇　赵　岩　胡天一　胡建杰　柯伯俊　俞　静　施盛杰
闻静雯　姜香鹤　洪佳智　洪定迪　洑景亭　姚　琦　姚许一　袁　瑜　袁孝林　贾嫣娜
夏玲玲　夏静雯　夏燕燕　柴华艳　钱　毅　徐　琼　徐　辉　徐丹丹　徐昆英　徐柯英
徐海蛟　翁东辉　高　翔　郭官洲　黄　芳　黄　勃　黄　燕　黄宁为　曹　斌　曹文斌
崔鑫波　章佳妮　章娉琪　梁侃亮　屠凌嘉　葛行忠　蒋　哲　蒋丽丽　蒋炜福　韩海军
程　怡　焦　越　舒　哲　曾　萍　曾宪梓　谢琼艳　简淑琴　鲍敏敏　褚琦玮　蔡开浩
蔡仕博　蔡忠明　蔡萍萍　谭　红　戴亚红　戴庆来　戴佳鹏　戴勤锋　戴信龙　魏建辉

图片主要供稿人

郑　磊　刘立中　李　超　史久阳　林银海　蔡亚辉　陶潇迪　马　亮　林　彬

2019年，全区实现地区生产总值2211.02亿元；财政总收入453.38亿元，其中一般公共预算收入269.33亿元；社会消费品零售总额948.17亿元；规模以上工业总产值1699.04亿元；金融机构本外币存贷款余额分别为7600.21和9817.36亿元；城镇和农村常住居民人均可支配收入分别为70074和39953元。

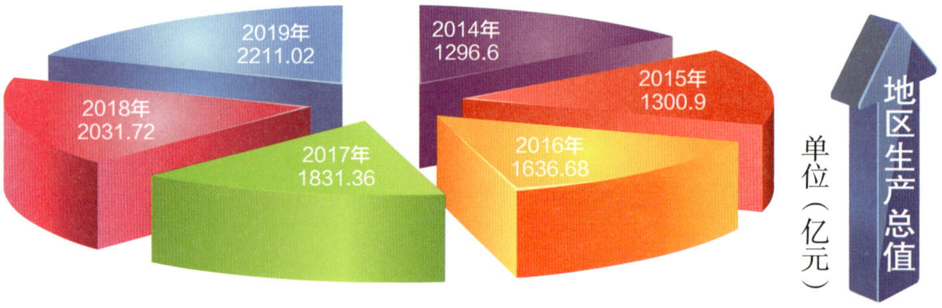

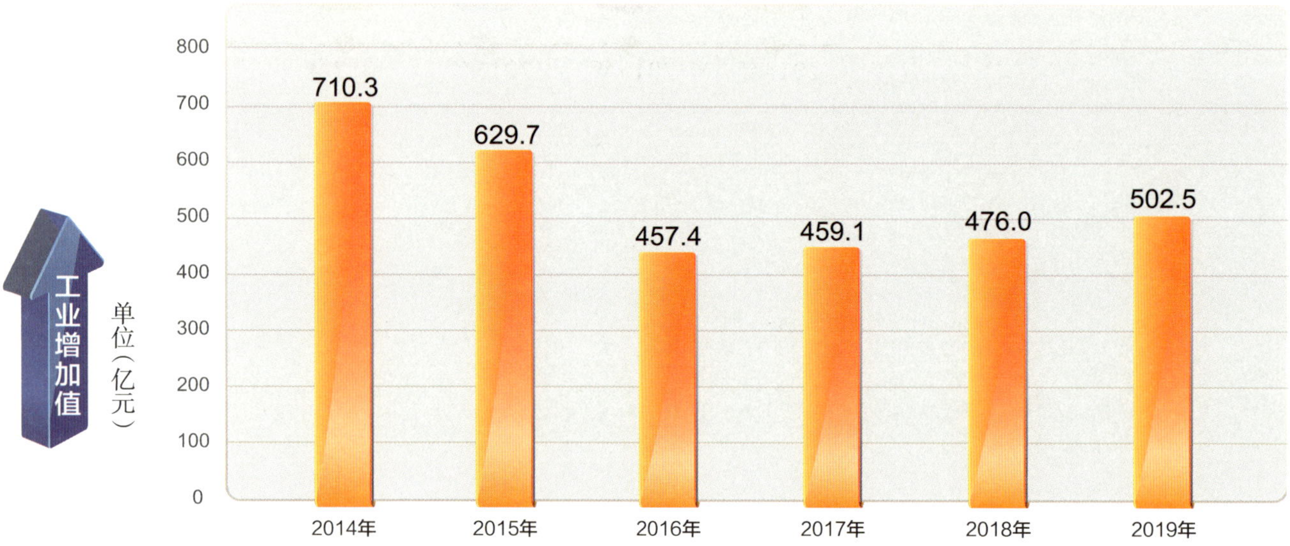

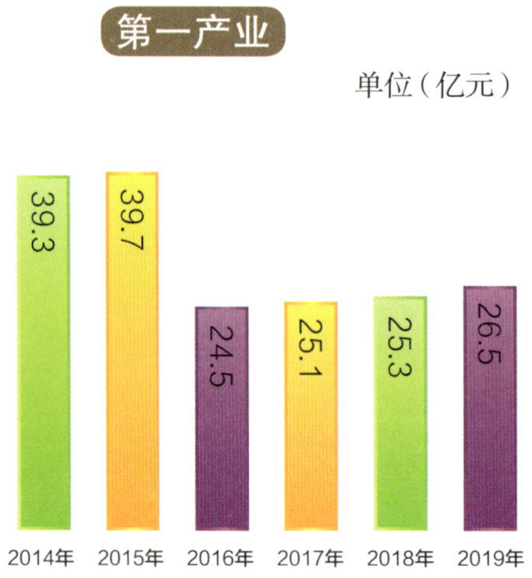

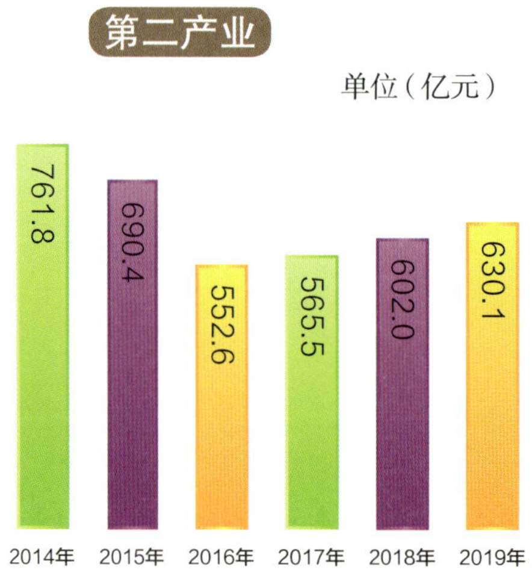

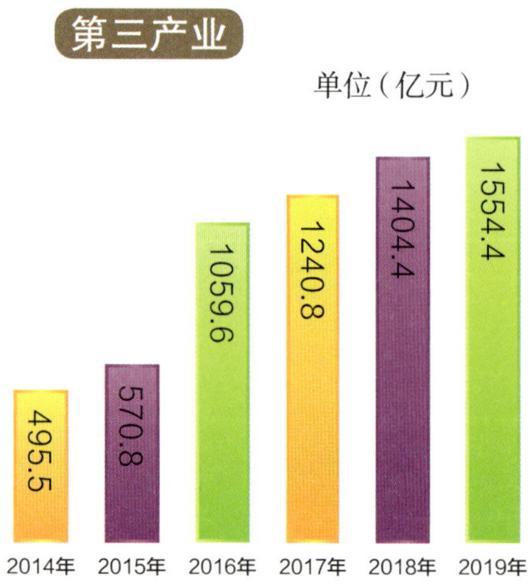

人均地区生产总值

单位（万元）

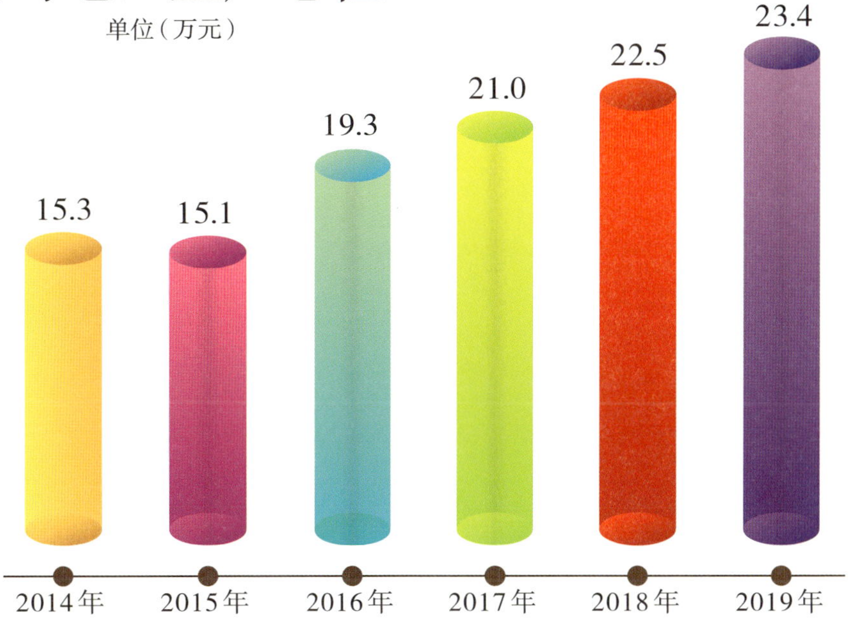

社会消费品零售总额

单位（亿元）

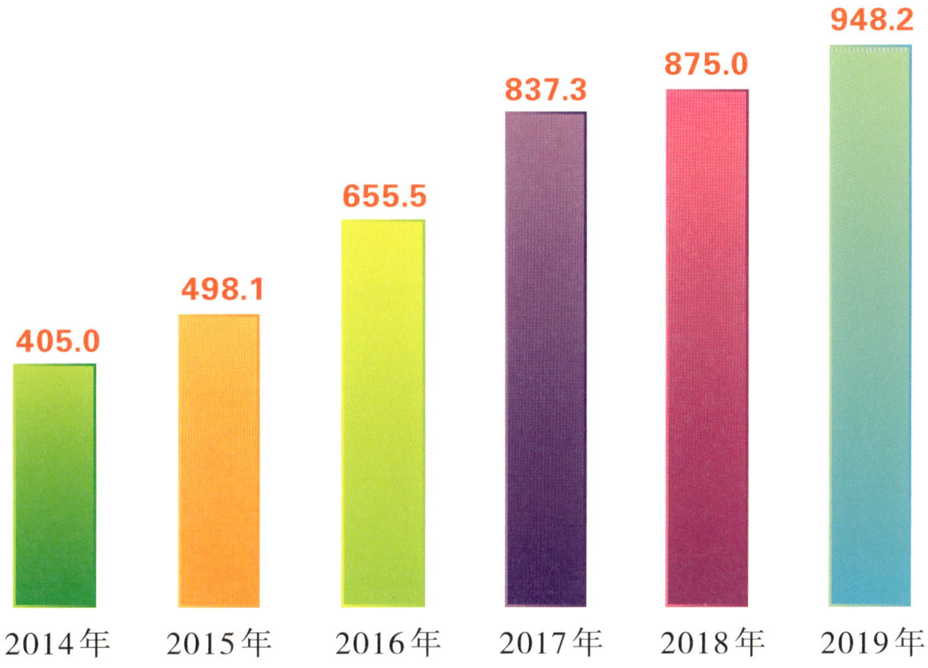

一般公共预算收入

单位（亿元）

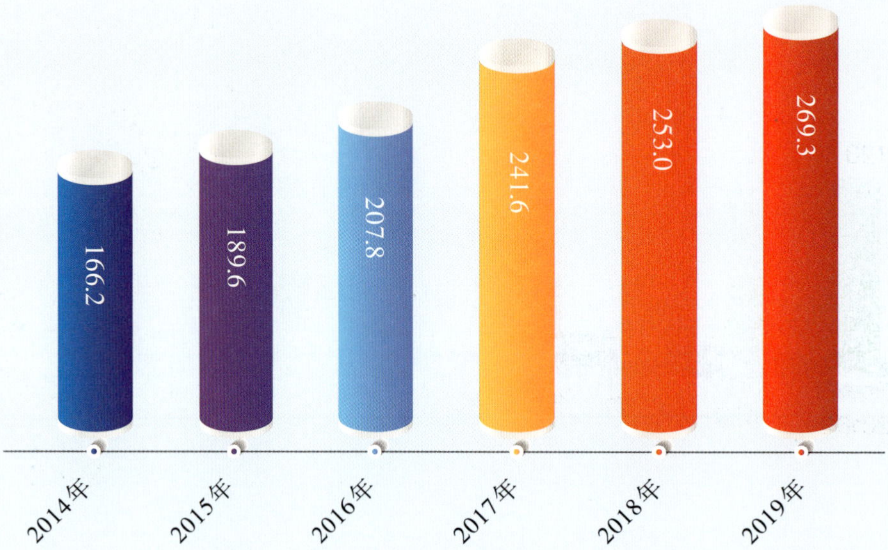

财政总收入

单位（亿元）

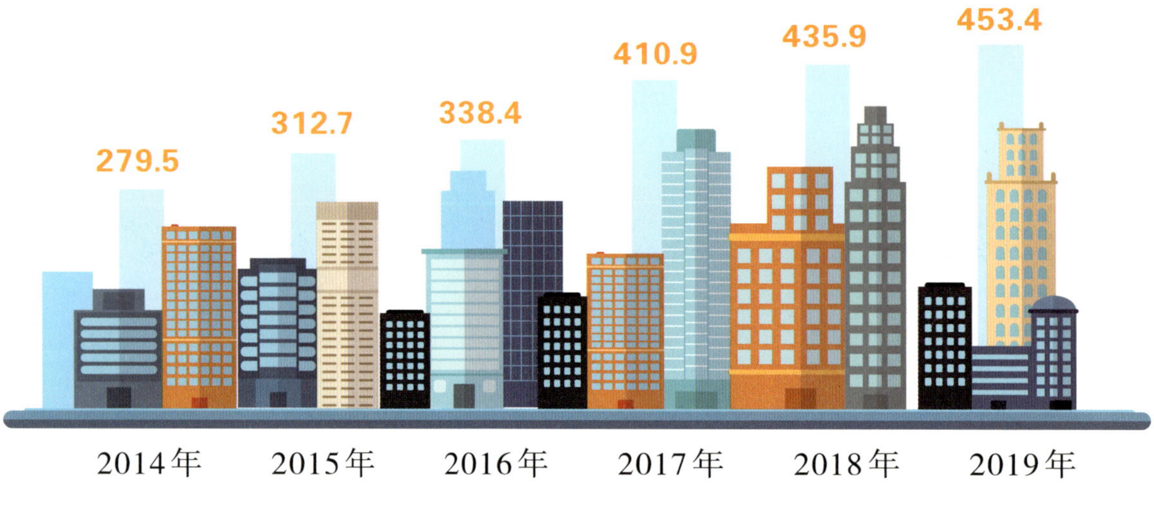

进出口总额

单位（亿美元）

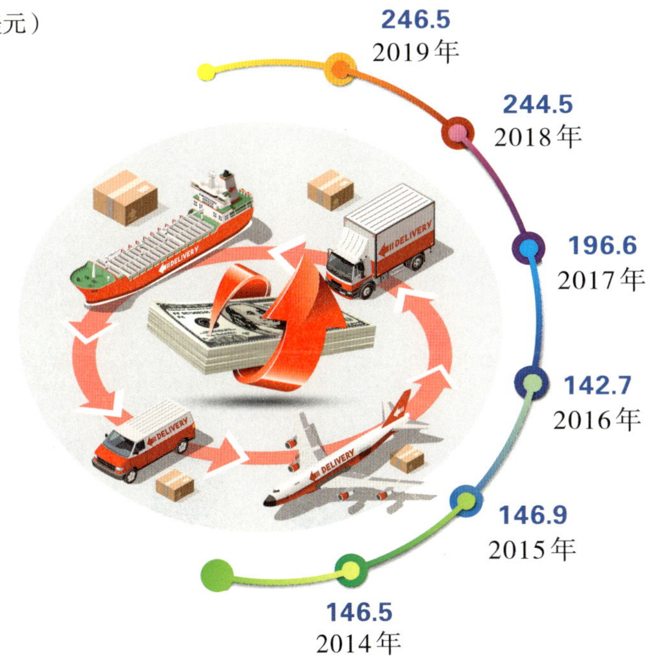

其中：出口 单位（亿美元）

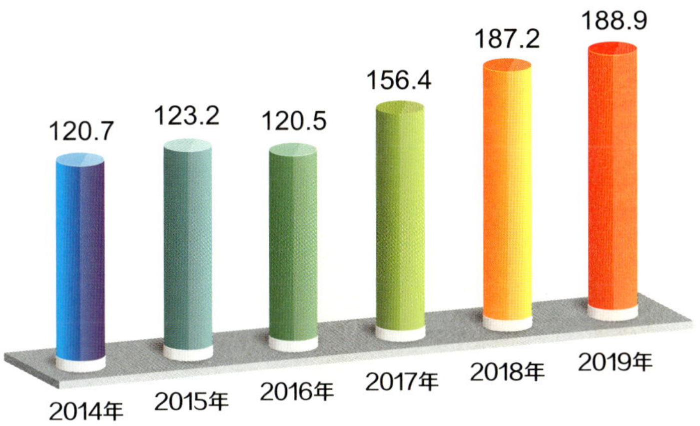

城镇常住居民人均可支配收入

单位（元）

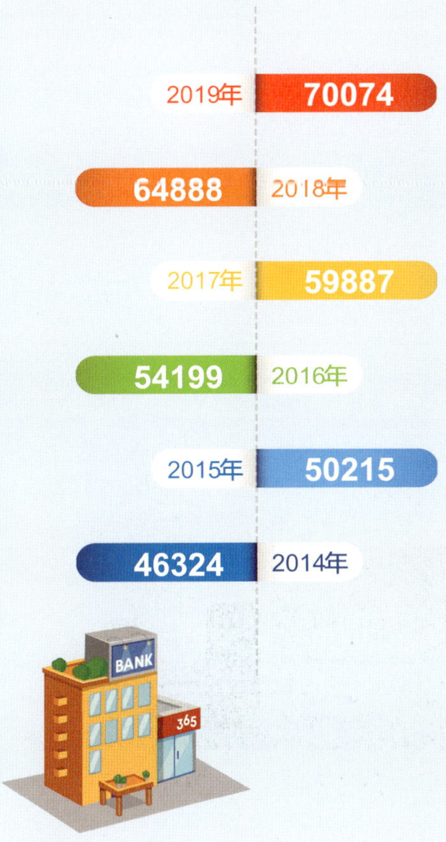

农村常住居民人均可支配收入

单位（元）

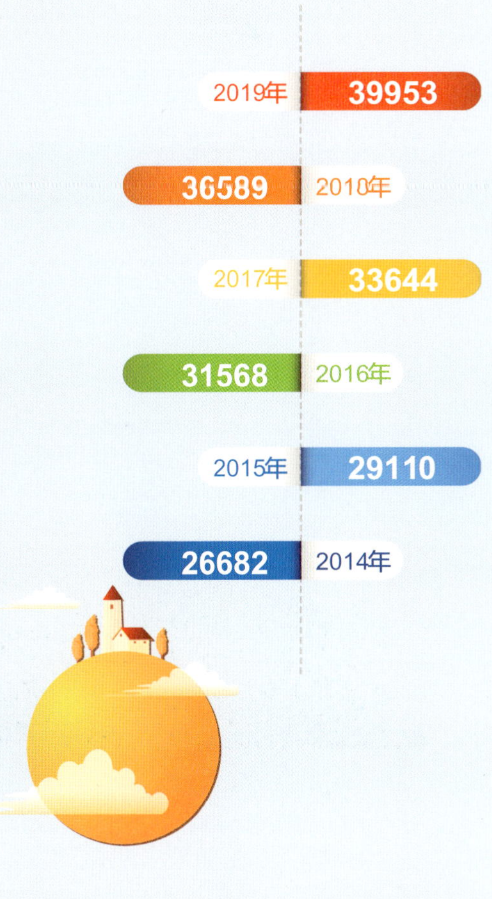

鄞州的一天

	地区生产总值	万元	60576
	规模以上工业总产值	万元	46549
	规模以上工业企业利润总额	万元	2883
	社会消费品零售总额	万元	25977
	财政总收入	万元	12421
	其中：一般公共预算收入	万元	7379
	实际利用外资	万美元	134
	出口总额	万元	40445
	全社会用电量	万千瓦时	2556
	其中：工业用电量	万千瓦时	1237

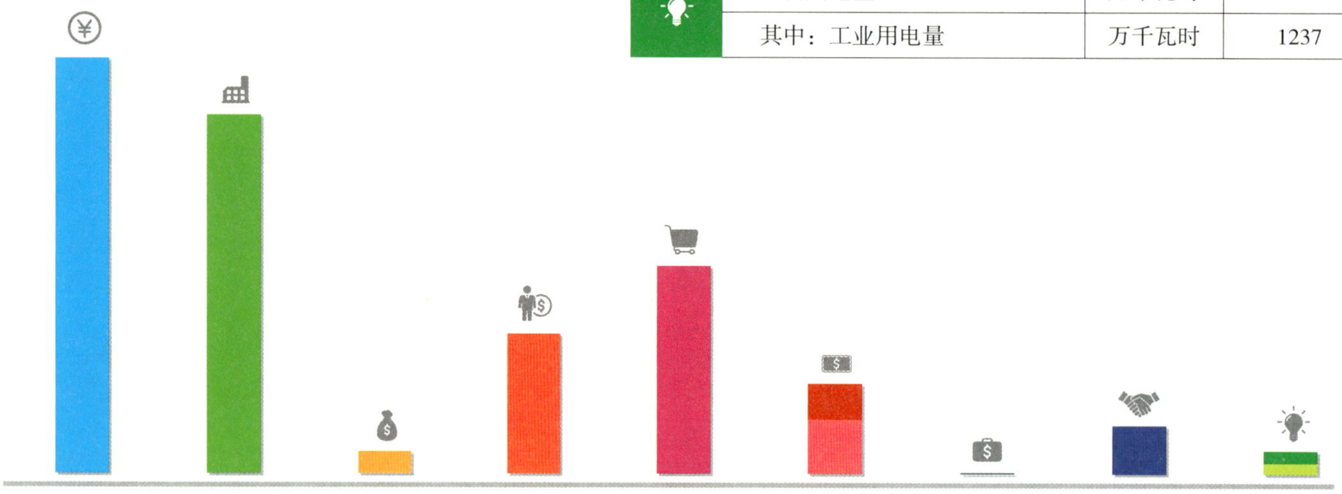

主要经济指标占宁波市的比重

指标名称	计量单位	宁波市	鄞州区	占宁波市比重（%）
地区生产总值	亿元	11985	2211	18.4
社会消费品零售总额	亿元	4474	948	21.2
财政总收入	亿元	2785	453	16.3
其中：一般公共预算收入	亿元	1469	269	18.3
全社会用电量	亿千瓦时	808	93	11.5
其中：工业用电量	亿千瓦时	590	45	7.6
出口总额	亿元	5970	1476	24.7
农村常住居民人均可支配收入	元	36632	39953	109.1
城镇常住居民人均可支配收入	元	64886	70074	108

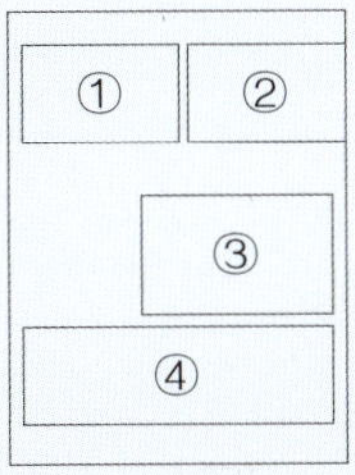

① 2019年3月31日，全国乡村振兴与扶贫协作（宁波）论坛圆桌对话在鄞州区举行

② 2019年4月27日，2019“美丽鄞州”欢乐游之横溪镇第七届樱桃节举办

③ 2019年12月13日，“人文塘溪”文明示范线开线

④ 鄞州区乡村振兴样板村——下应街道湾底村

2019年11月11—12日，首届天南海北鄞州人发展大会在鄞州区召开

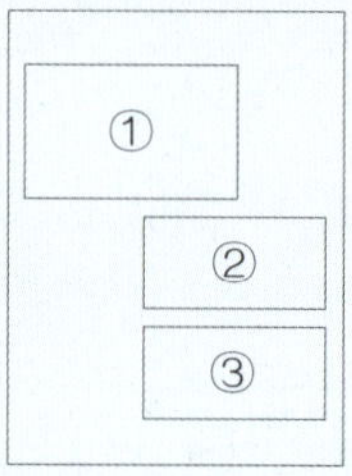

① 2019年11月11日，中央音乐学院新时代文明实践音乐中心在鄞州区揭牌

② 2019年11月12日，首届天南海北“鄞州人之家”建设启动仪式举行

③ 2019年11月12日，首届天南海北鄞州人发展大会举行鄞州发展顾问聘请仪式

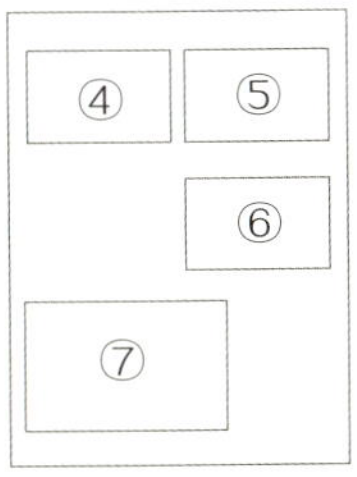

④ 2019年11月12日，宁波市鄞州区文化艺术发展委员会成立仪式暨鄞籍文化名家恳谈会召开

⑤ 2019年11月12日，鄞州区金融科技创新与产业融合发展座谈会暨项目对接会举行

⑥ 2019年11月12日，鄞州高质量发展嘉宾访谈——高质量发展前景圆桌对话举行

⑦ 2019年11月12日，首届天南海北鄞州人发展大会重大项目签约仪式举行

2019年8月22日，奥克斯集团有限公司、中基宁波集团有限公司、宁波均胜电子股份有限公司、利时集团股份有限公司千家企业入选2019中国民营企业500强

① 利时集团股份有限公司

② 宁波均胜电子股份有限公司

③ 中基宁波集团股份有限公司

④ 奥克斯集团有限公司空调生产车间

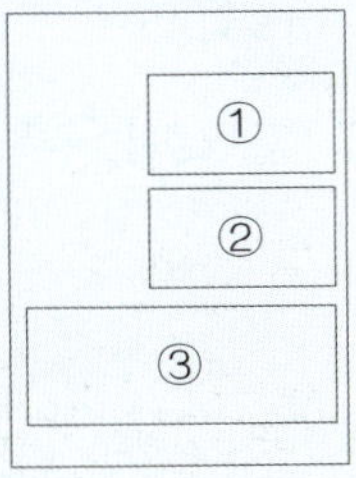

① 2019年9月19日，第四届“甬创·鄞造”创客大赛南部青创中心赛区决赛

② 2019年11月12日，鄞州区”热带雨林式“创新生态系统引智会举行

③ 2019年11月21日，鄞创科技孵化器连续四年获评科技部A类国家级科技企业孵化器

2019年，鄞州区有银行机构10家，其中总行4家：宁波银行、鄞州银行、宁波东海银行、宁波通商银行

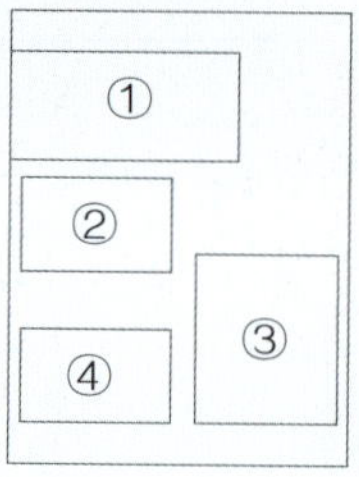

① 宁波银行
② 鄞州银行
③ 宁波东海银行
④ 宁波通商银行

2019年9月，鄞州区潘火实验中学、学士小学、蓝青小学、钟公庙实验小学等7所新建学校投入使用

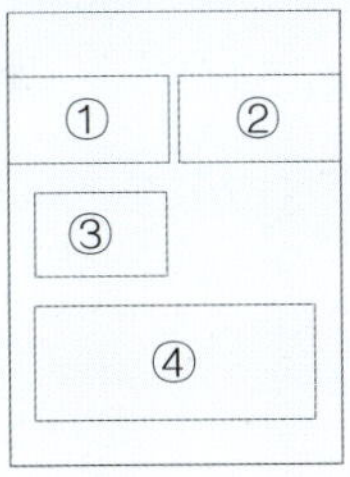

① 鄞州区潘火实验中学

② 蓝青小学

③ 学士小学

④ 鄞州区钟公庙实验小学

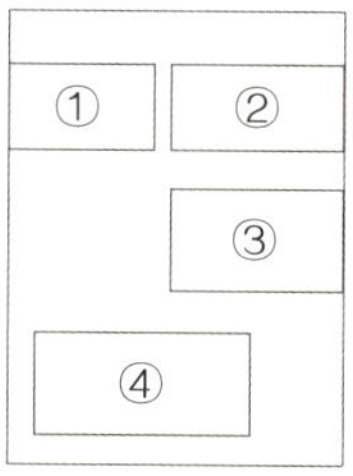

① 2019年11月15日，鄞州区潘火实验中学学生在学校凤起舞台展示才艺

② 2019 年10月26日，宁波市四明中学非遗馆开馆

③ 2019年，箜篌演奏走进小学课堂

④ 2019年12月24日，鄞州区姜山镇中学足球队参加足球比赛

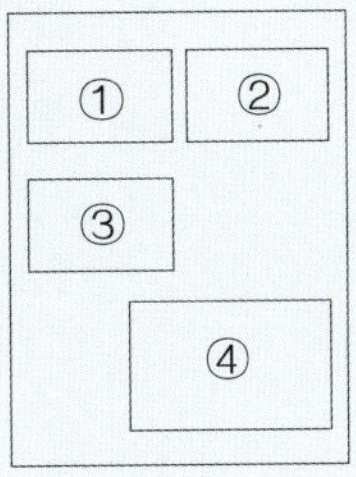

① 2019年2月28日，鄞州区“艺起来”迎春音乐会上演

② 2019年11月19日，“天天演”进社区文化惠民工程走进白鹤街道丹顶鹤社区

③ 2019年8月，鄞州区“艺起来”文艺团队在基层进行综艺巡演

④ 2019年11月20日，中央广播电视总台“唱响新时代——走进宁波”在鄞州区录制

2019年，鄞州区新增省五星级农村文化礼堂3家：云龙镇陈黄村文化礼堂、姜山镇走马塘村文化礼堂、东吴镇西村村文化礼堂

① 陈黄村文化礼堂

② 西村村文化礼堂

③ 走马塘村文化礼堂

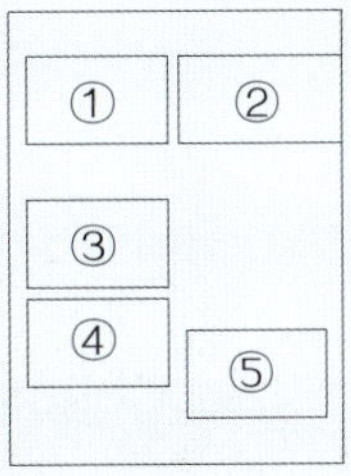

2019年，鄞州区新增国家卫生镇5个：东吴镇、瞻岐镇、咸祥镇、云龙镇、横溪镇

① 东吴镇卫生院　② 横溪中心卫生院

③ 咸祥中心卫生院　④ 云龙镇卫生院

⑤ 瞻岐镇卫生院

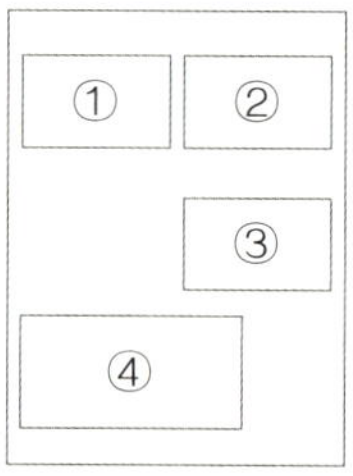

① 2019年12月21—24日，2019“鄞州杯”中国国际象棋电视快棋赛举行

②2019年9月24日，第十八届宁波市运动会男子足球丙组比赛举行

③2019年12月8日，恒上2019宁波东钱湖马拉松开跑

④ 2019年11月1—4日，2019国际划联龙舟世界杯比赛在东钱湖举行

2019年，鄞州区有天宫庄园休闲旅游区、宁波海洋世界、宁波（鄞州）博物馆和宁波科学探索中心4个国家AAAA级旅游景区

① 天宫庄园休闲旅游区
② 宁波科学探索中心
③ 宁波（鄞州）博物馆
④ 宁波海洋世界

2019年，鄞州区院士公园河、新杨木碶河（福明街道段）、甬新河（东部新城段）3条河道获评浙江省2019年美丽河湖

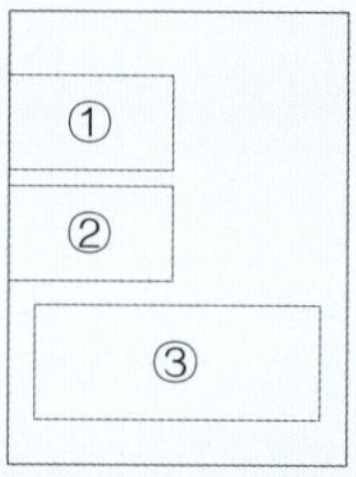

① 院士公园河

② 新杨木碶河（福明街道段）

③ 甬新河（东部新城段）

有关组织机构全称、简称对照表

全　称	简　称
浙江省全省	全省
浙江省	省
中共浙江省委员会	省委
浙江省人民政府	省政府
中共宁波市委员会	市委
宁波市人民政府	市政府
宁波市全市	全市
宁波市	市
宁波市鄞州区全区	全区
宁波市鄞州区	鄞州区或区
中共宁波市鄞州区委员会	区委
宁波市鄞州区人民代表大会常务委员会	区人大常委会
宁波市鄞州区人民政府	区政府
中国人民政治协商会议宁波市鄞州区委员会	区政协
中共宁波市鄞州区纪律检查委员会	区纪委
宁波市鄞州区监察委员会	区监委
宁波市鄞州区人民法院	区法院
宁波市鄞州区人民检察院	区检察院
中国人民解放军浙江省宁波市鄞州区人民武装部	区人武部
中共宁波市鄞州区委组织部	区委组织部
中共宁波市鄞州区委宣传部	区委宣传部
中共宁波市鄞州区委统战部	区委统战部

全　称	简　称
中共宁波市鄞州区委政法委员会	区委政法委
中共宁波市鄞州区委区政府政策研究室	区政研室
中共宁波市鄞州区委机构编制委员会办公室	区委编办
中共宁波市鄞州区委区政府信访局	区信访局
中共宁波市鄞州区委老干部局	区委老干部局
宁波市鄞州区档案馆	区档案馆
中共宁波市鄞州区委党校	区委党校
中共宁波市鄞州区委党史研究室	区委党研室
宁波市鄞州区接待服务中心	区接待中心
宁波市鄞州区总工会	区总工会
共青团宁波市鄞州区委员会	团区委
宁波市鄞州区妇女联合会	区妇联
宁波市鄞州区残疾人联合会	区残联
宁波市鄞州区工商业联合会	区工商联
宁波市鄞州区文学艺术界联合会	区文联
宁波市鄞州区社会科学院	区社科院
宁波市鄞州区慈善总会	区慈善总会
宁波市鄞州区红十字会	区红十字会
宁波市鄞州区关心下一代工作委员会	区关工委
宁波市鄞州区革命老区开发建设促进会	区老促会
宁波市鄞州区发展和改革局	区发改局
宁波市鄞州区经济和信息化局	区经信局
宁波市鄞州区教育局	区教育局
宁波市鄞州区科技局	区科技局
宁波市公安局鄞州分局	鄞州公安分局
宁波市鄞州区民政局	区民政局
宁波市鄞州区司法局	区司法局
宁波市鄞州区财政局	区财政局

全　称	简　称
宁波市鄞州区人力资源和社会保障局	区人力社保局
宁波市鄞州区住房和城乡建设局	区住建局
宁波市鄞州区交通运输局	区交通运输局
宁波市鄞州区水利局	区水利局
宁波市鄞州区农业农村局	区农业农村局
宁波市鄞州区商务局	区商务局
宁波市鄞州区文化和广电旅游体育局	区文广旅游体育局
宁波市鄞州区卫生健康局	区卫生健康局
宁波市鄞州区应急管理局	区应急管理局
宁波市鄞州区退役军人事务局	区退役军人事务局
宁波市鄞州区审计局	区审计局
宁波市鄞州区市场监督管理局	区市场监管局
宁波市鄞州区统计局	区统计局
宁波市鄞州区金融工作办公室	区金融办
宁波市鄞州区医疗保障局	区医疗保障局
宁波市鄞州区行政审批工作办公室	区审管办
宁波市鄞州区工业园区管理委员会	鄞州工业园区管委会
宁波南部商务区管理委员会	南部商务区管委会
宁波市鄞州区长丰开发建设指挥部	区长丰开发建设指挥部
宁波市鄞州经济开发区管理委员会	鄞州经济开发区管委会
宁波市大嵩新区开发建设服务中心	大嵩新区开发建设中心
宁波市鄞州区广播电视台	区广播电视台
宁波市鄞州区融媒体中心	区融媒体中心
宁波市鄞州区投资促进中心	区投资促进中心
宁波市鄞州区机关事务管理局	区机关事务管理局
宁波市鄞州区房屋征收管理中心	区征管中心
宁波市鄞州区城区城市开发前期中心	区城市开发中心
宁波市鄞州区供销合作社联合社	区供销社

全　称	简　称
宁波市鄞州区国有资产发展服务中心	区国资中心
宁波市鄞州区大数据发展服务中心	区大数据中心
宁波市鄞州区消防救援大队	区消防救援大队
宁波市鄞州区人民政府咨询委员会	区咨询委
宁波市鄞州区“三改一拆”行动领导小组办公室	区“三改一拆”办
宁波市鄞州区“五水共治”工作领导小组办公室	区“五水共治”办
中国中车宁波产业基地项目推进工作领导小组办公室	中车办
宁波市鄞城集团有限责任公司	鄞城集团
宁波市鄞通集团有限责任公司	鄞通集团
宁波市鄞工集团有限责任公司	鄞工集团
宁波市鄞开集团有限责任公司	鄞开集团
宁波市自然资源和规划局鄞州分局	区自然资源和规划分局
宁波市生态环境局鄞州分局	区生态环境分局
国家税务总局宁波市鄞州区税务局	区税务局
国家税务总局宁波市税务局第一稽查局	市税务局第一稽查局
中华人民共和国鄞州海关	鄞州海关
宁波市鄞州区烟草专卖局	区烟草专卖局
宁波市鄞州区气象局	区气象局
中华人民共和国宁波鄞奉海事处	鄞奉海事处
国家统计局鄞州调查队	鄞州调查队
宁波市公安局交通警察局鄞州大队	市交警鄞州大队
宁波鄞州农村商业银行股份有限公司	鄞州银行
国网浙江省宁波市鄞州区供电有限公司	区供电公司
中国电信股份有限公司鄞州分公司	鄞州电信
中国移动通信集团浙江有限公司鄞州分公司	鄞州移动
中国联合网络通信有限公司宁波市鄞州分公司	鄞州联通

目 录
CONTENT

特 载

深化治理创新　推动高质量发展
奋力交好实现第一个百年奋斗目标的鄞州高分卷
——在中共宁波市鄞州区委十四届十次全体（扩大）会议上的报告…… 1
政府工作报告
——在宁波市鄞州区第十八届人民代表大会第四次会议上…… 9

专 记

“不忘初心、牢记使命”主题教育…… 19
全区机构改革工作…… 21
“最多跑一次”改革…… 22
“扫黑除恶”专项斗争…… 23

大 事 记

1月…… 25
2月…… 26
3月…… 26
4月…… 26
5月…… 27
6月…… 27
7月…… 28
8月…… 28
9月…… 28
10月…… 29
11月…… 29
12月…… 30

鄞州概览

自然环境…… 31
地理位置…… 31
地形地貌…… 31
海涂…… 31
水文潮汐…… 31
气候…… 32
重要天气事件…… 32
历史文化…… 32
政区沿革…… 32
名胜古迹…… 33
历史名人…… 34
方言…… 34
区划人口…… 34
行政区划…… 34
人口…… 35
名优特产…… 35
邱隘咸齑…… 35
姜山草籽种…… 35
大松石…… 35
福泉山茶叶…… 35
湾底桑果…… 35
李家洋榨菜…… 35
经济和社会发展…… 35
经济总量…… 35
财政收支…… 35
就业和再就业…… 35
农业…… 35
农村建设…… 35
工业…… 35
工业创新转型…… 35
建筑业…… 36
固定资产投资…… 36

房地产 …… 36
贸易 …… 36
商品市场 …… 36
商务楼宇 …… 36
进出口 …… 36
外资 …… 36
内资 …… 36
浙商回归 …… 36
旅游 …… 36
交通运输 …… 36
供电 …… 36
金融 …… 36
上市 …… 36
保险 …… 36
科学技术 …… 37
教育 …… 37
人才 …… 37
卫生 …… 37
文化 …… 37
体育 …… 37
居民收入 …… 37
社会保障 …… 38
市政公共服务 …… 38
环境保护 …… 38
能源 …… 38
社会安全 …… 38
组织机构及其主要负责人 …… 38
区四套班子领导机构 …… 38
区纪委区监委 …… 39
审判、检察机构及人民武装 …… 39
区委工作机构及党群部门 …… 39
区人大常委会、区政协机关 …… 40
区政府工作部门 …… 40
宁波市直属管理单位 …… 42
镇（街道）机构 …… 42

中国共产党宁波市鄞州区委员会

综　述 …… 45
概况 …… 45
重要会议 …… 46
十四届区委全体（扩大）会议 …… 46
首届天南海北鄞州人发展大会 …… 46
重要调研 …… 46
张庆黎到鄞州区调研 …… 46
徐乐江到鄞州区调研 …… 47
郑栅洁到鄞州区调研 …… 47
熊建平到鄞州区调研 …… 47
朱从玖到鄞州区调研 …… 47
沈跃跃到鄞州区调研 …… 47
车俊到鄞州区调研 …… 47
朱恒毅到鄞州区调研 …… 47
张纪南到鄞州区调研 …… 47
高广滨到鄞州区考察 …… 47
全面深化改革 …… 47
概况 …… 47
经济体制改革 …… 48
民主法制领域改革 …… 48
文化体制改革 …… 48
社会体制改革 …… 49
生态文明体制改革 …… 49
党的建设领域改革 …… 49
纪律检查体制改革 …… 49
区委办公室工作 …… 50
概况 …… 50
保密工作 …… 50
督查工作 …… 51
组织工作 …… 51
概况 …… 51
直属机关党建工作 …… 51
干部选任“一线工作法”实施 …… 52
干部日常监督管理 …… 52
村社治理竞技赛 …… 52
机关在职党员到社区报到机制推行 …… 52
推行“两新”党组织“三张清单” …… 52
人才开发 …… 52
石学敏院士针灸研究院揭牌 …… 53
2019年鄞州人才科技智创周暨首届“万有鄞力”大会 …… 53
“百名中科院院士专家进鄞州”活动 …… 53
宣传思想工作和精神文明建设 …… 53
概况 …… 53
精神文明建设 …… 54
先进典型选树培育 …… 54
文化礼堂建设 …… 54
《媒体看鄞州》主题报道 …… 55
新媒体活动 …… 55
统一战线工作 …… 56
概　述 …… 56
概况 …… 56
2019年鄞州区港澳（深圳）迎春联谊会 …… 56
中央统战部五局调研组到鄞州区调研 …… 56
熊建平到鄞州区调研 …… 57

中央统战部四局调研组开展"三服务"活动 …… 57
和邦楼宇商会成立 …… 57
首届天南海北鄞州人发展大会 …… 57
杭州市鄞州商会（乡贤联谊会）成立 …… 57
徐乐江到鄞州区调研 …… 57
侨务和港澳事务…… 58
概况 …… 58
市政协港澳委员和港澳台侨事务顾问一行考察 …… 58
128CUTE 海外高层次人才鄞州行暨智资对接会 …… 58
欧洲华商会考察团一行参观考察 …… 58
宁波市鄞州区（香港）投资环境说明会 …… 58
香港宁波市鄞州区同乡会九周年庆典 …… 58
民族宗教事务…… 58
概况 …… 58
《七塔寺史话》首发式 …… 59
电视纪录片《天童寺》播出 …… 59
第三届天台佛教学术研讨会 …… 59
政策研究…… 59
概况 …… 59
重点课题研究 …… 60
重要政策制订 …… 60
体制机制优化 …… 60
竞赛考核实施 …… 60
台湾事务…… 60
概况 …… 60
《三字经》文化交流活动 …… 60
台湾大学生到鄞州区实习 …… 61
台湾美食文化节 …… 61
浙台合作周鄞州专题活动 …… 61
猫文化产业公司进驻鄞州区 …… 61
鄞州南投高中生夏令营活动 …… 61
信访工作…… 62
概况 …… 62
信访工作制度落实 …… 62
信访代办制建立 …… 62
机构编制管理…… 62
概况 …… 62
机构编制核准与设置 …… 62
编外用工实名制管理 …… 62
机关内部"最多跑一次"改革 …… 63
五大领域综合行政执法改革 …… 63
事业单位登记管理 …… 63
档案工作…… 63
概况 …… 63
"长三角"地区民生档案异地免费查询 …… 63
纪念五四运动 100 周年"红色档案进学校"活动 …… 63
家庭档案展馆成立 …… 64
档案信息系统突发事件和灾害应急演练 …… 64
"可信认证 + 人脸识别"系统上线 …… 64
党校工作…… 64
概况 …… 64
首届鄞州区来延送教干部教育培训班开班 …… 65
"不忘初心"专题备课会举行 …… 65
区委党校庆祝第 35 个教师节座谈会 …… 65
省市县党校行政学院（校）办学质量创优评估反馈会…… 65
全域社会治理调研 …… 65
"鄞领·初心大讲堂"设立 …… 66
史志工作…… 66
概况 …… 66
全区年鉴编纂工作培训会 …… 66
《鄞州年鉴（2018）》获评全国一等年鉴 …… 67
《鄞州史志》获全省地方志系统"刊"业先进单位 …… 67
《鄞州年鉴（2019）》出版发行 …… 67
王孝和先进事迹陈列馆开馆 …… 67
西藏《比如县志》通过复审 …… 67
老干部工作…… 68
概况 …… 68
离退休干部学习培训 …… 68
离退休干部党组织建设 …… 68
老干部活动学习阵地功能优化 …… 68
市"银辉"志愿者联合会鄞州分会活动 …… 68
庆祝新中国成立 70 周年活动 …… 68

宁波市鄞州区人民代表大会

综 述…… 69
概况 …… 69
人大依法监督 …… 70
重要会议…… 70
区十八届人大常委会会议 …… 71
区十八届人大常委会主任会议 …… 71
重要活动…… 72
鄞州区全省街道人大工作和建设试点完成 …… 72
省调研督查组到鄞州区调研督查 …… 72
区人大常委会国有资产特定问题调查 …… 72
姒健敏到鄞州区调研 …… 73
余红艺到鄞州区检查 …… 73
沈跃跃到鄞州区调研 …… 73

区人大常委会视察全区民生实事项目进展情况 …… 73
李卫宁到鄞州区调研 …… 73
区人大代表履职事迹巡回报告会暨风采展活动 …… 73
区人大代表座谈会 …… 73
区人大常委会“初心之旅·鄞领之路”活动 …… 73
区委人大工作会议 …… 73
代表建议办理工作绩效评估会议 …… 74
朱从玖到鄞州区调研 …… 74
全区人大宣传工作会议 …… 74
王辉忠到鄞州区调研 …… 74
浙江省街道人大工作（鄞州）论坛 …… 74
裘东耀联系群众主题活动 …… 74
“向人民报告·民生实事之问”活动 …… 74
郑栅洁到姜山镇听取各级人大代表的意见和建议 …… 74
重点代表建议办理 …… 74
完善保障房区块管理机制建议 …… 74
加强与鄞州籍学子联系联络助推“鄞智回归”建议 75
加大美丽乡村建设力度建议 …… 75
加强企业商业秘密保护与管理建议 …… 75
规范推进小微企业园建设建议 …… 75
强化车棚车库管理助力“品质鄞州”建设建议 …… 76
推进小学生校内托管服务建议 …… 76
城市管理执法进社区建议 …… 76

宁波市鄞州区人民政府

综　述 …… 77
概况 …… 77
鄞州区入选“2019中国最具幸福感城市”（县级） …… 78
2019全国双创周宁波（鄞州）分会场启幕 …… 78
重要会议 …… 78
区政府常务会议 …… 78
区政府办公室工作 …… 80
概况 …… 80
民生实事项目 …… 80
区民生实事项目 …… 80
重点工程建设 …… 81
省市集中开工项目 …… 81
市重点项目 …… 81
区级重点项目 …… 81
政务公开 …… 81
概况 …… 81
信息公开政策解读 …… 82
重大决策预公开 …… 82
依申请公开制度施行 …… 82
应急管理 …… 82
概况 …… 82
区应急管理局成立 …… 82
“鄞急先锋·一线蹲点”活动 …… 82
应急管理人员业务培训 …… 83
区应急管理协会成立 …… 83
防灾减灾日宣传活动 …… 83
抵御台风“利奇马” …… 83
规范化避灾安置场所创建 …… 83
基层防汛防台体系行政责任人公布 …… 83
气象防灾减灾联动合作 …… 83
防汛应急救援演练 …… 83
消防救援 …… 84
概况 …… 84
灭火救援 …… 84
区消防救援慈善爱心基金成立 …… 84
流动人口服务与管理 …… 84
概况 …… 84
流动人口量化积分管理 …… 85
首届外来务工人员亲子平安特训营活动 …… 85
流动人口融合发展 …… 86
决策咨询 …… 86
概况 …… 86
滨海产城融合示范区建设研究 …… 86
大梅山区域开发建设研究 …… 86
五乡片区建设城东新区研究 …… 86
推进民宿经济发展研究 …… 87
宁波云龙综合交通枢纽可行性建设研究 …… 87
学习考察 …… 87
机关事务管理 …… 87
概况 …… 87
办公用房管理 …… 87
公共机构节能管理 …… 87
区级机关生活垃圾分类活动 …… 87
公务用车管理 …… 87
机关后勤服务保障 …… 88
行政审批服务·公共交易 …… 88
概况 …… 88
镇（街道）“审批专用章”启用 …… 88
“一事联办”应用流程构建 …… 88
电子证照应用领域拓展 …… 88
企业投资项目审批“1020”“1015”改革实施方案实施 …… 89
“局长坐班”“局长找茬”工作机制推行 …… 89

"无复印件"窗口大厅建立 …………………………… 89
"银行预开户办理系统"应用 ……………………… 89
市场主体自主申报承诺制推行 …………………… 89
"周二夜市"工作机制试行 ………………………… 89
"两隔离、两可视"评标模式试行 ………………… 90
外事工作…………………………………………………… 90
概况 ……………………………………………………… 90
外事工作委员会第一次会议 ……………………… 90
友好交流…………………………………………………… 90
重要外事活动 ………………………………………… 90
海外领事保护宣传活动 …………………………… 90

中国人民政治协商会议宁波市鄞州区委员会

综　述………………………………………………………… 91
概况 ……………………………………………………… 91
重要会议…………………………………………………… 91
区政协十六届常委会会议 ………………………… 92
区政协十六届主席会议 …………………………… 92
重要活动…………………………………………………… 92
马光明调研鄞州政协工作 ………………………… 92
张庆黎调研鄞州政协工作 ………………………… 92
陈铁雄调研鄞州民宗工作 ………………………… 92
全省县（市、区）政协"请你来协商"平台建设工作推进会在鄞州区举行…………………………… 92
"请你来协商·书记与委员面对面"协商会 …… 92
周国辉调研鄞州垃圾分类工作 …………………… 93
"请你来协商·区长领办政协全会提案"推进会 ………………………………………………………… 93
请你来协商·民情恳谈会 ………………………… 93
全区政协系统党建工作会议 ……………………… 93
"请你来协商·政府与政协议政协商会 ………… 93
区政协政情通报会 ………………………………… 93
区政协平安法治鄞州建设专题视察 ……………… 93
"见证·初心"书画展暨《鄞州百人》首发式举行 ………………………………………………………… 93
重点提案答复 ………………………………………… 94
提升住宅小区居住品质的全会提案 ……………… 94
加快新鄞州原两区结合部城市品质提升的建议 ………………………………………………………… 94
将助餐服务扩面工作列为鄞州区养老服务工作重点的建议……………………………………………… 94
加快乡村全域旅游发展的建议 …………………… 94
防范化解鄞州区金融类案（事）件风险的建议 ………………………………………………………… 94
加快推进"滨海产城"融合示范区建设的建议 ………………………………………………………… 94
推进全区老旧小区微改造的建议 ………………… 94
破解老小区车棚违规出租难题的建议 …………… 94

纪检·监察

综　述………………………………………………………… 95
概况 ……………………………………………………… 95
基层公权力"三清单"运行法撬动全域社会治理创新案例获评全国十佳案例…………………………… 95
重要会议和活动…………………………………………… 95
区纪委十四届五次全体会议 ……………………… 95
"做铁打的纪检监察人"专题教育实践活动动员部署会……………………………………………… 96
"三清单"运行法专项督查暨总结宣传部署会 ………………………………………………………… 96
派驻（出）机构改革工作会议 …………………… 96
"温故知新、知行合一"学习实践活动动员部署会 ………………………………………………………… 96
新提任区管干部"初心与使命"党性党风集中教育培训班开班动员会…………………………………… 96
全区镇（街道）纪检监察组织工作会议 ………… 96
巡察工作…………………………………………………… 96
概况 ……………………………………………………… 96
巡察"五联通"工作法推行 ……………………… 96
党风政风监督……………………………………………… 97
概况 ……………………………………………………… 97
主题监督机制建立 ………………………………… 97
"五聚焦五整治"专项行动 ……………………… 97
城乡基层公权力"三清单"运行法推行 ………… 97
履责在线动态监管 ………………………………… 97
纪律审查和监察调查……………………………………… 97
概况 ……………………………………………………… 97
派驻机构改革 ………………………………………… 97
镇（街道）监察办公室规范化建设 ……………… 97
"一揽子"包案工作机制推行 …………………… 98
涉纪信访"请你来办"模式创新 ………………… 98
廉政宣传教育……………………………………………… 98
概况 ……………………………………………………… 98
"警示教育月"活动 ……………………………… 98
"清风宣讲"六进活动 …………………………… 98
清廉文化建设 ………………………………………… 98

民主党派·人民团体

中国国民党革命委员会宁波市鄞州区基层委员会…… 99
概况 ……………………………………………………… 99

民革鄞州区基层委员会参政议政 …………………… 99
民革鄞州区基层委员会社会服务 …………………… 99
中国民主同盟宁波市鄞州区基层委员会………………… 99
概况 ………………………………………………… 99
民盟鄞州区基层委员会参政议政 …………………… 99
民盟鄞州区基层委员会社会服务 …………………… 99
中国民主建国会宁波市鄞州区基层委员会……………… 99
概况 ………………………………………………… 99
民建鄞州区基层委员会参政议政 …………………… 100
民建鄞州区基层委员会社会服务 …………………… 100
中国民主促进会宁波市鄞州区基层委员会……………… 100
概况 ………………………………………………… 100
民进鄞州区基层委员会参政议政 …………………… 100
民进鄞州区基层委员会社会服务 …………………… 100
中国农工民主党宁波市鄞州区基层委员会……………… 100
概况 ………………………………………………… 100
农工党鄞州区基层委员会参政议政 ………………… 100
农工党鄞州区基层委员会社会服务 ………………… 100
中国致公党宁波市鄞州区基层委员会…………………… 101
概况 ………………………………………………… 101
致公党鄞州区基层委员会参政议政 ………………… 101
致公党鄞州区基层委员会社会服务 ………………… 101
九三学社宁波市鄞州区基层委员会……………………… 101
概况 ………………………………………………… 101
九三学社鄞州区基层委员会参政议政 ……………… 101
九三学社鄞州区基层委员会社会服务 ……………… 101
鄞州区总工会……………………………………………… 101
概况 ………………………………………………… 101
和谐企业创建 ……………………………………… 102
庆祝“五一”暨劳模先进表彰大会 ………………… 102
产业工人队伍建设改革 …………………………… 102
工匠培育 …………………………………………… 102
共青团鄞州区委员会……………………………………… 102
概况 ………………………………………………… 102
共青团鄞州区第二十次代表大会 …………………… 103
鄞州区入选全国共青团基层改革综合试点单位
………………………………………………… 103
“3·5学雷锋”志愿服务主题活动 ………………… 103
李靖慧获评全国优秀共青团员 ……………………… 103
“平安鄞州，志愿有我”大巡防推进暨中秋主题
青春夜市活动……………………………………… 104
浙江省第三季度第二片区团县（市、区）委书记
工作交流会在鄞州区举行………………………… 104
纪念五四运动100周年特别主题团日活动 ………… 104
首届浙江省社会工作和志愿服务示范赛在鄞州区
举行………………………………………………… 104
省“三禁三防三自”主题教育活动暨鄞州
“青春无毒”千人大讲堂活动举行……………… 104
团中央共青团基层组织改革综合试点项目组
到鄞州区调研……………………………………… 104
鄞州学子联会揭牌成立 …………………………… 104
区青少年服务中心成立 …………………………… 105
鄞州区妇女联合会………………………………………… 105
概况 ………………………………………………… 105
巾帼建功行动 ……………………………………… 105
妇女权益维护 ……………………………………… 105
美丽庭院创建 ……………………………………… 106
家庭文明建设 ……………………………………… 106
家庭教育工作 ……………………………………… 106
妇女儿童发展规划实施 …………………………… 106
妇女儿童普惠事业推进 …………………………… 106
基层妇联组织建设 ………………………………… 106
女性社会组织建设 ………………………………… 106
全市婚姻家庭调解现场会在鄞州区召开 …………… 107
全市助力“最多跑一次”巾帼文明岗创建现场
推进会在鄞州区举行……………………………… 107
鄞州区工商业联合会……………………………………… 107
概况 ………………………………………………… 107
杭州市鄞州商会乡贤联谊会成立 …………………… 107
和邦楼宇商会成立 ………………………………… 108
鄞商发展论坛 ……………………………………… 108
“名企访学”活动 ………………………………… 108
民营企业公益事业 ………………………………… 108
新生代企业家成长培塑 …………………………… 108
区工商联获评2019年度全国“五好”县级工商联
………………………………………………… 108

法治·军事

政法委及综治……………………………………………… 109
概况 ………………………………………………… 109
“三治融合·平安法治”擂台赛 …………………… 109
燃气安全隐患排查整治 …………………………… 109
法治政府建设……………………………………………… 109
概况 ………………………………………………… 109
行政执法监督 ……………………………………… 110
行政复议 …………………………………………… 110
区委全面依法治区委员会第一次会议 ……………… 110
公　安……………………………………………………… 110
概况 ………………………………………………… 110
“扫黑除恶”专项斗争 ……………………………… 113
毒品犯罪打击行动 ………………………………… 113
“禁赌扫黄”行动 ………………………………… 113
经济犯罪专项打击 ………………………………… 113

涉网犯罪专项打击 …… 113
反恐怖治理工作 …… 113
国家安全保卫工作 …… 113
110 接处警 …… 113
交通管理 …… 114
出入国（境）管理 …… 114
外国人签证管理 …… 114
巡逻防控 …… 114
行政执法保障 …… 114
执法办案审核 …… 114
公安科技信息化建设 …… 115
出租房旅馆式管理创新 …… 115
“智安校园”建设 …… 115
犬类管理整治推进 …… 115
防溺水公共安全监管体系建设 …… 115
工业厂房改建公寓楼整治行动 …… 115
治爆缉枪专项行动 …… 115
“老潘警调中心”建设 …… 115
跨国制售假冒国有品牌重型卡车案侦破 …… 115
“聚元集团”涉嫌非法吸收公众存款案侦破 …… 115
浙江集呈科技公司特大网络传销案侦破 …… 115
区首起非法收购珍贵、濒危野生动物案侦破 …… 116
上海持康公司特大合同诈骗案侦破 …… 116
网络销售假冒“飞天”茅台案破获 …… 116
“4·28”买卖国家机关公文案侦破 …… 116
“6·28”特大信用卡诈骗案侦破 …… 116
“11·14”非法侵入计算机信息系统案侦破 …… 116
“10·29”网络赌博案侦破 …… 116
非法走私冻品案侦破 …… 116
非法捕捞案破获 …… 116
检 察 …… 116
概况 …… 116
“平安浙江千里行”采访团采访鄞州未成年人保护工作 …… 117
全市检察机关“调查+”公益诉讼调查取证平台推广会在鄞州区召开 …… 117
“鄞检e站”综合服务平台获评全国政法智能化建设智慧检务优秀创新案例 …… 118
浙江政法微信排行榜200期十强颁奖暨平安浙江（鄞州）新媒体培训活动 …… 118
全国部分省市性侵害未成年人违法犯罪信息库和入职查询制度座谈会在鄞州区举行 …… 118
法 院 …… 118
概况 …… 118
行政诉讼案件在线庭审 …… 119
新任命人民陪审员就职宣誓 …… 119
第四批员额法官遴选 …… 120
司法援助保险制度推行 …… 120
“旁听百场庭审”活动 …… 120
鄞州区首例黑社会性质组织案宣判 …… 120
司法行政 …… 120
概况 …… 120
人民调解 …… 121
法律服务 …… 121
东柳街道人民调解委员会驻东柳派出所人民调解工作室获评全国先进 …… 121
李南山获评全国模范司法所长 …… 121
区司法局获评全省“七五”普法中期成绩突出集体 …… 121
人民武装 …… 122
概况 …… 122
军事训练 …… 122
国防动员 …… 122
征兵工作 …… 122
“军事日”活动 …… 122
国防教育 …… 122
第三届退役士兵返乡欢迎仪式 …… 122
“鄞武擂台·五赛五比”集训活动 …… 122
人民防空 …… 122
概况 …… 122
“5·12”防空演练 …… 123
人防工程建设 …… 123
人民防空规划建设融入城市规划建设政策落实 …… 123
人防工程质量监督 …… 123

农业农村·水利

农业经济 …… 125
概况 …… 125
全国乡村振兴与扶贫协作（宁波）论坛在鄞州区举行 …… 125
2019乡村文化振兴高峰论坛在鄞州区举行 …… 126
“太白滴翠茶叶”入选2018年宁波名牌农产品 …… 126
李荣岭一行到北沙牛保种基地交流 …… 126
全国农业行政审批制度改革座谈会在鄞州区召开 …… 126
鄞州区3条线路和2个田园获评省旅游精品线路和省百个“最美田园” …… 126
鄞州区入选第二批全国农村创新创业典型县 …… 126
鄞州区入选全国乡村治理体系建设首批试点单位 …… 126
鄞州区获评浙江省农业绿色发展先行县 …… 127

鄞州区农业品牌入选浙江农业品牌百强榜名单 …… 127
表1 2019年鄞州区农业龙头企业基本情况 …… 127
农业执法 …… 127
概况 …… 127
浙江省动物卫生监督第一大案办结 …… 128
区农业综合行政执法队挂牌成立 …… 128
农药实名制购买 …… 128
渔船太阳能固定式定位仪安装 …… 128
农村经营管理 …… 128
概况 …… 128
美丽乡村分类创建 …… 128
农村生活垃圾分类 …… 129
"六赛六比"村社治理竞技赛 …… 129
三资管理"第一道防线"工作 …… 129
农村集体经济组织登记证书普及 …… 129
区内扶贫 …… 129
水利工作 …… 129
概况 …… 129
水利机构改革 …… 130
防汛抗旱 …… 130
污水治理 …… 130
3条河道获评省级"美丽河湖" …… 131
农村饮用水达标提标行动 …… 131
水法宣传活动 …… 131
调水活水行动 …… 131

工业·工业园区

工业经济 …… 133
概况 …… 133
制造业企业梯队培育 …… 133
荣大昌获评全国首批专精特新"小巨人"企业 …… 133
区"246"产业集群建设研讨会召开 …… 133
"鄞周行"助企特色系列活动 …… 134
48家企业入选中国瞪羚企业榜 …… 134
国家级小微企业双创示范基地创建 …… 134
众瑞速联（宁波）科技有限公司获2019年"创客中国"全国赛冠军 …… 134
3家企业入选省级企业技术中心 …… 134
鄞州区汽车零部件产业入选省第三批传统制造业改造提升试点名单 …… 134
7家小微企业园获省级认定 …… 134
4家企业（产品）获评国家级制造业单项冠军产品 …… 134
宁波首家德国工业设计机构入驻鄞州区 …… 134
61家企业上榜全市"亩产英雄500强" …… 134
优势产业和细分行业 …… 135
概况 …… 135
软件与新兴服务产业 …… 135
汽车产业 …… 135
高端装备产业 …… 135
新材料产业 …… 135
电子信息产业 …… 135
智能家电产业 …… 135
关键基础件产业 …… 135
时尚纺织服装产业 …… 135
生物医药产业 …… 135
节能环保产业 …… 135
重点企业 …… 136
奥克斯集团有限公司 …… 136
杉杉集团有限公司 …… 136
浙江中哲控股集团有限公司 …… 137
博格华纳汽车零部件（宁波）有限公司 …… 137
宁波高发汽车控制系统股份有限公司 …… 137
宁波康强电子股份有限公司 …… 137
宁波博德高科股份有限公司 …… 137
博威集团有限公司 …… 138
鄞州工业园区 …… 138
概况 …… 138
宁波明州生物质发电（二阶段）EPC项目锅炉第一榀钢架吊装完成 …… 138
鄞州经济开发区 …… 139
概况 …… 139
第十二届滨海文化艺术节 …… 139
宁波中车产业基地 …… 139
概况 …… 139
鄞州现代电车小镇动力党建联盟成立 …… 139
浙江中车电车有限公司 …… 140
卓尔博（宁波）精密机电股份有限公司二期项目开工建设 …… 140
宁波国创机车装备有限公司二期项目开工建设 …… 140
刘化龙到宁波中车产业基地考察 …… 140
浙江中车电车有限公司全国首创主动安全辅助驾驶系统 …… 140
宁波浙信科技有限公司项目开工建设 …… 140

服务业

综述 …… 141
概况 …… 141
山丘市集民俗风情街开市 …… 141

第 12 届宁波美食节 …… 141
商贸流通 …… 141
概况 …… 141
鄞州区入选浙江省推进批发零售业改造提升成效明显县（市、区）之一 …… 142
2019 年宁波购物节鄞州区活动 …… 142
宝龙广场建成开业 …… 142
生活必需商品应急供应 …… 142
粮油购销 …… 142
概况 …… 142
粮食收购 …… 142
“五优联动”试点 …… 142
粮库建设 …… 142
粮油供应 …… 142
国有粮食企业整合 …… 143
供销合作 …… 143
概况 …… 143
农事节庆系列活动 …… 143
农事服务 …… 143
鄞州文化创意产业园项目建设 …… 143
鄞州区与海曙区社有资产划分 …… 143
邵峰到鄞州区指导灾后重建 …… 143
烟草专卖 …… 144
概况 …… 144
烟草专卖综合数据平台建设 …… 144
“一证通办”工作 …… 144
服务贸易 …… 144
概况 …… 144
航运物流 …… 144
第三届中国（宁波）国际航运物流交易会在鄞州区举行 …… 144
利比里亚国际船员培训项目授牌 …… 145
表 2 2019 年鄞州区境内外重点展会一览 …… 145
楼宇经济 …… 146
概况 …… 146
楼宇经济发展双百攻坚行动 …… 146
4+X 楼宇服务机制推行 …… 146
电子商务 …… 146
概况 …… 146
鄞州跨境电商集聚区落成投用 …… 146
第四届电商武林大会 …… 147
2019 世界数字经济大会暨第九届智博会在鄞州区举行 …… 147
10 个基地入选省级电商产业基地 …… 147
第一届全球 IT 助力产业峰会在鄞州举行 …… 147
旅 游 …… 147
概况 …… 147
表 3 2019 年鄞州区旅游景区（点）一览 …… 148
表 4 2019 年鄞州区特色民宿一览 …… 149
表 5 2019 年鄞州区三星级及以上酒店（宾馆、饭店）一览 …… 149
表 6 2019 年鄞州区三星级及以上旅行社一览 …… 149
2019“美丽鄞州”欢乐游启动 …… 150
全区第二期村庄景区化创建工作培训班 …… 150
“艺海流金·诗画浙江”文旅融合交流活动 …… 150
“鲜活鄞州”馆获 2019 宁波市旅展最佳组织奖 …… 150
鄞州区旅游景区品质提升暨民宿产业推进工作会议 …… 150
鄞州区获评“最美中国文化旅游区” …… 150
环东钱湖绿色创新圈大景区发展规划研究通过专家评审 …… 150
2019 衢江文旅走进鄞州推介暨文化走亲活动 …… 150
村庄景区化验收 …… 150
“诗画浙江·鄞州十碗”参展宁波美食节 …… 150
“华夏文明·薪火相传”台湾青年学生到大陆研学活动 …… 150
鄞州区获“2019 文化软实力提升优秀城市”“2019 文旅融合影响力节庆”奖 …… 151
2019 延吉—鄞州文化旅游推广活动 …… 151
鄞州区创建省 AAAA 级景区城、东吴镇创建省 AAAA 级景区镇考评验收 …… 151
宁波南部商务区（宁波广告产业园区）…… 151
概况 …… 151
宁波广告产业园区通过国家市场监督管理总局专家组考评 …… 151
宁波南部商务区管委会（宁波广告产业园区管委会）与浙江大学宁波理工学院签订战略合作协议 …… 152
南部商务区楼宇经济百日攻坚行动 …… 152
宁波南部商务区慈善分会成立 …… 152
宁波南部商务区总工会成立 …… 152

开放型经济·国内经济合作

对外经济贸易 …… 153
概况 …… 153
汽车零部件产业获评国家级外贸转型升级基地 …… 153
世贸通入选首批国家级国际营销服务公共平台 …… 153
表 7 2019 年鄞州区进出口 50 强企业一览表 …… 154
海 关 …… 155
概况 …… 155

鄞州海关挂牌授印 …… 155
首届中国—中东欧国家博览会保障 …… 155
打击“洋垃圾”走私进境 …… 155
海关减免税政策落实 …… 156
鄞州海关“三服务”活动 …… 156
海关“多查合一”改革 …… 156
出入境检验检疫…… 156
概况 …… 156
疫情疫病传入防控 …… 156
进出口商品安全维护 …… 156
进出口食品安全维护 …… 156
国内经济合作…… 157
概况 …… 157
重大项目引进 …… 157
招商引资…… 157
概况 …… 157
全国双创周宁波（鄞州）分会场活动签约项目 …… 157
宁波（上海）招商引资推介会签约项目 …… 158
第二届世界“宁波帮・帮宁波”发展大会签约项目 …… 158
首届天南海北鄞州人发展大会签约项目 …… 158
宁波市鄞州区（香港）投资环境说明会签约项目 …… 158

城乡建设与管理

城镇规划…… 159
概况 …… 159
地理信息测绘 …… 159
走马塘村入选中国历史文化名村 …… 159
《鄞州区城乡风貌特色研究》编制完成 …… 160
房地产企业“问题地图”专项整治 …… 160
鄞州区海岸线修测外业工作启动 …… 160
房屋征收管理・城中村改造…… 160
概况 …… 160
安置房建设 …… 160
旧房改造 …… 160
“拔钉清零”行动 …… 160
“三改一拆”工作…… 160
概况 …… 160
“双百”攻坚行动 …… 160
“四边三化”“两路两侧”专项整治 …… 161
小微企业违法建筑专项整治 …… 161
市拆除违法建筑百日攻坚行动 …… 161
水源地保护区违法建筑攻坚行动 …… 161
拆后空间利用 …… 161
违法建筑防控与排查 …… 162
城区开发建设…… 162
概况 …… 162
骨干路网建设和交通治堵 …… 162
住宅小区“污水零直排区”建设 …… 162
绿道绿网建设 …… 163
南部商务区建设 …… 163
东部新城开发建设 …… 163
长丰片区开发建设 …… 163
公共项目建设 …… 163
“城市之心 鄞领未来”论坛举办 …… 164
镇村建设…… 164
概况 …… 164
小城镇环境综合整治三年行动 …… 164
美丽宜居村建设 …… 164
建筑业…… 164
概况 …… 164
表 8 2019 年度鄞州区“东钱湖杯”优质工程名单…… 165
区“百企攀高”评选表彰 …… 165
建工城建专业初\中级职称评审 …… 165
建筑业企业发展政策兑现 …… 165
装配式建筑发展 …… 165
建筑节能项目实施 …… 165
屋顶雨水收集利用 …… 165
绿色建筑设计标识评价 …… 165
绿色建筑能效测评 …… 166
房地产业…… 166
概况 …… 166
住房保障与棚户区改造…… 166
概况 …… 166
住房保障 …… 166
棚户区改造 …… 166
公用事业…… 166
概况 …… 166
电网建设 …… 167
供电服务 …… 167
泛在物联网技术应用 …… 167
管道机器人蚁人投入使用 …… 167
重大活动保供电 …… 168
洋江水岸小区公用有序智能充电桩安装 …… 168
燃气管理 …… 168
“鄞州区餐饮业燃气使用安全指导”专项行动 …… 168
城市管理…… 168
概况 …… 168
鄞州大道 1 号“零排放”公厕投入使用 …… 169

智慧城管 …… 170
城管义工 …… 170
城市管理慈善爱心基金成立 …… 170
城区生活垃圾一体化收运 …… 170
城区生活垃圾夜间收运 …… 170
退红空间改造 …… 170
潘火高架桥下空间改造 …… 171
道路消坑行动 …… 171
智慧停车云服务项目启用系统 …… 171
“安全放学回家路”改造提升工程 …… 171
餐饮油烟污染整治 …… 171
姜山镇综合执法体制改革 …… 172
“执法进社区”工作 …… 172
东部新城“畅·悦行”行动 …… 172
潜龙社区民情直通路 …… 172

生态环境

“五水共治”工作 …… 173
概况 …… 173
“污水零直排区”建设 …… 173
河（湖）长制管理 …… 173
“美丽河湖”建设 …… 173
“五水共治”宣传 …… 173
园林绿化 …… 174
概况 …… 174
专类花卉园建设 …… 174
“口袋公园”建设 …… 174
城区节点花境建设 …… 174
时尚花漾街区改造 …… 174
环境管理 …… 174
概况 …… 174
“聚焦生态环境·鄞州议事厅”“鄞州生态环境大讲堂”系列活动 …… 175
机动车排气污染防治管理 …… 175
餐饮油烟污染整治 …… 175
环境保护 …… 175
概况 …… 175
生态环境系统机构改革 …… 175
违法排污整治 …… 176
挥发性有机物污染治理 …… 176
土壤污染防治 …… 176
辐射管理 …… 176
打击环境污染集中交叉执法检查行动 …… 176
中央和省环保督察问题整改 …… 176
“6·5 环境日”公益宣传 …… 176

交通·邮电·信息

交通运输与管理 …… 177
概况 …… 177
公路工程建设 …… 177
铁路工程建设 …… 178
“四好农村路”建设 …… 178
路域环境整治 …… 178
公路治超专项整治行动 …… 178
春运清运保障 …… 178
交通安全生产月活动 …… 178
通路运输安全生产检查 …… 179
交通应急能力建设 …… 179
海事管理 …… 179
概况 …… 179
水上交通安全监管 …… 179
海事服务地方经济 …… 179
轨道交通 …… 180
概况 …… 180
裘东耀检查轨道交通 3 号线一期安全运营筹备工作 …… 180
轨道交通 3 号线工程鄞州段试运营 …… 180
轨道交通 4 号线工程鄞州段 …… 180
轨道交通 5 号线工程鄞州段 …… 180
宁奉城际铁路工程首通段开通 …… 180
邮 政 …… 180
概况 …… 180
邮政机构合并 …… 181
通 信 …… 181
概况 …… 181
鄞州电信甬江人才创新中心智慧园区综合管理服务平台建设项目 …… 181
鄞州电信下应街道“鄞州匠心智造小镇”客厅项目 …… 181
鄞州电信姜山镇数字姜山项目（一期） …… 181
鄞州移动加快 5G 网络基础设施建设 …… 181
鄞州移动基层医疗机构基础设施云平台项目 …… 182
鄞州联通“智慧安防社区”管理平台项目 …… 182
鄞州联通“房管通”系统平台项目 …… 182
数字政务 …… 182
概况 …… 182
数字政务特色项目引领 …… 182
数字政务项目统筹 …… 182
2019 年鄞州区大数据与政府治理培训班 …… 182
智慧城市建设 …… 182
概况 …… 182

智慧城市项目建设 …… 183
网络结构优化 …… 183
网络安保 …… 183
区大数据创新应用大赛 …… 183
信息产业 …… 183
概况 …… 183
“两化”融合发展总指数连续4年居全市第一 …… 184
企业“上云” …… 184
48个项目获市软件名城专项补助 …… 184
鄞州区入选省产业数字化转型前三强 …… 184
世界数字经济大会暨第九届智博会 …… 184

财政·税务·金融

财　政 …… 185
概况 …… 185
财政收入组织 …… 185
财政支持经济发展 …… 185
保障民生支出 …… 185
财政绩效管理 …… 185
涉农资金整合 …… 185
债务管理 …… 185
政府采购与财政基础建设 …… 185
税　务 …… 186
概况 …… 186
减税降费工作 …… 186
减税降费“一户一档”系统上线 …… 186
第28个全国税收宣传月活动 …… 186
第一税务所入驻行政服务中心 …… 186
税务稽查 …… 187
打击虚开骗税违法犯罪专项行动 …… 187
金　融 …… 187
概况 …… 187
表9　2019年鄞州区部分银行情况 …… 187
表10　2019年鄞州区部分保险公司情况 …… 190
表11　2019年鄞州区部分证券公司情况 …… 191
表12　2019年鄞州区期货公司情况 …… 193
表13　2019年鄞州区企业上市情况 …… 194
企业上市服务 …… 194
鄞州四明金融小镇 …… 194
第五届中国（宁波）私募投资基金峰会在鄞州区举行 …… 195
12家企业集中在宁波股权交易中心挂牌 …… 195
食品安全责任保险投保 …… 195
土地经营权流转履约保证保险 …… 195
宁波市商标专用权保险运营服务中心揭牌 …… 195
72家受灾企业获赔鄞州政策性小微企业财产保险220万元 …… 195
宁波银行 …… 195
鄞州银行 …… 196
宁波通商银行 …… 196
宁波东海银行 …… 196
国家开发银行宁波市分行 …… 196
昆仑信托有限责任公司 …… 196

综合经济管理

发展与改革 …… 197
概况 …… 197
“项目大攻坚”专项行动 …… 197
项目审批改革 …… 197
“一城两镇”建设 …… 197
推进现代服务业发展 …… 197
长江经济带生态环境整治 …… 197
全国“双创”示范基地建设 …… 198
“信用鄞州”建设 …… 198
自然资源管理 …… 198
概况 …… 198
矿产资源管理 …… 199
全域土地综合整治 …… 199
林业海洋保护 …… 199
鄞州区入选全省自然资源常规监测试点区 …… 199
自然资源执法监察 …… 199
农房确权登记 …… 199
自然灾害防御 …… 199
森林防火演练 …… 199
无人机监测松材线虫病试点 …… 199
不动产登记“一窗受理”平台试运行 …… 200
全域土地综合整治与生态修复工程涉及永久基本农田布局调整方案获省自然资源厅批复 …… 200
《南商之“约”——我与土地的故事》获自然资源系统优秀视频二等奖 …… 200
国有资产管理 …… 200
概况 …… 200
国有企业整合 …… 201
国有资产监管 …… 201
鄞城集团 …… 201
鄞通集团 …… 201
鄞工集团 …… 201
鄞开集团 …… 202
国有资产特定问题调查整改 …… 202
区国资国企改革发展动员大会 …… 202

物价管理…… 202
概况 …… 202
涉案物品价格认定 …… 202
价格管理与监测 …… 202
农产品成本专项调查 …… 203
统 计…… 203
概况 …… 203
区统计局获评第四次全国经济普查先进集体 …… 203
“最美经普人”评选 …… 203
《2019 鄞州区统计年鉴暨新中国成立七十周年鄞州区统计资料汇编》出版…… 203
《鄞州区统计数据质量管控办法（2019）》印发 203
镇级统计基础建设 …… 204
《2019 鄞州概览》出版 …… 204
企业用工调查 …… 204
调 查…… 204
概况 …… 204
表 14 2019 年国家统计局鄞州调查队调查项目情况 …… 204
调查基层走访活动 …… 205
民营企业发展情况调查 …… 205
统计调查基层基础建设 …… 205
基层统计调查业务培训机制调查研究 …… 206
审 计…… 206
概况 …… 206
区委审计委员会成立 …… 206
《鄞州区审计整改联合督查工作办法》印发 …… 206
大数据审计平台应用 …… 206
投资审计转型发展 …… 207
区内部审计实务指导委员会成立 …… 207
市场监督管理…… 207
概 述…… 207
概况 …… 207
表 15 2019 年鄞州区新设注册资本 5 亿元以上企业情况…… 208
国家级标准化试点 …… 208
“夜巡夜查”执法行动 …… 208
区市场监管综合行政执法队成立 …… 209
打击非法传销专项行动 …… 209
农贸市场改造提升三年攻坚行动 …… 209
“放心肉菜示范超市”创建 …… 209
“信用＋金融”电商监管服务模式实施 …… 209
工商行政管理…… 209
概况 …… 209
表 16 2019 年鄞州区中国驰名商标（行政认定）情况…… 210
智慧农贸市场建设 …… 210
网络市场监管专项行动 …… 210
互联网广告专项整治 …… 210
“满意消费长三角”行动 …… 211
“亮剑 2019”系列执法行动 …… 211
“双随机”抽查工作 …… 211
融资服务平台搭建 …… 211
类金融风险专项整治 …… 211
无证无照整治监管 …… 211
清理规范涉企收费专项行动 …… 211
食品药品监督管理…… 211
概况 …… 211
“日常检测不合格农贸市场食品销毁理赔险”推行 …… 211
农村假冒伪劣食品专项整治 …… 212
校园及其周边食品安全专项整治 …… 212
区食品安全追溯联动平台建设项目通过验收 …… 212
餐饮行业“红黑榜”发布 …… 212
“保健”市场乱象专项整治 …… 212
送药上山进岛便民服务点建设 …… 212
化妆品“百千万”美丽消费示范街及经营单位创建 …… 212
宁波阳光药师视频考勤试点运行 …… 212
质量技术监督…… 213
概况 …… 213
质量强区建设 …… 213
危险化学品安全生产大检查 …… 213
大型空调压力容器专项检查 …… 213
停用特种设备专项排查清理 …… 213
电动自行车生产企业监管 …… 213
电梯维保单位量化评分考核 …… 213
宁波凯信服饰股份有限公司“开放共享实验室”成立 …… 213
安全生产监督管理…… 213
概况 …… 213
全区安全生产暨消防工作会议 …… 214
安全生产集中整治百日大会战 …… 214
中心城区消防设施建设项目完成 …… 214
全市安全生产宣传咨询日活动在鄞州区举行 …… 214

科学技术

综 述…… 215
概况 …… 215
科技金融体系建设 …… 215
表 17 2019 年鄞州区获宁波市科技进步奖项目情况 …… 216
表 18 2019 年鄞州区获宁波市科技创新推动奖获奖情况…… 216

科技创新奖励 …… 216
第四届“甬创·鄞造”创客大赛 …… 216
科技机构与服务平台 …… 217
概况 …… 217
表 19 2019 年鄞州区备案“双创”平台情况 …… 217
浙江清华长三角研究院宁波分院 …… 218
中国工程物理研究院宁波军转民科技园 …… 218
鄞创公司获评 A 类国家级科技企业孵化器 …… 218
鄞州科技信息孵化园 …… 218
宁波中物光电科技企业孵化器获评 2018 年度 A 类考核评价 …… 219
产业技术创新 …… 219
概况 …… 219
表 20 2019 年鄞州区国家级企业技术中心情况 …… 219
表 21 2019 年鄞州区省级企业研究院情况 …… 219
企业创新载体建设 …… 220
宁波欣达（集团）有限公司创建国家级企业技术中心 …… 220
科技项目与科技成果 …… 220
概况 …… 220
科技合作与交流 …… 220
鄞州科技大市场建设 …… 220
表 22 2019 年鄞州区科技合作项目情况 …… 221
鄞州科技大市场二期投入使用 …… 221
鄞州区技术转移协会成立 …… 221
中国宁波技术转移高峰论坛在鄞州区举行 …… 221
知识产权保护 …… 222
概况 …… 222
知识产权运营 …… 222
科协工作 …… 222
概况 …… 222
科技工作者服务平台建设 …… 222
院士工作站建设 …… 222
科普志愿服务品牌建设 …… 223
科普阵地建设 …… 223
青少年科普活动 …… 223
气象科技 …… 223
概况 …… 223
气象防灾减灾体系建设 …… 223
公共气象服务 …… 224
气象科普宣传 …… 224
灾害性天气服务 …… 224

教　育

综　述 …… 225
概况 …… 225
鄞州区“全国青少年校园足球试点区”建设 …… 226
娄冬芳名班主任工作室成立 …… 226
鄞州教育发展研讨会 …… 226
教育系统“夜办公”制度推行 …… 226
宁波市文明校园创建工作现场推进会在鄞州区举行 …… 226
鄞州区城北、城南教育管理服务中心成立 …… 226
鄞州教育系统微型党课比赛 …… 226
鄞州教育大讲堂开讲 …… 227
援疆送教活动 …… 227
周秀芳获评全国道德模范 …… 227
全区教育系统庆祝第三十五个教师节暨“最美教育人”表彰大会 …… 227
校（园）长、书记学习共同体暨“三名”工作室建设 …… 227
区首届青少年校园足球文化节 …… 227
鄞州区通过“浙江省区域推进语言文字规范化区”验收 …… 228
学前教育 …… 228
概况 …… 228
区第一届“青荷成长团”成立 …… 228
区学前教育研究指导中心成立 …… 228
11 所幼儿园获评足球特色幼儿园 …… 228
义务教育 …… 228
概况 …… 228
中小学生健康成长护航工程启动 …… 229
镇安小学国学课在中央广播电视总台《新闻联播》中播出 …… 229
堇山小学德育工作案例在中国教育科学论坛分享 …… 229
2 所初中通过省中小学心理辅导一级站评估 …… 230
姜山实验中学获市第十届运动会男子甲组足球冠军 …… 230
宁波市行知实验小学挂牌宁波市琵琶教学传承基地 …… 230
区小学劳动实践教育现场会 …… 230
6 名小学生获世界健美操赛冠军 …… 230
区域作业改革调研 …… 230
区中小学美术科技实践基地建设 …… 231
鄞州学子获全国机器人竞赛一等奖 …… 231
全区深化中小学作业管理改革研讨会 …… 231
“互联网 + 义务教育”联盟成立 …… 231

特殊教育………………………………………………… 231
概况 ………………………………………………… 231
全市特殊教育工作会议在鄞州区召开 ………… 231
11 所学校获评市级资源教室 ………………… 232
终身教育与民办教育……………………………… 232
概况 ………………………………………………… 232
鄞州社区学院“追梦”朗诵团成立 ………… 232
市第五届终身教育教师技能大赛在鄞州区举行
………………………………………………… 232
城北社区教育恳谈会 ………………………… 232
区文联第 10 艺术区落户社区学院 ………… 233
民办培训机构管理 …………………………… 233
民办教育机构督查 …………………………… 233
全区民办培训机构负责人座谈会 …………… 233
驻区院校…………………………………………… 233
概况 ………………………………………………… 233
宁波诺丁汉大学 ……………………………… 233
浙江大学宁波理工学院 ……………………… 234
浙江万里学院 ………………………………… 234
宁波城市职业技术学院 ……………………… 234
浙江医药高等专科学校 ……………………… 234
宁波卫生职业技术学院 ……………………… 234
宁波效实中学 ………………………………… 234
宁波市鄞州中学 ……………………………… 235
宁波中学 ……………………………………… 235
宁波市第三中学 ……………………………… 235
宁波市鄞州高级中学 ………………………… 235
宁波市姜山中学 ……………………………… 235
宁波市正始中学 ……………………………… 235
宁波市五乡中学 ……………………………… 236
宁波市咸祥中学 ……………………………… 236
宁波市鄞州职业教育中心学校 ……………… 236
宁波市鄞州职业高级中学 …………………… 236
宁波华茂外国语学校 ………………………… 236
宁波东钱湖旅游学校 ………………………… 236

文化·传媒·体育

公共文化…………………………………………… 237
概况 ………………………………………………… 237
文化精品创作 ………………………………… 237
公共文化惠民工程 …………………………… 237
“艺起来”全民艺术普及活动 ……………… 238
品牌文化活动 ………………………………… 238
《唱响新时代——走进宁波》在鄞州区录制 …… 238
区第 14 届科普电影节 ……………………… 238
2019 天南海北鄞州人发展大会交响之夜 ………… 238
高雅音乐普及暑期大师公开课 ……………… 239
中华人民共和国成立 70 周年庆祝活动 ………… 239
文化遗产保护和开发……………………………… 239
概况 ………………………………………………… 239
区“2019 年文化和自然遗产日”活动 …………… 240
凤山岙区域抢救性考古勘探 ………………… 240
2019 宁波市第二届少儿非遗故事大赛在鄞州区
举行…………………………………………… 240
非遗传承人抢救性保护记录 ………………… 240
沙氏故居周边环境整治 ……………………… 240
天童禅寺唐岙左陇塔院考古调查 …………… 240
四明中学非遗馆开馆 ………………………… 240
宁波走书传承基地落户咸祥镇 ……………… 241
全国首届木结构古建筑病害勘察及预防性保护
培训班在鄞州区举行………………………… 241
业余文保员换证 ……………………………… 241
非遗档案数据库建设 ………………………… 241
博物馆·书学院…………………………………… 241
概况 ………………………………………………… 241
宁波经济社会变迁物证展在鄞州区展出 ………… 242
罗马尼亚油画大师科尔内留·巴巴油画作品中国
巡展（宁波站）在鄞州区展出……………… 242
宁波千峰越窑青瓷博物馆开馆 ……………… 242
地质宝藏博物馆迁馆 ………………………… 242
图 书……………………………………………… 243
概况 ………………………………………………… 243
区第九届王应麟读书节 ……………………… 243
区图书馆建馆 30 周年 ……………………… 243
区少年儿童图书馆活动 ……………………… 243
文化空间和品牌建设 ………………………… 243
“堇”品牌文创产品开发 …………………… 244
“诗词 in 谈”活动 ………………………… 244
文化产业·文化市场……………………………… 244
概况 ………………………………………………… 244
文化产业项目引进 …………………………… 245
文化市场惠民消费季活动 …………………… 245
文化市场监管 ………………………………… 245
文化和旅游经营场所消防安全培训演练 ………… 245
区旅游行业管理工作会议 …………………… 245
区导游风采大赛 ……………………………… 245
文学艺术…………………………………………… 245
概况 ………………………………………………… 245
文艺精品创作 ………………………………… 246
文艺活动 ……………………………………… 246
2019 年鄞州区“海丝文旅节”开幕式暨纪录片
《天童寺》首映礼…………………………… 246
和邦文联成立 ………………………………… 247

区文化艺术发展委员会成立 …… 247
《山河都记得》研讨会在杭州举行 …… 247
龚建军绘画作品展在西湖美术馆展出 …… 247
社科工作 …… 247
概况 …… 247
2019 年度社科研究课题发布 …… 248
省市立项课题 …… 248
省市级社科普及基地建立 …… 248
2019 年社会科学普及月活动 …… 248
区社科联第二次代表大会 …… 248
融媒体 …… 249
概况 …… 249
《鄞州：改革开放微型口述史》获中国新闻奖三等奖 …… 249
60 件广播电视作品获奖 …… 249
庆祝新中国成立 70 周年报道 …… 249
“两高四好”主题报道 …… 250
“不忘初心，牢记使命”主题教育报道 …… 250
首届天南海北鄞州人发展大会报道 …… 250
《天南海北鄞州人》（第一辑）出版 …… 250
《鄞响聚焦》舆论监督栏目 …… 250
《他山之石》专栏 …… 251
《发现鄞州》周刊推出 …… 251
《暖新闻》专栏推出 …… 251
抗台救灾报道 …… 251
移动客户端建设 …… 252
鄞响客户端全新升级 …… 252
表 23 2019 年鄞州区广播电视台获奖作品情况 …… 252
表 24 2019 年鄞州日报社获奖作品情况 …… 255
新 闻 …… 257
概况 …… 257
第 10 期“金蝶”新闻论坛 …… 257
第九届“金蝶”优秀新闻作品评选 …… 257
体 育 …… 258
概况 …… 258
省首批体育现代化乡镇（街道）标准化试点工作启动 …… 258
2019 年鄞州区体育产业发展引导资金扶持项目 …… 258
参加宁波市首届全民运动会 …… 258
表 25 鄞州区代表队参加宁波市首届全民运动会情况 …… 258
区第十七届木球比赛 …… 259
“傅其芳”杯鄞州区第十届乒乓球等级赛 …… 259
参加宁波市第十八届运动会 …… 260
“千里云道”建设 …… 260
表 26 2019 年鄞州区代表团参加宁波市十八届运动会获奖情况 …… 260
2019“鄞州银行”杯“海上明月”马拉松 …… 261
2019 国际划联龙舟世界杯 …… 261
鄞州籍运动员获国际赛事奖项 …… 261
区中小学生羽毛球比赛 …… 261
区中小学生棋类比赛 …… 261
“国家百万公里登山健身步道”2019 宁波发布会 …… 261
2019 年鄞州区中小学生体育舞蹈比赛 …… 262
2019“鄞州杯”中国国际象棋电视快棋赛 …… 262
2019“鄞州银行杯”国际男子网球挑战赛 …… 262
2019 中国（宁波）体育产业博览会在鄞州举行 …… 262
2019“日月杯”宁波太白湖国际马拉松 …… 262
体育产业招商合作项目推介 …… 262

卫生与健康

综 述 …… 263
概况 …… 263
区卫生健康局挂牌 …… 263
宁波市第六医院与丽水市中心医院“山海协作”医学重点学科建设 …… 263
庆祝中国医师节表彰大会 …… 263
鄞州区获评国家医疗信息互联互通最高等级 …… 264
企业健康管理新模式创立 …… 264
“警医联动”新模式启动 …… 264
国家自然科学基金大数据驱动的管理与决策研究重大研究计划集成项目示范基地落户鄞州区 …… 264
医疗卫生管理 …… 264
概况 …… 264
宁波市鄞州人民医院 …… 265
宁波市鄞州区第二医院 …… 266
宁波市第六医院 …… 266
宁波市眼科医院 …… 266
宁波明州医院 …… 267
浙江大学附属第一医院淋巴瘤中心宁波分中心落户鄞州人民医院 …… 267
复旦大学附属肿瘤医院“叶定伟教授工作室”落户鄞州区第二医院 …… 267
“陆勤康名医工作室”在库车县、和龙市人民医院成立 …… 267
第三届“浙东骨科高峰论坛”在鄞州区举行 …… 268
宁波市第六医院与余姚市人民医院医疗合作开展 …… 268

基层医疗机构特色专科建设 …………………… 268
宁波市第六医院与舟山市中医院开展医疗合作 …………………… 268
"自助微诊室"在海创社区卫生服务站上线 …………………… 268
公共卫生 …………………… 268
概况 …………………… 268
适龄儿童窝沟封闭项目区级现场督导考核 ……… 269
医共体公共卫生建设 …………………… 269
职业健康管理信息系统启用 …………………… 269
互联网诊疗医保在线支付与家庭医生网上签约系统上线 …………………… 269
生育健康服务 …………………… 269
概况 …………………… 269
宁波市纪念"5·29 计生协会员活动日"宣传服务暨会演活动 …………………… 269
青春健康送教活动 …………………… 269
《"小棉袄"和她们的 77 位老爸老妈》获中国计划生育协会"计生协好新闻"一等奖 ………… 270
红十字会工作 …………………… 270
红十字会人道救助 …………………… 270
"红十字博爱送万家"活动 …………………… 270

人力资源和社会保障

人事工作 …………………… 271
概况 …………………… 271
2019 年区级事业单位招聘 …………………… 271
人才工作 …………………… 271
概况 …………………… 271
2 人获批享受国务院特殊津贴 …………………… 272
第二届"未来工匠·大师"培育班 …………………… 272
宁波人力资源服务产业园晋升为中国人力资源服务产业园 …………………… 272
"四大精英"培养计划人才选拔申报 …………………… 272
全省企业博士后工作站现场调研会在鄞州区召开 …………………… 272
劳动就业 …………………… 273
概况 …………………… 273
省"三年百万青年见习"计划落实 …………………… 273
推进高质量就业社区（村）建设 …………………… 273
人才对口扶贫协作 …………………… 273
人力资源和社会保障部调研组调研鄞州区企业用工状况 …………………… 274
东西部就业扶贫专场招聘会在延吉举办 …………………… 274
区美容师职业技能大赛 …………………… 274
区级技能大师工作室和大学生实训基地获评 …… 274
劳动监察 …………………… 274
概况 …………………… 274
仲裁庭审直播新模式推出 …………………… 274
区仲裁院选手获全省调解仲裁业务技能竞赛一、二等奖 …………………… 275
根治欠薪冬季攻坚专项行动 …………………… 275
社会保障 …………………… 275
概况 …………………… 275
退休（职）人员养老金调整 …………………… 275
被征地人员养老保障待遇和缴费标准调整 ……… 275
城乡居民基本养老保险待遇调整 …………………… 276
区医疗保障局挂牌成立 …………………… 276
医保基金预算执行 …………………… 276
医保基金监管 …………………… 276
城乡居民医保慢性病门诊保障 …………………… 276
全区医疗保障工作会议 …………………… 276

社会民生

居民生活 …………………… 277
概况 …………………… 277
表 27 2019 年鄞州区居民收入与全国、全省和全市比较情况 …………………… 277
城镇常住居民人均可支配收入 …………………… 277
农村常住居民人均可支配收入 …………………… 277
表 28 2019 年鄞州区城乡居民收支情况 ……… 277
城镇常住居民消费支出 …………………… 278
农村常住居民消费支出 …………………… 278
表 29 2019 年鄞州区城乡居民耐用消费品拥有情况 …………………… 278
民政事务 …………………… 279
概况 …………………… 279
专项救助 …………………… 279
养老服务 …………………… 279
社会组织管理 …………………… 279
社会工作人才建设 …………………… 279
惠民殡葬措施落实 …………………… 280
社会工作高峰论坛 …………………… 280
区社会组织考察组到延边精准扶贫考察 ……… 280
结婚生育户口"一件事"一站式联办启动 ……… 280
困难老人家庭适老化改造项目启动 ……… 280
老龄事业 …………………… 280
概况 …………………… 280
老年健康服务 …………………… 280
养老机构医养结合 …………………… 280
老年电大教学 …………………… 281
敬老月系列活动 …………………… 281

基层民主自治和社区建设 281
概况 281
全区民政暨社区建设工作会议 281
社区服务标准化建设 281
省级社区治理和服务创新实验区创建 281
基层治理创新 281
退役军人事务 281
概况 281
区退役军人事务局成立 282
退役军人服务保障体系建设 282
拥军优抚和褒扬纪念工作 282
首届退役军人就业创业专场对接会 282
老区开发建设 283
概况 283
“中国汉字棋公益万里行”启动 283
东西协作老区职业院校校企对接会在鄞州区举行 283
慈善公益 283
慈善总会 283
概况 283
第十九次“慈善一日捐”活动 283
慈善基金 284
慈善工程 284
省第十次慈善工作经验交流（论坛）会在鄞州区举行 284
台风赈灾 284
慈善扶贫产业基地建设 284
区外慈善救助 284
善　园 284
概况 284
善园·社会创新实验室揭牌 285
善园网“急难救助”类项目 285
“善荷计划”实施 285
尤努斯中国周·甬城论善论坛在鄞州区举行 285
志愿者协会 285
概况 285
新时代文明实践志愿服务项目大赛决赛 285
外籍志愿者暑期垃圾分类活动 286
“小浪花”志愿服务首届天南海北鄞州人发展大会 286
“支教奶奶”周秀芳获评“全国最美志愿者” 286
国际志愿者日新时代文明实践志愿服务工作座谈会 286
关心下一代事业 286
概况 286
“假日学校”和“四点钟学校”建设 286
青少年夏令营和清明祭英烈活动 286
青少年校外教育基地建设 287
脱贫攻坚行动和困难青少年帮扶 287
民营企业关工委建设 287
联谊结对活动 287
区关心下一代志愿者协会 287
残疾人事务 287
概况 287
区精神残疾人助残帮困专项基金建立 288
残疾人之家建设 288
区残疾人艺术团成立 288
省特殊艺术百场巡演鄞州区专场 288

街道·镇

潘火街道 289
概况 289
表 30　2019 年潘火街道各社区（行政村）基本情况 290
潘火实验中学投入使用 291
潘火街道办事处获评浙江高质量发展小城镇（街道） 291
宁波音王电声股份有限公司“数字调音台”入选国家制造业单项冠军产品 292
福明街道 292
概况 292
表 31　2019 年福明街道各社区基本情况 292
泰康宁波医养综合体项目启动 293
“春风化雨”调解志愿者介入信访工作项目获浙江省志愿服务示范项目赛银奖 293
庆祝新中国成立 70 周年主题晚会 293
王孝和先进事迹陈列馆开馆 293
江城社区获评鄞州区“品质社区” 293
东柳街道 294
概况 294
表 32　2019 年东柳街道各社区基本情况 294
获评全国智慧健康养老应用试点示范街道 295
潘明杰获评司法部“大排查、早调解、护稳定、迎国庆”专项活动表现突出个人 295
获评宁波市“污水零直排街道” 295
安居社区获评省级高质量就业社区 295
庆祝中华人民共和国成立 70 周年合唱比赛暨东柳街道第六届睦邻文化节主题晚会 295
中河街道 295
概况 295
表 33　2019 年中河街道各社区（行政村）基本情况 296
“中河议事厅”活动 297

宋诏桥区域环境综合整治 …… 297
宝龙广场建成开业 …… 297
2019年中河城市生活周暨第十一届文化艺术节 …… 297
中河初级中学开工建设 …… 298
鄞创大学生创业园获评国家中小企业公共服务示范平台 …… 298
东郊街道 …… 298
概况 …… 298
表34 2019年东郊街道各社区（股份经济合作社）基本情况 …… 299
外来务工人员帮困基金设立 …… 299
鄞州区2019年首宗地块挂牌出让 …… 299
东郊街道合作社党建联盟“南北分区、支部轮值”模式推行 …… 299
仇毕地块集体住宅实现“拔钉清零” …… 300
东郊街道首届“红雁驻社”竞技赛 …… 300
东郊街道“双全”社工大比武活动 …… 300
东郊街道居家养老中心开业 …… 300
下应街道 …… 300
概况 …… 300
表35 2019年下应街道各行政村（社区、渔业社、居委会）基本情况 …… 301
下应街道洋江水岸社区城市记忆馆投入使用 …… 301
万卷路（纬六路）区级“拔钉清零”项目完成 …… 301
《一湾到底是大道》新书首发式暨2019第十六届天宫庄园桑果文化节活动 …… 301
下应街道退役军人服务站投入使用 …… 302
悦邻菜市场开业 …… 302
“自助微诊室”海创社区卫生服务站上线 …… 302
明楼街道 …… 302
概况 …… 302
表36 2019年明楼街道各社区基本情况 …… 303
宁波国际创新设计周在和丰创意广场举行 …… 303
和丰创意政协委员会客厅“请你来协商”活动 …… 304
明楼街道首届社工成长研习营“凌云志”开班 …… 304
宁波富甬制造业投资基金有限公司项目引进 …… 304
明楼街道“初心之旅”活动 …… 304
明楼街道“医加益”公益助残基金成立 …… 305
明楼街道侨联获评全市基层侨联先进集体 …… 305
“以案为鉴 以纪束行”警示教育参观活动 …… 305
宁波和丰创意委员工作室授牌浙江省第三批政协委员会客厅 …… 305
宁波中交象山湾疏港高速公路有限公司引进 …… 305
百丈街道 …… 305
概况 …… 305
表37 2019年百丈街道各社区基本情况 …… 306
朱雀社区智能公共电共车库启用 …… 306
百丈（划船）党建综合示范区党群服务中心启用 …… 307
镇安街38号危房解危工程启动 …… 307
百丈街道区域性居家养老服务中心开业 …… 307
《七塔寺史话》首发仪式举行 …… 307
区残疾人艺术团成立 …… 308
划船社区第十四届精神文明成果展演 …… 308
东胜街道 …… 308
概况 …… 308
表38 2019年东胜街道各社区基本情况 …… 308
工人荷池地块危旧房改造项目完工 …… 309
东胜街道获评全国第三批智慧健康养老应用试点示范街道 …… 309
曙光路综合整治项目启动 …… 309
万科惇叙里小区获评省级垃圾分类高标准示范小区 …… 309
白鹤街道 …… 310
概况 …… 310
表39 2019年白鹤街道各社区基本情况 …… 311
北电小区“鹤采智邻”平安智慧小区创建项目试点 …… 311
“银龄安居”老年人住宅适老化全屋改造项目启动 …… 311
孔雀小区首批维修金补缴试点楼道改造完成 …… 311
白鹤街道老旧楼宇（街区）改造启动 …… 311
白鹤街道“三式”居家养老服务推行 …… 312
矛盾化解“504030”工作法推行 …… 312
白鹤街道“初心”系列主题教育活动 …… 312
首南街道 …… 312
概况 …… 312
表40 2019年首南街道各行政村（股份经济合作社、社区）基本情况 …… 313
首南街道“城市基层党建工作推进会暨八大工程提升出征仪式 …… 314
德胜家园（鲍家三期）解困房公开抽签 …… 314
轨道交通3号线鄞州区站点通车 …… 314
首南街道首届村社基层治理竞技赛 …… 314
学士小学竣工交付 …… 315
“榜样红心”初心分享会 …… 315
院士公园河获选省级“美丽河湖” …… 315
大棚房整治 …… 315
钟公庙街道 …… 315
概况 …… 315

表 41 2019 年钟公庙街道各社区基本情况 …… 316
历史征迁安置工作完成 …… 316
宁波鄞州国家安全主题公园授牌暨 2019 年反间谍法治宣传周启动仪式 …… 316
钟公庙街道第十六届商贸文化艺术节 …… 317
新都美地智慧安防试点样板小区建立 …… 317
梅墟街道 …… 317
概况 …… 317
表 42 2019 年梅墟街道各社区（股份经济合作社）基本情况 …… 317
暑期青少年“我爱我家”系列活动 …… 318
梅墟街道人大试点工作启动 …… 318
梅墟街道首届“梅墟杯”门球邀请赛 …… 318
梅墟街道庆祝新中国成立 70 周年系列活动 …… 318
新明街道 …… 318
概况 …… 318
表 43 2019 年新明街道各社区（股份经济合作社）基本情况 …… 319
2019 年新明街道经济科技工作会议 …… 319
省平安建设考核迎检 …… 319
江南一品商业街环境整治 …… 319
新明街道科普知识竞赛 …… 320
社会治理创新校地合作项目动员会 …… 320
“学习强国”学习大评比活动 …… 320
新明街道庆祝新中国成立 70 周年活动 …… 320
宪法宣传周系列活动 …… 320
聚贤街道 …… 321
概况 …… 321
表 44 2019 年聚贤街道各社区（股份经济合作社）基本情况表 …… 321
“三方联动”机制落实 …… 321
聚贤街道办事处挂牌成立 …… 321
聚贤街道“不忘初心、牢记使命”主题教育活动 …… 322
瞻岐镇 …… 322
概况 …… 322
表 45 2019 年瞻岐镇各行政村（社区）基本情况 …… 323
瞻岐镇入选 2019 年浙江省级特色农业强镇创建对象 …… 324
瞻岐镇获评 2019 年宁波市农村生活垃圾分类处理工作示范镇 …… 324
瞻岐镇第八届元宵灯会 …… 324
瞻岐镇乡贤大会暨首届蛏子节 …… 325
周一村联户自建项目被列入宁波市浙东民居试点村 …… 325
区第四届“鄞州建筑杯”职工羽毛球等级联赛 …… 325
咸祥镇 …… 325
概况 …… 325
表 46 2019 年咸祥镇各行政村（渔业社、社区）基本情况 …… 326
2019“美丽鄞州”欢乐游启动仪式暨第三届咸祥马鲛鱼文化节开幕式举行 …… 327
2019 咸祥海畔音乐节 …… 327
咸祥镇入选省级特色农业强镇 …… 327
咸祥镇“唱支村歌给党听”原创村歌演唱会 …… 327
“宁波走书”传承基地落户咸祥镇 …… 327
方言版主题教育栏目“听阿拉讲初心”上线 …… 327
首届宁波全民运动会迷你马拉松选拔赛（鄞州咸祥站）暨 2019 海上明月马拉松 …… 328
四明书画院咸祥创作基地授牌 …… 328
《与共和国同行——叶辛散文朗诵读本》首发式举行 …… 328
咸祥镇通过国家卫生镇验收 …… 328
东吴镇 …… 328
概况 …… 328
表 47 2019 年东吴镇各行政村（居委会）基本情况 …… 329
“太白庙天童镴会”暨东吴镇全域旅游发布会 …… 330
东吴镇创建为国家级卫生镇 …… 330
纪录片《天童寺》首播 …… 330
“军人荣誉墙”揭幕 …… 330
东吴镇获评省级防台救灾先进集体 …… 330
天童集镇项目获评 2019 年度小城镇环境综合整治省级样板 …… 331
宁波太白湖国际马拉松赛暨第七届鄞州雪菜美食文化节 …… 331
塘溪镇 …… 331
概况 …… 331
表 48 2019 年塘溪镇各行政村基本情况 …… 332
童夏家村获评中国传统村落 …… 332
塘溪镇劳动人事争议调解中心获评浙江省基层调解优秀单位 …… 332
宁波最美人物分享“最美故事”活动在塘溪镇举行 …… 333
“人文塘溪”文明示范线开线 …… 333
纪录片《为了新中国·童第周》在湖南卫视播出 …… 333
五乡镇 …… 333
概况 …… 333
表 49 2019 年五乡镇各行政村（渔业社、居委会、社区）基本情况 …… 334

五乡中部区域合作区块框架协议签订 …………… 335
政企银促进民营企业发展战略合作签约仪式 …… 335
宝涵公路建成通车 …………………………………… 335
“傅其芳杯”鄞州区第十届乒乓球等级赛举行 …………………………………………………………… 335
全国太极拳普及推广大联动活动鄞州区主会场 …………………………………………………………… 336
鄞州现代电车小镇“动力党建联盟”成立 ……… 336
邱隘镇……………………………………………………… 336
概况 ……………………………………………………… 336
表 50 2019 年邱隘镇各行政村（渔业社、社区）基本情况……………………………………… 336
宁波甬江人才创新中心开园 ………………………… 337
邱一村棚户区改造二期项目完成签约 …………… 337
邱隘镇全“进驻式”公共服务中心开业 ………… 337
邱隘镇创建为国家级“扫黄打非”进基层示范点 …………………………………………………………… 338
邱隘镇中心小学获评全国校园足球特色学校 …… 338
邱隘实验小学获全国青少年车辆模型锦标赛冠军 …………………………………………………………… 338
邱隘残疾人庇护中心建成 …………………………… 338
云龙镇……………………………………………………… 338
概况 ……………………………………………………… 338
表 51 2019 年云龙镇各行政村（渔业队、社区、居委会）基本情况……………………………… 339
《云龙镇全域土地综合整治与生态修复工程》项目获省自然资源厅批准实施………………………… 340
第十一届“我们的节日——端午看云龙”民俗活动…………………………………………………… 340
出租房旅馆式服务管理试点 ………………………… 340
上李家村“村民道德负面清单”推行 …………… 340
“律云”公共法律服务 ……………………………… 340
甲南小学改扩建工程完工 …………………………… 340
云龙中心幼儿园获评 2019 年度全国足球特色幼儿园………………………………………………… 341
横溪镇……………………………………………………… 341
概况 ……………………………………………………… 341
表 52 2019 年横溪镇各行政村（居委会、社区）基本情况……………………………………… 341
横溪镇梅岭异地迁建工程一期（梅乐家园）房源抽签………………………………………………… 342
横溪镇横溪农旅小镇项目一期完启动建设 ……… 342
2019“美丽鄞州”欢乐游之横溪镇第七届樱桃节 …………………………………………………………… 342
宁波市首届全民运动会健身气功赛鄞州选拔赛 …………………………………………………………… 342
“龙腾中华”宁波百龙大赛鄞州选拔赛 ………… 343
姜山镇……………………………………………………… 343
概况 ……………………………………………………… 343
表 53 2019 年姜山镇各行政村（社区、居委会、渔业社、良种场）基本情况…………………… 344
姜山镇获评小城镇环境整治省级样板镇 ………… 345
走马塘村获评国家级美丽宜居示范村 …………… 345
姜山镇人民调解工作获“全国人民调节工作先进集体”称号…………………………………………… 345
姜山镇紫薇志愿者慈善义工学院成立 …………… 346
宁波至奉化城际铁路首通段开通 ………………… 346
宁波小提琴音乐馆暨俞丽拿祖居开馆 …………… 346
姜山镇第四届“姜山如画”草垛文化艺术节 …… 347
东钱湖镇…………………………………………………… 347
概况 ……………………………………………………… 347
表 54 2019 年东钱湖镇各行政村（渔业社、农牧场、居委会、社区）基本情况………………… 348
第十一届东钱湖国际湖泊休闲节 ………………… 350
恒上 2019 宁波东钱湖马拉松 ……………………… 350
2019 国际划联龙舟世界杯 ………………………… 350
“万金智造”杯 2019 年全国帆板冠军赛 ……… 350
“铁军讲坛”设立 …………………………………… 350
东钱湖首届全域旅游美食文化节 ………………… 350
宁波院士中心项目启动 …………………………… 351
东钱湖志愿者联盟成立 …………………………… 351
韩岭开街 ………………………………………………… 351

人物·先进集体

新任区领导………………………………………………… 353
王兆波 …………………………………………………… 353
市“五一劳动奖章”获得者…………………………… 353
吴慧明 …………………………………………………… 353
陆勤康 …………………………………………………… 353
姚宏法 …………………………………………………… 354
徐 庆 …………………………………………………… 354
黄 莉 …………………………………………………… 354
张霁明 …………………………………………………… 354
蔡秋华 …………………………………………………… 355
刘太泽 …………………………………………………… 355
李碧莹 …………………………………………………… 355
黄菊芬 …………………………………………………… 355
其他典型人物……………………………………………… 355
周秀芳 …………………………………………………… 355
张亚芬 …………………………………………………… 356
李靖慧 …………………………………………………… 356
施 晓 …………………………………………………… 356
孙斌寅 …………………………………………………… 356

先进个人…… 357
表 55 2019 年鄞州区获国家级表彰的先进个人 …… 357
表 56 2019 年鄞州区获省级表彰的先进个人 …… 357
表 57 2019 年鄞州区获市级表彰的先进个人 …… 358
先进集体…… 359
表 58 2019 年鄞州区获国家级表彰的先进集体 …… 359
表 59 2019 年鄞州区获省级表彰的先进集体 …… 359
表 60 2019 年鄞州区获市级表彰的先进集体 …… 360

统计资料

表 61 2019 年鄞州区经济和社会主要指标 …… 361
表 62 2019 年鄞州区农村基本情况 …… 363
表 63 2019 年鄞州区农林牧渔业分项产值和增加值 …… 363
表 64 2019 年鄞州区规模以上工业企业基本情况 …… 364
表 65 2019 年鄞州区工业主要产品产量 …… 365
表 66 2019 年鄞州区自营进出口贸易情况 …… 366
表 67 2019 年鄞州区利用外资情况 …… 367
表 68 2019 年鄞州区旅游业基本情况 …… 367
表 69 2019 年鄞州区交通运输、邮政基本情况 …… 368
表 70 2019 年鄞州区财政分项目收入、全区及区本级财政支出情况…… 368
表 71 2019 年鄞州区金融系统本级人民币年末存款、贷款情况…… 369
表 72 2019 年鄞州区保险公司业务经济技术指标 …… 369
表 73 2019 年鄞州区学校基本情况 …… 370
表 74 2019 年鄞州区文化、广播、电视基本情况 …… 370
表 75 2019 年鄞州区卫生事业基本情况 …… 371
表 76 2019 年鄞州区体育工作情况 …… 372
表 77 2019 年浙江省部分经济强县（市、区）主要经济指标…… 372
表 78 2019 年沿海部分县（市、区）主要经济指标 …… 373
表 79 2019 年全国、浙江省、宁波市、鄞州区主要经济指标…… 374

附　录

文件选编…… 375
表 80 2019 年中共宁波市鄞州区委部分文件目录 …… 407
表 81 2019 年宁波市鄞州区人民政府部分文件目录 …… 410
媒体看鄞州…… 410
宁波鄞州区创新乡村治理方式 …… 410
宁波“支教奶奶”周秀芳牵线捐建的 10 所希望小学落成总数已达 29 所 …… 411
全域治理的鄞州路径 …… 411
宁波市鄞州区：为垃圾分类“扫死角” …… 413
共聚湾底话桑麻　乡村振兴启新程 …… 414
宁波鄞州区强化土地资源市场化配置 …… 415
宁波鄞州区融合发展积聚新动能工业经济跑出加速度…… 416
大事小事“请你来协商”
宁波市鄞州区“对话式协商”开创基层政协民主协商样板…… 417
陆家堰村三份特殊“契约”打造乡村全域治理新样本…… 420
宁波上李家村治村有“三宝” …… 422
从“三进”到“三变” …… 424
表 82 2019 年中央广播电视总台涉及鄞州区报道情况…… 426
“项目大攻坚”行动计划重大实施类项目…… 427
表 83 2019 年鄞州区“项目大攻坚”行动计划重大实施类项目…… 427

索　引

主题词索引…… 433
人名索引…… 461
缩略语和名词解释索引…… 465

特　载

深化治理创新　推动高质量发展
奋力交好实现第一个百年奋斗目标的鄞州高分卷

——在中共宁波市鄞州区委十四届十次全体（扩大）会议上的报告

市委常委、区委书记　褚银良

（2020年1月13日）

市委常委、区委书记　褚银良

这次区委十四届十次全体（扩大）会议的主要任务是，深入学习贯彻习近平新时代中国特色社会主义思想，认真落实党的十九届四中全会、中央经济工作会议精神，以及省委、市委相关会议精神，回顾总结去年工作，系统部署今年工作，审议通过《中共宁波市鄞州区委关于大力推进体制机制改革创新、优化经济治理方式推动高质量发展的决定》，号召全区上下革故鼎新、奋进攀高，以高水平治理推动高质量发展，加快跻身全国综合实力百强区前三，奋力交好实现第一个百年奋斗目标的鄞州高分卷。

下面，我代表区委常委会向全会报告工作。

一、过去一年，我们用汗水浇灌收获，实现“两高四好”开局全年红

一年来，区委常委会高举习近平新时代中国特色社会主义思想伟大旗帜，深刻领悟习近平总书记对浙江、对宁波和到鄞州调研时的重要指示精神，深入贯彻省委“八八战略”再深化、改革开放再出发和市委“六争攻坚、三年攀高”战略部署，围绕“两高四好”开新局，大力实施“三个年活动”“七大行动计划”，集中精力抓了四方面大事。一是不忘初心，抓了一批根本性工作。区委常委会认为，守初心、悟初心、凝神铸魂是根本。我们以“不忘初心、牢记使命”主题教育为牵引，带头践行“五个始终”“六个在前”集体承诺，一起走进湾底重温习近平总书记谆谆嘱托，通过周二夜学、专题党课、集中研讨，不断增强“四个意识”、坚定“四个自信”、做到“两个维护”；一起走进革命老区深学细照找差距，开好专题民主生活会深入检视剖析，以“8+1”专项整治为重点，细化62项整治重点和102条措施，全面完成阶段性整治任务；一起走进基层蹲点调研解难题，结合省市“三服务”，开展“三进三访”、执行“四必五法”、推行马路办公，办好了一批关键小事、解决了一批实际难题，共同打赢了抗击百年一遇强台风“利奇马”的保卫战。二是坚决贯彻，抓了一批战略性工作。区委常委会认为，越是形势严峻复杂，越要凝神静气贯彻上级部署、办好自己的事。第一时间传达学习党中央决策部署，特别是党的十九届四中全会精神，率先以全会《决定》的形式部署全域治理，探索“一核三治五共”治理体系；坚定不移打好“三大攻坚战”，率先召开全会防范化解重大风险，完成中央和省环保督察反馈问题整改年度任务，帮助和龙提前脱贫摘帽；拉高站位谋划“栽树工程”，对标长三角区域一体化发展国家战略、浙江“四大建设”、宁波“四大产业工程”，深入研究“两中心一枢纽”布局、“154”千百亿产业集群发展、“254”外贸攻坚倍增提质行动、“热带雨林式”创新生态构建、“六大新空间”开发。三是改革破题，抓了一批突破性工作。区委常委会认为，鄞州二次创业再攀高，必须在制约发展的关键领域改革突破。坚持思想再解放，大力开展解放思想大讨论，对标先进标杆找方位；聚焦重点抓改革，深化与东部新城、东钱湖、高新区协同发展，谋划高质量发展体制机制改革创新，统筹推进党政事业单位、国资国企、涉农涉社资金项目整合、“最多一次”等系列改革，调整优化经济发展、园区建设、量化考核等政策体制；集中攻坚强突破，打好楼宇经济发展、治水拆违、平安建设、安全生产、“三未”土地拔钉等百日攻坚，一批制约发展的难题初步破题。四是先行先试，抓了一批创新性工作。区委常委会认为，鄞州作为排头兵，有责任为省市探索新路子。争取了一批试点，共青团基层组织和地方青联组织改革、工商联基层商会改革、综合行政执法体制改革等国家和省级试点落户鄞州；创新了一批解法，街道人大工作、政府数字化转型、政协“请你来协商”、一线精准培育识别选用干部、行政审批、经济普查等，得到各方的高度肯定。

这一年的工作是开创性的、成绩也是历史性的，主要体现在四个方面。

一是区域发展创新高，稳居全国百强区前四。主动应对中美贸易摩擦等影响，地区生产总值突破2000亿元、预计增长7%左右、为行政区划调整以来最高，财政总收入、一般公共预算收入、社零、外贸出口等总量有望保持全市前二，综合实力连续5年位列全国百强区前四。产业融合在提速，1-11月“246”产业、战略性新兴产业占规上工业比重分别达78.7%、26.7%，数字经济占GDP比重提高至48%，入选省制造业高质量发展示范区创建名单，两化融合水平连续5年全市第一、全省第四；金融业增加值预计达210亿元，软件信息、航运、会展等行业全市领先，鄞州四明金融小镇成为省级特色小镇，鄞州区成为全省批发零售业改造提升成效明显区；农业创新发展，成为全国农村创新创业典型区、省级农业绿色发展先行区。企业实力在提升，新获一批中国民企500强、电子材料行业50强、机械工业制造百强、电子元件百强、全国首批专精特新“小巨人”企业和单项冠军企业，创建一批国家级国际营销服务公共平台、文化出口重点企业和省级跨境电商企业，专利和发明专利四项指标、中国驰名商标数量、新增国家级标准化试点、“浙江制造”标准、“品字标”认证企业数量均列全市首位。创新驱动在增强，1-11月研究与试验发展经费投入33.7亿元、增长18.5%，新增高新技术企业60家、省级众创空间2家、国家级企业技术中心1家，建成国家级人力资源服务产业园，省市级产业创新服务综合体数量全市第一，新引进顶尖特优人才20人、高端创新人才团队40个，人才净流入率达13.3%、全市第一，成为全省唯一受国务院督查激励的“双创”示范基地行政区域。有效投资在发力，狠抓“3+8+5”招商、重大项目建设，引进智能医疗科技等超百亿元项目1个、超50亿元项目5个、超20亿元项目10个，内资、浙商回归资金总量预计全市第一；出让土地39宗139公顷，19个地块完成净地，10个小微企业园启动建设，53个重大活动签约项目推进率达69.8%，卓尔博电机、丰银电池、宝龙广场等建成投运，固投总量全市第一。

二是全域治理创新好，成为全国试点示范区。我们用全域治理创新的实绩实效，列入全国首批乡村治理体系建设试点，成为全省社区治理和服务创新实验区，进入全省县域社会治理十佳。社会治理创出解法，社区“365工作法”、农村“契约式治理”、网络“178柔性治理”、出租房“旅馆式管理”、文化礼堂社会化运作、“书记一点通”等走出鄞州、打响品牌，“老潘警调”标准全省推广，社区服务规范成为国家标准，基层公权力“三清单”运行法成为全国创新社会治理典型案例，发布全国首个县域社会治理指数模型，涌现了全国道德模范周秀芳等一批先进人物。平安建设取得佳绩，围绕防风险、保平安、迎大庆、夺金鼎，深化“四反”斗争，建成全国首个国家安全主题公园；打好扫黑除恶、维稳安保、安全生产监管等组合拳，强化打伞破网和涉众型经济案件处置，地毯式开展安全生产集中整治大会战；推行领导下访、开门接访、信访代办和“以打促化”，化解了一批重点案件、旧案积案，建成社会矛盾纠纷调处化解中心，进京访批次人次、刑事发案数、安全生产事故数亡人数等均呈下降趋势，确保了重大活动、重要会议期间鄞州稳，群众安全感明显提升。共建共享凝聚合力，推进村社志愿服务站建设，建成市区两级社会组织创新园；实行“三民治村”，推广民间河长、小区加装电梯群众自筹等机制，发挥说事长廊、道德负面清单等作用，引导群众自我管理、自我服务；召开首届天南海北鄞州人发展大会，吸引乡贤返乡、鄞智回归，凝聚了共兴鄞州的硬核力量。

三是城乡共建创新优，入选最具幸福感城市。践行以人民为中心的发展思想，首次获评中国最具幸福感城市。城市品质加快提升，一线扎营开发“六大新空间”，扎实推进城市之光、宁波中心等地标项目建设，联动实施小区改造、垃圾分类、智慧城市建设，划船、白鹤成为未来社区试点，幸福苑、兴裕新村入选住建部“美好家园、共同缔造”试点。乡村振兴统筹推进，大力实施“十百千万”工程，创新美丽镇村、全域旅游、“五金富民”、“飞地”

抱团发展等做法，完成小城镇环境综合整治三年行动，涌现了27个美丽宜居村、美丽乡村示范村；同时加快基础设施联网，鄞城大道、奉化江特大桥全线通车，"一河四泵闸"推进顺利，区控及以上断面水质功能达标率创20年最佳。群众获得感持续增强，办好了餐饮油烟、洗车行业污水排放等一批民生关键小事，建成12所校（园）、引进4家高端民办幼儿园，医共体建设、卫生信息化工作走在前列，成为全省智慧教育试点区和语言文字规范化区、第三批国家智慧健康养老示范基地；同时，还精心组织了新中国成立70周年主题宣传，成功举办《唱响新时代——走进宁波》、龙舟世界杯等重大活动，获得全省公共文化服务综合评估"十一连冠"。

四是党的建设创新效，赢得群众一致点赞。我们坚持全面从严治党，实干、担当、奋进成为新时代鄞州党员干部的"个性标签"，涌现了一批担当作为好干部，在抗击强台风"利奇马"中赢得上下齐声叫好。思想政治建设不断加强，区委常委会带头，严明政治纪律和政治规矩，严肃党内政治生活，严格执行民主集中制，大力支持人大、政府、政协依法依章创新履职，切实抓好统一战线、群团组织、人民武装等建设；同时层层压实意识形态工作责任制，推进区融媒体中心建设，首次获得中国新闻奖三等奖，成为第二批新时代文明实践中心建设省级试点区。基层基础建设不断夯实，以"鄞领工程"为牵引，创新下抓一级与上管一级结合机制，建立村社党组织书记区级备案、村社班子成员常态化区级联查联审等制度，持续办好村社书记交流会和村社治理竞技赛，基层组织力、战斗力有力增强；探索干部工作"十个一线"具体路径，开展"三亮三考"，推行百名干部鄞领建功计划、第一书记全日制选派、专项考察和容错纠错机制，做到了一线育马选马赛马。清廉鄞州建设不断深化，从严落实"两个责任"，高质量开展政治监督，全力做好省委巡视组回访迎检工作，组织全区"警示教育月"系列活动，实施派驻机构"七个一体化"建设，深入推进区委巡察，开展涉纪信访"减存遏增""清淤化积"行动，综合运用监督执纪"四种形态"，开展"五聚焦五整治"，加大正风反腐力度，立案229件、党纪政务处分173人，营造了山清水秀的良好政治生态。

二、关键之年，我们用改革深化治理，奋力推动高质量发展领跑领先

今年，是高水平全面建成小康社会和"十三五"规划的收官之年，也是推动高质量发展、建设"两高四好"示范区的关键之年。关键之年要有关键之举，收官之年要有标兵业绩。全区上下要高举习近平新时代中国特色社会主义思想伟大旗帜，全面贯彻落实中央和省委、市委部署要求，以全域治理为牵引，以改革创新为主线，以开展"三个年活动""七大行动"为主抓手，革故鼎新，奋进攀高，推动鄞州高质量发展领跑领先，确保高水平全面建成小康社会和"十三五"圆满收官，加快跻身全国综合实力百强区前三，在实现第一个百年奋斗目标的征程上树好鄞州里程碑。

深化治理创新、推动高质量发展，是鄞州推进县域治理现代化的必由之路、重大课题。说必由之路，是因为对照上级要求，优化经济治理任重道远。党的十九届四中全会提出，推进国家治理体系和治理能力现代化，推动经济高质量发展是关键；中央经济工作会议强调，要从系统论出发优化经济治理方式。鄞州率先推进全域治理创新，在政治、社会、文化、生态等领域作了很多探索、形成了很多解法，但在优化经济治理方式、推动经济高质量发展方面，特别是在深化供给侧结构性改革、加快建设现代化经济体系上，还任重道远。只有加快补上这块短板，才是真正的全域治理创新，也才能真正当好全国县域治理现代化排头兵。说重大课题，是因为对照现实要求，打破瓶颈制约迫在眉睫。随着中国经济由高速增长阶段转向高质量发展阶段，鄞州要"二次创业"再出发、"两高四好"勇攀高，面临的形势更复杂、挑战更多。从区域竞争看，已经不单是经济总量的竞争，而是高质量发展的竞争；从创新发展看，不仅是科技创新，而是理念、思路、方法、体制的集成创新。尽管去年以来鄞州发展创新高，但制约高质量发展的深层次问题，比如区域一体化发展中定位不够清晰、市区管理体制下调配能力弱化、产业体系重构后化学效应激发不够、发展转型阵痛期创新动力不足、长期粗放发展下资源错配等问题，到了不得不破、不破不行的关键时期，必须以大刀阔斧的改革、自我革命的勇气，跨越一些常规性和非常规性关口，破除一些发展的"沉疴"、机制的弊端，为鄞州高质量发展开辟新境界、增添新动力，争创新时代全国经济高质量发展先行区。

前段时间，区委北上南下深入调研、解放思想全民讨论、积极奔走呼吁争取，形成了关于大力推进体制机制改革创新、优化经济治理方式推动高质量发展的《决定》，有关改革也得到了省委、市委的肯定，下步关键是看行动、抓落实。全区上下要抓住这个难得机遇，坚持一张蓝图绘到底，加快把工作重点从"创新开局"转到"攻坚突破"上来，大力开展全面深化改革年、高质量发展突破年、全域治理先行年"三个年活动"，统筹实施以"一核三增三提"为主要内容的"七大行动"。

（一）实施一体化极核打造行动，融入高质量发展区域经济布局

习近平总书记指出，统筹区域发展从来都是一个重大问题，要形成优势互补、高质量发展的区域经济布局。对鄞州来说，要主动把握经济全球化、区域一体化、发展扁平化的趋势，全面融入国家和省市战略，着力打造宁波长三角一体化发展先行区极核，建设高质量发展标杆区、宁波都市圈核心区、战略性交通枢纽区。

一要提高站位优谋划。始终站在区域一体化发展的高度，一方面要全面对接长三角一体化发展国家规划纲要、省市行动要求，结合国土空间总规、十四五发展规划，编制完成鄞州对接大上海、融入长三角的专项规划，谋划实施鄞州融入长三角一体化发展专项行动。另一方面要与时俱进优化

"一核三区"定位，结合"一带一路"建设、全省"四大建设"，谋深谋细载体抓手、联动机制，全力争取一批高等级的大都市平台、大通道枢纽、新产业基地、新改革试点，有效承接示范区、自贸区、毗邻区等溢出效应。

二要基础先行快建设。着眼融入战略性、网络型基础设施建设，在公铁联运上，谋定建设云龙综合交通枢纽，力促滨海高速公路纳入全省路网，加快象山湾疏港高速建设、东钱湖快速路前期和轨道交通联网，配合推进金甬铁路、甬舟铁路等工程，争取进入"沪甬1小时交通圈"，打造长三角战略交通网络的重要支点。在江海联运上，依托宁波港、航交所等，谋划布局滨海万吨码头，联动建设航运服务资源数据中心、"海上丝路指数"体系，打造21世纪海上丝绸之路数字大港。

三要深化融合提能级。围绕加快向宁波都市圈核心区提升，要强化内外融合，把握沪甬、杭绍甬、甬舟等一体化方向，加强与上海、杭州、绍兴、台州等城区双向互动，积极参与组建创新联盟、市场联盟、发展联盟，强化产业协作、园区合作、平台共建，积极参与宁波中国（浙江）自贸试验区联动创新区建设，谋划建设中东欧商品集散中心、航运金融服务集聚区、综合保税区。要强化区域融合，以"六大新空间"开发为牵引，联动建设国际展览中心、国际会议中心，深化与东钱湖、东部新城、高新区的发展共谋、产业共兴、成果共享，进一步增强鄞州的集聚辐射力。

（二）实施产业能级倍增行动，系统构建1+2+X产业体系

当前，鄞州三次产业结构，不是循序渐进的化学效应，而是区划调整的物理组合。要着眼加快产业聚合裂变，系统构建以数字经济为引领，以"专精特"优势产业、"高新尖"战略产业为两翼，以千亿级产业链、企业群、楼宇圈和大平台为支撑的"1+2+X"产业体系，确保到2025年总量翻番、能级倍增。

一要在优化产业体系上下功夫。坚持实业强区、"双轮驱动"不动摇，要统筹实施产业工程，全面对接宁波"四大产业工程"，把"154"千百亿产业集群发展、"254"外贸攻坚倍增提质、现代服务业跨越攀高、美丽经济提振升级，作为一个整体产业生态来系统谋划、统筹推进，把政策、资金、资源、力量等集中起来，扶持壮大软件与新兴服务、智能制造、金融服务、现代商贸等一批千亿产业，新材料、电子信息、航远物流、国际会展等一批百亿产业，同时创新发展美丽经济、民宿经济和种子种苗、现代农业园区，争取到2025年规模以上工业产值达2800亿元、进出口总额突破4000亿元。要深入促进产业融合，抓牢数字经济这个"一号工程"，依托省级微电子创新产业园、省级软件信息产业园等平台，推动5G、人工智能、区块链、物联网等领域核心产业的发展与应用，既要以数字化转型、智能化改造，为传统产业赋值、赋能、赋智；更要以数字技术嵌入应用，为三次产业融合打通转化通道，实现全产业链重构，争创省级数字经济创新发展试验区。要聚焦重点细分行业，坚持"高新尖""专精特"导向，聚焦鄞州所长与发展所向的结合点，仔细梳理并全力抓好软件信息、集成电路、智慧家电、生物医药等一批"鄞领行业"，编制专项规划、优化功能布局，力求每个行业有龙头企业和单项冠军、引领性研发机构、产业创新联盟以及集成的平台园区、高大上的项目，以点上突破带动企业链、产业链、创新链整体提升。

二要在提升平台能级上下功夫。把重大平台作为产业转型发展的主战场，要全力打造千亿级楼宇圈，以东部新城、南部新城两大楼宇圈为核心，创新楼宇建设模式、招商方式、运营办法，统筹推进老楼新生、基础配套，大力引进总部型、法人型、研发型机构，打造一批金融服务楼、会展贸易楼、航运物流楼、广告创意楼、都市工业楼，到2025年亿元税收楼宇突破30幢、10亿元以上税收楼宇达3幢。要全力打造千亿级大平台，以争创全省"万亩千亿"平台为目标，对"三园区一基地"进行重新规划，扩大鄞州工业园区规模，推进镇园一体发展；提升经济开发区能级，依托滨海山海产城融合示范区建设，加快一期提能提效、二期产业集聚，打造宁波蓝色美丽湾区；同时加快投资创业中心、中车产业基地扩产提质增效，形成至少1个千亿大平台。

三要在促投资扩需求上下功夫。产业能级提升，需要从投资、需求两端共同发力。要精准招大引强，创新以企引企、产业链招商等方式，优化招商源头介入、信息共享、跟踪服务等机制，引进一批能级高、战略性强、引领力大的龙头企业，同时依托天南海北鄞州人，促进"鄞商回归""鄞智回归"，全年招引1个以上百亿项目、5个以上50亿项目、10个以上20亿项目。要狠抓有效投资，聚焦年度投资280亿元的120个重点项目，做深做实项目策划包装、立项选址等前期工作，加快推进智能医疗科技、TFT电子纸等重大项目，确保工业投资超60亿元、固定资产投资增长10%以上。要扩大内外需求，积极应对经贸摩擦等形势，依托外综平台、跨境电商集聚等优势，推进国家级外贸转型基地、进口贸易促进创新示范区、省级跨境电商集群试点等建设；同时统筹打造国际消费城区、大型商圈、特色街区，办好各类商贸节庆活动，有效释放消费需求。

（三）实施创新活力倍增行动，加快构建热带雨林式创新生态

创新是推动发展的源头活水，鄞州要破解动能转换不快、活力后劲不足的问题，就要进一步集聚创新要素、厚植创新土壤、积蓄创新能量，构建播下一颗种子、长出一片森林的"热带雨林式"创新生态。

一要扶持创新主体。企业、人才，是创新的主体，没有主体的倍增就没有创新活力的倍增。要实施"鄞企舰队"扶持计划，坚持外引内培两手抓，以行业龙头企业和重点平台为引领，以细分行业"独角兽""单项冠军"为中坚，以专精特新企业为支撑，"大航母+专业舰+小帆板"，不断拉长上下游企业链、创新链，到2025年实现千亿级企业零的突破、500亿级企业倍

增、国家高新技术企业超800家。要实施“万有鄞力”人才计划，加快打造中德、中俄科技园等国际化园区，继续举办院士专家进鄞州、人才科技智创周等活动，大力引育高端人才、鄞工巧匠，保持人才净流入率全市第一，力争2025年省级以上领军人才、高端创新人才团队双倍增。

二要深耕创新平台。发挥国家双创示范基地优势，要争取国家大平台，抢抓国家重点实验室体系重组机遇，超前布局基础性、前沿性领域，争取超算中心、基因库等国家重大科技基础设施落地。要融入甬创大平台，用好甬江人才创新中心、自创区“一区多园多点”、东钱湖“院士之家”等资源，促进城南智创大走廊与甬江科创大走廊、国家自主创新示范区、东钱湖创智钱湖的协同创新，构建覆盖全域的“大创新圈”。要提升鄞创大平台，联动建设国家级人力资源服务产业园、南部青创中心、滨江文创谷，不断提高中物院、清华长三角等产出率、贡献率。

三要促进创新集成。着眼构建集“产学研用金、才政介美云”于一体的创新体系，一手抓多主体协同创新，针对制约发展的产业共性技术、“卡脖子”的关键核心技术，推动企业与高校院所共建技术研究院、工程技术中心等，到2025年研究与试验发展经费支出占GDP比重达3.5%，发明专利申请量当年突破8500件。一手抓全天候服务创新，创新人才流入、科技创新、成果转化等制度供给，建立健全天使投资引导基金、风险池基金，集聚知识产权、技术转移、科技咨询等服务机构，形成研发-转化-孵化-融资的生态链，确保技术合同交易额达16亿元，高新技术产业产值突破720亿元。

（四）实施改革动力倍增行动，持续增强发展活力

“最多跑一次”改革是浙江的金名片，更是对政府职能、服务方式、机关效能的整体性变革。对鄞州来说，面对市区体制深度调整等多重因素叠加，亟需加快“最多跑一次”改革理念、方法、作风向公共服务、机关内部等各个领域拓展，以改革突破来释放发展活力。

一要跑出服务加速度。坚持群众办什么事烦、就把什么列入改革范围，推进“最多跑一次”改革向民生领域延伸，深化涉农涉社资金项目整合，推广老旧小区“最多改一次”模式，延伸到马路改造、城中村建设、旧村庄改建等领域，做到扰民“最多扰一次”。推进“最多跑一次”改革向服务领域拓展，完善“审批掌柜”“局长坐班”“周二夜市”等制度，实行服务事项一窗通办、一网通办、掌上通办、全城通办，实现个人和企业全生命周期“一件事”全流程“最多跑一次”。

二要跑出机关高效能。坚持刀刃向内、自我革命，资金融通要有新效益，在有保有压配置财政资金的同时，吃透国家税制改革精神，强化税源企业涵养；加强向上对接，积极争取纳入省市乃至国家盘子、发行专项债；深化国企改革，做大做强国资集团，通过注入优质资产、创新开发建设模式、实施混合所有制改革等，分层分类推进资产证券化。服务供给要有新办法，推动政府购买服务机制、政府项目投资体制、城市运营管理体制等改革，运用PPP模式推进基础设施建设，鼓励社会资本参与教育、医疗、养老、文化等公共事业发展。机构改革要有新动作，巩固党政机构改革成果，提升政府数字化转型水平，推动政务信息系统互联和公共数据共享，扎实推进企事业单位改革、编外用工清理，探索推进行政区划适应性调整。

三要跑出营商好环境。坚持好环境就是生产力，要提升服务质量，建立全覆盖、全过程、全天候的“三服务”工作体系，健全干部联企业、联项目、联人才等机制，选派企业首席联络员、服务专员、服务小分队，实行企业问题跟踪解决、企业亮分评价。要优化政策导向，在不折不扣落实降本减负政策的同时，突出树强扶优导向，调整优化经济发展政策、企业扶持政策，鼓励支持民营企业改革发展，主动参与国家普惠金融改革试验区建设，及时落实企业用地、跨境贸易便利化等举措，切实为企业松绑减负。要营造法治环境，依法保护市场主体经营自主权、知识产权等，严格规范市场秩序、执法行为，抓好信用鄞州、企业容错清单等工作，力争亲清新型政商关系全国先行示范。

（五）实施制约破解提效行动，集中攻坚突破瓶颈

当前，制约鄞州高质量发展的突出问题，就是如何集约高效利用土地。要以推进高质量发展体制机制改革创新为契机，攻坚突破瓶颈，创出鄞州解法。

一要以科学规划来突破制约。规划科学是最大的效益。围绕做好新一轮国土空间总规、“十四五”发展规划，要坚持适度超前，主动对接长三角一体化发展、浙江“四大建设”、宁波2049城市发展战略等重大部署，放眼未来五年乃至十五年，谋划一批产业集聚区、城市拓展区、生态承载区，为承接重大战略叠加、高端要素集聚打好基础。要坚持多规合一，充分考虑发展大势和鄞州优势，把国土空间总规、“十四五”规划，以及“四大产业工程”鄞州行动、“六大新空间”开发、乡村振兴发展、基础设施配套等规划统筹起来，明确近期空间发展重点、开发时序，做到一张蓝图绘到底。要坚持精准精细，针对永农、城市开发、生态保护等方面的突出问题，抓牢国土空间总规编制机遇，在严格执行相关规定的同时，区内要全盘统筹、优化边界，对上要加强沟通、争取指标，促进土地规整成片、空间永续利用。

二要以体制创新来破解制约。针对制约高质量发展的体制机制问题，要创新资源要素配置机制，试行土地先用后补、增减挂钩、挂账收储、弹性年期出让、先租后让、租让结合等方式，探索集体经营性建设用地入市、闲置建设用地收储利用奖励、工业用地二级市场交易等机制，推行亩均论英雄、要素差别化配置等方法，切实提高资源配置效率。要探索产业社区建设模式，针对核心城区、城郊区域，探索工业棚改、产权置换、腾笼换鸟、全域整治建设用地集中集聚新建等模式，打通政企合作、特许经营等渠道，加快推进亨润、金童山等地块改造，打造用

地集约、企业集聚、产业集合、功能集成的未来产业社区。要加大低效区块改造力度，针对镇村工业园"散乱污"问题，加快推进全域土地综合整治，加大企业下山出村入园、工业地产开发、落后产能淘汰等力度，全面清零亩均税收3万元以下低效企业，建设20个以上小微企业园，让永农用地成片、生态复绿成片、产业集聚成片。

三要以专项攻坚来突破制约。去年系列百日攻坚有力有效，今年必须持之以恒抓下去。要强化征迁清零，紧盯区块开发、未来社区、涉军房产、旧城改造等重点，提前谋划、提前介入，做细做足土地报批、司法强拆、行政强拆等准备工作，特别是针对"三未"土地，建立"批、供、用、查"全程监管体系，力争全年拔钉93.33公顷、消化227.47公顷。要强化治水拆违，坚持巩固与提升一起抓，在违建应拆尽拆的同时，建立综合利用、网格巡查等长效机制，坚决杜绝新增违建；坚持岸上岸下一起治，打好污水零直排、清淤疏浚、活水调水、美丽河湖等组合拳，力争50%以上城市内河实现"清澈见底"。要强化楼宇整规，严把楼宇单位面积贡献率这个标准，千方百计把优质企业引进来、留下来，把税收产出不匹配、风险隐患多的企业依法清出去，同时加快向街区、园区、厂区覆盖，向住宿餐饮、教育培训、物业管理等领域延伸，实现整规零盲区。

（六）实施社会治理提能行动，着力夯实基层基础

安定的社会、和谐的环境，是高质量发展坚实的基础、有力的保障。对于鄞州来说，随着城市化快速推进，必须直面比别人更复杂的形势，推动社会治理和服务重心向下移，营造安居乐业、安定有序的良好环境。

一要深化平安鄞州"三年提升、六大工程"。在夺取平安金鼎的基础上再接再厉，要严防重大风险，开展社会安全稳定隐患大排查大整治大化解专项行动，聚焦政治安全、社会稳定、社会治安、公共安全、网络舆情等领域，加大拉网式、地毯式排查整治力度，切实堵住漏洞。要守护一方安宁，打好扫黑除恶专项斗争治本之战，建立健全打财断血、打伞破网长效机制，持续加大对暴力恐怖、电信网络诈骗、黄赌毒等打击力度，强化智慧警务、"雪亮工程"、"智安小区"、一村一辅警等建设，不断健全社会治安立体化防控体系。要守住安全底线，健全安全生产监管、应急管理综合协调、综合防灾减灾等机制，强化对"两小一危"、道路交通、消防安全、食品药品等领域的监管和违法打击，建设全省灾害风险调查和重点隐患排查试点区。

二要推动矛盾化解"只跑一地"。把着力点放到前置防线、前瞻治理、前端控制、前期处理上，要让群众"最多跑一地"，办好区社会矛盾纠纷调处化解中心，完善人民调解、行政调解、司法调解体系，特别是发挥老潘警调、社会组织等作用，推进一窗式受理、一揽子调处、一体化解决；同时强化领导下访接访，健全信访代办制，做好旧案积案化解、非访依法处置等工作，打好"无信访积案区"决胜战。要做实"一中心+四平台+全科网格"体系，整合"一办十一中心"功能，推进区社会治理综合服务中心建设，探索镇街村社综合服务平台、矛盾问题处置试点建设，切实提升区级统筹研判、镇街有效处置、村社源头防控的能力，形成纵向贯通、紧密衔接的工作体系。要打造社会治理共同体，压实行业创安责任，完善基层群众、群团组织、社会组织等参与治理的制度和渠道，实现政府治理与社会调解、居民自治的良性互动。

三要提升全域治理鄞州品牌。着眼"先人一步"向"胜人一筹"转变，要加快试点建设，大力推进全国乡村治理体系建设试点、全省社区治理和服务创新实验区创建，不断丰富和拓展全域治理模式的内涵外延，打造全国全域治理创新标杆区。要加快全域开花，激发基层首创精神，既要全面推广"365工作法""契约式治理""基层公权力三清单运行法""178网络柔性治理"等好做法，又要创新"三治融合"等方面的新解法，形成遍地开花的生动局面。要加快总结提升，深化与浙大社会治理研究院宁波中心的合作，进一步做好鄞州全域治理的理论研究、制度建设、总结推广，让更多的鄞州解法变成可复制的示范样板，把更多的"鄞州美景"变成县域治理现代化的"一片风景"。

（七）实施幸福城市提质行动，持续增强群众获得感

高质量发展，最终还要看群众是不是真幸福。要针对高水平全面建成小康社会的短板，坚持量质并重、内外兼修，把美丽城市、美丽镇村统筹起来抓，冲刺全国文明城市"六连冠"，擦亮最具幸福感城市的金字招牌。

一要形成城乡共建的新格局。始

东钱湖

终把城乡作为一个整体来建设管理，要推进全域开发，坚持大区块、组团化、成片区协同推进“六大新空间”，优化大嵩片区发展规划，加快甬江时尚东外滩项目建设、中部科产城融合带TOD开发、姜山现代化田园城市地块改造出让，抓好城南智创大走廊功能平台集聚发展，打造环东钱湖绿色创新圈“会展新城”，全年出让35个地块129.73公顷。要深化精细管理，推进城市精细化管理示范区提标扩面，做好乡镇综合行政执法改革试点，大力推广协同智管停车、农村非市场化保洁、小区物业管理等方面的有效做法，进一步提升城乡精细化管理的水平。要完善基础配套，编制完成“十四五”综合交通、水利、智慧城市等规划，扎实推进宁袁线、鄞县大道、雁湖路、九曲河、5G基站等项目建设，着力提升交通组织一体化、水利设施一体化、网络通信一体化水平。

二要提升城乡共美的新面貌。致力于打造点上精致、线上出彩、面上美丽的城乡风貌，要加快有机更新，对接新一轮全国老旧小区改造试点，抓好未来社区试点，深化“三微”更新、“四保”联动和智慧菜场建设，创新安置房建设新模式，让城市更加舒适宜居。要深化“百千工程”，围绕创建省美丽乡村示范县、省全域旅游示范区，统筹建设美丽城镇、美丽宜居村、美丽乡村风景线，抓实“一镇一品”“三大革命”和村庄景区化等工作，谋划大梅山区域保护开发，确保建成8个美丽城镇、6个美丽乡村示范村、2条风景线。要狠抓薄弱环节，聚焦城市出入口、城乡接合部、两路两侧、背街小巷等重点部位，以及小区物业管理、垃圾分类等群众关注热点，解剖麻雀、举一反三，解决一批问题、补上一批短板。

三要缔造城乡共富的新生活。高水平全面小康，关键在于群众切身可感、切实有得。要让群众口袋富，在加强对口帮扶协作的同时，重点针对集体经济薄弱村，综合运用并弱扶强、“两进两回”、“飞地”抱团、“五金富民”等办法，多种途径扶持壮大集体经济发展，确保所有村集体收入超过100万元。要让群众脑袋富，建强新时代文明实践中心、区融媒体中心和网络社会组织，讲好鄞州故事，建设网络生态“瞭望哨”工程示范区；培育和践行社会主义核心价值观，创新移风易俗的载体、抓手、制度，让鄞州城乡处处洋溢新风正气；健全现代公共文化服务体系，推进农村文化礼堂建设全覆盖，办好“天天系列”“艺起来”“美育一小时”等实事。要让群众生活富，启动“十四五”教育规划编制，统筹推进幼儿园和中小学资源布局优化、教育质量提升等工作，创新医共体建设、卫生服务“最多跑一次”等的鄞州解法，加快国家级智慧健康养老示范基地建设，完善高质量就业村社建设、社会保险覆盖、退役军人优抚安置等制度，不断增强群众的获得感幸福感。

三、攀高路上，我们用初心扛起使命，提振知行合一当标兵的精气神

党的十九届四中全会指出，要建立“不忘初心、牢记使命”的制度。要把不忘初心、牢记使命作为加强党的建设的永恒课题，引导全体党员干部用不变的初心扛起使命、奋进攀高，争当知行合一的排头兵。

知，就是要温故知新，始终保持孜孜不倦的追求。理想信念是共产党人的政治灵魂，是共产党人初心的本质要求，必须把不忘初心、牢记使命作为必修课、常修课。要在学习中增强定力，一以贯之学懂弄通做实习近平新时代中国特色社会主义思想，坚定不移贯彻落实习近平总书记重要讲话和重要指示精神，严格落实意识形态工作责任制，切实增强“四个意识”、坚定“四个自信”、做到“两个维护”。要在学习中解放思想，深入开展解放思想大讨论，走出去开阔眼界、走下去摸透实情，打破头脑中的坛坛罐罐、工作中的条条框框，聚焦高质量发展的“沉疴”、体制的弊端，大破大立、敢闯敢冒，蹚出一条新时代鄞州特色发展之路。要在学习中锤炼本领，把学思践悟贯通起来，在风浪考验中增强敢斗争、善斗争的本领，在发展实践中增强谋大局、抓大事的本领，在一线攻坚中提升破制约、解难题的水平，在服务基层中提升解民忧、暖民心的水平。

行，就是要以行践言，坚决扛起管党治党的责任。制度优势转化为治理效能，治理效能转化为发展胜势，离不开高水平的组织保障。要下抓上管强基础，持续推进“双整”工作，创新农村新社区、楼宇社区、项目支部、行业党建等组织设置方式，常态落实村社书记区级备案管理和联查联审制度，做好村社换届、书记主任“一肩挑”、“分田育苗式”发展党员等工作，同时积极打造“鄞领之路”精品线，形成全域党建风景。要严管厚爱强队伍，坚持一线精准识人用人，把干部考核延伸到工作一线、生活一线、社交一线，强化政治素质考核、年轻干部梯队培训、专业化干部培育储备、科级及以下干部“三跨”交流、第一书记选派、退二线干部作用发挥，注重提拔任用“回头看”，用好容错纠错、公务员职务职级并行等制度，真正让能干者能上、优秀者优先、无为者让位。要从严从紧强监督，压实两个责任，深化“五聚焦五整治”，持续发力纠治“四风”，继续推进派驻机构改革和镇街监察办规范化建设，有效贯通纪律监督、监察监督、派驻监督、巡察监督；同时做深做实廉政文化发源地的文章，推动警示教育制度化常态化，深化运用“四种形态”，保持正风反腐力度不减、节奏不缓，让干部习惯在受监督和约束的环境中工作生活。

合，就是要合心合力，加快形成齐抓共建的格局。深化治理创新、推动高质量发展，必须激发最广大党员群众的合力。要坚持上下一盘棋，强化基层民主政治建设，通过向人民报告、请你来协商等，调动党代表、人大代表、政协委员参与的积极性；构建大统战工作格局，广泛凝聚各个阶层和天南海北鄞州人的智慧力量；发挥群团组织、人民武装等积极作用，推进共青团和地方青联组织改革，真正上下拧成一股绳。要加强协同化作战，坚持工作面前、不分你我，机关部门要多下基层、服务解难，镇街园区要主动挑担、作好贡献，特别是针对重点难点，要第一时间沟通、第一时间协商，协同作战、合力攻坚；同时，要主动强化对上联系对接，争取最大限度的支持。要激励群众当主角，坚持一切为了人民、一切依靠人民，解决好“我是谁”“为了谁”“依靠谁”的问题，引导他们以主人翁姿态投身经济社会发展，力促共建共享、共治共管、共同缔造。

一，就是要一抓到底，大力激发干事创业的精神。发展攀高路上，必须一往无前。要大力弘扬“四知”精神，激发实干、担当、奋进精气神。要始终一张蓝图绘到底，围绕既定的目标任务，各级领导干部带头，既要有雷厉风行的执行能力，执行好“四必五法”九条军规，践行好“三办两不过”工作承诺；又要有坚如磐石的战略定力，对认准的事情紧盯不放，对认定的工作久久为功，做到功成不必在我、功成必定有我。要始终一根竿子插到底，结合“三进三访”，力量向一线下沉，干部到一线扎营，特别是面对硬钉子硬骨头，拿出逢山开路、遇水架桥的决心去拔，拿出闯关夺隘、攻城拔寨的勇气去啃；更要结合“三亮三考”，让企业、群众来评判工作，做到始于需求、见于行动、终于满意。要始终一个目标争到底，坚持领跑领先目标不动摇，把推动发展作为最大的赛场，在“六赛六比”中打擂台，在“百舸争流”中立潮头，在你追我赶中当旗手，以各条各线的争创一流，共同推动鄞州高质量发展领跑领先。

同志们，不忘初心方能行稳致远，牢记使命才能开辟未来。让我们更加紧密团结在以习近平同志为核心的党中央周围，不断增强革故鼎新的坚定定力，始终保持奋进攀高的前进动力，凝心聚力建设“两高四好”示范区，为实现第一个百年奋斗目标、为交好鄞州高质量发展高分卷而努力奋斗！

（区委办公室）

注：

“三进三访”：进企业、进社区、进农村，大走访、大接访、大回访。

“四必五法”：会议必核不超时、文件必审不超数、督考必整不重复、事项必减不增加，即时工作法、一线工作法、清单工作法、闭环工作法、碎片工作法。

“一核三治五共”：以党的领导为核心，坚持自治、法治、德治“三治融合”，推进共建共享、共治共管、共同缔造。

“154”千百亿产业集群：对接宁波“246”万千亿产业集群，到2025年培育形成软件与新兴服务1个千亿级产业集群，汽车、高端装备、新材料、电子信息、智能家电5个百亿级产业集群，关键基础件、时尚纺织服装、生物医药、节能环保4个百亿级产业集群。

“254”外贸攻坚倍增提质行动：对接宁波“225”外贸双万亿行动，到2025年全区外贸进出口额占到全市20%以上，重点发展机电及高新技术产品出口、进口贸易、跨境电商、数字贸易、服务贸易五大特色和新型贸易领域，全区外贸进出口额超4000亿元。

“六大新空间”：甬江时尚东外滩、中部科产城融合带、城南智创大走廊、姜山现代化田园城市、环东钱湖绿色创新圈、滨海山海产城融合示范区。

“3+8+5”招商：3个常驻点、8个小分队、5张招商网。

“178”网络柔性治理：以党建引领，实施7条治理路径，开展8种常态活动。

基层公权力“三清单”运行法：权力清单、责任清单、负面清单。

乡村振兴“十百千万”工程：打造十大风情镇、百个特色村、千里游步道、万亩农业园。

“五金富民”：土地流转金、股金分红、养老金、经营租金、劳动薪金。

“一河四泵闸”：九曲河整治（城区段）工程，庙堰碶泵站、楝树港泵站、新杨木碶水闸、鄞东南排涝闸工程。

干部工作“十个一线”：以《关于在一线精准培育识别选用干部的实施办法》为总纲领，细化出台《在“两高四好”示范区建设一线大力发现培养选拔优秀年轻干部的实施意见》《开展“实地蹲点、实例评估、实时回访”一线专项考核的实施办法》《鄞州区干部“一线攻坚”全程纪实、分类建库的实施办法》等9个子文件。

“三亮三考”：对工作进度亮灯、亮牌、亮剑，对工作成效实行群众考干部、企业考干部、基层考部门。

“五聚焦五整治”：聚焦“推拖绕”“怕躲避”“虚浮飘”“粗疏浅”“慵懒散”五种现象，着力整治“政令梗阻”问题、不担当不作为慢作为问题、作风漂浮问题、“慵懒散”问题、纪律松弛问题。

“一核三区”定位：打造宁波长三角一体化发展先行区极核，建设高质量发展先行区、宁波都市圈核心区、战略性交通枢纽区。

“1+2+X”产业体系：大力发展数字经济一号工程，做大做强“专精特”优势产业和“高新尖”战略产业，培育形成一批千亿级产业链、企业群、楼宇圈、大平台。

小城镇建设“百千工程”：百镇样板、千镇美丽。

“两进两回”：科技进乡村、资金进乡村，青年回农村、乡贤回农村。

“三办两不过”：马路办公、马上就办、办就办好，小事不过夜、大事不过周。

“六赛六比”：开展项目前期攻坚赛、开发建设进度赛、镇街亮绩排位赛、园区基地贡献赛、局长问政公开赛、村社治理竞技赛，相互之间比位次、比项目、比质量、比创新、比服务、比担当。

政府工作报告

——在宁波市鄞州区第十八届人民代表大会第四次会议上

区长　王兆波

（2020年5月8日）

区长　王兆波

2019年工作回顾

2019年是新中国成立70周年，也是鄞州建设“两高四好”示范区的起步之年、实干之年、拼搏之年。一年来，我们坚持以习近平新时代中国特色社会主义思想为指导，深刻领悟习近平总书记对浙江、对宁波和来鄞州调研时的重要指示精神，全面贯彻省委“八八战略”再深化、改革开放再出发和市委“六争攻坚、三年攀高”战略部署，在上级党委政府和区委的正确领导下，在区人大、区政协的监督支持下，高扬实干激情，迸发担当勇气，汇聚奋进力量，深入开展“不忘初心、牢记使命”主题教育，大力实施“三个年活动”“七大行动计划”，较好完成了区十八届人大三次会议确定的目标任务、民生实事。实现地区生产总值2211亿元，增长7%（区本级1931.8亿元，增长6.9%）；完成财政总收入453.4亿元，增长4%（区本级363.1亿元，增长5.3%），一般公共预算收入269.3亿元，增长6.5%（区本级212.4亿元，增长7%）；实现全部工业增加值502.5亿元，增长7.8%，其中规模以上工业增加值358.9亿元，增长6.4%；进出口总额达到1991.6亿元，增长8.3%，其中出口1476.2亿元，增长6.6%；实现社会消费品零售总额948.2亿元，增长8.4%；城镇和农村居民人均可支配收入达到70074元和39953元，增长8%和9.2%；金融机构本外币存贷款余额达到7600.2亿元和9817.4亿元，增长11.2%和18%。

一年来，我们经历了一系列大事喜事要事，极大凝聚了全区上下奋斗新时代的磅礴力量。

获得了一批国家级的荣誉奖项。首次入选中国最具幸福感城市（县级），连续五年位居全国综合实力百强区第四位，位列全国科技创新百强区第一位、绿色发展百强区第三位、投资潜力百强区第四位、新型城镇化质量百强区第五位，获评全国首批乡村治理体系建设试点示范区、全国农村创新创业典型区、中国农村全面小康建设示范县、全国乡村振兴示范区等称号，成为全省唯一受国务院督查激励的双创示范基地行政区域。

举办了一批有影响的重大活动。成功举办承办了天南海北鄞州人发展大会、首届国际划联龙舟世界杯、尤努斯中国周·甬城论善大会、央视《唱响新时代——走进宁波》节目和全国乡村振兴与扶贫协作论坛、中国社科论坛-城市国际论坛、全国双创周宁波分会场、中国（宁波）集成电路产业生态论坛等一系列全国性的重大活动。

落户了一批引领性的优质项目。宁波国际会议中心、展览中心选址鄞州，总投资上百亿元的智能医疗科技园项目成功签约，大家养老保险、宁银理财、数字健康保险交易示范性平台等金融法人机构顺利落户，北大上海微电子研究院宁波分院、中芯国际（宁波）创新设计服务中心、中国小康建设研究会乡村振兴研究院、中央音乐学院新时代文明实践音乐中心、浙大社会治理研究院宁波中心等项目成功落地。

推出了一批增活力的改革举措。积极支持做好共青团基层组织、地方青联组织改革等国家级试点和街道人大建设、政协“请你来协商”、工商联基层商会改革等省级试点工作，“协同智管停车”、老旧小区“最多改一次”

等做法成为示范样板，成立融媒体中心，启动综合行政执法体制改革姜山镇试点，两个社区成为全省首批未来社区试点，获评省全面深化改革工作优秀区。

一年来，主要做了以下五方面工作：

一、着力打好稳中求进“组合拳”

以数字经济引领产业提升。深入实施数字经济“一号工程”，数字经济核心产业增加值增长11.8%，数字经济占地区生产总值比重提高到48%。谋划“154”千百亿级产业集群发展，新增国家单项冠军产品4家、全国首批专精特新“小巨人”企业1家、省上云标杆企业6家、市级单项冠军示范企业6家，软件信息企业达1600余家，高新技术产业、战略性新兴产业占规上工业增加值比重分别为63.4%、26.7%，入围省制造业高质量发展示范区创建名单，两化融合水平连续5年居全市第一。积极应对中美经贸摩擦，出台促进外贸稳定增长八条意见，谋划“254”外贸攻坚倍增提质行动，机电及高新技术产品出口达到105.9亿美元；鄞州跨境电商集聚区一期开园，世贸通成为国家级国际营销服务公共平台，跨境电商出口额达到29.5亿美元，稳居全市第一。实施放心消费行动，实现批发零售业销售额、网络零售额5321.6亿元、485亿元，分别增长15.3%、19.5%，成为省批发零售业改造提升成效明显区。实现金融业增加值350.2亿元，增长11.4%，新增上市企业1家、新三板企业1家、保险中介和保险科技企业31家。航运会展、文化创意、专业服务等产业继续领跑全市。

以亩均考评助推效益增长。全面摸清工业用地总量分布，开展低效企业提升达标专项行动，整治提升“散乱污”企业355家，改造旧厂房31万平方米，规模以上工业亩均增加值达到157.6万元，61家鄞企上榜全市制造业“亩产英雄500强”，其中3家入围前十；2家鄞企入选省首批服务业“亩产效益”领跑者名单。成功创建国家级人力资源服务产业园、汽车零部件外贸转型升级基地，鄞州四明金融小镇被命名为省级特色小镇，鄞州工业园区、经济开发区、投资创业中心、中车产业基地等平台产出加快，新建改建小微企业园18个，和丰创意广场等20家园区被认定为省级小微企业园，大学生（青年）创业园获评国家中小企业公共服务示范平台。

以投资引资夯实发展后劲。加快推进重大项目建设，积极扩大有效投资，争取到政府专项债券及再融资债券19亿元，6个省级和9个市级集中开工项目、21个市级重点建设项目、120个区级重大实施类项目分别完成投资49.1亿元、42.4亿元、83.1亿元和281.4亿元，完成年度任务的154.3%、130.5%、155.5%和112.5%，固定资产投资增长14.8%，交通投资、民间投资分别增长60.9%、19.4%。开展“3+8+5”招商工作，引进总投资10亿元以上项目23个，其中50亿元以上项目6个，实到外资4.1亿美元，位列全市第二，引进内资149.3亿元、浙商回归资金155亿元，均居全市第一。

以自主创新支撑动能转换。研究与试验发展经费投入37亿元，增长20%，实现发明专利授权量1623件，稳居全市首位，新增国家级企业技术中心1家、中国驰名商标1件、“浙江制造”标准发布9项、“品字标”认证企业6家和省级企业研究院6家、工业设计中心4家，航运交易服务、社区便民服务成为国家级标准化试点，获评省创造力十强县（市、区）。新增国家科技型中小企业371家，高新技术企业达到350家，入选全省高新技术企业创新能力百强2家。人才净流入率全市第一，新引进院士团队6个，入选省市突出贡献专家3人、市领军拔尖人才32人、市“3315系列计划”16个，评选区首批“四大精英”100人，甬江人才创新中心一期开园、挂牌浙江创新中心。

二、统筹实施补齐短板“攻坚战”

成功夺取平安金鼎。深入开展“防风险、保平安、迎大庆、夺金鼎”活动，强势推进扫黑除恶专项斗争，侦办黑恶团伙86个，P2P网贷机构实现“清零”。全省率先建设社会风险评估工作服务网，区社会矛盾纠纷调处化解中心（信访超市）建成投用，信访积案有效化解，赴省进京越级访创历史新低。成功创建“无欠薪”区。开展安全生产和消防安全整治百日大会战，积极组织应急演练，实施“两小一危”、交通安全、工业厂房改建公寓楼等集中整治，举办首届外来务工人员亲子平安特训营，整改违规群租房4459间，建成省级规范化避灾安置点37个，累计发放安全头盔34万顶，安全生产事故起数和死亡人数分别下降25.9%、29.4%。全力做好超强台风“利奇马”抢险救灾和灾后重建工作，把灾害损失降到最低。常态整治保健品市场乱象，发布餐饮行业“红黑榜”，首创公益性食品安全预防措施保险，建成食品安全追溯联动平台。

强力推进治污拆违。认真做好上级环保督察反馈问题和长江经济带生态环境问题整改工作，开展治水拆违双百攻坚行动，专项整治洗车行业污水排放、餐饮油烟扰民等突出问题，PM2.5平均浓度下降11.8%。加快“污水零直排区”建设，推进截污纳管、雨污分流和管网建设，调水1.8亿方，清淤46.4万立方米，30条城区河道基本达到“清澈见底”，3条河道通过省级“美丽河湖”验收，区控以上断面水质功能达标率为91.7%、创二十年最佳，顺利通过国家黑臭水体专项暗访督查。扎实推进“无违建”创建，积极整治新增违建、涉水违建、别墅违建，开展高铁沿线外部环境安全隐患专项整治行动，全面完成“大棚房”问题专项整治，整治“三涉违建”码头10处，完成“三改”133.5万平方米，拆除违法建筑121.6万平方米，拆后利用率达到85.5%。

扎实开展扶贫协作。选派61名专技人才到对口地区开展帮扶工作，落实援建资金6280万元，筹集社会帮扶资金2230.4万元，完成消费扶贫4408万元，引导22家企业到和龙、延吉投资兴业，投资到位9.4亿元，鄞州区结对帮扶的国家级贫困县和龙市成功脱贫摘帽，全国首个消费扶贫街区山丘市集建成开业。实施山海协作升

2019年10月17日，山丘市集民俗风情街开市

级版，在全省率先启动山海协作乡村振兴示范点建设。切实加强区内扶贫，201个村经营性收入超过30万元，低保标准提高到每人每月940元。

努力提高楼宇产出。开展楼宇经济发展双百攻坚行动，创新实施"楼长制""4+X服务管理机制""老楼新生"等举措，楼宇入驻企业属地注册率和纳税征管率显著提升，108幢商务楼宇实现企业异地注册"清零"，新增规模以上企业259家、税收2.6亿元，税收亿元楼宇达到23幢。

三、系统推进城乡品质"大提档"

全面启动"六大新空间"开发。实施空间大拓展行动，深化与东部新城、东钱湖、高新区协同发展，谋划推进"两中心一枢纽"布局，完成征迁拆除159.5万平方米，拆出净地212.8公顷，出让商住用地123.24公顷，启动城中村改造18个。东部新城年度投资超过160亿元，城市之光和宁波中心超高层建筑开工建设，生态走廊绿道入选"浙江最美绿道"。宁波宝龙广场建成开业，南部商务区月光经济综合体、水环境提升等工程启动实施。横溪农旅小镇一期、庆丰地块军产房整体置换等项目开工建设，明一等地块挂牌出让，前殷、桑家、江南、渔轮厂等地块开发扎实推进，长丰-宁丰区块项目基本落地，五乡轨道合作开发区块签订框架协议，滨海山海产城融合示范区形成概念性规划，姜山田园城市卫星城、城南智创大走廊建设扎实推进。

有序推进基础设施建设。象山湾疏港高速昆亭至塘溪段开工建设，鄞城大道全线通车，整治主次干道3条，打通"断头路"3条，轨道3号线一期、宁奉城际铁路首通段投入运营，新增停车位7031个，创建美丽经济交通走廊7条96.3千米。庙堰碶泵站、鄞东南排涝闸、奉化江东岸绿化等项目基本建成，九曲河整治（城区段）完成主体工程，32个小区中高层住宅完成二次供水改造，农饮水达标提标工程受益人口突破2万人。新建扩建110千伏输电线路4条、变电所3座。开通5G新站点783个，光缆总长度和城域网出口带宽分别达到391.6万芯千米、960G。新建改建城乡公厕279座、旅游公厕20座。

深入实施乡村振兴战略。启动实施"十百千万"工程，获评全省实施乡村振兴战略优秀单位。全域通过小城镇环境综合整治省级验收，入选省级样板镇4个，东吴镇获评全省小城镇环境综合整治行动突出贡献集体。推进省级美丽乡村示范县创建，获评省级美丽乡村示范镇1个、特色精品村3个及市级示范镇村8个、风景线1条，建成美丽宜居村20个、美丽庭院样板村9个。新增省数字农业工厂试点示范主体2家、市级多彩农业美丽田园示范基地和现代农业庄园各3个，咸祥镇、横溪镇获评省级特色农业强镇，"三位一体"农合联改革获评省级先进，成为省级农业绿色发展先行区。农旅融合提速提质，打造"鄞州季节""千里云道""诗画浙江·鄞州十碗"等品牌，新增省休闲农业与乡村旅游精品线路3条、"100个最美丽田园"2个、采摘旅游基地2个，入选市"城郊十园"2个，创建省美丽乡村美育村1个、A级景区村18个、其中AAA级3个。

切实提升城市文化品质。高标准做好文明创建各项工作，周秀芳获评全国道德模范，新增"中国好人"2人，成为新时代文明实践中心建设省级试点区。成立文化艺术发展委员会，精心组织庆祝新中国成立70周年系列主题活动，开展"天天演"活动689场，新建文化礼堂、文化家园39家，连续11年位居全省公共文化服务综合评估第一。深入推进文旅融合、文体融合，获评最美中国文化旅游区、国际划联"龙舟事业突出贡献奖"，宁波科学探索中心成为国家AAAA级旅游景区，鄞州区运动员在市首届全民运动会暨十八届运动会上获得金牌总数、团体总分"双第一"。

四、积极探索全域治理"新解法"

激发村社治理活力。制定出台推进全域治理一系列政策举措，探索"一核三治五共"治理体系，获评省县域社会治理十佳、省社区治理和服务创新实验区、"2019中国最具幸福感城市"全域治理优秀案例。发布全国首个县域社会治理指数模型，积极推广"365社区工作法""幸福指数工作法""契约式治理""老潘警调"、网络"178柔性治理"、信访代办制等成功经验，基层公权力"三清单"运行法获评全国创新社会治理十佳案例。新建村社"说事长廊"58条，完成28个社区服务中心标准化改造。老旧小区改造共同缔造理念深入人心，启动7个老旧小区8026户居民70.7万平方米改造，为老旧小区加装电梯15部。创建省级民主法治村（社区）6个、善治示范村21个。

加强城市精细管理。探索建立"AI全域化执法"新型城市管理模式，中心城区智慧城管网格实现全覆盖，全区共处置32.6万件案件。落实“执法进小区”，22项突出问题实行重点执法监管，物业管理、全装修质量监管进一步加强。推进退红空间改造、桥下空间利用、违章停车整治等工作，打造“最美上学路”7条，整治背街小巷6条，清理乱停放共享车辆6万余辆，251个小区划定油烟类餐饮禁设区域。积极破解渣土处置难题，全面推行生活垃圾“撤桶并点”，生活垃圾分类实现城区全覆盖、行政村覆盖率达到90.1%。实施农贸市场改造提升三年行动，星级市场覆盖率达到83%。

创新要素配置路径。提高财政资金绩效，整合涉农资金8.3亿元，实现预算绩效管理部门全覆盖，“三公”经费下降14.3%。实施全面深化国有企业改革三年行动，加快推进融资平台公司实体化、市场化转型，围绕城市资产经营、交通产业、小微企业园开发和城中村改造等领域，积极开展资产注入、整合重组、对外合作，完成区人大国有资产特定问题调查反馈问题整改312个。制定土地储备三年滚动计划，推进全域土地综合整治试点，消化“批而未供”土地422公顷，处置“供而未用”土地79.47公顷，盘活存量土地222.07公顷。完成第三次全国国土调查。

五、深入基层务实开展“三服务”

打造一流营商环境。全面落实减税降费等政策，为企业减负超过40亿元。深化“最多跑一次”改革，创新推出个人和企业全生命周期“一件事”、“周二夜市”“审批掌柜”“局长坐班”等措施。“互联网+监管”平台实现执法人员全覆盖，政务服务事项99%实现掌上办，“跑零次”事项超过97%，即办件超过80%，民生事项“一证通办”达到100%，全市率先推出政务服务“好差评”体系，政府数字化转型工作评估位列全市第一。推行“开工联合审批、竣工联合验收”，一般工业项目报建审批、竣工验收均缩短到10个工作日内完成，房建类项目分别缩短到20个、15个工作日内完成，审管办获评全国优秀公共资源交易机构。推广企业开办全程网上办、一日结，实施住所登记申报承诺制，新增市场主体2.4万户、累计达到14.9万户。区行政服务中心新址启用，设立全市首家警企服务中心。

不断优化公共服务。加大就业帮扶、鄞企稳岗保障力度，新增就业3.5万人，城镇登记失业率控制在1.34%。退役军人服务保障、医保基金监管体系更趋完善，慢性病门诊药品扩大到1150种。新建区未成年人救助保护中心，镇（街道）“残疾人之家”实现全覆盖。募集慈善资金超过1亿元，创新实施“爱心车轮”老年助餐服务慈善项目。新建示范型居家养老服务中心7个、区域性居家养老服务中心5个，获评国家智慧健康养老示范基地，家院互融养老服务体系入围全国乡村振兴优秀案例。平稳有序做好初中、小学和幼儿园招生入学工作，招录学生3.6万人，为历年之最。投用中小学（幼儿园）7所，新增省一级幼儿园4家，全面实行小学放学后校内托管、学校体育场地向社会开放等举措，积极开展青少年近视防控，通过省语言文字规范化区验收，获评省教育工作业绩考核优秀。医共体建设开局良好，新增国家卫生镇5个，建成医养融合健康服务E站30家，设立“送药上山进岛”便民服务点4个，卫生信息化工作获评全国先进。

加强政府自身建设。深入开展“三进三访”“五夜六送”，“三服务”活动服务事项总数达到19372个，协调解决问题22307个，均居全市第一。全面实施“两强三提高”建设行动计划，开展“二次创业再攀高”解放思想大讨论活动，实施“六赛六比”“三亮三考”“五聚焦五整治”和电视问政、问计基层等措施，聘请政府督查专员10人。积极践行“基层减负年”要求，基层“七多”现象有效减少，社区准入事项精简到20项。加强法治政府、清廉政府建设，自觉接受人大法律监督、政协民主监督和监察监督、审计监督，积极参加人大“向人民报告·民生实事之问”、政协“请你来协商”等活动，579件建议提案按期办复。开展重大行政决策事项第三方评估，政务公开指数评估全省第一。

过去一年，机构改革平稳完成，咨询委、社科院、美丽乡村建设研究会等智库建设得到加强，科普、气象、海关、工青妇、工商联、红十字、档案史志、侨务对台、国防动员、民族宗教、关心下一代、机关事务管理、革命老区建设等工作又取得了新进展，统计局获评第四次全国经济普查国家级先进集体，妇联荣获全国维护妇女权益先进集体。

各位代表，这些成绩的取得，是上级和区委正确领导、科学决策的结果，是全区人民同舟共济、奋力拼搏的结果。在此，我代表区人民政府，向在鄞州工作生活的全体人民，向社会各界、驻鄞解放军和武警官兵，向所有关心支持鄞州发展的海内外朋友，表示崇高敬意和衷心感谢！

成绩令人鼓舞，问题不容忽视。一是经济下行压力加大，产业投资增长乏力，动能转换滞后于发展需求，“低散乱”现象仍然比较突出。二是资源要素瓶颈明显，政策体制深度调整带来资源调配能力弱化，财政增收节支难度加大，产业平台支撑作用有待加强。三是区域竞争日趋激烈，亟需发挥比较优势、推进错位发展、提升城市能级。四是仍有不少短板要补，对照高水平全面建成小康社会目标，在城乡融合、生态环境、公共服务、风险防控等领域还有一些薄弱环节。五是行政效能仍需提升，部分干部能力素质有待进一步提高，个别干部还存在违法违纪行为。对此，我们将高度重视，采取有效措施，切实加以改进和解决。

各位代表，2020年1月以来，我们遭遇了极不寻常、突如其来的新冠肺炎疫情。疫情发生后，党中央高度重视，习近平总书记亲自指挥，部署打响疫情防控的人民战争、总体战、阻击战。在上级党委政府的坚强领导下，区委、区政府把疫情防控作为压倒一切的中心任务，统一领导、统一指挥，区人大、区政协全力以赴、鼎力支持，全区上下众志成城、团结一心，凝聚了抗击病魔的强大合力，谱写了同心战疫的英雄凯歌。

铁腕推进疫情精密智控。根据疫情形势和防控要求，第一时间成立领导小组和工作专班，因地制宜、因时制宜出台和调整防控策略，及时发布疫情防控“十条禁令”“八个一律”和党员干部“十条铁律”，率先开展“三级书记守三门、千名干部守万门”行动，发布“抗击疫情怎么办”系列问答31期，形成“政令畅通、群防群控”的防疫格局。精准实施以码管人、轨迹追踪、电子封条、药店监管、发热门诊预检分诊等举措，切实加强重点地区和境外来鄞人员管理服务工作，实施“点对点”全程闭环转运2000余人，小周期滚动排查150万人次，甬行码、专属码注册分别达132万人、7万个。

千方百计救治患病群众。严格落实“早发现、早隔离、早诊断、早治疗”，集中隔离6500余人，居家隔离2.2万人，实验室检测5.9万人，在较短时间内实现本地确诊病例“清零”，实现了患者“零死亡”、医护人员“零感染”，51名援鄂医护人员为打赢武汉保卫战贡献了鄞州力量。

积极开展复工复产复学。深入开展“三服务”“千名干部助万企”等活动，全力推动生产生活秩序恢复正常。在全市率先出台支持中小企业发展十条、达产提能十五条、服务人才十二条、复工用工八条等援企惠企政策，积极扶持住建、物业、外贸、住宿餐饮、文化旅游等领域企业，组织10个小分队到省外招工，举办宁波·鄞州-东钱湖（上海）旅游推介会、开通沪甬旅游直通车，开展“鄞春”汽车季、美食季、购物季等消费促进活动，安排财政扶持资金1.8亿元，减免缓交税费6亿元、社保费7亿元，为9822家小微企业落实融资额度45.7亿元。有序推进春耕生产、春茶采摘。深入开展中小学“空中课堂”在线网课教育，义务段学校实现全面复学。

切实做好关心关爱工作。加强一线物资保障，出台关心关爱医务人员及其家属二十五条、激励关爱基层党员干部和医务工作者二十条等政策，组织安排医务人员和村社工作人员集中疗休养，选树6个宁波战“疫”先锋团队、15名宁波战“疫”先锋个人、109个鄞领战队和383名鄞领先锋。加强民生保障，积极帮扶弱势群体、特殊群体，全力做好疫情期间民生商品保供稳价工作。

各位代表，推动疫情防控和复工复产“两手硬”、夺取防控阻击战和发展总体战“两战赢”，是一场大战，也是一场大考。在这场严峻斗争中，我们用理想凝聚力量，用信念铸就坚强，用真情凝结关爱。经过艰苦努力，目前本地疫情防控取得了决定性胜利。在此，我代表区人民政府，向全区广大党员干部群众致以诚挚问候！向奋战在疫情防控第一线的广大医务工作者、公安民警、疾控工作人员、村社工作人员、物业工作人员、广大志愿者和各条战线的同志们，表示崇高敬意！向所有参与和支持鄞州疫情防控工作的社会各界、港澳台同胞、海外侨胞表示衷心感谢！

各位代表，当前国际疫情持续蔓延，疫情防控形势依然严峻复杂。我们要坚持底线思维，做好较长时间应对外部环境变化的充分准备，落实落细常态化疫情防控各项举措，奋力夺取疫情防控和经济社会发展“双胜利”。

2020年主要任务

2020年是高水平全面建成小康社会目标实现之年、“十三五”规划收官之年、脱贫攻坚决战决胜之年，也是鄞州推进高质量发展、建设“两高四好”示范区的关键之年。在这样一个特殊时期，3月29日至4月1日，习近平总书记亲临浙江考察，第一站就来到宁波，这是新时代浙江、宁波发展进程中具有里程碑意义的一件大事，充分体现了习近平总书记对浙江、对宁波工作的高度重视和亲切关怀。习近平总书记在考察时强调，统筹推进疫情防控和经济社会发展工作，疫情防控要慎终如始，复工复产要化危为机，改革开放要不断深化，治理体系和治理能力要补齐短板，发展不平衡不充分问题要率先突破，生态文明建设要先行示范，全面从严治党要走向纵深，奋力实现今年经济社会发展目标任务，浙江要努力成为新时代全面展示中国特色社会主义制度优越性的重要窗口。

做好今年工作，必须把习近平总书记重要讲话精神作为统揽一切工作的总纲，把总书记的亲切关怀和殷切期望转化为开创发展新局面的强大动力，用奋进体现忠诚、用实干体现担当，在践行习近平总书记赋予浙江、宁波的新使命中走在前列、当好标兵。

今年工作的总体要求是：高举习近平新时代中国特色社会主义思想伟大旗帜，全面贯彻习近平总书记在浙江、宁波考察时的重要讲话和对浙江、对宁波工作的重要指示精神，深入落实中央和省委、市委、区委部署要求，统筹推进疫情防控和经济社会发展，以全域治理为牵引，以改革创新为主线，大力开展全面深化改革年、高质量发展突破年、全域治理先行年“三个年活动”，组织实施一体化极核打造、产业能级倍增、创新活力倍增、改革动力倍增、制约破解提效、社会治理提能、幸福城市提质“七大行动”，革故鼎新，奋进攀高，推进鄞州高质量发展领跑领先，确保高水平全面建成小康社会和“十三五”规划圆满收官，加快跻身全国综合实力百强区前三，为宁波唱好“双城记”、当好浙江建设“重要窗口”模范生交出鄞州答卷。

——交出应对危机的鄞州答卷。面对前所未有的风险挑战，坚定发展信心，树立必胜信念，以非常的工作状态和精神状态，在常态化疫情防控中全面推进复工复产达产，全面恢复正常经济社会秩序，确保经济平稳健康发展，建议奋力实现地区生产总值增长6.5%左右，一般公共预算收入增长3%左右。

——交出六稳六保的鄞州答卷。千方百计稳就业、稳金融、稳外贸、稳外资、稳投资、稳预期，全力以赴保居民就业、保基本民生、保市场主体、保粮食能源安全、保产业链供应链稳定、保基层运转，城镇登记失业率控制在3%以内，固定资产投资增长10%左右，坚决打赢三大攻坚战。

——交出高质量发展的鄞州答卷。善于在变局中抓住机遇，在逆境中推动发展，加快优化经济治理方式，提前布局新产业、新基建、新消费、新市场，培育壮大新的增长点增长极，牢牢把握发展主动权，力争早日成为新时代全国经济高质量发展先行区。

——交出治理创新的鄞州答卷。立足“鄞州有突破、省市能推广、全国可借鉴”要求，在融入上级重大战略、深化关键领域改革中，充分发挥鄞州改革先锋、开放先行、创新先发优势，全力争创省制造业高质量发展体制机制改革创新实验区，拿出更多立得住、叫得响、推得开的“鄞州解法”。

——交出协调共享的鄞州答卷。坚持城市、镇村一起管，软件、硬件一起抓，深入开展环境整治，加快补齐民生短板，积极防范重大风险，努力促进城乡共美、生态共融、生活共富，城乡居民收入增长与经济增长基本同步，节能减排降碳完成市下达目标，持续提升群众满意度和获得感。

重点做好以下八方面工作：

一、聚焦领跑领先，加速闯出特色发展之路

科学修编发展规划。按照“一核三区”定位，高标准编制“十四五”发展规划、新一轮国土空间总规、鄞州对接大上海和融入长三角专项规划，完善镇（街道）控规详规、村庄建设规划和“四大产业工程”鄞州行动、“六大新空间”开发、乡村振兴发展、基础设施配套、公共服务供给等专项规划，深入谋划重大项目、重大平台、重大改革、重大政策，明确近期重点、开发时序，构建形成适度超前、多规合一、精准精细的规划体系。

推进土地集约利用。实施制约破解提效行动，重点通过体制机制创新，破解产业用地不足问题。以规划修编为契机，整合调整一批布局不合理的永久基本农田和生态管控区域。扩大全域土地综合整治范围，实施工业土地全域治理提升工程，建立健全土地权属主体收益保障和利益分配、工业用地二级市场交易等机制，通过工业棚改、低效工业区块连片改造等模式，抓好20个新型小微企业园区建设。深化“亩均论英雄”改革，把评价排序作为要素配置、政策支持和行政监管的重要依据，新增工业用地全面推行“标准地”。坚决淘汰落后产能，重拳整治亩均税收3万元以下的“散乱污”低效企业。

提升产业平台能级。着眼“空间大整合、产出大提升”，加快打造特色产业集聚区。以争创全省“万亩千亿”平台为目标，扩大鄞州工业园区规模，提升经济开发区能级，加快投资创业中心、中车产业基地提质增效。围绕“工业形态城市化、产城研融合发展”，谋划建设中河都市工业社区、江湾时尚产业社区、东外滩软件产业社区、姜山智创工业园、金童山工业园、云龙微电子工业园等未来工业社区。以东部新城、南部新城两大楼宇圈为核心，做强软件信息服务示范基地、跨境电商园、国际航运物流产业集聚区等特色平台，着力打造一批专业楼宇。启动楼宇经济发展“品质提升年”行动，推进楼宇整规向街区、园区、厂区覆盖，提升楼宇单位面积贡献率，税收亿元楼宇达到25幢。

深化关键领域改革。开展改革动力倍增行动，推动“最多跑一次”覆盖到各领域。推进共青团基层组织、地方青联组织和综合行政执法体制等改革试点。调整优化经济发展政策，深入落实减税降费措施，深化“证照分离”等商事登记制度改革，推进“一事联办”、审批中介联合体组建等工作，进一步优化营商环境。做好区人大国有资产特定问题调查后半篇文章，推进区属国企以片区特许经营、混合所有制、政府购买服务等模式参与区块开发、园区建设、城市管理、公共服务，谋划组建鄞州金融控股有限公司。抢抓财政、货币等宏观政策变化机遇，全力争取专项债券，加快推进国企资产证券化。探索建立“多元投资、管用分离”的政府数字化项目运营体系，建设区公共数据共享与开放平台。抓好机构改革后续工作，加强事业单位清理规范整合和编外用工管理。开展未来社区建设试点。推进安置房“限房价、竞地价”模式。组织开展第七次全国人口普查。

二、聚焦实体经济，积极构筑现代产业高地

开展产业能级倍增行动。坚持实业强区，聚焦细分行业，抢抓战略机遇，加快发展医疗健康、工业互联网、5G+、数字经济、智能物流等重点领域新兴产业，系统构建以数字经济“一号工程”为引领，以“专精特”优势产业、“高新尖”战略产业为两翼，以千亿级产业链、企业群、楼宇圈和大平台为支撑的“1+2+X”产业体系，数字经济占地区生产总值比重达到52.5%。争做宁波“246”万千亿级产业集群建设全优生，加快打造软件与新兴服务1个千亿级产业集群，汽车、高端装备、新材料、电子信息、智能家电5个五百亿级产业集群，关键基础件、时尚纺织服装、生物医药、节能环保4个百亿级产业集群，规上工业增加值增长5%。推进现代服务业跨越攀高，做大做强现代金融、现代贸易、航运物流、国际会展、创意设计等优势产业。实施提信心促消费行动，全面开展特色商圈改造、放心消费创建，大力发展社区商业、夜间经济、首店经济，提振发展住宿餐饮、文化旅游等服务业，支持发展电子商务、网络教育、网络娱乐等消费新业态新模式，社会消费品零售总额增长8.5%。积极引进金融保险法人机构，金融业增加值增长7%。

精准施策壮大企业集群。大力实施“五减”共克时艰行动，着力帮扶企业渡过难关。实施“鄞企舰队”扶持计划，扎实推进“名企攀高、名家争先”。引导龙头骨干企业实施国际化战略，大力引进知名企业区域性总部，优势总部企业突破70家。做好“四经普”后半篇文章，加快企业上规模步伐，扶持“小巨人”企业、“瞪羚企业”和小微企业健康发展，新增市场主体2.5万户、“四上”单位500家、市级以上单项冠军4家，产值（销售）上10亿元工业企业、批零企业分别达到17家、63家，进出口上亿美元企业达到28家。推进企业参与利用资本市场，引导金融机构增加实业中长期融资，提升担保平台服务能力，新增直接融资200亿元。

全力以赴扩大有效投资。加大重大项目攻坚力度，滚动实施省市区长工程，安排政府投资项目560个，固定资产投资达到695亿元。实施重大产业项目培育计划和跟踪管理机制，积极推进海尔创智港、智能医疗科技园、TFT电子纸等重大项目，加快建设宁波中心、城市之光、新世界广场、宝龙一城等高端综合体，引导传统优势制造业开展技改，工业投资达到60亿元。加大特色小镇培育力度，引导社会资本参与城市更新、公共服务，民间投资、建安工程投资分别达到468亿元、305亿元。

推动更高水平对外开放。充分发挥天南海北鄞州人优势，以攻坚姿态稳外资稳外贸。加强精准招商，重视增资扩股，做好留商安商，全面推进"云洽谈""云考察""云招商""云签约""云服务"，新招引1个以上百亿项目、5个以上50亿项目、10个以上20亿项目，实到外资4.3亿美元、内资144亿元、浙商回归资金150亿元。落实宁波"225"外贸双万亿行动计划，重点发展机电及高新技术产品出口、进口贸易、跨境电商、数字贸易、服务贸易，鼓励企业网上参展、转战内销，坚决稳住外贸基本盘，稳住出口占全市份额。深度融入"一带一路"建设、长三角区域一体化、甬舟一体化、"四大建设"等上级重大战略，谋划实施鄞州融入长三角一体化发展专项行动，积极参与浙江自贸试验区宁波联动创新区建设，谋划建设综合保税区、中东欧商品集散中心、航运金融服务集聚区等重大平台。

三、聚焦成果转化，实施创新活力倍增行动

打通创新链条。主动融入宁波甬江科创大走廊建设，高水平建设国家双创示范基地，强化主体链、平台链、人才链、金融链、生态链和服务链"六链协同"，着力打造"热带雨林式"创新生态。全力争取重大科技基础设施落户鄞州，做强中物院宁波军转民科技园、清华长三角研究院宁波分院等科创平台，创建市级以上产业创新服务综合体2家。加强科技大市场和技术转移中心建设，提高科技成果转化率，高新技术产业增加值突破200亿元，规模以上科技服务业营业收入突破40亿元。

壮大创新主体。完善科技企业梯队培育机制，高新技术企业达到400家，创新型初创企业超过2000家。鼓励科技领军企业牵头组建企业研究院、产业技术研究院等载体，聚焦细分领域攻克关键核心技术，研究与试验发展经费投入超过40亿元，建成市级以上企业工程中心250家、企业研究院30家。加强知识产权、商业秘密等涉企权益保护，实现发明专利授权量1650件，新增省级以上专利奖3项、专利贯标认证企业10家。

优化人才环境。深入实施"万有鄞力"人才倍增计划，铸强"浙江模范生·鄞揽新青年"青年人才招引品牌，大力开展人才靶向招引、鄞智回归、以才引才、柔性引才，深化院士、博士后工作站品牌建设，力争引进培育初级技能人才1万人、高校毕业生和高技能人才3万人，人才总量达到44万人，省级以上领军人才和高端创新人才团队达到75个和180个。以宁波城南智创大走廊开发建设为载体，做强国家级人力资源服务产业园等人才创业平台。

四、聚焦引流汇流，着力增强城区极核功能

组团推进全域开发。深入实施一体化极核打造行动，建设宁波都市圈核心区。切实加强与东部新城、高新区对接合作，深化云龙、横溪、东吴等环湖区域与东钱湖一体发展，理顺优化大嵩新区、南部商务区开发建设体制。坚持两大新城错位联动，加快开发东部新城东片区，积极推进南部商务区三期、四期建设，建成欢乐海岸等项目。坚持成片区推进"六大新空间"开发，中部科产城融合带重点做好中河工业区改造和金钟、仇毕、前殷等区块土地出让工作；甬江时尚东外滩要完成庆丰桥以北区域城中村改造、庆丰桥以南区域棚改地块清零等工作；姜山田园城市卫星城要扮靓狮山公园北侧鄞南门户；滨海山海产城融合示范区要优化完善大嵩新区规划，整合利用山海旅游资源，推动产城融合，打造宁波蓝色美丽湾区；环东钱湖绿色创新圈要积极谋划推进会展综合配套区、五乡轨道收储地块等开发建设。

加快完善功能配套。强化支撑型、网络型基础设施建设，配合做好金甬铁路、象山湾疏港高速、东钱湖快速路、轨道交通等项目建设，谋划开展云龙综合交通枢纽、滨海万吨码头、滨海高速、湖海路等前期工作，努力打造长三角战略性交通枢纽区。扎实推进主次干道建设，加快建设鄞县大道改造提升、钱湖南路延伸段等工程，开工建设宁裘线、姜茅路等改造提升工程，启动宁横路拓宽改建、中兴路整治等项目，打通滨江路等"断头路"。推进"一河四泵闸"建设，实施"清水环通"、打通"河梗阻"等工程，清淤河道30万方，全面完成中高层住宅小区二次供水改造，改造提升雨污水泵站6座，大河泵站建成投用。建成福明变、全地下大河变等变电所5座。改造提升农贸市场18家，星级市场覆盖率达96%，新增邻里中心（街区）2个。

持续推进品质提档。开展幸福城市提质行动，深化有机更新、四保联动，积极回应加装电梯、增加停车位等民生需求，全面推广"最多改一次"和插花式、街区式、参与式改造。实施老旧小区片区化改造，完成改造67万平方米。强化征迁清零，加强拆后利用，完成征迁152.8万平方米、清零39个地块，建成仇毕等安置房项目5个。启动城中村改造37万平方米，完成20.1万平方米。推进城市精细化管理示范区提标扩面，深化城市道路"最多挖一次"行动，切实抓好屋顶垃圾整治、桥下空间利用、闲置地块临时绿化、垃圾中转站布局优化、违章停车整治、餐饮油烟长效治理等工作，开展生活垃圾分类"全民参与、自觉参与、精准参与，全面提质"专项行动，启用区循环资源处置中心，新建改建城区公厕25座。促进房地产市场健康有序发展，推行全装修住宅分户检验、准业主参与监督等制度。

五、聚焦短板补齐，全面推动镇村振兴发展

建设宜居乡村。开展新时代美丽乡村创建，实施“百镇样板、千镇美丽”工程，深化“千村示范、万村整治”工程，高水平建设美丽城镇。注重因地制宜、连线成片，突出“一镇一特”“一村一韵”，启动建设美丽宜居村13个，建成省级美丽乡村示范镇1个、特色精品村2个及市级示范镇村7个、风景线2条，创建市级水环境示范镇村3个。着力推进“城郊十园”建设，打造美丽外围组团。积极改善农村道路、停车场地、农田水利、垃圾处理、教育医疗和养老服务等基础设施，新建改建农村公厕70座、旅游公厕20座，建设镇级污水收集管网10千米，农村生活垃圾分类实现建制村全覆盖。

壮大美丽经济。主攻现代农业、旅游休闲，推动农业“接二连三”。稳定粮食生产，提高农产品本地自给率，蔬菜种植面积保持稳中有增，粮食种植面积达到1.25万公顷，生猪产能达到2.6万头。实施农业品牌提升行动，推进适度规模经营，提升现代农业产业园6个，打造三大万亩基地，创建市级多彩农业美丽田园示范基地2个，新增省级特色农业强镇1个。着力打造种业强区，推进粮食、蔬果、水产、畜牧等现代种业集聚区建设。围绕创建省全域旅游示范区，深入推进农旅融合、文旅融合，积极争创高等级旅游景区、旅游小镇、旅游基地，加快建设横溪农旅小镇，启动实施石里花岛小镇建设，谋划大梅山区域旅游开发，新增A级景区村11个。

推进富民强村。全面完成精准脱贫任务，高标准做好东西部扶贫协作、山海协作升级版等工作，创新产业基金扶贫模式，深化消费扶贫、劳务协作、技术帮扶。建立健全“两进两回”“五金富民”长效机制，全力帮扶低收入农户奔小康，大力发展家庭农场、农村电商等项目，培育一批农创客、新农人等高素质新型农民群体，新建产业农合联1家。稳妥推进农村土地经营权流转交易、闲置农房盘活、行政村规模调整等工作，完善股份经济合作社资产管理、收益分配等制度，支持集体经济薄弱村共建“飞地产业园”。

六、聚焦共同缔造，争当治理现代化排头兵

坚持“三治融合”，当好基层治理模范生。积极推进全国乡村治理体系建设试点示范区、省社区治理和服务创新实验区创建相关工作，实施社会治理提能行动，健全基层群众、社会组织、群团组织参与治理的制度和渠道，打造全国全域治理创新标杆区。深化“三清单”运行法、村（居）民说事、村级事务阳光票决制、民情恳谈协商、乡村德治“双清单一机制”等举措，全面完成社区服务中心标准化改造，建成“说事长廊”60条。加强基层社区建设，健全居委会、业委会和物业服务企业议事协调机制，着力构建社区党组织领导下的“社区主导、业主主体、企业主责”三位一体物业管理模式。创建省级民主法治村（社区）4个，村级公共法律服务点实现全覆盖。继续抓好基层减负，切实提高减负实效。加强信用鄞州建设，深入推进流动人口量化积分管理。

践行“两山理念”，创建生态文明示范区。持续做好生态环保督察相关工作，健全环境治理长效机制和河长、湖长、路长等制度。完善空气质量监测网络，加强大气污染防治。推进“数字化+网格化”精细治水，积极推动镇（街道）争创省级“污水零直排区”，统筹抓好河道清淤、近岸海域污染整治、调水活水、排污许可、排水许可等工作，区控以上地表水断面水质全部达标。全面管控新增违建，成为省“基本无违建区”。推进殡葬改革，提高生态入葬率。力争全面完成永久基本农田内经营性花木迁移清理工作。

秉承“枫桥经验”，构建平安建设共同体。开展社会安全稳定隐患大排查大整治大化解专项行动，深化社会矛盾纠纷调处化解中心、“基层治理四平台”“全科网格”建设，健全社会风险预测预警预防和管控体系，完善问题联治、工作联动、平安联创的工作机制，争创省无信访积案区。打好扫黑除恶专项斗争治本之战，坚持“智慧警务+群防群治”，重拳打击黄赌毒、盗抢骗和电信网络诈骗等违法犯罪，全面推广出租房旅馆式管理和智慧安防小区建设模式。健全安全生产监管、应急管理综合协调等机制，深入开展食品药品、道路交通、消防安全、“两小一危”等领域安全隐患专项治理，加快实施天童片区小流域及山体防护体系综合治理工程，提升气象、地质等自然灾害防治能力，推进微型消防站、避灾安置场所建设。

弘扬“鄞州精神”，凝聚文化文明正能量。深化群众性精神文明创建，深入开展“品质社区”“洁美村庄”创建等活动，顺利通过省文明区复评，助力宁波通过全国文明城市“六连冠”复评。推进融媒体中心建设，加强自

省级美丽乡村示范镇——咸祥镇

鄞州区江东外国语实验小学“最美上学路”

媒体管理，健全舆情引导机制，巩固团结奋斗的思想文化基础。打响“义乡鄞州”品牌，推进农村移风易俗，推广“鄞领志愿银行”等模式，持续开展道德典型选树活动，扎实推进新时代文明实践中心建设省级试点工作，实现村（社区）新时代文明实践站全覆盖。以迎接国家公共文化服务体系示范区复查为抓手，做强海丝等文化品牌，优化公共文化服务体系，提升文体中心和文化礼堂运营管理水平，推出一批雅俗共赏、百花齐放的文化活动、文艺作品。积极推进周尧昆虫博物馆迁建等工程，新增文化礼堂40家。

七、聚焦群众关切，不断提高公共服务质量

提升社会保障精准度。坚持稳就业促发展，加大援企稳岗力度，做好高校毕业生、退役军人等重点群体就业工作，推进“云招聘”“云求职”，新增就业3万人。坚持不懈推进社保全覆盖，深化医保支付方式改革，扩大异地就医直接结算定点医院范围。动态调整低保标准，加大相对贫困家庭救助力度，加强未成年人、残疾人救助保障和关爱保护，推进公租房保障扩面。推广居家适老化改造，实现区域性居家养老服务中心全覆盖。大力发展慈善、红十字等公益事业，扩大“爱心车轮”老年助餐服务慈善项目覆盖面。提升退役军人和妇女儿童权益维护、服务保障等水平。

提升教育事业均衡度。深化集团化办学，扩大名校名园覆盖率，促进城乡教育优质均衡发展。加快建设中河初中、钟公庙第二中学等工程，启动建设波波城区块学校、首南保障房配套学校等项目，建成幼儿园4所，打造“最美上学路”5条。健全基础教育提质减负有效机制，提升学生身心健康水平。积极培养名校长、名教师、名班主任，打造高素质专业化教师队伍。完善招生政策，稳妥做好流动人口子女积分入学和军人子女、人才子女入学工作。提升特殊教育、民办教育质量，规范校外培训机构发展。

提升健康服务满意度。完善重大疫情防控体制机制，坚持收放结合、平战结合，抓实抓细精密智控、闭环管理等措施，坚决做到“外防输入、内防反弹”。健全公共卫生应急管理体系，加强疾控中心力量配备，抓好传染病、职业病防治工作。全面推进健康鄞州建设，加快促进医共体资源融合、人员融合，抓好鄞州人民医院东院区、宁波中西医结合医院、区公共卫生服务中心、明楼和潘火社区卫生服务中心等项目建设，争创国家卫生镇2个、省卫生村15个。以等级医院创建复评为契机，主动对接区外优质医疗资源，实施“医学重点学科攀高计划”，提升区域医疗服务水平。加强妇幼健康和3岁以下婴幼儿照护服务，抓实学生视力健康、脊柱健康、心理健康等工作。大力开展全民健身活动，培育发展一批体育公园，争创首批省体育现代化区。

提升智慧民生普及度。围绕打造掌上办事之区目标，依托“浙里办”鄞州专区，全面推行“证照电子化”“全城通办”“刷脸办”。推进智慧教育、智慧养老、医共体信息、志愿者服务和涉企涉社涉农资金管理等平台建设，布设综合性政务服务自助终端机200台。加快5G基础设施建设，扩大无线宽带信号优质覆盖区域，提升市民信息服务品质。

各位代表，今年要继续办好10个民生实事项目，着力解决人民群众最关心、最迫切的民生问题。

八、聚焦提效提质，努力建设担当有为政府

牢记初心使命。始终把党的政治建设放在首位，增强“四个意识”、坚定“四个自信”、做到“两个维护”，全面落实上级和区委决策部署，确保习近平新时代中国特色社会主义思想在鄞州落地生根、结出丰硕成果。强化问题导向、目标导向、效果导向，常态开展“三进”“三服务”活动，下大力气解决群众、企业、基层反映强烈的突出问题。加强学习型政府建设，完善学习培训、实践锻炼等机制，打造“周二夜学”升级版。聚焦形式主义、官僚主义问题，开展全面检视、靶向治疗。

打造现代政府。牢固树立整体智治、唯实惟先理念，统筹推动数字技术应用和制度创新，加快构建职责明确、依法行政、协同高效的政府治理体系。聚焦多业务协同流程再造、数字化平台综合集成，实施政府数字化转型三年行动计划，落地贯通机关内部“最多跑一次”平台，拓展“浙政钉”应用，努力打造全省政府数字化转型先行区、数字赋能全域治理试验区。大兴实干之风，严格执行分级负责、协同推进、狠抓落实的工作机制，全面推行“四必五法”“三办两不过”，加强对督查考核的计划管理，完善正向激励、容

错纠错等机制，更好激发干部知行合一、攻坚破难的责任担当。

强化依法履职。自觉接受人大法律监督、政协民主监督，主动参加人大"向人民报告"、政协"请你来协商"等活动，高质量办好建议提案。严格遵守行政决策相关程序，充分发挥政府法律顾问作用，认真听取民主党派、工商联、人民团体和咨询委、社科院、美丽乡村建设研究会等各方意见。完善行政执法决定法制审核、电视问政等机制，全面推进政务公开标准化规范化。

厉行勤俭节约。坚持"过紧日子"，严格控制公共工程建设，大幅压减非刚性、非重点项目支出，一般性支出压减5%。集中财力办大事、办实事，加大财政资金统筹力度，盘活结余资金、存量资产，优化财政支出结构，强化财政预算约束，提高资金使用效益。稳妥有序化解政府债务，切实加强政府采购管理。

建设清廉政府。强化政府系统党风廉政建设，刚性落实全面从严治党、中央八项规定及其实施细则精神，切实加强对重点部门、重点岗位、重点项目的监察监督、审计监督和廉政风险防控，严管小微权力，严查违法违纪，力争亲清新型政商关系全国先行示范，大力营造风清气正的干事创业环境。

各位代表！任何艰难险阻都挡不住鄞州踏浪前行的步伐。让我们更加紧密地团结在以习近平同志为核心的党中央周围，高举习近平新时代中国特色社会主义思想伟大旗帜，在中共鄞州区委的坚强领导下，锐意进取、敢闯敢干，只争朝夕、不负韶华，凝心聚力建设"两高四好"示范区，在宁波当好浙江建设新时代全面展示中国特色社会主义制度优越性重要窗口的模范生中当标兵、攀新高！

（区政府办公室）

注：

经济指标数据口径：2019年地区生产总值、财政总收入、一般公共预算收入、全部工业增加值、规上工业增加值、进出口总额、出口额、社会消费品零售总额、城镇和农村居民人均可支配收入、金融机构本外币存贷款余额指标采用全口径（含高新区），其他指标及2020年所有目标任务数据均采用区本级口径。

"三个年活动""七大行动计划"：2019年为重大项目攻坚年、改革深化突破年、基层治理创新年"三个年活动"和项目大攻坚、产业大提升、动能大转换、改革大突破、空间大拓展、品质大提档、作风大提振"七大行动计划"。2020年区委决定在2019年基础上开展全面深化改革年、高质量发展突破年、全域治理先行年"三个年活动"和一体化枢核打造、产业能级倍增、创新活力倍增、改革动力倍增、制约破解提效、社会治理提能、幸福城市提质"七大行动"。

"四大精英"：智造精英、堇山精英、技能精英、服务业精英。

河道"清澈见底"：水体透明度≥80厘米或见底。

"4+X服务管理机制"：每幢楼宇明确一名分管领导、一名联络人员、一名税务专管员、一名市场监管员，同时为有条件的楼宇配备公安民警、社区志愿者、党建工作指导员等。

"两中心一枢纽"：宁波国际会议中心、宁波国际展览中心、云龙综合交通枢纽。

"三服务"：服务企业、服务群众、服务基层。

个人和企业全生命周期"一件事"：围绕企业全生命周期（登记开办、项目投资、不动产交易、水电气报装、员工招聘、设备购置、生产销售、获得信贷、并购重组、清算注销等）和公民个人全生命周期（出生、上学、就业、结婚、生育、置业、就医、退休、养老、殡葬等）划分出若干个重要阶段，将同一阶段内关联性强、办事需求大、办事频率高的多个办事事项集成组合为"一件事"，实现全流程"最多跑一次"。

"好差评"：政务服务绩效由企业和群众评判的"好差评"制度。

"五夜六送"：夜学、夜访、夜巡、夜谈、夜议，送信心、送政策、送服务、送点子、送措施、送关爱。

宁波"四大产业工程"："246"万千亿级产业集群建设、"225"外贸双万亿行动、"3433"服务业倍增发展行动、"4566"乡村产业振兴行动。

宁波"246"万千亿级产业集群：到2025年，在全市培育形成绿色石化、汽车2个世界级的万亿级产业集群，高端装备、新材料、电子信息、软件与新兴服务4个具有国际影响力的五千亿级产业集群，关键基础件、智能家电、时尚纺织服装、生物医药、文体用品、节能环保6个国内领先的千亿级产业集群。

"五减"：减税、减费、减租、减息、减支。

"四上"单位：规模以上工业、有资质的建筑业和全部房地产开发经营业、限额以上批发零售业和住宿餐饮业、规模以上服务业法人单位。

宁波"225"外贸双万亿行动：到2025年，全市外贸进出口总额达到2万亿元，机电及高新技术产品出口额、能源及大宗商品进口额分别达到5000亿元，跨境电商、数字贸易、服务贸易、优质商品进口、转口贸易额分别达到2000亿元。

"四大建设"：大湾区、大花园、大通道、大都市区建设。

乡村德治"双清单一机制"：乡村德治正面清单、乡村德治负面清单、乡村德治落地执行机制。

专记

“不忘初心、牢记使命”主题教育

2019年，鄞州区开展“不忘初心、牢记使命”主题教育活动，全区94家单位、3063个党组织、61399名党员参加，实现党员干部学深悟透，人民群众有获得感。相关经验做法被省委主题教育简报刊发4次、市委主题教育简报（专报）刊发10次，中央人民广播电台、人民网、《法制日报》、浙江卫视、《宁波日报》等市级及以上媒体报道50次。

“学、思”贯通，学习教育突出“鄞州元素”。依托9个初心洗礼教育基地、10个开放式组织生活基地、21个村社政治生活示范基地，连点成线、串珠成链构建起学习红色文化、传承红色基因、弘扬红色精神的党性教育“红色矩阵”，方便全区各单位就近就便开展沉浸式、体验式、情景式学习。宁波第一农村党支部革命旧址、鄞州区政治生活馆、和丰创意广场工人运动旧址等红色教育基地日均接待量350人次，全区40个红色阵地接待参观团队1120批次、6.2万人次。探索“理论学+实地学”，区委常委会恪守“五个始终”“六个在前”承诺，赴塘溪镇、下应街道开展“初心之旅·鄞领之路”，学习一堂鄞州革命史、发展史。9月、10月分两次开展为期7天的集中自学、交流研讨、听取辅导报告。面向全区779名区管领导干部，分2个批次举办专题读书班。9月24日开展“初心之旅·鄞领之路”，市委常委、区委书记褚银良在沙氏故居前为区四套班子上了一堂“初心微党课”；各基层单位利用“党课小分队”“党建名师讲堂”“桥头宣讲会”等载体，分层分类开展“一把手”谈初心、“千名支部书记讲党课”“万名基层党员上讲台”等活动。把学习研讨与“二次创业再攀高”解放思想大讨论相结合，区领导主动带着课题、带着问题“北上南下”考察，先后到广东顺德、南海，江苏武进等先进地区学习经验。通过“周二夜学”，各单位结合行业特色和自身实际组织开展集中研学，集中研讨651场次。开展专家多方研讨、媒体深度“解码”，邀请新闻媒体、相关领域专家学者在体制机制创新、全域土地综合整治、未来工业社区建设等方面细谋对策，推进高质量发展。组建“百师百课”初心宣讲员队伍，设计涵盖理论教育、形势教育、廉洁教育、文明教育、专业教育五大类100堂课程，并从全区宣讲员中择优选出100人组建初心宣讲团，将宣教触角延伸至每名党员身边。10月起在《鄞州日报》开辟《我身边的初心使命》专栏，已推出15位鄞州党员干部身边的榜样人物。鼓励支持各镇（街道）、村、社区创新学习方法，推广白鹤街道“初心微党校”、咸祥镇方言版有声读物《听阿拉讲初心》、下应街道“使命课堂”、划船社区“区域大党课”、回龙村“圆桌问初心”等做法。

“研、谋”贯通，调查研究探寻“鄞州解法”。开展“调研解难题、深化三进三服务”，做到摸实情、解难题、提对策、促发展。区四套班子领导审慎选定城市高质量发展、社区建设、全域治理、乡村振兴、产城融合、法治政府建设、现代农业发展、全域旅游、“医共体”建设等29个议题，系统梳理制定涵盖调研地点、调研时间、调研形式等内容的领衔破难清单。推行走乡入村“新三包”机制，即“村社包片”，区党员领导干部以“一对一”或“一对多”形式对村社进行包干，做到全区所有镇街村社“全覆盖”，区委常委包干数量普遍在12个以上；“项目包干”，136名党员领导干部到“六大新空间开发”、治水拆违、楼宇整规以及120个年度重大项目一线办公；“实事包办”，党员领导干部带头对信访积案、征地拆迁、环境整治等进行包案攻坚。明确调查研究“六个一”要求，推动调查研究直奔一线、直奔问题。全区党员干部走访村、社区7684次，走访企业5979次；解决村社、企业问题17022个，解决率83%。聚焦长三角一体化发展、“热带雨林式”创新生态构建、246产业和225外贸集聚发展、“六大新空间”开发、乡村振兴、全域治理等中心工作深入调研、找出良方，区四套班子领导、94家单位领导班子成员开展专题调研6270次，形成有质量的调研报告808份。“走进去蹲下去”破难题，以“三进三访”“五夜六送”“三亮三考”为抓手，倒逼党员干部沉到问题一线、基层一线。“最多跑一次”改革在行政审批领域开创多个省市乃至全国先河，创新实施快速审批2.0机制、难办事项不过周、掌柜审批、微审批等机制。在鄞州区新开办一家企业完成“企业登记、公章刻制、银行开户、发票申领”全流程仅需4个小时。创新“局长坐班”，主题教育期间有33个部门49个局长到窗口坐堂办公。开展“周二夜市”，行政服务中心每周二窗口服务延时至19时30分，覆盖41个行政审批单位和公用企事业单位、1354项政务服务事项，并拓展到镇街，区行政服务中心群众满意率99.58%；团区委举办“青春夜市”进社区34场，惠及群众1.2万人。开展“三大双百攻坚”活动，拆除处置违建2630宗、292.91万平方米；创新民间河长、一河一策等机制，全区12个区控以上断面全部达到考核要求，制订洗车行业规范化排水“鄞州标准”，顺利通过国家黑臭水体专项督查，确保30%城区河道“清澈见底”、捧得大禹鼎；新增24幢亿元楼宇；成功打赢平安护航70周年大庆保卫战，未发生各类不稳定事件和公共安全案（事）件，平安浙江指数全省平均排名进入前40名。结合主题教育开展安全生产整治百日大会战，以“一危两小”为重点，开展大排查大整治大教育大提升。同时，打好信访化解、垃圾分类、教育医疗、村社治理组合拳，生活垃圾分类城镇覆盖面100%、知晓率95%。推行城乡基层公权力“三清单”运行法，建立部门责任清单、十大类31项权力清单、7个严禁负面清单和运行流程图。

“查、改”贯通，问题整改体现“鄞州力度”。根据总书记习近平“四个对照”“四个找一找”要求，开展“8+1”专项整治，坚持检视问题“动真碰硬”，整改落实“一改到底”。对标对表细查，对标总书记习近平对宁波和鄞州工作的指示精神，查找问题短板、深挖问题根源，细化明确七个方面70项攻坚任务，逐一明确时间表、路线图和责任人。党员领导干部通过自己找、群众提、集体议、上级点等方式，开展履职检查。对照党章细查，对照党章、准则、条例，围绕“18个是否”逐一进行检视分析，对查摆出来的问题纳入主题教育整改清单，区四套班子列出问题594条，明确整改措施、整改时限和努力方向。紧盯问题细查。开展意见征求，书面向各镇街、区级机关单位及其主要负责人，部分副区级以上老同志、区党代表征求意见建议，发放意见表485份，回收446份；依托“鄞响”App发布《鄞州区关于公开征求主题教育意见建议的公告》，征求全社会各界人士意见建议52条；由区委书记、区长、区委副书记举办3场征求意见座谈会，征求意见89条。同时将上级巡视巡察、扫黑除恶、环保督查等渠道反馈的问题，长期信访积案中存在的、群众反映强烈的、谈心谈话指出的问题，以及检视反思出的问题等一并列入问题清单，做到即知即改。坚持将“改”字贯穿始终，对照主题教育“8+1”个专项整治要求，细化62项整治重点和102条整治措施，从一开始就奔着问题查摆、盯住问题整改。结合“基层减负年”力戒形式主义，印发《鄞州区减负提效量化行动手册》，立下“四必五法”9条“军令状”，以蚂蚁啃骨的韧劲推动基层减负落地落实；全区三类重要文件发文数同比下降46.2%，会议数同比下降41%，为村社摘除对外挂牌287块、室外牌子500块、室内牌子摘除数424块，清理上墙制度703个，取消工作台账240份。推进基层党建突出问题专项整治，排查出后进村、社区党组织18个（村13个、社区5个）、后进“两新”党组织7个。制订《后进党组织整转工作实施方案》，建立健全村（社区）党组织书记区级备案管理制度，全区201个行政村、152个社区书记实现动态管理；建立健全村（社区）班子成员资格条件常态联查联审机制，做到“凡进必审”“凡动必查”，非集中换届期间由区级10余家部门单位组织联查联审联席会议开展审查。定期采取基层调研、明察暗访、座谈交流等形式进行专项督查，将发现问题通过点对点反馈指导、整体通报整改等督促相关单位整改。至年底，18个后进村、社区党组织、7个后进“两新”党组织全部完成整转。同时，一线精准培育识别选用干部做法得到中共中央组织部肯定，创新村、社区书记交流会、选派村、社区“第一书记”、“退二线”干部担任督查专员、容错纠错等措施，有力激发党员干部实干、担当、奋进的精气神。整治违反中央八项规定精神的突出问题，869名区管在职领导干部全面自查，833人做出“零违规”承诺，36人报告违规收送礼品礼金、均第一时间退回。开展正风肃纪613次，查处问题510个，处理人员487人，处理违规因私出国（境）14人。对照扫黑除恶督导整改问题清单、问题建议清单，抓紧抓实上级交办的重点问题解决、重点领域整治、重点案件办理等工作。打掉“黄赌毒”团伙56个，抓获涉案人员373人；侦办涉黑案件4起，查处恶势力犯罪集团14个，打掉恶势力团伙68个，扣押、冻结非法资产3.2亿元，依审判决黑恶案件12件、65人，查处涉黑涉恶腐败和“保护伞”问题27个，处理27人，其中充当“保护伞”22人。借助人大联络站、“请你来协商”“说事长廊”等平台广泛问计于民、问需于民，累计征集问题建议397条。举办“局长问政公开赛”，安排区直机关“一把手”围绕久治难愈的城市管理顽疾，接受市民代表、媒体记者现场质询，现场提出整改方案和完成时限。

“督、导”贯通，联系基层体现“鄞州风格”。针对第二批主题教育涉及单位和人员范围广、类型多、数量大、情况复杂的情况，坚持从实际出发，针对不同层级、不同领域、不同对象特点，科学合理制订推进步骤、因地制宜创新工作方法。区委成立主题教育领导小组及办公室，全面统筹协调主题教育相关工作；抽调32名业务骨干组建工作专班，下设综合一组、综合二组、宣传组、联络组和整改落实组；抽调60名党员干部组建15个巡回指导组，负责督促、指导全区94家单位全程高标准高质量推进主题教育。制订区委巡回指导组重点工作任务清单，明确提出“列席领导班子集中学习研讨会”“开展个别访谈活动”等12项工作任务。定期召开区委各巡回指导组组长交流会，专题研究督导重点和近期工作安排。严肃督导问责，采取随机抽查、调研访谈等方式，进行督促指导，对开展主题教育态度消极、敷衍应付的给予严肃批评，对变形走样、问题严重的给予组织处理。创新“五式”工作法，对镇（街道）、村、社区、“两新”组织等不同领域、不同对象开展“清单式”指导、“沉浸式”学习、“审核式”把关、“在线式”答疑、“对账式”整改，确保基层主题教育不跑偏、不走样。

（洪佳智）

全区机构改革工作

2019年，鄞州区印发《宁波市鄞州区机构改革方案》《区级机构改革部门“三定”工作实施意见》《区级机构改革部门“三定”工作程序》《机构改革期间部门职责争议协商协调办法》《关于起草部门“三定”规定草案的有关技术性规范》等机构改革相关政策和文件。建立由“三定”审核组把关的工作机制，研究修改各部门“三定”规定草案，并提交区委办对草案进行合法性审查。全区机构改革撤并部门4个（区直机关党工委、区委机要局、区规划分局、区农办）、新建部门3个（区医疗保障局、区退役军人事务局、区金融办），设置总数为38个（含不计入限额的生态环保分局）。事业单位涉改103家，新设6家（区接待服务中心、区信息调研中心、区商务楼宇发展服务中心、区退役军人服务中心、区规划管理四所、区水务管理中心），撤销4家（区大数据管理服务中心、区家畜良种推广站、区土地勘测规划院、区水资源管理中心），全口径事业单位机构编制事项全部通过函的形式予以重新明确。本轮机构改革体现鄞州特色，鉴于鄞州区作为宁波金融中心的地位和责任，将金融办作为区政府组成部门单独设立，在限额范围内新设立区国有资产发展服务中心、区大数据发展服务中心，调整区城市开发前期中心（原城区办）等单位职责，为全区特色工作开展提供机制体制保障。

部门职责有效理顺。优化区委组织、宣传、统战等部门职能配置，加强对公务员队伍、新闻出版和电影、侨务等工作的归口协调职能，提高整体效能。明确部门职责边界，把区人社局的医疗保险、生育保险职责，原区卫计局的药械集中采购和监管职责，统一划入新组建的区医疗保障局。确需多个部门管理的事项，明确各部门的职责分工和互相衔接，避免政出多门、推诿扯皮等现象，农贸市场管理职责从区商务局划入区市场监管局，但农贸市场规划明确仍由区商务局承担，区市场监管局配合。建立健全部门间协调配合机制，形成工作合力，区卫生健康局与区市场监管局在食品安全方面建立协调配合机制，区卫生健康局负责食品安全风险监测工作，会同区市场监管局等部门制定、调整、实施食品安全风险监测方案；区卫生健康局对通过食品安全风险监测或者接到举报发现食品可能存在重大安全隐患的，应当立即向区市场监管局等部门通报，区市场监监管等部门应当组织开展进一步调查处置。

职能转变取得进展。合理配置宏观调控职能，强化经济社会发展改革的综合协调，将区经信局的能源管理职责划入区发改局，将区粮食局的职责以及区商务局、区民政局等部门组织实施重要物资和应急储备物资的收储、轮换和日常管理职责整合，划入区发改局。适应经济转型升级需要，加强环境保护，将区发改局的应对气候变化和减排职责、区国土分局防治地下水污染职责、区水利局的编制水功能区划、排污水口设置和流域水环境保护职责、区农林局的监督指导农业面源污染和海洋环境保护等职责整合划入市生态环境局鄞州分局。

组织结构更加优化。此次改革，机构设置总数按照限额37个设置，但内部组织结构进行了优化调整，其中撤并部门4个、新建部门3个，初步建立与鄞州区现阶段经济社会发展相适应的党委政府组织架构，提升行政效能。与上级组织框架的总体对应，明确与中央、省市基本对应设置的机构，落实中央要求地方政府上下对应的部门及职能。体现鄞州特色，从鄞州作为全市金融中心的地位出发，设置区金融工作办公室，有利于加大对金融园区平台的整合，以及对金融保险机构的管理，做大做强金融产业、服务实体经济发展。清理部门管理机构。在中央规定的机构限额内，根据实际需要，将区委组织部的管理机构老干部局调整为党委工作部门。

机构编制予以落实。近年来鄞州区经济社会发展迅速，在确保机构限额不突破，行政编制总额不突破的前提下，根据部门职责变化，编随事走，有保有压，区别对待。对一些工作任务明显加重部门的机构编制作适当加强，增加应急管理局部分行政编制；对工作职能转移的部门，相应划转机构和编制，根据公务员管理和医保管理职责的划转，同步将区人力社保局的部分行政编制划转区委组织部和区医疗保障局。改革前后，全区行政编制总额保持不变。

（孙 侃）

“最多跑一次”改革

2019年，鄞州区推进“最多跑一次”改革。全区办事事项“最多跑一次”覆盖率100%，基层延伸镇（街道）层面覆盖率100%。区级公共资源交易平台完成各类交易项目883宗，成交价153.92亿元，节约资金6.32亿元。公共事务受理中心共受理企业、群众来电、邮40.5万件，比上年增长16.7%。区行政服务中心办理各类事项147.69万件，办件量居全市各县（市、区）首位。全区21个镇（街道）和南部商务区公共事务服务中心办件量129.37万件，日均办件量5216件。代办各类项目189个，解决项目审批难题50余个。区公共资源交易监管中心获评全国优秀交易机构（县级），“两隔离、两可视”评标监管模式获“全国年度十佳示范项目奖”。鄞州区获评浙江省“最多跑一次改革”优秀县（市、区）。

政府职能转变。鄞州区成立“最多跑一次”工作专班，抽取区委编办、区大数据中心、区司法局等单位业务骨干，定期召开工作例会，研究部署“最多跑一次”工作，结合工作实际有序推进，明确时间表、路线图，精准发力，确保每天有进度，每周有变化。区审管办负责全区“最多跑一次”改革的计划安排、协调推进、督查考核等具体工作。对浙江政务服务网鄞州平台完善调整，推进省市部署事项领用、颗粒化梳理等工作，并在浙江政务服务网上公开相关目录。完成证明事项梳理登记造册工作，梳理登记现行证明1582项，核实现行证明的法律、法规或者其他文件依据，确定必须取消证明事项和依法应当保留的证明事项目录，如区教育局取消年度财务会计报告审计结果等证明事项。推动区级行政审批事项向镇（街道）、村（社区）延伸，打造“十分钟便民服务圈”。全区镇（街道）均设置公共事务服务中心，可办理事项2138件，包括权力事项626项、公共服务事项996项。“最多跑一次”整体实现率100%，并延伸至351个村（社区），可办、代办事项数703项。如残疾人辅具适配申请、康复训练补助、护理补贴申请等真正实现“群众办事不出村（社区）”。在全国率先探索镇（街道）“审批专用章”模式，与镇（街道）公章具有同等效力。全区“审批专用章”覆盖范围100%，涵盖全部20余项权力事项和5项公共服务事项。医保、人社部门推进“社银联通”，拥有200余个社保卡服务网点（其中43个为即办网点），实现镇（街道）全覆盖。

审批效能提升。鄞州行政服务中心搬迁新址，整合进驻出入境、婚姻登记、税务、公积金等分中心业务，实现“只进一扇门，办成所有事”。创新“集中授权审批方式”，整合科技局、教育局、财政局等10个部门70余个审批事项，由部门出具授权文件，将审批权统一委托给区审管办，实现“一窗受理”审批。区行政服务中心集中全区36个部门2001项政务服务事项，事项进驻率100%；区级和镇（街道）层面办事事项“最多跑一次”覆盖率100%。区行政服务中心自5月起，全面取消向办事群众收取各类复印件，因法律法规规定仍需留存复印件的，通过配置高拍仪、扫描仪等设备，由办事窗口自行拍照或复印留存，100%实现企业群众复印件零收取，复印费零支出，同时全力推行“无证件办事”改革，推广电子证件卡包应用，窗口工作人员只需通过扫码卡包即可下载打印证件信息，办事群众无须再提供身份证、户口本等证件。按照省委改革办梳理公布的24项公民“一件事”和17项企业“一件事”清单，实现“一站式”服务。“个体劳动者就业创业”“社会保险关系转移、接续”等，实施一站式办理、一体化服务。临时建设用地规划许可与临时用地审批合并受理，减少用地单位申请材料，减少审批环节。实施临时改变房屋用途审批和土地收益金缴纳合并办理，申请材料由原先需提供的19件减少至8件，办理时间由35个工作日减至15个工作日。对建设工程规划核实确认与建设用地复核验收实行同步进行，办理时间从20个工作日减至4个工作日。

信息孤岛打通。启动推进数字化转型，“掌上办”比例100%，“网上办”比例100%，民生事项“一证办”比例100%，网上办件比例50%。重点抓好与政务管理、民生服务相关的重要项目推进。鄞州区城管智能分析执法系统被列入市政府数字化转型创新应用项目，智慧城市顶层设计项目进入终验准备阶段。开展省市公共数据共享调用，申请省级接口335个，市级接口52个，调用117万次，同时开展区级部门自建系统数据目录梳理。落实省人口数据综合库、法人综合库、电子证照库等基础数据库相关配套建设，与省级管理部门协调鄞州区各部门的数据共享需求，促进有用数据的回流。协同区各行政部门根据具体事项明确奖惩应用的流程办法，全区21个部门开通58个“信用浙江”查询账号，21个部门开通51个“信用宁波”查询账号，涉及政务服务事项各个领域。印发《鄞州区深入推进证照电子化打造“无证件办事之城”实施方案》，实现全区所有镇街道公共事务服务中心窗口证照电子化应用场景全覆盖；推广浙江可信身份认证和电子证照扫码应用，实现鄞州区政府门岗、档案馆、退役军人事务管理局、刻章店、理赔中心、小区物业、教育培训学校、邮政快递等150余个单位“证照电子化”应用覆盖。整合区内养老资源，特别是养老服务业下游企业、公益慈善组织、医疗教育等公共服务资源，形成全区性养老服务资源数据库。全区享受家院互融服务老人9000余人。

改革实现突破。开设夜门诊及住院服务，重点推进预约诊疗服务、检验检查结果电子化等工作，依托分级诊疗平台，完成号源池整合的基层医疗卫生机构占比100%，开设夜门诊的基层医疗卫生机构占比90%，提供住院服务的基层医疗机构占比40%，开展门诊手术的基层医疗机构占比75%。推进教育业务网络办理服务，转学、休复学及各类社会考试，实现全流程网上办理；教育培训机构审批一窗受理，工商、民政、消防等一系列审批业务实现内部流转。区民政局联合区教育局等部门，在全区21个镇（街道）成立社会救助"一门受理、协同办理"窗口，实现跨部门救助工作统筹，同时全面建立社会救助"社区代办"和救助金"社会化发放"。实现除集体土地外的不动产登记业务全过程2个工作日完成，不动产交易一般登记和抵押登记业务均纳入60分钟办结事项，一般商品房转移登记申请材料压缩为4份。推进食品流通领域新办、延续和变更等许可事项实施"先证后核"，由原法定20个工作日改成当场办结，发放先证后核许可证4250件，备案登记证3400件；推进证照分离、多证合一改革，审批改为备案6025件，实行告知承诺2520件，优化准入服务5097件，直接取消审批6件；推进工商全程电子化及电子营业执照应用，全程电子化平台核准申请15678件；优化简易注销流程，办理简易注销7730家。汇总全区32个部门，办事事项224项已在浙政钉——机关内部最多跑一次（鄞州子平台）公布，实现最多跑一次数量210项，占比93.75%；多部门联办事项25项，实现最多跑一次数量20项，占比80%；通过OA平台或自有系统等途径已实现"网上办"事项共97项，实现率43.3%。

办事效率提升。实施《宁波市鄞州区房地产项目审批服务提速实施办法》《宁波市鄞州区一般企业投资项目开工前审批"1020"改革实施方案》《宁波市鄞州区投资项目竣工联合验收"1015"改革实施方案（试行）》，落实项目代码制度、"标准地"制度等配套改革措施。简化相关环节和材料，变"申请后审批"为"申请前服务"、"单个项目评"为"区域整体评"、企业付费为政府买单，2019年1—9月，省级以上平台工业用地"标准地"供应10宗，占比100%；省级以上平台之外工业用地"标准地"出让1宗，占比100%。项目代办机制更完善。建立重大项目全程代办分级协调服务机制，区审管办主要负责人担任项目审批"首席代办员"，联合重点部门32名"党员先锋代办员"，区代办中心8名"青春助跑员"，及21个镇（街道）合计40余名"店小二式服务员"，帮助企业解决因审批环节多、流程复杂、材料烦琐、政策盲点导致"心里没底、办事没谱、阻力没解"问题。如针对新世界广场项目消防等级较高、土地相关指标未明确等问题，开展模拟审批。针对东遇文化里项目体量大、历史遗留问题多、涉及部门多等问题，通过开展承诺制、容缺预审、打包图审等举措，最大程度压缩"审批空窗期"，使企业在确定时间内打桩施工。全年共开展多部门协同联办10次、市区会商会审15次，共计代办项目172个，其中区级重大项目38个，项目审批提速达40%。全省首推"难办事项不过周"。对鄞州区域内存在历史遗留问题、需多部门协调处理、审批中碰到难办事项的所有投资项目实行该机制，该做法在《浙江日报》头版刊登。2019年通过联合会商会审、实地踏勘、沟通协调，共受理问题解答600余次，召开专题协调会20次，协调难办事项40余项，办结率100%，共有20个项目受益，其中宁波奥克斯智能商用空调制造有限公司年产50万台气体压缩机机械设备项目从备案到取得施工许可证11天。

工作基础牢固。采取组建检查小组模式，同时匹配区文广旅游体育局、区人力社保局工作人员，组建检查小组12个，联合开展跨领域、跨部门"双随机"抽查中失联列异2家，搬迁1家，正在注销清算1家，责令改正需后续处理2家；鄞州公安分局完成"双随机"抽查任务19个，完成检查护次149家，问题检出率2.01%，检查结果均录入平台并公示。完成镇（街道）综合指挥室规范化建设，建立健全流转交办、研判预警、"四个平台"会商协调、联合执法、督查考核工作机制，实现基层管理跨部门、跨层级协同运转。完善镇街"四个平台"建设，加强派驻机构考核，推进重心下移、保障下倾、力量下沉，系统规范镇街综合信息指挥室的功能定位、运行机制、工作保障，扩大综合信息指挥室示范化建设覆盖面，推进镇街信息化平台之间的整合；印发《关于进一步规范网格化管理工作的通知》，对网格的定位与划分、网格长（员）的配备与职责、信息的排查收集、网格队伍的常态管理等内容进行全面规范。组建"全科网格"培训专家库，开展业务培训200余场；拓展网格信息收集渠道，实现网格微信群全覆盖，建立微信群近2000个。

（黄 芳）

"扫黑除恶"专项斗争

2019年，鄞州区开展"扫黑除恶"专项斗争，侦办涉黑涉恶团伙86个，其中涉黑团伙4个、恶势力犯罪集团14个、恶势力团伙68个，对1885名涉黑涉恶犯罪嫌疑人采取刑事强制措施，扣押、冻结非法资产3亿元，挖出涉案公职人员26人，其中省公安厅认定"保护伞"13个。

最高站位强推进。结合"不忘初心、牢记使命"等专题学习教育活动，利用党委会、"周二夜学"等学习载体，集体学习总书记习近平关于开展扫黑除恶专项斗争的系列重要讲话、批示和中央督导组反馈会精神，克服“差不多”“松口气”等麻痹松懈思想，推动专项斗争向纵深发展。坚持和完善《鄞州日报》、鄞州电视台及“鄞+”“鄞响”等新媒体平台扫黑除恶专栏。开展扫黑除恶宣讲活动，鄞州公安分局局长先后开展6次扫黑除恶公开课，2000余人参加。开展“扫黑除恶人人讲”活动，开展公开宣传活动151次，覆盖群众3.5万人。加大群众举报奖励力度，发放奖励金42万元，奖励总额列全市第一。

最强攻势扫黑恶。做好线索核查工作。按时完成中央督导组督办线索和上级公安部门下发线索“清零”工作，核查中央督导组下发线索21条，公安部下发线索15条、省公安厅下发线索9条、市公安局下发线索125条，立案42起，打击处理209人。实施重点案件攻坚。对黑社会、恶势力犯罪集团等18个重点案件，由“一把手”任专案组长，党委班子成员分头包案，每周评估进度，比武打擂、亮绩竞标。自督导组进驻浙江起，鄞州公安分局新采取强制措施409人，移送起诉352人，新侦办黑社会性质团伙2个，恶势力犯罪集团6个。推动人员抓捕与清查财产同步进行，深挖犯罪线索与深挖利益链条同向发力，依法采取查封、扣押、冻结等措施，摧毁黑恶势力经济基础，扣押冻结资产4.5亿元。提升起诉审判质效。实行重大黑恶案件法制专人进驻专案组机制，对侦办的全部涉黑案件和每起恶势力犯罪集团案件，邀请检法专家开展会商70余次，重点解决案件的罪名认定、证据规格、侦诉衔接、法律适用等具体问题，做到既不“拔高”，也不“降格”。对金闯等犯罪集团、应小平涉黑案件等进行了公开宣判。

最大力度治乱象。加强乱点整治，综合运用各种手段预防和解决乱点问题。对钟公庙群租房问题、世纪大道周边涉黄、东胜街道宁穿路场所卖淫等问题进行专题整治。同时对案件办理过程中发现的行业监管漏洞，通报行业主管部门进行调整完善，送达《整改意见函》5份。严管行业场所，针对二手车诈骗、“套路贷”乱象，梳理近三年相关警情，研判出18条黑恶线索，打掉“套路贷”团伙6个，实现“二手车”“套路贷”日均警情同比分别下降73%、65%，“二手车设套交易诈骗”战法得到省公安厅肯定并予以推广。把扫黑除恶专项斗争与平安建设相结合，开展“深化扫黑除恶、共筑平安校园”主题公开课、“扫黑除恶、净化环境、文明出行、共建平安”安全头盔捐赠等系列活动。

2019年4月12日，东部新城交警中队铁骑分队进行巡逻

最严要求挖伞网。落实一案三查机制，鄞州公安分局联合区纪委印发《关于加强“打伞破网”行动协作配合的意见》，健全问题通报、线索移送、案件协调查办等工作制度。加强对大案要案同步立案、同步调查、同步分析、联合攻坚，确保“扫黑”和“打伞破网”同步进行。向市纪委监委移交涉嫌职务违法违纪线索18条，向区纪委监委移交线索20条，区纪委区监委向扫黑办移送黑恶线索20条。对涉及民警、协辅警充当“保护伞”的，由驻局纪检监察组牵头核查，会同督察部门主动核实线索，清除公安队伍中害群之马。在鄞州公安分局内网主页设置“曝光台”，对原鄞州公安分局民警杨某涉嫌组织卖淫罪和原五乡派出所协辅警史某等6人在日常巡逻过程中发现辖区内相关团伙开设赌场不予制止等进行通报曝光。

最实措施强基层。注重排查侵蚀农村基层政权和“村霸”“地霸”等重点线索，对软弱涣散村、治安复杂村、村民与村干部关系紧张重点村加强走访排查，对被黑恶犯罪势力渗透的，坚决予以打击。6月25日，对涉嫌犯罪的合一村村主任李某采取刑事强制措施；对问题较多的基层组织和村干部，建议组织部门进行调整，切实强化基层组织建设工作。按照组织部门的部署，对现任村、社区干部进行资格审查和“回头看”，通过查询打防控系统、翻阅相关案件、倒查警情处置等工作，重点对五年来涉及村、社区干部的治安调解案件、报警后未处理警情进行复查复核，对发现的相关人员立即进行清理调整，调整不合格村干部31人。

（李川韶）

大 事 记

1月

1月1日，《中国妇女》报编辑部推选出2018年度十大女性新闻人物，助力脱贫的“支教奶奶”鄞州人周秀芳入选。

1月2日，宁波市扩大有效投资重大项目集中开工活动举行，鄞州区9个项目参加，总投资141.4亿元，年度投资32.5亿元，总投资量和年度投资列全市第一位。

1月8日，在北京举行的国家科学技术奖励大会上，以浙江开天工程技术有限公司吴慧明为核心成员参与的“复合地基理论、关键技术及工程应用”课题获国家最高科学技术奖——2018年度国家科学技术进步奖一等奖。明州医院骨科中心主任徐荣明和宁波市第六医院脊柱科主任医师胡勇合作的“严重脊柱创伤修复关键技术的创新与推广”项目获2018年度国家科学技术进步奖二等奖。

1月9日，浙江大学宁波理工学院举行中国工程院院士、加拿大工程院院士李焯芬入职仪式，宁波大湾区建设工程技术研究中心同时揭牌成立。李焯芬是该校引进的首位全职院士，任宁波大湾区建设工程技术研究中心主任兼首席科学家。

同日，鄞州区举行国家科技进步奖获奖人员座谈会。市委常委、区委书记褚银良代表区委、区政府向获评2018年度国家科学技术进步奖一等奖、2018年度国家科学技术进步奖二等奖的人员和所属单位表示祝贺。

1月10日，市人民政府批复同意鄞州区调整梅墟街道行政区划，即以剑兰路为界，将原梅墟街道划分为梅墟街道和聚贤街道。9月20日，聚贤街道办事处挂牌成立。

1月12日，鄞州区在广东省深圳市举行2019年宁波市鄞州区港澳（深圳）迎春联谊会，邀请香港、澳门、深圳的鄞州籍企业家和乡贤代表共叙情谊、共话发展。

1月15日，2018年享受国务院政府特殊津贴人员名单公布，鄞州区宁波培罗成股份有限公司的潘超宇和鄞州人民医院的陆勤康入选。

1月15—18日，宁波市鄞州区政协十六届三次会议在区文化艺术中心召开。会议期间，大会提案组收到以提案形式提交的意见、建议306件。

1月16—19日，宁波市鄞州区第十八届人民代表大会第三次会议在区文化艺术中心举行。会议期间，收到代表建议、批评和意见313件。

1月17日，2018年度国家级美丽宜居示范村评选结果出炉，姜山镇走马塘村通过验收上榜。

1月19日，全区机构改革动员大会召开。

同日，区委十四届七次全体会议召开，传达学习《宁波市鄞州区机构改革方案》精神，部署鄞州区机构改革组织实施工作。机构改革后，鄞州区设置党政机构37个，其中党委机构11个、政府机构26个。

1月22日，宁波海关驻鄞州办事处公布：2018年鄞州区进出口规模位居宁波各县（市、区）首位，其中实现进口385.83亿元，同比增长38%，实现出口1224.44亿元，增长15.9%，实现贸易顺差838.61亿元，增长8%。

同日，“千年义乡 厚德鄞州”——

国家级美丽宜居示范村——姜山镇走马塘村

第二届鄞州区道德模范颁奖仪式在区文化艺术中心大剧院举行。"支教奶奶"周秀芳获评道德模范特别奖，王和芳、朱恺杰、刘满丽、励红良、甬动爱心服务中心、周妙亚、胡彩凤、姚宏法、钱国钿、韩翠菊获评第二届鄞州区道德模范。

1月24日，2018年鄞州区百强企业榜单揭晓，获"大力神鼎奖"的4家工业企业分别是奥克斯集团有限公司、杉杉集团有限公司、博格华纳汽车零部件（宁波）有限公司、中哲控股集团有限公司；获"大力神鼎奖"的4家服务业企业分别是宁波银行股份有限公司、宁波鄞州农村商业银行股份有限公司、国网浙江省宁波市鄞州区供电有限公司、昆仑信托有限责任公司。

1月25日，全区经济工作会议召开。会上表彰国家科学技术进步奖一等奖企业、"大力神鼎奖"企业、"大力鼎奖"企业、实力骨干企业、创新成长企业和区政府质量奖企业。奥克斯集团有限公司、浙江开天工程有限公司等单位代表作交流发言。

1月29日，全区村社党组织书记工作交流会暨城乡基层公权力"三清单"运行法推进会召开，总结部署全区城乡基层公权力"三清单"运行工作。

2月

2月11日，区委、区政府"三个年活动""七大行动"动员大会召开。市委常委、区委书记褚银良出席并讲话，区委副书记、区长王兆波部署"三个年活动""七大行动"计划，区委副书记朱法传主持会议。

2月14日，区发改局公布：2019年安排重点攻坚重大实施类项目120个，总投资1307.6亿元，年度计划投资约250亿元。

2月15日，鄞州区与宁波移动签署战略合作协议，开启5G先行示范区建设。

2月18日，宁波市自然资源和规划局鄞州分局召开班子宣布大会并举行挂牌仪式。区委副书记、区长王兆波出席并讲话。

2月21日，区委举行理论学习中心组（扩大）会议暨第58期鄞州论坛，《浙江日报》报业集团副总编辑周咏南作"浙江是习近平新时代中国特色社会主义思想重要萌发地"主题报告。

2月22日，2019年全国疾控中心主任工作会议在北京召开，鄞州区疾控中心主任林鸿波作为全国唯一一个县市级疾控中心主任受邀参加会议并作典型发言，分享鄞州区在区域大数据平台应用方面的经验。

2月24日，浙江省基层医疗机构综合能力高品质提升院长高峰研讨会在鄞州区举行，全省200余家基层医疗机构参加研讨会。鄞州区创建的"互联网+医疗健康"模式在会上分享。

2月26日，2018年浙江美丽乡村示范乡镇和特色精品村名单出炉，咸祥镇和横溪镇入选2018年度浙江省美丽乡村示范乡镇，姜山镇甬江村、云龙镇任新村、瞻岐镇岐西村入选2018年度浙江省美丽乡村特色精品村。

2月27日，"支教奶奶"周秀芳作为全市唯一到北京领奖的"最美志愿者"代表，参加在全国学雷锋志愿服务工作暨岗位学雷锋活动推进会上举行的"四个100"先进典型颁奖。

2月28日，鄞州区举行"城市之心，鄞领未来——2019鄞州城市发展论坛"。行业专家、在鄞投资开发商、金融机构投资代表等400余名嘉宾，就鄞州的经济发展、"六大新空间"规划及重点土地项目推介等主题进行交流与探讨。

3月

3月5日，全国残联计划财务工作会议暨政府购买助残服务交流培训在鄞州区举行。会议期间，中国残疾人联合会党组成员、副理事长王梅梅一行到小星星特殊儿童训练部、东柳街道阳光驿站、甬乐阳光家园等地考察。

3月6日，鄞州区与东部战区海军保障部签订棚户区改造军地房地产兑换协议。

3月15日，鄞州海关揭牌仪式举行。区领导褚银良、王兆波、梅益进参加仪式。

3月18—19日，在全省慈善工作推进会上，鄞州区的善园入选浙江省首批慈善基地，并获授牌匾，为宁波市唯一一家入选单位。

3月22—24日，世界龙舟联赛工作会议在鄞州区东钱湖举行。来自英国、法国、意大利、西班牙、阿联酋等国家和中国皮划艇协会、浙江省水上运动管理中心、宁波市等单位的嘉宾参加该次会议。国际划联、中国皮划艇协会、宁波市体育局在宁波东钱湖畔发布"宁波宣言"，并成立世界龙舟联赛联盟。

3月25日，省民政厅公布《关于同意将杭州西湖区西溪街道等18个单位确认为第二批省级社区治理和服务创新实验区的批复》，鄞州区百丈街道入选第二批省级社区治理和服务创新实验区，是全区首个入选该项试点的单位。实验时间自2019年4月至2021年4月。

3月27日，共青团宁波市鄞州区第二十次代表大会在区文化艺术中心开幕。会议回顾总结区第十九次团代会以来全区团的工作，明确下步全区团的工作指导思想和工作任务。

同日，鄞州—衢江山海协作联席会议在鄞州区举行，两区签订合作备忘录，就2019年度山海协作工程达成一致意见。

3月30—31日，由中国小康建设研究会、宁波市人民政府共同主办的全国乡村振兴与扶贫协作（宁波）论坛在鄞州区举行。第十二届全国政协副主席齐续春宣布论坛开幕，市委副书记、市长裘东耀致欢迎辞，农业农村部专家柯炳生、王乐君作"乡村振兴"专题报告，市委常委、区委书记褚银良作主旨演讲。论坛参加人员还到陆家堰村、湾底村和善园等地考察。

4月

4月2日，全省县（市、区）政协

"请你来协商"平台建设工作推进会在鄞州区举行，总结交流前阶段试点工作做法和经验，研究部署在全省推开"请你来协商"平台建设工作。

4月4日，区委将四会合一，召开建设平安鄞州、政法、信访暨扫黑除恶专项斗争工作会议，全面部署平安政法工作。

同日，2018年度浙江省体坛十佳颁奖盛典在杭州举行，12位浙江籍奥运冠军参加，鄞州区的省级非物质文化遗产内家拳传承人夏宝峰获评浙江省体坛十佳，并获"最佳体育达人"称号。

4月11日，由区政府和中信银行宁波分行主办的促进民营企业发展战略合作签约仪式举行，五乡镇政府、中信银行宁波鄞州支行和五乡镇商会签订战略合作三方协议。中信银行宁波鄞州支行向五乡镇企业意向授信20亿元，支持会员单位融资需求。

4月17日，鄞州区行政服务中心新址启用仪式举行。区行政服务中心新址位于鄞州区宁南南路与泰康西路西北侧，总建筑面积5万余平方米。

4月21日，中国工程院院士石学敏与区委人才办、玖一阁生命健康管理有限公司签署三方协议，石学敏院士创业团队落户鄞州。石学敏院士创业团队全职引进签约仪式举行，石学敏院士针灸研究院揭牌成立。是为全国首家石学敏院士针灸研究院。

4月23日，国网浙江宁波市鄞州区供电有限公司客户服务室获评"全国工人先锋号"。

4月25日，区市场监管局数据显示，鄞州区2018年专利申请量和授权量分别为17550件和9945件，专利申请量和授权量连续7年位居全省第一。其中，发明专利申请量和授权量分别为7201件和1524件，位居全市第一。

4月28日，第五届中国（宁波）私募投资基金峰会在鄞州区闭幕。来自全国各地的800余名投资界、金融界、产业界人士围绕"金融服务实体，科创驱动发展"的主题进行探讨。

5月

5月7日，第二次全国地名普查总结会议在北京召开，区民政局获评第二次全国地名普查先进集体，是宁波市唯一入选单位。

5月9日，第六届年鉴编纂出版质量评比颁奖大会暨第二十次全国地州区县年鉴研讨会在四川成都举行。会议对第六届年鉴编纂出版质量评比获奖单位进行表彰颁奖，《鄞州年鉴（2017）》获评综合年鉴一等奖，同时获装帧设计特等奖等4个单项奖。

5月12日，浙江省暨宁波市"5·12"人民防空人口疏散演练在鄞州公园（二期）举行。

5月13日，"海丝明珠·禅意天童"2019年鄞州区"海丝文旅节"开幕式暨纪录片《天童寺》首映礼在东吴镇举行。中国民间文艺家协会副主席吴元新，中央广播电视总台《探索·发现》栏目总策划、总撰稿邓建永、编导刘勇等出席活动。

5月14日，全省科学技术奖励大会召开，鄞州区有7项成果获2018年度省科学技术奖，其中省技术发明奖二等奖1项、省科技进步奖二等奖1项、省科技进步奖三等奖5项，获奖总数占市、区获奖总数13.7%。

5月15日，全国妇联"家家幸福安康工程"启动部署暨2019年度全国最美家庭揭晓会在北京召开，鄞州区周秀芳家庭获2019年度全国"最美家庭"称号。

5月16日，区委十四届八次全体（扩大）会议召开。全会研究部署鄞州区防范化解风险工作，讨论《中共宁波市鄞州区委关于防范化解重大风险的实施意见》，引导全区打好打赢防范化解重大风险攻坚战，为建设"两高四好"示范区提供保障。

5月22日，全省第十次慈善工作经验交流（论坛）会在鄞州区举行。鄞州区代表在会上就开展慈善项目救助等工作作经验交流，获与会者肯定。

5月26日，以"书香之恋快乐之约"为主题的第九届王应麟读书节在鄞州区（大学园区）图书馆开幕，同时，一场由电影表演艺术家赵静等加盟的"五月的鲜花"朗读会举行。

5月27日，位于潘火街道的慕尚集团股票在香港联合交易所挂牌交易，成为鄞州区第20家上市公司。

5月28日，浙江大学社会治理研究院宁波中心在鄞州区揭牌成立。市委常委、区委书记褚银良和浙江大学社会治理研究院院长郁建兴共同为浙江大学社会治理研究院宁波中心揭牌。

6月

6月5日，甬城骄傲——第六届宁波市道德模范颁奖典礼在鄞州区"天然舞台"举行，15名道德模范的感人故事彰显宁波作为"文明之都"的生机与活力，鄞州区的朱恺杰和吴慧明获评第六届宁波市道德模范。

6月7日，2019年中华龙舟大赛福州站比赛举行，云龙龙舟队获职业男子500米直道赛决赛第四名，创造宁波的龙舟队历史最好成绩。

6月14日，2019全国双创周宁波（鄞州）分会场启幕。市委常委、常务副市长陈仲朝，市委常委、区委书记褚银良共同启动分会场活动并致辞。

6月20日，2019中国卫生信息技术健康医疗大数据应用交流大会在西安开幕，鄞州区获国家区域医疗健康信息互联互通标准化成熟度五级乙等、2019年国家医疗健康人工智能应用落地最佳案例2个奖牌。

6月22日，香港宁波市鄞州区同乡会九周年庆典在香港举行。市委常委、区委书记褚银良致辞，区委常委、统战部部长陈虹等出席活动。香港浙江同乡会联合会会长陈仲尼等代表、有关单位负责人、香港鄞州籍各界人士500余人参加活动。现场颁发2018年度香港宁波市鄞州区同乡会特殊贡献奖、贡献奖。

6月27日，区融媒体中心揭牌仪式举行，市委常委、区委书记褚银良，区委常委、宣传部部长方飞龙，副区长卜明长，共同为区融媒体中心揭牌。

6月28日，中共浙江省委"不忘初心、牢记使命"主题教育领导小组办公室、中共浙江省委组织部下发决定，表彰100名"浙江省担当作为好干部"。鄞州区云龙镇村镇建设办公室主任、前徐村党支部书记陈立峰入选。

7月

7月1日，全区庆祝中国共产党成立98周年大会暨主题教育专题党课报告会举行。市委常委、区委书记褚银良讲专题党课，区委副书记、区长王兆波主持会议。

7月8日，以城市精细化管理为主题的2019年首期"局长问政公开赛"在区文化艺术中心开赛，8个单位的负责人走进"问政考场"，晒短板、陈不足、表承诺，现场接受考评。

7月11日，浙江政法微信排行榜200期十强颁奖典礼暨平安浙江（鄞州）新媒体培训活动举行，"鄞州检察"获评检察系统十强，"平安鄞州发布"获得唯一一个新媒体创新奖。

7月12日，"把生的希望留给了战友"的武警英雄朱恺杰获评6月"中国好人"。

7月14日，由中国小康建设研究会、鄞州区人民政府共同主办的乡村全域治理体系研讨会在北京召开。与会专家共同为推广乡村全域治理鄞州模式，把鄞州建设成全国基层治理先行区献计献策。

7月16日，2019年宁波市鄞州区村社治理竞技赛第二场项目建设专场在鄞州广播电视台演播厅开赛，来自21个镇（街道）的21个参赛村社同场竞技，比规范、比服务、赛实绩。

同日，区发改局统计数据显示，上半年，鄞州区完成全社会固定资产投资321.7亿元，同比增长17.2%，高于年度目标增速7.2个百分点，投资总量贡献和投资增量贡献均居全市第一。

7月17日，鄞州越剧团第三次晋京演出经典戏剧《红楼梦》，受到首都观众好评。

7月22日，宁波浩渤工贸有限公司获准建立省级博士后科研工作站。至此，全区省级以上博士后科研工作站增至29家，数量居全市第一。

7月29日，区发改局数据显示，上半年，鄞州区现代服务业实现增加值568.09亿元，同比增长9.3%，占地区生产总值比重67.15%，增加值和占地区生产总值比重均居全市第一。

8月

8月1日，"不忘从军初心，牢记崇军使命"——鄞州区八一拥军慰问演出暨"最美退役军人"发布仪式在区文化艺术中心举行，共同庆祝中国人民解放军建军92周年。

8月2日，东吴镇天童集镇项目获评2019年度小城镇环境综合整治省级样板，是该次考核中鄞州区唯一上榜项目。

8月4日，区金融办统计数据显示，鄞州区保险机构上半年保费收入41.82亿元，同比增长11.1%，全市占比19.3%，保费规模稳居全市各县（市、区）首位。

8月6日，区委召开十四届九次全体（扩大）会议。全会学习贯彻习近平新时代中国特色社会主义思想，落实省委十四届五次全会、市委十三届六次全会精神，总结上半年工作，部署下阶段任务，审议通过《中共宁波市鄞州区委关于党建引领打造全国乡村全域治理标杆区的决定》。

8月7日，市委常委、区委书记、东钱湖旅游度假区党委书记褚银良慰问东部战区海军官兵，与东部战区海军政委刘青松座谈。

8月19日，全省深化机构改革总结会召开，鄞州区获评全省机构改革成绩突出集体。

8月29日，全区公安工作会议召开。市委常委、区委书记褚银良在会上讲话。区委副书记、政法委书记朱法传主持会议，区委副书记、区长王兆波等出席会议。

同日，鄞州区召开农贸市场改造提升三年攻坚行动部署会，对农贸市场改造提升工作集中动员、统一部署，同时印发《宁波市鄞州区农贸市场改造提升三年攻坚行动实施方案（2019—2021年）》。

9月

9月5日，第七届全国道德模范座谈会在北京举行，鄞州区退休教师周秀芳获评第七届全国道德模范，并在当晚举行的第六届"CCTV慈善之夜"主题晚会上当选"CCTV年度慈善人物"。

9月6日，百名中科院院士专家进鄞州"新一代人工智能为数字经济赋能"高峰论坛举行。中国科学院院士、中国科学院上海分院院长王建宇，中国科学院院士薛永祺等出席相关活动，见证项目签约。

9月6—8日，2019世界数字经济大会暨第九届智博会首次落户宁波并在鄞州区举行。大会展会参观人数8.1万人次，23家鄞州企业携自主研发产品参加。

9月10日，鄞州区庆祝第三十五个教师节表彰大会在区文化艺术中心举行。

9月11日，全区"不忘初心、牢记使命"主题教育工作会议召开。市委常委、区委书记褚银良主持会议并讲话，市委主题教育第三巡回指导组组长李正平出席会议并讲话。

9月17日，2019鄞州人才科技智创周开幕式暨首届"万有鄞力"大会举行。

同日，由省方志办和浙江图书馆联合举办的"文化浙江 方志之乡——新中国成立七十周年浙江方志成果展"在浙江图书馆开展。其间，举行全省市县方志系统"十业十佳"先进单位授牌仪式，《鄞州史志》获全省"刊"业先进单位。

9月20日，在2019文旅融合发展大会上，鄞州区获"最美中国文化旅游区"称号。

9月21日，清华大学创新领军工

程博士宁波智能制造论坛在鄞州区举行，共商智能制造发展之路。

同日，上海大学管理学院与塘溪镇签订院地合作协议，该院乡村振兴研究实验基地落户沙村，双方将在党建、产学研、市场开拓、项目管理与培训等方面开展交流合作，促进“和谐秀美塘溪·乡村旅游胜地”的打造。

9月22日，宁波市庆祝中华人民共和国成立70周年大型广场献礼活动在鄞州区政府广场举行。

9月26日，鄞州四明金融小镇获评省级特色小镇。省委副书记、省长袁家军向区委副书记、区长王兆波授牌。

同日，“礼赞新中国 奋进新时代”——鄞州区庆祝中华人民共和国成立70周年主题文艺晚会在区文化艺术中心大剧院举行。

同日，人民日报《人民视频》栏目聚焦“自信看民主”，其中鄞州区政协“请你来协商”平台协商民主的亮点特色获聚焦报道。

9月28—29日，2019联合国工业发展组织全球科技创新大会在上海举行。鄞州区企业家廖文剑获“科技创新进步奖”。

9月30日，鄞州区在咸祥镇芦浦村鄞州区英雄烈士纪念馆公祭广场举行敬献花篮暨《烈士光荣证》颁授仪式。

10月

10月1日，区行政大楼广场举行庆祝中华人民共和国成立70周年升国旗仪式。

10月8日，《人民日报》发布2019年中国中小城市科学发展指数研究成果。鄞州区分别位列全国综合实力百强区第四位、全国科技创新百强区第一位、全国绿色发展百强区第三位、全国投资潜力百强区第四位、全国新型城镇化质量百强区第五位。

10月16日，鄞州—和龙东西部扶贫协作联席会议召开，签订共享和龙扶贫协作框架协议。

10月17日，宁波市联合鄞州区在鄞州南部商务区举办宁波市2019年“扶贫日”主题活动暨鄞州区“扶贫周”活动启动仪式。

10月19日，甬港澳台文化美食节暨第12届宁波美食节在宁波文化广场举行。

同日，“甬·港同心 携手同行”——见证甬港友谊书写历史铸辉煌主题活动在甬港路举行。香港甬港联谊会永远名誉会长、爱乡楷模严信才应邀出席并致辞。

10月23—25日，市委常委、区委书记褚银良率鄞州区党政代表团，到深圳、佛山等地开展高质量发展学习考察。

10月28日，宁波鄞州国家安全主题公园授牌暨2019年反间谍法治宣传周启动仪式举行。

10月29日，区委“不忘初心、牢记使命”主题教育调研成果交流会召开，交流调研情况、检视存在问题、明确思路举措，用调查研究的成果指导实践、推动工作。

同日，第六届全国地方志优秀成果（年鉴类）获奖名单公布，《鄞州年鉴（2018）》获评县区级综合一等年鉴，这是《鄞州年鉴》连续两届获评该奖项，也是宁波市唯一入选并获奖的县区级综合年鉴。

11月

11月1日，市、区两级政协委员走进基层、走进群众惠民服务活动在瞻岐镇文体中心广场举行。活动以送文化、卫生、科技、教育、法律、体育下乡为主要内容。

11月3日，区委召开全区领导干部会议，传达学习党的十九届四中全会精神，对全区学习贯彻工作作出部署。

同日，为期3天的2019国际划联龙舟世界杯在东钱湖完成全部赛程。国际皮划艇联合会副主席托马斯·科涅茨科，市委副书记、市长裘东耀，市委常委、区委书记、东钱湖旅游度假区党委书记褚银良等为获奖运动员颁奖。

11月7日，鄞州区共青团基层组织改革综合试点工作会议召开。市委常委、区委书记褚银良在会上讲话，团中央综合试点改革项目组指导员朱昊炜传达团中央改革精神，团省委领导盛乐、团市委领导金昕等出席会议。区委常委、组织部部长王邦进主持会议。

同日，全省第二批审批认定的小微企业园名单公布，鄞州有7家小微企业园通过认定。结合第一批小微企业园名单，鄞州区有20家小微园获省级认定，总数居全市第一、全省第四。

11月11日，首届天南海北鄞州人发展大会“故乡情家乡味”欢迎晚宴在南苑环球酒店举行。

同日，在首届天南海北鄞州人发展大会交响之夜上，市委常委、区委书记褚银良和中央音乐学院院长、鄞州乡贤俞峰共同为中央音乐学院新时代文明实践音乐中心揭牌。

11月12日，首届天南海北鄞州人发展大会开幕式暨主旨大会举行。省委副书记、市委书记郑栅洁作出批示。财政部原党组书记、原部长谢旭人，中央党校原副校长李君如，宁波市委原副书记陈群，上海市政协原副主席陈正兴，空军工程大学教授、少将蔡良才，中国科学院院士石钟慈等出席会议。市委常委、统战部部长胡军，市委常委、区委书记褚银良致辞，区委副书记、区长王兆波主持大会。

同日，首届天南海北鄞州人发展大会鄞州发展顾问聘请仪式举行，市委常委、区委书记褚银良为11名来自各领域的专家人才颁发聘书。

同日，宁波市鄞州区文化艺术发展委员会成立仪式暨鄞籍文化名家恳谈会举行。市委常委、区委书记褚银良与浙江省委宣传部原副部长、四明书画院常务副院长何福清共同为宁波市鄞州区文化艺术发展委员会成立揭牌。沙更世等文化艺术界嘉宾，邵孝杰等老同志，方飞龙等领导，陈启元等宁波市文化界专家出席会议。

11月16日，鄞州—和龙东西部扶贫协作联席会议在鄞州区召开，鄞州区向和龙市定向捐赠资金，用于慈善事业及民生建设。

11月20日，2019中国（宁波）集成电路产业生态论坛在鄞州区举行，中国工程院院士、国家集成电路产业发展咨询委员会委员沈昌祥，中国半导体行业协会专家委员会主任严晓浪等多位国家集成电路产学研专家共同探讨集成电路产业发展之路。

11月21日，中国工程院公布第14次院士增选和第13次外籍院士增选结果，新增院士中有两人是鄞州籍，分别是清华大学教授郑纬民和上海交通大学教授黄震。至此，中国科学院与中国工程院中鄞州籍院士已有44人。

同日，2019浙江农业博览会产品奖名单公布，鄞州区归本大米、一而斋紫菜、三丰鄞州雪菜获金奖，李家洋绿达榨菜、紫云堂雪菜、甬芗羊尾笋获优质奖。

11月25日，2019中国幸福城市论坛在广东省广州市举行，现场发布2019中国最具幸福感城市系列榜单。鄞州区入选“2019中国最具幸福感城市”（县级），并获“2019中国最具幸福感城市”全域治理优秀案例。

同日，中哲控股集团有限公司、东睦新材料集团股份有限公司、宁波启发电子有限公司、宁波普锐明汽车零部件有限公司、宁波欧琳厨具有限公司、宁波市三羊机电制造有限公司6家鄞州区企业获评浙江省第三批上云标杆企业，鄞州区省级上云标杆企业数量13家，居全市各县（市、区）首位。

11月26日，鄞州区在云龙镇微电子产业园项目现场举行重大工业项目集中开工活动，汽车、新材料、生物医药、节能环保、高端装备等领域的29个项目集中开工。

11月27日，科技部火炬中心公布2018年度国家级科技孵化器考核结果，鄞州区鄞创科技孵化器再次获最高的A类评价，实现“四连冠”。

12月

12月1日，省法学会宪法与地方立法学研究会、浙江立法研究院和区人大常委会联合主办的浙江省街道人大工作（鄞州）论坛举行。

12月2日，《鄞州日报》刊播、宁波市政协推荐的《鄞州区政协“请你来协商”领跑社会治理领域 省政协充分肯定这一“鄞州做法”》一文入选浙江省首届人民政协好新闻，成为全市区县唯一入围作品。

12月4日，区政府宪法宣誓仪式举行，该届政府2019年1月以来任命的区政府办副主任，区政府部门副职，街道办事处、直属单位正副职等国家工作人员共101人，依法进行宪法宣誓。区委副书记、区长王兆波监督宣誓。

12月9日，全市文化精品创作工作暨第十四届精神文明建设“五个一工程”表彰座谈会举行，鄞州区有8件作品获市“五个一工程”奖，为全市各区（县、市）第一，同时获组织工作奖。

同日，2019年全国“创新社会治理典型案例”征集活动结果出炉，鄞州区基层公权力“三清单”运行法撬动全域社会治理创新案例获评全国10个“最佳案例”之一。

12月19日，市委常委、区委书记、区人武部党委第一书记褚银良等区四套班子领导，到鄞州巡特警大队集体过军事日，落实党管武装制度，强化管武爱武、服务强军兴军的思想自觉和行动自觉。区人武部、区国防动员委员会相关领导参加活动。

同日，农业农村部发布第二批全国农村创新创业典型县名单，鄞州区成为宁波市唯一入选的县（市、区）。

12月24日，2019年鄞州区村社治理竞技赛第四场文明生态宜居专场在云龙镇文化中心开赛，来自21个镇（街道）的30个参赛村社同场竞技，比洁美、比品质、赛变化。

同日，省政协十二届三十三次主席会议审议通过第四批政协委员会客厅挂牌名单，宁波紫林坊委员工作室获评并更名为宁波非遗政协委员会客厅。这是继宁波和丰创意委员会客厅之后，鄞州区政协建立的第二家委员会客厅。

12月28日，中央文明办三局局长熊大同一行到全国道德模范周秀芳家中慰问，并且考察下应街道海创社区志愿服务工作和未成年人活动中心，对社区所做工作给予肯定。

12月29日，2019年全国乡村振兴优秀案例专家点评会在北京举行，鄞州区家院互融养老服务体系作为宁波市唯一入围案例参加评审。

12月30日，“向人民报告·民生实事之问”活动在区文化艺术中心举行。活动由区人大常委会和区委宣传部联合主办，就2019年度鄞州区十大民生实事项目完成情况进行面对面交流、互动，接受群众监督。

同日，浙江省农业农村厅公布农业绿色发展先行县认定名单，鄞州区入选。榜单还认定一批省级农业绿色发展示范区，鄞州区有2个，分别为新张俞省级农业绿色发展示范区和景江岸省级农业绿色发展示范区。

同日，2019年度浙江制造精品企业名单发布，宁波中车新能源科技有限公司、宁波舒普机电股份有限公司、宁波奥克斯电气股份有限公司、浙江一舟电子科技股份有限公司、美康生物科技股份有限公司5家鄞州区企业入选。

鄞州概览

自然环境

【地理位置】 鄞州区位于北纬29°37′17″–29°56′56″，东经121°07′58″–121°53′23″。地处浙江省东部沿海，东接北仑港、宁波保税区，西部与海曙区接壤，南部紧邻奉化区，东南临象山港与象山县隔海相望，北部与江北区、镇海区隔江相望，是宁波市中心城区之一，为宁波市政府所在地。海岸线总长25.66千米。陆域面积814.20平方千米，海域面积53.70平方千米。市政府驻鄞州区宁穿路2001号，区政府驻首南街道惠风东路568号。电话区号0574，邮政编码315100。

【地形地貌】 鄞州区地处杭州湾南侧、宁绍平原东部，地势东高西低。奉化江作为界江自南而北流过。姚江自西而东沿西部北边流淌，在三江口与奉化江汇合为甬江。甬江自西向东沿东部北边流向镇海区。东部境内大嵩江自西向东，流入象山港。地势总体形成中部平原（宁绍平原）、鄞东山区（系天台山余脉）、大嵩滨海平原和象山港海域4个地理单元。东南部丘陵山地面积为375.48平方千米，有太白、福泉、金峨诸山，以太白山最高，主峰高程海拔656.90米；最低点位于瞻岐镇岐化村下新塘畈，海拔1.50米。

【海涂】 鄞州区东临象山港，海岸线南端为咸祥镇芦浦村，北端为瞻岐镇卢一村，总长25.66千米，由海塘及山脚线组成，其中海塘21段总长24.30千米。辖象山港海域面积53.65平方千米，海域东北与北仑区海域相连，西南与奉化区海域相连，东南与象山县海域相连。海水平均深度约10米，最深处在南端，为23.50米，平均潮差3.20米。最高潮位与最低潮位之间海涂总面积1086.67公顷，可利用面积366.67公顷，其中146.67公顷被利用。海涂与海底平缓，向南东倾斜，底质由粉砂质淤泥构成。所辖象山港海域中有石质岛礁7处。

【水文潮汐】 鄞州区境内河道属甬江、大嵩江两大流域，其中甬江流域面积577平方千米，占区内面积的71%；大嵩江流域面积240平方千米，占区内面积的29%。省级河道有甬江和奉化江2条，总长34.16千米；市级河道有甬新河、东江、鄞东南沿山干河、小浃江、前塘河、中塘河和后塘河7条，总长75.51千米；区级河道有九曲河、三桥江、大东江、小洋江、渡驾桥江、印洪碶河（后西河）、新杨木碶河、杨木碶河、大涵山港、后塘河（山区）、咸祥河、大嵩江12条，总长108.44千米。平原河流总长度1195千米，河网密度每平方千米3.11千米。奉化江从奉化区流经鄞州区西侧，沿姜山镇、首南街道、钟公庙街道、东郊街道、白鹤街道、百丈街道汇入甬江，甬江沿鄞州区北侧东胜街道、明楼街道、新明街道、梅墟街道入北仑区，总长34.16千米。境内有横溪、三溪浦和梅溪中型水库3座，总库容35787万立方米。境内潮水为不规则半日潮，沿海、感潮河流皆然，相邻高（低）潮的潮高不等，通常夏至日高潮潮位晚上与白天相差最大，冬至日高潮潮位晚上与白天相差小。甬江为弱潮河口，潮差均值1.62米。象山港系半封闭型港湾，潮差均值3.50米。2019年，姜山站警戒水位1.90米，保证水位2.30米，平均水位1.32米，最高水位2.51米（8月11日）、最低水位0.93米（9月29日），历史最高水位3.15米（2013年10月8日）；五乡碶站警戒水位1.90米，保证水位2.40米，平均水位1.29米，最高水位2.44米（8月10日），最低水位0.92米（8月8日），历史最高水位2.82米（2012年8月8日）。平均年降水量均

大嵩江

值2183.4毫米，属丰水年，降水量空间和时间上分布不均匀，东部山区降水较集中。

【气候】 2019年，鄞州区天气多变，气象灾害较为严重；年平均气温偏高，降水量、降水日数较常年偏多，日照时数较常年偏少；年内主要气象灾害有春季连阴雨、冷空气、梅雨、晴热高温、台风和强对流天气等。冬季气温比常年偏高，降水量、降水日数异常偏多，日照时数异常偏少，季内主要气象灾害有连阴雨、冷空气、低温、雨雪冰冻、大雾等。春季气温比常年偏高，降水量、降水日数比常年偏少，日照时数比常年偏少，季内出现冷空气、强对流、大雾等灾害性天气，对农业、生产生活、交通等造成一定影响。夏季气温比常年偏低，降水量、降水日数异常偏多，日照时数异常偏少，入梅和出梅偏晚，梅雨量较常年偏多，季内强对流频繁，“利奇马”台风影响严重，高温日数偏少。秋季气温比常年偏高，降水量偏多，降水日数偏少，日照时数略偏少，强对流、热带气旋、连阴雨、大雾等灾害性天气对农业生产和市民生活造成一定影响。年平均气温17.8℃，比常年偏高0.6℃，年内5—7月平均气温偏低，其余各月平均气温均不同程度偏高，其中1月、3月、4月、11月、12月偏高1℃以上；年极端最高气温为38.2℃，出现在7月26日；年极端最低气温为-0.5℃，出现在1月27日；年高温日数（日最高气温≥35℃）15天，较常年偏少7.4天；冰冻日数（日最低气温≤0℃）4天，较常年偏少15.6天。年降水量1843.9毫米，较常年偏多28.8%，其中3月、4月、5月、9月、11月偏少，其他月份都不同程度偏多，8月较常年偏多八成以上，2月偏多1.1倍，10月偏多1.5倍，12月暖湿气流偏强，降水量121.9毫米，偏多1.2倍；年降水日数175天，较常年偏多21.6天。年日照时数1430小时，比常年偏少17.8%。

【重要天气事件】 气温偏高。年平均气温17.8℃，较常年偏高0.6℃，是1997年以来持续偏高的第23年。冬季平均气温7.5℃，较常年偏高0.9℃，暖冬现象明显。夏季平均气温26.6℃，较常年同期偏低0.7℃，其中7月偏低1.5℃，是2000年以来第二凉爽的7月。全区平均高温日数15天，比常年偏少7.4天，且未出现39℃以上极端高温。

降水偏多。2018年12月1日至2019年3月9日，出现历史罕见连续阴雨天气，多项指标达历史极值。全区累计降水量473.3毫米，为常年2倍，历史记录以来最高值；降水日数64天，比常年偏多26.4天，列有历史记录以来第三位；不间断降水最长19天，出现在2月4—22日；日照时数仅145.1小时，比常年偏少61.4%，位列历史第二；平均气温7.7℃，比常年偏高0.6℃；低温日数（日最低气温≤0℃）4天，比常年偏少15天，为历史最少。12月，暖湿气流偏强，降水量121.9毫米，较历史同期偏多110%。

梅雨。6月17日入梅，较往年略偏迟，7月17日出梅，明显偏迟，梅期30天，较常年（24天）偏长6天。梅雨量341毫米，较常年（常年平均243毫米）偏多98毫米（40%）。梅汛期特点：入梅略偏晚，出梅明显偏迟，梅期长；梅雨典型，出现多轮强降水过程；梅雨量分布不均，最大降水量为姜山站421毫米，最小为横溪站273毫米。

台风。全年影响鄞州区的台风5个，较常年偏多1~2个。分别是5号“丹娜丝”、9号“利奇马”、13号“玲玲”、17号“塔巴”和18号“米娜”。影响程度总体偏强，2个登陆台风（“利奇马”和“米娜”）虽然没有直接登陆鄞州区，但均带来较强风雨影响。超强台风“利奇马”在浙江省境内停留20小时，其中超强台风强度维持1小时余，强台风强度维持2小时，台风强度维持4个小时，全区29个自动站雨量均超150毫米，其中25个站点超过200毫米，7个站点超过300毫米，1个站点超过400毫米，内陆地区普遍出现8~10级局部11级大风，福泉山风力12级，天童、五乡6小时雨量150年一遇，破历史极值。台风“米娜”全区面雨量159.3毫米，最大为东吴镇天童站264.2毫米，其次为东吴站225.1毫米，内陆普遍出现8~9级风，福泉山11级，8级以上风力持续超10小时。

（区委党研室　区水利局　区气象局）

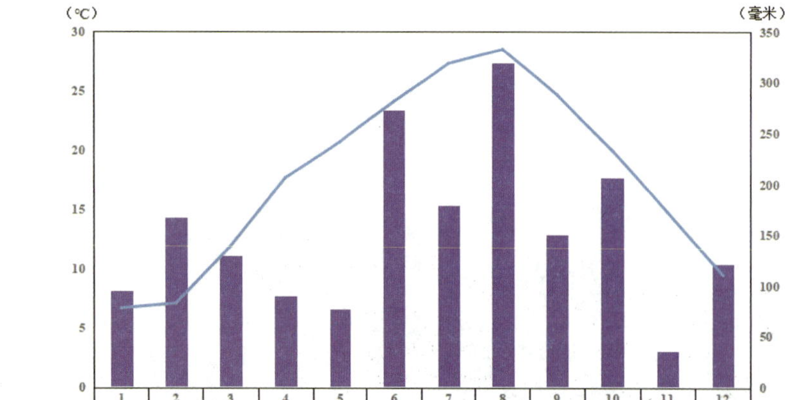

	1	2	3	4	5	6	7	8	9	10	11	12
降水量	94.9	167.1	130	89.6	77	272.9	178.5	319.5	149.8	206.7	35.6	121.9
平均气温	6.7	7.1	11.9	17.7	20.7	24.1	27.3	28.5	24.7	20	14.8	9.5

鄞州区2019年月平均气温和降水量变化示意图

历史文化

【政区沿革】 鄞地春秋时属越国，战国时属楚。秦时，置鄞、鄮、句章3县，属会稽郡。3县区域大致包括今宁波市（除余姚市）及舟山群岛。其中，鄞县治今奉化区白杜，鄮县治今鄞州区五乡镇同岙，句章县治今江北区慈城镇王家坝村一带。其时，今鄞州区南部属鄞县，东部属鄮县，西北部属句章县。汉时，鄞县、鄮县属大县，句章县属小县。王莽新朝，曾改鄞县为谨县，鄮县为海治县。东晋末年，句章县治迁小溪，即今海曙区鄞江镇。隋开皇九年（589年），鄞、鄮、句章3县一统，又合并余姚县，名句章县，治小溪，属吴州。隋大业元年（605年），属会稽郡。唐武德四年（621年），句章县析出余姚县，置鄞州，属县不可考。武德八年（625年），废鄞州为鄮县，属越州。唐开元二十六年（738年），鄮县分为鄮、慈溪、翁山（今舟山）、奉化4县，脱离越州，上设明州管辖，明州和鄮县治均在小溪。唐大历六年（771年），鄮县治迁至平原中心三江口。长庆元年（821年），明州治迁至三江口，鄮县还治小溪。五代后梁鄮县属明州望海军，开平三年（909年）避讳，改鄮县为鄞县（此后至2002年，县名一直未变），并还治三江口。是年，析鄞县东北部置望海县（后为镇海县）。北宋建隆元年（960年）起，鄞县属明州奉国军。熙宁年间（1068—1077年），鄞县先析出3个乡置昌国县（今舟山定海），后又析出3个乡（今属北仑区）归定海县。此后，鄞县县境基本稳定。南宋庆元二年（1196年）起，属庆元府。元至元十四年（1277年），属庆元路。明太祖吴元年（1368年），属明州府。明洪武十四年（1381年）至清末，属宁波府。民国初，属会稽道，后依次属第五特区、第六行政督察区、第二行政督察区、第二专区。1927年，鄞县城厢析出，设宁波市。1931年初，宁波市撤销，城厢仍划归鄞县。

1949年5月，宁波解放，鄞县城厢再次析出，设宁波市。其时，鄞县属第二专区（11月改称宁波专区），县治迁福明，9月迁姜山，年末设置5个区、49个乡。1951年3月，县治迁回江东区。1958年12月，鄞县建制撤销，并入宁波市。1961年12月，鄞县恢复建制，属宁波专区（1970年改为宁波地区），1983年属宁波市。是年，石碶乡段塘、丁家、吴家、粮丰4个村划归海曙区；潘火乡部分行政村划归江东区。次年，邱隘区福明乡划归江东区，石碶、望春两乡部分行政村划归海曙区。是年，恢复钱湖区（1950年撤销），辖原邱隘区莫枝、高钱两镇乡及原横溪区韩岭、下水两乡。1992年5月撤区扩镇并乡，8个区撤销，52个乡镇并为23个。2002年2月1日，撤销鄞县设区，更名为宁波市鄞州区，区政府驻宁波市鄞州新城区惠风东路568号。2003年组建4个街道，其中梅墟街道委托市科技园区管委会管理，东钱湖镇委托市东钱湖旅游度假区管委会管理。2008年调整钟公庙和下应街道，组建钟公庙、下应、首南和中河4个街道。2012年8月16日，调整下应街道行政区划，原潘火管委会（鄞州投资创业中心）托管的下应街道鄞县大道以北区域单设街道，名潘火街道。2016年9月14日经国务院批准，原江东区管辖的行政区域划归鄞州区管辖；原鄞州区管辖的集士港镇、古林镇、高桥镇、横街镇、鄞江镇、洞桥镇、章水镇、龙观乡、石碶街道划归海曙区管辖。2019年8月12日，调整梅墟街道行政区划，分设梅墟街道和聚贤街道。

【名胜古迹】 鄞州区境内有国家森林公园（天童国家森林公园）1个、国家AAAA级旅游景区4个［天宫庄园休闲旅游区、宁波（鄞州）博物馆、宁波科学探索中心、宁波海洋世界］、省级风景名胜区2个（天童-五龙潭、东钱湖风景名胜区）。省级旅游经济强镇横溪镇；省级特色旅游村有湾底村、走马塘村、黎山后村、梅山村、上周村、童夏家村和南头村。全国重点文物保护单位有横省石牌坊、天童禅寺、阿育王寺、庆安会馆、大运河-宁波三江口5处；省级文物保护单位有沙氏故居、童第周故居、周尧故居、大革命时期宁波总工会旧址、七塔禅寺、宁波水利航运遗址碑-甬东天后宫碑、和丰纱厂旧址、蔡氏宗祠、大嵩所城遗址9处，区级文物保护单位64处。

天童景区位于东吴镇，阿育王景区位于五乡镇，总面积33.66平方千米，由天童禅寺、天童森林公园、小白塔和阿育王寺4部分组成，属低山丘陵区。天童禅寺、阿育王寺均为全国重点寺院，相距5千米。其中，天童禅寺在海内外负有盛名，为日本曹洞宗的祖庭；阿育王寺有释迦牟尼舍利子。天童森林公园1992年被批为国家森林公园，被国际植被学会主席称为不可多得的“浙江植物基因宝库”。

东钱湖又称钱湖，是浙江省著名的风景名胜区、国家级旅游度假区，距宁波城东15千米，面积22平方千米，是浙江省最大的天然淡水湖，面积为杭州西湖的4倍。郭沫若誉之为“西子风韵、太湖气魄”。历史遗迹颇多，有陶公钓矶（传说是范蠡与西施隐居地）、霞屿锁岚、二灵夕照等十大胜景，以及南宋石窟“补陀洞天”、元塔二灵塔、王安石庙等70余处古迹、21处文物保护点和200余具南宋时期石雕。湖区的胜景还有王安石纪念馆、岳鄂王庙、台湾文献初祖沈光文雕像、书法泰斗沙孟海书学院、世界昆虫分类学家周尧昆虫博物馆、蝴蝶阁、湖滨公园等。

宁波天宫庄园休闲旅游区位于下应街道湾底村，总面积106.70公顷，以生态农庄为特色，是集新农村展示、文化旅游、亲子游乐于一体的国家现代农业示范区、全国农业旅游示范点、国家AAAA级旅游景区。主要景观有牡丹园、盆景园、科普长廊、桑果园、深加工基地（酒厂）、酒文化公园、绿色餐厅、酒友俱乐部、西江古村、宁波非物质文化遗产展示中心、宁波市服装博物馆和亲子乐园等。

宁波海洋世界位于宁波儿童公园东首，占地约10500平方米，是宁波唯一展示海洋生物、宣传海洋知识的现代化专业水族馆，获评国家AAAA级旅游景区、中国水产学会科普教育基地、全国海洋知识教育基地等荣誉。宁波海洋世界有水族馆、海洋剧场两个场馆。水族馆建筑规模10000平方米，展示有以神秘的吴哥窟景观、古老的埃及文化、沧桑的圆明园遗址为背景的海洋鱼类展示区，有全国独一无二的三种（跃层式、180°、270°）海底观光隧道组合，美人鱼表演区、海豹表演区、两栖动物展示区、儿童游乐区和海洋特色精品商场。海洋剧场建筑规模5800平方米，馆内设有日本瓶鼻海豚、俄罗斯白鲸、南美海狮、北极狼、北极狐、跳岩企鹅展示区，海洋科普教育长廊、海象喂食互动区、海洋科普馆。

宁波（鄞州）博物馆位于鄞州区

庆安会馆

首南中路1000号，建于2008年，是国家AAAA级旅游景区。该馆采用“新乡土主义”风格，获全国建筑工程最高奖“鲁班奖”，设计者王澍。主题陈列主要有“东方神舟宁波史迹陈列”“明清竹刻艺术陈列”“阿拉老宁波民俗陈列”等。

宁波科学探索中心位于市文化广场西北区块，是一家主题乐园式的超大型科技馆。总建筑面积约55000平方米。六层空间分布常设展厅、临时展厅、球幕影院、报告厅、多功能厅等体验展示空间，具有互动性和体验性。展馆二层分设“海洋”“和谐家园”和“宇宙”展厅，展馆三层分设“人体与脑”“人的技能”和“科学的乐趣”展厅，展示内容围绕“人·探索”为核心，分别通过对自然环境探索和对人本探索两条支线进行演绎，在注重科学知识普及的同时，激发人们对科学的探索欲望，传播科学思想、科学方法、科学精神。

庆安会馆位于宁波三江口东岸，又名甬东天后宫、北号会馆，始建于清道光三十年（1850年），是祭祀中国航海保护神“妈祖”的殿堂和从事海运舶商们的议事聚会场所，系中国八大天后宫和七大会馆之一、江南现存两处融天后宫与会馆于一体的古建筑群之一。现存建筑有宫门、仪门、前戏台、正殿、后殿、后戏台、左右厢房、耳房以及其他附属用房，占地面积约5000平方米。建筑装饰采用砖雕、石雕和朱金木雕等宁波传统工艺，堪称宁波近代地方工艺之杰作。天后宫内建有前后分别为祭祀妈祖和行业聚会时演戏用的两戏台，为国内罕见。1997年起，市文化局将其改建为浙东海事民俗博物馆。2001年6月，被国务院公布为第五批全国重点文物保护单位。是年12月8日，对外开放。馆内陈列以建筑为载体，辟与海运民俗、商贸有关的“妈祖祭祀场所”“天后圣迹壁画”和《明州与妈祖》半景连环场景以及宁波与“海上丝绸之路”图片展等，展示妈祖文化和浙东海事民俗。

七塔禅寺位于鄞州区百丈路183号，全称七塔报恩禅寺，初建于唐大中十二年（858年），历史上为浙东佛教四大丛林之一。1983年，国务院批准其为全国首批重点开放寺院。寺院殿堂结构为典型的禅宗伽蓝七堂建制，主要建筑有七佛塔、山门牌楼、天王殿、圆通宝殿、三圣殿、法堂暨藏经楼、玉佛阁、祖堂、钟楼、鼓楼、东西厢房、综合楼等。寺内保存寺院开山祖师心镜藏奂禅师舍利塔、宋代大铜钟两口、宋元寿山石雕十八罗汉一堂、《龙藏》一部、梵文贝叶经一束280片、清代石刻五百罗汉造像图等珍贵文物。

【历史名人】 自北宋端拱二年（989年），至清光绪三十年（1904年），鄞县历代文武进士及第者计1205人（其中文状元6名，武状元1名），居全省首位。《二十五史》从《宋史》开始，至《明史》，及《清史稿》，收录的鄞县人物有120余人。历史上著名政治家有黄晟、史浩、金忠和钱肃乐、邵基，现当代革命家朱镜我、沙文汉、陈修良和著名烈士忻元华等。哲学家宋代杨简、明代黄润玉，史学家南宋王应麟，文学家清代周容，藏书家明代范钦，内家拳大师清代王征南。近现代有故宫博物院院长马衡、考古学家王仲殊、历史地理学家张其昀、历史学家陈炎和楼邦彦、国学家戴君仁、幼儿教育家张雪门、高等教育家陈裕光，画家陈莲涛、沙耆和童中焘，书法家朱复戡和沙孟海，音乐演奏家俞丽拿、马友友，武术家邵善康，国家队乒乓球队教练傅其芳、篮球队主教练钱澄海。近现代科学家有童第周、纪育沣、周尧、朱元鼎、任美锷、徐秉汉等，医学家有曹炳章、金韵梅、董廷瑶、范文虎、宋溪云、陆银华等，更有中国首位诺贝尔医学奖获得者、药学家屠呦呦。近现代实业家有银行家胡孟嘉、国货业巨子李康年、橡胶大王余芝卿、钟表大王孙梅堂、建筑巨头张继光、旅日巨商张尊三、药业巨子鲍国昌等；慈善家、港商曹光彪、李达三、李惠利，鄞州籍新加坡商人胡嘉烈等。鄞州籍中国科学院院士、中国工程院院士44人，其中健在29人。

【方言】 鄞州区方言是宁波方言主流，属于吴语太湖片甬江小片。鄞州区方言大体可以划分为东区、中区2个区域，区域内部差异较为显著。区域差异之外，还有老派、新派之分，语音、词汇两个方面为主要体现所在，老派方言中尽可能多地延续语言传统分，新派方言吸收影视、网络流行语言，有与普通话日趋同化的倾向。

（区委党研室　区文广旅游体育局）

区划人口

【行政区划】 2019年，鄞州区辖15个街道、10个镇。分别为下应街道、钟公庙街道、梅墟街道、中河街道、首南街道、潘火街道、百丈街道、东胜街道、明楼街道、白鹤街道、东柳街道、东郊街道、福明街道、新明街道、聚贤街道；瞻岐镇、咸祥镇、塘溪镇、东钱湖镇、东吴镇、五乡镇、邱隘镇、云龙镇、横溪镇、姜山镇。其中梅墟街道、新明街道和聚贤街道委托宁波高新区管理，东钱湖镇委托东钱湖旅游度假区管委会管理，行政区划上均属鄞州区管辖。至年底，全区有行政村226个、社区181个、城镇居委会10个。

【人口】 2019年年末，鄞州区总户数36.9万户，户籍总人口93.1万人，其中城镇人口74.3万人，乡村人口18.7万人；男性45.4万人，女性47.7万人。按户籍人口计算的人口密度为每平方千米1142.9人。全年出生9567人，人口出生率10.4‰；死亡3991人，人口死亡率4.4‰，人口自然增长率6.1‰。至年底，全区常住人口142.9万人，常住人口城镇化率82.5%。

（区统计局）

名优特产

【邱隘咸齑】 邱隘雪菜是宁波的传统特产之一，2003年，其生产地邱隘被命名为“中国雪菜之乡”。其选用当地特有的蔬菜良种雪里蕻。传统用七石缸腌制雪菜，风味独特，贮存长久。20世纪80年代后，采用新工艺，远销海内外。

【姜山草籽种】 姜山草籽种量大质好，化肥稀缺时期，除自用外，远销省内外。化肥充裕后衰落，被列入区种质资源保护范围。

【大松石】 大松石产于咸祥镇球休山，又名大嵩石、牛祭石、羊求休、灯明冻，是一种玉石、玩赏石。其特点是温润、凝结、细腻、光洁、亮泽。清乾隆年间海宁陈目耕的《篆刻针度》中介绍16种印石，大松石排名第三，仅次于青田县的冻石、封门石。现大松石资源稀少。

【福泉山茶叶】 东海龙舌花茶产于东钱湖福泉山茶场。福泉山茶场引进优良茶树品种36个，名茶有“东海龙舌”“云雾春”“佛茶”“白茶”等。其中“东海龙舌”以其外形扁平、嫩黄带毫、汤色清澈明亮、滋味浓醇爽口有回味而闻名海内外。2002年获评浙江省无公害名特优茶，福泉山茶场被宁波市评为绿色农产品茶叶基地。

【湾底桑果】 桑葚（桑果）是卫生部批准的“药食同源”水果。湾底桑果采摘基地果园占地面积30余万平方米，是国内最大的桑果种植基地。品种主要为“大十”，每平方千米产量可以达到2000千克。同时，桑果是2007年度宁波市十大精品水果之一，2004年始每年4月、5月举办桑果节，吸引游客游览采摘，是庄园重大活动之一。

【李家洋榨菜】 五乡镇的李家洋榨菜色泽碧绿，块茎饱满，经过独特的3道工艺腌榨，制成的榨菜色香味俱全。

（区委党研室）

经济和社会发展

【经济总量】 初步核算，鄞州区（含高新区，简称全区）2019年实现地区生产总值（GDP）2211.0亿元，按可比价格计算，增长7.0%。其中，第一产业增加值26.5亿元，增长1.7%；第二产业增加值630.1亿元，增长6.0%；第三产业增加值1554.4亿元，增长7.5%。三次产业比重为1.2∶28.5∶70.3。按常住人口计算，人均GDP为15.7万元（按年平均汇率折算为22686美元），增长1.8%。根据第四次全国经济普查结果和全国GDP核算制度规定，2018年鄞州区GDP修订为2031.7亿元，三次产业增加值结构修订为1.3∶29.6∶69.1。

【财政收支】 财政总收入453.4亿元，增长4.0%；一般公共预算收入269.3亿元，增长6.5%。总收入中，税收收入414.5亿元，增长2.5%；其中增值税184.3亿元，增长9.1%，个人所得税37亿元，下降15.2%，企业所得税114.6亿元，下降2.3%。1172家规模以上工业企业实现工业增加值358.9亿元，增长6.4%；利税总额146.9亿元，增长0.7%；利润总额104.1亿元，增长1.1%。

【就业和再就业】 净增城镇就业岗位43226个，8081名城镇失业人员实现再就业。年末城镇登记失业率1.34%。

【农业】 实现农林牧渔业总产值38.4亿元，增长2.6%。其中，农业产值27.7亿元，增长1.8%；林业产值1.1亿元，增长1.8%；畜牧业产值1亿元，下降16.1%；渔业产值5.7亿元，增长9.6%；农林牧渔服务业产值2.8亿元，增长8.5%。区本级油料作物播种面积438公顷，下降8.0%；蔬菜播种面积0.83万公顷，增长0.7%；花卉苗木播种面积0.15万公顷，减少12.0%；果用瓜播种面积0.14万公顷，增长14.1%。肉类总产量1314吨，增长31%。水产品总产量1.6万吨，增长7.5%。

【农村建设】 推进美丽宜居村建设，其中完成建设的美丽宜居村20个，新启动建设12个。至年底拥有美丽镇村合格村144个，示范村15个，正在创建6个，风景线创建3条，在建2条，示范镇创建3个，在建1个。

【工业】 区本级实现工业增加值442.2亿元，增长7%，占地区生产总值的比重22.9%。1068家规模以上工业企业实现工业增加值307.2亿元，增长4.9%。规模以上工业销售产值增长2.6%，产销率96.9%；出口交货值下降1.4%。分行业看，在规模以上工业31个行业大类中，工业增加值前五大行业分别为电气机械和器材制造业、汽车制造业、通用设备制造业、金属制品业、计算机通信和其他电子设备制造业，增加值分别增长9.1%、0%、5.9%、2.1%和3.4%。规模以上工业主营业务收入1448.4亿元，增长2.1%；利税总额123.4亿元，增长0.2%；利润总额84.1亿元，增长0.5%；从业人员平均人数16万人，下降4.1%。

【工业创新转型】 区本级规模以上工业研发费用38.6亿元，增长18.5%；新产品产值增长9%，新产品产值率40.3%。规模以上工业中，时尚制造业、健康制造业、数字经济核心产业等新兴产业增长较快，增加值分别增长28.6%、15.9%和11.8%；高新技术产业、文化制造业、环保制造业增加值增速分别比上年高5.4、3.4和10.8个百分点。

【建筑业】 区本级建筑业增加值108.2亿元，下降1.9%，增加值占GDP的比重为5.6%。

【固定资产投资】 区本级固定资产投资增长14.8%，其中，工业投资占比9.0%。技改投资占工业投资的比重74.0%，高于市平均10.1个百分点，投资结构进一步优化。第三产业增长17.3%。基础设施投资、民间投资增势强劲，分别增长18.6%和19.4%，民间投资占固定资产投资的比重提高至67.4%，高于市平均8.6个百分点。

【房地产】 区本级房地产开发业投资增长24.1%，住宅开发投资增长23.6%。商品房屋销售面积230.1万平方米，下降32.1%，其中住宅销售面积172万平方米，下降26.6%。商品房屋销售额579.6亿元，下降25.9%，其中住宅销售额489.1亿元，下降22.1%。

【贸易】 区本级批发零售业商品销售额5321.6亿元，增长15.3%，其中限额以上批发零售业商品销售额4010.2亿元，增长18.6%。住宿餐饮业营业额149.1亿元，增长11.3%。全年社会消费品零售总额878.9亿元，增长8.4%，其中限额以上社会消费品零售额323.3亿元，增长4.1%。在限额以上企业销售的商品类别中，汽车类零售额139.5亿元，下降1.3%；石油及制品类零售额30.3亿元，下降1.4%；服装鞋帽针纺织品类零售额40.0亿元，增长26%。其中消费升级类商品零售额增势喜人，限额以上单位新能源汽车、智能手机、智能家用电器和音像器材等商品零售额分别增长387.1%、132.8%和126.9%。

【商品市场】 全区有各类商品交易市场90个，成交额392.1亿元；网上交易市场7个，成交额51.7亿元。

【商务楼宇】 纳入统计的商务楼宇184幢，总商务面积499.1万平方米，实际入驻企业11987家，入驻面积434.6万平方米，入驻率68.5%。

【进出口】 区本级实现外贸进出口总额1698.8亿元，增长5.8%，其中进口额397.3亿元，增长5.2%；出口额1301.5亿元，增长6%。以美元计价，进出口总额246.54亿美元，增长1.2%，其中进口额57.66亿美元，增长0.5%；出口额188.88亿美元，增长1.4%。按贸易方式分，一般贸易出口额183.54亿美元，增长2.4%，占全区比重97.2%；加工贸易出口额5.24亿美元，下降24.9%。按企业类别分，生产企业出口额51.8亿美元，增长4.8%，占比27.4%；三资企业出口额23亿美元，下降12.6%，占比12.2%；外贸公司出口额106.8亿美元，增长3.5%，占比56.5%。按产品类别分，机电产品出口额97.4亿美元，增长1%；高新技术产品出口额8.5亿美元，增长2.1%。按国别、地区分，出口欧盟51.6亿美元，增长4.4%，出口美国38.6亿美元，下降5.3%，出口新兴市场75.5亿美元，增长4.5%；出口“一带一路”沿线国家（65国）53.9亿美元，增长5.5%。

【外资】 新设外商投资企业128家，合同利用外资9亿美元，实际利用外资4.1亿美元，完成年度任务的101.8%。

【内资】 实际引进内资149.3亿元，完成年度任务的110.6%。

【浙商回归】 浙商回归实际到位资金155亿元，完成年度任务的110.7%。

【旅游】 旅游总收入304.2亿元。接待国内外游客2572.4万人次，其中接待入境游客18.9万人次。旅游外汇收入8723.9万美元。至年底，累计有国家AAAA级景区4家，国家AAA级景区4家。新增花级酒店2家，新增金叶级绿色旅游饭店2家；累计有星级旅游饭店16家，花级酒店13家，绿色旅游饭店16家，宁波市特色客栈1家；旅行社、分社增至120家。

【交通运输】 货物运输量4033万吨，其中公路货运量3077万吨；货运周转量1051866万吨千米，其中公路货运周转量279074万吨千米；客运量494万人，其中公路客运量492万人；客运周转量81822万人千米，其中公路客运周转量81798万人千米。年末公路总里程达1023千米（不包括城市道路），其中高速公路94.5千米，一级公路93千米，二级公路134.1千米，三级公路176.6千米，四级公路524.8千米。农村公路网密度、公路网面积密度每百平方千米125.7千米，以人口计量为每万人11.7千米。

【供电】 全社会用电量93.3亿千瓦时，增长3.1%，其中工业用电45.2亿千瓦时，下降0.4%；城乡居民生活用电18.4亿千瓦时，增长6.2%。

【金融】 全区有金融机构278家。年末金融机构本外币各项存款余额7203.3亿元，增长14%；本外币贷款余额9189.3亿元，增长20.9%。年末金融机构人民币存款余额7030.5亿元，增长15.2%，其中储蓄存款余额1831.2亿元，增长17.6%；金融机构人民币贷款余额8977.1亿元，增长23.6%。

【上市】 全区上市公司20家，其中境内上市14家，境外6家，上市公司数量居全市第一。

【保险】 全年区本级保险公司保费收入87.5亿元，增长26.1%，其中财产险保费收入19.7亿元，下降7%；人身险保费收入58.5亿元，增长48.3%。全年赔款支出24.8亿元，下降13.3%。其中，财产险理赔支出17.7亿元，人身险理赔支出7.2亿元。

宁波保险科技产业园

【教育】 全区有普通中学25所，在校学生29724人，专任教师2150人；小学54所，在校学生74169人，专任教师4270人。小学入学率、巩固率和升学率均100%；初中入学率、巩固率和升学率均为100%。应届初中毕业生升入高中段比例为99.7%；义务教育学龄人口入学率100%。

【人才】 全区人才总量41.3万人。市级以上企业工程中心、院士工作站、博士后工作站等重点指标总量均居全市第一；鄞创孵化器成为中国留创园孵化基地，是全省唯一入选的国家级留学人员创业园区。

【科学技术】 专利申请量和授权量15806件和10828件，发明专利申请量和授权量5220件和1623件。宁波三星医疗电器股份有限公司新晋国家级知识产权示范企业，宁波舒普机电股份有限公司等4家企业获评国家级知识产权优势企业。宁波奥克斯空调股份有限公司2个专利预获中国专利奖优秀外观设计奖，已公示。全年新认定高新技术企业72家，总量达到350家，新登记备案创新型初创企业371家，累计达2304家，数量均居全市首位。新建市级院士工作站1家，省级院士工作站1家，现共有市级院士工作站21家，省级院士工作站7家，全国示范院士工作站2家，柔性引进院士创新团队35个，规模数量位列全市第一。新申报省级企业研究院6家，市级企业研究院4家，省级高新技术研究开发中心13家、市级企业工程（技术）中心22家，区级企业工程（技术）中心79家。新增国家级企业技术中心1家。国家级众创空间7家，国家级孵化器3家，占全市1/3。创建省级产业创新服务综合体2家，市级2家。

【卫生】 全区有医疗卫生机构640个，其中医院36家（综合医院13家、专科医院19家、中医医院2家、中西医结合医院1家、护理院1家），社区卫生服务中心15家，标准社区卫生服务站99家，乡镇卫生院9家，门诊部110家，村卫生室157家，诊所和医务室204家，急救中心1家，妇幼保健院2家，专科疾病防治院1家，疾病预防控制中心1家，卫生监督所1家，其他卫生机构2家。共有各类医院床位9293张，卫生技术人员16208人，医师6143人，注册护士7094人。全年总诊疗人次2015.0万人次（其中门诊急诊1972.7万人次），住院病人实际占用床日315.5万天。

【文化】 全区有物质文化遗产保护单位、点和名录862处，其中国家级文保单位5处、省级文保单位9处；拥有库藏文物档案藏品20569件（套），其中珍贵文物740件（套）。有国家级非物质文化遗产名录4项、省级20项、市级50项、区级101项。累计已建成博物馆22座。开展五大“艺培”活动、五大“艺展”活动。“天天演”文化惠民工程共演出654场次，惠及观众56万余人次。举办鄞州区第九届王应麟读书节，配合区委、区政府策划举办了“鄞州区海丝文旅节”。举办2019“立德树人美育启智”高雅音乐普及暑假大师公开课，“礼赞新中国奋进新时代”鄞州区庆祝中华人民共和国成立70周年主题文艺晚会。承办“五洲绘国色，四海庆华诞”宁波市庆祝中华人民共和国成立70周年大型广场献礼活动和“唱响新时代——走进宁波”鄞州主会场活动。

【体育】 完成省、市级实事工程，新建云龙镇龙湾公园、社区多功能运动场3个、笼式足球场1个、5人足球场2片、轮滑场1片、三人篮球场12片、标准篮球场2片、室内羽毛球场10片、门球场4片、公益广场500平方米，完成11个小康体育村升级工程。完成79条、总长度526千米的“千里云道”基础测绘和建设。人均体育场地面积2.41平方米。举办2019国际划联龙舟世界杯、2019“鄞州杯”中国国际象棋电视快棋赛、2019“鄞州银行杯”国际男子网球挑战赛等国际国内大型赛事。组队参加宁波市首届全民运动会46个项目总决赛，承办全民运动会网球、马拉松、国际象棋、健美操总决赛，举办全民运动会预选赛26场，参与全民运动会总人数37万人。1500余名鄞州运动员参加宁波市第十八届运动会青少年部37项比赛，获第十八届市运会综合金牌总数、综合奖牌总数、综合团体总分、赛事金牌总数、赛事奖牌总数、赛事团体总分六个第一。体育社会组织数量243家，举办本级群众性体育赛事活动100余次，参加群体赛事活动总人次20余万人。完成省年度体育产业机构信息调查，鄞州区体育产业单位数量1368家，其中企业单位921家。真武魂WBK世界极限格斗联赛、鄞州国际男子网球挑战赛入围2019年省重点培育品牌体育赛事名录。

【居民收入】 区本级城镇常住居民人均可支配收入70074元，增长8%。可支配收入中，人均工资性收入42757

元，人均经营净收入6754元，人均财产净收入10088元，人均转移净收入10475元。城镇常住居民人均消费性支出46171元，增长9.9%，其中人均食品支出11528元，人均交通和通信支出6392元，人均教育文化娱乐服务支出5473元，人均居住支出12501元。城镇常住居民人均自有现住房面积39平方米。农村常住居民人均可支配收入39953元，增长9.2%。农村常住居民人均生活消费支出25792元，增长6.5%，人均用于食品支出7652元，人均衣着支出1570元，人均交通和通信支出4181元。平均每百户农村家庭拥有彩色电视机178台、家用电脑61台、空调机175台、电话机45部、移动电话219部、电冰箱103台、洗衣机91台、汽车59辆。农村常住居民人均自有现住房面积35.7平方米。

【社会保障】 基本养老、医疗、失业、工伤、生育保险的参保人数分别为53.6万人、67.5万人、51.1万人、58.6万人、48.1万人。户籍人口医保参保率99.6%。城镇职工医保和城乡居民政策范围内住院医疗费的基金平均支付比例分别稳定在85%以上和73%左右；城乡居民医保基层医疗机构普通门诊政策范围内医疗费的基金支付比例60%。特困供养对象最低生活保障标准人均每月1752元，低保补助标准每月940元，困难残疾人补助标准为每月282元。全年发放低保金2927.8万元，发放困难残疾人生活保障金1932.6万元，发放困境儿童基本生活保障金306.4万元。现有养老机构床位7545张，建成居家养老服务站8个，有居家养老服务站326个。

【市政公共服务】 完成“三改”133.5万平方米，完成率156.1%，完成城中村改造30.8万平方米，其中拆迁改造类完成9.3万平方米，完成旧厂区改造31.2万平方米，完成旧住宅区改造71.5万平方米；违法建筑拆除121.6万平方米，完成率128.0%，拆后利用率85.5%。对“沿路、沿河、沿山”重点区域、重点类型的违建进行着重打击，逐步消除存量违法建筑。纳入鄞州区管理的各类市政设施包括桥梁488座，城市道路总长361.1千米，人行道面积249.3万平方米，各类市政设施完好率98%以上。城区保洁的道路面积1167.4万平方米，长效保洁覆盖率100%，机扫率86.9%。生活垃圾日处理量1972吨/日，生活垃圾集中收集行政村覆盖率和无害化处理率均为100%。

【环境保护】 落实中幼林抚育面积400公顷，其中重点区域300公顷。生态公益林建设面积1.38万公顷。完成山地营造林面积30公顷，其中珍贵树种造林面积30公顷。拥有国家级生态镇8个，省级生态镇1个，国家级生态村1个，市级生态村171个，市级以上环保模范（绿色）单位178家，市级以上生态文明教育基地4家。化学需氧量和氨氮排放量分别减少278吨和71吨，分别削减3.6%和4%；二氧化硫和氮氧化物全年排放量减少214吨和67吨，分别削减6.7%和5%。

【能源】 全年规模以上工业企业能源消费量比上年增长1.2%，规模以上工业增加值能耗下降3.6%。

【社会安全】 发生各类生产经营性事故20起，下降25.9%；死亡12人，下降29.4%；受伤11人，下降15.4%；直接经济损失131.8万元，下降28.2%。其中，生产经营性道路交通事故14起，下降22.2%；死亡人数6人，下降25%；受伤人数10人，下降23.1%；直接经济损失1.8万元，下降51.4%。食品安全定量抽检5520批次，抽检批次合格率98.9%，项次合格率99.92%；食品安全评价性抽检733批次，批次合格率99.86%，项次合格率99.98%，基本药品监督抽检合格率100%。

注：

（1）本部分各项数据来源于《2019年宁波市鄞州区国民经济和社会发展统计公报》，所列各项数字均为初步统计数，具体数据以统计年鉴资料为准，最新数据也可在鄞州区人民政府·统计局网站、“鄞州统计”微信公众号查询。

（2）地区生产总值、各产业增加值绝对数按当年价格计算，增长速度按可比价格计算。

（3）规模以上工业指年主营业务收入2000万元及以上工业企业。

（4）固定资产投资统计范围为计划总投资500万元及以上的项目。

（5）限额以上批发业指年主营业务收入2000万元及以上批发企业（单位）；限额以上零售业指年主营业务收入500万元及以上零售企业（单位）；限额以上住宿餐饮业指年主营业务收入200万元及以上住宿餐饮企业（单位）。

（区统计局）

组织机构及其主要负责人

区四套班子领导机构

中共鄞州区委员会

书　记：褚银良

副书记：王兆波

朱法传（12月止）

王邦进（12月始）

常　委：陈杰农（2月止）

张相晋（12月止）

翁　敏（12月始）

陈　虹

王邦进（4月始）

徐卫成

方飞龙

沃勇特

康志刚（10月止）

邱啟旻（4月止）

梅益进（8月始）

胡敏仁（10月始）

石怀兵（10月始）

鄞州区人民代表大会常务委员会
主　任：杨慧芳
副主任：林　琪
夏素贞
陈家连
胡开通
吕红琴
钱　芳
党组书记：杨慧芳
党组副书记：林　琪
党组成员：陈家连
胡开通
崔伟高
张定龙
吕红琴
钱　芳

鄞州区人民政府
区　长：王兆波（1月始）
常务副区长：王兆波（12月止）
沃勇特（12月始）
副区长：朱晓丽
卜明长
梅益进（12月止）
戴华祥
朱剑涛
陆朝晖（12月始）
杜　伟（挂职，3月止）
邱啟旻（挂职，5月止）
党组书记：王兆波
党组副书记：王兆波（1月止）
沃勇特（1月始）
党组成员：卜明长
梅益进
戴华祥
朱剑涛
陆朝晖
傅纪德（11月止）
金伟杰（10月止）
水旭东
忻思忠
金永虎（挂职，6月止）
郭正吉（挂职，6月止）
刘国相（挂职，10月始）

政协鄞州区委员会
主　席：郑坤法
副主席：沈剑波
华志苗
黄碧英
周义定
王孝嗣
秘书长：孙亚飞（6月止）
代秘书长：郁健平（6月始）
政协党组书记：郑坤法
政协党组副书记：沈剑波
政协党组成员：戴嘉敏
华志苗
周义定

区纪委区监委

中共鄞州区纪律检查委员会
书　记：张相晋（12月止）
翁　敏（12月始）
鄞州区监察委员会
主　任：张相晋（12月止）
代主任：翁　敏（12月始）

审判、检察机构及人民武装

区人民法院
院长、党组书记：王松来

区人民检察院
检察长、党组书记：吕益军

区人武部
部　长：康志刚（8月止）
张　伟（9月始）
党委书记、政委：石怀兵

区委工作机构及党群部门

区委办公室
主　任：徐卫成（1月止）
刘学文（1月始）

区委组织部
部　长：陈杰农（3月止）
王邦进（4月始）
区委直属机关工委书记：
李明阳（12月止）
王邦进（12始）
人才办主任：陈杰农（3月止）
王邦进（4月始）

区委宣传部
部　长：方飞龙

区委统一战线工作部
部　长：陈　虹

区委政法委员会
书　记：朱法传（12月止）

区委区政府政策研究室
主　任：王升涛

区委编制委员会办公室
主　任：邱爱民（1月止）
朱叶锋（1月始）

区委巡察办
主任：李　琪（兼）

区信访局
局　长：金菲惠（1月止）
邱忠海（1月始）
党组书记：金菲惠（1月止）
邱忠海（1月始）

区委老干部局
局　长：周丽君

区档案馆
馆　长：王　宁（1月止）
沈家瑜（1月始）
党组书记：王　宁（1月止）
沈家瑜（1月始）

区委党校
校　长：陈杰农（6月止）
王邦进（6月始）
行政学校校长：王兆波（1月止）
沃勇特（1月始）

社会主义学院院长：陈虹（11月始）
党委书记：杨开建（5月止）
朱英海（5月始）

区委党研室
主　任：杜建海（1月止）
杨开建（5月始）

区接待中心
主任、党组书记：曹丰达（4月始）

区总工会
主　席：钱　芳
党组书记：阮善良（5月止）
姚燕君（7月始）

共青团鄞州区委员会
书记：郭琼颖

区妇女联合会
主　席：姚燕君（7月止）
忻明飞（8月始）
党组书记：姚燕君（7月止）
忻明飞（7月始）

区残疾人联合会
理事长、党组书记：毛建平

区工商业联合会
主　席：谢识才（兼）
党组书记：徐自力（1月止）
金伟莉（1月始）

区文学艺术界联合会
主席、党组书记：邵　斌

区社科院
院　长：陈萍萍（1月止）
孙　静（1月始）

区社科联
主　席：陈萍萍（1月止）
孙　静（8月始）
党组书记：何学军

区慈善总会
会长：陈振国

区红十字会
会　长：卜明长（兼）
党组书记：李鹏程

区关心下一代工作委员会
主　任：陈勤俭

区革命老区开发建设促进会
会　长：唐　军

区人大常委会、区政协机关

区人大常委会机关党组
党组书记：蔡建泓

区人大常委会办公室
主　任：蔡建泓

区人大常委会法制内司工作委员会
主　任：柯　伟

区人大常委会财政经济工作委员会
主　任：李仲安

区人大常委会教科文卫工作委员会
主　任：徐志荣

区人大常委会代表工作委员会
主　任：莫菊妃（7月止）
夏红霞（7月始）

区人大常委会城建环保工作委员会
主　任：徐海平

区人大常委会农业和农村工作委员会
主　任：陈琪树（7月止）
沈　军（7月始）

区人大常委会社会建设工作委员会
主　任：陈德全（12月始）

区政协机关党组
党组书记：孙亚飞（5月止）
郁健平（5月始）

区政协办公室
主　任：鲁宝明（9月止）
高毓武（9月始）

区政协提案委员会
主　任：裴渭干

区政协经济科技和城建资源环境委员会
主　任：吴锡辉

区政协教文卫体和文史资料委员会
主　任：马晓英

区政协社会法制和港澳台侨委员会
主　任：黄明伟（6月止）
叶　龙（7月始）

区政协委员工作委员会
主　任：刘玮枫

区政协农业农村工作委员会
主　任：冯浙萍

区政府工作部门

区政府办公室
主任、党组书记：傅纪德

区经济和信息化局
局长、党委书记：严岩平

区教育局
局　长：王建平
党委书记：杨飞华

区科学技术局（科协）
局　长：叶　龙（7月止）
虞文平（7月始）
科协主席：俞　蓉
党组书记：毛国宏（1月止）
叶　龙（1月始，7月止）
虞文平（7月始）

宁波市公安局鄞州分局
局　长：陆朝晖

政　委：朱乐定
党委书记：陆朝晖

区民政局
局长、党委书记：陈德全（11月止）

区司法局
局　长：蒋晓东（7月止）
夏国芬（12月始）
党组书记：蒋晓东（7月止）
夏国芬（11月始）

区财政局
局　　长：李青萍
党组书记：涂更生

区人力资源和社会保障局
局长、党委书记：石信康

区住房和城乡建设局
局　　长：纪　杰
党委书记：周　君（1月止）
杨国财（1月始）

区交通运输局
局　长：王　辉（12月止）
汤旭波（12月始）
党委书记：王　辉（11月止）
钱范杰（11月始）

区水利局
局　长：郑贤斌（7月止）
蒋晓东（7月始）
党委书记：郑贤斌（7月止）
蒋晓东（7月始）

区农业农村局
局　长：杨国财（1月止）
李永伟（1月始）
党委书记：杨国财（1月止）
李永伟（1月始）

区商务局
局　　长：严岩平（1月止）
葛欲栋（1月始）
党委书记：严岩平（1月止）
葛欲栋（1月始）

区文广旅游体育局
局长、党委书记：王力波

区卫生健康局
局　长：水黎明
党委书记：谢赛定（1月止）
水黎明（1月始）

区退役军人事务局
局长、党组书记：史新跃（1月始）

区应急管理局
局长、党组书记：钱帅鸿

区审计局
局　长：余晓虹
党组书记：郝军海（1月止）
余晓虹（1月始）

区市场监督管理局
局　　长：沈　军（7月止）
郑贤斌（7月始）
党委书记：顾同盟（1月止）
沈　军（1月始，7月止）
郑贤斌（7月始）

区金融办
主任、党组书记：戴国兴

区统计局
局长、党组书记：徐　明

区医疗保障局
局　长：陈萍萍（1月始）
党组书记：徐自力（1月始）

区综合行政执法局
局　长：刘学文（1月止）
史海良（1月始）
党委书记：刘学文（1月止）
史海良（1月始）

区行政审批管理办公室
党委书记：沃勇特（兼，1月始）
主　任：李春丽

鄞州工业园区管委会
主　任：张景献
党工委书记：沃勇特（1月止）
徐卫成（1月始）

宁波南部商务区管委会
主　任：金伟莉（1月止）
邱爱民（1月始）
党工委书记：钱范杰（11月止）
梅益进（11月始）

长丰开发建设指挥部
总指挥、党组书记：陈世能

大嵩新区开发建设服务中心（鄞州经济开发区发展服务中心）
主　任：郑冠勉（5月始）
党工委书记：郑冠勉（11月止）
党组书记：胡敏仁（11月始）

区广播电视台
台长、党组书记：朱鸣鸿（11月止）

鄞州日报社
社长、总编：邵　波（11月止）

区融媒体中心
主任、党组书记：朱鸣鸿（11月始）
总编辑：邵　波（11月始）

区投资促进中心
主任、党组书记：屠斌斌（7月止）

区机关事务管理局
局长、党组书记：李　波

区城中村改造发展服务中心
主　任：郑　杰（1月止）
汤旭波（1月始，11月止）
王小铮（11月始）

区城市开发前期中心
主　任：寿建昱（11月止）
　　　　胡文吉（11月始）
党组书记：王国章（5月止）
　　　　　胡文吉（11月始）

区供销合作社
主　任：胡岳明（1月止）
　　　　钱　磊（2月始）
党委书记：胡岳明（1月止）
　　　　　钱　磊（2月始）

区国资中心
主任、党组书记：岑卢艳（1月始）

区大数据发展服务中心
主任、党组书记：毛　勇（1月始）

区消防救援大队
大队长：熊华靖
党委书记、教导员：周　军

区人民政府咨询委员会
主　任：沈　权
副主任：忻国龙
　　　　吴海平

中车办（产城公司）
主任：郑　杰（1月始）

鄞城集团
董事长、党委书记：王　翔

鄞通集团
董事长:姚　成（4月始）
党委书记：姚　成

鄞工集团
董事长：戴志君（2月始）
党委书记：戴志君（1月始）

鄞开集团
董事长、党委书记：李东兵（3月始）

宁波鄞州农村商业银行股份有限公司
董事长、党委书记：周建斌
行　长：仇　坤

宁波市直属管理单位

市自然资源和规划局鄞州分局
局　长：陈建权
党组书记：张　磊

市生态环境局鄞州分局
局长、党组书记：童建业

鄞州区税务局
局长、党委书记：吕建华

市税务第一稽查局
局　长：黄佰桥

鄞州海关
关　长：葛惠珍
党委书记：葛惠珍（12月始）

区烟草专卖局（烟草分公司）
局长（经理）、党组书记：朱立波
　　　　　　　　　　　　（4月始）

中国邮政集团公司宁波市分公司鄞州分局（分公司）
局　长：励　黎

区气象局
局　长：胡春蕾（3月止）
　　　　祝　旗（3月始）
党组书记：胡春蕾（3月止）
　　　　　祝　旗（3月始）

宁波鄞奉海事处
处　长：王继荣
政　委：何章才（2月止）
　　　　梅星明（3月始）

国家统计局鄞州调查队
队长、党组书记：任　川

市交警鄞州大队
大队长：朱连军
教导员：胡　畏

区供电公司
执行董事、党委书记：邵伟明
总经理：朱顺波

中国电信鄞州分公司
副总经理（主持工作）：周立伟

中国移动鄞州分公司
总经理：张　永（1月始）

中国联通鄞州分公司
总经理：卢大鹏

镇（街道）机构

瞻岐镇
党委书记：史新跃（1月止）
　　　　　姚平达（1月始）
人大主席：陈红光
镇　长：姚平达（1月止）
　　　　毕延斌（4月始）

咸祥镇
党委书记：凌剑晖
人大主席：傅建宁
镇　长：荆英姿（8月止）
　　　　王宏标（8月始）

东吴镇
党委书记：汪　辉（1月始）
人大主席：沈光伟（4月止）
　　　　　胡　军（4月始）
镇　　长：张　军（12月止）

塘溪镇
党委书记：陈德全（1月止）
　　　　　凌锡辉（5月起）
人大主席：方　毅
镇　长：陈　勇（8月止）
　　　　庄　琪（8月起）

五乡镇
党委书记：郑　杰

人大主席：周名耀（7月止）
王裕春（7月始）
镇　长：朱　兵

邱隘镇
党委书记：卢明娟
人大主席：周启波
镇　长：韩　洁（3月始）

云龙镇
党委书记：洪　峰
人大主席：姜国民
镇　长：阮　锴（2月始）

横溪镇
党委书记：陈贤富
人大主席：叶仕兴
镇　长：庞超静

姜山镇
党委书记：沃勇特（1月止）
徐卫成（1月起）
人大主席：邵文龙
镇　长：凌锡辉（8月止）
屠斌斌（8月始）

潘火街道（投资创业中心）
党工委书记：张　宾
人大工委主任：杜　彪（3月止）
杨胜苗（3月始）
办事处主任：王　宁

福明街道
党工委书记：张飞忠
人大工委主任：王伟国
办事处主任：邱　伟

东柳街道
党工委书记：沈家瑜（1月止）
邱　春（1月始）
人大工委主任：章耀祥
办事处主任：陈　启

中河街道
党工委书记：朱叶锋（1月止）
谢登峰（1月始）
人大工委主任：许国华
办事处主任：叶海东

东郊街道
党工委书记：葛欲栋（1月止）
金菲惠（1月始）
人大工委主任：胡忠良（3月止）
叶孝国（3月始）
办事处主任：张振鹏（1月始）

下应街道
党工委书记：夏国芬（1月止）
李　静（11月始）
人大工委主任：陈福祥（3月止）
陈红山（3月始）
办事处主任：郁柏其（1月止）
钱　彪（1月始）

明楼街道
党工委书记：史海良（1月止）
钱连波（1月始）
人大工委主任：丁亚力
办事处主任：夏红霞（6月止）
倪　骋（7月始）

百丈街道
党工委书记：邵英豪
人大工委主任：吴志明（7月止）
肖忠文（7月始）
办事处主任：董家俊（12月止）
葛　焕（12月始）

东胜街道
党工委书记：马荧波
人大工委主任：陈伟智（3月止）
施武能（4月始）
办事处主任：王小铮（11月止）

白鹤街道
党工委书记：祝健敏
人大工委主任：陈永春（7月止）
吴长平（7月始）
办事处主任：李　静（11月止）
陈科达（11月始）

首南街道
党工委书记：王　新
人大工委主任：周小涛
办事处主任：刘　刚

钟公庙街道
党工委书记：陈福定（1月止）
李建卫（1月始）
人大工委主任：蒋守国
办事处主任：金建永（1月止）
曾　毅（1月始）

东钱湖镇
党委书记：陈建恩
人大主席：陈建恩（1月始）
镇长：杨洪波（1月始）

梅墟街道
党工委书记：孔志平（10月止）
王　立（10月始）
人大工委主任：傅明龙
办事处主任：何卫林（10月止）

新明街道
党工委书记：周伟杰（3月止）
袁曼娅（10月始）
人大工委主任：范刚军（7月止）
高余丰（7月始）
办事处主任：王　立（10月止）
王学波（10月始）

聚贤街道
党工委书记：陆洪泽（9月始）

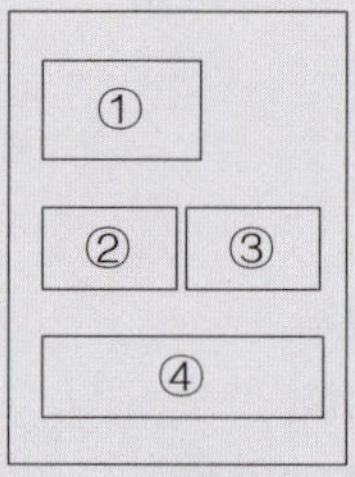

① 2019年5月26日，第九届王应麟读书节“海丝小喇叭”授旗、授证书以及宣誓活动举行

② 2019年5月26日，第九届王应麟读书节《五月的鲜花》朗诵会举行

③ 2019年6月14日，第九届青年创客音乐节在南部商务区水街举行

④ 2019年8月18日，高雅音乐普及暑期大师公开课举行

中国共产党宁波市鄞州区委员会

综　述

【概况】 2019年，鄞州区实现地区生产总值2211亿元，比上年增长7%，总量位居全市第一、全省第二，成为全省第三个GDP进入2000亿元的县（市、区）；财政总收入453.38亿元，增长4%；一般公共预算收入269.33亿元，增长6.46%；社会消费品零售总额948.17亿元，增长8.36%；外贸进出口总额1991.64亿元，增长8.30%；城镇常住居民人均可支配收入70074元，增长7.58%；农村常住居民人均可支配收入39953元，增长9.19%；连续5年名列全国综合实力百强区第四，科技创新指数、投资潜力指数、新型城镇化质量指数分别位居第一、第四、第五，获评全省县域社会治理十佳、全国最具幸福感城市。

召开区委常委会专题学习会12次，全区开展各类学习2.34万次、讲党课3226次。召开全会部署防范化解重大风险工作，帮助和龙提前脱贫摘帽，完成中央和省环保督察问题整改年度任务，控制地方性政府债务、防范类金融风险等工作走在全市前列。以全会决定形式部署全域治理创新工作，探索“一核三治五共”治理体系，开展全面深化改革年、高质量发展突破年、全域治理先行年“三个年活动”，统筹实施“一核三增三提”七大行动。

开展“三服务”“三进三访”活动，实行减负提效“九条军规”、举一反三工作法，区级领导以上率下、“五夜六送”，带动百家单位千名干部万名党员深入村（社区）29485次，发现问题12300个、解决问题11561个，问题解决率94%，破解餐饮油烟、洗车排污等关键小事；走访企业27163次，收集梳理问题16513个，解决率95.80%，化解市级以上信访积案21件，群众肯定区抗击台风“利奇马”成效。推行一线精准培育识别选用干部办法，加快干部年轻化专业化建设，加强“六赛六比”“三亮三考”和第一书记全日制选派等工作，得到上级肯定。

稳增长、优存量、扩增量，引进20亿以上项目16个、其中超百亿1个，实到内资、浙商回归资金总量居全市第一，出让土地39宗139公顷，53个重大活动签约项目推进率达69.80%，固定资产投资增长14.60%，其中民间投资占67.40%。人才净流入率13.30%、占全市近1/3，首次获得国家科技进步奖一等奖，新增一批国家级企业技术中心、全国首批专精特新“小巨人”企业、国家级单项冠军，专利和发明专利四项指标、新增国家级标准化试点、制造业亩产英雄数等居全市首位，成为全省唯一受国务院督查激励的双创示范基地行政区域。

率全省之先开展高质量发展体制机制改革创新，谋划建设未来产业社区、小微企业园，促进企业下山出村入园、产业集聚成片、亩均效益提升。融入区域一体化发展。结合国土空间、“十四五”等规划编制，谋划融入长三角一体化发展“一核三区”建设、“两中心一枢纽”工程，引导企业在“一带一路”沿线布局，建设“六大新空间”，强化与东钱湖、东部新城、高新区协同发展。对接宁波“246”产业集群、“225”外贸行动，谋划实施“154”千百亿级产业集群发展、“254”外贸倍增提质行动，构建以数字经济为引领，以“专精特”“高新尖”产业为两翼，以千亿级产业链、企业群、楼宇圈、大平台为支撑的“1+2+X”产业体系。

推进全面深化改革，实施涉农涉社资金项目整合，整出17个部门资金8.30亿，开展国资国企改革，调整优化经济发展、园区建设、量化考核等政策体制，促进资源利用。创新“最多一次”系列，以“最多跑一次”改革为牵引，全省首创“审批掌柜”制度，创新“局长坐班”“周二夜市”“生命周期一件事”“信访代办最多跑一地”等做法，行政审批获三项全国大奖，老旧小区“最多改一次”成为市级试点。开展楼宇经济发展、治水拆违、平安建设、安全生产、“二木”土地整治等百日攻坚，拆违155万平方米，盘活土地704.33公顷，省级“美丽河湖”居全市第一，23幢楼宇税收突破亿元，建成社会矛盾纠纷调处化解中心，获得平安金鼎、无信访积案区。

推进全域治理创新，成为全国首批乡村治理体系建设试点、全省社区治理和服务创新实验区。社区“365工作法”、农村“契约式治理”、网络“178柔性治理”、老潘警调等成为品牌，基层公权力“三清单”运行法成为全国典型案例，出现全国道德模范周秀芳等先进人物，鄞州治理经验在国家部委、省市会议上交流。垃圾分类、协同智管停车等解法得到推广，美丽镇村建设、“五金富民”、“飞地抱团”

等取得实效，智慧教育、医共体建设、健康养老水平提高，公共文化服务综合评估获得全省“十一连冠”。坚持依法治区，街道人大工作、政协“请你来协商”、共青团基层组织改革、工商联基层商会改革、综合执法体制改革、民兵调整改革等走在前列，入选省级以上民主法治示范村社39个。召开首届天南海北鄞州人发展大会，提出践行“四知”精神八字路径，凝聚起共兴鄞州力量。

强化党委主体责任、书记第一责任人责任、班子成员“一岗双责”，落实党组织主体责任“双报告”、镇（街道）和区级机关党建和人才述责评议、全面从严治党“四单”督责等机制。以“鄞领工程”为牵引，创新下抓一级与上管一级结合机制，探索干部工作“十个一线”具体路径，推行百名干部鄞领建功计划、专项考察和容错纠错机制，全年共调配干部10批556人次，提拔和进一步使用186人次，提醒谈话、诫勉等组织处理10人次，对1名区管干部容错免责。以省委巡视组回访迎检为契机，开展政治监督，针对“8+1”专项整治，细化62项重点和102条措施，完成阶段性任务，组织全区“警示教育月”系列活动，实施派驻机构“七个一体化”建设，推进区委巡察，强化“五聚焦五整治”“四种形态”运用、涉纪信访“减存遏增”“清淤化积”和正风反腐，全年立案229件、党纪政务处分173人，澄清干部16人。

（区委办公室）

2019年11月12日，首届天南海北鄞州人发展大会开幕式暨主旨大会召开

重要会议

【十四届区委全体（扩大）会议】 2019年5月17日，十四届区委八次全体（扩大）会议召开。会议应到委员47人，实到委员40人，参会人员300人，市委常委、区委书记褚银良主持会议。会议学习总书记习近平关于防范化解重大风险的重要论述，特别是在省部级主要领导干部坚持底线思维、着力防范化解重大风险专题研讨班上的重要讲话精神，贯彻省委十四届五次全会、市委相关会议精神要求，研究部署全区防范化解风险工作，审议通过《中共宁波市鄞州区委关于防范化解重大风险的实施意见》，引导全区上下打好打赢防范化解重大风险攻坚战，为建设“两高四好”示范区提供保障。

8月6日，十四届区委九次全体（扩大）会议召开。会议应到委员47人，实到委员44人，参会人员300人，市委常委、区委书记褚银良主持会议。会议学习贯彻习近平新时代中国特色社会主义思想，落实省委十四届五次全会、市委十三届六次全会精神，总结上半年工作，部署下阶段任务，审议通过《中共宁波市鄞州区委关于党建引领打造全国乡村全域治理标杆区的决定》，号召全区上下激发实干、担当、奋进的新时代鄞州精神，不忘初心、牢记使命，全域治理当标杆、“两高四好”勇攀高，以优异成绩向新中国成立70周年献礼。

【首届天南海北鄞州人发展大会】 2019年11月12日，首届天南海北鄞州人发展大会开幕式暨主旨大会在区文化艺术中心大剧院召开。省委副书记、市委书记郑栅洁作出批示。财政部原党组书记、部长谢旭人，中央党校原副校长李君如，宁波市委原副书记陈群，上海市政协原副主席陈正兴，空军工程大学教授、少将蔡良才，中国科学院院士石钟慈等出席会议。市委常委、统战部部长胡军，市委常委、区委书记褚银良致辞，区委副书记、区长王兆波主持大会。500余位来自天南海北的鄞州籍乡贤和“帮鄞州”人士参加。活动主要由开幕式暨主旨大会、分领域座谈会、“共叙乡情”活动、晚会四大主体活动组成。除了组织乡贤对话论坛、重大项目合作签约，还启动“鄞州人之家”，组织在外鄞商回乡投资考察，把项目、资金、技术、人才带回家乡。活动现场，19个重大项目集中签约，总投资470亿元，签约项目主要涉及总部经济、产城融合、基础设施建设、高端装备、智能制造、产业平台等领域，助力鄞州高质量发展。

（钱　毅）

重要调研

【张庆黎到鄞州区调研】 2019年1月24日，全国政协副主席张庆黎带领全国政协调研组到鄞州区调研区政协“请你来协商”平台，省政协主席葛慧君陪同调研，区领导褚银良、郑坤法、沈剑波、戴嘉敏、华志苗、叶天奔、周义定、王孝嗣参加在鄞期间的调研。张庆黎对鄞州区政协“请你来协商”平台建设给予充分肯定。

【徐乐江到鄞州区调研】 2019年12月7日，中央统战部副部长、全国工商联党组书记徐乐江一行到鄞州区调研博威集团有限公司、奥克斯集团有限公司，市、区领导胡军、褚银良、陈炳荣、陈虹、徐卫成参加调研。调研中，徐乐江对企业坚持党建引领、促进企业发展的做法表示称赞，并提出商会组织要始终坚持服务宗旨，提高服务企业的能力和水平，探索适应民营企业转型升级、融合发展实际需求的服务方式、手段和载体，为企业排忧解难，助推经济社会新发展。

【郑栅洁到鄞州区调研】 2019年1月18日，省委副书记、市委书记郑栅洁到鄞州区东吴镇的宁波长泰农业发展有限公司、姜山镇的浙江爱卡畜牧科技有限公司、首南街道的宁波康谱园农业科技有限公司等地督察调研“大棚房”问题专项清理整治工作，施惠芳、褚银良、卞吉安等参加督察调研。2月1日，郑栅洁到鄞州区百丈街道大步街、李惠利医院、河宁岗亭交警智能警务亭走访慰问环卫工人、医护人员、民警等一线工作人员，市、区领导施惠芳、褚银良、许亚南等参加相关慰问。3月5日，郑栅洁到鄞州区服务基层走访调研，市、区领导施惠芳、褚银良、陈炳荣、朱法传、徐卫成、戴华祥陪同调研，郑栅洁一行考察丹顶鹤社区、浙江开天工程技术有限公司、陆家堰村，对鄞州区服务基层工作给予肯定。5月9日，郑栅洁到鄞州区慰问一线护理工作者，市、区领导施惠芳、褚银良、许亚南、卜明长陪同，郑栅洁一行慰问鄞州第二医院的一线护理工作者。5月29日，郑栅洁专题调研宁波市集成电路产业发展情况，陈仲朝、褚银良、陈炳荣、戴华祥等市、区领导参加调研。8月11日，郑栅洁到鄞州区检查防台工作，市、区领导胡军、施惠芳、褚银良、王兆波、陈虹陪同调研，郑栅洁一行考察生姜村（内河倒灌）积水情况、童一村村民自救情况、天童寺（区域泥石流）救灾情况，并对鄞州区抗灾工作表示肯定。

【熊建平到鄞州区调研】 参见“中国共产党宁波市鄞州区委员会”类目“统一战线工作”分目。

【朱从玖到鄞州区调研】 2019年6月10日，副省长朱从玖一行到鄞州区调研，区领导褚银良、朱法传陪同调研，朱从玖一行听取鄞州区信访工作并表示肯定。11月19日，副省长朱从玖赴福明街道人大代表联络站，实地了解人大代表联络站建设运行情况，市、区领导褚银良、杨慧芳陪同调研，朱从玖一行听取部分市、区两级人大代表和群众的意见和建议，并对鄞州区工作表示肯定。

【沈跃跃到鄞州区调研】 2019年7月25日，全国人大常委会副委员长、党组成员沈跃跃到鄞州区调研，省、市、区领导梁黎明、郑栅洁、褚银良、杨慧芳、徐卫成、朱剑涛陪同，沈跃跃一行考察姜山镇定桥固废转运站、下应街道海创社区、姜山镇再生资源分拣中心、院士公园、宁波南区污水处理厂，并对鄞州区工作表示肯定。

【车俊到鄞州区调研】 2019年8月15日，省委书记车俊到鄞州区指导台风灾后自救工作，市、区领导郑栅洁、施惠芳、褚银良、陈仲朝、王兆波、陈虹、陆朝晖陪同调研，车俊一行考察东吴镇天童村、天童国家森林公园，并对鄞州区抗灾工作表示肯定。

【朱恒毅到鄞州区调研】 2019年9月6日，省委政法委副书记朱恒毅到鄞州区东柳街道老潘警调中心、社会治理综合服务中心建设现场和姜山镇，调研鄞州区平安建设、基层治理等工作。市、区领导宋越舜、褚银良、朱法传等陪同。

【张纪南到鄞州区调研】 2019年11月1日，人力资源和社会保障部部长张纪南到鄞州区调研，省、市领导鲁俊、宋越舜、褚银良陪同调研，张纪南一行考察宁波欧琳集团有限公司、区行政服务中心，并对鄞州区工作表示肯定。

【高广滨到鄞州区考察】 2019年3月27日，吉林省委副书记高广滨一行到鄞州区杉杉集团有限公司和欧琳集团有限公司等地考察。省委副书记、市委书记郑栅洁参加考察，市委常委、秘书长施惠芳，市委常委、区委书记褚银良陪同考察。在杉杉集团有限公司听取相关介绍后，高广滨认为宁波、鄞州对口支援吉林工作务实，对口支援项目谋划质量高、产业可持续。在欧琳集团有限公司企业展厅，考察团一行详细了解产品研发、工艺流程、市场销售等情况。

（钱　毅）

全面深化改革

【概况】 2019年，鄞州区在全省县（市、区）全面深化改革考评中，位列20个考核优秀单位之一。全年确定数字经济集聚区建设、小微企业园建设、全域土地综合整治等年度重点改革项目45个，新增全国乡村治理体系建设、全国共青团基层组织改革、全国地方青联组织社团基础试点建设、国家智慧健康养老应用试点示范基地建设等国家级试点4个，省级制造业高质量发展示范区创建、省级社区治理和服务创新实验区建设等省级试点10个，在省级以上主流媒体宣传特色改革经验10余次，相关改革做法被省市领导批示16次，“一核三治五共”全域治理模式、“请你来协商”平台建设、街道人大工作和建设等改革在全省乃至全国领先。基层公权力“三清单”运行法获评全国创新社会治理十佳案例，“两隔离、两可视”招投标办法获评全国公共资源交易十佳示范项目，街道人大工作和建设试点相关工作经验被写入全省街道人大工作手册，参与起草的《社区便民服务中心服务规范》成为国家标准，鄞州案例、鄞州模式、鄞州样板走向全省乃至全国。全区召开全面深化改革领导小组会议、领导小组办公室会议等4次，区委常委会、区政府常务会议多次讨论国有企业改革、涉农资金改革等相关议题，出台相关改革政策文件10余份。

【经济体制改革】 2019年，鄞州区推进经济体制改革。加快国家、省市示范区建设。以城南智创大走廊为主，推进“热带雨林式”双创生态体系建设，入选国务院督查激励名单，鄞州科技创新指数位居“2019年中国中小城市科学发展指数研究成果”榜单全国百强区首位。全省首创“审批掌柜”工作机制，事项办理“无缝对接”“一事联办”，实现常态化企业开办1个工作日办结，一般工业项目、房建类项目报建审批分别实现最多10个、20个工作日，工业（物流）类、房建类项目竣工联合验收分别实现最多10个、15个工作日。对154家国企进行分类梳理，组建四大集团，将36家区属一级国有企业划分为公共服务类、功能类和竞争类，并建立健全相应的经营管理、风险防控等机制。创新“大队长+小分队”招商引资模式，组建8个重点产业招商小分队，新引进赛富乐斯、优城联合等一批优质项目。建立小微企业园创新发展机制。推进国家自主创新示范区“园中园”建设，鄞州区大学生（青年）创业小微园、宁波中物科技园等13家小微企业园入选省首批审核认定小微企业园名单。深化“标准地”和“亩均论英雄”改革。制订“标准地”责任清单，开展“标准地”数字化管理，新增工业用地全部按照“标准地”制度供地，实现低效用地再开发160.20公顷。推进姜山镇定桥村全域土地综合整治试点，五乡镇明堂岙等4个村、东吴镇平塘等6个村、云龙镇全镇区域等3个全域土地综合整治与生态修复工程获省政府批准，涉及永久基本农田布局调整方案获省自然资源厅批复。引导商业银行开展“易农贷”“乐农贷”“支农宝”等无抵押信用贷款，推动银行、保险公司合作共建“金贝壳”小额贷款保证保险业务，国内首创数字健康保险交易示范性平台、订单保证金保险和提单遗失保险。完成涉农资金整合改革。完善涉农资金管理模式和操作流程，将原有的56个涉农项目整合为八大类25个，开发涉农项目信息管理系统，增强项目的公开化和透明度。村级集体经济以股权赋权活权为重点，继续探索股权抵押、担保、继承等股权流转机制，制订出台村股份经济合作社股权管理暂行办法，建立镇（街道）分红报告和备案制度。

【民主法制领域改革】 2019年，鄞州区推进民主法制领域各项改革工作。建立完善法治政府建设与责任落实督察工作机制。组建百人法治督察员队伍，履行对法治鄞州、法治政府、法治社会建设工作的督察职责。健全人大代表履职监督机制。开展全省街道人大工作和建设试点，“街道议政会”等创新做法被《浙江省街道人大工作条例》采纳。推进基层协商民主机制建设。发挥各民主党派和无党派人士作用，鄞州区“请你来协商”平台建设的亮点工作成为全省样板，被《人民日报》专题报道。构建法治德治自治相结合的基层治理模式。推行“村（居）民说事”，创新推广“书记一点通”党群联系服务模式，实现行政村、重点群体全覆盖。推进“最多跑一次”改革。推进“一窗集成”，完成31个部门、1090项事项梳理，除不宜进驻事项外全部进驻行政服务中心，窗口办结率98.92%。推进行政复议体制改革。成立区行政复议局，一窗通办该区域行政复议案件，全面规范全区复议应诉工作，2019年区政府本级审结行政复议案件63件，直接纠错率12.70%，调解和解率22.20%。开展“无证明城市”改革。对全区68家公共管理和服务机构，累计梳理登记现行证明事项1582项，明确保留地方设定证明的目录和取消地方设定证明的目录。推进司法改革。参照员额比例和入额标准，制订法官入额考核（考试）办法，实现员额法官检察官办案一线到位，区法院、区检察院完成内设机构改革，法官、检察官职业保障待遇落实到位。深化以审判为中心的诉讼制度改革。落实司法责任制和错案追究制度，抓审判流程公开、裁判文书公开、执行信息公开平台建设。深化联调机制建设。优化升级“老潘警调中心”，探索实施警调一网通、视频远程调解、专家远程问诊等“互联网+矛盾调解”新模式，将警调工作室延伸至镇（街道），相关工作经验入选全省“枫桥经验”100个优秀案例。

【文化体制改革】 2019年，鄞州区推动文化体制改革。推进农村“说事长廊”建设。全年各村社区通过“说事长廊”开展各类理论宣讲、宣传活动193场次，运用长廊商议村务、收集民情累计收集村民意见建议330余条，化解矛盾纠纷80余个，解决实际问题250余个。推进媒体融合改革。成立鄞州区融媒体中心建设工作领导小组，统领媒体融合改革工作，完成对鄞州日报社资产评估、鄞州区融媒体中心挂牌、鄞响和鄞+新媒体整合、“鄞响”改版升级等工作，做大做强“鄞响”客户端。打造全省县级融媒体中心建设“现象级”产品，至年底，鄞响注册用户30万个，县域内重大事件新媒体首发率100%。完善公共文化服务体系。举办2019年鄞州区海丝文旅节，组织举办“礼赞新中国 奋进新时代”庆祝中华人民共和国成立70周年主题文艺晚会等文化活动，连续11年获全省基层公共文化服务评估第一名。深化行业监督管理体系建设。开展全区内部资料性出版物排查、印刷行业安全生产与消防安全大整治、暑期电影安全放映专项检查等行动，为566家印刷和出版物企业办理年检手续。深化文化产业发展机制。宁波国家广告产业园区、和丰创意广场再度入选省文化产业重点园区（2017-2018年度），宁波音王电声股份有限公司、宁波卡酷动画制作有限公司获2019—2020国家文化出口重点企业，6家企业入选省成长型文化企业，文化产业建设相关经验在全省推进文化产业高质量发展专题研讨班上交流。建立文化项目创新机制。推动东遇·艺术里等项目建设，组织参加宁波文博会项目签约、专题展示等活动，文商旅产业总部等一批产业项目签约落地，引进宁波今日未来文化有限公司等重点文化企业4家。

【社会体制改革】 2019年，鄞州区推进社会体制改革专项。对标全国全域治理标杆区标准，建成区社会矛盾纠纷调处化解中心，实现治理资源"一个平台集成"、群众诉求"一窗受理办结"、矛盾纠纷"一体联合调处"，发挥全方位治理平台、全天候受理平台、全链条处置平台等职能作用。创建全国首批乡村治理体系建设试点。鄞州经验在全国乡村治理体系建设试点示范工作部署会上作分享，入选全省社区治理和服务创新实验区，进入全省县域社会治理十佳，社区"365工作法"成为全国十大优秀社区工作法，基层公权力三清单运行法入选全国创新社会治理典型案例。建立健全社会组织参与机制。打造全省首个社会组织发展大生态基地创新园，采取政府购买服务、公益创投等形式，提高群众参与基层治理的广度和深度。打造食品安全追溯联动平台。首创公益性食品安全责任保险，深化食药品安全隐患整治等行动，保健品市场治理得到国家市场监督管理总局督查组肯定，食药品、生态安全形势总体良好。完善医疗信息化"四不四化二有"机制。全年实现双向转诊97568人次，利用移动医疗车进村104次，服务居民11204人次。完善家院互融养老模式。完成镇（街道）全覆盖的家院互融服务站和省示范型、区域性居家养老服务中心建设，完善和落实家院互融政府购买服务政策，基本形成"需求主导、家院互融、虚实互促、社会互动"的家院互融养老服务模式，鄞州区入选宁波唯一国家智慧健康养老应用试点示范基地。深化殡葬改革试点。完善惠民殡葬政策，推进树葬等新模式，推行文明祭扫、生态安葬的殡葬理念。实施"红十字强基工程"试点工作。

【生态文明体制改革】 2019年，鄞州区推进生态文明体制改革。建立健全生态环境保护工作责任制。落实环境保护"三管三必须"责任和环境保护党政同责、一岗双责的环境保护责任，在全区9个镇和12个街道实现生态环境状况报告制度全覆盖。创新推行"项目分阶段审批（备案）制"。搭建生态环境议事厅、生态环境大讲堂、环保咨询日等政企沟通服务平台，全年累计开展各类活动20余次，年度生态环境公众满意度在全省排名较上年提升16位。开展"污水零直排区"建设。南区污水处理厂建成投用，滨海污水处理厂完成清洁排放技术改造，启动工业企业污水零直排创建工作，完成100家企业污水零直排任务，创建甬新河、院士公园河和新杨木碶河3条河道为省级"美丽河湖"，对30条城区河道实施"一河一策"治理，完成河道清淤73千米56万平方千米，完成90家五大行业企业整治，完成14个用途变更为住宅、公共服务用地地块的土壤污染状况调查评审。健全垃圾分类处置体系。建成全市首个"垃圾分类+资源回收"再生资源回收体系试点综合分拣中心——姜山再生资源分拣中心，完成下应装修垃圾处置中心和鄞州中心城区装修垃圾循环处置利用中心建设，引进宁波柏源环保科技有限公司和宁波汉扬古建筑有限公司投入建筑垃圾运营，90.10%建制村开展农村生活垃圾分类处理工作，创建垃圾分类省级高标准小区8个。完善生态空间开发管控机制。参与配合宁波市生态保护红线、环境质量底线、资源利用上线和生态环境准入清单的"三线一单"编制工作，做好生态保护红线的调整完善工作。推进用能权、排污权有偿使用和交易试点。完成碳排放减排工作及温室气体清单编制工作，制订减排计划及重点项目，淘汰21家企业落后产能（设备），整治提升"低散乱"企业（作坊）数472家，落实南区污水厂三期工程项目减排任务，全年排污权交易4笔，总计208.59万元。

【党的建设领域改革】 2019年，鄞州区推进党的建设领域改革。建立"不忘初心、牢记使命"主题教育常态化机制。开展"鄞领工程"，推进政治生活仪式化、党建工作亮显化，推动全员一线破难，构建起"123456"体系。创新践行干部"一线工作法"。探索"十个一线"具体路径，以《关于在一线精准培育识别选用干部的实施办法》为总纲领，细化出台9个子文件，推动干部工作融入中心、聚焦一线、靶向发力，相关工作得到中共中央组织部肯定。实施"百名干部鄞领建功"计划。选派229名不同层面干部参与重点工作，54名"第一书记"、10名年龄较大干部因作用发挥明显被提拔重用、晋升非领导职务。抓好干部日常考核管理工作，开展"一报两听"日常考核，4次开展一线专项考核，创新"三亮三考"机制，推动干部工作抓在经常、落在日常。打造全区域统筹、多方面联动、各领域融合的党建引领全域基层治理格局。在城市领域，推广"365社区服务工作法""赋能型治理"等，建成涵盖11家分站点和100余家爱心点的"鄞领驿站"服务格局，相关工作得到市委主要领导批示肯定；在农村领域，推广"幸福指数工作法""乡村契约式治理"等，并对村（社区）干部"上管一级"，实施村（社区）党组织书记区级备案制度，创新建立村（社区）班子成员常态化区级联查联审机制；在"两新"领域，推行党建联盟模式，推广鄞州四明金融小镇"三联两转"模式等。完善人才工作体系。推进宁波城南智创大走廊与甬江科创大走廊融合，创新推出"万有鄞力"品牌，举办鄞州人才科技智创周、百名中科院院士专家进鄞州等重大活动，全年人才净流入率13.30%，居全市首位，新引进顶尖、特优人才33人，新增高校院所和新获评省级重大创新载体60家，相关工作获2019年全国人才工作创新案例奖。

【纪律检查体制改革】 2019年，鄞州区推进纪律检查体制改革。深化监察体制改革试点。坚持党的领导贯穿纪检监察工作全过程，按照《进一步深化监察体制改革试点工作实施方案》，在党委领导下推进体制改革，落实纪委监委合署办公要求，强化党委核心领导，落实双重领导体制，完善双报告制度，重要问题线索处置、重大案件查办、政治生态研判等情况向同级党委和上级纪委监委报告。推行城乡基层公权力"三清单"运行法，紧盯基层公权力行使的关键领域、重点环节，制订权力清单、责任清单、负面清单和流程图，配套出台《全面推进城乡基层公权力"三清单"运行法工作方案》《基础工作"五统一"规范》《"六个最"示范点创建标准》《工作考核办法》《工作责任追究办法》5项制度，构建基层公权力规范运行制度和政策体系，获评2019年全国"创新社会治理典型案例"最佳案例。建立与司法机关、行政执法机关问题线索双向移送、案件查办协调联动等工作机制。推进纪法贯通、法法衔接，相关工作受到中央纪委案审室肯定。深化派驻机构改革。优化组织设置，将16家派驻机构整合为12家，实现对全区66家党和国家机关单位监督全覆盖。实施派驻机构干部选调录用、选拔任用、轮岗交流、教育培训、管理考核、党建工作、经费保障"七个一体化"建设，探索实践派驻片组管理。重新修订《中共宁波市鄞州区委巡察工作实施细则》，印发《十四届区委巡察工作五年规划》《组办工作规则》等5个重要文件，建立巡察组组长人才库和专职干部"选育管用"工作机制。深化履责在线动态监管改革。完善区党风廉政建设"两个责任"在线管理平台，60余家单位党组织主体责任、33家纪检监察组织监督责任进行线上述职，实现各单位政治生态实时纪实、廉政风险线上实时预警。

（叶金洲）

区委办公室工作

【概况】 2019年，区委办公室刊发区委一周工作预安排52期、区领导一周工作安排52期。全年承办参办各类会议和活动129次，其中区委全会3次、常委会36次。接待或参与接待中央、省市级领导、各地党政考察团50余次，到镇（街道）、区级部门调研80余次。接收上级文件820件、发文502件，未发生错漏或延误现象，确保政令畅通。落实中央基层减负年工作要求，做好文山会海专项整治工作，三类重要文件全年减少48.57%。规范档案管理，共整理文书档案37盒1050件。

起草区委全会、主题教育、首届天南海北鄞州人发展大会等综合材料以及全域治理、幸福城市等典型发言材料360余篇、90余万字，得到普遍好评。提出的开展"三个年活动""七大行动"和打造长三角一体化发展"一核三区"、实施"1+2+X"产业能级倍增计划、深化重点领域改革和制约突破、当好县域治理现代化排头兵等思路被区委领导采纳。

起草党建、政法、农村、群团、双拥、社会稳定等文稿90余篇近30万字，牵头组织全区乡村振兴、平安建设、基层治理、环境整治、涉农改革、群团建设等工作，到镇（街道）、区级部门调研60余次；组织召开各类会议60余次，接待或参与接待各地党政代表团等30余批。牵头推进国安文化示范区建设工作，建成全国首个国家安全主题公园。

编发《鄞州信息（每日汇报）》249期、《鄞州信息（领导专报）》28期、《鄞州信息（通报）》12期，上报信息获区委主要领导批示93次；向上级党委报送特色、亮点信息，多条信息被上报中共中央办公厅或呈报省委主要领导，一批亮点做法获市委主要领导批示肯定；上报信息总分居全市前列，其中市用得分居全市第一。

与南投县举办主题为"两岸共通国学经典，传承华夏千古文明"的"三字经"文化交流活动。在东裕夜市举办"鄞在舌尖上的台滋味"台湾美食文化节。负责19名台湾大学生在鄞州区的工作与生活。邀请台湾21名师生参加第三届鄞州南投高中生夏令营活动。举办浙台合作周专题活动。

做好区委全面从严治党主体责任工作的统筹协调、组织落实、督促指导和监督检查工作。督促推动痕迹管理、日常管理等专门平台发挥作用，把责任履行到底到位。做好省委巡视组"回头看"相关整改工作。深化区委政治生态建设状况定期分析制度，坚持问题导向，强化分析研判，引领带动全区营造良好政治生态。

加强对基层档案工作监督指导力度，完成3家单位目标管理上等级和15家数字档案室测评工作，新建综合档案室4家；推进档案行政监管领域的政府数字化转型，落实机构改革档案管理工作，完成全部39家涉改单位相关工作；完成馆室平台及基层档案管理平台的升级改造，开通单位账户527家，档案目录数据库82万余条；开展教育培训活动9期622人。

【保密工作】 2019年，鄞州区从加强互联网保密管理、创新推出特色亮点、开展保密宣传教育等三方面进行保密工作。以检查监管为主，每日核验，发现问题立即查处，并建立健全工作台账，汇总梳理，对问题突出和整改不力的单位进行实地督查并报区委保密委。7月各单位明确定密责任人，8月各单位开展2019年度保密自查自评工作。发放《保密检查意见书》36份，对20起存在失泄密隐患的事项进行全区通报，收缴硬盘50个，杜绝失泄密隐患。探索纪检组约谈工作法，对存在严重失泄密隐患、可能造成国家秘密泄露的单位和个人，在区国家保密局发放保密检查意见书，要求其出具整改报告、提交检讨书、上缴硬盘，并依据国家有关保密规定给予批评教育或处分的同时，会同所属纪检组对相关责任人员进行谈话提醒，强化警示作用、增强保密意识。针对政法委、发改局等保密重点单位办公场所搬迁等情况，提前做好工作预案，提供"一对一、面对面"服务和搬迁现场保密指导，多次到搬迁现场督导查"漏"、监督销毁保密废纸。创新实施"015"工作法，即"互联网保密监管平台监测信息每日清零、发现失泄密事件1日内上报、失泄密事件调查情况报告5个工作日内上报"。抓保密宣教全覆盖，对党政领导干部侧重保密工作重要性和保密工作主体责任的培训教育，对中层干部、保密工作者侧重保密管理和保密技术防范的培训教育，对初任公务员和普通干部侧重保密法律和保密常识的培训教育。市、区两级保密部门，先后为鄞州区初任公务员培训班、鄞州公安分局、姜山镇等开展10余次专题授课。抓载体多样化，推行"保密工作日常提醒"制度，利用保密工作钉钉群，向全区各单位保密分管领导和保密员发送失泄密典型案例、保密注意事项等。加强保密宣教阵地建设，配合市保密局开展全市保密实训平台建设，参与市保密局组织的"保密伴我行、护航新时代"保密宣传教育作品征集活动，陪同市保密局到塘溪镇沙村红色革命教育基地开展实地调研，探索建设保密实训平台分基地。

【督查工作】 2019年，鄞州区委督查工作推动上级决策部署和区委"三个年活动""七大行动计划"落实落地。印发《关于进一步统筹规范督查检查工作提升新形势下党的督促检查工作水平的实施意见》《区委领导同志批示（指示）件"马上就办、办就办好"工作规则》，推动开展"机关效能革命"，实施"123"工作机制。牵头制订落实"举一反三"四步工作法，通过即知即改、全域排查、分类处置、对账销号四个步骤，将点上问题化解转变为面上工作推进，推动餐饮油烟扰民、洗车店违法排放污水等问题得到解决。统筹规范全区督查检查工作，控制督查检查数量频次，牵头制订2019年度全区督查检查年度计划。整合"两办"督查室、区抓落实专项办等督查力量，定期梳理重点工作，按照任务清单化、责任具体化、时间节点化要求，明确责任分工、督查方式、完成节点，开展定期盘点。围绕"三个年活动""七大行动计划"，统筹协调区抓落实专项办督导组开展专项督导，形成《督导专报》58期，其中50期获区委主导领导批示。围绕楼宇整规、治水拆违、平安建设、安全生产等重点专项工作开展持续性督查，并会同区"三改一拆"办、区应急管理局等牵头单位对有关工作落实开展实地督查。承办区委领导批示件2298件，形成《鄞州督查》341期，其中202期获区委主要领导批示；督办《今日聚焦》《第一聚焦》省市媒体曝光问题10件，交办区"两会"建议提案共计33件。

（郑　峰）

组织工作

【概况】 2019年，鄞州区有基层党组织3029个，其中党委134个、党总支178个、党支部2717个；另有部门党委17个，各类党组30个。全区党员62041人，其中女性23677人，少数民族181人，45岁及以下28556人，大专及以上35771人。全区新发展党员470人，其中女性201人。

鄞州区组织工作得到省市委领导批示肯定，被省级以上信息刊登10余次，省级以上主流媒体报道采用130余篇。开展主题教育因地制宜。画好鄞州特色"初心图谱"，打造"鄞领之路"，建成40个初心洗礼教育基地，先后涌现姜山镇墙弄村书记翁阳明、天童村书记史习忠等典型，市委书记郑栅洁称翁阳明是"为民好书记"。鄞州铁军一线能力提升。创新"一线工作法"，相关工作在中共中央组织部召开的全省政治素质调研座谈会上分享，实施"百名干部鄞领建功"计划，共选派229名干部参与"治水拆违""涉军房产"等重点工作；用足用好公务员职务职级并行和表彰奖励，54名"第一书记"、10名年龄较大干部因作用发挥明显被提拔重用、晋升非领导职务，并从中选树14名"实干担当奋进"好干部典型集中宣传，全年全区提拔转重的干部中，"六争攻坚"担当作为干部占比超70%。抓干部日常考核管理工作，开展"一报两听"日常考核，围绕"三大百日攻坚"等中心工作先后4次开展一线专项考核，创新"三亮三考"机制，建立常态化谈话提醒机制，推动广大干部提精神、强能力、优服务。党建引领全域基层治理态势良好。重点以村（社区）治理竞技赛为平台，打造形成丹顶鹤社区"赋能型治理"、陆家堰村"乡村契约式治理"等一批好做法，建成涵盖11家分站点和100余家爱心点的"鄞领驿站"服务格局，相关工作得到市委书记郑栅洁批示肯定。探索村（社区）干部"上管一级"模式，创新建立村（社区）班子成员常态化区级联查联审机制。建立完善机关在职党员到社区报到机制，相关工作受到市委领导肯定。"热带雨林式"人才环境优化。推进宁波城南智创大走廊与甬江科创大走廊融合，举办鄞州人才科技智创周、百名中科院院士专家进鄞州等重大活动，全职引进石学敏院士团队，新增高校院所及省级以上创新平台50家，其中人力资源服务产业园获评国家级人力资源服务产业园，鄞州成为全省唯一一个受国务院督查激励的"双创"基地。

【直属机关党建工作】 2019年，鄞州区机关党建工作突出政治统领，党员政治定力增强。推进"红色系列"教育品牌，用好"红色讲堂""红色鄞铃"微信公众号以及"红色悦读"，分批安排70余名机关部门党组织书记和400余名机关基层党支部书记集中轮训，提升政治素养。发挥机关党组织战斗堡垒作用。编发《鄞州区机关党建规范化工作手册》，为机关党组织提供规范的操作流程和格式参考。推进涉改单位党组织设立和调整，撤销下属党组织13个，更名23个，新设29个。坚持"一机关一品牌"工作目标，打造"人社直通车""我是党员"等一批机关党建品牌。发挥党员先锋作用。开展"牢记初心使命、勇于实干担当"专题教育活动，推动实施"创比亮晒"鼓干劲、"走送听问"助破难、"谈督扬评"强引领等26项重点工作。围绕"最多跑一次""一窗受理"改革，组织各机关党组织完善节假日预约服务、延时服务、微审批服务等便民服务措施。组织"两代表一委员""企事业代表""村社负责人"等7类人员，对全区74家机关单位进行民主评议，评议结果以一对一的形式反馈给部门主要领导，并整改落实268条意见建议。组织镇街班子成员和相关科室长按照工作关联度对66个区级机关部门领导班子和433名班子成员进行评议，评议结果作为衡量机关单位服务基层情况的重要参考。以提升干部人文素养为目标，面向机关党员先后开设12类培训班，参与的机关干部超过1000人次。召开抓基层党建工作述职评议大会，推动部门党委（党组）书记述职并接受评议。加强对部门领导班子分工情况预审，明确机关党组织书记任职资格。牵头组织机关党组织书记就履责情况开展书面述职，分重点针对性进行约谈。在机关党委和机关总支中配设专职副书记，享受中层正职待遇，首批配备10名。

【干部选任“一线工作法”实施】 2019年，鄞州区树立“重实干、重实绩、重一线”的选人用人导向，探索干部选任“一线工作法”。印发《一线精准培育识别选用干部的实施办法（试行）》，构建干部一线选任“1+X”制度体系，通过实行干部“鄞领建功”助推计划、建立“1234”精准识人体系、推行一线工作“全程纪实”等方式，落实“十个一线”具体路径，促进干部工作向中心融入。全年调配干部10批556人次，提拔重用干部186人，并从中选树14名“实干担当奋进”好干部典型集中宣传，区委常委会第一时间带头参观学习，营造创优争先氛围，相关工作得到中共中央组织部肯定。

【干部日常监督管理】 2019年，鄞州区推进主题教育“8+1”专项整治，探索“下管一级”排查整治，通过实行不担当不作为问题“清单管理”、开展干部选人用人“对账督查”、推动干部因私出国（境）“建章立制”等方式，确保专项整治成效。全年查实干部不担当不作为问题4件，问责处理10人，处理因私出国（境）违规违纪干部14人。建立常态化谈话提醒机制，由常务副部长针对部分区管干部存在的问题开展“五必谈”，实现及早干预。全年先后对57名存在问题的干部进行谈话提醒，经过谈话，相关干部的作风态度、干事实绩得到提升。

【村社治理竞技赛】 2019年，鄞州区采取“场内+场外”“线上+线下”“展示+比拼”等多种形式，设置前期预热、现场考察、擂台比武3个环节，每季度举办1次村社治理竞技赛，激活党建引领全域基层治理。先后举办党建专场（区委组织部具体负责）、项目建设（区农业农村局、区民政局具体负责）、三治融合（区委政法委、区司法局具体负责）、文明生态宜居（区委宣传部、区文明办具体负责）4场村社治理竞技赛，打造36个“鄞领示范村”和52个“鄞领示范社区”，形成具有鄞州特色的“鄞领风景线”。其中，党建专场一等奖是邱隘镇回龙村、明楼街道和丰社区，二等奖是五乡镇明伦村、云龙镇陈黄村、下应街道海创社区、白鹤街道丹凤社区，三等奖是东吴镇勤勇村、横溪镇周夹村、潘火街道金桥花园社区、中河街道东城社区。

【机关在职党员到社区报到机制推行】 2019年，鄞州区发挥机关在职党员在“8小时外”作用，聚焦社区垃圾分类、环境综合整治、物居党建联建等难题，推行机关在职党员到居住地社区报到机制。通过签订党员承诺书、主动认领社区奉献岗，定期参与社区志愿服务活动等方式，引导机关党员帮助社区解决民生小事，打造东海花园、金色水岸2个机关党员到居住地报到示范点，尤其是助推社区垃圾分类工作成效明显，推进社区垃圾分类工作提供“示范样本”，相关工作受到市委领导肯定。

【推行“两新”党组织“三张清单”】 2019年，鄞州区以“两新”党组织集中换届为契机，推行规范、服务、作用“三张清单”，提升“两新”组织党建质量。以规范清单打好支部基础。编制组织生活“工作月志”，每月一主题，梳理“志愿”“先锋”“奋进”等12个主题月，并结合国家重要活动，细化为理论教育、助企服务、公益志愿等39项内容。整合编印《“两新”党组织工作规范手册》，细化明确组织建设、组织生活、党费收缴、星级评定等30项操作细则。编制“两新”组织“党建亮显”范式，设置党旗展示、发展党员流程图、党员风采、主题党日菜单等20余项亮显内容。以服务清单集聚支部能量。发布“政策资源包”，整合发改、科技、税务、财政等单位职能资源，包括工业类政策31项、科技类政策39项、软件信息类政策7项；发布“红色服务包”，整合推动40余个开放式组织生活基地、20余家党群驿站、40多个志愿服务团队、20余个党建联盟资源共建共享，打造“5分钟红色服务圈”；发布“人才服务包”，涉及人才政策、创新项目、招聘会、实践基地及重要人力资源机构等30余项指标。以作用清单增强支部战斗力。设立党员功过簿，分17个小项明确规定党员工作的“功”和“过”，推行支部建设质量评估机制，全面推行两新党组织书记工作责任清单、履职承诺。试行鄞领善行榜，探索建立两新组织社会责任量化评价体系，包括诚信经营、环境保护、职工权益保障等20余项指标，结果与推荐评优、政治安排、资源支撑等挂钩。

【人才开发】 2019年，鄞州区实施“万有鄞力”人才工程，在聚人才、强平台、优生态上发力，实施高端人才“三年倍增”工程，全区人才总量41.30万人，人才净流入率13.30%，居全市首位，市级以上人才计划专家数居全市第一。新引进（含柔性）培养顶尖、特优人才17名，全职引进石学敏院士团队，成立全国首家“石学敏院士针灸研究院”。实施平台能级提升工程，推进宁波城南智创大走廊建设，人力资源服务产业园获评国家级人力资源服务产业园，新增高校院所和新获评省级重大创新载体50余家。市级以上企业工程中心、院士工作站、博士后工作站等重点指标均居全市第一。鄞创孵化器连续4年被评定为A类（优秀）国家级科技企业孵化器，为全市唯一。实施人才生态涵养工程，全省率先发布“热带雨林式”人才生态系统研究报告，相关工作获2019年全国人才工作创新案例奖。出台或升级精英引领、泛精英引领等10项配套政策，形成“1+10”人才政策体系，特别是泛精英引领计划在全市率先将区级人才计划扩展至服务业领域，简易特殊评审办法开通顶尖特优人才引进绿色通道。举办2019年鄞州人才科技智创周开幕式、百名中科院院士专家进鄞州等重大人才活动，创新开通全省首列“人才专列”，打造全市首个综合型人才爱国奋斗红色教育基地，推出高层次人才精英卡。

【石学敏院士针灸研究院揭牌】 2019年4月21日，石学敏院士团队与宁波九一阁生命健康管理有限公司签订协议，双方共建“石学敏院士针灸研究院”，该项目是宁波市引进的首个国医大师团队、全国首家石学敏院士针灸研究院。石学敏是中国工程院院士、现代中国针灸奠基人、国医大师，创立“醒脑开窍”针刺法和“针刺手法量学”“中风单元”等多种疗法，被誉为国内神经康复领域的泰斗级人物。双方致力打造以心脑血管疾病为重点的大健康产业，借此推动宁波大健康产业创新研发及中医针灸学科的发展。

【2019年鄞州人才科技智创周暨首届“万有鄞力”大会】 2019年9月16—21日，2019年鄞州人才科技智创周暨首届“万有鄞力”大会举行。该次活动周有3项综合活动、10项专题活动和5项关联活动，邀请到“两院”院士、国家级重点人才计划专家、海外高层次人才等100余人，展示高新技术成果近百项，组织企业、人才项目对接1000余人次，吸引2000余人参加，中国工程院院士俞梦孙、民族音乐学家杜亚雄以及国家级引才计划专家闫江、马芳武等26个重点人才项目团队签约落户，130余个项目达成合作意向。活动公布2019年“创业鄞州·精英引领系列计划”人才项目37个，共吸引风投、企业资本近亿元，其中一半以上注册落地并实现量产。

【“百名中科院院士专家进鄞州”活动】 2019年9月6—7日，鄞州区联合中科院上海分院，举办“百名中科院院士专家进鄞州”活动。该活动以“长三角协同科技创新，助力产业高质量发展”为主题，有4名院士、100余名中科院上海分院系统专家与100余家鄞企、投资机构等洽谈对接，现场签约5个项目，以巩固鄞州区与中科院上海分院的战略合作关系。

（洪佳智）

宣传思想工作和精神文明建设

【概况】 2019年，区委宣传部组织区委理论学习中心组学习32次，区委理论学习中心组理论文章《牢记习近平总书记嘱托·创建乡村振兴的“鄞州样板”》在《宁波日报》理论版开版第一篇刊发。在全区策划开展“二次创业再攀高”解放思想大讨论活动，形成一批推动区域经济高质量发展、社会高水平治理的政策、制度及创新举措。划船社区党委书记俞复玲作为全省唯一代表参加中共中央宣传部等部门主办的“时代新人说——我和祖国共成长”演讲比赛之“大家小官”主题赛事，并获优秀奖。全年获市“我最喜爱的习总书记的一句话”比赛三等奖1个，获省、市微型党课比赛二等奖各1个以及市优秀组织奖。组织开展“微团百课”大宣讲活动，深入宣讲党的十九届四中全会精神和党的创新理论。推进“学习强国”平台推广工作，全区装机量3.10万人。制订《关于隆重庆祝中华人民共和国成立70周年广泛开展群众性主题宣传教育活动的工作方案》，组织开展“礼赞新中国·奋斗新时代”学习宣讲、“升国旗、唱国歌”主题教育等十大系列活动。

推进“178（一起办）网络社会柔性治理”模式，相关工作经验在市委网信委全体会议和全省网络综合治理座谈会上交流，获省委副书记、市委书记郑栅洁等领导肯定。成立全省首个县域网络社会组织联合会党委，拓展建设21个“溢彩云基地”、网络空间站等网络阵地。组织“行走鄞州”活动，举办网络界村晚，获得网上网下积极反响。

成立鄞州区文化艺术发展委员会，举办鄞籍文化名家恳谈会。8件作品获市“五个一工程”奖，4个项目入选市文化精品工程重点扶持项目，数量均居各县（市、区）第一。举办《一湾到底是大道》首发式、新书研讨会等活动，纪录片《天童寺》在中央广播电视总台《探索·发现》栏目播出。两名画家在浙江美术馆举办个人画展，入展浙江美展作品23件、中国美展作品13件，数量在全市领先，并实现宁波市中国美术奖零的突破。连续11年获得全省基层公共文化服务评估第一名。举办“礼赞新中国·奋进新时代”鄞州区庆祝中华人民共和国成立70周年主题文艺晚会、第九届王应麟

2019年9月17日，“我爱你中国”系列活动在鄞州区举行

读书等文化活动，组织2019年鄞州区海丝文旅节，举办俞峰大师暑期公开课、音乐剧场《真爱·梁祝》演出活动，做好浙江书展主会场及分会场相关活动安排。区"扫黄打非"办获评省"扫黄打非"工作成绩突出集体，邱隘镇获评全国"扫黄打非"工作进基层示范点。文化产业工作经验在全省推进文化产业高质量发展专题研讨班上交流。宁波国家广告产业园区入列"影视宁波2020"建设计划重点发展园区，2019"海上丝绸之路——博物鄞州"创意设计大赛入选"创意宁波2020"建设计划重点活动。宁波国家广告产业园区、和丰创意广场入选省文化产业重点园区（2017—2018年度），宁波音王电声股份有限公司、宁波卡酷动画制作有限公司获2019—2020国家文化出口重点企业，6家企业入选全省成长型文化企业。开展第一批区级文创产业园区评审工作，集盒文创园、汇鼎文创大厦、959电商产业园、青创农场等获评首批区级文创产业园区。组织开展"泛创业鄞州·精英引领计划"文化（体育）人才和团队评审活动，1人入选市"泛3315计划"文化（体育）领域创业人才。

【精神文明建设】 2019年，鄞州区做好重塑宁波文明城市形象相关工作，推进"五整顿两提升"行动，在浙江省城市文明程度指数测评中成绩位列全市第一。做好最具幸福感城市评选，最终以全国第4位（浙江省首位）的成绩，首次获评中国最具幸福感城市，并获得全域治理优秀案例单项奖。承办全省新时代文明实践中心建设工作推进会，入选新时代文明实践中心建设工作省级试点区，中央音乐学院新时代文明实践音乐中心落户鄞州，加快建设基层文明实践所、站，实现镇（街道）新时代文明实践所全覆盖、60%以上村（社区）挂牌成立新时代文明实践站，并培育打造首批12家新时代文明实践示范基地。实施社区品质提升工程，4个社区获评宁波市"十佳品质社区"，获奖数全市第一。开展群众性精神文明创建活动，新创全国最美家庭1户、浙江省"最美家庭"2户、宁波市文明家庭10户、宁波市"最美家庭"9户，区级"最美家庭"暨文明家庭23户，区级文明单位34家、区级文明社区17个、区级文明村20个、市级文明校园13所、区级文明校园18所、区级公共服务窗口文明单位108家，全区区级及以上文明校园和区级及以上公共服务窗口文明单位均实现全覆盖。新创区"环境美丽型社区"20个、区级爱国主义教育基地15个。塘溪镇"人文塘溪"农村文明示范线开线，东吴镇"魅力太白"农村文明示范线参展宁波市文博会，鄞州农村文明示范线的美誉度、知名度扩大。培育志愿服务先进典型，周秀芳、"小种子"公益阅读社获评全国"四个100"志愿服务先进典型，下应街道海创社区、宁波健康家园公益服务中心分别获评浙江省首届志愿服务"5个20"先进典型——最佳志愿服务社区和最佳志愿服务组织。承办首届浙江省社会工作和志愿服务示范项目大赛，获1金2银，银巢养老服务中心获2019年第四届中国青年志愿服务公益创业赛金奖。承办"光芒之路·一路同行"宁波市爱心尚德专场文艺演出，鄞州区市级志愿服务"5个10"先进典型获奖数列全市第一。

【先进典型选树培育】 2019年，周秀芳相继获评全国道德模范、全国最美志愿者、2019CCTV年度慈善人物、浙江省道德模范。朱恺杰、吴慧明获评宁波市道德模范，获评数全市第一。完善身边好人选树培育机制，新增"中国好人"2人、"浙江好人"3人、"宁波好人"9人、"鄞州好人"32人。打造"道德模范公园""道德模范宣传一条街"等宣传教育阵地，实现"道德模范宣传一条街"在各镇（街道）的全覆盖。举办鄞州区村社治理竞技赛文明生态宜居专场，评选产生区级"最洁美村庄""十佳品质社区"各10个，并挖掘培育上李家村"道德负面清单"等基层治理典型案例。

【文化礼堂建设】 2019年，区委宣传部承办全省农村文化礼堂建设工作现场会，打造"走马塘—陈黄—回龙"全省首条五星级农村文化礼堂示范线。鄞州区工作经验获省委常委、宣传部部长朱国贤肯定。农村文化礼堂"建管用育"经验在全国乡村文化振兴论坛上交流，文化礼堂"公益超市"品牌获得2019年度全市宣传思想文化工作创新奖。邱隘镇回龙村"以馆养堂"社会化运作模式被《人民日报》等媒体报道。全年新增三星级农村文化礼堂12家，市四星级农村文化礼堂8家，

2019年12月13日，"人文塘溪"农村文明示范线开线仪式在塘溪镇举行

2019年4月19日，全省农村文化礼堂建设工作现场会在鄞州区召开

省五星级农村文化礼堂3家。咸祥镇南头村村歌《南头海》和走马塘村村歌《又见走马塘》获评全市“十佳”村歌。创新实行农村文化礼堂预招标制度，新建农村文化礼堂23个，累计建成139个，应建行政村覆盖率78%。新建社区文化家园十家，村社“说事长廊”58条。印发《鄞州区农村文化礼堂星级管理实施意见（试行）》，修改完善《文化礼堂建设与管理运行奖补办法》，印发《2019年鄞州区农村文化礼堂资源配送菜单》，提供10大类61小项服务，开展配送理论宣讲、文艺演出、家庭教育、社科普及、健康卫生、艺术培训、公益服务等活动1800余场次。实施“文化礼堂专项提升”行动，除全区宣传文化系统班子成员每人结对帮扶1家薄弱文化礼堂外，另有11家领导小组成员单位、12家协会、25家市级以上文明单位、10家社区文化家园与全区61家农村文化礼堂开展结对共建。

【《媒体看鄞州》主题报道】 2019年，区委宣传部组织区级新闻媒体策划推出“庆祝新中国成立70周年”“二次创业”再出发、“两高四好”勇攀高、“解放思想大讨论”“不忘初心·牢记使命”等重大主题报道。将“庆祝新中国成立70周年”主题宣传作为全年宣传重点，在区级媒体推出“我和我的祖国”“记者蹲点纪行”“壮丽70年·奋斗新时代”“见证鄞州骄傲”等专题。实施“天南海北鄞州人”大型异地采访活动，推出人物专访49篇；实施“跳出鄞州看鄞州”异地采访工程，组织媒体团深入常州武进、佛山南海及顺德等地，采访报道当地先进经验，激发全区党员干部实干、担当、奋进精气神。举办两期局长问政公开赛，聚焦“城市精细化管理”“民生实事工程”两大主题，就群众反映强烈的热点难点问题，邀请专家学者、市民代表、“两代表一委员”与相关部门“一把手”面对面议政交流，接受社会各界的监督和测评。鄞州区融媒体中心于6月27日正式挂牌，完成鄞响、鄞+整合，改版后的新鄞响于9月29日正式上线，用户数30万个。《鄞州：改革开放微型口述史》获中国新闻奖三等奖，开创宁波县级广电台历史。《风雨之抱》成为抗击“利奇马”台风期间的现象级一线稿产品。全年在《人民日报》、新华社和中央广播电视总台等中央级媒体刊发刊播重点报道150余篇（条），《浙江日报》头版刊发重点稿件9篇（区委报道组获《浙江日报》报业集团“最佳报道组”称号），浙江卫视发稿73条，浙江之声发稿36条，《宁波日报》头版刊发重点稿98篇。保障首届天南海北鄞州人发展大会新闻宣传，加拿大《加中时报》、香港《文汇报》等50余家海内外主流媒体聚焦报道，讲述鄞州故事。召开各级新闻发布会10场，举办新闻发言人素养提升班，组织全区新闻发言人及助理到武汉大学进行脱产培训。制订印发《关于加强和改进党的新闻舆论工作的实施意见》，提升引导舆论能力。协调应对《第一聚焦》《今日聚焦》等栏目涉鄞州内容，全年共处理突发事件和曝光新闻10余起。举办第10期“金蝶”新闻论坛，评选出第九届“金蝶”优秀新闻作品10件。

【新媒体活动】 2019年，区委宣传部聚焦庆祝新中国成立70周年，围绕“二次创业”再出发、“两高四好”勇攀高、“天南海北鄞州人”、扫黑除恶、乡村振兴等重大主题，策划各类专题50余个。组织开展“‘鄞’梦中国”“发

2019年6月3日，区委宣传部举办“发现·鄞州”活动

现鄞州”“70年见证鄞州变迁”等线上线下系列活动，网上各大平台累计点击量超9100万人次。其中《我爱你中国》快闪活动，吸引现场万人参与，MV视频在学习强国、新浪微博等网络平台总播放量超过5000万次，形成现象级传播。《魅力鄞州》《鄞州深夜心跳》《风雨之抱》等短视频连续3个月蝉联宁波市“NB轰红”短视频大赛月评冠军，其中《风雨之抱》获季评冠军、年度亚军。“表情包女孩妮妮”获评全国第四届“五个一百”网络正能量榜样。培育孵化“网红经济”，重点打造“鄞光溢彩主播团”，开展20余场网络直播及线下活动，累计推出短视频、图文、H5等网络作品30余个，#发现鄞州#抖音话题和#家乡会更好#、#一起向祖国表白#微博话题累计阅读量达1100万人次。《走马塘·中国进士第一村》《东吴这么好看呢》等一批短视频成为20万+鄞州网红打卡地流量作品。

（蔡忠明　励一恺　李　晶）

统一战线工作

概　述

【概况】 2019年，区委统战部协同各部门出台促进统战事业发展措施，推进“三进三访”“三亮三考”举措和“请你来协商”“和合讲堂”平台，制订《关于促进民营经济发展打造一流营商环境的实施意见》，出台服务企业“双百大评议”“管家一点通”“四必访”服务举措。优化机关干部队伍人员结构，干部培养梯队逐步成型。开展民主党派、无党派人士“不忘合作初心、继续携手前进”主题教育，累计培训200余人。组织近1200人次企业家参加非公有制经济人士理想信念教育实践活动。联合区委组织部，在“鄞领心空间”“红创空间”等一批党建平台融入统战功能元素。明楼街道入选第二批省级民族团结进步重点培育单位；姜山镇商会创建为国家级“四好”示范商会；“鄞地新力量·如是之家”获评省级新的社会阶层人士统战工作实践创新基地。

推动党派工作制度化、常态化、规范化。利用党外代表人士服务中心场地资源，搭建“党派之家”，选配专职工作人员常驻办公。完善区委重大决策征询、重点事项协商、重要情况通报、重要活动参与和区政府部门与民主党派对口联系等机制。引导党派成员通过各级两会提案议案、社情民意、“同心直通车”等平台履行参政议政、建言献策职能，农工党党员张保才、金雷、陈晶晶上报的信息《建议加快规范港口收费切实减轻进出口企业负担》被国务院总理李克强批示。

开展“防风险保平安迎大庆”安全隐患自查，自制《十二类消防安全突发风险自查方法和自改举措》，指导各宗教活动场所进行自查自改。构建“两长三员”宗教活动场所服务管理组织模式，由镇（街道）党委政府班子成员担任“组长”，行政村党支部书记担任“副组长”，镇（街道）联村指导员担任“宣传引导员”，镇（街道）民宗干部担任“专职管理员”，全科网格巡查员担任“网格巡查员”，实现“浙江掌上宗教”移动平台网格巡查率100%。加强城市民族工作，深入开展民族团结进步“六进”专题宣传30余次，包括少数民族群众2500余人次。在明楼街道楼宇商圈、下应街道海创社区、宁波爱音美电声科技有限公司等创建新阵地。

推进基层商协会改革，成立商会改革发展调研组，制订出台《关于促进工商联所属商会改革和发展的实施方案》，在姜山、下应等商会打造“商会企业党建联盟”，形成“大联盟、大发展”党建工作新格局。打造基层商（协）会“一会一品”品牌亮化工程，姜山镇商会建立全区首家互助融资平台的基层商会，累计转贷总额105.60亿元；潘火投创中心商会成立投资公司，首期募集资金8000万元；塘溪镇商会打造全国首家乡镇商会大楼阵地。

组织留创会企业到香港参加鄞州区（香港）人才招商环境说明会，牵头举办“情满鄞港·砥砺前行”新生代企业家交流会、“一带一路”鄞澳青年企业家座谈会、“天南海北鄞州人”鄞港青年企业家交流会等。市委常委、区委书记褚银良带队到香港举行投资环境说明会及同乡会周年庆典，邀请在港乡贤回乡投资兴业。动员侨界人士服务社会、参与社会公益事业，宁波华信投资开发有限公司执行董事胡定英捐款100万元用于帮扶潘火街道困难家庭，忻元甫向云龙镇中学捐建元甫体艺馆，康慧君开展第十四期助学金捐赠。

【2019年鄞州区港澳（深圳）迎春联谊会】 2019年1月12日，2019年鄞州区港澳（深圳）迎春联谊会在深圳举行，来自香港、澳门、深圳的鄞州籍企业家和乡贤代表等共计120余人参加。市委常委、区委书记褚银良出席活动并讲话，向与会嘉宾介绍鄞州区经济社会各项事业发展取得的成就，鼓舞鄞籍港澳同胞关注家乡、关心家乡，宣传家乡、推介家乡，为家乡发展助力。香港甬港联谊会永远名誉会长忻元甫，香港鄞州同乡会会长应炳囡，全国青联委员、香港罗保投资有限公司总经理董凤涛，澳门万胜集团董事、副营运总监李仲诚先后在联谊会上致辞。活动由区委副书记朱法传主持。区领导陈虹、徐卫成、梅益进参加。

【中央统战部五局调研组到鄞州区调研】 2019年3月7日，中央统战部五局调研组调研鄞州党外知识分子统战工作。调研组先到位于创新128园区的浙江开天工程技术有限公司，看望公司创始人吴慧明，听取该公司近年来在环境岩土工程领域的发展情况，并就搭建服务平台、加强联络联谊、发挥示范作用等方面提出建议。调研组到南部商务区的汇鼎大厦听取近年来楼宇统战工作的情况介绍，并就如何整合楼宇资源、提升服务、凝聚人心等方面提出意见。调研组到和丰创意广场党群服务中心展示厅，参观和丰海创会、和丰知联会、和丰网联会等统战社团发展情况，对做好楼宇统战工作进行指导。省委统战部副

2019年3月7日，中央统战部五局调研组在鄞州区调研党外知识分子统战工作

部长张润生、市委统战部副部长卢文祥，区委常委、统战部部长陈虹陪同调研。

【熊建平到鄞州区调研】 2019年4月17日，省委常委、统战部部长熊建平调研博威集团，开展"三服务"活动，听取企业发展历程和近年发展情况介绍，询问企业发展过程中遇到的困难，对企业在合金新材料领域的研发创新成果给予肯定。在博威集团有限公司党群服务中心，熊建平了解企业党建工作开展情况和取得的成效，对企业始终坚持党建工作和企业运行机制深度融合，以党建塑造企业文化的做法表示肯定，并鼓励企业继续发挥创新研发优势和党建工作优势，保持良好发展态势。市委常委、统战部部长胡军，市委常委、区委书记褚银良，区委常委、统战部部长陈虹等参加。

【中央统战部四局调研组开展"三服务"活动】 2019年9月22日，中央统战部四局局长张天昱一行走访宁波德鹰精密机械有限公司，调研行业隐形冠军企业发展情况。在企业车间，张天昱一行先后参观智能制造加工中心、机研发中心、产品测试间等区间，了解企业的生产经营运行情况，对企业工业缝纫机核心部件旋梭的研发、ABB机器人抛光、五轴联动加工等创新技术表示肯定，并鼓励企业继续创新发展，巩固行业单项冠军的地位，打造特种旋梭智能制造的新样板、新标杆。市委常委、统战部部长胡军，市委统战部副部长、市工商联党组书记陈少春，区委常委、统战部部长陈虹，副区长戴华祥等陪同。

【和邦楼宇商会成立】 2019年11月1日，楼宇商会和邦楼宇商会在和邦大厦挂牌成立，成为为全省推进改革项目在鄞州区的试点之一，区委常委、统战部部长陈虹出席仪式。和邦楼宇商会成立后，将大厦"和文化"理念与"党建为核心、经济为主体、服务为载体"的理念共融互促，打造楼宇商会党建"统战品牌"，作为楼宇经济发展的新抓手，促进统战工作向非公经济人士聚集的楼宇延伸，加强对楼宇内非公经济人士的服务和引导，助推楼宇经济发展。

【首届天南海北鄞州人发展大会】 参见"中国共产党宁波市鄞州区委员会"类目"重要会议"分目。

【杭州市鄞州商会(乡贤联谊会)成立】 2019年11月24日，杭州市鄞州商会(乡贤联谊会)成立，共有创始会员75人，是首家在省内成立的异地商会。大会选举产生杭州市鄞州商会(乡贤联谊会)第一届理事会及商会(乡贤联谊会)领导班子。杭州万腾贸易有限公司董事长俞富裕当选会长。现场举行慈善捐赠仪式，鄞州区杭州人才工作站、招商引资服务工作站授牌仪式，鄞州区投资环境介绍等活动，并举办助推鄞州区高质量发展论坛，围绕"长三角一体化战略下浙江省大湾区建设"主题进行演讲。

【徐乐江到鄞州区调研】 参见"中国共产党宁波市鄞州区委员会"类目"重要调研"分目。

(韩海军)

2019年11月1日，全省首家楼宇商会和邦楼宇商会在和邦大厦挂牌成立

侨务和港澳事务

【概况】 2019年，区侨务部门开展好为侨服务、文化交流、联络联谊等各项工作。区侨联获评全市侨联系统示范单位，庆安会馆获评中国华侨国际文化交流基地，宁波市鄞创科技孵化器获评宁波市侨联侨界创新创业基地；云龙镇侨联、中河街道侨联、白鹤街道侨联、邱隘镇侨联、明楼街道侨联获评市级基层侨务示范点，其中云龙镇侨联获评全省侨联基层组织先进集体。

与区委组织部、区人力社保局共同举办鄞州区第三届国际化人才甄选洽谈会。组织留创会相关企业到香港参加鄞州区（香港）人才招商环境说明会。其间，牵头举办“情满鄞港·砥砺前行”新生代企业家交流会、“一带一路”鄞澳青年企业家座谈会、“天南海北鄞州人”鄞港青年企业家交流会，增进三地青年交流。先后接待由新加坡浙商总会会长李国生率领的新加坡金融投资访问团、市政协港澳委员和港澳台侨事务顾问，香港宁波校友联合会、欧洲华商会考察团、澳洲华夏文化促进会、香港包达三基金会考察团、甬港联名誉会长忻元甫带队的深圳市松岗商会考察团和以曹志欣为代表的香港青年委员会的到访，扩大合作交流，共寻发展机遇。

开展对外文化交流，会同宁波市华文汉字应用研究院、澳洲华夏文化促进会在悉尼举办汉字棋师资培训班，接待市侨联120名海外学子寻根之旅夏令营的宁波博物馆站，并与市侨联共同举办夏令营学子们的宁波市首届汉字棋比赛。牵头主办“燕归鄞 筑梦行”主题活动，引导和鼓励海外留学生当好民间使者，吸引优秀留学生回鄞州区创业就业。依托“宁波华侨学院”和鄞州“侨联汇智大讲堂”等平台，开展为侨服务直通卡“进社区进楼宇进商圈”活动、侨界人士学法用法系列讲座活动、留创会公益沙龙、中美贸易战论坛和“美好生活”归侨侨眷“日常情境英语口语培训班”“侨青展翅 鄞创未来”主题晚会等活动。引导侨界人士服务社会、参与社会公益事业，组织协调好胡定英、忻元甫、康慧君等人士的捐赠事宜。

【市政协港澳委员和港澳台侨事务顾问一行考察】 2019年2月15日，市政协港澳委员和港澳台侨事务顾问一行50余人，到鄞州区考察贸易便利化、民营经济发展、乡村振兴等内容。考察人员一行先后到和丰创意广场宁波世贸通网络科技股份有限公司、南部商务区奥克斯中央大厦，了解两家公司平台运营情况、行业现状、发展规划，现场进行探讨交流。考察人员一行到下应街道湾底村，实地走访了解鄞州区实施乡村振兴战略的历程。区政协主席郑坤法，区委常委、统战部部长陈虹，区政协副主席华志苗，区政协秘书长孙亚飞等陪同。

【128CUTE海外高层次人才鄞州行暨智资对接会】 2019年3月29日，鄞州区举行128CUTE（精英）海外高层次人才鄞州行暨智资对接会，推进海外高层次人才与鄞州当地资本对接。对接方美国128华人科技企业协会是一家技术创业型非营利社会团体，由一批在美国波士顿地区的华人专家组成。在会场，鄞州区部门负责人介绍鄞州区的基本情况、创业投资环境以及人才政策、科技政策，并就人才项目落地、开展合作等方面与对方进行对接交流。在项目路演中，该协会专家展示包括数字医疗影像特种显示读片技术及大数据管理、智能电动汽车拖拉机关键技术研发、智慧城市的垃圾智慧处理系统等13个项目。

【欧洲华商会考察团一行参观考察】 2019年6月7—9日，欧洲华商会会长傅旭敏、荷兰中国和平统一促进会秘书长蒋文强、德国华人华侨公共外交协会会长杨强华、德国华人工商联合会会长程勇、捷克华人妇女联合会会长陈金妹、奥地利萨尔茨堡华侨华人联谊会会长罗海云等一行7人到鄞州区先后考察南部商务区、宁波博物馆和中国中东欧国家博览会，了解政府服务理念、企业经营战略、商务协作路径和外贸发展结构，并与鄞州区相关部门负责人进行探讨交流。区委常委、统战部部长陈虹，区委组织部副部长、区委人才办主任陈雅君等陪同。

【宁波市鄞州区（香港）投资环境说明会】 2019年6月21日，宁波市鄞州区（香港）投资环境说明会在香港举行，市委常委、区委书记褚银良出席并致辞，区委常委、统战部部长陈虹等出席。现场签约城市更新项目、松鼠田园综合体项目、医药科技投资总部项目等6个项目，总投资20.60亿美元，涉及新材料、医药投资、互联网+、金融服务等多个行业，投资规模、产业范围为历年在港招商之最。会上，与会人员观看鄞州区投资环境宣传片《向鄞而行再出发》，区投资促进中心和区委人才办负责人分别作投资发展环境推介和人才政策推介。

【香港宁波市鄞州区同乡会九周年庆典】 2019年6月22日，香港宁波市鄞州区同乡会九周年庆典在香港举行。市委常委、区委书记褚银良出席并致辞，肯定同乡会多年来在促进两地交流、助推家乡经济社会发展等方面作出的贡献，并希望广大乡贤推动两地交流合作，促进鄞资回归、鄞智回归，共同推动鄞州创新发展、率先发展、跨越发展。庆典上，香港宁波市鄞州区同乡会会长应炳囡致辞；现场颁发2018年度香港宁波市鄞州区同乡会特殊贡献奖、贡献奖；与会领导、嘉宾合唱《我和我的祖国》。香港浙江同乡会联合会会长陈仲尼等代表、有关单位负责人、香港鄞籍各界人士500余人参加活动。

（韩海军）

民族宗教事务

【概况】 2019年，鄞州区有少数民族51个，人口5.38万人，其中少数民族常住人口5931人，流动人口47891人。有宗教活动场所80处，其中佛教60处、基督教20处，教职人员35人。

2019年6月22日，香港宁波市鄞州区同乡会九周年庆典在香港举行

推进“最多跑一次”改革工作，完成行政许可事项即办件4件，即办率100%。指导区佛教协会印发《鄞州区宗教场所负责人外出备案办法》《鄞州区外来僧人挂单管理办法》，从严管理场所主要负责人，督促做好常住人员和临时留宿人员实名登记，做到“有据可查”。以“庆祝新中国成立70周年”为主题，组织80处宗教场所负责人到区内下应街道湾底村红色党建基地开展爱国主义教育活动；组织佛教界代表人士到江西南昌，基督教界代表人士到青海、甘肃，民促会理事、部分镇（街道）民族工作干部到武汉等地接受革命传统教育和爱国主义熏陶。加快省级普法试点阵地梯队建设。指导七塔禅寺提升内涵，创建省级普法示范点；指导天童禅寺优化阵地，创建省级示范基地创建。加强民宗系统政策理论“应知应会”能力，邀请国家宗教事务局原局长叶小文为区委理论中心组成员及镇街主要负责人、分管领导作“画大同心圆——关于宗教问题的力量、政策和实践”的宗教政策理论专题讲座。扩大佛教文化影响力，纪录片《天童寺》分上下两集在中央广播电视总台科教频道《探索·发现》栏目播出；促成阿育王寺与重庆大足石刻开展舍利文化交流；协助七塔禅寺素斋馆建设项目推进。全面排摸民间信仰活动场所中的非物质文化遗产、民俗活动等历史文化内涵，完成《鄞地庙说》初稿编撰工作。

在宁波爱音美电声科技有限公司揭牌成立“宁波市鄞州区民族团结进步联谊活动基地”，在和丰创意广场民族融合会客厅设立“石榴籽轮值沙龙”。实施民族团结牵手行动，开展“爱心头盔·护佑平安”头盔赠送活动，为潘火街道爱音美、麦香臻品餐饮等企业少数民族员工代表、海创社区少数民族居民代表赠送电瓶车安全头盔200顶。组织局机关干部、镇（街道）民族工作干部和区民促会常务理事到中南民族大学开展为期4天的城市民族工作专题培训，并组织到北仑谢墅社区、学苑社区、米娜工作室、宁海阿诺丹企业等地学习创建先进经验。明楼街道入选第二批省级民族团结进步重点培育单位，先后接访江苏省民宗干部、辽宁鞍山市民宗干部、浙江省民族团结工作专题培训班学员150余人次参观学习。加大协调帮助和扶持少数民族困难群体的力度，对口结对温州文成县上坑村、丽水市云和县安溪乡结对，落实年度帮扶资金120余万元。

【《七塔寺史话》首发式】 2019年2月24日，《七塔寺史话》首发式在千年古刹七塔禅寺举行。该书由人民大学哲学博士、浙江红船干部学院中共嘉兴市委党校专职教师白玉凯撰写，上海社会科学院出版，主要从宁波佛教史和七塔禅寺的发展、建制以及在上千年时光中寺里出过的高僧大德等多个维度，对古刹发展脉络进行系统梳理，对寺院的文化内涵进行解读。首发式上，与会专家对《七塔寺史话》的写作特色、学术价值、出版意义、传播方式等进行研讨，并举行向市图书馆、天一阁博物馆、慈云佛学院图书馆等单位的赠书仪式。

【电视纪录片《天童寺》播出】 2019年5月15—16日，电视纪录片《天童寺》在中央广播电视总台科教频道《探索·发现》栏目播出。该片从大宁波的视野，突出“海丝”主题，讲述“圣地宁波、祖庭天童”的故事，探索破解天童禅寺1700余年历史中的文化密码，带动鄞州文化形象和文化名片传播。整部纪录片分上下两集，每集片长约40分钟，上集主要探究天童寺的由来及其发展历史，下集主要反映天童禅寺与海上丝绸之路的关系和天童禅寺在海外尤其在日本的影响。

【第三届天台佛教学术研讨会】 2019年11月9—10日，第三届天台佛教学术研讨会在七塔禅寺举行。研讨会分为主旨演讲和分场讨论，与会的30余位专家学者围绕“慈云遵式与宋代天台佛教”主题，对遵式大师的教理思想、宗教实践、文本著作、生平事迹和历史贡献等方面展开研讨。举行浙东佛教文化研究院佛教中国化研究中心揭牌仪式。该届研讨会由浙东佛教文化研究院、七塔禅寺、栖心图书馆与中国人民大学佛教与宗教学理论研究所、北京大学佛教研究中心、宁波大学人文与传媒学院、（台湾）南华大学宗教学研究所、（台湾）法鼓文理学院佛教学系联合举办。

（韩海军）

政策研究

【概况】 2019年，区政研室起草《关于坚决打赢防范化解重大风险攻坚战实施意见》《关于党建引领打造全国乡村全域治理标杆区的决定》《关于大力推进体制机制改革创新优化经济治理方式推动高质量发展的决定》等文件，印发《2019年鄞州区经济发展若干政策意见》《2019年鄞州区百企攀高评选办法》《鄞州区高质量发展指标体系实施办法》《关于开展2019年“大学习大调研大抓落实”活动方案》《“鄞州擂台·六赛六比”活动方案》等文件。撰写《鄞州区重大风险隐患排摸梳理分析报告》《坚持党建引领打造全国乡村全域治理标杆区的路径举措研究》《深圳、佛山学习考察报告》等专题调研报告。谋划推进重大体制建设，理顺部门工作体制、园区发展体制、区块监管体制。牵头开展镇街亮绩排位赛、园区基地贡献赛，制订镇（街道）、工业园区、南部商务区管委会目标管理考核方案并开展考核工作。刊发《今日鄞州》6期12000余册。举办第九届“今日鄞州”摄影比赛。

【重点课题研究】 2019年，区政研室牵头开展全区风险系统排摸分析，形成《鄞州区重大风险隐患排摸梳理分析报告》；印发《关于坚决打赢防范化解重大风险攻坚战实施意见》，从政治安全、经济运行、城乡建设、生态建设、社会治理、党的建设六大方面制订举措。结合鄞州治理经验，形成《坚持党建引领打造全国乡村全域治理标杆区的路径举措研究》报告，并率全省之先印发《关于党建引领打造全国乡村全域治理标杆区的决定》，明确“一核引领、三治融合、六大治理、六共机制”的全域治理模式。聚焦高质量发展，从外部形势、内部基础、主要短板、理念思路、具体路径五大层面具体分析，形成《推动鄞州高质量发展的路径研究》报告，并以创建“高质量发展体制机制改革创新实验区”为主抓手制订《关于大力推进体制机制改革创新优化经济治理方式推动高质量发展的决定》。结合“大学习、大调研、大抓落实”活动，考察学习国企改革、低小散空间改造等其他地区的先进经验做法，形成《深圳、佛山学习考察报告》等调研文章。聚焦国企改革、产业基金设置等区内重大发展课题，联合区财政局、区发改局等职能部门开展专题调研，形成《关于在鄞州区率先打造“美好生活导向型产业”先导区的若干思考》《鄞州区政府产业发展基金运作调研报告》等调研文章。

【重要政策制订】 2019年，区政研室以“突出重点产业、注重产出实绩”为导向，印发《关于2019年鄞州区经济发展若干政策意见》，从做大增量、做强主体、做优存量、做高质量、做大能级、做优市场、人才驱动7个方面助推经济发展。在省市高质量发展指标体系基础上根据自身发展定位和工作重点，新增、替换和调整部分指标，并适当调整指标权重及目标值，印发《鄞州区高质量发展指标体系实施办法》，按照质效提升、结构优化、动能转换、绿色发展、协调共享、风险防范六大领域共设置77项指标，明确各项指标2019—2022目标值。印发《全区推进“服务企业　服务群众　服务基层活动2019年实施方案》，设置“金鼎”企业、“银鼎”企业、“特别贡献”企业、“百佳先锋”企业家四大类奖项，重点加大对龙头企业、骨干企业、高新企业的扶持力度，引导鼓励企业特别是民营企业做大做强做优、争先进位攀高。以服务企业为重点，印发《全区推进“服务企业 服务群众 服务基层”2019年实施方案》《关于开展2019年“大学习大调研大抓落实”活动方案》，推动干部服务向一线企业延伸覆盖。

【体制机制优化】 2019年，区政研室推进重大体制调整。针对机构改革后应急管理工作职责不清问题，制订《关于完善全区应急联动体系的建议方案》，明确39家区级部门和21个镇（街道）的联动职责与分工。针对区与市城中村改造工作体制匹配不精准问题，制订《关于完善全区城中村（棚户区、危旧房）改造工作体制建议方案》，通过优化领导小组设置，建立健全协调机制，整合机构力量，实现拆迁开发建设“一盘棋”。按照“产城融合、千亿产出”要求，开展鄞州工业园区、鄞州经济开发区体制机制调整，着重处置好园区与镇（街道）、城市与产业、企业与平台之间的关系，提升园区平台产出率。针对部分区块开发不精、机制不畅等问题，制订《设立“六大城市空间”开发建设指挥部方案》，实行六大空间开发建设专班化运作，重点对陈婆渡区块、东部新城区块、东钱湖区块等发展薄弱区块与发展优先区块进行专题研究，制订重点区块建管体制调整方案3份。

【竞赛考核实施】 2019年，区政研室牵头优化考核组织设置，制订《鄞州区目标管理考核体制调整建议方案》，明确调整后的全区目标管理考核工作由区委办牵头抓总，区政研室、区人力社保局分工负责，全区考核统筹力度得到加强。开展镇街亮绩排位赛、园区基地贡献赛，围绕产业提升动能转换以及平台发展提速集聚提效，设置竞赛指标，开展亮绩比拼，全年开展6场季度赛及2场年度赛。制订并实施镇（街道）目标管理考核，按照年度专项重点工作、“两高四好”示范区建设、高质量发展三大类共33项指标进行综合排名和评选。制订并实施工业园区目标管理考核，按照市对区“双底线”指标和高质量发展指标二大类共21个指标进行亮绩考核。制订并实施南部商务区目标管理考核，结合上年度南部商务区发展实际制订2019年度目标值，按照高质量发展指标和社会管理二大类共11项指标进行当年度实绩汇总和分值计算，确定考核得分。

（朱雯雯）

台湾事务

【概况】 2019年，鄞州区有台资企业143家，台胞450人，台属2780人。区台办接待南投县议员林芳伃、南投县议员黄世芳、高雄三民妇女会等团组45批次693人次。全年为台商解决子女就学问题15个，为台资企业解决实事16起。

【《三字经》文化交流活动】 2019年4月，鄞州区与南投县举办主题为“两岸共通国学经典，传承华夏千古文明”的《三字经》文化交流活动。鄞州区·南投县第三届《三字经》文化交流活动在德培小学开展，来自台湾南投县埔里、新城、南光、溪南四所学校的80名师生及家长代表，与德培小学师生共叙两岸亲情。以《三字经》文化交流为主题，加强两地教育系统和青少年的沟通和了解，实现两地交流互动。

【台湾大学生到鄞州区实习】 2019年7月1—27日，宁波市有83名台湾大学生参加暑期实习活动，为历次人数最多，区台办负责19名学生在鄞州区的工作与生活。鄞州区有5家单位为台湾学生提供实习岗位，让学生学到知识，了解企事业的现代化管理及运营状况。各企事业单位都建立"导师制"，每个实习岗位安排一名工作人员担任指导老师，帮助台湾学生了解实习单位的内部架构，融入实习单位以及做好实习岗位的相关培训工作。

2019年7月，台湾大学生在宁波市（鄞州区）大学生（青年）创业园实习

【台湾美食文化节】 2019年6月，"鄞在舌尖上的台滋味"台湾美食文化节在鄞州区东裕社区举办。美食节支持在鄞台胞创业，促进区域经济发展，使到大陆求学创业的台湾学生、台胞回味家乡美食，宣传台湾美食文化，增进两岸美食文化交流。活动主要包括锦鲤护照、美食尝鲜点赞、幸运金蛋、两岸美食文化一站到底、宝岛民俗歌舞表演、闽南语说说看等内容。蚵仔煎、大肠包小肠、台南担仔面、石头香大薯条、铁板鱿鱼获评五大"最受欢迎美食"。

【浙台合作周鄞州专题活动】 2019年9月17–21日，浙台合作周鄞州专题活动在鄞州区举办。活动主题为"鄞台携手、智慧经济、踏浪前行"，安排海峡两岸信息产业交流论坛、信息产业名企参访、宁波名胜、历史文化特色商业街区参访、企业家品茗交流会等内容。区政府相关部门向与会嘉宾推介鄞州区投资环境，重点是构建"热带雨林式"创新生态，数字经济、平台经济等情况；邀请与会企业家和创业者到鄞州区投资，促进两地在信息化、智能科技等领域进行融合与交流，加快两地经济社会创新发展。活动有50名台商、台胞和近百名区内相关部门人员以及鄞州企业负责人参加，现场设置交流区域3个，近20家企业围绕8个项目进行交流探讨，会后签订意向协议5项。

2019年9月29日，台湾猫文化产业公司"等於"进驻鄞州区

【猫文化产业公司进驻鄞州区】 2019年9月29日，台湾猫文化产业公司"等於"进驻鄞州区。"等於"传递的是"像猫一样生活"，学会慢下脚步，学习猫的优雅、情感丰富且独立自主的个性。以打造最良性的猫咪生活馆，坚持"给猫无处不在的爱"的理念提供服务，设计猫咪的相关周边产品。猫咪通过借助"等於"平台发挥自身的价值，获得回报之后，"等於"再将其回馈到猫咪身上或是作为救助流浪猫，打造猫咪良性生长环境。"等於"提供分享文化创意，向更多人才传达共同合作，良性竞争，共同成长的价值观，构建两岸文化创意桥梁。

【鄞州南投高中生夏令营活动】 2019年8月，第三届鄞州南投高中生夏令营活动在鄞州区举办，邀请台湾南投五育高中、虎尾高中、彰化女中、华兴高中、南投高中等学校21名师生参加。活动主要安排参访宁波诺丁汉大学、邀请教授授课、与大陆师生座谈，与青年台商交流、游览名胜古迹等内容。夏令营营员们参观宁波博物馆，通过“东方‘神舟’——宁波史迹陈列”“阿拉”老宁波——宁波民俗风物展等展览，营员们了解接触五千年文化的传承，对中华民族文化和制造工艺表示赞叹。在宁波诺丁汉大学，学生们和家长一起体验聆听教授讲解，学习机器人制造，近距离体验高科技给人们生活带来的便利。夏令营活动使台湾学生加深对宁波经济、文化的了解。

（王丽卿）

信访工作

【概况】 2019年，鄞州区四级上访登记1582人次，比上年下降6%，区级登记占比80.20%。各级来信498件次，下降6.90%；网上信访10053件次，上升9.20%；12345政务热线33460件次，上升3.90%。鄞州区获评全省“无信访积案县（市、区）”、2019年度全市信访工作综合考核评定一等奖。

【信访工作制度落实】 2019年，鄞州区推动信访总量“降量退位”，创建“无信访积案县（市、区）”，推行信访代办制，探索建设社会矛盾纠纷调处化解中心（信访超市），做到群众信访“最多跑一地”“最多访一次”。全年四套班子领导接待群众来访185批次，区委、区政府主要领导对信访工作作出批示69次，阅批群众来信214件次，39件信访积案实体化解；印发《关于严格落实初次信访事项工作责任的指导意见》《鄞州区信访提示预警工作制度》；完成新中国成立70周年、全国“两会”、第二届“一带一路”国际合作高峰论坛等信访安保工作。

【信访代办制建立】 2019年，鄞州区探索建立信访代办制，实现群众信访“最多跑一次”。在全区所有镇（街道）、村（社区）设立代办站、点，推动信访群众不出村（社区）就能向省、市、区级职能部门提出信访诉求，打造“多层次、广覆盖、全渠道”的代办格局。全年成立由338人组成的代办员队伍，21个镇（街道）、326个村（社区）分别建立信访代办工作站、点，大批矛盾问题在基层得到化解。

（邓佳琦）

机构编制管理

【概况】 2019年，区委编办推进机关内部“最多跑一次”、五大领域综合行政执法改革等各项改革工作，优化机构编制配置，规范编外用工管理，强化机构编制督查，为服务高质量发展提供体制机制保障。全区各级各类编制18282名，其中行政编制3195名、工勤编制34名、事业编制15053名。实行公立医院编制备案制管理，根据相关公立医院床位数调整情况，核增公立医院报备员额832名。为鄞州中医院、鄞州蓝青小学核定民办报备员额72名。

完成党政机构改革，做好全区36个党政机构以及相关群团机关新“三定”规定，围绕部门职能划转的重点难点，先后组织8次协调会，厘清、界定、细化职责边界。开展机构改革“回头看”工作，确保新老部门职能交接到位，针对履职不顺畅等问题分类施策。推进事业单位改革，对全区所有事业单位进行系统梳理，完成228家区直属和各部门下属事业单位“三定”规定的重新制发。按照事业单位不再称“委办局处”的要求进行更名，推进承担行政职能类事业单位全部“还政予政”。推进生产经营类事业单位改革，做好区建筑设计院转企改制相关牵头协调工作，做好公益类事业单位改革筹划准备工作。

开展机构编制违规违纪问题自查自纠，加快政策性超编等问题整改进度，全区党政群机关超编数从110名消化至26名。落实机构改革“回头看”，对照人员转隶、职责接转、职责履行、事业单位调整等八方面问题梳理，海洋执法、森林防火、农贸市场、军民融合等18项争议点，经七轮协商解决。探索督查评估制度建设，联合区委巡察办印发全省首个《鄞州区机构编制执行情况巡察监督办法（试行）》，开展全区机构编制资源调研、在编人员年龄结构分析，为用编导向提供决策依据。

【机构编制核准与设置】 2019年，鄞州区分批次核准用编318名。完成2019年度事业单位招聘编制使用核准，下达事业编制共计113名。完成全区新一轮中层干部选拔任用职数使用核准，与组织、人社部门简化用职审批程序。严格控编减编，实现区划调整后党政群行政超编连年下降，全年消化减少27人。加强编制资源向基层下沉，镇（街道）增加行政事业人员49人（行政33人、事业16人），保障基层工作需求。整合优化镇（街道）机构编制配置，按“6+X”“5+X”模式设置，统一单设党建工作办公室，为各镇（街道）核增人大专职联络员、统计工作站专职副站长2名中层职数。结合镇（街道）的发展定位、功能模块选设相关“个性”机构，如姜山镇设置资源配置和审批服务中心和市政公用管理服务中心，福明街道增设财政管理办公室。结合区情实际，新设区商务楼宇发展服务中心，整合优化区科技局下属事业单位，新设区发改局下属区政府投资项目评审中心。

【编外用工实名制管理】 2019年，鄞州区健全编办、财政、人社联动机制，以区政府名义下发《宁波市鄞州区机关事业单位编外用工管理实施办法（试行）》，历时半年摸清编外用工底数，按照总量严控原则，对区级党政群机关及下属事业单位、镇（街道）、特需单位三类分别核定控制数。强化大数据管理，在全市率先试行编外用工实名制管理，实现编办、财政、人社部门数据同源、流程一体、结果互认。变“三件事”为“一件事”，精简办事环节50%，精简材料50%，压减时间

67%，实现“无纸化”“加速度”“零跑腿”。该项工作在全市推进机关内部“最多跑一次”改革推进会上作为典型案例推广。

【机关内部“最多跑一次”改革】2019年8月，全区组织开展机关内部“最多跑一次”改革，以区跑改办（区审管办）为牵头单位，区委编办为成员单位负责事项梳理规范工作。先后两次组织各部门对照《机关内部“最多跑一次”省市县三级目录》以及兄弟县（市、区）事项，分类编制办事指南。全年42个部门312项机关内部办事事项的办事指南、流程图均在“浙政钉”机关内部“最多跑一次”协同工作平台上线，相关事项环节测试开通，全部事项通过平台流转审批实现“最多跑一次”，“跑一次”实现率达100%；100项事项可实现一次也不跑，“跑零次”实现率32%（相关事项为动态调整）。落实推进权力清单和公共服务事项目录梳理规范工作，协调各部门按照《省市县三级指导目录》，做好部门（单位）权力清单和公共服务事项比对和梳理，相关事项及办事指南均在浙江政务服务网鄞州平台公开。梳理基层办事事项，建立村（社区）工作事项清单，完善镇（街道）权责清单制度，实行动态调整，共梳理汇总镇（街道）责任状事项20项、一票否决事项7项。

【五大领域综合行政执法改革】2019年，区委编办按照中央、省、市要求，推动市场监管、生态环境保护、文化市场、交通运输、农业5个领域实施综合行政执法改革，实现“一支队伍管执法”，在全面摸底、系统梳理、认真分析基础上，发挥上情下达、下情上传的桥梁纽带作用，把握挂牌组建工作的要求，于10月底前完成5支综合执法队伍挂牌，做好人员编制锁定等相关工作。试点镇（街道）综合行政执法体制改革，姜山镇入选全省开展综合行政执法改革试点的18家单位之一。

【事业单位登记管理】2019年，区委编办办理事业单位设立登记13家、注销登记19家、变更登记193件；办理机关群团统一社会信用代码设立7家、注销6家、变更69家；应参加年度报告公示单位371家，公示率100%。针对机构改革后变动情况，配合做好涉改部门和单位的赋码登记，承接市登记局委托的垂直管理机关赋码发证职责，完成区内1家税务机构、1家生态环保机构和1家资规机构统信证办理，开展事业单位法人证书换领工作。保障重点领域和民生事业发展，结合卫生医疗管理体制改革，为全区医共体进行事业单位法人登记；保障民办公益学校权益，为鄞州蓝青小学办理事业单位统一登记试点。

（孙 侃）

档案工作

【概况】2019年，区档案馆推出“长三角”地区民生档案异地免费查询，启用“可信认证+人脸识别”系统，实现“刷脸”查档，发放《民生档案查阅最多跑一次服务指南》1万余册，全年接待查档7259人次，利用档案资料7870卷1517件，复印26786页，完成远程查档117例，异地查档241例。升级电子文件统一管理平台，接收区综合执法局、教育局等23家单位的“最多跑一次”事项电子化归档件67710件。完成行政区划调整中相关部门档案资料的接收进馆，共接收原江东区59家单位2006—2016年8836卷171801件档案。接收机构改革过程中撤销涉改单位的1553件档案进馆。完成23家农村文化礼堂电子素材档案进馆。做好千村档案数据补录工作，采集数据19.60吉字节。

建成涵盖全部馆藏文件级目录数据库，完成馆藏纸质档案数字化1800余万页，馆藏档案数字化率91%。启动馆藏存量数据二轮质检，根据电子目录著录规范，完成120万件档案数据的质量检查。完成一批馆藏满30年档案的鉴定，此批档案涉及221个全宗11358卷19551件，鉴定后向社会开放档案3033卷9207件，社会公众或组织可凭身份证、工作证或介绍信等合法证明查阅利用开放档案。依托馆藏资源讲好鄞州故事，编撰出版《传家宝——鄞州家风故事》，拍摄档案微电影《情田无垢》，与相关部门联合举办“百年五四，奋进的鄞州青年”主题图片展览、“逐梦前行·奋进攀高”鄞州区庆祝新中国成立70周年图片展等展览6场。推进馆内四大重点项目建设，投入资金570万元，建成电子文件统一归档管理、电子档案长久保存、档案信息综合管理及服务三大平台，打造基础设施完备、系统建设规范、整体水平先进的数字档案馆2.0版。投入资金90余万元，建设独立信息机房，配置冷池机柜、监控、UPS（不间断电源）、精密空调、消防等系统设备。投入资金近170万元，对馆内一楼展厅进行整体改造提升，以千年鄞地、红色鄞领、文脉相传等七大板块，集中展示鄞州千年历史文化和辉煌成就。投入资金398万元，在行业内首创建设“火患灾情”控制系统，利用注氮控氧原理，为库房、机房营造低氧环境杜绝火情发生。

【“长三角”地区民生档案异地免费查询】2019年3月，区档案馆完成两例“长三角”地区婚姻档案异地查阅，标志着鄞州实现浙江、江苏、安徽、上海三省一市的民生档案跨省市查询功能，市民可跨地域、跨馆际查阅利用与自身利益相关的馆藏民生档案。2014年以来，区档案馆不断拓展档案资源共享利用覆盖面，先后推出全区“馆室联动、远程查档”、全市“异地查档、跨馆服务”、全省“一网查档、百馆联动”、“长三角”地区民生档案异地查询等多项服务举措，完成远程查阅1200余例，为民众就近查阅民生档案提供便捷。

【纪念五四运动100周年“红色档案进学校”活动】2019年4月25—26日，区档案馆分别在惠风书院、鄞州实验中学举办纪念五四运动100周年“红色档案进学校”活动，100余名师生参加。区家庭档案联谊会常务理事冯炜达作“纪念五四运动100周年”讲座，结合丰富翔实的档案史料，详细讲述五四运动的历史背景、过程特点和深远影响，引导学生们继承爱国、进步、民主、科学的“五四精神”核心。活动现场还展出与五四运动相关的红色档案资料近百件，包括邮票、书籍、报纸、连环画等珍贵展品。

【家庭档案展馆成立】 2019年6月10日，区档案馆联合百丈街道共同建设的“家庭档案展馆”在百丈街道演武社区开放。该档案馆成为全区家庭档案的展示窗口、交流平台和学术研讨基地，倡导人人收集、保管和利用家庭档案，共同守护历史记忆、弘扬好家风和好家训。开放首日，馆内举办“中华人民共和国成立70周年家庭档案展”，展出粮票、车船票、布票、房屋交易税单等展品近600件，涵盖百姓生活衣、食、住、行4个方面，并举行“从衣食住行看70年巨变”讲座。

【档案信息系统突发事件和灾害应急演练】 2019年9月11日，区档案馆组织档案信息系统突发事件和灾害应急演练。演练模拟馆内各个业务平台因突发事故导致系统数据损坏、丢失等情形，由应急小组采用虚拟化技术，利用备份数据文件对馆藏系统、电子文件中心和门户网站进行恢复还原。经过5个小时紧急数据抢救，最终将3个系统数据在虚拟环境中成功恢复，还原文件672661个，数据容量2.55太字节，为国庆期间全区档案信息的安全稳定提供保障。

【“可信认证+人脸识别”系统上线】 2019年12月8日，区档案馆推出“可信认证+人脸识别”系统应用，一位查阅者在未携带身份证件的情况下，通过“刷脸”验证身份信息，顺利地查阅到所需档案。“可信认证+人脸识别”系统，由浙江省大数据发展管理局、上海泰宇公司提供技术支持，结合“证照电子化”“可信认证”应用，在全省档案系统率先实现“刷脸”查档，查档者只需将姓名、身份证号码输入电脑端并进行人脸识别，仅需几秒钟即可完成身份验证。该项创新举措，实现从“凭证查阅”到“无证查阅”的服务模式变革，解决查档者因忘记携带身份证件而多跑路等问题。

（李　荔）

2019年12月8日，区档案馆启用“可信认证+人脸识别”系统

党校工作

【概况】 2019年，区委党校举办主体班43期，培训9353人次，委托培训和社会培训（会议）600余期7万余人次，教师外出宣讲总量达230余场次，受训人数超2万人，“红色学府”影响力提升。提交省委党校理论研讨会3篇，省委党校课题立项2项，省社院课题结题2项，市委党校立项课题2项，提交区委区政府及有关部门资政成果14篇，“特色智库”得到发挥。以高分通过浙江省市县党校行政学院（校）办学质量创优评估，获评优秀。

根据区委干部教育培训计划，举办各级各类主体班43期，与上年度相比增加12期，其中学制超过1个月的培训班次有新提任区管干部“初心与使命”党性党风集中教育培训班、新录用机关工作人员培训班。联合区有关部门开发“两高四好”示范区专题课程，邀请44名区各级党政领导干部到党校授课。创新“学思践悟”的培训理念，构建“4+X”教学新布局，打造区委党校“红色学府”品牌。与鄞州电视台《他山之石》栏目合作，在线直播新提任区管干部班“树标杆、找差距、谋发展”为主题的大讨论。用宁波方言“读原著+解原理+讲党课”的方式打造在线党课“阿拉讲初心”，推出“鄞领·初心大讲堂”，向社会开放好课精品课。以“传习理论、攀高比强”为主题，全年举行教研活动30余次。开展“不忘初心”和“十九届四中全会精神”专题备课会，打造《回顾建党历史，弘扬”红船精神”》《深刻认识把握习近平新时代中国特色社会主义思想》等8堂精品课程。联合区委组织部对全区13家首批干部教育培训现场教学示范点进行授牌表彰，形成头雁效应。制作编发教学点宣传小册子《现场的力量》，修订外训介绍鄞州情况模板。

全年立项课题有区级以上结题课题7项，立项课题6项。其中，省委党校系统第二十一批课题立项2个，浙江省社会主义学院课题结题2个，市委党校系统立项课题2项。理论研讨有区级以上理论研讨会或征文比赛，共获得一等奖2篇，二等奖4篇，三等奖6篇，1篇入围奖。其中，潘明策《金融支持民营经济发展绩效的实证研究——以宁波为例》和汪洋《建国

70年我国财政投入、城乡收入差距与城镇化动态发展关系的实证研究》分获省委党校系统理论研讨会二、三等奖。决策咨询有《“三清单一流程”运行法在股份经济合作社、拆迁安置社区、老旧小区、商品房住宅社区和行政村的实践与思考》《鄞州村干部培塑问题研究》等9篇资政文章获市委常委、区委书记褚银良批示。《南高教园区人才溢出机制研究报告》《关于深化鄞州农村文化礼堂功能问题研究》等4篇资政报告获区委副书记、区长王兆波批示。

【首届鄞州区来延送教干部教育培训班开班】 2019年8月5日，首届鄞州区来延送教干部教育培训班在延边州委党校开班。来自延吉市各部门、乡镇街道的280余位负责党务工作的领导干部参加培训，与来自鄞州区的11位参加送教活动的老师参加。该次送教活动是鄞州、延吉两地在党员干部教育培训工作上开展的一次合作尝试。活动以“话山海携手，践初心使命”为主题，采取“理论与实践1+1+4”形式，即举行1场学习习近平新时代中国特色社会主义思想的讲座，1场从严治党总体形势的介绍，4节关于鄞州区社区、城市基层、农村、非公有制4个方面党建工作经验的课程。围绕脱贫攻坚、村域经济、基层社会治理、发展农民党员等主题展开交流讨论。

【“不忘初心”专题备课会举行】 2019年9月3日，区委党校在市委党校举行为期两天的“不忘初心”专题备课会。该次备课会采用“教师试讲—专家集中点评—教师互评”的方式，有6位教师试讲，新专题涉及党史党建、国际新形势、新时代国情认识、习近平法治思想等6个方面。邀请市委党校6位专家对新专题依次进行点评，从专题选题、学术接口、内容的时代性与时效性、语言的逻辑性与准确性等多个方面与试讲教师进行交流探讨，并提出针对性建议。

【区委党校庆祝第35个教师节座谈会】 2019年9月6日，区委党校召开庆祝第35个教师节座谈会，区委常委、组织部部长、党校校长王邦进出席并讲话。座谈会上，大家认为当前区委党校处于发展关键期，要深入贯彻习近平总书记办学治校思想，坚持党校姓党的根本原则，党校作为全区干部教育培训的主阵地，要坚持“为党而教、为党而训，为党而学、为党而战”，真正为党的事业培养优秀的干部队伍，把为党培养人才的任务落到实处。王邦进肯定区委党校近年来取得的各项成绩，对各专兼职教师坚守初心使命，传承红色基因表示感谢，对全体教职工表达节日祝福。

2019年8月5日，首届鄞州区来延送教干部教育培训班开班仪式在延边州委党校举行

【省市县党校行政学院（校）办学质量创优评估反馈会】 2019年10月10日，浙江省市县党校行政学院（校）办学质量创优评估第三工作组召开对鄞州区委党校（行政学校）办学质量创优评估的反馈会。评估工作组组长、省委党校副校长徐明华主持并反馈评估意见。市委常委、区委书记褚银良，区委常委、组织部部长、党校校长王邦进，区委常委、常务副区长、行政学校校长沃勇特等参加反馈会。反馈会上，省创优评估工作组对鄞州区委党校（行政学校）办学质量创优工作给予肯定，并提出整改意见建议。省创优评估工作组一行通过听取工作汇报、实地考察、查阅档案、问询交流等方式，从组织领导、教学培训、科研资讯、队伍建设、服务保障、特色工作六方面38项指标，对鄞州区委党校（行政学校）进行全面评估。

【全域社会治理调研】 2019年，区委党校围绕鄞州探索“一核引领、三治融合、五共机制”全域治理新模式，组建多个调研组围绕不同主题深入各职能部门、镇（街道）、村和社区进行开展调研。围绕“三清单一流程”运行法，组织5个调研组深入股份经济合作社、老旧小区、拆迁安置社区、商品房住宅社区和行政村开展调研，形成6个专题调研报告。围绕鄞州区村干部特别是党支部书记的培塑问题，组织课题组走访云龙、横溪、五乡等镇，对村干部基本情况、培养目标和存在困境进行专题调研并形成资政调研报告。围绕全域社会治理，以1个指导教师+4个学员为单位，组建资政调研课题组40个，引导学员参与决策咨询，把教师的理论学术积淀与学员对热点难点问题的求知实践相结合，实现“1+1>2”整合效应。其间，调研单位50余家，形成资政调研成果40篇。

【“鄞领·初心大讲堂”设立】2019年12月11日，区委党校联合区委组织部、区委宣传部、区人力社保局推出的“鄞领·初心大讲堂”在党校鄞州厅启动。全区500余名区管干部和社会人士报名参加首期“鄞领·初心大讲堂”培训。“鄞领·初心大讲堂”的设立整合党校的党课资源、交流合作、师资队伍，为学深弄懂做实习近平新时代中国特色社会主义思想和党的十九届四中全会精神，提供学习教育平台。

（李永飞）

2019年12月11日，“鄞领·初心大讲堂”启动仪式在区委党校鄞州厅举行

史志工作

【概况】2019年，区委党研室《中国共产党鄞州历史》第三卷（1978—2002）（简称“党史三卷”）完成第一轮修改任务，进入征求意见建议阶段。完成《砥砺奋进铸辉煌——宁波市鄞州区改革开放新时期党史专题集（三）》出版印制。宣传新四军烈士周奋英雄事迹，挖掘八路军文化干部叶正宣生平及事迹。

《鄞州年鉴（2018）》参加第六届全国地方志优秀成果（年鉴类）评选，获评县区级综合一等年鉴；《鄞州年鉴（2017）》参加第六届全国年鉴编纂出版质量评比，获地方综合年鉴一等奖，同时获装帧设计特等奖等4个单项奖。推进《鄞州年鉴（2019）》编纂，召开全区年鉴编纂工作培训会，年底出版发行，实现“一年一鉴、当年出版”目标。区交通运输局等行业年鉴编纂试点单位完成2019卷编写。指导出版《雁村志》《鄞州老区发展史》《李家洋村志》《鄞州农业志》《鄞州地名志》，参与编纂《罗惠侨与张家瀛村志》，《鄞州文化志》《鄞州人社志》《福明街道张隘村志》等形成初稿；《下应街道志》《五乡镇志》《云龙镇志》启动组稿。出版《鄞州史志》4期。

开展鄞州重要党史事件及其重要人物纪念活动，在《鄞州日报》整版刊登《忆往昔峥嵘岁月稠 看今朝万千气象新——中国共产党鄞州历史简编（1921—1949）》《纪念宁波（鄞县）解放70周年特辑》《存史资政育人以史为民惠民——2019，铿锵开启鄞州史志新征程》《血洒他乡写忠诚——周奋烈士传略》《叶正宣：抗日烽火中的文化战士》《走红·和丰：忆初心 担使命》。参与鄞州区英雄烈士纪念馆建设，改版升级鄞州区党员政治生活馆党史厅，指导及参与朱凡、周奋、王孝和、叶正宣4位英烈纪念场所建设；支持区人才爱国奋斗红色教育基地新建和沙氏故居展陈改版，开展以“走红和丰”红色文化体验为代表的初心之旅活动等。

【全区年鉴编纂工作培训会】2019年3月14日，全区年鉴编纂培训会在区政府召开。全区各镇（街道）、区级机关和相关企事业单位年鉴撰稿人员146人参加会议。会议宣读《鄞州年鉴（2018）》优秀组稿单位名单，区委办、区政府办等46家单位受表彰。区委党研室副主任鄢舟作动员讲话，并对2019卷年鉴编纂工作进行总体部

2019年3月14日，全区年鉴编纂工作培训会召开

署，年鉴科负责人就相关编纂工作作具体说明和讲解。市委党史研究室年鉴处处长高曙明围绕年鉴基础理论、体例规范、条目撰写和注意事项等内容进行授课，对各单位撰稿人进行集中业务培训。

【《鄞州年鉴（2018）》获评全国一等年鉴】 2019年10月29日，《鄞州年鉴（2018）》获第六届全国地方志优秀成果（年鉴类）县区级综合一等年鉴。《鄞州年鉴》连续两届获评该奖，是宁波市唯一入选并获奖的县区级综合年鉴，也是继1月获全国年鉴编纂质量评比一等奖后，年内第二次获评国家级奖项。《鄞州年鉴》由区委、区政府主办，区委党研室（区人民政府地方志编研室）主持编纂。《鄞州年鉴（2018）》于2018年3月启动编纂，11月由方志出版社出版，为总第32册。全书突出年度和地域特色，框架结构既保持基本稳定，又特别设置“新鄞州融合发展”“最多跑一次改革”等专记内容，设置类目31个、分目251个、条目1000余个，配图片260余幅、表格86个，计100余万字，全面系统记载2017年度全区经济和社会发展基本情况和特色亮点。该年鉴由“中国年鉴全文数据库”全文收录。

【《鄞州史志》获全省地方志系统“刊”业先进单位】 2019年9月17日，由区人民政府地方志编研室主办的《鄞州史志》在全省地方志系统“十业十佳”推选评比活动中，获“刊”业先进单位。《鄞州史志》创办于1985年，2017年改版，篇幅由每期80~90页，扩充至250页20余万字，图文并重，品位持续提升，形成一批有一定水准的固定稿件来源。2017年10月及2019年2月，分别被国家图书馆和国家哲学社会科学文献中心收藏。

【《鄞州年鉴（2019）》出版发行】 2019年12月26日，由鄞州区委、区人民政府主办，区委党研室（区人民政府地方志编研室）主持编纂的《鄞州年鉴（2019）》出版发行。《鄞州年鉴（2019）》为连续出版的第33册年鉴，是一部全区年度资料性文献。全书彩印，110.60万字，设类目31个、分目220个、条目1668个，收录图照311幅、表格81个，翔实、系统地记述鄞州区2018年经济、政治、文化、社会和生态等方面的基本情况。《鄞州年鉴（2019）》创新形式和样式，贴合新时代阅读和利用需求。在保持框架结构基本稳定的基础上，依据2018年度全区经济社会发展特点，进行类目、分目调整，增加动态条目数量，以增加有效信息量；适应新媒体时代需要，除设置纸型版、光盘版外，还通过手机二维码扫码、鄞州史志网站电子书等实现移动数字阅读。

【王孝和先进事迹陈列馆开馆】 2019年11月29日，由鄞州区委组织部、区委宣传部、区委党研室、区总工会、福明街道党工委联合主办，鄞州日报乡恋创意工作室承办的王孝和先进事迹陈列馆开馆仪式在烈士家乡——福明街道新城社区举行。陈列馆占地面积约450平方米，分为宣誓广场（孝和广场）和室内陈列馆两部分。其中，室内陈列馆又分“鄞州革命简史”“工人阶级的优秀代表——王孝和”“新城影像（记忆）馆”“初心讲堂”4个单元。该馆以实物、雕塑、图片、影像等形式，再现烈士生平及其家乡的村落风貌。区委党研室参与设计与布展。王孝和，福明街道松下（漕）村人，1924年2月出生，1941年5月4日加入中国共产党，工运领袖。1948年4月21日，被国民党反动派逮捕入狱，9月30日，在上海提篮桥监狱英勇就义。

【西藏《比如县志》通过复审】 2019年12月29日，由区人民政府地方志编研室负责援助修编的西藏那曲市《比如县志》通过复审。《比如县志》上限上溯至事物发端，下限至2010年年底，全书正文字数130万字。2017年11月，区人民政府地方志编研室接到任务后，经与比如县对接，落实专家对志稿进行审读、修稿，于2018年10月完成第一轮修改，2019年进行第二轮审读，与比如县修编人员沟通，对志稿再次进行修改，使志稿质量得到进一步提升。该次复审会在那曲驻拉萨办事处老干部活动中心召开，比如县县长、县地方志编纂委员会主任边巴次仁，那曲市方志办主任高平，比如县政府副县长尼玛次仁，比如县政协副主席、方志办主任扎西索朗，退休老干部代表等参加会议。

（戴勤锋）

2019年11月29日，王孝和先进事迹陈列馆开馆仪式在福明街道新城社区举行

老干部工作

【概况】 2019年，鄞州区有离休干部84人。其中，抗日战争时期18人，解放战争时期66人；享受地厅级待遇6人，享受县处级待遇42人；外地离休干部安置在鄞州区16人。全区有退休干部6430人，离退休干部党支部98个。全区各级向老同志通报工作情况116次，走访慰问离退休干部7590次。

区委书记、区委组织部部长分别就全区发展情况、党政机构改革有关情况向老干部进行通报。举办副区级以上离退休干部读书会及2期副处级以上离退休干部参加的文化百科大讲堂。做好离退休干部先进集体和先进个人推荐，省委老干部部命名区“银辉再启航”正能量工作室为老干部品牌工作室，命名“银尚之家”1个，“银尚达人”3人。区委老干部局全年接待省内外参观考察团队20批次。

【离退休干部学习培训】 2019年5月15日起，分9批对53个区级机关和21个镇（街道）所属的离退休干部就近就便进行学习培训，约2000余名离退休干部参加学习，聘请党校老师分别就“不忘初心 牢记使命——‘党的五心’教育”“‘一带一路’的新布局——习近平开放思想解读”进行专题授课。开展巡回宣讲进社区活动6次，让离退休干部就近接受教育。把离退休干部党建工作培训列入区干部教育培训主体班次，在省委党校四明山分校进行为期2天的培训，离退休干部党支部书记、老干部工作者141人参加。

【离退休干部党组织建设】 2019年，鄞州区印发《2019年度全区离退休干部党组织积分制管理办法》，对管理目标引导细化，把原基础积分从四个大项19个小项调整为五个大项25个小项。抓好老党员驿站、党建共享基地、品牌工作室建设，打造2个党建共享基地、2个老党员驿站、3个“银辉”品牌工作室。11月26日，市委老干部局在鄞州区举行全市离退休干部党支部积分制管理工作现场观摩活动，与会人员参观钟公庙街道老党员驿站，听取区委老干部局和首南街道关于如何抓好积分制管理的经验介绍。实行“1+X”助老服务，开展上门走访、理发、中西医坐堂、送药上门等特色服务。《依托“家院互融”实现居家无忧》获评省老干部工作优秀创新案例。

2019年，鄞州老年大学举行红歌快闪庆祝新中国成立70周年

【老干部活动学习阵地功能优化】 2019年，区老干部活动中心打造“银辉之家”和老演员驿站，为老干部活动学习提供十大服务。结合庆祝“七一”、国庆和主题教育等活动开展组织生活21场，参与老党员近800人次。鄞州老年大学稳步实施网上招生报名，共招生196个班级8226名学员。

【市“银辉”志愿者联合会鄞州分会活动】 2019年，区委老干部局组织开展“银辉助残·你我同行”和“三走进”咸祥敬老院送温暖等大型志愿服务活动。“翰墨丹青”“快乐健身”“杏林春暖”“欢乐行”等10余支“银辉”志愿服务分队累计下基层、下企业21次，服务群众1100余人次。“大手牵小手”志愿服务分队以“弘扬红船精神，争当时代新人”为主题，共举办“假日学校”152所，参与青少年人数17835人。宁波市“银辉”志愿者联合会鄞州分会获“2018年度鄞州区优秀志愿服务组织”称号。

【庆祝新中国成立70周年活动】 2019年，区委老干部局组织系列活动庆祝新中国成立70周年。开展“最美系列”寻找活动，发现全区“最美离退休干部党支部”、“最美共和国同龄人”、“最美银辉志愿者”和“最美银辉志愿服务团队”，获评1个省级“最美银辉志愿服务团队”，1个“最美离退休干部党支部”和1名“最美共和国同龄人”；开展“我看新中国70周年巨变”征文和“见证辉煌历程·鄞州记忆”书画摄影作品征集活动，举办“祖国在我心中”老干部摄影作品展；老年大学以红歌快闪的形式，向新中国70周年华诞祝福，300余名退休老干部、老年大学师生及老干部局党员干部参加活动；联合鄞州日报社和广播电视台开展致敬共和国70周年纪念章获得者采访活动，宣传为革命、建设和改革作出贡献的老干部。

（孙如琰）

宁波市鄞州区人民代表大会

综　述

【概况】2019年，宁波市鄞州区第十八届人民代表大会实有代表321人，其中工农代表159人，占49.53%；党政干部代表84人，占26.17%；专业技术人员代表72人，占22.43%；军人及其他代表6人，占1.87%。中共党员代表210人，占65.42%；非中共党员代表111人，占34.58%。妇女代表115人，占35.83%。具有大学以上学历的代表203人，占总数的63.24%；其中硕士研究生以上学历的代表55人，占总数的17.13%。区十八届人大三次会议以来，共召开常委会会议9次，作出决议决定13项，听取并审议“一府一委两院”专项工作报告24项，开展执法检查3次，组织专项视察调研42次，依法任免常委会工作人员31人次，决定任免政府组成人员33人次，任免监察人员4人次，任免审判检察人员57人次。

配合区委开好人大工作会议，协助制订《关于高质量高水平推进新时代人大工作和建设的意见》。配合区委开展中央和省市区委有关文件和会议精神贯彻落实情况专项督查，推动人民代表大会制度在鄞州实践。抓好街道人大工作和建设试点，修订人大街道工委工作规则，完善履职、会议等制度，构建具有鄞州特色的“1+14+X”街道人大工作制度体系，指导试点街道围绕财政预算、国有资产等重点领域开展监督；全面推开街道居民议事会制度，各街道选聘议事员435人，召开议事会14次，提出意见建议157件，形成民生实事项目55个；理顺与高新区、东钱湖管委会的关系，建立“双联三通”沟通协调机制，规范托管镇（街道）人大工作，成立聚贤街道人大工委，首次听取两个管委会建议办理工作情况报告。探索形成街道人大工作助力基层治理的“鄞州解法”，获评首届“宁波人大工作创新奖”特别奖，并在省人代会上被媒体关注。

修订常委会讨论决定重大事项办法，围绕财政决算、政府债务限额和新增地方政府债券、国有资产监督管理等重大事项依法作出决议决定。推进民生实事项目人大代表票决制工作，推行街道民生实事项目会商票荐工作，完善“1+1+N”全程动态监督机制，组织“向人民报告·民生实事之问”电视问政活动，构建“人大监督+社会监督+媒体监督”监督格局，受到省委书记车俊和省人大常委会副主任、党组书记梁黎明的肯定。

开展代表培训，举办人大“巡回讲堂”，先后为9个代表小组提供“菜单式”培训。坚持和完善代表列席常委会会议、参加情况通报会、旁听法院庭审等制度，组织代表常态化参与常委会调研视察、执法检查、特定问题调查等活动，扩大代表参与度。制订代表履职登记、活动经费管理使用等5项制度，打造代表“一人一单一表一档”履职管理体系，组织115名市、区两级代表报告履职情况。组建代表履职事迹巡回报告团，举办报告会暨风采展10场，有各级代表等1250余人次参加。按照“硬件标准化、制度规范化、活动常态化、联络信息化”要求，新建、改建代表联络站27个，形成“区级总站+镇街中心站+村社企联络站”三级履职平台体系，实现区域全覆盖

2019年3月1日，鄞州区街道人大工作和建设试点部署会召开

和线上线下同步。推进代表履职“六联一清单”工作法，780余名代表走进联络站开展接待活动，累计接待群众3万余人次。健全社情民意分类处置机制，通过分级流转和跟踪督办，确保事事有回音、件件有着落。组建代表专业小组，提高履职专业水平。全年共开展中心组、代表小组活动135次，参与代表1800余人次，提出并交办问题建议350余个。深化建议办理“六督法”，打造“阳光建议E平台”，重视不满意件二次办理。区十八届人大三次会议以来代表提出的315件建议均已办结，代表对办理工作满意及基本满意率达100%，促成问题解决或基本解决182件，占比57.80%，比上一年度提升4.20%。

开展“不忘初心、牢记使命”主题教育，组织学习研讨7场次，收集意见建议103条，对标检视问题25个，落实整改举措46项。建立与政府间重点工作对接机制，加强协调配合，提高工作合力。常委会领导履行河长、路长职责，常委会组成人员参与“三进三访三服务”活动280余人次，指导帮助解决实际问题70余个。召开全区人大宣传工作会议，研究制订新时代人大新闻宣传工作若干意见。全年在市级以上主流媒体刊登各类稿件60余篇，10次作为先进单位在省市作经验介绍，信息工作连续3年为全市第一、全省先进，并获省、市人大新闻奖二等奖。增设社会建设工委，法制内司工委更名为监察司法工委，人大组织建设加强。推动镇街全面建立人大办公室、配备专职联络员，整体提升全区人大工作水平。

【人大依法监督】 2019年，区人大常委会审议全区国民经济和社会发展计划执行情况报告，加强对全口径预决算的审查监督，推进预算联网监督，跟踪督促审计发现问题的整改落实，对部分重点项目预算绩效情况开展评议，关注政府债务管理，促进公共财政健康运行。审议促进民营经济高质量发展情况报告和民营经济司法保护工作情况报告，支持民营经济发展壮大。审议楼宇经济发展情况报告，推动区政府实施楼宇经济发展“双百攻坚”行动。视察科创平台建设与运行情况。审议国企整合发展工作专项报告、国有资产管理情况综合报告，推动国资国企整合提升；启动国有资产特定问题调查，通过全面自查、重点核查，形成调查报告和问题清单，经常委会会议审议，交办具体问题七大类398个，提出抓好问题整改销号、落实监管责任等建议，相关做法得到全国人大和省人大肯定。围绕推动乡村振兴战略决议落地落实，制订三年（2019—2021）监督计划，先后完成审议城乡规划实施情况报告和东吴镇勤勇、天童历史文化名村保护规划报告，农业产业园建设情况报告、乡村旅游工作情况报告，听取小城镇环境综合整治情况报告，开展基本农田内花木种植整治专题调研等监督工作19项。审议2018年度环境状况和环境保护目标完成情况报告，专门印发报告工作指导意见，实现报告制度镇（街道）全覆盖。审议平原河网水面率管控工作情况报告，开展海洋环境保护“一法一条例”执行情况检查，关注废弃矿山生态修复情况。听取治水拆违工作情况报告，督办解决问题41个，助力打赢治水拆违百日攻坚战。开展学前教育“两条例”实施情况检查，实地检查园所78个，征集意见建议115条。听取食品安全追溯体系建设情况报告，专项视察居家养老工作，专题调研非物质文化遗产保护工作。跟踪社区服务标准化建设工作，组织专项视察调研，推动社区服务中心标准化改造和社工薪酬待遇调整，提升社区治理和服务效能。开展“三治融合”示范村建设情况调研，听取生活垃圾分类处理工作报告。监督法治政府建设情况，听取“扫黑除恶”专项斗争工作情况报告，关注台湾同胞投资保护法实施情况。推进规范性文件备案审查和司法机关重要案件备案工作，共审查文件23件，备案案件703件。配合市人大开展志愿服务条例等3部地方性法规的立法调研和立法后评估工作。

（柯柏俊）

重要会议

【区十八届人大三次会议】 2019年1月16—19日，宁波市鄞州区第十八届人民代表大会第三次会议在区文化艺术中心举行。全区320名区人大代表参加会议。大会补选区人民政府区长、区十八届人大常委会委员，票决确定2019年鄞州区10件民生实事项目。大会依法审查并通过区人民政府工作报告、2018年国民经济和社会发展计划执行情况与2019年国民经济和社会

2019年1月16日，宁波市鄞州区第十八届人民代表大会第三次会议开幕

发展计划、2018年全区和区级预算执行情况与2019年全区和区级预算、区人民代表大会常务委员会工作报告、区人民法院工作报告、区人民检察院工作报告，作出《关于推动全面实施乡村振兴战略高质量推进农业农村现代化的决议》。会议结束前，市委常委、区委书记褚银良作重要讲话。会议期间，收到代表建议、批评和意见313件。

【区十八届人大常委会会议】 2019年1月8日，区十八届人大常委会举行第十五次会议。市委常委、区委书记褚银良出席并讲话。会议听取区十八届人大三次会议有关名单草案的说明、区十八届人大三次会议筹备工作情况的报告，听取并审议关于2018年国民经济和社会发展计划执行情况与2019年国民经济和社会发展计划草案主要内容的报告、2018年全区和区级预算执行情况与2019年全区和区级预算草案主要内容的报告、2019年民生实事候选项目形成情况的报告和说明。表决通过区十八届人大三次会议列席人员名单、区人大常委会关于推动全面实施乡村振兴战略高质量推进农业农村现代化的议案草案以及区人大常委会代表资格审查委员会关于代表变动及补选代表资格审查情况的报告，原则通过区十八届人大三次会议的议程、日程草案、区人大常委会工作报告讨论稿和2019年工作要点草案。

1月20日，区十八届人大常委会举行第十六次会议。会议表决任命区政府工作机构调整后部分工作部门主要负责人，组织新任命人员进行宪法宣誓仪式。

2月20日，区十八届人大常委会举行第十七次会议。会议审议并表决通过个别区人大常委会委员和部分区人大代表辞职事项。

3月26日，区十八届人大常委会举行第十八次会议。会议传达学习十三届全国人大二次会议精神，听取并审议关于鄞州区2018年度环境状况和环境保护目标完成情况的报告，关于社区服务标准化建设情况审议意见研究处理情况的报告，并进行满意度测评。听取并审议关于鄞州区国企整合发展工作的专项报告，书面审议鄞州区2018年国有资产管理情况的综合报告。会议审议关于提请开展国有资产特定问题调查的议案以及关于提请设立国有资产特定问题调查委员会的议案和人大中河、明楼、梅墟街道工委2018年工作情况和2019年工作计划的报告，并作出相应决议。会议审议通过《宁波市鄞州区人大常委会特定问题调查暂行办法草案》《宁波市鄞州区人大常委会关于全面加强镇（街道）环境状况和环境保护目标完成情况报告工作的指导意见草案》，表决通过有关人事任免事项，组织新任命人员进行宪法宣誓仪式。

5月27日，区十八届人大常委会举行第十九次会议。会议传达学习省委书记、省人大常委会主任车俊在部分省人大代表座谈会上的讲话精神。听取并审议区政府关于贯彻实施学前教育"两条例"情况的报告，以及区人大常委会执法检查组关于检查学前教育"两条例"实施情况的报告。听取审议区法院、区检察院关于民营经济司法保护工作情况的报告、书面审议区政府关于鄞州区促进民营经济高质量发展情况的报告，鄞州公安分局关于民营经济司法保护工作情况的报告。会议听取并审议区政府关于鄞州区楼宇经济发展情况、平原河网水面率管控工作情况和宁波市鄞州区东吴镇勤勇、天童历史文化名村保护规划等三个报告。会议审议通过《宁波市鄞州区人民代表大会常务委员会讨论决定重大事项办法修订草案》，表决通过有关人事任免和代表辞职事项。

7月29日，区十八届人大常委会举行第二十次会议。会议听取并审议区政府关于2018年全区和区级财政决算草案、区本级财政预算执行和其他财政收支情况的审计工作报告，2019年上半年鄞州区国民经济和社会发展计划执行情况的报告，2019年上半年全区和区级预算执行情况的报告；会议听取并审议关于鄞州区2019年政府债务限额和新增地方政府债券预算调整方案的报告。听取并审议鄞州区2018年城乡规划实施情况的报告，听取鄞州公安分局关于扫黑除恶专项斗争工作情况的报告、区人大常委会代表资格审查委员会关于补选代表资格审查情况的报告，表决通过有关人事任免和代表辞职事项，并举行宪法宣誓仪式。会议传达学习贯彻习近平总书记对地方人大及其常委会工作的重要指示和全国人大常委会纪念地方人大设立常委会40周年座谈会精神。会前，与会人员集体学习《中华人民共和国土壤污染防治法》。

9月26日，区十八届人大常委会举行第二十二次会议。会议听取并审议区人大常委会特定问题调查委员会关于国有资产情况的调查报告，表决通过《关于加强国有资产监督管理 提升资产使用绩效的决议（草案）》。听取并审议关于鄞州区农业产业园建设情况的报告，表决通过区人大常委会关于设立宁波市鄞州区人大常委会聚贤街道工作委员会的决定。会议表决通过有关人事任命事项，并举行宪法宣誓仪式。

12月3日，区十八届人大常委会举行第二十三次会议。会议审议通过关于设立社会建设工委、法制内司工委更名的决定和有关人事任免事项，新任命人员进行宪法宣誓。会议听取并审议关于2019年区本级财政预算调整意见的报告，关于2018年度区本级财财政预算执行和其他财政收支审计发现问题整改情况的报告。听取关于预算绩效管理工作情况的报告并对2018年度律师服务业扶持、小流域治理、企业上市奖励和基本公共卫生服务4项重点项目预算绩效运行情况进行评议。听取并审议关于乡村旅游工作情况的报告、关于区十八届人大三次会议以来代表建议办理情况的报告。表决通过个别区人大常委会委员、区人大代表辞职事项，以及关于调整个别镇（街道）区人大代表小组代表名额的决定和关于增选宁波市鄞州区第十八届人民代表大会代表的决定。

【区十八届人大常委会主任会议】 2019年2月2日，区十八届人大常委会召开第三十六次主任会议。会议听取鄞州区政府性债务管理工作情况的汇报，讨论通过《宁波市鄞州区人大常委会关于贯彻落实区委“三个年”活动“七大行动”计划的方案》和《关于推动全面实施乡村振兴战略三年监督方案》。

3月20日，区十八届人大常委会召开第三十七次主任会议。会议听取区政府关于2017年度重点项目预算绩效评议意见研究处理情况，以及集团化办学情况审议意见研究处理情况的汇报，讨论关于鄞州区人大常委会街道工作委员会工作规则（试行）、街道工作委员会年度工作报告制度（试行）、街道财政预算监督办法（试行）、街道居民议事会暂行办法、街道人大工作目标管理考核办法（试行）等制度办法，以及关于创新型机关建设实施方案、调研和审议鄞州区促进民营经济高质量发展情况的实施方案、开展学前教育相关条例执法检查的实施方案和2019年重点督办建议件推选情况。

4月8日，区十八届人大常委会召开第三十九次主任会议，会议听取财经工委主任李仲安关于国有资产特定问题调查实施方案的说明。

4月22日，区十八届人大常委会召开第四十次主任会议。会议听取鄞州区废弃矿山生态环境修复情况的汇报，讨论《宁波市鄞州区人大常委会关于加强专题调研工作的暂行办法》《鄞州区人大常委会关于对民生实事项目开展跟踪监督的实施方案》《宁波市鄞州区人大常委会关于进一步完善街道民生实事项目会商制工作的实施意见（试行）》《宁波市鄞州区人民代表大会代表约见和询问地方国家机关负责人办法》《关于组织全区各级人大代表联动开展“代表活动月”活动的实施方案》。

6月20日，区十八届人大常委会召开第四十三次主任会议。会议听取鄞州区2018年法治政府建设情况的汇报，关于鄞州区2019年政府债务限额和新增地方政府债券预算调整方案的汇报，国有资产调查委员会办公室关于国有资产特定问题调查工作进展情况的汇报，讨论关于加强治水拆违工作监督实施方案和关于“线上+线下”联动开展代表接待选民活动实施意见。

7月26日，区十八届人大常委会召开第四十四次主任会议。会议讨论研究《宁波市鄞州区人民代表大会代表中心组、小组活动办法（试行）》和《宁波市鄞州区人民代表大会代表履职登记办法（试行）》。听取讨论区十八届人大常委会第二十次会议有关议题。

8月21日，区十八届人大常委会召开第四十六次主任会议。会议听取和讨论全区治水拆违工作和小城镇环境综合整治情况的汇报；讨论研究关于2018年度环境状况和环境保护目标完成情况、促进民营经济高质量发展情况、民营经济司法保护情况、学前教育“两条例”执法检查情况和鄞州区平原河网水面率管控工作情况等5个审议意见的研究处理情况。

9月20日，区十八届人大常委会召开第四十七次主任会议。会议研究关于楼宇经济发展情况审议意见的研究处理情况。讨论区十八届人大常委会第二十二次会议有关议题。

10月21日，区十八届人大常委会召开第四十九次主任会议。会议听取全区生活垃圾分类处理工作情况的汇报。研究关于鄞州区2018年城乡规划实施情况、关于2019年上半年鄞州区国民经济和社会发展计划和财政预算执行情况审议意见研究处理情况。

12月20日，区十八届人大常委会召开第五十二次主任会议。会议听取鄞州区食品安全追溯体系建设情况、2020年区民生实事项目征集情况和鄞州区农业产业园建设情况审议意见研究处理情况的汇报。

（柯柏俊）

重要活动

【区人大常委会“民情面对面”现场政情直通活动】 2019年1月9日，区人大常委会开展“民情面对面”现场政情直通活动，首次在电视栏目中，以面对面交流、问答的形式，“向人民报告”2018年十项民生实事项目的完成情况。区委副书记、代区长王兆波，区人大常委会主任杨慧芳，市人大常委会代表人事选举工委副主任曹德林，区人大常委会副主任林琪、夏素贞、陈家连、胡开通、吕红琴、钱芳参加。活动现场，区人大常委会组成人员、相关人大代表对2018年十项民生实事项目完成情况进行满意度测评。

【鄞州区全省街道人大工作和建设试点完成】 2019年，鄞州区作为宁波市唯一试点单位，中河街道、明楼街道和梅墟街道承担全省街道人大工作和建设试点任务。试点过程中，区人大常委会加强对3个试点街道的联系指导，通过召开试点工作部署会，完善人大街道工委组织建设和制度建设、开展现场观摩活动等，建立健全工作制度40余项，推进街道议政会制度，加强人大街道工委对街道预算审查、国有资产管理监督等工作的探索实践，并承办全省街道人大工作鄞州论坛。鄞州区试点完成，为全省街道人大工作和建设提供了样板和经验。11月，鄞州区街道人大工作创新实践获评“宁波人大工作创新奖特别奖”。

【省调研督查组到鄞州区调研督查】 2019年4月10日，由省人大常委会党组书记、副主任梁黎明带领的省调研督查组在鄞州区督查中央和省委有关文件贯彻落实情况，并调研鄞州区街道人大工作和建设试点情况。余红艺、褚银良、翁鲁敏、王霞惠、王兆波、杨慧芳、徐卫成、王松来、吕益军等参加相关活动。在督查座谈会上，区委、区人大、区政府、区监委、区法院、区检察院结合各自工作实际汇报有关文件落实情况；鄞州区姜山镇党委、海曙区洞桥镇人大等10个单位分别进行汇报。省调研督查组一行到中河街道剑桥社区进行实地考察，详细了解鄞州区街道人大工作和建设试点情况。

【区人大常委会国有资产特定问题调查】 2019年4—9月，区人大常委会首次启动特定问题调查程序，对区属各行政事业单位和国有企业的国有资产管理情况进行调查，经过组织，先后完成动员部署、自查自核、重点核查、数据校对、现场核对、清单整理等工作，对调查中发现的问题，要求区政府分三个阶段确定整改计划，到该届区人大常委会任期末完成全部整改任务。

【姒健敏到鄞州区调研】 2019年6月4日，省人大常委会副主任姒健敏带领省人大常委会执法检查组到鄞州区调研就业促进法贯彻实施情况。市人大常委会副主任王建社，区人大常委会主任杨慧芳，区委常委、常务副区长沃勇特参加考察。检查组一行到音王集团有限公司，实地参观音视频智能科技馆，查看数字会议系统、智能数字化讲台等产品，了解企业发展经营现状、产值产能、创新创业及人才工作等情况，并就企业享受减税降负、社保补助项目等相关扶持政策情况进行询问。

【余红艺到鄞州区检查】 2019年6月4日，市人大常委会主任余红艺带领部分市人大常委会委员、市人大代表，到鄞州区就水污染防治相关法律法规贯彻执行情况开展执法检查。区领导褚银良、杨慧芳、徐卫成、钱芳、戴华祥陪同。在姜山镇陆家堰村，余红艺查看污水管、化粪池等设施和河道水质，向村民询问生活污水管网建设和运维等情况。执法检查组到鄞州城区检查，在潘火街道汽车4S一条街，余红艺查看汽车修理店污水处理设施，要求有关单位加强污水治理，实现污水收集、雨污分流等治理目标；在中河街道东裕餐饮街区，查看餐饮店污水排放等情况，要求有关部门加强统筹协调，实施精细化管理；在院士公园，查看景观河生态修复等情况，希望有关部门总结经验，综合施策，促进内河水质改善。

【沈跃跃到鄞州区调研】 参见“中国共产党宁波市鄞州区委员会”类目“重要调研”分目。

【区人大常委会视察全区民生实事项目进展情况】 2019年8月16日，区人大常委会组织视察2019年区民生实事项目实施情况。区人大常委会主任杨慧芳，副主任林琪、夏素贞、陈家连、胡开通、吕红琴、钱芳参加视察，区政府党组成员金伟杰陪同视察。视察组实地查看天童南路（日丽中路—泰安中路）建设整治提升工程、首南街道南裕社区医养融合健康e站建设、首南街道南裕小区雨污分流工程、潘火实验中学建设工程、潘火街道金桥水岸社区微型消防站等9个民生实事子项目的建设现场，对各个项目的推进情况和存在问题进行了解。随后召开座谈会，听取区政府关于2019年区民生实事项目实施情况的汇报，副区长朱剑涛代表区政府作表态发言。

【李卫宁到鄞州区调研】 2019年9月17日，省人大常委会党组副书记、副主任李卫宁一行到鄞州区走访调研。省人大常委会委员、代表与选任工委主任臧平，代表与选任工委副主任倪永军等参加调研。市人大常委会副主任王建康、王建社，区人大常委会主任杨慧芳、副主任胡开通陪同。李卫宁先后考察明楼街道、中河街道代表联络站，了解街道人大工作和建设试点的推进情况，对鄞州街道人大工作和建设试点工作表示肯定。李卫宁一行看望省人大代表、宁波博威合金材料股份有限公司董事长谢识才。

【区人大代表履职事迹巡回报告会暨风采展活动】 2019年9月23日，区人大常委会首场“不忘初心 履职为民”人大代表履职事迹巡回报告暨风采展活动举办，27位履职报告团成员受颁聘书，其中7位成员作代表履职事迹报告。区人大常委会主任杨慧芳，副主任夏素贞、陈家连、胡开通出席活动。至年底，报告团先后开展履职事迹巡回报告暨风采展活动10场，实现全区各镇（街道）全覆盖，活动受到市人大常委会主任余红艺的肯定。

【区人大代表座谈会】 2019年9月26日，区人大常委会首次召开列席常委会会议的区人大代表座谈会，区人大常委会主任杨慧芳主持会议并讲话，副主任胡开通参加会议。座谈会上，王裕春、周启波、陈洪等9位区人大代表结合各自履职和工作实际，对照“不忘初心、牢记使命”主题教育要求，提出创新人大工作理念、加强代表建议办理跟踪监督、开展“订单式”代表培训工作等意见建议，围绕关于坚持和完善人民代表大会制度、做好新时代人大工作、推进民主法治建设、基层热点难点问题以及履职过程中存在的困难和问题等提出意见建议。

【区人大常委会“初心之旅·鄞领之路”活动】 2019年10月11日，区人大常委会“不忘初心、牢记使命”主题教育“初心之旅·鄞领之路”活动在塘溪镇举行。区人大常委会主任、党组书记杨慧芳带队，林琪、陈家连、胡开通、崔伟高、张定龙、吕红琴、钱芳参加。党员们先后参观塘溪镇沙村第一农村支部旧址群，重温入党誓词，在沙氏故居参观瞻仰沙文求烈士遗像，参观塘溪宪法主题园，感怀初心使命，坚定理想信念。

【区委人大工作会议】 2019年10月23日，区委人大工作会议召开，区委副书记、区长王兆波主持会议，区人大常委会主任、党组书记杨慧芳传达省委、市委人大工作会议精神，云龙镇、明楼街道、塘溪镇、姜山镇、中河街道代表在会上作交流发言。市委常委、区委书记褚银良在会上强调，要学习总书记习近平关于坚持和完善人民代表大会制度的重要思想，贯彻落实省委、市委人大工作会议精神，加强自身建设，强化履职担当，开创鄞州人大工作新局面。区领导郑坤法、朱法传、王邦进、徐卫成、方飞龙等出席会议。会议邀请东钱湖旅游度假区党委副书记、管委会副主任徐挺，高新区管委会副主任、党工委委员杨正平参加。

【代表建议办理工作绩效评估会议】 2019年11月7日，区人大常委会召开代表建议办理工作绩效评估会议，对区教育局、区综合行政执法局2019年代表建议办理工作进行绩效评估。会上，被评估单位负责人分别汇报2019年代表建议办理情况。区人大常委会代表建议办理绩效评估组分组汇报对两个部门办理工作的评估情况。区人大常委会组成人员、区人大常委会代表建议办理绩效评估组、各镇（街道）人大负责人和相关区人大代表等对两个部门代表建议办理工作的绩效进行现场测评。

【朱从玖到鄞州区调研】 参见“中国共产党宁波市鄞州区委员会”类目“重要调研”分目。

【全区人大宣传工作会议】 2019年11月28日，区人大常委会和区委宣传部联合召开全区人大宣传工作会议。区委常委、宣传部部长方飞龙出席会议并讲话，区人大常委会副主任林琪参加会议。会上，区融媒体中心、塘溪镇人大、人大明楼街道工委等单位负责人交流人大新闻宣传工作的经验做法和下步工作打算。区人大常委会党组书记、主任杨慧芳在会上强调，要把深入学习贯彻党的十九大和十九届四中全会精神，宣传习近平总书记关于坚持和完善人民代表大会制度的重要思想作为首要政治任务，贯彻落实省市区委人大工作会议精神，坚定自信、守正创新，推动新时代人大宣传工作，为坚持和完善人民代表大会制度、推动中国特色社会主义制度在鄞州实践出贡献。

【王辉忠到鄞州区调研】 2019年11月29日，全国人大华侨委员会委员王辉忠一行到奥克斯集团有限公司调研。市区领导翁鲁敏、王兆波、杨慧芳、徐卫成等陪同调研。王辉忠现场考察集团工厂塑胶二车间的全封闭自动供料系统、全自动丝印烫金生产线等设备运行情况，观看注塑车间管理系统的线上操作演示，座谈听取集团发展模式、发展规划、发展战略等方面情况介绍，对企业提升生产制造的智能化、网络化、数字化水平表示肯定，并勉励工厂打造行业领先的数字化智能工厂，提升集团的软实力和竞争力。

【浙江省街道人大工作（鄞州）论坛】 2019年12月1日，由省法学会宪法与地方立法学研究会、浙江立法研究院和区人大常委会联合主办的浙江省街道人大工作（鄞州）论坛举行。全国人大法工委国家法室副主任蔡人俊，省宪法与地方立法学研究会会长、省人大法制委员会主任委员丁祖年，市区领导翁鲁敏、杨慧芳、朱法传、胡开通等出席论坛。与会人员围绕“宪法视角下的街道人大工作及其发展完善路径”“人大街道工委、街道居民议事的功能定位、路径选择与发展方向”等主题进行交流探讨，就归纳、提炼和推广基层人大工作的“鄞州模式”，以及推进街道人大工作创新发展等方面，交流看法和意见。

【裘东耀联系群众主题活动】 2019年12月16日，市委副书记、市长裘东耀到鄞州区东胜街道人大代表联络站，以市人大代表的身份开展联系人民群众主题活动，市、区领导褚银良、张良才、杨慧芳、胡开通参加。座谈会上，与会人大代表和基层工作者就区域品质提升、老旧小区整治、未来社区建设、推进垃圾分类、完善医共体制度、社区“三治融合”、古街古村保护等提出意见建议。裘东耀一一回应并要求市、区有关部门分类梳理、帮助解决。

【“向人民报告·民生实事之问”活动】 2019年12月30日，由区人大常委会和区委宣传部联合主办的“向人民报告·民生实事之问”活动在区文化艺术中心举行。市委常委、区委书记褚银良在现场对活动进行点评。区领导王兆波、杨慧芳、郑坤法、王邦进、方飞龙、沃勇特、林琪、陈家连、胡开通、吕红琴、钱芳参加活动。活动现场，区教育局、区住建局、区交通运输局等11个政府部门对2019年区民生实事项目推进落实情况进行报告。现场的人大代表、群众代表和网友们对民生实事项目建设和管理过程中存在的难点问题进行提问，政府相关部门负责人按照实际情况进行回答。活动现场，相关人大代表、群众代表对2019年十大民生实事项目完成情况进行满意度测评。

【郑栅洁到姜山镇听取各级人大代表的意见和建议】 2019年12月31日，省委副书记、市委书记郑栅洁到姜山镇姜山社区人大代表联络站，就推进市域治理现代化听取人大代表的意见建议。市、区领导施惠芳、褚银良、翁鲁敏、杨慧芳、徐卫成、胡开通等参加相关活动。座谈会上7位市、区两级人大代表围绕加快城郊老城镇改造、健全生态保护红线制度、完善甬江东岸空间规划、加强公共法律服务、扩大教育资源供给、提高医保基金运营管理水平、规范民间借贷和农村拆迁安置房交易等作发言。郑栅洁逐条回应并强调，人大代表是人民群众的代言人，也是基层治理的重要力量，要发扬密切联系服务群众的优良作风，传递社情民意，主动回应群众关切，当好党委、政府和群众之间的连心桥。

（柯伯俊）

重点代表建议办理

【完善保障房区块管理机制建议】 2019年，区人大代表周小涛提出的《关于完善保障房区块管理机制的建议》，由区长王兆波领办，区人大常委会主任杨慧芳督办。王兆波召集政研室、教育、公安、民政、财政等13个部门和属地街道召开协调会议，排定9项综合保障任务和18个重要建设项目，统筹提出一揽子解决方案。扩大公共服务供给，区块内社区卫生服务站和社区警务室建成投用，首南四小地块完成拆迁清零，配套幼儿园开展前期调研论证。加快基础设施建设，经与市级部门对接，陈婆渡公交首末站计划于2020年提前实施，10条主次

2019年12月30日，"向人民报告·民生实事之问"活动在区文化艺术中心举行

干道开展政策处理、土地报批等前期工作，3条配套支路建设拟与地块开发同步实施。增配街道、社区两级工作力量，分配公务员、事业人员6名，核准4名编制用于调入行政事业人员，增加编外用工控制数3名，和众、和顺2个社区新增配社工7名。联动推进精细管理，加强重点时段和重点区域的巡逻防控，建立和众、和顺社区信访代办点，完成入住人员信访情况排摸和低保在册对象入户调查，完善人脸识别监控、同步认证等公租房协同管理体系，提升保障房区块精细化服务管理水平。区政府督查室按月进行跟踪督查。

【加强与鄞州籍学子联系联络助推"鄞智回归"建议】 2019年，区人大代表张军提出的《关于加强与鄞州籍学子联系联络助推"鄞智回归"的建议》，由常务副区长沃勇特领办，区人大常委会副主任林琪督办。鄞州区把服务当地人才、促进鄞籍毕业生回乡就业创业作为一项重要课题，落实"鄞智回归"，为鄞州人才队伍注入新力量。推行毕业生服务政策，组织鄞企到杭州、南京、武汉等鄞籍学子较为集中的城市招聘应届毕业生，发布鄞州"人才新政"，在就业补贴、社保补贴、贴息贷款等方面给予优惠政策，动员鄞籍学子回乡就业。营造良好的毕业生创业创新环境，成立鄞州学子联会，建立鄞州在外在校学生库，通过开展"中国创翼"青年创业创新大赛等赛事提升鄞州知名度和影响力，吸引鄞籍学子关注参与，推动当地人才回归。引导鄞籍学子回乡见习实践，印发《鄞州区大学生见习、实训基地管理办法》，发布全区85家大学生就业实践基地、20家实训基地相关信息，通过扩大见习补助对象范围（将鄞州籍在校生纳入补助对象）和完善实践基地一次性奖励政策等方式，加大就业实践支持力度，引导鄞州学子回原藉见习就业。

【加大美丽乡村建设力度建议】 2019年，区人大代表张帅军提出的《关于加大美丽乡村建设力度的建议》，由副区长朱晓丽领办，区人大常委会副主任夏素贞督办。全区农村工作会议就实施乡村振兴战略及美丽乡村建设进行部署，提出"加快发展融合、形态融合、民生融合，建设产业美、镇村美、环境美、生活美、乡风美的乡村样板"工作目标。坚持规划引领，完成乡村整治提升与产业发展三年规划、村庄建设规划编制，实施"十百千万"工程（"十线、百村、千里游步道、万亩农业特色产业园"），构建农、旅、文、体融合发展的美丽乡村新格局。强化资金保障，印发《关于深化涉农资金统筹整合工作的实施意见》，将原有56个项目整合为八大类25个项目，全年安排资金7.90亿元，其中美丽乡村建设平台四大类11个项目6.20亿元。发展美丽经济，做精做强蔬菜瓜果、水产养殖特色产业，推进生态水产综合体、田园综合体等农业全产业链发展，提高农产品附加值。抓垃圾分类，创建省生活垃圾分类处理项目试点村15个，市级垃圾分类示范镇、村各2个，建设资源化站点项目3个，全区农村生活垃圾分类处理覆盖率达到85%以上。建设特色村庄，开展走马塘等5个历史文化名村保护规划编制，完成20个并新启动9个美丽宜居村建设，创建市级美丽宜居示范村5个、A级景区村庄15个，推进浙江省美丽乡村示范区创建工作。

【加强企业商业秘密保护与管理建议】 2019年，区人大代表钱国耀提出的《关于加强企业商业秘密保护与管理的建议》，由副区长梅益进领办，区人大常委会副主任陈家连督办。鄞州区在商业秘密保护意识增强，企业在遇到商业秘密侵权时能够主动维权、依法维权。强化宣传培训，开展知识产权、商业秘密保护等相关教育培训活动，提高企业管理人员和从业人员知识产权保护意识。完善保护机制，梳理商业秘密保护相关的代理机构、咨询机构和律师事务所等单位，构建商业秘密保护中介机构名录，鼓励企业设立专门机构或者配备专门人员对商业秘密进行统一集中管理，建立健全商业秘密保护制度。加强部门协作，加大执法力度，依托中国（宁波）知识产权保护中心，建立公安、检察院、法院等多部门联动机制，曝光企业反映强烈的侵权问题和典型案例，建立知识产权侵权黑名单，及时披露大案要案查处情况，对侵犯商业秘密犯罪分子形成有力震慑。全区开展打击侵犯知识产权犯罪护航企业发展"蓝剑2019"专项行动，破获侵犯知识产权案件18起，采取刑事强制措施35人。

【规范推进小微企业园建设建议】 2019年，区人大代表徐红波提出的《关于规

和丰创意广场

范推进小微企业园建设的建议》，由副区长戴华祥领办，区人大常委会副主任胡开通督办。区委、区政府将小微企业园建设纳入"动能大转换"行动计划重点推进，成立由区委主要领导领头、分管副区长牵头负责的小微园建设推进专项协调小组，印发《关于加快小微企业园高质量发展的实施意见》，明确总体要求、重点任务、政策支持和保障措施。全年计划安排10个小微园建设项目，其中东进双创产业园一期、云裳谷时尚纺织产业园等4个园区基本建成并部分投产，潘火都市工业园、东遇文创园、浙东高端智造园3个园区正在建设，云龙镇微电子产业园（盛吉盛）、鄞州经济开发区万洋小微园、姜山镇合益村小微园3个园区于11月集中开工。福明、邱隘、首南、瞻岐等镇（街道）谋划新建或改扩建8个小微企业园。18个小微园项目总占地面积120公顷，规划总建筑面积200万平方米，预计总投资100亿元。鄞州区和丰创意广场、汇聚产业园、科技信息孵化园等20家园区被认定为浙江省小微企业园，总数全市第一、全省第四，为全区小微园建设提升树立一批先进示范典型。

【强化车棚车库管理助力"品质鄞州"建设建议】 2019年，区人大代表陈波提出的《关于强化车棚车库管理助力"品质鄞州"建设的建议》，由副区长陆朝晖领办，区人大常委会副主任胡开通督办。鄞州区现有在册登记流动人口69万人，其中81%的流动人口居住在32万余间出租房屋内。根据《宁波市居住房屋租赁管理若干规定》，自2018年4月份开始，公安部门在全区范围内开展车棚车库及群租房专项整治行动。制订方案压实责任，印发车棚车库违规出租居住集中整治方案，将车棚车库整治情况与年度评先评优挂钩，实行"一票否决"。排摸底数登记成册，共发现违规出租居住车棚车库2725间，自住或借住车棚车库452间。通过抓好大朱家小区、彩虹小区和凤凰新村小区3个重点整治区域，以点带面在全区范围内推进车棚车库出租整治工作，2725间违规出租居住车棚车库全部完成整治，其中口头劝退870间，自动清退701间，强制清理车棚车库1154间，清理整治车棚车库违规出租开店84家。建立居民举报、舆情分析和源头控制机制，做到发现一间，清理一间，防止"破窗效应"造成回潮。

【推进小学生校内托管服务建议】 2019年，区人大代表史定海提出的《关于推进小学生校内托管服务的建议》，由副区长卜明长领办，区人大常委会副主任吕红琴督办。6月，区教育局联合发改、财政、人社等多部门印发《鄞州区小学放学后校内托管服务工作的实施意见（试行）》，并根据试行反馈情况印发《关于鄞州区小学放学后校内托管服务工作的补充说明》，从机制保障、师资保障和课程保障三个维度完善校内托管服务，确保公益性、普惠性，形成校内托管和"四点钟学校"的局面。全区教育系统课后托管服务9月启动，有66所小学开展托管或"四点钟学校"服务，其中33所小学同时开展托管和"四点钟学校"服务，全区参与托管和"四点钟学校"服务的教职工人数2827人，占全区教职工总数65.40%，10000余名学生从中受益。

【城市管理执法进社区建议】 2019年，区人大代表韩斐提出的《关于城市管理执法进社区的建议》，由副区长朱剑涛领办，区人大常委会副主任钱芳督办。区委、区政府重视社区综合治理工作，自2018年下半年始，加强与市级相关部门联系，密切关注市级层面计划印发的住宅小区执法清单事宜，并将加强执法进小区工作作为城市精细化管理的重要内容之一落实到具体任务中，于2019年4月印发《关于全面推进执法进居民小区的通知》，对乱堆放、张贴小广告等22项群众密切关注、与居民日常生活紧密关联的突出问题进行重点执法，建立37项执法清单和责任清单，实行公告上墙。全年结合住宅小区环境综合整治工作，重点开展小区车棚车库违规出租、群租房、流浪犬、违章搭建、圈占公共绿地等群众反映集中的热点难点问题执法工作，如公安部门排查群租房4875间，完成整改4459间，办理违规出租案件37起，收容处置流浪犬、无主犬900余只；综合执法部门受理绿化、垃圾分类、违建、"三乱"等各类问题1.50万个，发放限期整改单1102份，立案查处479件，罚款50.20万元。

（胡建杰）

宁波市鄞州区人民政府

综 述

【概况】 2019年，鄞州区实现地区生产总值2211亿元，比上年增长7%；完成财政总收入453.38亿元，增长4%，一般公共预算收入269.33亿元，增长6.46%；实现规模以上工业增加值358.90亿元，增长6.39%；进出口总额1991.64亿元，增长8.30%；实现社会消费品零售总额948.17亿元，增长8.36%；城镇和农村居民人均可支配收入70074元和39953元，增长7.58%和9.19%。首次入选中国最具幸福感城市（县级），连续5年居全国综合实力百强区第四位，列全国科技创新百强区第一位、绿色发展百强区第三位、投资潜力百强区第四位、新型城镇化质量百强区第五位，获评全国首批乡村治理体系建设试点示范区、全国农村创新创业典型区、中国农村全面小康建设示范县、全国乡村振兴示范区等称号，成为全省唯一受国务院督查激励的“双创”示范基地行政区域。举办天南海北鄞州人发展大会、2019全国双创周宁波（鄞州）分会场等重大活动。

数字经济占地区生产总值比重48%。谋划“154”千百亿级产业集群发展，高新技术产业占规模以上工业增加值比重63.40%，入围省制造业高质量发展示范区创建名单。谋划“254”外贸攻坚倍增提质行动，跨境电商出口额29.50亿美元。实现批发零售业销售额5321.60亿元，增长15.30%，成为省批发零售业改造提升成效明显区。实现金融业增加值350.20亿元，增长11.40%。规模以上工业亩均增加值157.60万元。创建为国家级人力资源服务产业园、汽车零部件外贸转型升级基地，鄞州四明金融小镇被命名为省级特色小镇，新建改建小微企业园18个。总投资上百亿元的智能医疗科技园项目签约，大家养老保险、宁银理财等金融法人机构落户，固定资产投资增长14.80%。实到外资4.10亿美元，引进内资149.30亿元、浙商回归资金155亿元。研究与试验发展经费投入37亿元，实现发明专利授权量1623件，获评省创造力十强县（市、区）。高新技术企业350家，人才净流入列全市第一。

推进扫黑除恶专项斗争，区社会矛盾纠纷调处化解中心建成投用。开展安全生产和消防安全整治百日大会战，安全生产事故起数和死亡人数分别下降26%、29%。做好超强台风“利奇马”抢险救灾和灾后重建工作。开展治水拆违双百攻坚行动，区控以上断面水质功能达标率为91.70%、创二十年最佳。完成“大棚房”问题专项整治，完成“三改”133.50万平方米，拆除违法建筑121.60万平方米。所帮扶的和龙市脱贫摘帽，全国首个消费扶贫街区山丘市集建成开业。在全省率先启动山海协作乡村振兴示范点建设。201个村经营性收入超过30万元，低保标准提高到每人每月940元。开展楼宇经济发展双百攻坚行动，税收亿元楼宇23幢。

实施空间大拓展行动，谋划推进“两中心一枢纽”，宁波国际会议中心、展览中心选址鄞州，完成征迁拆除159.50万平方米，拆出净地212.80公顷，出让商住用地123.24公顷，启动城中村改造18个。南部商务区月光经济综合体等工程启动实施。横溪农旅小镇一期等项目开工建设，明一等地块挂牌出让，推进前殷、桑家等地块开发，滨海山海产城融合示范区形成概念性规划，姜山田园城市卫星城、城南智创大走廊建设推进。鄞城大道全线通车，轨道交通3号线一期、宁奉城际铁路首通段投入运营。庙堰碶泵站等项目基本建成，32个小区中高层住宅完成二次供水改造，农饮水达标提标工程受益人口突破2万人。新建改建城乡公厕279座、旅游公厕20座。获评全省实施乡村振兴战略优秀单位。全域通过小城镇环境综合整治省级验收。获评省级美丽乡村示范镇1个、特色精品村3个，建成美丽宜居村20个。“三位一体”农合联改革获评省级先进，成为省级农业绿色发展先行区。打造“鄞州季节”等品牌，创建A级景区村18个。周秀芳获评全国道德模范，新增“中国好人”2人，成为新时代文明实践中心建设省级试点区。连续11年位居全省公共文化服务综合评估第一。获评最美中国文化旅游区、国际划联“龙舟事业突出贡献奖”。

探索“一核三治五共”治理体系，获评省县域社会治理十佳、省社区治理和服务创新实验区、“2019中国最具幸福感城市”全域治理优秀案例。发布全国首个县域社会治理指数模型，基层公权力“三清单”运行法获评全国创新社会治理十佳案例。中心城区智慧城管网格实现全覆盖。打造“最美上学路”7条，整治背街小巷6条，251个小区划定油烟类餐饮禁设区域。生活垃圾分类实现城区全覆盖、行政村覆盖率90%。整合涉农资金8.30亿元，“三公”经费下降14.30%。实施全面深化国有企业改革三年行动，推进融资平台公司实体化、市场化转型，完成区人大国有资产特定问题调查反馈问题整改312个。消化“批而未供”土地422公顷，处置“供而未用”土地79.47公顷，盘活存量土地222.07公顷。获评省全面深化改革工作优秀区。

落实减税降费等政策，为企业减负超过40亿元。政务服务事项99%实现掌上办，民生事项“一证通办”达到100%。推行“开工联合审批、竣工联合验收”。政务公开指数评估全省第一，政府数字化转型工作评估全市第一。新增市场主体2.40万户。新增就业3.50万人，城镇登记失业率控制在1.34%。获评国家智慧健康养老示范基地，家院互融养老服务体系入围全国乡村振兴优秀案例。投用中小学（幼儿园）7所。新增国家卫生镇5个，建成医养融合健康服务e站30家。“三服务”活动协调解决问题22307个，居全市第一。开展“二次创业再攀高”解放思想大讨论活动，实施“六赛六比”等措施。加强法治政府、清廉政府建设，自觉接受人大法律监督、政协民主监督和监察监督、审计监督，参加人大“向人民报告·民生实事之问”、政协“请你来协商”等活动，579件建议提案按期办复。

【鄞州区入选“2019中国最具幸福感城市”（县级）】 2019年11月25日，2019中国幸福城市论坛在广州举行，现场发布2019中国最具幸福感城市系列榜单，鄞州区入选“2019中国最具幸福感城市”（县级），在当选的10个县级城市（区）中位列第四，并获评“2019中国最具幸福感城市”全域治理优秀案例。“中国最具幸福感城市”调查推选活动由新华社《嘹望东方周刊》联合嘹望智库主办，累计举办13届，全国10亿余人次参与调查，1000余家媒体进行报道，是中国极具影响力和公信力的城市调查推选活动。调查推选活动以“壮丽70年·幸福新时代”为主题，分设就业、居民收入、生活品质、生态环境、城市吸引力、公共安全、教育、交通、医疗健康等一级指标，以及上百个二级指标，采集9亿条行为数据，发放60万份主观调查问卷。推选首次把市辖区纳入推选范围。区委副书记、区长王兆波应邀出席论坛并作主旨演讲，以潘超宇、吴祖楣、周秀芳等5位普通鄞州人的故事揭示鄞州幸福内涵。

【2019全国双创周宁波（鄞州）分会场启幕】 2019年6月14日，2019全国双创周宁波（鄞州）分会场在鄞州区启幕。市委常委、常务副市长陈仲朝，市委常委、区委书记褚银良共同启动分会场活动并致辞。区领导王兆波、杨慧芳、郑坤法、朱法传、王邦进、徐卫成、沃勇特、梅益进、戴华祥等出席。活动以智能制造为主题，举办“智鄞未来”中国智能制造高峰论坛和资本创享会、企业服务对接会等活动。来自全国和地方的高校、企业、相关部门、金融机构方面负责人及专家学者约300人参加。论坛上，《宁波市鄞州区双创指数研究报告》和《宁波最具活力双创企业榜》发布，为宁波未来双创事业发展提供数据支持。论坛举行重大项目签约仪式，23个重大项目参加签约，总投资255亿元，项目涉及大数据、新能源、物联网、医疗、电商、出行、金融等多个领域。随后进行主题演讲和圆桌论坛。中国科学院院士、北京交通大学教授简水生围绕“信息领域重要创新产业发展”进行主题演讲；国务院发展研究中心宏观经济研究部第三研究室主任张俊伟围绕“迎接中国经济转型的下半程”进行趋势解读。围绕“高端制造产业投资风向”“高端制造企业创新”两个主题，与会人员分别进行圆桌对话，讨论形成大量共识。鄞州区于2019年5月入选成效明显区域双创示范基地，涌现出国家级孵化器3家、国家级众创空间7家，双创硬核企业1.8万家，其中包括创新型初创企业1822家、国家科技型中小企业370家。

（区政府办公室）

重要会议

【区政府全体（扩大）会议】 2019年1月7日，区政府第二次全体（扩大）会议召开。区人大常委会副主任林琪，副区长朱晓丽、戴华祥、杜伟、陆朝晖、邱啟旻，区政协副主席沈剑波出席会议。区政府组成部门主要负责人、各镇政府镇长、街道办事处主任、区政府直属各单位主要负责人以及有关驻鄞单位主要负责人，区政府办公室各副主任出席会议。区政府顾问和区人武部、法院、检察院、区委办公室、总工会、团区委、妇联、工商联相关负责人应邀参加会议。区委常委、常务副区长沃勇特主持会议。会议讨论提交区十八届人大三次会议审议的《政府工作报告》，研究部署当前重点工作。区委副书记、代区长王兆波作《政府工作报告》起草说明。

【区政府常务会议】 2019年1月10日，区政府第三十七次常务会议召开。审议通过关于深化涉农资金统筹整合工作的实施意见、关于进一步加强专职社区工作者队伍建设的实施意见等文件，听取关于2019年度全区房屋征收拆迁计划等汇报，书面学习传达全国及宁波市安全生产电视电话会议精神。

1月24日，区政府第三十八次常务会议召开。审议通过开展区域医疗卫生服务共同体建设工作方案、2019年鄞州区经济发展若干政策意见、2018年鄞州区百强企业评选结果以及2019年鄞州区百企攀高评选办法等文件，听取关于鄞州区旧改配套安置房建设模式设计、“大棚房”问题专项清理排查、扫黑除恶专项斗争等情况汇报。

2月22日，区政府第三十九次常务会议召开。审议通过加快推进数字经济发展战略合作协议、促进民营经济发展打造一流营商环境的实施意见、推进村级集体经济“飞地”抱团发展的实施意见、鄞州区老旧住宅小区改造工作实施方案、关于进一步加强鄞州区住宅小区物业管理工作的实施意见等文件，听取鄞州区2019年度“拔钉清零”计划等汇报。

3月8日，区政府第四十次常务会议召开。审议通过关于进一步推进社区准入工作的实施意见、关于开展全面质量提升行动打造品质鄞州的实施意见等文件，听取关于规范鄞州区机动车停放服务收费有关事项等汇报。

3月29日，区政府第四十一次常务会议召开。审议通过关于开展涉社改造项目整合工作的实施意见、国有建设用地使用权挂牌出让方案等文件，听取关于陈婆渡保障性住房建设项目情况、关于学习贯彻总书记习近平、国务院总理李克强对江苏响水天嘉宜化工“3·21”爆炸事故安全生产的重要指示、批示精神等汇报。

4月23日，区政府第四十二次常务会议召开。审议通过鄞州区高速公路桥下空间合理利用管理试行办法、鄞州区建立城市道路“路长制”执行“马路办公”管理实施方案、鄞州区贯彻落实省环境保护督察反馈意见整改方案、区“四大精英”培养计划实施意见等文件，听取关于加强统计基层基础建设建议方案、实施中心城区生活垃圾 体化收运体系、“大棚房”问题专项清理整治及后续相关工作、鄞州区2018年东西部扶贫协作和山海协作考核情况及下步工作建议等汇报。

5月14日，区政府第四十三次常务会议召开。审议通过鄞州区实行部门预算三街道财政体制调整及六街道商务楼宇财政政策修订方案、国有建设用地使用权挂牌出让方案、鄞州区全面深化国有企业改革三年行动方案、鄞州区镇（街道）国有（集体）资产管理暂行办法和关于进一步加强行政事业单位出租房屋管理的补充规定等文件。

5月23日，区政府第四十四次常务会议召开。审议通过鄞州区政府投资项目管理办法、鄞州区政务督查工作规定等文件，听取关于表彰1999—2019年度鄞州慈善奖最具爱心慈善单位和最美慈善人情况、近期扫黑除恶专项斗争工作等汇报。

6月12日，区政府第四十五次常务会议召开。审议通过鄞州区审计整改联合督查工作办法、鄞州区公共投资项目审计监督办法、鄞州区2019年开发做地和土地出让工作考核办法、云龙、横溪铸造行业深化整治提升方案、鄞州区楼宇经济发展“百日攻坚”行动方案等文件，听取关于耕地占用税、进一步加强道路交通安全管理等工作汇报。

6月28日，区政府第四十六次常务会议召开。审议通过鄞州区创建绿色都市农业示范区实施方案等文件，听取关于贯彻落实地方党政领导干部食品安全责任制规定、减税降费重点新政解读及落实情况、近期扫黑除恶专项斗争相关情况等汇报。

7月19日，区政府第四十七次常务会议召开。审议通过关于促进低收入农户高水平全面小康的实施意见、鄞州区特困人员救助供养实施细则等文件，听取关于区社会治理综合服务中心选址、关于贯彻落实全省高质量建设美丽浙江暨高水平推进“五水共治”大会精神、做好第二轮中央生态环保督察迎检工作有关情况等汇报。

7月31日，区政府第四十八次常务会议召开。审议通过关于进 步明确企业享受区经济发展政策须有研发投入的实施办法等文件，听取关于全区“治水拆违”百日攻坚行动情况、“防风险、保平安、迎大庆、夺金鼎”暨百日攻坚平安鄞州建设专项行动推进情况、全区楼宇经济发展百日攻坚行动情况、中美贸易摩擦风险有关情况及下步工作建议、中部融合带电力改造工程实施建议等汇报。

8月13日，区政府第四十九次常务会议召开。审议通过鄞州区行政应诉工作办法、鄞州区农贸市场改造提升三年攻坚行动实施方案（2019—2021年）、鄞州区促进外贸稳定增长八条意见、鄞州区实施乡村振兴合作协议等文件，听取调整区政府领导工作分工等汇报，传达学习省委常委会和省、市第9号超强台风抢险救灾和灾后重建工作视频会议精神。

9月2日，区政府第五十次常务会议召开。审议通过鄞城集团、鄞通集团、鄞工集团、鄞开集团主要职责、内设机构和人员核定数以及2019年度四大集团负责人年度经营业绩考核责任清单、指标体系、计分办法等文件，听取关于2018年度鄞州区深化“亩均论英雄”改革暨工业企业综合评价工作、国有建设用地使用权拍卖出让方案等汇报，传达学习全省全市公安机关决战决胜70周年大庆安保部署会精神。

9月12日，区政府第五十一次常务会议召开。审议通过鄞州区国土空间总体规划编制工作方案、关于进一步提升美丽宜居村建设工作的补充意见、关于促进东西部扶贫协作和山海协作招商引资、劳务协作及消费帮扶的实施办法、鄞州区区属国有全资及控股企业人员管理暂行办法等文件，听取关于“利奇马”台风救灾项目安排情况、调整鄞州区经营性用地土地出让收入区、镇（街道）分配比例等汇报。

9月29日，区政府第五十二次常务会议召开。审议通过鄞州区突发环境事件应急预案、鄞州区“千吨万人”以上饮用水水源保护区划分方案等文件，听取关于宁波市旅游投资发展有限公司合作协议及补充协议的起草情况等汇报。

10月30日，区政府第五十三次常务会议召开。审议通过鄞州区楼宇经济发展双百攻坚行动方案、关于加强新建社区工作的实施意见等文件，听取关于国有建设用地使用权拍卖出让方案、调整耕地占补平衡指标费收取标准、宁波华数股权参与上市公司重大资产重组等汇报。

11月29日，区政府第五十四次常务会议召开。专题学习《重大行政决策程序暂行条例》，审议通过鄞州区外贸攻坚倍增提质行动方案、延边国际空港产业投资项目战略合作框架协议等文件，听取关于鄞州区散乱污企业整治等汇报。

12月3日，区政府第五十五次常务会议召开。审议通过鄞州区关于培育“154”千百亿级产业集群推进先进制造业高质量发展的行动方案、鄞州区“154”千百亿级产业集群发展规划汇编、关于高水平推进美丽城镇建设的实施意见、鄞州区政府数字化转型三年行动计划(2020—2022)、鄞州区改革国有企业工资决定机制实施办法等文件,听取关于邱隘镇和潘火街道要求新建社区、第二轮中央生态环境保护督察迎检工作情况、镇(街道)环境空气监测网络建设方案、海尔创智港项目、2019年鄞州区调整预算情况等汇报。

12月20日,区政府第五十六次常务会议召开。审议通过关于鄞州区公共租赁住房保障对象扩面及公共租赁住房轮候家庭租金补贴发放有关事项的通知、鄞州区行政事业单位、国有企业不动产登记历史遗留问题处理意见、鄞州区机关事业单位编外用工管理实施办法(试行)、鄞州区姜山镇综合行政执法体制改革试点工作实施方案等文件,听取关于鄞州区交通道路改造提升及王家弄片区开发项目合作采购建议方案、民安小区等老旧小区改造项目增资情况、陈婆渡棚改安置房地块有关情况等汇报。

12月29日,区政府第五十七次常务会议召开。审议通过关于调整部分被征地人员养老保障政策的通知等文件,听取关于小城镇环境综合整治行动项目库调整情况、修改2019年度建筑劳务企业政策兑现实施细则、2020年鄞州区民生实事项目征集和候选项目情况、小浃江流域上下游生态补偿工作相关情况等汇报,传达学习总书记习近平在中央政治局就全国应急管理体系和能力建设进行集体学习时的重要讲话和全国安全生产电视电话会议精神。

(任　哲)

区政府办公室工作

【概况】 2019年,鄞州区政府办公室在区域经济发展、城乡品质提档、全域治理创新、政府自身建设等方面开展调查研究,印发《进一步加强区国资国企整合的实施方案》《深入开展消费扶贫助力对口地区脱贫攻坚加快区域协调发展实施方案》《楼宇经济发展“百日攻坚”行动方案》《农贸市场改造提升三年攻坚行动实施方案(2019—2021年)》《深化“最多跑一次”改革推进政府数字化转型三年行动计划(2020—2022)》等相关政策方案。撰写各类调研文章13篇,起草各类讲话稿、汇报材料724篇;编发政务信息48期,上报省、市各类信息922篇,采用率90%以上,获得省市领导批示13篇次,获评全省政务信息工作考核优秀单位。

建立“分线督查、月度汇总、随机抽查”大督查制度,围绕市、区两级政府工作重要量化指标、各级民生实事工程、市委“六争攻坚、三年攀高”行动、区委“三个年”活动、“七大行动”计划等重点工作开展督查。全年下发督查通知书86件,实地检查27次,编发《政务督查》78期;交办督办市、区政府领导批示件608件,办结市政府督查件41件,办结率100%;为主办理区“两会”579件建议提案,面商率、代表委员满意和基本满意率均100%、解决率59.20%,为历年最高。

推进治水拆违、楼宇经济发展、平安建设三大“双百攻坚”行动、机关内部“最多跑一次”改革、国资国企改革、棚改涉军房产整体置换以及金钟地块、桑家学校地块等历史遗留问题解决。组织召开各类协调会议500多次,制发专题会议纪要251件;承办区政府全体会议1次、民主生活会2次、常务会议21次、党组(扩大)会议12次;完成天南海北鄞州人发展大会、全国乡村振兴与扶贫协作论坛等大型活动的组织协调和后勤保障。

专题研究部署党风廉政建设相关工作1次,组织集中学法7次,上一年度省委巡视整改任务中由区政府办公室负责的11项基本整改到位。推荐(提拔转重)区管干部7人,提拔任用中层干部9人。主动公开政府信息18869条,政务公开指数评估全省第一。接待各类考察、学习、调研500余批次,审批因公出国(境)68批142人次。全年以区政府、区政府办名义下发的文件比上年减少32.60%,规范性、通报类、议事协调机构类等“三类文件”减少45.70%;受区政府委托组织召开的全区性会议减少30%;办公室内部办事材料精减30%,办事时间压减40%。

(区政府办公室)

民生实事项目

【区民生实事项目】 2019年,10项区民生实事项目经区十八届人大三次会议票决产生,内容主要涉及美丽宜居村建设和村庄景区化创建、“断头路”打通及主次干道建设整治提升、农村生活污水处理终端提升、中心城区消防设施建设、医养融合健康服务e站建设、食品安全追溯联动平台建设、镇(街道)“污水零直排区”建设、中小学校幼儿园建设、农村公路改造提升、公厕建设改造等。

美丽宜居村建设和村庄景区化创建。完成咸祥镇咸一村等20个美丽宜居村建设,新启动瞻岐镇姚家村等10个美丽宜居村建设;完成东吴镇画龙村等18个景区化村庄创建,其中姜山镇陆家堰村等3个村创建为AAA级景区化村庄。

“断头路”打通及主次干道建设整治提升。泰安西路(滨江大道—广德湖南路)、桑田北路(曙光北路—甬江大道)、纬一路(宁姜公路—百梁南路)3条“断头路”打通;嵩江中路(天童北路—锦寓路)、天童南路(日丽中路—泰安中路)、甬港北路(中山东路—百丈路)3条主次干道完成整治,甬江大道(中兴北路—常洪隧道)完成北半幅施工和南半幅沥青浇筑;钱湖南路南延(鄞州大道—庆元大道)完成1号桥、2号桥下部结构并启动路面基层施工,宁丰滨江地块配套道路建兴西路(规划路—新典路)完成水泥稳定层施工。

农村生活污水处理终端提升。咸祥镇球东村等续建的8个村12个处理点、东吴镇天童村等新实施的13个村

AAA级景区化村庄——姜山镇陆家堰村

20个处理点生活污水处理终端全部完成提升。

中心城区消防设施建设。完成中河消防站主体结构结顶；建成并投用152个社区微型消防站及宣传体验点。

医养融合健康服务e站建设。建成并投用30个医养融合健康服务e站，统一配备健康自测一体机等设备设施，提供健康自测1.20万人次，各类检验检查3780人次。

食品安全追溯联动平台建设。建成并投用食品安全追溯联动平台，在全区78所学校、18家企业、2家超市总部及分店进行试点，实现种养殖、生产、流通、餐饮各业态全覆盖。

镇（街道）"污水零直排区"建设。列入2019年计划的108个治理项目全部开工，完工94个，其中8个污水管网建设项目、36个农污治理项目全部完工，28个住宅小区雨污分流项目完工25个，36个截污纳管项目完工25个。

中小学校、幼儿园建设。鄞州区第二实验小学西校区体育馆、东南小学金达路校区进行主体施工，中河街道初级中学开工建设，潘火实验中学和钟公庙街道风华东方、东郊街道东茂府、潘火街道龙湖3所幼儿园建成并投用。

农村公路改造提升。完成塘溪镇蒋潭至东山公路（二期）、咸祥镇沿海中线至芦浦村公路、姜山镇鄞城大道至新张俞村公路、横溪镇金溪村孔家潭至河头公路4条农村公路改造提升，共计10千米。

公厕建设改造。新建并投用沧海路等5座城区公厕，提升改建20座城区公厕；新建农村公厕42座，改建212座。

（郑　佳）

重点工程建设

【省市集中开工项目】 2019年，鄞州区承办第七批全省集中开工仪式宁波分会场活动，庆丰地块朝晖路西侧棚改安置房等6个参加全省集中开工项目。全年6个项目累计完成投资49.10亿元，全年计划完成率154.30%。宁波市220千伏潘桥变迁建工程等9个项目参加上半年（1月2日）全市扩大有效投资重大项目集中开工活动，总投资141.40亿元，年度计划投资32.50亿元，一季度全部实现开工并统计入库，在全市率先达到100%开工率。9个项目累计完成投资42.40亿元，年度计划完成率130.50%。南部商务区四期项目等5个项目参加长三角一体化集中开工活动，总投资95.50亿元，年度计划投资8.60亿元。5个项目完成投资17.70亿元，完成年度计划的205.20%。

【市重点项目】 2019年，鄞州区21个项目被列入市重点建设项目计划，总投资297.80亿元，年度计划投资53.50亿元，全年累计完成投资83.10亿元，完成年度计划的155.50%，体量和增速等排名在全市领先。其中，奥克斯年产100万台电动机保护装置项目、和众家园安置小区一期工程、钟公庙第二初级中学工程等13个计划新开工项目，全部实现开工建设并统计入库，繁裕四期工程、年产10亿只锂锰电池项目、桑家安置房等4个项目基本建成完工。

【区级重点项目】 2019年，区级重大实施类项目120个，总投资1307.60亿元，年度计划投资250亿元，全年累计完成投资281.40亿元，完成全年投资计划112.50%，总体推进情况好于上年同期。其中，鑫海年产3万套智能箱柜等36个项目实现新开工，卓尔博年产100万套汽车电机等40个项目建成。

（黄　勃）

政务公开

【概况】 2019年，鄞州区印发《2019年宁波市鄞州区政务公开工作要点》《宁波市鄞州区人民政府办公室关于对政务公开工作实施目标管理考核的通知》，部署、推动政务公开，细化和明确工作任务和责任。印发《鄞州区政府信息依申请公开答复参考文本》，加强规范政府信息依申请公开工作。召开全区政务公开工作暨培训大会，对各镇、街道和各部门政务公开工作分管领导和工作人员约130人进行集中授课。

主动公开政府信息23369条，其中，在政府信息公开平台上主动公开政府信息18869条。以政府网站为主平台，以政府公报、现场查阅点、政务微博微信等为辅助手段，共发布微博约3300条，发布微信图文信息约1200条。

受理依申请公开272件，答复262件，其中，区政府本级受理56件，答复49件。政府信息依申请公开内容主要涉及征地拆迁、规划、政务咨询等方面。因政府信息依申请公开申请引起的行政复议共19件，被依法纠错3件，提起行政诉讼25件，被依法纠错2件。

鄞州区政务公开工作连续受到上

级政府肯定，在全省各县（市、区）政务公开指数第三方测评中全省排名第一。8月，在全省政务公开工作培训班中，鄞州区政府作为全省部分市区单位代表作经验介绍，区政府办副主任曹明艳做“公开到群众心坎上·聚力到推动发展上”发言，该经验介绍受到市委常委、常务副市长陈仲朝批示，并被《鄞州日报》上头版头条报道，推荐到省政府门户网站信息公开栏目《政务公开在浙里》作成绩展示。

【信息公开政策解读】2019年，区政府信息公开平台政策解读、图解专栏通过图解形式将行政规范性文件、常务会议纪要、政府工作报告进行发布。完善解读制度，落实各单位的主体责任，要求各单位严格按照“谁起草谁解读”的原则，制订落实政策解读方案。全年对区政府、区政府办公室制发的21个行政规范性文件进行科学解读，并作图解，对17期政府常务会议纪要、本年度政府工作报告进行图解上网，为企业、公民了解政策、运用政策提供便利。

【重大决策预公开】2019年，鄞州区在推行“五公开”基础上，推进重大决策预公开，在区政府信息公开平台设立重大决策预公开专栏。全年对重大决策征求意见46次，保障人民群众的知情权。推进人大代表建议和政协委员提案办理结果公开，对社会广泛关注、关系国计民生的建议和提案，公开答复全文291份。

【依申请公开制度施行】2019年，鄞州区印发《鄞州区政府信息依申请公开答复参考文本》，加强规范政府信息依申请公开答复工作，召开政府信息依申请公开暨新修订信息公开条例培训会议，应对新修订信息公开条例实施后出现的新问题。全区各单位因依申请公开答复引起的行政复议、诉讼情况持续好转，全区施行依申请公开备案制度、依申请公开答复联动制度效果明显。

（林崇杰）

应急管理

【概况】2019年，鄞州区建立区镇两级应急管理体系，健全统筹协调机制。完成区应急管理部门组建和职能交接划转，推动瞻岐、东郊、下应等地开展基层应急管理体系改革，推进基层应急能力标准化“六有”建设。探索应急管理多部门协作模式，应急管理与公安部门建立共同打击和防范安全生产领域犯罪协作机制，与气象部门签订防灾减灾联动合作框架协议，与广电部门探索应急信息合作发布模式，与自然资源、水利等部门探讨森林防火、防汛抗旱共防协作模式，交通运输与交警建立道路交通安全保障联动管理工作机制等。引导、培育社会化应急救援队伍5支，参与各类抗险救灾，发挥就近优势，提高基层保障能力。区应急管理局获评宁波市防台救灾先进集体。

开展各类防汛检查2263人次，检查隐患点2259处，21个镇（街道）、354个行政村均建立基层防汛防台工作体系。具有山洪防御任务的26个行政村、30个沿河村落全部建立监测预警与安全防御机制。2019年台风影响多、暴雨过程多、强对流天气多，受5个台风明显影响（5号“丹娜丝”、9号“利奇马”、13号“玲玲”、17号“塔巴”、18号“米娜”）。森林防火“引水上山”等创新工程取得实效，连续多年未发生造成较大影响和人员伤亡的森林火灾。

【区应急管理局成立】2019年1月20日，宁波市鄞州区应急管理局揭牌仪式举行，区委副书记朱法传和区应急管理局局长钱帅鸿揭牌。新成立的区应急管理局整合、优化7个部门的应急管理、安全生产相关职责以及区安委会、区防汛防台抗旱指挥部、区森林防灭火指挥部、区减灾委员会、区抗震救灾指挥部5个区综合协调指挥机构的相关职能，担负防灾减灾、应急救援、安全生产等职责，构建起统一指挥、权责一致、权威高效的应急管理体系。

【“鄞急先锋·一线蹲点”活动】2019年3月始，区应急管理局分批选派优秀干部“脱岗”到基层安监所开展蹲点交流锻炼。选派干部在指定安监所接受2个月的基层工作锻炼，以基层安全管理人员为重点召开座谈会和宣传培训会，会同基层开展执法活动，并至重点企业进行现场指导和政策宣讲，指导安全管理人员掌握政策法规知识、提升业务水平，督促企业查漏补缺、完善制度、整治隐患等。至年底，共选派蹲点干部7批。同步推动基层

2019年1月20日，宁波市鄞州区应急管理局挂牌成立

安监所优秀干部到区应急管理局挂职，逐步构建完善区镇两级应急管理（安监）部门工作交流与干部锻炼的长效机制。

【应急管理人员业务培训】 2019年4月22—25日、5月5—9日，区应急管理局分批举办机构改革后首次全员业务培训活动。区应急管理局、各镇（街道）安监所、南部商务区、经济开发区安监站全体工作人员参与培训。培训课程设置涵盖突发事件应急准备、涉爆粉尘喷涂行业检查实务、生产安全事故现场勘查、行政执法取证问题探讨、执法规范化、防汛抗台业务知识、党风廉政、沟通智慧与人际协调等内容。通过培训，参训人员提高安全生产意识，掌握相关的安全生产业务知识，扫清知识盲点，提高监管能力。

【区应急管理协会成立】 2019年11月15日，宁波市鄞州区应急管理协会成立大会举行，鄞州亚大汽车管件有限公司董事长董阿能当选协会首任会长。协会共有会员151个，除5名个人会员外，其余均为企业会员。协会将围绕鄞州应急管理与安全生产工作任务，开展应急管理与安全生产技术服务工作，追踪国内外应急管理与安全生产最新动态，组织应急管理与安全生产经验交流协作，强化企业安全生产主体责任，提高全区应急管理水平和防灾减灾救灾能力，团结和组织社会应急救援力量，协助政府参与安全生产类、自然灾害类等突发事件应急救援，防范化解较大以上安全风险。

【防灾减灾日宣传活动】 2019年5月9日，鄞州区减灾委员会、区应急管理局围绕“提高灾害防治能力，构筑生命安全防线”主题，组织区消防、区红十字会等专业救援救护和蓝海救援、中体拓与平安志愿者等社会力量，在五乡镇文化中心广场举行应急救援救护综合演练和防灾减灾宣传活动，集中展示一批专业救援力量和民间救援力量。相关部门示范各种应急救援措施，让大众更了解减灾防灾知识，提升置身于灾害场景中处置突发意外事件、减小伤亡损失的能力。

【抵御台风“利奇马”】 2019年，第9号台风“利奇马”造成鄞州区严重的洪涝、滑坡、泥石流等灾害，全区所有镇（街道）和35%的村社受淹，直接经济损失12.70亿元，受灾人口超过28万人，4.65万人紧急转移安置，1.7万间房屋不同程度受损，农作受灾面积1.12万公顷。鄞州区落实各项措施，成功抵御台风侵袭，实现“不死人、少伤人、少损失”的预期目标。

2019年11月15日，宁波市鄞州区应急管理协会成立大会举行

【规范化避灾安置场所创建】 2019年，鄞州区创建规范化避灾安置场所。4月23日，区减灾委制订2019年规范化避灾场所建设时间计划。8月28日，下拨避灾工程补助经费55.50万元。11月1日，全区37个省级避灾安置场所创建通过验收。12月3日，联合鄞州区财政局下拨第二批避灾安置场所规范化建设资金40万元。12月，成功创建国家级、省级综合防灾减灾示范社区各1个。

【基层防汛防台体系行政责任人公布】 2019年4月12日，区防汛防旱指挥部、区应急管理局在《鄞州日报》公布鄞州区2019年度基层防汛防台体系行政责任人名单，按照分级管理原则，要求各地防指负责公布并接受社会监督。21个镇（街道）均设防汛指挥部，351个村（社区）设防汛工作组并更新防台形势图，落实基层防汛责任人372人（岗）。至6月，全区共有避灾安置场所263个，储备救灾物资5万余件。

【气象防灾减灾联动合作】 2019年5月29日，鄞州区应急管理局与区气象局签订关于加强气象防灾减灾联动合作框架协议。根据协议，双方在数据共享、信息服务、应急联动、体系共建、防雷安全监管、科普宣传及突发事件预警信息发布系统建设等方面合作，建立完善相关工作机制，共同提高应急减灾气象保障服务水平。双方以“数据共享、优势互补、密切配合、注重实效、稳步推进”为原则，开展战略合作，强化工作联动，为应急管理工作提供气象监测预报预警，提高气象服务工作的能力和水平，保障人民群众生命财产安全和社会稳定。

【防汛应急救援演练】 2019年6月12日，鄞州区防汛应急救援演练在东钱湖水域举行。区人武部、区应急管理局、区水利局、区气象局等区防汛防旱指挥部成员单位共同观摩演练。演练全程1小时，从人员失足落水到现场警戒、开展营救、抢救伤者等，演练过程分工明确，实施有序，处置得力，全面展示应急救援队伍的反应速度和应对能力，演练取得预期效果。

（万 犇）

消防救援

【概况】 2019年，鄞州区中心城区消防设施建设纳入区十大民生实事项目，中河消防站完成主体建设，152个社区微型消防站按时完成建设、达标验收和队员集中培训。推进重点地区消防安全综合治理，五乡镇、中河街道、福明街道实现达标。约谈613家消防安全重点单位，落实消防安全防范措施。推进政府专职消防队单编制升级建设，五乡镇于2月完成投入执勤，姜山镇选址启动。开展"防风险保平安迎大庆"消防安全执法检查专项行动，全区检查单位13205家次，督促整改火灾隐患7008条。开展"两小"企业消防安全整治百日大会战，排查单位14329家。推进消安拆违行动，拆除影响消防安全的违章建筑199处105232平方米，7家重点浴场实施关停拆违、技术改造整改措施。开展高层建筑专项治理，核查2398幢高层建筑412个老旧小区，高层建筑消防设施完好率91%。推进厂房改建公寓楼整治工作，全区121家公寓楼15家被取缔，14家自行清退，92家通过治安验收取得消防评估报告。区政府挂牌督办的3家重大火灾隐患整改单位按期完成整改。推进老旧小区专项治理，省政府要求的8个老旧小区完成消防设施增配改造提升。推进智慧消防建设，百度智能云·消防物联网中心于2019年12月18日在鄞州区正式揭牌，在区保安公司建成消防社会化一站式服务中心，221家单位接入消防远程监控系统。获全市消防救援队伍春季运动会第四名，2人代表省消防救援总队参加全国火焰蓝比武竞赛，获团体总分第一名。成立"鄞州区消防救援慈善爱心基金"。

【灭火救援】 2019年，全区消防救援队伍接警出动2854起，出动车辆5307辆次，消防人员30592人次，抢救被困人员389人，疏散被困人员44人。全年区内共发生火灾257起，死亡0人，受伤0人，直接经济损失279.13万元。火灾起数比上年下降25.70%，死亡人数下降100%，受伤人数持平，直接经济损失下降6.30%。全区未发生较大以上火灾事故，火灾起数、死亡人数分别比2014年至2016年平均数下降75.60%和100%，实现"翻身仗"行动中各下降35%的目标。

【区消防救援慈善爱心基金成立】 2019年10月12日，鄞州区慈善总会在东睦新材料集团股份有限公司举行"鄞州区消防救援慈善爱心基金"捐赠协议签订仪式。副区长、鄞州公安分局局长陆朝晖，区慈善总会常务副会长杨亚飞，区消防救援大队大队长熊华靖，东睦新材料集团股份有限公司董事长朱志荣，姜山镇相关领导等出席仪式。根据捐赠协议约定，在未来20年内，东睦新材料集团股份有限公司、宁波华丰制冷设备有限公司将累计出资共400万元作为慈善基金，定向捐赠给鄞州区消防救援大队。基金资助对象是区消防救援大队在编在职消防指战员、合同制队员、文员及其直系亲属，区、镇（街道）专职消防队员，帮助他们解决工作生活中的实际困难，提升队伍的凝聚力、向心力和战斗力。

（陆建丰）

流动人口服务与管理

【概况】 2019年，鄞州区在册登记流动人口658174人，比上年减少1.63%。浙江省IC卡式电子居住证申领数35941份，电子居住登记凭证108632人，分别完成44.67%和61.18%，完成年度省平安考核和市对县（市、区）目标管理考核的指标。全区和谐企业参与创建率动态保持90%以上，59家企业获评市级和谐企业创建先进单位，4家企业获评市级和谐企业创建标兵单位，10家企业创建成为省级和谐劳动关系企业。59家企业参加社会责任评价，11家优秀、48家达标。市巾帼志愿者团队6个。"支教奶奶"周秀芳家庭获全国"最美家庭"，周秀芳获第七届"全国道德模范"荣誉奖章和"全国最美志愿者"大奖。

印发《鄞州区流动人口子女义务段积分入学管理办法》，执行阳光招生。全区有5500余名流动人口办理积分入学申评，5704名流动人口子女义务段学生进行网上报名，其中小学3389名，初中2315人。全年撤销云龙镇的育英学校，将曙光学校和育英学校整体搬入云龙镇石桥小学，提升流动人口子女办学档次。设立每年50万元流动人口子女学校教师培训专项经费，建立督导挂牌制度和专项督查制度等。

实施新市民12356项目、新市民优质服务项目、新市民阳光工程。全区免费流动人口计划生育技术服务率达100%，登记管理的流动人口适龄儿童免疫规划接种率达90%以上。对辖区内的流动人口怀孕对象做好登记造册和孕情消失跟踪。共登记造册4268人。开展婚育证明电子化工作，完善流出育龄妇女婚育信息登记和信息录入工作，确保电子婚育证明的规范发放。加强流动人口育龄妇女网上信息交换，推进网络化协作，流动人口中育龄妇女登记率90%以上，省际协查信息反馈率100%，流动人口现孕、避孕节育、一孩生育登记、婚育证明信息提交率和接收率90%以上。

开展2019年"天天演"文化惠民工程，送演出下基层654场次，惠及观众约56万人次。创新推出"艺起来"社会力量参与艺术培训、"阅起来""扫码悦读"全民数字阅读服务平台等公益性活动。以"文化礼堂"、社区综合文化活动中心和"天天读"图书分馆建设为载体，为流动人口提供公共文化服务。发挥镇（街道）"一镇一品"、村（社区）"一村一特色"公共文化品牌作用，丰富基层百姓文化需求。

发挥省级、市级高质量就业社区（村）示范带动作用，通过资源整合、服务入微、品牌引领，为流动人口提供公共就业创业指导和服务。通过公益性岗位托底安置、灵活就业、技能培训、职业介绍等多种方式引导失业流动人口提升就业能力、积极就业。组织举办区镇(街道)两级专场招聘会60场,为8757家困难企业稳岗返还2.89亿元,发放金额和发放企业数量均居全市第一。分别对2157家企业进行专人对接、上门走访、调查问卷和电话服务。全区共有237家长期重点监测企业,保障企业用工稳定。

开展以"工资不拖欠、维权要理性"为主题的系列宣传活动10余场。对劳动者在微博、贴吧、论坛、微信朋友圈等新型信息传播平台上反映的诉求收集汇总、妥善处置。优先处置劳动保障监察系统欠薪线索反映事件、浙江无欠薪进行时等平台信息,响应和按时处置。全年受理举报投诉、来信及上级督办案件544件,案件发生量较上一年度略有下降,为1239名劳动者追讨工资1583万元。劳动调解仲裁工作推出预约庭、午间庭、假日庭、巡回庭的"四庭"制度,实现仲裁便民服务"不打烊"。劳动人事争议案件年度结案率93%、仲裁调解率78%、终局裁决率54%。开展"尊法守法·携手筑梦"服务外来务工人员公益法律服务行动,现场受理劳动争议案件308件,办理法律援助案件98件,援助人数245人,挽回损失数额524万元。推进工资集体协商,开展"要约行动",推进集中要约、动态要约、普遍要约、专项要约。全区实现已签订工资集体协议3035份,覆盖企业7105家,工资集体协商企业建制率达90%以上。

鼓励企业开展适应产业工人岗位需求和发展需要的技能培训,并对企业开展岗前培训给予每人200元的补助。搭建校企合作平台,推出"未来工匠大师""金蓝领"高技能人才培养工程,发挥民办培训机构的作用,推动民办培训机构开展车工、电梯维修工、铣工等紧缺工种职业能力培训。全年鄞州区累计开展各类职业技能培训3507人次。推行企业新型学徒制培训,采取"校企双制、工学一体"的培养模式。全区累计举办防水工、焊工、服装设计与制作等12场各级职业技能竞赛,吸引1000余名行业高手参加,涌现一批优秀技能人才,在辖区内营造"尊重劳动、尊重知识、尊重人才"的氛围。

按规定配足配好协管员,推行协管员网格化巡查工作机制,建立小区出租房屋、流动人口台账,建立企业自主申报App。推进出租房屋"旅馆式"服务管理工作。印发全面推广居住出租房屋"旅馆式"管理工作方案,明确推进居住出租房屋"旅馆式"管理的目标和阶段。通过实施出租房屋"旅馆式"管理工作,打造"一个总台、一个系统、一套机制"的管理新模式,构建"政府主导、部门联动、村社共建、房东房客共同参与"的管理新格局,形成"房东租着放心、租客住得安心、政府管得省心"的局面。"旅馆式"出租房智能化管理模式已在全区36个村(社区)7万余间出租房试点推行,有效管理流动人口12万余人。全面推进群租房、车棚车库违规出租和工业厂房改建公寓楼安全隐患整治工作。全年累计排查出群租房4800余间,整改完毕4459间,完成整改率92.80%,排查出车棚车库违规出租居住554间,整改完毕385间,口头劝退169间,完成整改率100%。全区共有工业厂房改建公寓楼121家,取缔双证全无公寓楼15家,取缔率为100%。双证或单证的14家公寓楼因达不到整改要求自行清退或改作他用。92家公寓楼通过治安、消防和建筑评估,流动人口的居住安全有保障。

【流动人口量化积分管理】 2019年6月,鄞州区流动人口量化积分管理平台接入浙江省政务网(一窗受理)平台,实现"线上+线下"受理功能,电脑端自主受理和线下镇(街道)服务窗口人工受理便捷流动人口对于积分的申请。继续实施流动人口积分落户、积分参加职工疗休养、积分申请公租房和积分入学四个量化积分申评应用项目政策,组织镇(街道)窗口工作人员和职能部门的审核评分人员开展新系统业务培训,发挥镇(街道)和审核评分单位量化积分工作群及技术指导群功能,加大政策宣传力度,在"e乡鄞州"手机App平台上推送最新政策和动态,重点做好积分入学申评工作,全年参与积分入学人数5504人。发挥量化积分政策缓解优质公共服务供需矛盾、引导奖惩激励预期、吸纳和留住高素质流动人口的作用。

【首届外来务工人员亲子平安特训营活动】 2019年7月19日至8月16日,区流动人口办联合区总工会举办"感受鄞州·快乐成长"首届外来务工人员亲子平安特训营活动。平安特训营历时1个月,来自安徽、江西、贵州、湖南等地的500余名"小候鸟"到宁波和父母团聚,参与活动的多为流动人口

2019年8月16日,首届外来务工人员亲子平安特训营闭营式举行

志愿者家庭。父母和孩子们一起在鄞州区的派出所、斑马线、游泳池、博物馆、运动馆、图书馆等地打卡，参加涉及安全、文化、工艺、环保等领域近20场活动。通过110指挥室的体验活动、安全过人行横道线、正确佩戴头盔、平安知识问答、溺水急救、垃圾分类等实践体验，提高家长和孩子们安全和环保意识。开展走进父母工作场所、平安读书汇、亲子特训比赛等数场亲子活动，凝聚亲情。开展工匠新时代体验、红色影片分享等体验第二故乡鄞州的活动，激发爱国爱乡情。人民网、新华网、浙江在线、宁波电视台、宁波报业集团、鄞州电视台、《鄞州日报》、鄞响等全国省市区媒体相继报道，形成社会示范效应。教导孩子们制作刻有"平安鄞州"的月饼活动宣传平安教育，受到区领导和区政法委等部门肯定。该次活动受到区长王兆波在全区安全生产工作会议上的肯定。

【流动人口融合发展】 2019年，全区发展流动人员党员50人，占全年发展党员的10%。已建工会的外来务工人员集中企业，工资集体协商动态保持90%以上，企业参与和谐企业创建率达95%以上，外来务工人员工会会员入会率和组建率动态保持在95%以上。推进"鄞领志愿银行"建设，依托WE志愿服务平台开发"鄞领志愿银行系统"，将志愿服务时长转换为积分，和商业银行合作，实行积分兑换制，并与星级评定、积分落户、道德模范评选、志愿服务5个"10"评选等挂钩，提高流动人口参与志愿服务的主动性和积极性。推进"和美家园共建会"建设。拓展涉及流动人口服务管理的融合性社会组织的服务项目、服务领域，发挥融合性社会组织在参与社会管理、维护社会稳定方面的作用，流动人口与户籍人口比例1∶1以上的村（社区）融合性社会组织规范化创建率达到100%。抓好全区流动人口1500人以上的村（社区）"和美家园共建会"规范化建设，落实专（兼）职副会长制度和"和美家园共建会"日常工作制度建设。加强流动人口服务宣传工作，加大法律法规、政策制度、社会文明以及先进典型等方面的宣传引导力度。区流动人口办公室负责组织规划、统筹协调流动人口心理疏导和危机干预工作，各区级有关单位做好相关配合工作，宁波蓝泓心理咨询中心负责鄞州区流动人口心灵家园服务中心的运行和流动人口心灵家园公益活动的开展，重点服务一批流动人口用工较多的企业、服务一批居住流动人口较多的村（社区）、服务一批社会管理重点关注人群、培养一批流动人口心理服务人才。开展优秀外来务工人员和先进用人单位评选活动，评选出区级优秀外来务工人员20人，区级先进用人单位8家。

（夏玲玲）

决策咨询

【概况】 2019年，区咨询委开展重点课题研究6项，联合市咨询委、市发展规划研究院开展课题研究1项，组织考察、调研活动20余次，开展座谈、访谈和咨询活动40余次，向区委、区政府递交咨询研究成果5项，编发《鄞州咨询》4期，编发《咨询建议》2期，编撰《2018年鄞州决策咨询成果汇编》，多项课题研究成果获领导批示。

【滨海产城融合示范区建设研究】 2019年，区咨询委根据滨海区块资源和发展要求，结合滨海区块开发建设历程和发展现状，提出未来滨海区块开发建设要正确处理好人与产、产与城的关系，走产城融合、产城联动的道路，加快建设产城融合示范区，争取纳入省"一带一路"综合试验区和梅山产业集聚区。鄞州经济开发区加快建设，咸祥滨海区块建设扎实推进，咸祥球山区域改造稳妥谋划，塘溪自然人文资源加强保护。在处理开发、建设和保护的关系上，坚持规划一张图、开发一盘棋，杜绝低小散项目引进，坚持开发保护共赢。课题提出加强滨海区块基础设施建设，陆上交通提速，建设宝瞻公路复线和疏港高速，建议尽早规划连接中心城区的轻轨项目，尽早立项规划湖海路；海上门户要打开，尽早争取市级规划鄞州经济开发区临港码头项目，尽早从象山收购回横山码头，布局建设邮轮码头项目。配套公共服务设施，建设一家区级医院，引进职业技术学校，集中建设文化生活商贸等配套设施。课题对户籍制度、投融资制度、招商集中、土地机制、工作机制等如何创新开发建设体制提出对策建议。

【大梅山区域开发建设研究】 2019年，区咨询委针对大梅山区域区位条件和自然人文条件，梳理大梅山区域"山、湖、林、溪、村、寺、人"七大资源优势，在调研当地民意的基础上，提出大梅山区域开发以大健康为主线，功能定位是建设健康养生引领区、美丽乡村样板区、生态保护示范区。功能布局化为4片，分别是东文（赤堇—塘溪片区），为名人文化产业区；西慢（金峨片区），为健康养生聚居区；南动（梅岭片区），为山地运动健身区；北乐（管江—韩岭—横溪片区），为娱乐休闲体验区。在业态方面，大梅山区域应发展健康旅游、健康文化、健康养生、健康体育、健康农业五大业态。在特色培育上，重点培育"最美"风车公路线、"最靓"古道登山线、"最佳"山地运动线、"最红"名人文化线、"最宜"养生体验线6条特色美丽风景线。课题对决策、规划、开发、设施、环保、项目、政策7个方面提出对策建议，并提出解放思想、开发模式、环保、宅基地盘活、区域名称等问题。

【五乡片区建设城东新区研究】 2019年，区咨询委根据五乡片区发展空间和区位条件，就如何培育鄞州新的经济增长极，从空间布局、产业基础、土地利用、资金平衡、交通网络、基础设施等方面分析五乡片区开发建设的有利条件，提出建设"城东新区"，发展定位是东部新城拓展区、高新产业集聚区和产城融合示范区。在业态布局方面为"一城一基地""一谷一园区""一区一绿带"，在五乡镇区以西中塘河以北区域约10平方千米，重点打造现代都市新城；建设宁波中车产业基地；在金童山区域一带建设研发基地，重点谋划创新生态谷；在宁波中车基地二期引进国内外优质汽配企业，建设高端汽配产业园；在邱隘镇上万令村、下万令村和张家瀛村一带，建设农文旅融合一体的现代都市农业示范区；争取将原规划中的生态带适当移到宝幢半山区一带。课题就调整生态绿带、规划引领、政策支持、环境整治、启动区块筹划等提出建议。

【推进民宿经济发展研究】 2019年，区咨询委围绕乡村振兴战略实施，联合区文广旅游体育局、区农业农村局等部门，对全区民宿经济进行调研，实地考察云南丽江、大理和省内德清、浦江、富阳、天台等地，比较市内宁海、余姚民宿经济发展情况，对加快推进鄞州民宿经济发展进行研究。针对鄞州民宿经济发展中存在的问题，课题强调要解决部门、镇（街道）、经营者、社会等不同层面的认识问题，要处理好加快发展与规范管理、城与乡、传统文化与现代创意、线下实体与线上虚拟、精品与大众五种关系，形成民宿经济发展格局。课题就如何制订民宿经济发展专项规划、激活各种资源、培育亮点特色、强化政策引导、优化服务环境等方面提出对策建议。

【宁波云龙综合交通枢纽可行性建设研究】 2019年，区咨询委针对干部群众普遍反映宁波城市交通枢纽建设亟需加强的民生问题，聚焦云龙交通枢纽建设可行性研究，与市咨询委合作，联合市发展规划院、区交通运输局、区自规局、区发改局和云龙镇、横溪镇、姜山镇等开展课题研究。课题结合宁波交通铁路网运行情况和规划情况，提出宁波铁路交通枢纽存在的问题，借鉴上海、南京、杭州等城市铁路枢纽建设和布局，从拓展城市空间、保障建设用地、盘活空间资源、有效集散客流、改善运输组织方式等方面分析云龙客站建设的可行性，课题提出云龙客站功能定位和主要客站分工建议，按照枢纽站规划建设，具备始发站功能，承接宁波东站功能转移，形成宁波站、云龙站、宁波西站“一主两副”格局。课题提出在云龙客站基础上，打造云龙综合交通枢纽方案，对如何加快各方形成共识、推动云龙枢纽纳入主要规划、加快项目前期论证、加快部门间沟通及建议采纳等提出建议。

【学习考察】 2019年，区咨询委做好长三角高质量一体化研究，学习借鉴兄弟县（市、区）经济转型升级、城乡一体化建设、践行“两山理论”等方面的经验做法，区咨询委主任沈权带队，于12月16—18日组织人员到江苏省江阴市、浙江省长兴县、浙江省安吉县等学习考察。其间，江阴市副市长虞卫才及江阴市各相关职能部门就长三角高质量一体化进行交流，长兴县咨询委及安吉县咨询委主要领导就经济转型升级、践行“两山理论”等进行专题座谈，考察江苏法尔胜股份有限公司、太湖龙之梦乐园等企业项目，参观“两山理论”发源地安吉余村。

（孙奎刚）

机关事务管理

【概况】 2019年，鄞州区机关事务管理局重点推进机构改革后党政机关办公用房调配、区级机关垃圾分类和节约型机关创建、公务用车管理、机关后勤保障等重点工作。集中管理区行政中心、区文化艺术中心、区综合活动中心、桑田路大院、区人社局大楼、退役军人事务局大楼6个机关大院，服务1700余名机关干部职工。

【办公用房管理】 2019年，区机关事务管理局完成区委巡察办、区委宣传部、区发改局、生态环境分局、区文联等22家机构改革涉改单位办公用房调配工作，调配面积1.65万平方米，按规定对部分涉改单位的办公用房进行统一装修。9月，对全区党政机关、下属参公事业单位及镇（街道）97处办公用房进行信息统计，制订全区办公用房调配中长期计划。配合区国有资产特定问题核查工作，做好全区国有资产清查盘点，掌握全区办公用房可调配资源。配合区国有资产发展服务中心做好东方商务大厦23套房产、商务中心12套房产的资产评估工作。

【公共机构节能管理】 2019年，鄞州区入选全国集中统一组织合同能源管理项目试点区。根据试点要求，确立区行政中心、区综合活动中心、区文化艺术中心、区财政局大楼的热水蒸汽及节电改造作为第一个项目来实施，12月启动招投标工作，合同能源管理工作走在全省前列。推进区行政中心绿色数据中心认证工作，完成机房灯光改造、电力分项计量工作。推进充电桩建设工作，全年完成区行政服务中心、宁波第六医院59个桩位、118个车位建设工作。重新修订区级公共机构节能和垃圾分类工作目标管理考核指标及评分标准。

【区级机关生活垃圾分类活动】 2019年，区机关事务局开展垃圾分类系列活动。联合区生活垃圾分类办公室组织开展垃圾分类宣讲团进机关活动；举办“鲜活鄞州、生活绿洲”鄞州区首届生活垃圾分类知识竞技大赛和2019年鄞州区生活垃圾分类宣讲比赛；组织区交通运输局、资规分局等6家单位参加宁波市首届“我就是影响力”垃圾分类十佳机关评选。加强机关事业单位垃圾分类监督检查。5—7月，对全区60余家机关事业单位进行检查，对有垃圾混投现象的单位提出整改意见，下发整改通知书，限期整改。

【公务用车管理】 2019年6月，鄞州区车改办工作职能移交至区机关事务管理局。车改办职能移交后，公车中心核对整理200余家事业单位车改数据；办理车辆更新、调拨、报废手续13件；上门指导派驻单位公车管理相关业务，签订派驻协议书。全年共检查车辆600余辆次，排除安全隐患15起，安全行驶里程150余万千米，保障区“两会”、全国乡村振兴与扶贫协作论坛、首届天南海北鄞州人发展大会等重要会议及活动。对所有公务车辆的GPS信号卡进行更换，实现公务用车全程监督。

【机关后勤服务保障】 2019年，区机关事务管理局推进后勤服务“最多跑一次”改革，在会务、订餐、报修、智能卡申请等7个领域实现“最多跑一次”。全年服务区行政中心大小会议1000余场次，服务参会人员53000余人次；保障区文化艺术中心各类会议活动78场次，服务参会人员32000余人次。完成福明路511号、桑田路935号相关单位的固定资产移交工作；完成彩虹北路58号原江东区人民政府办公大楼资产处置、物业移交相关工作。丰富区行政中心业态布局，新增“正章”干洗服务、引进“梦婕”超市、“驿公里”智能洗车、“悦读时光·堇书房”。加强区行政中心、区综合活动中心机关食堂就餐卡管理，清理各单位离退休、调离人员等饭卡400余张。机关食堂全年保障干部职工就餐44.30万人次。

（李飞燕）

2019年4月17日，鄞州区行政服务中心新大楼启用

行政审批服务·公共交易

【概况】 2019年4月，鄞州区行政服务中心新址启用，整体搬迁至泰康西路70号（南大门），蕙江路567号（西大门）。进驻行政服务中心的部门36个，设服务窗口210个，工作人员690余人，可办理各类事项1300余项。按省市要求的功能划分，中心分8个区块，一楼为不动产登记服务区和婚姻登记服务区，二楼为社会保障服务区、公安事务服务区，三楼投资项目服务区、税务事务服务区、商事登记和民生事务服务区。全年全区创新一批企业投资项目“1020”改革、投资项目联合验收“1015”改革等，引领鄞州区“最多跑一次”改革领先。全省首创“审批掌柜”工作机制，推动218个事项从承诺件转为即办件，平均提速60%；领先全省开发“政银智联”银行预开户系统，带动企业开办全流程4小时内办结；全省首推“联批联验”竣工验收新模式，实现工业（物流）类项目竣工联合验收10个工作日内完成，房建类项目竣工联合验收15个工作日完结。推动区级行政审批事项向镇（街道）、村（社区）延伸，打造“十分钟便民服务圈”；针对来服务大厅办事群众，开展“局长窗口坐班”；针对白天无法抽空办事的“上班族”，开启“周二夜市”延时服务。全年区行政服务中心共办理各类事项147.69万件，办件量居全市各县（市、区）首位。全区21个镇（街道）和南部商务区公共事务服务中心办件量129.37万件，日均办件量5216件。代办各类项目189个，解决项目审批难题50余个。全区办事事项“最多跑一次”覆盖率100%，基层延伸镇（街道）层面覆盖率100%。区级公共资源交易平台共完成各类交易项目合计883宗，成交价153.92亿元，节约资金6.32亿元。公共事务受理中心共受理企业、群众来电、邮40.50万件，比上年增长16.70%。全区公共资源交易监管中心获“全国优秀交易机构（县级）”称号，申报的“两隔离、两可视”评标监管模式获“全国年度十佳示范项目奖”。获评浙江省“最多跑一次改革”优秀县（市、区）、浙江省“劳动模范集体”等称号。在市对区年度目标管理考核、全面深化改革“最多跑一次”考核、第三方群众满意度测评中均位列全市第一。

【镇（街道）“审批专用章”启用】 2019年，鄞州区在全省率先启用“审批专用章”，用于镇（街道）公共事务服务中心办理事项清单之内的权力事项和公共服务事项，在审批服务上与镇人民政府（街道办事处）公章具有同等法律效力。全区21个镇（街道）均启用“审批专用章”，覆盖范围100%，服务事项涵盖全部20余项权力事项和5项公共服务事项。提高镇（街道）公共事务服务中心的办事能力和办事效率，让群众实现“最多跑一次”。

【“一事联办”应用流程构建】 2019年，鄞州区按照省委改革办梳理公布的24项公民“一件事”和17项企业“一件事”清单，推动全区“一件事”“最多跑一次”改革全面落实，实现“一站式”服务。幼儿园入园、公租房申请、大型活动、二手房办理不动产证及水电气联动过户等“一件事”线下实施。“个体劳动者就业创业”“社会保险关系转移、接续”“失业救助”“转外就医备案”“享受规定病种待遇备案”等一件事制订实施方案和办理流程，通过数据共享、流程再造，实施一站式办理、一体化服务。

【电子证照应用领域拓展】 2019年，鄞州区印发《鄞州区深入推进证照电子化打造"无证件办事之城"实施方案》,拓展证照电子化应用场景。推广浙江可信身份认证和电子证照扫码应用,探索拓宽"无证件办事"场景。全区所有镇(街道)公共事务服务中心窗口、鄞州区政府门岗、档案馆、退役军人事务管理局、刻章店、理赔中心、小区物业、教育培训学校、邮政快递等150余个单位同时实现"证照电子化"应用的覆盖。推行"无证件办事"改革,推广电子证件卡包应用,窗口工作人员只需通过扫码卡包即可下载打印证件信息,办事群众无须再提供身份证、户口本等证件,推动"减证便民"及"无证明城区"建设。

【企业投资项目审批"1020""1015"改革实施方案实施】 2019年,鄞州区印发并实施《宁波市鄞州区一般企业投资项目开工前审批"1020"改革实施方案》《宁波市鄞州区投资项目竣工联合验收"1015"改革实施方案(试行)》。实现一般工业项目报建审批(从项目赋码备案到取得施工许可证)最多10个工作日,房建类项目最多20个工作日;实现工业(物流)类项目竣工联合验收最多10个工作日,房建类项目竣工联合验收最多15个工作日。提出分阶段审批、工业企业图审"自审承诺制"、成立联合验收办公室等创新性服务新模式,推行公用事业服务、涉审中介服务、落实项目代码制度、实施"标准地"制度、规范实施承诺制、提升代办服务等配套改革措施。简化相关环节和材料,变"申请后审批"为"申请前服务","单个项目评"为"区域整体评",企业付费为政府买单。

【"局长坐班""局长找茬"工作机制推行】 2019年8—9月,区行政服务中心在36家进驻单位以及11家水电气、邮政、图审等配套服务单位开展"局长坐班"活动。各单位主要领导、分管领导在办事大厅窗口"坐班"半天以上,推动部门行政审批流程优化与再造。36家行政单位49位局长、副局长参与该活动,办件500余件。10月20日至11月20日,中心在进驻单位开展"局长找茬"行动,26个部门,71位部门负责人参与该项活动,"找茬"25件,全部解决落实。

【"无复印件"窗口大厅建立】 2019年5月,区行政服务中心建立全市首个"无复印件"窗口大厅。区行政服务中心取消向办事群众收取各类复印件,因法律法规规定仍需留存复印件的,通过配置高拍仪、扫描仪等设备,由办事窗口自行拍照或复印留存,100%实现企业群众复印件零收取,复印费零支出。

【"银行预开户办理系统"应用】 2019年6月,鄞州区在全省创新开发"银行预开户办理系统"。该系统前后连通市场监管和银行业务系统,企业在行政服务中心办理完营业执照,可以先在中心窗口一窗办理银行预开户,选择一家银行的支行作为基本开户行(与9家银行实现实时对接),银行在1-5分钟内完成预开户,并回推预开户账号。较以往跑银行开户至少需要1天的时长,时间缩短至全流程4小时办结。该系统与全国信用平台实现对接,并使用身份证刷卡系统、高拍仪以及脸部设别系统,确保数据的真实性、可靠性。

【市场主体自主申报承诺制推行】 2019年,鄞州区印发《鄞州区市场主体住所(经营场所)登记自主申报承诺制实施办法(试行)》。按照"合法规范、便捷高效、宽进严管"的原则,对自主申报承诺制实行负面清单管理,分类实施市场主体住所(经营场所)登记申报承诺制,并根据区域实际制订产业负面清单和地域负面清单,适时动态调整。负面清单外的市场主体可按自主申报承诺制进行住所(经营场所)登记的,申请人只需向登记机关提交载明住所(经营场所)相关信息的承诺书,免于提交场所权属证明、租赁协议等场所使用证明材料。登记机关只对申请人提交住所(经营场所)信息申报承诺书进行形式审查,不审查住所(经营场所)的法定用途及使用功能。释放各类场地资源,激发市场主体活力。

【"周二夜市"工作机制试行】 2019年9月10日,区行政服务中心窗口试行"周二夜市"工作机制,每周二窗口延时服务至19时30分。该活动覆盖全区36个行政审批单位,水、电、气、数字电视等5个公用企事业单位,银行及中介机构同时纳入,为群众提供配套服务。"错时服务"为上班族不请假办事提供便利。

2019年8月,区行政服务中心开展"局长坐班"活动

【"两隔离、两可视"评标模式试行】 2019年5月，鄞州区依托电子招投标系统，在评标过程中试行"两隔离、两可视"模式，评标专家所有评标行为均在系统中记录留痕。"两隔离"即评标专家与代理机构工作人员隔离，同一项目各评标专家隔离。"两可视"即公共资源交易中心现场视频室和个人客户端实时播放评标过程。评标过程中，投标人可通过等待区的视频开放室、手机App"开评标微直播室"及电脑等客户端实时观看评标情况，掌握评标动态和评标进度。通过打造"智能化+公共资源交易"，消除评标全过程人为因素干扰，打击串围标行为，净化区域评标环境。

（黄　芳）

外事工作

【概况】 2019年，鄞州区印发《关于进一步加强党政人员因公出国（境）管理工作的通知》。实行审批预核制度，规范人员出访的报批管理程序，落实因公出国（境）备案制度、经费预算审批制度、出访公示制度、行前教育以及绩效考核等。全区党政公务人员因公出国33批71人次，因公到港澳地区8批30人次；教育卫生系统事业人员因公出国（境）22批33人次。

鄞州区与澳大利亚冈尼达郡、韩国顺天市、波兰华沙市中央区开展友好互访，双方在教育、农业、文化、体育等领域开展交流和合作。推进民间多领域交流合作，多所中小学分别与美国、新西兰、英国等姐妹学校开展校际交流访问活动；多名医生到加拿大、英国、日本、丹麦、德国、美国等参加学术会议，开展学术交流。做好来自南美洲、欧洲、亚洲等国家多个党政代表团的接待工作，接待外宾102人。

【外事工作委员会第一次会议】 2019年7月12日，鄞州区委外事工作委员会第一次会议举行。会议学习贯彻习近平外交思想，以及中央外事工作会议、省委外事工作委员会和市委外事工作委员会第一次会议精神，部署全区外事工作。市委常委、区委书记褚银良主持会议并讲话。王兆波、方飞龙、梅益进等区领导出席会议。会议审议《区委外事工作委员会工作规则》《区委外事工作委员会办公室工作细则》。褚银良指出，地方外事工作作为党和国家对外工作的重要组成部分，在推动对外交往合作、促进地方改革发展上具有重要意义，全区上下要以习近平外交思想为指导，主动服务国家总体外交大局，增强做好外事工作的政治责任感和使命感，提升服务对外开放水平，推动鄞州外事工作健康发展。

2019年7月12日，鄞州区委外事工作委员会第一次会议召开

【友好交流】 2019年5月15—17日，澳大利亚冈尼达郡政府代表团第三次到鄞州区访问，常务副区长沃勇特会见冈尼达郡市长杰米·查菲一行，双方就建设友谊花园、推进两地在教育领域的合作进行交谈。代表团一行参观考察春晓中学，推进澳大利亚圣玛丽中学与春晓中学结为姐妹学校事宜，促成两地开展校际友好交流。

11月29日，市委常委、区委书记褚银良率团到波兰华沙中央区开展友好交流活动。代表团拜会华沙中央区新任区长亚历山大·费伦茨，开展座谈交流，并走访华沙中央区一所体育特色中学。褚银良邀请亚历山大率团再次到鄞州访问。

【重要外事活动】 2019年11月5日，乌克兰敖德萨市副市长乌格里曼·帕维尔·弗拉基米罗维奇率团到鄞州区访问。其间，代表团先后考察鄞州区潘火投资创业中心、欧琳集团有限公司，并进行座谈交流，学习调研鄞州区投资创业中心建设管理及招商引资工作。区政府党组成员刘国相陪同考察。

11月13日，老挝公安部党委副书记、副部长贡通·蓬维吉带领老挝高级干部研修班考察团一行25人到鄞州区湾底村、音王集团有限公司考察，详细了解新农村建设及选派驻村书记、大学生村干部、民营企业发展等方面的经验和做法。区政府党组成员刘国相陪同考察。

【海外领事保护宣传活动】 2019年7月16—19日，鄞州区举办"领事保护进机关""领事保护进社区"系列活动。活动以"平安出行、文明旅游"为主题，向广大群众宣传海外领事保护基本知识、海外风险防范基础知识，提升境外安全意识和风险防范能力、培养文明出游的自律意识及维护公民海外合法权益，活动共展出宣传展板40余幅，发放宣传资料500余册。

（毛颖颖）

中国人民政治协商会议宁波市鄞州区委员会

综　述

【概况】 2019年，中国人民政治协商会议第十六届宁波市鄞州区委员会第三次会议期间，区政协组织委员协商讨论"一府两院"工作报告。区政协十六届三次会议共收到提案314件，立案310件，全部面商办复。围绕"住宅小区居住品质提升"，召开"请你来协商·区长领办全会提案推进会"。实行提案征集负面清单制度，实行委组初审、提案委预审、提案委成员普审、两办联审的提案审查制度。围绕"民营经济健康发展""乡村文旅产业融合发展""加强村改居社区治理""农村生活垃圾处理"开展调研，形成调研报告，以常委会建议案形式报送区委、区政府。主席会议围绕村改居社区治理、乡村文旅产业融合发展、校外培训机构监管、河道梗阻治理、提升投融资能力扩大有效投资、残疾人保障、小微企业园建设7个议题，提出意见建议。

建成"请你来协商"专门场所，编撰《"请你来协商"鄞州创新实践》。全年开展"请你来协商"活动12场，提出意见建议146条，采纳落实100余条。创建宁波和丰创意、宁波非遗2家省级委员会客厅，建成委员工作室36个，开展各类履职活动120余场。开展"委员走进电视台"活动，通过委员说事、部门负责人现场解答的方式，推进解决二次装修垃圾清运、老旧小区加装电梯等问题。开展"三服务"活动，区政协领导带队进企业、进社区、进农村开展调研，围绕"提升农村生活垃圾处理能力"，对全区9个镇的垃圾产量、分类情况进行数据分析，提出加强设施统筹、开展分类示范、建立付费模式等意见建议。围绕"农产品质量安全""医共体建设""企业安全生产"主题开展系列民情恳谈活动。开展专项视察监督活动，围绕"文旅产业发展""委员进法院""小微园区建设"等主题，安排视察点位13个，参加委员100余人。围绕"'三个年'活动'七大行动'计划实施""城乡生活垃圾分类处理""城乡接合部建设"等开展专项民主监督活动。

开展"新时代人民政协的新样子"专题讨论，参与省政协新时代新风貌笔谈、金点子征集，组织开展常委谈"新样子""我和我们的政协"主题征文等系列活动。组织常委专题培训班，举办"和合讲堂"4期，调整政协专委会设置，设立政协研究室。社情民意市级以上录用26篇，编辑出版《鄞州百人》和《鄞州文史》第二十七、二十八辑。举办"见证·初心"书画展，与市政协联动到瞻岐镇举办"六送下乡"惠民活动。

（蔡开浩）

重要会议

【区政协十六届三次会议】 2019年1月15—18日，中国人民政治协商会议第十六届宁波市鄞州区委员会第三次会议在鄞州新城区召开，全区300余名政协委员参加会议。会议听取和审议政协第十六届宁波市鄞州区委员会常务委员会工作报告；听取和审议政协第十六届宁波市鄞州区委员会常务委员会关于提案工作情况的报告；补选2名常务委员。列席宁波市鄞州区第十八届人民代表大会第三次会议，听取并讨论政府工作报告及其他有关报告；组织委员大会发言；审议通过十六届三次会议全会提案；审议通过政协第十六届宁波市鄞州区委员会第三次会议决议等。

2019年1月15日，中国人民政治协商会议第十六届宁波市鄞州区委员会第三次会议开幕

【区政协十六届常委会会议】 2019年1月4日，区政协召开十六届九次常委会议，协商“一府两院”工作报告、审议区政协十六届三次会议相关事项。

1月16日，区政协召开十六届十次常委会议，审议有关人事调整事项以及十六届三次会议相关事项。

1月17日，区政协召开十六届十一次常委会议，审议十六届三次会议相关事项。

6月27日，区政协召开十六届十二次常委会议，审议通过《关于加快推进我区乡村文旅产业融合发展的建议》和《关于加强“村改居”社区治理的建议》两个专题调研报告以及有关人事调整事等项。

9月29日，区政协召开十六届十三次常委会。会议听取区政府关于区政协十六届三次会议提案办理情况的通报，专题协商《关于推动民营经济健康发展》《关于鄞州区农村生活垃圾处理》课题。

【区政协十六届主席会议】 2019年3月4日，区政协召开十六届二十三次主席会议，协商讨论确定2019年区政协工作目标和计划安排。

3月26日，区政协召开十六届二十四次主席会议，组织政协委员赴东吴镇、横溪镇调研乡村文旅产业发展情况。

4月29日，区政协召开十六届二十五次主席会议，协商推进校外培训机构规范管理。

5月31日，区政协召开十六届二十六次主席会议，专题协商提升投融资能力、扩大有效投资工作。

6月21日，区政协召开十六届二十七次主席会议，审议《关于加快推进我区乡村文旅产业融合发展的建议》《关于加强“村改居”社区治理的建议》。

8月5日，区政协召开十六届二十八次主席会议，协商推进河道梗阻治理工作。

9月3日，区政协召开十六届二十九次主席会议，协商推进残疾人保障工作。

9月27日，区政协召开十六届三十次主席会议，对《关于推动民营经济健康发展的建议》《关于鄞州区农村生活垃圾处理现状及建议》两个建议进行审议。

10月25日，区政协召开十六届三十一次主席会议，专题视察聚焦小微企业园建设。

11月28日，区政协召开十六届三十二次主席会议，研究2020年工作思路，谋划履职重点。

12月26日，区政协召开十六届三十三次主席会议，审议召开区政协十六届四次会议有关决定、议程、日程等事项。

（蔡开浩）

重要活动

【马光明调研鄞州政协工作】 2019年3月8日，省政协副主席马光明调研鄞州区政协委员工作室创建情况，实地考察和丰创意委员工作室。市、区领导陈平安、王兆波、郑坤法、沈剑波、周义定陪同。马光明一行实地考察和丰创意委员工作室，了解有关的人员架构、活动组织、制度管理、建设运行等方面情况，并与相关负责人就完善会客厅标准建设、畅通社情民意反映渠道、发挥社会影响力等进行互动交流。

【张庆黎调研鄞州政协工作】 参见“中国共产党宁波市鄞州区委员会”类目“重要调研”分目。

【陈铁雄调研鄞州民宗工作】 2019年3月14日，省政协副主席陈铁雄率调研组到鄞州调研民族宗教工作。市、区领导褚银良、陈安平、郑坤法、陈虹、华志苗陪同调研。陈铁雄一行实地走访七塔寺禅，了解寺院历史、内部管理和设施建设等情况，走访基督教圣教堂，考察活动场所，听取有关情况介绍，对相关工作进行现场指导。

【全省县（市、区）政协“请你来协商”平台建设工作推进会在鄞州区举行】 2019年4月2日，全省县（市、区）政协“请你来协商”平台建设工作推进会在鄞州区举行，总结交流前阶段试点工作做法和经验，研究部署在全省推开“请你来协商”平台建设工作。省、市、区领导孙景淼、郑继伟、张泽熙、陈小平、吴晶、马光明、周国辉、金长征、杨戌标、褚银良、郑坤法等参加会议。

【“请你来协商·书记与委员面对面”协商会】 2019年3月18日，区政协主办“请你来协商·书记与委员面对面”

2019年4月2日，全省县（市、区）政协“请你来协商”平台建设工作推进会在鄞州区举行

协商会，区委书记和14个部门、街道负责人、100余位政协委员、群众代表围绕推进老旧小区“最多改一次”主题，面对面开展协商交流活动，同步开展网络直播。

【周国辉调研鄞州垃圾分类工作】2019年4月4日，省政协副主席周国辉一行到鄞调研垃圾分类工作，实地考察姜山镇定桥垃圾分类转运站运营管理情况。市、区领导林静国、郑坤法、叶天奔参加调研。周国辉一行参观垃圾分类宣传教育基地，察看中控操作室，并听取站内负责人对定桥垃圾分类转运站建设、运营管理等情况的介绍，了解转运车辆进出站、垃圾处置、渗滤液处置等各个环节工作开展情况。

【“请你来协商・区长领办政协全会提案”推进会】2019年5月30日，区政协举行“请你来协商・区长领办政协全会提案”推进会，区委副书记、区长王兆波现场领办《关于提升住宅小区居住品质的全会提案》，区政协主席郑坤法，副区长朱剑涛，区政协副主席华志苗、黄碧英、叶天奔、周义定、王孝嗣，党组成员戴嘉敏出席会议，22个区政府有关职能部门主要负责人、各镇（街道）的镇长（主任）和60余名政协委员参加会议。

【请你来协商・民情恳谈会】2019年6月5日，区政协召开“请你来协商・民情恳谈会”，围绕“农产品质量安全”主题，邀请11位政协委员、群众代表与区农业农村局、区市场监管局、鄞州海关等相关职能部门面对面开展民情恳谈。区政协主席郑坤法，副主席沈剑波、华志苗、黄碧英、叶天奔、周义定、王孝嗣，党组成员戴嘉敏出席会议，副区长朱晓丽参加恳谈会。10月16日，区政协“请你来协商”民情恳谈会举行，邀请区政协委员与区级有关部门面对面开展民主协商，推进鄞州区医共体建设工作。区政协主席郑坤法，副区长卜明长，区政协副主席沈剑波、华志苗、黄碧英、叶天奔、周义定、王孝嗣，党组成员戴嘉敏出席。会上，区政协委员聚焦医共体建设的重点、难点，提出10余个问题，区卫健、财政、编办、医疗保障、人力社保等有关部门主要负责人和相关业务科室负责人一一进行回应，区政府分管领导现场听取大家的意见建议并提出要求。

【全区政协系统党建工作会议】2019年6月28日，区政协举行全区政协系统党的建设工作会议，就加强党对人民政协工作的全面领导、提高鄞州区政协系统党的建设质量和水平进行集中动员部署。区政协主席郑坤法，副主席沈剑波、华志苗、黄碧英、叶天奔、周义定，党组成员戴嘉敏、郁健平出席会议。

【“请你来协商・政府与政协议政协商会”】2019年7月29日，区政协“请你来协商・政府与政协议政协商会”召开，区政府、区政协两套班子成员以面对面交流的方式，为鄞州区经济社会发展谋良策。该会为全省首创政府和政协班子成员集体参与协商。区领导王兆波、郑坤法、沃勇特、卜明长、梅益进、戴华祥、朱剑涛、沈剑波、黄碧英、叶天奔、周义定、王孝嗣，区政协党组成员戴嘉敏参加。

【区政协政情通报会】2019年8月9日，区政协政情通报会举行。区政协副主席沈剑波、华志苗、黄碧英、周义定及全体政协委员参加。区委常委、常务副区长沃勇特代表区政府，向区政协及全体政协委员通报上半年全区经济社会发展运行情况，感谢政协委员参政议政、建言献策，支持政府推进各项重点工作，表示政府将支持政协工作，开创政府和政协相互支持、相互促进的局面。

【区政协平安法治鄞州建设专题视察】2019年8月22日，区政协组织部分政协委员到法院开展平安法治鄞州建设专题视察。区政协副主席华志苗、叶天奔、周义定，党组成员戴嘉敏以及部分政协委员参加视察。委员们视察法院诉讼服务中心，文化展示、审判区，观看审判实时视频，了解和感受法院审判执行、诉讼服务、司法改革的工作成果，并听取区人民法院院长关于法院工作情况的通报。

【“见证・初心”书画展暨《鄞州百人》首发式举行】2019年9月27日，区政协“见证・初心”书画展在鄞州区李元摄影艺术馆开幕，同时举行《鄞州百人》首发式。区政协主席郑坤法，区委常委、宣传部部长方飞龙，副区长卜明长，区政协副主席沈剑波、党组成员戴嘉敏出席开幕式。“见证・初心”书画展展出书画作品63件，汇集59位书画家的精品佳作，涵盖书法、国画、油画等多个艺术门类，持续展览15天，参观1000余人次；《鄞州百人》一书从

2019年9月27日，区政协“见证・初心”书画展暨《鄞州百人》首发式举行

鄞州历代人物中遴选出111位杰出人物，分上、下两册，92万余字，首发式上分别向宁波市图书馆、天一阁博物馆等12家单位赠书。

（蔡开浩）

重点提案答复

【发展数字经济，促进产业提升的建议】 2019年，区政协经济财贸组及区政协委员高毓武提出的《关于大力发展数字经济 促进我区产业提升的建议》由市委常委、区委书记褚银良领办。区经信局答复：以数字产业化集群打造为突破口、产业数字化提档升级为实现路径，优化资源要素的有效配置，重点发展智能终端主导产业、集成电路核心产业、软件和信息服务先导产业、数字经济新业态新模式；加快推进数字产业化和产业数字化，不断推动传统产业向数字化、网络化、智能化和个性化方向转型升级，通过发展新经济、激活新业态、培育新模式、发展新动能，实现数字经济与工业、服务业和农业的深度融合。

【提升住宅小区居住品质的全会提案】 2019年，区政协《关于提升住宅小区居住品质的全会提案》由区委副书记、区长王兆波领办。区住建局答复：破解管理难题防范风险隐患，通过加强党建引领和政府保障，应对业委会监管缺失和高层建筑设施设备隐患故障频发；完善物业服务企业信用信息建设，推进老旧小区整治改造，实施品质提升行动计划。

【加快新鄞州原两区结合部城市品质提升的建议】 2018年，区政协委员王倍非提出的《关于加快新鄞州原两区结合部城市品质提升的建议》由区委常委、常务副区长沃勇特领办。区长丰开发建设指挥部答复：按照大区块、组团化、成片区协同推进思路，高标准建设六大城市新空间，并成立城区中部科产城多功能融合带开发建设指挥部加快原鄞州区与原江东区两区结合部融合发展步伐，结合城区中部区域现状，针对性编制《2019年鄞州区中部“科产城”多功能融合带开发建设工作实施方案》，明确工作目标、行动重点、保障措施和工作机制。

【将助餐服务扩面工作列为鄞州区养老服务工作重点的建议】 2019年，区政协董雅琴委员提出的《关于将助餐服务扩面工作列为我区养老服务工作重点的建议》由副区长朱晓丽领办。区民政局答复：健全机制，建立系统性助餐服务政策体系；补齐短板，构建多维度助餐服务支撑体系；需求导向，探索多元化助餐服务实现模式；丰富内涵，打造多主体助餐服务参与路径。

【加快乡村全域旅游发展的建议】 2019年，区政协委员丁俊伟提出的《加快乡村全域旅游发展的建议》由副区长卜明长领办。区文广旅游体育局答复：编制《宁波市鄞州区全域旅游发展总体规划》，全面推进村庄景区化创建工作，按照“景村一体化、旅游全域化”的思路，突出标准标配，结合美丽宜居村、美丽乡村示范线等建设工作，逐步将点上的乡村旅游串联成线，打造精品线路，拟制区全域旅游发展的若干意见及资金扶持政策有关草拟稿，并征求相关部门意见。

【防范化解鄞州区金融类案（事）件风险的建议】 2019年，区政协委员陈立军提出的《关于防范化解我区金融类案（事）件风险的建议》由副区长梅益进领办。区金融办答复：规范招商引资强化源头把控，加强退出机构监管化解风险，协调，配合做好日常行为监管，加大广告整治及金融风险防范宣传。

【加快推进“滨海产城”融合示范区建设的建议】 2019年，区政协委员王贤国提出的《关于加快推进“滨海产城”融合示范区建设的建议》由副区长戴华祥领办。鄞州经济开发区管委会答复：已经成立滨海山海产城融合示范区建设指挥部，已启动大嵩新区概念性规划修编工作，已明确对相关产业的扶持发展政策，在滨海组团用地规划布局中已基本确定上述公共服务设施的位置、用地规模及服务人口规模等。

【推进全区老旧小区微改造的建议】 2019年，区政协委员俞珠飞提出的《关于进一步推进全区老旧小区微改造的建议》由朱剑涛副区长领办。区住建局答复：已成立鄞州区老旧住宅小区改造（整治）工作领导小组，以改造为平台契机，推动社区更新项目、资金的整合，落实最多改一次理念，融合“第五立面”“五水共治”等专项整治工作，沟通发改、审管办、招标办、财政等部门，简化优化相关程序，提高效率，缩短审批周期，加快推进老旧小区改造进度。

【破解老小区车棚违规出租难题的建议】 2018年，区政协委员岳玲提出的《关于破解老小区车棚违规出租难题的建议》由副区长陆朝晖领办。区公安分局答复：制订车棚车库违规出租居住集中整治方案，按照“实名、实情、实时”和“一社区一队伍”的要求，通过上门走访、查看中介信息等方式，摸清出租车棚车库产权人底数、承租人底数及基本情况。坚持规范执法原则和人性化执法理念，尽力帮助群众解决困难，实现法律效果、社会效果和安全效果统一。

（蔡开浩）

纪检·监察

综　述

【概况】 2019年，区纪委区监委接收信访举报686件；处置问题线索783件，立案229件，分别比上年上升21%、20.50%，结案195件，给予党纪政务处分173人。加强对政治纪律和政治规矩执行情况的监督检查，共立案审查违反政治纪律案件5件，处分4人。运用监督执纪“四种形态”处理697人次，增长9.60%，其中第一至第四种形态分别占71.10%、17.50%、5.70%、5.70%。

开展扶贫及帮扶、民生领域不正之风和侵害群众利益问题专项整治行动，建立扶贫协作监督执纪问责协同机制，查处问题32起44人，公开通报曝光典型问题4起。整治漠视侵害群众利益问题，共查处发生在群众身边的贪污侵占、虚报冒领、截留挪用、优亲厚友等作风和腐败问题32起，给予党纪政务处分19人，移送司法机关2人。全面推行城乡基层公权力“三清单”运行法，以“三清单一流程”培育清廉细胞、撬动全域治理，获评2019年全国“创新社会治理典型案例”最佳案例。

区纪委区监委加强通报约谈力度。每轮巡察结束后，汇总巡察发现的个性问题和共性问题，对全区进行通报；出台专项制度明确六种约谈情形，区委书记专题会相关领导对16家被巡单位党组织负责人进行约谈，对其中问题相对突出、整改责任落实欠有力的单位由区委书记约谈。

2019年2月3日，中国共产党宁波市鄞州区第十四届纪律检查委员会第五次全体会议召开

【基层公权力“三清单”运行法撬动全域社会治理创新案例获评全国十佳案例】 2019年12月9日，2019年全国“创新社会治理典型案例”征集活动结果出炉，鄞州区基层公权力“三清单”运行法撬动全域社会治理创新案例获评全国10个“最佳案例”之一。案例征集活动由人民网、中央党校（国家行政学院）社会和生态文明部联合主办。来自全国不同省市、10个领域的创新社会治理案例参与评选。专家从治理主体、治理方法、创新特色、治理效果、治理影响、公众参与6个一级指标及15个二级指标进行评审，最终选出最佳案例10个、优秀案例20个。“三清单”运行法主要包括权力清单、负面清单、责任清单和针对权力清单的工作流程图，简称“三清单一流程”。该运行法在鄞州区各村（社区）、股份经济合作社全面铺开，成为基层治理“宝典”、用权“法典”，实现干部用权更规范、内部监督更到位、权益维护更有力、政治生态更清朗、管党治党更严格。

（刘保锋）

重要会议和活动

【区纪委十四届五次全体会议】 2019年2月3日，中国共产党宁波市鄞州区第十四届纪律检查委员会第五次全体会议召开。出席会议的区纪委委员21人，列席224人。市委常委、区委书记褚银良出席全会并讲话，区委常委和有关区领导出席会议。全会传达学习总书记习近平在十九届中央纪委三次全会上的重要讲话精神、赵乐际代表中央纪委常委会所作的工作报告和省纪委十四届四次全会、市纪委十三届四次全会精神，总结2018年工作，部署2019年任务，审议通过区纪委常委会所作的《强化使命担当，忠诚履职尽责，为打造“两高四好”示范区提供坚强政治和纪律保证》工作报告。

【“做铁打的纪检监察人”专题教育实践活动动员部署会】 2019年2月19日，区纪委区监委召开全区纪检监察组织“做铁打的纪检监察人”专题教育实践活动动员部署会。会议强调，全区纪检监察干部要加强政治、思想、作风建设，坚持“打铁必须自身硬”，把“打铁的人”锤炼成“铁打的人”，推动鄞州区纪检监察工作高质量发展，为“两高四好”示范区建设提供保证。会议部署“做铁打的纪检监察人”专题教育实践活动。区委巡察机构领导干部、各镇（街道）纪（工）委书记、派驻机构和机关全体纪检监察干部参加会议。

【“三清单”运行法专项督查暨总结宣传部署会】 2019年4月3日，鄞州区深化城乡基层公权力规范运行工作领导小组召开“三清单”运行法专项督查暨总结宣传部署会议，总结前阶段工作推进情况，部署下阶段工作安排，重点就开展专项督查和总结宣传工作作系统部署和具体要求。

【派驻（出）机构改革工作会议】 2019年6月14日，区纪委区监委派驻（出）机构改革工作会议召开，根据区委办公室印发的《宁波市鄞州区纪委区监委派驻（出）机构改革方案》，部署安排派驻（出）机构改革工作。会议强调，要思考改革、适应改革、融入改革、推进改革，以制度创新的实际成效促进纪检监察工作高质量发展。

【“温故知新、知行合一”学习实践活动动员部署会】 2019年4月22日，全区纪检监察组织“温故知新、知行合一”学习实践活动动员部署会召开。会议强调，全区纪检监察干部要学习贯彻习近平新时代中国特色社会主义思想以及总书记习近平对鄞州工作重要指示精神，按照省委、省纪委，市委、市纪委和区委部署，认清形势、找准差距、突出重点，增强责任意识、担当意识、紧迫意识、使命意识，为纪检监察工作高质量发展提供组织保证。

【新提任区管干部“初心与使命”党性党风集中教育培训班开班动员会】 2019年5月27日，鄞州区举行新提任区管干部“初心与使命”党性党风集中教育培训班开班动员会，会议要求新任区管干部要把忠诚作为第一标准，牢记初心使命；要把担当作为第一责任，提升履职能力；要把学习作为第一需要，涵养优良学风。区纪委区监委面向参加培训的新任区管干部发出“廉洁从政倡议”。现场52名新任区管干部作出廉洁从政承诺。

【全区镇（街道）纪检监察组织工作会议】 2019年7月26日，区纪委区监委召开全区镇（街道）纪检监察组织工作会议，传达贯彻上级纪检监察工作会议精神，对前阶段工作进行总结盘点，对下阶段工作进行谋划部署。会议强调，要坚持监督首责、担当作为、抓常抓长，纠治“四风”问题，构建“三不”机制，提升治理效能，锻造过硬队伍。区纪委区监委领导班子成员、各镇（街道）纪（工）委书记、区纪委区监委机关各室主任参加会议。

（刘保锋）

巡察工作

【概况】 2019年，鄞州区修订印发《中共宁波市鄞州区委巡察工作实施细则》《十四届区委巡察工作五年规划（2017-2021）》《组办工作规则》等5个文件，、推进巡察工作规范化。区委巡察机构开展第六至第八轮等三轮常规巡察、两轮村（社）专项巡察，覆盖20家镇（街道）、区级行政事业单位、国企和252家村（社）党组织，发现问题1424个，移送问题线索24个，党纪政务处分6人，追缴资金5718.50万元。

【巡察“五联通”工作法推行】 2019年，区纪委区监委开展巡察“五联通”工作法，即巡前沟通、巡审联通、巡驻互通、巡处直通、上下畅通。“巡前沟通”，与30余家区级机关及部门建立协作机制，每轮巡前召开联席会议或发放征求意见函。“巡审联通”，与审计部门联合出台制度建立完善“巡审联动”工作机制。“巡驻互通”，与派驻纪检组联动协作，及时发现问题线索，全过程动态监督，促进巡察监督和派驻监督结合。“巡处直通”，注重与执纪审查工作对接，开通巡察问题线索处置“绿色通道”。“上下畅通”，统筹巡察组和镇（街道）工作人员力量组

2019年8月23日，区委第一巡察组巡察区机关事务管理局党组工作动员会召开

建6个专项巡察组，开展2次村（社）专项巡察。

（刘保锋）

党风政风监督

【概况】2019年，区纪委加强对管党治党政治责任的监督，推动主体责任落实，实施“三书三查两报告”“三交底”廉政谈话制度，建立“两个责任”在线监管云平台，对43名管党治党不力的党员领导干部予以问责。落实中央“八项规定”及其实施细则精神，开展联督联查联防，防止“四风”反弹回潮，累计开展专项检查613次，发现问题510起，处理332人，其中查处违反中央“八项规定”精神问题28起38人，给予党纪政务处分29人，查处问题数、处理人数和党纪政务处分人数比上年分别增长40%、35.70%和141.70%。

按照区委“不忘初心、牢记使命”主题教育活动部署，会同41家职能部门，开展专项整治行动，聚焦62项整治重点，制定102条整治措施。开展“酒驾醉驾”“赌博”“违规占用农村集体土地”“违规领取股份及分红”和“景观亮化工程过度化”等问题集中整治，查纠存在相关问题的党员领导干部219人。开展违规借贷、违规出书、违规健康体检、违规房地产交易、违规收送礼品礼金、违规发放津补贴或福利等问题自查自纠，查纠问题48人次，清退违规资金120万元。落实“基层减负年”要求，整治形式主义官僚主义，查纠问题39起72人，给予党纪政务处分29人。坚持“三个区分开来”，开展“澄清问题，支持干部干事创业”活动，对3批次16名干部进行澄清正名。

【主题监督机制建立】2019年，区纪委聚焦上级纪委年度工作的重点要点、区委决策部署推进过程的难点堵点，建立“每月定主题、一查一授权”的监督机制，推动监督工作有的放矢，先后开展“大棚房”问题整治、“三个年”活动“七大行动”计划、“治水拆违、楼宇整规”百日攻坚、减税降费等主题监督15批次，推进各项决策部署落实。其中围绕“大棚房”整治，累计约谈党员干部81人，谈话提醒30人，下发监督提醒书60份，推动大棚房问题整改完成率100%；围绕房屋征收“拔钉清零”，对曙光地块军产房腾空搬迁开展监督，对重点对象中的7名机关党员干部开展纪律教育。

【“五聚焦五整治”专项行动】2019年，区纪委聚焦“推脱绕”“怕躲避”“虚浮飘”“粗疏浅”“慵懒散”五种形象，开展“五聚焦五整治”专项行动，整治“政令梗阻”、不担当不作为慢作为、作风漂浮、“慵懒散”、纪律松弛等形式主义官僚主义问题，累计收集“城市菜园”“垃圾围城”“半扇窗”等事件背后作风问题79起，给予提醒诫勉86人、党纪政务处分22人、通报批评13人次。

【城乡基层公权力“三清单”运行法推行】2019年，区纪委围绕公权力运行关键点、具体职责、明令禁止事项分别编制权力清单93项、责任清单49项、负面清单28项，并对应绘制运行流程图93个。制订《鄞州区2019年全面推进城乡基层公权力“三清单”运行法工作方案》《基础工作“五统一”规范》《“六个最”示范点创建标准》《工作考核办法》《工作责任追究办法》5项制度，推动“三清单”运行法的推进、执行。城乡基层公权力“三清单”运行法撬动全域社会治理创新案例获评2019年全国“创新社会治理典型案例”最佳案例。

【履责在线动态监管】2019年，区纪委完善区党风廉政建设“两个责任”在线管理平台，实现60余家单位党组织主体责任、33家纪检监察组织监督责任的线上述职。实现单位政治生态实时纪实，明确2019年度党委（党组）日常履行党风廉政建设主体责任清单，畅通党风廉政建设主体责任落实“最后一公里”问题，实现一键“晒单”，各类履责数据已累计2300余条目。实现廉政风险线上实时预警，实时录入“四单一书”，对各单位整改落实情况开展全程跟踪监督，在重点节点对问责单位开展即时提醒，强化日常监督，先后流转处置文书91份。对监督责任履行开展线上全程监督。设置红黄绿“三色”预警，各单位进度实行全程动态督促，并自动形成履职底数，全年工作底数逾1300余条。

（刘保锋）

纪律审查和监察调查

【概况】2019年，鄞州区推进纪检监察体制改革，印发《区委反腐败协调小组工作规则》，建立与司法机关、行政执法机关问题线索双向移送、案件查办协调联动等工作机制，推进纪法贯通、法法衔接。规范问题线索、审查调查、监察留置工作程序，对执纪审查、案件审理、提请公诉等关键环节进行流程再造，推动纪法贯通、法法衔接。12月18日，中央纪委案件审理室主任陈国猛一行到鄞州区调研，对纪法贯通、法法衔接相关工作给予肯定。办理职务违法犯罪案件45起，其中留置案件9起。健全党员领导干部廉政档案，推行“谈话函询+核查”工作模式，处置同级党委管理干部问题线索98件，对同级党委管理干部立案23件，处分同级党委管理干部17人。

【派驻机构改革】2019年，区委审议通过派驻机构改革方案和深化派驻机构改革的意见，将全区派驻机构调整为综合派驻纪检监察组9个，单独派驻纪检监察组3个，实现对全区66家党和国家机关单位监督全覆盖。探索实行派驻机构“七个一体化”，即派驻机构干部选调录用、选拔任用、轮岗交流、教育培训、管理考核、党建工作、经费保障等方面的一体统筹管理。全年各派驻纪检监察组处置问题线索256件、运用第一种形态处理216人次、立案36件。

【镇（街道）监察办公室规范化建设】2019年，区监委制定下发干部选拔任用管理办法、谈话场所建设规范、监察办公室履职清单、监察建议规范使用规定等12个监察办公室规范性文件。实行镇（街道）监察办公室谈话场所“七个一”标准、办公要件“四个一”标准和业务档案“五清单”标准，全省首创镇（街道）监察办公室“三个一”规范履职工作手册，规范监察建议使用，统筹制定镇（街道）监察办公室议事规则。健全完善“1+4”片组协作机制，强化考评约谈，建立末位约谈和“三零”约谈机制。全年各镇（街道）监察办公室运用第一种形态处理157人次、监察立案21人次、提出监察建议59条。

【“一揽子”包案工作机制推行】 2019年，区纪委根据市纪委“减存遏增”专项行动工作要求，以农村“三资”管理、拆迁征地、科教文卫、行政执法、国企、市场等重点领域，筛选一批重要信访件列入委领导包案件，由相关纪检室重点调查突破；围绕省纪委《关于整治当前信访举报工作中形式主义官僚主义问题的十条意见》要求，结合“清淤化积”工作，筛选出重点镇（街道），在委领导带领下逐一走访，重点疏导，督促属地单位掌握人员动态，落实疏导化解稳控措施，将责任贯穿于线索交办、核查、立案、审查、处理到完结。委领导包案办结重点件10件，实地督办重访件8件，立案7件，党纪政务处分5人。

【涉纪信访“请你来办”模式创新】 2019年，区纪委针对基层信访量大、情况复杂，基层纪检干部新人多、业务不熟悉的情况，组织开展“请你来办”式培训，定期挑选疑难、典型、复杂的信访件，邀请镇（街道）纪（工）委和派驻组织干部对办理程序、调查事实、问题定性及处理建议等方面进行“会诊”，以实战演练提高基层办信能力，累计开展“请你来办”活动10次，实现基层纪检监察组织全覆盖。

（刘保锋）

廉政宣传教育

【概况】 2019年，区纪委区监委推进纪法教育，印发《关于全面推进全区党员轮训工作的通知》，联合区委党校将纪法教育纳入主题班次，强化全区干部的党章党规党纪教育和监察法教育，在新任区管领导干部、纪检监察干部、新入职公务员、区“五金富民”行政村党组织书记等培训中开展专题教育。印发《职务犯罪案件庭审旁听警示教育办法》，组织300余名区管干部参加职务犯罪庭审旁听，组织全区党员干部、公职人员2500余人参观“不忘初心·警钟长鸣——宁波市党员干部违纪违法典型案例专题展”。在各级媒体宣传报道纪检监察重点工作和特色亮点，刊发稿件238篇，发布微信469条。

2019年1月31日，鄞州区党员干部集中观看全市违纪违法典型案例专题展

【“警示教育月”活动】 2019年5月，鄞州区开展“警示教育月”活动，组织警示教育参观、警示教育大会，编印鄞州警示教育读本、创作“以画说纪”群众身边“微腐败”典型案例漫画、组织城乡基层公权力“三清单”动漫片、快板、小品等清廉文化节目“下乡”，活动累计参与人数21500余人。

【“清风宣讲”六进活动】 2019年，鄞州区围绕《中华人民共和国监察法》《中国共产党纪律处分条例》和违纪违法典型案例等主题，累计开展“清风宣讲”进机关、进国企、进学校、进医院、进基层站所、进村社活动182场次，5300余名党员干部、公职人员参加活动。

【清廉文化建设】 2019年，区纪委印发《关于推进鄞州区清廉文化建设的工作方案》，推进镇安小学、戎家惇叙文化馆等基层清廉联系点建设，推进清廉家风建设，举办“家风家训集中宣传月”、家风家训故事征集、寄送“劝廉家书”等活动，倡导党员干部家属当好“廉内助”。举办全区党政机关廉政书法比赛，评选出区优秀作品21件，其中5件作品获市级优秀作品奖、优秀作品提名奖和入围奖。廉政微电影《又一天——纪检人的一天》获2019首届“清风正气”原创微电影展最佳影片。廉政视频《新鞋踩泥》获“清廉宁波 你我同行”视频类作品三等奖。

（刘保锋）

民主党派·人民团体

中国国民党革命委员会宁波市鄞州区基层委员会

【概况】 2019年，中国国民党革命委员会宁波市鄞州区基层委员会（简称“民革鄞州区基层委员会”）实行三级委员架构，设主任委员1人，副主任委员1人；4名委员为专职委员，分别负责“党派活动、组织发展、参政议政、社会服务”四大块工作；8名兼职委员兼任8个支部主委，负责支部工作。现有党员138人，考察期党员26人；市政协委员4人，民革市委会委员2人（常委1人），民革市委会专项委员7人；区政协委员13人（其中常委4人），区政协专项民主监督成员2人。

【民革鄞州区基层委员会参政议政】 2019年，鄞州民革六支部《关于提高小区周边道路停车位夜间利用率的建议》被市委常委、区委书记褚银良批示；党员杨美科《关于规范设置“无红绿灯”、非交叉路口礼让停止线与人行横道斑马线安全距离的建议》、黄建洲《关于我国设立〈个人破产法〉的利弊分析与建议》分别被民革市委会录用，杨美科《非路口人行横道线设置亟待规范》和《关于调整学校多媒体教学设备招投标采购方式的建议》被市政协录用，董乖娣《关于要求工会经费拨缴政策统一的建议》和《关于事业单位职称制度改革的建议》分别被省、市领导批示。六支部姚福波和陆子瑜“关于深化政策性农业保险助力乡村振兴战略的调研报告”被列为民革市委会重点课题。

【民革鄞州区基层委员会社会服务】 2019年，民革鄞州区基层委员会到下应街道尚正学校开展结对助学活动，为结对学生捐助资金1万余元，为学校捐赠实物30余项。到邱隘镇中心小学开展“民革助力，推进大巡访、三服务，平安进校园”系列活动，捐赠安全头盔3000顶。到塘溪镇诚信公益书吧开展“赠一缕书香，献一份爱心”捐书活动，捐赠书籍600余册。到横溪镇大岙村开展送医送法进山村活动，惠及山区群众500余人。党员屠嫩斐到东钱湖下水片4个村义诊、作口腔（牙齿）保健讲座，赠送口腔科普图书，受益群众近百人。医生应瑛医生3次到东柳街道和“81890”开展红十字救护员培训，培训救护员140余人。六、七支部共同到鄞州交警大队，开展“民革送课进警营，融媒助力树新功”活动。

（丁才龙）

中国民主同盟宁波市鄞州区基层委员会

【概况】 2019年，中国民主同盟宁波市鄞州区基层委员会（简称“民盟鄞州区基层委员会”）发展盟员6人，现有盟员129人，其中男性64人，女性65人，退休20人，在职109人，大学以上学历达98.40%。

【民盟鄞州区基层委员会参政议政】 2019年，盟员提交《关于为浙大宁波校区建设服务的建议》《关于进一步加强并规范养犬管理的几点建议》等人大建议或政协提案14篇，《关于推进宁波义务教育阶段减负的建议》等调研报告3篇，以及《关于进一步降低科技企业孵化器房产税的建议》《关于解决中小银行外币清算关系户潮的建议》等社情民意5篇。机关支部盟员彭妍、周立“关于民营企业当前的困难与政府精准帮扶的调研及建议”作为民盟市委重点课题，周立《推动数字经济与实体经济融合的财政政策》一文获评民盟省委第四届经济论坛优秀论文。

【民盟鄞州区基层委员会社会服务】 2019年，民盟鄞州区基层委员会到邱隘东新学校开展服务，其中教育支部盟员开展援教帮扶调研活动，经济支部完成净水器的检查和滤芯更换工作。5月，教育支部和经济支部到乐天英语东湖校区举行“正面管教 阳光成长”读书活动；9月，各支部盟员赴云龙镇陈黄村开展重阳慰问联谊活动；退休支部参加区关工委和七中校关工委组织的宣讲工作，给社区假日学校的青少年们宣讲井冈山革命精神，树立正确的人生观、价值观、世界观；为假日学校编写的《自律让你更优秀》讲稿被区关工委评为精品教材。

（邵丹斌）

中国民主建国会宁波市鄞州区基层委员会

【概况】 2019年，中国民主建国会宁波市鄞州区基层委员会（简称“民建鄞州区基层委员会”）共有会员170

人，其中新发展会员7人，担任市人大代表1人，市政协委员2人，区人大常委2人，区人大代表1人，区政协常委4人，区政协委员18人。

【民建鄞州区基层委员会参政议政】2019年，民建鄞州区基层委员会共提交调研报告5篇，社情民意33篇，课题2篇。会员金恩静《民建会员企业对中美经贸摩擦的反映》被全国政协、民建中央录用，邵潇猷《关于防范P2P借道典当行业违法放贷的建议》被民建中央录用，冯琪《关于吸引更多优秀人才从事基础教育工作的建议》和徐丹《民营药店存在药品滥用、错用安全隐患风险需加强全面整改》被民建省委会录用。冯琪《民建推进社会主义核心价值观体系建设研究》课题，获民建省委会2019年度理论研究课题二等奖，另有1篇课题被市政协录用。

【民建鄞州区基层委员会社会服务】2019年，民建鄞州区基层委员会70余位会员共同捐资61.78万元善款，为和龙市人民医院建立鄞州民建眼科工作站，并成立陆勤康名医工作室，获浙江民建"思源工程"社会服务品牌鼓励奖。重阳节期间，各支部先后与鄞州辖区内的三个老龄支部结对，为老龄支部提供活动经费，丰富老龄支部的组织生活。与鄞州区经信局联合开展同心共建新农村活动，组织10余名医学、法律专家，走进五乡镇永乐村，为村民送医送健康，提供法律咨询服务，免费接诊300余人次，赠送常用药品25000余元。

（尤文琼）

中国民主促进会宁波市鄞州区基层委员会

【概况】2019年，中国民主促进会宁波市鄞州区基层委员会（简称"民进鄞州区基层委员会"）发展新会员5人，现有会员150人，平均年龄约49岁，其中在职会员127人，占比84.70%，副高及以上职称111人，占比75%。副主委陈一令获浙江省机构改革突出个人；会员王慧云获省科学技术进步三等奖——眼底病的新突变基因检测技术的建立及临床转化应用；副主委林红获2019宁波市新时代教师队伍建设改革成绩突出个人；会员许颖、杜恒峰获宁波市领军与拔尖人才培养工程第一层次人才；会员徐海蛟的作品在《十月》《散文（海外版）》《散文选刊》《青年文学》《西湖》等国内重要刊物发表，长篇散文《母亲与字》入选《2019中国年度散文》。

【民进鄞州区基层委员会参政议政】2019年，民进鄞州区基层委员会课题《鄞州区中小学开展近视防控工作的调查研究》在民进市委会发表。会员余佳子《危险品运输车辆报废、拆解安全隐患多、建议引导成立区域性的危险品运输车辆专业报废点》被中央民进录用；孙晓东《农村教师用心状态的构建》《强化农村教育资源建设以达成乡村教育振兴》均被民进省委会论坛录用。许颖《关于进一步规范和建立宁波市中小学生校外培训机构治理的长效机制的建议》《关于提升农村薄弱学校办学能力，推动义务教育均衡发展的建议》被市政协录用；王倍菲《关于加快新鄞州原两区结合部城市品质提升的建议》被鄞州区常务副区长沃勇特领办，并被列入优秀提案。

【民进鄞州区基层委员会社会服务】2019年，民进鄞州区基层委员会组织部分会员参加在宁波文化广场举办的"2019年春联万家"书写志愿者和活动志愿者服务活动；会员陈元每周一次为钟公庙长丰学校（民工子弟学校）上"书法之美——经典诵读"课，向外来务工人员的孩子传授传统文化；会员陈昭参与城管义工组织，宣传讲垃圾分类知识，走进学校、社区、楼宇、商业广场、企业等开展垃圾分类专题讲座，共开展宣讲56场，覆盖2000余名居民；会员王惠芸带领鄞州人民医院眼科小分队到延边和龙市人民医院开展医疗帮扶"光明行"行动，助力和龙市广大白内障患者。

（陈一令）

中国农工民主党宁波市鄞州区基层委员会

【概况】2019年，中国农工民主党宁波市鄞州区基层委员会（简称"农工党鄞州区基层委员会"）发展党员18人，转入2人。现有党员128人，6个支部，党员本科学历占78%，其中硕博占21%，中高级职称82%，其中高级职称占56%（不包括行政级别）。党员任省政协1人；市政协委员1人；区政协委员8人，其中政协常委1人，区人大3人。基层委员会获评2019年省先进基层组织，俞浩奇获宁波市名校长称号，入选2019年度宁波市有突出贡献专家；全年有22名党员受到全国及省、市、区表彰。

【农工党鄞州区基层委员会参政议政】2019年，农工党鄞州区基层委员会撰写社情民意18篇，其中党员张保才、金雷、陈晶晶合稿《建议尽快规范港口收费，切实减轻进出企业负担》被中央办公厅录用，国务院总理李克强批示；党员邹炳德和王了瑜《建议降低体外诊断试剂收费，推动生物医药产业发展》、屠姬娜《建议加快借助社会力量，参与中小学生心理健康教育》、任柳芬《内地赴港就读大学生安全问题亟待重视》被全国政协录用。基层委员会获评农工党市委会反映社情民意信息工作先进集体，市宣传工作先进集体。

【农工党鄞州区基层委员会社会服务】2019年，农工党鄞州区基层委员会党员参加"同心共建美丽乡村"行动，委员林杰带领团队为唐家村主题"花海舵幢"景观提升项目作概念性规划方案，并捐助1万多元花木树苗。台风"利奇马"袭击甬城期间，党员曹晔响应宁波应急管理局号召，安排好单位工作做好应急准备，并参与抗台救援，救助水淹车辆和人员。基层会组织党员多次为灾民义诊，为村医疗站购买急需药品；三支部和鄞医支部六院支部组织为社区居民义诊、授课。

（史济萍）

中国致公党宁波市鄞州区基层委员会

【概况】 2019年，中国致公党宁波市鄞州区基层委员会（简称“致公党鄞州区基层委员会”）发展新党员3人，现有党员82人。具有本科以上学历65人，中高级以上职称44人。党员任省政协委员2人；市人大代表2人，市政协委员3人；区政协常委2人，区政协委员8人。全年组织党员参加各类培训班26人次，参加各类报告会60人次。

【致公党鄞州区基层委员会参政议政】 2019年，致公党鄞州区基层委员会通过参加致公党宁波市委会“参政议政提质增效主题年”活动、开展改革专项民主监督、重点提案督办等活动形成调研成果12篇。王丽萍《关于完善“亩产论英雄”企业综合分类评价机制，推动浙江供给侧结构性改革的建议》获省政协优秀提案表彰。在市政协十五届三次会议期间，王丽萍《关于有效推进政策评估制度建设的建议》提案被评议为政协重点提案，由市政府领导领办、市政协领导督办。

【致公党鄞州区基层委员会社会服务】 2019年，致公党鄞州区基层委组织医卫界党员到共建结对村东吴镇童一村，为当地40余名村民举办安全急救知识讲座；联合四明大药房在樱花社区举办老人健康营养专题讲座，受益群众近百人；走进复旦大学附属儿科医院合作的儿童康复社区基地，慰问正在治疗的60名特殊儿童并送去爱心物资；联合鄞州人民医院举办“医路同行，粉红丝带”系列健康讲座，累计1600余名乳腺肿瘤患者受益；协同对口联系部门区侨办连续3次开展“侨医惠民直通车”行动，7位高龄归侨接受入户体检和健康检测。

（鲍敏敏）

九三学社宁波市鄞州区基层委员会

【概况】 2019年，九三学社宁波市鄞州区基层委员会（简称“九三学社鄞州区基层委员会”）发展新社员4人，全区六个支社共有社员138人。全年组织社员参加各类培训班35人次，参加各类报告会40人次。

【九三学社鄞州区基层委员会参政议政】 2019年“两会”，区基层委4名人大代表和13名政协委员参加会议，提交17篇提案和建议。全年社员向社市委上报信息34篇，其中9篇被市委统战部采用，3篇被市政协采用，27篇被社省委采用，1篇被省政协采用，6篇被社中央采用。

【九三学社鄞州区基层委员会社会服务】 2019年，基层委组织18名社员到塘溪镇童村开展助力“美丽宜居乡村”建设为主题的社会服务活动，为200多位塘溪镇童村居民提供免费义诊、医疗咨询、健康咨询等专业指导。组织7名社内医学专家，在社省委统一部署下到贵州黔西南望谟县开展全科医生培训活动，共培训县人民医院及15家乡镇卫生院医护人员500余人次，并捐赠价值15000元医疗设备一台。

（姚许一）

鄞州区总工会

【概况】 2019年，鄞州区有工会3067家，会员34万余人。新建工会联合会8家，覆盖企业300余家、职工14000余人。新增星级工会144家。

推进“鄞州无欠薪”行动，全年代书8件、法律援助62件，受理各类投诉654件，为职工挽回经济损失670多万元。做好企业社会责任评价工作，59家企业获评市级先进、10家企业获评省级先进。组织“尊法守法、携手筑梦”巡回宣讲、“心理关爱服务进企业”活动81场次。推进工资集体协商集中要约、动态要约、专项要约，实施集体协商“稳就业、谋发展、促和谐”三年行动。全区实现签订工资集体协议3035份，覆盖企业7105家。加强困难职工档案分层管理，发放救助慰问、金秋助学、爱心年货等金额400万元。建立消费扶贫展厅，并向对口扶贫单位延吉、和龙两地困难职工发放定向救助金40万元、认领“共享稻田”10公顷。组织1000名一线职工疗休养和健康体检，组织24.70万名（年递增13%）职工参加医疗互助保险，参保金额1659万元。在区行政服务中心设立服务窗口，全区医疗互助报销点增至9个。接待心理咨询300余人次，组织青年职工交友联谊500余人次，举办外来务工“小候鸟”暑期培训班20个、一日游亲子活动10场。

推动重点楼宇建立工会联合会，26家社会组织企事业单位加入“鄞领服务联盟”。推进会员实名制认证，动态发布进展情况，全区会员录入数35万余人、认证数14万余个，在全市领先。推进“活力基层工会”星级创建活动，完成27家五星级“活力基层工会”创建。奥克斯空调有限公司“奥享之家”、和丰创意广场“金牌楼宇工会”等持续发挥“小二级”工会“领头雁”作用。扩建区工人文化宫，筹建职工运动馆，拓展9个镇工人文化宫服务阵地服务项目。区总工会获评全国“安康杯”劳动竞赛优秀组织单位、全国财务工作先进单位、省创建和谐劳动关系暨双爱活动先进组织、全市工会重点工作年度考核特等奖及全市工会2019年职工学历提升工作先进集体。

区总工会组织劳模（工匠）技术攻关队和志愿服务队为东吴镇童一村和天童村受灾群众送去服务。区委书记褚银良批示：区总工会组织“劳模技师攻关队”助力抗台救灾获肯定。在抗击台风“利奇马”中，100余人组成的劳模工匠志愿服务队提供电器维修、医疗服务、理发等服务，受益群众1000余人次，得到省委书记车俊肯定。

【和谐企业创建】 2019年，全区和谐企业参与创建率动态保持90%以上，59家企业获评市级和谐企业创建先进单位，4家企业获评市级和谐企业创建标兵单位，10家企业创建成为省级和谐劳动关系企业。59家企业参加社会责任评价，11家优秀、48家达标。开展“法在身边”（尊法守法 携手筑梦）巡回宣讲，开展“心理关爱服务进企业”活动共计81场次，受教育人数3500余人。开展工资集体协商，联合人力社保局、工商联在全区实施集体协商“稳就业 谋发展 促和谐”三年行动计划。全区实现签订工资集体协议3035份，覆盖企业7105家，工资集体协商企业建制率达90%以上。区域性工资集体协议27份，覆盖企业近3926家；行业性工资集体协议2份，覆盖企业74家。新推进1家行业、2家企业工资集体协商精细化示范，全区累计命名10家企业、2家行业示范点。

【庆祝“五一”暨劳模先进表彰大会】 2019年4月29日，鄞州区“实干担当奋进”庆祝“五一”暨劳模先进表彰大会在区文化艺术中心举行。全区各镇（街道）党委（党工委）副书记、总工会主席、总工会副主席，各机关、产业、局工会主任、副主任500余人参加。区领导褚银良、杨慧芳、朱法传、沃勇特、钱芳、戴华祥、华志苗等出席大会，并为获奖者颁奖。大会表彰区劳动模范15人、区模范集体6家、市工人先锋号6家、市劳动模范10人、市模范集体5家、省劳动模范5人、省高技能人才创新工作室1家、省工人先锋号1家、省模范集体1家、全国工人先锋号1家。浙江省劳动模范王欣向全区全体劳模、职工发出《实干担当奋进、建功“两高四好”》倡议书。褚银良强调，各级党委要加强和改善对工会的领导，支持工会组织履职创新，工会组织要当好职工群众最可信赖的“娘家人”“贴心人”。广大劳模要引领带动广大工人共建鄞州工运事业。

【产业工人队伍建设改革】 2019年9月，区总工会推动制订《新时代鄞州产业工人队伍建设改革实施方案》，在思想政治建设、技能素质、互联网、成长发展体系、支撑保障、公共服务方面落实22条改革举措、明确48项重点任务。9月5日，宁波市产业工人队伍建设改革座谈会在区总工会会议室召开，市总工会党组成员、副主席宋雁出席会议并讲话。11月21日，组织产业工人“动力党建联盟”暨“锋领匠艺技能大比武”“鄞领服务联盟”成立暨“读经典·忆初心”劳模工匠分享会，推进改革。11月22日，市委副书记、政法委书记宋越舜到鄞州调研工会工作，市总工会党组书记、常务副主席王爱民等陪同调研。区委副书记、政法委书记朱法传汇报鄞州区产业工人队伍建设改革的情况。

2019年4月29日，宁波市鄞州区庆祝“五一”暨劳模先进表彰大会举行

【工匠培育】 2019年5月12日，鄞州区第二届“未来工匠、大师”培育班开班典礼暨师徒结对仪式举办，47人精英参加培训学习。实施工匠培育“百千万”工程，评选鄞州工匠28名、岗位操作能手38人。举办职工学历提升班，推动“名师带高徒”、培训进企业、劳模（工匠）创新工作室，建立“智库联盟”技术帮扶进企65次，派送技能培训200余场，培训职工3万余人。

（章佳妮）

共青团鄞州区委员会

【概况】 2019年，鄞州区有基层团委59个，团工委19个，团支部（总支）1018个，2万余名团员青年。鄞州区成为全国共青团改革综合试点、全国青联试点，承接省志愿服务示范赛、省片区交流会，在全国青联会议上作典型发言。团区委先后获评宁波市优秀共青团组织、宁波市共青团优秀创业创新项目奖、宁波市共青团优秀调研项目一等奖、宁波市共青团信息宣传工作优秀集体等；鄞州区大学生（青年）创业园获评2019年度国家中小企业公共服务示范平台、全国创业孵化示范基地、浙江省小微园、宁波市中小企业公共服务示范平台、宁波市星创天地等；宁波市（鄞州区）青创农场分基地——鄞州区归本青创农场、兴艺青创农场获评浙江省省级示范青创农场等。开展“向上向善好青年”“最美青工”“新时代好少年”“青年文明号”“青年岗位能手”“青年安全生产示范岗”等。培育全国优秀共青团员李靖慧等青年典型20余人，聘请残奥会冠军黄成等30名优秀青年担任“青春红匠特聘讲师”，聘请新兴文创青年为5G青年思想引领计划“青春合伙人”，《中国青年报》、浙江在线等省市级以上媒体先后报道鄞州共青团工作及青年优秀事迹160余次。

区青少年服务中心挂牌成立，统筹区、镇两级青年专项经费2300万元。成立区青年社会组织联盟，升级亲青恋、青年人才等项目部。承办“甬创鄞造”南部青创赛、“遇见未来”科技成果展等活动，服务青年创业创新。实施“青匠工程”专项行动，培育全国“青年安全示范岗”。开展青少年安全自护教育，实施“公益自护课堂”。实现五类重点青少年和残疾青少年全覆盖。开展浙江省“三禁三防三自”主题教育活动暨鄞州区“青春无毒”千人大讲堂、“平安鄞州、志愿有我”大巡防暨中秋主题青春夜市活动，组织“共青团与人大代表、政协委员面对面”活动2次。

落实镇（街道）团（工）委书记列席同级党（工）委会议制度，21个镇（街道）团（工）委书记在职享受中层待遇，实施党建全域引领工程，探索“团建不合格，党建不评优”机制，团建工作全面纳入区委巡察和镇街党（工）委书记党建述职内容，镇街共青团工作、学校团队工作考核占比提升。

2019年3月27日，中国共产主义青年团宁波市鄞州区第二十次代表大会召开

【共青团鄞州区第二十次代表大会】 2019年3月27日，共青团宁波市鄞州区第二十次代表大会在区文化艺术中心召开。出席大会的正式代表200人，列席代表20人。郭琼颖代表共青团鄞州区第十九届委员会作工作报告。。市委常委、区委书记褚银良出席开幕式并讲话。共青团宁波市委书记金昕，区人大常委会主任杨慧芳，区政协主席郑坤法，区委副书记、政法委书记朱法传，区委常委、副区长邱敢旻等出席开幕式。金昕对鄞州共青团服务青年就业创业、参与社会治理创新等方面表示肯定。区委组织部副部长俞林明宣布本次会议选举结果。会议差额选举产生共青团宁波市鄞州区第二十届委员会委员25人，选举产生共青团宁波市鄞州区第二十届委员会候补委员11人，差额选举产生共青团宁波市鄞州区第二十届委员会常委9人，等额选举产生书记1名、副书记5人，郭琼颖（女）为书记，张华（土家族）、周林、郎安、边璐佳（女）、孔阳飞为副书记。

【鄞州区入选全国共青团基层改革综合试点单位】 2019年10月，全国共青团基层组织改革综合试点工作正式启动，全国共有9个省18个县（市、区）入选试点单位，鄞州区成为浙江两家试点单位之一、宁波唯一一家试点单位。区委常委会听取鄞州团区委关于改革试点实施方案的汇报，审议并通过《鄞州共青团基层组织改革综合试点实施方案》。鄞州区委成立以宁波市委常委、区委书记为组长的领导小组，办公室设在组织部，推动改革试点。11月7日，团区委基层组织改革综合试点工作会议召开。市委常委、区委书记褚银良在会上强调，全区上下要深入学习贯彻习近平总书记关于青年工作的重要思想，按照团中央关于改革工作的总体要求，以先行先试当标兵推进共青团基层组织改革综合试点，为鄞州高质量发展贡献青春力量，为全国提供更多素材和解法。

【“3・5学雷锋”志愿服务主题活动】 2019年3月4日，“青春齐助力、万人志愿行”鄞州区志愿服务助力“七大行动”暨“3・5学雷锋”主题活动在云龙镇举行。区志工委成员单位分管领导，各镇（街道）党（工）委副书记、宣传委员、团（工）委负责人，区直属团组织负责人，2018年度志愿服务各类先进代表，团员青年及志愿者代表等140余人参加。区委副书记、政法委书记朱法传出席并讲话，副区长朱晓丽出席活动。全国最美志愿者——“支教奶奶”周秀芳和小种子公益亲子阅读社负责人郭学君为2018年全区优秀志愿者等“5个10”志愿服务先进典型颁奖。现场发布青春助力“七大行动”志愿服务队，并启动“鄞领善行・万人志愿”志愿服务项目大赛。区委副书记、政法委书记朱法传讲话，希望全区广大志愿者响应区委号召，迅速行动，朝着“两高四好”示范区的建设目标前行。

【李靖慧获评全国优秀共青团员】 2019年5月5日，由鄞州团区委申报，鄞州区青年志愿者、鄞州区银巢养老服务中心理事长李靖慧被共青团中央授予“2018年度全国优秀共青团员”称号。李靖慧是鄞州区青年志愿者、宁波市鄞州区银巢养老服务中心理事长，在校期间创立银巢积极养老公益项目，建立46个社区志愿服务基地，带动3万余名老人参与志愿服务活动。该公益项目先后获第四届中国青年志愿服务公益创业赛金奖、全国“创青春”第十一届“挑战杯”大学生公益创业赛银奖、浙江省社会工作和志愿服务示范项目赛金奖等50余个奖项。先后获评2017年度省级优秀团员、宁波市“最美90后”、宁波市优秀志愿者等荣誉。

2019年4月28日，鄞州区纪念五四运动100周年特别主题团日活动举行

【“平安鄞州，志愿有我”大巡防推进暨中秋主题青春夜市活动】 2019年9月10日，“平安鄞州，志愿有我”大巡防推进暨中秋主题青春夜市活动在宁波书城广场举行。区委副书记、政法委书记朱法传，区委常委、宣传部部长方飞龙，副区长、鄞州公安分局局长陆朝晖出席活动。活动现场，全区21个镇（街道）负责人在“防风险、保平安、迎大庆、夺金鼎”平安卷轴上盖下平安印。活动现场集中发布一批平安志愿服务岗位，发布巡防志愿队伍招募令。并向基层巡防骨干队伍授旗，为巡防志愿者代表赠送平安巡防包、佩戴红袖章，准备直径1米、印有“平安鄞州”字样的中秋月饼，分发现场观众。发布平安巡防H5小游戏，开展平安知识问答、平安“三率”灯谜竞猜、志愿服务等各类活动，让市民参与平安鄞州建设。

【浙江省第三季度第二片区团县（市、区）委书记工作交流会在鄞州区举行】 2019年9月16—17日，浙江省第三季度第二片区团县（市、区）委书记工作交流会在鄞州区举行。团省委党组成员、组织部部长盛乐，团省委组织部副部长占玮参会，宁波、嘉兴、衢州三地市23位县级团委主要负责人参加交流会。其间，第二片区团县（市、区）委主要负责人实地走访钟公庙街道金色水岸社区、中河街道和邦大厦、姜山镇陆家堰村，考察“青春社区”、楼宇团建和乡村团建等方面工作，对金色水岸“青年之家”七步法、和邦青年模fun俱乐部、陆家堰村青春合作社等工作模式给予点赞。

【纪念五四运动100周年特别主题团日活动】 2019年4月28日，鄞州区举行“青春心向党·建功新时代”纪念五四运动100周年特别主题团日活动。各镇（街道）团（工）委负责人，区直属团组织负责人，团员青年代表等100余人参加。市委常委、区委书记褚银良出席活动并寄语全区广大团员青年。共青团宁波市委书记金昕，区领导朱法传、方飞龙、胡开通、戴华祥、华志苗等参加。全体人员观看“忆百年五四·扬鄞州精神”青春骑行活动视频。50名优秀青少年现场重温入团仪式。现场启动“百年五四——奋进的鄞州青年”主题图片展览。

【首届浙江省社会工作和志愿服务示范赛在鄞州区举行】 2019年10月13日，首届浙江省社会工作和志愿服务示范项目赛在鄞州区举行，团省委副书记王慧琳，团市委书记金昕，区委副书记、政法委书记朱法传等参加活动，王慧琳、朱法传发表讲话。来自全省的100余家优秀社会组织团队和全国各地的专家参加大赛。活动现场，揭牌成立鄞州区青年社会组织联盟。鄞州区3个项目获1枚金牌、2枚银牌。

【省“三禁三防三自”主题教育活动暨鄞州区“青春无毒”千人大讲堂活动举行】 2019年10月14日，浙江省“三禁三防三自”主题教育活动暨鄞州区“青春无毒”千人大讲堂活动在浙江万里学院举行。区委常委、常务副区长、区禁毒委主任沃勇特和浙江万里学院党委副书记王伟忠共同为高等院校禁毒教育阵地揭牌。团市委副书记吴生莲现场发布“青春无毒”表情包。鄞州区副区长、鄞州公安分局局长、区禁毒委常务副主任陆朝晖开讲新时代禁毒宣传教育。活动当天开展“青春无毒 千人承诺”禁毒承诺签名、毒品检测仪器现场体验、普及禁毒知识等各类活动，让青年学生了解禁毒知识，宣传平安鄞州建设。

【团中央共青团基层组织改革综合试点项目组到鄞州区调研】 2019年11月6日，团中央综合改革指导员朱昊炜一行到鄞州区调研，团省委党组成员、组织部部长盛乐，团市委副书记俞欢欢，团区委书记郭琼颖、区教育局党委委员李正卡等陪同调研。调研重点围绕团员“三亮三比”积分考核亮显工程、“七彩”系列团建品牌等方面进行，宁波市第七中学作共青团改革汇报。朱昊炜一行对鄞州区学校共青团组织建设和发展给予肯定。

【鄞州学子联会揭牌成立】 2019年1月31日，鄞州学子联会在区大学生（青年）创业园揭牌成立，并举行鄞州学子联会首次年会活动。区委人才办、区人力社保局、团区委有关负责人出席，30余名学子联会成员参加活动。至年底，鄞州学子联会吸纳鄞州籍在外大学生100余人。

【区青少年服务中心成立】 2019年12月4日，区青少年服务中心挂牌成立。中心依托区教育局及青少年宫阵地和师资队伍等资源，以青少年为主要服务对象，组织开展寓教育性、知识性、科学性、趣味性的活动，促进全区青少年全面发展、健康成长，建设具有鄞州特色的少先队校外教育阵地。

（屠凌嘉）

鄞州区妇女联合会

【概况】 2019年，鄞州区有镇（街道）妇联21个，机关妇委会57个，行政村（社区）妇联358个，“两新”妇女组织650个。鄞州区36个党政工作部门中33个部门的领导班子配备女干部，达到91.67%，党政工作部门中共有正职女干部8个。21个镇（街道）中8个配有正职女干部，共8人，占38.10%。

区妇联获评全国维护妇女儿童权益先进集体、宁波市最佳妇女组织，在全市妇联工作评价中等次为特等，并获全市妇联工作特色奖。家事调解工作经验在全省家事调解工作会议上作典型交流。区妇女儿童工作在全市妇儿工委扩大会议上作典型经验交流。市婚姻家庭调解现场会和全市助力“最多跑一次”巾帼文明岗创建现场推进会在鄞州区召开。

周秀芳获第七届全国道德模范，张亚芬获“全国三八红旗手”称号，吴慧明、周秀芳获浙江省三八红旗手称号。蔡珠佩和应惠珠获浙江省百名“女红巧手”称号。举办“弘扬新时代鄞州精神·凝聚新女性榜样力量”鄞州区优秀女性事迹报告会，“社区工作的领头雁”俞复玲、“爱心妈妈”张亚芬、“支教奶奶”周秀芳作先进事迹报告。举办2019年妇联干部培训班，开设思想政治、社会组织培育等课程，组织到宁海村（社区）实地考察美丽庭院建设。开展妇女工作创新项目评比，评选一批深受妇女群众喜爱、妇联品牌辨识度高的项目。

【巾帼建功行动】 2019年，鄞州区开展农业助创行动和技能培育行动，举办区巾帼现代农业实用技术培训班、区女性创客培训班、区双学双比女能手素质提升培训班等分类专业培训，全年培训农村创业就业女性2050人。组织女能手参加浙江省“妈妈的味道”民间美食巧女秀总决赛，西江古村“巧媳妇”农家乐的豆腐水饺获“巧手美食奖”。指导女能手姚春梅优质生鲜果蔬产品新型销售体系构建项目获浙江省妇女创业创新大赛三等奖。联合南部商务区举行区巾帼人才专场招聘会，推出适合女性岗位共计260个，签订就业协议95份。指导新申报创建省级文明岗13家，区级文明岗37家。开展巾帼文明岗岗长及档案员培训，组织参观学习全国巾帼文明岗。牵线6对区全国巾帼文明岗与行政村成功结对，开展“岗村携手 共画美丽”活动。继续发挥“母亲爱心基金（阳光爱心资金）”作用，共资助贫困母亲、贫困家庭168人，资助金额71.80万元。实施帮扶协作行动，召开鄞延两地妇联对口帮扶协作工作座谈会，在区女企业家协会的共同参与下，完成“鄞延（和）温暖包”“延吉（和龙）巧姐”助创项目和“女大学生创业体验行”等项目，巾帼脱贫工作取得成效。

【妇女权益维护】 2019年，区妇联联合区委平安办、区司法局开展“共建平安家庭，共享平安鄞州”平安家庭知识竞赛，8场比赛历时4个月，覆盖21个镇（街道），4000余名群众现场观看，评选105户区级平安家庭示范户和29名区级平安使者。举办“娘家人说法”大型法律宣讲活动，组织开展“女性学法大讲堂进基层”普法宣传大型讲座20余场，受益面达3000余人次。建立婚姻家庭纠纷调解组织，与区法院、区司法局联合成立区婚姻家庭纠纷人民调解委员会，在全区所有镇（街）设立“婚姻家庭纠纷调解工作室”，在各村（社区）建立维权站。规范镇（街）妇联维权信访工作标准流程，制作下发《维权工作指导手册》和“妇联系统信访调解登记表”。发展壮大婚调志愿队伍，新增10名“太阳伞”男律师志愿者，拥有金石榴女律师团队、“太阳伞”男律师团队、草根婚调员团队三支公益律师团队92人，定期开展婚姻家庭纠纷排查化解，提供维权服务。全年共接待妇女群众来访、来电91起，12338热线电话89起，均得到解决，法律援助4起。潘火街道“丫丫开花”防女童性侵社会组织和鄞州二院女童性侵办案救助一站式服务机制受到省妇联领导肯定。

2019年5月13日，区妇联“5·15”国际家庭日“娘家人说法”法律宣讲活动举办

2019年7月15日，鄞州区儿童之家建设工作推进会召开

【美丽庭院创建】 2019年，鄞州区把美丽庭院创建纳入区委“三个年”“七大行动”专项行动中，落实补助经费。与区财政局、区住建局联合制订下发《鄞州区2019年美丽庭院创建工作方案》。全区各级妇联围绕“五美”标准，开展“百村万院美丽庭院”创建巾帼行动，建立“区妇联引导、镇（街道）妇联指导、村（社区）妇联主导”的工作格局。向广大妇女和家庭发出以“共建美丽家园·共享幸福生活”为主题的美丽庭院创建倡议书，引导妇女做美丽庭院创建的宣传员、监督员和践行者。开展美丽庭院创建邻里分享会46场，做好美丽庭院、垃圾分类、家风家训、社会治理等，打造鄞州“美丽庭院”升级版。各镇（街道）创建美丽庭院（阳台）覆盖率40%以上。

【家庭文明建设】 2019年，鄞州区举办全区2019年好家风好家训集中宣传月活动，以“共扬好家风”“共塑好家风”和“共传好家风”三个主题，发挥巾帼志愿者队伍作用，开展家庭节水护水等实践活动，其中获市巾帼志愿者团队6个。周秀芳家庭获全国最美家庭，周秀芳获“全国最美志愿者”。刘满丽家庭入选2018年度省“最美家庭”。评选省绿色家庭1户，市级各类特色家庭26户，区级各类特色家庭62户，全区各级文明家庭创建率达50%。

【家庭教育工作】 2019年，区妇联组织全区亲子阅读推广基地负责人开展培训，创建市级亲子阅读基地3个。加强家庭教育阵地建设，钟公庙中心小学家长学校、江东实验幼儿园家长学校被认定为浙江省示范家长学校。启动“0—3岁”婴幼儿家庭教育工程，在五乡镇试行“五乡宝贝”阳光成长项目。指导“小种子公益亲子阅读社”与东吴镇妇联建立三年的战略合作协议，组织开展“东吴阅芽”公益亲子阅读项目计划，举办亲子活动20余场，参加儿童和家长有1000余人次。东吴阅芽计划获市级最佳关爱妇女儿童公益项目。开展困境儿童走访39人，结对完成微心愿36个。

【妇女儿童发展规划实施】 2019年，鄞州区调整区妇儿工作委员会成员单位和人员名单，编印“十三五”规划中期监测评估报告，开展“十三五”实施妇女儿童发展规划重难点领域督查，召开座谈会，落实主体责任。挖掘区内妇女儿童先进工作，《宁波市鄞州区“健康成长护航”基金破解青少年视力、心理健康难题》在浙江女性网站、浙江省人民政府办公厅《每日要情》及国务院妇女儿童工作委员会网站发表。随迁子女义务教育保障项目被纳入2019年浙江省妇女儿童发展“十三五”规划示范项目完成。

【妇女儿童普惠事业推进】 2019年7月15日，鄞州区儿童之家建设工作现场会召开，联合区民政局开展示范性儿童之家评估验收，全区村（社区）儿童之家建设全覆盖，区级村（社区）儿童之家示范点6家。“六一”期间组织区四套班子领导分别到10家学校（幼儿园）为小朋友带去节日祝福，送出慰问金共计20万元。加大两癌筛查宣传力度，提高妇女对两癌免费筛查的知晓率与检查率，全年排摸贫困“两癌”妇女49人。联合区慈善总会开展2019年度贫困患病妇女救助行动，募集捐款33万余元。

【基层妇联组织建设】 2019年，鄞州区推进“妇女微家”试点建设，按地域、功能、服务等模式，建立“妇女微家”。姜山镇妇联打造“悦凝微家”，百丈街道妇联推出“知·慧之家”“知·慧微家”，东郊街道开展“和谐微家”“孝老微家”等特色“妇女微家”，扩大基层妇女工作阵地、激活基层妇联组织建设。联合区委组织部、区两新工委举办2019年鄞州区两新组织巾帼活动周活动，授予宁波市恒兴玩具有限公司妇代会等10家单位2019年度区“十佳”示范两新组织妇女组织称号，宁波港波电子有限公司妇代会等5家单位获区“十佳”示范两新组织妇女组织提名奖。

【女性社会组织建设】 2019年，鄞州区发挥妇联组织“联”字工作优势，破解妇女工作力量短板，走访新注册的女性社会组织，充实一批女性社会组织加入鄞州区“益·Ta”女性社会组织联盟。指导女性社会组织参与政府购买项目活动，区女性社会组织服务中心承接宁波市对口支援协作挂职干部家庭的送温暖活动的服务项目，多次组织其家属开展各类活动，将党和组织的关怀送到挂职干部家庭。宁波市鄞州区星脉社会工作服务中心、宁波鄞州芳燕红线联姻部分别承接并完成市妇联的老妇女主任关爱、公益红娘工作室扶持项目。益家家庭教育服务中心等3个女性社会组织承接区公益创投项目家庭教育类服务，区甬动爱心服务中心获评市最佳女性社会组织。

【全市婚姻家庭调解现场会在鄞州区召开】 2019年11月5日，全市婚姻家庭调解现场会在鄞州区南苑新城酒店五楼星城厅召开。各县（市、区）人民法院、司法局、妇联分管领导和职能部室负责人，各园区妇工委负责人，基层家事纠纷调解员代表等近80人参加。现场会安排参观鄞州区潘火街道金桥花园社区婚姻家庭调解组织“春雨”调解工作室；表彰宁波市第二届最佳婚姻家庭纠纷调解组织、宁波市第二届婚姻家庭纠纷调解能手；经验交流；鄞州区副区长卜明长致辞；宁波市妇联党组书记、主席顾卫卫讲话。开展业务培训，分别邀请浙江天册（宁波）律师事务所律师潘凤云讲授“婚姻家庭纠纷中法律问题解析”，优秀志愿者、家事调解能手宋兰英分享“帮助问题家庭，解困局，找出路”。

【全市助力“最多跑一次”巾帼文明岗创建现场推进会在鄞州区举行】 2019年12月16日，全市助力“最多跑一次”巾帼文明岗创建现场推进会在鄞州区南苑新城酒店5楼新城厅召开。市妇联党组书记、主席顾卫卫，市政务办党组成员、巡视员华阳，市妇联党组成员、副主席张月，副区长卜明长，区妇联主席忻明飞，以及各县（市、区）妇联及政务办（审管办）分管领导、职能部（科）室负责人、园区妇工委主任、政务办（行政服务中心）负责人、巾帼文明岗岗长代表，共计130人参加会议。会议实地考察鄞州区政务办（行政服务中心）、鄞州区供电公司；市政务办领导、市妇联领导分别作交流讲话。鄞州区审管办作题为“您的满意，我的追求，争当改革排头兵——鄞州：创新打造‘最多跑一次’3.0版”经验交流。

（王　静）

鄞州区工商业联合会

【概况】 2019年，区工商联有会员企业3197家，执常委企业184家（其中主席1人，副主席20人，副会长26人，常委42人，执委95人），所属商会31家，其中镇（街道）、园区商会23家，行业商协会3家、异地商会5家。创建“五有五好”基层商会20家，市级示范商会5家，省级示范商会2家，创建1家国家级“四好”示范商会：姜山镇商会（全市仅两家），2家省级“四好”示范商会：经济开发区商会、潘火投创中心商会。区工商联获评全国工商联2019年民营企业调查点工作示范单位、年度全国“五好”县级工商联；获荐全省工商联系统先进单位。一家所属基层商会：“姜山商会”获评全国“四好”基层商会。省委、省政府40个综合改革项目中，鄞州区列入全省商会13个改革试点单位之一，鄞州区入选宁波市“亲清健康指数”综合评价试点地区。

全区非公经济人士参政议政队伍结构不断优化，共有市人大代表13人、市政协委员15人、区人大代表68人，区党代表24人、区政协委员89人。区新生代创业者联谊会有理事成员161人，其中会长1人，常务副会长1人，副会长20人，常务理事23人，理事116人；按年龄层次分：“70后”34人，“80后”103人，“90后”24人；按政治身份分：中共党员40人，民建8人，民进2人，民革0人，无党派人士6人，农工党0人，其他106人。其中市人大代表1人，市政协委员2人，区人大代表1人，区党代表0人，区政协委员12人。

鄞州区实现基层商协会党组织工作全覆盖，构建党建引领“服务基层商会、服务会员企业、服务社会”的服务网络，姜山商会、下应商会，围绕“商会党建联盟+亲清家园”主题，推动形成“大党建、大联盟、大发展”的党建工作格局，开展1+2模式亲清家园及清廉民企建设，助力构建“亲”“清”政商关系，引领、服务商会企业的成长和发展。

【杭州市鄞州商会（乡贤联谊会）成立】 2019年11月24日，杭州市鄞州商会（乡贤联谊会）成立大会在杭州康奈德酒店举行。在杭州的鄞州籍企业界人士以及在政界、教育、医疗、金融、法律、文艺等各界知名人士乡贤参加会议，大会邀请清华系知名学者领导和企业家代表、在杭州商会代表、杭州宁波经促会鄞州分会副秘书长以上代表、鄞州异地商会代表、鄞籍在杭州企业家和其他嘉宾，鄞州区委办、区委组织部、区委统战部、区经信局、区商务

2019年11月24日，杭州市鄞州商会（乡贤联谊会）成立大会举行

局、区投资促进中心等有关部门负责人参加会议，参会人数150余人。大会选举产生杭州市鄞州商会（乡贤联谊会）第一届理事会及商会（乡贤联谊会）领导班子。杭州万腾贸易有限公司董事长俞富裕当选为会长。

【和邦楼宇商会成立】 参见“中国共产党宁波市鄞州区委员会”类目“统一战线工作”分目。

【鄞商发展论坛】 2019年，鄞州区“鄞商发展论坛”举办5期。1月5日，举办“鄞商发展论坛”第五期之“大国博弈、经济转型与全面改革”；4月27日举办“鄞商发展论坛”第六期之“严防涉企经济犯罪 打造良好营商环境”；7月6日，举办“鄞商发展论坛”第七期之“破解复杂 把握趋势——改变财运：四大拐点”；9月7日，举办“鄞商发展论坛”第八期之“企业知识产权保护”；12月28日，举办“鄞商发展论坛”第九期之“中国制造企业的数字化转型之路”。

【“名企访学”活动】 2019年11月23日，区工商联为鄞州企业开展“名企访学”活动，到杭州市阿里巴巴西溪园区进行学习调研。区工商联主席商会会长、博威集团有限公司董事长谢识才，区委统战部副部长、区工商联党组书记金伟莉带队，近40名鄞州企业家参加活动。活动参观阿里巴巴大数据、体验阿里员工工作餐，听马云助理陈伟分享阿里企业文化及企业的成长、发展经历，感受阿里的管理创新与特色人才培养，借助阿里文化的学习，启发找寻属于自己团队或公司文化的落地方法。在“阿里锦囊六脉神剑——体悟管理哲学”游戏中，领略企业的管理之道。“名企访学”活动是区工商联为企业订制的一项特殊服务，让企业在活动中得到学习，促进管理，推动发展，拓展企业家学标杆、谋转型的发展思路。

【民营企业公益事业】 2019年，全区民营企业将公益事业推进到吉林省、湖南省和省内丽水、宁海等地。25家企业对接丽水、和龙、衢江等地结对村开展精准扶贫，实地对接，扶贫款660余万元，并开展莲都区花园小学、五村联建高山蔬菜基地以及入股当地企业等扶贫项目合作，为结对村带来长期稳定的经济收益回报。新生代企业家参与“大爱鄞州 心系延边”扶贫项目活动，到云龙镇开展“助力阳光圆梦”活动，帮助特殊群体实现16个微心愿，进入东西部对口扶贫协作和山海协作扶贫活动中，通过结对帮扶，签订帮扶协议等多种方式提高结对村持续增收能力。在台风“利奇马”带来重创时，区内企业及北京、广东、川渝、上海商会组织会员帮助受灾群众渡过难关。杭州鄞州商会在成立时捐赠鄞州中学教育基金200万元；湖南鄞州商会组织号召当地鄞籍企业捐款捐物，帮助周秀芳在湖南溆浦的助学工程，支援学校建设。

2019年11月23日，区工商联“名企访学”走进阿里巴巴网络技术有限公司

【新生代企业家成长培塑】 2019年，区工商联推动新生代健康成长培塑，开展各类活动12场，参会600余人次，为新生代企业家提供成长进步和学习平台。开展主题教育，组织新生代企业家到邛崃长征纪念馆开展“红心向党 热血追梦”主题教育活动，以“5·20向祖国告白”为主题，向新中国成立70周年献礼。开展“不忘初心、铭记党恩”慰问原工商业者活动。到横溪华液机器制造有限公司开展主题教育活动。开展鲲鹏培育，组织50余人到西安交通大学开展新生代企业家培训班，推荐19名理事成员参加“宁波市新生代企业家成长计划”为期2年的复旦培训班。建设阳光客厅，构建多形式分享交流平台，开展“母亲节”读书分享会；举行“双创高地、智引未来——对话创业创新鄞商精英”沙龙论坛。

【区工商联获评2019年度全国“五好”县级工商联】 2019年12月18日，全国工商业联合会办公厅发布2019年度全国“五好”县级工商联名单，区工商联入选。区工商联按照全国“五好”工商联（领导班子好、会员发展好、商会建设好、作用发挥好、工作保障好）标准和细化量化指标，加强自身全面建设。实施基层商会“示范”工程、党建“提升”工程、会员“扩面”工程、特色“亮化”工程。楼宇商会建设列入省委、省政府40个重要改革项目，全省工商联13个改革试点单位；创新工作法，打造多元服务平台构建无缝对接工作机制，开展“1+2”模式亲清家园及清廉民企建设。

（姜香鹤）

法治·军事

政法委及综治

【概况】 2019年，鄞州区开展平安建设三个“百日攻坚”专项行动，设定93项重点任务，区委政法委牵头，区委组织部对平安重点单位开展专项督查。开展“扫黑除恶”专项斗争，取得阶段性成果。结合“全省政法200期微信采风活动”“三治融合·平安法治”擂台赛、“平安家庭”知识竞赛等活动，营造平安宣传氛围。

区平安办牵头整治道路交通安全隐患，投入1000余万元整治36条重点道路，整治完成交通隐患点40余个，把交通安全网络直播纳入“开学第一课”，全区中小学近10万名学生观看。拓展参与式平安创建活动载体，在全区各派出所设立家庭“防盗抢”体验室，打造平安家庭体验中心、平安志愿驿站。开展全区平安家庭知识竞赛，有6000余户家庭参与，区平安办举办“三治融合·平安法治”村社治理竞技赛，12万名网友参与观看互动。区平安志愿者联合会以社会组织名义承接市信访局信访调解项目，调处疑难信访案件20余起，联合会签约流动人口心理咨询等一批项目，注册平安志愿者4万余人。

推广云龙镇出租房旅馆式管理新模式，建设智慧安防，推动以房管人破解流动人口管理难问题。区平安办推进重点地区和重点领域专项整治，组织老旧小区“防盗门”建设三年行动，开展平安志愿大巡防活动，21个社会治安重点地区面貌明显好转。培育推广划船社区治理经验、陆家堰村党建引领“契约式”治理、湾底村“三治”助推乡村振兴、云龙镇“书记一点通”等基层治理成功经验，破解村社治理难问题。

区委政法委在浙江省率先建成刑事涉案财物统一管理中心，系统开发运用及运行管理机制建设，为全省推广提供蓝本，得到省委书记车俊批示。结合政法机关“最多跑一次”改革，在宁波市率先推进政法融媒体建设，统筹政法各单位微信公众号、微博、执法司法应用App客户端等，提高执法司法透明度和政法工作网络影响力。区委政法委开展“开门评警”暨群众满意度调查活动，通过问卷调查、座谈交流、个别谈话等形式，征求意见和建议，提升人民群众对政法机关和政法队伍执法工作的满意度。

【“三治融合·平安法治”擂台赛】 2019年10月15日，“三治融合·平安法治”竞技赛在宁波市鄞州区电视台演播厅开启。该擂台赛是2019年宁波市鄞州区村社治理竞技赛第三场“三治融合·平安法治”专场，全区21个（社区）、街道的21个参赛村社，各自派出2名选手参赛，限时3分钟，从不同角度讲述“三治融合”的工作亮点、典型经验，并通过PPT展示创新实践成果。鄞州区有关领导，镇（街道）、区级机关相关部门负责人和村（社区）工作专家、部分基层代表近150人现场观摩擂台比武。《浙江法制报》作题为《“三治融合”硕果累累 擂台比武亮点纷呈——宁波鄞州举行“三治融合·平安法治”专场竞技赛》专题报道，省委常委、政法委书记王昌荣批示肯定。

【燃气安全隐患排查整治】 2019年，区委政法委联合区综合执法局、区市场监管、区消防大队、区交通局、区反恐办、区应急管理局、区行政执法保障大队等8个部门，开展燃气安全隐患排查整治行动，印发《鄞州区瓶装液化气市场专项整治实施方案》等文件，并建立一套联合整治机制。全年组织各类检查271次，并在元旦、春节等重要时间节点，开展7次专项活动，共办理燃气类案件11个，罚款19.24万元。

（陈奕融）

法治政府建设

2019年，区委依法治区办公室设在区司法局，组织开展全面贪污治区生大问题的政策研究等；区司法局设置区委依法治区办公室秘书科，统筹协调推进法治政府建设等工作，7月30日，区委全面依法治区委员会第一次会议召开，会议研究部署2019年法治鄞州建设工作，审议通过《2019年鄞州区委全面依法治区工作要点》，建立委员会依法治区工作机制。落实《党政主要负责人履行推进法治建设第一责任人职责规定》，开展鄞州区各级党政主要负责人履行推进法治建设第一责任人职责情况列入年终述职内容试点工作，区委书记3次就法治工作作出批示，落实党委理论中心组学法、政府常务会议学法制度，开展区委中心组学法活动4次，区政府常务会议集中学法7次。依法治区办组建鄞州区百人法治督察员队伍，建立完善法治政府建设与责任落实督察工作机制。以区政府办公室名义印发《关于进一步加强行政机关负责人出庭应诉工作的意见》和《鄞州区行政应诉工作办法》。落实领导干部和公务员年度述法和学法用法考试制度。多部门联合印发《宁波市鄞州区新任区管领导干部法律知识考试办法(试行)》,扩大干部任前法律知识考试范围,实现区管领导干部任前法律知识考试常态化。落实宪法宣誓制度,组织区政府及各部门1月以来任命的国家工作人员进行宪法宣誓,激励和教育政府工作人员提升忠于宪法、遵守宪法、维护宪法的意识。

【行政执法监督】 2019年,鄞州区重新确认区本级行政执法主体(第一批)43个。落实执法人员持证上岗制度,组织118名新申领执法证人员参加综合法律知识培训和考试,全区行政执法单位应当具备行政执法资格的工作人员,平均持有执法证件率达97.70%。组织区特邀行政执法监督员开展行政执法"三项制度"等有关制度实施情况、知识产权领域行政执法等专项监督检查。开展行政执法案卷评查,对30家行政执法部门抽查的36卷执法案卷进行审查,审核完成区综合执法局提交的责成强制拆除违法建筑案件125件。推进"无证明城市"改革工作,对全区68家机构梳理登记现行证明事项1582项。

【行政复议】 2019年,鄞州区收到行政复议案件62件,受理52件,办结68件(含上年结转10件)。审结的案件中,维持原行政行为29件,驳回5件,撤销5件,确认违法3件。经审理,调解和解后申请人撤回行政复议申请16件,调解和解率达23.53%;维持和驳回具体行政行为34件,占比50%;确认违法和撤销8件,纠错率11.76%,发挥行政复议的监督、纠错功能。全年复议应诉科直接承办区本级应诉案件25件,交办区本级应诉案件30件。网上公开行政复议决定书公开29份。

2019年7月30日,区委全面依法治区委员会第一次会议召开

【区委全面依法治区委员会第一次会议】 2019年7月30日,区委全面依法治区委员会第一次会议召开。市委常委、区委书记褚银良主持会议并讲话,区委副书记、区长王兆波就区委全面依法治区相关文件作起草说明。王邦进、徐卫成、沃勇特、林琪、华志苗、王松来、吕益军、卢明娟等出席,全区各镇(街道)党(工)委书记和区级机关各单位主要负责人参加会议。会议传达中央全面依法治国委员会第二次会议、省委全面依法治省委员会第一次会议及市委全面依法治市委员会第一次会议主要精神,通报鄞州区行政诉讼案件有关情况。会议审议并通过《中共宁波市鄞州区委全面依法治区委员会工作规则(审议稿)》、《中共宁波市鄞州区委全面依法治区委员会协调小组工作规则(审议稿)》、《中共宁波市鄞州区委全面依法治区委员会办公室工作细则(审议稿)》和《2019年法治鄞州建设工作要点(审议稿)》。褚银良在肯定法治鄞州建设取得的成绩后指出,鄞州正处于"二次创业"再出发、"两高四好"勇攀高的重要关头,要以正确的政治方向贯穿始终,以高水平法治建设保障发展,以健全的法治体系维护正义,以过硬的责任担当强化落实,坚持总书记习近平关于全面依法治国新理念新思想新战略的引领,推进全面依法治区,以法治建设增强发展领先优势。

(舒　哲)

公　安

【概况】 2019年,鄞州公安分局有6个职能部门、14个直属大队,辖26个派出所。有民警1013人,行政职工6人,辅警3103人。全区有户籍人口829088人(不含梅墟、东钱湖),年内登记出生人口8322人,死亡人员3634人,年末流动人口657603人。年内受理省内居民身份证64413条,制作临时身份证11986张,受理跨省异地证件22169件,受理全国居民身份证挂失申报24550件,受理公民因受理公民因私出国(境)119016人次。

落实新中国成立70周年大庆等安保维稳136场次,确保鄞州"大事不出、小事也不出"。协助防御抗击超强台风"利奇马",落实应对防范、抢险救援、灾后重建。抗台风期间,累计出动警力8900余人次,疏散转移群众38000余人。化解处置不稳定事件16起。打击境外宗教渗透等活动,取缔非法宗教组织7个,查处非法聚会点4处;查处网络散布谣言人员79人,造谣传谣处置率达100%。印发《鄞州区做好新时代反恐怖工作实施方案》《鄞州区反恐怖工作考评办法》,与新疆第二师铁门关市签订协议,将合作层级向高层党政领导机关延伸、将合作范围从反恐向全面合作延伸。推动反恐怖“四联三防”建设，完成13家校园、2家加油站防冲撞硬隔离安全防范设施试点建设。

规范信访件办理，全年共办理信访件5168件，办理总量全大市第一。全面开展“最多访一次”改革，借助钉钉系统推行信访“一点通”，构建信访“掌上办”新举措，打造公安“信访超市”“信访多维联调示范公安局”。开展信访积案集中化解，逐案实行“五包五定”举措，部、省、市、自查的22件信访积案全部化解，实现“无积案公安局”创建目标。制订印发《促进民营经济高质量发展的三十条措施》，与123家重点骨干企业建立重点企业联络警官制度，由鄞州公安分局领导、中层干部等担任“联络警官”，实行“点对点、一对一”服务；在重点企业全面推广建立企业警务联络室，推出亮“三盏警灯”、抓“五大警务”行动。正式运行警企服务中心，为企业提供案件线索受理、审批事项办理、法律政策咨询、权益保护、人才引进等服务。开展“扫楼排雷”“楼宇整规”等行动，排查企业1806家，清理整治P2P公司71家，立案9家，总部在鄞州区的P2P机构全面清零。开展“蓝剑2019”专项行动，打击侵权假冒、侵犯商业秘密等犯罪行为，查处知识产权案件26起，抓获犯罪嫌疑人62人。完成43.60万平方米违章建筑的拆除保障。

鄞州公安分局有202个集体、380名个人被表彰奖励，其中集体二等功2个、集体三等功5个，个人二等功2个、个人三等功46个，相继出现“最美浙警”陈振海等为代表的一批先进人物。人民群众安全感、满意度测评分别为98%、97.38%。

全年刑事发案下降8.20%，其中命案、“两抢”案件、盗窃案件分别下降66.70%、53%和24.80%。实体化运行合成作战中心，开放全部专业手段和信息资源，激活打击犯罪的全链条战斗要素。1起命案和40起五类重大案件全部侦破，命案发案数历年最低。推进扫黑除恶专项斗争，扫黑除恶综合绩效全市前列。侦办涉黑涉恶团伙86个，其中涉黑团伙4个、恶势力犯罪集体14个、恶势力团伙68个，扣押涉黑涉恶资产4.80亿元，挖出涉案公职人员36人，其中区纪委认定的“保护伞”24人。严打套路贷犯罪，打掉套路贷团伙29个，逮捕164人。实施对侵财、黄赌毒等突出犯罪打击，破获公安部毒品目标案件1起、省毒品目标案件2起，侦办涉黄涉赌刑事案件107起。开展集中打击食药环犯罪“昆仑”行动，破获食药环刑事案件29起，其中采取刑事强制措施68人，成效居全市前列。开展“云剑行动”追逃行动，抓获逃犯629人，逃犯库存降幅72%，抓获2名部督逃犯、6名市督逃犯，获得市局贺电表扬。破获涉众型经济案件65起，追赃3.67亿元，侦破“2·12”特大组织领导传销活动案、聚元集团非法吸收公众存款案等一批大要案，获公安部、省公安厅贺电。推进“显性用警”工作，专门印发《切实提升街路面见警率、管事率工作实施方案》，构建“巡特警武装机动巡逻、派出所治安动态巡逻、社区警力着装巡逻、智能警务亭定时值守”四级巡防工作机制，提升街路面见警率、管事率和快速反应能力。构建警保联勤联防工作机制，将社会接触面宽、信息渠道广和队伍规模大的保安队伍纳入社会治安防控体系。保安队伍提供案事件线索1300余条，协助破获案件400余起。在全区293所学校推广智能化校园安防工作新体系，对校园安防区域的可疑人员实时比对、预警，全年校园安全案事件“零发生”。围绕扫黑除恶、反诈、防范经济犯罪、禁毒以及安全知识等重点内容，开展“平安人人讲”活动，累计开课186场，受众群众8万余人。综合运用智能警务亭、平安宣传车、美团外卖骑手以及新媒体矩阵，实现宣传网络全覆盖，全年发放各类宣传资料16万余份。开展35站“文明出行、从‘头’做起”安全头盔捐赠系列活动，覆盖全区所有镇街，发放头盔34万余顶，形成“政府搭台、企业捐赠、群众受益”格局。由“一把手”局长带队，多次组织基层派出所与交警部门联合开展非机动车交通违法集中整治活动。全年累计查处各类非机动车交通违法行为21.70万起，电动车交通事故亡人数下降43.50%，全口径交通事故亡人数下降25.90%。吸取宁海“9·29”事件教训，开展安全生产整治百日大会战，按照“十二个一律”要求，危险物品监管率达到100%，安全生产事故和亡人事故分别下降34.60%和43.80%，全区火灾事故数下降31.20%，安全生产过程性指标全市第一。开展群租房集中整治行动，整改4459间，完成整改率92.80%，办理违规出租案件38起，行政罚款34人，罚款金额19.20万元，行政处罚案件办理数、处罚金额数均为全市第一；完成公寓楼整治专项活动任务，15家双证全无公寓楼全部取缔，14家双证齐全公寓楼全部自愿清退，其余92家需整改公寓楼全部整改到位。防范发生重大网络安全事件事故，联合区网信办、大数据管理服务中心组织开展全区网络安全攻防演练，提升网络安全监测预警、应急处置能力。

建成联网视频监控24000个，安装人脸车脸识别探头1213个、RFID基站2218个、RFID芯片34.50万个，智慧门禁92个，日均采集数据超过5000万条。推进智安小区建设，与区委政法委等13个部门联合印发《推进全区智慧安防小区建设的实施意见》，通过智慧手段，提升小区治安环境。布点建成27个智能警务亭，发挥智能警务亭驻守街面、支撑实战、服务民生实战作用。信息化应用模型“视频神探”“权限管家”“涉毒文本挖掘”“接处警助手”“窗口体验智能优化”5个模型分获市公安局第三届模型大赛一个金奖、二个银奖、二个铜奖；其中“视频神探”作为全省15个项目之一入围全国公安基层技术革新奖。“接处警助手”“零跑”模型分别获全市公安系统科技创新一、二等奖。梳理180项改革事项100%实现“最多跑一次”，其中实现“零跑”157项、“网上办”174项、“掌上办”169项。依托“阿拉警察”App等信息化平台，实现身份证、户口簿、驾驶证等15种证照电子化，应用于网吧上网、旅馆入住、出入境业务等300余个服务场景。牵头建立公安、民政、卫健、人社、医保、退役军人事务局等多部门“一件事”联办机制，实现联办出生、婚姻登记等“一件事”1620余件。推出“周二夜市”“周六”窗口办证服务，解决部分群众“上班没空办证，休息没处办证”难题。完成分局办证大厅入驻鄞州区行政服务中心工作，推动窗口服务质量。破解出租房屋总量大、隐患多、防控难管理问题，运用“互联网+”思维，在云龙镇试点创建“一个总台、一个系统、一套机制”的出租房屋“旅馆式”管理新模式。破解违规养犬难题，建成全市首个犬类收容留检中心，面积达1000平方米，引进犬类管理电子芯片系统和城市犬类管理信息系统，建立智能管理、乐园护理、常态治理、规范处理“四理”模式。全年排查登记犬只35000只，查处不文明养犬行为343起，收容流浪犬500余只；犬类行政案件办理数居全市第一，涉犬警情下降14.10%。建立宣传、防护、救援“三位一体”防溺水工作格局，对全区溺水危险水域，落实隔离栏、救生圈、语音预警等设施，开展“预防溺水事故”授课250余场次，覆盖全区216所中小学和幼儿园，全年全区未发生一起溺亡事件。构建烟花爆竹违规燃放整治机制，劝阻烟花爆竹违规燃放行为1675次、查处案件114起、行政处罚118人，案件查处数、违法人员处理数、收缴数均为全市第一，实现重要时间节点“零燃放”、烟花爆竹引发火灾“零发生”。发挥“老潘警调”基层矛盾就地纠纷化解作用，开展市委书记郑栅洁、区委书记褚银良等省市领导交办信访案事件4起，化解千万元以上疑难纠纷案事件4起，宁波多个大型市政建设项目推进工作均邀请警调“智库”成员参与，市信访局邀请老潘每周专席“坐堂”一天，老潘警调模式已形成“鄞州地方标准规范”（DB330225），并在全省推广。《警调三十六计》多次再版，累计印发5000余册。全面推行“一村一辅警”工作机制，专门到湖南省邵阳市公安局考察学习，在全区201个行政村设立专职辅警，基层基础工作延伸至村一级。

启用面积达3200平方米的鄞州分局、东钱湖分局联合办案点和分局指定监视居住点，保障攻坚重大案件、监视居住需求。在5家城区医院和3个镇卫生服务中心设置醒酒中心，对醒酒中心进行软包处理、视频联网，并建立警医联动处置机制，实现涉酒警情规范化、标准化处置。针对法制工作中暴露的执法问题，专门制订下发全面查摆问题、加强执法管理等方面11条法制工作要点，全面规范执法行为。启动全区公安机关规范执法大的巡察，完成对姜山等6个派出所巡察。全年巡查受立案件3万起、办案区人员情况14000余人、电子卷宗2721册。开展重点案件评查工作12次，倒查案件291起，发现各类问题1490条，下发执法建议书59份。开展执法规范化知识竞赛，定期开展法制专题培训，督促民警强化基本法律知识学习。全局有34名民警通过司法考试，司法考试通过总人数全市第一，17名民警成为公职律师。

开展“不忘初心、牢记使命”“践行新使命、忠诚保大庆”等主题实践活动，党委班子带头开展专题学习，梳理问题清单85项，开展即知即整、对账销号。组织360名机关民警开展“践初心、办实事、促民生”万人百岗畅交通活动，把一批干部提拔到上中层领导岗位。全年提拔任用中层干部79名，12名中层领导被交流到重要岗位任职。创新教育训练梯队建设，将局领导纳入师资队伍第一梯队，选拔一批基层骨干、业务尖子和岗位能手为第二梯队，建立50余名兼职教官人才库，配套建立奖励制度，分局21名兼职教官进入市局人才库。创办“鄞警大讲堂”，以电视电话会议授课、送教上门形式，为基层所队和岗位一线传授合成作战技战法、禁毒打处、新型侵财违法犯罪打防、出租房治理等业务知识，解决执法执勤过程中的痛点堵点。全面开展全警实战大练兵，全年分4批次，组织全局民警开展武器规范使用训练，提高民警武器使用技能、紧急处置能力。实战化课程建设突出，获全市公安机关精品课程评选团体总成绩第3名，一堂微课程获全省精品课程评选2等奖。印发《关于进一步加强因私出国（境）管理的通知》《关于进一步严格个人有关事项报告的通知》等规定，规范上报、流转、审批程序。利用网上视频巡查、督察系统、谈心谈话、实地督察等方式方法，开展风险源点排查，纠正各类苗头性、倾向性问题。全年提醒谈话28人次，责令作出书面检查1人，通报批评2人，诫勉2人。坚持追责问责，对队伍中的违纪违法问题“零容忍”。分局投入2200万元完成白鹤、福明派出所装修建造，投入120余万元完成明楼派出所业务用房改造、出入境东柳受理点等一批项目建设；出资767万元购置、更新执法执勤车辆55辆；完成基层所队26个健康服务角建设，分局民警人身意外保险费标准由每人每年350元提高至每人每年450元。做大做强慈善爱警基金，基金总额扩大到500万余元，全年走访慰问365人次，发放慰问金95余万元，最大限度发挥帮扶救助效用。成立“鄞州区警察协会”，依法维护人民警察合法权益。加大对侵犯民警执法权威查处力度，依法追究刑事责任18人，给予行政处罚13人。制订印发《减轻基层负担关爱基层民警15条措施》，推动惠警制度落地落实。推动内部“最多跑一次”改革，对派出所民警到机关办事的“堵点”逐项改革，39个事项实现“零次跑”。

鄞州公安分局接待来访群众338批次，比上年下降31.80%，其中初访192批次，比上年下降44.50%，另外146批次当场劝返，192批次转交各部门办理，办结184批次；接收来信294件，其中办理办结要信要访46件。接收浙江省统一政务咨询投诉平台信访件4762件。全年全区群众到上级公安机关上访866批次，上降39.20%，其中到公安部33批次，上升13%，到省厅107批次，上升27.30%，到市局上访726批次，上升42.60%。各级来信293件，上升8.90%；初信初访495批次，占37.40%，重复信访828批次，占62.60%。通过公安部信访三期系统录入转办616批次，报结613批次。全年分局领导信访窗口接待72批87人次，参与区政府信访局参加区委政法委统一接访活动12批次，接待信访群众30余批次。全年办结公安部、省公安厅、市公安局交办积案及自查信访积案22起。信访信息被公安部录用5篇、省厅录用37篇、市局录用54篇，录用数名列全市第一。

鄞州经济开发区派出所接处警4288起，其中有效警情853起，出动警力3412人次，查处1起走私冻品案件，销毁冻品248吨，查处1起非法捕捞案件；调解各类纠纷402起，其他80起，群众求助145起，处理非正常死亡事件3起，排查不稳定因素8个，成功化解8个。走访机关部门8家、企业156家，群众8000人次，开展巡逻600次，出动警力2400人次。开展清查行动40次，出动警力400人次，清查外口5000余人。会同渔政部门开展联合执法活动，检查船舶180余艘次，船员400人次。

【"扫黑除恶"专项斗争】2019年，全区"扫黑除恶"专项斗争启动后，鄞州公安分局开展线索排摸，强化线索核查，攻克大要案件，开展"扫黑除恶"专项行动宣传活动。全年上报有效线索55条，立案打击处理27条，打击处理率49%。惩治涉黑涉恶犯罪嫌疑人265人，打掉恶势力团伙86个，团伙成员341人。打掉套路贷团伙29个，抓获嫌疑人568人，破案356起，查缴涉案资金3亿元，打掉网贷App平台12个。

【毒品犯罪打击行动】2019年，鄞州区利用大数据平台，开展"云战""攻击"专项行动，抓获违法犯罪嫌疑人595人，其中刑事拘留145人，治安拘留450人，执行强制隔离戒毒112人，缴获毒品1.20千克。实体化运作区易制毒化学品管理协会，加强易制毒化学品、精麻药品和非管制类可制毒原料生产、运输、经营、使用各环节日常监管。开展生物、医药、化工等企业实地检查，排查村庄、中小规模养殖场、废弃厂房等高风险区域。监控卡西酮、芬太尼等"第三代毒品"伪装成食品、饮料的新形式毒品以及具有毒品危害的新精神活性物质。开展"禁毒流动课堂"活动，在农贸市场、广场等地，以设置咨询台、禁毒展板、LED屏等形式进行禁毒宣传活动；5月24日，2019年宁波市全民禁毒宣传月暨全市高校禁毒公益联盟成立仪式在浙江大学宁波理工学院举行。

【"禁赌扫黄"行动】2019年，鄞州公安分局落实专人对黄赌警情进行研判，对同一地点多次报警地点以重点关注，建立重点区域黑名单，全年破获涉黄涉赌刑事案件107起，其中采取刑事强制措施334人，起诉292人。8月25日，成功捣毁6家涉黄场所，抓获涉案人员80余人，其中刑事拘留28人，取保候审1人，行政拘留28人，该起案件被列为省公安厅督办案件。

【经济犯罪专项打击】2019年，鄞州公安分局受理经济案件189起，立案159起，破案65起，追赃3.69亿元，打击处理犯罪嫌疑人237人，移诉161人。其中，受理非法集资、网络传销等涉众型经济案件51起，立案45起，破案35起，抓获犯罪嫌疑人174人，追赃3.67亿元。受理危害税收征管类案件94起，立案77起，破案11起，抓获犯罪嫌疑人15人。先后侦破浙江集呈科技特大组织领导传销活动案、聚元集团非法吸收公众存款案等一批案件。推进风险排查整治，排查单位目标1806家，立案9家。开展"蓝剑2019"专项行动，排查各类企业260家，查处知识产权案件26起，抓获犯罪嫌疑人62人。开通"鄞州—经侦"微博平台，组建受害投资人微信群。全年分局在打击涉众型经济犯罪、猎狐、蓝剑2019、云端2019、打击假币等专项行动绩效均排名全市第一。

【涉网犯罪专项打击】2019年，鄞州公安分局受理各类网络刑事案件协查2382起，共协查线索8307条，协助破获案件493起，抓获犯罪嫌疑人852人。先后侦破非法侵入计算机信息系统案、鄞州0318侵犯公民个人信息案、网络科技有限公司开设赌场案、投资平台诈骗案等重大案件，年内破获部督案件2起、省督案件3起。公安电子数据检验鉴定实验室通过公安部和司法部实验室能力验证，实验室全年受理案件208起，勘验检材1352个，出具检查文书336份，参与现场取证38起，比上年增加80%以上。

【反恐怖治理工作】2019年，鄞州公安分局印发《鄞州区做好新时代反恐怖工作实施方案》和《鄞州区反恐怖工作考评办法》，与新疆第二师铁门关市签订《反恐怖工作全面协作框架协议》。全年核查触网关注人员1278人次，查漏补控核查入甬到港到站未触网危疑人员1244人，其中发现全市漏控"失轨人员"544人（鄞州区44人），审查甄别7名人员列为不放心对象。完成20家人员密集场所反恐怖"四联三防"建设工作，推动21家反恐重点行业建设单位的反恐怖防范标准落地建档。破解学校、加油站防冲撞瓶颈，完成13家校园以及2家加油站防冲撞硬隔离安全防范设施试点建设。完成2家长途汽车客运站人证合一自助检票闸机和安检机建设。突出战时区反恐办实体化运作，常态化滚动督导检查反恐重点目标（敏感部位）、场所2450余家次，整改漏洞隐患320余处。

【国家安全保卫工作】2019年，鄞州公安分局搜集情报信息1291件，市公安局录用873件，其中省公安厅录用791件，公安部录用490件，情报信息录用量、录用率和非网上情报占比均名列全市前茅。全年核查敏感物资46起，排除40起，阻拦敏感物资4起，追回敏感物资2起；1起省攻坚专案（境外非政府组织专案）取得重大突破，宗教领域1起专案获得重大进展。全年取缔"新天地教会"等非法宗教组织7个，查处非法聚会点4处，教育谈话200余人，驱逐外籍传教人员2人。

【110接处警】2019年，鄞州公安分局接有效警情164858起，上升7.93%。刑事案件警情9738起，上升16%。治安案件警情78134起，上升

8%。火警及消防救援1292起，上升5%。群众求助58526起，比上年上升31%。举报线索13953起，下降8%。实现12345政务服务热线与110报警服务台双号码、双热线、双平台对接运行机制，处置兴裕新村精神病人持刀砍人、万达公寓持刀砍人、殷家花园跳楼自杀、明州医院医闹事件、滨江商业广场持械打架等一批重大突发警情。

【交通管理】 2019年，全区道路交通事故报警数160179起，下降0.20%。上报道路交通事故220起，下降6%；死亡50人，下降4%；受伤226人，下降2%；直接经济损失34.60万元，下降22%。全口径道路交通事故死亡74人，减少20人。查获道路交通违法1121660起，上升75.20%。其中，现场查获交通违法285840起，非现场查获交通违法835820起，查获酒后驾驶936起、醉酒驾驶690起、非机动车违法237649起、工程车违法11005起、"四类重点车"（客运车辆、旅游包车、危化品运输车、工程车）违法11077起。交警鄞州大队被各级电台、电视、报刊等媒体录用信息379篇，被国家级媒体录用信息10篇、省级媒体录用信息80篇、市级媒体录用信息159篇。官方微博发布1736篇，平均转发数13次、点赞32次，官方微信发布265篇，阅读量145.70万次、平均每篇点赞13次、转发数7次。开展集中宣传教育活动521次，印制、发放各类读本、资料、宣传挂图、公开信等51.30万份，参与发放电动车安全头盔22万顶。交警鄞州大队"12·6"事故侦破组获记集体三等功，李析军等5人获记个人三等功，吴浩等14人获嘉奖。

【出入国（境）管理】 2019年，鄞州公安分局受理公民因受理公民因私出国（境）119016人次，其中因私出国44449人次，港澳59280人次，台湾15287人次，受理、签发境外人员签证签注申请1895人次，检查境外人员临时住宿登记数115019人次，不准出境人员报备2497人次。开启应用"双线"模式，实体办事大厅结合网上办事大厅，新配置4台自助受理机、1台自动取证机、2台到港澳再次签注机、1台社保机。

【外国人签证管理】 2019年，鄞州公安分局创新优化外国人签证办理，对外籍A类人才等，提供专人代办上门服务。推出周六办证服务，与区行政服务中心同步开展"周二夜市"办证服务。把散居外国人登记注销等工作纳入派出所年度考核指标，分3次为派出所社区民警进行业务轮训，分6次对160余家涉外宾馆400余名前台人员进行针对性培训。全年走访85家涉外企业，签证回访人员800余人。全年组织打击毗邻国家人员非法就业、非法非佣专项行动等，处罚"三非"外国人88人，其中行政拘留5人、拘留审查8人、遣送出境8人。

【巡逻防控】 2019年，鄞州公安分局完成宁波第二届"宁波帮帮宁波"发展大会、区"两会"、台风"利奇马"抢险救援、新中国成立70周年大庆等重要安保任务，参与特种勤务等安保工作291次，专人专车到北京、乌镇协助全国"两会"、互联网大会安保工作。构建以市政府、东部银泰城、国际会展中心、区政府、万达广场等重点部位为核心，以徒步巡逻、机动车巡逻为主，开展全天候24小时武装巡逻。处置各类突发事件483起。捣毁多处黄赌毒窝点，抓获各类嫌疑人90余人，其中刑事拘留14人，行政拘留46人。打造以盘查重点人员为切入点的巡控专业队伍，全年抓获全国在逃人员326人，法院协控人员699人，吸毒人员4人。

【行政执法保障】 2019年，鄞州公安分局出动警力400余人次，参与全区工业厂房改建公寓安全隐患整治、四号线科技路段、东胜街道工人新村、东郊街道仇毕村、福明街道桑家工地等区里"拔钉清零"重要项目，保障中河街道公馆六号和御玺园小区违建拆除、启明路777号大楼违章建筑整治、下应街道东方湾邸小区违建拆除、钟公庙施家漕司法拆迁等违建拆除项目，保障拆除违章建筑225229平方米。开展渣土车整治、中心城区违停车辆整治、老旧小区内环境卫生整治等专项行动，累计出动警力750余人次，全年劝阻、整治无照经营和跨门占道计7500余家。协助区综合行政执法局对200余名综合执法队员开展轮训工作，办理行政案件9起，传唤12人，行政拘留2人，查清案件后移交拘留1起，在执法现场快速化解阻碍执法行为79起，调解56起。

【执法办案审核】 2019年，鄞州公安分局审核治安（行政）案件1689起，查处违法人员2454人（其中行政拘留1625人，罚款677人，警告145人），强制隔离戒毒127人，社区戒毒285人；审核刑事案件1092起2598人，其中刑拘1881人，取保候审（直保）686人，监视居住31人；提请逮捕1407人，其中批准逮捕1069人，审核移送起诉2185人。受理公安行政复议案件11起（含区政府受理10起，公安受理1起），办结9起（含上年未结0起），维持7起，撤回或解终止2起；受理行政诉讼一审新增案件11起，办结12起（含上年未结4起），胜诉9起，败诉0起，原告撤诉3起。二审案件7起，办结6起（含上年未结0起），胜诉6起，败诉0起，原告撤诉0起，发回重审0起。全面启动服务保障战时工作机制，参与涉黑恶专案17起，审核涉黑恶案件170起，参与案件会商100余次，解决疑难法律问题58个，指定监居场所涉黑恶犯罪嫌疑人监视居住人，保证全市首例黑社会性质案件以及多个黑恶团伙案件移诉。开展网上执法巡查工作，累计巡查各类警情12万余起、受立案件近3万起、办案区人员14000余人、电子卷宗1271册，网上执法办案应用能力提升。开展重点案件评查工作12次，倒查案件274起，发现各类问题1180条，下发执法建议书57份；因执法过错，1名民警被记大过，1名民警被警告。印发《宁波市公安局鄞州分局疑似醉酒人员警情处置有关规定》《宁波市公安局鄞州分局醒酒中心管理规定》，规范疑似醉酒人员处置工作。办理指定居所监视居住对象25人，逮捕6人、起诉2人。

【公安科技信息化建设】2019年，鄞州公安分局建成接入联网视频24300路，其中公安自建一类点4000路、重点行业场所等二类点4000路、社会资源整合三类点约15000路；拓展安装人脸识别摄像1400路、车脸识别摄像头200个；创新“智·创”工作室建设，获评市级信息化工作室；完成“动态图像采集系统”“东部新城一期监控运维”等项目建设；推进人脸抓拍、车辆卡口、“最多跑一次”互联网+、可视化指挥体系等应用。“视频神探”“权限管家”“涉毒文本挖掘”“接处警助手”“窗口体验智能优化”等模型获市公安局第三届模型大赛一个金奖、二个银奖、二个铜奖。“接处警助手”“零跑App”模型分获宁波市公安局科技创新一、二等奖。“视频神探技战法”作为全省15个项目之一入围2019年度“智慧公安我先行”全国公安基层技术革新奖。

【出租房旅馆式管理创新】2019年，鄞州公安分局实践运用“互联网+”思维，创建“一个总台、一个系统、一套机制”管理新模式，打造出租房屋“旅馆式”管理新模式，破解出租房屋总量大、隐患多、防控难管理难题，得到市委常委、鄞州区委书记褚银良批示肯定。实现管理新模式以来，全区出租房火灾发生率下降23%，治安类案件下降30%。

【“智安校园”建设】2019年，鄞州公安分局在全区293所学校推广校园信息化安防新模式，打造“前端获取、后台比对、及时预警、警校联动”智能化校园安防工作新体系。新建校园周边高清监控探头356个，改建174个，确保动态实时监控。校园警务联络室安装配置具有证件扫描、人脸识别、登记显示等功能的智能触摸访客机，实现对进出人员信息感知。项目建设以来，全区未发生一起校园安全案事件，位列全市前茅。

【犬类管理整治推进】2019年，鄞州公安分局全面加强犬类源头管理，引进城市犬类管理信息系统，实现对犬只信息化、智能化管理。开展违规养犬集中整治行动，查处不文明养犬行为340起，清理流浪犬540余只，犬类行政案件办理数居全市第一。建成全市首个占地面积600平方米犬类收容留检中心，可收容200条以上流浪犬，规范犬只收容、领回、无害化处理等流程。

【防溺水公共安全监管体系建设】2019年，鄞州公安分局建立“宣传、防护、救援”“三位一体”防溺水工作格局。累计为全区师生进行“预防溺水事故”授课200余场次，覆盖全区293所中小学校和幼儿园，受教师生达9000余人。对辖区内46处溺水危险水域，落实整改措施，在23处隐患点修缮警示标识牌，设立隔离防护栏等设施，增设视频监控点位25个，联合镇（街道）组建专业防溺水救护队。全年全区未发生一起溺亡事件。

【工业厂房改建公寓楼整治行动】2019年，鄞州公安分局部署开展全区范围工业厂房改建公寓楼整治行动。制订《分类处置具体操作细则》《工业厂房改建公寓楼治安标准》《长租式公寓楼消防设置基本要求》等具体标准和操作规范，将各类安全标准细化具体化，落实业主主体责任、行业管理责任，以及出租人和承租人法律责任。92家公寓楼完成整改，全部符合治安标准，并取得消防安全评估报告及房屋安全评估报告，15家双证全无公寓楼全部取缔清退。

【治爆缉枪专项行动】2019年，鄞州公安分局开展打击整治枪爆违法犯罪专项行动，张贴各类通告14500余份，查破5起非法采矿行为。加强对各涉爆涉枪等物品的日常统计和销毁工作，查破涉枪涉爆刑事案件3起、抓获犯罪嫌疑人员5人，查破各类涉危案件134起，收缴报废猎枪、火药枪、气枪等各类枪支94把、管制刀具305把，收缴各类子弹7179发，炮弹6枚、手榴弹2枚、非法易制爆危化品1429千克。

【“老潘警调中心”建设】2019年，鄞州公安分局创建以“老潘警调中心”为龙头的“互联网+警调衔接”新模式，打造警调工作全省样板，打响新时代“枫桥经验”宁波品牌。组建一支由65名优秀调解员组成的全市警调专家人才库，整合司法、环保、卫生、人社等政府资源和律师事务所、协会组织、企业等社会资源，形成兼职“智库”。改造启用“老潘警调”流动调解宣传车，作为固定调解室和网上调解室的补充，开展“滴滴式”上门服务、移动服务，实现“群众点一点、调解就跟进”，全年成功处理800余件矛盾纠纷。

【跨国制售假冒国有品牌重型卡车案侦破】2019年7月20日，鄞州公安分局出动警力50余人，在宁波、山东、内蒙古等地统一收网，成功侦破一起跨国制售假冒国有品牌重型卡车案，打掉制假生产窝点5处，抓获主要犯罪嫌疑人王某等7人。经审讯，王某交代自2017年3月以来，在国内收购废旧重型卡车，实施车辆拼装翻新制假，而后骗取车辆出口许可证，将10台假冒伪劣车辆报关销往几内亚的犯罪事实。

【“聚元集团”涉嫌非法吸收公众存款案侦破】2019年7月9日，鄞州公安分局抽调警力126人，分成18个抓捕组、8个证据搜集组，集中打处浙江聚元普惠网络科技有限公司总部及其在宁波的17家分支机构，23名犯罪嫌疑人全部落网，查封房产13套，查扣车辆400余辆，冻结股权3300万股，冻结银行账户164个，追缴违法所得300余万元，追缴违法所得300万元。浙江聚元集团涉嫌非法吸收公众存款案，涉及投资受损人数3276人，未兑付金额5.94亿元。

【浙江集呈科技公司特大网络传销案侦破】2019年5月7日，鄞州公安分局专案组派出17个工作组，分别到浙江、上海、江苏、广东、陕西等省、市统一收网，将浙江集呈科技有限公司涉嫌从事非法传销组织核心成员及提供技术服务公司人员等悉数抓获到案。现场抓获犯罪嫌疑人126人，冻结涉案资金3640余万元，扣押车辆10台。

【区首起非法收购珍贵、濒危野生动物案侦破】 2019年4月1日，鄞州警方接报辖区张斌桥花鸟市场有人非法售卖珍稀野生鹦鹉，组织警力侦查，当场抓获涉嫌非法收购珍贵、濒危野生动物的嫌疑人陈某。经查发现，陈某非法售卖鹦鹉中，其中一只为非洲灰鹦鹉，为《濒危野生动植物种国际贸易公约》附录Ⅰ名录中物种，另一只为蓝额亚马逊鹦鹉，为《公约》附录Ⅱ名录中物种，均为国家一级保护动物和二级保护动物。

【上海持康公司特大合同诈骗案侦破】 2019年3月22日，鄞州警方在宁波、温州、绍兴等地统一行动，将犯罪嫌疑人黄某等5人抓获，破获一起省公安厅督办合同诈骗案件，涉案金额2亿元。经查，自2017年以来，犯罪嫌疑人黄某等人成立上海持康等空壳公司，虚构国外客户订单，假冒外商名义找各种理由拒付或要求工厂货款打折，再将骗得的货物低价销售后用于支付后面被骗客户的定金和供犯罪嫌疑人个人挥霍，实施诈骗30余笔，诈骗货物价值2亿元。

【网络销售假冒“飞天”茅台案破获】 2019年3月20日，鄞州警方在象山县丹城抓获陈某等3名犯罪嫌疑人，摧毁一销售假酒团伙，查扣飞天茅台假酒40余箱，涉案金额40余万元。经审讯查明，自2014年以来，犯罪嫌疑人陈某多次从贵州购买不同年份飞天茅台假酒，并伙同沙莉莉、陈沙烈进行销售，销售金额130余万元。

【“4·28”买卖国家机关公文案侦破】 2019年4月28日，鄞州警方在中河辖区一宾馆内抓获万某等10名涉案人员，打掉一涉嫌买卖国家机关证件犯罪团伙，现场缴获营业执照20余份。经审讯查明，万某等人注册公司，雇佣专人办理、收购营业执照和对公账户，并以每套4000元至6000元不等价格对外售卖，从中获利75万余元。

【“6·28”特大信用卡诈骗案侦破】 2019年7月8日，鄞州警方在宁波健宸大厦抓获犯罪嫌疑人万某等13人，破获宁波市金翼飞广告服务有限公司特大诈骗案。经审讯查明，自2017年以来，犯罪嫌疑人万某等人在明知无法给客户办理贷款情况下，仍以高额无抵押无担保、低息办理信用卡贷款等为诱饵，诱骗受害人支付会员费、服务费，并以各种方式拒绝退还服务费。该案涉及被害人400人，涉案金额400万元。

【“11·14”非法侵入计算机信息系统案侦破】 2019年6月，鄞州警方在北京、福州、泉州三地同时展开抓捕行动，成功抓获丁某、贾某等涉案人员13人，成功打掉一“非法侵入计算机信息系统”团伙。经审讯查明，自2018年11月以来，嫌疑人丁某等人通过非法手段侵入“平安白条”等4个网贷App后台，盗取App内资金，涉案金额高达200余万元。

【“10·29”网络赌博案侦破】 2019年10月29日，鄞州公安分局出动警力400余人，在宁波、绍兴及广州惠州、江西南昌、湖南长沙等七地开展集中收网行动，捣毁一网络赌博团伙，抓获犯罪嫌疑人223人。经审讯查明，自2018年4月以来，犯罪嫌疑人孙某等人在聚财助手App、kk体育App上开设私彩诱骗客户充值并与客户对赌，从中获利500余万元。

【非法走私冻品案侦破】 2019年6月5日，鄞州经济开发区派出所通过前期情报线索经营，出动10余名警力，警车3辆，在大嵩江大闸沙场码头，发现码头停靠一艘名为“帆顺68”的“三无”船舶（是指无船名船号、无船舶证书、无船籍港的船舶）涉嫌走私冻品，当场扣押带国外标签的可疑肉类冻品248.30吨，案值300余万元。

【非法捕捞案破获】 2019年8月28日，鄞州经济开发区派出所在象山港大嵩江口海域，当场抓获在国家法定禁渔期内非法捕捞作业人员卢某，查处一起非法捕捞案件，现场查获一批梭子蟹、带鱼、鲳鱼等禁捕鱼类产品，案值10万余元。犯罪嫌疑人被依法采取刑事强制措施。

（李川韶　邱义斌）

检　察

【概况】 2019年，区检察院批准逮捕各类刑事案件775件1158人、提起公诉1397件2160人，案件总量及人均办案量位居全省前列。依法严惩故意杀人、故意伤害等暴力犯罪，“盗抢骗”等侵财类犯罪和“黄赌毒”犯罪1126人。起诉假冒注册商标等侵犯民营企业合法权益案件122人，各有1起案件分别获评全国检察机关保护知识产权典型案例和全省服务民营经济精品案件，4起案件入选全市检察机关服务民营经济典型案例汇编，数量居全市两级院首位。起诉非法集资、集资诈骗、金融传销等涉众型经济犯罪108人，涉案金额17.33亿元，办理在宁波有重大影响的聚元汇普非法吸收公众存款等案件。参与互联网风险专项整治，依法起诉利用互联网实施的传销、电信诈骗、倒卖公民个人信息等新型网络犯罪125人。开展破坏环境资源专项整治行动，依法起诉非法排污、非法开采等各类破坏生态环境犯罪57人，比上年增加119%。依法办理公安协警玩忽职守等职务犯罪案件6件11人，其中县处级干部3人。依法批准逮捕涉黑涉恶案件16件47人，提起公诉12件62人，各有2起案件分别获评全市扫黑除恶典型案例和打击“套路贷”犯罪典型案例，数量占全市一半。发现并移送“关系网”“保护伞”案件线索19条，1起涉黑线索列为省级督办案件。

参与诉源治理工作。不批准逮捕人数401人，增长5.20%，不起诉人数428人，增长67.20%。落实最高检“群众来信件件有回复”的工作要求，实行检察信访案件全程电子化管理，受理群众来信来访363件，100%实现7日内程序回复。工作经验在浙江控申检察践行新时代“枫桥经验”会议上分享。做好风险防控、追赃挽损工作，1起案件被国家处非办评为典型案例。开展未成年人保护与犯罪预防宣传，与最高检影视中心合作拍摄的微电影《七色花开》，获评全省未成年人检察优秀微电影，并在中央广播电视总台社会与法频道展播。拍摄的扫黑除恶微视频获评全国检察新媒体创意大赛金奖。监督公安机关立案14人，纠正漏捕3人，纠正漏罪漏犯59人次，其中4人被判处十年以上有期徒刑，追诉重罪漏犯数量列全市首位。落实认罪认罚从宽制度，适用率达到91%。落实司法体制改革，实行捕诉一体办案机制，案件办理时间平均缩短15天。对49名服刑人员特赦工作开展法律监督。

借力内设机构改革，单独设立民事检察部、行政和公益诉讼检察部，办案力量由3人增加到11人。办理公益诉讼案件23件，在全市率先实现四大重点监督领域全覆盖。开展餐饮油烟公益诉讼专项行动，1起案件入选全省检察机关公益诉讼工作两周年优秀案例。办理全市首起涉未成年人刑事附带民事公益诉讼案件。推进智慧检务建设。建立首个覆盖全国的性侵违法犯罪人员信息库，联合区相关部门印发性侵违法犯罪人员信息查询制度，对全区教师、学校门卫、未成年人培训机构工作人员等密切接触未成年人岗位实行入职强制查询，对有性侵违法犯罪记录人员严禁录用。该信息库有性侵违法犯罪人员基本信息37万余条，为区相关行政机关、学校、培训机构等提供查询12000余人次。最高检在鄞州区召开全国部分省市性侵未成年人信息库建设现场会，区检察院负责人作经验交流发言。最高检以鄞州库为蓝本打造全国统一的性侵违法犯罪人员信息库。深化“最多跑一次”改革，在全省首家推出一站式移动检察服务平台“鄞检e站”，个性化设置代表委员、律师、社会公众登录界面，采用人脸识别验证技术和“一案一空间”聊天功能，方便不同群体登录使用。平台在线访问12万余条，推送案件信息4000余条，案件绑定1000余件。先后获全国政法智能化建设智慧检务优秀创新案例、全国2019年互联网+政务服务创新应用和2019年度全省检察机关创新成果。省检察院以“鄞检e站”为蓝本打造全省移动检务平台。在全省率先开发“调查+”公益诉讼调查取证平台，将手机应用程序、调查取证设备、证据仓库等有效连接，使公益诉讼调查取证迈入智慧化、信息化应用阶段，成案效率提升。市检察院召开现场会并在全市推广应用。在全省首家设立公益诉讼证据设备管理中心，规范管理移动指挥系统、无人机等调查设备，提高公益诉讼调查效率。

2019年3月20日，“平安浙江千里行”采访团到区检察院采访

完成内设机构改革，突出办案专业化建设，设置第一至第八检察部。院未检团队入选“最美浙江人——2019年度浙江骄傲人物”提名奖，实现浙江检察系统新突破。3名干警获评全国检察宣传先进个人，1名干警获评全省优秀检察官。1名干警率队代表省检察院参加国内外电子数据取证领域顶级赛事中国电子取证大赛，获团队赛职业组一等奖。分别有2名、10名干警荣立二、三等功，立功人数在全市前列。4名干警入选全省刑事检察人才库，13名干警分别入选市检察院领军、精英、骨干人才库，入选人数均居全市首位。

【“平安浙江千里行”采访团采访鄞州未成年人保护工作】 2019年3月20日，由《法制日报》《中国青年报》《人民法院报》以及人民网浙江频道等11家中央、省级新闻媒体派出的11位记者组成的“平安浙江千里行”采访团到鄞州区检察院集中采访未成年人保护工作。区委政法委副书记胡贤君陪同。采访团一行实地参观区检察院设在鄞州二院的“一站式”未成年人保护站，了解保护站的功能区域、工作模式及实际运行情况，并参观该院12309检察服务大厅。区检察院党组书记、检察长吕益军从打造未检特色品牌、推进平安鄞州建设、强化队伍素能建设3个方面情况作介绍。

【全市检察机关“调查+”公益诉讼调查取证平台推广会在鄞州区召开】 2019年4月29日，全市检察机关“调查+”公益诉讼调查取证平台推广会在区检察院召开。宁波市及各县（市、区）检察院公益诉讼职能部门、技术部门负责人参会。与会人员参观区检察院公益诉讼证据设备管理中心、远程指挥办公室，观看“调查+”公益诉讼调查取证平台宣传片，并听取该院关于平台相关介绍，对调查取证平台的推广和使用提出意见建议。

2019年4月29日，全市检察机关“调查+”公益诉讼调查取证平台推广会在区检察院召开

【“鄞检e站”综合服务平台获评全国政法智能化建设智慧检务优秀创新案例】 2019年7月3—4日，由《法制日报》主办的2019全国政法智能化建设研讨会在北京召开，区检察院“鄞检e站”综合服务平台获评全国政法智能化建设智慧检务优秀创新案例。该平台以微信小程序为载体，打造以案件为核心，当事人、律师、人大代表、政协委员、检察官等多方参与的全省首个一站式检察服务平台。平台涵盖案件查询、在线信访、司法救助、线索提供、以案说法等服务事项，通过案件绑定构建便捷的检律沟通案件空间，新增检视通功能方便检察官和当事人视频连线，开设代表委员直通车板块，主动、全面接受监督。

【浙江政法微信排行榜200期十强颁奖暨平安浙江（鄞州）新媒体培训活动】 2019年7月11日，浙江政法微信排行榜200期十强颁奖暨平安浙江（鄞州）新媒体培训活动在鄞州区举行。该活动由浙江省委政法委指导，浙江省新闻工作者协会、中共宁波市鄞州区委、区政府、《浙江法制报》共同主办。鄞州检察微信公众号入选浙江政法微信排行榜200期检察系统十强。区检察院微信公众号将传递检察声音、讲述检察故事、传播法治正能量作为运营理念，发动全员参与，全年推送《阿亮扫黑记》《心无间距》《e路相伴》等原创作品90余篇。

【全国部分省市性侵害未成年人违法犯罪信息库和入职查询制度座谈会在鄞州区举行】 2019年10月23日，全国部分省市性侵害未成年人违法犯罪信息库和入职查询制度座谈会在区检察院召开。该座谈会由最高人民检察院第九检察厅主办，区检察院承办。最高人民检察院第九检察厅厅长史卫忠，浙江省人民检察院党组成员、副检察长胡东林，宁波市人民检察院党组成员、副检察长李红澜，最高检第九检察厅、案件管理办公室、检察技术信息研究中心相关负责人员，以及江苏、浙江、上海、贵州等10余个省市检察机关未检部门负责人30余人参加研讨。区检察院现场演示性侵害未成年人信息库建设情况，介绍构建的全区未成年人一体化保护平台，建立性侵未成年人信息库以及入职查询制度等情况。各省市参会人员依次介绍当地探索性侵信息库建设的做法和尝试，并针对全国层面信息库构建和查询制度建设中存在的问题提出意见和建议。史卫忠表示，召开全国部分省市性侵害未成年人违法犯罪信息库和入职查询制度座谈会，是落实“一号检察建议”的具体举措。宁波鄞州等单位在性侵信息库建设方面进行的探索得到史卫忠肯定。高检院将以修改未成年人保护法（修订草案）为契机，推进信息库建设。

（简淑琴）

2019年10月23日，全国部分省市性侵害未成年人违法犯罪信息库和入职查询制度座谈会在区检察院召开

法 院

【概况】 2019年，区法院受理各类案件38964件，下降0.17%，办结40235件（含旧存），比上年下降1.16%。收结案数位居全省第四、全市第一。诉讼标的总额86.23亿元，一线法官人

均结案445.82件，为全市平均数的1.8倍。区法院获评全省政法系统先进集体，刑事审判庭荣立集体三等功，6名干警获国家级“荣誉天平奖章”。

审结刑事案件1461件，判处罪犯2207人。依法严惩故意伤害、“两抢一盗”等暴力和侵财类犯罪案件397件495人，审结非法吸收公众存款、集资诈骗等涉众型经济犯罪案件50件121人，审结各类毒品犯罪案件97件，审结贪污贿赂、渎职犯罪案件6件6人。坚持惩罚犯罪和保障人权并重，为492名被告人提供法律援助，对822名初犯、未成年犯等从宽判处非监禁刑。结合司法改革契机，强化庭审实效，严格证据规则，改变检察机关指控罪名8件。审结民商事案件21234件，上升2.03%。审结婚姻、赡养、抚养等纠纷896件，审结买卖、承揽、租赁等合同纠纷3250件。审结金融借款、信用卡等纠纷4294件，标的额31.92亿元。审结交通事故、医疗损害等侵权纠纷1150件。妥善审理一批因房屋精装修引起的商品房预售合同纠纷系列案件，涉及该小区600余名居民，依法维护业主合法权益。审结行政诉讼案件335件，判决行政机关败诉43件，败诉率13.48%，其中被告为辖区内行政机关案件22件。完善协调解决行政争议工作机制，经法院协调促成和解、撤诉45件，占14.11%。推动行政机关负责人出庭应诉，区行政机关负责人出庭应诉率94.09%。重视司法与行政互动，发送司法建议6条，开展专题讲座5次，参与联席会议11次，推动行政机关运用法治思维和法治方法开展工作，提升依法行政水平。全年受理执行案件16319件，结案16656件，人均执结案件307.66件，执行到位金额33.82亿元。累计冻结银行存款12607笔，冻结金额3240.91万元，查封房产、车辆5211处。针对“占房拒执”开展集中腾空活动，强制腾退房屋12处，保障胜诉当事人合法权益。将3656人纳入失信被执行人名单，对16448人限制高消费。抓获被执行人1522人，对816人实施拘留、罚款等强制措施。打击拒执犯罪，判处拒不执行判决、裁定罪2件。注重执源治理的正向激励，发送《自动履行提示书》59份，自动履行18万元。

推进扫黑除恶，抽调精干力量办理涉黑恶案件，院长、分管副院长分别参与应某等10人组织、领导、参加黑社会性质组织犯罪案件和童某等人涉恶犯罪案件的审理。全年受理涉黑恶案件14件，审结13件，判处罪犯66人。就案件处理过程中发现的社会重点行业和领域存在的问题，向2家行业监督管理部门发送司法建议，相关建议均被采纳。印发《关于建立职业放贷协同整治机制的实施意见》，公布职业放贷人名录4期49人，形成打击共识。注重源头治理，引导当事人和诉讼代理人签署虚假诉讼告知书和诚信诉讼承诺书。强化庭审实质性抗辩，推动公证机关参与送达，全年送达文书1573件。判处虚假诉讼罪2件3人，民事罚款制裁6件，罚款金额15.40万元，民间借贷案件下降24.64%。推广“移动微法院”应用，全年在线申请立案26682件，送达、证据交换79431件次，告知当事人重要节点信息62239件次。利用移动微法院进行全国首例行政诉讼案件在线庭审，拓宽应用范围。

【行政诉讼案件在线庭审】 2019年7月10日，区法院在宁波市中级人民法院微法庭开庭审理一起行政诉讼案件，为全国首例运用移动微法院进行在线庭审的行政诉讼案件，中国庭审公开网对该案进行网络庭审直播。本案中，以国家税务总局以行政复议机关身份成为被告，因国家税务总局的两位代理人均在北京，往返不便，选择在北京的办公室里通过移动微法院连线，成功参与开庭。该案的实践拓宽移动微法院的适用范围，是移动微法院在行政诉讼领域的一次重要尝试。

【新任命人民陪审员就职宣誓】 2019年8月，区法院举行2019年新任命人民陪审员就职宣誓仪式暨业务培训会。区人大常委会法工委主任柯伟，区法院党组副书记、副院长黄文波，区司法局党组成员杜光华等出席会议，区法院党组成员、政治部主任鲍根月主持会议。53名2019年新任命人民陪审员及28名2018年优秀人民陪审员参加此次会议。会议表彰2018年度优秀人民陪审员；在领誓人孙燕群带领下，53名新任命人民陪审员面向国旗庄严宣誓。这是《中华人民共和国人民陪审员法》颁布以来，鄞州区首次举行人民陪审员集体宣誓仪式。宣誓仪式结束后，全体人民陪审员参加业务培训会，区法院多名员额法官分别就刑事、行政、民事审判

2019年7月10日，全国首例利用移动微法院在线庭审的行政诉讼案开庭审理

实务为新任陪审员进行岗前培训，为陪审员履职提供法律基础。

【第四批员额法官遴选】 2019年12月4日，宁波市鄞州区人民法院举行第四批员额法官宪法宣誓仪式。第四批员额法官4人参加宣誓。区法院该批次员额法官遴选工作7月启动，经过资格审查、考试考核、民主测评、报上级法院批准，并由纪检部门派员对面试全程监督，最终遴选出4名员额法官人选。

【司法援助保险制度推行】 2019年1月6日，一起刑事案件的受害人阮某领取到司法援助保险赔付款6万余元，是区法院首例司法援助保险赔付案件。该案三被告人因工程款纠纷非法拘禁并殴打受害人，致其轻伤，三被告人被依法判处刑罚，并需赔偿受害人医疗费、残疾赔偿金等损失。该案因无财产可供执行，且属于司法援助保险范畴，区法院对该案受害人给予司法援助保险赔付，保障受害人权益。自2018年8月区法院与国寿财险签订司法援助保险合同以来，有12名符合条件的案件当事人获得司法援助保险理赔，赔付金额58万余元。

【"旁听百场庭审"活动】 2019年11月29日，区法院联合区司法局开展行政机关"旁听百场庭审"活动，旨在发挥行政审判活动对行政执法监督和行政决策工作的促进作用，提升行政机关依法行政能力。受邀行政机关代表们参观法院的诉讼服务中心、执行指挥中心及廉政文化长廊，感受法院的日常工作和文化建设，并对一起行政赔偿案件的庭审进行现场观摩。区法院、区司法局与受邀行政机关代表们进行座谈。会上，庭审案件的承办法官针对案情进行解析，各位受邀代表就庭审活动进行交流探讨，并就如何规范行政机关执法程序、如何加强行政执法的内部监督、如何提高行政机关出庭应诉能力等问题进行交流。

【鄞州区首例黑社会性质组织案宣判】 2019年10月12日，区法院公开宣判应某等10名被告人黑社会性质组织案，是鄞州区开展扫黑除恶专项斗争以来首例涉黑社会性质组织犯罪案件。区法院党组书记、院长王松来担任该案审判长，区检察院党组书记、检察长吕益军出庭履职。首要分子应某犯组织、领导黑社会性质组织罪、敲诈勒索罪、寻衅滋事罪、串通投标罪、伪造国家机关印章罪、伪造公司、企业、事业单位印章罪、单位行贿罪、非法占用农用地罪，数罪并罚，决定执行有期徒刑十八年，并处没收个人全部财产、罚金人民币32万元；其余9名被告人被判处有期徒刑二年六个月至十二年不等，并处罚金人民币10万元至54万元不等。

（邵珊珊）

2019年12月4日，区法院第四批新入额法官国家宪法日宣誓仪式举行

司法行政

【概况】 2019年，区司法局按照《宁波市鄞州区机构改革方案》，新设区委依法治区办秘书科、复议应诉科、行政执法监督科，区司法局作为党委法治建设议事协调机构的办公室、推进依法行政的政府部门、维护国家安全的政法机关、公共法律服务管理部门，整合法治建设力量。6月，推进行政复议体制改革，区司法局挂行政复议局牌子，统一受理全区行政复议案件。

印发《宁波市鄞州区司法局"三提升行动"实施方案》，开展"律师产业"大提升、"法律服务"大提升、"基层治理"大提升行动，提升司法行政法律服务水平和质量，践行"司法为民"理念，围绕国庆70周年维稳安保、扫黑除恶专项斗争、法治化营商环境、诉源治理、治水拆违等中心工作，印发《开展"大排查、早调解、护稳定、迎国庆"专项活动实施方案》《关于深入开展扫黑除恶专项斗争的实施意见》《鄞州区司法局关于做好治水拆违司法服务保障工作的通知》《开展民营企业矛盾纠纷排查专项活动实施方案》等文件，为2000余家小微企业开展"法治体检"。推动公共法律服务中心整体入驻区矛盾调解中心，发挥法律服务与保障职能。将法律服务资源优先向基层一线供给，加强基层司法所建设，实施"一所一品"工程，申报云龙、东胜等4家司法所创建市级文明规范公正司法所，全区有区级文明规范公正司法所15家，市级文明规范公正司法所3家。

全年新建3个法治志愿者队伍、3个社会普法工作室，建成省级青少年法制教育基地2个，市级法制教育基地5个，共有法治文化阵地84个。突出"智慧普法""鄞州普法"微信公众号位列全省"之江法云"微信录用第

2019年10月15日，宁波市鄞州区村社治理竞技赛举行

一名，宣传片《童心宪法》获评浙江省“我与宪法”微视频征集活动优秀作品展播名单优秀类作品。重点开展扫黑除恶、宪法、法治化营商环境等主题宣传，组织“百场法治电影下乡”“千辆巴士普法”“百名青年律师千场法治讲座”等活动2000余场。新创建省级民主法治村（社区）6家、市级民主法治村（社区）16家。组织开展村社“三治融合 民主法治”竞技赛，获省委常委、政法委书记王昌荣批示肯定。

全区有社区服刑人员594人、刑释解矫人员1135人，新增安置帮教人员367人，落实帮教人数367人，帮教率100%，落实安置人数367人，安置率100%，共排摸出安置帮教重点人员44人。做好“迎大庆”维稳安保工作，促进对专项整治活动全流程、全环节、全方位的法律监督，共对65名违规社区服刑人员作出警告处罚，5名社区服刑人员被收监，8人被撤销缓刑，43名社区服刑人员经裁定获准特赦。委托“宁波市鄞州区捷达矫治服务中心”在姜山、首南、钟公庙3个司法所开展社区矫正“两个八小时”服务试点工作。

全区有律师事务所69家，律师服务业创收9.17亿元，占全市总额（17.98亿元）51%，比上年增长26.67%。除去6家市属所，63家律所共有法律服务从业人员1082人，占全市总数（3629人）的29.82%，其中专职律师924人，占全市（2687人）的34.39%，增长16.37%，合并1家律所，全区共有3家规模近百人的大型律所，律所规模化发展。培育和扶持一批综合业务能力强的规模所和业务特色鲜明的专业所，培植法律服务行业“单项冠军”。

【人民调解】 2019年，全区有各级人民调解组织448家，专职及兼职人民调解员1990人，在村社人民调解组织全覆盖基础上，推动行业性专业性调解组织拓展，形成多元化立体型人民调解网络。全年调解案件16136件，调解成功16122件，调处成功率99.91%，涉及金额3.87亿元，其中疑难复杂纠纷437件。在老字号人民调解工作室带动下，出现一批“80后”、“90后”“小娘舅”，占全区人民调解员总量34%。建设“老潘联调工作室”“存银调解工作室”“陈效邦调解工作室”“小娘舅握握团”等9家个人品牌工作室。

【法律服务】 2019年，区法律援助中心接待咨询12565人次，“12348热线咨询”11225件，办理法律援助案件1415件，挽回经济损失1703.40万元。推动“一刻钟法律服务圈”建设，344个村（社区）设立公共法律服务点。建设“指尖”法律服务网络，多平台上线“法律援助案件申请”“公共法律服务”功能，建立“法律地图导航”系统，推动法律服务、法律援助“全网通办”。落实检察院认罪认罚从宽制度，建立鄞州区法律援助中心检察院工作站，全年完成认罪认罚见证工作144件。做好刑事案件律师辩护全覆盖工作，提供法律帮助服务182人次，扩大刑事法律援助案件451件。建立扫黑除恶案件律师专家库，开辟绿色通道。

【东柳街道人民调解委员会驻东柳派出所人民调解工作室获评全国先进】 2019年1月10日，司法部发布通报表扬坚持发展“枫桥经验”实现矛盾不上交试点工作表现突出集体和个人的决定，鄞州区东柳街道人民调解委员会驻东柳派出所人民调解工作室获评全国坚持发展“枫桥经验”实现矛盾不上交试点工作表现突出集体。东柳街道人民调解委员会抓好老潘警调（联调）中心扩面提质，在街道11个社区成立老潘警调（联调）中心党建工作室分站，将各类社会矛盾化解在基层。

【李南山获评全国模范司法所长】 2019年1月30日，司法部发布关于表彰全国监狱戒毒司法所工作先进集体和先进个人的决定，鄞州区司法局潘火司法所长李南山获评全国模范司法所长。潘火司法所同时获评宁波市首批“文明规范公正”司法所。李南山带领潘火司法所发挥司法行政职能，建设“一楼一所”“一园一室”，构建公共法律服务网络，为维护潘火社会稳定和经济发展做出贡献。

【区司法局获评全省“七五”普法中期成绩突出集体】 2019年3月5日，浙江省普法教育领导小组发布通报表扬全省“七五”普法中期成绩突出集体的通知，区司法局获评成绩突出集体。区司法局形成部门联动普法、政府购买服务、社会公益普法“三位一体”的社会化普法格局。开展“宪法入户”工程，塘溪宪法主题园、湾底村宪法广场在央媒刊播，3个原创宪法微视频获国家级省级奖项。

（舒　哲）

人民武装

【概况】2019年，鄞州区完成年度民兵调整组建任务，对基干民兵进行集中点验和组训。根据应急应战要求，建成多功能救援方舱车库，投入经费购置多功能救援车及防汛、救火、防暴三大类专业救援装备；对照民兵分队编制表，补充采购四大类通用装备和任务型装备。完成荒屿山民兵信息哨所“双+”试点建设任务，哨所规范化建设水平和观通能力得到提升，受到省军区领导肯定。在抗击“利奇马”和“米娜”2个台风过程中，区人武部先后指挥出动应急连，转移受困群众500余人，清理灾后垃圾50余立方米。区人武部获评省军区“情报工作先进单位”。

【军事训练】2019年，区人武部在本级组训基础上，于5月、6月组织海上医疗救护分队和反恐维稳排，分别参加省军区和军分区联训。开展现役干部、文职人员的针对性训练，在全市岗位练兵比武中取得综合成绩第四、文职人员第一的成绩。

【国防动员】2019年，区人武部完成年度民兵调整组建任务和基干民兵集中点验。6月和10月，浙江省军区先后两次对鄞州区民兵调整改革工作检查抽查，得到省军区和军分区肯定。完成原创征兵宣传片《我的新时代戎装》制作拍摄，在区内1500余辆公交车上滚动播放。

【征兵工作】2019年，鄞州区动员各镇（街道），对辖区内的适龄青年进行摸底，发动适龄青年响应国家号召，开展征兵工作。7月组织目测初检，8月上旬实施区站体检，8月中旬进行政治考核，8月下旬举办役前训练，9月完成兵员输送，10月完成新兵回访。所定兵员中，大学生占比84%，比上年提高11%，毕业大学生占比17%，提高3%，未发生责任退兵问题，兵员整体质量实现提升。

【“军事日”活动】2019年12月19日，区领导在鄞州公安分局巡特警大队集体过“军事日”活动，市委常委、区委书记、区人武部党委第一书记褚银良，区委副书记、区长王兆波，区人大常委会主任杨慧芳、区政协主席郑坤法等区四套班子领导参加。活动观摩了解鄞州区民兵应急连多功能救援车和防汛抗洪、反恐维稳、森林灭火等箱组设备，了解当前民兵应急力量建设情况。并到实弹射击场，在听取教练员关于枪械性能、射击要领、动作演示和安全事项后，完成实弹射击训练。该活动增强了党政领导的国防意识，提升了军事素质，落实党管武装制度，强化管武爱武、强军兴军的思想和行动。

2019年12月19日，区领导在鄞州公安分局巡特警大队集体过“军事日”活动

【国防教育】2019年，区人武部开展“儿童军校”活动，全区21所小学4300余名五年级段师生参加。在第19个“全民国防教育日”期间，通过鄞响App首页置顶发布国防教育相关信息；先后在鄞州万达广场和鄞州公园二期开展国防教育图片展和《新时代的中国国防》白皮书宣介活动，展出喷绘3幅、图板20块，发放白皮书200本、宣传册600份。全年在市级以上新闻媒体刊登30余篇新闻报道，其中国家级媒体《中国国防报》1篇、《国防教育》1篇，“中国民兵”微信公众号5篇，省军区“钱塘兵事”微信公众号12篇。

【第三届退役士兵返乡欢迎仪式】2019年10月16日，区人武部联合区退役军人事务局举行年度退役士兵返乡欢迎仪式暨全员适应性培训。区委常委、常务副区长沃勇特，区人武部部长张伟、区退役军人事务局局长史新跃出席仪式。仪式上，沃勇特代表区委区政府对100余名鄞州籍退役返乡士兵表示欢迎和感谢；区退役军人事务局作退役士兵全员适应性培训。

【“鄞武擂台·五赛五比”集训活动】2019年3月，区人武部在区民兵训练基地开展“鄞武擂台·五赛五比”活动。集训活动以政治教育、业务培训、法规学习、技能训练、纪律整训、射击训练为主要内容，组织全区专武干部、民兵连长参加。

（黄宁为）

人民防空

【概况】2019年，区人民防空工作完成“5·12”防空疏散演练、支援防抗利奇马台风、推进融入城市建设等任务。开展人防工程质量监督和平时维护管理，推进行政审批改革，加强安全生产管理。鄞州区获评省人防办2019年人防先进单位。

人防行政审批在减材料、减费用、减环节、减时间“四减”要求的基础上，实现一窗办理，人防事项审批已全部实

2019年10月16日，鄞州区第三届退役士兵返乡欢迎仪式举行

现“即办”，网办、掌上办及跑零次目标均已达到上级要求。加快投资项目审批速度，探索与施工许可证合办模式。

“利奇马”超强台风登陆浙江，在区人防指挥部要求下，区人防办组织人防力量成立应急救援小组，对辖区内人防自建工程逐一排查，对使用管理单位提出明确要求，对存在问题制订整改措施，并监督落实整改。防台风期间，出动人防指挥车30台次，检查各类地下人防工程23个，紧急调用抽水泵5台，排除隐患15处，紧急疏散机动车106辆。

联合区住建局制订相关管理规定，先后开展安全生产月、人防工程安全检查、人民防空人口应急疏散演练等活动。重点检查在建的自建人防1016工程，要求建设单位对工地管理、设备安装等重点环节存在的问题进行具体整改。在百日安全大会战活动中，与区物业管理中心一起，要求物业部门和工程管理单位对所管辖的防空地下室是否存在存放危化品等问题进行排查，确保人防区域安全。

接待处理21例人防工程信访事件，解决停车位纠纷、人防区域环境整治等10个问题，发现12个人防工程隐患，下达8份整改通知。在处理过程，区人防办联系当事人，并派专人到现场调查核实情况，解答当事人提出的问题，宣传人防政策，制订整改措施，排除工程隐患，化解人防工程使用矛盾，得到群众肯定。

【“5·12”防空演练】 2019年5月12日，中国第十一个防灾减灾日，鄞州区承办省人防指挥部牵头开展的浙江省“5·12”人民防空人口疏散演练暨人防宣传周活动，是鄞州区首次由人防部门牵头组织、以人防力量展示为主的大型演练和宣传活动。区人防指挥部共组织16个人防指挥部成员单位、7支人防专业队伍及1支人防志愿者队伍，460人参加演练和互动宣传活动，省、市、区三级人防指挥部成员单位220人现场观摩演练，并通过电视、广播、网络平台、信息媒体等渠道宣传。活动得到省市人防办主要领导肯定。

【人防工程建设】 2019年，鄞州区1017和1018两个自建人防工程相继完成竣工备案。其中，1017工程整体移交鄞城集团管理，1018工程移交区审管办管理。

【人民防空规划建设融入城市规划建设政策落实】 2019年，区人防办落实宁波市印发的《关于推进人民防空规划建设融入城市规划建设的实施意见》，协调区国土资源局、规划局和城区办等相关单位，提前试行实施细则，在城市土地出让阶段明确人防设置要求，将人防工程等级、应建面积、配建面积、警报设置等关键要素纳入项目规划和出让条件。

【人防工程质量监督】 2019年9月1日起，区人防办负责属地人防工程质量监督工作。与市人防质监中心对接，学习人防质监专业知识，收集质监工作资料，并安排人员到施工现场跟班实践，熟悉掌握质监工作内容和流程。全年与区住建局质监站进行沟通和分工，拟制质量监督工作相关管理办法，对跟班实践10人次。

（洪景亭）

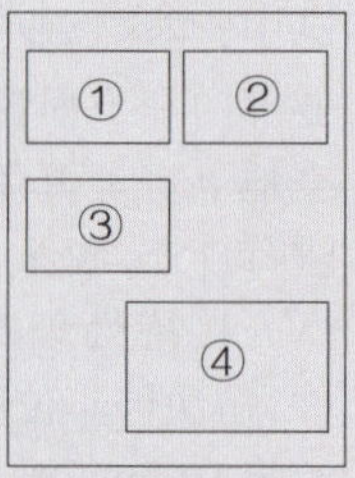

① 2019年3月25日，鄞州区法律知识现场咨询活动举行

② 2019年5月28日，区检察院“性侵害违法犯罪人员信息查询制度”发布会举行

③ 2019年12月4日，鄞州区“12·4”国家宪法日活动在宏泰广场举行

④ 2019年12月4日，区政府机关工作人员宪法宣誓仪式举行

农业农村·水利

农业经济

【概况】 2019年，全区粮食总产量82753吨，比上年减少0.41%；粮食播种面积12499公顷，减少0.26%。其中。早稻播种面积3434公顷，总产量21632吨，分别增长7.30%和减少2.88%；中晚稻播种面积7325公顷，总产量53329吨，分别减少1.50%和增长1.29%。

油料播种面积438公顷，总产量1324吨；蔬菜播种面积8359公顷，总产量279169吨；药材播种面积6公顷，总产量19吨；果用瓜播种面积1432公顷，总产量52899吨。

畜牧业实现总收入4379万元，增长7.04%。生猪年末存栏数3475头，增加8.66%；年内生猪出栏数5029头，减少4.83%；牛年末存栏头数443头，增加13.59%；家禽年末存栏数3.79万羽，年内出栏数8.17万羽，分别减少58.84%和38.18%；肉类总产量745.80吨，与上年基本持平；禽蛋产量823.20吨，减少23.16%。

渔业实现总收入47693万元，实现水产品总量15691吨。其中，海洋捕捞产量2468吨，海水养殖产量4584吨，淡水捕捞产量4136吨，淡水养殖产量4503吨。全区水产养殖总面积1930公顷，其中海水养殖面积1330公顷、淡水养殖面积600公顷。

茶园面积约900公顷，全年茶叶产量789.30吨，产值2013万元。其中名优茶产量19.30吨，产值1474万元；红茶产量6.50吨，产值495万元；珠茶产量770吨，产值539万元。水果产业以杨梅、葡萄、柑橘、水蜜桃和蜜梨为主栽品种的果树面积1756.67公顷，产量34620吨，效益27000万元。花卉产业（盆栽花、鲜切花）总面积15.07公顷，全年销售160.10万支（盆），总产值780万元，面积增长119%，产量增长1233%，产值增长191%。

全区有各级现代农业园区62个，建成1家省级现代农业综合区，5个市级主导产业示范区，16个市级、15个区级、25个镇级现代农业精品园。现代农业园区建设总规模达到3273.33公顷，涵盖现代种业、高效水产、有机蔬菜、生态畜牧等产业。创建省级特色农业强镇2个，分别为咸祥渔业特色农业强镇、横溪林特水果特色农业强镇。全区21家市级及以上农业龙头企业实现产值39.40亿元，下降5.30%。

全区农机总动力达到14.17万千瓦。新增各类农机具352台（套），其中，耕整地机械144台、插秧机51台、田间管理机9台、无人植保飞机6台、收割机11台、烘干机26台、农产品加工机械7台、撒肥机15台、动力机械12台、其他71台（套）。全区耕种收综合机械化水平88.96%，其中机耕、机收率均为99%以上。实现早稻机插2753.33公顷、中晚稻3873.33公顷，合计机插面积6626.67公顷，全区机插率64.33%。全区粮食烘干装机容量2021吨，基本满足全区早稻粮食烘干需求。实现年内小麦烘干3000吨，早稻烘干1.60万吨，中晚稻烘干4.15万吨，全年粮食烘干6.05万吨，烘干率82.60%。

【全国乡村振兴与扶贫协作（宁波）论坛在鄞州区举行】 2019年3月30—31日，由中国小康建设研究会、宁波市人民政府共同主办的全国乡村振兴

2019年3月30-31日，全国乡村振兴与扶贫协作（宁波）论坛在鄞州区举办

与扶贫协作（宁波）论坛在鄞州区举行。第十二届全国政协副主席齐续春宣布论坛开幕，市委副书记、市长裘东耀致辞。第十三届全国人大农业与农村委员会副主任李春生，农业农村部乡村振兴咨询委员会委员、中国农业经济学会会长尹成杰，农业农村部乡村振兴咨询委员会委员、中国农业大学原校长柯炳生，中国扶贫开发协会会长袁文先，国家发展和改革委员会地区经济司巡视员邹勇，农业农村部农村经济研究中心主任宋洪远，中国小康建设研究会副会长兼秘书长李彬选等出席论坛活动。市、区领导褚银良、李关定、张良才、王兆波、杨慧芳、郑坤法、朱法传等出席。论坛以“创新实践与发展思路”为主题，来自国家和地方的相关部门、高校、媒体、企业等方面负责人或专家学者300余人参会，并围绕“乡村振兴与精准扶贫”相关议题展开探讨。论坛上，中国小康建设研究会乡村振兴研究院揭牌成立，“全国乡村振兴百县巡回大讲堂”首场活动开讲。市委常委、区委书记褚银良表示：16年来，鄞州牢记总书记习近平“湾底嘱托”，激发“实干、担当、奋进”的新时代鄞州精神，把总书记的“湾底嘱托”干成乡村振兴“鄞州样板”。与会专家进行圆桌对话，讨论形成共识，对整合社会资源，增强理论研究服务决策、服务发展大局方面产生推动作用。与会人员分别到陆家堰村、湾底村、善园进行参观考察。

【2019乡村文化振兴高峰论坛在鄞州区举行】 2019年9月1日，由中国小康建设研究会主办的2019乡村文化振兴高峰论坛在鄞州区举行。第十三届全国人大农业与农村委员会副主任李春生，农业农村部乡村振兴专家咨询委员会委员、中国农业经济学会会长尹成杰，中国小康建设研究会会长白长岗，农民日报社党委书记、社长唐园结等出席论坛相关活动。市、区领导宋越舜、褚银良、胡杰、杨慧芳、朱法传、徐卫成、方飞龙、朱晓丽等出席。论坛以“弘扬优秀乡村文化、助力乡村全面振兴”为主题，来自国家和地方的相关部门、科研单位、行业协会、投资机构、新闻媒体等方面负责人及专家学者300余人参会。李春生、尹成杰、方飞龙、董亚芬、孔泾源、张理萌、唐园结、陈秋霖、康明9位嘉宾，围绕新形势下乡村文化振兴的实践思考、乡村文化振兴在乡村振兴中的作用和地位、乡村文化建设面临的困境与机遇、传承发展优秀乡村文化的措施和建议、乡村特色文化产业的发展模式、传统古村落的保护与开发、乡村传统文化如何与现代文化融合、乡村公共文化服务体系建设等方面内容进行研讨和交流。

【“太白滴翠茶叶”入选2018年宁波名牌农产品】 2019年4月28日，2018年宁波名牌农产品发布，其中林业产业方面的名牌农产品共有8个，鄞州区的“太白滴翠茶叶”入选。“太白滴翠”茶叶专业合作社拥有绿茶、红茶、白茶、黄金芽四大类产品。在第九届“中绿杯”中国名优茶评比、第九届“中绿杯”中国名优绿茶评比、第六届“浙茶杯”优质红茶评选中均获得金奖。

【李荣岭一行到北沙牛保种基地交流】 2019年6月21日，山东省农业科学院育种专家李荣岭一行3人，到鄞州区北沙牛保种基地，瞻岐鹰山牛场与区农业农村局畜牧农技服务小分队进行技术交流，为北沙牛保种工作出谋划策。北沙牛原产于宁波东部沿海及舟山部分地区，是宁波地方品种，于2017年被列入《浙江省畜禽遗传资源保护名录》，北沙牛的基因资源是非可再生资源。2008年，宁波市农业局为种质资源保护和综合开发利用，实施北沙牛保种计划，经过4年的抢救性发掘和收集，将北沙牛保种工作交由鄞州区农林局实施。经过7年努力，北沙牛种群数量从最初的23头增加到113头，2018年年底底突破100头规模，从濒临灭绝期进入保护开发期。

【全国农业行政审批制度改革座谈会在鄞州区召开】 2019年9月18日，全国农业行政审批制度改革座谈会在鄞州区召开。会议学习贯彻党中央、国务院关于推进“放管服”改革、优化营商环境决策部署，总结交流推进农业行政审批制度改革的成效和经验，研究部署下一步改革的思路和措施。农业农村部法规司司长宗锦耀，农业农村部法规司一级巡视员王乐君，市委常委、区委书记褚银良等出席会议，副区长朱晓丽参加相关活动。

【鄞州区3条线路和2个田园获评省旅游精品线路和省百个“最美田园”】 2019年10月9日，浙江省农业农村厅、浙江省旅游局联合印发《关于公布休闲农业与乡村旅游精品线路及2019年“最美田园”名单的通知》，鄞州区的3条精品线路和2个美丽田园入选。获评的3条线路分别是都市休闲山水风情2日游、咸祥蓝色海湾小镇寻鲜之旅1日游、姜山中国进士第一村田园乡村观光1日游，3条旅游精品线路展示鄞州都市休闲山水风情线集休闲健身古道、最美高山风车公路、千亩高山茶园、蓝色海湾小镇等。获评的2个“最美田园”分别是横溪镇大岙茶园、下应街道湾底田园，鄞州区累计获评省级“最美田园”3个。

【鄞州区入选第二批全国农村创新创业典型县】 2019年12月16日，农业农村部网站公示第二批全国农村创新创业典型县名单，鄞州区入选。根据《农业农村部乡村产业发展司关于推介第二批全国农村创新创业典型县的通知》要求，经专家组集中评议、审查，在全国范围内遴选出100个第二批全国农村创新创业典型县。鄞州区为宁波市唯一一个入选的县（市、区），浙江省仅有4个县（市、区）区进入公示名单。

【鄞州区入选全国乡村治理体系建设首批试点单位】 2019年12月18日，中央农村工作领导小组办公室、农业农村部、中共中央组织部、中共中央宣传部、民政部、司法部联合发布关于乡村治理体系建设试点示范工作的批复，确定全国范围内115个县（市、区）为全国乡村治理体系建设首批试点单位，鄞州区位列首批试点单位名单，宁波市仅有2个县（市、区）上榜，试点时期至2021年12月底。

【鄞州区获评浙江省农业绿色发展先行县】 2019年12月30日，浙江省农业农村厅公布农业绿色发展先行县与示范区认定名单，鄞州区获评浙江省农业绿色发展先行县，榜单认定2个省级农业绿色发展示范区，分别为鄞州区新张俞省级农业绿色发展示范区和鄞州区景江岸省级农业绿色发展示范区。

【鄞州区农业品牌入选浙江农业品牌百强榜名单】 2019年12月31日，浙江省农业农村厅对拟列入2019年浙江农业品牌百强榜的50个区域公用品牌和50个农业企业品牌进行公示，鄞州区"鄞州雪菜"区域公用品牌、宁波微萌种业有限公司的"微萌"企业品牌被列入公示名单。至年底，鄞州区新增市名牌农产品2个、注册农产品商标66个、注册区域品牌（集体）商标1个，累计获得各类名品牌33个，农产品品牌建设体系得到完善，品牌知名度得到扩大。

（卢　楠）

表1　　2019年鄞州区农业龙头企业基本情况

企业名称	营业收入（万元）	法人代表	产业类型	行业地位	归属镇（街道）
宁波南联冷冻食品有限公司	4355	叶晓玲	水产品加工	省级农业龙头企业	姜山镇
宁波宏纬食品有限公司	14317	张德甫	蔬菜加工	省级农业龙头企业	姜山镇
宁波秀可食品有限公司	5575	钱德康	果蔬罐头	省级农业龙头企业	塘溪镇
宁波微萌种业有限公司	9251	薄永明	种业	省级农业龙头企业	邱隘镇
浙江可耐尔食品有限公司	16720	沈岚岚	茶叶、糖果	省级农业龙头企业	首南街道
宁波市江东水产批发市场管理有限公司	205289	张国瑞	水产	省级农业龙头企业	白鹤街道
宁波优翔饮品有限公司	2598	吴祖榍	果汁果酒	市级农业龙头企业	下应街道
宁波新艺蔺草制品有限公司	4776	韩国良	蔺草制品加工	市级农业龙头企业	姜山镇
宁波市三丰可味食品有限公司	3085	周安渊	雪菜、水产品加工	市级农业龙头企业	瞻岐镇
宁波引发绿色食品有限公司	3501	乐海康	雪菜及粮食制品加工	市级农业龙头企业	东吴镇
宁波易中禾生物技术有限公司	2413	肖　艺	铁皮石斛种植加工	市级农业龙头企业	云龙镇
宁波绿盛菜篮子商品配送有限公司	6645	卢超儿	农产品收购及初加工	市级农业龙头企业	云龙镇
宁波新紫云堂水产食品有限公司	3586	卢世良	雪菜、水产品加工	市级农业龙头企业	咸祥镇
宁波万莱食品有限公司	1981	邱孝良	农产品生产	市级农业龙头企业	邱隘镇
宁波金龙竹木业有限公司	3671	李明贵	刨花板生产	市级农业龙头企业	东吴镇
蓝海绿业生态建设股份有限公司	41352	宋兆峰	园林	市级农业龙头企业	首南街道
宁波市金地畜禽有限公司	5456	陈金娣	畜禽养殖	市级农业龙头企业	东郊街道
宁波绿茵市政园林有限公司	25089	叶鸿星	园林	市级农业龙头企业	白鹤街道
宁波天韵生态环境工程有限公司	2119	任红星	农业生态	市级农业龙头企业	中河街道
宁波凯创冷冻食品有限公司	2215	余炬波	水产品加工	市级农业龙头企业	姜山镇
浙江七码头号集团有限公司	13026	潘立峰	农产品收购及初加工	市级农业龙头企业	东柳街道
宁波可扬食品有限公司	2099	朱满达	紫菜、水产	区级农业龙头企业	潘火街道

农业执法

【概况】 2019年，鄞州区开展"绿剑"系列集中执法行动、农资打假保春耕联合执法行动、农作物种子种苗检疫执法检查、农药实名制购买专项检查以及初级农（水）产品质量安全专项执法检查等多类别、高频率的专项行动，全面应用"浙政钉·掌上执法系统"，覆盖种子、肥料、农药、兽药、饲料及饲料添加剂等农业投入品和初级农（水）产品。累计出动执法人员450余人次，检查农资经营单位132家次，初级农（水）产品生产单位16（农）家次，发放法律法规宣传资料810余份，签订承诺书62份，抽检各类农业投入品样品72批次（其中兽药6批次，饲料及饲料添加剂7批次，农药35批次，肥料12批次，种子12批次）、抽检农水产品83批次。立案查处农业违法案件12起，罚没款71638.50元。

开展节前渔船安全生产专项行动、打击春节期间渔船违章搭客专项执法行动、渔船春季安全生产专项检查、打击非法捕捞虾子、鳗苗专项行动、渔船隐患大排查、安全执法大检查专项行动、沿岸海域陆上修船厂（点）专项检查、渔船秋冬汛安全与执法专项行动七大专项执法行动及“一打三整治”陆上违禁渔获物管控联合执法行动。出动执法人员303人次，开展海上执法检查31次，登临检查渔船197艘次，查获非法从事渔业生产的“三无”船舶（筏）31艘，清理违规网具（海底地笼、滩涂串网等）6147顶；开展陆上违禁渔获物管控联合执法行动12次，对全区主要农贸市场、大型超市、餐饮一条街等重点场所进行检查，累计收缴违禁渔获物321.60千克；检查初级农（水）产品生产单位71家次，抽检各类初级水产品75批次；举办渔船普通船员培训班1期，受训船员59人，开展船东船长面对面安全教育12期，组织培训人员191人次，发放各类宣传资料1100余份；立案查处涉渔违法案件4起，罚没款5.59万元，移交司法机关追究刑事责任1人，行政拘留1人。

【浙江省动物卫生监督第一大案办结】 2019年8月28日，区农业农村局执法人员将4起动物卫生监督类行政处罚案卷送至区人民法院执行庭，申请区法院对4名当事人进行行政处罚的强制执行。历时近4年的逾千头肉牛逃避动物检疫案件基本办结。该案有5名当事人接受行政处罚并缴纳罚款，另4名当事人由区农业农村局向法院申请强制执行。2018年7月初，区农林局收到来自区人民检察院的五份《检察建议书》，建议将9名因2016年肉牛“瘦肉精”相关刑事案件被提起公益诉讼的当事人以涉嫌经营、运输肉牛逃避检疫进行行政处罚。接案后，区局组织相关部门，落实主要负责人，对该案件进行调查办理。该案是浙江省动物卫生监督系统有记录以来第一大系列案件。

【区农业综合行政执法队挂牌成立】 2019年10月28日，宁波市鄞州区农业综合行政执法队挂牌仪式举行，宣布宁波市鄞州区农业综合行政执法队成立。作为市农业综合行政执法队派驻鄞州区的农业综合行政执法机构，区农业综合行政执法队主要承担全区辖区范围内的农业投入品，包括种子、种畜禽、农药、肥料、兽药、饲料及饲料添加剂等和农产品质量安全、植物检疫、动物卫生监督、兽医、生猪屠宰、农机、渔业等行政处罚以及与行政处罚相关的行政检查、行政强制职能。

【农药实名制购买】 2019年6月，鄞州区完成农药实名制购买全覆盖，并采用宁波市农资信息化监管系统进行购销台账记录。农资经营门店如不按实名制登记规定销售农药的，一经发现，将令其限期整改拒不整改，继续经营的处2000元以上2万元以下罚款，并吊销农药经营许可证。

【渔船太阳能固定式定位仪安装】 2019年7月5日，鄞州区在原有北斗、AIS等系统终端设备的基础上，首次完成84艘渔船太阳能固定式定位仪安装工作。该太阳能固定式定位仪是与宁波盛洋电子科技有限公司合作研制，由太阳能供电、GPS定位、移动无线网络传输组成，占用空间小、续航能力强，实现一机一船的身份识别，能防范遏制一证多船现象。在港渔船的实时定位监控，可以规划调度不同船舶的对应锚位，提供实时监控管理。利用存储回放功能，提供船舶一年的航行里程统计数据，并在伏季休渔期间追踪船舶位置情况，为渔业执法部门提供技术支撑。

（卢　楠）

农村经营管理

【概况】 2019年，鄞州区9个镇和7个涉农街道282个村（社区）统一社会信用代码证颁发，5个村办理变更手续。开展农村承包地确权“回头看”，合同签订率、权证发放率、档案制作等90%以上。开展股改“回头看”，完成瞻岐、五乡、中河等镇（街道）股改档案入馆验收，建立9个镇和7个涉农街道28个村（社区）30余万名股东信息化管理系统，实现全区股权信息化管理。

探索乡村全域治理模式，区委召开十四届九次全会专题部署乡村治理工作。印发《关于深化涉农资金统筹整合工作的实施意见》《关于促进低收入农户高水平全面小康的实施意见》《关于进一步提升美丽宜居村建设工作的补充意见》《宁波市鄞州区创建绿色都市农业示范区实施方案》《关于城乡基层公权力规范运行“三清单一流程”实施方案》《关于印发鄞州区现代农业园区提升行动实施方案的通知》《关于推进村级集体经济“飞地”抱团发展的实施意见》等政策文件，条块结合推进乡村振兴。

制订《鄞州区全面实施乡村振兴战略行动计划（2019—2022年）》，规划引领未来几年全区的农村经济、文化、社会、生态文明等多方面发展。优化村庄布局和资源配置，加强农村人居环境综合整治，保护村庄历史文化及自然生态资源，推进美丽乡村建设。印发《鄞州区乡村整治提升与产业发展三年规划（2019—2021）》，围绕“一环五片”展开，“一环”为围绕东钱湖的景观环线，“五片”分别为滨海渔耕片、太白养生片、塘河水韵片、鄞城新农片和梅林隐居片。以“一镇一线一业、一村一特一品”为目标，实施“十百千万工程”，构建村在线上、园在线边、产村结合、农旅文体融合发展的美丽乡村新格局。

【美丽乡村分类创建】 2019年，鄞州区开展美丽乡村分类创建，对照《浙江省新时代美丽乡村认定办法（试行）》及市美丽乡村合格村认定要求，开展村庄建设发展水平评估，择优认定省新时代美丽乡村达标村45个，评选市美丽乡村合格村45个。2018年启动培育的7个市美丽乡村示范村（瞻岐镇岐西村，咸祥镇西宅村、海南村、咸五村，五乡镇明堂岙村，云龙镇任新村，姜山镇陆家堰村）通过项目验收，并发文命名；2019年启动培育的6个市美丽乡村示范村（瞻岐镇岐化村、周一村，塘溪镇童夏家村、童村，云龙镇云龙村，姜山镇新张俞村），完成相关规划编制，并启动项目建设。创建省新时代美丽乡村精品村15个。完成咸祥镇示范镇及蓝色海湾风景线创建任务，新启动姜山镇"人文茅山·稻香鄞城"、云龙镇"畅享宁横·十里水乡"及瞻岐镇市美丽乡村示范镇创建。

【农村生活垃圾分类】 2019年，鄞州区165个行政村开展农村生活垃圾分类处理工作，回收利用率40%，资源化利用率90%，无害化处理率100%，东吴、瞻岐、咸祥、姜山、云龙等镇基本实现行政村全覆盖。东吴、瞻岐、咸祥3个终端全面投入运营，并实现厨余垃圾不出镇，姜山、云龙、横溪部分村实现厨余垃圾不出村，终端处理覆盖55个村。推进垃圾分类处置片区化管理，咸祥和塘溪实现处理终端共享。发放自制各类宣传资料20万余份，建立生活垃圾分类工作专人负责制，128个村成立总数2126人的生活垃圾分类宣传志愿者及义务督导员队伍。姜山、瞻岐通过市垃圾分类示范镇考核验收。

【"六赛六比"村社治理竞技赛】 2019年，鄞州区开展"六赛六比"村社治理竞技赛专场。全区21个镇（街道）的10个村、11个社区参赛。以"三清单"运行法为载体，通过网络晒、领导考、专家评、擂台比等形式，比规范、比服务、赛实绩，云龙镇云龙村、钟公庙街道后庙社区获得一等奖。擂台竞技赛全程由"鄞响""鄞+"新闻客户端同步直播，受众20万余人次，网上投票100万人次。

【三资管理"第一道防线"工作】 2019年，鄞州区创新开展全区三资管理"第一道防线"工作。"第一道防线"工程结合全区"三清单一流程"，对三资管理服务中心代理会计、股份经济合作社文书、出纳等岗位的常规工作流程细化，重点在信息报告制度、内部重大事项管理制度、完善民主理财制度、激励表彰和责任追究制度方面，对症下药、分类施策，有效填补"三资"风险漏洞。

【农村集体经济组织登记证书普及】 2019年7月16日，东郊街道首批11个股份经济合作社获得农业农村部颁发的登记证书，赋18位数的全国统一社会信用代码，标志着该农村集体经济组织有全国通用的二代"身份证"，享有市场法人主体地位，开展集体经营管理活动。农村集体经济组织（村股份经济合作社）作为农村集体资产管理的主体，依法承担集体资源开发与利用、资产经营与管理、生产发展与服务、财务管理与分配的职能。

【区内扶贫】 2019年，鄞州区开展全区村级集体经济"飞地"抱团发展，与鄞工集团合作建立"飞地"抱团发展产业园，让薄弱村分享投资收益，增强自身"造血"功能。三年累计安排帮扶资金5250万元，每年安排1750万元，重点帮扶24个贫薄村。建立鄞州区精准扶贫工作机制，构建起市级指导帮助、区级组织协调、镇（街道）执行落实的"线上+线下"工作网络体系。召开低收入农户座谈会3次，发放调查表3000余份，核准每个低保低边户基础信息后统一录入系统；根据国扶办要求实施系统数据大调整3次，完成建档立卡工作。

（卢　楠）

水利工作

【概况】 2019年，鄞州区完成各类水利建设投资3.43亿元。九曲河整治工程（城区段）、庙堰碶泵站工程、鄞东南排涝闸工程、奉化江堤防整治工程完成年度建设节点目标，楝树港泵站工程开工，新杨木碶闸改造工程完成土地预审。疏浚农村河道73.66千米，清淤46.42万立方米，整治农村河道岸线4.40千米，完成全部21条区级以上221.20千米的河道划界，完成8046.67公顷农业水价综合改革。云龙镇获评市"美丽水乡"，云龙镇任新村、五乡镇仁久村、首南街道日丽社区、邱隘镇东雅村获评市"水美村庄"。金峨小溪治理工程（二期）、施村洪岙溪坑、周家来分洪工程（镇中心小学上游段）、横溪镇上街溪坑等7个小流域治理工程建成。横溪水库维修改造工程、塘溪镇华山屋后山塘整治工程、横溪镇烂田弄山塘整治工程等5个水库山塘改造

加固整治后的奉化江堤防（鄞州段）

工程建成。咸祥镇龙尾碶重建工程、黄牛礁海塘外海镇压层维修加固工程等4个江海塘及水闸工程建成。横溪烂田弄山塘、邱隘水管站鄞东南排涝闸、横溪水库3座水利工程完成标准化创建验收。甬新河（东部新城段）、院士公园河、新杨木碶河（福明街道片）入选2019年度省市两级"美丽河湖"。32个小区完成二次供水改造，30条河道透明度基本实现"清澈见底"。

鄞州区总水域面积为36.80平方千米，平原水面率均值为7.86%。全区共有河道882条，长度1376千米。其中，平原河道811条，总长1241千米；山区小流域71条，总长135千米。平原河网中，城区河道总长334千米，水域面积7.44平方千米；农村河道654条，总长950千米。区管中型水库3座（横溪水库、三溪浦水库和梅溪水库）、小型水库21座、山塘209座（含38座屋顶山塘）、标准海塘24.21千米、江塘33.80千米（从东江至常洪隧道）、沿江碶闸（泵站）32座，消防栓2965个（东部新城432个）。

区管市政雨污水管道2581千米，其中城区含东部新城雨污水管网799千米（雨水管573千米、污水管226千米）、镇级和农村生活污水管道1782千米，配套泵站44座（城区26座、镇级18座），污水提升泵站17座。服务鄞州区的污水处理厂共有5座，江东北区污水处理厂（规模每日10万吨）、南区污水处理厂（规模每日32万吨）、新周污水处理厂（规模每日16万吨）、鄞西污水处理厂（规模每日8万吨）等4座为市管污水处理厂，设计总规模每日66万吨，接纳鄞州污水处理量为每日35万吨；鄞州滨海污水处理厂为区管污水处理厂，设计规模每日3万吨，出水水质一级A。农村生活污水治理村行政村181个，其中121个实现纳管排放、29个通过固定终端处理、30个通过临时终端处理，农村污水处理终端123座。

实行占用水域审批制度，对所有占用水域的项目，均要求做到占补平衡。创建节水型单位17家、节水型基地1个，发布全省首个区（县）级节水行动方案。开展治水拆违"双百攻坚"及河湖"清四乱"行动，查处涉河"四乱"问题24起，整治面积1.10万平方米，水库及周边环境整治15处7000平方米，拆除奉化江沿线9座涉水构建物，创建"无违建河道"79.40千米，立案查处水事违法案件14起，了结上年度立案案件1起。开展水土保持专项整治行动，56个项目通过水土保持验收备案，完成水土流失治理面积2.16平方千米。鄞州区获市第八届水利"大禹杯"金杯奖，九曲河整治工程（城区段）指挥部获评优秀集体。区水利局获评全省水利工作综合考核优秀单位、市水利综合考核第一名、市"排水杯"第一名、市防台救灾先进集体。

【水利机构改革】 2019年3月8日，根据《宁波市鄞州区机构改革方案》，区综合执法局的排水管理、城区内河管理、供水节水职能正式划转至区水利局。区水利局核定行政编制11名，设局长1名，副局长3名，总工程师1名；内设4个科室，正科长级领导职数4名。4月23日，区水利局下属事业单位机构编制正式明确，区防汛防旱指挥部办公室整体划出至区应急管理局下属；区综合行政执法局原下属事业单位区城区内河管理处、区排水管理处整体划入，并分别更名为区城区内河管理中心、区排水管理中心；撤销区水资源管理中心，核销7名事业编制；设立区水务管理中心，机构规格相当于行政正科级，核定编制7名，领导职数2名（1正1副），分类类别为公益一类，经费形式为财政全额补助；区水利工程质量与安全监督站更名为区水利工程质量安全管理中心；区农村水利管理所更名为区农村水利管理中心，核减编制2名，调整后，区农村水利管理中心编制4名；区水文站更名为区水文和信息中心，增挂区水旱灾害防御中心牌子，机构规格升格为相当于行政正科级，核增编制2名，调整后，区水文和信息中心（区水旱灾害防御中心）机构规格为相当于行政正科级，编制4名；区水利水电勘测设计院核减编制2名，调整后，区水利水电勘测设计院编制2名；区三溪浦水库管理处、区梅溪水库管理处、区横溪水库管理处分别更名为区三溪浦水库管理所、区梅溪水库管理所、区横溪水库管理所，并分别核减编制1名，调整后，区三溪浦水库管理所、区梅溪水库管理所、区横溪水库管理所编制分别为18名、14名、23名。

【防汛抗旱】 2019年，全区共检查各类涉水工程362处。其中，中型工程4处，小型水库和山塘60处，海塘与江塘堤防24处58.48千米，涉河、涉水围堰等工程52处，水闸、泵站59座，水文测站56处，城区泵站24处，城区积水道路45处，桥涵及其他工程38处，对3处存在安全隐患的工程下发督办通知书，并落实在建水利工程安全度汛措施。重新修编和完善全区中型水库和各类在建水利工程的安全应急预案，横溪水库、三溪浦水库、梅溪水库分别根据实际情况开展演练工作，邀请专家对全区57座小型水库（屋顶山塘）巡查员和镇、村两级山洪灾害预警员进行业务培训。"洪水风险图"等智慧防汛系统为提前部署安排水库预泄、河网预排等提供支撑，抗击超强台风"利奇马"期间，山洪灾害预警平台累计发布预警信息289次，发出预警短信6381条，确保五乡镇平安转移4000人，瞻岐镇转移310人，东吴镇勤勇村转移240人、三塘村转移147人，获国家防总点赞。预排预泄、拦蓄错峰、控制泄洪，在"利奇马""米娜"两场台风中，鄞州区三座中型水库累计预泄2248万立方米，拦蓄水量3782万立方米，控制河网水位，减轻灾害损失。全年全区经受6场梅雨期强降雨、9·2强降水及"利奇马""玲玲""米娜"3个台风的考验，实现"不死人、少伤人、少损失"的目标。

【污水治理】 2019年，鄞州区推进市政排口"清源行动"。全年共完成雨污水管网清淤800余千米，清理城区423座隔油池12轮共计4000余次，检测雨污水管网65千米，定期对城区24座泵站进行精细化养护管理。开展洗车行业集中整治专项行动，累计出动213人次，制作和发放“洗车行业排水宣传册”1000余册，安装《洗车许可告知牌》200块，发现无照经营、违法洗车、占道经营等问题经营户154家，关停无照经营户10家，立案12起。制定完成全市首个相关行业规范《宁波市鄞州区洗车行业标准化规范及指导手册》，全区完成和正在办理洗车行业排水许可273家，办理率100%。推进排水许可证发放范围全覆盖，全年共计发放排水许可证1205家。推进“污水零直排”创建，鄞州区截污纳管改建工程、鄞州区雨污水管网提标改造工程、鄞州区泵站改造工程、鄞州区雨污水管网非开挖修复项目全部完工。完成华光城（福明路）一号积水点、太古城（福明路）二号积水点、广德湖路（环城北路匝道）三号积水点和百宁街泵站四号积水点四大积水“清零”行动，合计完成大小积水点改造31处。滨海污水处理厂提标改造工程完成年度建设节点目标，塘溪至沿海中线污水主干管工程建成，建成镇级污水收集管网10.40千米，新增5个日处理能力30吨以上农污处理设施标准化运维，完成40个农污处理终端提标项目。

【3条河道获评省级“美丽河湖”】 2019年12月19日，甬新河（东部新城段）、院士公园河、新杨木碶河（福明街道片）获评2019年度市级“美丽河湖”，12月30日，上述3条河道入选2019年度省级“美丽河湖”。甬新河是宁波市内河水网中最长的一条人工河，全长35.76千米，起始于鄞奉交界处止于甬新闸，经奉化区、鄞州区由甬新闸排水入甬江，鄞州区范围长度25.22千米。2002年，甬新河开始进行全线整治，整治工程分为三大段：一是从高楼张堰至横山（鄞奉界河），二是从横山至后塘河，三是从后塘河至甬新闸，通过拓宽老河、开挖新河，将全线沟通拓宽；工程于2008年完工，整治后的甬新河在防洪排涝、水资源水环境等得到完善。院士公园河位于鄞州区高教园区，平均宽度30米，水深1.50米，总水域面积6.50万平方米，是鄞州区重点养护的十条主要景观河道之一。2014年7月起，院士公园河进行工程整治，整治内容为河道清淤疏浚、水质养护工作用房、河道护坡及清理河岸垃圾等，并通过增氧曝气、人工湿地、水生植物（沉水植物）、菌种投放等多种手段实施水质生态修复。养护后，水质整体达到Ⅱ类水标准，良好的生态景观和“水下森林”获得社会各界好评。新杨木碶河（福明街道片）南起小塘河北至通途路，长12.20千米。2017年，新杨木碶河整治工程通过源头治理、堵疏结合、长效管理，在保障河道行洪排涝的基础上，注重生态健康、人水景观的建设，整治后的新杨木碶河实现水清鱼翔、岸绿景美、人水和谐景象。

【农村饮用水达标提标行动】 2019年4月10日，鄞州区农村饮用水达标提标行动推进会召开，将全区农饮水建设方向由单村水站改造为主调整为以乡镇水厂管网延伸为主，并成立鄞州区农民饮用水达标提标专项行动领导小组，印发《宁波市鄞州区农民饮用水达标提标工作实施方案》。6月19日，鄞州区农村饮用水达标提标行动专题协调会召开，明确农饮水项目投资和资金来源、项目简化立项程序等事宜。全年鄞州区共完成农村饮用水达标提标人口20956人，获全省农村饮用水达标提标行动成绩突出县（市、区）。其中，塘溪镇农饮水达标提标工程，计划总投资2500万元，6月底开始前期设计，8月31日开工建设，全年完成达标提标人口2000人；东吴镇农饮水达标提标项目包括小白、画龙、勤勇、三塘4个行政村，11月15日通水验收，全年完成达标提标人口4266人；横溪镇农饮水达标提标项目通过金峨、大岙、栎斜水站改造，经检测，水站水质已满足饮用水标准，全年完成达标提标人口14690人。

【水法宣传活动】 2019年3月，区水利局开展2019年“世界水日”“中国水周”系列活动。3月22日，区水利局在《鄞州日报》上刊发《扛起新使命 踏上新征程 鄞州水利描绘高质量发展新蓝图》宣传专栏，系统介绍全区水利建设状况和新年度工作任务。3月22—28日，区水利局先后到横溪镇上任村、云龙镇姚家浦村进行入村宣传，走进董山小学进行入校宣传，并制作宣传横幅、投放华数媒体广告，通过多种平面媒体、电视媒体进行宣传。至活动结束，共制作、修复永久性宣传标语（警示牌）12块，组织座谈会（研讨会）7场、主题活动20余场，张贴各类标语、横幅230余张，发放宣传资料4400余份、纪念品15900余套。

【调水活水行动】 2019年，鄞州区系统实施调水活水行动。区水利局实施制订全区调水活水专项方案，采用联水联调、定向补缺等系列措施，跨流域调水1.80亿立方米，推动水体流动提升河网水质。中东欧博览会期间，鄞州区进行一次大规模调水。会议前期5月28—30日，沿江碶闸全部开启，平原河网水位降至1米左右，5月31日到6月5日，建庄和东江泵站开启，横溪、三溪浦水库大流量补充；会议期间，横溪和三溪浦水库小流量下泄，调蓄水量水质。整个过程累计调水3500万立方米，监测数据显示河网水质明显好转。

（胡天一）

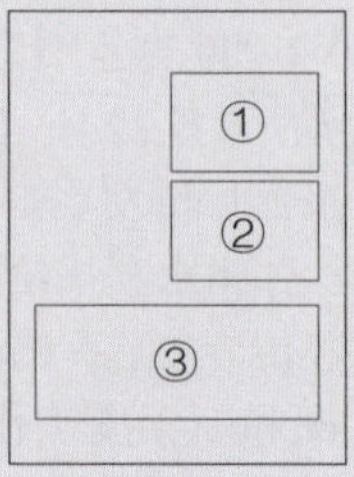

① 横溪水库

② 梅溪水库

③ 三溪浦水库

工业·工业园区

工业经济

【概况】2019年，鄞州区本级实现工业增加值442.20亿元，比上年增长7%，占地区生产总值的比重为22.90%。1068家规模以上工业企业实现工业增加值307.20亿元，增长4.90%。规模以上工业销售产值增长2.60%，产销率达到96.90%；出口交货值下降1.40%。实现亩均增加值157.60万元，亩均税收（不含出口退税）33.20万元，分别增长0.90%和27.30%。分行业看，在规模以上工业31个行业大类中，工业增加值前五大行业分别为电气机械和器材制造业、汽车制造业、通用设备制造业、金属制品业、计算机通信和其他电子设备制造业，增加值分别增长9.10%、0%、5.90%、2.10%和3.40%。规模以上工业主营业务收入1448.40亿元，增长2.10%；利税总额123.40亿元，增长0.20%；利润总额84.10亿元，增长0.50%；从业人员平均人数16万人，下降4.10%。

完成工业投入57.15亿元，其中技改投入41.90亿元，技改投入占工业投入的比重为73.32%。全年区本级规模以上工业研发费用38.60亿元，增长18.50%；新产品产值增长9%，新产品产值率提高到40.30%。规模以上工业中，时尚制造业、健康制造业、数字经济核心产业等新兴产业增长较快，增加值分别增长28.60%、15.90%和11.80%；高新技术产业、文化制造业、环保制造业增加值增速分别高5.40%、3.40%和10.80%。

鄞州区在中国工业百强区榜中居第31位。在2018年度浙江省区域两化融合发展指数评估中列全省第四、全市第一。汽车零部件制造业被列入第三批省传统制造业改造提升试点。

【制造业企业梯队培育】2019年，鄞州区围绕“246”重点产业构建区级重点企业培育库，在智能化改造、品牌建设、市场营销、精细化管理等方面个性培育领军型企业建设，核心培育“单项冠军”企业，定向培育小微企业。全年新增4家国家单项冠军产品、6家市级单项冠军示范企业。新增1家全国电子材料行业50强企业、2家中国机械工业制造百强企业、2家中国电子元件百强企业、1家全国首批专精特新“小巨人”企业、48家“瞪羚企业”、4家省级工业设计中心、4家省级服务型制造企业、2家全国中小企业公共服务示范平台；利时集团股份有限公司上榜中国民企500强；61家企业上榜市“亩均英雄500强”，全市第一，其中博格华纳汽车零部件（宁波）有限公司、美康生物科技股份有限公司、宁波高发汽车控制系统股份有限公司3家企业进入前十强；芯速联光电科技入围全国“创客中国”中小企业创业创新大赛“24强”并获创客组第一。落实150余家小升规培育对象。

【荣大昌获评全国首批专精特新“小巨人”企业】2019年5月21日，工业和信息化部公示全国第一批专精特新“小巨人”企业名单，全国248家企业入围，宁波荣大昌办公设备有限公司凭借主导产品速印机登上榜单。专精特新“小巨人”企业是“专精特新”中小企业中的佼佼者，是专注于细分市场、创新能力强、市场占有率高、掌握关键核心技术、质量效益优的排头兵企业，入选的基本条件是企业主导产品在国内细分行业中拥有较高的市场份额，并在经济效益、专业化程度、创新能力和经营管理等专项指标上达到相关标准。宁波荣大昌办公设备有限公司是国内唯一一家大批量生产数码打印一体机整机的民族企业，其研发的高速数码一体化速印机关键技术研究、集成及产业化项目获宁波市科学技术进步一等奖。

【区“246”产业集群建设研讨会召开】2019年6月14日，鄞州区召开“246”产业集群建设研讨会，邀请来自市经信局、浙江万里学院的专家和学者为该区“246”产业集群发展提建议。副区长戴华祥、区经信局班子参加会议。鄞州区提出争当“246”万千亿级产业集群全优生的目标，并结合区情实际，谋划推进结合该区产业集群培育工作的相关实施意见。区经信局在研讨会上围绕平台、动能、创新、改革四方面介绍鄞州区产业现状与发展目标。鄞州产业门类齐全，其中软件信息、智能家电、关键基础件等产业在全市占比较大，初步根据实际制定一个千亿级产业，六个五百亿级产业，三个百亿级产业的战略规划，并计划邀请高校学者进行针对性的调研和产业子规划设计。

【"鄞周行"助企特色系列活动】 2019年7月，鄞州区依托区8718企业公共服务平台，推出"鄞周行"助企特色系列活动，从7月31日起，以"每周做一个专题板块"为活动目标，引领出鄞州企服乡镇行活动的内容，解决该区各领域企业在经营过程中遇到的各种难题。"鄞周行"特色系列活动以免费培训沙龙的形式，面向该区各类型企业，沙龙主题板块主要包括普惠政策宣讲、财会税务专题讲座、融资商办会、企业用人双降风险管理等。主题设置依托8718公共服务平台的企情数据，整合归总出企业所面临的难题，再附之以"个性问题共情化，个体问题群体办"的模式，为更多企业解决生产经营问题。

【48家企业入选中国瞪羚企业榜】 2019年9月17日，全球INS大会研究院联合经济观察报政研院、标准排名城市研究院、优客工场等机构，发布《2019年中国瞪羚企业数据报告》。宁波共有265家企业上榜，入围企业数量排名全国城市第18位，全省第3位。其中，鄞州区本级有48家企业上榜，总数列全市首位，占比18.11%；全口径统计数为79家，占比29.81%。瞪羚企业为成立时间在十年以内的高新技术企业，年增长率不低于20%或上一年度总收入不低于5000万元。宁波中淳高科技有限公司等上榜企业均为近年来高成长性高新技术企业。从全国瞪羚企业的产业结构分布看，制造业，科学研究和技术服务业，信息传输、软件和信息技术服务业占比前三位，鄞州区企业均有涉及。

【国家级小微企业双创示范基地创建】 2019年10月9日，工信部公布2019年国家级小型微型企业创业创新示范基地名单，经上级中小企业主管部门推荐、专家评审和公示，鄞州区宁波城创小微企业创业创新基地获评国家级小微企业双创示范基地。自2015年启动首批国家级小型微型企业创业创新示范基地评选以来，鄞州累计有3家基地成功获评，数量占到全市总量的1/3。

【众瑞速联（宁波）科技有限公司获2019年"创客中国"全国赛冠军】 2019年10月28日，工业和信息化部联合财政部发起的2019年"创客中国"中小企业创新创业大赛全国总决赛在成都开赛，来自全国的24个项目经过激烈角逐，鄞州区选送的"100G/400GAWG芯片及光引擎"项目获创客组第一名。是鄞州区企业也是宁波市企业首次闯入"创客中国"全国总决赛，最终斩获冠军也属宁波首次。"100G/400GAWG芯片及光引擎"项目由众瑞速联（宁波）科技有限公司开发，产品主攻方向为光通讯芯片中的滤波芯片，高端AWG芯片产品可以在5G网络、超级数据中心中得到应用，有望领跑5G时代。项目立项以来，已申请获得1项发明专利和9项实用新型专利。在创客中国鄞州区域赛中，"100G/400GAWG芯片及光引擎"项目在鄞州区157个项目中脱颖而出，又在市级竞赛中获宁波市创客组一等奖，获得参加全国竞赛的资格。

【3家企业入选省级企业技术中心】 2019年11月6日，省经信厅公布2019年度省级企业技术中心名单，鄞州区有3家企业入选，分别是宁波中车新能源科技有限公司、宁波巨神制泵实业有限公司、宁波色母粒有限公司，总数全市第一。鄞州区累计有省级以上企业技术中心18家，其中国家级企业技术中心8家，省级企业技术中心10家，各项数据及总量均居全市首位。

【鄞州区汽车零部件产业入选省第三批传统制造业改造提升试点名单】 2019年11月7日，在宁波举行的全省传统制造业改造提升现场推进会上，公布第三批传统制造业改造提升分行业省级试点名单，鄞州区汽车零部件产业入围试点单位名单。汽车零部件产业是鄞州区三大传统优势产业之一，也是宁波市"246"万千亿级产业集群培育工程的重要组成部分。汽车零部件产业已成为鄞州区的优势与支柱产业，形成"零部件—总成—系统—整车"完整的汽车产业供应链配套体系。产品品种齐全，涉及汽车动力总成、汽车底盘、车身及附件、电器仪表、新能源汽车及相关零部件等全部五大类60个品种。

【7家小微企业园获省级认定】 2019年11月7日，浙江省小微园办正式发文公布全省第二批审批认定的小微企业园名单，其中鄞州区共有7家小微企业园通过认定。7家小微企业园包括1家生产制造类园区和6家生产服务性园区。结合第一批小微企业园名单，全区累计有20家小微园获省级认定，总数居全市第一，全省第四。

【4家企业（产品）获评国家级制造业单项冠军产品】 2019年11月27日，工信部发布第四批及通过复核的第一批制造业单项冠军名单，鄞州区有4家企业（产品）获评国家级制造业单项冠军产品，总数全市第一，也是鄞州区首次获得国家级制造业单项冠军。4家企业（产品）分别为音王电声股份有限公司的"数字调音台"、日月重工股份有限公司的"风电铸件"、宁波三星医疗电气股份有限公司"三相智能电能表"、宁波欣达电梯配件厂的"涡轮副电扶梯驱动主机"。该类产品的共同特点是其细分产品市场，生产技术、工艺国际领先，产品质量精良，单项产品市场占有率位居全国乃至全球前列。

【宁波首家德国工业设计机构入驻鄞州区】 2019年12月3日，德国Günter Horntrich教授工作室落户协议以及合作共建中德Yellow Design宁波公司战略合作协议在和丰创意广场签署，宁波首家德国工业设计公司正式入驻鄞州区。Yellow Design是德国十佳工业设计公司，已有40年历史，致力于产品设计、品牌设计、空间设计等设计服务，曾获红点、IF、Good Design等上百项国际设计大奖，为宝马、Swatch、Mini等40余个全球知名品牌提供设计服务。

【61家企业上榜全市"亩产英雄500强"】 2019年12月，宁波市发布《规模以上工业企业2018年度"亩均效

益”综合评价分析报告》，鄞州区有61家企业获评年度“亩产英雄500强”，占比12.20%。其中，博格华纳汽车零部件（宁波）有限公司、美康生物科技股份有限公司、宁波高发汽车控制系统股份有限公司3家企业位居前十强，为跻身十强企业最多的县（市、区）。

（余晓丽）

优势产业和细分行业

【概况】 2019年，鄞州区落实全市培育“246”万千亿级产业集群总部署，加快培育鄞州千百亿级产业集群。工作目标是到2025年，在全区培育形成软件与新兴服务1个千亿级产业集群，汽车、高端装备、新材料、电子信息、智能家电5个五百亿级产业集群，关键基础件、时尚纺织服装、生物医药、节能环保4个百亿级产业集群，成为全市“246”万千亿级产业集群建设全优生。

鄞州区三大优势产业完成产值558.3亿元，比上年增长3.30%。三大战略性新兴产业完成产值496.10亿元，增长7.60%。“3+3”产业共完成产值1056.80亿元，占规模以上工业产值的比重为70.90%，增长5.20%。五大细分行业完成产值1391.40亿元，增长7.80%。

【软件与新兴服务产业】 2019年，全区软件、工业互联网等企业总数1700余家，其中注册资金千万元以上的企业160余家，有6家企业“新三板”上市。实现软件及信息技术服务业营业收入252亿元，增长25%。软件收入和企业规模居全市首位，占到全市约1/3。其中重点企业有浙江高格软件股份有限公司、浙江文谷软件有限公司、宁波韵升智能技术有限公司、宁波世游信息科技股份有限公司、宁波世贸通国际贸易有限公司等。

【汽车产业】 2019年，鄞州区汽车产业规模以上企业总数达107家，年主营业务收入为148.60亿元，利税总额23.31亿元。重点领域为汽车发动传动制动系统、汽车电子、重要部件锻压成型、汽车维修检测系统、新能源汽车及关键零部件、汽车模具等。其中重点企业有博格华纳汽车零部件（宁波）有限公司、宁波圣龙（集团）有限公司、宁波福士汽车部件有限公司、宁波高发汽车控制系统股份有限公司、宁波明佳汽车内饰有限公司、宁波纬尚汽车零部件有限公司等。

【高端装备产业】 2019年，鄞州区高端装备产业规模以上企业总数达153家，年主营业务收入为159.99亿元，利税总额14.32亿元。重点领域为轨道交通装备、船舶专用设备、高速精密数控机床、大型成套铸造机械制造、高低压成套开关设备和电器制造、高效升降输送设备、新型高技术纺织服装机械及关键零部件、成套印刷设备制造等。其中重点企业有宁波中车轨道交通装备有限公司、宁波欣达集团有限公司、日月重工股份有限公司、宁波力达物流设备有限公司、浙江一舟电子科技股份有限公司等。

【新材料产业】 2019年，鄞州区新材料产业有规模以上企业119家，年主营业务收入为201.58亿元，利税总额14.97亿元。重点领域为高端合金材料、粉末冶金、稀土永磁材料等。其中重点企业有宁波博威集团有限公司、宁波禾顺新材料有限公司、东睦新材料集团股份有限公司、宁波宁江粉末冶金有限公司、宁波韵升强磁材料有限公司、宁波凌珂新材料科技有限公司、宁波鑫霖磁业有限公司等。

【电子信息产业】 2019年，鄞州区电子信息产业有规模以上企业96家，年主营业务收入为116.27亿元，利税总额10.11亿元。重点领域为集成电路、汽车电子、智能终端、关键电子元器件、新型显示材料、5G通讯等。其中重点企业有中芯国际创新设计服务中心（宁波）有限公司、盛吉盛（宁波）半导体科技有限公司、宁波康强电子股份有限公司、唐人制造（宁波）有限公司、宁波维真显示科技股份有限公司、宁波碧彩实业有限公司、浙江汇港电器有限公司等。

【智能家电产业】 2019年，鄞州区智能家电重点领域为家电零配件制造及系统集成、方案解决等生产性服务领域，有规模以上企业81家，年主营业务收入为346.33亿元，利税总额14.17亿元。其中重点企业有奥克斯集团有限公司、欧琳集团有限公司、宁波华彩电器有限公司、宁波音王集团有限公司、宁波乐士集团有限公司等。

【关键基础件产业】 2019年，鄞州区关键基础件产业重点领域为汽车关键零部件、高可靠性密封件、电子元件、泵及真空设备、粉末冶金、缝纫机械、电机制造等，实现工业增加值26.50亿元。其中重点企业有博格华纳汽车零部件（宁波）有限公司、宁波圣龙（集团）有限公司、宁波高发汽车控制系统股份有限公司、宁波福士汽车部件有限公司、宁波精成车业有限公司、宁波伏尔肯陶瓷科技有限公司、宁波市东联密封件有限公司、宁波千普机电液科技发展有限公司等。

【时尚纺织服装产业】 2019年，鄞州区时尚服装产业重点领域为新型纤维化纤、服装服饰、家纺、特种纺织等，有规模以上企业85家，年主营业务收入为60.13亿元，利税总额2.90亿元。其中重点企业有浙江中哲控股集团有限公司、宁波培罗成集团有限公司、宁波斐戈集团股份有限公司、宁波凯信服饰有限公司等。

【生物医药产业】 2019年，鄞州区生物医药产业重点领域为体外诊断试剂、医疗器械、智能医疗服务、中药等，实现工业增加值13.60亿元。其中重点企业有宁波美康生物科技有限公司、乐歌人体工学科技股份有限公司、宁波泰和汇科技发展有限公司、宁波明贝中药业有限公司等。

【节能环保产业】 2019年，鄞州区节能环保产业重点领域为高效节能电机、新能源商用车等，年工业增加值37.2

亿元，其中重点企业有宁波得利时泵业有限公司、宁波巨神制泵实业有限公司、浙江中车电车有限公司等。

（余晓丽）

重点企业

【奥克斯集团有限公司】 2019年，奥克斯集团有限公司营收735亿元，总资产618亿元，员工3万余人，拥有十大制造基地：宁波（3家）、南昌、天津、马鞍山、郑州（筹）、巴西、印尼、泰国，五大研发中心。奥克斯空调位居行业第三；智能电表、电力箱行业第一；拥有医疗机构21家。旗下有2家上市公司（三星医疗601567、奥克斯国际02080），为国家认定企业技术中心、国家级技术创新示范企业、国家级知识产权示范企业和博士后工作站常设单位。持有奥克斯、三星两个享誉全球的知名品牌，品牌价值超320亿元。多年累计为精准扶贫、教育、赈灾、环保等公益事业捐款2.98亿元。其中，家电产业正筹建郑州产业基地，在宁波、珠海、日本建有3个研发中心。产品主要包括家用空调、商用空调、厨房电器、生活家电等。2017年至2019年在品质创新上累计投入超30亿元，智能化产品占比达80%。销售遍布中东、欧洲、亚太、非洲、美洲等100余个国家和地区；家用空调类是全球唯一一家敢于向消费者承诺“使用60天无理由退货”的业内企业。电力设备产业中，旗下三星医疗（601567.SH）是智能配用电整体解决方案提供商，产品涵盖智能电表、变压器、箱式变电站、开关柜、充电桩等电力设备；在宁波、巴西、印尼建有制造基地，在宁波、杭州建有研发中心，营销渠道和战略合作项目遍布50余个国家和地区。医疗产业中，集团自2002年开始涉足，是国内较早的社会资本办医企业之一，奥克斯最早全资投资的旗舰医院宁波明州医院（后更名浙江大学明州医院）于2006年正式开业，已成长为国内知名的大型综合性现代化民营医院之一。2014年成立医疗集团，开展医疗投资、医院建设及运营等业务，现拥有21家医疗机构，包括4家综合医院、17家专科医疗机构，2025年将实现100家医疗机构的战略目标。地产产业，成长为国内多业态、综合型地产商，涉及精品住宅、产业园区地产、城市综合体、超高层建筑等多业态的开发和运营，连续多年获“中国房地产百强企业”等殊荣。奥克斯地产提出“7+X”布局战略，以“宁波、杭州、南京、郑州、天津、南昌、长沙”为支点向其周边重要城市辐射，并开拓澳洲、加拿大等海外地产。奥克斯地产构建产业与城市发展相结合的“产城融合”新模式，发挥在项目开发建设、产业资源导入、城市运营维护和资源优化配置等方面的综合优势，提供宜居、宜业、宜商的城市可持续发展解决方案。金融投资产业总部位于上海，开展融资租赁、商业保理等业务，参股2家银行及浙民投、甬商实业、PE投资等数个项目，为奥克斯产融结合双驱动模式发展奠定良好基础。

【杉杉集团有限公司】 2019年，杉杉集团有限公司销售额464亿元，入选中国企业500强，位居369位，自2002年入选以来连续18年入选。杉杉正极（长沙）、负极（包头）两个10万吨项目相继投产，强化规模领先优势。杉杉锂电材料技术研发居于世界领先地位，杉杉股份旗下拥有2个国家级企业技术中心（正极、负极），1个省级企业技术中心（电解液）、2个博士后工作站，参与国标制订，拥有200余项技术专利。杉杉集团创始于1989年由郑永刚创建于浙江宁波。作为中国服装龙头企业，在服装界率先启动品牌战略和连锁加盟模式，1996年杉杉成为中国服装行业第一家上市公司。近年来，杉杉服装在品牌、产品、渠道等方面进行变革创新，重点发展快时尚产品以及通过联营模式扩张。2018年，杉杉服装拆分至香港上市。杉杉从单一服装业务发展成为集新能源科技、时尚服装、医疗健康、影视文化、贸易物流、旅游休闲、金融投资等产业于一体的多元化产业集群。杉杉发展新能源产业，通过引进人才、研发投入，提升技术实力，整合产业资源，新能源锂电材料是杉杉的支柱产业之一。杉杉在上海、宁波、长沙、包头、郴州、东莞、石嘴山、宁德、衢州等地设有多家生产企业，成为锂离子电池正极、负极及电解液领域全球最大的锂电材料综合供应商。国际贸易和物流业务方面，杉杉致力于成为世界一流的大宗商品分销商，以整合产业链上下游优质资源，实现技工贸一体化，做大做强商贸物流产业。健康医疗是杉杉重点培育的新兴产业之一，规划投资兴建、控股医疗细分领域，最终形成完整的大健康医疗产业链。君康医院、无锡华清医院已成功运营，杉杉旗下、浦东首家康复医院已开工建设中。影视文化产业是杉杉重点投资方向，旗下拥

杉杉集团有限公司

有集影视娱乐领域人才与资源的影视娱乐文化上市公司，开展影视投资、制作、发行业务，目标是以内容为根基，打造成为国内领先的综合性文娱平台公司。旅游文化杉杉重点培育新兴产业之一，拥有新疆火焰山、广西尧山等多个景区资源，打造休闲游、体验游、深度游的新旅游模式。

【浙江中哲控股集团有限公司】 2019年，浙江中哲控股集团有限公司实现销售额160.83亿元，利润2.94亿元。集团创始于1998年，是年产值近50亿元的综合性投资管理集团。旗下有宁波合和进出口有限公司、宁波中哲国际贸易有限公司、宁波合和杰斯卡服饰有限公司、宁波中汇投资有限公司、宁波松和制衣有限公司、宁波中哲制衣有限公司、宁波中哲汽车安全系统有限公司、四川中哲新材料科技有限公司等数十家企业。产业横跨品牌管理及运营、国际贸易、房地产、旅游业酒店服务、医疗产业、儿童安全用品、通信科技、织物保养、资源开发及材料工业等领域，旗下拥有GXG、gxg.jeans、Yatlas、gxg.kids、ONE MORE、大象洗衣、优宿YOUSU、Free Wings、艾贝ABYY等品牌，其中GXG为中国驰名商标。集团公司通过投资控股及参与日常经营管理实现对各子公司管理，并通过集团化经营，发挥整体优势。2019年，公司入选年度中国制造业企业500强。

【博格华纳汽车零部件（宁波）有限公司】 2019年，博格华纳汽车零部件（宁波）有限公司企业实现产值34.80亿元，减少12%；利润8.10亿元，减少16%；税收3.30亿元，减少29%。博格华纳总部位于美国密歇根州的奥本山，为全球主要汽车生产商提供动力系统解决方案，行业中领先地位。公司致力于设计和制造高技术的产品来提高汽车引擎系统、传动系统和四轮驱动系统的性能。博格华纳在全球19个国家建立62个制造和技术基地为世界各地的客户提供服务。博格华纳在北京、上海、宁波、大连4地设有工厂和技术中心。博格华纳中国技术中心位于上海紫竹科学园区，是博格华纳中国总部，也是中国技术研发中心的所在地。位于宁波市鄞州区潘火街道（投创中心）的工厂是博格华纳首次在中国投资成立的独资工厂，于2006年建成投产，占地6.67公顷，总投资1.32亿美元，注册资金4400万美元。公司主要产品是涡轮增压系统、摩斯链条系统和排放系统，直接从美国和德国总部引进最先进的专业技术和生产装备。企业员工总数1500余人，其中大专学历以上科技人员663人，占企业人数的42.10%，直接从事研发的科技人员有250人，占企业员工总数的15.90%。在各项科研活动中获得实用新型专利、软件著作权知识产权共计38项。获评"大力神鼎""省级机器换人示范企业""宁波市两化融合示范企业""810实力工程""双五十强企业""龙头企业""浙江省技术创新能力百强企业"等。2019年，公司获评全市制造业"亩产英雄500强"第二名。

【宁波高发汽车控制系统股份有限公司】 2019年，宁波高发汽车控制系统股份有限公司实现产值9.25亿元，主营业务收入8.96亿元，总利润2.10亿元，净利润1.80亿元。公司成立于1999年，前身是宁波高发汽车拉索有限公司，2011年5月整体改制为股份有限公司。2015年1月20日在上海证券交易所上市。公司主要从事汽车操纵控制系统的研发、生产和销售，主要产品包括变速操纵器及软轴、电子油门踏板、汽车拉索、电磁风扇离合器四大类；获得国家级高新技术企业、国家重点新产品、国家火炬计划、省级工程技术中心、浙江名牌产品、宁波市专利示范企业、市级科技进步奖等荣誉，成为国内30余家知名整车制造商的一级供应商，并获得一汽大众、上海大众、上汽通用五菱、吉利集团、苏州金龙、厦门金龙、宇通客车、中国重汽等国内汽车制造商的A级供应商或优秀供应商评价。公司通过整合在国际汽车中心美国底特律购置研发大楼，形成宁波、底特律、萨利松三地统一研发圈。在新产品研发方面，先后完成自动变速箱高压油泵、装配式独轮轴、硅油离合器等产品的研发和批产。2019年，公司获评全市制造业"亩产英雄500强"第七名。

【宁波康强电子股份有限公司】 2019年，宁波康强电子股份有限公司实现产值10.30亿元，主营业务收入10.04亿元，利润7973万元，有员工486人。公司成立于1992年6月，2002年10月改为宁波康强电子股份有限公司，是一家专业从事各类半导体封装材料的开发、生产、销售的国家级高新技术企业，主要生产各类半导体塑封引线框架、键合丝、电极丝和生产框架所需的专用设备和产品。2007年3月2日在深圳证券交易所上市（股票名称：002119），公司本部占地面积8.10万平方米，建筑面积10.58万平方米；拥有3家全资子公司、2家控股公司。公司2001年起连续获评国家级高新技术企业。2015年，在原"省级研发中心"基础上扩大编制，成立浙江省康强电子封装材料研究院，并与多家高校及科研院所开展产学研合作；承担"十二五"国家重大科技专项——"高密度刻蚀引线框架"。公司凭借工艺改造、技术创新，首家实现生产点镀银引线框架；自主研发电镀废水回收处理设施，实现资源循环、节能降耗、绿色发展。2019年，公司入选中国电子材料行业50强。

【宁波博德高科股份有限公司】 2019年，宁波博德高科股份有限公司（简称：博德高科）实现工业总产值3.10亿元，纳税1743万元。公司是全球高端精密细丝研发、制造企业，是国家级制造业单项冠军示范企业，旗下德国贝肯霍夫公司拥有近130年历史，是享誉业界的全球高端精密切割丝的推动者，拥有的"bedra"品牌是行业全球知名品牌。博德高科秉承德国精神、德国技术、德国标准和德国管理，致力于高端精细丝产业的研发创新和生产制造，推动全球高端精密细丝品牌的发展，为全球客户提供整体解决方案，提升世界工业制造的精度和速度。博德高科在精密切割丝领域积累研发制造经验，拥有现代化、智能化生产线和国际先进的检测设备，并引入SAP、CRM、MES、OA和People soft E-HR等管理系统，构建先进的管理体系，推动全球高端精密细丝产业发展。博德高科整合全球资源、集成全球技术，推动全球精密切割丝产业发展。旗下全资子公司德国贝肯霍夫拥有欧洲（德国）研发生产基地和亚洲（宁波）研发生产基地，实现精密切割丝全工艺过程自主研发，掌握多项切割丝制造的全球先进技术，获授权发明专利113项，旗下品牌bedra，拥有先进的精密细丝工艺技术和高端品质标准，并将精密切割丝规格从最初的0.33毫米做到0.015毫米，助推全球工业制造的精度达到微米级。

【博威集团有限公司】 2019年，博威集团有限公司总资产81亿元，实现营业收入101亿元，利税6.40亿元；有员工6000余人，其中各类专业技术人员800余人。集团公司成立于1987年，在全球范围拥有制造基地7个、资本合作平台1个，成为集新材料、新能源、精密切割丝、精密零部件等产业于一体的科技型、国际化、专业制造集团，成为国家首批创新型企业、国家技术创新示范企业，拥有国家企业技术中心、博士后科研工作站、国家认可实验室和国家地方联合工程研究中心。旗下拥有宁波博威合金材料股份有限公司（上海证券交易所主板上市，股票代码：601137）、博威尔特（越南）太阳能科技有限公司、宁波博德高科股份有限公司、宁波博曼特工业有限公司、伊泰丽莎（越南）有限公司、宁波博威投资有限公司，2015年9月30日收购德国贝肯霍夫公司100%股权；有博威云龙、博威滨海、博德高科、博威越南、德国霍伊黑尔海姆、德国赫尔伯恩、加拿大库珀七大工业园区，总占地77.20万平方米；拥有发明专利185件，其中中国发明专利67件、欧美等国家专利118件；主持和负责起草国家标准19项、行业标准5项；承担国家"十三五"重点研发计划项目1项；承担国家科技支撑计划项目2项、国家火炬计划项目5项、国家科技创新基金项目3项、国家重点新产品2项。集团公司致力于新材料、新能源、精密切割丝、精密零部件等产业创新和发展，其中宁波博威合金材料股份有限公司致力于高性能、高精度合金棒、线、板带新材料的研发、生产和销售；研发创新出功能合金材料、环保合金材料、节能合金材料和替代合金材料，广泛应用于航空航天、高速列车、电子通讯、汽车制造、船舶工业、工程机械、精密模具、引线框架等30余个行业，2019年实现营业收入75.92亿元。

（鄞　鉴）

鄞州工业园区

【概况】 2019年，鄞州工业园区实现规模以上工业总产值300.70亿元，比上年增长9.20%；主营业务收入322.50亿元，增长4.70%；利润总额10.20亿元，增长16.60%；一般公共预算收入5.10亿元，增长5.20%；进出口总额13.10亿美元；增长7%，其中出口12.90亿美元，增长7.60%。

通过政策汇编印发、专题培训、一对一辅导等多种方式辅导企业申报各类项目，全年企业获得市、区各类奖励补助资金5009.88万元。制定企业服务责任人清单，重点落实项目建设的跟踪协调和服务，全年累计进企业进村（社区）共计92次，先后解决涉及经济发展、人才引进、土地报批、环境整治、平安综治类等问题81个。推进"治水拆违百日攻坚"工作，拆除违建13118平方米，有证销号76876平方米，缓拆15397平方米。

园区新引进2个项目，分别是高性能铝合金汽车零部件项目和智能医疗科技产业园项目，两个项目新增用地8.97公顷，新增建筑面积约16万平方米。园区累计引进人才4598人，其中引进高层次人才70人；园区申报鄞州区企业实用人才评选23人；申报鄞州区"四大精英"8人；园区有5位优秀技能人才入选2019年度鄞州区"百千万"高技能领军人才。园区扩充人才队伍，形成人才保障机制。园区完成基础设施建设项目共计7个，建安总投资约668万元。先后完成博格华纳环网站至13号地块电力排管、景江路（明光路—经十五路）10千瓦电力排管、13号地块北侧道路绿化、明光路污水管道改造、园区交叉口路面维修、园区26号和27号地块环网站等工程。园区经十五路工程施工许可证办理、质监备案等前期工作，工程总投资约4300万元，于11月中旬正式开工建设。完成25号A地块、27号地块、28号地块等3个地块共计83445平方米土地出让报批。园区全年完成转贷15200万元，支付利息1206.77万元。

【宁波明州生物质发电（二阶段）EPC项目锅炉第一榀钢架吊装完成】 2019年5月16日，200吨吊车启动，宁波明州生物质发电（二阶段）EPC项目锅炉第一榀钢架开吊，EPC项目正式进入施工高峰期。锅炉钢架克服连续阴雨天气、拼装场地狭小等困难，历时14天，完成Z1、Z2、Z3三榀钢架地面组装。吊装前根据现场实际情况，针对钢架吊装方案和安全措施，多次组织人员讨论，最终制订方案和措施，并组织相

鄞州工业园区

关人员对钢架吊装前的安全设施进行现场检查验收，明确工作人员安全责任，确保锅炉钢架吊装工作安全完成。宁波明州生物质发电（二阶段）项目为宁波热电与中国联合工程有限公司第一次合作的EPC项目。锅炉钢架吊装为重要节点之一，该次吊装完成为下阶段锅炉安装创造条件和基础。

（李文博）

鄞州经济开发区

【概况】 2019年，鄞州经济开发区规模以上企业完成产值169.31亿元；比上年增长6.62%；主营业务收入163.87亿元，增长8.49%；利润6.61亿元，增长14.51%；税收收入5.39亿元，增长22.45%；完成固定资产投资14.38亿元，其中工业投入10.22亿元，增长4.06%；销售上亿元企业已达到35家，规模以上企业97家；实到外资1452万美元；引进内资8.49亿元。全年引进总投资18亿元万洋小微园等10亿元以上大项目，对接落实滨海交通产业园、关键零部件产业园等项目。

完成联胜路、临春路延伸段和横一河等“两路一河”工程；建成5万平方米人才公寓二期项目并实现首批业主入住；完成2万平方米滨海邻里中心项目主体建设；二期市政PPP项目持续推进，实现4平方千米规划区域建设框架成型。博威新材料项目已完成桩基和基础地坪施工，进入主体建设；维汇智能电商项目完成主体厂房形象进度20%；万洋小微产业园项目实现进场动建。滨海幼儿园全年开班9个班级，入园幼儿244人，实现全班制运转4年。安全管理，实现133家投产企业推行“社会化服务+责任保险”安全生产责任保险，提升园区安监管理。实施“三大双百攻坚”会战，处置63宗，建筑面积10万余平方米。“科森”等9家企业全年技改投入达到千万元以上。开展干部职工“三进三服务”活动，推行360开放式党建，举办第十二届滨海文化艺术节，开展“五送企业”活动。

宁波中淳高科股份有限公司获区“金鼎”企业，宁波福士汽车部件有限公司获区“银鼎”企业，宁波得利时泵业有限公司获“区政府质量奖”特别贡献企业，乐歌人体工学科技股份有限公司、宁波滨海生物科技有限公司、宁波万荣特种钢有限公司、宁波色母粒有限公司、宁波科森净化器制造有限公司等公司实际经营者获评“十家智能制造先锋”企业家。2家企业博士后工作站通过考核，为大嵩新区人才工作新局面提供人力支持和智力保障。

【第十二届滨海文化艺术节】 2019年5月9日，“青春有爱 爱满山海”大嵩新区第十二届滨海文化艺术节开幕。园区6000余名职工观看文艺演出。作为该届滨海文化艺术节系列活动，11月24日，大嵩新区举行第十二届滨海文化艺术节暨第九届义务消防队业务技能比武大会，9家企业义务消防同台竞技。比武内容分消防器百米灭火操、2人4带连接消火栓操和5人消防泵打靶操，通过比武来比拼企业员工在处置险情时的响应速度、熟练程度和体能等综合素质。六和轻代表队获冠军。

宁波中车产业基地

【概况】 2019年，宁波中车产业基地规模以上企业实现总产值31.75亿元，比上年增长9.50%；工业销售31.30亿元，增长17.40%；固定资产投资6.96亿元，其中工业投资6.76亿元。基地获2019年鄞州区工业发展优胜奖，鄞州中车现代电车产业园入选宁波市特色产业示范园（第二批）培育对象。全年引进项目2个，其中浙江省宁波巍立实业有限公司LED智能照明器具项目总投资1.20亿元，占地面积1.09公顷；宁波浙信科技有限公司汽车仪表盘表皮零部件项目总投资1.93亿元，占地面积3.43公顷。

宁波中车新能源科技有限公司“宁波中车新能源科技有限公司企业技术中心”获2019年省级企业技术中心，“6000法拉高比能电池电容型超级电容器”获浙江省制造精品，2016年中国制造2025工业强基工程项目“超级电容器的实施方案”2019年7月通过验收评审，“宁波中车新能源超级电容研究院”获市级企业研究院，公司获评博士后工作标杆单位。浙江中车电车有限公司市级院士工作站升级至省级院士工作站，公司3人入选“鄞州金匠”“鄞州银匠”。宁波日兴电子有限公司获省级出口名牌。宁波必霸能源有限公司和卓尔博（宁波）精密机电股份有限公司获高新技术企业，至年底，宁波中车产业基地拥有高新技术企业8家。

【鄞州现代电车小镇动力党建联盟成立】 2019年9月27日，鄞州现代电车小镇

2019年9月27日，鄞州现代电车小镇“动力党建联盟”成立仪式举行

动力党建联盟成立。首批29家联盟成员单位，涵盖五乡镇和电车小镇的企业、公安、交通、税务、环保、教育以及医院等机关、事业单位、村社、两新组织的党组织。通过整合党建、群团资源，形成“大联盟、大网格、大党建”的“政+企+村”的党建工作格局。

【浙江中车电车有限公司】 2019年，浙江中车电车有限公司实现销售6.50亿元，有员工278人。公司成立于2014年，隶属于中车时代电动汽车股份有限公司，是集新能源商用车研发、制造、销售于一体的高新技术企业，建有中国先进新能源商用车数字化制造及研发中心、院士工作站等研发平台。2019年新授权专利43项，新申请PCT发明专利2项；公司市级院士工作站升级至省级院士工作站；全国首创主动安全辅助驾驶系统在宁波取得示范性应用。2019年公司宁波市场外温州市场首次实现110台销售订单，宁波市场外订单销售额占比首次突破全年销售额40%。

【卓尔博（宁波）精密机电股份有限公司二期项目开工建设】 2019年1月，卓尔博（宁波）精密机电股份有限公司二期年产80万套汽车电机核心配件项目在宁波中车产业基地开工建设。该项目总投资6000万元，占地面积3340平方米，总建筑面积7168平方米，主营汽车电机转子。项目投产后年产值1亿元，年创税1000万元。

【宁波国创机车装备有限公司二期项目开工建设】 2019年2月，宁波国创机车装备有限公司二期年产5000套轨道车辆用控制阀项目在宁波中车产业基地开工建设。该项目总投资1.20亿元，占地面积6100平方米，总建筑面积1.23万平方米，项目投产后年产值2亿元，年创税1000万元。

【刘化龙到宁波中车产业基地考察】 2019年10月18日，中国中车集团公司董事长、党委书记刘化龙到宁波中车产业基地考察。刘化龙走访宁波中车新能源科技有限公司、宁波中车时代电气设备有限公司、宁波中车轨道交通装备有限公司和浙江中车电车有限公司，试乘18米纯电动新能源客车。在与市委副书记、市长裘东耀会谈时，刘化龙感谢宁波市、鄞州区对落户的中车系企业发展给予支持，并要求中车系企业用好用足宁波经商环境优势、区位优势与资源优势，实现产业优化升级。

2019年11月，浙江中车电车有限公司全国首创主动安全辅助驾驶系统公交车试运行

【浙江中车电车有限公司全国首创主动安全辅助驾驶系统】 2019年11月，浙江中车电车有限公司研发的装有主动安全辅助驾驶系统公交车交付宁波公交公司进行试运行。该系统采用三面视觉融合技术、毫米波雷达、超声波雷达等多传感融合技术，实现主动安全防碰撞功能；通过驾驶行为分析系统与智能限速系统，分析司机驾驶行为等级，自动限制车辆转弯速度、转弯幅度，提升车辆主动安全性能。该研发项目自2016年启动，算法、程序、传感器多融合均为中车自主研发，属国内首创。

【宁波浙信科技有限公司项目开工建设】 2019年12月，宁波浙信科技有限公司年产300万件汽车仪表盘表皮零部件项目在宁波中车产业基地开工建设。该项目于6月签约，10月落户基地，总投资1.20亿元，占地面积3.43万平方米，总建筑面积3.49万平方米，主营汽车仪表盘表皮，主要与奔驰、宝马、沃尔沃、大众通用汽车配套。项目投产后年产值3.20亿元，年创税4200万元。

（徐柯英）

服务业

综　述

【概况】 2019年，鄞州区服务业增加值1554.40亿元，比上年增长7.50%，占地区生产总值比重70.30%。现代服务业规模位居全省前列、全市首位，在省服务业强区考核中，获得Ⅱ类地区第三名。全年全区2029家规模以上服务业企业营业收入5853.90亿元，增长17.40%，实现利润总额422.98亿元，增长29.50%。其中营利性服务业发展迅速，全年实现营业收入达427.12亿元，增长25%。

【山丘市集民俗风情街开市】 2019年10月17日，山丘市集民俗风情街区开市。山丘市集民俗风情街区位于鄞州区南部商务区水街东区，建筑面积约10000平方米，是宁波市委托实施的全大市消费扶贫项目，为全省乃至全国首个消费扶贫综合体。通过前期设计准备，6月28日正式动工建设。开市后，1万平方米街区入驻店铺48家，引进扶贫商户20家（定向引进11家，品牌孵化9家），成为宁波扶贫名片。

【第12届宁波美食节】 2019年10月18日，为期4天的甬港澳台文化美食节暨第12届宁波美食节在宁波文化广场开幕。来自港澳台地区的30余家企业和当地60余家美食企业参与活动，活动现场客流超过20万人次。美食节期间，为全市消费者提供一场美食文化，从不同角度反映甬港澳台不同城市的餐饮文化特色和城市文化特色。展会期间举行的2项专题活动体现"美食为媒、文化为魂"的精髓，"甬菜百碗·海鲜风味"展示活动，作为深入实施浙江省"诗画浙江·百县千碗"工程的重要组成部分，全方位展示并传播宁波各县（市、区）的地方特色美食文化；港澳台美食企业投资宁波（鄞州）交流对接会，推动甬港澳台餐饮行业交流沟通及合作。宁波戈尔登国际酒店、宁波饭店有限公司、宁波金港大酒店有限公司等11家企业美食节优秀展示奖，香港裕记烧鹅、澳门宏海食品、开元名都大酒店等20家企业获美食节优秀展销奖。

（黄　勃）

2019年10月18日，甬港澳台文化美食节暨第12届宁波美食节开幕

商贸流通

【概况】 2019年，鄞州区实现社会消费品零售总额878.90亿元，比上年增长8.36%，规模居全市第一位；批发零售业商品销售总额5321.60亿元，增长15.30%，规模居全市第二位。推进省批发零售业改造提升试点工程，重点围绕商品市场转型、零售模式创新、特色商圈改造、商贸品牌振兴和再生资源回收体系建设五个方面，发挥宁波爱默隆生鲜连锁有限公司、银泰鄞州店、银泰江东店、新江厦超市、天伦百货、攸品邻里中心、世纪百联超市等13家试点单位的示范带头作用，鄞州区入选全省6个改造提升成效明显的县（市、区）之一，受到省政府嘉奖。推进商贸设施建设，宝龙广场、全国首个消费扶贫特色街区"山丘市集"民俗风情街先后建成开业，山姆会员店、万象汇完成主体工程建设。建成攸品邻里姜山、咸祥、悦邻汇下应、长丰4个邻里中心。

【鄞州区入选浙江省推进批发零售业改造提升成效明显县(市、区)之一】 2019年5月，鄞州区获选浙江省推进批发零售业改造提升成效明显的县(市、区)。鄞州区通过印发商贸流通业、商业综合体、批发零售业改造提升等支持政策，安排财政资金3000万元。以特色商圈为引领，引导九大商业综合体、六大商业街区搭建消费升级平台。创新商业模式，出现一批典型示范企业，有社区商业领头羊的宁波攸品邻里中心、全省社区生鲜便利店规模最大的M6生鲜、探索新型金融便利店商业模式的宁波新江厦超市、推广新零售模式的银泰百货、销售额为全国万达系前三的鄞州万达广场等。

【2019年宁波购物节鄞州区活动】 2019年8月1—31日，2019年宁波购物节鄞州区活动举行。以"惠行鄞州·畅享购物"主题，鄞州区组织开展31项主场活动、100余项重点活动。通过政府搭台，企业唱戏，协会、媒体等协作，打造消费场景，达到促进消费、普惠民生的目标，展现鄞州商业。鄞州万达广场"一起来做玩乐家"，开启夏季大促；环球银泰城"白日梦灯光艺术展"打造呼吸森林、钻石星空、镜子迷宫等美陈装置；宏泰广场引入世界三大选美赛事之一的环球旅游小姐大赛，引入5000平方米水上乐园，打造各类年轻化的8月主题活动。鄞州区的"艺想天开"系列活动，被评选为2019宁波购物节十大亮点活动。

【宝龙广场建成开业】 2019年12月22日，位于鄞州印象城商圈内的宝龙广场正式开业。宝龙广场以三大主题mall为定位，汇集国际美食、生活集市、精品连锁等业态。在设计和建造布局上，宝龙广场内部融入溪水、山涧、植物、岩洞等体验手法的空间再造，延续"城市森林"的概念。宝龙广场建成后，鄞州区初步形成1个30亿级、3个10亿级、3个5亿级的商业综合体发展布局，形成以万达广场、银泰城为代表的十大重点商圈和十大特色街区，打响"购在鄞州"品牌。

【生活必需商品应急供应】 2019年8月，台风"利奇马"登陆浙江，为做好市场供应保障，鄞州区制订印发《鄞州区生活必需商品应急供应预案》，台风期间，鄞州区落实2000头生猪、80吨蛋品、500吨蔬菜、10万份干粮、10万瓶矿泉水、3万支蜡烛的应急储备。抓好30家市、区两级菜篮子基地的应急供应工作，台风期间，鄞州区28家菜篮子商品平价点正常运行，确保菜篮子价格基本稳定。

（吴自鉴　袁孝林）

粮油购销

【概况】 2019年，鄞州区粮食行政管理职能由区商务局转隶到区发改局，挂区粮食和物资储备局牌子，内设粮食和物资储备科，主要职责为拟订全区粮食流通中长期规划、购销储备计划、粮食市场体系和流通基础设施建设规划等并组织实施；组织实施地方储备粮、重要商品和应急储备物资采购、轮换；归口粮食和物资统计，研究提出总量平衡及政府调控建议；拟订粮食购销政策意见，指导协调政策性粮食收购和粮食产销合作；监管收购、储存环节的粮食质量安全；负责驻鄞部队的粮油供应管理；负责粮食市场行情的分析、购销预警信息的发布及有关应急措施的落实；会同有关部门提出财政粮食补贴建议。区粮食和物资储备局获评2017—2019年度浙江省粮食收购工作成绩突出单位，鄞州区获2019年度粮食安全县(市、区)长责任制考核优秀，宁波市鄞州祥丰粮油有限公司、宁波市鄞州中心粮库2家企业获评全省第四批"放心粮油"示范企业。

【粮食收购】 2019年，鄞州区稳定订单粮食收购指导性计划3.71万吨，分解落实到11个镇(街道)，重点向种粮大户、家庭农场和专业合作社倾斜。针对粮食收购环节补贴政策程序调整的实际，落实东钱湖镇订单粮食规模830吨。小麦、早稻、晚稻三季粮食收购工作中，执行市粮食最低收购价、补贴政策和收购质量标准，落实10个收购网点和4190万元农发行贷款资金，发放88万元预购定金，实现粮食收购全程机械化"一站式"服务，完成全年粮食收购任务。至年底，国有粮食收储企业累计收购粮食5.08万吨，订单粮食收购任务完成99%，配合市粮食行政主管部门开展余缺调剂1.32万吨。

【"五优联动"试点】 2019年，鄞州区研究制订《关于开展"五优联动"试点工作的指导意见》，开展"五优联动"试点工作，引导农民特别是种粮大户、专业合作社和家庭农场等新型粮食生产经营主体，调整粮食种植结构，助推全国优质稻米品种和宁波市好稻米评选的"十大"品种试点。家庭农场汪琰斌种植的甬优9号大米在省农博会上获得优质产品金奖。引入姜山镇"稻虾共生、稻虾轮作""稻鳖共养、稻鳖轮作"绿色综合种养模式，开展稻虾(鳖)田试点，帮助粮农提高稻田附加值，实现"一水两用、一地多收"。对甬优1540和甬优9号稻谷开展"分品种签订、用专仓收购、以专项销售"。

【粮库建设】 2019年，鄞州区完成中心粮库立筒仓扩建工程、姜山和云龙粮库智能化建设以及审计决算任务，基本实现全区粮库(粮站)设施现代化、管理智能化、作业机械化、环境生态化。按照"仓容不减、功能不降、先建后拆"的原则，区发改局上报调整报告，规范仓储设施管理，达到总仓库仓容13.40万吨，按要求超过1倍以上。开展"星级粮库"创建活动，中心粮库通过评估，取得安全生产标准化体系三级资格认证，姜山、云龙、塘溪、高钱、茅山、朝阳、清河7个粮库(粮站)达到"二星级粮库"标准。

【粮油供应】 2019年，区发改局拓展粮食产销合作和依托庄市粮食批发市场，加强与43家应急供应网点、2家加工企业、1家运输企业的联系联络，合理组织调度粮源，确保粮食市场供应稳定。对3家高山地区供应点继续在冬季储存大米，以确保山区居民在冰冻雪灾等恶劣气候条件下的粮食应急供应。配合市粮食行政主管部门开展大米应急加工和配送的实战演练，组织粮食供给应急预案培训。坚持粮食价格监测和预警报告制度，落实专人负责市场动态监测及周边地区的信息联系，分别设立批发零售、加工等价格监测点17个和1个，分析、发布和报送监测情况，确保信息渠道畅通。

【国有粮食企业整合】 2019年，区属国有粮食企业成建制划转。区发改局组织3家直属国有粮食企业，按时间节点和规定程序，完成国有资产调查。配合区国资中心，组织协调区属国有粮食企业做好整合工作，对接企业“三定”方案、薪酬分配制度和委托管理办法，督促完成2家企业公司制转制，完成区属国有粮食企业整合主要工作。

（黄　勃）

供销合作

【概况】 2019年，区供销合作社联合社（简称“区供销合作社”）是区政府直属事业单位，实行与区工贸办、区国资经发公司、区农民合作经济组织联合会执行委员会四块牌子、一套班子运作管理体制。与单位同级公司1家；国资经发公司子公司1家，委托代管企业4家；下属自收自支事业单位1家；保留牌子的事业单位1家；参股企业1家；基层供销社6个。管理指导的专业合作社43家；村级综合服务社92家；农资连锁网点55家；新型基层社4家。

瞻岐、姜山2个镇农合联示范性服务中心入选省级示范。咸祥、横溪2个镇农合联示范性服务中心获评市级示范，并投入实体化运行。云龙镇农合联被列入“强基减负项目”清单，正式启动建设。鄞州区示范性现代农业服务中心超过50%。以姜山镇粮食主产区为基础，成立鄞州区粮食产业农合联。推进“农合贷”信用服务，全区农合贷授信户数达到126户，授信金额14340万元，贷款户数95户，贷款金额9858万元，合作社会员信用评定率达到90%，授信率85%。

全年出租房产43处，对新到期的出租房产按规定进行公开招租。加强出租房产安全管理，全年与房屋承租户签订安全责任书43份和《安全生产承诺书》43份，组织安全生产检查8次，参加人数25人次，检查出租房屋43处，发现安全隐患15处，其中13处属房屋使用中出现的安全隐患，已及时整改；2处属房屋结构问题，全部进行维修，投入维修费用约10万元。

【农事节庆系列活动】 2019年3月，2019“美丽鄞州”欢乐游启动仪式暨第三届咸祥马鲛鱼文化节在咸祥镇举行，开通“红色之旅”，将咸祥红色景点，与咸祥蓝色海湾经济相结合，做好“红+蓝”旅游文章，活动期间达成销售额2万元。4月，在横溪镇举办第七届樱桃节，日吸引游客3000人次。5月，区供销社联合区委宣传部、团区委等举办鄞州区青年创客音乐节，组织10余家会员单位携带鄞州农产品参展，吸引500余人次参与。

【农事服务】 2019年3月，区供销社承接2019年宁波市春耕农资农技农信优质服务月启动仪式，召集鄞州银行、人保财险鄞州支公司、禾丰农资公司等单位到现场开展农技农信咨询服务活动，并配合市农合联执委会（市供销社）现场发放近10万元金额的优惠农资券。春耕服务月期间，共供应配送优惠化肥10321吨（其中早稻配方肥449.30吨），农药974.50吨，农膜204吨，全年统防统治面积达到1753.33公顷。开展乡村环境服务体系建设，全区各乡镇街道农资包装废弃物无害化收集120吨。指导下属农合联开展茶叶技术、柑橘种植、农机、海上养殖等各类涉农培训共5次，参与人数300余人次。联合青创农场，全年开展农产品电子商务、农村创业等以新青年为培训主题的各类培训4次，200余人次参加。

【鄞州文化创意产业园项目建设】 2019年，区供销合作社与宁波报业集团合作开发的鄞州文化创意园项目（宁波数字传媒基地）被列为区重点项目。与宁波报业集团各占50%股份组建的宁波数字传媒有限公司，注册资金1.80亿元，建筑面积88319平方米，总投资5.44亿元。实际完成总投资1.80亿元。项目按标化工地要求进行文明施工管理，施工总承包单位自我加压创建“钱江杯”，计划于2021年年底竣工。

【鄞州区与海曙区社有资产划分】 2019年，区供销社根据市政府领导批示和市供销社协调会议明确三条资产划分意见：资产方面，以奉化江为界，现属海曙区域的6个基层供销社和鄞西片9个镇乡（街道）区域内的供销社所有固定资产及其债权债务（包括禾丰农资公司股权等）划归海曙区。固定资产等权证变更产生的税费，由接收方海曙供销社承担。人员方面，在职和退休及遗属等人员按属地原则划归管理。资金方面，明确原鄞州区供销社划归海曙区供销社货币资金3500万元。2017年1月1日以后海曙区域固定资产出租收入、经营性资产利润减去出租管理成本后归海曙区供销社所有。至年底，社有资产完成划分。

【邵峰到鄞州区指导灾后重建】 2019年8月20日，省供销社主任、省农合联执委会主任邵峰一行到鄞州区指导台风“利奇马”灾后重建工作。台风“利奇马”过境令鄞州区农业生产遭受严重打击，全区农业直接经济损失达2.25亿元。邵峰一行先后到瞻岐镇金碧果业有限公司和西城村果蔬基地看望受灾户。受“利奇马”影响，金碧果业有限公司4公顷水果基地进水受淹，葡萄损失约3000千克，黄桃吹落约6000千克，直接经济损失约20万元。西城果蔬基地1.07公顷西瓜全部进水受淹，大棚薄膜摧毁0.67公顷，部分钢架受损，西瓜经济损失约10万元。邵峰详细了解受灾户的种植品种、面积、受灾以及灾后重建情况，鼓励他们树立信心，尽快恢复生产。随行的农技专家对种植户进行指导。省供销社主任邵峰代表省供销社、省农合联向鄞州重点受灾区域捐赠20万元救灾农资。

（赵　奇　张驰波　杨诗诗）

烟草专卖

【概况】 2019年，区烟草专卖局批发销售卷烟4.95万箱，比上年增长0.71%；实现销售额23.29亿元，增长3.54%；单箱销售额4.71万元，增长2.81%；税利6.97亿元，增长3.75%。查获各类违法卷烟51643.90条，下降13.77%，其中走私烟3640.80条、假烟1791.20条，案值1189.05万元，罚没款170.73万元；上报海关总署一级督办案件（国标一级）2起；抓获涉烟犯罪嫌疑人9人。

区烟草专卖局加强成本费用管控，合理分配预算资源，三项费用率2.41%，减少0.03个百分点，预算执行率97.38%（含薪酬）。落实“应招尽招、真招实招”，全年公开招标率100%，节约采购金额8万元。抓好出租物业安全、合同签订、印章使用管理，加强法律风险防控，解决历史遗留问题，并强化后续跟踪监督。精益化管理课题QC项目《提高支付宝结算渗透率》获省烟草专卖局（公司）成果发布三等奖、QC项目《卷烟喷码录入系统的研发》《提高香溢家消费者注册会员数》分获市烟草专卖局（公司）成果发布二等奖、三等奖。

【烟草专卖综合数据平台建设】 2019年，区烟草专卖局开展“互联网+营销”“互联网+专卖”“互联网+”管理转型等综合数据平台建设。加强新旧系统切换期安全风险防控，强化软件升级，完成网络安全攻防演练，确保新平台推广实施安全；加强信息安全基础管理，提升终端防护、安全巡查等基础工作水平。经营管理平台落地运行，“一钉四香”（钉钉、香溢购、香溢通、香溢坊、香溢家）得到推广。专卖管理平台落地运行，信息数据的应用时效和准确性提高，初步实现平台运营力向专卖战斗力的转化。综合管理平台落地运行，统一管理事项、管理流程、管理标准，推动企业管理由职能管理向事项管理转变。全年启用零售户“香溢购”订货平台5038户，非烟订单4566笔，销售额240万元；安装“香溢通”PC零售终端软件1157户，其中125户终端客户启用双屏机；建立“香溢坊”自律互助小组350组，开展线上活动6200余组次；吸收“香溢家”消费者会员13万余名，活跃消费者会员数47359人，活跃消费者会员比值居全市前列。

【“一证通办”工作】 2019年，区烟草专卖局做好烟草办证窗口搬迁工作，无缝对接微审批、多证微联办、浙里办、PC端等4个“办证通道”，巩固“零跑腿”改革成果，全年办理网上行政许可申请1526件，占总办件量70%。加强卷烟零售许可证管理，清理中小学校周边零售户57户，占应清理零售户49%。

（洪定迪）

服务贸易

【概况】 2019年，鄞州区完成服务贸易进出口额136.81亿元，比上年增长12.01%。其中，出口107.67亿元，增长13.14%。鄞州区服务外包企业累计468家，服务外包执行总额83.40亿元，其中离岸执行额38.20亿元。全年新引进会展企业2家，其中上规模会展企业1家。全年5个新展会落户鄞州区。

【航运物流】 2019年，鄞州区新引进航运物流企业136家，规模以上航运物流企业总数达201家，新增航运物流企业营业收入17.30亿元。借助中国航海日论坛、国际物流商交会、香港船东会来甬考察等平台，寻找招商机遇。加强与上海、广州、深圳、天津、大连等重点口岸城市的互联互动，全省首个国际船员培训项目，即世界第二大船旗国利比里亚海事局合作的国际船员培训于3月正式开班。

【第三届中国（宁波）国际航运物流交易会在鄞州区举行】 2019年10月14日，第三届中国（宁波）国际航运物流交易会暨2019“一带一路”国际口岸合作大会在鄞州区开幕。该交易会由宁波市人民政府口岸办公室、宁

2019年10月14日，第三届中国（宁波）国际航运物流交易会暨2019“一带一路”国际口岸合作大会在鄞州区开幕

波市鄞州区人民政府、浙江省海港集团/宁波舟山港集团主办，会议以“智”引合作新时代，打造口岸新经济为主题。全球超过18个主要市场国家，全国近50个城市、口岸的参展客商、企业代表及嘉宾约3000人参与会议，就共同关心的口岸经济话题进行交流，寻找合作发展机会。会议上，招商局港口集团与市口岸办签署战略合作框架协议。鄞州区在大会上签约引进多个合作项目，包括中联航运有限公司引进项目、瑞津控股项目（华泓物流）、航众平台运营中心项目、嘉时泰国际通商（日本）株式会社引进项目、ECU Worldwide傲航宁波分公司落户项目等。马士基梅山国际物流中心在合作大会上正式揭牌亮相，该中心是马士基集团在中国投资的第一个自动化国际物流分拨及配送中心项目，共分两期建设，占地23.33公顷，总投资近6亿元。

【利比里亚国际船员培训项目授牌】2019年4月30日，利比里亚国际船员培训项目授牌仪式在宁波大学海运学院举行，来自大连远洋运输公司的10余名船员成为首个培训班学员获得利比里亚海事局颁发的从业证书。该合作项目于第二届中国（宁波）国际航运物流交易会期间签约，完成授牌标志全省首个国际船员合作项目正式落地。作为“一带一路”倡议在非洲的重要合作伙伴，中国与利比里亚于2015年正式签署双边海运协定，就改善海运条件、保障船舶安全、强化人才培养等海事领域开展合作，船员培训项目正是合作的一项重要内容。项目基于利比里亚海事局国际船员培训体系，依托其作为世界领先船旗国的综合优势，发挥利比里亚在海运业的良好声誉及先进技术，对推进鄞州区航运物流产业的发展居有贡献。从港航物流产业发展角度上，当前行业内国际船员明显缺乏，国际船员培训作为集聚区搭建人才合作和引进平台的重点项目，有助于推动校企合作，形成独特的人才培养模式，有利于行业未来健康持续发展。

表2 2019年鄞州区境内外重点展会一览

序号	展览会名称	月份
	境外传统市场展会	
1	德国柏林亚洲服装服饰展	2
2	德国科隆五金工具展	2
3	德国法兰克福消费品展（春/秋）	2/7
4	美国拉斯维加斯服装博览会（magic）	2/8
5	法国巴黎国际服装采购展	2/9
6	美国拉斯维加斯消费品礼品展（春/秋）	3/8
7	德国柏林国际消费类电子产品展览会（IFA）	9
	境外新兴市场展会	
1	土耳其（伊斯坦布尔）国际汽车零配件及售后服务展览会	4
2	中国（波兰）贸易博览会	6
3	中国品牌产品中东欧展览会（布达佩斯）	6
4	非洲肯尼亚贸易周	6
5	中国（墨西哥）贸易博览会	6
6	中国消费品（俄罗斯）品牌展	6
7	新加坡·中国电子消费品及家用品博览会	7
8	印尼中国技术设备和商品展	7
9	国际消费类电子及家用电器产品展览会（巴西/阿根廷联展）	8
10	贝宁（西非）中国商品展览会	8
11	哥伦比亚家庭生活博览会	9
12	土耳其（伊斯坦布尔）秋季国际家庭用品、礼品和家用电器展览会	9
13	中国（巴西）贸易博览会	9

续表2

序号	展览会名称	月份
14	中国品牌商品波兰展（华沙）	9
15	中国—东盟（泰国）商品交易会	9
16	巴基斯坦进出口商品交易会	11
17	俄罗斯国际五金工具展（莫斯科）	11
18	澳大利亚纺织服装展	11
19	墨西哥中国投资贸易交易会	11
20	中国（沙特）商品智造展暨第29届沙特国际贸易展	12
21	环球资源电子展—印尼	12
	境内展会	
1	中国（宁波）外贸库存商品展销会	1
2	AMR北京国际汽车维修检测诊断设备、零部件及美容养护展览会	3
3	中国国际建筑博览会（上海/广州）	3/7
4	中国（广州/上海）国际家具博览会	3/9
5	中国国际日用消费品博览会	6
6	中国—亚欧博览会（乌洽会）	9
7	第十一届中国—东盟博览会	9
8	中国国际进口博览会	11

（袁孝林）

楼宇经济

【概况】 2019年，鄞州区投入运营的商务写字楼184幢，商务楼宇总面积630万平方米，入驻各类企业21017家，其中实际入驻企业11729家，虚拟注册企业9288家；在建商务楼宇项目23个，建筑面积逾197万平方米；已有都市型平台园区30个，建筑面积324万平方米，入驻企业2666家；商业综合体17个，建筑面积185万平方米。形成国际金融中心、中基大厦（国际贸易）、国际航运服务中心（航运物流）、环球航运广场（航运物流）、东南物流（航运物流）等专业特色楼宇6幢。税收上亿元楼宇23幢、税收上千万元楼宇134幢，其中宁波银行大厦、国际金融中心E幢税收超10亿元。

【楼宇经济发展双百攻坚行动】 2019年6—12月，鄞州区开展楼宇经济发展双百攻坚行动。楼宇经济攻坚行动在摸清家底、完善系统、建立机制、显现成效基础上，坚定“四个目标”，提升注册率、纳税率，培育高品质亿元楼宇，加大楼宇产出，提升楼宇品质。全年完成楼宇整规企业1401家，清理企业497家，腾出商务面积67666平方米，110幢商务楼宇实现异地注册企业“清零”目标，楼宇入驻企业属地注册率和纳税征管率99.60%，新增规模以上企业275家，新增年营收219.50亿元，新增税收2.29亿元。

【4+X楼宇服务机制推行】 2019年，鄞州区建立健全4+X楼宇服务机制，每幢楼宇配备“一名分管领导+一名联络人员+一名税务专管员+一名市场监管员”的“四个一”服务力量，并根据楼宇实际再增配社工、片警等其他服务人员。推进楼宇党群建设，建立楼宇党组织294个，楼宇综治工作站18个，楼宇工会组织22家，招募“楼小二”志愿者182人，通过党建群团带动经济民生、综合治理等系列服务，提升楼宇入驻企业的融合度和归属感。

（吴自鉴　袁孝林）

电子商务

【概况】 2019年，鄞州区实现网络销售额485亿元，比上年增长19.50%。建成电子商务产业园8个，其中市级跨境电商产业园3个、省级跨境电商示范企业5家，五金工具、汽车零部件2个行业列入省级跨境电商集群试点，有15个农村电子商务专业村，拥有世贸通、汇金大通等10余个交易额超亿元的电商平台。

【鄞州跨境电商集聚区落成投用】 2019年11月26日，鄞州跨境电商集聚区落成投用。区委常委、副区长梅益进出席集聚区开园仪式。鄞州跨境电商集聚区是鄞州区推进跨境电商产业集聚发展的重要举措。集聚区位于宁波会展中心9号馆，一期面积约2

2019年11月26日，鄞州跨境电商集聚区开园仪式举行

万平方米。园区由区政府与市国投公司合作打造，于2月启动建设，采取政府投资、专业运营的建设模式。园区入驻安穆电商、泰吉网络等跨境企业7家，入驻面积近2000平方米。亚马逊、eBay、阿里国际等跨境平台也在园区设立服务站点。计划到2020年，园区入驻企业50家，入驻面积1万余平方米，年跨境出口额2亿美元。

【第四届电商武林大会】 2019年4月19日，第四届电商武林大会在鄞州南部商务区开启。大会由杭州市商务局、宁波市商务局、鄞州区人民政府牵头主办，深圳市跨境电子商务协会、宁区商务局、宁波南部商务区管委会、市跨境电子商务促进中心联合承办，杭州市电子商务促进会、杭州市电子商务公共服务中心、宁波市电子商务促进会、宁波市跨境电子商务协会、宁波市鄞州区电子商务协会共同协办，浙江汉默生链商科技有限公司特别支持，宁波珂源互动公关策划有限公司全程执行。大会以“聚智前行·燃势腾飞”为主题，通过比赛，聚焦电商企业的转型升级，为全球电子商务领域带来新模式和新智慧，搭建一个政府与企业、行业和公众的信息共享、项目合作和交易对接的服务平台。8月8日，在宁波南苑环球酒店举行大会决赛。来自深、杭、甬三地的9家电商企业现场路演，宁波市商务局副局长缪永法出席大会。猴小盟、星镇、黑五电商学院、姆珉网络、链仓科技、深达货栈、格家网络、车总管、胡萝卜村9家企业路演展示。星镇、姆珉网络、车总管分别获初创电商组、跨境电商组和品牌电商组的“盟主”冠军。大会历时4个月，征集参赛企业350余家。

【2019世界数字经济大会暨第九届智博会在鄞州区举行】 2019年9月8日，为期3天的2019世界数字经济大会暨第九届智博会在鄞州区举行。本届大会展会参观人数8.10万人次，其中专业观众5.20万人次。23家鄞企携自主研发产品参展；发布新品的鄞企5家，2个优质项目签约落地。展会现场收获潜在交易额12.60亿元。三天大会期间，一批世界级专家、行业领军人物集聚鄞州，分享前沿趋势。1个主论坛、1场专家咨询会、14个平行分论坛聚焦数字经济、新型智慧城市两大领域进行交流。鄞州参展企业与境内外知名企业同台竞技。

【10个基地入选省级电商产业基地】 2019年，省商务厅公布2018年度浙江省电子商务产业基地名录（全省326家），鄞州区有10个基地入选。入选的鄞州区基地分别是阿里巴巴跨境电商人才培训孵化中心、宁波驿淘互联网产业园、集盒复合型跨界产业园、汇聚创业里、宁波市鄞州区大学生电子商务基地、宁波九五九电子商务产业园、NB568电商产业园、中欧跨境电商产业园、鄞州（首南）电子商务创业园、宁波市农村电商产业园。

【第一届全球IT助力产业峰会在鄞州举行】 2019年6月12—13日，第一届全球IT助力产业峰会在鄞州区南苑环球酒店举行，来自政府、企业、学界和科研机构等数百名业内人士通过技术探讨、案例分享等方式，助力智能制造产业升级发展，当场签约技术成果转化项目6个。在IT新技术·新思维论坛上，中科院计算所西部高等技术研究院院长谭光明结合宁波当地企业数字化发展现状，作“关于智能计算机的思考”主题演讲，分享中科院高性能服务器在气象、工业制造等领域的广泛应用，并对智能计算的未来发展进行预测。在IT新技术如何帮助企业提升竞争力圆桌论坛上，嘉宾就云计算、智能制造技术展开讨论。在峰会“产业技术成果转化签约仪式”上，6家企业签订框架合作协议，约定共享资源，助力宁波智能制造与产业互联网发展。

（袁孝林）

旅　游

【概况】 2019年，鄞州区旅游总收入304.20亿元。接待国内外游客2572.40万人次，其中接待入境游客18.90万人次。旅游外汇收入8723.90万美元。全区有AAAA级景区4家，AAA级景区3家。新增花级酒店4家；新增省级银叶级酒店1家；累计有星级旅游饭店12家，花级酒店10家，绿色旅游饭店13家，宁波市特色客栈1家；旅行社、分社118家。

全区有旅游景区（点）7家，其中国家AAAA级旅游景区4家［天宫庄园、宁波海洋世界、宁波（鄞州）博物馆、科学探索中心］，国家AAA级旅游景区3家（横溪风景旅游区、鄞州四明金融小镇、庆安会馆）。启动《宁波市鄞州区全域旅游发展总体规划》，完成《宁波市鄞州区大梅山区域旅游发展总体规划》《环东钱湖绿色创新圈大景区规划》等编制。完成18个村庄景区化创建工作，其中成功创建3个AAA级景区村庄（咸祥镇横山村、塘溪镇童夏家村、姜山镇陆家堰村），1个AA级景区村庄（东吴镇画龙村）及14个A级景区村庄，数据纳入千村景区化总平台建设。慈舍·集合里、乡叙勤勇·大乐之野、山支山下完成民宿项目审批执照申领。鄞州南部新城完成省AAA级景区城创建；东吴镇完成省AAAA级景区镇和市级乡村全域旅游示范区创建。咸祥镇虹祥水果专业合作社创建成为省级金果果蔬采摘旅游基地，姜山镇景秀园果蔬专业合作社、横溪镇兴艺家庭农场创建成为金果级、银果级浙江省采摘旅游体验基地。鄞州陶瓷艺术馆成功创建成为市级主题娱乐休闲旅游基地。完成新建改建旅游厕所20座，其中AA级旅游厕所6座。

借助各类宣传推广载体和活动，讲好鄞州故事，激发鄞州区文化、旅游、体育融合发展新活力。鄞州区被国际旅游联合会授予“最美中国文化旅游区”称号。打造鄞州旅游节庆品牌2.0版鄞州“季”节，全年策划100余个主题节庆活动，鄞州“季”节获评“2019文旅融合影响力节庆”。开展“诗画浙江·鄞州十碗”“鲜活鄞州·镇镇十碗”美食评选活动。鄞州美食在“甬港澳台文化美食节暨第12届宁波美食节”上进行展示，并在中央广播电视总台录制的《唱响新时代——走进宁波》的晚会上展示，春节期间在中央广播电视总台播出。策划设计10条文旅精品线路、5条“海丝之旅”线路、鄞州十大精品健身步道、“彩金——鄞州国家宝藏之旅”非遗专题线路等。组织辖区内旅游企业参加国家、省、市级各类宣传推广活动10余次，并在2019宁波国际旅游展中获评“最佳组织奖”。做好对外文化旅游交流活动，接待内地与港澳三地代表走进天童禅寺参观和2019“华夏文明·薪火相传”——台湾青年学生团走进鄞州阿育王寺的接待任务。举办2019衢江文旅走进鄞州推介暨文化走亲活动和2019延吉—鄞州文化旅游推广活动等。

全区有星级宾馆饭店12家，其中五星级酒店4家（宁波开元名都大酒店有限公司、宁波南苑投资发展有限公司南苑环球酒店、宁波东港波特曼大酒店有限公司、宁波国际大厦有限公司中信宁波国际大酒店）、四星级酒店4家（宁波宁东开元大酒店有限公司、宁波鄞州新舟宾馆有限公司、宁波市江东天港禧悦酒店管理有限公司、宁波开元名庭酒店管理有限公司新晶都酒店）、三星级酒店4家（宁波市鄞州晨光大酒店有限公司、宁波世纪乐家酒店有限公司、宁波市平安宾馆有限公司、宁波开元名庭酒店管理有限公司凯利大酒店），旅行社（分社）118家，其中，五星级旅行社3家［中国国旅（宁波）国际旅行社有限公司、宁波中国旅行社集团有限公司、宁波中青旅旅游有限公司］、四星级旅行社7家（宁波光大国际旅游有限公司、宁波新世纪国际旅游有限公司、宁波江南国际旅行社、宁波海外旅游有限公司、宁波国际旅行社有限公司、浙江阳程国际旅行社有限公司、宁波万达国际旅行社有限公司），三星级旅行社4家（宁波远大国际旅行社有限公司、宁波市扬名国际旅行社有限公司、宁波凌通商旅有限公司、宁波卓越国际旅行社有限公司）。

指导宁波逸东酒店投资发展有限公司逸东诺富特酒店、宁波开元曼居酒店管理有限公司、宁波中哲优宿旅业管理有限公司鄞州印象城分公司、宁波中哲优宿旅业管理有限公司鄞州分公司4家创建为五花级酒店，指导宁波罗蒙环球商业广场有限公司罗蒙希尔顿花园酒店创建为省级银叶级酒店。与辖区内旅游景区、星级、花级酒店及旅行社签订旅游安全生产责任书120份，举办专题旅游安全培训会6次，开展旅游行业安全生产大检查、大排查，组织旅游经营场所应急演练1次，旅游景区、星级、花级酒店及旅行社负责人及安全分管负责人150人参与。

表3　2019年鄞州区旅游景区（点）一览

名称	地址	等级
天宫庄园	鄞州区下应镇湾底村	AAAA级
宁波神凤海洋世界	江东桑田路936号	AAAA级
宁波（鄞州）博物馆	鄞州区首南中路1000号	AAAA级
宁波科学探索中心	鄞州区宁穿路1800号	AAAA级
横溪风景旅游区	鄞州区横溪镇	AAA级
鄞州四明金融小镇	天银路与惠江路交叉口东南200米	AAA级
庆安会馆	江东北路156号	AAA级

表 4　2019 年鄞州区特色民宿一览

名称	地址	等级
拓野山居	横溪镇陈婆岙	省级银宿
芃舍	横溪镇梅树湾	省级银宿
逐野民宿	横溪镇梅溪村下山坑	市五叶级特色客栈
鹰龙海畔渔客栈	咸祥镇芦浦村乐家（近东方造船厂）	市四叶级特色客栈

表 5　2019 年鄞州区三星级及以上酒店（宾馆、饭店）一览

名称	地址	星级
宁波开元名都大酒店有限公司	鄞州区首南中路666号	五星级
宁波南苑投资发展有限公司南苑环球酒店	鄞州区鄞县大道东段1288号	五星级
宁波东港波特曼大酒店有限公司	宁波鄞州区彩虹北路50号	五星级
宁波国际大厦有限公司中信宁波国际大酒店	鄞州区江东北路1号	五星级
宁波宁东开元大酒店有限公司	鄞州区百丈东路812号	四星级
宁波开元名庭酒店管理有限公司新晶都酒店	鄞州区百丈东路1088号	四星级
宁波鄞州新舟宾馆有限公司	鄞州区中山东路678号	四星级
江东天港禧悦酒店管理有限公司	鄞州区惊驾路1088号	四星级
鄞州晨光大酒店有限公司	鄞州区中心区嵩江东路559号	三星级
宁波世纪乐家酒店有限公司	鄞州区潘火街道环城南路1666号	三星级
平安宾馆有限公司	鄞州区姚隘路350号	三星级
宁波开元名庭酒店管理有限公司凯利大酒店	鄞州区箕漕街76号	三星级

表 6　2019 年鄞州区三星级及以上旅行社一览

名称	地址	星级
中国国旅（宁波）国际旅行社有限公司	鄞州区沧海路3388号11层1119–1120室	五星级
宁波中国旅行社集团有限公司	鄞州区钟公庙街道吴陆周村	五星级
宁波中青旅旅游有限公司	百丈东路856–862号（3–4）	五星级
宁波光大国际旅游有限公司	鄞州区东郊路8弄10、11号052幢（7–51）（7–53）	四星级
宁波新世纪国际旅游有限公司	鄞州区百丈东路648弄6号1–2楼	四星级
宁波江南国际旅行社	鄞州区中山东路455号14楼A2室	四星级
宁波海外旅游有限公司	鄞州区鄞县大道中段1357号203室	四星级
宁波国际旅行社有限公司	鄞州区首南街道蝶缘路258号2701–3室	四星级
浙江阳程国际旅行社有限公司	鄞州区天童北路933号和邦大厦A座109室	四星级
宁波万达国际旅行社有限公司	鄞州区首南街道天智巷75弄5、7、17、27号4–405室	四星级
扬名国际旅行社有限公司	鄞州区中兴路138号明晨大厦8F 819–820	三星级
宁波凌通商旅有限公司	鄞州区宁穿路1901号行政服务中心三楼348室	三星级
宁波远大国际旅行社有限公司	鄞州区钱湖北路118号	三星级
宁波卓越国际旅行社有限公司	鄞州区宁横路2562号	三星级

【2019“美丽鄞州”欢乐游启动】 2019年3月30日，2019“美丽鄞州”欢乐游启动仪式暨第三届咸祥马鲛鱼文化节在咸祥镇鹰龙海畔大酒店海滩开幕。活动以“畅游鄞州，欢乐你我”为主题，整合区内各镇（街道）以及相关文化旅游企业的优质文旅资源，推出21项主题活动。活动形式丰富、内容多元，新添文旅新品新景满足不同旅客需求。

【全区第二期村庄景区化创建工作培训班】 2019年5月15—16日，全区第二期村庄景区化创建工作培训班举办，各镇旅游分管领导、旅游办主任，各景区村庄创建单位负责人和旅游规划单位、乡村运营团队等40余人参加培训。该次培训班将理论教学和移动课堂相结合，邀请专家分别讲授A级景区村庄标准解读及常见问题、象山县茅洋乡乡村旅游开发实例等内容，实地走访学习象山县文山村、花墙村、银洋村和三门县杨家村、岩下潘村。

【“艺海流金·诗画浙江”文旅融合交流活动】 2019年6月29日，“艺海流金·诗画浙江”文旅融合交流活动举行。内地与港澳文化和旅游界交流活动共10余名代表走进千年古刹天童禅寺，参加活动，感受鄞州作为全国首个中国海丝文化之乡的魅力。代表团一行先后参观天王殿、玉佛殿、云水堂、御书楼、千僧锅等殿堂设施及历史文化遗迹，并听取天童寺的建筑格局、发展历史以及近年来在文旅融合、文化兴寺等方面情况。

【“鲜活鄞州”馆获2019宁波市旅展最佳组织奖】 2019年8月30日至9月1日，2019宁波国际旅游展在宁波国际会展中心举行，市文化广电旅游局对表现好的单位予以公布表彰。其中，“鲜活鄞州”展馆共吸引约3万人次到馆参观并且通过文旅体深度融合刷新人们的“鄞州印象”，“鲜活鄞州”馆获最佳组织奖。旅展中，鄞州区有3家旅行社单独设馆，分别是中国国旅（宁波）国际旅行社有限公司、宁波中青旅旅游有限公司、宁波万达国旅，3家单位3天销售业绩达到850万元以上，其中前两家旅行社每天的销售额都突破百万元。3家企业均获最佳展台奖。

【鄞州区旅游景区品质提升暨民宿产业推进工作会议】 2019年9月5日，鄞州区旅游景区品质提升暨民宿产业推进工作会议在区文广旅游体育局举行，会议邀请全区A级旅游景区负责人、民宿业主和相关镇领导代表参加会议。会议根据省、市文旅部门对旅游景区管理质量和水平提出的工作要求，从交通、游览、安全、卫生、综合管理8个方面进行再部署，做好景区品质提升自查自纠工作。会议就鄞州区民宿产业发展的现状，鄞州区民宿审批和扶持政策等内容与到会的民宿业主代表和相关镇领导代表进行交流。

【鄞州区获评“最美中国文化旅游区”】 2019年9月20日，由国际旅游联合会和中旅风景主办的，以“旅游之美·美在品质”为主题的“2019文旅融合发展大会”在天津开幕，并举办“品质旅游盛典”的颁奖晚会。主办方推介一批在文旅融合、产业延伸、业态创新、品质服务等方面典型的旅游城市和旅游服务企业，为国内外游客选择优质旅游服务机构和旅游目的地提供重要参考，在经过推荐、组委会专家评选、网络公示监督等严格评选程序后，最后评选出一批“最美中国文化旅游区（县）”“最美中国旅游城市”。鄞州区获选，被授予“最美中国文化旅游区”称号。

【环东钱湖绿色创新圈大景区发展规划研究通过专家评审】 2019年9月23日，环东钱湖绿色创新圈大景区发展规划研究专家评审会在区文化和广电旅游体育局召开。会议由宁波旅游发展研究院作研究成果汇报，相关专家和局相关科室领导、工作人员参加会议，并对规划研究内容进行探讨。规划研究对环东钱湖绿色创新圈周边五镇一街道（东吴、横溪、云龙、邱隘、下应）的文旅资源进行分析，提炼出环东钱湖“一环串联、一核引领、三翼共振”的空间格局，并提出围绕东钱湖旅游度假区的核心建设，推动东吴镇的天童禅文化主题旅游区、横溪、塘溪的大梅山山地运动休闲旅游区、下应的都市田园科教旅游区的发展，打造禅文化旅游胜地、华东重要会议会展中心和人文生态休闲度假示范区。

【2019衢江文旅走进鄞州推介暨文化走亲活动】 2019年9月28日，“衢州有礼·康养衢江”2019衢江文旅走进鄞州推介暨文化走亲活动在鄞州非遗馆举行。该活动通过文艺表演、企业推介、现场互动、美食品尝、非遗文化展示等形式，展示衢江的特色文化旅游资源和产品。活动现场鄞州区慈善总会捐资60万元，为鄞州衢江两地开展“爱心康养”鄞衢慈善助医活动助力。

【村庄景区化验收】 2019年10月10日-11月14日，鄞州区开展村庄景区化验收活动。10月10日，验收云龙村、咸六村、外蔡村、画龙村，11月14日验收瞻岐东一村、东城村、岐下洋村。全年全区计划创建A级以上景区村庄14个，其中AAA级景区村庄2个。通过业务培训、专家指导，全区共有18个村庄通过创建验收，其中童夏家村、横山村、陆家堰村3个村庄通过市级验收创建为AAA级景区村庄。

【“诗画浙江·鄞州十碗”参展宁波美食节】 2019年10月19日，甬港澳台文化美食节暨第12届宁波美食节在宁波文化广场举行。在“甬菜百碗·海鲜风味”展示活动现场，由区文广旅游体育局、区商务局、鄞州日报社共同主办的“诗画浙江·鄞州十碗”参展。鄞州展区以其展台和摆盘受到市民点赞，展区人流不断。鄞州区在现场展示咸祥马鲛鱼、瞻岐敲骨浆、红烧涨网潮、酱蒸太白鱼、老底子熏鱼、鄞式烤天菜、大嵩米馒头等共18道美食，其中咸祥马鲛鱼、酱蒸太白鱼和进士莲藕汤受到关注。

【“华夏文明·薪火相传”台湾青年学生到大陆研学活动】 2019年11月16日，由海峡两岸旅游交流协会主办的2019年“华夏文明·薪火相传”台湾青年学生到大陆研学活动在鄞州区举办，共有16名台湾学生参观阿育王寺。台湾学生参观阿育王寺的天王殿、大雄宝殿、舍利殿、舍利塔、藏经楼等景点，对千年古刹内完整保存的历代碑碣、石刻、匾额以及经典古籍等表示称赞，要把景色带回台湾跟家人分享。

【鄞州区获“2019文化软实力提升优秀城市”“2019文旅融合影响力节庆”奖】 2019年11月26—28日，“第七届文化和旅游融合与创新论坛暨2019文化软实力提升峰会”在西溪湿地·洪园召开。该活动由新华网主办，杭州西溪湿地·洪园承办。主办方公布“点赞·2019文旅业最美中国”的各个奖项名单，鄞州区获2个奖项：鄞州区以“创新公共文化服务模式深化普惠共享”的创新做法获“2019文化软实力提升优秀城市”；鄞州“季”节获评“2019文旅融合影响力节庆”。其中，相关经验及经典案例被入编最新发布的《文化自信的深厚力量典范案例汇编（2019）》。

【2019延吉—鄞州文化旅游推广活动】 2019年12月12日，“魅力延吉 边陲明珠”2019延吉—鄞州文化旅游推介会在宁波举行。活动以延吉冬季风情为基础，通过播放宣传片、文艺表演、旅游推介等方式，展示延吉冬季文旅资源，邀请宁波市民看雪泡温泉，体验冬季旅游产品。两地文广旅部门、宁波市重点旅行社、鄞州各级工会组织和新闻媒体等130余人参加推介会。12月12—31日，推广活动陆续走进鄞州区图书馆、鄞州新华书店、宁波博物馆、南塘老街等地提供延吉旅游咨询服务，通过宣传让更多市民去延吉体验冰雪世界。

【鄞州区创建省AAAA级景区城、东吴镇创建省AAAA级景区镇考评验收】 2019年12月14日，省文旅厅检查组对鄞州区创建省AAAA级景区城、东吴镇创建省AAAA级景区镇进行考评验收。副区长卜明长陪同验收。检查组专家实地走访景区城的游客服务中心、鄞州非遗馆、民国老街等文博场所、文体设施、公共服务设施、商业业态、夜游产品等，考察东吴镇全域旅游游客服务中心、天童老街、勤勇村文化礼堂等地。检查组听取相关创建工作情况汇报、查阅台账、观看宣传视频，对鄞州景区城、东吴景区镇创建中体现的特色和做法表示肯定，并从拉高标杆、全域推进、强化融合三方面提出要求

（徐 琮）

宁波南部商务区（宁波广告产业园区）

【概况】 2019年，宁波南部商务区（宁波广告产业园区）入驻企业3867家，从业人员35000余人，平均入驻率89.32%，区内注册率99.48%。园区实现楼宇税收21.60亿元，实到招商引资46.30亿元，其中实到外资9962万美元、市外内资20.07亿元、浙商回归19.36亿元；实现限上企业营业收入962.37亿元、限上批发零售业销售额1081.04亿元、社零14.74亿元、进出口总额351.8亿元，分别增长12.50%、14.40%、113.30%和15.16%，其中规模以上批零贸易、进出口总额等指标总量稳居全区各街道（园区）首位。入驻有杉杉集团有限公司等重点企业总部23家。

园区以广告文创、金融服务、国际贸易、商务服务四大产业为发展重点，依托国家级广告产业园区、鄞州四明金融小镇及省级服务业集聚示范区等平台优势，打造成为省内一流的现代服务业集聚示范平台和总部经济示范平台。全年引进今日头条（浙江、上海总代理）等文创企业106家，共有广告及关联企业达984家。宁波鄞州影视文化产学研基地、衢江·鄞州山海协作“飞地”平台项目相继落地园区。宁波南部商务区管理委员会获第四次全国经济普查先进集体（省级先进集体）。

宁波南部商务区党工委自有党组织56个，下辖党支部65个。其中，机关党支部1个，机关干部退休党支部1个，机关城管中队党支部1个，两新党委2个，两新单建党支部30个，两新联建党支部21个，共建共管党组织27个，共有党员2336人，举办志愿者服务、公益市集等公益活动，推出“红匠云听”“初心思享会”等党建工作品牌。开展春季人才招聘会和校园招聘会，推进校企合作和人才实训基地打造，与宁波大学、宁波诺丁汉大学、浙江工业大学等高校达成产学研战略合作协议，与浙江大学宁波理工学院实施产学研实习基地建设，园区博洋、远见、仁欣均与各分院签订校地战略合作及产学研项目，对接优质储备人才。

【宁波广告产业园区通过国家市场监督管理总局专家组考评】 2019年9月25日，国家市场监督管理总局专家组对位于南部商务区的宁波广告产业园区进行考评，并通过考评。考评主要参照园区发展方向、发展规划、园区公共服务平台建设、园区产业融合发展等10个指标内容，进行全方位评价。在宁波广告产业园区明创大楼内，专家组走访考察川合、玖策、拾壹、空脑等广告创意产业联盟企业。联盟企业集合设计、动漫、策划、IP等产业。在宁波远见传媒股份有限公司，专家组了解企业的发展情况和产业重点，企业拥有几十项自主创新专利，专家组表示，企业致力于全国市场的开拓，取得发展，是企业注重发展效率和品质并重的结果；在标志标识领域致力于创新研发高端酒店标识的供应商企业梵一标识，专家组对企业的设计给予肯定。专家组一行走访专注能源领域的文化展示企业浙江未有文化、影视后期设备的专业运营团队宁波萤火虫影视文化传媒有限公司。26日，专家组一行召开宁波国家广告产业园区考核评估汇报会，听取相关工作汇报。宁波广告产业园区2013年4月被国家市场监管总局和财政部确定为国家级广告产业试点园区，并于2017年4月

2019年8月21日，“走进南商 校地共建”合作交流暨战略合作签约仪式举行

被国家市场监管总局正式认定为国家级广告产业园区，2019年宁波国家广告园区通过国家市场监管总局专家组考评。至年底，园区有入驻广告及关联企业984家，业态涵盖广告创意设计、广告媒体发布、品牌策划营销、互联网和新媒体、影视制作、展览展示及其他关联业态等，广告产业业务收入增长率6%。

【宁波南部商务区管委会（宁波广告产业园区管委会）与浙江大学宁波理工学院签订战略合作协议】 2019年8月21日，宁波南部商务区管委会邀请浙江大学宁波理工学院走进园区，围绕企业服务、党建创新、人才培养、产学研结合等开展深度交流，并签订校地共建战略合作协议。高校与南部商务区将在党建创新、人才队伍建设、科技合作、企业服务等合作，发挥双方资源共建共享优势，并在社会综合治理、技术创新、服务外包等领域的人才对接工作上，实现“点对点”人才培育和输出。南部商务区是现代服务业人才集聚的高地。园区精准施策，引育各行业英才，培植园区竞争优势，打造人才集聚这一高地。下步园区将着重高端人才的引进，将南部商务区打造成高层次人才创业热土。

【南部商务区楼宇经济百日攻坚行动】 2019年4月18日，宁波南部商务区管委会组织召开楼宇整规推进大会，园区各楼宇开发业主、物业经理、楼宇联络员、招商代理等160名代表参加会议。园区结合《宁波南部商务区楼宇经济整顿规范推进行动方案》，提高楼宇产出效益。印发《南部商务区联络员工作手册》《南部商务区联络员考核办法》，组建44名物业服务人员组成的楼宇联络员队伍，成立5个联络服务工作组，每个工作组负责8—10幢楼宇，实现所有楼宇全覆盖，44块“4+X”服务牌全部上墙、4000份联络卡发放到位。以楼宇整规促总部企业回归，实现24幢楼宇面上整规“清零”，24幢楼宇区外企业动态“清零”，楼宇注册率（纳税征管率）、入驻率分别较整规前提高10%、5%。16家重点整规企业实现回归，引进注册资金1000万元以上企业115家。推动三期A5—A8底商部分共2万平方米达成意向协议，实行统一运营、统一管理、统一招商的“三统一”模式。

【宁波南部商务区慈善分会成立】 2019年5月15日，宁波南部商务区慈善分会正式成立，园区30余家企事业单位代表参加成立大会。唐炜铭当选为慈善分会会长，浙江仁欣环科院有限责任公司董事长张冰当选为副会长，宁波南部商务区商务社区党委书记徐洪春当选为秘书长。区慈善总会常务副会长杨亚飞为南部商务区慈善分会授牌、授印。8家企业建立企业留本冠名基金共300万元，配合完成“共享稻田”认领任务，“利奇马”台风受灾葡萄抢救销售，衢江区湖南镇消费扶贫等公益慈善行动。南部商务区连续8年举行公益集市、开展关爱“小候鸟”活动，并组织园区企业和工作人员前往敬老院、农村开展“暖冬行动”，慰问孤寡老人；开展微心愿认领，关爱残疾人等活动，在南商营造回馈社会、爱心奉献的氛围。

【宁波南部商务区总工会成立】 2019年4月10日，宁波南部商务区总工会成立，总工会在推动工会帮扶、工会组建等各类工会活动。在总工会指导下，成立企业工会11家，其中企业单建工会6家，楼宇联合工会5家，完成工会医疗互助申报3198个，推进星级工会报送工作，其中浙江中基控股集团有限公司工会获评市级五星级工会，宁波远见传媒股份有限公司、宁波科拓进出口有限公司获评市级四星级工会。

（汪滨滨）

开放型经济·国内经济合作

对外经济贸易

【概况】 2019年，鄞州区外贸进出口总额1680亿元，比上年增长5.70%，其中出口1283亿元，总量规模仍居全市首位，增长5.90%；进口397亿元，增长5.30%。汽车零部件产业创建为国家级外贸升级基地，全区外贸转型升级基地4个，总量位居全市首位。

鄞州区新批境外企业和机构家35家，备案境外中方投资额3.15亿美元，全区完成境外承包工程劳务合作营业额2.50亿美元。宁波力勤矿业有限公司印尼项目在原有基础上增资9225万美元，增资后中方投资额达2.95亿美元；乐歌人体工学科技股份有限公司在越南项目增资500万美元，宁波中和汽配有限公司投资1946万美元在泰国设立制造业基地等。宁波市鄞州斯蒂科家纺有限公司等联合在缅甸开发建设产业园区，境外经贸园区建设实现零的突破。车车科技（宁波）有限公司等通过境外投资架构境外上市，利用境外资本市场做优做强。

“一带一路”沿线国家出口增长5.49%，中东欧16国出口增长1.62%，东盟、东欧等新兴市场出口增幅达13.04%和8.31%。培育外贸综合服务平台，共有省级外贸综合服务平台企业4家，为全省外综平台最集中区域，世贸通入选国家级国际营销服务公共平台（宁波唯一一家，全国仅6家），平台企业出口份额占到全区总出口额的15%。五金工具、汽车零部件被列入省级跨境电商集群试点，跨境电商出口总额29.50亿美元，增长13%，位居全市首位。全区拥有省、市级出口名牌38个，省级以上20个，部分产品已实现自有品牌出口，博威集团、恒达高、诺布尔、明磊工具、李氏实业等企业自主品牌出口占50%以上。全年新增外贸备案企业1170家，其中进出口实绩企业823家，其中进出口上亿美元企业16家。

8月20日，鄞州区印发《鄞州区促进外贸稳定增长八条意见》（以下简称《意见》），在拓展多元化市场、支持外综平台发展、强化企业培训、鼓励跨境电商发展等各个方面促进外贸产业发展，优化外贸发展环境。《意见》提出，依托“一带一路”综试区等平台，加大新兴市场开拓，对2019年重点展会目录加大补助力度。《意见》提出，提高信保补助标准，落实宁波市针对中美贸易摩擦追加的信保政策。《意见》加大出口特别是美国、“一带一路”沿线国家出口的限额支持力度，优化出口信保追偿、理赔服务，鼓励区内银行提高对外贸企业的授信额度，减轻企业融资成本。针对发展较快的跨境电商、外综服务等领域，《意见》要求实施外贸企业扶优促强，确保外贸综合服务平台平稳发展，为全区外贸规模做支撑；鼓励跨境电子商务发展，对纳入市跨境电商B2B出口试点企业和在国际主流跨境电商平台开展跨境电商出口业务的，根据出口额和销售额给予奖励。

【汽车零部件产业获评国家级外贸转型升级基地】 2019年，商务部开展新一轮国家级外贸转型基地认定工作，宁波市鄞州区国家外贸转型升级基地（汽车零部件）入选2019年国家外贸转型升级基地榜单。继2018年鄞州区3家基地[宁波市鄞州区国家外贸转型升级基地（餐厨用品）（纺织服装）（五金制品）]入选国家外贸转型升级基地以来第4个新认定的基地，全区累计有国家级外贸转型基地4个，分别是餐厨用品、纺织服装、五金制品、汽车零部件，4个基地产业已成为鄞州区重点支柱产业，产品出口至美国、欧洲、日本、拉美、东南亚等世界上绝大多数国家和地区。至年底，四大基地产业出口额近76亿美元，占全区总出口的40%。

【世贸通入选首批国家级国际营销服务公共平台】 2019年10月9日，商务部公布首批国家级国际营销服务公共平台名单，世贸通国际营销平台入选。该次评选全国仅6家企业入围，浙江省仅世贸通1家。世贸通国际营销平台是在原有世贸通外贸综合服务平台基础之上进行创新，世贸通国际营销平台将服务链条拓展到海外，重点聚焦海外市场开拓、海外仓储、海外展示、海外市场准入等方面，帮助国内企业“走出去”，建立起在海外的营销窗口，形成快速敏捷的营销反应机制。该营销平台聚焦行业深入、品类拓展，从骑行用品类目拓展到玩具、小家电、工具、医疗器材等类目，帮助平台上的企业销售到罗马尼亚及中东欧地区。至年底，世贸通累计服务企业超过200家，销售额超过2500万美元。

表 7　　2019 年鄞州区进出口 50 强企业一览表

排名	企业名称	进出口实绩（万美元）
1	中基宁波集团股份有限公司	368906
2	奥克斯集团有限公司	119074
3	宁波海田控股集团有限公司	118483
4	宁波君安控股有限公司	73648
5	宁波一达通外贸服务有限公司	63690
6	宁波银行股份有限公司	52916
7	博威集团有限公司	42833
8	斐戈集团股份有限公司	42775
9	宁波力勤矿业有限公司	26213
10	宁波华茂国际贸易有限公司	25718
11	宁波中哲物产有限公司	25447
12	宁波华孚进出口有限公司	19670
13	宁波凯信服饰股份有限公司	17991
14	宁波宁电进出口有限公司	17308
15	宁波渠成集团有限公司	17086
16	利时集团股份有限公司	16316
17	寰宇东方国际集装箱（宁波）有限公司	14688
18	宁波中蔺对外贸易有限公司	12583
19	宁波焱熠贸易有限公司	10991
20	宁波鼎丰创展国际贸易有限公司	10848
21	宁波致和对外贸易有限公司	10647
22	宁波合羽国际贸易有限公司	9939
23	宁波汉浦工具有限公司	8476
24	博格华纳汽车零部件（宁波）有限公司	7759
25	宁波锦灏进出口有限公司	7695
26	宁波万汇休闲用品有限公司	7404
27	乐歌人体工学科技股份有限公司	7359
28	中国电子进出口宁波有限公司	7256
29	宁波旭日对外贸易有限公司	7200
30	宁波澳新进出口有限公司	7046
31	宁波新禾控股集团有限公司	6963
32	宁波市童甬贸易有限公司	6928
33	宁波英利贸易有限公司	6702
34	宁波埃丽塔国际贸易有限公司	6666
35	浙江布利杰集团有限公司	6614
36	宁波承远国际贸易有限公司	6211
37	宁波韦特利国际贸易有限公司	6028
38	宁波旭力金属制品有限公司	5737

续表7

排名	企业名称	进出口实绩(万美元)
39	中哲能源化工有限公司	5733
40	宁波万时集团有限公司	5732
41	宁波法逊派客进出口有限公司	5694
42	宁波其远进出口有限公司	5614
43	宁波市鄞州宏源对外贸易有限公司	5514
44	宁波盛威卓越国际贸易有限公司	5513
45	杉杉集团有限公司	5479
46	宁波喜时达进出口有限公司	5436
47	宁波优翔国际贸易有限公司	5321
48	宁波华彩电器有限公司	5148
49	宁波良业电器有限公司	5115
50	日月重工股份有限公司	5075

(袁孝林)

海　关

【概况】 2019年，鄞州海关审核进出口报关单1.03万份，征税19.97亿元；备案加工贸易手册982本，备案金额10.90亿美元；审批减免税货值5835.90万美元，减免税款4776.20万元；稽查作业67家，稽核查补税入库1252.20万元；新注册企业1383家，管理企业11933家。其中，打私绩效考核排名第二，连续6年获评关区打私工作先进单位；企业管理和稽查综合绩效列关区第一，企业资质管理、信用管理、保税监管等3个单项绩效关区第一；统计工作综合考评获评统计工作先进单位；出口商品检出率关区第一。推广应用金关二期加贸管理系统，上线企业131家，4家加贸企业成功试点边角废料网上拍卖。

【鄞州海关挂牌授印】 2019年3月15日，鄞州海关正式挂牌授印。宁波海关关长顾勤为鄞州海关揭牌并向该关主要负责人授印，对鄞州海关在推进机构改革任务落实、推进通关一体化进程、加工贸易监管改革、维护食品商品质量安全、提升区域贸易便利化水平等方面取得的成绩表示肯定，指出要强化政治担当、改革创新、从严治党，开拓进取、打造新海关，推进各项工作进步。市委常委、区委书记褚银良，区委副书记、区长王兆波，副区长梅益进，宁波海关办公室、人事处主要负责人，第八纪检组和鄞州海关全体人员参加仪式。

【首届中国—中东欧国家博览会保障】 2019年6月7—11日，首届中国—中东欧国家博览会在宁波国际会展中心举办。鄞州海关全程参与中东欧博览会前期筹备工作，对接地方商务部门及中外运等代理公司，跟进海关监管政策及监管措施到位；在展会现场搭建海关临时监管区域和政策咨询服务台，组织"青年突击队"，进驻展会，实现"门到门"式业务办理和监管服务；梳理优化展会监管业务流程，做好进境展览品现场检验检疫、展中监管和后续监管工作，完成12批、66票展览品备案监管，截获来自疫区的3批次塞尔维亚鸡肉、火鸡肉和牛肉婴幼儿辅食，专项工作组获集体嘉奖。

【打击"洋垃圾"走私进境】 2019年，鄞州海关贯彻执行禁止"洋垃圾"进境举措。发挥属地海关稽核查后续监

2019年6月7—11日，鄞州海关全程服务保障首届中国—中东欧国家博览会

管力量，全面开展风险分析和专项稽查，全年开展进口固体废物专项稽查10家次，同步做好企业注册信息核对和对进口可用作原料的固体废物国内收货人监督管理工作，打击洋垃圾走私犯罪，承担起为国把关、保护生态环境的职责。

【海关减免税政策落实】 2019年，鄞州海关加强政策引导，开展政策宣传，通过开展政策宣讲、实地走访、个性化辅导等方式，对海关减免税政策进行宣传推介；加强项目跟踪，鼓励企业用好政策，根据地方发展实际，跟踪宁波博德高科股份有限公司、宁波普瑞均胜汽车电子有限公司等项目落地情况，通过“一对一”“专人专岗”等方式，追踪项目审批和备案进度，引导企业用足用好减免税政策；加强政策落实，保障企业享受红利，做好内外资鼓励项目、科技创新等项目进口设备的减免税审批工作，提供预先审核、咨询服务等帮扶举措，提升企业获得感。全年审核减免税货物货值5835.88万美元，减免税款5776.22万元。

【鄞州海关“三服务”活动】 2019年，鄞州海关在辖区推进“三服务”工作，建立重点外贸企业联系制度，开展对口联系精准帮扶。加强企业信用培育和国际AEO互认宣传，围绕海关新认证标准，开展大型政策宣讲会4次，开通运行“企业信息动态管理系统”，按照分类管理原则向企业推送政策宣讲、业务办理提醒、企业信用管理动态预警等信息内容。由专人对企业信用升类进行上门辅导，推广高资信企业认证管理的示范效应。至年底，辖区实有高级认证企业15家，一般认证企业611家。

【海关“多查合一”改革】 2019年，鄞州海关实现“一次下厂核查、后续分布处置”的作业模式，减轻企业的迎查压力；闭环管理强化稽核查结果应用，作业前加强与指令发起部门的联系配合，明确指令的流转途径及指令随附资料等要求，作业后反馈结果，并对作业过程中发现的监管漏洞，通过稽查建议书方式反馈相关部门和口岸，发布玩具、纺织品等行业的预警信息。全年完成稽查67家，处置保税核查、企业注册信息核对指令50批次，处置出口退运调查532批次、通报调查18家次以及其他各类检验检疫后续监管核查47家次，稽核查补税合计1252.56万元，共移交案件线索刑事立案5起，涉税约5000万元。

（蒋丹蕾）

出入境检验检疫

【概况】 2019年，鄞州海关完成货物检验检疫7534批，货值3.42亿美元；签发原产地证9.15万批，签证金额31.76亿美元。

【疫情疫病传入防控】 2019年，鄞州海关进境种苗隔离检疫开展，共隔离检疫罗汉松3批次50株，截获一般性有害生物15种类275种次，种次较上年增长78.57%。外来有害生物监测成效显著，在天宫庄园景区、天宫果园、五洲园艺隔离圃、塘溪果园、宏纬果园开展监控布点，截获具条实蝇548头，南瓜实蝇768头，桔小实蝇3头，三点棍腹实蝇3头，各种类实蝇的截获数量创近年新高。完成宁波海洋世界5只入境洪氏环企鹅的隔离检疫工作，成功承接5批次个人携带出境宠物检疫业务。加强与地方政府动植物疫情联防联控，与区农业农村局签订《关于加强农产品质量安全及动植物疫病疫情联防联控协作备忘录》。开展国门生物安全宣传，成功协助总关动植处承办国门生物安全进博物馆新闻发布会。

【进出口商品安全维护】 2019年，鄞州海关完善进出口商品风险预警机制，开展出口服装质量示范区企业质量监测，共抽取72批，检出不合格批次8批，不合格率11.10%，监测结果反馈相关企业。开展2019年进出口商品质量安全风险监测，抽取Ⅰ类监测样品8份，Ⅱ类监测样品80份送相关指定实验室检测。落实商检处关于落实总署部署开展2019年“清风”行动工作安排，开展执法打假专项监督抽查，抽查检测出口运动服装20批、鞋类商品10批，检出4批出口运动服装面料成分不合格。全年检验进口商品177批，检出不合格商品种7批，退运销毁不合格商品3批。

【进出口食品安全维护】 2019年，鄞州海关推进源头管理，加强对出口食

2019年8月23日，鄞州海关对进境企鹅开展隔离检疫工作

品原料种植基地的监督检查和出口食品原辅料、添加剂的备案管理，完善进出口食品质量安全追溯体系建设，实现进口食品“源头可溯、去向可查、风险可控、责任可究”；推进“全过程”监管，对出口食品企业开展从原辅料采购使用到半成品、成品加工等各环节的质量安全监督检查和风险隐患排查，对进口食品做到进口前准入、进口时检验检疫、进口后后续监管；推进社会共治机制，开展食品安全宣传活动，通过各类媒体平台向公众发布食品安全信息，营造全员共同监督食品安全局面。全年检验检疫进出口食品2312批，货值8554.60万美元，分别增长11.30%和10.20%。

（蒋丹蕾）

国内经济合作

【概况】 2019年4月，根据机构改革相关要求，鄞州区投资合作局更名为鄞州区投资促进中心，区域合作职责划转至区发改局；鄞州区投资促进中心的内设机构经济合作科更名为内资服务科。全区引进内资项目45个，实际引进内资149.30亿元，完成年度任务110.59%；引进浙商回归项目98个，实际到位资金154.98亿元，完成年度任务110.70%。

【重大项目引进】 2019年，鄞州区引进高端项目和高端人才，瞄准数字经济、平台经济等新经济新业态新模式，集聚特色强、链条长、前景广的产业大项目。新引进总投资超百亿元以上项目1个（智能医疗科技产业园），总投资50亿元项目5个（投资77亿元的象山湾疏港高速项目、总投资60亿元的社群电商平台项目、总投资50亿元的赛富乐斯半导体新材料项目、总投资50亿元的泰康之家宁波医养综合体项目、总投资8亿美元城市更新项目），总投资20亿元项目10余个，包括总投资4.30亿美元的奥特莱斯并购项目、总投资30亿元的华睿晟通高铁路由光纤骨干网项目、总投资30亿元的中金传化（宁波）产业股权投资项目、总投资30亿元的凰山农旅小镇项目、总投资23亿元的中交美庐项目、总投资21亿元的智能视觉数据产业园项目、总投资20亿元的激光显示大屏幕产业项目、总投资20亿元的中海寰宇城、总投资20亿元的百纳控股总部项目。

（张　莉）

招商引资

【概况】 2019年，区投资促进中心举办或参与全国双创周宁波（鄞州）分会场活动、宁波市鄞州区（香港）投资环境说明会、宁波（上海）招商引资推介会、第二届世界“宁波帮·帮宁波”发展大会、首届天南海北鄞州人大会等招商活动。智能医疗产业园项目、优城联合项目等23个项目在全国双创周宁波（鄞州）分会场活动中签约，总投资255亿元。佳兆业医药科技投资总部项目等在宁波市鄞州区（香港）投资环境说明会上签约，总投资20.60亿美元。智能视觉数据应用重点实验室及产业化项目、森浦资讯增资项目等5个项目在宁波（上海）招商引资推介会上签约；半极性氮化镓发光材料项目和激光显示大屏幕产业项目在第二届世界“宁波帮·帮宁波”发展大会签约，总投资70亿元；海尔创智港项目、象山湾疏港高速项目等19个项目在首届天南海北鄞州人发展大会上签约，总投资约470亿元。

全区新设外商投资企业128家，实现合同利用外资9.02亿美元，实际利用外资4.07亿美元，完成年度任务的101.75%，其中佳兆业投资宁波有限公司、宁波波威旅游开发有限公司、杉杉商业集团有限公司等总投资千万美元以上企业7家；25家企业增资，合同增资额为1.04亿美元。

【全国双创周宁波（鄞州）分会场活动签约项目】 2019年6月14日，在2019全国大众创业万众创新活动周宁波（鄞州）分会场，鄞州区举行重大项目集中签约仪式，23个重大项目签约，总投资255亿元。23个签约项目以创新引领型、强链补链型、开放合作型项目为主，涉及研发创新、高端制造、小微产业园、现代医疗、电商平台等领域。签约项目中有20个产业项目，其中投资额亿元（含）以上的16个、10亿元（含）以上的8个、20亿元（含）以上的2个。总投资额最大的智能医疗产业园项目，将投入100亿元，打造集医疗设备制造基地、医疗工业4.0智慧工厂、医疗大数据商业化平台、医疗人工智能应用平台于一体的产业园区；优城联合项目总投资8亿元，计划在鄞投资建立“全国轨道交通互联网+”总部基地；万洋小微产业园项目，总投资10亿元，项目建成后将引进高端汽配和新材料生产企业。

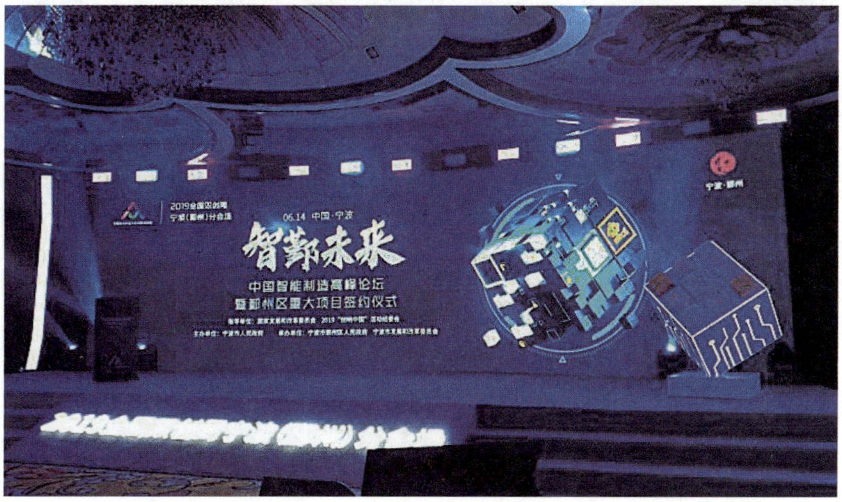

2019年6月14日，全国双创周宁波（鄞州）分会场活动

【宁波(上海)招商引资推介会签约项目】 2019年8月22日，宁波(上海)招商引资推介会在上海举行，省委副书记、市委书记郑栅洁出席推介会并会见中外客商代表，市、区领导施惠芳、陈仲朝、褚银良、俞雷、杨勇、梅益进等出席。会上，鄞州共参与签约5个项目，分别为总投资100亿元的智能医疗产业园项目、总投资7000万美元的森浦资讯增资项目、总投资6000万美元的佳兆业医药科技投资总部项目、总投资21亿元的智能视觉数据应用重点实验室及产业化项目、总投资8亿元的轨道交通互联网+项目。

2019年8月22日，2019宁波(上海)招商引资推介会在上海举行

【第二届世界“宁波帮·帮宁波”发展大会签约项目】 2019年10月18日，第二届世界“宁波帮·帮宁波”发展大会在宁波市举行，十二届全国政协副主席、中国科学院院士韩启德出席，省委书记车俊作出批示，省委副书记、市委书记郑栅洁致辞，市委副书记、市长裘东耀主持。大会中，鄞州区共有2个项目签约，分别是总投资50亿元的半极性氮化镓发光材料项目和总投资20亿元的激光显示大屏幕产业项目。半极性氮化镓发光材料项目，由赛富乐斯半导体科技有限公司投资，计划在鄞设立赛富乐斯半导体科技全球研发和销售总部，从事半极性氮化镓材料及相关应用领域和Micro-LED显示屏领域的研发和销售。光显示大屏幕产业项目，由上海中匆光电科技有限公司投资，主要围绕激光显示产业链，对大屏幕的基础材料和工艺进行技术研发并实现大规模生产。

【首届天南海北鄞州人发展大会签约项目】 2019年11月12日，首届天南海北鄞州人发展大会在鄞州区举行。会上，19个项目进行签约，总投资约470亿元。其中，总投资10亿元以上的项目有6个，分别是由海尔集团公司投资，总投资逾百亿元的海尔创智港项目；宁波中交象山湾疏港高速公路有限公司投资，总投资77亿元象山湾疏港高速项目；北京华睿晟通科技有限公司投资，总投资30亿元华睿晟通高铁路由光纤骨干网项目；浙江百纳生元投资管理有限公司投资，总投资23亿元百纳时尚产业园项目；宁银理财有限责任公司投资，注册资本15亿元宁波银行理财总部项目；宁波工投产业投资基金有限公司投资，总投资10亿元宁波甬芯集成电路股权投资项目。

2019年6月21日，宁波市鄞州区(香港)投资环境说明会在香港举行

【宁波市鄞州区(香港)投资环境说明会签约项目】 2019年6月20—24日，宁波市鄞州区(香港)投资环境说明会在香港举行，市委常委、区委书记褚银良，区委常委、统战部部长陈虹等出席。会上共有6个项目进行签约，总投资20.60亿美元，涉及新材料、医药投资、互联网+、金融服务等多个行业。签约项目包括总投资8亿美元的城市更新项目、总投资7亿美元的半极性氮化镓发光材料项目、总投资6000万美元的佳兆业医药科技投资总部项目、总投资3000万美元的融翼集箱共享双创项目、总投资7000万美元的森浦SUMSCOPE增资项目和总投资4亿美元的松鼠田园综合体项目。

(张　莉)

城乡建设与管理

城镇规划

【概况】 2019年2月18日，市自然资源和规划局鄞州分局挂牌成立，新机构整合国土、规划、林业、海洋等职能。编制国土空间总体规划，走访调研镇街（部门）、企业近40家，开展调研座谈会26场，收集基础资料500余份，回收网络问卷调查近1000份，增强规划回应现实诉求、解决实际问题针对性。推进国土空间总体规划编制，完成国土空间总体规划大纲研究报告、鄞州区发展战略研究、鄞州区“多规合一”与底图底数研究、鄞州区目标定位和核心功能提升专题研究等多项初步成果编制。

推进中部区域融合发展，开展中部融合带总体发展战略研究；开展仇毕区块、华光城地块、东钱湖会展新城等重要地段城市设计和15分钟生活圈规划实施导则编制；开展中河工业区改造研究、鄞州区存量土地分析研究、鄞州区全域工业园区整合提升工作方案编制；开展村庄建设规划编制和村庄设计，完成村庄建设规划5个、村庄建设规划调整3个、村庄整治规划2个、村庄设计4个。制订鄞州区控制性详细规划修改相关事项操作细则，编制宁波市东部滨海组团鄞州经济开发区一期地段控规，开展控规局部调整16个。探索优化出让地块规划条件编制相关流程，增加“规划红线”阶段，厘清规划条件出具阶段可能遇到的土地报批、土地权属、地上地下管线等相关问题，提高地块出让效率。完成《鄞州区路网河网持续性维护与更新》《鄞州中心城区重要片区交通组织细化研究》编制，完成宁波市城市交通基础数据调查。做好各类城乡规划联动入库翻图，完善及动态更新全区路网河网一张图，共完成17项控规调整路网河网数据入库工作。做好道路、电力、热力等市政审批审查，完成甬金铁路项目选址调查及用地规划审批、中塘河整治工程110千伏架空线落地工程规划方案审查、中惠东路等6条燃气管路径规划方案审查等工作。加强“三名”保护工作。全区7个历史文化名村均完成保护规划编制工作，其中，国家级历史文化名村姜山镇走马塘村保护规划获省政府批复，报国务院备案；市级历史文化名村新张俞村、勤勇村、天童村、童夏家村、上周村、上街村完成市政府审批。

2019年7月12日，区自然资源规划分局测绘人员进行野外测绘

【地理信息测绘】 2019年，区自然资源规划分局推进原鄞州国土综合管理平台、“一张图”、规划管理实施系统、OA系统等各系统功能更新升级，建立基于2000国家大地坐标系统的鄞州区自然资源数据中心。落实年度全区基础测绘项目，实时更新基础测绘成果数据库，为全区提供基础测绘数据支持及宁波2000坐标系转换服务。首次利用无人机倾斜摄影技术完成滨海新区、鄞州中心城区等地方三维数据采集，形成实景三维数据模型，测绘产品从二维平面转向三维空间。首次利用无人机进行大嵩测区1∶500立体测图，提高地形图测绘效率，推动传统测绘向现代测绘转变。

【走马塘村入选中国历史文化名村】 2019年1月21日，住建部和国家文物局公布第七批中国历史文化名镇名村名单，鄞州区姜山镇走马塘村入选中国历史文化名村。自2015年起，鄞州区组织武汉华中科技大学设计院开展《宁波市鄞州区姜山镇走马塘历史文化名村保护规划》编制工作。自北宋至明清，走马塘历朝历代出过76位进士，获誉“中国进士第一村”。村中明清古建筑众多，民风淳朴，文物古迹丰富，以飞檐和石窗最富特色，石雕花窗具有较高雕刻艺术价值。

【《鄞州区城乡风貌特色研究》编制完成】 2019年6月28日，《鄞州区城乡特色风貌特色研究》通过部门会审。该研究通过分区规划等确定新鄞州的风貌定位、山水格局与城市廊道融合，提出城市空间景观风貌总体设计目标和城市总体特色风貌定位，将新鄞州风貌定位为“水绿新鄞州，江南新水乡”，格局特色定位为“群山拥钱湖，塘河穿越过，一城聚三心，轴带拓展开”。在综合研究城市功能、交通等基础上，对自然环境、开放空间、景观中心、景观廊道进行梳理，落实现有特色资源空间布局，划分不同类型的特色风貌区，根据“一带两廊三核四轴六门户”的风貌特征、风貌定位提出引导要求，制订风貌核心控制要素。

【房地产企业“问题地图”专项整治】 2019年8月，鄞州区开展房地产企业“问题地图”专项整治活动。房地产企业公开展出错绘中国国界线、漏绘中国重要岛屿等“问题地图”等情况偶有发生，损害国家利益和民族尊严，对社会公众产生不良影响。区自然资源规划分局与区住建局联合成立检查组，组织全区房地产开发商对“问题地图”进行开展自查，对房地产开发企业的办公场所、销售场所进行实地检查，重点查看企业办公场所宣传展示、销售场所现场展示地图以及企业网站登载地图情况，对“问题地图”提出整改要求。

【鄞州区海岸线修测外业工作启动】 2019年9月17日，鄞州区海岸线修测外业工作正式启动，对海岸线开展实地勘查，测量海岸线位置、判别海岸线类型、调查海岸线利用现状等，获取岸线实地测量数据。再结合前期工作中收集的海边新建水利构筑物相关数据、土地权属数据、岸线整治修复相关数据等资料，为加强陆海统筹、编制国土空间规划、科学制订自然岸线保有率管控目标和实现海岸线资源精细化管理提供决策支撑。

（林寻忠）

房屋征收管理 · 城中村改造

【概况】 2019年，全区安排征迁计划项目139个，面积141.80万平方米，完成签约106.50万平方米，其中非住宅72.80万平方米（国有43.30万平方米、集体29.50万平方米）、住宅33.70万平方米（国有5.50万平方米、集体28.20万平方米），拆除150.20万平方米，净地77块212.80公顷。

《鄞州中心城区城中村改造和城市有机更新中长期专项规划》（2019—2025）研究》在通过区政府区城中村改造专项规划专题会议审议后报市级部门审查。“一村一方案”编制以仇毕区块改造项目为试点，根据市级统一安排，开展前期数据调查摸底、征迁投入测算和后期收益预测等工作，形成初步成果。

按照市里确定的13个重要改造片区、29个重点改造板块布局，鄞州区2019—2025年启动涉及东外滩板块、下应板块、东钱湖会展板块、鄞州中部融合板块、邱隘板块、首南板块和姜山板块7个改造板块的39个项目，改造土地面积约450公顷、建筑面积约317万平方米。市城中村系统考核拆除（整治）目标任务为1213户30.20万平方米（其中拆除648户13.84万平方米，整治560户4.78万平方米，拆整结合5户11.58万平方米）。至年底，共完成拆除（整治）1081户24.80万平方米。其中，整治类、拆整结合类和回迁任务全部完成。拆除任务完成516户，完成率79.60%，拆除面积8.38万平方米。

【安置房建设】 2019年，鄞州区在建住宅安置房项目5个，总建筑面积105.41万平方米，可安置套数7277套，总投资70.08亿元。至年底，庆丰地块整体置换项目桩基施工；孙马二期室内外装饰装修；桑家、仇毕安置房逐步开展验收交付；繁裕四期、江南2个安置房项目涉及2000余套房屋完成抽签交付。繁裕四期安置房获评2019年度宁波市“茶花杯”优秀园林工程奖、浙江省优秀园林工程奖。

【旧房改造】 2019年，鄞州人民医院东院区、市总工会旧址、仇毕坊AB地块二（二期）、金达南路项目（高桥头段）、美迪斯“断头路”等项目签约率100%，宁舟巷地块二期、七塔寺周边地块签约率达99.90%；曙光路综合整治项目签约率98.50%。

【“拔钉清零”行动】 2019年，鄞州区37个拔钉清零项目共完成签约27个，其中已净地25个，完成签约28.31万平方米、拆除46.90万平方米，拆出净地145.15公顷，完成133.33公顷净地目标任务。

（洑景亭）

“三改一拆”工作

【概况】 2019年，鄞州区处置违法建筑121.59万平方米，占全年目标任务（95万平方米）的127.99%；完成“三改”133.48万平方米，占全年目标任务（85.50万平方米）的156.11%。城中村改造工作完成30.81万平方米，完成率101%，其中拆迁改造类完成9.31万平方米，完成率103.44%。鄞州区获评省级“无违建创建先进区”。钟公庙街道、东吴镇、下应街道、咸祥镇、邱隘镇创建为“基本无违建乡镇（街道）”，中河街道、五乡镇、塘溪镇创建为“无违建创建先进乡镇（街道）”。

【“双百”攻坚行动】 2019年，鄞州区先后2次开展治违拆乱百日攻坚专项行动。6—9月，开展以“拆违建、治乱象、保安全、促发展”为主要内容的拆违治乱百日攻坚行动，处置各类违法建筑292.91万平方米，拆除各类违建126.50万平方米，拆除连片新空间违法建筑30.54万平方米，拆出土地面积22.90公顷，为206.52公顷的连线、连片区块利用扫清障碍。10月中旬，结合安全生产整治、平安建设等工作，开展拆违工作第2个百日攻坚行动，处置违法建筑217.13万平方米，拆除违法建筑35.45万平方米，其中拆除新增违建107.54万平方米，存量违建47.11万平方米。

绕城高速五乡镇四安村段桥下空间利用

【“四边三化”“两路两侧”专项整治】 2019年，鄞州区把“两路两侧”“四边三化”整治工作作为“三改一拆”重点、核心工作之一，借力“双百”攻坚行动加大清理整治力度。3月，针对杭甬高速公路桥下近20年未解决的宋诏桥工业区问题，历时7天拆除沿线违建1.30万平方米。“两路两侧”整治全年下发任务点位3215处，完成3206处，完成率99.72%。11月20日，开展高铁沿线外部环境安全隐患专项整治，抓好省交办的51个问题整改落实，12月19日全部处置完毕。

【小微企业违法建筑专项整治】 2019年，鄞州区开展工业企业违法建筑整治工作，针对工业企业厂区范围内影响消防安全、占用河道或绿地、影响市容市貌整体形象、影响周边群众正常生活的厂区违法建筑统一进行集中整治。至年底，拆除违法建筑242宗16.91万平方米。

【市拆除违法建筑百日攻坚行动】 2019年10月，宁波市拆违百日攻坚专项行动开展。鄞州区根据部署，结合实际印发专项方案，边排查，边整治，边提升。经过百日攻坚，拆除违法建筑775宗48.11万平方米，其中拆除小微企业违法建筑482宗26.93万平方米，危化品企业违法建筑9宗0.69万平方米，其他企业影响消防安全违法建筑154宗10.72万平方米、其他企业存在安全隐患违法建筑130宗9.77万平方米。

【水源地保护区违法建筑攻坚行动】 2019年，鄞州区开展源地保护区违法建筑攻坚行动。该次行动涉及水源地保护区的违法建筑点位5个，主要位于横溪水库和三溪浦水库两个饮用水水源一级保护区。攻坚行动完成违法建筑处置7716平方米。其中，拆除违法建筑5106平方米，处置（包括复土和去功能化）2610平方米。

【拆后空间利用】 2019年，鄞州区推动拆后土地、桥下空间充分利用，优化城区空间布局。中河街道在拆除1.2万平方米破旧花鸟市场、村集体旧厂房后，引进社会资本打造教育产业园项目。姜山镇远洲纺织违法建筑拆除地块引入“国家电网/姜山110千伏变电站异地改造工程”，占地面积约1300平方米，其中建筑占地面积约800平方米，工程总投资1920万元，该项目3月开工。东吴镇开展天童片小城镇环境综合整治，拆除低效厂房、改造破旧闲置房屋。钟公庙街道奉化江沿岸地块旧厂房、城中村等改造后，投资5000万元打造鄞滨公园。潘火高架桥下，昔日脏乱差的桥下空间变身为集健身、文化、娱乐等功能于一体的综合性体育公园。绕城高速五乡镇四安村段桥下空间环境整治后充分利用，开发出四安文体广场，设置了羽毛球场、休闲广场等文化体育综合场地，免费向市民开放。潘火高架桥下拆除违法建筑后投入资金208万元，新增150个停车位，设置篮球场、公共自行车停车保养基地等，《浙江日报》进行专版报道。甬台温铁路（杭深铁路）

东吴镇天童小城镇旧厂房拆改后建成的老街

恒大建材市场周边桥下空间经过协调和大规模整治清理，周边环境明显改善，建设生态公共停车场，可容纳车辆约800辆。

【违法建筑防控与排查】 2019年，鄞州区对新增违法建筑开展排查。依据航空航天遥感影像图、数字地形图、违法用地数据及规划审批数据，采用地理空间分析技术，内业人工判读的方法，对鄞州区政域范围内（除高新区和东钱湖旅游度假区外），对2017年8月至2019年11月的新增违法建筑进行大范围的排查，圈画违建图斑，采集违法建筑主体信息。同时，探索3D建模方式，建立对违法建筑防控与排查长效机制。

（陈素芳）

东吴小白岭隧道口拆后利用建造生态公园

城区开发建设

【概况】 2019年，鄞州区完成25宗地块出让，出让金244.60亿元（不含东部新城、东钱湖、高新区）。印发《鄞州区2019年"空间大拓展"行动计划实施方案》，明确各大空间的发展战略、发展潜力、经济效益、建设时序，推进空间拓展、平台提升、集聚发展。甬江"时尚"东外滩产业策划基本完成，房屋拆迁、土地出让、招商推介成效明显。中部"科产城"融合带长丰—宁丰区块项目基本落地，中河工业区改造方案基本明确，仇毕区块创新一级开发路径。姜山"田园城市"卫星城完成3幅土地挂牌出让。环东钱湖"绿色创新"圈完成环东钱湖绿色创新圈建设发展总体思路研究，新展览中心落户云龙，横溪农旅小镇一期土地完成挂牌出让。滨海"山海产城"融合示范区形成滨海产城融合示范区概念性规划，万洋小微产业园11.93公顷土地完成土地摘牌。城南"智创"大走廊人力资源产业园获评国家级人力资源服务产业园。

加强棚改地块等旧城改造地块拆后利用研究，潜龙、七塔禅寺—雷公巷区块完成控规调整，曙光、工人荷池区块基本完成控规调整，王隘区块进行控规调整；完成矮柳—王家弄区块、钟公庙长丰二村区块和钟公庙菜场周边区块更新改造研究，其中矮柳—王家弄区块完成城市设计并启动控规调整。推进甬江科创大走廊、新会展片区两大市级战略项目在鄞州区落地。甬江科创大走廊鄞州片区最后一个城中村江南村房屋完成签约，庆丰桥以南区域棚改地块进入拆迁扫尾阶段；区域内棚改涉军房产整体置换方案进入最终决策程序，书城南侧地块剩余房屋基本完成腾退；谋划沿江优质资源开发利用，海尔创智港项目11月12日签订合作框架协议，渔轮厂地块将打造文化演艺综合体，大红鹰烟厂地块明确合作改造路径，东城花鸟市场完成腾空，意向打造东外滩软件园，江左文商旅产业项目落户原江东区政府大楼地块。做好新会展片区开发建设基础准备工作，开展新会展片区和云龙核心镇区拆迁摸底、开发平衡模拟测算等基础准备，并谋划以国际会议中心、新展览中心、云龙交通枢纽三大市级功能平台为支撑，产业、空间、交通、水利等一体化布局的"会展新城"，启动总体规划研究。

【骨干路网建设和交通治堵】 2019年，鄞州中心城区6条断头路打通，分别是纬一路（宁姜公路—百梁南路）、百梁南路（鄞州大道—日丽西路）、紫城南路（金和路—鄞县大道）、金达南路（崇实路—鄞州大道）、桑田北路（曙光北路—甬江大道）、泰安西路（广德湖路—滨江路）。完成嵩江中路（天童北路—锦寓路）、天童南路（日丽中路—泰安中路）、甬江大道（中兴北路—常洪隧道）、甬港北路（中山东路—百丈路）整治提升，启动建设钱湖南路南延（鄞州大道—庆元大道），推进宁丰滨江地块配套道路建设。开展公共停车位建设，新增停车泊位6500个；推进鄞州智慧停车管理系统工程建设，完成钟公庙新增756个道路收费泊位建设并投入使用。

【住宅小区"污水零直排区"建设】 2019年，鄞州区对《住宅小区红线范围内（含镇建成区）截污和雨污分流改造工程专项资金管理办法》进行修改完善。全年计划完成12个镇（街道）28个项目，总投资7228万元。至年底，城镇住宅小区"污水零直排"项目中除3个并入老旧小区改造，2个为跨年度外，其他项目竣工并完成验收。12个申报创建省级"污水零直排区"的示范小区分别为：首南街道的九曲小区、南裕一期、三期，福明街道的福明家园三期、书香景苑一期、书香景苑二期、新天地东区，东柳街道的太古城东片、华光城，东郊街道的福海花园，白鹤街道的黄鹂新村、白鹤新村，姜山镇的小城春秋。

【绿道绿网建设】 2019年，鄞州区开展慢行系统建设，串联功能平台、公园绿地、塘河水系，完成长三江、小塘河（百宁街—世纪大道）整治项目建议书，加快小塘河整治项目立项，完成后塘河（中兴路—世纪大道）施工图设计，推进前期政策处理工作。全年绿道建设绿道长度5.20千米，包含奉化东岸绿化一期工程、新河（大石碶—中兴路）、姜山狮山公园绿道。南部新城核心区的慢行系统初步成型，打造成网成片的慢行休闲长廊。

【南部商务区建设】 2019，南部商务区推进园区地块开发建设进度，园区大部分项目建设完成预期进度。园区二期地块大海大厦完成竣工验收及备案，待下步产权证办理、房款进入监管账户后，启动金安中心复工工程；园区三期地块分A、B地块开发建设，其中A地块10幢大楼，其中A3、A6-8、A10地块进入各项验收工作，A5地块完成竣工验收备案，A2、A9地块结构封顶；园区三期A1曼哈顿项目更换项目管理公司，重新组织围护方案专家论证和复工准备，待与监理的仲裁完成、变更施工许可证后复工；园区三期A4地块项目11月正式复工。园区三期B地块地下室基本完成第二道支撑，二层底板开始浇筑，并对接连廊方案。园区四期门户区，住宅第一批预售完成，商业部分工程规划许可证完成办理。

【东部新城开发建设】 2019年，东部新城完成投资162.80亿元；新开工项目18个、续建项目28个，建成项目12个，其中，新开工项目总投资237亿元；完成拆迁面积15万平方米；供应土地12宗27.70公顷。东部新城建设指挥部获评宁波市2018年度"重点工程先进奖"；生态走廊获评浙江省十大最美绿道、宁波市最美绿道；生态走廊、文化广场、市图书馆、市城展馆、中银大厦、航运广场6个项目入选《宁波晚报》评出的70年来宁波最具影响力的70个城市地标。全年基建项目新开工9个、续建5个，建成4个，完成投资9.17亿元，完成年度计划130%。甬新河（农科院段）改造、福庆路整治、市民广场周边区域灯光提升等项目建成，明湖北区、会展路（江澄路—海晏路）整治等项目开工。整治提升道路2.10千米，建成公园绿地2.50公顷，开工新建绿地5公顷、水域20公顷。房建项目全年新开工9个、续建23个，建成8个，完成投资138.20亿元。其中，国展中心11号馆、宁波中心公寓商业、世界宁波帮总商会、市城建档案馆等项目建成，城市之光450米超高层、甬洲国际中心、研祥华东区总部、博洋宁波时尚产业中心、东片区A1-1小学等一批项目实现开工，宁波中心409米超高层、宏泰广场南区、国华金融大厦、富邦大厦等续建项目进度良好。

【长丰片区开发建设】 2019年，长丰片区全年完成社会项目投资15亿元，中交君玺交付，中交雅郡和弘阳新希望长鄰府主楼结顶，雅戈尔江浩府开工建设，荣安望江南润园地下室施工。全年完成政府本级投资4.20亿元，长丰幼儿园8月完成装修并开园，长丰小学12月通过验收，长丰二路、长丰四路项目（Ⅱ标段）和樟溪北路（长丰二路—环城南路）、长丰一路（樟溪北路—广德湖北路）（Ⅱ标段）完成道路稳定层施工，人行道铺装和桥梁基本完成，樟溪北路一期和长丰一路工程完成路面修复，樟溪北路二期项目前期准备，樟溪北路二期临时道路施工中，长丰区块雨污管网修复工程完成，奉化江（长丰段）滨江绿地建设工程正在编制可行性研究报告。长丰慧江苑安置小区4月21日实施抽签分房，完成长丰区块最后一批民房集中安置，长丰过渡房和金家漕过渡房腾退拆除，小天使幼儿园签约拆除，长丰工业区地块5家企业持续关注征迁动态并论证地块改造开发方案。商住YZ13-02-h（3.96公顷）、商住YZ13-02-i（2.29公顷）和商住YZ13-01-b1（2.57公顷）5月挂牌出让，住宅YZ13-02-a3（1.67公顷）12月挂牌出让，商办YZ13-01-e1（2.77公顷）完成场地平整和围挡设置，环评报告初稿出具，基本具备出让条件。开展长丰区块内国有资产全面自查，对接落实市政道路绿化及河流、雨污管网等公建设施移交管理，舟宿夜江空置房屋司法腾退并招租，街区全年实现总营业额1.36亿元。

【公共项目建设】 2019年，全区公共建设项目16个，其中在建项目4个，前期项目3个，收尾项目9个，完成投资

宁波城市展览馆

7090万元，完成率120%。鄞州区看守所及拘留所新建工程通过林业使用省级审批，农转用工作正在报批中，全过程咨询招标工程完成，可行性研究报告批复；鄞州人民医院东院区建设项目完成项目初步设计及概算批复、规划工程许可证办理、施工总承包招标、临时环网站迁移、施工场地临时水电施工、规划工程许可证办理；BOBO地块九年一贯制学校项目，9月底立项，完成勘察设计、全过程咨询招标，并获建设用地规划许可证。鄞州区公共卫生服务中心业务用房项目，完成主体施工并通过中间结构验收，启动室内外装饰装修工程，年度完成投资5000万元，累计完成投资7000万元；宁波市艺术实验学校（第十九中学）改扩建项目二期工程10月复工，工程主体结构、内外墙面保温及抹灰、屋面工程等完成；法院诉讼服务中心完成产值2551万元，占合同金额87%，装修施工完成60%，幕墙完成90%；滨江实验学校东侧绿地项目竣工验收。区公检法大楼项目、滨江实验学校项目、行知实验小学改扩建工程项目、曙光中学扩建工程项目和江东中心小学（华光校区）改造工程5个项目决算审计完成；宁波市眼科医院迁建及东部新城社区卫生服务中心新建工程解决后期维修事宜，为竣工结算作准备；区6-6b地块项目完成结算审计，工程款拨付至结算价95%；消防中队项目完成决算审核初稿，与施工单位洽商解决超概问题。

【“城市之心 鄞领未来”论坛举办】2019年2月28日，“城市之心 鄞领未来——2019鄞州城市发展论坛”在南苑环球酒店环球厅举办，区委副书记、区长王兆波，区委常委、常务副区长沃勇特，以及钱芳、梅益进、朱剑涛、王孝嗣等领导出席，全区镇（街道）、相关职能部门分管领导和科室负责人到场参加，超100家知名房企代表、近20家金融机构投资代表、30余家主流媒体共同参与，就鄞州区的经济发展、房地产市场开发建设趋势、六大新空间规划及重点土地项目推介等主题进行交流与研讨。区委副书记、区长王兆波致辞，欢迎各界参与鄞州建设和发展，共创互利共赢的美好未来；区委常委、常务副区长沃勇特对鄞州区城市价值、六大空间发展战略、重要区块及近期出让地块进行推介。《宁波日报》专版刊登《贯彻落实“拥江揽湖滨海”战略 鄞州高起点谋划拓展六大新空间》。

（洑景亭　曾　萍　邵顺杰
汪滨滨　翁东辉　王利君）

2019年2月28日，“城市之心，鄞领未来——城市发展论坛”举办

镇村建设

【概况】2019年，鄞州区按照规划推进镇村建设。印发《关于高水平推进美丽城镇建设的实施意见（征求意见稿）》，委托区规划设计院编制美丽城镇方案。推进美丽宜居村建设，其中完成建设的美丽宜居村20个，新启动建设12个。至年底，全区有美丽镇村合格村144个，示范村15个，正在创建6个，风景线创建3条，在建2条，示范镇创建3个，在建1个。

【小城镇环境综合整治三年行动】2019年，区住建局开展小城镇环境综合整治三年行动工作。瞻岐镇等9个镇（集镇）全部通过省级验收，其中东吴镇、东吴镇天童集镇、横溪镇、姜山镇获评省级样板镇；云龙镇、塘溪镇获评市级样板镇。

【美丽宜居村建设】2019年，全区完成20个美丽宜居村建设，包括咸祥镇咸一村、咸二村、咸三村、咸六村、王家村、西宅村、横山村、外蔡村、海南村，五乡镇四安村，邱隘镇上万龄村、张家瀛村，瞻岐镇岐化村、岐西村，东吴镇三塘村（二期），横溪镇金峨村（凌家、上潘、田陇）、周夹村、大岙村（外大岙），姜山镇陆家堰村，塘溪镇童夏家村。至年底，完成农村公厕改造268座。

（洑景亭）

建筑业

【概况】2019年，浙江天苑景观建设有限公司等16家建筑业获评2019年度鄞州区“金鼎”“银鼎”“特别贡献”企业，蓝海绿业生态建设股份有限公司等5家公司实际经营者获评“百佳先锋”企业家；开展建工城建专业初中级职称评审工作；完成上一年年度建筑业发展政策兑现工作，50家企业获奖励资金2836.68万元；鄞州区新开工装配式建筑项目共43个，装配式建筑面积318.40万平方米；完成57个新建民用建筑节能项目评审，总建筑面积330万平方米。

表 8　　2019 年度鄞州区“东钱湖杯”优质工程名单

序号	工程名称	建设单位	监理单位	施工单位	项目经理	建筑面积（平方米）
1	鄞州区市民服务中心项目更正为鄞州区市民服务中心（地上部分）鄞州区1018工程	宁波市鄞州区行政审批管理办公室	宁波市公平监理咨询有限公司	宁波市建设集团股份有限公司	钟乘波 沃林华	53360.37
2	潘火街道实验中学	宁波市鄞州区人民政府潘火街道办事处	宁波市公平监理咨询有限公司	宁波建工工程集团有限公司	罗成义	31898.22
3	宁波市鄞州蓝青小学	宁波蓝青教育投资有限公司	浙江工正工程管理有限公司	浙江万华建设有限公司	董海能	53856.49
4	鄞州新城区钟公庙地段YZ07-02-b2地块工程	宁波市鄞州区房屋拆迁办公室	浙江工程建设管理有限公司	宁波市建设集团股份有限公司	阮宣东	13788.75
5	厂房、仓库	乐歌人体工学科技股份有限公司	宁波方元建设管理有限公司	宁波市鄞州建筑有限公司	陈　敏	22342

【区“百企攀高”评选表彰】 2019年，区委、区政府对获评2019年度鄞州区“金鼎”“银鼎”“特别贡献”企业，以及“百佳先锋”企业家予以表彰。其中，浙江天苑景观建设有限公司和宁波中淳高科股份有限公司获评“金鼎”企业；宁波建工工程集团有限公司、浙江新中源建设有限公司、浙江宇恒建筑劳务有限公司、宁波市产城生态建设集团有限公司、宁波市鄞州建筑有限公司、大荣建设集团有限公司获评“银鼎”企业；宁波新日月酒店物业股份有限公司和中冠工程管理咨询有限公司获评“特别贡献”企业；蓝海绿业生态建设股份有限公司、浙江元和装饰股份有限公司、中科盛博建设集团有限公司、宁波圣丰建筑有限公司、浙江沧海建设有限公司、宁波市斯正项目管理咨询有限公司等公司实际经营者获评“百佳先锋”企业家。

【建工城建专业初\中级职称评审】 2019年，区住建局会同区人力社保局组织开展全区非公企业建设工程专业初、中级技术职务任职资格评审工作。共收受260余人递交的申报资料，经前期初审有251人进入复审环节，再经专家复审、面试最终189人符合申报条件获得专业技术职务任职资格，其中中级183人、初级6人。职称专业涵盖建筑施工、建筑工程管理、建筑结构、建筑装饰、建筑材料、建筑机械、建筑设计、工程造价、市政道路（桥梁）工程、岩土工程、风景园林（含景观设计）、建筑电气（建筑智能化）、给排水、暖通工程14个专业。

【建筑业企业发展政策兑现】 2019年，鄞州区继续加大对本地建筑业企业的扶持力度。根据《中共宁波市鄞州区委、宁波市鄞州区人民政府关于2018年鄞州区经济发展若干政策意见》等文件精神，2018年度鄞州区建筑业企业发展政策兑现完成申报的企业共85家，经审核，符合奖励条件的企业有50家。申报建筑业企业发展政策兑现奖励金额初步核定为2836.68万元。其中，建筑施工企业和建筑服务业企业符合条件的有35家，奖励金额为1897.07万元；建筑劳务符合条件的有15家，奖励金额为939.61万元。

【装配式建筑发展】 2019年，鄞州区区内新建项目全部实施装配式建筑，单体建筑预制率不低于40%。全年通过评审认定为新型工业化项目的有30个，另外6个项目采用承诺制。全年新开工装配式建筑项目共43个，总面积为362.30万平方米，装配式建筑面积为318.40万平方米。鄞州区年度建筑工业化工作省级考核为优秀。

【建筑节能项目实施】 2019年，鄞州区有57个规模以上新建民用建筑节能项目通过评审，总建筑面积330万平方米，实现新建民用建筑100%实施绿色建筑标准。其中公共建筑项目21个，居住建筑项目25个，公共建筑与居住建筑混合项目11个。39个项目绿色建筑预评估达到二星，浙江大学宁波研究院科研大楼项目绿色建筑预评估达到三星。

【屋顶雨水收集利用】 2019年，鄞州区推广屋顶雨水收集利用工作。屋顶雨水收集利用在城市中有目的性的采取各种措施，对屋顶雨水资源进行收集、存储、净化再利用的过程。通过屋面雨水、安全分流井、截污挂篮装置、弃流过滤装置、自动过滤装置、蓄水池、雨水提升泵、精华一体机、清水池、绿化浇洒等步骤。至年底，全区共设置屋顶雨水回收系统61个，所收集的雨水主要用于冲厕、洗车、绿化用水、景观用水或消防用水等，循环使用水资源，减少水资源浪费。

【绿色建筑设计标识评价】 2019年，鄞州区开展绿色建筑设计标识评价工作。绿色建筑是指在建筑的全寿命周期内，最大限度地节约资源（节能、节地、节水、节材）、保护环境和减少污染，为人们提供良好使用空间。至年底，全区有5个项目获得绿色建筑设计标识评价。其中，宁波诺丁汉大学国际创新创业孵化园项目，建筑面积2.43万平方米，获得设计标识三星；鄞州区公共卫生服务中心业务用房、建筑面积1.37万平方米，宁波市残疾人康复中心、建筑面积2.99万平方米，新城区钟公庙地块YZ07-02-b2地块项目，建筑面积1.38万平方米、鄞州轨道交通3号线永达路站地块项目、建筑面积11.60万平方米，4个项目获得设计标识二星。

【绿色建筑能效测评】 2019年，鄞州区落实《浙江省绿色建筑条例》对绿色建筑能效测评的相关规定，《宁波市住房和城乡建设委员会关于调整绿色建筑商品房预售条件的通知》有关监管要求，对区内符合条件的民用建筑项目开展能效测评工作。至年底，共完成项目24个，建筑面积达246万平方米，对能效测评的项目核验绿色建筑设计指标落实情况及可再生能源的具体实施，起到绿色建筑从设计到实施的闭合环节作用。对能效测评不合格的项目不予通过竣工验收。

（洑景亭）

房地产业

【概况】 2019年，全区发放预售许可证48个，预售面积198.20万平方米，其中预售住宅面积147.50万平方米，比上年分别上涨0.70%和1.70%。

新批4家房地产开发暂定三级资质企业。办理房地产企业资质年检108家，注销23家。纳入鄞州区管理共130家房地产企业，其中一级资质企业2家、二级资质企业3家、三级（暂三级）企业125家。

全区房地产开发完成投资383.40亿元，增长16.90%；商品房施工面积1372.80万平方米（其中住宅617.90万平方米）。住宅施工面积相下降2.30%；商品房新开工面积299.90万平方米（其中住宅125.50万平方米），增长80.60%（住宅30.30%）。

商品房交易量为224.38万平方米，下降19.30%，其中住宅交易量158.24万平方米12298套，分别下降22%和13.20%。可销售商品房房源221.94万平方米（住宅49.99万平方米，商业、办公125.50万平方米），增长8%（住宅下降7.10%，商业和办公下降4.50%）。绿化指导方案30个，绿化竣工项目资料备案36个。

（洑景亭）

住房保障与棚户区改造

【概况】 2019年，鄞州区棚户区改造货币化安置及新开工棚户区改造安置住房150套（户），完成棚户区改造征收改造面积3万平方米。续建安置房项目10个，续建住宅面积130万平方米，续建住宅套数1.34万套。

【住房保障】 2019年，鄞州区开展公共租赁住房常态化申租工作，受理申请家庭1905户，分配公共租赁住房575套，新增租赁补贴家庭261户，取消292户不符合保障条件家庭的保障资格（其中43户由廉租房补贴转为公租房实物配组）。公租房实物配租在保家庭4416户，实物配租累计保障家庭6156户；公租房租赁补贴在保家庭1558户，租赁补贴累计保障家庭6492户。开展应家限价房销售申请工作，共受理申请家庭974户，核准符合条件家庭780户，有622户核准家庭购买应家限价房。建立以公共租赁住房为主的城乡一体化住房保障体系，印发《关于鄞州区公共租赁住房保障对象扩面及公共租赁住房轮候家庭租赁补贴发放有关事项的通知》政策，施行实物保障与货币补贴并举的保障方式，实现户籍家庭住房保障同等化待遇。开发建设公租房运营监管平台，通过对监管平台大数据分析应用，探索用技术手段建立公租房转租转借、空置、违规使用等线索模型，打造公租房管理创新示范点。

【棚户区改造】 2019年，鄞州区完成货币化安置及新开工棚户区改造安置住房1063套（户），完成率708.67%。其中，新开工安置房项目1个，为城中村改造庆丰地块整体置换项目新开工住宅面积9.12万平方米956套；姜山镇东光唐家区块改造项目完成货币化安置107户。完成棚户区改造征收改造面积3.50万平方米，完成率116.67%。其中，姜山镇东光唐家区块项目完成改造面积0.37万平方米、百丈街道七塔禅寺周边区块项目完成改造面积1.16万平方米；曙光区块项目完成改造面积1.97万平方米。建成安置房项目9个，建成住宅面积107.39万平方米10971套。江六新村一期项目建成住宅面积17.30万平方米1616套；江六新村二期项目建成住宅面积9.14万平方米1012套；长丰拆迁安置2号（二期）项目建成住宅面积13.18万平方米1412套；繁裕四期项目建成住宅面积12.76万平方米1410套；横溪镇梅岭安置房（一期地块）项目建成住宅面积7.69万平方米585套；王家弄安置小区建成住宅面积16.73万平方米1673套；泰和馨苑四期项目建成住宅面积4.01万平方米381套；余隘安置房项目建成住宅面积16.45万平方米1788套；江南安置房项目建成住宅面积10.13万平方米1094套。自实施棚改以来，累计完成改造住宅面积249万平方米2.35万户（其中危旧房改造面积70万平方米），累计开工安置房项目21个，新建住宅面积216.70万平方米2.22万套，其中建成安置房项目17个；建成住宅面积181.42万平方米1.85万套。

（洑景亭）

公用事业

【概况】 2019年，鄞州区有500千伏变电站1座、220千伏变电站8座、110千伏变电站40座、35千伏公用变4座、开关站1070座，10千伏线路846条5580千米，其中10千伏电缆432条3540千米。实现售电量88.03亿千瓦时，比上年增长2.52%；最高负荷203.35万千瓦，增长3.30%；线损率2.97%；营业收入50.92亿元，实现利润2680.82万元；电费回收率100%；资产总额23.83亿元，资产负债率19.91%。连续安全生产日5288天。

鄞州区有中压供气管道727.76千

米，低压供气管道467.23千米，管道供气用户199731户。7家储配站销售液化气24045.40吨，2家管道公司销售液化气54.11吨、天然气15266万立方米，9家汽车加气站加气4133.62万标立方米。

供电公司获评全市唯一的省电力公司对标“示范单位”。获评全国“安康杯”竞赛安全文化宣传活动先进示范单位。连续3年获鄞州经济工作先进企业最高荣誉“金鼎”奖。公司优化营商环境等多项工作得到市委常委、区委书记褚银良和区委副书记、区长王兆波批示肯定。

【电网建设】 2019年，鄞州区召开全区电网建设会议，由区政府主导签订电网建设责任状。推进基建工程建设，220千伏蔡郎扩、东展变110千伏送出、110千伏世纪变、明楼变改造、宝幢变线路5个项目建成投产；110千伏湾底变等5个工程完成可研；东展变220千伏间隔扩建等5个工程完成核准；220千伏新乐变改造等10个工程开工续建。完成《鄞州区十三五配电网规划》滚动修编。编制《配电网运行水平和供电能力评估》，对配电网组网规范性、线路N-1能力、配网运行水平、变电站全停全转能力进行全面评估。完成配网投资2.86亿元、新项目可研4.87亿元。推进东部新城省公司首批配电物联网示范区建设，对印江南等18个小区200个台区进行物联网化改造，实现电力泛在物联网在配电领域落地。低压可靠性国网试点工作获“中电联”认可。推进智能配网升级，完成新老配电自动化主站系统迁移，全自动、半自动FA投运线路分别达到35条、358条。

【供电服务】 鄞州电力“优质服务提档”展现新形象。推动区政府印发《鄞州区关于进一步优化电力接入营商环境的实施意见》，简化办电审批流程。开展营商环境争优赛，编制公司《优化营商环境“十条规范”》，建立日管控、周分析机制，高、低压办电环节精简至4个、2个，全年10千伏业扩流程平均时长、供电方案答复平均时长分别缩减至44.7个和3.5个工作日。带电作业次数增加39%，业扩不停电接入率达到91%。拓宽受理渠道，将公司20项服务纳入“浙里办”。派驻业务骨干进驻鄞州、高新、东钱湖3个区级行政服务中心，累计受理电、水、气联合过户1.54万笔。开展公司领导行政服务中心“坐堂”工作。落实一般工商业调价等政策，电力直接交易21.10亿千瓦时，减少客户电费支出1.54亿元。通过延伸投资界面及推广临时箱变租赁等业务，减少企业办电成本近3000万元。完成综合能源营收4996万元，电能替代量1.76亿千瓦时。与鄞州经济开发区签订综合能源服务战略合作框架协议。在南部商务区三期全面推广电力运维托管模式。完成宁波博物馆、马山休闲旅游度假区全电景区建设。配合建成3座综合供能服务站。排查重要敏感用户85家，出具缺陷告知书29份。查处窃电、违约用电39起，追补电费287万元。湾底村获评省供电公司“乡村振兴·电力先行”示范区。完成新中国成立70周年大庆活动、“宁波帮·帮宁波”发展大会、全国城镇老小区改造会议等重大保电活动76项。

智能巡检机器人实时监控变电站设备状况

【泛在物联网技术应用】 2019年，鄞州区参与开展配电物联网示范区建设，东部新城配电物联网示范区选取18个小区，共200个台区进行物联网化改造。作为浙江省电力公司首批配电物联网示范区，通过打造标准的“云、管、边、端”配电物联网架构体系，建成一个全面的低压配电物联网智能化生态系统。配电自动化及信息化工作攻坚克难，加大三遥对点力度，累计投运FA线路393条，新增OLT2台，ONU25台，对东部新城、邱隘部分地区进行站点覆盖，推动配电自动化网络向城乡结合部发展。投入运行变电站智能机器人5台，实现跟踪设备缺陷、开展异常信号及位置状态确认、远程巡视等功能，完成部分变电站接地选线改造，提升故障定位能力，推进100个配电站房视频监控设备应用，提升运维效率。

【管道机器人蚁人投入使用】 2019年，为解决地下路径没有精准定位、管内情况无法直观感知等问题，区供电公司团队历时一年半研制出可全息感知、自主巡航、自动测绘的管道机器人。蚁人首创管内自平衡技术，实现毫米级精准测量；首创管内变形检测技术，实现管道异常判断；率先应用防水爬坡技术，实现复杂环境通行无阻；独具形态变换能力，实现大小管径全面适应。蚁人项目获得国家电网有限公司第五届青年创新创意大赛金奖、浙江省电力设备物联网创新大赛一等奖。

【重大活动保供电】 2019年6月8—12日，首届中国—中东欧国家博览会暨国际消费品博览会在宁波开幕，中东欧博览会首次正式升格为国家级展会。公司成立保电应急指挥中心，编制9本保电应急预案，出动保电人员500余人次、车辆37辆，排查变电站12座、供电线路33条、开关站51座，安排129人驻守现场，组织3支应急抢修队伍共计20余人，实现24小时加班，完成保障任务。11月1-4日，2019国际划联首届龙舟世界杯在宁波市东钱湖举办，全球28个国家和地区的810余名人员参与赛事，中央广播电视台5套同步对赛事进行直播。区供电公司根据赛事要求制订高标准保电方案，新装400千伏安箱式变压器1台，敷设500余米高低压电缆，应急发电车全程进驻现场提供备用电源。优化电网运行方式，提前对主供线路展开特巡，安排赛事期间10名供电员工现场值守，配合政府成功举办赛事。

2019年6月，区供电公司保障首届中国—中东欧国家博览会暨国际消费品博览会

【洋江水岸小区公用有序智能充电桩安装】 2019年12月27日，供电公司在鄞州区下应街道洋江水岸小区完成对宁波首批42个公用有序智能充电桩位的调试工作。智能设备投运后，小区业主通过手机操作，即可在电量“低谷”时完成汽车的定时充电，享受到“智慧”充电带来的便捷和实惠。有序充电，可以理解为“智慧充电”，一方面引导用户在家充电、用低谷电充，既使用户充到相对便宜的电，也减轻供电负荷满载等压力。供电公司利用技术手段，实现“车一桩一网”互联互通，智能控制充电桩的输出功率，实现错峰充电，优先保障居民生活用电，老旧小区的电动汽车充电难的问题得到解决。

2019年12月27日，供电公司人员调试洋江水岸小区电动汽车有序充电桩设备

【燃气管理】 2019年，区综合执法局开展燃气安全整治，建立区燃气专业安委办，牵头拟定《鄞州区瓶装液化气市场专项整治实施方案》，组织专项整治行动6次，排查并整改问题173个。引入第三方专业单位对辖区内的餐饮企业进行拉网式燃气安全使用指导，降低用户端燃气意外事故率，助力平安鄞州创建。联合宁波新奥燃气有限公司、宁波兴光燃气有限公司开展燃气安全进学校、进社区、进广场、进企业、进部队等宣传活动12场，发放各类宣传资料10000余份。

【“鄞州区餐饮业燃气使用安全指导”专项行动】 2019年，区综合执法局针对鄞州区餐饮场所体量庞大且燃气使用安全存在较多隐患状况，引进第三方专业单位对辖区内的餐饮企业开展“鄞州区餐饮业燃气使用安全指导”专项行动。该行动检查指导内容包括气瓶识别、气瓶使用安全事项、软管安全自检、燃气泄漏应急处置培训等，通过入户指导切实提高燃气用户安全操作技能，增强用户安全用气意识，避免因燃气使用不当引发的意外事故。至年底，该行动覆盖城区12个街道，入户指导5400家餐饮企业，消除隐患超2100余件。

（全　尊　陈　秦）

城市管理

【概况】 2019年，根据《宁波市鄞州区机构改革方案》《关于区级机构改革人员转隶工作实施意见》，区综合行政执法局内河管理处、排水管理处全部职能，城市管理科、公共服务科、公用事业监管中心供水、节水、计划用水、公用消火栓等涉水职能划转至区水利局。3月26日，区综合执法局、区水利局联合召开涉水相关职责移交专题协调会，会议明确市政设施养管、公用事业监管、绿地养管、道路积水处置、跨河管线监管、智慧城管案件派发、东部新城区域涉水养管等职责划分及工程移交事宜。

全年保洁道路面积1172万平方米（不含高架），其中一级道路保洁面积374万平方米、二级道路保洁面积226万平方米、三级道路保洁面积435万平方米、四级道路保洁面积137万平方米，道路长效保洁覆盖率100%，机扫率85%。城区环卫养护公厕166座，新建城区公厕5座，改建城区公厕20座。城区垃圾中转站3座（大雁桥、滨江、定桥），全区生活垃圾收运总量71.97万吨，较2018年增加2.44万吨，垃圾无害化处理率100%。

管理城市道路总长362千米，面积983万平方米，路灯37961盏，市政桥梁488座，照明设施平均亮灯率99.60%。开展退红空间综合整治7个，打造放学回家路7条，完成甬港北路（中山东路—百丈路）街景提升工程。实施柔石桥、毛家桥、下应桥等60个点位"桥头跳车"治理，维修改造飞虹立交桥、中兴立交桥等存在病害的桥梁5座，荷载检测桥梁20座，完成本年度所有桥梁的定期检测。姚家桥、毛家桥、汪家桥等4座桥梁实施新型伸缩缝改造。牵头实施南部商务区月光经济综合体亮化工程，完成鄞州大道（云龙高速出口—下应南路）夜景亮化工程。施划非机动车停车位4565个，联合鄞城集团划设智慧停车位1000余个。在宁波市市政行业管理考核评比中获2019年度"宁波市市政行业灵桥杯""挖掘管理奖""市政养护创新奖""景观照明养管奖""非机动车泊位管理优胜奖"。

办理除公安交通领域外的行政处罚案件4536件，处罚款986.96万元。其中，简易程序案件59件，处罚款2870元，一般程序案件4477件，处罚款986.67万元。一般程序案件中，建筑垃圾类案件947件，处罚款521.60万元；垃圾分类类案件178件，处罚款23万元；其他市容环卫类案件595件，处罚款53.65万元；市政设施类案件340件，处罚款42.43万元；城乡规划类案件201件，处罚款85.22万元；城市绿化类案件312件，处罚款23.50万元；环境保护类案件95件，处罚款137.08万元；城镇燃气类案件21件，处罚款19.97万元；排水类案件16件，处罚款24.50万元；供节水类案件3件，处罚款0.49万元；水行政类案件2件，处罚款2.89万元；工商行政类案件826件，处罚款23.20万元；快捷案件941件，处罚款29.20万元。全年抄告违停机动车9.85万辆，规范共享单车6.16万辆，拖离"僵尸车"610辆。设置主要道路隔离桩386个，隔离护栏5302.50米，停车定位器63个。检查渣土车辆9428辆，检查道口6843次，检查消纳场地155次，拆除国有土地上规划类违法建筑22.52万平方米。拆除违法广告1495处，拆除面积2.43万平方米。

协调各单位处置宁波市"行走甬城"督办案件8620起，解决率99.90%，案件量、解决率位列全市第一。依托区"路长制"等工作机制，以"鄞领城事"为载体，推进城市精细化管理，发现各类城市环境问题4008起，解决率100%。开展"城市管理突出问题整治攻坚月行动"，对废弃立杆、桥梁监测、无主井盖、架空线缆、失管区域、人行道缺失、退红空间较大面积人行道破损、路灯缺亮、"僵尸车"及散落的共享单车等10类城市管理问题进行整治，解决顽疾问题700起。加强建筑垃圾管控力度，发放建筑垃圾处置核准许可决定书849份，占全市办理总量29.90%，核准处置建筑渣土2619.25万吨，占全市建筑渣土总量34.61%，核准处置泥浆548.03万吨，占全市泥浆总量35.86%。

开展垃圾分类工作，城镇生活垃圾分类收集覆盖率100%，农村生活垃圾分类收集覆盖率90.1%，市民垃圾分类知晓率95%，生活垃圾回收利用率63%，资源化利用率100%。全年收运其他垃圾53.74万吨，与上年基本持平；收运厨余垃圾11.50万吨，同比增加28.4%；收运有害垃圾28.70吨，增加261%；收运可回收物81.70万吨，下降11.6%。创建省级垃圾分类示范片区1个，省级垃圾分类高标准示范小区12个，市级垃圾分类示范小区36个。获评全省生活垃圾分类工作成绩突出集体及全市生活垃圾分类先进区域城区组第一名。

【鄞州大道1号"零排放"公厕投入使用】 2019年12月22日，鄞州大道1号公厕正式投入使用，为全市首座"零排放"智能化公厕。该公厕位于沧海路与鄞州大道交叉口，采用装配式

2019年12月22日，鄞州大道1号公厕正式投入使用

建设，除公厕主体外，另设有生态设备间。该公厕采用工业微生物固体发酵技术，通过微生物合成降解作用，将厕所便污、冲厕用水转化为高氮磷钾含量的有机肥以及洁净用水。经测算，该公厕每处理2000~3500人次粪便和冲水量，可形成1~2吨固体生物有机肥，用作植物肥料，净化后的洁净用水可作为回冲用水，不产生液体形式的排放、外运。该公厕设有安全保障系统、智慧监控系统等智能系统及爱心驿站、第三卫生间、微波炉、急救包、雨伞、WiFi等便民设施及服务。

【智慧城管】 2019年，鄞州区建立镇智慧城管三级网格化管理平台并上线运行，中心城区建成区智慧城管网格覆盖率100%，建制镇三级平台全部建立，智慧城管实现全域化布局。全年共处置平台案件32.60万件，解决率100%，受理热线投诉18377起，兜底处置各类疑难无主问题873件。获2019年度浙江省智慧城管工作绩效评价成绩优秀，获得2019年度“宁波市智慧城管杯”、宁波市智慧城管行业职业技能竞赛团体一等奖等荣誉。

【城管义工】 2019年，全区有城管义工服务点17个、社区联络站91个、长效服务岗65个，在册城管义工9366人，会员单位65个。在宁波市城管义工官网发表信息42篇，通过鄞州城管微信公众号发布推送15篇，通过鄞州城管官方微博发布微博20篇。全年组织开展“认捐一杯姜茶，情暖一座城市”“爱心冰箱送清凉”“中山东路民间小路长体验”“城管课堂进社区”“城管义工文明行”等主题服务活动25次，城管义工参与者共计1618人次。白鹤街道城管义工服务点和惊驾社区联络站被宁波市城管义工协会评为2019年度先进服务点和先进联络站，紫鹃社区城管义工林仲星获评2019年度市级城管义工之星。

【城市管理慈善爱心基金成立】 2019年7月4日，区综合执法局成立“城市管理慈善爱心基金”，该基金为全省首个以“城市管理”冠名的慈善基金，共有41家爱心企业参与认捐，基金数额40.54万元。按照相关章程，该基金发放使用主要涉及三类人群：城市管理系统内工作人员或家庭发生重大疾病，突遭特别严重变故的人员；执法过程中遭遇暴力抗法或意外受伤的执法队员或者协管队员、特保人员；对城市管理工作有突出贡献的基层从业者、第三方养护工人、热心市民。

【城区生活垃圾一体化收运】 2019年8月1日起，为健全垃圾分类收集运输体系，福明、百丈、兴宁、飞虹4座城区垃圾转运站关闭，鄞州区实行城区生活垃圾收运一体化模式，即以生活垃圾分类收集运输为指导，建立以住宅小区其他垃圾上门收集为主体，沿街商铺和企事业单位其他垃圾进行分类收集收运体系。城区范围内全面淘汰人力、电动三轮车和非专业车辆垃圾收运模式，采用“小车进社区、一天两收”模式，并在部分社区试点生活垃圾“出户直达”模式。按照生活垃圾一体化收运工作部署，区综合执法局负责垃圾收运体系调整的行业指导、信息监管、考核督查、垃圾调配等工作；街道办事处牵头社区居委会、业委会、物业公司确定垃圾归集点，负责日常监管工作，协调收运企业、社区和物业公司之间的沟通工作；居委会和小区物业负责垃圾桶的归集、复位和垃圾桶（垃圾房）清洗工作。

四明路旱溪花境

【城区生活垃圾夜间收运】 2019年7月起，区综合执法局深入对接中心城区各街道社区、居住小区物业，启动住宅小区生活垃圾收运时间调整工作，率先将东海花园、兰亭绿源等50余个小区的垃圾收运时间从原先的4时至16时调整为9时至23时，实现垃圾当日清收，杜绝垃圾“过夜”。经过试运行后，于10月底实现城区生活垃圾夜间收运全覆盖，生活垃圾收运企业根据各居住小区垃圾归集点位、车辆通行等实际情况，安排时间、线路，实行定时、定点、定线收运，在全面实行城区生活垃圾“一体化”收运模式的基础上，通过生活垃圾收运时间的调整，解决住宅小区生活垃圾隔夜收运造成垃圾满溢问题。

【退红空间改造】 2019年，区综合执法局在华泰剑桥、金湾华庭、金色水岸、都市森林西侧、文景街区块、百丈花园、新天地7个小区实施退红空间综合整治，新增停车位400余个，整治面积5万平方米。整治工程采用花箱、石墩、绿化等隔离措施，留足步行空间基础，施划公共停车位，增加沿线休憩设施，划分各空间功能。采用SP彩色沥青压花混凝土、艺术混凝土等材质进行路面铺装，丰富空间色彩，将退红空间改造与店招整治结合，突出整体改造特色。

实施属地街道共商共建，退红空间改造完成后将管理职责移交小区业委会，由小区业委会引入第三方停车管理公司，明确停车收费标准、营收比例和管理方案。退红空间管理方按协议分配停车收益，做好退红空间的智慧化停车管理及市政设施日常养护工作，实现运维管理长效化。

潘火高架桥下建成的体育公园

【潘火高架桥下空间改造】 2019年8月，区综合执法局引入社会资本，将闲置的潘火高架桥下空间改造成集健身、文化、娱乐等功能于一体的综合性体育公园，总面积9000余平方米，12月底完工。该项目由社会资本（宁波羽航体育发展有限公司）全额出资进行建设、运行、维护，实行社会化运维模式，设置羽毛球馆、篮球场、轮滑场、足球场、多功能公益广场等区域。羽毛球馆采用运动实木地板和专业塑胶地垫，篮球场馆装饰时尚涂鸦，轮滑场为全市首个按赛事标准建设的专业场馆，多功能公益广场全天24小时免费对市民开放，为周边居民进行晨练、广场舞等活动提供场所，实现资源共享，盘活桥下资源。

【道路消坑行动】 2019年2月，区综合执法局启动为期30天的“道路消坑行动”，累计修复坑洞9400处，面积14100平方米，动用摊铺机、装载机、大小型压路机、自卸货车等机械上百台。消坑行动采取“1+N+1”机制，即“一条道路有一个专人负责，N条道路有一个班子领导负总责，当日发现问题的处置情况有指定联络员上报”，实行分级“路长制”，确保问题早发现、早处置。专业养护单位实施24小时实时巡查、处置，灾害天气1小时内排险，灾后24小时内修复完成。道路坑洞坚持按规修复。暴雨期间通过快速水泥或冷料沥青填补等应急处置办法，待天气晴好后采用热沥青完善。

【智慧停车云服务项目启用系统】 2019年，区综合执法局联合鄞城集团启动智慧停车云服务项目。该项目打破城区停车“信息孤岛”，结合“物联网+人工智能+大数据”技术，采取“人工+手持PDA”“咪表+人工辅助”等道路停车收费服务模式，平衡社会停车需求。在万达片区智慧停车项目试点基础上，新增钟公庙片区1100个道路收费泊位，以“宁波停车”App为云服务端口，创建集停车服务、收费交易、停车诱导、执法取证等功能于一体的智慧停车云服务模式。该项目施行后，道路停车泊位日均周转率提升102%，道路泊位违章停车量下降90%，泊位停车秩序得到规范，公共停车资源利用率提高。

2019年10月3日，区综合行政执法局执法人员向餐饮店宣讲垃圾分类

【“安全放学回家路”改造提升工程】 2019年7月，区综合执法局结合《宁波市鄞州区安全放学回家路实施技术导则》，启动钟公庙中心小学（含钟公庙实验幼儿园）、堇山小学、栎木小学、四眼碶小学樱花校区、江东外国语小学南校区（含外国语小学附属幼儿园）5所小学及2所幼儿园的市政人行道、绿化及相应市政设施改造提升工程。该工程8月底完工，结合学校历史文化底蕴及周边环境，采用透水性能好的彩色混凝土、防滑耐磨的聚合物彩色防滑罩面等新技术，以创新工艺提升街面景观。

【餐饮油烟污染整治】 2019年，区综合执法局联合区生态环境分局、区市场监管局等部门及属地街道开展餐饮油烟污染处置工作。城区餐饮店“一店一档”台账更新率100%，城区餐饮企业油烟净化器安装率95%，其中新开餐饮企业油烟净化器安装率100%。印发《关于进一步加强鄞州区餐饮业油烟污染管理处置工作的实施意见》，启动鄞州区餐饮油烟污染整治专项行动，按照“老店老办法，新店新办法”和“关闭一批、提升一批、转型一批、分流一批”，制订“一店一策”分类处置方案，整治餐饮店199家，其中关停转行42家，转型无油31家，规范升级126家。配合区生态环境分局推进餐饮油烟“禁设区域”划定工作，8—12月，召开“禁设区域”划定会商会议8次，公布“禁设区域”目录7批次，划定“禁设区域”小区数量237个。

【姜山镇综合执法体制改革】 2019年，鄞州区选取姜山镇开展基层综合行政执法改革试点工作。该工作通过综合行政执法体制改革，实现基层一支队伍管执法，建立行政执法体制。11月，区综合执法局牵头完成《宁波市鄞州区姜山镇综合行政执法体制改革试点工作实施方案》，方案明确将12个部门22个领域、600项划转执法事项划转至基层政府，并同步划转相应执法编制、人员，给予基层政府人事管理、人员指挥等权限，推进行政执法权限和力量向基层延伸和下沉。该方案12月经区委常务会议、区政府常务会议审议通过，12月24日上报市政府。

【“执法进社区”工作】 2019年，区综合执法局“执法进社区”工作覆盖中心城区12个街道及东部新城、南部商务区、邱隘镇、姜山镇，涉及141个社区、425个小区。落实执法联络站及执法清单上墙，对包括垃圾分类、环境卫生、毁坏绿化、违法建设、油烟污染、跨门营业、噪声污染、户外广告等社区内易发的15个大类、21个小项问题以清单形式公示并接受监督。全年进社区整治835次，受理各类问题19642件，下发限期责令整改通知书1234张，立案查处596件，处罚款63.59万元。整改违法建设行为290余起，违规装修310余起，整改违规车棚（库）898间，清除卫生死角108处、乱涂乱写64处、乱堆放160处，拆除破旧雨篷303个、水槽43个。

【东部新城“畅·悦行”行动】 2019年4月起，区综合执法局按照“通畅行走、享受行走”的思路，启动东部新城“畅·悦行”行动。该行动贯穿东部新城总体工作计划，完成会展路三、四号桥及宁穿路五号桥桥头跳整治，整改面积2275平方米；完成人行道修补1789平方米，沥青路面修补、铣刨摊铺7603.39平方米；新增宁穿路、清泽街等路段隔离栏2400米，安装民安路、海宁街、定宁街等处隔离桩40余个，施划停车位50余处。打造“生态走廊—后塘河—甬新河沿岸”慢行系统，实现慢行系统“U”字形步道无障碍贯通，打造生态走廊三期彩色油菜花花海，完成后塘河北岸市民广场3D树洞画。

2019年11月5日，百丈街道潜龙社区服务中心民情直通路开放

【潜龙社区民情直通路】 2019年7月，区综合执法局采取“微改造、微更新”方式，实施潜龙社区道路改造项目。该项目以“同心筑梦鱼水情”为主题，通过铺设彩色透水混凝土、打造特色景观、更新道路围栏等做法，提升道路景观。针对附近老年居民较多的实际情况，利用有限空间合理增设无障碍通行设施、户外接待区域、便民雨伞服务点、非机动车停车位等便民设施，为群众办事提供便利。该项目专门设置公益电子屏、民情收集箱，为社区与居民搭建畅通交流的渠道。11月5日，百丈街道潜龙社区民情直通路开放。

（陈　秦）

生态环境

“五水共治”工作

【概况】 2019年，鄞州区开展“五水共治”百日攻坚和“双百”攻坚行动，开工实施治水攻坚项目108个，打造“清澈见底”河道30条，新增省级“美丽河湖”3条，区控及以上断面水质功能达标率91.70%，水质创20年来历史最佳。5月，通过国家和浙江省城市黑臭水体专项督查。“污水零直排区”建设连续第二年被列入区政府民生实事工程，启动建设全市首个智慧治水信息化系统，明楼街道、东柳街道、白鹤街道、中河街道、下应街道、五乡镇、东吴镇、云龙镇、咸祥镇和鄞州经济开发区10个单位被命名为市级“污水零直排镇（街道、园区）”，潘火街道、钟公庙街道、百丈街道、东胜街道、下应街道、中河街道和鄞州经济开发区7个单位通过省级“污水零直排区”创建验收。开展治水宣传发动，治水满意度明显提升，在2019年全省群众治水满意度测评中，鄞州区列全省第49位，创历史最佳排名。鄞州区获2019年度宁波市“五水共治”目标管理考核第一名，被省委、省政府授予2019年度“五水共治”（河长制）优秀县（市、区）“大禹鼎”，鄞州区治水办被浙江省委评为2018年度“五水共治”工作成绩突出集体，中河街道被省治水办评为2019年度全省“五水共治”工作考核优秀乡镇（街道）。

【“污水零直排区”建设】 2019年，鄞州区建立全市首个住宅小区、雨污管网、“六小行业”、工业企业等“污水零直排区”建设标准手册，新开工实施零直排项目108个，投资7.60亿元，新建污水管网22千米，累计建成440千米，全区181个规划治理村（全区185个建制村）全部启动实施农村生活污水治理工作，投入近2亿元实施住宅小区雨污分流改造、沿街店铺截污纳管等工程项目64个，“一点一策”项目化治理医院、学校和机关单位等200余家，排查整治餐饮、洗车等“六小行业”300余家，整改污水混排、漏排等突出问题。实施污染问题大排查大整治，完成排查点位2000余个，整改销号涉水问题465个，清查整治洗车行业547家，发放排水许可证1205家。开展城区住宅小区管网疏通、城区厕所清理专项行动，完成排水管网清淤650千米，污水管网检测65千米，非开挖修复20千米，城区公共厕所化粪池清理净化232个次。投入1500万元分4个片区加强城区管网养护管理，并对城区423座隔油池和158个农村污水治理工程实施统一运维养护。

【河（湖）长制管理】 2019年，鄞州区建立河长、保洁员和基层网格员“三网融合”机制和部门联动快速处置机制，发现问题通过河道微信群、综合治理系统和信息系统上报，建立起水质反弹第一道防线，并于5月通过国家和浙江省城市黑臭水体专项督查。首次开展“民间河长”选聘，6月组织开展民间河长共护美丽河湖行动启动仪式，择优聘任1014名来自社会各界的民间河长参与巡河监督，进一步推动河湖管理保护工作。启动建设智慧治水信息化系统，整合全区河道水情、管网、排口、水质等信息数据，实现“一张图”管理，数据全面共享、问题协同处理。落实“一河一策”治理措施，动态跟踪监测水质，重点提升区控以上断面水质，全区12个区控及以上地表水监测断面全部达到年度考核目标，其中横溪沿山干河、五乡大涵山港、塘溪大嵩江、五乡后塘河4个断面水质优于考核目标，水质功能达标率91.70%，比上年提高25%。

【“美丽河湖”建设】 2019年，鄞州区设置滨水步道、亲水平台，挖掘水乡文化、乡情土味，打造“河岸文化”，全年绿化河岸80余千米，新建沿岸步道20余千米，综合整治河道7千米，完成河道清淤73千米56万立方米。新增甬新河、院士公园河和新杨木碶河3条省级“美丽河湖”，省级“美丽河湖”增至4条，居全市首位。开展“我身边的最美河道”评选，通过公众投票、现场看河打分和治水比武竞演，展现一批治水成果，东雅新河、前塘河、毕家河、长山江河、后塘河五乡段、姜山河、小洋江下应段、三桥江首南段、大嵩江塘溪段、大洋江潘火段10条河道获评“我身边的最美河道”。“一河一策”城区内河“清澈行动”初见成效，通过源头截污、水质吸附、沉水植物进行综合治理，设置离岸处理装置19个和“点对点”治理微纳米设备78台，有30条城区河道基本达到“清澈见底”标准。

【“五水共治”宣传】 2019年，区生态环境分局依托区委“五夜六送”（夜学、夜访、夜巡、夜谈、夜议和送信心、送政策、送服务、送点子、送措施、送关爱）

和“周二夜访”等活动，区、镇两级治水干部延伸开展入户、入企、入楼、入铺、入机关等“五入”上门宣传活动，社工、村干部按照包片联户要求开展上门入户宣传，累计走访宣传187个村、142个社区14.30万户。组织高校学生志愿者以随机走访、调查、互动的形式到村（社）、居民区开展宣传，利用短信、微信朋友圈、钉钉等推送“五水共治”小知识300万条次。在区级媒体开设“品质大提档 治水鄞行动”专栏传递治水声音，在省市级媒体多角度展示鄞州治水风采，全年各级媒体报道近400条。与区文广新局开展“五水共治”文艺巡演活动，并借助“艺起来”“天天演”和电影下乡等载体，开展基层巡演83场，观看人数5万人次。

（何文渊）

园林绿化

【概况】 2019年，鄞州区城区绿地面积1948.96万平方米，城区绿化覆盖率32.76%，人均公绿面积10.02平方米。区综合执法局管理绿地面积668.06万平方米、行道树63186棵，其中一级绿地421.69万平方米，二级绿地77.82万平方米，三级绿地39.55万平方米，东部新城绿地面积129万平方米。全年修复修补绿化面积16万平方米，完成树穴改造473个。完成宋诏桥公园改建及4个专类花卉园建设，建成主题公园2个，新增节点花境2个，启动轨道交通3号线四明路站点公园、区政府站点公园及创新路与科技路拆迁地块“口袋公园”建设。鄞州新城区园林绿化养护服务项目在宁波市园林行业管理考核评比中获2019年度“宁波市园林行业茶花杯”，甬江公园获评省优质综合公园，宁南路获评省绿化美化示范路。

【专类花卉园建设】 2019年5月，区综合执法局启动鄞州公园一二期、院士公园、南部商务区4个专类花卉园建设，总投入150万元。其中，鄞州公园一期、二期为局部绿地改造，一期改造面积6000平方米，主要种植品种为鲁冰花、万寿菊、美女樱、月季等；二期改造面积8000平方米，主要种植品种为粉黛乱子草、路易斯安娜鸢尾。院士公园为绿地籽播，第一期籽播于2018年11月完成，主要籽播品种为二月兰、向日葵、波斯菊，2019年5月进入盛花期；第二期籽播于2019年6月完成，主要籽播品种为百日草、醉蝶花、波斯菊，9月进入盛花期。南部商务区（泰安路北侧闲置地块）为花海建设，建设面积4000平方米，主要籽播品种为硫磺菊、波斯菊，10月进入盛花期。

【“口袋公园”建设】 2019年，区综合执法局推进“口袋公园”建设。投入85万元，建成象棋公园、后庙路公园两个“口袋公园”。象棋公园位于鄞州雅戈尔老年乐园东侧，北靠鄞州大道，西临宁南南路，南接萧皋碶河，面积约1500平方米。该点位为未开发街旁绿地，环境品质较差。6月，区综合执法局启动该公园建设，8月底完工。该公园以象棋为主题，内设象棋景观小品及桌椅，满足周边居民散步、休闲、健身需求。后庙路“口袋公园”位于后庙路与文通路交叉口，面积约580平方米。该点位为道路退规划红线空间绿化带，环境品质较差。7月，区综合执法局启动该公园建设，10月底完工。该公园布置花境景观与点位小品，园内设置小型游步道及多功能景观座椅，为周边居民提供漫步休憩的场所。

【城区节点花境建设】 2019年，区综合执法局投入75万元，完成2个节点花境建设。四明中路节点因其热力管埋设于绿化带内，导致绿化经常因温度过高而死亡。9月起，区综合执法局结合四明中路隔离带端头改造，通过旱溪、小木屋、3D绘画、雕塑、时令花卉、微地形等传统园林造景手法，打造“旱溪”花境。在绿化带过热处设置旱溪景观，并配置部分园林小品，形成雾气弥漫、缤纷光彩的节点花境。四明路与宁南路交叉口因市政箱体破旧，影响道路景观。区综合执法局对该点位退规划红线空间内约100平方米的绿地及设备箱体进行提升，通过箱体改造，打造“古韵宁南”花境，将五个箱体隐藏在江南特色造型建筑外壳中，配以多种花卉植物，营造古韵江南之感。11月工程完工。

【时尚花漾街区改造】 2019年，区综合执法局投入800万元，完成天静巷花漾街区改造。天静巷位于轨道交通3号线四明路站东侧，利时百货北侧。该区域路面破损较为严重，市政设施老旧，整体景观较差。4月起，区综合执法局以天静巷为核心区块，通过道路及侧石改造、绿化景观升级、灯光氛围布置，打造天静里巷时尚小资风情街区。12月工程完工。整个街区以“蜗牛”侧石铺装为主体，辅以各节点组团花境、景观花墙、特色“蜗牛”隔离花箱，搭配功夫熊猫、街边漫步的巨型蜗牛等卡通造型，烘托天静里巷花漾街区“静、慵懒、惺忪”的现代都市静生活气氛，提升整个街区的艺术感与时尚感。

（陈　秦）

环境管理

【概况】 2019年，鄞州区开展行政审批“两集中、两到位”（指为深化行政审批制度改革，建立规范高效的审批运行机制，提高行政服务效能，推进一个行政机关的审批事项向一个处室集中、行政审批处室向行政审批服务中心集中，保障进驻行政审批服务中心的审批事项到位、审批权限到位）工作，行政审批事项窗口进驻率100%。推进生态环境许可事项“最多跑一次”改革，全面落实办事事项“网上办”“掌上办”。全年现场踏勘项目531个，因不符合审批要求被否决的项目87个，否决率16.38%。审查审批建设项目环境影响评价文件317件，发放排污许可证15家，网上备案建设项目环境影响登记表2831件。完成第二次全国污染源普查比对核实，完成增补污染源68家、普查对象产排污核算、538家重点企业现场复核与普查质量审核、“一企一档”完善等工作。推进金属表面处理、有色金属、农副食品加工、砂洗水洗和废塑料等五大行业整治，按照整治提升一批、取消工艺一批、淘汰关闭一批的分类整治原则，整治企业90家，优化相关行业产业结构和区域布局，提升工艺设备、污染防治、清洁生产和安全生产水平。

【“聚焦生态环境·鄞州议事厅”“鄞州生态环境大讲堂”系列活动】 2019年，鄞州区开展“聚焦生态环境·鄞州议事厅”（简称环保议事厅）、“鄞州生态环境大讲堂”（简称环保大讲堂）系列活动。该活动为搭建政商议事、普法宣讲的平台，向企业、镇（街道、开发区）、公众提供答疑解惑、沟通交流、生态环境科普，通过以案说法、专题共享等途径，解决企业生产过程中遇到的环境问题，提高企业负责人环境保护意识，帮助企业加强对一线员工的环保知识教育，严格按法律法规要求做好环境保护工作。至年底，举办“环保议事厅”活动7期，主题涵盖上市企业及重点监管企业的环保管理和企业发展、企业绿色生态保险、加油站相关污染防治等；举行“环保大讲堂”活动6期，主题涵盖新常态下企业环境保护法律责任、宁波市环境污染防治规定解读、汽修行业环保管理等。

【餐饮油烟污染整治】 参见“城乡建设与管理”类目“城市管理”分目。

【机动车排气污染防治管理】 2019年，鄞州区开展机动车排气污染防治管理工作，重点对在用机动动车尾气排放监管、加油站油气回收在线监控建设及加强对机动车检测站的监管。区生态环境局分局联合鄞州区交警大队开展以重型柴油车辆为重点的机动车排气道路执法6次，出动执法人员25人次，人工检测车辆112辆，行政处罚超标排放车20辆。联合鄞州区交通运输局开展入户监督抽测7次，检测车辆234辆，对不合格的车辆下发限期整改通知。鄞城大道固定式汽车尾气遥感监测设备安装完毕，共检测车辆551101辆，对497辆不合格车辆通过短信方式告知车主维修并复测。同时，完成9家加油站的油气回收在线监控建设与机动车检测站视频监控联网，对重点车辆进行视频审核，审核重点车辆4239辆。

（庄　健）

环境保护

【概况】 2019年，鄞州区7个市控以上地表水站位水质功能达标率100%，其中Ⅰ、Ⅱ类水3个、Ⅲ类水2个、Ⅳ类水2个、Ⅴ类水0个、劣Ⅴ类水0个。3个饮用水源水质均达到标准要求。

鄞州区空气质量全年优良率86.80%，比上年同期减少2.20个百分点。PM2.5平均浓度为每立方米30微克，下降10%；PM10平均浓度为每立方米50微克，下降10%；二氧化硫平均浓度每立方米8微克，与上年持平；二氧化氮平均浓度每立方米36微克，上升2.90%；一氧化碳日均浓度第95百分位数浓度每立方米1.10毫克，上升8.3%；臭氧日最大8小时平均值第90百分位数浓度每立方米153微克，上升2.7%。全区酸雨率33.30%，下降10个百分点。

全区区域环境噪声监测点位38个，交通噪声监测点位25个点，功能区噪声监测点位5个，其中区域环境噪声、交通噪声监测频次为每年一次，功能区噪声监测为每季度1次。全年区域环境噪声平均值54.8分贝，比上年的53.9分贝上升0.9分贝。

全区化学需氧量、氨氮、二氧化硫、氮氧化物排放量分别削减1934吨、300吨、32吨、15吨，分别削减10.88%、7.35%、1.07%、1.17%。推进生态文明制度创新，9个镇、12个街道落实生态环境状况报告制度，实现全覆盖。全区累计创建国家级生态镇8个、省级生态镇1个，国家级生态村1个、市级生态村171个。

【生态环境系统机构改革】 2019年，鄞州区完成生态环境系统机构改革。宁波市生态环境局在鄞州区设立生态环境分局，将区环境保护局的职责，以及区发展和改革局的应对气候变化和减排职责，市国土资源局鄞州分局的监督防止地下水污染职责，区水利局的编制水功能区划、排污口设置管理和流域水环境保护职责，区农林局（区海洋与渔业局）的监督指导农业面源污染治理和海洋环境保护职责等整合，组建市生态环境局鄞州分局，作为宁波市生态环境局的派出机构。不再保留区环境保护局。4月9日，市生态环境局党组书记、局长尹文德与区委副书记、区长王兆波为宁波市生态环境局鄞州分局揭牌。5月8日，市生态环境局党组设立中共宁波市生态环境局鄞州分局党组。

2019年4月9日，宁波市生态环境局鄞州分局揭牌

【违法排污整治】 2019年，区生态环境分局开展重点区域、重点企业的排摸，通过夜查、错时查、异地执法查、突击检查等方式，推进“亮剑”系列环境违法严打专项行动15次。结合“双随机”抽查执法，严厉打击违法排污现象。全年对116家企业和个人实施行政处罚，共处罚款1044万元。对违法企业采取查封措施32次，因环境违法行为向公安部门移交刑事（治安）案件3起，行政拘留1人。

【挥发性有机物污染治理】 2019年，鄞州区开展涂装、印刷、塑胶等重点行业挥发性有机物治理，完成12家企业治理项目，挥发性有机物治理设施总投资799万元，合计减排量320吨。同时，开展涉气“散乱污”企业排查整治，按照“淘汰关停一批、治理提升一批”的要求，共完成涉气“散乱污”企业整治200家，涉及印刷、涂装、汽修、餐饮等行业。

【土壤污染防治】 2019年，鄞州区按照《鄞州区土壤污染防治实施方案》和国家、省市要求，补充调查31家重点行业企业，完成140家企业的基础信息采集，开展其中16家企业、1个园区的采样和检测方案编制，开展29家土壤重点监管企业自行监测，组织21个地块土壤污染状况调查报告评审。推进地块治理修复工程，甬江东南岸区域JD01-02-04、JD01-02-05、JD01-02-10地块及周边道路场地修复工程通过浙江省生环境厅组织的修复效果评估评审，修复土壤面积12383平方米，土方量29679立方米；地下水修复16432平方米，水量46017立方米。推进1个暂不开发利用污染地块风险管控，该地块在原有管控措施的基础上，进行进一步详细调查和检测。年度污染地块安全利用率100%。

【辐射管理】 2019年，鄞州区对33家单位新申领和12家单位重新申领辐射安全许可证进行初审，完成许可证变更初审14个，延续初审7个，注销许可证初审3家。同时，安全收贮闲置、废旧放射源6枚。至年底，全区有核技术利用单位149家，其中密封放射源使用单位14家，非密封放射性物质使用单位2家，射线装置使用、销售单位134家。

【打击环境污染集中交叉执法检查行动】 2019年9月，为切实强化环境执法监管工作，持续保持高压打击态势，精准查处环境违法行为，巩固提升污染防治攻坚战成果，全面维护环境安全，开展为期一个月的2019年跨区域交叉执法检查行动。跨区域交叉执法检查行动中，因企业环境违法行为共立案查处80余家次，处罚金额600余万元。

【中央和省环保督察问题整改】 2019年，鄞州区推进中央环保督察反馈问题与移交信访整改落实，第一轮中央环保督察反馈问题12项，按期完成销号6项（泰安学校搬迁、鄞西污水处理厂提标工程、2014年新增锅炉整改、两宗违法围填海整改、养殖水域滩涂规划发布、重点河口海湾违规审批围填海项目整改），其余6项（2020年需完成2项，长期坚持4项）按整改方案有序推进。2017年中央环保督察期间，鄞州区共受理中央环保督察组转办的环境信访案件116件次，其中重点件5件次，全部办结。省环保督察反馈问题共15项16个，2019年按时序要求完成销号整改8项8个。2018年省环保督察期间，鄞州区共接收省环保督察组交办信访件99件，实际办理98件，其中1件为移交市级部门办理，已全部办结。

2019年6月5日，鄞州区“6·5环境日”公益宣传活动举行

【“6·5环境日”公益宣传】 2019年6月5日，鄞州区在银泰环球城广场开展以“蓝天保卫战，我是行动者”为主题的第48个“6·5环境日”公益宣传活动，引导社会各界践行人与自然和谐共生和绿色发展理念，呼吁广大群众从身边小事做起，共同履行环保责任，呵护环境质量，共建天蓝、地绿、水清的美丽家园。活动现场还设立环保法律、法规、政策咨询台，环保志愿们还跟市民展开有奖知识问答、变废为宝等互动活动。

（庄　健）

交通·邮电·信息

交通运输与管理

【概况】 2019年，鄞州区完成交通建设投资5.68亿元，新建、续建主次干道项目10个，其中建成通车项目9个。建成的主要项目有鄞城大道（洞桥至云龙段）工程、五乡镇宝幢西侧道路工程、东吴镇镇南路改建工程等，需续建的项目有鄞州区雁湖路改建工程。全区有客运场站2家（鄞州客运总站、宁波汽车东站），客运企业5家，客运车辆232辆；出租车企业18家，巡游出租车辆2011辆；危化品运输企业9家，危化品运输车辆194辆；集装箱运输企业25家，集装箱运输车辆209辆；普通货运企业1072家，货运车辆3232辆；各类机动车维修企业583家；驾驶培训学校18家，教练车辆1089辆。全区公路总里程1023.05千米（不包括城市道路），公路网密度每百平方千米125.68千米。管辖的国、省、县道公路里程237.10千米，桥梁188座（全部是三类以上），隧道5座。有水运企业15家，内河港口经营企业5家；各类船舶59艘，共338302载重吨。其中，危险品运输企业6家，有油品运输船21艘，液化气船5艘，总载重113956吨。危化品运输船数量占船舶总数的44.10%，危货载重吨占总载重吨的33.70%。内河客运企业1家，3艘客船共160客位。全年监督区内交通工程项目44个，监督里程99千米，其中包括区主干道项目2个，各镇次干道项目7个，公路段大中修项目5个，景观绿化工程1个，其余29个均为小型农村联网公路。

全年共发生亡人（失踪）事故6起，造成6人死亡、4人失踪。其中，占年度考核指标事故4起，死亡4人。道路运输方面：共发生亡人事故5起，死亡6人，其中占用年度考核指标事故4起，死亡4人。水路运输方面：发生船舶碰撞沉没事故1起，造成4人失踪，事故原因及责任情况尚在调查。公路、交通工程方面：安全生产情况良好，无安全责任事故发生。

公路段全年承接公路大中修项目3个，小型农村公路7个。至年底，创建美丽经济交通走廊96.30千米。其中，盛宁线4.40千米、宁西线10.20千米、横邹线22.20千米、大岙—陈婆岙12.10千米、东周线6.40千米、横溪水库—金峨—朱家峰9.30千米、韩天线8.40千米、宝天线—三塘9.10千米、金鸡二桥—象峰—堇梅桥8.30千米、穿咸线5.90千米。

区交通局全年办理各类事项23285件，出台优化电力接入项目审批流程办法，推进省、市、区三级交通系统标准化和办事指南体系。推进证照电子化工作，落实《深入推进“减证便民”改革，打造“无证明办事之城”实施方案》。推进公民个人和企业视角“一件事”最多跑一次改革工作，梳理中介服务事项清单和市场准入负面清单，推进“一窗受理，集成服务”，全体窗口工作人员接受中心无差别受理等级培训、考试。持续推进数字化转型工作，“掌上办”“网上办”比例均达到100%，全年“微审批”累计办结1065件。

【公路工程建设】 2019年12月25日，鄞城大道全线通车。鄞城大道项目起于洞桥镇荷梁线与214省道（甬临线）交叉口以西500米处，沿途向东经过石碶街道、奉化区方桥街道、鄞州工业园区、姜山镇、云龙镇，终点位于云龙镇与横溪镇交界处，路线全长17.50千米。按一级公路标准设计，设计行车

2019年12月25日，鄞城大道全线通车

2019年5月25日，姜山镇景江路东段通车

速度每小时80千米，路基宽度53米，总投资31.50亿元，其中姜丽公路至横溪段于2017年6月20日建成通车。全年完成新建、改建农村公路39.70千米。姜山镇高阳路拓宽改建工程（翻石渡至明光路）于1月完工；五乡镇宝幢西侧道路工程于8月完工；邱隘镇万里路、新邱路新建工程于12月完工；东吴镇镇南路改建工程于5月完工；咸祥镇咸祥中路改建工程（西宅至沿海中线段）于9月完工；姜山镇环镇路（景江路至人民南路段）改建工程于12月完工；姜山镇景江路东延工程于4月完工；塘溪镇塘盛路改建工程于4月完工；鄞州区雁湖路改建工程于4月8日开工，至年底工程形象进度达25%。实施普通国省道干线公路小修保养"集中整治月"活动2次。全年共修复病害路面11158平方米，清理边沟110千米，疏通涵洞35道，路面灌缝73155米，更换边沟盖板327块，刷新百米桩和里程碑2041根，更换窨井盖114块，修复和更换侧石307米，桥头油漆刷新19座，积水点整治3处，清理死株1056棵。

【铁路工程建设】 2019年，金甬铁路鄞州段土地报批通过自然资源部部长会议审查，土地农转用获批；与杭州铁路枢纽指挥部签订《金甬铁路征地拆迁补偿费用包干协议》。至12月，完成27个村集体土地征用协议签订、38个国有土地征收盖章、落实安置用地、12宗违法用地的处置，共拆除违法建筑15641平方米。全年累计拨付资金4.73亿元。甬舟铁路完成征拆资金的测算工作，鄞州区政府以函件形式建议甬舟铁路线位要求。

【"四好农村路"建设】 2019年，鄞州区推进"四好农村路"（建设好、管理好、养护好、运营好的农村公路）建设，云龙镇、五乡镇开展省级规范化农村公路管理站创建，瞻岐镇开展"四好农村路"示范镇创建。至年底，完成新改建和提升改造农村公路54.10千米。其中，建设通自然村公路、"断头路"7.20千米，提升改造准四级及以上低等级公路16.20千米，新改建通乡镇、景区等公路30.70千米。实施路面维修40.11千米、安防工程11千米，改造危桥病隧9座，建成普通公路服务站4个；建设改造港湾式停靠站46个，建设改造村级农村物流服务点84个。

【路域环境整治】 2019年，鄞州区完成区、镇、村三级路长组织体系建设，实现"路长牌"设置全覆盖，完善路长巡查、信息报送等相关制度。开展"三改一拆""四边三化"和路域环境"十大问题"、"十小问题"集中整治，完成整治点位200余处，为中东欧博览会、文明城市考核等活动提供整洁、舒适的公路交通环境。实施小城镇环境综合整治，巩固东吴、姜山、横溪3个省级样板镇和咸祥、云龙、瞻岐、塘溪、五乡5个省级达标镇成果，完成整治点位600余处，天童街区通过省级小城镇环境综合整治验收。落实桥下空间管理责任，区政府印发《鄞州区高速公路桥下空间合理利用管理试行办法》，咸祥、姜山、首南、潘火等镇（街道）推进落实，将脏乱差的桥下空间变成群众休闲健身广场、公共停车场、景观绿地等，保障桥梁结构完好和运行安全。

【公路治超专项整治行动】 2019年，鄞州区交通运输局通过四次"铁腕"、四次"天网"、工程运输车辆专项整治行动及工程运输车辆超限超载及滴漏撒百日攻坚整治行动，集中治理工程车超限运输及污染公路违法行为。全年检测车辆92024辆，查处超限运输违法车辆3223辆（其中非现场执法查处3222辆），查处故意躲避检测车辆61辆，查处并恢复非法改装车辆11辆，现场查处（移交交警）超限超载车辆265辆，交警扣分合计1284分，卸货11373.70吨。

【春运清运保障】 2019年春运期间，鄞州区共投入班线客车81辆，发班车2678班次，其中加班12班次，运送旅客52690人次；157辆旅游包车共发包车1226班次，运送旅客46540人次，班车道路旅客周转量2138.54万人千米，包车道路旅客周转量2106.67万人千米。清运期间，完成329国道同岙口、育王停车场、轨道交通宝幢站等各专线上下客点的硬隔离设施安装；节前双休日每天安排12名工作人员，节日期间每天安排100余名工作人员到全区重点区域的清明运输保障工作第一线，做好扫墓专线上下客点的秩序维护、公交线路咨询、停车场秩序维护和现场人流疏导等，保障清明运输顺畅有序。

【交通安全生产月活动】 2019年6月，鄞州区交通局开展安全生产月活动，围绕"防风险、除隐患、遏事故"主题，开展形式多样的活动。全系统组织召开安全生产培训学习会议8场、警示教育3场，受教育近400人次；举行广场宣传活动1次，发放宣传资料2420份，现场咨询互动840人次；举办隧道路面专业清洗现场交流会1场，推广隧道路面机器保洁，提升隧道内安全环境；组织开展安全生产知识竞赛1次，参赛队伍涵盖交通局下属单位和道路运输、水路运输、工程建设企业；举办应急演练17场次，参与演练656人次。

【通路运输安全生产检查】 2019年，鄞州区交通局开展道路运输行业安全生产百日整治专项行动、区交通运输系统安全生产和消防安全整治百日大会战、危险货物道路运输专项整治、安全生产集中整治等专项检查，共检查企业1994家次，针对检查发现的企业整改车辆二级维护计划和台账不完善、车辆GPS和车载视频监控管理使用不规范、对员工教育培训不到位等问题，结合安全生产责任事故和交警部门抄告的车辆违章行为，约谈交通运输企业17家次。

【交通应急能力建设】 2019年，鄞州区交通运输局加强应急能力建设，针对持续雨雪冰冻天气和“三防”灾害，启动应急预案，对因雨雪冰冻和“三防”灾害造成多个路段多次中断、受阻等问题，经高效应急处置，实现当天恢复通车。在全年防抗雨雪冰冻和“三防”灾害中，区交通系统出动人员999人次，巡查道路2995千米，出动车辆389车次，出动抢险设备96台（套）次，使用混凝土35立方米、石子100立方米、标志标牌10个、爆闪灯10个、钢护栏20米、沥青17吨、块石30吨、钢筋1吨；处理倒伏树木毛竹1572棵，清理塌方59处2920余立方米，修复隔离栏26处，清除路面积水46处。全年公路段举行应急演练2次。

（吴德明）

海事管理

【概况】 2019年，鄞奉海事处开展水上巡航853艘次，巡航时间合计2336小时，巡航里程15357海里，组织各类护航、警戒37次，发布恶劣天气预警预控368次。完成辖区船舶进出港报告46595艘次，其中进港23296艘次、出港23299艘次。船员任解职1591人次，散固B组报告412艘次，征收船舶港建费142506元。发布各类任务4596项，走访检查公司90家次，检查船舶2625艘次，其中客船检查1155艘次、危险品船161艘次。实施船舶安全检查初查161艘次，复查134艘次，船员实操检查32人次，发现缺陷1861条，滞留船舶2艘。对辖区13项水工作业实施现场监管，行政处罚立案查处133件，罚款133.47万元。辖区发生小事故1起，直接经济损失80万元，无人员伤亡。为东钱湖全国帆板冠军赛、国际划联龙舟世界杯等大型赛事提供水上安全保障服务工作。助力三江夜游项目运营，服务地方“月光经济”发展。

2019年10月12日，鄞奉海事处执法人员对船舶进行安全检查

【水上交通安全监管】 2019年，鄞奉海事处推进砂石船专项安全检查，开展长期脱管船舶专项整治行动，强化船舶救生设备检查和船舶检验质量监督，开展防治船舶水污染专项整治。借助省级挂牌督办，有效治理码头无证、非法装卸作业等重大安全隐患。联动鄞州、海曙、奉化等当地政府，强制拆除非法码头装卸点6处、非法水上构筑物1座，实现非法码头纳规管理5座，转移非法靠泊农用自备船4艘，督促相对人转卖、拆解潜在长期违章船舶3艘。加强砂石船、内河船、渣土船等低质量船舶常态化管理，改善辖区砂石船安全技术状况。通过科学设置超载拦截线，强化公司走访约谈、错时执法，探索耦合式电子巡航手段，有效打击奉化江船舶超载运输现象。推进象山港北岸监管一体化工作，建立监管工作制度，规范监管工作流程和执行机制，联合巡航执法取得良好效果。进一步规范象山港北岸海洋休闲活动管理，明确海事对游艇的现场监管要求，加强“海洋自备船擅自用于载客”等行为监管。

【海事服务地方经济】 2019年，鄞奉海事处与市区港航所进行专题座谈研究，开展多次联合夜查，促进奉化江通航标志特别是夜航标志整改。联合宁波市信访局、12345政务热线服务中心、市政桥梁所等部门，促成鄞州大桥、鄞县大桥下年久失修悬垂碍航管线无人管理问题解决。促成地方政府建立东钱湖景区实时天气公告系统和东钱湖航标系统，同时顺应夏季夜航项目开发需求增加夜间警示浮标。以“预防水上安全事故”为主题，在宁波市新城第一幼儿园开展暑期前水上安全知识进校园活动；组织开展“船长安全小课堂”，提高奉化江保洁船员的安全意识和操作技能。结合公共服务窗口文明创建，推进窗口服务标准化和规范化建设。贯彻落实国务院“放管服”改革精神，推动“最多跑一次”“就近跑一次”政务服务改革。

（杨思琦）

2019年9月28日，宁波至奉化城际铁路首通段开通

轨道交通

【概况】 2019年，鄞州区轨道交通完成征地拆迁面积21.80万平方米，迁移绿化1.60万平方米，完成政策处理任务80个。区轨道交通保障中心获宁波市轨道交通3号线一期工程开通工作先进集体，宁波市轨道交通工程2019年度立功竞赛先进集体。

【裘东耀检查轨道交通3号线一期安全运营筹备工作】 2019年6月28日，在宁波轨道交通3号线一期开通试运营前，宁波市市长裘东耀到轨道交通3号线一期部分站点试乘，检查试运营安全措施落实情况，并慰问一线工作人员。市委常委、区委书记褚银良和市发改、公安、住建、交通运输等部门及鄞州区相关负责人参加检查。市轨道交通指挥部（集团公司）总经理杨蔚等相关负责人陪同。

【轨道交通3号线工程鄞州段试运营】 2019年6月30日，宁波轨道交通3号线一期工程开通试运营。鄞州区段北起中兴大桥南，南至首南街道高塘桥，长15.40千米，设车站14座。区内线路由北往南主要沿中兴路、钱湖北路、嵩江路、天童路、鄞州大道、广德湖路走向。串联起南部商务区、鄞州万达、印象城、麦德龙、天伦广场及家乐福等商圈，打通甬江科创大走廊、宁波体育馆、宁波儿童公园、宁波博物馆等宁波城市地标。完成天童南路及嵩江中路道路恢复工作。轨道收储儿童公园站地块完成挂牌出让。

【轨道交通4号线工程鄞州段】 2019年，宁波轨道交通4号线鄞州段各站点主体结构全面完成，盾构区间全部贯通，联络通道全面完成，车站机电设备开始安装，轨道进行铺设。轨道收储嵩江东路站地块完成拆迁“清零”、金钟地块完成签约“清零”，潘火路站地块、矮潘区间地块完成拆迁并挂牌出让。完成嵩江东路站涉及沧海集团征地协议签订，全面启动4号线站点周边道路及绿化恢复工作。

【轨道交通5号线工程鄞州段】 2019年，宁波轨道交通5号线一期鄞州段各站点全部开工建设，7个盾构区间始发。完成百梁北路站（现为庙堰站）、钟公庙站、下应北路站（现为下应路站）、曹隘站等临时用地报批，解决会展中心站涉及前洋畈村遗留问题、曹隘站曹隘祠堂与前殷停车场妙胜村白事房等拆除难题。7月，鄞州区政府与宁波市轨道交通集团有限公司签订前殷区块合作开发框架协议。

【宁奉城际铁路工程首通段开通】 2019年9月28日，宁奉线首通段开通活动在姜山站举行。副市长沈敏，市政府副秘书长金伟平，市发改委、市公安局、市住建局、市交通局、市应急管理局、市综合执法局及鄞州区负责人，市轨道交通指挥部（集团公司）总经理杨蔚等相关负责人参加。宁波首条城际铁路宁奉线首通段开通后，与3号线一期贯通运营，与现有的91千米运营线网一并构建起城市轨道交通网络基础框架，强化宁波中心城区辐射能力，促进鄞南、奉化片区加快融入宁波都市圈。宁奉线自3号线高塘桥站向南引出，止于奉化区金海路站。全长21.53千米，共设高架车站9座。其中鄞州区段长9千米，由北到南设姜山站、狮山站、明辉路站、朝阳站4站。

（曾　萍）

邮　政

【概况】 2019年，中国邮政集团有限公司宁波市分公司鄞州区分公司有从业人员687人，下辖邮政中心支局8个，金融代办点17个，寄递营业部18个。有邮政CRS机17台、ATM机14台。投递邮路271条，其中电瓶车道段233条、摩托车道段4条、汽车道段34条，邮路总长度11989千米。邮政业务总收入5125.12万元，其中代理金融业务收入3178.33万元、邮储日均余额25.61万元、包裹业务收入296.66万元、函件业务收入312.58万元、代理信息业务收入38.87万元、集邮业务收入90万元、报刊业务收入1106.38万元、分销业务收入85.73万元、销售商品业务收入16.57万元。

【邮政机构合并】 2019年10月，原中国邮政集团有限公司宁波市分公司江东分局、中国邮政集团有限公司宁波市分公司鄞中分局、中国邮政集团有限公司宁波市分公司鄞东分局合并为中国邮政集团有限公司宁波市分公司鄞州区分公司，其中石碶、栎社、启运路邮政所划分至海曙区分公司。机构改革后，鄞州区分公司下设综合部、市场部、运行管理部（含服务质量、普服及客服）、财务部、安全保障班。

（蒋丽丽）

通 信

【概况】 2019年，鄞州电信分公司实现运营收入6亿余元，有线宽带30万户，移动用户65万户，固定电话用户34万户。累计建成4G基站1300个，基本实现鄞州行政区域内4G网络全覆盖。电信热点近400个，AP近15000个，基本实现交通枢纽、政府对外服务场所、大型医院、大中专院校、星级酒店、高档写字楼、大型商业广场、综合性休闲娱乐场所等区域覆盖。签约承接甬江人才创新中心智慧园区综合管理服务平台、下应街道匠心智造小镇客厅、姜山镇数字姜山项目（一期）等项目。

鄞州移动分公司实现运营收入超过13亿元，累计建成无线物理基站近2000个，实现光纤到户，千兆到小区，有线无线两张网全覆盖；通信用户数超过140万户，家庭宽带用户数40余万户，企业用户近2万家。做好线乱拉专项整治工作。完成东吴、咸祥、塘溪、邱隘2条道路线路上改下和8个村庄三网合一改造，完成4个老旧小区改造割接工作。承接鄞州区教育装备与信息管理中心的万兆无线网络升级改造项目。在政府、公安、医疗卫生等各领域，为城市管理、经济发展、市民生活提供多种高效便捷的信息化解决方案。

鄞州联通分公司实现运营收入2.74亿元，通话用户40.30万户，有线宽带5.20万户，固话用户1.30万户。累计建成4G基站1369个，启动5G基站建设186个，基本实现鄞州行政区域内4G网络全覆盖及重点区域5G覆盖。累计室分建设近1400个（主要分布高教园区、各商业圈内），基本实现交通枢纽、政府对外服务场所、大型医院、大中专院校、星级酒店、高档写字楼、大型商业广场、综合性休闲娱乐场所等区域的覆盖。全区光网覆盖50余万户，覆盖率95%。签约智慧安防社区及“房管通”出租房管理、云龙镇美丽乡镇和“雪亮工程”、鄞县大道小城镇建设等项目。鄞州联通获评宁波市国资委先进基层党组织，鄞州万达联通营业厅获评2018—2019年度省级青年文明号。

【鄞州电信甬江人才创新中心智慧园区综合管理服务平台建设项目】 2019年，鄞州电信参与甬江人才创新中心智慧园区综合管理服务平台建设项目，该项目是宁波东投集团联合市科技局等单位共同打造的宁波市重点人才科创平台。甬江人才创新中心一期总建筑面积18.40万平方米，可集聚容纳各类高端人才3000余人。项目采用一中心、三平台的架构思路，消除信息孤岛，整合园区硬件资源，实现园区数据互联互通、资源共享，对园区业务统一标准、统一存储、统一管理，对园区进行实时监控、智能预警和统计分析，为园区日常管理运营提供决策支持，同时结合5G和AI技术，让园区更加智能化、高效化和人性化。该项目于4月20日开园。

【鄞州电信下应街道“鄞州匠心智造小镇”客厅项目】 2019年11月，鄞州电信围绕推进社会治理体系和特色小镇现代化建设的具体要求，针对下应街道现状，通过数据仓、大屏可视化展示、三维地图等信息化服务新手段，为下应街道工作情况提供深层次数据分析，为辅助领导决策提供可靠数据支撑，实现基层工作的科学化、集约化、智慧化，将下应街道打造成全国领先的综合治理示范街道，推进街道管理工作信息化和科学化，全面提升街道党委统筹协调能力和管理服务能力。至年底，项目建设基本完成，计划2020年3月试运行。

【鄞州电信姜山镇数字姜山项目（一期）】 2019年，鄞州电信推进姜山镇数字姜山项目（一期）建设。该项目通过大屏展示系统、视频综合管理系统、水涝监测系统、指挥调度系统、安监管理系统、简报系统、视频接入整合等系统建设，通过大数据展示、移动物联感知等信息化服务新手段，为基层工作中诸如信息采集、事件处置、业务协同、公众服务、巡查走访、网格化管理等工作提供方便，为基层工作情况提供深层次数据分析，为辅助领导决策提供可靠数据支撑，真正实现基层工作的科学化、集约化、智慧化。至年底，项目建设基本完成，计划2020年3月启动试运行。

【鄞州移动加快5G网络基础设施建设】 2019年，鄞州移动分公司加快5G网络基础设施建设，协同推进建设NSA/SA双模5G网络，合计开通5G基站496个。特别是“宁波市政核心区域”的样板区域，包含市政府集中办公区、金融中心、国际会展中心及其周边，共设NR基站195个，开通率100%，在道路测试下载速率达到每秒819兆比特，覆盖质量达到全国领先水平。鄞州区作为中国移动5G商用“先行示范”区域，鄞州移动分公司同区政府合作打造“5G智创园”（中车基地）。中车电车制造基地利用5G替代原Wi-Fi，实现网联AGV全厂范围装货、运输、卸货等操作。5G的网络覆盖及低时延等特性，提供AGV（舜宇AS-500型）的稳定接入和高效运行。依托中国移动低时延、广覆盖的5G网络，浙江中车电车有限公司完成AGV的各类管理控制操作在5G网络环境下的验证，奠定工厂物流方面大规模应用的基础。鄞州移动助力奥克斯集团有限公司打造5G奥克斯工业园，同奥克斯空调就WMS系统应用成品仓库扫码达成合作意向并展开5G试点应用，利用5G无线实时传输数据，解决产品监测及把控。

【鄞州移动基层医疗机构基础设施云平台项目】 2019年，鄞州移动分公司推进鄞州区基层医疗机构基础设施云平台项目建设。该平台支持区域HIS系统、电子病历系统、居民健康档案信息系统的运行，支持跨部门的信息资源共享，支持区域卫生系统的互联互通和信息交换，是一个开放的、基于标准的、统一的区域性基层医疗机构基础设施云平台，实现信息化建设的统一管理，统筹安排。至年底，完成医院上线试运行。

【鄞州联通"智慧安防社区"管理平台项目】 2019年10月，鄞州联通分公司推进鄞州智慧安防社区管理系统平台建设，并在姜山镇东光社区率先启用。东光家园是有居民楼13幢，住户468户，常住人口1500余人。运用云计算、大数据、物联网等通信技术，通过安装智能门禁系统、智慧路灯、智能充电桩、智能烟感、智慧用电、高楼缓降器等各种智能安全设备，使小区管理与服务更加智能化、精细化和规范化。

【鄞州联通"房管通"系统平台项目】 2019年，鄞州联通分公司配合区政府完成鄞州房管通系统平台建设，为鄞州出租房实行旅馆式管理提供有效保障。年中统计全区有在册登记流动人口69万余人，出租房屋32万余间，其中80.67%的流动人口居住在出租房屋内。通过对出租房进行"四色"(红、黄、绿、灰四色，无隐患的绿色和隐患小的黄色房屋可放于平台出租，隐患大的红色和未检查的灰色房屋不允许出租)管理，建立出租房"旅馆式管理"新模式，利用大数据技术协助政府对出租动态实时跟踪。整个项目由政府主导、部门联动、村社共建及房东房客共同参与，构建共建共享新格局。

(蔡萍萍　谭　红　邬盼莹)

数字政务

【概况】 2019年5月，鄞州区印发《宁波市鄞州区大数据发展服务中心职能配置、内设机构和人员编制规定》，鄞州区大数据发展与服务中心成立。推进政务服务。省定182个民生事项全部实现窗口端、电脑端、移动端"一证通办"。全区共有政务服务事项1979项，对标省市第一梯队，实现网上可办率100%，掌上可办率100%，跑零次率98.18%，即办率88.63%，承诺时限压缩比95.71%，均达到省市考核目标。全年网办77.80万件，数量居全市第一，无差评。应用创新，跨部门跨区一事联办。大数据中心坚持"一件事"理念，开发"出生一件事"、"身后一件事"和"军退一件事"三个应用，为各相关部门之间打通数据通道，其中"身后一件事"与海曙、江北等区合作，实现"五区联办"。健全数据资源目录。依托全市政务信息资源共享交换平台，推广政务数据交换及资源共享，开展政务数据资源跨层级、跨部门共享应用。至12月初，全区新增跨部门数据共享应用5个，完成共享数据接口调用四百余万次。开展全区自建系统政务数据资源目录梳理工作，共获个性化政务数据资源数182项，上报省平台139项，基本厘清各部门数据资产家底，为下步开展自建系统数据归集工作奠定基础。

【数字政务特色项目引领】 2019年，鄞州区加强数字政务特色项目引领，形成数字化转型行动计划。按照"政府理念创新、信息技术创新、政务流程创新、治理方式创新"四位一体架构，综合运用大数据、人工智能、区块链等技术，构建起以数字化应用层、应用支撑层(业务中台)、数据中心层(数据中台)、基础设施层为"四横"，政策法规、标准规范、安全保障和组织保障为"四纵"的鄞州区政府数字化转型的分层架构模型。遴选出"物联网统一接入平台""鄞州区大数据基础支撑平台""宁波市时空云平台鄞州站点""视频共享云平台"等36个特色应用项目，形成以大数据的共享应用为核心，以特色协同应用为引领的全区政府数字化转型三年行动计划路线图。

【数字政务项目统筹】 2019年，鄞州区加强数字政务项目统筹，完善管理机制体制。按照整体、协同、创新、集约、共享、可持续的理念，大数据中心强化项目建设统筹，以大集中、大数据、大协同的建设思路形成《鄞州区政府数字化转型项目管理办法》《鄞州区电子政务网络管理办法》等一系列制度，推动政府数字化转型项目建设落地贯通。

【2019年鄞州区大数据与政府治理培训班】 2019年10月28日至11月1日，区委组织部、区大数据发展服务中心联合举办2019年鄞州区大数据与政府治理培训班，全区47个部门及政府数字化转型工作专班成员参加培训。常务副区长沃勇特出席开班仪式。培训班旨在以学促知，进一步了解政府数字化转型的发展历程、当前现状、未来方向，提升对数字化转型工作的认识和理解，树立起大数据思维和数字政府理念，增强大数据、互联网+政务服务、人工智能等方面的相关知识，推动全区"最多跑一次"改革，推进鄞州政府数字化转型。培训课程有上级部门的工作要求和工作精神的解读、专业知识讲解、数字化转型典型应用和实操展示等。宁波市大数据发展管理局局长叶春华从大数据发展状况、宁波数字化转型实践和探索等方面进行讲解。至此，宁波市在浙江政务服务网上已开通网上办理的政务服务事项(含公共服务事项)33158个，开通率98.46%。2019年通过网上申报的办件量607万件，占总办件量78.95%。

(俞　静)

智慧城市建设

【概况】 2019年，鄞州区谋划智慧城市建设前期规划，绘制数字鄞州蓝图。通过对全区信息化建设水平的基础调研和各兄弟城市之间的对标，按照宁波市智慧城市建设的总体部署，结合鄞州区特点在优化智慧产业、智慧服务、信息资源、基础设施与标准化体系、管理体制等各方面进行结构设计，完成智慧城市顶层设计架构。大数据中心联系区内三大运营商，不断提升网络通信基础设施建设，至2019年11月，全区拥有固定电话42.30万户、移动电话数210.50万个、固定互联网70.39万户、移动互联网160.47万人，区内光缆总长度391.64万芯千米，城域出口带宽960G。稳步推进5G基站共建共享工作，建设基站675座，建设数量居全市第一。全年办理智慧城市方面的建议和提案7件，协调区内三大运营商解决老旧小区“线乱拉”等突出问题。组织23家企业参加2019智博会，签约项目2个，6家单位申报智慧城市创新项目。智慧城市年终考核全市第一。

【智慧城市项目建设】 2019年，鄞州区推进智慧城市项目建设，做好省市项目落地。新启动建设政府投资类智慧城市建设项目24个，下达建设资金3000余万元，政府实事工程和民生服务项目顺利推进。“鄞州区智慧停车”“鄞州区食品安全追溯联动平台”“鄞州区‘智慧+’城市综合治理信息系统”等一批优秀项目作为创新项目及数字化治理重大项目和典型应用场景，上报省市部门。

【网络结构优化】 2019年，鄞州区大数据中心投资406万元，优化网络结构，健全数据安全管理。完成全区政务网络架构的升级改造，按不同应用进行安全区域划分，使得总体网络架构更加合理、易于管理、便于扩展；对网络交换设备进行升级优化，提高数据传输及数据交换的稳定性、高效性和扩展性；对网络安全设备进行升级优化，增强网络边界、主机、应用的安全防护能力。

【网络安保】 2019年，鄞州区强化网络安保，提升应急响应能力。大数据中心在系统运维单位自查自纠基础上，开展不间断的安全隐患排查治理和安全检查工作，在国庆70周年和互联网大会期间，对于重要信息系统组织网络安全专家团队执行高频度的安全检查，阻断疑似攻击22530条，封禁疑似攻击IP地址447个，确保大庆期间重要信息系统和网站的稳定运行。参与市网信办组织的“护网2019”专项行动，确保鄞州区政务系统无一攻破，完成保障任务。联合区委网信办、鄞州公安分局组织鄞州区2019网络安全应急演练，对全区20家单位的互联网信息系统进行模拟非法人员攻击，检验全区重要政府网站、大数据单位、关键信息基础设施安全防护能力、网络安全事件发现能力和应急处置能力、相关部门应急联动能力，积累安全实战应急响应经验。

2019年11月28日，鄞州区大数据创新应用大赛举行

【区大数据创新应用大赛】 2019年11月28日，鄞州区首次大数据创新应用大赛决赛举行，10个与民生相关的专业项目上台路演，经来自宁波市各个专业机构、高校、行业主管部门的专家评委打分，评选出一等奖一名、二等奖二名、三等奖五名。本次大赛围绕“三个年活动”和“七大行动”计划，为解决政府部门在工作中遇到的难点和市民关心的热点问题，遴选出优秀大数据应用和创新解决方案，并积极创造条件推动应用落地，快速提升鄞州区大数据应用水平，有力支撑政府数字化转型工作。大赛征集的28个项目来自政府部门、企业、个人，涉及部门业务、政务服务等多个方面。其中，区卫生健康局的“鄞州区区域医疗风险监管云平台”项目，由多个系统平台构成，可实现对医疗风险的事前预警、事中监测、事后改进全程监管；能够对公立医疗机构涉及用血、用药、手术、注射、护理、院感等涵盖14大类80小类医疗安全不良事件、医疗投诉纠纷事件及鄞州区卫健局信访事件实现数字化、全程化监督管理。来自区综合行政执法局的“垃圾分类全流程的监管模型”项目，则在整合基础数据、搭建平台的基础上，对垃圾收运等环节实现全流程监管。

（俞　静）

信息产业

【概况】 2019年，鄞州区数字经济发展综合评价指数从上年全省第10位升至第9位，位居宁波市第一。2015年鄞州区被认定为首批省信息经济发展示范区，2016年被认定为全省软件和信息服务业示范基地，是宁波市唯一同时获两项省级产业基地称号的县（市、区），2018年创建成为省级“两化”（工业化和信息化）深度融合国家示范区域，“两化”融合发展指数在全市实现“四连冠”。2019年数字经济占全区GDP比重约48%，比上年上升4个百分点。规模以上工业数字经济核心产业增加值占工业增加值的比重14.10%，增速为11.80%；战略性新兴产业增加值121.30亿元，占全区规模以上工业增加值的比重33.80%，增长13.80%。

【“两化”融合发展总指数连续4年居全市第一】 2019年4月，浙江省经信委发布《2018年浙江省区域两化融合发展水平评估报告》，鄞州区“两化”融合发展总指数99.05，比上年上升4.45，居全省97个县（市、区、功能区）第四位，连续4年居全市首位、全省前列。分数上升部分主要体现在工业应用方面，全区制造业企业表现优异，信息化应用程度加深，发展工业物联网、软件系统投入加大等。鄞州区在MES（制造企业生产过程执行系统）普及率、PLM（产品生命周期管理）普及率、企业上云普及率等方面领先全省；单位工业增加值工业专利量等多个指数处于全省前列。

【企业“上云”】 2019年8月，宁波市经信局公布2018年底全市企业“上云”数据，鄞州区企业“上云”总数5517家、省级标杆企业数量4家，超额完成市对区考核指标，位居全市16个县（市、区、功能区）首位。同时，也是全市唯一一个在省考核指标体系中完成考核的县（市、区）。鄞州区按照《宁波市深化推进“企业上云”三年行动计划》的要求，层层落实工作职责，鄞州电信全年新增“上云”企业2559家，鄞州移动全年新增“上云”企业2072家，鄞州联通全年新增“上云”企业886家。分行业看，工业企业占79.10%，服务业占9.80%，商贸企业占8%，科技企业占2.80%。乐歌人体工学科技股份有限公司、奥克斯空调股份有限公司、日月重工股份有限公司、宁波炜业科技有限公司4家企业入选2018年省级“上云”标杆企业，每家获区级奖励20万元。

【48个项目获市软件名城专项补助】 2019年12月，宁波市经信局公布2019年度宁波市创建特色型中国软件名城资金补助第二批项目名单，与9月公布的第一批项目名单合计，共发放补助经费1.80亿元。鄞州区两批合计共获市软件名城专项补助资金逾5800万元，占补助资金总额的32%以上，居全市各县（市、区）首位。2019年宁波市创建特色型中国软件名城资金共分为落户（设立）软件企业奖励、高成长软件企业奖励、收入上规模奖励、研发投入奖励、引进资本奖励、企业（项目）资质及荣誉奖励六大类，鄞州区48个项目通过审定。

【鄞州区入选省产业数字化转型前三强】 2019年12月27日，全省2019产业数字化峰会公布“浙江产业数字化转型二十强地区”，鄞州区位列全省第三，排名全市首位。鄞州区聚焦数字核心产业，加快布局大数据、人工智能、工业物联网等数字经济前沿产业，重点打造以智能家电（家居）、智能汽车零部件、智能装备等产业为核心的数字经济核心产业，推动区域产业转型升级。加强“两化”深度融合，以数字经济为引领，推动制造业与服务业“产业融合”、工业化与信息化“两化融合”。

【世界数字经济大会暨第九届智博会】 2019年9月8日，为期三天的2019世界数字经济大会暨中国智慧城市与智能经济博览会在宁波国际会展中心闭幕。展会参观人数8.10万人次，其中专业观众5.20万人次。23家鄞州企业携自主研发产品参会，5家企业发布新品，2个优质项目签约落地。浙江一舟电子科技股份有限公司在展会展示一系列智慧城市解决方案，其“智慧云眼”实现人脸识别、车辆识别等智慧能力，可为公安系统的新业务模式应用提供技术支持。国研软件技术有限公司展示的食品安全信息化系统已在全国11个城市200余个菜场应用，反响良好。展会期间，部分参展企业有意落户鄞州或在鄞州拓展业务。

（余晓丽）

2019年9月8日，文谷科技有限公司的视觉检测系统亮相第九届智博会

财政·税务·金融

财　政

【概况】 2019年，全区完成财政总收入453.38亿元，比上年增长4%。其中，一般公共预算收入269.33亿元，增长6.50%；中央财政收入184.05亿元，增长0.60%。鄞州区完成财政总收入363.06亿元，增长5.30%。其中，一般公共预算收入212.40亿元，增长7%；中央财政收入150.66亿元，增长3%。鄞州区一般公共预算收入首次突破200亿元，占财政总收入的58.5%，比宁波市平均高5.80个百分点；税收收入188.85亿元，占一般公共预算收入的88.90%，比宁波市平均高6个百分点，实现财政收入质、量双提升。鄞州区一般公共预算支出174.72亿元，增长11.90%。区本级完成财政总收入243.29亿元，其中一般公共预算收入146.91亿元；区本级一般公共预算支出145亿元。

【财政收入组织】 2019年，鄞州区针对经济形势及宏观政策变化对财政收入的影响，靠前研究解决财政运行新情况、新问题，突出重点区域、重点行业和重点企业收入运行动态监控分析，全区一般公共预算收入、财政总收入指标增势稳健。加强非税收入征管，全年征收非税收入187.32亿元，其中纳入一般公共预算管理的非税收入23.55亿元，占一般公共预算收入11.10%。

【财政支持经济发展】 2019年，鄞州区落实减税降费政策，加强财政收支统筹平衡。实施积极的财政政策，围绕数字经济、平台经济、总部经济、美丽经济、鄞州人经济“五大经济”，加大产业扶持力度，进一步涵养、培植税源。加快产业政策兑现速度，全年兑现区级财政资金14.20亿元，惠及企业5118户次。

【保障民生支出】 2019年，鄞州区坚持有保有压，优化支出结构。坚持厉行节约，出台培训费、差旅费、干部教育培训经费开支等管理规定，全年“三公”经费下降14.30%。加大民生保障力度，优先保障社保、教育、卫生、科技、文化等民生领域，全年民生支出138.50亿元，占一般公共预算支出79.30%。加大财政资金统筹力度，保障美丽宜居村建设、“断头路”打通、农村生活污水处理、医养融合健康服务e站建设、公厕建设改造等重点工程项目。

【财政绩效管理】 2019年，鄞州区推进财政体制改革，构建集中财力办大事财政政策体系，着力提升财政管理效能。盘活存量资金，全年收回部门结余资金4.20亿元，减少资金闲置。加强政府投资项目全过程管理，探索实行立项前多部门联动审核，对资金尚未到位项目开展模拟审批。全面实施预算绩效管理，全年纳入预算绩效目标项目共98个，涉及预算资金27.80亿元。探索部门整体预算绩效管理试点，加强事前评估、事中监督、事后评价，加快建立全方位、全过程、全覆盖的预算绩效管理体系。

【涉农资金整合】 2019年，鄞州区推进涉农资金整合，通过搭建美丽乡村建设和农业产业发展两大涉农资金项目整合平台，根据项目性质用途和部门职能，将原56个项目整合成25个项目，形成“多个渠道进水，一个平台蓄水，一个笼头放水，确保重点用水”的新局面，实现财政资金从分散使用向集中投放转变。2019年，鄞州区整合涉农资金8.25亿元。

【债务管理】 2019年，鄞州区推进投融资改革，不断完善产业基金、政府和社会资本合作等体系建设，拓宽市场化融资渠道，争取到棚改债券8亿元、再融资债券11.02亿元和2020年部分新增专项债券6.50亿元。多途径探索隐性债务重组，推进隐性债务化解工作，完成全年隐性债务化解任务134%。

【政府采购与财政基础建设】 2019年，鄞州区政府采购额（包括工程招投标）54.18亿元，节约资金4.33亿元，资金节约率8%。剔除工程招投标完成政府采购额5.97亿元，节约资金4400万元，节约率7.40%。不断优化镇（街道）财政管理，通过合理划分收支范围，提升镇（街道）积极性，促进镇（街道）政权建设和经济社会发展。对中河、钟公庙、福明3个街道进行财政管理体制调整，由部门预算财政体制改为实行一级财政管理体制，进一步明确财权与事权划分。

（王邵逸）

税 务

【概况】 2019年，区税务局组织税收收入350.37亿元，比上年增长2.69%，税收规模居全市各县（市、区）税务局首位；组织社保收入101.63亿元；非税收入9.79亿元，增长12.03%；办理出口退免税156.82亿元，规模占全市1/4，居全市首位。落实减税降费，全区年度新增减税降费43.27亿元，惠及纳税人118.35万户次。主体税种中，增值税入库150.29亿元，增收11.81亿元，增长8.53%；企业所得税入库96.50亿元，减收3.06亿元，下降3.07%；个人所得税入库28.73亿元，减收4.34亿元，下降13.13%；车辆购置税入库9.87亿元，增收1.04亿元，增长11.79%；契税入库29.50亿元，增收13.28亿元，增长81.91%，成为税收收入增长的重要支柱。

完成金三系统并库工作，试点上线税收征管电子档案系统，实现办税无纸化，2019年共采集电子档案10.66万份。完成企业所得税首次合并汇算清缴工作，小型微利企业优惠政策惠及面100%。实行土地增值税两级集体会审制度，全年会审项目27个，调增增值额7.10亿元，涉及土地增值税2.99亿元。

取消税务证明事项11项，办税服务窗口迁入区行政服务中心、乡镇服务中心，提供跨部门事项联办“一条龙”服务。加强网上办税引导，全年平均申报率99.50%以上，网报率99.80%以上。完成自助办税服务网络化布局，建成“半小时”自助办税服务圈。开展“新税务·新服务”便民办税春风行动，落实88条便利化举措，小规模纳税人自行开具增值税专用发票全面放开，高频涉税业务实现即办即走。完成国际贸易“单一窗口”出口退税试点测试，在全市率先实现通过国际贸易“单一窗口”进行出口退税。房产税、城镇土地使用税实现全市通办和跨区税源申报，车辆购置税实现完税信息电子化和网上申报，对外支付税务备案电子化全面推行。推进“银税互动”，合作银行12家，助力守信企业获取贷款15.64亿元。试行征管规范创新版，落实纳税服务、出口退税等工作规范。实行“统筹协调、归口管理，统一风险分析、分类分级应对”运行机制，全年完成509户企业的风险应对任务，补缴入库税费2.24亿元。

【减税降费工作】 2019年，鄞州区落实更大规模减税降费，实行普惠性减税和结构性减税相结合，重点减轻制造业和小微企业税收负担。建立健全“1+10+6”组织领导体系，实行集中化办公、实体化运作和清单化管理，压茬推进改革重点任务，开展6轮自查自改，查处第三方巧立名目乱收费行为。落实“零跑退税”，追溯享受小微普惠政策14584户。全区累计新增减税降费43.27亿元，惠及纳税人118.35万户次。

2019年2月20日，区税务工作人员为小微企业送推减税降费政策

【减税降费“一户一档”系统上线】 2019年3月，区税务局先行试点减税降费“一所一册、一户一档”工作机制，并参与建设减税降费“一户一档”系统。该系统上线后，小规模纳税人登录宁波市电子税务局“减税降费”模块，就可快速查询减税降费“电子账单”，清楚了解各个时期、各项税种的具体减免金额。税务机关通过该系统掌握小规模纳税人应享优惠总体情况和单户减免情况，在此基础上制定宣传辅导计划，推出个性化服务举措。

【第28个全国税收宣传月活动】 2019年4月1日至5月20日，区税务局开展以“落实减税降费，促进经济高质量发展”为主题的第28个全国税收宣传月活动。4月3日，在区广播电视台举办“落实减税降费 促进经济高质量发展”税企交流论坛。邀请市税务局业务处室负责人解答纳税人关心的减税降费问题，复旦大学公共经济研究中心执行主任杜莉作“2019年增值税制改革解析：背景、措施与效果”的专题讲座。4月19日，区税务局举办“服务千户集团·税企心手相连”税企论坛，并与宁波银行、奥克斯集团等10家“千户集团”签订税收共治协议。在50天的宣传月期间，各税务所结合减税降费政策落实和企业所得税年度汇算清缴工作，组织开展多场次政策宣传培训会，参会人员近万人。

【第一税务所入驻行政服务中心】 2019年5月5日，第一税务所（办税服务厅）入驻鄞州区行政服务中心，负责鄞州中心区首南街道、潘火街道、下应街道、钟公庙街道、中河街道和南部商务区的3.90万户纳税人的纳税服务工作。设导税区、自助办税区、办税服务区和纳税人等候区四大功能区，其中办税服务区分布于鄞州行政服务中心的一、二、三楼。一楼为不动产交易涉

2019年5月5日，第一税务所（办税服务厅）入驻区行政服务中心

税服务区，设窗口10个，与不动产部门联合办理业务；二楼为社保缴费业务专窗，设窗口2个，与社保部门联合办理业务；三楼为全职能涉税业务办税服务区，设窗口27个。

【税务稽查】 2019年，市税务局第一稽查局检查企业635户，查处50万元以上大要案50件（不包含上年结转），其中50万元以上100万元以下17件、100万元以上500万元以下22件、500万元以上11件。移送公安机关133件，判处有期徒刑6件（8人次）。全年稽查查补收入46486万元，入库18468万元，户均查补收入73万元，人均查补收入451万元，上报“黑名单”案件237起。配合“扫黑除恶”专项斗争，查处鄞州区涉嫌涉黑涉恶企业7户，移送鄞州区扫黑办涉嫌涉黑涉恶线索涉及企业7户。

【打击虚开骗税违法犯罪专项行动】 2019年，市税务局第一稽查局开展打击虚开骗税违法犯罪专项行动。检查涉嫌虚开骗税企业413户，通过严查“假企业”，认定虚开增值税发票9644份，涉及金额14.57亿元，涉及税额2.29亿元。通过严打“假出口”，挽回税款损失2.02亿元，初步遏制辖区虚开骗税猖獗势头，保障减税降费政策落实落地。其中重点查结“4·26”重大虚开骗税专案。

（徐昆英　夏燕燕）

金　融

【概况】 2019年，鄞州区有金融机构278家，金融业实现增加值371.25亿元，比上年增长11.30%，占全区生产总值的16.80%；区本级金融业实现增加值350.24亿元，增长11.40%，占区本级生产总值的18.10%。

全区有银行机构110家，其中总行4家（宁波银行、鄞州银行、通商银行、东海银行），分行23家，一级支行67家，营业部16家。本外币各项存款余额7203.27亿元，其中储蓄存款1831.17亿元、对公存款3423.52亿元、非存款类金融机构存款1587.40亿元；本外币各项贷款余额9189.26亿元。全区有保险机构61家，其中财险30家［法人机构1家、市级分公司（中心支公司）10家］、支公司18家、营销服务部1家），寿险14家（分公司5家、支公司9家），中介机构17家（法人机构5家、分公司12家）。全年实现保费收入87.48亿元，增长26.13%。其中，财险保费收入19.74亿元，下降6.96%；人身险保费收入58.54元，增长48.25%。全年赔款支出24.8亿元，下降13.30%，其中财产险理赔支出17.65亿元，人身险理赔支出7.20亿元。全区有证券机构73家，其中分公司14家、营业部59家。证券公司证券交易额20545.81亿元，新增开户数74029户；期货经纪公司代理交易总额5265.70亿元，代理交易量5265720手。

区内银行、保险公司开展“金贝壳”小额贷款保证保险业务，融资规模6.70亿元。扩大支持小微贷款的专项部门和机构，全区有20余家小微企业专营部门，鼓励对小微企业的融资支持。引导融资担保、小贷公司、商业保理、转贷公司等各类融资服务机构满足企业融资需求。鄞州三江融通公益转贷基金转贷总额119.87亿元，增长2.40%；转贷1700笔，增长28.60%；鄞州区中小企业融资担保有限公司累计担保1.81亿元，服务企业67笔次。鄞州区四明金融小镇集聚类金融企业1400余家，资金管理规模1700余亿元，打造“三轴十景”金融小镇游赏体系，全年接待参观交流人员60余万人次。9月，获省政府“浙江省特色小镇”命名。此外，区金融发展服务中心获评浙江省工人先锋号。引导保险产品创新，推出国内首创订单保证金保险和提单遗失保险。在明楼东区、君悦花园、金地国际花园、碧水和城4个居民小区开展外墙脱落保险试点，弥补公共设施致损的赔付漏洞。省内首创“保险+服务”模式为农业土地流转上保险，完成土地流转保险420公顷，保额近700万元。

表9　　2019年鄞州区部分银行情况

银行名称	本外币存款		本外币贷款		存贷比（%）
	2019年余额（万元）	增幅（%）	2019年余额（万元）	增幅（%）	
工商银行鄞州支行	1446142	14.29	2187267	10.06	151.25
工商银行新城支行	1277859	42.78	681166	12.81	53.31

续表9

银行名称	本外币存款		本外币贷款		存贷比（%）
	2019年余额（万元）	增幅（%）	2019年余额（万元）	增幅（%）	
工商银行江东支行	1037957	−4.36	1103992	5.51	106.36
工商银行兴宁支行	406026	13.25	496575	−3.38	122.30
农业银行鄞州分行	2332222	19.43	1977591	12.23	84.79
农业银行分行营业部	315259	−20.09	1461626	0.35	463.63
中国银行鄞州分行	1511216	5.35	2757644	8.13	182.48
建设银行鄞州支行	1048480	−0.59	1713707	10.89	163.45
建设银行宁波分行营业部	3756706	—	5236481	—	139.39
建设银行城市建设支行	971839	−25.04	912746	6.31	93.92
鄞州银行	9775200	11.88	8502502	18.96	86.98
交通银行分行营业部	1039594	—	893438	—	85.94
交通银行鄞州支行	351822	−6.19	389348	7.64	110.67
交通银行鄞中支行	95187	−0.09	139394	−20.48	146.44
交通银行江东支行	230237	−23.77	390110	6.51	169.44
浦发银行鄞州支行	467461	2.94	430279	15.11	92.05
浦发银行鄞东支行	196832	16.93	243105	2.53	123.51
浦发银行江东支行	168227	1.65	105224	−7.59	62.55
浦发银行中兴支行	116644	13.74	356329	52.04	305.48
宁波银行总行营业部	3366672	17.11	526181	29.63	15.63
宁波银行鄞州支行	1328330	12.53	741418	17.68	55.82
宁波银行明州支行	1083080	8.89	538085	16.81	49.68
宁波银行科技支行	1013640	19.43	370815	−17.12	36.58
宁波银行鄞中支行	1462300	12.34	549257	18.65	37.56
平安银行江东支行	146369	−7.14	110648	−68.49	75.60
平安银行营业部	2179256	400.88	1229958	−10.81	56.44
平安银行明州支行	88674	−37.87	123293	−7.52	139.04
招商银行文化广场支行	62705	33.73	218999	31.14	349.25
招商银行江东支行	147875	44.53	158853	12.49	107.42
招商银行明州支行	85874	−35.05	154275	−24.18	179.65
招商银行百丈支行	86996	2.86	118706	5.71	136.45
招商银行分行营业部	1257607	38.66	968631	24.44	77.02
招商银行鄞州支行	233991	−31.23	394161	11.62	168.45
招商银行钱湖支行	101738	−9.93	297581	−1.81	292.50
招商银行东湖支行	16251	—	27860	—	171.44
光大银行鄞州支行	324276	33.90	347715	0.12	107.23
光大银行分行营业部	885983	−30.22	1232405	−12.07	139.10
光大银行兴宁支行	78250	7.08	85773	15.57	109.61
光大银行江东支行	89052	−17.09	116932	−37.94	131.31
兴业银行鄞州支行	263508	47.36	500692	75.72	190.01

续表9

银行名称	本外币存款		本外币贷款		存贷比（%）
	2019年余额（万元）	增幅（%）	2019年余额（万元）	增幅（%）	
兴业银行滨江支行	59405	−34.71	282326	4.56	475.26
兴业银行灵桥支行	151251	49.11	184417	22.75	121.93
兴业银行分行营业部	1229153	−7.42	1189996	5.13	96.81
广发银行鄞州支行	206653	67.65	206574	88.81	99.96
广发银行宁东支行	66788	−5.53	110014	26.42	164.72
广发银行东城支行	58114	0.00	7020	0.00	12.08
广发银行江东支行	11442	−46.59	91976	63.87	803.85
民生银行鄞州支行	118229	−0.58	193576	60.02	163.73
民生银行嵩江路支行	47313	134.99	67584	11.22	142.84
民生银行明州支行	91594	20.85	114622	−1.02	125.14
民生银行江东支行	31863	−54.37	61445	−61.72	192.84
民生银行小微企业支行	89340	−9.86	75504	58.54	84.51
中信银行鄞州支行	471681	11.28	766698	32.13	162.55
中信银行城南支行	149959	124.92	243579	76.14	162.43
中信银行明州支行	255816	36.96	113300	1.10	44.29
中信银行中兴支行	142236	54.66	319400	67.27	224.56
中信银行江东支行	327102	48.14	504073	47.85	154.10
中信银行百丈支行	160019	73.14	186259	23.21	116.40
中信银行东城支行	170403	36.79	326200	29.56	191.43
浙商银行鄞州支行	254231	45.90	298729	32.48	117.50
浙商银行鄞南支行	139275	25.68	108510	3.65	77.91
浙商银行分行营业部	1568368	−3.96	1582481	−8.56	100.90
浙商银行江东支行	158670	143.82	357091	39.51	225.05
上海银行鄞州支行	55440	53.07	96217	8.00	173.55
上海银行分行营业部	643827	72.15	772584	67.82	120.00
华夏银行鄞州支行	115869	15.34	148488	44.60	128.15
华夏银行江东支行	135674	216.26	98453	−19.09	72.57
华夏银行分行营业部	504779	−7.65	117305	−45.52	23.24
民泰银行宁波分行	76665	−56.85	83332	21.61	108.70
泰隆银行鄞州支行	158109	8.62	165325	13.02	104.56
泰隆银行江东支行	81952	47.62	82565	18.20	100.75
泰隆银行分行营业部	202813	2.99	113009	9.97	55.72
杭州银行分行营业部	509969	26.60	650041	34.21	127.47
稠州银行宁波分行	417262	123.39	244692	0.60	58.64
东亚银行宁波分行	99936	−19.63	17843	−63.51	17.85
杭州银行科技支行	82100	−29.56	110394	59.42	134.46
温州银行鄞州支行	5460	−92.79	34185	2243.04	626.10
温州银行分行营业部	571581	59.82	138646	19.31	24.26

续表9

银行名称	本外币存款		本外币贷款		存贷比(%)
	2019年余额(万元)	增幅(%)	2019年余额(万元)	增幅(%)	
临商银行鄞州支行	96019	-31.33	245467	27.38	255.64
通商银行总行营业部	1239620	-4.79	1167749	31.28	94.20
台州银行鄞州支行	41725	12.37	84455	31.00	202.41
台州银行江东支行	25524	15.11	79283	31.42	310.62
邮政储蓄银行鄞州支行	364940	12.36	441193	10.15	120.89
邮政储蓄银行甬城支行	480398	13.15	511604	8.93	106.50
汇丰银行宁波分行	254215	-0.36	196016	19.41	77.11
通商银行鄞州支行	80346	6.14	123287	-2.36	153.45
兆丰银行宁波分行	69466	37.98	85325	5.16	122.83
恒生银行宁波分行	101069	4.66	67648	-8.38	66.93
包商银行分行营业部	129297	-84.39	170191	-32.24	131.63
恒丰银行宁波分行	521506	-36.41	554706	-36.75	106.37
东海银行总行	452649	40.03	191595	-21.66	42.33
北京银行宁波分行	232179	—	431601	—	185.89
中国进出口银行	131621	-51.72	4002345	9.88	3040.81
国家开发银行	1946023	-23.79	16128362	-1.28	828.79

表10 2019年鄞州区部分保险公司情况

保险公司名称	保费收入(万元)		参保户数(户)		赔款支出(万元)		简单赔付率(%)	
	2019年累计	增幅(%)	2019年累计	增幅(%)	2019年累计	增幅(%)	2019年累计	增幅(%)
史带财险宁波分公司	25.08	-12.46	0	—	21.27	-4.06	84.81	9.60
亚太财险鄞州支公司	4586.21	633.44	17628	424.33	1491.96	7.84	32.53	-85.30
太保财险鄞州支公司	49034.00	8.32	3152420	38.84	26903	-8.90	54.87	-15.90
人保财险鄞州支公司	33627.90	-46.87	117641	0.98	12096.01	-66.58	35.97	-37.10
人保财险江东支公司	14943.00	-6.18	26363	-36.02	7933	5.14	53.09	12.08
平安财险鄞州支公司	30453.33	18.07	0	-100.00	18203.47	36.55	59.77	15.63
人寿财险鄞州支公司	3729.34	9.85	0	—	2260.05	18.50	60.60	7.87
大地保险鄞州支公司	8542.28	134.75	61951	208.80	3710.98	344.77	43.44	89.45
大地财险宁波分公司	8645.01	0.14	21940	-17.85	5488.88	18.60	63.49	18.43
大地财险鄞州第二支公司	1865.56	-0.89	11204	3.16	1050.13	18.86	56.29	19.92
中华保险鄞州支公司	2862.29	28.75	5933	-30.07	1772.72	31.43	61.93	2.08
浙商财险鄞州第二支公司	1218.70	34.69	6054	19.22	821.01	56.05	67.37	15.86
永安保险鄞州支公司	540.16	11.54	0	—	418.65	19.10	77.5	6.78
天安财险宁波分公司	9302.28	-4.03	16965	-10.17	6307.92	-10.87	67.81	-7.14
天安保险鄞州支公司	5517.53	261.45	9342	96.22	356.48	—	6.46	—
永诚财险江东支公司	151.62	-64.63	873	-31.21	266.86	-7.06	176.01	162.82
阳光财险鄞州支公司	3907.86	5.56	14896	3.12	0	-100.00	0	-100.00
中银保险鄞州支公司	1543.84	-38.23	2545	-22.93	0	—	0	—

续表10

保险公司名称	保费收入（万元）		参保户数（户）		赔款支出（万元）		简单赔付率（%）	
	2019年累计	增幅（%）	2019年累计	增幅（%）	2019年累计	增幅（%）	2019年累计	增幅（%）
永诚财险中心支公司	427.18	−84.51	31917	−61.83	2169.25	−5.57	507.81	509.69
渤海财险宁波分公司	110.89	−88.75	843	−77.01	215.97	−83.54	194.76	46.28
华安财险宁波分公司	5545.18	49.91	26459	−8.71	2859.28	−25.15	51.56	−50.07
中华财险宁波分公司	8122.99	24.08	16245	−8.25	5751.02	18.98	70.8	−4.10
进出口宁波分公司	71446.05	10.93	5668	14.85	57720.33	20.65	80.79	8.76
泰山财险鄞州支公司	953.21	—	4332	—	234.19	692.79	24.57	—
阳光财险江东支公司	5589.94	8.22	28070	70.04	3710.86	2.87	66.38	−4.95
阳光财险宁波分公司	6470.60	−27.87	0	—	4365.73	34.93	67.47	87.05
安诚保险宁波分公司	12234.37	6.25	56282	−6.36	7861.18	15.39	64.25	8.59
紫金财险宁波分公司	1712.05	0.81	9700	9.43	1273.67	−30.31	74.39	−30.88
安邦财险宁波营业部	499.45	−60.89	0	—	642.76	−5.69	128.69	141.17
太平财险宁波分公司	6564.65	−3.68	26092	34.90	4778.63	−0.08	72.79	3.73
华夏人寿宁波分公司	232629.34	36.68	50030	−18.88	1368.20	9.73	5.80	−20.22
中国人寿鄞州支公司	25207.00	9.12	2082	9.87	8883	−63.24	53.85	28.40
昆仑健康宁波中心支公司	20286.80	235.17	5868	−0.98	140.24	133.85	0.69	−30.30
农银人寿宁波分公司	34146.95	35.80	3784	5.91	33010.04	−44.91	12.69	−67.78
信泰人寿宁波分公司	77709.98	474.76	11671	194.42	7.41	−92.13	0.28	−90.64
富德人寿宁波分公司	26778.09	−53.52	21806	−32.40	2910.76	18.41	16.42	60.51
光大永明城区支公司	9.58	−48.74	0	—	0.75	−58.56	0	—
光大永明宁波分公司	8731.10	−2.26	0	—	858.02	−22.90	9.93	−12.59
信诚人寿宁波中心支公司	50633.28	646.23	4464	60.06	538.95	151.92	15.35	23.19
太保寿险福明路支公司	2230.00	−45.46	2343	−61.69	0	—	0	—
中国人寿宁波第一支公司	22138.07	0.67	0	−100.00	17074.58	248.27	724.37	521.19
太平洋人寿鄞州支公司	25885.00	−16.77	2003	−93.41	1937.02	−57.79	34.71	−8.37
中国人民人寿鄞州支公司	22239.57	1149.34	3885	845.26	172.51	88.25	15.27	−29.11
泰康人寿鄞州中心支公司	26541.78	18.00	7823	120.18	920.56	132.76	14.44	98.35

表11　　2019年鄞州区部分证券公司情况

证券公司名称	证券成交额（万元）		证券市值（万元）		投资者开户数（户）	
	2019年累计	增幅（%）	2019年余额	增幅（%）	2019年累计	增幅（%）
国泰君安彩虹北路营业部	30473808	12.02	1767173	32.85	3172	81.67
中信证券宁波甬江大道营业部	17304765	59.68	915080.8	63.23	1794	51.65
国盛证券桑田路营业部	16572467	216.34	768465.6	86.79	4464	76.65
信达证券姚隘路营业部	22048830	1023.55	78279.51	3.77	396	33.33
光大证券宁波彩甬江大道营业部	11457281	40.34	525335	−15.28	652	352.78
中信证券宁波天童北路营业部	8948580	61.31	1144111	14.08	987	2.92
申万宏源宁波分公司	9470093	7.16	11529913	90.42	4316	1784.72
浙商证券宁波四明中路营业部	5695838	38.38	706843.2	21.94	2335	128.03

续表11

证券公司名称	证券成交额（万元）		证券市值（万元）		投资者开户数（户）	
	2019年累计	增幅（%）	2019年余额	增幅（%）	2019年累计	增幅（%）
申万宏源宁波中兴路营业部	6393541	29.19	794694.7	10.77	1922	562.76
海通证券宁波中山东路营业部	6592294	46.79	190024.3	−23.83	1902	−42.92
招商证券江橙北路营业部	5380172	36.34	511778.3	30.52	2368	−63.40
国泰君安民安路营业部	5236160	12.97	147229.3	67.84	716	−30.08
东北证券宁波分公司	3290294	76.36	247501.1	56.70	975	−76.43
金元证券宁波天童南路营业部	4238560	5.36	113304.2	21.65	426	89.33
光大证券宁波悦盛路营业部	4040616	7.21	183373.1	−4.20	268	−40.71
财通证券宁波天童南路营业部	3254352	61.05	587694.5	14.73	823	32.74
华福证券百丈东路营业部	4728590	55.09	120623.7	183.96	5458	25.93
恒泰证券甬江大道营业部	2825426	340.36	37903	45.85	184	−0.54
方正证券潘火路营业部	2534870	39.45	74395.31	26.46	2577	28.79
爱建证券江东北路营业部	2746174	—	169455.9	—	95	—
第一创业证券百丈东路营业部	1952577	54.43	38131.31	26.75	1201	50.69
国信证券宁穿路营业部	1895883	42.62	449761.4	62.20	1995	172.54
长城证券股份有限公司宁波华严街证券营业部	1406000	—	97331.82	—	492	—
南京证券宁波锦寓路营业部	1376256	72.01	167065.5	30.59	893	355.61
中信证券宁波分公司	1359698	19.88	2233201	490.76	851	−19.72
湘财证券股份有限公司宁波曙光路证	945085.7	—	3145.6	—	2457	—
爱建证券彩虹南路营业部	1514018	56.59	76599	17.86	131	11.97
中泰证券宁波江东北路营业部	1358063	−17.44	93966.37	2.04	135	−14.01
太平洋证券百丈路营业部	1402197	9.71	228468.6	24.56	299	4.18
中国中投证券江东北路营业部	1674994	188.60	251845	12.22	183	−12.44
国盛证券天童南路营业部	1301093	69.65	33176.64	71.38	1511	109.86
浙商证券宁波百丈东路营业部	1091315	−27.39	40100.8	95.65	716	69.27
爱建证券宁波宝华街证券营业部	754750.8	—	41783.2	—	125	—
中航证券宁波首南西路营业部	570155.5	−75.06	13514.48	33.86	211	414.63
山西证券惊驾路营业部	964435.6	—	111746.4	—	208	—
广州证券江东北路营业部	871546.6	−5.36	347728.2	7.20	69	−56.33
银河证券宁波宁南北路营业部	951863.3	−44.22	23535.65	58.92	527	71.66
首创证券宁波日丽中路营业部	1017205	−16.04	35132.45	22.03	132	−17.50
东方证券中兴路营业部	466611.2	107.18	15541.86	7.92	2125	687.04
联讯证券惊驾路营业部	3581122	451.08	21118.66	27.18	1601	195.93
财通证券宁波中山东路营业部	842891.3	167.00	22576.61	12.62	493	16.55
华西证券中兴路营业部	1070031	20.35	85126.4	453.18	16193	401.33
安信证券股份有限公司宁波分公	562054.7	—	88539.58	—	183	—
中信建投证券四明中路营业部	349212.8	217.61	23783.8	719.02	831	−60.49
中泰证券宁波泰康中路营业部	604717.7	18.14	28896.8	20.75	295	10.90
东海证券达升路营业部	303676.3	−39.33	15965.79	29.18	212	−15.54

续表11

证券公司名称	证券成交额（万元）		证券市值（万元）		投资者开户数（户）	
	2019年累计	增幅（%）	2019年余额	增幅（%）	2019年累计	增幅（%）
光大证券钱湖北路营业部	226203.3	—	160858.6	—	177	—
银泰证券东胜路营业部	335998.8	76.85	11344.17	21.72	69	32.69
国海证券股份有限公司宁波宁穿路证券营业部	416312.8	—	6648.59	—	59	—
华林证券惊驾路营业部	435050.2	113.38	12007.45	−0.13	82	−7.87
安信证券股份有限公司宁波天健巷证券营业部	413889	—	9846.86	—	75	—
华融证券和济街营业部	283240.2	13.05	250.01	−68.74	216	−15.95
国信证券宁波天童南路营业部	213000	107.67	19213.34	23.77	1680	155.32
银河证券宁波百丈东路营业部	258630.6	37.91	12858.72	36.18	827	80.96
华安证券中山东路营业部	275375.4	−36.59	6702.13	26.90	160	21.21
东兴证券江东北路营业部	165569.7	8.77	433598.2	108.29	539	87.15
东方证券天童北路营业部	24674.22	—	2619.51	—	409	—
九州证券宁波分公司	291890.7	203.04	1271.95	52.34	92	178.79
联储证券有限责任公司宁波分公司	32636.26	529.83	374.2	−38.18	235	95.83
长城国瑞证券有限公司宁波江东北路证券营业部	504.57	−14.60	50.11	−0.38	9	−89.16

表12　　2019年鄞州区期货公司情况

证券公司名称	代理交易总额（万元）		代理交易量（手）		投资者开户数（户）	
	2019年累计	增幅（%）	2019年累计	增幅（%）	年末累计	增幅（%）
兴业期货有限公司	227566067	49.26	23929740	20.55	10766	21.01
海通期货	33124681	57.78	4898665	22.75	1269	5.40
申银万国期货	33929987	−35.82	4381189	−45.98	878	−2.44
鲁证期货	16647117	−2.88	2648276	−10.36	917	2.12
中辉期货	12382953	−41.96	2063229	−9.68	1476	3.94
中粮期货	12046923	27.53	2382965	29.57	3108	20.93
倍特期货宁波营业部	7547048	—	1417406	—	164	—
中信建投期货	10518011	−9.73	2247083	15.42	817	30.30
中信期货宁波分公司	10254391	23.73	1541691	40.67	874	21.22
一德期货	5744467	391.47	780677	247.36	335	40.17
大越期货宁波营业部	4540616	—	420066	—	101	—
西部期货	3161310	42.50	453985	33.82	311	11.87
徽商期货	3419611	−6.49	639124	12.45	387	34.84
上海东证期货	4189505	—	706447	—	44	—
中大期货	2253151	−39.39	548318	−36.09	320	0.31
万达期货	2026877	6.23	354746	−8.52	349	0.29
东海期货	1304564	−86.00	201491	−44.25	1	—
信达期货	1611917	−1.52	389167	−12.43	234	36.84
瑞达期货宁波营业部	6537860	—	808881	—	37	—
兴业期货浙江分公司	16377470	36.13	1876185	18.36	3059	82.41

表 13　　2019 年鄞州区企业上市情况

企业名称	注册地	主营	上市地	上市时间	券商	股票代码
宁波杉杉股份有限公司	南部商务区	服装、锂电池材料	上海	1996年01月30日	申银证券	SH：600884
东睦新材料集团股份有限公司	鄞州工业园区	粉末冶金	上海	2004年05月11日	国联证券	SH：600114
宁波康强电子股份有限公司	潘火街道	半导体元器件	深圳	2007年03月02日	国信证券	SZ：002119
宁波银行股份有限公司	百丈街道	金融服务-银行	深圳	2007年7月19日	高盛高华	SZ：002142
宁波韵升股份有限公司	东郊街道	有色金属-新材料	上海	2000年10月30日	大鹏证券	SH：600366
宁波博威合金材料股份有限公司	云龙镇	有色合金材料	上海	2011年1月27日	国信证券	SH：601137
宁波三星医疗股份有限公司	鄞州工业园区	电度表、变压器	上海	2011年6月15日	东方证券	SH：601567
宁波建工股份有限公司	白鹤街道	建筑材料、建筑装饰	上海	2011年8月16日	中投证券	SH：601789
宁波高发汽车控制系统股份有限公司	潘火街道	汽车变速操纵控制系统、加速控制系统	上海	2015年1月20日	国信证券	SH：603788
宁波美康生物科技股份有限公司	下应街道	体外诊断试剂	深圳	2015年4月22日	光大证券	SZ：300439
日月重工股份有限公司	东吴镇	大型重工装备	上海	2016年12月28日	国信证券	SH：603218
华瑞电器股份有限公司	姜山镇	换向器	深圳	2017年3月20日	中泰证券	SZ：300626
宁波圣龙汽车动力系统股份有限公司	潘火街道	油泵凸轮轴	上海	2017年3月28日	国信证券	SH：603178
沧海控股有限公司	中河街道	市政园林建设	香港	2017年3月31日	安信证券	HK：2017
乐歌人体工学科技股份有限公司	经济开发区	人体工学产品	深圳	2017年12月1日	国泰君安	SZ：300729
宁波贝达新能源科技有限公司	横溪镇	太阳能	澳大利亚	2017年11月20日	海捷	BDE
慕尚集团控股有限公司	潘火街道	时尚男装	香港	2019年5月27日	瑞信/花旗/招银国际	HK：1817
中国汽车新零售（原名：利时集团）	潘火街道	家电、日用品	香港	1995年10月11日	—	HK：00526
威运高	姜山镇	数码线缆产品	德国	1999年	—	FSE：VGOK
奥克斯国际控股有限公司	首南街道	家电、房地产	香港	2014年1月23日	—	02080，HK

【企业上市服务】 2019年，鄞州区实施“百家上市（培育）企业梯队工程”。全区上市公司20家，“新三板”挂牌公司18家，新增宁波股权交易中心挂牌企业（简称“甬股交”）85家，总数373家，直接融资规模371.40亿元，上市公司数量、场外市场挂牌企业总量、融资总规模均居全市首位。开展拟上市苗子企业推荐、科创板意向企业自荐及存量拟上市企业情况排摸。辅导动员有实力、有条件的企业启动上市准备，新认定3家区上市重点培育企业，后备梯队30家。走访拟上市企业60余家，排摸经营情况及上市进展，带领专家服务团为企业提供直通式咨询、定制式服务、全方位会诊、专业化方案，帮助企业协调解决规划、土地、环保、海关等方面问题。举办资本市场业务培训会、第五届中国（宁波）私募投资基金峰会，推动企业参与利用多层次资本市场。在3月召开的2019中国资本年会上，鄞州区获“2018中国上市竞争力领先区县”。9月，鄞州区获评上海证券交易所全国资本市场发展先进区域。落实省市两级“凤凰行动”计划，修订奖励扶持政策，兑现上市、“新三板”、“甬股交”、直接融资等各类资本市场奖励资金5960万元，惠及企业200余家次。

【鄞州四明金融小镇】 2019年9月，鄞州四明金融小镇被浙江省政府授予“浙江省特色小镇”。累计完成固定资产投资近40亿元，其中特色产业投资占比79%，整体投资强度每亩443万

鄞州四明金融小镇

元，规划建设面积目标完成率100%，新城大厦等楼宇相继交付使用，三期A地块商务楼宇即将结顶，小镇地标性项目——财富管理总部（南区）建设完成。小镇经济产出日趋显现，全年实现税收超9亿元。引进培育初创型基金企业、创新类金融机构的私募孵化工场和四明创新工场企业入驻率超过70%，五矿、中信、中兵、仲德、中金传化、焦煤基金等重大项目相继落地，累计集聚金融类金融机构1400余家，以保险全产业链、私募基金、金融科技以及新型金融中介机构为主导产业的基本布局逐渐形成。小镇客厅、游客服务中心、A级旅游厕所、小镇主副路口形象工程、主要节点标示标牌等重点旅游设施全部完成，形成“三轴十景”金融小镇游赏体系，累计接待游客人数400万人次，接待全国各地政府考察团320余批次。

【第五届中国（宁波）私募投资基金峰会在鄞州区举行】 2019年4月27日，以“金融服务实体，科创驱动发展”为主题的第五届中国（宁波）私募投资基金峰会在鄞州区举行。宁波市政府、中国证监委、中国证券投资基金业协会、宁波监管局和鄞州区政府等领导出席。来自全国各地的800余名投资界、金融界、产业界人士参会。中国（宁波）私募投资基金峰会始办于2013年，已成为助推产业与资本对接、金融服务实体经济的一个重要平台。鄞州四明金融小镇已集聚金融、类金融企业1400余家，仲德基金、中信资本产业基金、中兵投资系列产业基金、清科华东总部等行业领军企业落户鄞州，成为全国私募基金业集聚的重要区域。中国证券投资基金业协会副会长钟蓉萨、中国国际金融股份有限公司董事总经理梁红、上海证券交易所发行上市中心区域主任陈力分别在论坛上作演讲。

【12家企业集中在宁波股权交易中心挂牌】 2019年1月11日，宁波股权交易中心举行鄞州青年企业家协会专场挂牌仪式，宁波宏纬食品有限公司、宁波瑞狄安采暖科技有限公司等12家鄞州企业挂牌。挂牌“甬股交”后，有利于企业的融资能力，综合经营水平、市场影响力和美誉度进一步提升，为走向“新三板”和IPO打下基础。至年底，全区在“甬股交”挂牌企业373家，居全市首位，直接融资规模371.40亿元。

【食品安全责任保险投保】 2019年1月，位于鄞州区潘火街道的宁波供销电子商务有限公司成功投保食品安全责任保险，保费7000元，政府补贴1500元，保额600万元，成为《中华人民共和国电子商务法》实施后，全市首家投保“食责险”的纯网络销售电子商务企业。该企业的“食责险”投保模式对在纯网络销售电子商务企业中推广商业食责险具有重要的参考和借鉴意义。

【土地经营权流转履约保证保险】 2019年1月23日，鄞州区举行土地综合保险签约仪式，人保财险鄞州中心支公司与姜山镇董家跳等5个试点村的土地经营权流转承租方代表签订土地流转履约保险合同，共投保土地420公顷，保额近700万元，在省内首创以“保险+服务”模式为土地流动上保险。此保险产品解决农民的后顾之忧，确保土地流转租赁费足额收缴。因自然灾害、农产品价格波动等因素造成承租方一时无法支付土地租赁费，或者当事人急需恢复再生产资金有困难时，承保人将为符合条件的承租方提供无担保、无抵押的融资产品。该保险的标的是通过村级经济合作组织交易流转并经区镇两级备案的土地。保费是土地流转租金的3%，其中市、区两级财政补贴80%，镇村两级承担20%。

【宁波市商标专用权保险运营服务中心揭牌】 2019年4月23日，宁波市商标专用权保险运营服务中心在宁波保险科技产业园揭牌。这是国内首家从事“政府推动、市场运作”的商标专用权等知识产权类服务和保护相关工作的运营中心。宁波市市场监管局、市金融办、宁波银保监局、市中小企业发展服务中心、鄞州区金融办、区市场监管局、平安财险、国寿财险等相关单位领导和投保企业、第三方知识产权机构、保险机构代表等100余人出席揭牌仪式。该运营中心主要承担全国首创的“商标专用权保险、维权、服务”的商标保护管理创新模式，解决企业“商标维权成本高、企业自身维权力量有限、维权信心不足、企业创建国际品牌建设意识弱”等难题。通过聘请律师、商标代理人、监管部门及行业专家组成专家队伍，提供风险咨询、技术指导，为参保单位提供商标注册、维权等专业咨询及培训服务。中心成立后已为35家企业2623件商标提供承保服务，累计保障额度1260万元，理赔立案15笔，结案全年数据5笔。

【72家受灾企业获赔鄞州政策性小微企业财产保险220万元】 2019年8月，鄞州区投保政策性小微企业财产保险的72家出险企业全部结案，共获赔220万元。台风“利奇马”过后，太平洋财险鄞州中心支公司陆续接到鄞州区79家投保企业的报案，经该公司查勘定损，其中72家投保企业符合理赔条件。在72家受灾企业中，生产区域进水57家，平均水位线在20厘米以上，部分屋顶、窗户等受损的15家。赔偿额最高是东吴镇的宁波光通宏耀科技有限公司10万元。

【宁波银行】 2019年，宁波银行年末本外币存款余额7715亿元，比年初增加1248亿元，增长19.30%。本外币各项贷款余额5291亿元，增加1000亿元，增长23.31%。实现拨备前利润226.79亿元，增长21.25%；净利润137.14亿元，增长22.60%；中间业务收入77.84亿元，增长34.34%。贷款不良率0.78%，连续4年贷款不良率保持在1%以下。2019年该行在人民银行宁波市中心支行、宁波市工商联组织的评选中，入选2019年度宁波市级“民企最满意银行”。在英国《银行家》

杂志发布的“2019全球银行品牌500强”排行榜中，该行位居全球银行第113位，在中国银行业中排名第17位。在中国《银行家》杂志发布的“2019年中国商业银行竞争力评价报告”中，该行蝉联“资产规模3000亿元以上城市商业银行竞争力排名第一”，连续两年获评“最佳城市商业银行”。在Wind发布的“中国上市企业市值500强”榜单中，至2019年末，该行市值1584亿元，排名所有A股上市公司第75位，浙江A股上市公司第2位。

【鄞州银行】 2019年，鄞州银行年末资产总额1292.04亿元，比年初增加117.12亿元，增长9.97%；各项存款余额977.52亿元，增加103.59亿元，增长11.88%；各项贷款余额850.25亿元，增加135.51亿元，增长18.96%。实现账面利润19.06亿元，增加2.53亿元，增长15.33%；净利润15.45亿元，增加1.49亿元，增长10.71%。不良贷款率0.76%。实施大零售转型战略，加快区域银行建设步伐，先后获中国人民银行综合评价A等行、中国银监会标杆银行、全国银行间同业拆借中心活跃交易商、浙江农信系统“综合实力十强银行”、国家外汇管理局宁波市分局外汇管理考核A级行等荣誉，连续5年获鄞州区“大力神鼎奖”。

【宁波通商银行】 2019年，宁波通商银行年末本外币各项存款余额613.39亿元，比年初增加126.72亿元，增长26.04%。本外币各项贷款余额398.11亿元，增加52.80亿元，增长15.29%。实现拨备前利润15.34亿元，增长24.82%；净利润8.33亿元，增长16.99%；实现中间业务收入1.26亿元，增长59.5%。不良贷款率1.12%，连续4年贷款不良率保持在1.20%以下。2019年，该行获2016—2018年度宁波市模范集体、浙江省创建和谐劳动关系暨双爱活动先进企业、第六轮浙江省银行业金融机构安全评估工作优秀单位、2019年度优质服务金融企业、2019优质中小企业服务品牌、鄞州区“大力神鼎奖”等荣誉。

【宁波东海银行】 2019年，宁波东海银行年末本外币存款余额79.09亿元，比年初增加23.78亿元，增长43%；本外币各项贷款余额37.32亿元，增加0.54亿元，增长1.46%。实现拨备前利润0.63亿元，增长7333.42%；净利润0.41亿元，增长118.69%；中间业务收入0.34亿元，增长67.23%。2019年，该行获宁波市最佳“政银担”合作银行称号、2019年度金融统计工作表彰单位、商业银行普惠金融贡献奖、2019年普惠金融优秀服务企业、2019年度优质中小企业服务品牌、年度先进普惠金融创新银行，总行营业部、慈溪支行、华严社区支行、海曙支行被继续认定为宁波市金融系统青年文明号单位。

【国家开发银行宁波市分行】 2019年，国家开发银行宁波市分行本外币存款年末余额194.60亿元，本外币各项贷款余额1612.80亿元。实现拨备前利润20.76亿元，净利润24.90亿元，实现中间业务收入0.85亿元。贷款不良率为零，资产质量在全市同业中保持最好水平。该行非个人中长期贷款余额连续8年、外汇贷款余额连续5年均居全市第一，连续5年被人民银行宁波市中心支行评为“宁波市金融机构综合评价A类行”，获2019年鄞州区“金鼎”奖。

【昆仑信托有限责任公司】 2019年，昆仑信托有限责任公司年末资产总额137.40亿元，比上年末增加5.70亿元，增长4.30%；负债总额5.40亿元，增加2亿元，增长58.30%；净资产132亿元，增加3.70亿元，增长2.90%。实现营业收入19.40亿元，增长28.80%；实现利润总额13.30亿元，其中净利润9.90亿元，分别增长2.90%和1.30%。年末实收信托总规模2678.20亿元，信托风险资产5.30亿元，信托资产不良率0.20%，低于行业平均水平2.47个百分点。先后获宁波市“纳税50强企业”、2019年鄞州区“金鼎”奖、2019卓越竞争力信托公司等荣誉。

（刘莹姿）

昆仑信托有限责任公司

综合经济管理

发展与改革

【概况】 2019年，区发改局提出全区国民经济和社会发展年度计划，并提交区人代会审议通过。分析经济运行情况，到企业开展调研，完成4个季度的重点企业监测问卷调查工作，完成一季度经济运行分析报告、半年度经济运行分析报告、前三季度经济运行分析报告及上半年计划执行情况报告并提交区人大常委会审议。

鄞州区“十四五”规划编制启动，印发《宁波市鄞州区“十四五”规划编制工作方案》，确定涵盖经济发展类、改革开放类、城乡建设类、民生保障类和重大支撑类等五大领域的30个规划前期研究课题。加强区域协同创新，起草制订《鄞州区长三角一体化发展三年行动计划》。领衔东钱湖区域谋划建设，形成《环东钱湖绿色创新圈建设发展总体思路研究》《环东钱湖绿色创新圈大景区发展规划研究》等初步成果。编制《鄞州产业地图》，全面呈现鄞州产业特质和发展方向。开展经济高频监测分析，落实经济运行监测联席会议制度，完善全区经济运行监测预警体系。

【“项目大攻坚”专项行动】 2019年，区发改局牵头推进“项目大攻坚”专项行动。完成固定资产投资632亿元，增长14.80%。6个全省集中开工项目累计完成投资49.10亿元，年度计划154.30%；21个市级重点工程项目累计完成投资83.10亿元，完成年度计划155.50%；9个全市集中开工项目完成计划投资42.40亿元，全年计划完成率130.50%；120个区级重大实施类项目完成投资281.40亿元，完成年度计划任务112.50%，省、市、区各级项目均提前完成年度投资任务。鄞州盛吉盛（宁波）半导体科技有限公司年优化升级150台半导体设备产业项目、横溪农旅小镇、万洋小微产业园等3个省市县长项目完成统计入库，提前完成年度开工任务。划船社区、白鹤社区成功申报省首批未来社区试点创建项目。

【项目审批改革】 2019年，区发改局牵头推进“最多90天”改革，上线运行并在全区推广3.0平台，一般企业投资项目审批“最多90天”实现率100%，工业项目审批承诺时间提速84%，房产项目审批承诺时间提速85%，在全市率先实施超高层建筑项目分领施工许可证，涌现出恒大城市之光450米超高层项目、宝龙广场等优秀案例。全面铺开“标准地”改革，除负面清单外，省级及以上平台新批工业用地3块、平台外新批工业用地6块全部按“标准地”供地。加大营商环境改革，印发《鄞州区关于促进民营经济发展打造一流营商环境的实施意见》，实施为民营企业发展举措66条，提升区域营商环境。推进信用改革，推广信用承诺制度和信用修复管理，对在积分入学申请期间申请信用修复的个人开展全流程指导，综合信用指数居全市首位。

【“一城两镇”建设】 2019年，在省市年度考核中，鄞州四明金融小镇获省级考核优秀，鄞州现代电车小镇获省级考核合格，时尚创客小镇和匠心智造小镇两家市级特色小镇获市级考核良好；姜山卫星城获市级考核优秀，咸祥中心镇获市级考核良好。2019年度，获市级“一城两镇”工作考核补助资金3136万元。鄞州四明金融小镇被省政府命名为第三批省级特色小镇，也是宁波市首批获命名的2家省级特色小镇之一。

【推进现代服务业发展】 2019年，鄞州区以建设浙江省服务业强区为目标，依托区位条件、产业基础、新城开发、创新平台、人力资源等优势，推进现代服务业创新发展、转型发展、提升发展、高质量发展。2019年，鄞州区实现服务业增加值1554.40亿元，增长7.50%，占地区生产总值的70.30%。现代服务业规模位居浙江省前列、宁波市首位，在省服务业强区考核中，获Ⅱ类地区第三名。全年全区2029家规模以上服务业企业营业收入5853.90亿元，增长17.40%；实现利润422.98亿元，增长29.50%。其中营利性服务业实现营业收入427.12亿元，增长25%。

【长江经济带生态环境整治】 2019年，鄞州区印发《2019年鄞州区参与推动长江经济带发展工作要点》《鄞州区长江经济带生态环境问题排查整改工作方案》，开展浙江省长江经济带生态环境问题数据库调度等业务培训，建立生态环境问题大排查行动沟通协调机制。各镇（街道）和区级部门开展生态环境问题自查，全区共排查上报问题18个，其中非法排污问题1个、环境基础设施问题15个、环境风险问题2个。至年底，18个项目全部整改完成。

【全国"双创"示范基地建设】 2019年，鄞州区加快推进国家双创示范基地建设，构建"热带雨林式"创新创业生态系统。5月，获国务院办公厅督查激励，系浙江省行政区域类"双创"示范基地唯一一个。根据中国科协和国家发改委联合发布的《2019年双创示范基地建设与进展情况评估报告》，鄞州区国家双创示范基地得分81.10，在县域类双创示范基地中排名第二。6月14日，2019全国双创周宁波（鄞州）分会场活动开幕，来自全国和地方的高校、企业、相关部门、金融机构方面负责人及专家学者约300人参加。活动以智能制造为主题，举办"智鄞未来"中国智能制造高峰论坛和资本创享会、企业服务对接会等活动，为百余家初创型企业提供创业辅导、人才培训、法律咨询、财税融资等高质量的创业服务，发布《宁波市鄞州区双创指数研究报告》和《宁波最具活力双创企业榜》，展示全区国家双创示范基地建设成效。举行重大项目签约仪式，23个重大项目参加签约，总投资255亿元，项目涉及大数据、新能源、物联网、医疗、电商、出行、金融等多个领域。

【"信用鄞州"建设】 2019年，"信用鄞州"建设领导小组作出成员调整，成员单位包括区政府办、区委宣传部、区发改局、区市场监管局、区经信局、区教育局、区人力社保局等39个单位，领导小组办公室设在区发改局。印发《鄞州区2019年社会信用体系建设工作要点》，明确各单位年度重点任务和职责分工。全区13个部门推行红黑名单管理制度17项，初步建立联合奖惩体系。全区共有21个部门开通58个"信用浙江"查询账号，29个部门开通57个"信用宁波"查询账号，信用信息在党员监管、流动人口积分申评、市民公共服务事项资格审查、个人表彰评优前审查、企业资金支持前审核等领域得到广泛应用。2019年累计完成流动人口信用赋分5532人次。

（黄　勃）

自然资源管理

【概况】 2019年2月18日，宁波市自然资源和规划局鄞州分局挂牌成立，新机构整合国土、规划、林业、海洋等职能。推进国土空间总体规划编制。组织走访调研镇（街道）、部门（企业）近40家，开展调研座谈会26场，收集基础资料500余份，回收网络问卷调查近1000份，完成国土空间总体规划大纲研究报告、鄞州区发展战略研究、鄞州区"多规合一"与底图底数研究、鄞州区目标定位和核心功能提升专题研究等多项初步成果编制。开展中部区域融合带总体发展战略研究和仇毕区块、华光城地块、东钱湖会展新城等重要地段城市设计和15分钟生活圈规划实施导则编制。围绕工业强区战略和低效用地开发利用，开展中河工业区改造研究、鄞州区存量土地分析研究、鄞州区全域工业园区整合提升工作方案编制。实施乡村振兴战略，助推鄞州美丽乡村建设，开展村庄建设规划编制和村庄设计，完成村庄建设规划5个、村庄建设规划调整3个、村庄整治规划2个、村庄设计4个。

编制宁波市东部滨海组团鄞州经济开发区一期地段控规，开展控规局部调整16个。优化出让地块规划条件编制相关流程，增加"规划红线"阶段，厘清规划条件出具阶段可能遇到的土地报批、土地权属、地上地下管线等相关问题，提高地块出让效率。做好市政工程规划管理。完成《鄞州区路网河网持续性维护与更新》《鄞州中心城区重要片区交通组织细化研究》编制，完成宁波市城市交通基础数据调查。做好各类城乡规划联动入库翻图，不断完善及动态更新全区路网河网一张图，共完成17项控规调整路网河网数据入库工作。做好道路、电力、

宁波历史文化名村——勤勇村

热力等市政审批审查，完成甬金铁路项目选址调查及用地规划审批、中塘河整治工程110千伏架空线落地工程规划方案审查、中惠东路等6条燃气管路径规划方案审查等。加强历史文化“三名”（名城名镇名村）保护工作。全区7个历史文化名村完成保护规划编制工作，其中国家级历史文化名村姜山镇走马塘村保护规划获省政府批复，报国务院备案；市级历史文化名村新张俞村、勤勇村、天童村、童夏家村、上周村、上街村完成市政府审批。

推进自然资源和规划系统“最多跑一次”改革，开设无午休窗口和“周二夜市”，推进服务窗口延伸，在鄞州银行、中国银行、农业银行和宁波银行合作开设不动产抵押登记银行窗口7个。实施“多审合一”“多证合一”改革，推进规划选址与用地预审合并办理、建设用地规划许可证和建设用地批准书合并办理等举措，优化营商环境。推行“审批多对一”服务、企业办证绿色通道、网络视频认证、“蓝马甲”服务、上门服务等便民措施。全年完成各类许可事项2.20万件，受理各类不动产登记27.40万件，颁发不动产权证书22.90万本、证明6.80万本。

【矿产资源管理】 2019年，鄞州区加强在采矿山每月巡查和每季储量动态测量，全区2个矿山管理达到“绿色矿山”标准，成功出让金童山矿地综合开发利用项目建筑用石料矿采矿权。开展全域压覆矿产资源情况调查评估，完成鄞州工业园区、现代电车小镇等28个特定区域压覆矿调查评估，建议白名单报至省有关部门。推进废弃矿山生态治理工程，开工22宗，交工15宗。

【全域土地综合整治】 2019年，鄞州区推进姜山镇定桥村全域土地综合整治试点，五乡镇明堂岙等4个村、东吴镇平塘等6个村、云龙镇全域等3个全域土地综合整治与生态修复工程获省政府批准，涉及永久基本农田布局调整方案获省自然资源厅批复，成为宁波市获批项目最多、项目区总面积最大、调整基本农田面积最大的县（市、区）。推进“152”耕地生态建设保护工程，完成开发造地14.73公顷、农村建设用地复垦14.53公顷、表土剥离再利用69.67公顷。

【林业海洋保护】 2019年，鄞州区开展森林资源年度监测工作，数据库成果通过省级审查。打造绿色宜居环境，印发《鄞州区高水平推进国土绿化美化行动计划（2019—2022年）》，完成平原绿化35.67公顷、林相优化40公顷，送苗下乡1.60万株、珍贵树种培育5万株，完成森林抚育166.67公顷、藤本治理100公顷、迹地生态修复16.67公顷，完成西宅、咸四、球山、平塘4个村“一村万树”示范村创建。做好古树名木保护救助，全区770株古树名木挂牌和22株濒危古树修复保护完成。采用无人机监测技术对松材线虫病易发生区进行秋季普查，同时启动鄞州区海岸线修测外业工作。

【鄞州区入选全省自然资源常规监测试点区】 2019年8月9日，浙江省自然资源厅公布全省自然资源常规监测试点地区名单，鄞州区入选。基于第三次全国国土调查指标与基础性地理国情监测指标，结合其他相关调查监测指标，开展指标的衔接、互补、融合研究，研究建立统一的自然资源监测指标体系，为开展山水林田湖草监测形成统一的自然资源监测本底数据打下基础。鄞州区11月11日制订印发《鄞州区自然资源常规监测试点总体方案》，启动常规监测试点区常规监测各项工作。

【自然资源执法监察】 2019年，鄞州区开展违法用地巡查3775次，巡查里程72820千米。加强卫星遥感图片执法检查，全区2018年度卫星遥感执法检查发现违法用地95宗12.03公顷（耕地5.35公顷），违法占用耕地比例2.60%，至2019年底全部处置到位。对新增违法用地和卫星遥感发现的违法用地，实施拆除复耕11.30公顷，为历年之最。组织开展“2019雷霆”系列打击和“绿卫2019”森林执法等专项行动，全年办理各类林业案件25起。打击非法开采矿产资源行为，全年处置非法采矿案4起，为历年最低。

【农房确权登记】 2019年，鄞州区开展农村房屋确权登记工作。完成宅基地登记数据内业整理165个村84633户；完成地形修补测165个村3576万平方米；完成权属调查和房地测绘142个村83709户、121500宗；登记入册17538户，完成年度计划133.69%。

【自然灾害防御】 2019年，鄞州区加强地质灾害隐患排查，执行汛期全时段巡查及全年24小时值班制度。五乡嘉威织带厂崩塌地质灾害治理工程通过竣工验收核销。做好超强台风“利奇马”灾后恢复工作，对新产生地质灾害隐患点开展应急调查，对受灾较重的天童寺，通过无人机航空摄影测量，生成实景三维模型和全景影像，为灾后处置提供影像数据支持。至年底，清理台风引起的地质灾害点13个，需工程设计治理的地质灾害点9个，已竣工7个。

【森林防火演练】 2019年9月24日，区自然资源规划分局天童林场会同天童景区联合开展联合森林防火演练，森林防火指挥小组成员、护林员、景区工作人员及相邻镇村民等人员参加。演练现场，以模拟发生森林火灾为背景，参加人员携带水枪、水泵、灭火弹等装备，在指挥员命令后立刻行动，调试设备、架设水泵，利用风力灭火机压住“火头”，在科学指挥、协调联动、分工协作下迅速控制“火势”。随后，演练人员从火线边缘合围，利用背负式水枪、干粉灭火弹等装备再对“余火”进行清理。演练达到预期效果。鄞州区推进森林消防“引水灭火”工程，加强111名护林员队伍监督管理，组建镇级扑火队伍9支245人，其中5支队伍为区级直属扑火队伍。

【无人机监测松材线虫病试点】 2019年10月12日，鄞州区首次采用无人机监测技术对部分松材线虫病易发生区进行秋季普查试点。检测点为东吴镇，面积约26公顷，为推广无人机监测等新型技术在林业管理工作中的应用作出尝试。无人机监测松材线虫病具有效率高、范围广、识别定位准确、组织实施灵活等优点，适合对交通不便的林区开展监测，是对人工地面监测的重要补充。

【不动产登记“一窗受理”平台试运行】 2019年11月1日，鄞州区不动产纳税登记“一窗受理”平台试运行启动。针对不动产存量房交易业务中涉及部门广、材料多、手续繁、时间长等问题，鄞州区整合不动产线上线下综合业务，形成不动产税务登记“一人一窗一机”的新办理模式，在行政服务中心不动产交易服务区设立两个不动产“一窗受理”窗口，可同时办理纳税、登记两项业务，在该窗口办理相关业务时只需取一次号、到一个窗口、一次提交材料和缴纳费用，即可办完申请手续，减少往返次数，节约办事时间，受社会公众好评。

【全域土地综合整治与生态修复工程涉及永久基本农田布局调整方案获省自然资源厅批复】 2019年12月20日，鄞州区全域土地综合整治与生态修复工程涉及永久基本农田布局调整方案获省自然资源厅批复。此次获批项目涉及东吴镇、云龙镇和五乡镇，项目区总面积8370.90公顷，其中耕地面积2289.50公顷，调整面积29.20公顷。鄞州区成为宁波市获批项目最多、项目区总面积最大、调整基本农田面积最大的县（市、区）。区自然资源规划分局将获批的调整方案纳入全域土地综合整治与生态修复工程，推进建设用地复垦、低效用地整治、废弃矿山治理和综合开发等工作，对农村生态、生活、生产空间进行全域优化布局，对“田水林路村”进行全要素综合整治。

【《南商之“约”——我与土地的故事》获自然资源系统优秀视频二等奖】 2019年12月，鄞州区拍摄的视频《南商之“约”——我与土地的故事》，获2019年度自然资源系统全国党员干部现代远程教育优秀视频二等奖。该远程教育借助中组部远程教育平台，通过中国教育电视台专有频道和共产党员网面向广大基层党员干部开展自然资源政策宣传、法律法规普及和科普教育的重要载体。鄞州区获奖的视频，以宁波南部商务区土地集约利用为主线，展现土地总面积不到1平方千米，整个地下面积30.70万平方米的“超常发挥”利用规划，揭开拥有55栋高层商务楼、同时容纳4万余人就业，地下停车场并保持井然顺畅的“建造秘诀”。

（林寻忠）

国有资产管理

【概况】 2019年1月20日，鄞州区国有资产发展服务中心挂牌，该中心下设办公室、综合科、财务监督和统评考核科、企业改革和产权管理科、行政事业资产管理科等5个科室，履行区政府国有出资人职责，加强国有资产监督管理，实现国有资产保值增值，维护所有者权益。至年末，全区国有资产总额1685亿元，负债总额1194亿元，净资产总额491亿元。其中，区属国有企业资产总额1433亿元，负债总额1085亿元，净资产总额348亿元。全年实现营业收入57.60亿元，比上年增长380%。行政事业单位资产总额252亿元，负债总额109亿元，净资产总额143亿元。

全区有宁波市鄞城集团有限责任公司（简称鄞城集团）、宁波市鄞通集团有限责任公司（简称鄞通集团）、宁波市鄞工集团有限责任公司（简称鄞工集团）和宁波市鄞开集团有限责任公司（简称鄞开集团）4个国有企业集团，主攻城市资产经营、交通产业、工业园区开发和城中村改造等领域，推动各类资源向主业集中。

2019年，鄞州区按照分类处置原则，将行政事业类规模大、效益好、权属清、具有稳定现金流的优质资产注入四大集团和其他需要转型的平台公司，把规模小、效益差、权属清的资产加快变现，权证不齐的暂时移交给区国有资产经营发展有限公司统一运营。全年向国企注入行政事业单位经营性实物资产4亿元，完成70处6836平方米行政事业单位房产的权证更新，拍卖处置房产57套，面积5487平方米，成交金额9200万元。公开拍卖国有股权2家，成交金额5326万元。将各单位权证缺失、权证不齐的房产统一交由区国资经发公司统一运营管理。2019年，区国资经发公司共受托经营各区级行政事业单位房产124

2019年1月20日，宁波市鄞州区国有资产发展服务中心挂牌

处，实现租金收入1229万元。加强国有房屋出租管理，房屋出租全流程（包括出租房屋的信息、合同签订、租金约定、合同审核、押金收取、违约预警）上网，实现国有闲置、出租房产动态管理，研究制订承租人信用管理等办法，全年收回欠租租金355万元。推进宁波天元压缩机有限公司、宁波龙峰储运股份有限公司欠款清缴工作。

【国有企业整合】 2019年9月16日，鄞州区国资国企改革大会召开，整合同质资产，组建一批集约型国企。将宁波市鄞州粮食收储有限公司、宁波市鄞州中心粮库、浙江省宁波市鄞州军粮供应站，合并设立鄞州区粮食公司。通过关停转让，清理一批低效型国企，退出长期不分红、不盈利的参股股权和投资项目，减少一级企业法人户数。整合全区城市运营、交通建设、城市更新、小微企业园开发等关键产业和重要资源，将产业相关、主业相同、功能相近、优势互补的企业国有股权和资产注入四大集团。将宁波市江东房地产开发公司等地产公司注入鄞城集团，将宁波市鄞州区路通公路养护中心注入鄞通集团等，通过整合注入，持续推动集团做大做强。完成党校后勤服务中心等17家全民所有制企业公司制改制，完成江东隆园公司等31家企业股权划转。全年向4个集团注资58.12亿元，其中股权注入11.76亿元、资产注入42.86亿元、货币注入3.50亿元。以鄞城、鄞通、鄞工、鄞开四大集团为领衔的国企发展新阵型已初步形成。

【国有资产监管】 2019年，鄞州区印发《关于印发鄞州区全面深化国有企业改革三年行动方案的通知》等若干文件，形成“1+16”国企改革系列文件，明确国有资产监管各项制度，增强国资监管能力。根据企业主业属性，将36家区属一级国有企业划分为公共服务类、功能类和竞争类，4个集团为公共服务类，按照市场机制提供公共产品和服务；平台公司为功能类企业，承担区内重大基础设施建设和重大专项任务或特定工作；竞争类企业为处于充分竞争行业和领域，完全市场化运作的企业。实施分类监管，有利于对企业的精细化专业化管理。区国资委与34个部门、镇（街道）、园区、指挥部和集团公司签订委托监管责任书，落实75户一级企业的监管主体责任，期限从2019年1月1日到2021年12月31日止。委托监管范围扩大到除四大集团之外所有区国资委出资的企业。委托中介机构对国企2018年度公款存放、财务管理、资产处置、工资总额等制度执行情况进行专项检查，发现各类问题436条。同时对区属各级次国企实施年报审计。国资中心对四大集团、产城投资管理有限公司、区委党校后勤服务中心开展考核，加强在效益指标、党建综合、特定任务的考核力度。

【鄞城集团】 2019年，鄞城集团总资产193亿元，资产负债率56.16%，全年营业收入9.49亿元，新增贷款规模45.04亿元，贷款减少规模26.07亿元，融资净增加19亿元。实施项目合计98项（新建26项、续建45项、前期27项），完成投资额30亿元，其中列入区固定资产投资年度目标21亿元。至年底，完工33项（市政项目19项，房建项目14项），建成道路里程16.30千米，房屋建筑面积40.73万平方米；列入区“三个年”活动“七大行动”项目29项，其中“项目大攻坚”23项、“品质大提档”13项均顺利推进。建成（含在建）智慧停车泊位13300余个，其中道路停车7320个，非道路停车6038个；全年经营收入800余万元，其中道路停车次数超621万次，APP注册用户67万余户。鄞城集团统一开发、全部自持、自主运营的邻里商业项目——下应悦邻菜市场按照三星级菜市场标准设计，经营品类涵盖肉类、海鲜水产、蔬菜、水果花卉、特色农产品等近20种品类，设摊位252个，容纳经营户200余户，辐射周边1000米社区。鄞城集团首家混改企业——宁波优城悦邻商业运营管理有限责任公司挂牌成立，注册资本1000万元，其中宁波市南部新城资产管理有限公司出资390万元，社会资本出资610万元。

【鄞通集团】 2019年1月14日，鄞通集团成立，注册资本5亿元。总资产52.71亿元，资产负债率84.59%，新增贷款规模13.93亿元，融资净增加13.93亿元。集团在交通、矿产、能源和基础设施等多个领域建设七大项目（新建3项、续建1项、前期3项），至年底，金童山矿地竞得采矿权，隆安渣土处置场具备初步运营能力，滨海交通产业基地完成前期工作，附属工程开工建设，滨海高速公路开展PPP（公私合营）咨询工作，鄞城大道实现全线通车，雁湖路工程、综合供能服务站建设推进。全年计划完成投资12.50亿元，实际完成投资25.02亿元。注入宁波市城乡公共交通有限公司10.75%股权、鄞州中油邱隘兴信加油站20%股权、宁波象山湾疏港投资有限公司25%股权、鄞州区城市排水有限公司100%股权；注入原江东区房管处持有的东渡路55号22套房产和鄞州区房管处持有的四明中路、钱湖北路、泰寓路39套房产，共注入固定资产3682万元（按账面原值）；成立宁波通运利达渣土消纳有限公司、宁波通利新能源开发有限公司、鄞州区城市排水有限公司3家全资公司，宁波中集集装箱制造有限公司、宁波思通矿业有限公司、鄞州区浙石油综合能源销售有限公司3家合资公司，横跨建筑、制造、矿产、能源服务等多个领域。至年底，滨海交通产业基地项目、金童山矿地项目等先后签约，隆安山塘建筑渣土消纳处置场项目完成临时运营设施验收交接，具备初步运营能力。

【鄞工集团】 2019年2月2日，鄞工集团成立。集团是区全资国有企业，主营工业地产开发和运营、产业投资等，注册资本5亿元，拥有下属一级全资子公司2家、一级控股子公司2家，一级参股公司3家，投资参股有限合伙企业3家，受托监管区国资直属企业2家。

集团业务范围涵盖工业地产开发、跨境电商园区管理、贸易、开发建设、基金投资管理等领域。出资500万元与宁波市国际贸易投资发展公司共同组建鄞贸电商园开发管理有限公司，鄞州区跨境电商集聚区顺利开园；市集成电路产业基金完成首期出资；出资承办的中国宁波集成电路产业生态论坛于11月20日举行；承接山海协作、东西部合作等任务，完成区内集体经济薄弱村"飞地抱团"产业园项目挂牌、衢江飞地产业园项目签约落地、吉林延吉产业基金1亿元认缴出资到位、和龙市边境经济合作区结成友好合作关系等。承接全区4185公顷的工业用地现状调查和6个未来工业社区等选址规划，形成全域工业园区整合提升工作方案和三维数据系统，完成中河都市工业创新街区、茅山集聚区、姜山产业创新综合体等规划设计方案。与万洋集团、联东集团共同开发运营的2个产业园项目全部开工，拟自主开发运营的滨海高端关键零部件产业园完成土地摘牌，滨海富贵家厂房完成收购，实现单宗物业收购改建小微企业园零的突破。至年底，集团公司本级总资产10.01亿元。

【鄞开集团】 2019年7月1日，鄞开集团完成工商注册登记，总资产127.25亿元，资产负债率30.25%，全年营业收入5.54亿元，净利润2.34亿元，年末刚性债务22.28亿元。全年完成项目投资20.90亿元。其中，宁舟巷改造开发投资3.50亿元，徐戎地块、潜龙新村棚改项目投资3.10亿元，七塔禅寺、工人新村一期、曙光地块、王隘地块棚改项目投资12亿元，雷公巷地块、贺丞路地块棚改项目投资2.20亿元等。全年陆续注入宁波市鄞州区城市开发建设有限责任公司、宁波市鄞州区宁南建设开发有限公司、宁波市鄞州粮食收储有限公司3家一级子公司及1家二级子公司，托管宁波市江东城市建设投资发展有限公司、宁波市建东置业有限公司。仇毕区块城市有机更新项目和潜龙一村、二村开发项目等项目先后签约；总投资约10亿元，总建筑面积13.14万平方米的城中村改造庆丰地块整体置换项目、民生实事工程建设完成全部桩基施工。启动安置房建设课题研究项目，空间范围为鄞州区中心城区和云龙镇、姜山镇、五乡镇，至年底，完成安置房建设选址研究初稿。

【国有资产特定问题调查整改】 2019年，鄞州区人大常委会成立国有资产特定问题调查委员会。4月起，区人大常委会抽调纪委、财政、审计、国资等部门组成联合调查组，对区属国有资产（房屋、土地、山林、湖泊、海涂及矿山）情况展开全面调查，经近半年的自查、重点单位核查，共排查出土地993公顷，房屋及建筑物954.66万平方米，海涂726公顷，湖泊266公顷，山林846公顷，矿山剩余开采量28万立方米，并按照资产权证不齐、账实不符、权属不清、被侵占、闲置、违规出租等类别梳理出具体问题504项。建立每半月整改情况反馈机制，通过对标销号，不断提升国有资产规范化管理水平，重资金、轻实物的现象有明显改善。

【区国资国企改革发展动员大会】 2019年9月16日，鄞州区国资国企改革发展动员大会召开。区领导褚银良、王兆波、沃勇特、卜明长、朱剑涛、叶天奔参加会议。各镇（街道）党委（党工委）书记、区级机关有关单位主要负责人、部分区属国企主要负责人，鄞城、鄞通、鄞工、鄞开四大集团班子成员、国资中心中层以上干部共130余人参加会议。区长王兆波部署全区国资国企改革发展有关工作。按照部署，鄞州区将实施改革争先、绩效争高、治理争效、监管争强、党建争优五大行动，通过组建一批龙头型国企、整合一批同质型国企、清理一批低效型国企、混改一批潜力型国企，提升国有资本运营成效。鄞城集团、鄞通集团、区住建局、姜山镇政府、潘火街道办事处作表态发言。

（史　彬　马　洁　陈雄峰
周诗雯　贝琼奕　吴王斌）

物价管理

【概况】 2019年，鄞州区统一原鄞州、原江东两地停车收费政策，明确全区机动车停放服务收费管理等有关事项，规范全区停车收费秩序。开展公办幼儿园保教费调整前期工作，先后委托第三方中介机构开展成本监审和社会稳定风险评估，公办幼儿园保教费暂缓至2020年调整。做好价格（收费）核定工作，核定东南智慧产业园5号地块等29家普通住宅小区前期物业收费标准，审核公共停车场、公立医院配套停车场等停车收费标准23家，核定塘溪镇敬老院收费标准，调整福泉山、天童禅寺景区交通车票价，调整东钱湖仁达、利民2所民工子弟学校学费收费标准。与水利部门对接农业水价、农村饮水工程、水库以及乡镇自来水厂等水价制订相关工作。做好重大展会期间宾馆酒店客房价格监管，在宁波市重大展会期间，对鄞州区（包括东钱湖、国家高新区）20家四星级及以上和国际品牌宾馆酒店价格行为加强监管；实施宾馆酒店价格报告制度和价格承诺制度，在中东欧国家博览会等重要展会期间，做好宾馆酒店价格行为事前事中监管工作。

开展价格监测和成本调查，做好民生商品、重要商品和服务价格监测和预警，关注全区12家菜市场猪肉价格变动情况，形成猪肉价格监测分析材料。定时采集土地、商品住宅、钢材、水泥、尿素等35种商品和服务价格数据，通过对价格情况的跟踪，向上级有关部门上报监测数据和分析材料。做好全省农产品成本专项调查。

【涉案物品价格认定】 2019年，鄞州区涉案物品价格认定数量451件，价格认定总额1709.48万元。其中，涉嫌刑事案件450件，认定金额1633.55万元；涉及行政案件1件，认定金额75.93万元。

【价格管理与监测】 2019年，区发改局每周一次对区内10家农贸市场生活必需品价格进行监测，价格监测数据在鄞州广播电视台和鄞州区发改局网站发布。每月一次对鄞州区主要商品和服务价格进行监测。5月，启动重大展会期间宾馆酒店客房价格监管工作，实施宾馆酒店价格报告制度和价格承诺制度。8月，启动猪肉价格应急监测工作。核定普通住宅小区前期物业收费标准29件、停车场收费标准23件，调整塘溪镇敬老院收费标准，调整东钱湖旅游度假区仁达子弟学校、利民民工子弟学校学费收费标准，调整福泉山景区、天童旅游景区观光车票价。印发《关于规范鄞州区机动车停放服务收费管理的通知》，明确鄞州区机动车停放服务收费管理相关事项。完成成本监审14家单位，核减单位上报数664万元。解答价格收费政策咨询和投诉。

【农产品成本专项调查】 2019年，鄞州区开展全省农产品成本专项调查工作。1月完成农户种植意向调查，4月完成农户存售粮情况调查及农户购买农资情况调查，8月完成早籼稻种植成本收益调查，11月完成粳稻种植成本收益调查，并形成专项调查报告报送上级。建立宁波市特色农产品（雪里蕻）成本调查点。

（魏建辉）

统　计

【概况】 2019年，鄞州区统计局整合各行业主管部门基础资料，对地区生产总值核算相关的24项支撑性指标实行月度测算、日情监测，于每月报表关网前对核心指标数据上报情况进行动态监测。编报政务信息，撰写统计快报9篇、统计专报13篇、统计分析6篇，其中《做大做强我区餐饮业的三方面建议》等15篇统计专报获区委主要领导批示，《新中国成立70周年鄞州区经济社会发展综述》首次被国家统计局网站全文录用刊登。"鄞州统计"官方微信推送170次，微博更新统计相关信息912条。

推行行政执法公示制度、统计执法全过程记录制度、重大统计执法决定法制审核和集体讨论制度，确保统计执法及处理全流程各环节的合法性、规范性。加大统计执法和统计造假弄虚作假责任追究力度，全年检查单位61家，处罚6家，罚款总金额2.40万元，两个行政处罚案卷分别获评市、区2019年度优秀案卷。全年举办统计法制讲座11期，基本实现全区"四上"（规模以上工业企业、资质等级建筑业企业、限额以上批零住餐企业、规模以上服务业企业）企业统计普法全覆盖。继续开展统计诚信单位申报评定，授予宁波市蔬菜有限公司鄞州区统计诚信单位称号。

【区统计局获评第四次全国经济普查先进集体】 2019年12月，国务院第四次全国经济普查工作领导小组公布第四次全国经济普查先进集体名单，区统计局入选。第四次全国经济普查2018年启动，区统计局在有关部门配合下，全面完成普查试点、宣传动员、清查摸底、业务培训、现场登记、数据审核和质量验收等各阶段工作。全区2000余名普查员、普查指导员共登记单位67520家，抽样登记个体工商户3500家，一套表单位登记3072家，非一套表单位登记64448家。在宁波市经普办组织的各县（市、区）交叉检查中，鄞州区以"零差错"的成绩通过检查。

【"最美经普人"评选】 2019年5—8月，鄞州区经济普查办公室组织"最美经普人"评选活动。全区共有15支经普团队、29名普查指导员和普查员参加评选，通过微信平台网络票选的方式，评选出票数最高的5支经普团队、6名镇（街道）级普查指导员及9名村（社区）级普查员，并授予"最美经普团队"和"最美经普人"的称号。

《2019鄞州区统计年鉴暨新中国成立七十周年鄞州区统计资料汇编》

【《2019鄞州区统计年鉴暨新中国成立七十周年鄞州区统计资料汇编》出版】 2019年12月，《2019鄞州区统计年鉴暨新中国成立七十周年鄞州区统计资料汇编》出版。该资料汇编是一本统计信息密集的资料性年刊和工具书。通过大量统计数据，全面、系统地反映2018年和新中国成立七十年来鄞州区经济、社会、科技和人民生活等各方面的发展情况。全书分"2019鄞州区统计年鉴"和"新中国成立七十周年鄞州区统计资料汇编"两部分，设置"综合核算""人口与劳动力""人民生活""档案"等25个部分。

【《鄞州区统计数据质量管控办法（2019）》印发】 2019年10月，区统计局印发《鄞州区统计数据质量管控办法（2019）》。该办法包括统计调查项目、基本单位名录库、数据处理软件平台构建运行、GDP核算、农业统计、工业统计、能源统计、固定资产投资统计、房地产统计、建筑业统计、贸易统计、服务业统计、劳动工资统计、研发统计、县域社会经济统计15项数据质量管控办法，贯穿调查项目设计、调查对象确定、调查任务布置、统计数据采集、数据审核加工、数据质量检查、数据评估和数据使用、公布、归档等统计数据生产、使用、管理全过程。该办法所涉及的指标符合鄞州统计工作实际，且更具操作性和针对性。

【镇级统计基础建设】 2019年，鄞州区有24个镇（街道）、园区相关科室增挂“统计工作站”牌子，在机构编制、人员配备、业务经费、办公条件等方面作出明确要求，并对镇级统计机构职能进行细化量化。全区24名站长和22名专职副站长全部到位，配备镇级统计人员近120人，其中大学本科及以上人员占比近70%，35周岁及以下人员占45%。

【《2019鄞州概览》出版】 2019年，区统计局编印《2019鄞州概览》。该书全册分鄞州概况、经济发展篇、经济指标篇、社会事业篇、先进企业篇、镇（街道、园区）简介6个章节，展示2018年鄞州区经济、社会、科技、人民生活多方面的特色亮点。

【企业用工调查】 2019年，区统计局开展企业用工调查。该调查每季度调查1次，调查分别于3月底、6月底和9月底完成。调查涉及制造业、建筑业、批发零售业、住宿餐饮业、房地产业等行业，调查样本92家。92家企业从业人员33776人，调查期间招录新员工4448人，招录新员工中外省籍农民工1731人，调查期间流失员工7443人，流失员工中外省籍农民工2758人。

（朱科苗）

调 查

【概况】 2019年，鄞州调查队主要承担城乡居民收支、粮食监测调查等常规统计调查13项。开展鄞州区民营企业发展状况调查、农村基层医疗服务现状调研、农村生活垃圾分类情况调研等专项调查研究19个。开展城乡居民一体化收支调查，加强民生统计监测；开展粮食监测调查、农产品价格调查、农民工监测调查，健全“三农”统计调查网络；开展小微企业和个体工商户跟踪调查、工业生产者价格调查、采购经理调查，强化企业调查监测；开展企业经营、就业情况、春耕备耕等专项调研，构建企业生产、民情气象和民生诉求调查机制，强化区域经济社会发展统计监测预警。全年撰写调查分析和调研报告25篇、调查信息15篇。被国家统计局采录调查分析2篇；被浙江省委办公厅采录调查分析1篇、调查信息2篇；被国家统计局浙江调查总队采录调查分析21篇、调查信息5篇；被宁波市委、市政府办公厅采录调查分析4篇；被鄞州区委、区政府办公室采录调查分析5篇、调查信息4篇；被《鄞州日报》媒体刊物采录调查分析、信息6篇。

表14　　2019年国家统计局鄞州调查队调查项目情况

项目类别	调查项目名称	样本数量及单位
常规调查项目	粮食监测调查	25个村
	住户收支与生活状况调查	400宅（户）
	农户固定资产投资调查	50宅（户）
	农民工监测调查	50宅（户）
	农民工市民化进程监测调查	125户
	农产品中间消耗统计调查	1户
	农产品生产者价格调查	9户
	月度劳动力调查	144户
	新设立小微企业和个体经营户跟踪调查	43家企业
	采购经理调查	109家企业
	工业生产者价格统计调查	107家企业
	畜禽监测调查	4家规模户
	房价监测调查	1家企业
专项调查研究项目	中美贸易摩擦对企业的影响调查	10家企业
	企业对高校毕业生招聘需求调研	5家企业
	鄞州区民营企业发展状况调查	150家企业

续表14

项目类别	调查项目名称	样本数量及单位
专项调查研究项目	留抵退税政策对企业的影响调查	10家企业
	鄞州区农村基层医疗服务现状调研	5个村、50人
	鄞州区农村生活垃圾分类情况调研	6个村、50户
	鄞州区2019年春耕备耕调研	8户
	鄞州区就业质量调查	8家企业、50人
	鄞州区暑期课外培训情况调研	5家企业、20人
	鄞州区民营企业发展情况调研	150家企业
	鄞州区网购用户专项调查	23户
	城市公共交通分担率和城市交通满意度调查	980户
	降低社保费率政策落实情况调研	8家企业
	新生代农民工就业情况调研	45人
	互联网新业态就业情况调研	30人
	鄞州区退役军人就业创业情况调研	45人
	鄞州区政策性农业保障调研	16户
	鄞州区农民工拖欠工资和节后返岗意愿调查	50人
	鄞州区农民工职业技能培训现状调查	30人
	全面从严治党民意调查	120户

【调查基层走访活动】 2019年3月，鄞州调查队开展“抓基层基础，促服务提升”基层走访行动，全体干部到基层开展调研和工作指导，加强调查数据质量核查，强化基层服务，疏解工作难题。通过走访，进一步抓实调查研究基础，提高调查配合度，提升基层调查工作水平。通过调研，探索更加科学的城乡居民收入、民生专项调查指标体系建设，健全统计调查数据全程全域全员责任制，提高源头数据质量。全年走访调查点74个，走访企业30家，走访住户125户。

【民营企业发展情况调查】 2019年8月，鄞州调查队开展民营企业发展情况调查，抽选150家民营企业。调查结果显示，鄞州区降本减负政策受众面广、市场公平竞争环境良好有序，民营企业对全区的营商环境满意度高，但存在经营状况下降、扩张意愿不强、用工成本增加、专业人才短缺、融资存在困难等问题。对此，建议推动“最多跑一次”改革，加深政策宣传深度，加强人才培养和引进，促进科研创新，加大投资融资服务，加大降本减费力度，助力民营企业发展，营造公平法制的竞争环境。

【统计调查基层基础建设】 2019年，鄞州调查队加强基层基础建设。全年组织各类培训22期，合计724人次。对全区74个调查点、263家样本企业、546户样本户（记账户）进行建库维护，“两库”建设更加完善。完成21个住户调查点零星换户工作，调查样本更加科学合理。通过现场检查、重点核查、电话抽查相结合，各专业

2019年9月20日，“第十届中国统计开放日”宣传活动在钟公庙街道凌江社区举行

累计开展数据质量检查64次，检查单位数量883家（户、点），全域化数据管控更加高效。推进普法工作向基层延伸，全年累计以会普法22次，受众885人次。在“第十届中国统计开放日”，通过《鄞州日报》、微信宣传、现场宣传、知识竞赛等方式，推进普法工作向公众扩展。协同区统计局承办浙江省“12·8”《中华人民共和国统计法》颁布纪念日宣传活动，现场展示统计普法宣传展板10个、普法易拉宝4个、发放宣传品2000余份，参与400余人次。

【基层统计调查业务培训机制调查研究】 2019年8月，鄞州调查队开展基层统计调查业务培训机制调查研究。抽选辖区内辅助调查员和企业统计人员共186人。调查结果显示，鄞州区基层统计调查业务培训总体满意度较高，各专业的培训频率比较合适，培训效果总体反映较好，培训内容与实际需求总体相符，但培训内容有待多样化，培训组织方式比较单一，师资力量有待加强。对此，提出运用ADDIE模型构建基层统计调查业务培训机制，以培训目标和培训问题为首位，重点管控培训活动的过程，具体从分析考察培训需求、设计培训计划、编制培训资料、实施培训活动、进行效果评估和改进等五方面建立完整的培训机制，做到对培训全过程进行质量闭环管理，提高培训实效。

（郑柳艳）

审 计

【概况】 2019年，区审计局完成审计项目60个，查出违规金额7483万元，管理不规范金额132890万元，核减投资额6.32亿元，促进增收节支和挽回损失1.21亿元；移送问题线索15起，刑事处罚2人，党纪政务处分18人；提交审计专报11篇，审计报告、专报、信息等被领导批示55篇次，其中省市领导批示4篇次；审计信息被上级审计机关和党委政府录用172篇次。机构改革后，区财政局预算执行情况和其他财政收支情况监督检查职责、区发改局重大项目稽查职责、区国资委国有企业监事会职责和国有企业领导干部经济责任审计职责划转至区审计局。

开展区本级财政预算执行和其他财政收支情况审计、徐戎小区危旧房改造项目资金投入和使用绩效审计、小城镇环境综合整治项目预算执行情况审计，实施基层医疗卫生机构运营管理、养老服务体系建设、农村公路改造等6个专项审计调查。开展全区9个单位13名领导干部任期经济责任审计，在咸祥镇同步开展自然资源资产责任审计。《区教育局局长王建平任期经济责任审计》获评浙江省优秀审计项目、宁波市优秀审计项目，《姜山镇原镇长张宾任期经济责任审计》获评宁波市优秀审计项目，《东吴镇党委书记张磊、镇长汪辉任期经济责任审计》获评宁波市表彰审计项目。

【区委审计委员会成立】 2019年5月21日，鄞州区委审计委员会成立，区委审计委员会办公室设在区审计局。6月26日，区委审计委员会第一次会议召开，市委常委、区委书记、区委审计委员会主任褚银良主持会议，区领导王邦进、沃勇特、陈家连参加会议。会议听取2018年以来全区审计工作主要情况和当前审计工作安排，书面审议《中共宁波市鄞州区委审计委员会工作规则》《中共宁波市鄞州区委审计委员会办公室工作细则》《宁波市鄞州区审计整改联合督查工作办法》和《宁波市鄞州区公共投资项目审计监督办法》。

【《鄞州区审计整改联合督查工作办法》印发】 2019年10月，区委审计委员会印发《宁波市鄞州区审计整改联合督查工作办法》，分5章15条，明确审计整改联合督查工作在区委审计委员会的统一领导下，由区委办、区政府办、区人大财经工委、区纪委监委、区委组织部及区审计局组成联合督查组组织实施。联合督查工作由常务副区长牵头批准后实施，原则上每半年开展一次，联合督查对象范围为当年度整改到期的重大审计项目的整改落实情况，以及以前年度整改的重要问题。联合督查结果及过程中的重要事项报区委审计委员会审定。10—11月，对11个重点审计项目15家单位开展2批次审计整改联合督查，涉及审计问题311个、审计建议54条，问题整改率90%，审计建议采纳率100%。

【大数据审计平台应用】 2019年1月18日，鄞州区审计大数据应用平台二

2019年1月18日，鄞州审计大数据应用平台二期及安全架构项目验收

期及安全架构建设项目通过专家组验收。2019年，利用数据分析平台，在全区基层医疗卫生机构运营管理情况专项审计调查中，通过大数据分析比对，从海量数据中发现采购串围标、配药异常、医疗服务价格收取不规范等问题，提出审计建议，促进印发17项完善制度，1篇信息获副省长王文序、副市长许亚南批示。在区本级财政预算执行和其他财政收支情况审计中，建立大数据分析模型70余个，发现造假骗取补助、"三公"经费支出不规范等问题。11月，区审计局《非结构化数据智能采集和转换》参赛作品在"鄞州区大数据创新应用大赛"中获三等奖，《宁波市鄞州区同级审大数据审计案例》《基层医疗机构审计项目大数据应用案例》入选省审计厅大数据审计项目案例。

【投资审计转型发展】 2019年，区审计局落实上级审计机关关于进一步严格规范投资审计工作的有关文件精神，全面梳理存量审计项目，召开专题业务会议，在逐个听取审计项目进展情况的基础上，制订清理方案，按"抓紧完成一批、沟通退回一批、列入明年计划一批"原则分类清理。邀请区财政局、区住建局等7家重点相关区级职能部门分管领导就投资审计转型工作召开座谈。在与各部门沟通的基础上，撰写《关于推进我区投资审计转型工作的报告》，获市委常委、区委书记褚银良和常务副区长沃勇特批示。

【区内部审计实务指导委员会成立】 2019年5月，区审计局组建鄞州区内部审计实务指导委员会。11月，印发《宁波市鄞州区内部审计实务指导委员会规则》，明确指导委员会的主要职责包括提供行业政策咨询和专业领域审计业务指导；参与内部审计项目、案例、课题的评选评优活动；研究、制订内审质量评估操作指南，参与内部审计质量评估；组织实施对重点行业、领域内部审计发展情况的调查并形成相关内部审计发展报告等。指导委员会委员由教育、卫生、社保、金融等行业主管部门和财政、投资、经济责任审计、企业、大数据等专业审计领域的专家组成，至年底共有委员17人，其中国家审计专家5人、行业政策咨询专家9人、企业审计实务专家3人。

（高　翔）

市场监督管理

概　述

【概况】 2019年，鄞州区新设内资企业（含分支机构）13421户，注册资本（金）740.66亿元。其中，私营企业12780户，注册资本（金）560.75亿元，增加投资者人数21979人，雇工人数35547人；新设个体工商户14509家，资金数额17.62亿元，增加从业人员26911人；新设农民专业合作社4户，成员出资总额410万元。至年底，全区累计实有内资企业（含分支机构）73935家，注册资本（金）5438.72亿元。其中，私营企业70255家，注册资本（金）4641.46亿元，有投资者人数129263人，雇工人数790930人；个体工商户72673户，资金数额64.68亿元，从业人员140034人；农民专业合作社173户，成员出资总额1.52亿元；实有各类市场主体157763户。全年立案查处各类案件1132起，罚没款1871.95万元，移送公安机关9起。全年受理各类举报投诉9689件，办结率97.50%，为消费者挽回经济损失883.52万元。

培育放心消费示范街区，打造"放心消费在高校"，创建放心消费示范社区。开展食品流通领域专项整治行动。加强食品流通领域非洲猪瘟防控工作，开展"防风险消隐患保食安"专项整治行动，开展校园及周边辣条等"五毛食品"监督检查行动，联合开展"一打三整治"专项整治行动，农村假冒伪劣食品治理行动等。加强农产品批零市场规范化建设管理，示范引领构建食品商超管控模型，实施食品销售风险分级。推进质量强区战略，开展全面质量提升行动。引导企业导入卓越绩效模式，提升企业质量控制水平。推进品牌培育，继续挖掘和培育品字标"浙江制造"企业和各级政府质量奖申报企业。实施"标准化+"战略，指导企事业单位开展上级标准研制和采用国际标准及国外先进标准。抓好标准化项目的培育和申报，完成"社区便民服务"和"航运交易服务"两个国家级项目验收。落实各项帮扶措施，开展新一轮小微企业三年成长计划相关工作，为区域企业提供各类平台和融资便利。加大"双随机"检查，发挥市场提升、红盾护农、合同帮扶、股权出质、动产抵押、非公党建等职能作用，提升民企"双对接"活动，培育信用示范企业。强化产品监管，完善质量风险监控机制和监督抽查机制，开展重点产业、重点产品质量评价，加强计量监管、日用消费品和重要工业产品质量安全监管及认证认可监管，重点加大对检测检测机构和认证机构监管，规范机构检验检测和认证行为。加强特种设备安全监管，完善风险评估和危害辨识，抓好危险化学品及相关产品特种设备和公共聚集场所特种设备的风险管控和隐患排查治理双重预防机制建设，开展重点时段、重点区域特种设备监督检查、危险化学品安全生产大检查、大型空调机组中"三类设备"专项整治、停用特种设备专项排查清理、大型游乐设施安全检查、流动叉车专项检查、安全生产整治百日大会战等。

推动"最多跑一次"改革，推进"一网通办""一日办结""容缺受理""零见面审批"和市场主体住所登记自主申报承诺制等改革举措，推广"企业开办全程网上办平台"。推进国家知识产权强县工程示范区建设，推动商标品牌战略实施。开展"4・26"知识产权日和"5・10"中国品牌日宣传，开展知识产权进企业、进社区、进校园活动。推进驰名商标认定，落实浙江省商标品牌示范县、乡镇、企业的申报；对商标印制企业实行信用等级评定，分类监管。推进专利事业再攀新高，培育知识产权优势企业，鼓励企业开展专利导航，推进知识产权与金融的结合。

表 15　　2019 年鄞州区新设注册资本 5 亿元以上企业情况

序号	企业名称	经营地址	注册资本（万元）
1	宁波泰甬置业有限公司	鄞州区曙光北路1858号10-12	170000
2	宁波景心置业有限公司	鄞州区姜山镇科技园区东一路	122232
3	宁波富甬集成电路投资有限公司	鄞州区江东北路475号004幢宁波和丰创意广场（15-1）意庭楼1505-2室	200000
4	宁波未来创客教育科技有限公司鄞州分公司	鄞州区邱隘镇中山东路2266号（东部新城银泰城三层351号）	100000
5	宁波开投瀚洋股权投资基金合伙企业（有限合伙）	鄞州区天童南路707号明创大楼二楼	150100
6	中科同创网络科技股份有限公司	鄞州区天童南路639号2401室-01	50000
7	宁波盛奥房地产开发有限公司	鄞州区樟树街106弄40号（1-4）	147500
8	宁波市鄞工创业投资合伙企业（有限合伙）	鄞州区姜山镇科技园区东一路	70000
9	宁波富甬制造业投资基金有限公司	鄞州区江东北路475号004幢（意庭楼1505-3室）	250000
10	宁波鄞工盈实创业投资合伙企业（有限合伙）	鄞州区姜山镇科技园区东一路	50505
11	中保科联技术有限责任公司	鄞州区湖下路217号1801室-1	50000
12	宁波甬芯集成电路股权投资有限公司	鄞州区明楼街道江东北路475号004幢（意庭楼1505-4室）	100000
13	宁波市鄞州区城市开发建设有限责任公司	鄞州区学士路642弄2号2501-1室	300000
14	宁波龙尚房地产发展有限公司	鄞州区曙光北路1858号（3-1）-（3-5）333室	200000
15	宁波富甬合投制造业股权投资有限公司	鄞州区江东北路475号004幢（意庭楼1505-5室）	80000
16	宁波思通矿业有限公司	鄞州区东吴镇南村、北村	60000
17	宁波上目商业管理服务有限公司	鄞州区首南街道都市工业园区	68153
18	宁银理财有限责任公司	鄞州区和源路318号30楼	150000
19	浙江乐谱显示科技有限公司	鄞州区瞻岐镇大嵩盐场（鄞州经济开发区）	102000
20	中吉聚合足球俱乐部股份有限公司	鄞州区东柳街道中兴路609号（2-1）	68000
21	中启供应链管理（浙江）有限公司	鄞州区百丈东路37号（11-2）	50000
22	宁波市鄞通集团有限责任公司	鄞州区城南商务大厦2幢801室	50000
23	宁波市美睿房地产发展有限公司	鄞州区首南街道都市工业园	110000
24	宁波浙达置业有限公司	鄞州区潘火街道金贤路童家村	50000
25	宁波交投资源有限公司	鄞州区明楼街道朝晖路416弄262号（3-1）	200000
26	宁波市鄞工集团有限责任公司	鄞州区姜山镇科技园东一路	50000
27	中金传化（宁波）产业股权投资基金合伙企业（有限合伙）	鄞州区首南西路88、76号B幢1层898室	300000
28	宁波瀚海乾元股权投资基金合伙企业（有限合伙）	鄞州区首南西路88、76号B幢1层900室	135100
29	宁波谱盛股权投资合伙企业（有限合伙）	鄞州区首南街道首南西路88、76号B幢1层899室	175100

【国家级标准化试点】 2019年，鄞州区开展国家级标准化试点，助力企业转型升级。“社区便民服务”和“航运交易服务”国家级试点项目通过验收，“房地产经纪服务”成为2019年宁波市唯一的服务业标准试点。全国工业陶瓷标准委员会碳化物材料标准化工作组落户鄞州，宁波伏尔肯科技股份有限公司成为首家承担全国性标准化工作组工作的鄞州企业。11月12日，在省委政研室《调查与思考》（领导专报）中重点阐述“社区便民服务标准化建设成为国家级试点，主持参与起草的《社区便民服务中心服务规范》国家标准正式发布，属全省首例”，获副省长彭佳学和鄞州区委书记褚银良批示肯定。

【“夜巡夜查”执法行动】 2019年6月11日，区市场监管局利用周二夜学时间开展“夜巡夜查”行动。该行动重点围绕“一打三整治”展开，并对农贸市场的周边环境以及餐饮店的规范经营情况进行检查。由局领导分别带队，126名执法人员组成12支执法队伍，对全区32家农贸市场和232家餐饮店开展夜间检查。共发现餐饮店加工制作流程不规范等各类问题32个，全部予以现场整改；查获违禁渔获物8千克，移交区农业农村局处理；未发现有毒有害、过期变质或来源不明的食品。

【区市场监管综合行政执法队成立】2019年10月30日，鄞州区市场监管综合行政执法队挂牌成立。副区长梅益进参加。成立的鄞州区市场监管综合行政执法队整合食品、药品、特种设备、知识产权、计量、价格等相关领域执法职责，并以市场监管部门统一行使行政处罚权以及与之相关的行政检查、行政强制权，实现“一支队伍管市场”的综合执法格局。

【打击非法传销专项行动】2019年5—12月，鄞州区完善打击传销联席会议制度，形成由政府牵头、部门协同、齐抓共管的综合治理机制。9月6日，召开全区打击传销工作联席会议，通报打击传销工作进展情况，研究打击和防范传销的办法措施，针对专项工作提出处理意见，督促、落实打击和防范传销的各项措施，协调解决打击传销工作中的重点、难点问题。区市场监管部门和公安机关共立案查处传销案件9起，其中打掉涉案金额74亿元，涉及全国32个省、自治区、直辖市的特大“集呈科技”网络传销案，处理犯罪嫌疑人50余人，捣毁犯罪窝点5个。鄞州区打击非法传销专项行动受到公安部表彰，获评全省打击传销工作成绩突出集体。

【农贸市场改造提升三年攻坚行动】2019年8月29日，鄞州区印发《宁波市鄞州区农贸市场改造提升三年攻坚行动实施方案（2019—2021年）》，区政府成立相关领导小组和办公室，确定“2142”改造提升总目标。召开全区农贸市场改造提升三年攻坚行动部署会，11个镇（街道）签订2019年度农贸市场改造提升责任状。在全市率先印发农贸市场改造提升专项补助资金实施细则。至年底，全区星级市场覆盖率83%，其中城区二星级及以上文明规范农贸市场覆盖率76%，乡村一星级及以上文明规范农贸市场覆盖率81%；创建省级食品安全规范化建设A级农贸市场1家。

【“放心肉菜示范超市”创建】2019年，鄞州区引入“三品一标”（无公害食品、绿色食品、有机食品、地理标志食品）、出口“三同”（与出口食品同线、同质、同格）等基地直供产品、绿色食品、有机食品等优质精品肉菜725种，优化超市农产品采购渠道。3家“放心肉菜示范超市”通过省级验收，4家“宁波市食品安全示范超市”通过市级验收。联合专业机构开展连锁超市食品安全管理评估工作，通过专业评估、定向培训和措施整改，督促经营者严格落实食品安全主体责任。全年对30家超市实施食品安全管理评估。

【“信用+金融”电商监管服务模式实施】2019年11月，鄞州区印发《鄞州区电子商务经营者信用信息公示实施方案》和《鄞州区电子商务经营者信用信息公示及监管办法（试行）》，在全省率先启动“电商信用监管与服务”项目，首创“信用+金融”电商监管服务模式。针对电商平台经营者、网店经营者、自建网站经营者等3类主体，设置不同的信用信息指标监管体系，涉及13个一级指标和66项细分指标。强化电商市场主体信用信息结果运用，与鄞州银行合作设计信贷产品——“电商贷”，凡符合中小微企业授信准入条件的，给予电商企业纯信用最高100万元、其他担保方式最高1000万元授信。至年底，对鄞州辖区内10家实际经营的第三方网络交易平台、鄞州区大学生（青年）创业园和E淘园2家试点电商园区内的电商实施信用监管工作，建立电商经营者信用档案，在鄞州区市场监管局网站和微信公众号上进行首次电商经营者信用监管结果公示。3家信用良好的鄞州电商企业共获纯信用贷款300万元。

（杨　萍）

工商行政管理

【概况】2019年，区市场监管局推动“最多跑一次”改革提质增效扩面，开展“局长坐窗口”活动，落实市场主体住所登记自主申报承诺制等改革举措。推进各类市场主体年报公示工作，完成企业年报公示59747户，自然年报率90.58%，工作年报率93.02%；完成个体工商户年报公示50823户，自然年报率81.61%，工作年报率88.80%；完成农民专业合作社年报公示131户，自然年报率76.16%，工作年报率79.07%。进一步清理“僵尸”企业，完成个体户依职权注销2199户，企业吊销1102户。

新公示AAA级“守合同重信用企业”12家，继续公示12家，累计有AAA级“守合同重信用企业”61家。新公示AA级“守合同重信用企业”16家，继续公示16家，累计有AA级“守合同重信用企业”77家。新公示A级“守合同重信用企业”33家，继续公示4家，累计有A级“守合同重信用企业”76家。新增小微企业11887家，其中个转企224家、股份公司18家。搭建银企合作桥梁，帮助48家小微企业融资3800万元；对接鄞州银行印发“电商贷”发放纯信用贷款300万元。3家企业获评浙江省小微企业“成长之星”，1家企业获“优秀服务机构”称号，20家小微企业园入选省级认定小微企业园，总数居宁波市首位。

全年新增中国驰名商标1件，总量24件，2家企业获评全省商标品牌示范单位。全年专利授权量10828件，其中发明专利授权量1623件；专利申请量15806件，其中发明专利申请量5220件。专利各项指标继续保持全市第一、全省领先。

表 16　　2019 年鄞州区中国驰名商标（行政认定）情况

序号	企业名称	商标（注册证号）
1	宁波杉杉股份有限公司	杉杉831664
2	奥克斯集团有限公司	XUX+奥克斯3246107
3	宁波欧琳厨具有限公司	欧琳+OULIN994214
4	宁波培罗成集团有限公司	培罗成1697237
5	宁波乐士实业有限公司	LESLI+乐士1633652
6	宁波永享铜管道有限公司	永享+H+YONGXIANG1601618
7	浙江一舟电子科技股份有限公司	SHIP1981935
8	宁波巨神制泵实业有限公司	巨神JS及图742335
9	宁波李氏实业有限公司	MuZi1396964
10	宁波隆兴焊割科技股份有限公司	隆兴LONGXING及图1139225
11	宁波宏大电梯有限公司	豪斯汀HOSTING及图1307091
12	宁波欧琳厨具有限公司	欧琳+OULIN1208385
13	宁波市鄞州精铸五金厂	NBLF+图3274800
14	宁波音王电声股份有限公司	SoundKing+图1351208
15	宁波中哲慕尚控股有限公司	GXG3083564
16	宁波汉浦工具有限公司	PULY1530822
17	宁波乐歌视讯科技股份有限公司	乐歌4917421
18	宁波高发汽车控制系统股份有限公司	GF4463134
19	麦克英孚（宁波）婴童用品有限公司	宝贝第一Babyfirst6275514
20	奥克斯集团有限公司	AUX5108408
21	奥克斯集团有限公司	奥克斯5447955
22	宁波市鄞州永林电子电器有限公司	YLE1213185
23	浙江一舟电子科技股份有限公司	一舟6582157
24	日月重工股份有限公司	RIYUE及图9550455

【智慧农贸市场建设】 2019年11月，区市场监管局与阿里巴巴团队（涵盖“城市大脑”、阿里云、“饿了么”平台）合作开展智慧农贸市场建设，推进农贸市场数字化转型，试点将联心菜场打造为全国首家3.0模式智慧菜场。阿里巴巴首次参与智慧农贸市场建设，该模式把实体菜市场“整体延伸”至线上，通过“饿了么”平台将销售拓展至3千米内生活圈，实现实体菜市场整体线上线下一体化运营，打破菜市场经营的空间局限。创新农贸产业供应链金融服务，农贸市场经营户通过流水数据可获银行直接授信贷款，享受便捷普惠的金融服务。

【网络市场监管专项行动】 2019年7—11月，鄞州区开展2019网络市场监管专项行动（网剑行动）。清理涉网主体，共清除“僵尸”网店和企业网站4235家。检查并督促各类电子商务经营者做好“三亮”（亮照、亮证、亮标），做好电子标识办理，规范申请和贴置营业执照电子链接标识，共办理红盾标识37件。实施价格定向监测，制订网络市场商品及服务交易价格实施定向监测方案，在“双十一”“双十二”期间开展涉网主体价格专项监测，加强网络市场重点时段的监管。在“双节”期间，共开展网上巡查1630余次，检查平台46次，立案调查26件。全年涉网案件立案176件，比上年增长5.11%，其中移交公安机关1件。

【互联网广告专项整治】 2019年3—11月，鄞州区开展以整治社会影响恶劣、公众反映强烈、危害人民群众人身财产安全的虚假违法互联网广告为重点的互联网广告专项整治行动。重点查处未经审查发布的医疗、药品、医疗器械、保健食品等广告；含有表示功效、安全性的断言保证，说明治愈率、有效率，利用广告代言人作推荐、证明等违法内容的医疗、药品、医疗器械、保健食品广告等。共查处互联网虚假违法广告案114件，罚没款224.56万元。其中，查处金融投资互联网广告案2件，罚没款13万元；医疗互联网广告案9件，罚没款24万元；食品互联网广告案7件，罚没款9.60万元。

【“满意消费长三角”行动】 2019年，鄞州区开展各类型放心消费示范单位培育，推进“满意消费长三角”行动。全年上报放心单位550家，其中放心商店260家、放心网店53家、放心餐饮40家、放心农贸市场8家、放心工厂137家、名特优作坊及亮化达标小微食品企业14家、放心化妆品示范街1条，无理由退货承诺单位422家。同时，开展“宁波消费大讲堂”“消费知识七进”等活动，提高消费者自我保护能力和维权意识。

【“亮剑2019”系列执法行动】 2019年3—7月，鄞州区市场监管局组织开展“亮剑2019”打击假冒伪劣综合执法行动；5—12月，开展“亮剑2019”保护知识产权综合执法暨“铁拳”行动。2次专项行动共立案查处假冒伪劣、商标侵权等案件186起，其中大要案22起，罚没款144.40万元，取缔食品“黑作坊”1个。

【“双随机”抽查工作】 2019年4月初至12月底，鄞州区选取涉及九大类27个项目作为抽查范围开展“双随机”抽查工作。抽查企业4117户次，在册企业主体覆盖率超过6%。区市场监管局牵头区人力社保局、区文广旅游体育局开展2次跨部门“双随机”抽查。明确公示信息抽查、登记事项检查、广告发布行为检查等9项检查事项。经抽查，发现因失联“列入异常经营名录”2家、搬迁1家、注销清算1家、责令改正需后续处理2家。

【融资服务平台搭建】 2019年，为解决小微企业融资难，鄞州区民营企业协会继续与鄞州银行共同搭建融资平台。参加市民营企业协会组织的宁波市十三届小微企业融资洽谈会，召集21家企业共同参与，并开展银企对接活动。全年共帮助48家小微企业融资3800万元。

【类金融风险专项整治】 2019年，鄞州区开展类金融风险专项整治，建立每星期召开一次的类金融机构风险专项整治联合工作会议制度。通过扫楼排查、一企一档登记、分类研判等办法摸清基本情况，并进行集中整顿治理。全年检查疑似经营类金融业务的企业57家，对外公布承诺从未开展类金融业务企业5家，被列入经营异常名录类金融企业24家。

【无证无照整治监管】 2019年，鄞州区对位于老旧住宅小区车棚车库、商住楼等无照经营行为进行重点整治，对洗车行业开展专项整治。对发现的无照经营通过限期整改、办理营业执照的形式予以规范，并对未申领排水许可证的从事洗车服务的经营户，每周定时抄告区水利局和区综合执法局备案。全年出动执法人员5100余人次，检查经营户2550余家，查处无照经营案件126起，案值71万元，罚没款20.69万元。

【清理规范涉企收费专项行动】 2019年2月20日至9月30日，鄞州区对10家行政事业单位的行政审批中介服务费、行业协会收费、转供电主体降价退费等重点领域，开展清理规范涉企收费专项行动，进行价格监管，发现问题23个，清退违规收费298万元。其中，为使国家降低电价政策传导至最终用户，降低企业用能成本，对21家转供电单位进行突击检查，3000余户小微企业获国家减费降税优惠。

（杨　萍）

食品药品监督管理

【概况】 2019年，鄞州区发放食品经营许可证2164个，发放小食杂店登记证1220个。自行检测食品2389批次（含婴幼儿乳粉123批次、特殊膳食食品12批次、保健食品60批次），不合格23批次，均立案查处；123批次婴幼儿乳粉、12批次特殊膳食食品和60批次保健食品全部合格。

立案查处食品违法生产案件14件，罚没款23.92万元；食品流通案件172件，罚没款204.94万元；餐饮服务案件217件，罚没款137.36万元；药品案件71件，罚没款13.82万元；医疗器械案件14件，罚没款42.58万元。

全区有涉药单位1129家。其中，药品生产企业4家，药品批发企业7家，药品连锁企业总部2家，药品零售企业519家，各类医疗机构597家［市级医疗机构1家、区级医疗机构7家、镇（街道）19家、民营医院28家、医务室38家、诊所134家、社区卫生服务站108家、村卫生室108家、其他医疗机构154家］。

全区有医疗器械生产生产企业32家，其中一类15家、二类16家、三类1家。共有各类医疗器械注册（备案）产品263个，其中一类82个、二类172个、三类4个。

【“日常检测不合格农贸市场食品销毁理赔险”推行】 2019年，鄞州区在全国首创“日常检测不合格农贸市场食品销毁理赔险”，对农贸市场销售的隐患食品进行销毁并给予保险补偿。此险种是鄞州区在2015年全国率先投保由政府买单的“公益食责险”的基础上，将保险关口前移。在该模式下，保险标的拓展为农贸市场销售的隐患食品。凡经区市场监管局和农贸市场快速检测等发现的隐患食品，由区市场监管局、保险公司、农贸市场等联合对其进行无害化处理或销毁，以阻止其继续流向市场和百姓餐桌，经营户损失由保险公司给予保险补偿，并在全区农贸市场推广施行。全年共理赔3起。

【农村假冒伪劣食品专项整治】 2019年2月，鄞州区完成农村假冒伪劣食品的专项整治。整治行动自2018年12月17日启动，区政府制订《宁波市鄞州区农村假冒伪劣食品专项整治行动实施方案》，召开全区农村假冒伪劣食品安全治理工作专题会议，成立以分管副区长为组长的整治工作领导小组。在基层市场监管所指导下，各镇（街道）对辖区内的“五小”行业（小作坊、小商店、小摊点、小餐馆、小商贩）开展全面排查。整治期间，印制农村假冒伪劣食品专项整治宣传标语1200条，发放《致广大农村居民（消费者）的一封信》3000份，开展集中整治行动2次，监管部门出动执法人员1558人次，检查各类主体1719个次，取缔各类主体20个，查处假冒伪劣食品案件25起，受理投诉举报206起。全区食品流通领域完成农村食品相关抽检124批次，检出不合格食品2批次。

【校园及其周边食品安全专项整治】 2019年3月19日至4月10日，区市场监管局开展对全区春季开学期间学校食品安全风险隐患排查、治理和校园及周边辣条等“五毛食品”监督检查。重点检查学校食堂、校园周边餐饮服务单位、食杂店和学生集体用餐配送单位。共检查校园食堂配送企业4家、学校食堂310家，发现问题118处，整改24家；检查校园及校园周边食品销售主体203家，下架“五毛食品”49.90千克，对校园及周边食品进行监督抽检100批次。

【区食品安全追溯联动平台建设项目通过验收】 2019年8月20日，鄞州区食品安全追溯联动平台建设项目通过验收。该项目属全国首个区级食品安全联动追溯平台，项目于2018年8月启动实施，并列入2019年度全区民生实事项目。平台累计投资967.32万元，在区食安办组织协调下，由鄞州区市场监管、农业农村、教育、商务等部门协同联动，建成区级食品质量安全顺向可追踪、逆向可溯源、风险可管控，发生质量安全问题时产品可召回、原因可查清、责任可追究的联动追溯体系。平台选取九大类18种重点品类食品作为试点品种，贯穿养殖、生产、流通、餐饮等食品安全全流程。

【餐饮行业“红黑榜”发布】 2019年8月，鄞州区市场监管局以商圈、商业综合体为重点，通过区内外各大媒体和“宁波市场监管”“鄞州市场监管”公众号等，不定期地向社会公众发布餐饮行业“红黑榜”：把食品来源可追溯、食品加工过程可控、厨房管理规范、就餐环境干净整洁、食品安全得到有效保证的餐饮单位定为“红榜”上榜单位；把厨房管理混乱、就餐环境脏乱差、存在食品安全隐患的以及屡教不改、问题较多、反复回潮的餐饮单位定为“黑榜”单位。全年发布餐饮“红黑榜”3期、“黑榜”整改篇1期，其中“红榜”上榜餐饮单位14家、“黑榜”上榜餐饮单位13家。

【“保健”市场乱象专项整治】 2019年1月21日至6月30日，鄞州区市场监管局联合12个部门开展整治“保健”市场乱象专项行动。8月15日至9月15日，开展新一轮“保健”市场专项整治行动，重点解决市场上欺诈营销和虚假宣传“保健”产品的突出问题。8月16日，召开直销企业行业整治座谈会，辖区内18个直销企业代表参加会议。专项整治期间，开展协作执法14次，出动执法人员4016人次，检查各类经营主体1822家，立案查处140件，移送公安机关6件，罚没款281.80万元。抽检保健食品10批次，检测结果不合格2批次。

【送药上山进岛便民服务点建设】 2019年7月23日，区市场监管局联合区卫生健康局等部门在鄞州区横溪镇金峨村启动送药上山进岛便民服务点建设工作。9月5日，在东吴镇画龙村、咸祥镇芦浦村、瞻岐镇中心卫生院进行送药上山进岛便民服务点授牌仪式。全年完成送药上山进岛便民服务点建设4个。每个送药上山进岛便民服务点平均投入建设资金2万余元，主要供应基本药物以外的常用药品以及应急用的医疗器械等，价格均低于市场零售价，实行专人专管，以解决当地群众购药难、购药贵、购药远等问题。至年底，药品便民服务点服务群众300余人次，销售药品260盒（瓶），单个药品价格比市场价格下降75%。

【化妆品“百千万”美丽消费示范街及经营单位创建】 2019年7月，区市场监管局选择世纪东方商业广场开展化妆品“百千万”美丽消费示范街及经营单位创建。该示范街内有化妆品类经营企业14家，涵盖美容店、美发店、专卖店、母婴用品店、小超市、酒店和药店7种类型业态。重点检查证照是否齐全、服务水平是否良好等，与经营户签订“放心消费示范街区创建承诺书”，倡导诚信经营，规范经营行为，确保商品和服务质量。开展“化妆品安全使用知识”普及活动，建立“高校+行业协会”社会宣传员队伍，发放化妆品宣传资料400份，提供咨询200人次。至年底，全区创建美丽消费示范街（商圈）3条、示范商场31个、示范经营单位260家。

【宁波阳光药师视频考勤试点运行】 2019年，宁波阳光药师视频考勤系统在鄞州区组织试点运用。该系统由宁波市市场监管局研发，主要为解决零售药店执业药师、药师在职在岗情况监管，保护消费者购药、用药安全，遏止药品零售环节执业药师和药师在职不在岗、执业药师不在岗销售处方药等问题。鄞州区市场监管局选择综合管理水平较高的潘火街道作为试点区域，组织零售药店安装视频考勤系统，培训使用操作，制订考勤规则，并提出软件存在问题以及改进的方法。至年底，参与宁波阳光药师视频考勤试点的50家药店视频考勤基本正常，上报考勤数据1000余条，发现考勤有问题药店10余家。

（杨　萍）

质量技术监督

【概况】 2019年，鄞州区新增“浙江制造”标准发布9项，新增数量居全市第二位；7个产品获“品字标”认证。10家企业导入卓越绩效管理，全区累计有74家企业导入卓越绩效管理模式。

建立质量抽查、发布体系，特种设备安全监管体系，标准化体系，产品质量追溯体系等四大体系。实施“三随机、五公开”质量监督抽查制度。在产品生产领域，区级定期监督抽查140批次，重点开展混凝土砖、儿童和学生用品（含配装眼镜和食品相关产品）等专项监督抽查。在产品流通领域，监督抽检200批次，主要开展非品牌儿童服装、汽柴油、家用电器等抽检。全年在产品生产领域共处理抽查不合格21件，流通领域立案查处16件。

【质量强区建设】 2019年4月9日，鄞州区印发《关于开展全面质量提升行动打造品质鄞州实施意见》，从经济、民生、城乡、生态、文化五大发展领域确立三年目标并细化至各职能部门，在重点行业和重点领域开展产业、产品、工程、服务和人居“五大质量提升行动”。至年底，各级质量奖梯队培育取得成效，有1家企业申报省政府质量奖，5家企业申报区政府质量奖，3家企业获评区政府质量奖；宁波引发绿色食品有限公司创建成为2019年“浙江省中小学质量教育基地”，宁波市仅两家；鄞州区获“2019年度质量强区”市政府对区考核全市第一名。

【危险化学品安全生产大检查】 2019年4—6月，鄞州区组织开展危险化学品安全生产大检查，重点检查经营许可范围、压力容器、压力管道等特种设备使用登记手续及相关安全附件等。检查期间出动执法检查45人次，检查液化石油气充装站7个，工业气瓶充装单位3家，车用气瓶充装单位7家，气瓶检验单位1家。发现3家单位存在安全隐患，全部整改。

【大型空调压力容器专项检查】 2019年4月23日至5月14日，鄞州区开展大型空调机组中蒸发器冷凝器油分离器专项排查治理，重点检查辖区内医院、酒店、超市等大型中央水冷空调机组的设备。检查范围包括水冷空调机组附带的冷凝器、蒸发器、油分离器是否办理使用登记，相应的安全阀、压力表是否校验，安全管理制度是否建立，经常性维护保养和定期自查是否到位等。出动执法人员112人次，检查单位42家，发现未纳入监管设备93台，办理使用登记但未按要求实施首检的设备5台，完成检验102台，发出安全监察指令书8份。

【停用特种设备专项排查清理】 2019年4月25日至9月20日，鄞州区开展停用特种设备专项排查清理工作。根据4月统计数据，全区有4952台特种设备标识为停用状态，涉及使用单位1762家，其中锅炉207台、压力容器591台、电梯1202台、起重机2722台、场（厂）机226台、游乐设施4台，停用设备占全区特种设备总量的14.40%。按照“属地管理”原则，由各镇（街道）通过现场排查，对辖区内停用的特种设备进行全面清理。对已拆除、报废的停用设备，督促使用单位办理注销手续。经清理，有683台设备办理公告注销手续，使用停用设备的3家单位受处理。

【电动自行车生产企业监管】 2019年5月5日至7月29日，鄞州区开展电动自行车生产销售环节专项执法检查。3家电动自行车生产企业负责人接受约谈，责令企业严格执行电动自行车新国标政策和CCC认证要求。对1家获电动自行车CCC认证的生产企业开展“双随机”检查。联合宁波市非机动车管理所和鄞州交警大队检查电动自行车销售单位6家，发现经营户异地经营1家。

【电梯维保单位量化评分考核】 2019年9月9日至10月20日，鄞州区开展电梯维保单位综合量化记分及分类监察工作，综合量化记分周期为2018年7月1日至2019年6月30日。列入量化考核的维保单位45家，其中A类24家、B类16家、C类5家、D类0家。对检查发现的问题，督促电梯维保单位落实整改，并对整改情况逐一复查。尤其对综合量化记分被划为C、D类的5家单位，逐家梳理和组织约谈，跟踪落实整改情况。

【宁波凯信服饰股份有限公司“开放共享实验室”成立】 2019年12月12日，宁波凯信服饰股份有限公司企业内部实验室正式挂牌“开放共享实验室”，是为全市第一家向社会开放的服装企业内部实验室。该实验室面积320平方米，拥有专业检验检测技术人员11人，检测设备30余台，包括缩水实验室、恒温恒湿物理实验室、色牢度实验室和化学实验室，可提供检验纺织品成衣缩水率、洗后外观扭曲、色牢度等强力测试项目与甲醛检测、耐磨性检测等相关项目，同时提供产品质量问题原因分析、技术改进等方面的技术咨询，将辐射带动区域内服饰制造类企业的技术创新和质量提升。实验室服务项目和收费标准等信息会通过网站向社会公开。

（杨　萍）

安全生产监督管理

【概况】 2019年，全区发生生产安全事故20起，死亡12人，受伤11人，直接经济损失131.80万元，连续5年实现生产安全事故主要指标“双下降”（生产安全事故起数与死亡人数）、较大以上事故实现“零发生”。区应急管理局获评2018—2019年度全省应急管理系统先进集体。全区排摸录入风险点1767个，其中198个较大以上风险均落实动态管控。辖区5588家生产经营单位实现隐患自查、自改、自报闭环式管理，排查一般事故隐患17616项。按时整改摘牌各级工矿商贸重大隐患单位14家、重大火灾隐患单位26家，下应加油站、杭甬线钟家沙村长输油气管道等一批积年隐患整治完成。落实安全生产责任保险、待检查企业提前公示、班前5分钟教育培训等制度。区应急管理局及基层安监所全年开展执法检查3979家次，整改安全隐患7401处，事前处罚立案525件，罚款金额690.90万元。区消防大队及公安派出所开展消防日常检查14556家次，整改火灾隐患7739处。教育、住建、综合执法、交通运输、商务、文广旅体、卫健、市场监管等部门开展检查5330家次，整改安全隐患6132处。组织开展安全生产宣传教育培训，全年共培训企业主要负责人6050人、安管员6655人、特种作业人员2020人、一般员工10万余人。安全生产许可办理全部实现“最多跑一次”，办事事项办理时间在政务服务“八统一”基础上整体再缩短58%，办理时间缩短73%。

【全区安全生产暨消防工作会议】 2019年1月31日，全区安全生产暨消防工作会议召开。会议总结2018年度全区安全生产工作和消防工作情况，部署2019年应急管理重点工作。区长王兆波出席会议并讲话。会议强调，安全生产和消防安全关系千家万户的幸福安康，是必须高度重视的底线民生。各级各部门要以更加精准有力的举措和强烈的责任担当，开拓进取、扎实工作，共同把安全生产和消防工作做得更好，为鄞州建设“两高四好”示范区提供坚实的安全保障。会上还通报2018年安全生产先进集体和个人，签订2019年度安全生产目标管理责任书，姜山镇、东郊街道、区教育局、区文广旅游体育局作安全生产工作述职。

【安全生产集中整治百日大会战】 2019年10—12月，鄞州区开展安全生产集中整治百日大会战行动，共排摸企业22248家次，核查化学品企业1122家次，确认危险化学品企业394家，网格排摸和核查任务均实现100%。共治理隐患5445个，限期整改1632家，立案92起，处罚159.06万元，停产整顿61家，取缔关闭10家，治安拘留5人，刑事追责1人；拆除违章企业324家，拆除面积22.24万平方米。分级分类实施业务培训171场8212人次，组织企业培训703场36845人次。同时，构建起“两小”（小企业小加工作坊）企业动态排查、核查、检查机制，“两小”企业重点消防单位整治机制和安全生产、消防安全严重非法违法行为移送治安管理处罚工作机制等安全生产长效管理机制。

2019年1月31日，全区安全生产暨消防工作会议召开

【中心城区消防设施建设项目完成】 2019年，鄞州区政府年度十大民生实事项目之一的中心城区消防设施建设项目完成。计划投资建设1所一级消防站和152个“防消宣”一体化社区微型消防站，总投资3800余万元。至年底，152个社区微型消防站及宣传体验点全部投入使用。全年扑灭火灾20余次，发现并整改火灾隐患6800余处，开展消防宣传1.6万余人次，救早、灭小的成效初步显现，保障辖区火灾形势持续稳定好转。中河消防站12月15日完成主体项目建设，将于2020年7月完工。

【全市安全生产宣传咨询日活动在鄞州区举行】 2019年6月16日，由宁波市人民政府主办，市安全生产委员会办公室、鄞州区人民政府联合承办的安全生产宣传咨询日活动在宁波文化广场举行。市委常委、常务副市长陈仲朝出席活动并致辞，市政府副秘书长顾立群，市应急管理局局长陈强，区委常委、常务副区长沃勇特等参加活动。活动以危险化学品安全为重点，围绕“防风险、除隐患、遏事故”的主题，现场设立咨询服务区、图版展示区、安全文化展示区、应急救援队伍和装备展示区4个区域，向社会公众提供安全生产法律法规与安全知识、技能等多方面咨询服务，发放各种宣传资料、宣传品7.50万份，展出装备、图版300余件。通过现场展示大型消防救援车、水域救援无人机等救援装备、开展现场安全知识有奖竞答、事故案例图讲解、发放安全宣传资料、播放安全宣传教育片、开展“安全生产”大签名、现场创作儿童安全书画作品、书法家现场绘制安全主题扇面、安全宣教基地实景体验等宣教活动，吸引1000余名市民参与互动。

（万　犇）

科学技术

综　述

【概况】 2019年，鄞州区新认定高新技术企业72家，总数350家，占全市总量的16.30%，居全市第一位。实现高新技术产业增加值194.82亿元，比上年增长5.70%，占规模以上工业增加值63.42%，高于规模以上工业增速0.80个百分点；高新技术产业完成投资29.58亿元，增长4.30%。实现技术交易额20.90亿元，增长53%，技术交易额总量居全市第二位。专利申请量15806件，专利授权量10828件，其中发明专利申请量5220件、发明专利授权量1623件。规模以上科技服务业机构120家，实现增加值22.74亿元，增长11.10%；营业收入41.64亿元，增长7.20%。创建省级产业创新服务综合体2家、市级2家。国家级平台数量持续领先全市，科技创新指数跃居全国百强区第一位，是浙江省唯一入选国家“双创”示范基地的行政区域，并获国务院督查激励。

推进国家自主创新示范区园中园和南部青创中心建设，打造智能制造研发高地和全省产学研深度融合中心。推进“动能大转换”行动方案和“热带雨林式”创新生态系统建设，推动“新空间、新主体、新动能、新融合、新支撑”发展。完善科技政策体系。对研发投入补助政策进行梯队设计，引导企业加快研发创新载体全覆盖和重点企业建立“研发准备金”制度，做到普惠制和重点示范激励相结合。全年区本级规模以上工业研发费用经费投入38.59亿元，增长18.60%；新产品产值增长9%，新产品产值率提高到40.30%。首次新增引进国外智力奖励办法和企业引进“海外工程师”奖励办法，引导鼓励鄞州区企业大力引进优秀“海外工程师”。

推进创新企业群体培育，新登记备案创新型初创企业371家，累计2304家，数量均居全市首位。实施高新技术企业培育计划，全年有266家企业进入高新技术企业培育库（其中92家企业新入库培育）。新创建国家级企业技术中心1家，省级企业研究院6家、高新技术企业研究开发中心7家、院士工作站1家，市级企业研究院4家、工程技术中心22家，院士工作站1家，累计创建市级以上企业工程中心213家，居全市第一位。至年底，全区备案“双创”平台46家、孵化总面积近50万平方米，新增省级“众创空间”2家、市级“众创空间”4家、区级“众创空间”2家；新增市级科技企业孵化器2家、区级科技企业孵化器（专业型）1家。国家级“众创空间”和孵化器数量居全市第一位。鄞创孵化器通过科技部火炬中心2018年度考核评价，成为宁波市唯一连续4年获评A类国家级科技企业孵化器；宁波中物光电科技企业孵化器首次获科技部火炬中心2018年度A类考核评价；获评浙江省数字化试点园区、鄞创科技企业孵化器运营的科技信息孵化园成功申报浙江省小微企业园和宁波市侨界创新创业基地；鄞州区大学生（青年）创业园成功申报国家中小企业公共服务示范平台和省小微企业园。

举办“百名中科院院士专家进鄞州”、“智+”长三角知名高校院所优秀产业化成果发布会，两次活动邀请专家119人，参与企业170余家，达成合作意向11项。11月，举办中国宁波技术转移高峰论坛暨鄞州科技大市场二期启动仪式，同时成立全国第一家区县级技术转移协会。第四届“甬创·鄞造”创客大赛选送5个项目到印度参赛，其中智能睡眠项目获金奖。

【科技金融体系建设】 2019年，鄞州区修订印发《鄞州区科技金融专项资金使用管理暂行办法》，设立“风险池基金”专户，规模4000万元。在与杭州银行宁波科技支行、中国银行宁波鄞州分行、中国农业银行宁波鄞州分行、宁波银行科技支行4家“科技银行”合作开展“风险池基金”贷款的基础上，新增总部在鄞州的商业银行开展科技贷款业务合作，并进行贴息补助。4家“科技银行”全年累计审批通过科技贷款企业172家，贷款额度5.16亿元。至年底，“科技银行”银行“风险池基金”贷款项下客户167家，贷款余额4.65亿元，户均余额278.44万元。开展科技型中小微企业贷款保证保险，为63家企业提供贷款保障1.30亿元。开展科技保险试点工作，与人保财险鄞州支公司合作，激励企业开展科技研发活动，科技保险风险保障范围覆盖专利执行、专利侵权、产责险、产品研发责任险、雇主责任险、诉责险、董监事高管职业责任险、产品质量保证保险、国内短期贸易信用保险、高管人员和关键研发人员团体健康保险及意外伤害保险等

表 17　　2019 年鄞州区获宁波市科技进步奖项目情况

序号	项目名称	申报单位	获奖等级	归口
1	高精度超片成型关键技术及应用	宁波荣智自动化科技有限公司	技术发明二等奖	潘火街道
2	全自动叠图机关键技术研究集成及产业化	宁波荣华数码印刷设备有限公司	科技进步三等奖	潘火街道
3	节能高效电机用高性能稀土永磁材料的关键制备技术及产业化	宁波韵升股份有限公司、中国科学院宁波材料技术与工程研究所	一等奖	东郊街道
4	重建上颈椎稳定性关键技术的系列研究及临床应用	宁波市第六医院	一等奖	鄞州区科技局
5	多功能智能水槽关键技术的研究及产业化	宁波欧琳厨具有限公司、宁波中物东方光电技术有限公司、浙江欧琳生活健康科技有限公司、宁波欧琳实业有限公司	二等奖	潘火街道
6	肘关节骨折治疗的解剖学、影像学及临床研究	宁波市第六医院	三等奖	鄞州区科技局

表 18　　2019 年鄞州区获宁波市科技创新推动奖获奖情况

序号	姓　名	工作单位	归　口
1	高一波	鄞州区云龙镇人民政府	云龙镇
2	李迎春	宁波甬致专利代理有限公司	首南街道

10个险种，累计为全区高新技术企业提供风险保障85.10亿元。协助区内企业“走出去”寻找技术服务，依托省科技创新云服务平台，方便企业通过平台查询、在线预约开放共享的科研基础设施、仪器设备和技术服务，让企业在创新地图上寻找对口服务载体。2019年发放“创新券”693.27万元，有73家企业使用科技创新券369.28万元，兑现352.21万元。

【科技创新奖励】 2019年，鄞州区加强各类科技合作项目的申报与管理，推荐2家企业申报国家科技进步奖、7家企业申报省科技进步奖和技术发明奖、14家企业申报市科技进步奖，推荐科技创新特别奖和推动奖各4人。年内，鄞州区获浙江省科技奖励2项，其中技术发明二等奖1项、科技进步三等奖1项；获宁波市科技奖励6项，其中科技进步一等奖2项、二等奖1项、三等奖1项、科技创新推动奖2项。

2019年9月20日，鄞州区第四届“甬创·鄞造”创客大赛颁奖典礼举行

【第四届“甬创·鄞造”创客大赛】 2019年5月6日至9月20日，鄞州区第四届“甬创·鄞造”创客大赛举行。活动由区政府主办、区科技局承办，大赛以“创新联动”为主题，沿承国际化思路，通过整合鄞州区“双创”平台的国际创新资源，联合鄞创孵化器、鄞州大创园、汇聚·创业里、微电子产业园、启迪之星（宁波）共同协办，打通海外人才和项目引入渠道，同时结合宁波城南智创大走廊、产业创新服务综合体等全区重大工作任务，专门设计综合赛区、集成电路专业赛区、海外赛区和南部青创中心赛区4个赛区。大赛征集到优质项目400余个，涉及新材料、环保节能、互联网+、生物医药、文化创意等领域，吸引来自马来西亚、泰国、美国、意大利、瑞士、英国等国家的创客团队报名。“3D机器视觉系统”等5个项目获创业类优胜项目，“校园服务熊”等10个项目获创意类优胜项目，5个优秀项目参加印度创新大赛，其中智能睡眠项目获金奖。

（吴芝宇）

科技机构与服务平台

【概况】 2019年，鄞州区备案“双创”平台46家、孵化总面积近50万平方米，包括科技“众创空间”32家，其中国家级7家、省级9家；科技企业孵化器10家，其中国家级3家、市级2家；科技企业加速器4家（区级）。全区“双创”平台在孵企业694家，毕业企业236家，孵化企业年产值超63.52亿元。“双创”平台孵化企业中创新型初创企业、高新技术企业培育入库、高新技术企业和宁波股权交易中心挂牌企业各新增245家、37家、21家和16家。“双创”平台全年为在孵企业提供融资总额（风投+科技金融）13592.84万元，比上年增长94.20%。全区产值超千万孵化企业67家，其中超亿元企业7家。2家平台获科技部A类考核评价，14家“双创”平台获省级小微企业园认定，3个平台进入省市级产业创新服务综合体名单。

表 19　　2019年鄞州区备案“双创”平台情况

类型	序号	平台名称	备案情况	类型
科技众创空间	1	中物科技园“S.O.S”空间站	国家级，2016年2月	专业
	2	鄞州区大学生（青年）创业园7号	国家级，2016年2月	综合
	3	宁波集物堂众创平台	国家级，2016年2月	综合
	4	万里笃创	国家级，2016年9月	综合
	5	创梦未来	国家级，2016年9月	综合
	6	宁波市创新设计众创空间	国家级，2016年9月	专业
	7	百事通众创空间	国家级，2017年12月	综合
	8	无中生有创业咖啡鄞州店	省级，2016年8月	综合
	9	宁波乔克兄弟创客空间	省级，2016年8月	综合
	10	汇聚·创业里	省级，2017年9月	综合
	11	浙药健康创客公社	省级，2017年9月	专业
	12	启迪之星（宁波）众创空间	省级，2017年9月	专业
	13	楼友会·宁波云创空间	省级，2018年12月	综合
	14	盛世方舟众创空间	省级，2018年12月	综合
	15	JOB+众创平台	省级，2019年9月	综合
	16	创城	省级，2019年9月	综合
	17	摩米创新工场	市级，2017年12月	综合
	18	创咖智汇园	市级，2019年12月	综合
	19	鄞州青柠檬众创空间	市级，2019年12月	专业
	20	51创众创空间	市级，2019年12月	综合
	21	星空间	市级，2019年12月	综合
科技企业孵化器	1	鄞州区科技企业创业服务中心	国家级，2009年12月	综合
	2	宁波中物光电科技企业孵化器	国家级，2016年3月	专业
	3	鄞州区大学生（青年）创业孵化园	国家级，2016年12月	综合
	4	芯空间	区级，2017年11月	专业
	5	启迪之星（宁波）孵化器	区级，2017年11月	综合
	6	宁波诺丁汉国际创新创业孵化产业园李达三孵化园	区级，2018年8月	综合
	7	华创科技创业园	区级，2018年8月	综合
	8	宁波传奇农业分子育种专业孵化器	区级，2019年8月	专业

续表19

类型	序号	平台名称	备案情况	类型
科技企业加速器	1	宁波鄞州中物炜业加速器	区级，2018年11月	综合
	2	启迪之星（宁波）加速器	区级，2018年11月	综合
	3	宁波鄞州中物万维加速器	区级，2018年11月	综合
	4	中创科技加速器	区级，2018年11月	综合

【浙江清华长三角研究院宁波分院】 2019年，浙江清华长三角研究院宁波分院（以下简称宁波分院）为当地引进和培养高层次人才88人，其中国家级专家3人、省级专家3人、宁波市"3315计划" 9人、"创业鄞州·精英引领计划" 13人；引进和孵化高新技术企业80余家；申报专利218件，获授权118件，其中发明专利（含软件著作）122件。先后设立蛋白质定点修饰技术研究中心、车联网及大数据研究中心、新经济发展研究中心、气动技术研究中心等各类实验室和研发中心30家，推动一批智能制造、高端装备、先进材料、健康医疗等重大项目落地和高层次创新创业人才集聚。园区入驻包括小驴当家、中劲新材料科技股份有限公司、宁波弛田汽车科技有限公司等企业70余家，产业基地入驻宁波爱基因科技有限公司、宁波咏联特种设备有限公司等企业7家。其中，警用装备供应商浙江北泰智能科技股份有限公司（原泰科力合科技有限公司）2019年产值超过亿元，贡献税收约500万元；中劲新材料科技股份有限公司利用工业固废材料研发、生产、销售高性能硅酸盐轻骨料制品，实现工业固废的资源化利用，产销两旺，2019年实现产值4000余万元。

【中国工程物理研究院宁波军转民科技园】 2019年，宁波中物孵化器中物科技园入选浙江省小微企业园，完成"众创空间—孵化器—加速器—小微企业园"科技创业孵化培育链条布局，是全区具有完整产业创新链条培育的创新平台之一，也是具有园区建设运营一体化的服务平台。2019年度中物九鼎对孵化器平台建设及服务提升投入100余万元，在孵企业科研经费支出5300余万元。2019年孵化器在孵企业72家，累计毕业企业23家，加速企业20家；孵化器入驻率97%，空置面积494平方米，原有加速器入驻率100%，新增加速器面积23586平方米，待招商面积13361平方米。以激光与光电子产业为切入，开展技术创新、科技合作、检测服务、加工技术服务、人才引进、技术攻关、科技成果转化、产业服务、创新创业服务等方面工作，发展成为激光与光电子产业服务综合性一站式科技服务平台。中物光电所建设示范光电产业园，加大招商力度，引进优质科技型企业。加速器租赁场地1.30万平方米，完成产值1亿元。引进宁波浩渤涂覆、宁波邦禾供应链、宁波得可、宁波新龙医药等公司，其中宁波浩渤涂覆科技有限公司为2018年鄞州区"创业鄞州·精英引领计划"项目D类，同时获宁波市"3315资本引才计划"资助，公司获民间资本宁波浩渤集团投资650万元，2019年实现产值1000余万元。

【鄞创公司获评A类国家级科技企业孵化器】 2019年11月21日，科技部火炬中心公布2018年度国家级科技企业孵化器考核结果，鄞创科技孵化器连续4年获评A类国家级科技企业孵化器。鄞创公司成立于2008年，先后创办成为国家级孵化器、中国留学人员创业园区孵化基地、全国青年创业示范园区，同时挂牌鄞州区留学人员创业园和鄞州区科技企业创业服务中心。2019年引育留学人员创业企业79家、留学归国人员120人，创建区级以上工程技术中心62家，企业年新增自主知识产权300余件，在孵企业和毕业企业实现产值14.20亿元，增长18%，其中产值上千万元的有25家、上5000万元的有8家、上亿元的有3家。申报晋级成为浙江省小微企业园。此外，鄞创公司获评宁波市侨界创新创业基地和浙江省科技企业孵化协会先进会员单位，同时获宁波市小微企业创业创新基地城市示范专项资金100万元经费资助。

【鄞州科技信息孵化园】 2019年，鄞州科技信息孵化园"一心"三园区总孵化面积16万余平方米，在孵企业149家，培育毕业企业63家。园区新增宁波市领军拔尖人才培养工程1人，新增宁波市创业领军人才"泛3315计划" 1人，入选市"3315计划" 9人，入选"创业鄞州·精英引领计划" 18人。拥有博士学位32人、硕士学位101人，企业直接提供就业岗位3000个，大专以上学历人员占比85%以上。参加全国"双创周"宁波鄞州分场活动、中国海外学子创业周、"海智宁波之旅"等各类高层次人才对接会、省内外招商活动20余场。先后举办科技企业减税降费、劳动用工六大法律风险、科技企业研发费用实务等培训会，举办"奔跑吧·创业者"双创运动会、"缘来你也在这里"单身联谊会等主题活动，吸引全区"双创"平台和数千名"创客"人才参与。全年新增智团项目立项12个，占全区智团项目总量1/4。孵化企业新创建区级工程（技术）中心7家、市级工程（技术）中心3家，全年获各级各类财政资金支持额2590余万元。有35家孵化企业通过宁波市创新型初创企业备案，企业总体备案完成率90%以上。5家孵化企业获评浙江省高成长科技型中小企业，拥有省高成长型中小企业44家，约占全区总量的30%。分四批共有29家企业获国家科技型中小企业备案，占全区新增总量的15.40%。新增国家高新技术企业11家，数量为历年最多，拥有有效国家高新技术企业44家，占全区12.60%。

【宁波中物光电科技企业孵化器获评2018年度A类考核评价】 2019年11月21日，科技部火炬中心公布国家级科技企业孵化器2018年度考核评价结果名单，宁波中物光电科技企业孵化器获评考核评价A类。宁波中物科技园有入驻企业91家，拥有“长江学者”2人、“杰青优青”3人，获国家、省、市、区等各级资助项目40余个；拥有院士工作站3个、园区博士后工作站1个、工程技术中心5个、联合实验室7个。2019年，中物科技园在孵企业收入规模1亿元，加速企业收入规模2亿元，毕业企业收入规模5亿元；园区和企业获各类荣誉60余项，其中4家企业承担宁波科技2025重大专项，4家企业获“中国瞪羚企业”称号，园区新获国家级孵化器考核评价A类（优秀）、浙江省小微企业园、浙江省数字化试点园区、浙江省军民技术双向转化科技协同创新平台、宁波小微企业“双创”基地（A级）、宁波市激光与光电子产业创新综合服务体、市级专家服务基地等荣誉。建设浙江省首个科技园区博士后工作站，引进在站博士后2人。

（吴芝宇）

产业技术创新

【概况】 2019年，鄞州区高新技术产业实现增加值242.08亿元，比上年增长11.60%。其中，区本级增加值194.82亿元，增长5.70%，占规模以上工业增加值的63.42%，提高1.15个百分点。高新技术产业主营业务收入、利税总额分别为918.35亿元、93.02亿元，分别增长4.10%、1%，分别高于鄞州区2、0.80个百分点。高新技术产业产值占规模以上工业的比重为62.92%，提高1.90个百分点。战略性新兴产业实现产值、主营业务收入和利税总额分别为496.13亿元、475.65亿元、39.17亿元，分别增长7.60%、5.50%、-4.60%。其中新材料、高端装备制造、新一代信息技术的产值分别占鄞州区战略新兴产业总产值的40.90%、33.55%、25.60%（行业之间有部分交叉）；高端汽配、智能家居、时尚服装三大优势产业实现产值、主营业务收入和利税总额分别为558.31亿元、555.07亿元、40.38亿元，分别增长3.30%、-1.20%、-6.50%。新型材料、智能终端产品、关键基础件、高端电子、信息软件五大细分行业全年实现产值、主营业务收入和利润总额分别为1138.8亿元、1117.82亿元、72.33亿元，分别增长4.70%、1.50%、-5.50%。

表20　　2019年鄞州区国家级企业技术中心情况

序号	中心名称	依托单位	创建年份	归口
1	奥克斯集团国家企业技术中心	奥克斯集团有限公司	2006	鄞州工业园区
2	博威集团国家企业技术中心	宁波博威集团有限公司	2007	云龙镇
3	宁波圣龙（集团）有限公司技术中心	宁波圣龙（集团）有限公司	2012	潘火街道
4	东睦新材料集团股份有限公司技术中心	东睦新材料集团股份有限公司	2014	鄞州工业园区
5	宁波音王电声股份有限公司技术中心	宁波音王电声股份有限公司	2015	潘火街道
6	宁波韵升股份有限公司企业技术中心	宁波韵升股份有限公司	2016	东郊街道
7	宁波美康生物科技股份有限公司技术中心	宁波美康生物科技股份有限公司	2016	下应街道
8	日月重工股份有限公司技术中心	日月重工股份有限公司	2018	东吴镇
9	宁波欣达（集团）有限公司技术中心	宁波欣达（集团）有限公司	2019	东吴镇

表21　　2019年鄞州区省级企业研究院情况

序号	研究院名称	依托单位	创建年份	归口
1	浙江省宁波欧琳有限公司节能、环保、智能化整体厨具研究院	宁波欧琳厨具有限公司	2013	潘火街道
2	浙江省东睦新材料粉末冶金研究院	东睦新材料集团股份有限公司	2013	鄞州工业园区
3	宁波宏大电梯研究院	宁波宏大电梯有限公司	2014	东吴镇
4	宁波美康生物体外诊断系统研究院	宁波美康生物科技股份有限公司	2014	下应街道
5	宁波圣龙汽车泵研究院	宁波圣龙汽车动力系统股份有限公司	2015	潘火街道
6	宁波康强电子封装材料研究院	宁波康强电子股份有限公司	2015	潘火街道
7	浙江一舟楼宇智能综合布线研究院	浙江一舟电子科技股份有限公司	2016	姜山镇

续表21

序号	研究院名称	依托单位	创建年份	归口
8	浙江三星智能计量研究院	宁波三星医疗电气股份有限公司	2016	鄞州工业园区
9	浙江省宁波高发汽车操控系统研究院	宁波高发汽车控制系统股份有限公司	2017	潘火街道
10	浙江省汉浦锂电微特电机研究院	宁波汉浦工具有限公司	2018	横溪镇
11	浙江省麦克英孚机动车儿童乘员用约束系统研究院	麦克英孚（宁波）婴童用品有限公司	2018	潘火街道
12	浙江省精成智能后视镜研究院	宁波精成车业有限公司	2018	中河街道
13	浙江省纬尚汽车驱动轴研究院	宁波纬尚汽车零部件有限公司	2019	云龙镇
14	浙江省英科特智能装备部件研究院	宁波英科特精工机械股份有限公司	2019	五乡镇
15	浙江省博格华纳涡轮增压与链系统技术研究院	博格华纳汽车零部件（宁波）有限公司	2019	潘火街道
16	浙江省旭力汽车安全拉紧装置研究院	宁波旭力金属制品有限公司	2019	五乡镇
17	浙江省乐歌健康办公研究院	乐歌人体工学科技股份有限公司	2019	鄞州经济开发区
18	浙江省中车超级电容储能与节能技术研究院	宁波中车新能源科技有限公司	2019	中车产业基地

【企业创新载体建设】 2019年，鄞州区企业创新载体建设成效显著。宁波欣达（集团）有限公司创建成为国家级企业技术中心，宁波中车新能源科技有限公司等6家企业创建成为省级企业研究院，宁波亚大汽车部件有限公司等4家企业创建成为市级企业研究院，全区有市级以上企业研究院25家。新创建省级高新技术企业研究开发中心7家、市级工程技术中心22家、区级工程技术中心79家。全区累计拥有国家级企业技术中心9家，居全市第一位，省级高新技术企业研究开发中心79家（占全市15.80%），市级工程技术中心147家，区级工程技术中心463家，全区拥有区级以上研发机构总数698家。

【宁波欣达（集团）有限公司创建国家级企业技术中心】 2019年12月30日，国家发改委发布2019年（第26批）国家企业技术中心认定名单，宁波欣达（集团）有限公司技术中心被认定为国家级企业技术中心。欣达集团系国家创新型企业、中国机械工业百强企业、浙江省创新能力百强企业、宁波市百家工业行业龙头骨干企业、宁波市制造业纳税50强企业、宁波市“三名”培育试点企业、宁波市制造业单项冠军示范企业、优势总部企业、连续多年获鄞州区“大力鼎”企业。主导产品连续11次26年（1991—2016年）获“全国用户满意产品”称号，认定省知名商号2个，浙江名牌产品1项，宁波名牌产品3项。

（吴芝宇）

科技项目与科技成果

【概况】 2019年，鄞州区洽谈新材料招商项目25项，签约7项，完成注册5项。其中，达产后销售有望超10亿元的1项、超1亿元的4项，新增投资5.7亿元。“基于生物基聚酯改性医用PET真空抽血管材料及制品产业化项目”“大功率智能无线供电系统产业化项目”“基于微流控芯片技术的食品安全检测系统的研发与应用项目”等5个项目入选2019年鄞州区“创业鄞州·精英引领计划”，其中孔继烈团队的宁波爱基因科技有限公司、牟泽怀团队的宁波欣上材料科技有限公司等已有销售业绩。组织12家企业参加第四届中国创新挑战赛（宁波赛区），获宁波赛区一等奖1个、二等奖1个、三等奖2个。同时，组织60余家企业参加2019中国（宁波）高新技术成果交易洽谈会。

【科技合作与交流】 2019年，鄞州区进一步完善科技成果转移转化体系，鼓励开展科技合作与交流，促进科技成果的高效转化。与省内外30余所高校形成常态化走访机制，发挥高校院所在产业项目对接、高端人才引进、科研成果转化等方面的支撑和引领作用。重点走访武汉大学、武汉理工大学、武汉科技大学、华中科技大学和光谷，结合鄞州区的产业需求，筛选和梳理出技术成果900余项，并通过鄞州区科技大市场平台进行发布。组织区内企业开展各类科技合作活动，合作对象主要以浙江大学、宁波大学、浙江大学宁波理工学院为主。全年共有16家企业的19个合作项目（其中国际合作项目2项）获专项资金补助。全区实现技术交易额20.90亿元，比上年增长52.90%，技术交易额总量居宁波市第二位。

【鄞州科技大市场建设】 2019年，鄞州区发挥科技大市场的核心功能，组织企业服务小组实地走访企业130余家，挖掘各类需求100余项，重点诊断企业超过40家，同时组织专家团队与企业交流50余次。推动奥克斯集团有限公司等企业分别与西安交通大学等高校签订产学研合作协议。强化技术转移人才队伍建设，通过“国家技术转移人才培养基地——宁波实训基地”2期实训班，共培养高级技术经纪人110余人，其中87人获证结业。2019年，鄞

表 22　　2019 年鄞州区科技合作项目情况

序号	项目名称	项目承担单位	归口
1	基于AWS云平台的智能升降桌物联控制器开发	乐歌人体工学科技股份有限公司	鄞州经济开发区
2	高纯度、高氘代度氘代氯仿的生产工艺的开发	宁波萃英化学技术有限公司	潘火街道
3	高性能制动盘用创新制造技术及数字化设计的研发和应用	宁波金汇精密铸造有限公司	云龙镇
4	RFID智能医疗柜研究与开发	浙江立芯信息科技股份有限公司	潘火街道
5	VC-676CS速印一体机关键技术研发	宁波荣大办公设备科技有限公司	潘火街道
6	衣帽衫前幅口袋智能化生产线开发	宁波舒普机电股份有限公司	潘火街道
7	水果智能套袋机研发	宁波盛声智能科技有限公司	首南街道
8	基于大数据的配电网故障可靠识别技术研究及智能系统开发	浙江天派科技有限公司	南部商务区
9	汽配LED灯组的手机App集成控制	宁波众心电子科技有限公司	首南街道
10	燃煤电厂电除尘粉煤灰输送技术服务	浙江鄞发节能科技有限公司	瞻岐镇
11	8500吨化学品船绿色船型设计开发	宁波东方船舶设计院有限公司	东胜街道
12	25800DWT散货船绿色船型设计开发	宁波东方船舶设计院有限公司	东胜街道
13	25000DWT散货船绿色船型设计开发	宁波东方船舶设计院有限公司	东胜街道
14	Keystone插座视觉检测系统开发	宁波市鄞州区利源电子有限公司	首南街道
15	升降桌主控板软件的研发	宁波品骏电子科技有限公司	五乡镇
16	图书馆数字资源使用平台	浙江优创信息技术有限公司	东胜街道
17	眼科手术机器人控制系统开发	茵德斯工业设计（宁波）有限公司	明楼街道
18	眼科手术机器人一体视网膜静脉插管末端仪器	茵德斯工业设计（宁波）有限公司	明楼街道
19	粮仓数据管理系统软件研发	浙江呗米物联科技有限责任公司	姜山镇

州科技大市场通过项目路演、专利培训、技术对接、校友论坛等多种形式的科技交流活动加大对本地企业创新意识的培育，主办和协作完成“鄞州企业家走进武汉高校”“鄞州企业进浙大理工学院”“科技文献检索培训”“人工智能上海交大校友论坛”“天使基金俱乐部新材料项目路演”等大小30余场科技交流活动，参加人员1000余人次。

【鄞州科技大市场二期投入使用】 2019年，鄞州科技大市场硬件建设基本完成，总占地面积5500平方米，是宁波市物理空间最大的科技大市场，其中二期面积2000余平方米，包括科技成果展示厅、项目路演厅和院士墙。11月26日，在中国宁波技术转移高峰论坛上，鄞州科技大市场二期宣布启动。首批有25家报名机构，经初评确定入驻机构22家。制定《鄞州科技大市场入驻机构管理办法》和《鄞州科技大市场入驻机构考核办法》，对优秀入驻机构给予一定奖励。至年底，鄞州科技大市场二期共接待常州武进区党政代表团、甬港澳台青年考察团等300余人考察交流。

【鄞州区技术转移协会成立】 2019年12月13日，鄞州区技术转移协会在鄞州科技大市场成立。该协会是继上海、贵州、扬州、沈阳之后全国第5家成立的技术转移协会，也是全国第一家县（市、区）级技术转移协会。协会主要由鄞州区科技骨干企业、高校院所、金融创投机构、区重大平台、“双创”平台、科技服务企业等单位组成，是专业性、非营利性的社会组织，现有会员单位39家。会长单位为宁波康强电子股份有限公司，副会长单位由宁波奥克斯电气股份有限公司、美康生物科技股份有限公司、宁波韵升股份有限公司、乐歌人体工学科技股份有限公司4家企业组成。

【中国宁波技术转移高峰论坛在鄞州区举行】 2019年11月26日，中国宁波技术转移高峰论坛在开元名都大酒店举行。论坛围绕科技成果技术转移领域热点议题，邀请来自高校、科研院所的专家和数字信息、智能制造、新材料、智能家电、高端汽配等领域的企业代表，以及区重大平台、“双创”平台代表300余人参加，共同研讨推动技术成果转移转化策略，打通科技成果转化“最后一公里”，推动企业科技创新与产业高质量发展。

（吴芝宇）

知识产权保护

【概况】 2019年，鄞州区专利申请量和授权量分别为15806件和10868件，其中发明专利申请量和授权量分别为5220件和1623件，发明专利申请量和授权量分别占比33.03%和14.93%。全区每万人有效发明专利拥有量为55.10件。全区有独立专利代理资质的专利代理机构10家，宁波市鄞州甬致专利代理事务所，年专利代理业务超1万件，是全市唯一一家获评全国知识产权服务品牌机构；宁波市鄞州盛飞专利代理事务所，代理的发明专利授权成功率超90%。宁波三星医疗电气有限公司获评国家级知识产权示范企业，宁波舒普机电有限公司等4家企业获评国家级知识产权示范企业。至年底，全区拥有国家级知识产权示范企业2家，国家级知识产权优势企业23家，省专利示范企业23家，市专利示范企业43家，省专利示范以上企业占全市1/3。

10月12日，中国专利奖评审办公室公示第二十一届中国专利预获奖项目，奥克斯空调的“壁挂式空调（2017 1 2L）”和“空调柜机（高端型）”预获中国外观设计优秀奖。

【知识产权运营】 2019年，鄞州区鼓励企业开展专利导航，进行专利战略分析、重点产品专利技术分析、专利布局策略研究、产品技术路线图编制等，将专利导航分析融入产品研发、市场开拓等环节。同时培育高价值专利组合，推动企业、高校院所、知识产权服务机构加强合作，引导企业构建高价值专利创造与专利组合的新模式，在关键核心技术领域培育一批高价值专利组合。指导企业贯彻实施国家标准《企业知识产权管理规范》，完善企业知识产权管理机构和制度，配备知识产权专职工作人员，引导企业把知识产权管理与企业发展有机结合起来，全面提升市场竞争力。至年底，全区累计有186家企业通过《企业知识产权管理规范》国家标准认证。推进知识产权与金融结合。与杭州银行宁波科技支行、中国银行鄞州分行及北京东鹏资产评估事务所合作，开展知识产权质押融资和专利保险业务，降低企业融资成本，解决科技型中小企业融资需求。开展知识产权评估、质押、运营等科技金融业务。在专利的侵权和执行保险方面，为216家高新技术企业的1969件国内有效发明专利、19家高新技术企业的51件国外发明专利实行统一保险，降低企业创新风险。

（杨　萍）

科协工作

【概况】 2019年，鄞州区有科协组织405家，其中镇（街道）科协21家、学（协）会20家、企业科协35家，村（社区）科普协会329家。浙江沧海建设有限公司建立市级院士工作站，浙江中车电车有限公司升格为省级院士工作站。成功申报宁波博物馆和宁波市鄞州区千工甬式家具博物馆2家为市级科普教育基地，鄞州区科协获评中国科协“2019年全国科普日活动优秀组织单位”称号。

加强科协基层组织建设，做好基层科协换届工作。4月，鄞州区科协在东柳街道组织召开镇（街道）科协换届观摩会和动员培训会，督促指导各镇（街道）科协吸纳医院院长、学校校长、农技站站长等“三长”类人物进入科协组织，担任镇（街道）科协委员、常委或兼职副主席。至9月底，全区镇（街道）基层科协组织换届基本结束，换届后的镇（街道）科协组织活力得到进一步提高，“三长”作用发挥取得成效。10月18日，鄞州区科协代表浙江省县（市、区）级科协组织在南京参加全国基层科协“三长”论坛，并作经验交流。

【科技工作者服务平台建设】 2019年，鄞州区科协到北京、上海、广州等地共拜访鄞籍院士和在鄞建站院士28人。1月3日，邀请陈俊亮、石钟慈、吴常信、陆道培、陈蕴博、王玉明6名院士参加在京院士专家恳谈会。同时，利用院士回乡、进站、考察等机会，协调各级领导和相关部门，做好院士鄞州行的服务，全年接待院士15人次。做好天南海北鄞州人暨鄞籍院士采访工作，全年收录5名院士专访资料。在“无中生有”咖啡吧、美康体检中心等处建立实体化的“科技工作者之家服务基地”，将服务基地打造成为科技工作者的服务活动中心、科技咨询供给站、科普资源集散地。

【院士工作站建设】 2019年，鄞州区科协组织策划全国新型光电显示技术大会等6期“院士专家企业行”活动，邀请20人次院士及其团队专家进企事业单位，开展关键技术攻关、战略决策

2019年1月3日，2019年鄞州在京院士专家恳谈会举行

2019年6月20日，中国工程院院士陈剑平（左二）参观南村村科普公园

咨询等活动。全年新建市级院士工作站1家、省级院士工作站1家，累计柔性引进院士创新团队35个、高层次专家250余人，规模数量居全市第一位。

【科普志愿服务品牌建设】 2019年，鄞州区科协加强科普志愿服务品牌新队伍拓展。借助区新时代文明实践中心科技与科普分中心建设，丰富“科学蜂巢”科普志愿联盟品牌内涵。区科协依托自身的业务资源牵头成立科技与科普志愿服务队，联合南高教园区组建院士文化宣传科普志愿队，与联通鄞州公司联合组建智能手机技能普及志愿服务队，联合“快乐代码”公益组织、东郊“创客”科技馆、福明宁城社区“创客”中心等组织和资源组建青少年“创客”启蒙志愿服务队。发挥医学、农业等领域学（协）会专业特长，推进成立医学、心理卫生、林特、税收等科普服务队，开展科普志愿服务，提升科普服务的常态化、社会化和专业化水平。

【科普阵地建设】 2019年，鄞州区科协结合东吴镇南村乡贤中国工程院院士陈剑平的宣传，建设南村村科普公园；探索科普新模式，支持东郊街道与专业机构合建海悦社区科技创客中心；支持鄞州第二实验小学建设STEAM（多学科融合的综合教育）科创教室，全年共新建科普馆（科普公园）7座。参与乡村振兴战略，推进农村科普画廊建设，全年新建村（社区）科普画廊16座，累计建成科普画廊270座。整合社会场馆资源，拓展科普教育基地，全区科普教育基地总数达到24家，数量居全市第一位。

【青少年科普活动】 2019年，鄞州区科协与区教育局联合举办第八届青少年科技节、青少年科技夏令营系列活动。航海模型、航天模型比赛、青少年TT01竞速车联赛、四轴无人直升机联赛、风筝四艺联赛、小论文、创意微电影、科幻画、无线电、机器人、信息学竞赛等科技联赛深受青少年欢迎。打造“科学风车”流动科技馆品牌活动，全年开展活动30场次，参加青少年4200余人次。携手中科院老科学家科普演讲团开展“科普讲座进校园”活动，全年开展科普讲座39场，累计参与9200人次。

（袁　瑜）

气象科技

【概况】 2019年，区气象局发布气象内参85期，重要天气报告16期，发布雷电、大风、大雾、暴雨、高温、台风、道路结冰等各类预警信号66次，开展重大气象灾害应急响应22次，接受电视媒体采访20余次，向报社供稿100余篇，发布各类气象服务短信390条269万余条次，“96121”拨打量9.9万余次，发送微博5100余条，微信文章335篇。“鄞州区农业与生态气象综合探测基地”建设完成竣工决算。“五水共治”项目“鄞州区暴雨精细化监测预报预警工程”投入业务使用，并在2019年汛期气象服务中发挥重要作用。“鄞州区突发公共事件预警信息发布系统”项目通过初验。与宁波大学合作共建学生实践实习基地。

【气象防灾减灾体系建设】 2019年，区气象局与区应急管理局等部门签订战略合作协议，联合区委政法委印发《关于做好气象防灾减灾工作的通

2019年5月29日，鄞州区气象防灾减灾联动合作框架协议签约仪式举行

知》，发挥综合治理在气象防灾减灾中的作用。更新全区气象灾害防御联络员名单，召开全区基层气象防灾减灾工作会议。建立鄞州气象协理员、信息员微信群和QQ群，方便工作交流和气象灾害预警信息接收和传播工作。做好20个气象防灾减灾标准化村（社区）创建工作，与区人防办、区森林公安局合作做好人工影响天气工作。联合区应急管理局，对中石化碧辟（浙江）石油有限公司宁波王家弄加油站等气象灾害防御重点单位进行复查。

【公共气象服务】 2019年，区气象局开展农业气象服务，在做好常规农业气象服务的同时，启用鄞州区农业气象实验室，探索都市农业气象服务新思路。组织专家多次对塘溪镇林惠农场进行专题调研，调研报告呈送区人大；到结对村董家跳村调研气象服务，提出针对性服务措施。发展生态旅游气象服务，推荐鄞州区横溪镇为2019浙江气候避暑胜地。推动蓝海气象指数研究，助力旅游发展，与咸祥镇政府合作，调研地方需求和“蓝海”形成机理，推出蓝海气象指数，自2018年9月始，吸引3万余人次游客到该镇参观游玩，促进地方旅游经济发展。开展气象工作服务乡村全域治理标杆区创建工作调研，调研4个镇8个村，形成调研报告。

【气象科普宣传】 2019年，区气象局与团区委联合组建宁波（鄞州）气象科技馆志愿服务队，将气象科普的普及面扩宽至高等院校；依托宁波（鄞州）气象科技馆资源优势，举办主题展览活动，展示气象现代化成果，气象科技馆全年参观8000余人次；借助“世界气象日”“气象科技周”等活动，开展气象科普进校园进社区活动；举办2019年全区少年儿童气象科技小发明、小创造、小制作比赛，获奖作品21幅。选送的10件作品在中国气象学会和《中国气象报》联合举办的2019年“太阳、地球和天气”青少年手抄报比赛中获奖，2个气象科普作品获评全国优秀气象科普作品三等奖。围绕农村气象防灾减灾科普行动，开展农村文化礼堂气象科普点建设，完成东吴镇画龙村气象文化礼堂建设。

2019年8月9日，区气象局工作人员研判第9号台风“利奇马”后期变化趋势

【灾害性天气服务】 2019年，鄞州区总体气象灾害偏多，气象部门开展重大气象灾害应急响应8次共计596小时。其中，受第9号台风“利奇马”影响，区气象局8月7日17时启动重大气象灾害（台风）Ⅳ级应急响应，8月8日9时30分升级至Ⅲ级应急响应，8月9日8时15分升级至Ⅱ级应急响应，8月9日12时升级至Ⅰ级应急响应，8月11日10时45分降至Ⅳ级应急响应，8月11日15时解除应急响应。受第18号台风“米娜”影响，9月28日17时启动重大气象灾害（台风）Ⅳ级应急响应，29日11时15分升级至Ⅲ级应急响应，30日9时升级至Ⅱ级应急响应，10月1日13时30分升级至Ⅰ级应急响应，2日6时30分调整至Ⅲ级应急响应，2日11时解除应急响应。

（夏静雯　蔡仕博）

教 育

综 述

【概况】 2019年，鄞州区有普通中学27所。其中，普通高中2所，在校学生345人；初中25所，在校学生29724人。小学54所，在校学生74169人。特殊教育学校1所，在校学生173人。幼儿园133所，在园幼儿43177人。专任教师9808人。小学入学率、巩固率和升学率均为100%，初中入学率100%、巩固率100%，初中升高中比例99.65%，学前三年纯入园率100%。辖区内另有市管普通高中16所，在校学生20721人，专任教师1961人；职业高中8所，在校学生14619人，专任教师1160人。省管、市管高校6所，在校学生68379人，专任教师3511人。教育现代化发展水平监测全省排名比上年提升15位，位列全省前25位。获评浙江省教育工作业绩考核优秀单位、省区域推进语言文字规范化区、省区域整体推进智慧教育试点区、省教育技术装备规范管理示范区。在鄞州区人大常委会和区委宣传部联合组织的2019年“向人民报告·民生实事之问”活动中，中小学校、幼儿园建设项目获96.12%的最高满意率。

开展主题教育活动，参与对象从3719名党员教师延伸到全区所有教师，实施全区教育系统“周二夜办公”制度，举办周秀芳先进事迹报告会和专题讲座。开展“初心之旅”，组织“初心”大讨论，提炼“为党育人、为国育才”的鄞州教育人初心和“专业、专注、敬业”的鄞州教育人精神。编印《发展党员规范指导手册》，全年发展党员45人，完成20个基层党支部的组建、撤并、更名等，81个党组织换届完成。编印《鄞州区教育系统警示案例集》，印发《关于全面推进“清廉学校”建设的实施意见》，镇安小学入选宁波市清廉学校联系点。实施“领头雁和群雁飞”培养工程，印发《区教育局关于“三名”工作室建设的实施意见》，组建名师名校（园）长名班主任工作室150个，组建校园长（书记）学习共同体，加强校（园）长、书记和高端教师培养，获评宁波市名校（园）长4人，骨干校长1人，市学科骨干12人，省教坛新秀3人。教师C证持证率89.40%，提前完成宁波市心理健康教育新一轮提升计划（2017—2020）提出的80%持证率的目标。

推进教育资源扩充，潘火实验中学、鄞州蓝青小学、学士小学、钟公庙实验小学、潘火街道龙湖幼儿园等13所校（园）建成竣工。推进中河初中、钟公庙第二中学、金达路小学、东部新城C1-6地块学校、宋诏桥中学扩建、惠风书院扩建、第二实验小学体育馆等工程建设。与宁波市教育局对接，调整2块高中用地规划，弥补义务教育用地不足问题，推进首南保障房区块教育资源布局。鼓励民间资本进入教育领域，减免8所普惠性幼儿园租金，引进艾顿公学等4家民办幼儿园，推进协和外籍人员子女学校建设。制定《区教育局直属学校、单位、幼儿园资产管理办法》，加强国有资产管理。做好经济统计登记工作，梳理民办培训机构11家，入库7家，提出改进校园后勤管理办法。组织参加浙江省班主任基本功大赛，获奖数量为宁波各县（市、区）之首。印发“研学旅行”实施方案，启动“研学旅行”试点区建设。推进全国青少年校园足球试点区，校园足球工作做法在全省校园足球文化节上分享，邱隘镇中心小学、曙光中学、钟公庙中学3所学校获评全国青少年校园足球特色学校，云龙镇中心幼儿园等6所幼儿园获评全国校园足球试点幼儿园。关注学生近视健康和心理健康，2所学校创建成为浙江省心理健康一级辅导站，3所学校通过省心理健康示范点，提前一年完成省教育厅提出的100%公办学校达到省心理标准化学校建设的要求，全面推进“彩虹标尺”和可调整课桌椅应用。全年创建市级文明校园13所。

印发《鄞州区幼儿园保育员管理办法》，提高保育员准入标准和待遇。实施流动人口子女积分制入学制度，印发2020年初中招生工作办法，加强招生服务工作。推进“课后托管”服务，66所小学开展托管或“四点钟学校”，学生受益1万余人。印发《关于规范进校园活动的实施意见》，发布进校园活动清单5项，减轻基层学校负担。做好体育场地设施对外开放工作，打造智慧安防系统，完成四眼碶小学等15条“最美放学路”建设。发挥“小手拉大手”作用，引领垃圾分类、文明出行等社会风尚，创建市级垃圾分类示范校6所。继续打造“周秀芳爱心帮扶品牌”，统筹推进教育东西部协作、山海协作、对口支援等，选派17名教师到延边朝鲜族自治州延吉、和龙两市支教，结对校园21所，帮扶建卡学生98人，捐赠50余万元资金与设施器材。推进语言文字规范化学校创建，通过浙江省区域推进语言文字规范化区评估验收。

【鄞州区"全国青少年校园足球试点区"建设】 2019年1月10日，鄞州区"全国青少年校园足球试点区"推进会在鄞州区实验小学教育集团举行。浙江省大学生体育协会、市教育局、市足球协会和区足球协会、区教育局等单位有关人士及区各中小学、幼儿园等相关教师出席活动。会上公布鄞州区第二实验小学为2018年全国青少年校园足球特色学校，塘溪镇中心小学为2018年浙江省青少年校园足球特色学校。此外，鄞州区实验小学、姜山镇中学、下应中心小学和江东中心小学4所小学还设立"鄞州区校园足球基地工作室"。4月10日，在春晓中学召开校园足球文化建设工作专题例会，省级及以上校园足球特色学校、部分区级校园足球特色学校分管校长到会。

【娄冬芳名班主任工作室成立】 2019年3月12日，宁波市中小学首批14个名班主任工作室授牌成立，其中曙光小学娄冬芳名班主任工作室为鄞州区首个市名班主任工作室。2019年，娄冬芳名班主任工作室成员开设各级各类讲座70余场，徐柳亚、仇巧瑾2人在沪杭甬名班主任工作室联谊活动中作主题发言，娄冬芳在宁波市教育局组织的"宁波市家庭教育沙龙公益大讲堂""甬上云校暑期家长课堂"以及赴黔西南州送培活动、到丽水市送培活动中作讲座，俞成效、何畏2人在到丽水市送培活动中作主题发言，工作室组织开展公益送培下乡活动2次，其成员获奖、发表案例、论文、课题等30余篇，在市、区两级各项课题立项10项，其中《基于工作室的小学班主任"五力"提升的实践研究》入选市级规划课题。

【鄞州教育发展研讨会】 2019年3月16日，鄞州教育发展研讨会召开，浙江省教育厅、省教研室、省教科院、宁波市教育局等9名专家领导和区教育局领导班子全体成员及部分业务科室负责人参加会议。会议以"如何促进鄞州区城乡教育一体化改革，促进均衡优质发展"为主题展开研讨，与会省市专家从鄞州教育实际出发，结合省市教育发展大局，提出许多建设性意见和建议，为鄞州区教育的发展指明方向。

【教育系统"夜办公"制度推行】 2019年3月，区教育局和下属单位、学校（幼儿园）领导班子成员开始试点"夜办公"制度，9月，该制度在全区教育系统推行。9月3日晚上，区教育局领导分别带领机关干部到部分学校参与全系统教师首场夜学活动，活动主题为"为党育人、为国育才"。"夜办公"制度是鄞州区教育系统的一项优良传统，是加强系统作风建设，推进全区教育事业高品质发展的重要载体，主要由夜学、夜谈、夜访、夜研等组成。至年底，共开展夜办公活动27次，参加1万余人。

2019年9月3日晚上，区教育局领导班子成员参加教育系统首场夜学活动

【宁波市文明校园创建工作现场推进会在鄞州区举行】 2019年4月28日，宁波市文明校园创建工作现场推进会在鄞州区华泰小学东校区举行，各县（市、区）宣传部部长、文明办主任、教育局局长及各高校、中小学校长代表近150人参加。会议总结三年来文明校园创建经验，研究部署下步创建任务。宁波市委宣传部、市文明办、市教育局等有关领导出席会议。鄞州区在文明校园创建过程中，紧扣《宁波市中小学文明校园创建工作测评细则》七个好标准，坚持全员参与、全程渗透、全面提升原则，守牢"安全线"，把住"卫生线"，优化"秩序线"，全面开展"争当文明学生，创建文明校园"系列活动，引导学生实践文明礼仪、文明就餐、文明旅游、文明交通，营造井然有序的校园环境。

【鄞州区城北、城南教育管理服务中心成立】 2019年4月30日，鄞州区城北教育管理服务中心和城南教育管理服务中心挂牌成立。两中心为区教育局的派出机构，是鄞州区推进教育体制机制改革、探索片区教育管理模式的创新举措。2019年，城北、城南教育管理服务中心履行工作职责，做好区域内招生统筹、教学管理、舆情防控等各项事务，鄞州中心城区的教育教学秩序井然。

【鄞州教育系统微型党课比赛】 2019年5月7日，鄞州区教育系统"点赞新中国，昂扬新时代"微型党课决赛在江东中心小学举行。经过近2个小时的比赛，鄞州区实验小学教师蔡燕娜和首南第一小学教师毛雯雯获一等奖，鄞州实验中学教师俞志涛获“慷慨激昂奖”。5月17日，由区委组织部、区委宣传部联合举办的“礼赞新中国，奋斗新时代”鄞州区第十七届微型党课决赛在华泰小学东校区举行。首南第一小学毛雯雯、鄞州区实验小学蔡燕娜、宁波市四眼碶小学张玮3名选手与来自机关部门、卫健和镇（街道）的20名选手同台竞技，分别获一、二、三等奖。

【鄞州教育大讲堂开讲】 2019年5月14日，鄞州教育大讲堂第一讲在宁波市第七中学开讲，来自全区中小学（幼儿园）的700余名学生家长听讲。区教育局局长王建平从区域教育主管负责人、孩子家长、曾经的教师三个身份，结合当下社会、家长聚焦的教育问题，围绕“把孩子培养成什么样的人”这一主题，分享区域教育治理思路，分析解构教育热点问题，提出育人对策，与家长们一同探讨交流孩子培养路径，受到学生家长的广泛认同，当日鄞州教育微信公众号阅读量超过10万次。

【援疆送教活动】 2019年5月，受宁波市援疆指挥部与新疆库车县教育工委、教科局邀请，区教育局组织10名优秀校（园）长和名教师到新疆送教，参加为期五天的“丝路阳明”2019年基础教育高峰论坛暨首届“生本课堂节”活动。活动共分四大板块，三个分会场同时进行，涵盖幼儿园、小学和初中，辐射范围覆盖库车、新和、拜城、沙雅城区和乡镇学校。在名校长教育改革与学校发展论坛中，鄞州区镇安小学校长顾秋红作题为“以文化育 毓德树人”的报告。在生本课堂名师沙龙活动中，特级教师潘小梅、伊阳和名师杨信龙、谢莹作为特邀代表，聚焦不同年段的核心素养，共同探讨生本课堂的构建。此次援疆送教活动既为库车县中小学、幼儿园营造浓浓的学术研讨氛围，推动库车校园长和教师队伍的成长，帮助库车县教育事业的发展，也送去全区教育系统对援疆教师的问候。

【周秀芳获评全国道德模范】 2019年9月5日，第七届全国道德模范座谈会在北京举行，有58人获评第七届全国道德模范，鄞州区李惠利小学退休教师周秀芳入选。中共中央政治局常委、中央书记处书记王沪宁会见受表彰代表。周秀芳退休后远到贵州、湖南支教，汇聚市民爱心送到贫困山区，精准帮扶溆浦、延边产业脱贫。她用大爱情怀为山区孩子点燃希望之灯，也为贫困协作搭建爱心之桥。在湖南溆浦支教帮困4年多，周秀芳及其爱心团队捐建的希望小学已有29所，400余名贫困生得到结对帮扶，累计捐献款物3400万元。

2019年11月10日，鄞州区校（园）长、书记学习共同体暨“三名”工作室启动仪式在华泰小学举行

【全区教育系统庆祝第三十五个教师节暨“最美教育人”表彰大会】 2019年9月10日，全区教育系统庆祝第三十五个教师节暨“最美教育人”表彰大会在区文化艺术中心举行。区委、区人大、区政府、区政协等领导参加表彰大会，区委教育工作领导小组成员单位领导，各镇（街道）主要负责人，各级各类先进教师代表、优秀离退休教师代表、教师代表等约900人参加活动。表彰大会旨在展现教育改革取得的新成就，表彰在教育战线上涌现出来的各级各类先进，展示教育系统向上的精神风貌，在全社会进一步营造尊重知识、尊重人才、尊师重教的良好氛围。区领导为全国道德模范周秀芳，全国优秀教师，市新时代教师队伍建设改革成绩突出集体、突出个人，宁波市名校长，宁波市骨干校长，正高级教师，宁波市第七批学科骨干教师代表，担任班主任满30年教师，区教育系统第二届最美教育人，市、区“四有教师”，市王宽诚育才教师，区德育导师代表等进行颁奖。区委书记褚银良致辞。

【校（园）长、书记学习共同体暨“三名”工作室建设】 2019年11月10日，鄞州区校（园）长、书记学习共同体暨“三名”工作室启动仪式在华泰小学举行。“三名”工作室是指由名校（园）长、名教师、名班主任领衔组建，以“校（园）长、书记学习共同体”“名师工作室”“名班主任工作室”为主要载体的学习团队，也是鄞州区“三名工程”建设的一项重大举措。仪式除授牌外，还组织首期以“校园精细化管理”为主题的学习共同体沙龙，区教育局特邀全国著名校长张人利、马骉、俞国娣到现场分享交流。各位全国著名校长从日常管理、规章制度、教学模式等多方面深入剖析精细化管理的内涵，并对现场提问给出相应的对策和方针。

【区首届青少年校园足球文化节】 2019年9月29日，鄞州区首届青少年校园足球文化节在姜山镇实验中学举行。姜山实验中学、钟公庙中学、横溪镇中学、朝晖实验学校、鄞州实验小学、茅山小学、金峨小学、鄞州区江东中心小学、鄞州实验幼儿园、云龙镇中心幼儿园10所学校参加。2017年鄞州区获评浙江省青少年校园足球试点区，2018年获评全国青少年校园足球试点区。2018年，鄞州区印发《关于开展全国青少年校园足球试点区建设的实施意见》，从经费、人员、场地和机制等方面对校园足球提供支持，除硬件投入，每年安排活动经费100万元。鄞州区已建成全国校园足球特色学校（幼儿园）16所、浙江省校园足球特色学校（幼儿园）13所。此外，区教育局还建立4个校园足球工作室，给予特殊政策吸引足球人才，为全区校园足球的普及提供技术指导。2019年，鄞州区校园足球联赛有52所学校、109支队伍报名参赛，比上年增长56%。

【鄞州区通过"浙江省区域推进语言文字规范化区"验收】 2019年12月4日，鄞州区通过"浙江省区域推进语言文字规范化区"验收，副区长、区语言文字工作委员会主任卜明长在验收会作区语言文字规范化区创建工作报告。会前，省语言文字规范化区创建验收专家组到姜山镇、邱隘镇等地，对党政机关、学校、社区等重点领域及语言文字规范化示范街、示范岗进行实地查验，同时进行随机问卷调查。专家组给予高度肯定，宣布鄞州区高质量通过"浙江省区域推进语言文字规范化区"验收。

（施盛杰）

学前教育

【概况】 2019年，全区新开办钟公庙街道泰安幼儿园风华园、潘火街道东杰幼儿园天宸园、下应街道中心幼儿园洋江园、首南街道雍城世家幼儿园南裕园4所小区配套幼儿园，开办堇苑幼儿园、钟公庙绿茵君玺府幼儿园2所普惠性民办幼儿园，撤并幼儿园7所，回收民办幼儿园1所。同时，创建钟公庙街道实验幼儿园、中河街道格兰云天幼儿园、潘火街道德培幼儿园金桥园、首南街道学府实验幼儿园学府园4所幼儿园为一级幼儿园，滨海幼儿园由三星级升为四星级。完成小区配套幼儿园建设和使用管理排查整改，其中幸福苑幼儿园和江东国际幼儿园（后更名为卓乐幼儿园）纳入普惠性民办幼儿园管理，南裕新村配套幼儿园重新启用，纳入公办幼儿园统一管理。印发《鄞州区幼儿园保育员管理办法》，明确幼儿园保育员的任职条件、工作职责和聘用管理等要求。改革幼儿园招生具体办法，完善区划调整后幼儿园招生政策。至年底，全区等级幼儿园占比90%，招生覆盖率95%；公办幼儿园数量占比60%，招生覆盖率74%。全区已健全覆盖城乡的学前教育公共服务体系，基本形成以公办幼儿园和普惠性民办幼儿园为主体、选择性民办幼儿园为补充的学前教育发展格局。

【区第一届"青荷成长团"成立】 2019年4月23日，鄞州区第一届"青荷成长团"成立，择优选出47名学前教育年轻优秀教师成为首批学员，并接受6名受聘导师的指导。"青荷成长团"由区内特级教师、名师、骨干教师为业务引领，定期开展教育教学能力的跟踪式培训，从指导备课、听课、评课等环节入手，激发参与问题研讨的兴趣及意识。2019年，鄞州区第一届"小青荷"在导师的引领下对幼儿园五大领域核心经验进行系统的学习与实践，并参观访问南京师范大学教授张俊的鹤琴幼儿园、南京市富丽山庄幼儿园，通过开展优质课观摩、课程故事分享、参与式教研互动等，专业水平不断提升。其中，8名"小青荷"获评鄞州区"学科骨干"，19名"小青荷"获评鄞州区"教坛新秀"。

【区学前教育研究指导中心成立】 2019年8月，鄞州区学前教育研究指导中心成立，为独立事业法人单位。该中心以提升鄞州区学前教育品质为目标，通过园长带领团队作课程顶层设计，规划幼儿园课程"全景"，在课程建设过程中，激励教师自觉投入课程实施，在实践磨砺中提高园长课程领导力，做好课程园本化顶层设计。在学前教育人才队伍培养上，该中心构建覆盖兼职教研员、骨干教师、全体教师的三级研训塔式支架，建设梯度化的骨干教师队伍。至年底，该中心共组建名师工作室19个，有88所幼儿园190名教师成为首批学员，覆盖全区72%的园所，其中农村幼儿园占1/4以上。

【11所幼儿园获评足球特色幼儿园】 2019年11月18日，浙江省教育厅发文公布2019年足球特色幼儿园名单，其中鄞州区实验幼儿园、云龙镇中心幼儿园、第三幼儿园、新城第一幼儿园、新城中心幼儿园5所幼儿园获评全国足球特色幼儿园；华光幼儿园、李惠利幼儿园、小城春秋幼儿园、紫郡幼儿园、格兰云天幼儿园、江东中心幼儿园6所幼儿园获评浙江省足球特色幼儿园。

（施盛杰）

义务教育

【概况】 2019年，鄞州区推进课堂教学改革、课程改革、作业改革，承办浙江省学校"课程育人"专题现场会，宁波市第七中学、宁波市镇安小学负责人作典型经验介绍。在市教育局组织的初二学科成绩统测中排名第二。在全省教育教学质量监测中，24个指标中4个指标位列全省第一，19个指标高于全省平均水平。

创新"阳光学子"评选、志愿服务超市、研学旅行等德育载体，开展共青团组织改革，强化垃圾分类、劳动实践教育，培养品学兼优的时代新人。9月，《中国德育报》刊发文章，对鄞州区蓝青小学的垃圾分类、江东中心小学的爱心助学、曙光小学的公益巡访等作专题报道。辖区多名学生因出色的品行成新闻人物。如国歌一响，止步敬礼的"敬礼女孩"；过马路，向交警鞠

2019年3月13日，鄞州区中小学生健康成长护航工程启动仪式举行

躬的“鞠躬女孩”；大雪夜，竖起雨刮器的“琪琪姐姐”等。关心孩子身心健康，成立“中小学生健康成长护航基金”和学生视力健康、心理健康促进中心，加强青少年近视、脊柱侧弯、心理健康等预防工作。推进全国青少年校园足球试点区、省艺术教育实验区、省研学旅行试点区建设，为学生体艺特长及全面发展提供保障。邱隘镇中心小学等3所学校获评全国青少年校园足球特色学校。

推进智慧教育，通过浙江省教育技术装备规范管理示范区评估考核，获浙江省区域整体推进智慧教育试点区，江东中心小学等8所学校成为浙江学科基地学校。推进“互联网+义务教育”学校结对工作，全区共建立结对学校18所。

【中小学生健康成长护航工程启动】 2019年3月13日，区教育局联合区卫生健康局、区慈善总会共同成立的中小学生“健康成长护航工程”基金、鄞州区中小学生视力健康促进中心、中小学生心理健康促进中心（简称“一基金两中心”）启动仪式在德培小学举行。区政府、区慈善总会、区教育局、区卫生健康局有关领导和区属医疗机构（卫生院）、中小学校长、公办幼儿园园长等300余人参加会议。通过建立中小学生视力健康和心理健康多元的筛查建档、教育培训、诊治干预机制，促进全区青少年健康成长。加强青少年近视、脊柱侧弯、心理健康等预防工作，实施教室照明改造，全面推进“彩虹标尺”调整课桌椅高度，所有公办学校达到省心理标准化学校建设要求，2所学校创建成为浙江省心理健康一级辅导站，3所学校通过省心理健康示范点，8所学校建成新食堂，13所学校建成智慧安防系统，15条“最美上学路”开通。

【镇安小学国学课在中央广播电视总台《新闻联播》中播出】 2019年3月19日，中央广播电视总台《新闻联播》播放鄞州区镇安小学学生上国学课的画面，内容为中共中央总书记习近平主持召开学校思想政治理论课教师座谈会后的教育感想。镇安小学是全国未成年人思想道德建设工作先进单位，国学教育研究课题曾获国家级基础教育成果二等奖，也是全国未成年人思想道德建设工作先进单位、全国知名的国学教育品牌学校。从2010年起，该校全面实施推进以优秀传统文化育人的教育举措，从文化、精神、技艺层面构建“国学养正”五大课程体系，将德育融入学校教育教学各个环节，学校已拥有校本教材6套，其中《养正毓德》《小学国语读本》两套国学校本教材在全国10余所学校推广实践。该校的国学教育案例获评全国中小学社会主义核心价值观教育优秀案例。

【堇山小学德育工作案例在中国教育科学论坛分享】 2019年4月17日，在北京会议中心举行的中国教育科学论坛上，堇山小学教育集团的德育工作案例在“立德树人”分论坛上亮相。堇山小学是本次论坛中唯一发言的小学，校长茅晓辉作题为“扣好人生的第一粒扣子——基于具身德育的小学生‘三好习惯’养成创新实践”主旨演讲。堇山小学教育集团创办以来，以“培元教育”理念为引领，立足“生活自理、行为有序、学习主动”培养目

2019年3月19日，镇安小学国学课在中央广播电视总台《新闻联播》中播出

标，设计并实施“好习惯好人生”养成教育课程，分梯度规划“三大习惯”养成内容，分主题开发“三大习惯”校本教材，分年级编排三大类别27个主题81项细化习惯，分层次、分梯度地分布在6年12个学期中。

【2所初中通过省中小学心理辅导一级站评估】2019年6月11—12日，由浙江省教科院副书记吴贤平带队，温州大学教师教育学院教授陈美芬任组长，省中小学心理健康指导中心付春林、上虞区教师进修学校章惠珍、宁波市教科所心理研究室主任史耀芳任组员的浙江省中小学心理辅导一级站评估组，对宁波市第七中学和鄞州实验中学进行浙江省中小学心理辅导一级站评估考察。评估组通过听取工作汇报、实地查看、随机调查、观摩听课、查阅档案等环节，并对照评估标准逐条打分，2所学校顺利通过评估。市第七中学和鄞州实验中学一直重视心理健康教育工作，加大人、财、物投入，注重心理健康教育师资培训，保障学生心理健康。

【姜山实验中学获市第十八届运动会男子甲组足球冠军】2019年5月10—13日，在宁波市第十八届运动会男子甲组足球比赛中，姜山实验中学足球队代表鄞州区以全胜的战绩获本届比赛冠军。姜山实验中学以四战全胜小组第一的成绩进入前四强，半决赛3∶0战胜奉化队，最后以3∶0淘汰象山队夺冠。该校足球队坚持以活动为载体，普及与提高相结合，注重科学训练方法，在比赛实战中提升足球技能。

【宁波市行知实验小学挂牌宁波市琵琶教学传承基地】2019年6月18日，宁波市第一个琵琶教学传承基地和第一个校园琵琶艺术馆在宁波市行知实验小学挂牌成立。国家一级演员、中央民族乐团首席琵琶演奏家吴玉霞，国家一级演奏员、宁波市中华文化促进会主席傅丹，宁波市教育局、宁波市文联、宁波大学和区政府、区教育局、明楼街道、宁波琵琶学会和丹霞艺术中心等单位领导和艺术家100余人参加揭牌仪式。相关领导为吴玉霞和傅丹颁发终身艺术顾问证书，为叶晓红颁发行知丹霞琵琶学社社长证书。三位琵琶艺术家还把曾演奏过的琵琶捐赠给行知琵琶艺术馆。宁波市文促会和明楼街道共同出资赠送16把定弦琵琶供学生练琴。2019年，宁波市行知实验小学丹霞琵琶学社，开展常态化日常琵琶教学，培养一批小琵琶手，先后参加“六一”儿童节琵琶表演、小金钟琵琶展演、阿拉音乐节百人琵琶团队表演等活动。

2019年5月10—13日，姜山实验中学足球队夺得宁波市第十八届运动会男子甲组足球比赛冠军

【区小学劳动实践教育现场会】2019年6月21日，鄞州区小学劳动教育现场会在鄞州区实验小学教育集团举行。区教育局和全区小学校长等130余人出席。全区建立育乐湾、酒埕岩等多家劳动教育研学实践基地，组织劳动教育课程建设培训会、劳动教育课例研讨会等系列活动，开展多项劳动教育课题研究，优化或强化学校劳动教育工作，共同为学生成长服务。鄞州实验小学的劳动教育得到区委书记批示好评，江东外国语实验小学、华东师范大学宁波艺术实验学校等劳动教育举措受到微信朋友圈大量点赞，姜山镇中学、行知实验小学获评浙江省中小学劳动实践教育项目试点学校，该校的“基于‘以劳育人’理念的家校共育小学生劳动素养的实践研究”被列为宁波市社会哲学规划课题重点课题。

【6名小学生获世界健美操赛冠军】2019年8月1日，在美国凤凰城举行的第三十届世界健美操冠军赛中，鄞州区6名小学生获有氧舞蹈混双、有氧舞蹈三人赛、有氧舞蹈大集体3个项目冠军，竞技男单、竞技五人操2个项目亚军。6人平均年龄不到10岁，分别是东南小学的张珈源和田宇诺，宁波艺术实验学校的何咏瑶、叶袁道、朱怡澄，鄞州区江东中心小学的王卓尔。

【区域作业改革调研】2019年10月15—16日，省教育厅教研室主任张丰带领全体初中学科教研员到鄞州区开展以作业改进为重点的教学改革调研。10月15日，调研组一行到鄞州实验中学、姜山镇中学实地考察，分学科开展课堂教学观摩，对两校师生进行作业改进方面的问卷调查和座谈交流。10月16日，省调研组一行到鄞州蓝青小学参加调研反馈工作会议，全区所有初中校长参加会议。区教育局局长王建平从“控制作业总量”“提倡作业分层”和“晚十点不作业”三方面向省调研组汇报鄞州区教育教学改革情况。

【区中小学美术科技实践基地建设】 2019年11月2日，区教育局与浙江万里学院、鄞州中学、宁波华茂外国语学校分别签署合作协议，启动浙江万里学院百名博士进中小学校园活动暨鄞州区中小学美术科技实践基地建设。计划三年时间，浙江万里学院将汇集教育、教学、指导方面经验丰富的百名博士（教授）走进鄞州区各中小学校讲座辅导。鄞州中学的科创活动室、华茂学校的美术馆和科技馆，均向鄞州师生开放，与鄞州教育在美术、科技等领域开展协作、互动，拓展师生美育视野，增强实践能力和创新精神。

【鄞州学子获全国机器人竞赛一等奖】 2019年7月16—21日，由教育部基础教育司、科学技术司指导，中央电化教育馆主办的第二十届全国中小学电脑制作活动在山东省潍坊科技学院举行，来自全国各地的1700余名选手参加竞赛。鄞州区李关弟中学808班傅弘煜、809班周俊两名学生作为初中组WER能力挑战赛浙江省唯一代表队征战，凭借过硬实力夺得机器人竞赛一等奖。近年来，李关弟中学打造满足学生个性发展需要和社会多样化人才需求的教育课程，科技课程便是其中之一，学校根据学生兴趣爱好开设拓展课程，培养学生的个性特长。

【全区深化中小学作业管理改革研讨会】 2019年11月15日，全区深化中小学作业管理改革研讨会在鄞州实验中学召开。区教育局领导和部分学科教研员、部分中小学校长、业务副校长、教务主任、班主任代表等100人参加。鄞州实验中学、鄞州区第二实验小学教育集团负责人作作业改革的经验介绍。会上，到位代表对鄞州区深化中小学作业管理改革12条细则进行研讨。会议强调，各中小学校要把发展学生作为最高的教育价值，让教师认识到作业也是课堂教学的重要组成部分，作业设计与布置是教师因材施教的重要体现，重视作业管理制度建设，完善作业管理监督、考核机制，加强作业研究培训与指导，提倡作业设计、批改、评价全面创新；把作业管理作为落实《义务教育学校管理标准》的重要抓手，建设作业管理制度，为课堂教学服务，将省编区编作业整合成校本作业，并作定性定量调控，实行可操作性、有针对性、有鄞州特色的作业优化管理变革。

【"互联网+义务教育"联盟成立】 2019年，鄞州区18所学校全面实施同步课堂活动和教师网络研修学习交流，同时成立"互联网+义务教育"联盟，以城乡携手同步课堂试点学校为基础，推进区域课程改革和教学变革，促进区域教育均衡发展。至年底，全区开展城乡同步课堂265次，参与师生23345人次；开展网络教室研修活动149次，参与师生人数2676人次。

（施盛杰）

特殊教育

【概况】 2019年，鄞州区落实第二轮（2017—2020年）特殊教育提升行动计划，推进特教中心南北校区交互融合工作，创建省特殊教育标准化学校，适龄残疾儿童少年入班（园）率85%以上，义务教育入学率100%，基本满足残疾儿童入学（园）需求。推动融合教育，推进普通学校随班就读资源教室建设，做好随班就读和送教上门工作，参加庆祝第29个全国助残日暨感恩汇报演出。3所学校获评市首批示范性资源教室，8所学校获评宁波市首批合格资源教室，数量居全市前列。

【全市特殊教育工作会议在鄞州区召开】 2019年3月22日，全市2019年特殊教育工作会议在鄞州区召开，区教育局副局长王耀鹤、区特殊教育中心负责人鲍玲红参加会议，新城第一实验学校、姜山镇朝阳小学、钟公庙中心小学、云龙镇中学、曙光小学作为随班就读学校代表参加此会。王耀鹤作题为"普特共携手，聚力促融合"的鄞州区随班就读融合教育工作经验介绍。近年来，鄞州区贯彻落实省市各级文件精神，坚持"普及提高、覆盖提升、服务提质、发展提效"的理念，加大经费投入，加强指导引领与多方合作，优化考核机制，不断推进普特融合教育健康有序发展，展现鄞州区特殊教育发展的新面貌。会议还表彰宁波市首批示范性资源教室和合格资源教室的学校。

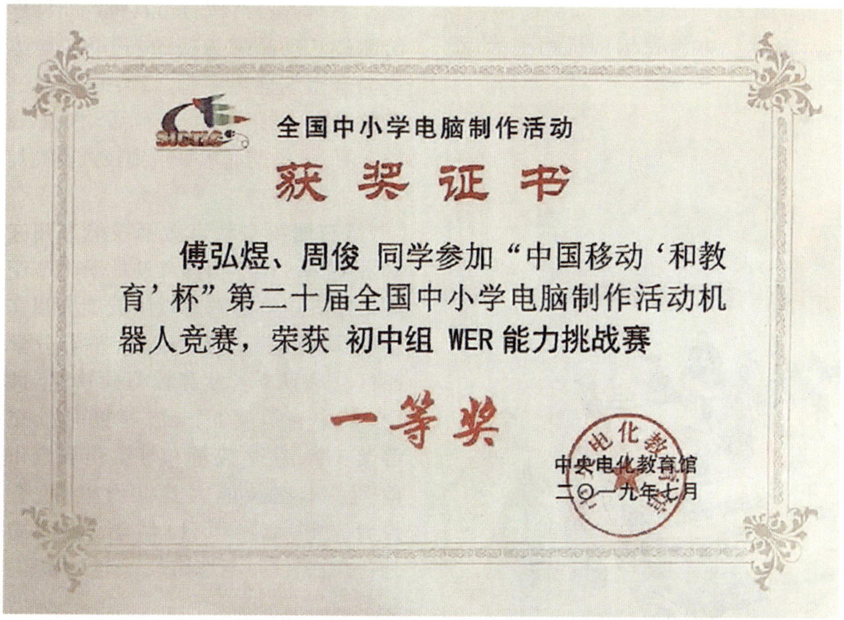

2019年7月，傅弘煜、周俊获第十二届全国中小学电脑制作活动机器人竞赛初中组WER能力挑战赛一等奖

【11所学校获评市级资源教室】2019年，鄞州区加强特殊教育资源教室建设和日常管理运行工作，新城第一实验学校、钟公庙中心小学和姜山镇朝阳小学3所学校获评宁波市首批示范性资源教室，云龙中学、鄞州区第二实验小学、镇安小学、曙光小学、曙光中学、姜山镇中学、下应中心小学、首南第一小学8所学校获评宁波市首批合格资源教室。资源教室是在普通学校建立的集课程、教材、专业图书以及学具、教具、康复器材和辅助技术于一体的专用教室。资源教室具有为有特殊教育需求的儿童提供咨询、个案管理、教育心理诊断、个别化教育计划、教学支持、学习辅导、补救教学、康复训练和教育效果评估等多种功能，可以满足具有显著个别差异儿童的特殊教育需求，为他们在普通学校接受平等的教育提供最适合的环境与条件。

（施盛杰）

终身教育与民办教育

【概况】2019年，鄞州区挂牌成立浙江老年开放大学鄞州学院，瞻岐、塘溪、姜山3所镇老年大学成功申报市标准化社区老年大学。印发《鄞州区镇（街道）老年大学管理规定》，在办学形式、学校管理、教学管理、学员管理、安全管理等方面，对老年大学的实体办学作进一步规范。全区12所镇（街道）老年大学，开设专业130个，班级175个，在校学员总数5371人，组织各类老年人学习团队406个；设立村居（社区）老年教学点51个，开设专业51个，班级74个，学员总数2130人；设立老年教育专项资金，按常住老年人口数人均下达培训经费2元，老年大学班均2万元（其中1万元为乡镇配套）下达办学经费，合计下发169.30万元。

加强新市民培训，开设以“学文化，学技能”为主线的多个“新市民培训流动课堂”，推出思想道德、法律法规、安全生产、文明行为、职业技能等方面教育培训活动，加速外来务工人员融入。举办专场招聘会，提供就业信息，推荐就业。至10月底，共完成各类外来务工人员培训101568人次。落实《关于规范浙江省成人学校社会培训项目成果存入工作的通知》，全区完成社会培训合计56万余人次，其中老年教育23万人次，外来务工人员培训10万余人次，家政服务培训7690人次，脱盲40人。9所成人学校申报成为宁波市成人双证制教育培训机构，其中6所成人学校完成成人高中双证制组班、注册、培训、考试等组织工作，招生418人。

开展民办教育培训机构整治，组织培训机构调研、座谈、考察等20余次，开展基于市场经济视角下的校外培训机构监管机制研究。加强培训机构管理，新审批培训机构63家，转登24家，变更12家，注销33家，幼儿园筹设2家，新设1家，注销1家，变更1家；在微审批平台上办件721件，实际审核1000余次。建立有1000余人的两个QQ工作群，分别为有证有照及无办学许可证的培训机构提供政策咨询、业务指导。更新完善宁波市民办教育网和全国中小学生校外培训机构管理服务平台信息，两次发布培训机构“白名单”，引导家长正确查询及选择正规的培训机构。鼓励民间资本进入教育领域，减免8所普惠性民办幼儿园租金，引进艾顿公学、温莎、海贝3家民办幼儿园。

2019年9月25日，宁波市第五届终身教育教师技能大赛在鄞州区举行

【鄞州社区学院“追梦”朗诵团成立】2019年3月23日，鄞州社区学院“追梦”朗诵团成立大会在华泰小学东校区举行。区教育局相关负责人与公务人员、企业职员、在职教师等140余名朗读爱好者参加。客座教授刘群、艺术总监姜琴、艺术指导周婷接受聘书，并示范演绎经典诵读作品。“追梦”朗诵团由区教育局主管、社区学院承办，以“诵读经典、演绎美好、传承文明、追逐梦想”为宗旨，以打造具有鄞州特色的朗读活动品牌为使命，聘请的导师均为全市朗诵界名师。2019年，通过专题讲座、网络互动、交流活动等形式的学习，学员朗诵水平得到较大提高。

【市第五届终身教育教师技能大赛在鄞州区举行】2019年9月25日，宁波市第五届终身教育教师技能大赛在宁波国家高新区社区学院举行。鄞州区代表队9名参赛教师共获奖项7个，其中一等奖1个、二等奖3个、三等奖3个，获奖数量和等第位居全市前列。本次技能大赛共设置“课程设计与说课”“项目（活动）方案策划”“新闻撰写与编辑”3个赛项。

【城北社区教育恳谈会】2019年4月3日，城北社区教育恳谈会在城北成人文化技术学校举行，区教育局与东郊街道、福明街道等7个街道社区教育负责人参加会议。各街道社区教育负责人分别报告交流2019年社区教育工作计划、社区教育特色活动和社教创建工作。区教育局终身教育与民办教育科负责人就督导考核、民办教育培训机构合力整治规范等作工作部署。会议肯定城北社区教育所取得的成绩，并对城北社区教育发展提出阵地建设、氛围营造、载体创新、内涵拓展、资源整合、队伍建设等方面的新要求。

【区文联第10艺术区落户社区学院】 2019年5月12日，区文联第10艺术区落户社区学院。社区学院与区文联开展全面合作，培育一支由文艺家领跑、以文艺工作者为骨干、以文艺爱好者为基础的文艺甬军队伍。区教育局、区文联等领导出席揭牌仪式。区作家协会、摄影家协会、评论家协会的50余名文艺爱好者到场交流。第10艺术区充分依托文联三大协会的人才优势，通过组织“文学与生活”专题讲座、名师带徒共学活动、摄影作品交流展示等，为文艺人才扎根基层创作搭建平台，为社区文艺团队的孵化提供人才保障。至年底，社区学院第10艺术区共开展惠民活动30余场，培育创作一大批具有鄞州地方特色的文艺作品，营造浓厚的文艺学习氛围。

【民办培训机构管理】 2019年，鄞州区把42家非营利性培训机构转登为营利性培训机构，把7家年营业收入1000万元以上的培训机构登记入库管理。自9月1日起，全区所有培训机构开始使用由市教育局、消保委、市场监管局联合制定的培训合同范本，并在合同中明确对公账号、缴费方式，所有培训机构都需要制作公示栏，公示办学资质、收费标准、缴费对公账号，加强对培训机构财务和税收的监管。

【民办教育机构督查】 2019年，区教育局处理培训机构日常退费纠纷与投诉131件，查处非法培训机构59次，下发整改通知书65份，场地勘察近百次。组织对辖区内13家民办学校和58家民办幼儿园进行年检评估，并经网检和学校发展性评价，12家民办学校和44家民办幼儿园合格，1家民办学校和14家民办幼儿园不合格，并对辖区近200家培训机构进行网检，联合民政局对部分单位进行抽检。

【全区民办培训机构负责人座谈会】 2019年5月30日，全区民办教育培训机构负责人座谈会举行，恒思教育、索朗教育、精华教育、英桥培训、优趣爱佳、博瑞杰、新尚学教育7家民办教育培训机构负责人参加会议。区教育局局长王建平听取民办教育培训机构遇到的困难和问题，以及对教育行政主管部门的意见建议。7家民办教育培训机构负责人介绍各自机构运营情况，就培训机构的师资培训、行业监管、行政审批等方面遇到的困难，对教育行政主管部门提出若干建议意见。王建平作相关政策解答。

（施盛杰）

驻区院校

【概况】 2019年，宁波南高教园区（位于鄞州区鄞县大道与鄞州大道之间、钱湖南路两侧）有宁波诺丁汉大学、浙江大学宁波理工学院、浙江万里学院等各类院校6所，在校师生7.10万人。鄞州区内还有宁波中学、宁波效实中学（东部校区）、宁波市鄞州中学、宁波第三中学等市教育局主管的普通高中、职业高中（中专）等各类学校24所，在校师生3.80万人。

【宁波诺丁汉大学】 2019年，宁波诺丁汉大学在校学生约8000人，其中10%为国际及港澳台学生，师生来自70余个国家和地区。2004年，宁波诺丁汉大学获教育部批准筹建，成为全国第一所引进世界一流大学优质教学资源、具有独立法人资格和独立校园的中外合作大学。学校由英国诺丁汉大学与浙江万里学院合作创办，校园位于宁波南高教园区南端，鄞州区泰康东路南侧，占地面积59.13公顷。学校采用全英文教学，教材由英国诺丁汉大学引进，师资由英国诺丁汉大学选聘，采用英国诺丁汉大学教学质量评估体系（QAA），颁发英国诺丁汉大学学位证书。学校已建立商学院、人文与社会科学学院和理工学院三大学院，共开设22个本科专业、16个硕士研究生专业、23个博士研究生培养方向。2019年，学校在全国29个省（市、区）招收本科生1902人，高考录取结果显示，生源平均排位位列全国前5.80%，高考平均分列浙江省第二位。年度本科毕业生中84.30%选择出国

宁波诺丁汉大学

留学。其中，26.10%入读权威研究机构QS（2019）世界排名前十的顶尖高校，80.60%进入世界排名前100高校。2019年，宁波诺丁汉大学首次进入中国最好大学软科排行榜，位列全国第55位，浙江省高校第二位，居全国中外合作大学之首。2019年是宁波诺丁汉大学成立15周年，学校的创办记入教育部《奠基中国——新中国教育60年》60件大事之一。

【浙江大学宁波理工学院】 2019年，浙江大学宁波理工学院全日制在校本科生1万余人，在读博士生、硕士生250余人。学院位于宁波南高教园区北端，鄞州区鄞县大道南侧，占地74.40公顷，初期建设总投资8.40亿元，总建筑面积39.04万平方米。2001年6月经教育部批准成立，由宁波市人民政府举办、浙江省人民政府管理、浙江大学支持办学的全日制公办普通本科高校。现有商学院、法律与政治学院、外国语学院、传媒与设计学院、机电与能源工程学院、信息科学与工程学院、计算机与数据工程学院、土木建筑工程学院、生物与化学工程学院、马克思主义学院10个学院，图书与信息技术中心等8个直属单位。教育部备案专业42个，面向全国15个省（区）招生。学校建有各类高标准实验室55个，千兆带宽专用光纤直通浙江大学，共享各类数字资源。总面积2万平方米图书馆拥有藏书138万余册。现有国家级一流本科专业1个，省级一流本科专业建设点6个，科技部国际科技合作基地1个，教育部区域与国别研究基地1个，国家海洋局研发与服务中心1个，省级重点学科6个、省重点（特色）专业11个（“十二五”以来）、省重点实验室（共建）1个、省重大技术创新服务平台（共建）1个、省实验教学示范中心2个，市级重点学科10个、品牌专业和特色（重点）专业10个、重点实验室5个、人文社科研究基地3个、创新团队9个、协同创新中心1个、特色学院1个、应用型人才培养基地1个。2018年8月，浙江大学与宁波市签署市校合作协议，推进建设浙江大学宁波“五位一体”校区（包括转型提升浙大宁波理工学院，迁建浙江大学软件学院，新建浙江大学宁波研究院、浙江大学宁波国际合作学院、浙江大学工程师学院宁波分院），规划中的浙江大学宁波校区总占地面积近110公顷，在校本科生规模1万人以内，研究生规模约4000人。

【浙江万里学院】 2019年，浙江万里学院全日制在校生、外国留学生18256人。学院位于鄞州区鄞县大道与首南中路之间，占地面积93.38万平方米，校舍建筑面积60余万平方米，前身为创建于1950年的浙江省立宁波农业技术学校，1999年2月，省政府批准将学校转由浙江省万里教育集团举办，改变领导、投资和内部管理体制，按“全新的体制、独特的模式”运行，被教育部定为管理模式和运行机制改革的试点单位，并改名为浙江万里学院。2000年，正式升为本科院校，9月15日新生入学注册，标志宁波南高教园区正式启用。学院内设基础学院、商学院、法学院、文化与传播学院、外语学院、设计艺术与建筑学院、生物与环境学院、电子信息学院、计算机与信息学院9个二级学院，36个本科专业，涵盖经、法、文、理、工、农、管等学科。

【宁波城市职业技术学院】 2019年，宁波城市职业技术学院全日制高职专科学生8270人，本科生1037人。学院创建于1992年，是浙江省最早开展全日制高等职业技术教育的院校。2003年3月经浙江省人民政府批准，改设为宁波城市职业技术学院。学院占地面积33.53万平方米，校舍建筑面积14万平方米；下设商务、信息、艺术、旅游、国际交流、环境、管理、成人教育8个二级学院及基础课教学部，设有37个高职专科专业、3个职教师资类本科专业，涵盖旅游、艺术设计与传媒、农林牧渔、电子信息、财经等大类，基本形成以现代服务业为特色的专业结构体系。

【浙江医药高等专科学校】 2019年，浙江医药高等专科学校在校学生6900余人。学校前身为创建于1984年的浙江省医药学校。2002年2月，经教育部批准正式建立浙江医药高等专科学校，成为全国最早独立设置的医药类专科层次国家公办高等院校。2006年，学校迁入宁波南高教园区鄞县大道东段888号，占地面积16.68万平方米，设有药学系、管理系、应用生物系、中药系、基础部、图书信息中心、实验实训中心7个教学机构和浙江省医疗器械研究所，承担省执业药师、执业中药师培训、医药职业技能鉴定、医药（食品）行业职工继续教育等任务；有计算、实验、实训中心及130余个校外实习基地，以及总值2800余万元的教学仪器设备和总数30余万册、中外文期刊600余种的图书信息中心。2008年，开设生物制药技术等14个专业，面向全国19个省市招生。

【宁波卫生职业技术学院】 2019年，宁波卫生职业技术学院有全日制在校学生6700余人。学院前身为创办于1925年的宁波华美高级护士职业学校，是宁波市政府直属的全日制国有公办普通高等学校。校区占地面积23.91万平方米，建筑面积12.59万平方米；有5个二级学院（部）、1个附属口腔医院、1个附属中医院（筹），开设护理、护理（老年护理方向）、助产、口腔医学、口腔医学技术、中药学、医学检验技术、卫生检验与检疫技术、康复治疗技术、言语听觉康复技术、医学营养、健康管理、老年保健与管理、家政服务与管理、幼儿发展与健康管理、医学美容技术、美容美体艺术、艺术设计类（中外合作办学）（美容美体艺术）18个招生专业。

【宁波效实中学】 2019年，宁波效实中学有47个高中教学班级（包括三届IBDP班，4个海军航空实验班），在校学生1726人。学校为创办于1912年的一所完全中学，原系浙江省著名私立中学。1956年改为公立，更名“宁波第五中学”。1959年和1978年两次获评省重点中学。1980年复称“效实”。1981年获评省首批重点中学。1995年确定为省一级重点中学。1999年为举办“浙江省创新教育理科实验班”的全省2所试点中学之一。2000年被教育部批准为“现代教育技术实验学校”。2007年承办第24届全国物理奥林匹克竞赛决赛。2009年获授“浙江省文明单位”称号。同年，获“国家级语言文字规范化示范学校”称号。2011年获授“全国基础教育质量管理示范学校”称号。同年，成立效实中学教育发展基金会。2005年、2007年、2009年、2011年、2013年、2015年、2017年、2019年连续8届被列入“中国百强中学”。2012年7月，教育部中国教师发展基金会授予其“全国特色学校”称号。2014年4月成为浙江省首批省一级普通高中特色示范学校。2016年11月22日，浙江省教育厅批准效实中学试点建设海军航空实验班。2018年9月，位于鄞州区百丈东路的效实中学东部校区正式启用，学校开启一校两区办学模式。

【宁波市鄞州中学】 2019年，宁波市鄞州中学有30个高中教学班，在校学生1200余人。学校位于鄞州区下应街道崇实路477号，占地面积138936平方米，校舍建筑面积58483平方米；学校前身为创办于1952年5月的鄞县第一初级中学，1978年2月重新恢复普通中学，定名为鄞县中学；2002年4月撤县设区后，改称宁波市鄞州中学。学校原址位于鄞州区邱隘镇盛垫桥，2014年10月整体搬迁至现址。1981年4月，省人民政府批准其为浙江省首批18所重点中学之一，1995年10月成为首批浙江省一级重点中学。

【宁波中学】 2019年，宁波中学有38个高中教学班级，在校学生2000余人。学校前身为创办于1898年的“储才学堂”，是浙江省创办最早的现代学堂，百年间曾几易校名，1988年复名宁波中学。2002年9月，学校迁入宁波南高教园区，占地面积18.88万平方米，校舍建筑面积6万余平方米，学校为浙江省一级重点中学、教育部批准的政府留学项目基地学校，取得公派优秀学生留学新加坡华侨中学和南洋女子中学资格，先后与美、澳、加、德、韩等国著名学校结为姐妹学校。

【宁波市第三中学】 2019年，宁波市第三中学有33个高中教学班，在校学生1400余人。学校创办于1868年，前身为英国人创办的教会学校三一书院，跨越清朝、民国、中华人民共和国3个不同历史阶段，经历七易校名、九迁校址。2007年4月，获评浙江省一级重点中学。学校占地面积3.67公顷，建筑面积19631平方米，教师教学科研能力较强，连续两届获宁波市人民政府基础教育成果一等奖，浙江省人民政府基础教育成果二等奖。在“十三五”规划期间，学校筹划实施“和美”教育工程，投资近2亿元将学校搬迁至东海花园小区南侧。

【宁波市鄞州高级中学】 2019年，宁波市鄞州高级中学有30个教学班，在校学生1400余人。鄞州区政府投资超亿元在中心区新建的高品位全寄宿制公立学校，有高规格教学楼、实验楼、行政图书中心、体育馆、室内游泳馆、艺术中心等设施。学校占地面积121798平方米，校舍建筑面积55605平方米。学校推行英语小班化教学，建立体艺模块课程体系；在开足必修课前提下提供多样“课程套餐”，以满足学生升学和个性发展需求；建设“信任+责任”养成教育、“公益+感恩”爱心教育等“体验德育”工程。

【宁波市姜山中学】 2019年，宁波市姜山中学有30个高中教学班，在校学生1500余人。学校占地面积82299平方米，校舍建筑面积48928平方米。1978年，称鄞县姜山中学（前身为创办于1943年的鄞县董南初级中学）。1997年获评省二级重点中学，2004年4月升格为省一级重点中学。学校创办60余年，向社会输送毕业生1.85万余名，据不完全统计，历届毕业生中享受国务院特殊津贴的有23人，教授、研究员184人，高级工程师200余人。

【宁波市正始中学】 2019年，宁波市正始中学有28个高中教学班，在校学生1400余人。1978年，称鄞县横溪中学（前身为宁波高级工科学校，也即浙江工业大学前身之一的附设初中；1934年分离独立名为鄞县私立正始初级中学，1956年改名为鄞县第二初级中学）。1994年12月，恢复正始中学原名。1995年，受宁波市教育局委托承办高师预科班三届5班。2005年晋升为省一级重点中学。学校占地面积72925平方米；校舍建筑面积27396

宁波市鄞州中学

平方米。校园环境优美，文化底蕴浓厚，有“双龙迎客”等正始十景及溪畔绿化带和“正始森林公园”。在近80年办学历史中，据不完全统计，历届毕业生中，享受国务院特殊津贴27人，担任大学正副校长10人，正教授职称80余人。

【宁波市五乡中学】 2019年，宁波市五乡中学有27个高中教学班，在校学生1200余人。学校占地面积34097平方米，校舍建筑面积17946平方米。1978年，称鄞县五乡中学（前身为1956年创办于五乡镇蟠龙村的鄞县第八初级中学）。2006年，通过省三级重点中学评估验收。办学50余年，培养初、高中毕业生1万余人。2000年3月通过浙江省A级学校评估，2005年又升格为省三级重点高中，2012年获评浙江省第五批体育特色学校，2014年4月又获评浙江省首批二级普通高中特色示范学校。

【宁波市咸祥中学】 2019年，宁波市咸祥中学有27个高中教学班，在校学生1300余人。1978年，称鄞县咸祥中学（前身为创办于1956年的鄞县第九初级中学，校址原在咸一村杨家桥头，1968年8月迁至咸五村女祠堂）。1978年8月，镇西沙金山麓的新校舍建成并投入使用。学校占地面积65267平方米，校舍建筑面积26451平方米。是浙江省特色示范高中、宁波市文明单位、宁波市5A级平安校园。

【宁波市鄞州职业教育中心学校】 2019年，宁波市鄞州职业教育中心学校有95个教学班，在校学生4000余人。学校位于宁波高教园区（南区），占地面积299883平方米，校舍建筑面积93046平方米。1980年创办于横街镇，时称鄞县技工学校，1987年7月迁至江东宁舟新村，1988年9月与鄞县中等专业学校合并。2002年3月成立鄞县职业教育中心学校，11月获评省一级重点中等职业学校。2003年5月通过国家级重点中等职业学校评估验收。开设机电数控、经贸财会、电子信息、服装工艺四大类16个专业，其中省级示范专业3个、市级现代化专业1个。

【宁波市鄞州职业高级中学】 2019年，宁波市鄞州职业高级中学有73个教学班，在校学生3400余人。学校前身为创办于1976年的共产主义劳动大学，1978年称新乐公社农业学校，1981年更名为鄞县梅墟农业中学，1984年更名为鄞县梅墟职业中学，1991年更名为鄞县第一职业中学，1995年8月与莫枝中学合并，改称鄞县职业高级中学，并通过国家重点职业高级中学评估验收。学校占地面积68364平方米，校舍建筑面积42619平方米。开设模具设计与制造、数控技术、汽车维修与运用、服装设计与工艺、外贸英语、电脑文秘等10个专业。学校先后获评全国创建绿色学校活动先进学校、省中学生素质拓展试点学校、首批丰田技术TEAM21项目课程教学试点学校、省教科研先进集体等。

宁波市鄞州职业高级中学

【宁波华茂外国语学校】 2019年，宁波华茂外国语学校有在校学生5100余人。学校为华茂集团下属全日制民办学校，1998年创建，1999年10月16日开学，位于鄞州区天童北路1500号。学校总投资6.50亿元，占地面积33.35万平方米，校舍建筑面积22万平方米。学校实行12年一贯制，内设小学部、初中部和高中部，是浙江省一级重点中学、浙江省首所通过CITA鉴证学校。

【宁波东钱湖旅游学校】 2019年，宁波东钱湖旅游学校有在校学生2500余人。1998年4月由宁波市人民政府批准，设立宁波市首家旅游中等专业学校，定名为宁波东钱湖旅游学校（前身为创办于1956年7月的鄞县莫枝中学）。学校占地面积45112平方米，校舍建筑面积33463平方米，设有旅游、外贸、计算机、财会四大类19个专业。1998年起，相继开设中文导游、英语导游、日文导游、旅游商贸、景点管理、酒店管理、民航服务、实用日语、商务英语、旅游管理、企业税务、金融财会、计算机网络、涉外事务等专业。

（施盛杰）

文化·传媒·体育

公共文化

【概况】 2019年，鄞州区连续11年获评全省公共文化服务综合评估第一名，获“最美中国文化旅游区”“文化软实力提升优秀城市”“2019文旅融合影响力节庆”等荣誉。纳入浙江省公共文化服务“十百千工程”的18个镇（街道）100%完成建设任务，并通过验收。邱隘镇回龙村创建成为浙江省文化示范村（社区），姜山镇走马塘村通过浙江省美丽乡村美育村（社区）试点单位的申报评审，成为浙江省首批美丽乡村美育村（社区）试点单位。

开展庆祝中华人民共和国成立70周年文艺创作、展演、展示等，举办“礼赞新中国 奋进新时代”鄞州区庆祝中华人民共和国成立70周年主题文艺晚会，承办“五洲绘国色，四海庆华诞”宁波市庆祝中华人民共和国成立70周年大型广场献礼活动以及央视音乐频道《唱响新时代——走进宁波》鄞州主会场活动。策划举办鄞州区第九届王应麟读书节，举办近20项主题阅读活动。镇（街道）基层文艺团队综艺巡演63场。“天天演”下基层演出654场。“立德树人 美育启智”高雅音乐普及暑期大师公开课三度开讲。完成新中国成立70周年鄞州美术创作新锐奖作品展、鄞州区群众摄影作品大赛、群众书法专题创作展、“鄞州美术”跨界艺术实践作品成果展。完成全国美展、浙江省美术作品展、浙江省群星视觉艺术大展等各级展览赛事的作品辅导、选送工作，其中13件作品入选十三届全国美展。6月至12月，区越剧团举办建团五十周年团庆，包括“共话鄞越五十年”征文、“浙漾京城”晋京展演、“鄞光艺采”戏迷联袂专场、“堇越芳华”图片展、经典剧目惠民演出周5项主题活动。

【文化精品创作】 2019年，区文化馆创作演出的小品《我的四明山》获浙江省第三十届戏剧小品邀请赛金奖；宁波走书《走马塘奇闻》获浙江省第十届曲艺新作大赛银奖，并参加“红杜鹃”宁波市基层文艺社团风采曲艺大展示、省曲艺新作大赛、省曲艺新作会演，选送参评全国曲艺“牡丹奖”，东吴镇政府委托区越剧团编排创作越剧小戏《杜孝子传》在东吴镇天童老街太白湖文化广场首演，吸引当地近千名村民观看。

【公共文化惠民工程】 2019年，鄞州区“天天演”文化惠民工程共演出654场，其中专业336场、业余318场，惠及观众56万人次。10月21—31日，举办第六届业余戏曲团体会演，在东吴镇、五乡镇2个赛区，20支鄞州业余剧团上演越剧《红楼梦》《梁祝》《天道正义》《盘妻索妻》及新编甬剧《寒夜情怨》等剧目，观众万余人次。开展“艺起来”全民艺术普及工作，建设文化馆星光团队培训平台、社会力量艺术培训平台、镇（街道）“周日课堂”培训平台、中小学校园艺术培训平台四大培训平台，其中文化馆星光系列艺培活动聘请专家定期对区“星光合唱团”“星光舞团”成员开展常态化的艺术培训，提升成员艺术水准；社会力量艺术培训平台通过公开招标，全年择优采购社会机构开展艺

2019年4月22日，鄞州区“艺起来”基层文艺团队综艺巡演在瞻岐镇举行

术培训2000余课次，参训对象4万余人次。同时，建设镇（街道）综艺原创节目展演平台、业余文艺团队展演平台、社会培训机构展演平台和中小学展演平台四大展演平台，形成“天天有演出、周周有讲座、月月有主题、季季有比赛”的文化氛围，推动公共文化服务为民惠民保障能力。整合全区公共文化服务各类资源，统筹规划区、镇（街道）、村（社区）三级公共文化数字化建设，并结合文化下派员制度，实现线上线下相结合的公共文化数字总分馆制，打通公共文化服务“最后一公里”。推广数字阅读服务平台，新推出“你选我买”图书荐购服务平台、“扫码悦读”全民数字阅读服务平台、“网约书”配送服务平台等数字化阅读服务。

【“艺起来”全民艺术普及活动】 2019年，鄞州区开展“艺起来”基层文艺团队综艺巡演。3月26—28日，在宁波文化广场大剧院推出由浙江越剧团表演的3场经典越剧《风雪寒梅李三娘》《天之骄女》《牡丹亭》的公益演出，现场座无虚席。4—6月，开展文化巡演走亲活动。由各镇（街道）筛选优秀节目分别组成一台综艺演出，并到其他镇（街道）开展文化巡演走亲活动，3次巡演共63场次，6月30日晚在五乡文化中心举行综艺巡演颁奖晚会。结合首届“海丝文旅节”活动，举行“音乐点亮人生，我和我的祖国”满天星业余交响乐团演出及讲座各两场。10月13日，在区文化艺术中心大剧院上演大型现代甬剧《暖城》，为现场1000余名观众讴歌宁波这座爱心城市的温暖与大爱。开展群众文化“自创自演”评选活动。11月27日晚，在五乡镇文化艺术中心举行“艺起来”鄞州区群众文化自创自演文艺节目（舞台舞蹈类）会演，全区各镇（街道）的21个舞蹈作品400余名舞蹈演员参演。

【品牌文化活动】 2019年5—10月，鄞州区举办第九届王应麟读书节活动。本届读书节以“书香之恋、快乐之约”为主题，推出近二十项主题阅读活动。以文旅融合为契机打造区级文化活动新品牌，以鄞州区创建成为首个“中国海丝文化之乡”为契机，旨在大力挖掘、传承、创新、传播鄞州的海丝文化，打响鄞州文化新名片。5月13日，鄞州区海丝文旅节开幕式暨纪录片《天童寺》首映礼举办，并发布鄞州“海丝之旅”的旅游线路、公布鄞州首批“海丝文化遗迹”等。通过举办演艺、论坛、展示、赛事四大板块14项主体活动，以文化、旅游、体育交融互通的活动形式，打造全民共享的鄞州海丝文化盛宴。

【《唱响新时代——走进宁波》在鄞州区录制】 2019年11月20日，中央广播电视总台音乐频道大型基层文化系列节目《唱响新时代——走进宁波》在鄞州区文化艺术中心广场录制。演出结合宁波历史文化，融合河姆渡文化、海上丝绸之路、方言文化、院士文化及“宁波帮”的经商文化，设置“海定波宁”“千年义乡”“书藏古今”“港通天下”4个篇章。该节目计划在2020年春节期间播出，以文艺形式展现宁波市、鄞州区在新中国成立70年来经济、民生、生态等领域所取得的成就。

【区第14届科普电影节】 2019年5月22日，鄞州区科技活动周暨第14届科普电影节开幕式在百丈街道演武社区文化家园举行，现场开展科普图板展览、分发科普书籍、科普咨询等活动，当晚放映《智能家居进万家》《生态农业致富路》《网卖进万家》等科普片。鄞州区科普电影节已连续举办14届，将实用的科普知识通过电影载体寓教于乐的方式传递给广大市民，让百姓获得更多的科普知识。累计放映科普影片160余部31850场次，观众1090余万人次，分别放映保健类科普片《生活习惯与健康长寿》《家庭小药箱》等、致富类科普片《淡水小龙虾养殖》《科学种田巧施肥》等、安全类科普片《火海逃生》《安全用电小故事》等。

【2019天南海北鄞州人发展大会交响之夜】 2019年11月11日，海风吹来无界鄞声——2019天南海北鄞州人发展大会交响之夜在区文化艺术中心大剧院举行。谢旭人、陈群、陈正兴、蔡良才、胡军、褚银良、王兆波、杨慧芳、郑坤法和受邀参加大会的500余名嘉宾出席并观看演出。音乐会由中央音乐学院院长、宁波交响乐团艺术指导兼首席指挥俞峰担任总导演，中央音乐学院合唱团、宁波交响乐团为基础班底，特邀钢琴协奏曲《黄河》主要改编创作者、首演者殷承宗，用西方音乐讲述中国故事的小提琴协奏曲的首演者俞丽拿弟子唐韵领等。音乐会

2019年11月11日，2019天南海北鄞州人发展大会交响之夜举行

选取浓浓乡情的《鄞地九歌》《宁波马灯调》《一个叫鄞的地方》，展现鄞州这片热土蕴含的内生力量与文化特质；《宁波欢迎你》《腾飞吧，鄞州》《蝶变新鄞州》3个篇章，以歌唱、诗朗诵的形式，展现鄞州发展的悠久历史、辉煌成就和光明前景，向全球发出“欢迎来鄞参与发展建设、共同创造奇迹”的热切召唤。音乐会现场，区委书记褚银良和中央音乐学院院长俞峰为“中央音乐学院新时代文明实践音乐中心”揭牌。

【高雅音乐普及暑期大师公开课】2019年8月18日，“立德树人 美育启智”高雅音乐普及暑期大师公开课在鄞州体育馆举办。公开课由中央音乐学院院长俞峰指挥宁波交响乐团开讲，分“中国经典”“音乐课堂”“音乐的爱国主义”3个篇章，并由中央音乐学院声乐歌剧系王威、许昌、孙媛媛，中央音乐学院民族室内乐团于源春等共同出演。公开课先后选取歌剧《白毛女》选曲“北风吹”、舞剧《红色娘子军》选曲“娘子军操练舞”、小提琴协奏曲《梁祝》、歌剧《卡门》选段“吉普赛人之歌”、《图兰朵》精彩段落“猜谜”和“今夜无人入睡”、《我的祖国》、《红旗颂》、《我爱你中国》等20余首中外经典曲目及片段。中央广播电视总台音乐频道《音乐公开课》栏目到现场录制。

【中华人民共和国成立70周年庆祝活动】2019年9月22日，“五洲绘国色，四海庆华诞”宁波市庆祝中华人民共和国成立70周年大型广场献礼活动在鄞州区政府广场举行，70名学生、70名教师、70名妇女同胞、70名人民公仆、70名各界人士、70名国国际友人及分现场70名部队官兵，共同组成7组方阵，携手共绘490米牡丹长卷，活动有来自英国、法国、德国等70个国家的友好人士到场参加。9月27日晚，举办“礼赞新中国 奋进新时代”鄞州区庆祝中华人民共和国成立70周年主题文艺晚会。晚会通过“红色血脉”“崛起之路”“鄞州铁军”“追梦路上”4个篇章展现鄞州人民奋进的精神和日新月异的城乡风貌，70年来鄞州区取得的伟大成就，也传递对鄞州明天的祝福。来自全区各界共1000余人观看晚会。

（徐 琼 贾嫣娜）

文化遗产保护和开发

【概况】2019年，鄞州区开展文物安全检查巡查40余次，检查巡查范围覆盖全区227处文保单位（点）。协助市考古研究所完成横溪镇凰山岙地块抢救性考古勘探，推进天童禅寺唐岙左陇塔院考古项目。完成李惠利故居、王墅亭及碑迁建工程；完成和丰纱厂旧址、省元坊、七塔禅寺三圣殿、张华山祠堂、龙尾碶碉堡、世忠寺及明代贵族墓的保养维护及修缮工作；完成沙氏故居鄞州区人才爱国奋斗红色教育基地基建工程和内部提升工作；协助开展天童禅寺泥石流灾后修缮工作；承办全国首届木结构古建筑病害勘察及预防性保护培训班。

全区有朱金漆木雕、骨木镶嵌、宁波走书、宁波金银彩绣4个国家级非物质文化遗产保护项目，红帮裁缝技艺、甬式家具制作技艺、鄞州竹编、龙舟竞渡等20个省级保护项目，以及50个市级非遗保护项目和101个区级保护项目。拥有区级以上非遗代表性传承人99人，其中国家级代表性传承人3人、省级代表性传承人17人、市级代表性传承人58人；非遗传承基地108个，市级非遗“三位一体”示范体21个，非遗专题展示馆22座。

组织各类展示展演活动70余次，开展各项公益培训60余次，区非遗馆接待参观团体100余个，参观8万余人次。组织庆祝新中国成立70周年鄞州非遗创意作品比赛、鄞州区非遗故事大赛，承办市第二届少儿非遗故事大赛启动仪式、中秋晚会暨第二届少儿非遗故事大赛颁奖典礼等。参加“甬上风华”非遗汇、扬州首届大运河文旅博览会、义乌文博会、宁波市“阿拉非遗汇”、韩国首尔文化推广活动、“丝路新旅”宁波文旅推广活动（保加利亚）、衢江文旅走进鄞州推介暨文化走亲活动、省优秀非遗旅游商品评选活动、浙江传统体育类非遗大会暨天台山文旅融合高峰论坛等。

完成市级第一批至第四批传统技艺类非遗项目“三位一体”的考评，邱隘咸齑腌制技艺获评示范项目，鄞州区传统插花、状元楼宁波菜烹制技艺、甬式家具制作技艺、失蜡浇铸技艺、红帮裁缝技艺获评优秀项目。四明中学校园非遗馆开馆，为全市首家

2019年9月12日，“我们的节日”2019中秋晚会暨第二届少儿非遗故事大赛颁奖典礼举行

校园非遗馆。完成鄞州区国家级非遗项目宁波走书保护单位的更改，宁波走书传承基地落户咸祥镇咸六村，非遗曲艺书场建成开放。启动第七批区级非遗代表性项目、代表性传承人、数字传承基地申报工作。全面完成（教学）传承基地、代表性传承人的年度考核。征集"非遗进校园"优秀实践案例（内家拳、鄞州竹编、剪纸），并在全区推广。

【区"2019年文化和自然遗产日"活动】 2019年6月7日，"金鄞花开，鄞领未来——鄞州区2019年文化和自然遗产日"系列活动在宁波（鄞州）博物馆举行，各镇（街道）文化站站长、非遗代表性传承人、非遗传承（教育）基地代表、业余文保员代表等200余人参加活动仪式。现场颁发《河海传奇，璀璨庆安》《六月工潮，百年和丰》《农会暴动，浙东第一枪》《竞渡竞渡，港通天下》4个课程文物研学手册，从庆安会馆、和丰纱厂、芦浦农会、宁波（鄞州）博物馆入手，解读鄞州文化遗产。此外，活动现场揭晓鄞州文化遗产2018年度十大影响力事件（人物），15家文化遗产保护先进单位、19名先进个人、全区非遗传承人大比武结果等。同时成立由非遗传承人、高校学生为主组建的"金鄞花"志愿者团队，区委宣传部部长方飞龙为"金鄞花"志愿者代表队授旗。

【凤山岙区域抢救性考古勘探】 2019年4月26日至6月24日，鄞州区在横溪镇凤山岙地块（一期）进行抢救性考古勘探，历时60天。该区域内发现遗迹现场200处，其中墓葬196座（汉六朝时期墓葬39座，唐宋时期墓葬7座，明清时期墓葬150座），窑址3处，界墙1处。出土文物294件（组），出土文物保存良好，具有较高的历史文化和艺术价值，为农旅小镇建设提供可利用的历史文化资源。

【2019宁波市第二届少儿非遗故事大赛在鄞州区举行】 2019年7月13日，2019宁波市第二届少儿非遗故事大赛启动仪式暨鄞州赛区海选在宁波（鄞州）博物馆举行。此次活动由市文化广电旅游局主办，市文化馆、市非遗保护中心、区文广旅游体育局共同承办，市非遗保护协会、区非遗保护中心、宁波广通传媒协办。本届大赛依旧以"温故"为主题，秉承着至圣先师孔子"温故而知新"的原则，弘扬优秀传统文化，活化传承卓越民间文学，打造宁波市民间文学类非遗品牌，在第一届的基础上优化调整赛制，增添仪式感较强的启动仪式、广泛参与的海选赛程以及混龄方言组的比赛，让更多的少年儿童沉浸其间，了解体会非遗的内核。9月12日晚，"我们的节日"中秋晚会暨第二届少儿非遗故事大奖赛颁奖典礼在鄞州非遗馆举办。此次大赛共颁出一等奖2名，二等奖5名，三等奖10名，优秀奖20名。

【非遗传承人抢救性保护记录】 2019年7—8月，鄞州区按照文旅部《国家非物质文化遗产代表性传承人抢救性记录工作要求》，选定宁波金银彩绣项目国家级代表性传承人许谨伦、灰雕项目省级代表性传承人朱英度为抢救保护项目，建立抢救性记录工作组，对传承人进行口述史、实践、教学等全方位记录采录工作，对已有的文献进行收集、建立传承人专题资源库，并将记录成果制作成文献片。此次抢救性记录，全面真实、系统地记录相关非遗项目和传承人资料，为后人传承、研究非物质文化遗产留下宝贵的资料。

【沙氏故居周边环境整治】 2019年，鄞州区对沙氏故居周边环境开展整治提升，深入挖掘沙氏一门的红色革命精神，对原有展陈进行重新调整，丰富展示内容，增加电子屏幕、二维码等新的媒体方式，展品增加沙文求的十封"革命家书"、陈修良口述历史等珍贵资料。重新开放的沙氏故居成为全区主题教育的重要基地之一。9月24日，区委常委会在沙氏故居开展"初心之旅·鄞领之路"主题教育活动，区委书记褚银良讲授初心微型党课。

【天童禅寺唐岙左陇塔院考古调查】 2019年3月，区文保员史习忠在天童禅寺唐岙左陇发现石雕莲花构件。4月底至10月，市文物考古研究所和区文物保护管理中心、天童禅寺等单位对此开展调查和考古工作。为减少对塔院区域的破坏，通过雷达扫测、RTK技术、无人机、三维建模等科技手段，确认唐岙左陇2处塔院"普同塔院""堆云庵"的位置，新发现9座北宋至民国时期天童禅寺著名的禅师塔。确认唐岙左陇是一处北宋至民国时期天童禅寺舍利塔相对集中的高僧塔院聚落遗址，具有重要的历史文化研究价值。此次出土的禅师塔位置、铭文与史书互相印证，弥补文献记载的不足，对研究天童禅寺历代高僧生平及其墓塔形制演变具有重要的参考借鉴。

【四明中学非遗馆开馆】 2019年10月26日，四明中学非遗馆开馆仪式举

2019年10月26日，四明中学非遗馆开馆仪式举行

行。四明中学以学生传承非遗为办学特色，自2017年开始筹划“四明中学非遗馆”，次年2月开始场馆建造，2019年1月基本完成场馆硬件建设，总面积500平方米，8月开始内部陈列布展，10月完工。该非遗馆是集校园非遗教育、体验、活动、展示于一体的非遗综合基地，汇集包括国家级非遗项目金银彩绣、骨木镶嵌、朱金漆木雕、宁波走书、甬剧在内的25个非遗项目，开设有泥金彩漆、民间刺绣、舞龙等非遗课堂。该馆成为宁波市首个校园综合非遗馆。

【宁波走书传承基地落户咸祥镇】 2019年11月6日，国家级非遗项目“宁波走书”传承基地揭牌仪式暨曲艺展演活动在咸祥镇咸六村举行。宁波走书是传统地方曲艺，是浙江省四大地方曲艺之一，在宁波有着深厚的群众基础。2008年，“宁波走书”被列入第二批国家非物质文化遗产保护名录。咸祥是浙江省民间文化艺术之乡，也是非遗小镇。此次活动举行鄞州区曲艺公益基地、非遗曲艺书场、“雨露新苗”宁波市少儿曲艺传承基地等一系列授牌仪式。活动中最具薪火相传意义的仪式是省级代表性传承人沈健丽、闻海平的收徒仪式，拜师礼、敬茶、师傅赠礼、训诫等一连串环节，体现着传统文化的传承接力。仪式之后表演节目有甬剧、宁波走书、宁波小调、快板书、魔术等。

【全国首届木结构古建筑病害勘察及预防性保护培训班在鄞州区举行】 2019年11月25—28日，由中国文物保护基金会、中国林业科学研究院木材工业研究所、宁波市文化广电旅游局、鄞州区文化和广电旅游体育局主办，鄞州区文物保护管理中心承办的全国首届木结构古建筑病害勘察及预防性保护培训班在鄞州区举办，来自全国各地的文保部门及古建筑类文保单位的相关人员150人参加培训。本次培训班是在中国文物保护基金会对天童寺进行木结构建筑病害防治的调查和防止工作后开展的，是将对木结构建筑保护的“天童经验”总结和向全国进行推广的培训班。培训主要内容有：木结构古建筑预防性保护、木材科学与技术在古建筑保护中的应用、木结构古建筑的维修设计、木结构古建筑维修施工中的问题与解决方案、木材鉴定在木结构建筑保护中的应用等。

2019年11月6日，国家级非物质文化遗产——宁波走书传承基地揭牌仪式暨曲艺文艺晚会举行

【业余文保员换证】 2019年12月6日，区文物保护管理中心在瞻岐镇举行2019年业余文保员换证仪式，全区80余名业余文保员参加。新版业余文保员证为胸牌式，并配有业余文保员专属安全帽和工作包。新证不仅保留传统业余文保员证的主要内容，还带有地域特色。胸牌上印有羽人竞渡的纹饰，证件中间粘有业余文保员照片，并加盖单位钢印，标识姓名、编号、区域、业余文保员监督电话、单位名称等。背面是业余文保员的权利和义务条款。新版证件既方便业余文保员平时亮证工作，同时更加明确业余文保员的责任义务和权力。

【非遗档案数据库建设】 2019年，区文物保护管理中心、非遗保护中心历时一年完成鄞州区非遗档案和数据库基础建设。该项目主要通过文字、录音、录像等数字化多媒体等方式，对非物质文化遗产进行真实、系统和全面的记录，建立统一、规范、共享的全区非遗保护大数据管理机制，实现对非物质文化遗产数据的大规模存储管理及对非物质文化遗产项目、传承人、项目传承基地的监测评价。非遗数据库项目的建成，有利于专家、学者、研究人员、工作人员更好地保护利用和发展非物质文化遗产，利于普通群众学习、认知和传承，使全区非物质文化遗产资源得到长期保存、保护和相承。

（徐　琼）

博物馆·书学院

【概况】 2019年，鄞州区有各类博物馆23座，其中国有11座、非国有12座。全年参观人数200万人次，其中非国有50万余人次。推进各项博物馆（艺术馆）建设，周尧昆虫博物馆（迁建工程）完成中间结构验收，并确定布展方案。吴永良艺术馆完成初步概念方案调整设计、施工图设计、施工图审图等工作，10月31日完成项目招投标工作，12月进场施工。宁波千峰越窑青瓷博物馆完成在省文物局的备案并正式开馆，地质宝藏博物馆完成迁址及布展提升工作，成为宁波市第一家进入商业广场的非国有博物馆，并开启博物馆运营的新模式。

周尧昆虫博物馆完成馆内藏品清点建档工作的63%，维护标本572号，配合做好新馆迁建相关工作和布展准备，配合全国蝶类监测项目，整理记录宁波地区蝴蝶部分种类，同时做好周尧昆虫分类学奖励基金的年度评选和奖金发放。昆虫博物馆全年接待参观人数近4万人次。沙孟海书学院改版《沙孟海研究》杂志，由季刊改为半年刊，在保持杂志原有风格的基础上，与中国书法出版传媒集团合作，杂志的学术性、专业性和规范性实现提升。拍摄《源流——沙孟海》纪录短片，分为“龙游天下”“一日千载”“剩山图卷”“归去来兮”（暂命名）4集，长度为每集8至9分钟，该纪录片为纪念沙孟海120周年诞辰系列活动献礼。年内完成“龙游天下”和“一日千载”两集拍摄剪辑，第三集“剩山图卷”杀青剪辑。开展沙孟海书学院重建工程筹备工作，与区发改局、区住建局等相关部门进行沟通对接，查询相关土地确权所需文件，区测绘院对书学院建筑面积进行重新测算。

【宁波经济社会变迁物证展在鄞州区展出】 2019年5月25日 至10月8日，“岁月如歌——1949年以来宁波经济社会变迁物证展”在宁波博物馆展出，共集合生活、生产等用品500余件，基本涵盖百姓的衣食住行娱，是宁波博物馆为庆祝中华人民共和国成立70周年和宁波解放70周年而特别策划推出的年度大展。展览以党和国家发展历史为脉络，以中华人民共和国成立以来重大历史事件为节点，根据经济社会发展的各个阶段进行展示。展示宁波从1949年来社会经济、人民生活的变化与发展。展品除博物馆自身的馆藏外，还面向社会征集，共收到市民捐赠、借展物件100余件。国家文物局公布2019年度“弘扬优秀传统文化、培育社会主义核心价值观”主题展览征集推介项目100项，其中重点推介项目20项。宁波博物馆“岁月如歌——1949年以来宁波经济社会发展变迁物证展”获评重点推介项目。

【罗马尼亚油画大师科尔内留·巴巴油画作品中国巡展（宁波站）在鄞州区展出】 2019年4月2日 至5月26日，由宁波市委宣传部、市文学艺术界联合会、罗马尼亚国会直属罗马尼亚文化学院、罗马尼亚美术家协会文化基金会、浙江全山石艺术中心、华茂集团共同主办的罗马尼亚油画大师科尔内留·巴巴油画作品中国巡展（宁波站）在宁波华茂美术馆展出。90岁高龄的中国著名油画家、教育家全山石在现场为观众解读巴巴作品。本次展览作品选自罗马尼亚17个国立博物馆、美术馆及私人收藏的巴巴作品中最具代表性的油画56幅，如《炼钢工人》《农民》《棋手》等。

科尔内留·巴巴油画作品《炼钢工人》

【宁波千峰越窑青瓷博物馆开馆】 2019年5月27日，宁波千峰越窑青瓷博物馆举行开馆仪式。该馆位于下应街道湾底村，为前后两栋有通道连接的二层小楼，面积约1700平方米。馆藏品共7000余件，以越窑青瓷为主，兼有德清窑、长沙窑、建窑、吉州窑、耀州窑等窑口的瓷器，藏品年代涵盖西周、战国、两晋、隋唐等。汇集馆长陈国桢近40年来的全部收藏，其中有秘色瓷等越窑青瓷之珍品。部分藏品曾于2013年和2015年受邀分别在北京大学赛克勒博物馆和故宫博物院举办越窑青瓷专题展，其中19件越窑青瓷无偿捐赠给故宫博物院。原北京故宫博物院院长单霁翔为千峰越窑青瓷博物馆题写展览前言。

【地质宝藏博物馆迁馆】 2019年8月29日，全市首个地质类自然博物

2019年8月29日，宁波市鄞州区地质宝藏博物馆迁馆仪式举行

馆——鄞州区地质宝藏博物馆举行迁馆仪式。博物馆由原鄞州区大学园区图书馆底楼搬迁到鄞州区天童南路2365号海港城五楼，总投资1500万元。展馆新增设荧光矿物展厅、掐丝矿粉画工艺展厅、炫彩迷幻展厅和陨石文化空间等；陈列品种从原七大类增至鸡血玉、金钱石、米石、孔雀石、彩陶石、钟乳石、橄榄石、荧光石、木化石及矿物晶体等十大类；展品增加近8倍，计32个品种12000件。新馆内石质奇珍异宝争奇斗艳，其新设的3个展厅，幽雅的环境布置更加璀璨夺目。

（徐　琼　马霞维）

图　书

【概况】 2019年，鄞州区（宁波大学园区）图书馆馆藏纸本图书入藏量新增130632册，全馆图书总馆藏量2670939册，音像资料53467件。接待到馆读者547万人次，图书外借量238万册，有效持证读者68.51万人。举办讲座、沙龙、展览及各种主题活动332场，其中“明州大讲堂”讲座76场，听众14024人次。“网约书”图书网借、“春伢计划”亲子阅读推广、“你选我买”图书荐购、“鄞州悦读”数字阅读、区少儿馆“红领巾”阅读天使、“图图宝贝”亲子阅读团队、“心语星愿”、“山海书香缘”、“关爱小树苗”、“爱心并进”等阅读服务受读者推崇。

鄞州书城1月推出“鄮山桥”咖啡，突出地域文化挖掘及老物件、名家字画等元素。3月推出“堇选”选书品牌，每周或每月选出好书与读者分享，体现阅读主张。“堇秀”“瓷韵”“乐活”“音悦”等不同主题通过书与文创的组合展现书城人文、创意、生活的功能。6月，鄞州书城上榜“2019全国书业榜样阅读空间推展”名单。12月25日，鄞州文联艺术区“鄮山桥社”在书城三楼揭幕，首期“桥上谈艺”文艺沙龙“致敬沙翁”沙孟海拓片微型观摩展举行。传统业务实现稳中求进。拓展义务教材教辅，提升配送服务质量，获评中小学文教书发行先进单位和大中专教材发行优秀奖。

【区第九届王应麟读书节】 2019年5月26日，鄞州区第九届王应麟读书节在鄞州区（宁波大学园区）图书馆开幕。本届读书节至10月结束，以“书香之恋 快乐之约”为主题，共有“聆听”“体验”“分享”三大板块活动。“聆听”板块举行《五月的鲜花》诗歌朗诵会”、“明州大讲堂”科普系列讲座、“海丝文化”主题讲座、“悦读沙龙”名家讲演等活动。“体验”板块包括“城市书房”文化空间打造、“我与图书馆”合影打卡、“少年行·追寻海丝之路——三江夜读”等活动。“分享”板块举办“海丝小喇叭”鄞州区小小朗读者大赛、“诗词in谈”、第五届“悦读爱情”相亲交友大会等活动。

【区图书馆建馆30周年】 2019年，鄞州区图书馆单独建制30周年。区图书馆占地面积5.80万平方米，总建筑面积2.80万平方米，藏书总量267万余册。馆内设有公众教学区、报告厅、展览厅、小型音乐厅、文化沙龙、活动中心等设施。除书刊借阅服务外还提供信息查询、文化展览、文化休闲、报告讲座、文艺演出、少儿活动、盲文借阅等众多服务项目，馆内设有阅览座位3000个，无线网络全覆盖，提供150台计算机供读者使用。在全区设有城乡服务一体化通借通还图书分馆300余家。2018年12月，被中国图书学会授予“全民阅读示范基地”荣誉，成为浙江省第二家、宁波市第一家获该荣誉的县级图书馆。2019年，为建设“书香宁波2020”，提升阅读文化服务力和影响力，鄞州区图书馆以“公共文化、公益服务、公民共享”为理念，打造文化气质独特、书香氛围浓郁、服务功能完善的全民阅读推广载体和城市公共文化空间，推出“堇书房”公共文化阅读空间。建设完成“鄞光溢彩·堇书房”、“四明书局·堇书房”和“悦读时光·堇书房”3家城市书房。“堇书房”以推进全民阅读为目标，向市民提供温馨舒适的文化阅读空间，营造轻松恬静的阅读环境，集文化休闲、阅读空间、创意生活等服务，满足市民的精神文化需求。9月，区图书馆入选市妇联、市文明办、市文化广电旅游局评选的“宁波市亲子阅读体验基地”。11月，“鄞图听书”数字有声阅读服务获2019年浙江省公共数字文化工程优秀数字阅读推广案例大赛“十佳案例”。

【区少年儿童图书馆活动】 2019年，区少年儿童图书馆开展“书香少年”阅读活动。举办区十五届未成年人读书节系列活动30余场。策划开展“红领巾”阅读天使活动40场次，“图图宝贝”亲子阅读活动24场次。举办“探寻茶文化·感受山清水秀”“阅读非遗之美，走进雪菜的故事”文化走读2场。创作童声合唱《书香少年》并在区第十五届未成年人读书节启动仪式上首演。选送两组家庭分获市第十五届未成年人读书节“家风少年说”大赛小学组和中学组三等奖，区少年儿童图书馆获优秀组织奖。选送绘本剧《老狼老狼几点了》获市创意绘本剧大赛一等奖。策划开展“心语星愿”“山海书香缘”“关爱小树苗”“爱心并进”四大公益阅读服务活动20余场。

【文化空间和品牌建设】 2019年，区新华书店推出“四明书局”“黄古林阅读公园”“悦读时光姜山中学店”“悦读时光区府店”等文化空间和品牌。4月20日，“黄古林阅读公园”在海曙古林镇开园，采用“乡镇图书馆+书店”的组合以及“古邑讲坛”等特色的文化活动开创乡镇全民阅读新样板，获评2019浙江阅读风采评选之最具风采乡村书店。5月26日，以鄞地文献传播、地方文化传承为定位的“四明书局”揭幕，辅以阅读交流、创意生活等功能，与大学园区图书馆共同打造职能互补、功能多元、主题突出的文化空间新模式。9月19日，姜山中学和鄞州新华书店合办的校园书店“堇南书苑”挂牌，书店装修采用彩色玻璃窗、罗马立柱、雅典式门厅等欧陆式风格，拥有书籍6000余种、上百种文创产品及咖啡茶饮等设施，成为姜山中学学子课余看书、交流的文化阅读新空间。

2019年5月26日，鄞州区第九届王应麟读书节"四明书局·堇书房"揭幕仪式举行

11月22日，"悦读时光·堇书房"在鄞州区政府大楼开放，该阅读空间集合书店与图书馆等多重功能，并设置"初心书架""惠风书单""和畅书集"等主题，连同年初联合区图书馆为区人大机关设计打造的"悦读时光书架"，成为新华书店在区政府的一个亮点。4家阅读空间实现共建共享新模式，取得经济和社会效益双赢。

【"堇"品牌文创产品开发】 2019年，区新华书店开发植入海上丝绸之路、非物质文化遗产等地方元素的"堇"文创品牌，自主研发推出笔记本、布袋、明信片、铜制书签、晴雨伞等文创产品，并在4月12日宁波文博会上亮相，4月27日随鄞州展团到义乌文博会参展，5月13日在鄞州区首届海丝文旅节上呈现，5月21日参加深圳文博会，5月26日在第九届王应麟读书节开幕式上展现并作为伴手礼相送，6月14日参加全国"双创"活动周鄞州分会场受到青年创客的喜爱，实现较好销售。同时，根据书店的气质需求，合作开发"四明""月湖"系列茶器和"子城香炉"等产品，给读者带来艺术与美的享受。

【"诗词in谈"活动】 2019年5月26日，区新华书店推出的"诗词in谈"在鄞州书城开坛，首期活动为"古典诗词之美"。"诗词in谈"是继已颇具传播力、影响力的"周六悦读沙龙""明州大讲堂"等公共文化服务平台之后，为广大读者推出的又一道常设性全新文化品牌活动。"in"寓意沉浸于诗词之中，"谈"意谓注重交流访谈。"诗词in谈"以古典诗词鉴赏、诗歌风格流变、著名诗人系列、地方文化中的古诗词为主要内容，以场上互动、线上交流、视音频课件分享为主要交流形式，以传统主流媒体及互联网相结合为传播方式，辅以形式多样、丰富多彩、线上线下结合的诗词文化活动，展示从古至今伟大诗人的心灵、智慧、品格、襟抱和修养。"诗词in谈"活动丰富，通过立诗词社、组专家团、建义工队，融合"库与社""讲与问""学与游""吟与赏""层与级"等，广聚诗词爱好者与志愿者，搭建交流提升平台。"诗词in谈"活动第一季共举办8场，报名参加者从6岁学童到90岁长者，反响热烈，被誉为鄞州版的"诗词大会"。

（徐　琼）

文化产业·文化市场

【概况】 2019年，鄞州区继续对镇（街道）实行单独的文创产业目标管理考核，就产业发展、项目建设、招商引资、文化消费等方面设定考核内容。修订完善《2019年度鄞州区文化创意产业专项资金管理办法》，优化调整政策支持方向，加强对重点产业领域的扶持力度。定期召开全区文化产业工作推进会与分析会，分析产业发展中存在的问题并梳理下步发展方向。建立纵横联动机制，纵向强化区镇联动，明确各镇（街道、园区）产业工作具体分管领导与联络员，建立月报表、钉钉群等实时联系平台，加强与各镇（街道、园区）的纵向联动，全年新增文化企业190余家，推进文商旅产业总部等项目25个；横向强化部门联动，加强与统计局、商务局等区级部门的配合协作。2019年，全区规模以上文创产业实现增加值108.76亿元，比上年下降1.70%，总量排名全市第三位；文特产业增加值64.50亿元，增长10.70%，总量排名全市第二位。

宁波音王电声股份有限公司、宁波卡酷动画制作有限公司获2019—2020年度国家文化出口重点企业。浙江年轮映画文化传媒股份有限公司、宁波锐蜂动力文化传播有限公司等5家公司获评第三批省成长型文化企业；宁波卡酷动画制作有限公司获2019—2020浙江省文化出口重点企业。汇聚·创业里文创产业园等2个项目获2019年全省优选文化和旅游投融资项目。卡酷动画姚林、十里红妆书店李皓、飞越时空罗世军、集盒文创园曾步辉与宁波书城、文化广场、宁波电影公司、和丰创意广场的运营团队一同获评"改革开放40周年——宁波市文化产业弄潮儿"。

全区住宿业营业额14.80亿元，营业额增速从7月的-6.90%转为12月的-1.40%，下半年营业额逐月递增。挖掘月度新增企业潜力，新增麦川酒店、雷迪森酒店、康德思酒店等企业月度入库，会同属地做好年度新增入库工作，新增南苑饭店、开元名庭、云睿酒店等企业年度入库。把规模以上企业中的香格里拉大酒店、天唯艺术酒店等营业额较大或降幅较大的企业作为主要关注对象，重点开展走访服务，提升企业产能。

文广窗口再次获评区“优胜服务窗口”，全年共办理事项1225件，其中微审批办结1145件，占总量的93.50%；受理办结时间缩短为平均1.5个工作日。有13个事项列入“一事联办”范围，其中互联网上网服务营业场所审批与公安、消防一事联办，1000人以上大型营业性演出活动审批与公安联办衔接，全年联办各类事项10件。指导行业协会打造“娘家人工作室”品牌，为企业提供维权、咨询、调解等帮助。全年，“娘家人工作室”开展行业自查自纠6次，组织企业约谈10次，开展行业法律法规及消防培训8次，调解KTV版权纠纷30余起，为每家娱乐场所每年至少可以节省版权费5万余元，推动KTV惠民大舞台开放免费包厢1523个。

组织行业负责人安全生产培训班17期，参训2200余人次，与各场所负责人签订年度安全生产承诺书；组织行业从业人员培训8期，参训人数400余人；组织开展安全教育和应急演练50余场次，发放安全宣传资料800余份。协助市文旅局新评定花级酒店4家、银叶级绿色饭店1家；完成对标复核星花级饭店3家，评出A级娱乐场所5家、C级娱乐场所5家和A级网吧9家、C级网吧8家。与区总工会、团区委联合举办2019鄞州区导游风采大赛，选拔12名优秀导游参加宁波市比赛，获团体二等奖、最佳组织奖等。

【文化产业项目引进】 2019年，鄞州区成立文旅招商小分队，加强项目招引推介，做好项目进度动态跟踪。先后接待亿利集团、融创集团、中国文物保护基金会、中广国际传媒（北京）有限公司、民和文化产业园等企业客商的考察投资和洽谈项目，全年接待国内外客商50余批次。组团到北京、深圳等地开展招商活动3次，加强与区投资促进中心和各专业招商小组的紧密配合，制作文旅招商手册，进一步加强对政策优势、产业特色等的宣传推介。树立“以项目带动文化旅游产业发展”的工作思路，在项目招引过程中强化“节点式攻坚”。至年底，先后引进横溪镇凰山农旅小镇（宁波文博会上签约）、南苑假日酒店（天南海北鄞州人大会上签约）和渔轮厂改造项目（鄞州区重大项目签约仪式上签约）重点项目3个，宁波今日未来文化有限公司等企业5家；新增产业投资12.20亿元。

【文化市场惠民消费季活动】 2019年，鄞州区举办文化旅游体育惠民消费季活动，推出电影、图书、非遗体验、景点门票、体育健身等17项文化、旅游和体育三大板块的惠民消费项目和近20项惠民公共活动，营造文旅体资源共享、线上线下联动、全民共同参与的文旅体消费体验。培育特色消费业态，打造酷乐潮玩、飞跃时空、宁波书城、保利剧院等特色消费业态，助推文化广场、宁波博物馆、万达影城等重点文化消费场所做大做强，举办莫文蔚演唱会、夏至音乐日、城市青年文化节等消费活动。在2019年发布的全市文化消费十大网红“打卡地”中，鄞州区有宁波博物馆、宁波文化广场等6个场所入选；金银彩绣系列文创产品入选十大网红畅销品，香橙音乐节、宁波书展入选十大网红热门事。

【文化市场监管】 2019年，鄞州区加强文化市场监督管理和专项整治。9个镇“线乱拉”综合整治工作全部完成，其中东吴镇、天童集镇获评省级样板镇。对全区13家持证宾馆进行全面检查，联合区市场监管局开展非法卫星地面接收设施生产、销售环节的源头治理，查处违法销售点2个、非法接收设施5套，强制拆除居民区非法“小耳朵”6套，引导居民主动拆除25套，立案查处3起。开展辖区内旅行社质保金缴纳清查和“僵尸企业”排查工作，推行“大篷车”“黑网吧”举报奖励制度，打击非法“大篷车”演出活动，发现并取缔“大篷车”非法演出11起。

【文化和旅游经营场所消防安全培训演练】 2019年6月20日，鄞州区文化和广电旅游体育局联合邱隘镇政府组织开展2019年度鄞州区文化旅游经营场所消防安全培训演练现场会。活动包括专题培训、疏散演练、灭火技能比武等，旨在全面提高全区文化旅游经营场所业主的安全生产意识，提升消防安全人员的业务训练水平、应急逃生和扑灭初期火灾能力。该活动由邱隘镇文化站、区文化市场联合会承办，辖区内娱乐场所、网吧、宾馆、旅行社等100余家场所消防负责人参会。

【区旅游行业管理工作会议】 2019年12月12日，全区旅游行业管理工作会议召开。区文旅体局业务分管领导何华云、市场管理科及旅游质检所负责人和工作人员及全区星级饭店、景区、旅行社等中高级管理人员160余人参加会议。区文化和广电旅游体育局通报2019年旅游质监工作情况，部署2020年行业管理工作重点，并与参会的各家企业签订《2020年度旅游安全生产责任书》。

【区导游风采大赛】 2019年9月26日，鄞州区导游风采大赛在宁波开元名都大酒店开赛。大赛由区文化和广电旅游体育局、区总工会和团区委联合主办，来自中国国旅（宁波）国际旅行社有限公司、宁波海外旅游公司、宁波海洋世界等9家单位的24名选手参赛。大赛分中文和英文两个组别，设置“才艺表演”“风采展示与非遗故事”“精品线路讲解”3个项目。宁波万达国际旅行社有限公司的吴双双和宁波中青旅旅游有限公司的陈一倩分获中文组和英文组导游风采大赛第一名。

（徐　琼）

文学艺术

【概况】 2019年，区文联下属各大协会有国家级会员238人，省级会员486人，市级会员745人，区级会员1941人，各镇（街道）文联会员6568人。新增国家级会员37人，省级会员61人，市级会员56人，区级会员374人，镇（街道）文联会员3633人。

5月，"海丝明珠·禅意天童" 2019年鄞州区"海丝文旅节"开幕，全国首个"海丝文化之乡"正式揭牌。中央广播电视总台科教频道拍摄的纪录片《天童寺》举办首映礼，同时发布3条"海丝之旅"线路，6家单位成为首批"海丝文化遗迹"。

入展中国书协主办的全国展8人次，其中钱丁盛、夏军寅入展全国第十二届书法篆刻作品展。洪波、沈水琴、徐霞入展全国第六届妇女书法篆刻展。获奖、入展和入选省级展览的有30余人次，其中5名会员入展"浙江书法奖·沙孟海奖"第十届全浙书法篆刻大展。在"第十三届全国美展"中，鄞州美术家有11人13件作品入选全国美展，其中2件作品获奖、提名，为鄞州美术在全国美展的首次获奖。相继推出"鄞州美术"创作新锐奖作品展、"鄞州美术"跨界艺术实践作品成果展等，发现一批创作新人。宁波走书《走马塘奇闻》在第10届浙江省曲艺新作大赛中获银奖，并入围第十一届中国曲艺牡丹奖选拔赛。少儿宁波走书《诚信大妈》参加"曲苑芬芳" 2019年上海市民文化节青少年传统文化大赛颁奖暨长三角地区青少年曲艺大赛。奚余法泥金彩漆工艺参加韩国大邱宁波国际艺术交流展。陈盖洪上榜2018"中国非遗年度"推选活动候选人名单。谢武宏获浙江省"最美工匠"称号。7月为庆祝新中国成立70周年，鄞州越剧团在成立50周年之际在北京长安大戏院献演越剧《红楼梦》《琥珀缘》，吸引京城1600余名戏迷到场观看，中央广播电视总台、《中国文化报》《北京日报》、浙江新闻客户端、甬派等十余家媒体报道演出情况。原创舞蹈《小娘龙舟队》获第二届"浙江风格 江南舞韵"舞蹈作品展演十佳作品（综合最高奖）、2019年浙江省群众舞蹈大赛金奖。陈明伟作品《国色天香》入选庆祝新中国成立70周年"中国工艺美术大师作品巡展"。朱开佩作品入展新中国成立70周年庆典"首届北京陶瓷艺术家作品展"。

2019年7月18日，鄞州越剧团原创剧目《琥珀缘》在北京长安大戏院演出

【文艺精品创作】 2019年，区文联主抓一批文艺精品创作，多件作品落地获奖。以新中国成立70周年时间节点为契机，倡导文艺家"为人民创作"的核心主旨，推出书写新农村振兴的长篇报告文学著作《一湾到底是大道》，该书立意宏远，以小见大唱响乡村振兴的时代主旋律。徐海蛟新著《山河都记得》，由广西师范大学出版社出版，在浙江书展中心展厅首发，中央人民广播电台《品味书香》栏目专题推荐，《文汇报》《北京日报》《文学报》《广州日报》等刊发评论报道。年内，鄞州作家推出近十部新著，数十篇作品刊发于《十月》《诗刊》《青年文学》《山花》等文学刊物。区文联主抓项目《七人诗选》由文汇出版社出版，天涯长篇小说《左岸之光》由宁波出版社出版，该书入选宁波市委宣传部重点项目，宁波市文联同期举办作品研讨会。文学作品《故人在纸一方》《秋分》、纪录片《支教奶奶周秀芳》等分别获2017—2018年度宁波文艺奖。《鄞州文学》《鄞州散文》《鄞州诗刊》《鄞州评论》全年出刊11期，计100万字。

【文艺活动】 2019年，区文联推出系列展览展示等文艺活动。由市委宣传部、市文联、省美协主办，鄞州区委宣传部、区文联等承办的"境象"——龚建军绘画作品展在浙江美术馆开展。由区委宣传部、区文联主办的"一脉风华"鄞州美术书法篆刻作品特展在浙江美术馆举办，展览作品包括已故著名书画篆刻家、鄞籍在外著名书画篆刻家、鄞籍宁波市内著名书画篆刻家、鄞州中青年书画篆刻家、鄞州青少年书画篆刻家5个群体的作品。举办陈元、李本侹"鄞州金石题跋展"，展览全部以题跋形式呈现，共展出作品30余件，选择传拓题跋鄞州区或与鄞州区有关联的金石器物，时间跨度由汉代到现代。此外，太仓书画院画师作品展、甬上文化老人王浦先生百年作品展、庆祝新中国成立70周年"它山画会"作品展、2019鄞州美术作品创作新锐作品展、"鄞州杯"第八届"美丽中国"全国风光摄影艺术大展等十几个涉及书法、美术、摄影等视觉门类的展览，展示鄞州浓厚的人文氛围。

【2019年鄞州区"海丝文旅节"开幕式暨纪录片《天童寺》首映礼】 2019年5月13日，"海丝明珠·禅意天童" 2019年鄞州区"海丝文旅节"开幕式暨纪录片《天童寺》首映礼在天童禅寺举行，中国民间文艺家协会授予鄞州"中国海丝文化之乡"牌匾。天童禅寺是中国海上丝绸之路的文化地标，在鄞州乃至宁波的"海丝"史迹中占据重要地位。纪录片从大宁波的视野，突出"海

丝”主题，讲述“圣地宁波、祖庭天童”的动人故事，同时展示城区三江口、宁波海上茶路起航碑、天一阁及东吴镇太白湖、宰相银杏等宁波及鄞州元素。开幕式同时发布3条“海丝之旅”线路，鄞州6家单位授牌为首批“海丝文化遗迹”。市文联、市社科院相关负责人，区领导方飞龙、吕红琴、卜明长、沈剑波等和区文化界、东吴镇有关人士60余人参加开幕式。

【和邦文联成立】 2019年10月15日，区和邦文学艺术界联合会第一次代表大会举行，全市首个商务楼宇文联组织在和邦成立，为区文联一级团体会员单位。市文联、鄞州区委宣传部、区文联、中河街道、和邦集团及各镇（街道）文联、各专业协会代表等130余人参加大会。近年来，和邦集团不断增强综合经营能力，2019年实现税收超过6亿元。和邦大厦总面积14万平方米，入驻企业250余家，办公人员8000余人，具有大学及以上学历的超过97%。经审核，93名文学艺术特长人员成为首批和邦文联会员。

【区文化艺术发展委员会成立】 2019年11月12日，鄞州区文化艺术发展委员会成立，文化名家恳谈会在区艺术中心举行，在外鄞州籍文艺名家和区委、区政府主要领导以及区文艺工作者代表等50余人参加。该委员会的成立，成为整合文化乡贤资源、凝聚文化乡贤力量的平台，进一步推动鄞州文化事业的高质量发展，为鄞州城市文化品牌打造，文化艺术人才培养等发挥作用。区委书记褚银良与浙江省委宣传部原副部长、四明书画院常务副院长何福清为委员会揭牌。

【《山河都记得》研讨会在杭州举行】 2019年12月15日，鄞州区青年作家徐海蛟新著《山河都记得》研讨会在杭州市举办。《山河都记得》是徐海蛟的散文作品，以回忆笔触展现一群人从大山而往大海的生命境遇，写出一代人的命运变迁。研讨会邀请国内著名评论家、省内外知名教授以及鄞州区优秀作家代表等近40名文学界人士参加。宁波市文联党组书记杨劲，鄞州区委宣传部部长方飞龙到会讲话。鲁迅文学院常务副院长徐可、江苏省作家协会副主席汪政、浙江大学中国现当代文学与文化研究所所长吴秀明、浙江省作家协会副主席陆春祥、河南省作家协会副主席乔叶、《青年文学》主编张菁、浙江文学院副院长黄咏梅等出席研讨会。应邀专家就《山河都记得》的文学技巧、创作价值以及当下意义等进行深入解读，肯定鄞州区青年作家徐海蛟的新著。

【龚建军绘画作品展在西湖美术馆展出】 2019年11月29日，由宁波市委宣传部、市文联、省美术家协会主办，鄞州区委宣传部、区文联、区文化和广电旅游体育局承办的“境象”——龚建军绘画作品展在浙江美术馆开展，共展出油画、水彩两个画种共35幅作品，分“记录的思绪”“谁的日记”两个系列。市、区文联有关领导出席。200余名美术界、文艺界人士观摩画展。龚建军绘画作品诠释中国油画的当代化、本土化、多元化特性，同时也展示画家的艺术成长。其作品笔法恣肆草草、彩墨简远逸迈。该画展展出半个月，有数千人观摩。

（徐海蛟）

社科工作

【概况】 2019年，区社科院（社科联）举办新中国成立70周年老电影回放、社会科学知识宣传咨询、科普展览等讲座138场，东外滩文化创意社科普及活动等8个项目被列入2019—2020年度宁波市社科普及基地科普活动立项项目。编撰科普读物《鄞州区社会科学普及基地集锦》。“鄞州社科普及‘圆·圈·网’系统工程”和“建设‘六大书房’推进全民阅读”获评2019年浙江省社科普及创新示范推介项目。下应街道湾底村社科普及基地获评省级基地，宁波市健康家园公益服务中心等3家单位获评市级基地。9月，举办社科普及月活动开幕式，发动区社科联团体会员单位和各社科讲坛授课点开展社科普及活动，推出各类专题讲座等活动近200次，3万余名市民受益。

开展“鄞州区‘热带雨林式’创新生态系统研究”课题研究，为鄞州深度激发全域创新活力提出意见建议。开展2项课题申报，其中“鄞州区优化营商环境对策建议研究”被省哲学社会科学规划课题立项，“鄞州区民营经济高质量发展对策建议研究”被2020年宁波发展蓝皮书项目立项。做好“深度参与‘17+1’合作，服务鄞州高质量

2019年3月14日，《大江大河》等电视剧与新时代鄞州精神理论研讨会举行

发展”和“鄞州区‘四百工程’培育企业刑事法律‘合规’性排查方案研究”等6项重点课题立项。围绕打造全域治理创新全国标杆区，与浙江省公共管理学会合作，签订为期三年240万元的科研合同。《发挥契约式共建在基层治理中的重要作用》获宁波市社科界第七届学术大会“新时期地方法治与基层社会治理”论坛优秀成果二等奖。

鄞州区社科联第二次代表大会召开，明确区社科联下阶段目标是建设哲学社会科学强区。开展《大江大河》等电视剧与新时代鄞州精神、城市精细化管理等理论研讨会4场次，30余名专家的观点在《鄞州日报》、鄞响客户端等专版推介，其中城市精细化管理专题研讨会入选2019年度宁波市“社科团体学术季”活动。编发《鄞州社科》12期送区领导参阅。发布2019年度社科研究课题申报公告，有30项课题通过年度立项。首次推荐区内12项社科成果参加宁波市第十六次哲学社会科学优秀成果评选，其中著作7篇、研究报告5篇。印发《鄞州区哲学社会科学课题管理办法（试行）》，修订《鄞州区哲学社会科学优秀成果评奖办法》，鄞州区第三届社科优秀成果评选征集论文48篇、专著11本，涉及14个部门、7所高校及研究机构。

【2019年度社科研究课题发布】 2019年3月28日，区社科院（社科联）发布2019年度社科研究课题申报公告，吸引25家科研院所89名专家学者申报，首次吸引上海师范大学、浙江省社会主义学院等多家市外科研机构申报，经过专家评审，有30项课题被立项。其中，《宁波城南智创大走廊创新生态系统的建设策略研究》等5篇文章被学术期刊录用，《提升鄞州全域旅游的对策建议》等4篇获区领导批示。

【省市立项课题】 2019年7月31日，区社科院立项“鄞州区优化营商环境对策建议研究”课题研究获2019年省社科规划课题。该课题通过对比研究、大量的问卷调查和实地访谈，重点分析鄞州区营商环境建设存在的困难和面临的挑战，并对下步优化营商环境提出意见建议。“鄞州区民营经济高质量发展对策建议研究”获宁波发展蓝皮书（2020）立项。该课题将首先从分析背景与要求入手，收集数据资料，分析改革开放以来鄞州民营企业在社会中的重要贡献及面对的机遇和升级障碍，提出推动鄞州民营经济高质量发展的举措建议。

【省市级社科普及基地建立】 2019年9月2日，省社科联命名下应街道湾底村为第九批省社科普及基地。宁波市健康家园公益服务中心、潘火街道的宁波鄞州金银彩绣艺术馆、云龙镇的宁波陶瓷文化艺术馆获评市级社科普及基地。下应街道湾底村通过开展天宫庄园桑果文化旅游节、科普活动进家庭的形式，普及科普知识，受到社会各界肯定。宁波市健康家园公益服务中心以“推动全民健康事业发展”为己任，开展健康科普、健康服务、健康评估和健康教育等相关业务，是省内该领域规模最大的专业性社会组织。宁波金银彩绣艺术馆以传承和收藏传统手工技艺为主题，开设4个展厅，馆内涉足艺术品收藏领域广泛，最早的可追溯到明清时期，是青少年民族民间文化教育观摩之基地，民间艺术展示之窗口。鄞州陶瓷文化艺术馆是宁波市第一家民间陶瓷博物馆，是宁波规模最大、藏品最丰富的陶瓷艺术馆。

【2019年社会科学普及月活动】 2019年9月14日，鄞州区2019年社会科学普及月活动启动仪式在下应街道湾底村举行。区社科联主席孙静宣读浙江省社科联《关于命名第九批浙江省社会科学普及基地的通知》，并为获评“浙江省社会科学普及基地”湾底村授牌。在为期一个月的活动中，鄞州区广大社科工作者围绕庆祝新中国成立70周年，结合“不忘初心、牢记使命”主题教育，深入镇（街道）、社区（村）、文化礼堂，开展讲座、社会科学知识宣传咨询、科普展览、文艺演出等社科普及活动百余场。

【区社科联第二次代表大会】 2019年9月20日，鄞州区社会科学界联合会第二次代表大会召开。市委常委、区委书记褚银良出席会议并讲话。省社科院副院长陈野为鄞州区省情调研基地授牌。省社科联二级巡视员俞晓光、市社科联主席陈利权到会祝贺并致辞。会议审议通过区社科联第一届理事会工作报告、《区社会科学界联合会章程（修正案）》，选举产生鄞州区社科联第二届理事会及常务理事、秘书长、副主席和主席。孙静当选为区社科联第二届理事会主席。

（王柳燕）

2019年9月20日，鄞州区社会科学界联合会第二次代表大会召开

融媒体

【概况】 2019年6月27日，宁波市鄞州区融媒体中心在鄞州区广播电视台大楼挂牌成立。根据区委编办相关文件规定，区广播电视台、鄞州日报社整合组建宁波市鄞州区融媒体中心。区融媒体中心为区委、区政府直属的公益二类事业单位，挂宁波市鄞州区广播电视台、鄞州日报社牌子，机构规格为正处级。主要职责是贯彻执行党和国家有关新闻宣传、广播电视、报刊管理等方面的方针政策和法律法规，制定并实施中心发展规划和管理办法，整合区级媒体资源，推动传统媒体和新兴媒体融合发展；运用广播电视、报纸、新闻客户端、微博、微信等，进行典型宣传、热点引导、舆论监督，组织好重大活动和重大事件的宣传报道；协助区委宣传部开展对外新闻媒体联系联络，拓展对外宣传渠道和平台，做好向中央、省、市新闻媒体选送各类音、视频节目、新闻稿件工作；开发广播电视、报纸、新媒体及其他媒体资源，研究制定中心融媒产业发展规划，增强综合发展能力等。区融媒体中心事业编制120名。设主任1名，总编辑1名，副主任（副总编辑）5名，总工程师1名；内设机构科级领导职数24名，其中正科长级14名、副科长级10名。

区广播电视台播出时政新闻3000余条。推出庆祝新中国成立70周年——《壮丽70年 奋斗新时代》《“二次创业”再出发“两高四好”勇攀高》《他山之石》《治水拆违百日攻坚》《闻风而动 闻过而改》等专栏，开设《不忘初心、牢记使命主题教育》专栏，包括“不忘初心 牢记使命 鄞领之路”系列以及“一把手谈初心”系列。开办《向人民报告》《请你来协商》《局长问政公开赛》电视问政栏目，社会反响热烈，省委书记车俊对人大监督+媒体监督+社会监督的模式表示肯定，认为节目可以作为样本进行推广，省人大常委会党副主任梁黎明也作相关批示。《局长问政公开赛》栏目，直播点击量突破100万人次。开启广电直播新模式。开展直播活动30余场，除视频、图文直播外，8月10日台风“利奇马”登陆当天，首次尝试异地联动直播。鄞+客户端响应央视移动网、中国蓝客户端、浙江之声等中央和省级新媒体平台开展联动直播，将鄞州的好故事、好声音推向全省乃至全国。中央广播电视总台1套、中央广播电视总台13套全年录用鄞州元素稿件21个，特别是11月22日中央广播电视总台《焦点访谈》栏目播出的《学模范、见行动》一稿，讲述支教奶奶周秀芳及“义乡鄞州”的故事，成为主动外宣、并以正面形象在焦点访谈播出的第一个成功案例。同时，《台风引发山洪，天童寺安全转移300余人》《2019国际划联龙舟世界杯开幕》等多条新闻也在中央广播电视总台《新闻联播》中播出，播出数量创历年最高。广播FM105.2频道在全市12家电台中收听率晋升为第三位。频率“520”节目升级调整，保持《105上班路》《105下班路》《105地产说》《105少年说》《105城市漫情歌》之外，与新增节目《105 Hey Muisc》《105慵懒午后》《105放音空间》构建音乐调频风格。对农有线广播全天播出8.5小时，全年播出3102小时，播出《1052新闻》《阿平阿慧说农村》《鄞广书场》《明州书香》等栏目8个。

鄞州日报社办好区域性党报，做大做强鄞响客户端，拓展文化创意经营平台，新闻宣传和报业经营实现互连互通。3月，《鄞州日报》全新改版，推出《发现鄞州》周刊；9月，鄞响客户端全新升级。做好区“两会”“最多跑一次”“五水共治”和垃圾分类、乡村振兴、精准帮扶等报道，适时推出新栏目，报网端联动，聚焦“三个年”活动“七大行动”计划、“三进三服务”、宁波市“246”［绿色石化、汽车2个万亿级产业集群，高端装备、电子信息、新材料、软件与新兴服务4个五千亿级产业集群，关键基础件（元器件）、智能家电、时尚纺织服装、生物医药、文体用品、节能环保6个千亿级产业集群］产业集群等。以“三进三服务”活动为抓手，报道各地各部门在服务企业发展、服务社区民生、服务乡村振兴等方面的工作和成效。配合平安鄞州建设，加大扫黑除恶相关报道力度。做好庆祝新中国成立70周年、“两高四好”示范区创建、“双百”攻坚战、“不忘初心、牢记使命”主题教育和首届天南海北鄞州人发展大会等报道，区委主要领导批示60余次。46件作品获市级以上新闻奖，其中获宁波市新闻奖一等奖4篇。完成年底报纸征订数3.50万份，与上年持平。

【《鄞州：改革开放微型口述史》获中国新闻奖三等奖】 2019年11月1日，由鄞州区广播电视台制作的广播系列报道《鄞州：改革开放微型口述史》获中国新闻奖三等奖，是宁波首家获中国新闻奖的县（市、区）广播电视台，该作品由上、中、下三篇广播系列报道组成，时长23分52秒。作品创作耗时半年，从150余名被访者中挑选近30位境内外各行各业的典型，讲述鄞州如何在40年间，从典型的农业县发展成为全国对外贸易最发达地区之一的故事，具有微观社会学意义。作品作为全国改革开放的县级典型案例，在中央广播电视总台中国乡村之声连续3天完整播出，该系列报道在新媒体上广泛传播，点击量突破百万次。

【60件广播电视作品获奖】 2019年，区广播电视台有60件作品获奖，其中1件作品获中国新闻奖三等奖；14件作品获浙江省级奖项，其中省政府一等奖1件、二等奖4件、三等奖2件；鼓励奖2件，协会优秀奖1件，协会系统集体奖4件。

【庆祝新中国成立70周年报道】 2019年2月20日起，《鄞州日报》推出《我和我的祖国》专栏，聚焦普通群众，挖掘一批普通人、普通家庭与共和国同成长、共命运的生动典型，用小切口反映大背景、小故事反映大时代，至7月24日共推出28篇。5月6日起推出《见证鄞州骄傲》专栏，通过挖掘70年来鄞州所取得的全国或全省冠军、金牌、发明、创造和"第一个""第一次""第一场""第一所""填补空白"等人物、事件，反映鄞州政治、经济、文化、社会、生态、党建方面的辉煌成就，至9月20日共推出17篇。7月22日起，推出《壮丽70年 奋斗新时代——本报记者村社蹲点纪行》专栏，以记者蹲点的形式，大篇幅展现一个村、一个社区70年来的巨大变迁，发稿22篇。9月23日，推出《壮丽70年 奋进新时代——鄞州发展成就篇》专栏，报道鄞州以永远在路上的执着，激发"实干、担当、奋进"的新时代鄞州精神，共推出5篇。《致敬共和国70周年纪念章获得者》等的推出，受到社会各界肯定，较好地发挥媒体议程设置功能和舆论引导作用。鄞响客户端另外推出口述70年的鄞州家庭史、"70句祝福祖国的话"等。

【"两高四好"主题报道】 从2019年初开始，《鄞州日报》在头版及其他重要版面推出《"二次创业"再出发"两高四好"勇攀高》《我们都是追梦人·一把手谈鄞州加速度》《作风大转变 效能大提升》《治水拆违 百日攻坚》《坚决打好打赢"三大双百攻坚战"》等专栏，运用消息、通讯、系列报道、系列评论、系列专访、深度报道等多种形式，聚焦"三个年"活动、"七大行动"计划、宁波市"246"产业集群等，反应快，见报频率高。至12月底，《"二次创业"再出发"两高四好"勇攀高》共刊发135篇，《我们都是追梦人·一把手谈鄞州加速度》刊发29篇（3月11日至7月1日），《作风大转变 效能大提升》刊发42篇（6月11日至7月31日），《治水拆违 百日攻坚》刊发153篇（6月14日至10月9日），《坚决打好打赢"三大双百攻坚战"》刊发79篇（10月14日至12月24日），《"二次创业"再攀高解放思想大讨论》刊发35篇。通过舆论宣传、正确引导，充分发挥党的喉舌作用，起到加油鼓劲、提振信心的作用。

【"不忘初心、牢记使命"主题教育报道】 2019年9月9日，《鄞州日报》头版头条推出《"不忘初心、牢记使命"·鄞领之路》专栏，重点介绍主题教育的工作进展和实际成效，宣传各部门各单位真抓实干的好经验、好做法，激励推动广大党员干部守初心、担使命，找差距、抓落实，大力弘扬"实干、担当、奋进"的新时代鄞州精神，更加自觉地为鄞州"二次创业"再出发、"两高四好"勇攀高而努力奋斗。10月25日推出《"不忘初心、牢记使命"我身边的初心使命》栏目，聚焦从一线工作实践中发现、挖掘出的一批悟初心、守初心、勇作为、担使命的好党员好干部，如用忠诚担当诠释信仰力量的中河街道彩虹社区老党员翁国龄、"和我一起干，一定要把天童村守护好"的东吴镇天童村党总支书记史习忠、坚守最初使命的东柳坊社区党员许忠伟、做力所能及的事让大家感受到美好的塘溪镇党员张元华等，为全区广大党员干部作出示范，确保主题教育取得作风大转变、工作大提高、事业大发展的预期效果。至12月30日，两专栏分别发稿165篇和17篇，日均近2篇。开设《第一书记在村社》栏目，推出用脚步丈量平塘村每一个角落的第一书记王巧燕、走访多了就知道居民需要什么的第一书记江海昌等，共18篇，展现他们扎根基层、一心为民、服务为民的共产党员形象。12月18日至12月24日推出两任"第一书记"与"回龙桥"文化品牌系列报道5篇。在此基础上，配合做好主题教育系列评论员文章，并通过约稿组稿等形式，在《行知》专版推出以"不忘初心、牢记使命"主题教育的理论文章。鄞响客户端突出新媒体的时间优势，根据主题教育活动计划安排，运用开机页、H5、号外、图表、专题、直播等多种载体，创新做好主题教育报道工作。

【首届天南海北鄞州人发展大会报道】 2019年，首届天南海北鄞州人大会是区委一项重要活动，鄞州日报社前后共推出16个整版持续大篇幅宣传。10月21日，《鄞州日报》推出预热系列报道"天南海北鄞州人之家"，聚焦异地鄞州商会、同乡会、校友会等天南海北鄞州人社会组织，反映他们关心家乡、投资家乡、反哺家乡的生动事迹。系列报道以每周3篇的频率推出，与之前每周1期的《天南海北鄞州人》栏目形成互动。同时，《鄞州日报》头版和鄞响客户端推出大会倒计时，以及家乡情等视频，有效渲染气氛。11月10日起，《鄞州日报》以4个版面的篇幅聚焦天南海北鄞州人大会，推出《汇聚助力家乡发展的磅礴力量——写在首届天南海北鄞州人发展大会召开之际》《天南海北，追寻鄞州的"星"——〈天南海北鄞州人〉专栏背后的故事》等报道，掀起宣传小高潮。11月13日首次推出封面、封底跨版，以7个版面的篇幅对12日"千里奔涌鄞未来"——首届天南海北鄞州人发展大会开幕式及3个子论坛进行全方位报道，报道规模之大为《鄞州日报》历史之最。其中在开幕式期间推出的号外《践行"四知四行"，鄞州怎么办？革故鼎新 奋进攀高 市委常委、区委书记褚银良提出鄞州解法》，对"革故鼎新 奋进攀高"八字进行系统解读，被人民网、浙江新闻客户端、凤凰网、搜狐、一点资讯等转载，将鄞州的"小目标、大目标、大愿景"、鄞州对天南海北鄞州人的期盼传得更远。鄞响新闻客户端对首届天南海北鄞州人发展大会报道以开机页面、视频、图文直播、H5、号外等多形式推进，共推送报道130余篇。

【《天南海北鄞州人》（第一辑）出版】 2019年，《鄞州日报》继续推进《天南海北鄞州人》专栏，改为一周一篇。至12月24日，记者外出集中采访9次，行程约2万千米，全年刊发48篇，累计推出72期。10月，此栏目报道结集成书《天南海北鄞州人》（第一辑）由宁波出版社出版，共收集50名杰出的天南海北鄞州人，其中院士8人、企业家32人、名家10人。并被姜山中学、鄞州实验小学、宁波新城第一实验学校等多所中小学校用作乡土教材。11月14日，此事上"学习强国"平台。

【《鄞响聚焦》舆论监督栏目】 2019年，鄞州日报社结合文明城市创建、拆违治乱等重点工作，聚焦“两路两侧”（高速公路、高架桥两侧）环境卫生、垃圾乱堆车乱停等问题，回应人民群众的关切和期待，畅通人民群众表达意见的渠道。相继推出《本报及鄞响记者昨天下午暗访“两路两侧”环境卫生问题 垃圾乱堆车乱停 管理存在盲区》《环境卫生显著改善 部分点位仍需整治》《这些违法建筑为何难拆？——鄞响记者昨现场目击违建点位》等报道，至12月26日共刊发38篇。报道以图、文、视频等多种形式对严重影响鄞州形象的环境脏乱差等现象进行曝光，引起相关部门的重视。2月12日起推出《闻风而动 闻过即改》专栏，持续跟踪报道曝光后相关部门反应及整改行动，至11月28日共刊发110篇。以“媒体曝光+后续报道”的形式，既发挥党报重要的舆论监督功能，为政府提高地方治理能力助一臂之力，又为读者展现一个具有高效治理能力的地方政府形象，受到区委、区政府和社会各界的肯定。

【《他山之石》专栏】 2019年，鄞州日报社组织力量到镇海区中官路创业创新大街、余姚市柿林村、宁海县全域旅游、杭州市下城区江干区、北京市朝阳区劲松北社区、成都产业功能区等地采访，至12月27日共推出《他山之石》专栏报道24篇，其中6月13日、17日、19日相继以“1篇述评+1版今日关注”的形式，推出“顺德南海武进三地纪行”报道，该报道抓住鄞州力争综合竞争力全国前三之机推出，尤其受到关注，区委书记褚银良给予高度评价，批示要求全区上下自觉对照标杆，围绕高质量发展，来一场触动思想、触及灵魂的大讨论，以思想的大解放推动发展的新跨越。6月21日至6月28日《鄞州日报》推出“他山之石对照标杆谈发展”4篇以及“学习顺德南海武进先进经验”系列评论4篇，在全区上下掀起鄞州高质量发展大讨论的热潮。10月1日、9日、11日头版推出《传统制造时代的“攀登者”》《互联网时代的“共享家”》《物联网时代的“领航员”》等“海尔三次发展转型启示录”上中下3篇，在全区引起强烈反响，10月14日、15日、16日连续推出《学海尔踏准时代的节拍》《紧扣时代脉搏冲刺智能制造》《为高质量发展不断添薪续力》报道反响3篇。

【《发现鄞州》周刊推出】 2019年3月24日，《鄞州日报》在每周日推出《发现鄞州》周刊，呈现鄞州的文化、风物、历史、记忆、生活和影像，倡导“深悦读”，营造鄞州人的“人文家园”。至年底，《发现鄞州》推出15期，视角触及文物保护开发利用、地方名人故事挖掘、纪录片《天童寺》拍摄等，并聚焦宁波（鄞县）解放70周年，推出的《守望古城》《童第周鲜为人知的故事——童时中忆父亲》《竞渡，竞渡！探源云龙端午文化》《“鄞”字，一个独特的地理文化符号 其起源与演变可从五个方面探析》《小小“红领巾”，曾是老街靓风景这张41年前的老照片，承载了满满的回忆》《足球少年吕孙豪追梦阿根廷》等在社会上影响广泛。《发现鄞州》周刊已成为《鄞州日报》2019年宣传报道的一大亮点。其中有关文化战士叶正宣的策划报道持续推进，影响深远。9月22日，推出《叶正宣：抗日烽火中的文化战士 他的热血洒在了太行山上》；10月20日，以3个版面大篇幅推出《叶正宣：一个不能忘却的名字》《短暂的人生 永恒的信仰——“抗日烽火中的文化战士”叶正宣赴延安后事迹考》等报道，通过史料以及亲属的点点滴滴回忆，重现叶正宣这位文化战士更多鲜为人知的事迹，引起相关部门和叶正宣家乡姜山镇和唐叶村的重视和关注，促成叶正宣纪念馆的建立，为全区开展的“不忘初心、牢记使命”主题教育提供身边的学习素材。

【《暖新闻》专栏推出】 2019年3月，《鄞州日报》推出新专栏《暖新闻》，至12月24日共刊发148篇。其中《惊！小男孩站在四楼雨棚顶上 众邻居紧急救援化险为夷》《撞人后，外卖小哥拿不出医药费当街痛哭 热心辅警和市民凑钱帮助赔偿》《“我不能放弃她，也不会放弃她”小伙在病房向白血病女友求婚》《暖心医生为上百患者手绘简笔画处方 吃哪些药、啥时候吃，老年人一看“秒懂”》《每天坚持给母亲做饭 鄞州孝子登上央视》《一场跨越2600余千米的爱心接力 延边女孩的胳膊有望伸直》《为了让身体有缺陷的孩子参与户外运动，塘溪的叶老师两年多来抱着他去上体育课》《独居老人半夜突发急病入院/华严社区“暖心书记”王凌悉心陪护到天明》等新闻在读者中引起较大反响，部分新闻受到区领导的批示肯定。根据区委书记褚银良对“暖心书记”王凌事迹的批示，4月19日在头版刊发长篇通讯《在居民心中扎下“根”》，4月20日策划推出《我们身边的“王凌式”好管家》栏目，介绍部分基层党组织书记的事迹。《全国献血明星郑世明“退役”了 昨天，他完成了60岁生日前最后一次无偿献血》等报道被中共中央宣传部主办的《学习强国》等平台转载。同时，《义乡鄞州》《义乡鄞州慈善故事》《爱心联盟在行动》刊发报道40余篇，继续弘扬善文化。“支教奶奶”周秀芳事迹追踪报道、再走周秀芳溆浦支教路等报道发稿10余篇，共同为“义乡鄞州”品牌增色。

【抗台救灾报道】 2019年8月，面对近70年来登陆浙江第三强台风“利奇马”来袭，鄞州日报社做好抗台救灾报道，共推出台风专题报道31个版面。8月11日，头版头条推出长篇通讯《风雨中，党员这面旗帜更鲜亮——记病倒在抗台一线的好书记翁阳明》，生动再现姜山镇墙弄村党支书翁阳明在防台一线奋战近20小时突发脑溢血的感人事迹。之后陆续推出指挥抢险整整9个半小时自己却倒下的区水利局原副局长方华、将居民装在心中做实做细防台抢险工作的划船社区党委书记俞复玲等先进人物。8月12日头版推出长篇通讯《人民群众利益高于一切——我区抗击超强台风“利奇马”纪实》；8月17日，推出受灾重点镇——东吴村民重建家园系列报道。针对读者对于这次台风的诸多疑惑，推出解释性报道《“利奇马”未正面袭击，鄞州局地为何受灾严重？》。针对农业受灾严重情况，持续推出爱心葡萄等销售帮扶报道。此次抗台救灾报道受到各级党委、政府的肯定，区委书记褚银良对报道中的抗台救灾人物的感人事迹连续作出批示，要求全区上下向他们学习，为夺取抗台救灾全面胜利做出应有的贡献。

【移动客户端建设】 2019年，鄞州区聚焦庆祝新中国成立70周年这一主线，围绕“二次创业”再出发、“两高四好”勇攀高、“天南海北鄞州人”、扫黑除恶、乡村振兴等重大主题，精心策划各类专题专栏50余个。组织开展“‘鄞’梦中国”“发现鄞州”“70年见证鄞州变迁”等线上线下系列活动，网上各大平台累计点击量超9100万人次。其中《我爱你中国》快闪活动，吸引现场万人参与，MV视频在学习强国、新浪微博等网络平台总播放量超过5000万次。《魅力鄞州》《鄞州深夜心跳》《风雨之抱》等短视频连续3个月蝉联宁波市“NB轰红”短视频大赛月评冠军，其中《风雨之抱》获季评冠军、年度亚军。“表情包女孩妮妮”获评全国第四届“五个一百”网络正能量榜样。培育孵化“网红经济”，重点打造“鄞光溢彩主播团”，开展20余场网络直播及线下活动，累计推出短视频、图文、H5等网络作品30余个，“发现鄞州”“抖音话题”“家乡会更好”“一起向祖国表白”“微博话题”累计阅读量1100万人次。《走马塘 中国进士第一村》《东吴这么好看呢》等一批短视频成为20万+鄞州网红打卡地流量作品。

【鄞响客户端全新升级】 2019年，鄞州日报社通过全面推行新媒体采编考核制度、审核制度，以及传统媒体与新媒体的融合发展，鄞响发稿速度、质量均得以明显提升，融媒体产品全面提质。2019年下半年作为移动优先、媒体融合的重要平台，鄞响客户端于9月29日实现全新升级。此次升级改版，通过新闻流程再造，加快新闻生产提速，实现报台网端尽在鄞响客户端，日均发稿超过100条。同时，引入新技术，打造十大新功能，其中包括看电视、听电台、语音发评论等，全面提升新型党媒在移动优先格局下的传播力和影响力。升级后的鄞响客户端，重点打造网络问政平台，全新改版民生点点通，将网络问政由电脑端向移动端延伸，实现新闻+政务+服务全覆盖。报社对此投入资金，将鄞响客户端宣传广告投放到轨道交通1号线和3号线的部分站点，全区有250个小区、3500余部电梯同时播放鄞响升级广告。全新的生产内容和线上线下开展的宣传推广活动，极大地提升鄞响的影响力，鄞响粉丝增至30万户。在做好《天南海北鄞州人》《乡味》《我们聊天吧》《人在鄞州》《鄞响聚焦》《他山之石》等常设专题基础上，增开专题专栏83个，如《作风大转变、效能大提升》《“三清单”运行法》《“二次创业”再出发》《“两高四好”勇攀高》《依法扫黑除恶、打造平安鄞州》《我和我的祖国》《品质大提档，治水鄞行动》《鄞州常有新变化》《一把手谈鄞州加速度》《外媒看鄞州》《楼宇经济发展百日攻坚在行动》《治水拆违，一本台历看进度》《文明创建在路上》《明州论剑》《千里奔涌鄞未来——天南海北鄞州人大会》《点赞改革获得感》《我身边的初心使命》《壮丽70面奋斗新时代》《“不忘初心、牢记使命”·鄞领之路》《坚决打好打赢三大双百攻坚战》等，总计发稿量12498篇。鄞响直播则频频亮相区重大活动，“两会”“请你来协商·区长领办政协全会提案”“全国乡村振兴论坛”、首届天南海北鄞州人发展大会等均取得较好的传播效果，并涌现出《知否知否，2019鄞州应是阔步逐一流》《向劳动者致敬，用手筑梦的你最美！》《风雨之抱》等H5、视频爆款，被广泛转载传播。尤其是抗击台风“利奇马”期间，鄞响客户端推出《台风天书记区长去哪了》《抗台一线》《防台滚动直播》等多个专题。推出多篇视频、号外，涌现出风雨中怀抱婴儿紧急转移的《风雨之抱》等，滚动发稿800余条，呈现出客户端带动报纸、海量信息、滚动直播、影响扩大等特点。全年制作发布各类原创视频、H5作品391篇。全年区委主要领导在鄞响上批示60次。新媒体部做好鄞州新闻网微博、鄞州日报微信公众号和“鄞州发布”微信公众号、“鄞州发布”微信公众号的日常内容维护，承担大量区级、市级WP任务。“鄞州发布”微信公众号保持每日4条图文，节假日两条图文；“鄞州发布”微博每天保持七八条图文。5月，“鄞州发布”入驻“浙江新闻”。

表23　　2019年鄞州区广播电视台获奖作品情况

序	体裁	作品标题	获奖级别	颁奖单位	颁奖日期	主创人员
1	新闻奖	鄞州：改革开放微型口述史	中国新闻奖三等奖	国家广电总局	2019年11月	朱鸣鸿　洪晓薇　李　伟　崔　颖　朱　丹
			省政府奖二等奖	省广电局		
			市政府奖一等奖	市广电局	2019年5月	
2	文艺奖广播剧类	蔡康国	市五个一工程奖	市委宣传部	2019年10月	卢明娟　朱鸣鸿　吴虹岗　陆佩芬　俞朝辉　王海棠　周萍萍　姚赛芬
			省政府奖二等奖	省广电局	2019年5月	

续表23

序	体裁	作品标题	获奖级别	颁奖单位	颁奖日期	主创人员
2	文艺奖广播剧奖	蔡康国	市政府奖一等奖	市广电局	2019年5月	卢明娟 朱鸣鸿 吴虹岗 陆佩芬 俞朝辉 王海棠 周萍萍 姚赛芬
3	重大主题报道奖	天南海北鄞州人	市新闻奖一等奖	市记者协会	2019年4月	集 体
4	重大主题报道奖	他山之石	市新闻奖三等奖	市记者协会	2019年4月	集 体
5	电视新闻	郭斯统:种"咸齑"评上高级职称	市政府奖一等奖	市广电局	2019年5月	李 伟 郁振潮 俞朝辉 崔 颖
6	新媒体奖	情暖溆浦:红花鄞州姬存希希望小学落成仪式	市政府奖一等奖	市广电局	2019年5月	王林斌 陈 艳 俞朝辉 周丽丽 黄 未 杨 超 周卓惠 陈 威
7	新闻奖	"宁波号"非遗彩船"文化走亲"亮相台湾南投元宵灯会	市政府奖二等奖	市广电局	2019年5月	叶 敏 崔 颖 周科伟
8	电视文艺奖	鲜活鄞州	市政府奖二等奖	市广电局	2019年5月	洪晓薇 李 伟 王林斌 俞朝辉 朱 越 朱 丹
9	新闻奖	垃圾分类的陆家堰"解法"	市政府奖三等奖	市广电局	2019年5月	洪晓薇 李 伟 朱 丹 章良开 任丹辉
10	新闻奖	"流浪哥"为贫困学子捐款千元	市政府奖三等奖	市广电局	2019年5月	洪晓薇 俞佳伟 秦玉权 李 伟
11	文艺奖	清廉文化栏目清风之约 清廉诗会	市政府奖三等奖	市广电局	2019年5月	徐奇锋 洪晓薇 姜 琴 朱 越 辛宗保 钱 敏
12	短纪录片奖	"支教奶奶"周秀芳	市政府奖三等奖	市广电局	2019年5月	洪晓薇 俞朝辉 周丽丽 朱 越
13	新媒体奖	辣辣讲噱这改革开放40年,没想到鄞州人经历了这么多	市政府奖三等奖	市广电局	2019年4月	王林斌 陈 艳 黄 未 周卓惠 陈 威 张晓静
14	少儿节目奖	周奶奶来听我们的音乐会	市政府奖一等奖	市广电局	2019年5月	王海棠 贺 叶 史晓莹 朱施展 朱 越
15	播音主持奖	鄞视周刊	省政府奖二等奖	省广电局		辛宗保
			市政府奖二等奖	市广电局	2019年5月	
16	播音主持奖	鄞视报道	市政府奖三等奖	市广电局	2019年5月	范添鑫
17	学术论文奖	关于新时代县区市级电视台"活动活台"之路的若干思考	市政府奖一等奖	市广电局	2019年5月	徐奇锋
18	文艺奖	行将消逝的乡音:有关方言的只言片语	市政府奖二等奖	市广电局	2019年5月	王海棠 俞 瑜 贺 叶 朱卓凌 杨 洋
19	少儿节目奖	2018鄞州首届少儿春节联欢晚会	市政府奖三等奖	市广电局	2019年5月	王林斌 陈 艳 陈 威 张晓静 张 旻 钱 敏 戴云龙 应志锋
20	服务类节目奖	如何避免"一厢情愿式回收"	市政府奖三等奖	市广电局	2019年5月	黄璜 王海棠
21	新闻奖	肥药双减让耕地告别"虚胖"	市政府奖三等奖	市广电局	2019年5月	郁振潮 李 伟 崔 颖 孙佳鑫
22	播音主持奖	铮铮有话说 古老的"快递"	市政府奖三等奖	市广电局	2019年5月	杨 洋
23	广告奖	儿童安全小课堂 预防溺水安全教育	省政府奖三等奖	省广电局		汪 蓝 潘佩佩 黄新策 黄升乐 汪子豪
			市政府奖一等奖	市广电局	2019年5月	

续表23

序	体裁	作品标题	获奖级别	颁奖单位	颁奖日期	主创人员
24	广告奖	我的妈妈	市政府奖二等奖	市广电局	2019年5月	黄璜 贺叶
25	广告奖	重视残疾预防 从我开始	市政府奖三等奖	市广电局	2019年5月	汪蓝 潘佩佩 黄新策
26	广告奖	鄞州区首届特殊艺术人才选拔大赛宣传广告	市政府奖三等奖	市广电局	2019年5月	汪蓝 潘佩佩 史进 黄新策
27	广告奖	安心消费 不止在浙江	市政府奖三等奖	市广电局	2019年5月	王海棠 俞瑜 贺叶 张瑾 杨洋
28	广告奖	江湖自驾	市政府奖三等奖	市广电局	2019年5月	徐蒙蒙 赵磊 朱施展
29	服务类节目奖	游乐汇 宿务在左 薄荷在右	省政府奖三等奖	省广电局		汪蓝 黄升乐 史进
			市政府奖一等奖	市广电局	2019年5月	
30	新媒体新闻专题奖	“支教奶奶”周秀芳2018新闻报道集	市新闻奖二等奖	市记者协会	2019年4月	俞朝辉 周丽丽 王林斌 陈艳 黄未 朱琳 周卓惠
31	新媒体界面设计奖	这是最666的一条线路，明天起它将成为宁波唯一，今天小编带你用最6的方式走一走	市新闻奖三等奖	市记者协会	2019年4月	王林斌 陈艳 黄未 毛祎瑢 黄未 周卓惠 朱琳
32	论文奖	在温暖的城市 做有温度的新闻	市新闻奖二等奖	市记者协会	2019年4月	洪晓薇 李伟 郁振潮
33	内参奖	流浪狗之患，亟待解决	市新闻奖三等奖	市记者协会	2019年4月	郁振潮 徐奇锋 朱越
34	县市好新闻奖新媒体直播	2018年咸祥首届乡村振兴嘉年华暨咸祥八月半渔棉会直播	市新闻奖一等奖	市记者协会	2019年4月	王林斌 陈艳 周卓惠 范添鑫 陈威
35	县市好新闻奖电视长消息	五千多市民“爱心众筹”红花希望学校今天落成	市新闻奖二等奖	市记者协会	2019年4月	俞朝辉 周丽丽 洪晓薇
36	县市好新闻奖电视长消息	90后女孩为筹医药费自创萌系微信表情包刷屏	市新闻奖三等奖	市记者协会	2019年4月	陈宁宁 陈凯 孙佳欣
37	县市好新闻奖电视短消息	“零跑腿”又出新招！鄞州在全省率先实现视频远程审批	市新闻奖三等奖	市记者协会	2019年4月	叶敏 秦玉权 李伟
38	录制技术奖	蔡康国	市政府奖二等奖	市广电局	2019年9月	薛利军 姚赛芬 徐云
39	录制技术奖	鄞视报道	市政府奖三等奖	市广电局	2019年9月	薛利军 姚赛芬 曾立云 戴云龙
40	录制技术奖	鄞州非遗	市政府奖二等奖	市广电局	2019年9月	薛利军 姚赛芬 曾立云 戴云龙
41	广播对农节目	百果园里的“青春风暴”——姚春梅的田园梦	省政府二等奖	省广电局	证书2020年发放	洪晓薇 王海棠 周萍萍 俞瑜 徐奇锋
42	电视	浙江省对农节目服务工程建设考核	鼓励奖	省广电局	证书2020年发放	洪晓薇 王林斌 李伟 朱丹 毛世宁 张琼 郁振潮
43	广播	浙江省对农节目服务工程建设考核	鼓励奖	省广电局	证书2020年发放	周萍萍 王海棠 俞瑜 汪慧
44	新媒体播音主持奖	哭泣背后的故事	市系统奖一等奖	市主持人协会	2019年8月	王海棠
45	新媒体播音主持奖	仙女爱美丽	市系统奖二等奖	市主持人协会	2019年8月	朱施展

续表23

序	体裁	作品标题	获奖级别	颁奖单位	颁奖日期	主创人员
46	新媒体播音主持奖	世界杯猜猜猜	市系统奖三等奖	市主持人协会	2019年8月	毛世宁
47	公益广告	安心消费不止浙江	省系统奖优秀奖	省广告协会	2019年3月	王海棠 贺 叶、俞 瑜 张 瑾 杨 峥
48	协作联盟活动	合作奖	市系统奖三等奖	市广播电视集团	2019年4月	集 体
49		最美童声组织奖	参照系统奖一等奖	市广电集团 市广电学会 市广电联盟	2019年8月	节目部集体
50	学术论文奖	从直击“利奇马”台风看突发新闻报道中的变与不变	市政府优秀奖	市广电局	2019年12月	李 伟 郁振潮
51	学术论文奖	区市县级电视台新闻监督节目的发展历程及具体实践——以鄞州区广播电视台为例	市政府优秀奖	市广电局	2019年12月	洪晓薇 徐奇锋
52	少儿奖	我们真的做到了	市政府奖二等奖	市广电局	2019年	王海棠 贺 叶 朱施展 张 瑾
			省政府奖一等奖	省广电局	2019年	
53	少儿奖	功夫小子们的“少年中国强”	市政府奖三等奖	市广电局	2019年	朱 越 郁振潮 王林斌 李 伟 张 弦
54	媒体融合创新人物奖	宁波市媒体融合创新人物	市系统奖等同于一等奖	市记者协会	2019年11月	李 伟

表24 2019年鄞州日报社获奖作品情况

作品标题	作者	编辑	刊发时间、版面	获奖情况
“一个让城里人惊叹”的农村文化综合体（通讯类）	吴海霞	马文丰 祝永良	《鄞州日报》2019年2月28日第1版	浙江省新闻奖党报县报通讯类三等奖 浙江省县市新闻奖一等奖
我对嘱托有话说 习近平同志调研鄞州时的5位亲历者讲述“不忘初心”故事	林幼娟 胡启敏 蔡梦珠 沈杨雁 叶俊松	徐琼辉 葛吉华	《鄞州日报》2019年9月25日第2/3跨版	浙江省县市新闻奖一等奖
孩子，叔叔在，别怕！（摄影）	夏 娟	宋健益 葛吉华	《鄞州日报》2019年8月11日第1版	浙江省县市新闻奖一等奖 宁波市新闻奖一等奖
鄞响会客厅 俞复玲高菊芳分享国庆盛况 畅谈70年变化（融合创新）	叶俊松 叶维娜 李 超	宋健益	鄞响客户端2019年10月3日	浙江省县市新闻奖一等奖
千里奔涌鄞未来系列短视频（新媒体移动视频专题）	叶维娜 宋健益 陈时飞 王世杰 任 宁	水 杉 金建锋 宋健益	鄞响客户端2019年10月23日	浙江省县市新闻奖一等奖 宁波市新闻奖二等奖
《鄞州日报》2019年11月13日第1/8跨版（版面）	余 峰 陆丽君	—	《鄞州日报》2019年11月13日第1/8跨版	浙江省县市新闻奖二等奖
490位中外人士共绘490米丹长卷，献礼新中国成立70周年（新媒体文字消息）	蔡亚辉 史久阳	叶维娜	鄞响客户端2019年9月22日	浙江省县市新闻奖二等奖 宁波市新闻奖三等奖
和邦大厦集聚31家上市公司	林幼娟 王瑜	余 峰 葛吉华	《鄞州日报》2019年12月24日第1版	浙江省县市新闻奖三等奖

续表24

作品标题	作者	编辑	刊发时间、版面	获奖情况
叶正宣:一个不能忘却的名字(系列报道)	祝永良 吴海霞 戴勤锋	马文丰 刘立中 徐琼辉	《鄞州日报》2019年9月22日—11月2日	浙江省县市新闻奖三等奖
村社治理竞技赛第四场(生态文明专场)(创意互动)	叶维娜 陈时飞 王世杰 任　宁	水　杉 金建锋 宋健益	鄞响客户端2019年12月24日	浙江省县市新闻奖三等奖
天南海北鄞州人(新媒体新闻专题)	叶维娜 陈时飞 王世杰 任　宁	水　杉 金建锋 宋健益	《鄞州日报》2018年9月24日—2020年1月13日	浙江省县市新闻奖三等奖
《风雨之抱》融媒体系列报道	吴海霞 陈时飞 姜　琴 水　杉 金建锋 夏　娟 袁　媛	宋健益 刘立中 邵永松	《鄞州日报》、鄞响客户端2019年8月11日—19日	宁波新闻奖策划创新奖
鄞州"局长窗口坐班"为审批服务再提速(消息)	彭荟臻	余　峰 葛吉华	《鄞州日报》2019年8月14日第1版	宁波市新闻奖一等奖
2019年7月31日《鄞州日报》第2版(版面)	刘立中 陆丽君	—	《鄞州日报》2019年7月31日第2版	宁波市新闻奖一等奖
防止鄞州上市公司外迁刻不容缓	张文胜	沙孟飞 邵　波	《鄞州日报》内参2019年第2期	宁波市新闻奖一等奖
两任"第一书记"与"回龙桥"文化品牌(系列报道 通讯)	叶俊松	刘立中 孙永达 徐琼辉	《鄞州日报》2019年12月18日—23日第1版、2版、3版	宁波市新闻奖二等奖
父辈的英雄岁月,我们铭记 一份纪念宁波(鄞县)解放发言稿背后的故事(副刊作品)	吴海霞	马文丰 祝永良	《鄞州日报》 2019年5月26日第1版	宁波市新闻奖二等奖
践行"四力"追梦新时代 ——以鄞州日报《天南海北鄞州人》专栏报道为例(论文)	俞珠飞	冯潇颖	《传媒评论》 2019年第9期	宁波市新闻奖二等奖
云龙龙舟联赛开桨(摄影)	李超	徐琼辉 陈　勇	《鄞州日报》2019年8月5日第2版	宁波市新闻奖三等奖
鄞州珍稀动植物探秘(摄影组照)	李超	刘　霞 祝永良	《鄞州日报》2019年9月15日第3版	宁波市新闻奖三等奖
2019年9月1日《鄞州日报》第1版(版面)	马文丰 董灵耀	—	《鄞州日报》9月1日第1版	宁波市新闻奖三等奖
村上博优,我对宁波有太多眷恋——这位曾120次方甬的中日民间文化交流使者走了(副刊作品)	祝永良 徐琼辉	马文丰	《鄞州日报》 2019年8月4日第1版	宁波市新闻奖三等奖
团结鄞州人力量　推动鄞州人经济(内参)	俞珠飞	沙孟飞 邵　波	《鄞州日报》内参 2019年第3期	宁波市新闻奖三等奖

续表24

作品标题	作者	编辑	刊发时间、版面	获奖情况
风雨中，党员这面旗帜更鲜亮——记病倒在抗台第一线的好书记翁阳明（通讯）	吴海霞 林幼娟	宋健益 葛吉华 刘立中	《鄞州日报》 2019年8月11日第1版	宁波市新闻奖重大主题报道三等奖
600条手织围巾，由83岁的韩翠菊传递给72岁的周秀芳 “毛衣奶奶”“支教奶奶”爱心接力（消息）	吴海霞	柴尔峰 罗涟浩	《鄞州日报》 2019年1月10日第5版	宁波新闻奖县（市）报好新闻奖一等奖
扶贫挂职干部的十二时辰（通讯与深度报道）	史芸飞	柴尔峰 祝永良	《鄞州日报》 2019年8月3日第2版	宁波新闻奖县（市）报好新闻奖二等奖
壮丽70年 奋进新时代——本报记者村社蹲点纪行（系列报道）	鲍婷婷 林幼娟 胡启敏 卢　霞 蔡梦珠 沈杨雁 叶俊松 林　彬	宋健益 徐琼辉 余　峰 刘立中 马文丰	《鄞州日报》 2019年7月22日至9月30日第1版、2版、4版	宁波新闻奖县（市）报好新闻奖三等奖

（梁侃亮　励寅杰　戴亚红）

新　闻

【概况】 2019年，鄞州区推出“庆祝新中国成立70周年”“二次创业”再出发、“两高四好”勇攀高、“解放思想大讨论”“不忘初心 牢记使命”等重大主题报道。将“庆祝新中国成立70周年”主题宣传作为全年宣传重点，在区级媒体推出《我和我的祖国》《记者蹲点纪行》《壮丽70年 奋斗新时代》《见证鄞州骄傲》等专题专栏。实施“大南海北鄞州人”大型异地采访活动，推出人物专访49篇；大力实施“跳出鄞州看鄞州”异地采访工程，组织媒体团到常州武进及佛山南海、顺德等地，采访报道当地先进经验，激发全区党员干部实干、担当、奋进精气神。举办两期“局长问政公开赛”，聚焦“城市精细化管理”“民生实事工程”两大主题，就群众反映强烈的热点难点问题，邀请专家学者、市民代表、“两代表一委员”与相关部门“一把手”面对面议政交流，接受社会各界的监督和测评。6月27日，鄞州区融媒体中心挂牌成立，完成鄞响、鄞+整合，改版后的新鄞响9月29日上线，用户数达30万户。《鄞州：改革开放微型口述史》获中国新闻奖三等奖，开创宁波县级广电台历史。《风雨之抱》成为抗击台风“利奇马”期间的现象级一线稿产品。全年在《人民日报》、新华社和中央广播电视总台等中央级媒体刊发刊播重点报道150余篇（条），《浙江日报》头版刊发重点稿件9篇（区委报道组获浙江日报报业集团“最佳报道组”称号），浙江卫视发稿73条，浙江之声发稿36条，《宁波日报》头版刊发重点稿98篇。保障首届天南海北鄞州人发展大会新闻宣传，香港《文汇报》、加拿大《加中时报》等50余家海内外主流媒体聚焦报道，讲述鄞州故事。召开各级新闻发布会10场，举办新闻发言人素养提升班，组织全区新闻发言人及助理赴武汉大学进行脱产培训。制定下发《关于加强和改进党的新闻舆论工作的实施意见》，进一步提升引导舆论能力。协调应对《第一聚焦》《今日聚焦》等栏目涉鄞州内容，全年共处理突发事件和曝光新闻10余起。举办第10期“金蝶”新闻论坛，评选出第九届“金蝶”优秀新闻作品10件。

【第10期“金蝶”新闻论坛】 2019年3月28日，鄞州区第10期“金蝶”新闻论坛举行。论坛侧重新媒体传播，以进一步增强新媒体传播影响力和全媒体运营能力，推动传统媒体记者向全媒体记者转型。邀请宁波自媒体联盟副秘书长秦涛和抖音运营“大咖”刘瑶分别讲授“浅谈新媒体爆款内容传播思路”和“抖音新窗口的传播规律和运营”。同时，进行全媒体复合人才出镜、访谈培训。区融媒体中心14名一线文字记者分成7组，每组2人，互为AB角，以出镜的形式分别体验出镜记者和被采访者，体验全媒体记者转型。

【第九届“金蝶”优秀新闻作品评选】 2019年11月5日，鄞州区新闻工作者协会邀请市记协主席徐正等6人组成市级评委团，与区级评委团5人一起对第九届“金蝶”优秀新闻作品进行评选。经评审，《我对嘱托有话说——习近平同志调研鄞州时的5位亲历者讲述“不忘初心”故事》《壮丽70年 奋进新时代——本报记者村社蹲点纪行》《顺德南海武进三地纪行》《风雨中，党员这面旗帜更鲜亮——记病倒在抗台第一线的好书记翁阳明》《堇山观潮·话三进》《鄞州非遗》《实干 担当 奋进——党建争强鄞州谱新篇》《姜山镇陆家堰村：群众的事群众说了算》《让大山里的孩子共享优质教育》《民情面对面·局长问政公开赛》10件作品获优秀新闻作品奖；《风雨之抱》《治

水拆违攻坚战 一本台历看进度》《多路鄞+记者奔赴鄞州各地直击超强台风“利奇马”》获新媒体作品奖；《鄞州：改革开放微型口述史》获特别奖。

（于玲玲）

体 育

【概况】 2019年，鄞州区有区级体育总会1个，单项体育协会23个，镇（街道）级体育总会14个，体育类民办非企业25家，体育社会组织290个，其中AAAAA协会1家，AAAA协会5家，AAA协会3家。各级各类协会参与举办赛事活动近100次，涉及运动项目近20个，参加人数超20万人次，获新闻媒体参与报道近100次。区文广旅游体育局在全市体育工作考核中获一等奖，并获2019年度浙江省竞技体育贡献奖、宁波市体育工作先进单位。

完成省体育局下达的体育场地设施建设和市民生实事工程建设任务，实现11个小康体育村升级，新建社区（村）多功能运动场3个、笼式足球场3个、门球场4片、拆装式游泳池1个、体育公园（云龙龙湾公园）1个。社会力量参与体育场地建设与运营取得新成果，羽航潘火体育公园、东论运动中心集盒馆、元棋马术学院等民营场馆相继建成并投入使用。至年底，全区人均体育场地面积2.41平方米。新增三级社会体育指导员193人，累计有国家级社会体育指导员4人、一级社会体育指导员80人、二级社会体育指导员81人、三级社会体育指导员2956人。每千人拥有社会体育指导员人数2.5人以上。全年新增游泳场所12个、健身气功站点3个、国家三级运动员3人。建成2个区级体质健康测试中心和21个镇级体质监测站，全区国民体质测试合格率94.20%。举办举（承）办ATP国际男子网球挑战赛、2019中国·宁波国际无人机冠军赛、2019中国国际象棋电视快棋赛、中国新能源卡丁车锦标赛等大型赛事。开展小型多样的健身赛事和活动100余次，承办市全民运动会网球、国际象棋、健美操、迷你马拉松四个项目总决赛，鄞州公园第二届新春马拉松、区第十七届木球比赛、区第十三届中国象棋赛、咸祥“海上明月”马拉松比赛等各级各类赛事活动近60项，参与人员超过20万人次。

全区建有市级高水平训练基地2个、市级训练点12个和传统项目学校15所，新增省级高尔夫训练基地1个，在元棋马术学院设立鄞州区青少年马术训练基地。向上级训练单位输送运动员64人，其中集食宿、学习、训练的“三集中”31人，走训33人，涉及足球、网球、游泳、击剑、拳击等14个项目。完成2019年省市青少年运动员注册，市注册2548人，省注册623人。鄞州区邱隘镇中心小学、宁波市曙光中学、鄞州区钟公庙中心初级中学入围2019年全国青少年校园足球特色学校，鄞州区堇山小学入围2019年浙江省青少年校园足球特色学校。鄞州组队参加省市校园足球联赛，获省联赛总冠军和市联赛第一名。

全区有体育产业单位1368家，其中企业单位921家。鄞州杯国际男子网球挑战赛、真武魂WBK极限格斗联赛、中国新能源卡丁车锦标赛进入2019年度浙江省体育产业发展资金项目库；真武魂WBK世界极限格斗联赛、鄞州国际男子网球挑战赛入选2019年浙江省重点培育品牌体育赛事名录库；水上运动基地建设运营项目进入2019年度宁波市体育产业发展引导资金项目库。在深圳举办的“2019宁波市体育产业招商推介会”推介重点项目5个，组织17家体育企业参展“2019中国（宁波）体育产业博览会”。

【省首批体育现代化乡镇（街道）标准化试点工作启动】 2019年9月，根据《浙江省体育局关于同意鄞州区开展浙江省体育现代化乡镇（街道）标准化试点工作的批复》文件，启动浙江省首批体育现代化乡镇（街道）标准化试点工作。按照《体育现代化乡镇（街道）建设规范》要求，以创建首批浙江省体育现代化县（市、区）为目标，首先在邱隘镇、五乡镇、姜山镇、云龙镇、福明街道5个镇（街道）先行先试。省市体育部门组织专家对5个镇（街道）就具体目标任务和指标进行培训和讲解。

【2019年鄞州区体育产业发展引导资金扶持项目】 2019年，鄞州区印发《关于组织申报2019年度鄞州区体育产业发展引导资金扶持项目的通知》，开展2019年度项目申报、评审工作。2019年度重点扶持方向为竞赛表演类、场馆经营与健身服务类、运动休闲类和产业创新类，共收到申报项目13个。区文广旅体、区财政局成立评审小组对13家申报项目单位进行实地考察和评审，12个项目符合扶持条件。最终经公示，决定对“宁波市会展中心体育场馆的整合与升级”等12个项目进行扶持补助。

【参加宁波市首届全民运动会】 2019年4—12月，鄞州区组队参加宁波市首届全民运动会46个大项的比赛，其中参加总决赛32个项目。参赛人员除各镇（街道）组队外，还有学校、社团、俱乐部、企业和个人的广泛参与，并在全区组织各大项目预选赛34场，参与人数超过40万人次。其间，结合选拔赛、首届“健康鄞州”全民健身大联赛，区镇两级联动开展马拉松、社区健身节、健身气功展示等形式多样的全民健身活动。

表25 鄞州区代表队参加宁波市首届全民运动会情况

序号	项目	总决赛举办时间	参与人数（人）
1	健美操	6月7—9日	200
2	乒乓球	6月14—16日	3400

续表25

序号	项目	总决赛举办时间	参与人数(人)
3	健身瑜伽	6月21—23日	200
4	门球	6月28—30日	3500
5	幼儿棋类	7月5—7日	300
6	无线电测向	7月6—9日	200
7	航空模型	7月13—14日	200
8	围棋	7月13—14日	500
9	航海模型	7月19—21日	200
10	车辆模型	8月2—4日	200
11	国际象棋	8月9—12日	500
12	网球	8月15—18日	3500
13	象棋	8月17—18日	26200
14	三人制篮球	9月4—8日	200
15	舞龙	9月13—15日	1700
16	广场舞	9月14—15日	1000
17	皮艇球	9月14—15日	60
18	运动桨板	9月20—22日	60
19	龙舟	9月21—22日	45000
20	太极拳(木兰拳)	9月27—28日	2000
21	健身气功	9月27—29日	10000
22	飞镖	10月10—12日	800
23	五人制足球	10月11—13日	21000
24	钓鱼	10月11—13日	2300
25	羽毛球	10月18—20日	5500
26	桥牌	10月19—20日	200
27	汉字棋	10月26—27日	1000
28	轮滑	11月2—3日	200
29	拔河	11月7—8日	300
30	气排球	11月15—17日	3100
31	迷你马拉松	11月22—23日	58000
32	木球	11月28—29日	1100
33	老年组14个项目展示交流	4月至11月	300

【区第十七届木球比赛】 2019年4月20日，由区体育总会主办鄞州区第十七届木球比赛暨宁波市首届全民运动会木球项目选拔赛在院士公园举行，来自各镇(街道)、高校、木球爱好者等14支代表队130余名选手参加比赛。经一天四轮的角逐，首南街道、横溪镇、潘火街道代表队获男子团体前三名，中河街道、鄞州木球爱好者、横溪镇代表队获女子团体前三名。

【"傅其芳"杯鄞州区第十届乒乓球等级赛】 2019年12月21—22日，由区体育总会、五乡镇人民政府主办，区乒乓球协会承办的"傅其芳"杯鄞州区第十届乒乓球等级赛在五乡镇文体中心球馆举行。区各镇(街道)、企事业单位、社会团体共29支代表队165名运动员参加比赛。经两天的角逐，自来水公司、五乡一队、水星乒乓球俱乐部代表队获甲级队前三名，福明街道、缇比莎俱乐部、潘火街道代表队分获乙级队前三名，胡雅娉等8人获女子单打前八名。

【参加宁波市第十八届运动会】2019年4月至12月，鄞州区代表团1500余名运动员参加宁波市第十八届运动会37个大项的比赛，囊括综合金牌总数、综合奖牌总数、综合团体总分、赛事金牌总数、赛事奖牌总数、赛事团体总分六个第一，实现市运会金牌数、团体总分的四连冠。同时，在团体奖项上，鄞州代表团还获优秀组织奖、体育道德风尚奖和羽毛球最佳赛区；在个人奖项上，鄞州区的何立、张旭东获最佳教练员，徐海峰、毛科伟、沈继光获优秀教练员。

【"千里云道"建设】2019年4月29日，鄞州区千里云道发布会在宁波城市旅游之窗举行。发布会推出鄞州十大精品健身步道，并向市民发放《宁波市鄞州区健身步道图》《鄞州千里云道导览图》。近几年，鄞州区结合自然资源特点，修建不同类型的健身休闲步道，推进文旅体融合发展，以"千里云道"为步道品牌，为鄞州区健身步道命名。经专业机构的实地测绘与普查摸

表26　2019年鄞州区代表团参加宁波市十八届运动会获奖情况

序号	项目	金牌数（枚）
1	短式网球	1
2	射击	3
3	男甲足球	4
4	男乙足球	4
5	羽毛球	11
6	举重	7
7	跆拳道	1
8	高尔夫球	3
9	射箭	1
10	排球	0.5
11	游泳	31
12	女子甲组足球	1.5
13	空手道	1
14	乒乓球	10
15	蹦床	1
16	皮划艇	2
17	赛艇	1
18	武术散打	1
19	体操	2
20	攀岩	10
21	马术	2
22	帆板帆船	1
23	男子丙组足球	4
24	网球	8
25	武术套路	1
26	田径	5
27	男子甲组篮球	1.5
28	击剑	12
29	女子乙组足球	3
30	赛前贡献奖励金牌	124.06
合计		257.56

底，鄞州区共完成79条总长526千米的“千里云道”健身步道建设，包括城市健走步道13条总长56余千米，登山步道58条总长272千米，骑行道1条总长36千米，山间绿道7条总长162千米。

【2019“鄞州银行”杯“海上明月”马拉松】 2019年11月10日，鄞州区“千里云道”分站赛第二站——2019“鄞州银行”杯海上明月马拉松暨宁波市首届全民运动会迷你马拉松选拔赛鄞州咸祥站在咸祥镇举行，近千名选手参与。比赛路线形似海马，契合海上马拉松的简称“海马”的寓意，赛事设置半程马拉松和迷你马拉松两个项目。方加南和卢亚晶分别以1小时15分23秒和1小时29分17秒的成绩获半程马拉松男子组、女子组的冠军，张浩海、陆巧克力则分别获迷你马拉松男子组、女子组的冠军。

【2019国际划联龙舟世界杯】 2019年11月1—4日，2019国际划联龙舟世界杯在东钱湖举行。赛事由国际皮划艇联合会主办，市体育局、区政府和东钱湖管委会联合承办，是鄞州首次承办国际顶级龙舟赛事。全球28个国家和地区的34支队伍参与本次赛事，近千名裁判员、教练员、运动员参加。鄞州区完成前期协调、赛事组织、部门沟通、市场招商、新闻宣传、医疗保障、志愿者招募等各环节工作，并取得18家企业参与、共270万元的商业开发成果。赛事采用22人大龙和10人小龙两种舟型，分男子、女子200米与500米直道竞速以及男女混合500米直道竞速等10个比赛项目。中国国家队获6枚金牌，中国宁波队获4枚金牌。赛事期间举办龙舟嘉年华，展示鄞州非遗、美食和体育游乐活动，为赛事营造浓烈氛围，集聚人气。国际划联授予鄞州区人民政府“龙舟事业突出贡献奖”。

【鄞州籍运动员获国际赛事奖项】 2019年，鄞州区多名运动员在国际国内赛场上获较好成绩。周昊东在2019年苏迪曼杯世界羽毛球混合团体锦标赛中助力中国羽毛球队，时隔四年捧得苏迪曼杯；徐源男在2019年世界青年射击锦标赛中获男子气步枪60发团体冠军，并打破世界青年纪录；杨倩在第十四届亚洲射击锦标赛中获女子气步枪60发个人金牌；胡加贝在第二届青运会上夺得男子铅球金牌；闫铮在第二届青运会帆板比赛中获女子Gaastra pro级铜牌。

【区中小学生羽毛球比赛】 2019年4月15—17日，2019年鄞州区中小学生羽毛球比赛暨宁波市第十八届运动会青少年部羽毛球比赛选拔赛在宁波市国际会展中心东论羽毛球馆举行。本次比赛由区文化和广电旅游体育局、区教育局主办，区体育中心、区体育总会、区羽毛球协会承办。全区14个代表队220名运动员参加比赛。宁波市四眼碶小学、鄞州第二小学、东湖小学、瞻岐镇中心小学、东南小学、邱隘实验小学代表队获小学组团体总分前六名，曙光中学、宋诏桥中学获初中组团体总分前两名。

【区中小学生棋类比赛】 2019年5月22—23日，2019年鄞州区中小学生棋类比赛在鄞州区委党校举行。本次比赛由区文化和广电旅游体育局、区教育局、区体育总会主办，区体育中心、区围棋协会、区中国象棋协会、区国际象棋协会承办。比赛设中学组、小学甲组和小学乙组三个组别，初中组围棋、中国象棋、国际象棋设个人赛；小学甲乙组围棋、中国象棋、国际象棋均设个人赛和团体赛。全区31个代表队420名运动员参加比赛。鄞州区东钱湖镇中心小学获国际象棋小学甲组团体冠军、鄞州区实验小学教育集团获国际象棋小学乙组团体冠军；宁波市四眼碶小学包揽围棋小学甲乙组团体冠军；中国象棋小学甲乙组团体第一分别被宁波市行知实验小学和钟公庙中心小学获得。宁波市第七中学囊括初中组围棋、中国象棋、国际象棋全部个人第一。

【“国家百万公里登山健身步道”2019宁波发布会】 2019年6月21日，“国家百万公里健身步道”2019宁波发布会在鄞州区横溪镇的亭溪岭古道举行。大会由国家体育总局登山运动管理中心、中国登山协会、宁波市体育局、鄞州区人民政府主办，区文化和广电旅游体育局承办，以“行走千里

2019年6月21日，“国家百万公里健身步道”2019宁波发布会在鄞州区横溪镇亭溪岭古道举行

云道，倡导科学健身”为主题，发布宁波市11条新的登山健身步道，其中鄞州区大岭登山健身步道环线、东钱湖岭南登山健身步道环线入选。并推出《宁波登山健身步道2019》手册和《鄞州千里云道路书》。当天下午，北京体育大学运动医学与康复学院博士刘冬森在鄞州区图书馆为宁波的健身运动爱好者作题为“户外徒步登山的损伤预防和康复”讲座。

【2019年鄞州区中小学生体育舞蹈比赛】 2019年12月21日，由鄞州区文化和广电旅游体育局、区教育局主办，区体育中心、区体育舞蹈协会承办的2019年鄞州区中小学生体育舞蹈比赛在惠风书院体育馆举行。本次比赛按年龄按类型分为7个大项53个小项，全区31个学校组队参加比赛。鄞州区惠风书院、鄞州区第二实验小学教育集团、鄞州区下应街道中海小学位列总分前三名。

【2019“鄞州杯”中国国际象棋电视快棋赛】 2019年12月21—24日，2019“鄞州杯”中国国际象棋电视快棋赛在宁波天唯艺术酒店举行。比赛由国家体育总局棋牌运动管理中心、中国国际象棋协会、宁波市体育局、鄞州区人民政府主办，鄞州区文化和广电旅游体育局、鄞州区体育总会承办，鄞州区体育中心、鄞州区国际象棋协会执行承办，宁波市博弈国际象棋俱乐部协办。本届比赛增设女子组，赛事总奖金提升至37.50万元，冠军最高奖金10万元。丁立人、王皓、余泱漪、卜祥志组成的男子组以及朱锦尔、丁亦昕、黄茜、翟墨组成的女子组展开六轮对决。王皓与黄茜分别夺得男子、女子组桂冠。

【2019“鄞州银行杯”国际男子网球挑战赛】 2019年10月14—20日，2019国际男子网球挑战赛在鄞州网球中心举办。赛事由国家体育总局网球运动管理中心和鄞州区人民政府主办，鄞州区文化和广电旅游体育局承办，宁波惠风体育发展有限公司执行承办，20余个国家和地区的70余名运动员参赛。赛事为ATP超级挑战赛，总奖金16.25万美元。赛事分单打和双打2个项目，配备有鹰眼和测速系统，148场比赛均由国外专业团队在ATP官方网站直播页面上进行现场在线视频直播。日本选手内山靖崇获单打冠军，澳大利亚的组合获双打冠军。

【2019中国（宁波）体育产业博览会在鄞州区举行】 2019年9月12—14日，由宁波市人民政府主办、宁波市体育局承办的以“体育让城市生活更美好”为主题的2019中国（宁波）体育产业博览会在宁波国际会展中心举行。鄞州的新贵族、星米、挪客、羽人竞渡等17家骨干体育企业组团参加，建立鄞州馆。鄞州馆总占地面积800余平方米，巨轮造型寓意鄞州体育产业在新时代发展征程中劈波斩浪、行稳致远，烘托出“扬帆起航、领跑领先，二次创业、再攀高峰”的主题，并展示近几年鄞州产业发展的重要成果。参展企业涉及体育用品制造、健身休闲、赛事组织、运动康复、智慧体育等多个领域。场馆融产品展示、品牌推广、娱乐表演、互动体验于一体，给观展人群带去时尚、炫酷的运动体验。

【2019“日月杯”宁波太白湖国际马拉松】 2019年11月30日，2019“日月杯”宁波太白湖国际马拉松赛暨鄞州区“千里云道”分站赛第三站在东吴镇文体中心开跑，来自15个国家和地区的137支团队1300余名选手参赛，其中外国选手25人。比赛分21千米半程马拉松和10千米欢乐跑两项赛事。钱程熙、张妮获半程马拉松男女冠军，俞武建、尚琪凯和胡晓燕、林霜霜分获男女亚季军，鄞州长跑协会固元堂常跑队获团体冠军；10千米欢乐跑男女冠军分别由历健锋、赵娜夺得，鄞州长跑美罗堡精英队获团体冠军。

【体育产业招商合作项目推介】 2019年10月24日，由宁波市体育局主办的2019宁波市体育产业招商推介会在深圳举行。鄞州区在大会上作重点推介，全面展示鄞州的区位优势、资源禀赋和发展潜力，介绍鄞州体育产业发展概况，重点推出鄞州中心城区体育综合体、云龙水上运动基地、横溪山地户外运动基地、咸祥新湾沙滩公园和泛欧体育综合体5个重点招商合作项目，并就鄞州的体育产业政策进行说明。

（柴华艳）

2019年10月20日，2019“鄞州银行杯”国际男子网球挑战赛颁奖仪式举行

卫生与健康

综　述

【概况】 2019年，鄞州区推进“健康鄞州”建设，印发《健康鄞州建设领导小组成员单位考核实施细则》《2019年健康浙江考核实施细则》《2019年健康鄞州建设工作要点》。做好国家卫生城市复审迎检工作，高分通过复审。创建成为全国基层中医药工作先进单位、全国智慧健康养老应用试点示范基地、国家区域医疗健康信息互联互通标准化成熟度等级五级乙等区县和2018年“健康浙江”建设考核优秀，市对区卫生工作考核处在前列。加强对各创卫镇的技术指导，东吴、瞻岐、咸祥、云龙、横溪5个镇完成国家级卫生镇考核。开展爱国卫生月活动，举行爱国卫生活动102次。

入选全省第二个、全国第四个通过国家区域医疗健康信息互联互通标准化成熟度最高等级即五级乙等测评的地区，先后2次获市委书记郑栅洁批示肯定。至年底，全区医院门诊智慧结算率77.91%，病房智慧结算率69.40%，按时就诊率92.94%，高峰时段排队时间2.13分钟，均优于全市平均水平。推行“出生一件事”联办机制，全年服务390余个家庭。同时，“最多跑一次”改革成果向基层延伸，实现基层医疗机构门诊智慧结算、便民惠民、门诊电子病历共享上传、精神卫生一站式及互联网+等多项服务全覆盖，方便市民看病就医。印发《2019年党建工作规范化清单》，全年督察并整改基层党组织规范化问题28个。协助建立民营医疗机构党建联盟，派出8名党建指导员到16家民营医院结对。开展巡察整改工作，印发各类规章制度12项，诫勉谈话1人，拟开除公职1人，共清退费用9557元。加强清廉医院建设，完成下属20家单位的内部督查，开展个别谈话861人次，发现问题380个。鄞州人民医院东院区建设项目完成施工单位招标、签订施工合同，完成场地平整和通临时水电；区妇幼保健院项目完成主体结顶和中间结构验收，基本完成地下一层砌体施工和外墙粉刷，进入室内外装饰装修施工阶段；明楼街道社区卫生服务中心项目于12月2日完成总包单位招标和签订施工合同，完成现场场地平整、道口开设和围护桩进场；市中西医结合医院新建项目取得项目建议书批复。

加强对口帮扶，延边朝鲜族自治州延吉、和龙两地的医疗体系与能力建设得到系统提升。已长期选派13批次、专业技术人员70人，短期支援88人次，先后填补受援两地“腹腔镜下甲状腺切除术”“鼻内镜黏膜划痕术”等40余项医疗技术空白，帮助两地提升眼科、五官科、消化内科等10余个薄弱临床学科，培训业务骨干1643人次。2019年，延吉、和龙两市的医院日均接诊人次上升8%，住院患者转诊率下降1.86%，群众对医疗服务满意度上升6.50%。

【区卫生健康局挂牌】 2019年1月20日，宁波市鄞州区卫生健康局正式挂牌，区政府、区委组织部及原区卫生和计划生育局中层以上干部出席挂牌仪式。根据《宁波市鄞州区机构改革方案》，将区卫生和计划生育局、区深化医药卫生体制改革领导小组办公室的职责，以及区民政局承担的区老龄工作委员会办公室职责，区安全生产监督管理局的职业安全健康监督管理职责等整合，组建区卫生健康局，作为区政府工作部门。保留区老龄工作委员会，日常工作由区卫生健康局承担。

【宁波市第六医院与丽水市中心医院“山海协作”医学重点学科建设】 2019年3月22日，宁波市第六医院与丽水市中心医院“山海协作”医学重点学科对接签约仪式在丽水举行，鄞州区卫健局有关领导出席签约仪式。该协作项目由浙江省级重点学科显微（手）外科建设单位宁波市第六医院承担，也是鄞丽两地首次开展的医学“山海协作”项目。宁波市第六医院将通过专题讲座、教学查房、手术示教、疑难病例讨论、科研合作等方式，在显微（手）外科的医疗技术、科研教学、人才培养、学科建设等方面向丽水市中心医院提供指导和帮助，共同推动该学科在丽水当地的发展。

【庆祝中国医师节表彰大会】 2019年8月16日，鄞州区庆祝中国医师节表彰大会活动在宁波文化广场大剧院举行，区委书记褚银良、宁波市卫健委主任张南芬等有关单位领导和1200余名医护工作者代表共同庆祝第二届“中国医师节”。大会表彰鄞州区优秀护士20人、鄞州区十佳家庭医生10

人、鄞州区十佳公共卫生卫士10人、鄞州区十佳医坛新秀10人、鄞州区十大名医10人和鄞州区卫健系统突出贡献人物5人。

【鄞州区获评国家医疗信息互联互通最高等级】 2019年6月20日，中国卫生信息技术与健康医疗大数据会议在西安召开，区卫生健康信息化建设获国家区域医疗健康信息互联互通标准化成熟度五级乙等认证，糖网筛查人工智能评估项目获2019年国家医疗健康人工智能应用落地30最佳案例，鄞州人民医院和鄞州区第二医院获国家医疗健康信息互联互通标准化成熟度四级甲等认证。区卫健局局长水黎明在会上作“鄞州区区域卫生健康信息化建设与互联互通测评”的拓导培训，介绍鄞州区卫生健康情况、卫生健康信息化建设情况、信息化互通成效等方面的建设经验。区卫健局党委委员朱宇接受授牌。鄞州糖网筛查人工智能评估项目自2018年7月在全区逐步应用，项目借助区内宁波市眼科、鄞州人民医院眼科的专科品牌优势，对基层医疗机构针对糖尿病、肾病等相关疾病采集的眼底图谱在AI智能诊断的基础上进行专家复核，实现糖尿病、肾病等眼底疾病的早期预防、早期诊断的公共卫生初筛。本次鄞州区获得的4项国家级奖项，标志着鄞州区域卫生健康信息化在10年的建设历程中，正从全程采集、全面应用、全程共享的卫生健康信息化鄞州模式逐步向医疗健康大数据、医疗人工智能模式过渡。

【企业健康管理新模式创立】 2019年7月29日，鄞州人民医院医共体、宁波市第六医院与五乡镇商会签订“企业家健康管理合作协议”和“职工工伤救治绿色通道框架协议”，分别为企业家提供就诊VIP服务、名医通道联络、针对性家庭医生服务等高品质健康管理服务，为企业工伤职工提供先救治后付费等绿色通道服务。鄞州人民医院医共体五乡分院与2家企业签订“企业健康服务协议”，为企业提供看病配药、健康宣讲、健康体检进企业及就诊绿色通道服务，并向企业赠送家庭远程血压监测仪。至年底，为企业家建立电子健康档案136份，提供上门服务112次，职业病防治宣传培训2次。

【“警医联动”新模式启动】 2019年8月6日，区卫健局与鄞州公安分局利用“周二夜学”，在宁波市眼科医院举行“警医联动”签约仪式暨平安医院建设公开课活动。鄞州公安分局、区委政法委、区卫健局、各公安派出所和各医疗卫生机构等领导近300人参加活动。“警医联动”模式启动后，鄞州公安分局将进一步做好医院及周边的治安秩序整治工作，打击医托、号贩子，聚众滋事，盗窃等扰乱医疗秩序的违法犯罪行为，保障医患双方的合法权益，确保医疗秩序正常有序。区卫健局整合全区医疗资源，组建重型颅脑损伤、严重胸腹损伤、多发骨折和严重烧伤等救治专家组，为抢救患者赢得宝贵时间，提高交通事故重伤员救治成功率。活动现场，区卫健局与鄞州公安分局共同为8个醒酒点揭牌。

【国家自然科学基金大数据驱动的管理与决策研究重大研究计划集成项目示范基地落户鄞州区】 2019年12月20日，国家自然科学基金大数据驱动的管理与决策研究重大研究计划集成项目示范基地在鄞州区疾病预防控制中心揭牌。该项目协作基地已在湖北宜昌、山东大学、浙江宁波三地落户，鄞州区成为全国首家该项目的示范基地。建立示范基地的目的是将全国优质大数据平台汇集于国家医疗卫生数据池，把不同类型数据整合、应用，建立共享共用机制。该示范基地落户鄞州后，鄞州区将利用全区健康大数据平台的研究应用，实现传染病、慢性病监测方法学上的重大突破，采取智能化的方式为公共卫生管理应用带来更为科学有效的依据。

（曹　斌）

医疗卫生管理

【概况】 2019年，鄞州区（含东钱湖、高新区、市级医院）有各级各类医疗机构640个，其中综合性医院13家（鄞州公立3家民营6家，属高新区公立1家，属东钱湖公立1家、市级医院2家）、中医综合医院2家（民营）、中西医结合医院1家（公立）、专科医院19家、临床检验机构2家（鄞州区和高新区各1家）、镇卫生院9家、社区卫生服务中心12家（鄞州区11家、高新区1家）、社区卫生服务站102家（鄞州区87家、高新区3家、东钱湖12家）、村卫生室157家（鄞州区151家、东钱湖6家）、诊所138家（鄞州区民营124家，高新区民营12家、东钱湖民营2家）、卫生所（室）21家、医务室43

2019年12月20日，国家自然科学基金项目示范基地落户鄞州区

家（鄞州区34家、高新区8家、东钱湖1家）。全区（不含东钱湖、高新区、市级医院）实有床位6412张，卫生技术人员12153人，其中执业医师（含助理）4808人、注册护士5111人，每千人拥有床位5.07张、卫技人员9.42人、执业医师（含助理）3.74人、注册护士3.94人。医疗卫生机构业务总收入（不含东钱湖、高新区及明州医院外的其他民营医疗机构、诊所、医务室村卫生室，下同）97.31亿元，门诊1434万人次，总住院床日175.50万天，平均住院床日8.00天。

推进医共体建设，完善分级诊疗服务体系。稳步推进鄞州人民医院医共体和鄞州区第二医院医共体建设工作，召开全区医共体启动大会，研究印发《鄞州区开展区域医疗服务共同体建设试点实施方案》《2019年度鄞州区区域医共体建设重点任务清单》《鄞州区区域医共体建设工作方案》《2019年鄞州区区域医共体建设任务清单》《鄞州区区域医疗卫生服务共同体章程（试行）》《鄞州区区域医疗卫生服务共同体组织架构设置和权责清单（试行）》等10项配套文件。提出医共体建设“二个把握”（把握认识、把握方法）、“二条底线”（基层不能乱、公卫服务不能降）、“二个核心”（能力提升、效率提升）、“二条红线”（医疗卫生整体不割裂、医改指标不突破）八项原则，探索开展公共卫生专员、资金监管信息平台、1+10模块化培训、基层医疗服务能力“白皮书”、双向转诊通勤车等特色创新工作，其中与宁波银行合作加强对医共体资金监管等4项“鄞州解法”在2019年全省医共体建设推进会上被点名表扬。至12月底，全区共下沉专家219人，帮助基层开设全（专）科联合门诊69个，专科医生融入签约团队270个，大力推进全科医师模块化培训和ABC岗全科医生带教工作。2019年，全区基层就诊率65.93%，门急诊人次增长4.56%，出院人次增长12.06%，三四类手术量增长130.41%，基层医疗服务能力和公共卫生服务能力得到有效增强。具有鄞州特色的医共体改革之路，为省内其他地区医共体建设推进提供可操作、可持续的“鄞州模式”。

开展医疗帮扶，提升受帮扶地区医疗服务水平。由鄞州人民医院、鄞州区第二医院、宁波市第六医院、宁波市眼科医院4家三级医院领衔全区20家基层医院，与受援地区市、镇（街道）两级11家医疗机构确立结对帮扶关系，加快先进医疗技术、模式与体系在受援地区的复制推广，帮助两地提升眼科、五官科、消化内科等10余个薄弱临床学科，拓展临床路径病种从15个增至189个，区域先进医疗服务体系得到系统提升与完善。帮扶专家在受援地累计接诊6591人次，出院792人次，完成手术445例次，查房811次，会诊155次，抢救危重症患者118人次，开展各级各类培训68场次，受益1574人次。开展腹腔镜下肾癌部切术、输尿管软镜激光碎石术、开放式腹膜前疝修补手术、无痛分娩等新技术、新项目38种，合计665例次。开展PICC（经外周穿刺中心静脉置管术）、CVC（中心静脉导管）、MRI（磁共振成像）等新适宜技术合计463例，接受24名医务人员到鄞州进修。捐赠仪器设备合计66.68万元，启动眼科、耳鼻喉科、产科、放射科、甲乳外科、泌尿外科等重点学科建设，建立陆勤康名医工作室及鄞州民建眼科工作站，开展白内障复明工程，累计服务病人49人次。

针对医疗卫生服务“看病难”“看病烦”等问题，以“改善医疗服务行动”为主线，从院前、院中、院后全流程入手，统筹推进以配药不出门、挂号不排队、付费不等候、住院不求人，健康档案集约化、检查检验无纸化、门诊病历电子化、服务站点智能化，就医有导诊、家医有导师的“四不四化两有”为核心内容的卫生信息化项目建设，助力鄞州区医疗卫生服务领域“最多跑一次”改革，全区医疗服务模式不断优化，居民就医体验持续改善，就医满意度有效提升。开通“便民直通车”，做优院前综合服务；畅通“诊间快速路”，做精院中医疗服务；打通“最后一公里”，做实院后延伸服务。

【宁波市鄞州人民医院】 2019年，宁波市鄞州人民医院有职工1820人，其中高级职称388人、博士27人（含在读12人）、硕士248人、硕士生导师和博士生导师20余人，拥有省级医学副主委3名，市级医学主委7名。享受国务院特殊津贴2人，专技二级岗位专家3人，宁波市领军拔尖人才11人，宁波市名医2人，优秀留学人才1人等。医院始建于1949年，现位于宁波市鄞州区百丈东路251号，是三级乙等综合性医院。医院占地面积6公顷，建筑面积9.80万平方米；在建东院区（原甬港饭店地块）占地面积1.48公顷，建筑面积5.10万平方米，预计2022年底投入使用。医院开放床位1150张，2019年度门诊、急诊量162万人次，年出院病人5.50万人次，设31个病区、60个专科门诊，业务总收入12亿元。拥有直线加速器、核磁共振、64排螺旋及大孔径CT、模拟定位器、全飞秒激光、超声内镜、四维彩超、钼靶机、钬激光等医疗设备。2015年、2018年两次通过JCI国际医院品质认证，2017年创建“国家级住院医师规范化培训基地”“全国综合医院中医药示范基地”，2018年通过“中国胸痛中心”“国家呼吸与危重症医学科规范化建设”论证评审，2019年获“全国VTE防治中心达标单位”。自二十世纪90年代以来率先在全市开展肝移植、肝肾联合移植、外周血干细胞移植、角膜深板层全厚板层角膜移植术、单肺移植。目前拥有浙江省省、市共建重点学科、浙江省区域专病中心（眼科）等市厅级及以上医学重点学科7个，院士工作站1个，中华医学会主委名医工作室2个，牵头组建浙东眼科等多个专科联盟，2019年建成浙江省博士后工作站。近五年国家级科研立项5项，浙江省自然基金4项，获省部级科技进步三等奖3项，市厅级科技进步奖12项，其中一等奖1项；发表论文996篇，其中被SCI及I级杂志论文400余篇。主办国家级继续教育项目18项，省级继续教育项目15项。2019年度医院CMI指数全省三级医院中位列14，其中在三乙医院中排名第三。医院先后获国家卫计委院务公开示范点单位、全国爱婴医院、浙江省平安医院、市级文明医院、市公共卫生应急先进集体、市卫生行风建设优胜单位，宁波市人民满意医院创建先进单位等荣誉。2019年3月，牵头百丈东郊、白鹤、明楼东胜、东柳、东部新城、邱隘、五乡、云龙、横溪、东吴、瞻岐11家分院，成立以宁波市鄞州人民医院为总院的医共体。

【宁波市鄞州区第二医院】 2019年，宁波市鄞州区第二医院有博士生导师2人，硕士生导师15人；主任职称90余人，副主任职称230余人；博士学位15人，硕士学位220余人；入选省、市、区各级各类人才项目60余人。该院于2004年4月筹建，2006年9月对外开诊，为大型公立三级综合医院，又名"宁波大学附属泌尿肾病医院、宁波市泌尿肾病医院"。1号楼为门诊部，设计规模为日门诊量5000人次；3号楼为泌尿肾病大楼，内设泌尿外科、肾内科、妇产科、儿科病房；6号楼为综合楼，内设急救医学中心、内外各科、耳鼻喉科等病房。全院可开放标准病床1500余张，各类大手术仪器和器械、疑难少见病检查诊治设施完备，医疗安全与质量管理高度信息化，数字化医院初步建成。医院多个学科已跻身省、市、区各级重点学科行列，形成以器官为基础的多学科联动的诊疗模式。医院建有中国工程院院士郑树森、中国科学院院士侯凡凡加盟的"双院士"工作站，与北京阜外心血管病医院、上海长征医院骨科医院、长海医院、瑞金医院、复旦大学肿瘤医院、华东医院、上海岳阳医院、浙江大学第一附属医院等院校合作，先后挂牌成立吴阶平泌尿外科浙东中心、泌尿外科谢立平教授工作室、浙江大学第一附属医院许毅教授工作室、上海岳阳医院彭培初名中医工作室、复旦大学附属肿瘤医院叶定伟教授工作室等。医院先后获全国爱婴医院、浙江省平安医院、浙江省绿色医院、浙江省人体器官捐献工作先进集体、宁波市文明窗口、宁波市五一劳动奖状、宁波市公共卫生工作先进单位、宁波市卫生行风建设先进单位等荣誉。2019年2月，宁波市鄞州区第二医院医共体成立，鄞州区第二医院为医共体牵头总医院，下设姜山、中河、首南、钟公庙、潘火、下应、茅山、咸祥、塘溪9家分院。医共体可开放总床位2000余张，员工2900余人。总院分批派驻200余名各个临床专业骨干，分别入驻9家分院、服务站，每周定期出诊。医共体医疗业务总收入13.70亿元，门急诊总量484.86万人次。其中总院医疗业务收入8.37亿元，增长13.42%；门急诊量109.21万人次，增长5.37%；出院4.93万人次，增长31.79%；床位利用率92.68%。

【宁波市第六医院】 2019年，宁波市第六医院有职工1116人，其中卫技人员989人，拥有正高职称92人、副高职称150人，博士15人，硕士109人。享受国务院特殊津贴2人，入选浙江省"151人才"培养工程3人、浙江省"医坛新秀"2人、宁波市领军和拔尖人才11人，拥有宁波市有突出贡献专家2人、宁波市优秀学科带头人1人、宁波市优秀中青年卫技人才8人等。全年门急诊量80.41万人次，出院病人4.15万人次，住院手术3.40万人次。宁波市第六医院创建于2001年6月，为三级骨科专科医院，浙东区域骨科专病中心建设单位。医院占地面积2.39万平方米，建筑面积6.82万平方米，实际开放床位919张，设有急诊科、ICU、内科、外科、骨科、手外科、运动医学科、整复外科、体检中心等临床科室28个，住院病区24个，医技科室12个。该院骨科亚学科齐全，拥有手外科、脊柱外科、关节外科、创伤骨科、小儿骨科、足踝外科、骨内科、康复科8个亚专科，骨科诊疗水平达到省内领先、国内先进水平。手外科是浙江省级重点（扶持）学科、首批浙江省县级龙头学科，骨外科学入选"省市共建重点学科"。是宁波市唯一一家国家卫健委加速康复外科骨科首批试点医院，上海交通大学医学院附属第九人民医院的医疗协作单位和住院医生实训基地、复旦大学医学院手外科研究生教育基地，以及宁波大学医学院附属医院（非直属）及骨科硕士研究生培养基地。拥有1个市级研究所（宁波市手外科研究所）、2个区级重点实验室（骨科重点实验室、肢体重建与显微外科重点实验室）。医院先后获国家级、省部级、厅市级和区县级科研奖励50项，其中国家科技进步奖二等奖1项、省科技进步奖三等奖5项、省科技创新奖二等奖10项、省科技创新奖三等奖7项。2019年，该院骨外科学再次入选中国医院科技量值百强榜，列全国第55名。医院先后获国家级节约型公共机构示范单位、省卫生科教工作先进集体、省文明单位、省高技能人才（劳模）创新工作室、省健康促进医院、省绿色医院、市卫生先进单位、市公共卫生应急工作先进集体、市行风建设优胜单位、市无烟医院、市平安创建示范医院、市卫生系统节能降耗标杆单位、市人民满意医院创建先进单位等荣誉。

【宁波市眼科医院】 2019年，宁波市眼科医院有职工335人，其中副高级以上职称52人，博、硕士40人。全年住院手术13762台次，增长15.50%；业务总收入26774.05万元，增长13.89%。宁波市眼科医院创办于1989年，2007年创建成为省三级乙等眼科专科医院。2018年12月10日，由民安路迁入鄞州区北明程路599号。该院是宁波大学医学院教学医院、上海交通大学医学院附属第九人民医院医疗协作单位、上海交通大学医学院附属第九人民医院实训基地、温州医科大学眼视光医院集团成员、温州医科大学眼视光医院实习基地。医院总建筑面积3.58万平方米，医疗用房面积2.25万平方米，分设西部院区（托管宁波眼病中心医院）、民安门诊部。设有白内障专科等12个亚专科。有病区4个，开放床位200张。医院与市内外10家医疗机构建立医联体合作关系，同时参与浙江省眼视光专科联盟单位、上海九院集团眼科（眼睚病眼肿瘤）专科联盟单位、长江三角洲城市群医院眼科协同发展战略联盟、浙东眼科专科联盟。全年为504个村（社区）18574名居民筛查眼病，筛查出眼疾患者4218人。为首南中心幼儿园、罗蒙环球城幼儿园、首南句章幼儿园等开展幼儿视力筛查。结合“春泥计划”，在鄞州区、江北区开展“暑期学生近视防控讲座”69场，受众5000余人。在市教育局直属学校开展学生近视筛查，为31所学校5.20万名学生进行近视筛查。开展“世界青光眼周”“6·6爱眼日”等系列活动，为环卫工人、网络警察开展眼健康讲座、检查眼睛等系列公益活动。实施白内障复明直通车，共为1838名白内障患者提供免费或资助手术，资助金额404万元；为150名贫困家庭白内障患者资助34万元。开展“关爱糖网”医疗救助项目，全年救助糖尿病眼疾患者8人，救助金额6万余元。推进角膜捐献工作，眼库共计接受角膜捐献30例。完成角膜移植手术7台。医院有医联体合作单位10家，在临床诊断、远程医疗合作、医学教育、学术研究、人才培养、学科共建等方面全面开展协作。医院共下派专家1392人次，门诊人次57914人次，开展门诊手术504例，住院手术2366例。开展医疗帮扶，选派两名医务人员到延吉和龙市人民医院眼科服务门诊患者352人次，门诊处置23例，手术3例，义诊30余人次。

【宁波明州医院】 2019年，宁波明州医院门急诊量104.20万人次，出院4.33万人次，其中住院分娩新生儿0.66万人次，剖宫产率仅29.20%。该院是由奥克斯集团有限公司按三级甲等医院标准投资建设的大型综合性医院，医院占地面积9.30万平方米，建筑面积17万平方米，于2006年5月投入运营。2015年挂牌浙江大学明州医院，2017年增挂鄞州妇女儿童医院。核定床位1050张，职工1900余人，其中高级职称以上170余人。共开设各类临床及医技科室40余个，其中骨科、妇产科、普外科、围产医学获评浙江省非公立医疗机构临床特色学科，能满足不同层次人群需求，提供一站式的个性化医疗健康服务。医院先后引进PET-CT、后64排CT、3.0T磁共振、DSA、数字胃肠机、骨密度仪、高档彩超、直线加速器、回旋加速器、数字钼靶机等高端大型设备，配置44座的超大规模高压氧舱群，为临床高标准、高质量服务提供保障。加快胸痛、卒中、创伤中心建设。2019年3个中心建设已初具规模，卒中DNT（急性脑卒中患者进入医院到静脉溶栓开始给药时间）时间49.5分（市均55分），并加入宁波卒中急救地图2.0版；胸痛、创伤中心人员也基本到位并运行。同时申报上消化道快速反应中心、房颤中心等项目。实施日间病房管理，推进眼科、泌尿外科、小儿外科、甲乳外科日间手术管理，鼓励门诊化疗或日间化疗，以减低均次费用、缩短平均住院日。加强科研和学科管理，完成浙江省医药卫生课题结题1项，新立项浙江省医药卫生课题1项、宁波市自然基金项目1项，鄞州区农业与社会发展科技项目3项；启动省非公特色学科（妇产科学、骨外科学、普外科学）验收工作；共发表论文23篇，其中被SCI收录3篇，一级期刊2篇。药剂科蒋曦《吲哚胺-2，3-双加氧酶/犬尿氨酸代谢途径对肝性脑病大鼠行为变化进程的影响作用》获鄞州区科技优秀论文一等奖。医院先后获全国爱婴医院、中国最具价值民营医院、全国诚信民营医院、浙江省平安医院、2018年度国家科技进步奖二等奖、2018年度“宁波市母亲安全金奖”、2018年度中国医疗机构最佳雇主民营医院10强、中国非公医院100强第22位等荣誉。

【浙江大学附属第一医院淋巴瘤中心宁波分中心落户鄞州人民医院】 2019年2月19日，浙江大学附属第一医院淋巴瘤中心宁波分中心暨鄞州区血液病诊疗中心成立大会在鄞州人民医院举行，浙江大学附属第一医院淋巴瘤中心主任钱文斌、鄞州区卫健局局长水黎明和鄞州人民医院负责人及来自相关领域专家、学者参加会议。浙江大学附属第一医院淋巴瘤中心宁波分中心的成立，将会应用全新的管理理念和学科多层次的创新协作模式，对淋巴瘤的规范化诊疗、各种临床试验的参与、科研指导、疑难危重患者的抢救等诸多方面进行深层次的合作交流，更好地改善淋巴瘤患者的预后。通过这一平台，将更好地以临床需求为导向，细化分级诊疗及双向转诊体系、完善血液病临床路径实施和评价体系、建立诊疗质控平台，建立疑难病例远程会诊平台和多学科、多医院的综合诊疗团队、血液医师培养体系等，实现专科的优势医疗资源下沉，强化与基层医院的合作，极大推动宁波和杭州地区在淋巴瘤的诊断、治疗以及科研上的合作范围和深度。

【复旦大学附属肿瘤医院“叶定伟教授工作室”落户鄞州区第二医院】 2019年3月1日，复旦大学附属肿瘤医院“叶定伟教授工作室”在宁波市泌尿肾病医院（鄞州区第二医院）泌尿外科挂牌成立。鄞州区第二医院泌尿外科为宁波市医学重点扶持学科，现有4个病区，开放床位数180张，设有肾脏外科、肾脏移植、膀胱及前列腺疾病、泌尿结石、女性盆底、男科、小儿泌尿等多个亚专业学科。2018年度在浙江省三级医院DRGS（疾病诊断相关分类）排名中，该院泌尿外科开展的输尿管结石和肾移植手术分别名列全省第2、第3位，肾癌、膀胱癌、前列腺癌手术分别列第7、第8和第10位。该工作室成立后，叶定伟教授团队将派驻相对固定的专家参与鄞州区第二医院泌尿外科的技术支持和学科建设，建立双向转诊平台，依托门诊及远程会诊系统实现疑难、复杂、特需肿瘤患者实时会诊、双向转诊等服务。同时，不定期选派专家到鄞州区第二医院进行会诊、手术、讲座、业务指导和授课等，并合作开展科研项目，帮助鄞州区第二医院泌尿外科提高临床和科学研究水平。

【“陆勤康名医工作室”在库车县、和龙市人民医院成立】 2019年3月27日，“陆勤康名医工作室”在新疆库车县人民医院成立，在为该县搭建起医疗后备人才培训基地同时，库车县2019年白内障慈善复明工程同时启动。当日，鄞州人民医院向库车县人民医院捐赠15万元的医疗设备。8月28日，“陆勤康名医工作室”在和龙市人民医院成立。自东西部扶贫协作工作开展以来，区卫健系统根据和龙市当地实际医疗需求，精准帮扶，向和龙市输出多批医疗专家。鄞州人民医院帮扶当地提升医院医疗服务能力，培养医疗队伍。至年底，鄞州人民医院共选派眼科、甲乳外科、消化内科、妇产科、麻醉科等18个科室25名医务人员到和龙市人民医院进行医疗帮扶。同时，接纳26名医护人员到鄞州人民医院学习进修。

【第三届“浙东骨科高峰论坛”在鄞州区举行】 2019年8月30日至9月1日，第三届“浙东骨科高峰论坛”在鄞州区举行。该论坛由中华创伤杂志社、中华显微外科杂志社、中华创伤骨科杂志社、中国中西医结合学会骨伤科分会、浙江省中西医结合学会骨质疏松专业委员会、宁波市医学会、宁波市护理学会、宁波市第六医院主办，国家卫计委能力建设和继续教育中心骨外科学专业委员会指导举办，来自省内外600余名从事骨科及相关专业的专家和学员到会。在9个分论坛中，本届高峰论坛还同期举办7个学术年会、2个国家级继续教育项目和6个省级继续教育项目，专题演讲230余场。除理论授课外，手显微外科、关节外科等多个分论坛还通过专家授课、手术操作演示、显微操作、尸体解剖等一系列实践操作培训，使参会人员理论联系实践，更加直观、具体的理解相关学术知识和技能。

【宁波市第六医院与余姚市人民医院医疗合作开展】 2019年9月11日，宁波市第六医院、余姚市人民医院医疗合作协议签约仪式在余姚市人民医院举行，鄞州区卫健局党委副书记陈良儿、余姚市卫健局副局长黄胜利和宁波市第六医院院长陈宏、余姚市人民医院院长陈利群等相关领导以及双方医院相关科室负责人、专家近百人出席。根据协议，宁波市第六医院将通过定期坐诊、会诊、手术、教学查房、疑难病例讨论、科研指导等方式，在脊柱外科、关节外科、创伤骨科、手外科等学科领域，向余姚市人民医院提供医疗技术、科研教学、人才培养、学科建设等方面的指导和帮助。会后，宁波市第六医院脊柱外科、创伤骨科、手术外科、关节外科的专家在余姚市人民医院进行义诊，吸引60余名市民参与。

【基层医疗机构特色专科建设】 2019年8月28日，鄞州区印发《鄞州区2019—2022年基层医疗机构特色专科建设方案》。经单位申请、医共体推荐、专家评审答辩和公示后，鄞州人民医院医共体明楼东胜分院儿童脑瘫康复科、鄞州人民医院医共体明楼东胜分院安宁疗护科、鄞州人民医院医共体横溪分院骨伤科、鄞州人民医院医共体五乡分院中医内科、鄞州人民医院医共体邱隘分院中医内科、鄞州人民医院医共体东柳分院中医针推科、鄞州区第二医院医共体毛山峰中医伤科（小针刀）、鄞州区第二医院医共体咸祥分院中西医结合胃肠病专科、鄞州区第二医院医共体姜山分院中医内科、鄞州区第二医院医共体中河分院儿科10个基层专科被确认为2019年度区级基层特色专科。至此，全区累计有基层特色专科13个。

【宁波市第六医院与舟山市中医院开展医疗合作】 2019年11月7日，甬舟一体化——宁波市第六医院与舟山市中医院医疗合作揭牌仪式在舟山市中医院举行，舟山市卫健委副主任金秀国，鄞州区卫健局局长水黎明，宁波市第六医院和舟山市中医院领导班子成员及相关科室负责人等出席仪式。根据协议，宁波市第六医院将以人才培养和新技术、新项目开展为重点，通过定期坐诊、会诊、手术、教学查房、疑难病例讨论等方式，在手外科、关节外科、脊柱外科等学科领域，向舟山市中医院提供医疗技术、科研教学、人才培养、学科建设方面的帮助，为舟山患者提供优质、专业、便捷的医疗服务。

【“自助微诊室”在海创社区卫生服务站上线】 2019年12月12日，宁波市首个开通医保支付功能支持的“自助微诊室”在下应街道海创社区卫生服务站上线试运行，并支持自费和医保两种结算模式。“自助微诊室”运行到每日20时左右。市民在挂号机上挂号后，由值班医生发起远程视频接诊。拿到取药码后，机器人会在“智慧云药房”自助取药，完成整个诊疗。市民也可以直接在“智慧云药房”自助购买非处方药。在海创“自助微诊室”站点使用成熟的基础上，区卫健部门将在新建小区、卫生服务站未覆盖的偏远山村投放“自助微诊室”，为居民提供家门口的服务。

（曹　斌）

公共卫生

【概况】 2019年，鄞州区印发《关于推行医疗卫生服务共同体全科—专科联合门诊和专科医生工作室的实施意见》《鄞州区全科—专科联合门诊工作规范（试行）》，全区开设全科门诊32个，涉及心血管科、糖尿病专科、呼吸专科、耳鼻喉专科、肾病专科和精神心理专科等。签约居民20.31万人，其中重点人群17.57万人，重点人群签约率79.87%。开通线上签约，居民可通过“云医院”APP进行签约。

全年查处违法违规行为126起，罚款28.92万元，不良执业行为记分316分。加强职业健康监管，推广鄞州区职业健康监管信息系统，全年新增申报企业58家，变更申报157家，合计申报215家。推进职业健康服务型执法，监督检查企业241家，出具整改意见书237份。应对突发公共卫生事件2起，处理各类传染病聚集性疫情68起，处理登革热疫点30余处，有效阻止登革热疫情在当地暴发。做好“利奇马”台风后防病防疫工作，消杀面积112.73万平方米，确保大灾后无大疫。开展城乡妇女免费“两癌”（宫颈癌和乳腺癌）筛查17471人。

鄞州健康教育云平台大众电视端正式上线，免费覆盖20万户鄞州家庭，累计建设“健康云平台”点位208个。启动“中国居民食物消费状况调查”项目和“中国成人维持能量平衡的运动能耗基准指南研究”项目。做好国家卫生城市复审迎检工作，高分通过复审。加强对各创卫镇的技术指导，东吴镇、瞻岐镇、咸祥镇、云龙镇、横溪镇5个镇完成国家级卫生镇考核。开展爱国卫生月活动，举行爱国卫生活动102次。

【适龄儿童窝沟封闭项目区级现场督导考核】 2019年6月，区卫健局基层卫生健康科和区口腔疾病防治临床指导中心联合组建专家督导组，对全区主要区级窝沟封闭项目定点医疗机构进行督导考核。此次现场督导考核，由8家承担较多窝沟封闭工作任务的定点医疗机构，随机抽取负责学校中的一所，对二年级其中一个班学生窝沟封闭率、完好率和部分脱落率情况进行全面核实，并对基层医疗机构、定点医疗机构和学校三方在窝沟封闭工作具体开展过程中所采取的宣传、推进举措和遇到的问题与困难进行了解、交流和探讨。嗣后，区卫健局通报督导结果，并根据督导结果合理调整各定点医疗机构承担的学校数量，进一步做好将政府购买服务、广大适龄儿童免费享受的这项重大公共卫生项目。

【医共体公共卫生建设】 2019年，鄞州区推动区域医共体疾控工作科学化规范管理。由区疾控中心牵头开发区域疾病预防控制三级协同OA办公平台，推进医共体改革的整体性、系统性和协同性，增强医共体公共卫生服务能力，全面落实疾病预防控制工作。该平台集成医共体日常疾控类管理、信息公开、数据传输、沟通交流等模块，实现线上指导、培训、会议、直报统计等信息的快速收集、综合分析、多方利用，改善疾控业务管理的时效性。实现医共体疾控相关业务及服务行为的实时、动态、全程精准质控与监管，形成医共体模式下上下联动、横向联合、纵横协作的区域公共卫生健康服务新格局。

【职业健康管理信息系统启用】 2019年，区卫生监督所开发并启用职业健康管理信息系统，通过预警信息能够实时监测各用人单位的职业病风险，不同风险级别分别对应不同颜色进行标注，执法人员发现预警信息后能够对预警内容进行现场调查及相关处置，强化非现场执法手段。职业健康管理信息系统集监管部门、用人单位、体检机构、检测机构四方共建数据分享分析功能，实现职业卫生健康申报、劳动者健康监护数据、职业病危害因素超标预警、危害因素岗位职业病防护设施及劳动者个体防护在线监控、职业健康管理电子台账、大数据统计分析功能。通过该系统预警模块实现职业健康监管非现场执法，从传统方式排查向智慧监管的有益探索，是现有查处违法违规行为的有效补充。

【互联网诊疗医保在线支付与家庭医生网上签约系统上线】 2019年4月10日，全市首家基层医疗机构互联网诊疗医保在线支付与家庭医生网上签约系统上线启动仪式在鄞州区第三医院举行。市、区卫健部门相关领导和鄞州人民医院、鄞州区第二医院两家医共体牵头单位分管领导、各成员单位主要领导和分管领导共40余人参加启动仪式。家庭医生网上签约系统的上线，使既往已完成家庭签约的居民，可在网上进行家庭医生续签，并享受一对一的健康咨询、预约转诊、慢性病随访、健康管理等服务，推进家庭医生服务模式转变，改善群众签约服务的感受。

（曹　斌）

生育健康服务

【概况】 2019年，鄞州区改建和新建母婴室16家，全区公共场所母婴室配置率93%。开展全区托育机构调查，并完成全区78家托育机构的网络信息填报工作。实现“出生一件事”联办一窗受理，全年联办事项162件。印发《鄞州区新生儿先天性心脏病筛查实施工作方案》，鄞州区妇保院创建成为市级儿童早期发展示范基地，东部新城、潘火和茅山3家妇保保健单位创建成为区级儿童早期发展示范基地。开展城乡妇女免费“两癌”检查项目，全区筛查目标任务17000人，实查17471人。

【宁波市纪念“5·29计生协会员活动日”宣传服务暨会演活动】 2019年5月28日，宁波市纪念“5·29计生协会员活动日”宣传服务暨文艺会演活动在鄞州区姜山镇狮山公园举行。市政协副主席、市计生协会长张明华出席并致辞，市、区卫健部门领导和姜山镇有关单位负责人等参加活动。活动开展政策宣传咨询、专家义诊、避孕药具发放、计生保险咨询、育婴技能辅导、法律咨询和理发、推拿等各类生活服务。举行中国计生协优生优育指导中心和鄞州区计生特殊家庭健康关爱中心授牌仪式、鄞州区计生协会“小棉袄”服务队姜山分队授旗、计生特殊家庭免费体检微心愿认领等仪式，还有文艺会演和知识抢答，吸引500余名市民参与。

【青春健康送教活动】 2019年，鄞州区对辖区流动人口青少年、农村留守儿童和小学五年级及以上学生及其家长开展青春健康送教活动，全年举办青少年PLA（参与式学习与行动）及“沟通之道”487场，12650人参加培训，发放宣传品2万余份。推进全区青春健康俱乐部建设，指导荷花庄小学开展“成长之道”培训活动并进行学校青春健康俱乐部创建活动，成立后的俱乐部开展活动20余场。指导辖区高校开展青春健康同伴教育活动，新增诺丁汉市级青春健康项目点，辖区内有4所院校承接中国计生协会高校项目。为提高全区青春健康师资水平，5月8—10日举办区青春健康师资提高班，参加培训31人。

【《"小棉袄"和她们的77位老爸老妈》获中国计划生育协会"计生协好新闻"一等奖】 2019年11月29日，中国计划生育协会第二届"计生协好新闻"评选结果揭晓，鄞州区选送的计生协新闻《"小棉袄"和她们的77位老爸老妈》获评一等奖。该新闻稿讲述白鹤街道"小棉袄"志愿者们陪失独老人聊天、看病、过生日、过节日，把老人当成自己的父母，通过帮扶和举办各类活动，帮助老人走出家门，拥有自己的生活的故事，生动记录和反映鄞州区计生协开展失独帮扶的感人事迹。

（曹　斌）

红十字会工作

【概况】 2019年，鄞州区有红十字会基层组织441个，镇（街道）和村（社区）建会率100%。有个人会员49022人，其中学校会员30382人（包括成人和红十字青少年）、红十字志愿者1623人。

实施红十字强基工程，率先在全省建立"三位一体""四者合一"的红十字网格员队伍，覆盖全区73个村（社区）。全年开展社区志愿活动19场，器官捐献和移植专项宣传志愿活动11场，获评区级十佳志愿服务先进组织1家。

加强备灾救灾物资仓库规范管理，采购应急灯、锂电木锯和家庭急救包等救灾物资价值8万余元。"利奇马"台风期间，区本级应急救援志愿服务队率先到东吴镇等重灾区域开展救援，转移群众450人，为受灾严重的10个镇（街道）发放救灾款70万元。开展人道救助，为器官捐献者家属、造血干细胞捐献者、失独困难家庭、艾滋病人或病毒携带者困难家庭发放人道救助金51.70万元。加强东西部对口帮扶协作，援助吉林延边朝鲜族自治州和龙市、延吉市资金50万元和价值30万元物资，用于当地建档立卡困难户救助慰问。开展山海协作，向衢州市衢江区援助资金10万元，完成鄞衢博爱之窗项目建设。

推进救护培训"进学校、进机关、进村（社）、进企业、进军营"五进活动。完成2019年"公共应急救护服务工程"民生实事项目，举办红十字救护员培训班107场，培训救护员4122人，普及培训超过2.52万人次。加大AED（自动体外除颤器）设备投放力度，新培AED设备33台，在全区范围内实行投放布点，并启用AED智能化管理平台。加强救护培训师资管理，新培训（复训）救护师资36人。举办第八届中小学生应急救护技能比赛，设现场急救指挥、创伤救护、心肺复苏3个环节，全区60所中小学的代表队参加比赛。

新增造血干细胞志愿者154人，成功实现造血干细胞捐献6例，累计16例；实现器官捐献11例，累计76例；实现角膜捐献12例，累计94例；实现遗体捐献5例，累计26例。对25名在校学习的器官捐献者困难家庭子女实施助学。

"利奇马"台风影响宁波，区红十字会迅即启动自然灾害应急预案，到灾区了解灾情，开展抗灾救灾工作。在东吴镇文体中心、南村、西村和童一村四个避灾安置点，发放灾民急需的家庭生活包、凉席和毛毯等生活必需品。紧急调拨应急照明用品到天童禅寺缓解灾区断电问题。台风影响期间，区红十字会调拨橡皮船4艘、家庭生活包400只、凉席200张、毛毯200条和应急照明用品等价值18万元的救灾物资，下拨台风受灾严重地区救灾款70万元。

【红十字会人道救助】 2019年，鄞州区红十字会依据《博爱星光基金管理规则》，为2名白血病学生发放人道救助金6万元；依据《博爱新生基金管理规则》，为11例器官捐献者家属、5例遗体捐献者家属和12例角膜捐献者家属以及6例造血干细胞捐献者发放人道救助金24.20万元；依据《博爱暖心基金管理规则》，为21户失独困难家庭发放人道救助金18万元；依据《博爱红丝带基金管理规则》，为7名艾滋病人或病毒携带者家庭困难发放人道救助金3.50万元；依据《鄞州区疾病应急救助实施办法》，为辖区内4家医院内无力支付相应医疗费用患者发放人道救助金72.48万元。

【"红十字博爱送万家"活动】 2019年，鄞州区"红十字博爱送万家"活动继续采取区、镇（街道）联动的方式进行，范围覆盖21个镇（街道），其中区红十字会本级安排人道救助金78.64万元，物资价值2.77万元，慰问困难家庭795户。镇（街道）红十字会依托本级"红十字博爱救助金"开展博爱送万家活动，在春节期间慰问困难家庭超过1500户。5月8日，鄞州区纪念第72个"5·8世界红十字日"暨志愿服务活动在宁波书城东广场举行。活动主题"爱心相伴、'救'在身边"，全区各镇（街道）的会员、志愿者、红十字会秘书长以及广大市民约300余人参与活动。"博爱周"期间，区红十字会通过《鄞州日报》、鄞州电视台等宣传红十字运动基本原则、宗旨和精神以及世界红十字日的起源等知识，扩大红十字运动的影响力。全区各级红十字会系统同时开展丰富多彩的红十字活动，开展"我是红十字人"主题宣誓活动，开展应急救护、防灾避险等知识普及培训，开展人体器官（遗体、角膜）捐献、造血干细胞捐献和无偿献血知识宣传动员活动，组织1.50万名红十字工作者、青少年、志愿者等参加由中国红十字会总会举办的《中华人民共和国红十字会法》暨红十字青少年自救互救知识竞赛等。

（程　怡）

人力资源和社会保障

人事工作

【概况】 2019年，鄞州区区级事业单位共推出招聘指标87人，报名人数7549人，资格审核通过6667人，进入面试262人，录用85人。组织开展面向2020届优秀高校毕业生选聘高层次紧缺人才活动，共推出招聘指标25人，待录用25人。教育系统共招聘3批次，推出招聘指标245人，报名人数4324人，录用237人；卫生系统共招聘6批次，推出招聘指标300人，报名人数2209人，录用267人。

开展2019年度事业单位科级以下人员个体年度考核工作。全区年度授予嘉奖事业人员2730人，其中教育、卫健系统分别为1332人和1144人。完成机构改革人员转隶，共转隶行政、事业在编人员145人，编外人员24人，离退休人员186人，国企人员209人。

联合区委组织部、区委党校组织开展新录用机关工作人员培训活动，共有121名新录用事业人员参加。举办事业单位负责人综合能力提升培训和人事干部业务培训，累计参加150余人。制定实施新的编外用工管理办法，做好编外用工招考和备案等相关工作，完成编外用工备案单位130家，涉及9289人次。组织编外用工招聘56批次，推出指标278人，录用240人。

【2019年区级事业单位招聘】 2019年6月1日，鄞州区区级事业单位公开招聘笔试在浙江大学宁波理工学院、宁波城市职业技术学院举行，共招录事业编制工作人员85人，有50家事业单位推出事业人员招聘职位。列入本次招聘的有会计审计、经济管理、工程保障等37个职位。本次招聘共吸引7549名考生报名，经资格审核通过的考生共计6667人，录用85人。

（曾宪梓）

2019年9月11日，鄞州区机关事业单位人事干部综合能力提升培训班举行

人才工作

【概况】 2019年，全区人才总量41.30万人，其中国家和省重点人才计划专家73人，市“3315系列计划”及以上的专家和团队数量超过120人（个）。新增国家重点人才计划专家15人，省重点人才计划8人，市“3315系列计划”专家16人；享受国务院特殊津贴专家15人，省突出贡献专家4人，市领军和拔尖人才42人（第一、第二层次），副高及以上职称5293人。市级以上企业工程中心、院士工作站、博士后工作站等重点指标总量均居全市第一位。鄞创科技孵化器成为中国留学人员创业园孵化基地，是全省唯一入选的国家级留学人员创业园区。

全区建有省级以上博士后工作站35家，协助企业在关键技术领域获专利授权178项，投产或转化的成果直接为企业新增产值170.50亿元。在市、区两级新政的加持之下，鄞州区博士后政策力度处于全国领先。2019年全市5家优秀博士后工作站鄞州区入选2家，全市十佳优秀博士后工作案例鄞州区入选6家。同时，成立“鄞州区博士后创新联盟”，整合区内35家设站企业、42名博士后、22家合作高校院所、60余家人力资源服务机构，构建出一体化共享生态圈。年内，鄞州区入选浙江省突出贡献专家2人（宁波市入选8人）。宁波市领军拔尖人才数量为历年之最，其中第一层次4人、第二层次9人、第三层次19人。举行第三届“企业实用型人才”评选活动，评选出“鄞州金匠”20人、“鄞州银匠”30人，涉及新能源、智能制造、建筑等多个行业，进一步扩大高技能人才培养规模。举办鄞州区第三届国际化人才甄选洽谈会，宁波银行股份有限公司等32家知名企事业单位推出中高端岗位110余个，吸引来自美国、法国、意大利等国的200余名外籍人才和留学人才应聘。

【2人获批享受国务院特殊津贴】 2019年1月，2018年享受国务院政府特殊津贴人员名单公布，宁波市（不含部省属单位）11人上榜，其中鄞州区分别是宁波培罗成股份有限公司的潘超宇和宁波市鄞州人民医院的陆勤康。至此，全区享有国务院特殊津贴人数增至16人。陆勤康擅长飞秒激光白内障、各种角膜移植等手术，在眼底遗传病领域的研究有较高造诣，是浙江省区域专病中心（眼科）、省市共建眼科学重点学科带头人，省医学会眼科分会常委、宁波眼科分会主委，宁波大学眼科学硕士点牵头人，曾获“省眼科医师突出贡献奖”“宁波市突出贡献奖”等。拥有发明专利1项，专著1部，主持国家省级等课题10余项，其中5项分获省市科技进步一、二、三等奖。潘超宇是一线技术能手，在培罗成从事服装制版工作23年。从一名普通的职高毕业生至首席版师，获评全国纺织工业劳动模范、浙江省首席技师、全国技术能手、浙江省“金蓝领”高技能人才、宁波市首批“港城工匠”，领办技能大师工作室带徒300余人，70余人获技师资格，200余人成为高技能人才。

【第二届“未来工匠·大师”培育班】 2019年5月12日，鄞州区开展第二届“未来工匠·大师”培育班开班典礼暨师徒结对仪式，有47名精英人才成为未来工匠大师重点培育对象，接受为期5个月的集训。该培育班由区总工会、区人力社保局联合主办，鄞州职业教育中心学校和宁波市五一培训学校承训。2018年毕业的32名首届“准工匠大师”以自己的一技之长，在各行各业崭露头角。其中7人晋升职称，4人获行业资格认证，多人从普通员工转岗成为基层技术管理干部，7人获评市、区两级首席工人、技术能手等。

【宁波人力资源服务产业园晋升为中国人力资源服务产业园】 2019年8月20日，人力资源和社会保障部复函浙江省政府，同意建立中国宁波人力资源服务产业园。鄞州园区作为核心园区，已形成八骏湾、汉德城双核驱动，南部商务区相对集聚，三江口、东外滩等“一园一区多点广覆盖”产业发展新格局。园区以专业高效服务、优惠政策举措、良好硬件设施、优质发展平台获全国业界赞誉。2015年，在中国人事科学研究院发布的21家省级及以上人力资源产业园综合排名中，宁波人力资源服务产业园综合实力位居第三。2018年，园区实现营业收入54.5亿元，实现税收1.09亿元，增长35.1%，成为区域乃至全市人力资源产业发展的“领头羊”。

【“四大精英”培养计划人才选拔申报】 2019年9月20日，鄞州区人力资源和社会保障局开展首批“四大精英”培养计划人才选拔申报工作。选拔对象为“智造精英”“堇山精英”“技能精英”和“服务业精英”四类精英人才，选拔范围主要从专业技术人才工作、企业一线工作、现在服务产业等领域中，重点以数字经济发展、鄞州教育、医疗卫生、文化等社会事业领域，企业一线操作、经营管理和技术领域等涉及全区发展和民生实际的方向确定对象，选拔范围相对以往更加全面。入选“四大精英”后，鄞州区将根据入选培养人才的层次不同，给予8万元至20万元的经费资助。其中，“智造精英”（课题负责人）若成功申请国家自然科学基金、国家科技重大专项和国家重点研发计划的，给予个人20万元的一次性资助；成功申请技术创新引导专项的，给予10万元的一次性资助。此外，对入选“计划”第一层次的人才，每月发放3000元“鄞州英才”政府特殊津贴，并连续发放3年。

【全省企业博士后工作站现场调研会在鄞州区召开】 2019年11月12日，全省企业博士后工作站现场调研会在博威集团有限公司召开，省人力资源和社会保障厅专技处处长陈荣华及全省各地市专技处代表等参加会议。杭州市、宁波市和鄞州区人力资源和社会保障局分别介绍近年来市、区两级在企业站建设、博士后新政及创新管理等方面的经验和做法，美康生物科技股份有限公司和中车新能源负责人作先进经验分享。

（曾宪梓）

2019年5月12日，鄞州区第二届“未来工匠·大师”培育班开班典礼暨师徒结对签约仪式举行

劳动就业

【概况】 2019年，鄞州区城镇新增就业43226人，登记失业率1.34%，创近三年来失业率新低。落实城乡统筹的就业扶持政策和失业保险政策。职工失业保险实现同等缴费、同等待遇，就业困难人员范围由城镇户籍人员调整为本市户籍人员，农民工享受无差别失业救济金和有关社保补贴政策，直接惠及全区51.93万名外来务工人员。开展“鄞企稳岗护航行动”。实施援企稳岗社保费返还，帮助企业降本减负，鼓励其不减员、少裁员。建立重点企业联系制度，实行“首席服务官”制，根据企业受中美经贸摩擦影响金额大小，分别对2000余家企业进行调查问卷、电话服务、专人对接和上门走访，全年共向10852家企业发放企业稳岗社保费返还3.33亿元，发放企业数量和金额均为全市第一。精准帮扶重点群体就业。做好离校未就业高校毕业生、失业人员、就业困难人员等分类帮扶和实名制动态管理。开展未就业高校毕业生实名排摸和“一对一”帮扶2755人，帮扶率100%；开展“春风行动”“金秋招聘月”“就业援助月”活动，举办区、镇两级招聘会60场，累计推出就业岗位16000个，达成初步就业意向5000余人。举办退伍军人专场招聘会。通过“线上+线下”同步招聘促进人岗对接，综合运用公益性岗位安置、就业技能培训、就业扶持补贴等举措，实现各类群体多渠道就业，登记失业人员再就业率36.34%，就业困难人员再就业率38.78%，零就业家庭动态归零。

创建市级以上创业孵化示范基地6家，其中省级基地2家、国家级基地1家。获评大学生“创业新秀”2人。实施“甬上乐业”系列行动，承办或协办市“甬上乐业·善创善成”第51、53期创业集市和就业创业服务交流大会、第五届校企合作对接会等系列活动，共征集到98个创业项目参展，组织340余家次企业参加活动。全年共组织100余家企业参与“我选宁波·我才甬现”到外地招聘，大学生就业创业环境得到持续优化。提升创业贷款服务，将个人创业担保贷款资格认定权限下放至镇（街道），由镇（街道）审批、区级部门实时复核，在全市率先实现“即时办”，全年发放创业担保贷款8841万元，增长25.30%。实施新的重点群体税收优惠政策，做好自主创业税收优惠和企业招用税收优惠资格认定工作，发放创业场租补贴、创业者社保补贴、创业带动就业岗位补贴、中小微企业吸纳贷款贴息等各类创业补贴2000余万元，增长30%。

【省“三年百万青年见习”计划落实】 2019年，鄞州区大力推广“甬优桥”新型校企合作平台，累计注册优质企业618家，利用平台开展校企合作报名，助推学生、企业就业实践对接。加强就业实践基地建设，新增市、区两级大学生就业实践基地27家，累计建立120余家，特别接收香港、台湾大学生到鄞州暑期实习。全年共接收1980名大学生参加见习实习，留用694人，留用率35%。举办区“百所知名院校鄞州行”和“百家重点鄞企高校行”活动，40余家高校与参会企业达成合作意向，48家企业走进3家高校招聘，通过政府搭台促进校企精准对接，全年共接收应届高校毕业生就业10483人，占全市总量的21.5%。

【推进高质量就业社区（村）建设】 2019年，鄞州区发挥省级、市级高质量就业社区（村）示范带动作用，通过资源整合、服务入微、品牌引领，不断提升基层公共就业服务能力。全年创新实施“一镇一品”“一村一韵”就业提质行动，搭建就业“连心桥”，丰富就业创业活动，推进高质量就业社区（村）创建，累计建成省级高质量就业社区（村）13个、市级76个，占全区社区（村）的24.60%。

【人才对口扶贫协作】 2019年，鄞州区人社部门助力延边朝鲜族自治州和龙市、延吉市打好打赢脱贫攻坚战，统筹推进与对口协作地区的协调发展。全面开展人才援助、劳务协作、技能培训，促进产业发展，拓宽就业渠道，加强人才智力支援。依托鄞州人才、产业发展优势，牵头开展支医、支教、支农等人才派驻活动，通过实习指导、专题讲座等多种培养模式，提高当地专业技术水平和创新能力。全年共向和龙、延吉两地选派1~6个月、6~12个月短期交流专业技术人员61人，完成任务指标的145%。聚焦对口地区贫困人员就业需求，发挥和龙、延吉驻鄞州劳务协作工作站作用，完善两地劳动力资源供需对接平台，向两地推

2019年9月17日，“百所知名院校鄞州行”校企校地合作签约举行

送就业岗位2204个，到两地参加招聘会2次，提供就业岗位866个。组织动员欧琳集团等6家爱心企业吸纳43名对口地区建档立卡贫困人员到鄞州区就业，完成任务指标的159%。开展特色帮扶，协助对口地开发就业扶贫岗位，提供资金配套支持，年保持扶贫岗位开发65个以上，扩大贫困人员择业面，全年帮助贫困人口在当地就近就业528人。整合培训资源、开发培训项目、落实培训资金，帮助建立系统的技能培训机制，开展当地急需工种培训，根据两地实际，采取“单训”和“共训”模式，选派优秀教师到两地开展保育员、中式面点师、焊工、种植和养殖等工种的技能培训，首次在两地开展农村电商创业培训，共举办各类培训班10期，培训建档立卡人员433人，提升当地贫困劳动力的求职就业能力。

【人力资源和社会保障部调研组调研鄞州区企业用工状况】 2019年2月15日，人力资源和社会保障部调研组成员章谦、曹璐等3人走访调研鄞州区宁波精成车业有限公司、宁波东方电子有限公司，浙江省就业管理局副局长董叶英、宁波市就业管理局局长钱义林、鄞州区人力资源和社会保障局副局长王平均等陪同调研。调研组成员通过座谈、问卷等形式初步了解宁波精成车业有限公司等5家企业代表的基本情况，在随后开展的“一对一”座谈会上，5家企业的负责人分别介绍企业生产经营状况、节后返岗情况、当前企业用工存在的主要问题和困难以及对政府部门的建议和诉求等。

【东西部就业扶贫专场招聘会在延吉举办】 2019年2月26日，鄞州区人力资源和社会保障局与延边朝鲜族自治州延吉市人力资源和社会保障局在延吉市人力资源市场联合举办以“情系延吉、助推脱贫”为主题的东西部就业扶贫专场招聘会。鄞州区人力资源和社会保障局选取23家企业参加此次招聘会，为贫困群众提供就业岗位近200个。共有72家企业进场招聘，涵盖电子、建筑、科技、酒店、物业等多个行业，提供服务员、技术员、文员、工人等多个职业近千个就业岗位，527名求职者进场洽谈交流，达成初步意向82人。

【区美容师职业技能大赛】 2019年5月18日，由鄞州区人力资源和社会保障局、区总工会联合举办的2019年宁波市鄞州区美容师职业技能大赛在鄞州区职教中心举行，来自全区有关美容行业单位和个体经营户代表队的115名选手参赛。竞赛分理论考试和实际操作，对应知、应会双合格者，颁发国家中级职业资格证书。综合两项成绩产生的前六名选手，除物质奖励外，还获相关荣誉和政策支持。其中前三名选手获高级职业资格证书，符合“宁波市首席工人”评选基本条件的，优先推荐其为“宁波市首席工人”候选对象。6月5日，获奖名单公布，朱榕、李文萍、刘巍巍分获前三名，郑之先、邓瑜、周文静分获四至六名。

【区级技能大师工作室和大学生实训基地获评】 2019年12月，2019年度鄞州区技能大师工作室和5家大学生实训基地获评名单公布。5家区级技能大师工作室分别是：鄞州区陈盖洪技能大师工作室、鄞州区汪学敏技能大师工作室、鄞州区葛道建技能大师工作室、鄞州区徐敏技能大师工作室和鄞州区潘君耀技能大师工作室；5家大学生实训基地分别是：浙江新中源建设有限公司、浙江银晨建设有限公司、中基宁波集团股份有限公司、宁波宁兴丰田汽车销售服务有限公司和浙江立芯信息科技股份有限公司。新获评的技能大师工作室和大学生实训基地分别获5万元、1万元的一次性奖励。鄞州区技能大师工作室建设始以先进装备制造业、战略性新兴产业、高新技术产业和传统优势产业为重点，以科技和技能含量较高的大中型企业为依托，由具有绝技绝活的技能大师领衔，旨在给技能大师创造一个环境，提供一个平台，发挥技能大师在技能人才培养、技术攻关、技艺创新中的引领作用。至2019年底，共建成区级技能大师工作室27家、市级7家、省级3家，建成大学生实训基地30家，累计实训3000余人次。

（曾宪梓）

劳动监察

【概况】 2019年度，鄞州区围绕“无欠薪”创建重点工作，开展实施制造业、在建项目以及企业失信联合惩戒三大专项行动。2019年在省防欠薪领导小组办公室和国务院部际联席会议办公室考核组的两次督查考核中获一致肯定和好评。8月18日，鄞州区被列入浙江省2018年度“无欠薪”建设达标县（市、区）公示名单。依托劳动监察“两网化”机制以及欠薪预警信息系统，打造线上线下欠薪预警的“天罗地网”。同时，严格落实六项制度，通过以考核促创建、地毯式排查、业务培训、组织在建项目现场观摩等举措，掌握全区205个项目六项制度落实情况，并发布第二批在建项目六项制度落实“红黑榜单”。

2018年10月至2019年9月，鄞州区共受理各类劳动仲裁案件2071件，仲裁结案率95.78%、调解率76.81%。多元化解机制建设完成率90%以上，超出省市考核要求的60%覆盖率。“最多跑一次”仲裁服务改革成效显著，推出“预约庭”“午间庭”“假日庭”“巡回庭”等仲裁预约制度，推行邮寄立案、派出庭直接受理、文书免跑送达等便民服务，方便当事人申请仲裁。全市首创庭审网络直播模式，提升扩大仲裁公信力和社会影响力，观看庭审3万余人次。发布区劳动争议十大仲裁案例，引导企业和职工遵守相关的法律和法规。

【仲裁庭审直播新模式推出】 2019年7月26日，鄞州区劳动人事争议仲裁院对一起解除劳动合同争议案进行网络仲裁直播庭审。现场，双方围绕多项争议内容质证、辩论，庭审持续一个半小时，3万余名网民观看直播。整个仲裁过程让广大网友感受仲裁庭审程序规范有序、仲裁员庭审驾驭能力超强的真实气氛。在2018年每月举行仲裁庭审开放日活动的基础上，2019年网上直播庭审现场，不仅让大众更加方便、快捷地实时观看和了解庭审的全过程，激励仲裁员提高庭审能力，进一步强化劳动仲裁的普法宣传作用，提高广大群众对仲裁的信任度和满意度。

【区仲裁院选手获全省调解仲裁业务技能竞赛一、二等奖】 2019年11月18—19日，全省劳动人事争议调解员、仲裁员业务技能竞赛在杭州举行。经过法律法规知识笔试、调解仲裁文书写作和现场技能操作三个环节，重点考核选手对劳动法律法规的理论水平、案件处理实务操作、逻辑思维反映、语言和文字表达等能力。鄞州区劳动人事争议仲裁院凌静寅以总分第一的成绩获仲裁员业务技能竞赛一等奖，鄞州区中河街道劳动人事争议调解中心王维庆获调解员业务技能竞赛二等奖。

【根治欠薪冬季攻坚专项行动】 2019年12月5日，鄞州区召开由人力资源和社会保障局牵头，区委政法委、区住建局等多部门参加的根治欠薪冬季攻坚专项行动会和农民工工资管理新“六项制度”培训会，参会人员450余人，覆盖鄞州区所有在建项目。会议分两个分会场同步进行。全区在建工程项目施工单位负责人座谈会分会场，传达学习党中央、国务院关于根治欠薪系列重要精神，通报鄞州无欠薪创建以来工作情况、存在问题及新标准要求，并部署下步农民工工资支付工作和岁末年初及全区平安稳定工作。另一分会场面向项目经理及劳资专管员，对新的省根治欠薪培训手册进行专门辅导。会议要求全区上下严格督查整改、加大惩处力度。各项目单位负责人对各在建项目进行系统排摸，统计好农民工工资支付情况，确保年末建筑领域劳资关系平稳和谐。

（曾宪梓）

社会保障

【概况】 2019年，鄞州区城镇职工基本养老保险、城镇职工基本医疗保险、工伤保险、生育保险、失业保险参保人数分别为53.60万人、67.48万人、58.56万人、48.14人和51.11万人，本地户籍养老参保率98.65%。全区建筑工程项目参保单位817家，参保人数89583人。企业职工养老金制度自2005年以来实现“十五连涨”，人均养老金水平增至2671元；被征地人员养老保障待遇叠加享受城乡居民养老保险待遇后，月平均养老金增至1020元。城乡居民基础养老金逐年提高，每月增至250元，基础养老金标准居全省最高。发放春节一次性补贴3.13亿元，全区19.50万名退休人员受惠（不含企业离休人员、新中国成立前参加革命工作的老工人、享受机关事业养老待遇人员）。对新上规模小微企业临时性下浮社会保险费缴费比例。全区296家新上规模小微企业享受减免该政策所带来的优惠，共减征约1100万元，其中基本养老保险670万余元，基本医疗保险费430万元，涉及职工1.30万人。

全区医疗保险参保总人数95.40万人，其中城镇职工医保退休人员11.90万人，城乡居民医保参保人数27.90万人。户籍医保参保率99.50%。区本级办理医保申报、零星报销、生育结算、资格核准等各项业务15.40万笔，其中医疗费用零星报销1.50万笔，金额1亿元；生育津贴和生育保险报销累计1.60亿元；组织7.30万名居民参加健康体检。实现异地就医结算医院19家，并实现长三角地区门诊直接结算，10689人、44662次异地就医实现刷卡结算，涉及金额9122万元。推进全市长期护理保险制度鄞州试点，至年底有定点护理服务机构8家，享受长护险待遇233人，支付费用426万余元。做好基本医保、大病保险兜底保障，困难群体参保率100%，开展医疗救助，资助困难群众参保6597人，救助各类困难人群6.72万人次，救助资金729万元。阶段性降低制造业、交通运输业、建筑业等行业14393家企业医疗保险费5.19亿元。

鄞州区医保领域“最多跑一次”改革各项指标均达到或超过考核要求。网上办、全城通办、材料电子化、跑零次等8个主项20个子项实现100%“一网通办”“掌上办”，13个民生事项实现100%“一证通办”“一站式”结算，“出生一件事”“退休一件事”“军人退役一件事”“医保关系转移接续一件事”等“一事联办”推行，宁波市首例“不见面”零星报销试行。鄞州区第二医院、鄞州区第三医院作为宁波市医保移动支付试点，实现互联网诊疗医保结算和移动支付，总量居全市首位。同时，在全市医保系统首推“一窗受理、集成服务”改革，将原先13个窗口整合为7个，实现“一号申请、一窗收件、一证通办、一站办结”，所有事项15分钟内办结。

【退休（职）人员养老金调整】 2019年1月1日起，鄞州区调整提高退休（职）人员基本养老金，并在7月底发放到位，全区14.16万名退休人员受惠，共计补发养老金13350.60万元。具体调整办法分三部分：第一部分，按每人每月40元标准增加；第二部分，根据退休（职）人员本人缴费年限（含视同缴费年限，不满1年按1年计算）长短确定月调整标准；第三部分，按退休（职）人员本人本次调整前月基本养老金（不含社区综合补贴）的2%计算月基本养老金增加额。在普遍调整养老金的基础上，对高龄退休人员再适当增发基本养老金，即：男年满70周岁、女年满65周岁及以上且不满80周岁的退休人员，每人每月增发30元；年满80周岁及以上的退休人员，每人每月增发60元。

【被征地人员养老保障待遇和缴费标准调整】 2019年1月1日起，调整被征地人员养老保障待遇标准和缴费标准。养老保障待遇标准调整为：1档从每人每月840元调整为870元，2档从每人每月790元调整为820元，3档从每人每月740元调整为770元。缴费标准调整为：男60周岁、女55周岁以下人员参保缴费标准为1档87000元，2档70000元，3档53000元，男60周岁、女55周岁及以上人员参保标准每档分11个层次分别调整。

【城乡居民基本养老保险待遇调整】 2019年1月1日起，鄞州区调整城乡居民基本养老保险待遇标准。基础养老金标准从每人每月240元调整为250元。对按《宁波市城乡居民社会养老保险实施办法》规定从原城镇老年居民养老保障和新型农村养老保险并轨到城乡居民养老保险，且未叠加享受被征地人员养老保障待遇、遗属生活困难补助费、精减退职生活困难补助费、计划外长期临时工和保养人员生活费等各类养老保障待遇的人员，另增发每人每月20元；对仅叠加享受部分精减退职人员生活困难补助费的对象，按每人每月20元标准增发。对年未满60周岁的原城镇老年居民养老保障和新型农村养老保险待遇享受人员，按每人每月30元标准增加（其中每月20元为增发部分）。

【区医疗保障局挂牌成立】 2019年1月20日，宁波市鄞州区医疗保障局在鄞州区卫生健康大楼挂牌成立。根据《宁波市鄞州区机构改革方案》，将区人力资源和社会保障局的医疗保险和生育保险职责，区卫生和计划生育局的药械集中采购和监督管理有关职责，区民政局的医疗救助职责，区发展和改革局（区物价局）的药品和医疗服务价格管理职责等整合，组建区医疗保障局，作为区政府工作部门。核定行政编制7名，设局长1名，副局长3名；内设三个科室，正科长级领导职数3名。局下属参公事业单位鄞州区医疗保障管理中心，核定编制28人；局办公场地暂为鄞州新城区城南商务大厦B幢。至年底，全局在编人员39人。

【医保基金预算执行】 2019年，鄞州区涉及医疗保障基（资）金有6类：城镇职工基本医疗保险基金、城乡居民基本医疗保险基金、生育保险基金、离休干部医疗待遇统筹基金、机关（事业）子女医疗统筹基金、医疗救助金，涵盖诊疗服务的全部参保人群。至年底，全区城镇职工医保基金收入31.20亿元，支出、结余均全市统筹。城乡居民医保基金收入4.28亿元（其中个人缴费1.11亿元，中央、市级财政补助0.54亿元，区财政补助2.61亿元，利息收入0.02亿元），基金支出5.12亿元，缺口0.84亿元，基金缺口由市级风险调剂金和区财政各安排50%。

2019年10月15日，鄞州区医疗保障工作会议召开

【医保基金监管】 2019年，鄞州区印发《鄞州区医保基金监管三年行动计划（2019—2021）》，实现基金稽核全覆盖。相继开展“打击欺诈骗保 维护基金安全”集中宣传月、“反诈控保”专项行动、“督院问保”专项行动等一系列活动。全区有定点医药机构620家，其中医疗机构187家、零售药店433家，每名监管人员需管理“两定”机构62.8家。加强“两定”机构基金监管，共检查225家，处理114家，追回违规费用129万元，分别是上年的1.90倍、2.20倍、3.90倍，予以扣分处理医保医师10人，移送至公安机关处理2人。开展医疗专项稽查2672人次，稽查金额2448万元，不予支付45万元。提升“阳光医保智能监管平台”使用能级，共审核医疗费用885万人次，涉及基金16.30亿元，上升20%，扣减费用96万元，上升25%。

【城乡居民医保慢性病门诊保障】 2019年，鄞州区推进实施城乡居民医保慢性病门诊保障省级民生实事工程，12种慢性病被纳入城乡居民医保慢性病门诊病种范围，治疗药品范围扩大至1150种，参保人员凭定点医院处方购买慢性病药品医保定点连锁药店数量179家。

【全区医疗保障工作会议】 2019年10月15日，鄞州区医疗保障工作会议在区文化艺术中心召开。区医疗保障局全体班子成员、区医疗保障局中层及以上干部，各镇（街道）医保工作分管负责人、公共事务服务中心主任、医保经办人员等100余人参加会议。副区长卜明长出席会议并讲话。会议总结通报上阶段工作情况，部署下阶段工作任务，26名医保基金社会监督员接受聘任，培训2020年度城乡居民医保参保缴费业务。

（曾宪梓 郭官洲）

社会民生

居民生活

【概况】 2019年，鄞州区城镇常住居民人均可支配收入70074元，高出全市平均5188元，比上年增长8%，高于全市平均水平（7.90%）0.10个百分点；农村常住居民人均可支配收入39953元，高出全市平均3321元，增长9.20%，高于全市平均水平（8.90%）0.30个百分点。城镇居民人均可支配收入和农村居民人均可支配收入居全市各县（市、区）第一位。农村居民人均可支配收入增幅高于城镇居民1.20个百分点，城乡居民收入比从上年的1.77∶1缩小至1.75∶1。

城镇常住居民人均消费支出46170.67元，增长9.86%，恩格尔系数为24.97%，上升0.37个百分点；农村常住居民人均消费支出25791.61元，增长6.47%，恩格尔系数为29.67%，下降0.19个百分点。

表27　2019年鄞州区居民收入与全国、全省和全市比较情况

地区	城镇居民		农村居民	
	绝对值（元）	增幅（%）	绝对值（元）	增幅（%）
全国	42359	7.9	16021	9.6
全省	60182	8.3	29876	9.4
全市	64886	7.9	36632	8.9
鄞州	70074	8.0	39953	9.2

【城镇常住居民人均可支配收入】 2019年，鄞州区城镇常住居民人均工资性收入42756.68元，增长6.93%，增速上升1.94个百分点，增收贡献率53.43%，贡献率上升15.46个百分点；人均经营净收入6754.02元，下降6.53%，增速下降15.44个百分点，增收贡献率下降9.11%，下降20.92个百分点；人均财产净收入10087.87元，增长16.22%，增速上升2.84个百分点，增收贡献率27.16%，上升6.67个百分点；人均转移净收入10475.28元，增长16.44%，增速下降3.36个百分点，增收贡献率28.52%，下降1.21个百分点。可支配收入的构成发生变化，经营净收入占比下降1.50个百分点；财产净收入受村集体分红和房屋租金等收入影响，占比上升1.02个百分点；转移净收入受养老金和医疗报销等收入影响，占比上升1.08个百分点。

【农村常住居民人均可支配收入】 2019年，鄞州区农村常住居民人均工资性收入22268.80元，增长8.77%，增速上升2.16个百分点，增收贡献率53.36%，贡献率上升10.24个百分点；人均经营净收入10830.21元，增长7.36%，增速下降1.19个百分点，增收贡献率22.06%，下降4.92个百分点；人均财产净收入1744.19元，增长4.53%，增速下降14.12个百分点，增收贡献率2.25%，下降6.66个百分点；人均转移净收入5110.18元，增长17.24%，增速上升0.71个百分点，增收贡献率22.33%，上升1.34个百分点。

表28　2019年鄞州区城乡居民收支情况

指标名称	城镇居民（元）	增幅（%）	农村居民（元）	增幅（%）
人均可支配收入	70073.86	7.99	39953.39	9.20
其中：工资性收入	42756.68	6.93	22268.80	8.77
经营净收入	6754.02	−6.53	10830.21	7.36
财产净收入	10087.87	16.22	1744.19	4.53

续表28

指标名称	城镇居民（元）	增幅（%）	农村居民（元）	增幅（%）
转移净收入	10475.28	16.44	5110.18	17.24
消费支出	46171.07	9.86	25791.61	6.47
食品烟酒	11527.99	11.51	7651.79	5.78
衣着	2874.46	5.14	1570.23	15.33
居住	12501.10	8.71	6490.46	9.32
生活用品及服务	3030.18	13.85	1337.28	24.24
交通通信	6391.91	3.25	4180.58	-12.51
教育文化娱乐	5472.62	7.17	2158.74	34.87
医疗保健	2705.25	40.57	1962.39	17.46
其他用品和服务	1667.56	6.04	440.14	-22.35

【城镇常住居民消费支出】 2019年，鄞州区城镇居民人均生活消费支出46171.07元，增长9.86%。其中，人均食品烟酒支出11527.99元，增长11.51%；居住支出12501.10元，增长8.71%，分别占生活消费支出的24.97%和27.08%，食品烟酒支出和居住支出仍是城镇居民生活消费支出中最大的两个组成部分，分别拉动生活消费支出增长2.83和2.38个百分点。人均交通通信支出6391.91元，增长3.25%，拉动消费支出增长0.48个百分点。人均教育文化支出5472.62元，增长7.17%，拉动消费支出增长0.87个百分点。人均医疗保健支出2705.25元，增长40.57%，拉动消费支出增长1.86个百分点。每百户家庭汽车拥有量61.07辆，增长6.21%；电冰箱拥有量104.29台，增长1.39%；空调拥有量238.21台，增长0.76%；移动电话拥有量219.29部，减少1.60%，移动电话中可以接入互联网的188.57部，增长1.15%；计算机拥有量103.57台，减少3.65%。

【农村常住居民消费支出】 2019年，农村居民人均生活消费支出25791.61元，增长6.47%。其中，人均食品烟酒支出7651.79元，增长5.78%；居住支出6490.46元，增长9.32%，分别占生活消费支出的29.67%和25.17%，食品烟酒支出和居住支出仍是农村居民生活消费支出中最大的两个组成部分，分别拉动生活消费支出增长1.73和2.28个百分点。人均教育文化支出2158.74元，增长34.87%，拉动消费支出增长2.30个百分点。人均医疗保健支出1962.39元，增长17.46%，拉动消费支出增长1.20个百分点。每百户家庭汽车拥有量59.17辆，增长1.43%；电冰箱拥有量102.50台，增长2.50%；空调拥有量175台，增长2.94%；移动电话拥有量219.17部，增长1.54%，移动电话中可以接入互联网的184.17部，增长2.79%；计算机拥有量60.83台，增长5.80%。

表29　　2019年鄞州区城乡居民耐用消费品拥有情况

指标名称	单位	城镇居民	增幅（%）	农村居民	增幅（%）
自有现住房面积	平方米/人	39.01	1.29	35.73	2.87
家用汽车拥有量	辆/百户	61.07	6.21	59.17	1.43
洗衣机拥有量	台/百户	98.93	1.84	90.83	0.00
电冰箱（柜）拥有量	台/百户	104.29	1.39	102.50	2.50
彩色电视机拥有量	台/百户	193.57	1.50	178.33	2.88
空调拥有量	台/百户	238.21	0.76	175.00	2.94
固定电话拥有量	线/百户	43.57	-18.12	45.00	-18.18
移动电话拥有量	部/百户	219.29	-1.60	219.17	1.54
其中：接入互联网	部/百户	188.57	1.15	184.17	2.79
计算机拥有量	台/百户	103.57	-3.65	60.83	5.80
其中：接入互联网	台/百户	94.29	-3.65	56.67	4.62

（张鹏飞）

民政事务

【概况】 2019年，全区发放社会救助资金7909万元。春节期间向4329户（人）困难对象发放慰问金676.35万元。调整社会救助标准，2019年城乡居民最低生活保障标准为940元。全区有低保对象2277户2895人，发放低保金2927.80万元。开展新一轮扶贫及帮扶、民生领域不正之风和侵害群众利益问题专项整治，严格执行救助家庭经济状况信息核对机制，实现省、区两级联动核对平台的数据比对，完成社会救助家庭核对12680户次22134人次。

全区有社工1511人，新招录社工202人。印发《关于进一步加强专职社区工作者队伍建设的实施意见》，改革社工薪酬待遇体系，实行“三岗十八级”工资套改机制。开展2019年社会工作人才政府特殊津贴评选，年末有36人享受每月2000元的特殊津贴。由区民政局编制的《社区服务中心服务规范》于4月1日实施，成为浙江省首个社区服务类国家标准。区婚姻登记中心迁至区行政服务中心大楼，全年办理结婚登记4994件，离婚登记2741件，收养（解除）登记7件。加强婚姻登记数字化建设，完善1986年之前的历史婚姻数据，推进部门数据共享。

全区有福利企业25家，从业人员1858人，其中安置残疾员工538人。全区有中国福利彩票在线销售厅2家，销售网点161家，全年销售福利彩票9535.23万元，福彩公益金支出1604万元。地名管理不断规范，区民政局获评第二次全国地名普查先进集体。开展地名文化“进社区”“进学校”“进商圈”活动，开设地名“大讲堂”，联合多部门开展“大、洋、怪、重”等不规范地名排查摸底。完成第四轮行政区域界线联合检查，增设（移位）界桩2个。

根据全区机构改革方案，区民政局划出退役军人优抚安置、老龄工作、救灾、医疗救助4项职责，划出人员10名。推进民政“最多跑一次”改革，落实“三项半”（区本级民政行政许可、行政确认、审核转报及其他权力事项）权利事项进窗口一窗受理。实现婚育户“一件事”、身后“一件事”联办，推行社会救助申请“一门受理、一网通办、一证通用”服务。发放移民后期扶持直补资金240.54万元，发放移民人数4009人，安排水库移民后期扶持项目10个，资金494.66万元。

【专项救助】 2019年，鄞州区新建区未成年人救助保护中心，筹建区社会救助站，社会救助设施不断完善。印发《宁波市鄞州区特困人员救助供养实施细则》《关于调整孤儿和困境儿童基本生活保障标准的通知》《关于改革最低生活保障标准调整机制的通知》等文件。至年底，全区有特困人员330人，全年发放供养经费730.60万元；机构养育孤儿11人，社会散居孤儿4人，全年发放基本生活保障金46万元，办理送养5人；对困难群体发放物价补贴4344人，发放487万元；对在超强台风“利马奇”中财产受损的250户困难群众家庭发放救助金81万元；全年临时救助1938人，发放773万元。

【养老服务】 2019年，全区有养老机构21家，区域性居家养老服务中心18家、居家养老服务站308家、家院互融服务站21家，运营机构床位7545张。完成省市民生实事工程，新建示范型居家养老服务中心7个、区域性居家养老服务中心5个，10个镇（街道）“爱心车轮”老年助餐服务项目投入使用。印发《关于进一步推进宁波市鄞州区家院互融政府购买服务工作的通知》，委托6家社会机构承担1.30万名老人“家院互融”服务，实现80周岁以上老年人政府购买居家养老服务全覆盖。全年为400余名高龄、困难老年人上门提供医疗服务6254人次。启动老年人家庭适老化改造项目三年计划。建立覆盖全区养老机构和老年人的数据库，实现政府购买服务对象的审批、评估、监督等流程无纸化管理，鄞州区被列入国家级智慧健康养老示范基地，东柳街道、东胜街道、白鹤街道入选第三批智慧健康养老示范街道。开展鄞州区2019年养老机构服务质量建设专项行动，提升全区养老服务机构食堂食品安全规范，实施养老机构消防设施改造，完成全区养老机构“智慧消防”全覆盖，试点推行“智慧用电”，全年组织从业人员安全培训210人次。

【社会组织管理】 2019年，全区登记注册的法人社会组织998家，每万人拥有法人社会组织10.70个，其中社会团体221家、民办非企业单位775家、基金会2家，连续多年保持10%以上增速。基层社会组织4715家，每万人拥有备案社会组织50个。筹建宁波（鄞州）社会组织创新园，选址桑田路935号。推进社会组织党建工作，培育孵化实体型社会组织党支部5个，向410家社会组织选派212名党建联络（指导）员，新成立的142家社会组织党建工作与登记管理同步推进。社会组织参与全域治理，实施“雏鹰计划”，首批招募初创型社会组织8家，开展孵化培育、项目指导等服务。“银巢养老”获第四届中国青年志愿服务公益创业赛金奖，明楼街道和丰社区“益丰巢”发展为枢纽型社区社会组织，鄞州区三益社会工作师服务中心获评全省城乡社区治理和服务成绩突出集体等。

【社会工作人才建设】 2019年，全区有中级社会工作师650人，初级社会工作师1030人。依托“T人才”培训模式，开展社会工作职业资格考前培训，“T人才”学员在2019年宁波新时代文明实践志愿服务项目大赛决赛中获1金1银1铜。打造“T人才红杉营”乡镇新社工培养项目，集中优势培育一批社区复合型人才，建设一支“全能社工”队伍。开展2019年度（第二期）鄞州区“T人才”社会工作人才督导培训项目。引导和推动社会工作服务发展，扩大社会工作服务覆盖面，全年完成21个镇（街道）级、149个社区级社会组织服务平台标准化建设，105个村注册成立村级社会组织服务中心。

【惠民殡葬措施落实】 2019年，全区殡葬惠民补助4200余人460余万元。对全区35家经营性公墓和28家公益性墓园开展年检。印发《公益性公墓建设联审联办实施细则》，批准新建塘溪镇生态墓园3家，指导横溪镇做好生态墓园扩建。推进省级树葬试点改革，举办第三、四届树葬集体安葬仪式，22名逝者骨灰选择树葬。

【社会工作高峰论坛】 2019年3月22日，鄞州区“追梦新鄞州，社工在行动”社会工作高峰论坛暨2019年国际社工日主题宣传活动在浙江大学宁波理工学院召开。鄞州区副区长朱晓丽、宁波市民政局副局长杨英等出席，450人参会。各方专家围绕推动政府购买专业服务，从政府如何放权、机构如何发展、人才如何增能的角度探寻政府与专业机构平等合作共赢的路径。论坛现场举行政府购买服务现场签约仪式，区民政局、区检察院、区妇联、东柳街道、白鹤街道黄鹂社区5个单位分别向第三方机构购买服务。论坛还举行鄞州区青少年事务社工中心揭牌仪式。

【区社会组织考察组到延边精准扶贫考察】 2019年9月23—25日，区民政局组织10家区社会组织到对口帮扶地区延边朝鲜族自治州和龙市、延吉市，开展社会组织参与精准扶贫的走访对接考察。考察组先后走访和龙市边合区（南坪）社会养老福利院、八家子桑黄种植基地、光东村共享稻田等，调研前期收集的“农村学校电脑教室建设”“贫困学生爱心午餐交通补助”“尿毒症患者医疗救助”等项目。通过召开社会组织发展促进会等方式，发动全区社会组织参与扶贫助困，已向社会组织募集东西部对口扶贫资金49万元。至年底，鄞州区社会组织广泛参与东西部帮扶协作，完成年度结对和龙、延吉帮扶协作资金2000余万元。

【结婚生育户口“一件事”一站式联办启动】 2019年10月16日，鄞州区结婚生育户口“一件事”一站式联办在区婚姻登记中心启动，实现全流程“最多跑一次”。依托浙江政务服务网“一窗受理”云平台和婚姻数据库，办事群众在窗口办理结婚的同时，只需在联办申请表上现场签名确认，系统后台将自动读取夫妻双方婚姻登记、户籍等信息，卫生健康、公安部门在线接收材料，为群众同步进行生育登记、户口登记信息、婚姻状况变更及户口迁移等事项办理。全年办理结婚生育户口“一件事”一站式联办814件。

【困难老人家庭适老化改造项目启动】 2019年10月23日，鄞州区“适老宜居·暖巢计划”适老化改造项目在百丈街道朱雀社区启动。该项目由区民政局牵头组织，中国妇女发展基金会、银巢养老服务中心等机构参与。来自11个镇（街道）的100户困难老人家庭将体验到适老化改造带来的实惠。适老化改造项目以“适老宜居”为核心，致力于通过“小调小改”实现“大变化”的目标。改造项目聚焦老人住宅的安全性、无障碍、整洁性等方面，具体包括更换老旧管线设施、增设扶手防滑设备、改造门框适合轮椅出人、灯光调节等。并根据老人家庭情况、身体状况及住宅实际，制订“一户一案”改造方案。改造项目服务对象为具有鄞州区户籍且居住在鄞州区，年满60周岁以上的低保、低保边缘老人家庭，其中困难孤寡、独居、失能半失能老人家庭优先安排，全年完成困难老人家庭适老化改造100户，投入28万元。

（白　佳）

老龄事业

【概况】 2019年，全区（不包括梅墟街道、聚贤街道、新明街道、东钱湖镇）有60周岁以上老年人口192195人，占全区人口的23.23%。其中80周岁以上高龄老年人26462人，占老年人口的13.77%。实有百岁老人54人。

根据全区机构改革方案，区老龄机构进行调整，区老龄工作办公室从区民政局转隶区卫生健康局。按照“三定”方案，做好养老机构管理、高龄津贴发放、老年优待服务等工作移交。结合健康老龄化的新理念，转变优化老龄办职能，重新调整拟定老龄健康工作要点。做好下属民办非企业单位鄞州区老年电视大学的财务审计、法人和业务主管单位变更、理事会成员调整。

【老年健康服务】 2019年，鄞州区落实首届全国老年健康宣传周活动，6月10—16日，围绕“懂健康知识，做健康老人”主题，在基层卫生医疗机构、养老服务机构、老年电大教学点等老年人群较多的单位，运用LED屏、悬挂横幅、发放资料等形式，开展老龄健康宣传。联系鄞州健康公益服务中心安排“老年人常见疾病的处理”“耳穴压豆在中老年糖尿病、颈椎病、高血压中的应用”“老年痴呆症的认知”3场专题老年健康科普讲座，并组织现场问诊。做好老年人心理关爱项目试点工作。根据《宁波市老年人心理关爱项目实施方案》要求，区老龄办和疾控中心在百丈街道划船社区开展试点，对500名老人进行心理健康状况调查和评估。根据心理健康评估结果，分类实施心理健康促进和干预，包括心理健康教育、社区活动、社会支持、随访管理和转诊推荐4项措施，为有需要的老年人提供心理辅导、情绪疏解等心理健康服务。

【养老机构医养结合】 2019年，鄞州区协同推进县域医共体背景下医养结合工作，有14家基层医疗机构与辖区内养老服务机构进行签约合作，就近提供基本医疗服务和老人需求强烈的改善型医疗服务。有8家规模较大养老机构或内设医务所或与医疗机构合建实现医养结合。全区老年医疗康复护理床位数达到每千名老人4.20张以上。同时，协同区民政局和大数据局推进医养结合信息化共享，发展“智慧健康养老”模式，加强智慧健康养老信息整合共享和智能应用。12月，鄞州区获批全国第三批智慧健康养老应用试点示范基地。

【老年电大教学】 2019年，鄞州区开展老年电大远程教育和第二课堂面授教学。春秋两学期分别开设“老年人法律常识”等4门省电大课程，以及“艾灸保健疗法”等5门市电大课程。区直属教学点与区老年大学合作，开设手工编织等6门面授课程。全区共征订省老年电大教材14410本，发放到63家基层教学点。全年落实市老年电大讲师团约课20场，区基层教学点第二课堂送课50场。组织参加全省老年电大“我和我的祖国”征文比赛，获三等奖2个。完成新一轮省级老年电大示范点申报。根据实体化办学和省市示范教学点创建情况，对23家教学点落实办学补助16万元。

【敬老月系列活动】 2019年，鄞州区开展公益宣传、走访慰问、为老服务、文体娱乐等活动。区老龄委在《鄞州日报》刊登老年节慰问祝语；区四套班子领导分四组走访慰问百岁老人、困难老人和医养服务机构代表，发放慰问品20万元；区老龄办、区慈善总会联合开展重阳送温暖，共同出资24万元，对480名生活困难的老基层干部和孤、寡、残老人，每人发放慰问金500元；发动区两大医共体及20家基层卫生院通过广场服务、公益讲座、进养老服务机构义诊等方式，开展老年健康公益服务20场；组织区红蚂蚁志愿服务总队开展“红蚂蚁孝行集市”活动，进村（社区）为老年人修家电、修雨伞、磨剪刀、理发等便民服务16场；组织夕阳红艺术团、红蚂蚁艺术团到村（社区）、养老服务机构公益演出10场；联合区老体协在云龙镇文化中心开展全区老年人快乐舞步交流活动，21支基层代表队250余人到场角逐；组织参加市老龄委“最美光阴故事”“最美岁月留影”“最美共和国同龄人”评选。

（曹　斌）

基层民主自治和社区建设

【概况】 2019年，全区有行政村201个、社区161个、城镇居委会6个，其中，全国和谐社区建设示范社区3个、省级和谐示范社区14个、市级和谐社区109个。新建君睿、银桂、盛莫、王家弄4个社区。公开招录专职社区工作者202人，举办全区社区干部培训班。6名优秀人才被评选为区社会工作领域享受政府特殊津贴人才。

【全区民政暨社区建设工作会议】 2019年4月4日，区民政暨社区建设工作会议在区行政大楼召开，区领导朱法传、林琪、朱晓丽、华志苗等出席，各有关单位280余人参加。会议回顾总结2018年度社区建设工作开展情况，东胜街道和钟公庙街道金色水岸社区代表或负责人作交流发言，会议通报表彰2018年度先进社区、社工和社会工作领域享受政府特殊津贴人才，明确继续优化完善社区工作环境、搭建多元治理平台的工作目标。会议强调，要把民政和社区建设工作与打好脱贫攻坚战、实施乡村振兴战略、参与城乡社区治理等党委、政府中心工作、重点工作密切地结合起来，重点围绕强化民生保障、创新社会治理、优化社会服务等民政和社区工作主业，进一步构建系统科学、互相衔接、紧贴实际的政策体系，发挥市场化、社会化、信息化、标准化机制在推进民政和社区建设高质量发展方面的支撑、推动作用。

【社区服务标准化建设】 2019年，鄞州区按照《社区服务中心服务规范》《社区包片联户工作规范》《专职社区工作者职业能力评价体系》3项地方标准，构建完善涵盖社区公共服务、便民服务、内部管理等社区服务标准体系。其中，国家标准《社区服务中心服务规范》于4月正式实施，成为浙江省首个社区服务类国家标准。开展社区便民服务标准化国家级试点项目，3月通过省市场监管局组织的专家验收，成为全市首个社会管理与公共服务综合国家级标准化试点项目。实施社区服务中心标准化改造，改善社区服务设施，全区共有103个社区服务中心完成改造。

【省级社区治理和服务创新实验区创建】 2019年7月25日，鄞州区第二批省级社区治理和服务创新实验区创建获省民政厅批复同意，该实验区创建以“365全域社区治理路径建设”为主题。11月14日，区城乡社区建设工作领导小组印发《宁波市鄞州区“省级社区治理和服务创新实验区”实施方案》，建设环境、生活、服务、文化、治理、保障6大全域提升工程，明确民主协商品牌打造、社工队伍建设等项目，在各级媒体刊登报道近20篇，宣传实验区推进工作。

【基层治理创新】 2019年，鄞州区推进全域基层治理创新，入选全国乡村治理体系建设首批试点单位，探索“365全域社区治理”模式。完成社区服务中心标准化改造28个，建成特色化社区80家，打造市级品质社区9个、区级品质社区30个。推进白鹤街道白鹤社区、百丈街道划船社区2个“未来社区”省级试点，推进钟公庙街道都市森林社区、首南街道文华社区2个市级国际化社区的示范建设。建立“说事长廊”“民心汇所”等社区舆论场，丰富群众议事协商形式。推进社区准入工作，实施社区公权力规范运行“三清单一流程”，开展涉村（社区）机构牌子多、工作台账多等问题专项整治，摘除标识牌1211块，下墙制度703项，清除工作台账240个，整合宣传阵地280个。

（邵丹斌　白　佳）

退役军人事务

【概况】 2019年，区退役军人事务局协调完成移交安置任务，联合区委组织部、区委编办、区人力社保局、区国资中心等部门，完成军转干部安置、符合国家安排工作退役士兵安置、随军家属安置，落实行政岗位、事业岗位和国企岗位。接收自主择业军队转业干部若干人，军队离退休干部若干人。推动军人退役"一件事"办理服务改革，整合退役报到、预备役登记、恢复户口登记、组织关系和社保关系转接等多部门业务事项，通过网上联办平台，为退役士兵返乡报到提供"一站式"服务。创新就业创业服务平台建设，整合用工企业、创业园区、教育培训机构、人力资源服务机构、银行、律所、医院等各类社会资源，成立全市首个退役军人就业创业联盟，联盟成员达35家，设立6家就业见习基地、2家法律服务驿站和2家健康驿站，聘用创业导师8名，评选"就业创业之星"10人，为退役军人实现人生转型搭建服务平台。举办2场就业创业专场对接会招聘会，建成退役军人就业创业网上对接平台，开展退役士兵适应性培训，促进就业。推进符合政府安排工作条件退役士兵社保接续政策实施，建立部门联席会议和专班工作机制，启动社保补缴申报办理，至年底正式受理千余人，做好申报对象资格条件审核。做好军休干部和无军籍退休职工退休金发放、医保缴纳、重大节日慰问等各项服务管理工作，完成自主择业军转干部医保缴纳、年度体检及年审等工作，做好民生保障性资金发放工作。

加强对退役军人思想政治引领，评选1名省级、2名市级和10名区级"最美退役军人"，宣传先进典型事迹，引导退役军人参与社会治理和志愿服务。组织开展覆盖全区退役军人的"大走访"活动2次，营造尊军崇军氛围。主动做好退役军人纾困解难，成立"老兵关爱"基金，募集规模近5000万元，为困难退役军人提供资金帮扶。

【区退役军人事务局成立】 2019年，根据《宁波市鄞州区机构改革方案》，组建宁波市鄞州区退役军人事务局。1月20日，区退役军人事务局在区民政局大楼挂牌成立，区委副书记、区委政法委书记朱法传出席揭牌仪式，区委组织部分管领导等到场，局党组班子成员和全体工作人员参加。按照机构改革"三定"方案，区退役军人事务局本级机构设置为"三科一室"，即思想政治和权益维护科、移交安置和就业创业促进科、拥军优抚和褒扬纪念科、办公室。局下设退役军人服务中心和军队离退休干部服务管理所等事业单位。局核定行政编制和事业编制若干名。

【退役军人服务保障体系建设】 2019年，鄞州区印发《关于加快推进鄞州区退役军人服务站规范化建设的通知》，明确建设任务，开展集中培训，推动基层服务站规范化运作。推进退役军人服务保障体系建设，21个镇（街道）、358个村（社区）退役军人服务站在5月底全部挂牌成立，各镇（街道）以人武部部长为服务站站长，村（社区）以党支部书记为服务站站长，实现退役军人服务保障体系三级全覆盖。各基层服务站配备各类工作人员。

【拥军优抚和褒扬纪念工作】 2019年，鄞州区开展退役军人和其他优抚对象信息采集和光荣牌规范悬挂工作，完成信息采集。"八一"建军节期间，开展"不忘从军初心，牢记崇军使命""八个一"（一场征文活动、一次大走访、一声节日问候、一回微心愿圆梦、一次最美退役军人选树、一个就业创业联盟建立、一场专场招聘会举办、一轮光荣牌规范化悬挂）系列活动，组织区、镇（街道）和村（社区）走访慰问部队、举行各类慰问演出，开展"爱心固长城"等活动。发放部队慰问品，资助困难现役军人，解决部队子女入学问题，为部队子女提供免费暑期培训。加强优抚对象生活保障，落实各类优抚补助金发放，发放伤残人员抚恤金，"三属"人员抚恤金，在乡复员军人、带病回乡退伍军人及"两参"人员定期生活补助，发放60周岁以上原农村籍退役士兵生活补助。发放义务兵优待金和自主就业退役士兵经济补助。全年慰问重点优抚对象，发放慰问金慰问品，资助生活、医疗和住房"三难"退役军人及"三属"。开展英烈纪念活动，建成区英雄烈士纪念馆项目一期广场。

【首届退役军人就业创业专场对接会】 2019年6月30日，鄞州区举行首届退役军人就业创业专场对接会，对接会由鄞州区人武部、区退役军人事务局和区人力社保局联合举办，面向退役军人及现役军人的随军家属。宁波中淳高科股份有限公司等12家企业

2019年6月30日，鄞州区首届退役军人就业创业专场对接会举行

和1家创业园，共推出60余个岗位近300人的需求。通过创业园区军人创业政策宣讲、老兵讲就业、各招聘企业情况介绍等分享环节，退役军人进场洽谈。

（陈易新）

老区开发建设

【概况】 2019年，鄞州区革命老区镇有瞻岐、咸祥、塘溪、东吴4个镇，所辖面积290.19平方千米，户籍人口9.78万人，行政村26个。区老促会在调查研究基础上，补助革命老区镇内的革命史迹点和经济相对薄弱的行政村急需修缮或改造的民生小项目59.14万元，向26个革命老区行政村发放老区荣誉金52万元并赠送75英寸彩色电视机26台，向52户困难家庭和52名困难党员发放慰问金10.40万元。区老促会编著的《宁波市鄞州区革命老区发展史》由浙江人民出版社公开出版发行。

【“中国汉字棋公益万里行”启动】 2019年8月9日，“中国汉字棋公益万里行”启动仪式在鄞州区开元大酒店举行。发源于鄞州区的中国汉字棋走出浙江，成为语言文字推广的“浙江品牌”。中国关工委常务副主任祖书勤、宁波市副市长李关定、鄞州区副区长卜明长出席活动，中国老促会特致贺信。2014年2月，中国汉字棋在鄞州区面世，并于2018年获国家知识产权专利证书。宁波市对口扶贫的西藏那曲地区、新疆阿克苏地区、四川阿坝州地区、贵州黔西南州、吉林延边朝鲜族自治州、湖南怀化市等地区30余所中小学成为汉字棋首批民族地区传播基地。区金融业协会、中信银行宁波分行、华夏人寿保险宁波分公司、区实验小学、邱隘镇中心小学、横溪镇中心小学、钟公庙街道中心小学等单位成为“中国汉字棋万里行”首批响应单位。当日，民族地区少儿代表举行中国汉字棋联谊赛和颁奖仪式。

【东西协作老区职业院校校企对接会在鄞州区举行】 2019年12月20日，由中国老促会主办、宁波杰博人力资源有限公司承办的东西协作老区职业院校校企对接会在宁波人力资源大厦召开。中国老促会副会长曾广超到会，浙江省老促会副会长胡向阳介绍全省经济社会发展情况和革命老区发展情况，鄞州区政协主席郑坤法致辞。会议邀请国内革命老区约50余所职业院校到宁波开设展位对接，88家当地企业约200人报名参会。校企双方达成合作意向120项，范围涵盖机械机电、模具汽修、工业机器人、医药化工、计算机、电子商务、连锁经营、酒店管理、美容美发等专业。

（徐丹丹）

慈善公益

慈善总会

【概况】 2019年，区慈善总会慈善资金收入1.22亿元，其中区第十九次“慈善一日捐”活动募集慈善资金1907.94万元，日常性捐赠收入1281.34万元，“企业留本冠名基金”增值捐赠收入2901万元，定向专项捐赠收入4130.82万元。发放各类救助款1.05亿元，6万余户家庭和70个公益单位受益。其中，“四助一赈”（助困、助医、助孤残、助公益、赈灾）救助支出3044.51万元，“十大工程”（创业脱贫扶一把工程、关爱生命工程、同一片蓝天工程、阳光育才工程、慈爱光明工程、慈善夕阳工程、爱心固长城工程、安宁工程、健康预防工程、司法扶助工程）救助支出1666万元，春节慈善送温暖支出1112.66万元，各类定向专项资金救助支出4482.79万元。公布“企业留本冠名基金”和“冠名基金”2019年度使用情况，向捐赠人（单位）汇报，接受捐赠人（单位）监督。全区义工队伍“一镇一街一品牌”目标基本实现，涌现“百合心理”“搭把手”“残之梦”“韩阿婆工作室”等一批慈善义工大队、分队。

【第十九次“慈善一日捐”活动】 2019年5月28日，区慈善总会成立20周年表彰大会暨第十九次“慈善一日捐”活动启动仪式举行。区慈善总会成立以来累计募集慈善资金16.22亿元，物资价值1566.10万元，救助资金11.39亿元，共惠及贫困家庭47.80万余户，获国家级慈善荣誉14项次、市级以上慈善荣誉120余项次。活动现场，区

2019年5月28日，鄞州区慈善总会成立20周年表彰大会暨第十九次“慈善一日捐”活动启动仪式举行

四套班子领导，"法检"两长，其他副区级领导，区级机关有关单位、各镇（街道）党委（党工委）主要负责人捐款8.04万元。活动表彰1999—2019年度鄞州慈善奖最具爱心慈善单位、最美慈善人。

【慈善基金】 2019年，鄞州区有"企业留本冠名基金"272个，总规模6.77亿元。全区共有1000万元以上规模的"企业留本冠名基金"23个，最高额度基金3000万元。镇（街道）慈善扶贫基金规模1.12亿元，村（社区）慈善扶贫基金规模6527万元，小额冠名基金规模1276.37万元。3月，区慈善总会与区教育局、区卫生健康局、爱心企业共同建立区中小学生"健康成长护航工程"基金，每年投入500万元，专项保障全区学生视力和心理健康的筛查建档、教育培训、咨询干预、相关设施设备及软件开发等。10月，区慈善总会与鄞州消防救援大队建立"消防救援慈善爱心基金"，由东睦新材料集团股份有限公司、宁波华丰制冷设备有限公司、宁波圣龙汽车动力系统股份有限公司出资700万元，用于帮扶鄞州消防救援大队工作人员及其直系亲属和区镇（街道）专职消防队员。12月，区退役军人事务局慈善分会成立，同时设立"老兵关爱"基金，首期募集基金规模初步达到5000万元，用于激励和扶持退役军人就业创业及帮扶困难退役军人家庭。

【慈善工程】 2019年，区慈善总会将"七大工程"拓展至"十大工程"，新增安宁工程、健康预防工程、司法扶助工程，涵盖医疗、司法、教育等多个领域。全年"十大工程"救助支出1666万元。其中，"创业脱贫扶一把工程"支出81.50万元，扶助基地15个；"关爱生命工程"支出351.10万元，扶助285人次；"同一片蓝天工程"支出149.74万元，扶助1754人次；"阳光育才工程"支出207.80万元，扶助1551人次；"慈爱光明工程"支出63.10万元，扶助701人次；"慈善夕阳工程"支出131.65万元，扶助10095人次；"爱心固长城工程"支出29.90万元，扶助57人；"安宁工程"支出36.10万元，扶助41人；"健康预防工程"支出411.71万元（健康成长护航工程支出296.60万元，受益207505人次；胃癌筛查救助项目支出50万元，受益833人次；大肠癌筛查项目支出50.00万元，受益401人次；牵手工程支出13.67万元，受益20人；夕阳红工程支出1.44万元，受益4人）；"司法扶助工程"支出203.40万元，扶助53人。

【省第十次慈善工作经验交流（论坛）会在鄞州区举行】 2019年5月22日，浙江省第十次慈善工作经验交流（论坛）会在鄞州区举行。省慈善联合总会会长陈加元，副市长卞吉安，区长王兆波出席会议。来自全省各地的19个单位围绕"千村慈善帮扶基金"工程、助力脱贫攻坚持久战、开启"公益生态链"等主题作交流发言。鄞州区在会上就开展慈善项目救助等工作作经验交流。会议对下一阶段的全省慈善工作进行部署，要求各地在脱贫攻坚、一体化协同、转型发展、基础建设等方面进行创新探索，推进慈善事业可持续发展。

【台风赈灾】 2019年8月，第9号台风"利奇马"对鄞州区各地造成不同程度灾害影响，部分地势低洼地区灾情严重，农作物、养殖业及基础设施损失较大，部分慈善扶贫产业基地受灾比较严重。区慈善总会开展灾后重建工作，实地走访受灾严重的瞻岐、东吴、五乡镇等地及多家慈善扶贫产业基地，排查、掌握辖区内整体受灾及重灾户情况，开展慈善赈灾救助。本次台风赈灾支出451.51万元。

【慈善扶贫产业基地建设】 2019年，区慈善总会继续加强慈善扶贫基地的规范化建设，修改基地考核细则和台账资料。进一步要求扩大帮扶面，要求每个基地帮扶贫困户数量从10户提升到15户。经筛选、实地走访审核，新吸纳4个符合条件、运营相对成熟的对象成为慈善扶贫基地，全区基地数增至15家。

【区外慈善救助】 2019年，区慈善总会先后向对口扶贫的延边朝鲜族自治州和龙市发放救助款2219.08万元，分别用于共享稻田、和龙人民医院眼科工作站、援建和龙六中体育馆、养老院建设、结对扶贫等。向延吉市发放救助款320.20万元，用于儿童之家阅览室建设、学生资助项目、结对帮扶等。捐资95万元，用于新疆萨喀古学校的基础设施建设、扶助新疆建设兵团第一师十一团医院添置医疗器械。捐资60万元，为鄞州衢江两地开展"爱心康养"鄞衢慈善助医活动助力。先后向贵州地区发放救助款151万元，用于当地的学校、医院等基础设施建设或贫困群体帮扶。向敦煌胡杨公益林项目捐款20万元，认捐建设胡杨林0.67公顷。

（任剑波）

善　园

【概况】 2019年度，善园入驻机构（含宁波鄞州银行基金会、宁波市善园公益基金会等）累计募集、投放善款43157.31万元，其中本年度募集、投放善款8816.32万元。宁波鄞州银行公益基金会年度公益资金收入1666.30万元，其中捐赠性收入888.65万元、政府补助收入3万元、资金增益收入774.65万元；公益支出1630.44万元，其中项目支出1539.39万元、管理费用支出74.18万元、筹资费用支出16.87万元；年末净资产12805.79万元。宁波市善园公益基金会年度公益资金收入3058.77万元，其中捐赠性收入2886.62万元、政府补助收入14.08万元资金增益收入158.07万元；公益支出2460.81万元，其中项目支出2413.57万元、管理费用支出44.95万元、筹资费用支出2.29万元；年末净资产4180.27万元。善园公益转贷中心第一轮运营五年累计帮助2243户中小企业转贷5561笔，转贷总额43788万元，平均转贷天数为1.55天，为区域内中小企业节约财务费用4亿余元。

2019年1月2日，善园·社会创新实验室揭牌

【善园·社会创新实验室揭牌】 2019年1月2日，善园·社会创新实验室（简称善Lab）揭牌。善Lab是善园在社会创新领域的一个探索，致力于支持宁波地区公益事业发展，实验室定位为一个地方性公益行动学习、研究与实践场所，采用社会实验方法以及系统思维范式，在为当地、国内乃至国际的社会创新者提供学习的场域、催化共创的平台和使能空间的同时，提供在地的公益实践，贡献当地的社会可持续发展。

【善园网“急难救助”类项目】 2019年，善园网累计完成“急难救助”类项目1322项，动员捐赠944000人次，帮助109262人（户）受益。善园网全年发起浙江省泰顺县壹家人公益联合会爱心助学、为乡村孩子送温暖等教育救助类项目199项，动员捐赠134808人次，帮扶贫寒学子98294人。发起“心痛，宁波5岁男孩遭大狗疯狂撕咬，急需救助”“小兰花大病救助计划”等医疗救助类项目703项，动员捐赠725896人次，帮扶重症病人1113人。发起“为风餐露宿的孩子们撑起一片天”“乡村振兴普惠行——关爱镇海贫困老人”等贫困救助类项目405项，动员捐赠57642人次，帮扶贫困家庭8405户。发起“抗雪救灾，温暖玉树高原”等灾害救助类项目15项，动员捐赠25654人次，帮扶受灾家庭1450户。

【“善荷计划”实施】 2019年，第二届善荷计划大赛评选出“蚂蚁助学——关爱乡村留守儿童计划”“区域性医务社会工作发展支持项目”“Weplay-Box——以儿童活动设施设计为媒触的社会公共空间营造”等公益项目11个。善荷计划致力于助力宁波本土公益组织或团体发展，让更多公益项目惠及宁波市民与新宁波人，让更多小而美的项目获得更大支持。11月19日，由善园发起的影响力投资项目“善荷计划”已连续实施三年，2019年获评第六届浙江慈善奖（慈善项目奖）。“善荷青年公益支持计划”助力宁波本土青年践行公益梦想，推动优质公益项目的成果转化。

【尤努斯中国周·甬城论善论坛在鄞州区举行】 2019年7月31日，由鄞州区人民政府、宁波市善园公益基金会、凤凰网主办的尤努斯中国周·甬城论善论坛在鄞州区举行。市委常委、区委书记褚银良到会致辞。诺贝尔和平奖得主穆罕默德·尤努斯、善园创始人陈耀芳、格莱珉中国总裁高战、浙江大学公共管理学院院长郁建兴、北京大学法学院非营利组织法研究中心主任金锦萍、市对口资源和区域合作局局长何国强等嘉宾与公益、社会治理等领域的专家学者座谈交流，论坛到会400余人。活动当晚近200位宾客捐款38.65万元。

（赵　岩）

志愿者协会

【概况】 2019年，全区有注册志愿者220865人、志愿组织1284个，发布活动3637个、岗位1728个，参与志愿者91213人次，志愿服务时长247851小时。“春风化雨”调解志愿者介入信访工作项目、“你是我的眼”——盲人电影公益讲解项目、“流动的眼健康课堂”——护眼天使近视防控在行动等项目参加2019年宁波市志愿服务项目大赛分获金银铜奖，“银巢养老”公益服务中心获第四届中国青年志愿服务公益创业大赛金奖。志愿服务保障首届天南海北鄞州人发展大会、2019年国际划联龙舟世界杯大赛、首届浙江省社会工作和志愿服务示范赛等多场全区性、全省性、国际性赛事赛会。开展“共青团与人大代表、政协委员面对面”活动，推动人大代表、政协委员在区“两会”期间形成青少年相关议案、提案。通过“鄞州新青年”微信订阅号、青年之声等网络新媒体平台发布平安自护技能、禁毒防艾宣传相关信息等20余条，阅读、点赞超2万人次。开展青少年平安自护、青少年青春期健康教育、心理健康等专题讲座和培训100余场，覆盖青少年2万余人。结合青少年认知特点，开展平安大篷车、安全自护训练营等系列活动50余场，覆盖青少年3000余人。

【新时代文明实践志愿服务项目大赛决赛】 2019年7月12日，“鄞领善行，万人志愿”2019年鄞州区新时代文明实践志愿服务项目大赛决赛在云龙镇新时代文明实践基地落幕。共79个项目报名参赛，经初赛、复赛的，入围决赛项目10个。“领云志”志愿服务直通车和“你是我的眼”——盲人电影2个项目获金奖；“独爱同命人”——失独家庭社会再融入心理回归项目等3个项目获银奖；家门口的“公益街区”——丹顶鹤社区新时代文明实践志愿服务项目等5个项目获铜奖；鄞州区第三医院金葵花携手特殊教育项目等10个项目获优胜奖；

"领云志"志愿服务直通车等4个项目获党员示范引领奖。获奖项目给予2000~10000元不等的项目建设经费资助。两爱心企业现场捐赠向云龙镇"领云志"志愿者捐赠公益基金5万元和志愿者服装5000件。

【外籍志愿者暑期垃圾分类活动】2019年7月29—30日，来自10个国家25名国际志愿者们在宁波诺丁汉大学会师集合，参加由团区委、区综合行政执法局主办，区生活垃圾分类处理领导小组办公室、区志愿者协会、宁波诺丁汉大学协办的2019年暑期"Like Likes Like"垃圾分类项目。志愿者们观看宁波市垃圾分类的宣传片，了解鄞州区垃圾分类基本情况，并在We志愿服务平台完成志愿者注册。先后走访定桥固废车转运站，"搭把手"再生资源分拣中心、海创社区、洞桥生活垃圾焚烧发电站、宁波开诚餐厨废弃物处理有限公司等，实地调研垃圾处理链，体验废物再利用手工制作，并入户宣传垃圾分类相关知识。在"我为鄞州垃圾分类献一计"座谈会上，外籍志愿者们结合自己国家的做法，跨越语言障碍，畅所欲言，为鄞州区垃圾分类献计献策。

【"小浪花"志愿服务首届天南海北鄞州人发展大会】2019年11月12日，首届天南海北鄞州人发展大会在鄞州召开。由浙江大学宁波理工学院、宁波工程学院、浙江医药高等专科学校、宁波城市职业技术学院4所高校和社会择优招募的125名"小浪花"志愿者参与大会服务。为服务本次大会，大会组委会、市志愿者协会对小浪花们进行严格的筛选、培训，确保志愿人员高效的执行自己的服务工作。11月7日，"小浪花"志愿者举行誓师培训大会，由市志愿者协会的老师教授专业的志愿服务知识。

【"支教奶奶"周秀芳获评"全国最美志愿者"】2019年2月28日，全国学雷锋志愿服务工作暨岗位学雷锋活动推进会在北京举行，会上表彰学雷锋志愿服务"四个100"先进典型和岗位学雷锋先进典型，宁波"支教奶奶"周秀芳作为浙江省唯一"全国最美志愿者"参会代表到北京领奖。周秀芳，1948年6月出生，系鄞州区李惠利小学退休教师。2014年，她怀揣支教梦想，远到贵州、湖南等地支教助学，多方发动社会力量，先后筹资善款1098.76万元在溆浦县建起希望小学29所，为430余名溆浦县贫困生找到资助人，为溆浦县送去大量教学和学生生活用品。累计募捐到溆浦县的建校款、助学款加捐助的实物价值3400余万元。在鄞州区政府的帮助和支持下，建立爱心工作室、爱心帮扶基金会，在延边州和龙成立周秀芳爱心驿站，引导集聚社会帮扶资源，完成128名贫困学生结对助学。7月1日，周秀芳创设的沪杭甬（鄞州区）研学实践基地成立。她的事迹在浙江、湖南等地引起强烈反响，《光明日报》、新华社、人民网、央广网、《浙江日报》等几十家媒体对此进行报道，湖南省委书记、省人大常委会主任杜家毫，浙江省委副书记、宁波市委书记郑栅洁等领导对其事迹作出批示。周秀芳先后获"中国好人"、全国脱贫攻坚奉献奖、第七届全国道德模范等荣誉。

【国际志愿者日新时代文明实践志愿服务工作座谈会】2019年12月5日，鄞州区志愿服务工作委员会办公室（简称区志工办）召开2019年"12·5"国际志愿者日新时代文明实践志愿服务工作座谈会。"全国最美志愿者"、全国道德模范周秀芳，全国志愿服务公益创业赛金奖团队"银巢养老"创始人李靖慧等10名优秀志愿者代表参加座谈。区文明办传达学习习近平致中国志愿服务联合会第二届会员代表大会的贺信和对全国道德模范表彰活动的指示精神和区委书记褚银良对全区新时代文明实践工作的相关要求。10名优秀志愿者作交流发言。与会优秀志愿者代表还收到区志工办联合宁波市眼科医院、宁波市口腔医院等爱心单位提供的优秀志愿者礼遇礼包。

（屠凌嘉）

关心下一代事业

【概况】2019年，全区参与关心下一代工作的"五老"（老干部、老战士、老教师、老专家、老模范）有2398人。区本级有思想道德教育宣讲团、关爱工作团等"五老"骨干队伍11支96人。云龙镇关工委获评浙江省关心下一代工作先进集体。区关工委思想道德宣讲团成员刘莉莉获评全省关心下一代工作先进个人，胡广良、王兴国入选宁波市关心下一代工作"最美五老"名单。区关工委宣讲团以"你点单我来讲"形式向全区101所"假日学校"送课156节，听课青少年7000余人次。联合区教育局、团区委等单位举办"童心庆华诞 童声诵中华"主题队日活动，教育引导新时代少先队员坚定理想信念。国庆节前后，各地关工委组织开展唱红歌、才艺展演等纪念新中国成立70周年宣传教育活动。参加中国关工委举办的"传承红色基因，争做时代新人"征文比赛，5篇作品获奖。组织各镇（街道）关工委负责人、区关协理事会成员等40余人到井冈山开展专题培训，提升关工委骨干队伍思想政治素质。

【"假日学校"和"四点钟学校"建设】2019年，全区开办"假日学校"185所，参与教学和管理的"五老"志愿者603人，惠及青少年17557人。10月，开展全区优秀"假日学校"评选活动，评选出示范"假日学校"4家、满意"假日学校"12家和特色"假日学校"24家；4个镇（街道）获"假日学校"优秀组织奖。同时，评选出精品讲课教材8件、精品实践活动案例5例。全区开办"四点钟学校"46所，将国学课程引入"四点钟学校"课堂，让孩子们接受优秀传统文化的熏陶，让"四点钟学校"在青少年思想道德教育、践行社会主义核心价值观等方面发挥作用。

【青少年夏令营和清明祭英烈活动】2019年暑期，区关工委联合区教育局关工委举办"我为祖国点赞"主题夏令营活动，组织青少年观看宁波解放历史纪录片及红色电影，参观镇海炼化、海防历史纪念馆、中国防空博览园和安远炮台旧址，从圆梦工程、科技创新、绿色中国等多角度认识新中国成立70周年来翻天覆地的变化，引导青少年坚定“四个自信”，增强使命感。清明节期间，区关工委联合咸祥镇在“鄞州区英雄烈士纪念馆”广场举行“缅怀先烈 铭记历史”清明祭英烈活动，青少年代表向革命烈士敬献花圈。区关工委领导、咸祥镇中心小学120余名学生、镇机关全体干部、各村党支部书记和部分“五老”人员参加活动，各镇（街道）关工委以不同形式组织线上线下祭英烈活动。

【青少年校外教育基地建设】 2019年，区关工委联合区委党研室和各镇（街道）关工委，收集整理区内31家青少年校外教育阵地资料，编辑出版《鄞州区青少年校外教育实践基地（第一辑）》，发放基层关工委2000册。东郊街道关工委将咸祥、塘溪各基地串点成线，在暑期组织“红色之旅”活动。

【脱贫攻坚行动和困难青少年帮扶】 2019年10月，区关工委联手东郊、首南街道到延边朝鲜族自治州和龙市，定向捐赠资金20万元，用于和龙市文化小学“互联网+”多功能教室建设，以支持和龙市关心下一代事业。申请“福彩爱心帮困”1万元，帮助区内困难青少年10人。对因遭台风“利奇马”造成损失的13户困难青少年家庭给予1.50万元补助。

【民营企业关工委建设】 2019年，鄞州区实施民营企业关工委示范工程，通过培育典型方式推进民企关工委建设。选定浙江蓝海绿业集团有限公司、沧海集团有限公司和宁波音王集团有限公司3家民营企业为培育对象，并与企业协商确定工作计划和具体要求，给予经常性指导。3家民企关工委建设成果逐步显现，浙江蓝海绿业集团关工委以中国插花艺术馆为平台，服务全社会青少年；沧海集团以党建引领带动关工委工作，在其打造的数字化的“初心馆”中，将关工委工作纳入其中，并探索将关工委组织优势和作用辐射到整幢楼宇；音王集团在暑期开办“假日学校”，为青年职工解决后顾之忧。

【联谊结对活动】 2019年，区关工委调整原有7个结对小组，进一步推进联谊结对活动制度化、规范化。各镇（街道）加强联系合作，初步达到资源共享、活动联搞、队伍互促的目的。钟公庙、东柳两街道联合举办“五老”培训班，两地60余名老同志共同学习、交流探讨；姜山、首南、福明3个镇（街道）儿童共同参加由姜山镇主办的“走马塘村启蒙礼”和首南街道主办的“我为祖国添彩”绘画比赛，共享资源、互通活动。至年底，全区共举办联谊结对活动16场，推动基层关工委均衡发展、整体提升。

【区关心下一代志愿者协会】 2019年，区关心下一代志愿者协会开展关心帮扶、教育引导青少年活动370场次，惠及12152人次，购买政府服务项目5个，筹集资金10万元。宣讲工作室在暑期授课200余场次，服务青少年3700余人次。在咸祥镇、五乡镇、云龙镇发动“五老”志愿者20余人，实施“春泥计划”，惠及青少年1950人次。爱心妈妈工作室新发展团队成员20人，启动“用爱点亮星星孩子”项目，每周一次为“星星孩子”进行康复训练，受益550人次。六一儿童节期间，走访、慰问小星星学校、“小雨点”听力语言培训中心、星情儿童康复训练互助中心，并送价值1万元教具。护航工作室陪同5名失聪青年参加交友联谊会，2名失聪青年在招聘会现场达成就业意向。在东柳街道阳光驿站举办爱心联欢活动，表演节目8个，并向每一位驿站残疾人赠送一份礼物。关爱工作室组织鄞州中学50余名学生，到区人民法院旁听寻衅滋事犯罪案件，参观法院指挥中心和诉讼服务大厅。科创工作室募集爱心款3万元，建成活动阵地200余平方米，并添置学习体验设备，在暑期举办两期青少年科创培训班。绿色帮扶工作室邀请中国气象局国家卫星气象中心研究员夏青和北京自然博物馆研究员李建军为鄞州蓝青小学、朝晖实验小学400余名学生讲课。汉字棋工作室开展“中国汉字棋公益万里行”活动，在全国智力运动会和国际中文教育大会上首次亮相，影响力进一步提升。区关协组织18名志愿者，编排歌唱祖国的文艺节目，参加区枢纽型女性社会组织的“精彩纷呈 献礼祖国70华诞”庆祝活动，并获最佳风采奖。

（郑　瑶）

残疾人事务

【概况】 2019年，全区新增残疾人就业152人，其中按比例就业51人、电商就业35人，培训残疾人331人。培育推荐残疾人就业创业典型，“魔豆妈妈”侯菲菲创办线下实体店，中式面点王小荣、咖啡师钟旭明2人在全国第六届残疾人技能大赛中分别获第一名和第七名。在全国助残日，联合宁波市残联举办优秀残疾人创业项目展示展销活动，扩大残疾人创业项目社会影响。落实各项政策保障，为3189名残疾人发放参加城乡居民养老和医疗保险补贴，为1040名残疾人发放城镇职工养老保险参保补贴，累计发放补贴资金近438万元。爱心助学343人，发放助学款66万元。下拨扶贫资金48万元，辐射带动65名残疾人就业增收。全区14个镇（街道）22户残疾人家庭被列入“自强创业示范户”，下拨扶持资金17.80万元。困难残疾人生活补贴和重度残疾人护理补贴分别惠及4298人和8545人。

开展省级社区精准康复试点工作，确定省级社区精准康复试点镇（街道）5个，培育五星级示范站2个、三星级示站3个，新建区级辅具服务站、五乡镇卫生院康复病区2个基层康复机构，对重度残疾人设置居家“益康病床”。试点工作共为有需求的残疾儿童和符合条件的残疾人提供精准康复服务14712人次，为有需求的残疾人配发辅助器具4177件。家庭医生"三类"（智力、精神、重度肢体残疾）人群签约3478人，签约率从原57%上升至95%。开展全国助残日、聋人节、盲人节专题节日庆祝活动，举办残疾人演讲和诗歌朗诵比赛、省残疾人特殊艺术百场巡演鄞州、残疾人才艺选拔大赛3个大型活动，建立全市首个残疾人艺术团，开展特殊文艺"六进"和文化助残"五个一"工程，围绕"学跟听"活动，组织机关干部到基层开展习近平新时代中国特色社会主义思想宣讲。发展残疾人竞技体育，在第十届全国残疾人运动会暨第七届特殊奥林匹克运动会上，鄞州区11名残疾人运动员代表浙江队参赛，共获7金6银4铜的好成绩。在全市第三届聋人篮球赛中，鄞州区女队获银牌。

开展残疾人"阳光圆梦行动"慈善晚宴、"华茂·彩虹计划"和"创二代"联谊会公益助残行动、"鄞州爱心助残公益周"等10个社会组织助残活动，与民建鄞州区基层委员会签订"同心助残公益行"合作协议。阳光助残基金规模达20万元。推进省级无障碍社区创建，泰和、东海花园等3个第二批社区进入验收阶段，演武、繁裕等第三批6个社区推进创建工作，创建社区数量和创建成效居全市前列。

【区精神残疾人助残帮困专项基金建立】 2019年10月9日，鄞州区精神残疾人助残帮困专项基金启动仪式在鄞州绿康博美康复医院举行。该基金由区残联、区慈善总会共同发起，基金规模100万元，将精准用于帮助全区特困精神残疾人住院期间的医疗补助。鄞州绿康博美康复医院向区慈善总会捐赠善款100万元（分三年捐赠，首批到账10万元）。区残联、区慈善总会及镇（街门）代表、绿康医养集团等60余人参加仪式。

2019年10月9日，鄞州区精神残疾人助残帮困专项基金启动仪式举行

【残疾人之家建设】 2019年，区残联根据省政府民生实事工程安排，按照残疾人之家建设目标，创建一批（5家）、提升达标一批（9家）、推进一批（7家）、攻坚新建一批（4家），推进区城内残疾人之家建设。建成标准化残疾人之家25个，为435名重度残疾人提供庇护服务。形成"覆盖全区、功能齐全、多方参与、各具特色、服务优质"的残疾人庇护照料服务网络。其中，以甬乐阳光家园为代表的"1+X"庇护就业服务模式，建成鄞州助残品牌。

【区残疾人艺术团成立】 2019年10月21日，鄞州区残疾人艺术团在百丈街道成立。市、区残联和百丈街道、区文化馆等负责人共同为艺术团揭牌。该艺术团由全区残疾人文艺活动爱好者共同发起组成，下设舞蹈组、歌唱组、器乐组、曲艺组等多个小分队，共有团员30人。艺术团在成立仪式上表演葫芦丝合奏《映山红》、轮椅舞蹈《生命之歌》和大合唱《我和我的祖国》等节目。

【省特殊艺术百场巡演鄞州区专场】 2019年8月2日，浙江省"新时代·共奋斗"特殊艺术百场巡演鄞州区专场在宁波天然舞台举行。该活动由区政府残疾人工作委员会主办，区残联承办，白鹤街道办事处协办，来自全区各镇（街道）的残疾人代表、群众代表600余人观看演出。晚会演出有歌曲、舞蹈、杂技、情景剧等多种形式，分为《触摸阳光》《倾听大地》《拥抱未来》3个乐章。

（蒋炜福）

街道·镇

潘火街道

【概况】 2019年，潘火街道辖17个社区、13个行政村，区域面积14.25平方千米，总人口97142万人，户籍人口45287万人，流动人口51855万人。实现地区生产总值87.68亿元，规模以上工业增加值50.85亿元，高新技术产业增加值43.57亿元，总量均位列全区第一；完成规模以上工业总产值173.60亿元，增长3%；限额以上社会消费品零售总额112.58亿元，比上年增长6.60%；完成固定资产投资24亿元，增长15.80%；财政总收入24.02亿元，一般公共预算收入12.37亿元。潘火街道在浙江省统计协会公布的全省乡镇（街道）综合实力排名中，位列全省第四、全市第一，获评2019年浙江省高质量发展小城镇（街道）。

全年实现产值157.60亿元，34家产值上亿元企业实现总产值150.70亿元，占规模以上工业总产值的86.81%。潘火街道办事处获评鄞州区工业发展和科技创新优胜奖，利时集团股份有限公司、浙江中哲控股集团有限公司入选2019年度中国制造业企业500强，宁波荣大昌办公设备有限公司获评国家级专精特新“小巨人企业”，宁波康强电子股份有限公司跻身中国电子材料行业50强，博格华纳汽车零部件（宁波）有限公司、宁波高发汽车控制系统股份有限公司分获全市制造业“亩产英雄500强”第二名和第七名，街道获评2019年度鄞州区“金鼎”企业2家、“银鼎”企业3家、“特别贡献”企业2家、“百家先锋”企业8家。年产值上亿元企业38家，国家级制造业单项冠军企业1家，市级制造业单项冠军示范企业8家，辖区市级单项冠军示范企业、培育企业17家，占全区总数的2/5，宁波音王电声股份有限公司“数字调音台”入选国家制造业单项冠军产品。潘火街道商会获浙江省“四好商会”称号。132家限额以上商贸企业实现销售额397亿元，增长7.80%。举办第四届汽车文化节，引进林肯、长安、威马、比亚迪4个汽车品牌，扩展4S店26家、31个品牌、200余个系列，实现销售额88.63亿元，增长7%，利润1.68亿元，增长17%。实现楼宇党群和综治平台全覆盖，8个楼宇平台全部建立“一楼一档”，1470家注册企业全部录入楼宇系统，税收达1.27亿元。完成宁波中哲慕尚控股有限公司在香港上市，启动宁波色母粒有限公司、宁波舒普机电科技有限公司、宁波伏尔肯陶瓷科技有限公司3家企业上市进程，推进宁波音王电声股份有限公司、欧琳集团有限公司、浙江浙天通信工程有限公司、宁波华瓷通信技术有限公司、立芯科技股份有限公司5家企业上市筹备，辖区有上市企业5家，占全区总数的1/4。促进江阴康强电子、立芯科技深圳生产线等重点项目招商回归。利用外资3200万美元，完成全年目标的98.50%，利用内资16.15亿元，完成年度计划的194.60%。完成浙商回归7.10亿元。欧虎国际科创园盘活低效厂房2.80万平方米；埃孚创业加速器盘活低效厂房1.50万平方米，引进浙江云度、宁波欣上等多个优质项目。协办“人才科技智创周·国家重点人才专家专场”活动。新增市“3315计划”人才项目3个，区“创业鄞州·精英引领计划”人才项目11个，引进高层次人才76人，累计建成院士、博士后工作站12家，引进高层次专家18人。新增市“科技创新2025”重大专项科技项目8个，培育市级创新型初创企业45家，新增宁波远大检测技术有限公司、浙江速腾电子有限公司等8家高科技技术企业，宁波爱音美电声科技有限公司、宁波海尔欣光电科技有限公司等区级企业工程（技术）中心11家。辖区企业全年工业服务业研发费用支出7.07亿元，增长12.20%。高新技术产业增加值占规模以上工业值的85.70%，增长6.60%。

总投资1.68亿元的潘火实验中学建成并投入使用。总投资1.80亿元的东南小学海晏路校区进入主体结构施工阶段。完成世纪变进线工程。推进格兰晴天北地块、矮潘区间地块出让并施工。完成宜家东地块项目图纸设计。完成王家弄安置小区一期抽签交付。实现交房1442套，交房率达97.90%。加快潘火卫生院改扩建、三圣庵迁建、香园小区西侧景观提升等项目。完工金域传奇北侧花海项目。建成潘火实验中学南侧停车场、新佳苑二期停车场，新增便民车位200余个。星辰东路建成通车。完成金谷中路、金辉西路庭院灯改造、启明路信号灯增设等项目。

完成甬新河诚信路桥、紫城路桥、

大洋江启明路桥等修复工程。整治路面消坑行动540处700余平方米。拆除、处置违建14.20万平方米，完成率达125%。完成“三改一拆”8.85万平方米，完成率达136%。完成童王小区、殷家花园、新佳苑、江南春晓西片等雨污水分流改造，王家弄安置小区河道疏浚等工程。清除路面积水点38个。完成中塘河东南小学断面达标治理一体化工程，中塘河年度平均水质达到Ⅳ类，获评2019年度“鄞州区十大美丽河道”。完成凤起路等重点地块签约清零。推进迪卡侬南侧、昌兴街、王家弄二期等地块“清零”。完成企拆、民拆签约5.40万平方米，拆除8万平方米，17个拆迁项目完成地块清零7个，实现净地交付10.67公顷。加强恒大铁路桥下综合整治，新增生态停车位800个。推进富强路沿线整治，拆除违建1.40万平方米。做好福庆路两侧专项整治，拆除农棚田舍1200平方米。完成40万平方米道路绿地及12万平方米公园绿地养护，新增改造绿地1600平方米。新增果壳箱200个，日均清运垃圾88吨。完善17个社区、48个小区垃圾桶点位设置，金桥水岸花园、殷家花园、宜家华府获评区垃圾分类示范小区。投入460万元，实施建筑、装潢垃圾集中分类处置。投入500万元，实施住宅小区其他垃圾一体化收集储运服务。完成辖区重要点位人脸识别系统建设。投资300万元的金桥花园智慧社区试点基本完工。

加强社区网格员、综治员、调解员队伍建设，开展扫黑除恶、大庆安保、环境整治等专项拉练520余次，走访巡查130万次，处置案件18000起，其中三级以上案件5431起，基础信息完整率、核查率满分网格保持99%以上。

推广服务事项“一站式”网上运行，梳理业务50余项。全年受理群众事务33000件，按时办结率、群众满意率均达100%。全年投入教育经费1.95亿元，东杰幼儿园天宸园开园，中心幼儿园颐璟园分园整体装修完成。投入公共卫生经费2420万元，联合鄞州区第二医院开展医共体建设。加快推进分级诊疗，组建签约团队11个，重点人群签约7933人，签约率达74.80%。举办“初心·潘火再起航”第七届群众文化节、社区邻里节、“我和我的祖国”主题宣讲等活动。依托“天天演”“一人一艺”“周日文化”三大惠民项目，全年组织各类活动400余场次，获区优秀组织奖和优秀节目奖。

推广“三清单”运行法，街道17个社区全部编印个性化使用指南。宜家社区获“三治融合”专场二等奖、“品质社区”专场一等奖，金桥花园社区获得党建专场三等奖、品质社区专场三等奖，殷家社区获得项目建设专场三等奖。完成东南社区、东莺社区、金谷社区、紫郡社区、同欣社区标准化改造。完成东方丽都居家养老中心床位和中央食堂改造，形成“1+N”居家养老服务模式，申报省级示范型居家养老服务中心。打击金地艺境、格兰郡庭小区违建搭建行为。完成启明路777号专项整治、三圣庵迁建信访稳控工作。全年受理信访183批2127人次，调解案件320起，涉及金额881.80万元。潘火街道获评宁波市人民调解工作成绩突出街道。开展辖区企业安全生产大排查、大整治，全年检查企业367家，整治隐患点204处。完成全部社区微型消防站建设。投入250万元，实现辖区企业“安责险”全覆盖。潘火街道安监所获评2019年度全市应急管理先进集体。

全年开展普法活动17次，涉及人员1358人。完成辖区598家工业企业、2642家商贸服务企业普法宣传，发放法制宣传书4万份、宪法宣传折页2万份。聘请街道纪检监察信息员35人，完成505名监察对象信息统计。街道班子成员全年走访企业892次，村社543次，破解难题119个。与吉林省和龙市崇善镇、宁海县长街镇连浦村开展结对帮扶，落实帮扶资金118万元。抓好正风肃纪督查，累计开展检查12次，发现问题20余个，提醒谈话5人，发出提醒书1份，监察建议1份，调整2名“慵懒散”干部岗位。

表30　　2019年潘火街道各社区（行政村）基本情况

行政村（社区）	面积（平方千米）	户数（户）	人口数（人）	集体经济总收入（万元）	集体经济总费用（万元）	总资产（万元）
东方丽都社区	0.13	2490	8715	—	—	—
东南社区	0.29	3549	15000	—	—	—
东莺社区	0.20	3610	10994	—	—	—
金桥花园社区	0.13	2474	7723	—	—	—
金谷社区	0.26	2898	7340	—	—	—
潘火桥社区	0.87	3351	8953	—	—	—
尚城社区	0.21	2870	9560	—	—	—
世纪社区	0.13	2335	6163	—	—	—
同欣社区	0.13	1803	4639	—	—	—
星苑社区	0.29	2658	6645	—	—	—

续表30

行政村（社区）	面积（平方千米）	户数（户）	人口数（人）	集体经济总收入（万元）	集体经济总费用（万元）	总资产（万元）
殷家社区	0.06	1392	3526	—	—	—
宜家社区	0.14	2186	4355	—	—	—
雅苑社区	0.25	1821	3700	—	—	—
紫郡社区	0.25	3110	13250	—	—	—
海璟园社区	0.11	2101	5900	—	—	—
香园社区	0.20	3468	10404	—	—	—
王家弄社区	0.23	1673	4200	—	—	—
王家弄村	0.95	568	1430	1578	1578	6629
殷家坑村	6.30	371	1061	1550	1261	11098
童王村	0.60	352	856	426	837	10365
潘火桥村	1.51	595	1545	1498	1825	11072
小花园村	0.60	217	644	720	798	2064
曹隘村	0.85	329	808	1221	895	30343
妙胜村	0.90	390	991	557	722	2561
齐心村	0.80	300	707	939	674	4355
泗港村	0.95	315	805	1169	1241	5492
土桥村	2.00	540	1317	977	1159	5294
童家村	0.80	293	780	402	450	2360
葛家村	0.80	259	640	405	374	2236
中鹅村	0.60	171	425	396	449	1846

说明：表格中数据为调查数

【潘火实验中学投入使用】 2019年9月8日，宁波市鄞州区潘火实验中学开校典礼举行。在开校典礼上，潘火实验中学学生们举行环校火炬接力活动，副区长卞明长出席开校典礼并点燃火种。同时举办全体教师入职宣誓活动等。潘火实验中学位于潘火街道凤起北路388号，总投资1.68亿元，总建筑面积3万余平方米。学校2017年4月开工建设，2018年12月竣工，2019年9月开校。学校集现代化教学功能于一体，规划班额42班。2019学年招收初一年级10个班级，新生450人。潘火实验中学建成投用，结束潘火区域没有中学历史，完善潘火板块教育资源布局，助力潘火打造宜居宜业产城融合示范区。

【潘火街道办事处获评浙江高质量发展小城镇（街道）】 2020年3月22日，《浙江日报》刊登2019浙江高质量发展小城镇（街道）、新城（新区）名单，潘火街道办事处获评浙江高质量发展小城镇（街道）。浙江新型城镇

2019年9月8日，宁波市鄞州区潘火实验中学开校典礼举行

化活动聚焦小城镇（街道）、新城（新区）的高质量发展，《浙江日报》联合浙江大学区域与城市发展研究中心组成专家组，通过材料申报、实地走访调研、专家组综合评估，从城镇（新城）建设、产业规划、环境综合整治、区域治理等维度，潘火街道办事处成为宁波市唯一获评街道。潘火街道办事处发挥国家“双创”示范基地、省级军民融合创新示范区、城南智创大走廊等平台优势，深耕中物院宁波军转民科技园、清华长三角研究院宁波分院等中高端科创平台，配套开发人才公寓，集聚一批领军人才、高端人才、工匠人才。在人才支撑下，潘火全年谋划6个创业加速器，培育引进涉及固体燃料电池、硅基材料柔性印刷、可降解骨钉、裸眼3D等一批高端前沿产业、科创企业。街道初步打通从项目平台引进、加速器孵化、产业园落地的全域式创新产业链。在2019年5月浙江省统计协会公布的全市镇街综合实力排名中，潘火街道办事处名列全省第四、全市第一。

【宁波音王电声股份有限公司“数字调音台”入选国家制造业单项冠军产品】2019年11月3日，工业和信息化部、中国工业经济联合会公布的第四批及拟通过复核的第一批制造业单项冠军名单揭晓，宁波音王电声股份有限公司“数字调音台”入选国家制造业单项冠军产品。入选产品是数字调音台DN系列，该系列的每款产品都拥有自主知识产权，全球市场占有率19.80%。数字调音台跟随音王电声参加过北京奥运会、上海世博会、西安世界园艺博览会、G20杭州峰会、厦门金砖五国会议等多个盛会。

（孙建阳）

福明街道

【概况】 2019年，福明街道辖17个社区、11个股份经济合作社。区域面积14.60平方千米，户籍人口54565人。实现地区生产总值86.30亿元，比上年增长7.10%。财政总收入6.86亿元，其中一般公共预算收入3.11亿元。

限额以上批发零售业销售额386.44亿元。引进内资企业350家，注册资本44.26亿元。实现市外内资实收资本38.35亿元，完成目标的462.05%。实现浙商回归资本19.65亿元，完成目标的242.60%；外资实际到位4762.80万美元。32个重大项目注册落户。推进“楼宇经济发展010”攻坚行动，整规企业554家，动态“清零”楼宇17幢。

完成房屋签约13.18万平方米、拆除房屋28.63万平方米，7个项目完成“清零”。完成忆江南小区抽签定位及交付。明一地块等3宗土地顺利挂牌出让。实现固投80.83亿元，完成全年任务的124.36%。新增入库项目23个。新建项目研祥集团华东总部大楼项目于12月正式开工建设；续建项目阪急阪神等项目完成建设；3个10%留用地项目推进。累计拆违17.73万平方米，完成全年任务的110%。完成市级“污水零直排区”创建验收；8个治水重点项目竣工验收通过；发放排水许可证77家，完成率192.50%。完成新天地东区及新天路餐饮街整治；垃圾分类知晓率、入户指导率、设施设置准确率均实现100%。

江城社区、波波城社区获区第三届“十佳品质社区”称号。“最多跑一次”服务居民3.92万人次、企业8360家，落实社保补贴3362.20万元。江城社区建成AA级居家养老服务中心，新源社区、波波城社区创建为省级避灾安置点。完成宁波甬剧艺术博物馆开馆、“王锦文甬剧艺术工作室”落户授牌，与甬剧研究传习中心联合出品大型现代甬剧《暖城》。开展安全生产大排查大整治活动，检查生产经营单位1664家次，整改隐患150余条。

开展“不忘初心、牢记使命”主题教育，首创合作社党建指导员（第一书记）制度。完成公务员职务职级套改及晋升工作，建立48人后备干部库，完成江南等3个党组织换届工作。启动“荆城楼宇社区”建设，完成东部党群服务中心、王孝和先进事迹陈列馆建设。

表31　　2019年福明街道各社区基本情况

社区	面积（平方千米）	户数（户）	人口数（人）	集体经济总收入（万元）	集体经济总费用（万元）	总资产（万元）
福明家园社区	0.21	3814	10320	—	—	—
新源社区	0.27	4797	12460	—	—	—
陆嘉社区	0.18	3017	5635	—	—	—
波波城社区	0.55	2930	9100	—	—	—
碧城社区	0.17	2663	6657	—	—	—
新城社区	0.90	6400	15500	—	—	—
福城社区	0.27	3250	10562	—	—	—
东城社区	0.28	1896	4836	—	—	—
江城社区	2.16	3052	4200	—	—	—

续表31

社区	面积（平方千米）	户数（户）	人口数（人）	集体经济总收入（万元）	集体经济总费用（万元）	总资产（万元）
宁城社区	1.48	4100	6500	—	—	—
明城社区	1.32	6992	10018	—	—	—
和城社区	0.12	882	1940	—	—	—
明一社区	0.03	209	369	4221	1102	66916
南余社区	0.15	168	288	1726	346	17403
余隘社区	0.04	403	830	827	115	17708
江南社区	0.50	465	832	4442	190	76600
桑家社区	0.74	676	1503	1250	674	27348

说明：表格中数据为调查数

【泰康宁波医养综合体项目启动】 2019年2月14日，宁波泰甬置业有限公司完成工商注册手续，并投资12.85亿元启动建设泰康宁波医养综合体项目。该项目位于东部新城核心区域，建设总规模约25万平方米，于2019年底正式动工。目标定位打造集医疗、养老、商业、文化、休闲娱乐等长三角南翼旗舰医养社区——泰康之家·甬园和符合JCI国际认证标准的三级专科医院为主的医养综合体，为不同年龄阶段的消费者带来医养健康体验。

【"春风化雨"调解志愿者介入信访工作项目获浙江省志愿服务示范项目赛银奖】 2019年6月，由宁波市鄞州区行思小娘舅调解服务中心和鄞州区平安建设志愿者联合会共同实施的福明街道"春风化雨"调解志愿者介入信访工作项目获省级银奖。该项目为全国首创，整合"小娘舅握握团""老潘工作室""同舟律师事务所"等调解资源，将人民调解与志愿服务相结合，推动调解志愿者对案件前端精准分类，让第三方社会组织直接参与政府信访接待、调解工作。至年底，累计参与接访300余批次、共450余人，参与调处疑难信访案件22起，群体性纠纷2起。

【庆祝新中国成立70周年主题晚会】 2019年9月29日，福明街道庆祝新中国成立70周年主题晚会在文化广场大剧院上演，街道机关干部、辖区党员居民代表约300人参加。晚会由福明街道党工委、办事处主办，以"看今朝""望来路""共奋进"三个篇章为主线，相继呈现舞蹈《红旗飘飘》、原创诗歌《在福明·都挺好》、初心对话等节目。现场向7位近年来对街道经济社会发展做出贡献的突出代表颁发"福明力量"奖杯。

【王孝和先进事迹陈列馆开馆】 参见"中国共产党宁波市鄞州区委员会"类目"史志工作"分目。

【江城社区获评鄞州区"品质社区"】 2019年12月，江城社区获评"十佳品质社区"。江城社区位于东部新城核心区，自2014年6月成立以来，社区注重党建引领，整合辖区资源，实现"共建共享共治"，形成金融硅谷"党建+人才"、文化广场"党建+公益"、鄞领驿站"党建+治理"格局；围绕"优居住环境，塑品质生活"目标，打造高水平创新社会治理，高品质升级精细服务，高精度优化人文环境的"三高"美丽江城。社区建成绿地保存率100%，绿化覆盖率近40%。先后获评省级节水型小区、气象防灾减灾标准化建设等多项省、市、区荣誉。

（谢琼艳）

2019年9月29日，福明街道庆祝新中国成立70周年主题晚会举行

东柳街道

【概况】 2019年，东柳街道辖11个社区，区域面积5.30平方千米，总人口9万人。实现地区生产总值45.69亿元，比上年增长14%，一般公共预算收入总额1.73亿元，商品销售总额73.16亿元，货物出口额60.74亿元，增长8.16%。

汇集6个项目申报市级人才计划，19个申报区级人才计划，其中上海交通大学教授杨志获评区创业鄞州·“精英引领计划”创业团队C类，毕业于中科院的博士单毅、车车科技CEO张磊分别获评“泛3315计划”创业人才和创业团队C类。协助企业共引进各类人才1100余人，其中研究生人才28人、副高及以上人才9人。完成实际利用外资1500万美元，达成年度指标100%，实际利用内资7.38亿元，达成成年度指标104%；浙商回归资金完成6.50亿元，达成年度指标100%。累计完成固定资产投资17.18亿元，达成年度指标286%。

太古城东片雨污分流改造工程于6月开工，10月竣工，总投资约330万元，新增雨污水管道1960米，新增雨水立管1800米，新建各类井551座，绿化恢复3000余平方米，华光城小区整体管网改造于6月开工，11月竣工，总投资约490万元，工程新建分流井65座，新增分流器20座，新建各类管道860米，绿化恢复2000余平方米，打通入河雨水排口9个，宁穿路以北片区管网疏通工程7月开工，12月竣工，总投资250万元，完成4个小区及5个学校的雨污水管网疏通、清淤、检测，共疏通清淤各类管道近57千米。全年排查各类排水户100余家，下发整改书50余份，立案查处2户，基本做到辖区重点排水户排水许可证全覆盖。通过物、业、居三方联动，合理设置点位，定时定点，守桶督导等方式将全街道42个小区原有的1275个分类垃圾桶点位撤并至250个点位，安装搭把手智能回收箱28个，先行先试开始精细化管理和垃圾投放新模式。处理智慧城管案件6149件；处理行走甬城案件236件；处理鄞领城市案件49件。

临时救助困难群体73人次，发放救助资金15.80万元；开展大病医疗救助16人次，发放救助金共计16万元。受理公共租赁住房申请54户，应家限价房申请84户。建立街道首个千万级慈善冠名基金“斯正咨询慈善公益基金”。2019年度“慈善一日捐”募集善款126万元。申报受理残疾人重度护理补贴385人，城乡居民养老和医疗补贴40人，庇护性就业申报242人，创业就业专项政策扶持2人。帮助申请中国残疾人基金会“阳光伴我行”儿童轮椅2把。为到期的257个残疾证做好换证工作。为17名残疾学生申请助学补助，金额19000元。

添置“最多跑一次”自助服务终端机5台，推进人社“一体化”平台的应用。组织辖区企业参加新春招聘会，提供岗位近100个。对辖区78家企业进行用工情况调查，对150家企业职工国税补助进行摸底。新增办理失业证544人次，新增发放救济金509人次，注销失业证501人次，发放城镇失业救济金5165人次，合计金额7544461元。组织企业退休人员文体活动41场次，参加人员达11216人次。为5915名符合条件人员申报计划生育奖励扶助金，动员127人参加国家免费孕前优生健康检查。组织开展“两癌筛查”服务150人次。

表32　　2019年东柳街道各社区基本情况

社区	面积（平方千米）	户数（户）	户籍人口数（人）	集体经济总收入（万元）	集体经济总费用（万元）	集体经济净收入（万元）	总资产（万元）
安居社区	0.16	2441	5595	—	—	—	—
东海花园社区	0.16	1136	2825	—	—	—	—
东柳坊社区	0.48	3487	4662	—	—	—	—
华侨城社区	0.66	3635	4651	—	—	—	—
华光城社区	0.20	2512	4817	—	—	—	—
锦苑社区	0.30	2986	6269	—	—	—	—
幸福苑社区	0.25	2623	4660	—	—	—	—
太古城社区	0.31	3961	5920	—	—	—	—
园丁社区	0.25	2471	4048	—	—	—	—
月季社区	1.60	2524	6310	—	—	—	—
中兴社区	0.23	2120	5062	—	—	—	—

说明：表格中数据为调查数

【获评全国智慧健康养老应用试点示范街道】 2019年，东柳街道获评全国智慧健康养老应用示范街道。街道60周岁及以上老年人口10672人，占总人口的15%；80周岁以上老年人口1275人，占老年人口12%，街道拥有各类医疗卫生机构11家，执业医生340人，护士450人。社区公共文化站、图书馆11个，区域性居家养老服务中心2家，残疾人日托中心1家，居家养老服务站点11家。辖区有体育健身广场8个，晨晚练点28个，老年活动室19个、健身室5个、乒乓球室5个、健身路径40条。街道与辖区学校共驻共建，8所学校室外体育场地对居民开放，总面积达到4万余平方米，拥有AAA级居家养老服务站3家、AA级站点5家、A级站点1家，每个服务站点都配备老年人日托躺椅，设有棋牌室、阅览室、活动室、卫生间等日托功能区块，AAA及以上站点配备老年食堂、就餐区、保健理疗室等拓展功能。所有站点总服务用房面积超过5500平方米，持证养老护理员17人，委托第三方社会机构驻点运营的服务站点7家，实现10分钟步行养老服务圈。

【潘明杰获评司法部“大排查、早调解、护稳定、迎国庆”专项活动表现突出个人】 2019年，东柳街道潘明杰获评司法部“大排查、早调解、护稳定、迎国庆”专项活动表现突出个人。东柳街道探索党建引领全域治理老潘警调（联调）中心扩面提质工作，搭建党建工作室，在11个社区建立“小潘联调工作室”，选点辖区企事业单位建立分站点，引入律所、公证、司法鉴定等法律服务资源入中心，成立公共法律服务点。全年共达成书面调解协议65起，成功率100%，其中疑难复杂案件32起、群体性事件2起，涉及当事人400余人，涉案金额2000余万元；8月底化解一起国企混改引发的群体性劳动纠纷，涉及金额共达1700余万元。

【获评宁波市“污水零直排街道”】 2019年，东柳街道获评宁波市“污水零直排街道”。街道辖区有河道13条，小微水体1条，河道总长度11.50千米，水域面积约26万平方米。通过排口专项普查，完成街道辖区排水管线图，共计各类管线290.50千米，其中雨水管线172.50千米、污水以及雨污合流管线118千米。探测管线点40063个，其中雨水管线点22798个、污水管线点17265个。完成园丁小区整体阳台水改造工程，项目新建各类管线约2300米，雨水立管约2200米，各类检查井150座。累计拆除涉河违建250平方米，清理沿河垃圾70余吨，修复沿河各类绿化1500余平方米。

2019年9月27日，庆祝中华人民共和国成立70周年合唱比赛暨东柳街道第六届睦邻文化节主题晚会在宁波天然舞台举行

【安居社区获评省级高质量就业社区】 2019年，东柳街道安居社区获评省级高质量就业社区。安居社区现有劳动年龄段2029人，大专以上学历996人，在1名专职劳动保障工作者、2名兼职工作者共同努力下，社区消除“零就业家庭”，在2015年、2016年获区级人力资源和社会保障先进集体。社区就业率99.17%，失业登记人员再就业率超过90%，创业带动就业率25.81%。向辖区内、外企业、个体工商户推荐社区未就业居民16人，通过“就业创业课堂”培训，推动“失业人员”“4555人员”提升就业技能，转变观念，2019年累计开展培训4次。

【庆祝中华人民共和国成立70周年合唱比赛暨东柳街道第六届睦邻文化节主题晚会】 2019年9月27日，庆祝中华人民共和国成立70周年合唱比赛暨东柳街道第六届睦邻文化节主题晚会在宁波天然舞台举行。晚会由东柳街道办事处主办、浙江恒宏文化发展有限公司协办，以“不忘初心 牢记使命 唱响新时代”为主题，园丁社区、幸福苑社区等11个社区，宁波神凤海洋世界有限公司等3家辖区企业以及街道文化站共15支文化团队，现场表演《我爱你中国》《不忘初心》《走向复兴》《歌唱祖国》《春天的故事》等15个合唱节目。晚会吸引1000名观众观看演出。

（陆颖聪）

中河街道

【概况】 2019年，中河街道辖17个社区、3个行政村、10个股份经济合作社。区域面积8.80平方千米，总人口22万人，其中户籍人口9.70万人。实现地区生产总值70.30亿元，比上年增长23.20%。财政总收入9.16亿元，增长7%。

完成固定资产投资17.30亿元，总投资14亿元、建筑面积13.30万平方米的宝龙商业广场项目于12月22日开业。宁波赛丰电子科技有限公司总投资1.10亿元、年产2000万只汽车执行器的智能工厂项目用时11个月完成结顶；宁波精成车业有限公司在汽车整车及零部件行业技改投入2000万元，与浙江大学达成共建“电机电器联合研发中心”，5年投资1000万元；集成电路封装测试设备制造商唐人制造引进科技部5000万元战略投资。实现限额以上住宿餐饮业营业额3.46亿元，增长8.60%，服务业增加值占GDP的比重达82%。街道现有限额以上服务业企业64家，限额以上批发零售业企业91家，限额以上住宿餐饮业企业24家。累计实现外贸进出口13.66亿美元，增长10.54%；其中出口累计12.62亿美元，增长10.77%，进口累计1.04亿美元，增长7.76%。累计完成实际外资831万美元；实际引进宁波大市外内资7.10亿元；浙商回归实际到位资6.85亿元。累计引进各类人才1901人，其中高素质人才25人，宁波沧海控股集团有限公司褚君浩院士工作站正式授牌成立；中国针灸奠基人、中国工程院院士、国家突出贡献专家石学敏院士团队在中河街道成立石学敏针灸研究院。推进楼宇经济发展“百日攻坚”行动，和邦大厦成立全省首个正式注册的楼宇商会，试点建设全市首个“楼宇社区”，累计完成整规企业177家，完成178家目标的99.40%，新注册回归企业42家。

钢材市场地块、孙马医疗、树脂砂轮厂、八仙地块开发出让，东湖邻里中心、黄泥桥地块建设及其配套基础设施项目进场施工；80公顷中河都市工业区规划方案初步形成；6月30日轨道交通3号线按时试运行。整治违规使用车棚、车库714间，清除各类广告285个。开展夜间市容整治47次，整治无证摊贩75起，跨门占道840余起。实施兴裕新村有机更新，累计完成停车位改造635个（铺装改造505个，画线新增130个），铺设管线9200余米，实施路面硬化及道路改造21200余平方米。汪董小区完成管网改造1700米，路面及停车位改造约2800平方米。对宋诏桥片区800余个楼道实施楼道亮灯工程、750盏公共路灯实施线路和灯头综合养护，修复各类线路、灯头问题120余处。对天静巷及周边路段景观实施改造并进行综合提升改造，计划投资约800万元。对宋诏桥工业片区、四明小区、凤起路两路两侧实施全方面环境综合整治，完成场地清理平整25700平方米。

推进“三改一拆”专项行动，累计拆违7.20万平方米，完成任务量的128%。推进“五水共治”工作。检测管道17.40千米，摸清问题点位数量200余处，完成5个问题的销号，完成“污水零直排街道”省级创建验收和宁波市“基本无违建街道”创建。

推进“最多跑一次”办事事项100%全覆盖。街道服务中心进驻权力事项和公共服务事项共94项，村（社区）便民中心服务事项计31项，实现全区通办16项，就近办理39项，网上办理40项，一次办结86项，一证通办49项，零上门12项。孝顺儿媳陈良飞作为宁波市唯一代表受邀参加第八届“浙江孝贤”颁奖典礼，获评“宁波好人”“鄞州好人”等称号。各村社累计开展文明交通、平安巡查、文明督导、垃圾分类等各类志愿服务162次，参与志愿者达5000余人次，开展公益培训26次。阶段性完成“艺起来”社会力量参与全民艺术技能培训项目授课176次。开展“天天”惠民系列，送戏下乡76场，免费电影95场，服务12000余人次。12个社区统一社区服务中心建立服务大厅，鄞州区村社治理竞技赛东城、金城、剑桥3个社区分别获得三等奖、优胜奖和一等奖，6个社区进行特色化社区创建，展现“一社一品”。飞虹新村、凯旋明天、金色珑庭等11个小区完成业委会换届和成立工作，37个小区完成阳光财务公示，完成率82.20%。飞虹、彩虹、金馨3家居家养老服务站的AA级审批通过。登记成立15家社区社会组织服务中心，平均每个社区拥有社团20个。

表33 2019年中河街道各社区（行政村）基本情况

社区（行政村）	面积（平方千米）	户数（户）	人口数（人）	集体经济总收入（万元）	集体经济总费用（万元）	总资产（万元）
彩虹社区	0.15	2470	7179	—	—	—
城兴社区	0.28	3636	11000	—	—	—
春城社区	0.19	2535	7900	—	—	—
东城社区	0.98	1611	4885	—	—	—
东湖社区	0.46	5024	16562	—	—	—
东裕社区	0.41	4016	7700	—	—	—
飞虹社区	0.30	4006	13315	—	—	—
凤凰社区	0.18	2884	8600	—	—	—
剑桥社区	0.35	3302	10560	—	—	—
金馨社区	0.32	3032	9702	—	—	—
桑菊社区	0.32	2857	8000	—	—	—

续表33

社区（行政村）	面积（平方千米）	户数（户）	人口数（人）	集体经济总收入（万元）	集体经济总费用（万元）	总资产（万元）
宋诏桥社区	0.26	3270	13375	—	—	—
天城社区	0.35	4029	9200	—	—	—
汪董社区	0.50	3369	11366	—	—	—
兴裕社区	0.36	3732	9300	—	—	—
锦寓社区	0.18	1550	4530	—	—	—
金城社区	0.52	3627	10015	—	—	—
孙马村	0.56	281	731	1183	850	9195
潘一村	0.55	227	612	1550	1090	5462
宋诏桥村	0.70	950	2347	1326	1153	35920

说明：表格中数据为调查数

【“中河议事厅”活动】 2019年，中河街道创新工作机制，推出“中河议事厅”活动，通过该活动解决基层社会治理工作的难点堵点、分享基层管理工作中的创新经验、培养能讲会写敢说敢做的新时期干部。6月11日举办首期红色鄞领人党建专场竞技赛，针对辖区内3个典型社区的治理难题，由社工代表、联村联社代表以及街道相关科室分别进行解答；8月13日举办聚焦楼宇发展主题的第二期活动，探讨楼宇发展大计、共破难题，解放思想大讨论，活动获区委书记褚银良批示肯定；12月10日举办聚焦物居业治理主题的第三期活动，通过开展物居业三方对话，共同谋划社区治理中的难点破解，为品质中河建设注入新活力；“中河议事厅”为街道高质量发展、建设高品质街区增添新活力，为街道创新基层治理提供新解法、新思想。

【宋诏桥区域环境综合整治】 2019年3月4日，市委常委、区委书记褚银良现场检查杭甬高速公路沿线宋诏桥村段周边环境，作出“2天见方案、7日见成效”的工作要求。中河街道对接区综合执法局、区“三改一拆”办等有关部门，对飞虹立交桥下以东、杭甬高速公路以南、前河北路以西、兴宋路两侧及以北区域，针对毁绿种菜、各类垃圾杂乱问题，组织全体机关工作人员及属地村工作人员全员参与环境整治行动，实行现场办公、每日督查，倒排时间细化关键节点，确保各项工作推进，共完成场地清理平整12000平方米，清理各类垃圾瓦砾320余车。拆除违法建筑305间，共计面积13500平方米。取缔违法食品加工作坊10家，群租房2处。各类同步市政工程，疏通兴宋路雨污管网1.20千米，修剪树木40余株，道路硬化800平方米，补种绿化600平方米，修复低洼积水处5处，实施绿化带硬化铺装约500平方米。

2019年9月24日，2019年中河城市生活周暨第十一届文化艺术节举行

【宝龙广场建成开业】 参见“服务业”类目“商贸流通”分目。

【2019年中河城市生活周暨第十一届文化艺术节】 2019年9月24日，2019年中河城市生活周暨第十一届文化艺术节举行。自2012年起，中河街道每年举办城市生活周。城市生活周成为见证中河发展、展示中河品质建设的名片。恰逢新中国成立70周年，开幕式以庆祝新中国成立70周年为主题，分“岁月之火”“奋进之歌”“前行之梦”三个篇章，反映新中国成立70周年党和国家的发展成就，展现中河街道取得的成果及对未来的发展规划。活动中，中河街道准备“中河发展成就展”、“喜迎国庆 中河有礼”购物嘉年华活动，“践行新时尚，中河作表率”垃圾分类宣传社区志愿活动以及各社区迎国庆大联欢活动。

【中河初级中学开工建设】 2019年11月29日，鄞州区中河初级中学项目开工建设。学校将于2021年9月招生。该项目由宁波市鄞州区教育局具体实施，项目总用地面积6.10万平方米，建筑面积6.26万平方米，班级规模为中学63班，机动车位337个（地下312个，地上25个）。项目估算总投资为7.48亿元（其中建安工程费为3.30亿元）。项目地点位于中河街道钢材市场地块，东邻甬台温高速，西邻沧海路，南邻鄞县大道，北邻贸城东路，地块被大洋江分为南北两部分。2017年7月，区发改局印发《关于同意鄞州区中河初级中学工程项目建议书的批复》。至年底，学校北区实施土方工程，南区实施桩基工程。

【鄞创大学生创业园获评国家中小企业公共服务示范平台】 2019年11月26日，工业和信息化部发文《关于公布2019年度国家中小企业公共服务示范平台的通告》，宁波市鄞州区鄞创大学生创业园入选国家中小企业公共服务示范平台。该创业园于2015年12月成立，为初创型、科技型的青年企业或创客提供创业服务。园区又名“7号梦工场”，地理位置优越，周边高校资源充足，商业资源丰富，商学兼济。园区共有建筑面积13万平方米，开辟“7号创客工场”“创业苗圃区”等开放互动的众创空间。园区推行“全域孵化”创新理念，打通从创客—苗圃—青年创业—科技孵化的创业生态链，构建园区+基层+高校+企业的全域孵化新空间，建立培训辅导+政策优化+金融扶持等形式多样化、内容多元化的服务体系。至年底，园区毕业企业507家，在孵企业265家。多年来孵化企业获评高新技术企业。

（王　韵）

东郊街道

【概况】 2019年，东郊街道辖5个社区和11个股份经济合作社。区域面积2.98平方千米，户籍人口13184人，股份经济合作社股民11252人。

实现地区生产总值68.81亿元，比上年增长12.50%。财政总收入5.71亿元，下降10.50%。固定资产投资58.30亿元，完成年度目标53亿的110%，研究与试验发展经费支出总额完成5356万元，增长28.09%。全年共引进企业266家，注册资金12.40亿元，消化楼宇面积3.30万平方米，其中异地招商企业138家，全年实到市外内资7.64亿元，完成年度目标的107.60%；实到省外浙商回归资金15.41亿元，完成年度目标的237%。

年度征迁计划项目12个，涉及房屋签约面积约15万平方米，拆除面积5.60万平方米；储备项目4个，涉及房屋签约6万平方米；“拔钉清零”项目6个。全年完成净地3个，分别是仇毕地块A、金钟地块和王家车头地块。剩余三号桥、宁舟巷和戎家3个项目完成签约“清零”，房屋部分完成拆除。被列入全区项目大攻坚的重大实施项目有4个：中海宁波湾一期、中海宁波湾二期、轨道交通3号线永达路站项目、海田国安地块项目。宁丰2-1地块、中海宁波湾一期全面交付；宁波湾二期项目、轨道交通3号线永达路站地块项目、海田地块项目、百宁街东侧地块项目进展顺利；仇毕安置房项目基本竣工。中海环宇城大型商业综合体、南苑地块五星级酒店及南侧荣安项目开工建设。

全年累计完成违法建筑拆除8.16万平方米，拆违完成率196.50%。拆违治乱百日攻坚期间，累计拆除新增违建18331平方米，新增违建累计处置30644平方米，累计处置完成率167.17%，其中拆除连片新空间0.62公顷。规范住宅小区雨污分流，全面开工福海花园和飞虹海苑、兴宁路以南住宅小区两个雨污分流改造项目。突出排水许可管理，发放排水许可证38家，完成年度目标任务126.70%。推进洗车行业洗车废水专项整治，8家洗车店全部完成排水许可证办理。开展“三大攻坚”专项行动，针对辖区内环境问题和“散乱污”问题点位划分重点区域网格开展整治，先后完成仇毕社区内仇毕坊老小区、仇毕村主干道、老宁横路沿线、宁燕大楼南侧等重点区域积存垃圾进行清理，共计300余吨，清理“牛皮癣”200余处。组织开展宁丰区块沿街店铺跨门整治行动、蔬菜批发市场南侧地块环境提升行动以及兴宁路沿线环境整治行动，提升辖区城市形象。

街道通过设置“网格工作事项清单”，建立网格事项准入机制，促使社工从“条线社工”向“全科全岗”转型，对网格事务实现“一口受理、全街通办”。通过“书记领项”综合统筹工作，推进“一社一特”建设，提高社区治理综合水平。街道相继拟定下发《东郊街道社区网格准入事项查询手册（试行）》《东郊街道“双全社工”制度服务清单及工作样表（试行）》《东郊街道“书记领项”“网格准入”事项汇总》《东郊街道社区网格工作清单》，将街道层面涉及社区公共服务内容通过事项整合，以“两表六单”形式，实现全街道的数据统筹。网格居民服务清单划分为12大类人群，66项服务内容；网格企业楼宇服务清单划分为4类对象、7方面服务范围；“书记领项”工作清单划分为五大块内容、30个项目；网格入户宣传清单划分为14个创建单位、16项宣传内容。在“两表六单”的基础上，对社区各类数据全面统筹，明确数据结构、口径和格式，确定社区基础数据锚点，优化数据采集任务流程，发挥数据集成优势减轻社区重复劳动。

开展安全生产检查巡查近500人次，发现隐患175处，整改171处，整改率97.71%。企业法人（负责人）及安管员参加网上培训超额完成年初任务数，安全生产领域共办理一般程序案子23起，结案20起，办案数量和罚款金额居同类镇（街道）前列。针对辖区内市场集中，六大市场共建设充电车棚面积约1080平方米；投入资金25万元，安装智慧用电120套，此外，街道在2个老旧小区新建30套新型集中式智慧充电桩，完成建设“3+3”的社区微型消防站。

表34　2019年东郊街道各社区（股份经济合作社）基本情况

社区（股份经济合作社）	面积（平方千米）	户数（户）	人口数（人）	集体经济总收入（万元）	集体经济总费用（万元）	总资产（万元）
宁丰社区	0.19	2979	4620	—	—	—
仇毕社区	0.62	3216	1154	—	—	—
海悦社区	0.47	2406	5134	—	—	—
江丰社区	0.39	3256	2275	—	—	—
横石桥社区	1.31	1664	5754	—	—	—
惊驾股份经济合作社	—	578	1688	7112	1662	78852
徐家股份经济合作社	—	225	594	2628	192	32942
戎家股份经济合作社	—	302	592	1433	156	13572
东升股份经济合作社	—	202	437	539	143	10735
甬升股份经济合作社	—	325	645	2882	719	25721
宁东股份经济合作社	—	250	550	1469	135	20708
宁舟股份经济合作社	—	454	823	1730	189	18161
宁江股份经济合作社	—	345	1169	1988	305	36009
矮柳股份经济合作社	—	510	1519	2641	199	36768
宁丰股份经济合作社	—	516	1110	281	333	51541
仇毕股份经济合作社	—	716	2125	4185	406	41717

说明：表格中数据为调查数

【外来务工人员帮困基金设立】 2019年1月9日，东郊街道设立全区首个企业冠名外来务工人员帮困基金。宁波市市区农村信用合作联社东郊信用社与鄞州区慈善总会签订协议，信用社建立冠名基金100万元，以留本捐息形式建立"外来务工人员帮困基金"。东郊信用社将连续5年捐赠百万基金的收益部分，每年约6万元，合计捐赠30万元。捐赠善款将专项用于在东郊街道辖区生产生活的外来务工人员，解决因企业拖欠工资造成人员临时性生活困难等问题。

【鄞州区2019年首宗地块挂牌出让】 2019年1月14日，东郊街道完成2019年全区第一宗地块拍卖，实现项目建设开门红。当天经过50轮竞价，宁波南苑假日酒店有限公司以楼面地价每平方米3630元，总价7267.26万元，溢价25.60%竞得该地块。该地块位于长丰地段宁丰滨江区块，东至规划三路，南至新典路，西至江东南路，北至用地界线。地块规划为酒店用地，面积0.80公顷、容积率2.50，根据出让条件，项目将配建面积不低于2万平方米的五星级酒店。

【东郊街道合作社党建联盟"南北分区、支部轮值"模式推行】 2019年1月22日，东郊街道以街道基层党组织书记抓党建工作述职评议大会为契机，正式启动合作社党建联盟"南北分区、支部轮值"大比试。东郊街道下属10个合作社党支部按照地理分布划分成南、北两个片区。其中，宁东、宁舟、矮柳、宁江、宁丰5个股份经济合作社共同参与组建南片区党建联盟，惊驾、

2019年2月26日，东郊街道合作社党建联盟"南北分区、支部轮值"党日活动举行

戎家、徐家、甬升、东升5个股份经济合作社共同参与北片区党建联盟。合作社党建联盟共同制定“结对共建、梯队共进、制度共守、成果共享”的“四共”盟约。南北片区党建联盟在盟约基础上探索实行组织生活“单双号”制，单月独立组织生活，双月由轮值合作社党支部牵头开展开放式组织生活，开放式组织生活围绕如何促进集体资产保值增值、贯彻“三清单一流程”等共性问题，实现资源共享。

【仇毕地块集体住宅实现“拔钉清零”】 2019年3月19日，东郊街道仇毕地块集体土地上2户未签约村民的住宅被拆除，仇毕地块集体住宅实现“拔钉清零”，助力“中部科产城融合带”建设奠定基础。

【东郊街道首届“红雁驻社”竞技赛】 2019年6月25日，东郊街道首届“红雁驻社”竞技赛举行。“红雁驻社”是东郊街道10年来坚持“七联系”制度基础上创新推出的党建项目，全体科级干部沉入一线，进驻社区和合作社，通过驻社助心、驻社助力、驻社助阵、驻社助跑，打造“第一书记”东郊样本。当天竞技赛设置“主题对擂”“破解难题”“评委点评”等环节，驻社干部现场讲述本人在联系社区或合作社方面的成绩、优势、下步工作思路等内容。

【东郊街道“双全”社工大比武活动】 2019年9月19日，东郊街道“双全”社工大比武活动在新舟宾馆举行。“双全”指全科网格、全能社工。东郊街道自7月开始试行“双全”社工模式，社工作为格长，在各自的网格内成为一揽子事务服务专家，实现一人多岗、一专多能，优化东郊街道基层全域治理体系。比武现场17名社工在现场展开竞争。比武活动共设3个环节，分别为“网格小故事”“民情一口清”“巧解千千结”，考验参赛选手对网格基础信息、居民骨干的熟悉程度、业务综合素质以及对社区突发事件、特殊案例的处置能力等。

【东郊街道居家养老中心开业】 2019年12月10日，东郊街道居家养老中心正式开业。东郊居家养老中心共三层楼，占地面积1500平方米，可为老年人提供居家康护、社区照护、全程陪护、床上洗浴、老年课程及兴趣俱乐部等多项服务。

（姚　琦）

下应街道

【概况】 2019年，下应街道辖9个行政村、5个社区、1个渔业社和1个居委会。区域面积9平方千米，户籍人口22717人，流动人口20125人。实现地区生产总值26.28亿元，比上年增长8.90%。财政总收入9.65亿元，增长12.40%，其中一般公共预算收入5.37亿元，增长9.80%。

实现农林牧渔业总产值890万元。13个村（社）财务总收入2924万元。15家规模以上企业实现产值22.09亿元、销售20.07亿元、利润总额2.93亿元。全社会固定资产投资61.74亿元。规模以上服务业增加值2.75亿元，增长9.40%。限额以上商品零售额1.02亿元。进出口总额1.77亿美元，其中出口总额1.40亿美元，增长8.10%。引进内资7.84亿元，实到外资1464万美元，“浙商回归”资金6.52亿元。全年申报人才843人，其中“四高”（高学历、高职称、高技能、高级经营管理）人才54人。“汇聚·创业里”新引进企业32家，新增传奇农业产业孵化器，引进分子育种农业企业14家。宁波保险科技产业园新引进宁波华鼎建设有限公司、宁波市交建工程监理咨询有限公司（注册尚未变更至属地）、宁波华谊诺进出口有限公司、宁波梵宇进出口有限公司、宁波梵宇星进出口有限公司、宁波市鄞州乐诺思国际贸易有限公司等优质建筑类、贸易类企业。美康生物科技股份有限公司获得2019年宁波市综合企业百强第83位、宁波市制造业企业百强第42位、宁波市竞争力企业百强第11位。宁波美康盛德医学检验所有限公司获2019年度科技服务业“亩产效益”领跑者。宁波汇聚产业园发展有限公司获评2019年度国家中小企业公共服务示范平台（信息服务，创业服务）、区级文化创意产业园。宁波培罗成集团有限公司获第二届中国职业装十大领军企业。宁波传奇农业科技有限公司、宁波鄞州中铭农业科技有限公司被推荐认定为浙江省农业科技企业。

提前90天完成区级“拔钉清零”项目，全年完成协议签订面积22179.44平方米。完成江六村拆迁安置工作，共计抽签安置房屋980套。完成洋江水岸幼儿园、君睿名苑小区竣工验收。推进启城商务大厦3号楼及附属建筑精装修。实现金达南路、首南东路、泰康东路建成通车。推进启明南路、湖下路等重大基础设施建设，推动鄞州智能健康产业园、新希望地块、荣安地块、中海地块等重点工程项目建设。

公共事务服务中心以打造优质服务平台为核心，推广“互联网+政务”的服务模式，抓好服务，实现政务服务事项向村（社区）服务中心全进驻和区级“最多跑一次”事项全覆盖，代办村（社区）各类业务共1000余件。健全社会保障和救助机制，企业养老保险网上基数申报完成率99%，退休人员资格认证率达90%。为201家单位办理各类补贴共635.70万元，人力资源调查完成度100%。发放创业贷款11笔，发放额度为315万元，贷款额度考核完成率达126%。处置劳动仲裁、农民工欠薪等案件共计96起，结案率100%，裁决及调解金额总计约1059万元。

教育资源拓展，完成“一初中三小学六幼儿园”的布局，完成洋江水岸幼儿园、融创涌宁府幼儿园竣工验收。学校发展内涵提升，全年辖区内共有20个课题在国家、省、市、区立项、获奖；李关弟中学普高上线率达50.40%，为历年来最高。优生健康检查完成率104%，领先全区各镇（街道）。开展丰富多彩的文化活动，举办“周日文化”“天天系列”、阿拉“艺起来”等公益活动近200场，包括《一湾到底是大道》新书首发式暨2019天宫庄园第十六届桑果节开幕式等活动。开展健康咨询、人口计生、妇儿、青少年、红十字和民族宗教等活动，基层妇女组织改革工作完成。

调解矛盾纠纷95起，涉及标的金额588万余元，调解成功率100%。处理反映拆迁安置、社区物业管理等领域的信访案件共计290批次，办结率100%。做好群体性事件专项处理，解决下应菜市场摊位管理、下应教堂迁建等问题隐患。重视安全生产，完善安全生产体系，排摸安全生产隐患856处，整改率98%。

表35　　2019年下应街道各行政村（社区、渔业社、居委会）基本情况

行政村（社区、渔业社、居委会）	面积（平方千米）	户数（户）	人口数（人）	集体经济总收入（万元）	集体经济总费用（万元）	总资产（万元）
江六村	0.92	468	1309	961.37	101.05	8247.81
黎明村	0.83	330	850	887	890	5421
史家码村	0.89	319	912	772	103	5315
河东村	0.68	280	739	880	854	3487
河西村	0.62	296	727	498	42.7	4580
胜利村	0.77	349	902	636	591	5682
东升村	0.83	294	826	431	406	1655
姜村村	1.52	502	1275	432	34	11000
湾底村	1.1	401	1092	3981	2539	60587
天宫社区	0.17	843	1955	—	—	—
景湖社区	0.12	916	2300	—	—	—
海创家园社区	0.38	4960	24800	—	—	—
洋江水岸社区	0.27	2283	5708	—	—	—
东兴社区	0.24	2901	8669	—	—	—
渔业社	—	—	—	—	—	—
下应居委会	0.34	392	974	—	—	—

说明：表格中数据为调查数

【下应街道洋江水岸社区城市记忆馆投入使用】 2019年2月26日，下应街道首个城市记忆馆在洋江水岸社区建成并投入使用，成为社区居民见证发展足迹、留存地方记忆的精神家园。该社区是由姜村、河西、胜利、东升4个村拆迁组成的安置型小区，社区向各村村委会与居民收集资料和物件，并与设计公司共同规划布置150余平方米的洋江水岸城市记忆馆。城市记忆馆设在小区11幢，由三个分展厅组成，分别为村史展厅、日常生活展厅和生产工具展厅，展示改革开放40年来下应的人事、风俗变迁。在村史展厅，以4个村的村志和村内变迁的照片，展示各村的情况；日常生活展厅通过展柜和照片，展示20世纪80、90年代村民的生活方式及生活物品；生产工具展厅，展示原始的农业生产工具和手工业工具。

【万卷路（纬六路）区级“拔钉清零”项目完成】 2019年3月29日，下应街道万卷路（纬六路）集体住宅1户212平方米房屋拆除，提前90天完成区级“拔钉清零”项目。该项目是中海社区出行主要配套道路之一，涉及金达南路重点工程的顺利贯通和鄞州中医院（美康中医院）按期开业的保障。项目启动后，下应街道在区法院、区征管办现场监督下，对该处建筑实施司法拆除。

【《一湾到底是大道》新书首发式暨2019第十六届天宫庄园桑果文化节活动】 2019年4月27日，《一湾到底是大道》新书首发式暨2019第十六届天宫庄园桑果文化节活动在下应街道天宫庄园举行。活动由区委宣传部、区文广旅体下应街道办事处主办，区长跑协会、下应街道湾底村、宁波天宫庄园休闲旅游有限公司承办。文化节开幕式上举行《一湾到底是大道》新书首发式。该书由红旗出版社、区委宣传部、区文联、下应街道等共同策划，省作家协会诗歌创作委员会主任、杭州市作家协会副主席孙昌建创作，是对新中国成立70周年的献礼。该书将湾底村作为中国农村发展的一个缩影进行剖析，反映改革开放对乡村的深刻影响。作品讲述吴祖楣是如何带领湾底村在改革开放40年历程中，以“穷则思变”“创业万岁”“人民第一”为思想统领，带领村民农业起家、工业发家、生态兴家，摸索探寻出湾底村在乡村振兴中独具特色的实施路径，最终实现湾底村的乡村蝶变。桑果文化节

2019年4月27日，《一湾到底是大道》新书首发式在下应街道天宫庄园举行

以桑蚕文化的主线，以文化创意提升节庆活动，融入旅游、文化、体育等多种产业元素。活动开展采摘互动体验、传统乡村美食、植物科学探秘等传统项目，新增趣味马拉松、桑果音乐节、文创市集、公益笑脸墙等活动，活动持续到5月底，参与人数达14.20万人。

【下应街道退役军人服务站投入使用】 2019年7月11日，下应街道退役军人服务站投入使用。该服务站位于下应街道办事处二楼，室内有老兵物品陈列展示，设有退役军人接待联络服务台、军人荣誉墙、老兵谈心室、老兵资料智能查阅系统等功能区块。服务站通过与华数集团合作，为辖区内22名重点优抚对象拍摄纪录片《芳华》，以歌颂退役军人们为祖国奉献青春年华的精神。

【悦邻菜市场开业】 2019年12月14日，下应街道悦邻菜市场开业。下应街道悦邻菜市场位于下应启明南路与首南东路交汇处，自2016年由鄞城集团开发建设，2019年5月竣工验收。该菜市场是商贸综合体悦邻汇邻里中心的一个组成部分，位于综合体的一楼，占地面积2000余平方米，内设251个摊位，涵盖冰鲜、海产、蔬菜、肉禽等10余个品类的产品。新菜场整体经营环境、配套设施、购物舒适性得到提升，基本能满足周边居民的生活需求。

【"自助微诊室"海创社区卫生服务站上线】 参见"卫生与健康"类目"医疗卫生管理"分目。

（叶　逸）

明楼街道

【概况】 2019年，明楼街道辖11个社区。区域面积3.60平方千米，总人口36099人。实现生产总值33.60亿元，财政总收入3.83亿元，比上年增长4.50%。一般公共预算收入1.77亿元，增长3.90%。

实现规模以上工业主营收入1.21亿元，规模以上工业增加值0.27亿元；规模以上服务业企业营业收入154.83亿元，增长70.10%；规模以上服务业企业营业利润6.70亿元，增长2.20%；规模以上服务业增加值24.28亿元，增长6.40%；营利性服务业营业收入63.67亿元，增长28.80%；限额以上批发零售业销售额68.35亿元，增长179.30%；限额以上社会消费品零售额4.95亿元，增长8.80%；限额以上住宿餐饮业营业额0.60亿元；进出口总额0.97亿美元，其中出口总额0.79亿美元；高新技术产业增加值0.09亿元，增长29.10%。

引进注册资金77亿元的宁波中交象山湾疏港高速公路有限公司、注册资金20亿元的宁波交投资源有限公司、注册资金10亿元的宁波工投产业投资基金有限公司、注册资金8亿元的甬商实业有限公司等一批优质企业。宁波中交象山湾疏港高速公路有限公司、宁波甬芯集成电路股权投资有限公司、宁波富甬制造业投资基金有限公司等项目在中东欧论坛、天南海北鄞州人等重大经济主体活动中签约亮相。推进楼宇经济发展"双百攻坚"行动，排摸辖区10栋楼宇，排查出区外企业72家。天伦商业广场、东岸里商业街、惊驾路餐饮一条街3个商圈，涉及149家经营主体，完成楼宇系统数据录入，其中惊驾路餐饮一条街11家年营业额达到200万元以上的个体户申报纳入规模以上商户。培育企业申报高新技术企业，对辖区30余家限下的科技企业进行基础信息摸底，挖掘有潜力的企业"上规"。宁波市化工研究设计院有限公司高企复评，浙江艾汇教育科技有限公司高企申报，宁波摩根工业设计有限公司等企业申报高企培育库。街道有高新技术企业6家，完成创新型初创企业备案10家，新申报区级企业工程技术中心2家。发挥京东众创宁波创新设计产业基地等创新基地的人才和项目集聚效应，推荐申报人才项目9个，其中"3315计划"项目1个，"泛3315计划"项目3个，"创业鄞州·精英引领计划"6个。街道推荐的殷浓利数字公证赋能成功入选"泛3315计划"专业服务领域创新人才；街道企业宁波市江东开米家庭服务有限公司张甜获评区实用人才评选"鄞州银匠"。2019年1月1日至4月30日开展第四次经济普查工作，完成普查总数2063户，其中单位数量1582户（法人单位1349户，产业活动单位233户），个体户481户。

常青藤、和丰、惊驾、东海、明南5个社区创建文化活力型、党建引领型、文化活力型、环境美丽型、和谐幸福型等特色社区，和丰社区获评市品质社区第二名，作为鄞州区唯一基层组织获评宁波市社会工作示范基地。11

个社区社会组织服务中心完成民非登记工作，街道社会组织平台建设达标。开办首届社工成长研习营"凌云志"，组织40名社区专职工作者参加职业水平考试，街道共有全国社会工作师49人、助理工作师28人。开展窗口1小时延时服务，执行5S标准化管理。对街道公共事务服务中心进行微改造，从群众接待区、自助服务区、办事指南、桌面收纳、人员亮相等方面进行提升，完成10个社区便民服务中心标准化改造。推出干部专业代办、党员贴心协办、志愿个性帮办等内容的"红色代办"服务。成立"医保专列"，面向独居老人、高龄老人上门服务，代缴城乡居民医保费用，实现"服务跑零次"。街道残联通过省级残疾人社区康复试点验收，东海社区推进省级无障碍社区创建，街道阳光工坊成功获评四星级残疾人之家。募集慈善捐款146.40万元。慈善、助残等救助和慰问471户，发放慰问金53.40万元。

推进民安小区更新工程，平均每户缴费额度500元，缴费率超过85%，作为全市城镇老旧小区改造暨"基本无违建市"创建推进会现场参观点接待副市长沈敏一行120余人参观团；拆除惊驾路餐饮一条街16间违建店铺、东岸里别墅区违建、海志府及徐戎工地临时工棚、东方魅力会所违建、明楼菜场违建店铺等30余处违建计5000余平方米；通过市"污水零直排街道"复评工作，打击"油烟扰民"顽疾，开展城区餐饮选址"禁设区域"扩面工作。在住宅小区内开展垃圾分类提升行动，完成全部21个小区的"一栏二图三点"设置，街道垃圾投放点位由1451个撤并至132个。陶然轩小区、东外滩花园、明东小区成功创建市级示范小区，银亿东岸创建省级高标准小区，街道创建省级示范街道（片区）。

化解民安小区改造、小区垃圾分类撤桶并点引发的纠纷30余起，受理处置信访案件338件，排查化解矛盾纠纷206起，处置率、调解成功率100%。对辖区内寄递物流、旅馆宾馆、沿街店铺、出租房等重点企业或区域进行检查，整改隐患40余处。发动300余名企业退休人员成为平安志愿者，完成2万余户居民的入户宣传。朝晖、庆丰社区通过平安示范社区、初评和复评。安全生产现场检查200余家次，排查、整改隐患点300个，责令限期整改74家次，处罚10起，罚金14.10万元。组建216名由社区网格长党员骨干、热心群众等组成的"百人宣讲团"，召开全市老旧住宅小区民生顽疾治理经验交流会，推广车棚整治"明楼解法"。

启动"走红·和丰"红色文化体验之旅，打造东外滩党建综合体、和丰创意党建联盟，探索电视"直播"社区后备干部选拔面试。和丰工人运动旧址获评宁波市第二批党员教育示范基地，和丰社区获全区村社治理竞技赛党建专场第一名，卢燚获评市优秀党务工作者和市担当作为好支书，石春雷获评市"兴村治社"名师，获评省级民族团结进步创建重点培育单位。完成街道新一轮科级干部选拔任用工作，提拔6人次、调整任职17人次。选拔29名社区后备干部，分三批提拔16人次，转任重要岗位4人次，对42名社区班子成员进行调整。

表36　　2019年明楼街道各社区基本情况

社区	面积（平方千米）	户数（户）	人口数（人）	集体经济总收入（万元）	集体经济总费用（万元）	总资产（万元）
明东社区	0.25	1667	3982	—	—	—
明南社区	0.08	1556	3567	—	—	—
明北社区	0.09	1736	4028	—	—	—
常青藤社区	0.40	2054	5330	—	—	—
朝晖社区	0.29	904	2290	—	—	—
徐家社区	0.08	1782	4364	—	—	—
徐戎社区	0.15	1717	3968	—	—	—
东海社区	0.10	1266	3095	—	—	—
惊驾社区	0.66	887	2150	—	—	—
庆丰社区	0.81	916	2009	—	—	—
和丰社区	0.69	528	1316	—	—	—

说明：表格中数据为调查数

【宁波国际创新设计周在和丰创意广场举行】 2019年5月10—24日，宁波国际创新设计周在和丰创意广场举行。和丰创意广场作为宁波市工业设计产业主阵地，发挥平台优势举办多场设计主题活动。5月11日，意大利米兰理工大学设计学院的专家教授和德国玩具公司设计总监在和丰创意广场分享经验。宁波诺丁汉大学、宁波大学、宁波工程学院、浙江万里学院、宁波财经学院、浙江工商职业技术学院6所高校派出优秀学生，针对儿童产品及玩具设计项目，与来自“摩根”“浪尖”“明锐”“矩成”“恒兴玩具”等设计公司、制造业企业的近50名设计师进行设计交流。现场展示欧洲多国多领域专家的研究成果，涉及材料学、色彩学、儿童研究、心理研究等20余个行业的96篇儿童设计行业指标。5月12日，荷兰代尔夫特理工大学教授、荷兰设计公司创始人与宁波大学、宁波诺丁汉大学、宁波工程学院、浙江万里学院、浙大宁波理工学院、宁波财经学院、浙江工商职业技术学院7所高校的优秀学生共同探讨医疗器械项目的设计。在和丰创意广场丰庭楼宁波工程学院、浙大宁波理工学院、浙江万里学院、宁波诺丁汉大学、宁波财经学院、浙江工商职业技术学院主办的宁波市六校工业设计联展，180件优秀作品涉及儿童用品、智能家居、移动互联等领域，作品附有学生的相关信息，企业可以对欣赏的学生作品直接下单。和丰创意广场通过与意大利米兰理工大学、荷兰代尔夫特理工大学、英国诺丁汉大学、英国特伦特大学等国际高校合作，架起创新设计智力资源培养输送的桥梁。

【和丰创意政协委员会客厅“请你来协商”活动】 2019年6月28日，宁波和丰创意政协委员会客厅举办“请你来协商”活动。活动聚焦城市精细化发展。围绕“文创设计，让社区变景区”这一主题，省、市、区政协委员从宏观到微观、从国内到国外等层面，从探索社区发展文化动力、将老旧小区改造融入大花园建设版图、让文创设计重构社区景观、通过社区文创和谐邻里和谐等不同角度，展开交流与讨论，提出针对性建议；各相关部门就社区规划、社区管理水平提升等方面作出回应，活动采用线上线下模式，线上“鄞+”客户端吸引粉丝近8万人，留言近400条。

【明楼街道首届社工成长研习营“凌云志”开班】 2019年10月17日，明楼街道首届社工成长研习营“凌云志”正式开班。社工成长研习营针对社区专职社工工作实际，开展“分线、分层、分类”专题培训，提升学习实效。面向社区主要负责人，开设“领头雁”提升营，通过集中授课、研讨交流和外出考察学习相结合方式，强化社区班子成员带头示范，解决责任担当不力、履责能力不足等问题。针对社区副职、后备干部和普通干部，开设“青鸟”培优营，采用理论教学、案例教学、团建活动相结合方式，使社区工作者学习和掌握现代新型社区管理服务的方式方法，拓宽工作思路，增强创新意识。针对新社工入职工作经验不足问题，开设“雏鸟”实训营，通过课堂集中授课、资深社工经验传授、案例分析交流和小组情景模拟相结合方式，加速社工了解社区发展现状和发展思路，适应岗位角色，增强居民服务观念，推动社区各项工作开展。街道向研习营的学员们赠送社会工作工具书，供学员学习分享。区社会工作协会老师以“新时代下社工精神塑造之社会工作伦理价值”为题，为社区干部队伍进行授课。

【宁波富甬制造业投资基金有限公司项目引进】 2019年6月14日，“智鄞未来”中国智能制造高峰论坛暨鄞州区重大项目签约仪式举行，宁波富甬制造业投资基金有限公司项目与明楼街道签约。宁波富甬制造业投资基金项目是宁波市为出资参与组建国家制造业转型升级基金而专门成立的出资平台公司，由宁波工投产业投资基金有限公司、宁波海洋产业基金管理有限公司、宁波金江股权投资基金有限公司共同出资设立，成立于2019年4月25日，注册地址在鄞州区江东北路475号004幢宁波和丰创意广场（15-1）意庭楼1505-3室，主要经营制造业产业项目投资、实业投资，注册资金25亿元。主营模式是通过参与国家级大基金，重点投向制造业基础性、战略性、先导性领域，同时推介优质制造项目给国家级基金，推动高端制造业加快转型升级。

【明楼街道“初心之旅”活动】 2019年10月18日，“走红·和丰”红色文化体验之旅发布仪式暨宁波市鄞州区明楼街道“不忘初心、牢记使命”主题教育初心之旅活动在和丰创意广场举行。“走红·和丰”红色文化体验之旅，是一场“初心之旅”，让广大党员从红色文化认知中，获得归宿感、责任感和荣誉感；也是挖掘和丰红色资源，集聚产业、活跃文化、激活创意，助推“时尚东外滩”高品质发展。“走红”代表以健步“走”的形式，组织党员和基层党组织在互动式体验中，接受党性教育，吸引广大党员、尤其是“两新”组织党员参与主题教育活动。9月主题

2019年10月18日，明楼街道“走红和丰”红色文化体验之旅启动

教育活动开展以来，明楼街道持续开展基层党组织书记系列培训、党员轮训等学习活动，探索“午间初心课堂”学习载体，打造“走红·和丰”红色文化体验之旅，设置“打造一条城市文明示范线”，评选一批“创意领头雁、创意红色作品”等“十个一”重点任务。街道联合鄞州区委党研室、和丰创意广场投资经营有限公司挖掘和丰文化底蕴，以红色教育为主题，聘请程亭鹤、陈芳芳、傅丹、刘威、胡国忠等老和丰人、青年设计师、党史专家等10人为宣讲员，组建“红丰初心宣讲团”，通过开展红色文化育人实践，推动红色基因和工匠精神代代相传。活动现场，全市首个园区新时代文明实践站在和丰区域正式挂牌。作为全区新时代文明实践工作的试点单位，和丰社区按照“党建引领、公益先行、共同缔造、服务群众”思路，为全区推进新时代文明建设提供经验。街道在总结试点经验基础上，在辖区11个社区形成文明实践工作机制。街道发布和丰区域2019年度“百项”需求项目清单，为相关单位、企业和组织机构“按需下单”搭建服务平台。

【明楼街道“医加益”公益助残基金成立】 2019年1月23日，明楼街道“医加益”公益助残基金正式成立，英特明州（宁波）医药有限公司向基金注入资金10万元，用于残疾儿童的康复治疗。启动仪式上，明楼街道红十字会向辖区企业发出公益基金捐赠倡议，用于救助帮扶在明楼街道社区卫生服务中心长期开展康复治疗的贫困家庭患儿。明楼街道红十字会、残联启动“情暖明楼·博爱送万家”活动，为辖区残疾儿童家庭带去政府及社会大家庭的温暖。街道红十字会、残联发挥“医加益”公益基金作用，通过搭建“医加益”公益爱心平台，开展“益心医意”系列活动，帮扶残疾儿童，打造具有明楼特色的红十字公益项目品牌。

【明楼街道侨联获评全市基层侨联先进集体】 2019年1月25日，在宁波市侨联九届六次全委会议上，明楼街道侨联获评2018年度宁波市基层侨联先进集体。街道侨联在和丰创意广场成立工业设计师联谊会，选任优秀海归企业家担任负责人，把“如是之家”作为联谊会线下阵地，邀请国际级的设计专家和国内创业创新大师级人物，举办设计大咖系列沙龙，为和丰工业设计师、留学归国创业创新人才等提供机会，街道侨联开展社区“同心十事”侨务创新，推进“凝侨心聚侨力展侨采”行动，主办承办“创意健康跑”、“海归”青年中秋联谊会、“燕归鄞 筑梦行”、《和丰纱厂》侨界话剧公演等20余场大型活动。

【“以案为鉴 以纪束行”警示教育参观活动】 2019年5月30日，明楼街道班子成员、中层干部、社区书记、纪委书记（纪检工作负责人）等40余人到江北清风园开展“以案为鉴 以纪束行”警示教育参观活动。园内各展馆借助图片、壁画、雕塑、实物模型、文字资料以及电子书、多媒体、影视等表现形式，揭露批判贪官污吏，展现清官廉吏群体风貌。整个园区警示与弘扬相结合，宣扬“反腐倡廉”“激浊扬清”。通过活动感受清官廉史和传统廉政文化，强化清正廉洁意识，在实际工作中落实廉洁自律，强化街居廉政和作风建设。

【宁波和丰创意委员工作室授牌浙江省第三批政协委员会客厅】 2019年5月10日，省政协委员会客厅创建工作现场会在杭州召开，为38个新创建的第三批委员会客厅进行授牌，宁波和丰创意委员工作室获选。和丰创意广场吸引近200家国内外知名创意设计机构入驻，集聚各类人才8000余名，其中创意设计人才达2300余人。宁波和丰创意委员工作室是立足园区创意产业集聚、设计人才集中建立的。在创建过程中，工作室突出“创意设计、协同开放、三级联动”，打造学习交流新载体、联系群众新纽带、协商民主新路径、团结联谊新平台。入驻的政协委员有16名，包括省、市、区三级委员，及经济、科技、教育等9个界别。

【宁波中交象山湾疏港高速公路有限公司引进】 2019年，明楼街道引进宁波中交象山湾疏港高速公路有限公司。该公司成立于7月24日，注册地址在鄞州区明楼街道朝晖路416弄262号（3-3），法定代表人为郭光松，企业类型为有限责任公司（国有控股），所属行业为道路运输业。经营范围包括高速公路项目的投资、建设、经营、养护管理；项目沿线交通设施的管理；其他按法律、法规、国务院决定等规定未禁止或无须经营许可的项目和未列入地方产业发展负面清单的项目。

（葛行忠）

百丈街道

【概况】 2019年，百丈街道辖10个社区，区域面积1.98平方千米，总人口5.89万人。实现生产总值39.92亿元，比上年增长16.70%。全年财政总收入9.50亿元，增长10%。其中一般公共预算收入4.14亿元，增长11.10%。

规模以上工业总产值9526万元，限额以上批发零售销售额117.44亿元，增长18.70%。实到外资1549万美元，实到市外内资9.91亿元，浙商回归资金17.82亿元。全年累计引进落户企业462家，宁波银行旗下全资子公司宁银理财注册落户；注册资本10亿元的中兵金盈（宁波）股权投资合伙企业实到注册资本1.80亿元；中联船运、嘉时泰集团等项目在宁波市“一带一路”国际口岸合作大会签约仪式上签约并注册落户；总投资2亿元原江东区政府大楼智能化改造项目在“世界温商·走进宁波”活动签约仪式上签约。总投资5000万元的宁波今日未来馆项目在“智鄞未来”中国智能制造高峰论坛暨鄞州区重大项目签约仪式上签约并注册落户；百胜集团旗下品牌乐悦咖啡宁波分公司注册落户，并开设4家直营店。新世界广场项目建设推进，1号地块提前开工建设；2号、3号地块完成施工图审查；4号、6号地块于3月18日开工建设；5号地块核心筒封顶，钢结构施工至55

层，幕墙施工至26层；7-11号地块室内精装修完成80%左右；12号地块砌体工程和幕墙框架完成。国华金融中心项目，塔楼外幕墙全部封闭完成，塔楼精装修完成60%，景观完成30%。

宁舟巷地块二期、七塔禅寺周边地块等项目，完成签约“清零”。朱雀新村老旧小区改造启动，进入开工建设阶段。镇安街38号住宅解危工程项目启动，采用“全置换”改造工艺，为全市住宅解危改造中首创。33个住宅小区完成撤桶并点，拆除垃圾桶点位592个，小区覆盖率100%。安排朱雀新村二、三期雨污分流工程、朱雀新村四期雨污分流工程、百丈东路758弄道路及周边雨水排水管网改造工程、划船社区排水管网改造工程等四个小区污水零直排工程，总投资1100万元，其中，划船社区排水管网改造工程开工建设。全年完成46家排水许可证办理，其中主要是医疗机构和洗车行业。新增河长牌1块，更新河长牌7块，更新排口牌57块，57个雨水口达到晴天无排水要求。“三改一拆”拆除违章建筑面积20300平方米。全年组织日常房屋巡查3715次，特殊天气、特殊情况检查53次。

推进落实“最多问一次”制度，在城乡居民医保办理中实现办事零跑腿。全年发放低保金149.65万元，发放临时救助金92042.12元，医疗救助金94822.65元。募集慈善资金102.50万元，有效小额冠名基金和定向捐赠资金27个。完成14752名劳动年龄段内劳动者的人力资源调查工作，累计发放灵活就业补贴98万余元。

舟孟、划船、潜龙社区获评2019年度宁波市高质量就业社区。百丈街道入选第二批省级社区治理和服务创新试验区，划船社区入选省未来社区试点创建项目。建成区域性居家养老服务中心，采取“体医养”融合居家养老的新模式，在全省范围内属于首创。启动适老化改造项目，为6户困难老年家庭提供住房安全性和无障碍设施改造，涉及金额22200元。依托恰颐养老服务中心成立恰颐生活学院（老年大学），开设6个班，有学员182人，助推老年人精神养老。举办“时光书语 岁月有声”百丈（划船）党建综合示范区“不忘初心、牢记使命”主题教育系列活动暨划船社区第十四届精神文明成果展演。开展怡康院慰问演出、“我与共和国同成长”征文比赛、颂美朗读者活动、唱响红歌·献礼祖国活动、“致敬祖国”书画摄影展等10余场，参与人数近千人次。

曲艺协会张红坤、田腾云、马琪创作和演讲的故事在宁波市第四届、第五届故事会比赛中分别获一、二等奖，张红坤创作的快板书《老拳师》获“首届铿锵竹韵快板艺术交流展演”金奖。培训应急救护员92人，募集“红十字博爱救助金”5万元，招募角膜捐献、器官捐献、遗体捐献及其他类型志愿者14人。潜龙社区居家养老中心及百丈街道区域性居家养老中心新增2台自动体外除颤仪（AED）。更新室外健身器材8件，区域性居家养老中心新增室内健身器材4件，朱雀社区新建健身路径1条，累计投入8万余元。

表37　　2019年百丈街道各社区基本情况

社区	面积（平方千米）	户数（户）	人口数（人）	集体经济总收入（万元）	集体经济总费用（万元）	总资产（万元）
朱雀社区	0.09	3064	7100	—	—	—
宁舟社区	0.12	1885	4532	—	—	—
舟孟社区	0.10	1432	4265	—	—	—
划船社区	0.19	3891	10420	—	—	—
华严社区	0.07	2040	4320	—	—	—
演武社区	0.21	3761	8700	—	—	—
中山社区	0.35	2884	6082	—	—	—
潜龙社区	0.30	3633	8500	—	—	—
七塔社区	0.41	2972	4366	—	—	—
后塘社区	0.14	255	624	—	—	—

说明：表格中数据为调查数

【朱雀社区智能公共电共车库启用】 2019年8月5日，鄞州区百丈街道朱雀社区智能公共电动车库落成试运行，属全市首次在老旧小区建智能公共电动车库。朱雀社区建造于二十世纪90年代，小区内有两幢总面积1300余平方米公共楼房，长期以来用于居民集中停放自行车、电动车等非机动车辆，出现空间使用效率降低、环境脏乱差、消防存在隐患、车辆被盗损等问题。重建后的智能车库面积700余平方米，分为上下两层，共有30组充电桩、300个充电位和300个停车位，实行“一车一卡一位”的管理模式。充电费用为每8小时1元，车库管理费全免。使用时，居民须刷卡进入车库内，可通过扫码、投币、刷充值卡3种方式进行充电。在预定时间充满、电瓶提前充满、过高功率非标准电池等情况下，充电控制器能自动断电。使用扫码操作的居民，还能通过手机自主选择充电时间、自动断电。该车库配有烟雾报警器、自动感应灭火器、手提式灭火器等，并实行24小时监控管理。管理人员可以通过云平台，远程看到监控车库，设备方还会为车库用户提供因设备原因引起的盗损赔付。朱雀社区计划将车库立面设计为“交通安全、用电安全”科普知识墙，打造成宣传教育、公益拍卖、作品展览等多种功能空间，并专辟单间布置成“青少年科普馆”“微型消防站”等“共享空间”。

【百丈（划船）党建综合示范区党群服务中心启用】 2019年6月18日，百丈（划船）党建综合示范区党群服务中心正式落成启用。该示范区始建于2016年，东起中兴路，南到新河路，西至江东北路，北临百丈东路，涵盖社区、学校、企业、社会组织等多种业态的22家单位，覆盖人群超6万人。2018年初，百丈街道联合驻区单位、企业、“两新”组织、社区等党组织组建了百丈（划船）党建综合示范区联合党委，并在不改变成员单位原有党组织隶属关系、不改变成员单位党员原有组织关系的基础上，由划船社区党委书记俞复玲担任联合党委书记。同年8月，该示范区发布城市党建联合体工作成果。22家联合单位签订“保护环境责任状”，认领各单位所在辖区内前后左右各100米的道路；成立回头看监督巡查队，由22家单位各抽取一人组成，24小时对区域环境进行监督；整合辖区资源，推进辖区内社区与嘉汇国贸大厦、市成人教育学院等协商共促，通过夜间向小区居民开放停车位、采取包月方式错时停车等举措，缓解老小区“停车难”问题。百丈（划船）党建综合示范区党群服务中心累计接待全国各地学习考察团队70批次，开展5次集中型主题教育活动，组织20余场实践型服务活动，受益群众2000余人。

【镇安街38号危房解危工程启动】 2019年11月28日，百丈街道镇安街38号危房解危工程启动。镇安街38号建于1979年，1980年投入使用，房屋建筑面积956平方米，原为五层砖混结构住宅楼，一单元一梯三户，共有住宅15套。2015年起，出现墙体开裂、外墙脱落等问题，经街道、社区与居民协调后，居民共同出资申请房屋安全鉴定，并于同年8月26日鉴定为D级危房，观察使用。2017年7月，在排查发现隐患有扩大趋势后，属地政府决定对房屋进行腾空，开启解危程序。该次解危工程采用“全置换”改造，在不拆除房屋的前提下，增加房屋桩基，将房屋结构从原来的砖混结构置换为全新的钢筋混凝土框架结构。该工艺在宁波全大市范围的住宅危房解危改造中首次运用。

2019年6月18日，百丈（划船）党建综合示范区党群服务中心落成仪式举行

【百丈街道区域性居家养老服务中心开业】 2019年10月18日，百丈街道区域性居家养老服务中心在朱雀社区正式开业。该居家养老服务中心总面积1100平方米，集居家养老、运动康复、休闲娱乐、亲子乐园和便民服务为一体，可同时容纳300人进行活动。百丈街道区域性居家养老中心是全省首家以“体医养”融合模式为特色的居家养老服务中心，采用政府和社会资本合作的PPP模式，由“恰颐养老”机构进行运营，在保证公益性和便民性的前提下，为老年人提供基本的生活需求及个性化的养老服务。除提供基础照养外，运营机构设置“乐活空间”，为老人们提供康复训练、拉丁舞、太极、防跌倒课程、养生操教学等服务。服务中心内搭建智慧社区健康系统，以保证老年人的活动安全。每一名进入服务中心的老年人都会获得一个健康手环，实时监测心率、血压等健康信息。信息通过大数据平台与子女移动端相连接，方便无法在身边照护的子女，实时了解老人们的健康状况。

【《七塔寺史话》首发仪式举行】 2019年2月24日，由上海社会科学院出版的《七塔寺史话》在千年古刹七塔禅寺举行首发仪式，区委统战部、区文联有关领导和市、区文化界专家参加。省级文保单位七塔禅寺位于鄞州区百丈路183号，始建于唐大中十二年（858年），至今有1100余年历史，是浙东佛教四大丛林之一和近代临济宗中兴祖庭，也是鄞州区“海丝文化”遗存地。《七塔寺史话》由中国人民大学哲学博士、浙江红船干部学院中共嘉兴市委党校专职教师白玉凯撰写。该书从宁波佛教史和七塔禅寺的发展、建置以及在上千年时光里寺中出过的高僧大德等维度，记世事兴替，录师德修言，对古刹发展脉络作系统梳理，对寺院丰厚的文化内涵进行解读。仪式上，白玉凯介绍创作过程及对寺院文化建设的思考，并和与会专家对《七塔寺史话》的写作特色、学术价值、出版意义、传播方式等进行研讨。

【区残疾人艺术团成立】 参见“社会民生”类目“残疾人事务”分目。

【划船社区第十四届精神文明成果展演】 2019年9月19日，百丈街道庆祝中华人民共和国成立70周年“时光书语 岁月有声”百丈（划船社区）党建综合示范区“不忘初心、牢记使命”主题教育系列活动暨划船社区第十四届精神文明成果展演在宁波市图书馆报告厅内举行。晚会分为“一束光、一本书、一首歌、一团火”四个章节，用情景剧、诗朗诵、人物访谈、时装表演、歌曲等形式回顾初心，展现百丈街道精神文明成果。现场表演22家成员单位的《行业之歌大联唱》、情景剧《卖席桥》、诗朗诵《荷美划船 幸福如光》、时装表演《年代时装秀》以及“面条女孩邱一楠”“几十年如一日编撰墙门黑板报的徐恭备”“因上学路上不忘国歌中敬礼而火遍全国的四眼碶小学”的故事分享等节目，450余人参与活动。

（闻静雯）

东胜街道

【概况】 2019年，东胜街道辖9个社区，区域面积2平方千米，总人口4.10万人，其中户籍人口2.90万人，流动人口1.20万人。实现地区生产总值35.44亿元，比上年增长3.50%。财政税收11.55亿元，增长18.30%，其中一般公共预算收入5.26亿元，增长21.20%。

实现规模以上服务业增加值（扣除金融业）21.74亿元，增长9.50%，限额以上批发零售业销售额98.21亿元，增长24.60%，限额以上服务业企业营业收入222.33亿元，增长9.50%。进出口贸易总额11.34亿美元，其中出口总额10.45亿美元。完成楼宇企业整规70余家，释放楼宇空间5077平方米，实现税收亿元楼1幢、千万元楼宇5幢。引进昆仑硬科技、翼融集箱双创服务平台、中少科普浙东区域总部等新兴行业龙头企业等30余个，全年引进内资企业104家。全年税收和一般公共预算收入增速位居全区前列，货物进出口稳步增长，昆仑信托、宇恒建筑劳务分获全区“金鼎”“银鼎”企业荣誉，平安银行宁波分行等5家企业获评全区百强企业。

工人荷池危旧房改造地块5月底实现“拔钉清零”，完成1379户7.70万平方米的房屋拆除工作，并登上第三季度全区“项目前期攻坚赛”擂主榜。配合区专项工作组，完成曙光片区危旧房改造地块258户部队房屋签约腾空。曙光片区合法建筑签约未腾退的从288户到8户，未签约户仅剩1户。曙光路拓宽工程项目住宅全部签约清零，非住宅户仅剩1户未签约。实现书城南侧地块近20年未拆房屋拆迁清零。全年拆除违建25处，合计12022平方米，全年“三改一拆”任务完成率达150%，拆后土地利用率达98.19%。投入105万元对银杏小区以北7幢零星住宅进行第五立面改造工程，完成13个老旧住宅小区管网疏通检测，80个点位的管网修复工作。投入810万元启动实施张斌桥菜场周边管网改造等5个“污水零直排”项目，累计发放排水许可证122张。万科惇叙里小区获评2019年度浙江省生活垃圾分类高标准示范小区。启动上茅巷13号施工加固改造，完成新东城名座公寓楼房屋安全鉴定，腾空住户80余户。

完成9个社区居家养老服务站点市场化运作，开展社区为老服务项目40余次，惠及老年人5000余人次，街道获评全国第三批智慧健康养老示范街道。启动“特·社东胜”特色化社区建设新三年行动计划（2019—2021）。梳理人社“八统一”88项办事清单，“最多跑一次”实现率达100%。完成招投标项目12个，交易总额达995.71万元。慰问特困残疾人121户，救助困难残疾人家庭25户。低保在册122户144人，发放金额146.40万元，完成低保边缘家庭53户99人年审工作。募集“慈善一日捐”善款约128万元，累计发放慈善救助款84万元。完成9个社区“红十字博爱家园”创建，辖区公共场所建成母婴设施4处，安装AED 2台。

设立信访代办站点10个，代办案件13件。完善“首席安全官”制度，推进宁波书城等3个综治工作中心标准化建设，在全区率先开展“平安鄞州·志愿有我”大巡防行动。建成街道司法所、社区调委会、企事业单位调委会三级调解组织，东胜司法所通过市级规范化司法所初评。创新“四单”工作法，推动曙光等4个社区安装智能充电桩设施近110个。戎家社区获全区村社治理竞技擂台赛第三名。举办2019年城市青年文化节，助推集盒文创党支部获评2019年宁波市先进基层党组织。12月，市长裘东耀、区委书记褚银良先后两次到街道宣讲党的十九届四中全会精神及开展人大代表接待活动。

表38 2019年东胜街道各社区基本情况

社区	面积（平方千米）	户数（户）	人口数（人）	集体经济总收入（万元）	集体经济总费用（万元）	总资产（万元）
曙光社区	0.30	2260	5150	—	—	—
史家社区	0.10	1009	4362	—	—	—
庆安社区	0.32	2754	3951	—	—	—
大河社区	0.24	1653	3466	—	—	—

续表38

社区	面积（平方千米）	户数（户）	人口数（人）	集体经济总收入（万元）	集体经济总费用（万元）	总资产（万元）
王家社区	0.24	1893	4496	—	—	—
戎家社区	0.25	2742	5115	—	—	—
泰和社区	0.13	1769	4500	—	—	—
张斌社区	0.13	3128	7624	—	—	—
樱花社区	0.17	3128	7624	—	—	—

说明：表格中数据为调查数

【工人荷池地块危旧房改造项目完工】2019年5月，东胜街道工人荷池危旧房改造项目完成“拔钉清零”及全部房屋拆除工作，比原定计划提前一个月。该项目涉及被征收人1379户，建筑面积7.70万平方米，于2016年5月启动入户调查，同年9月22日发布征收决定，由原江东区房屋拆迁事务所负责实施，东胜街道具体负责征收；2016年10月10日开始签约，2017年1月签约结束，签约率99.30%。两区合并后，原江东区房屋拆迁事务所撤销，东胜街道成立拆迁办，接手并牵头工人荷池地块“拔钉清零”及后续拆房工作。街道成立项目攻坚工作组，通过3次司法强制搬迁行动，实现该地块房屋腾空清零。街道与燃气、电力等单位沟通对接，克服管线改迁慢等难题，确保房屋腾空后能够快速推进拆房工作，为下步土地出让做好准备。

【东胜街道获评全国第三批智慧健康养老应用试点示范街道】2019年，东胜街道获评全国第三批智慧健康养老应用试点示范街道。东胜街道地处宁波市老城区，有60周岁及以上老年人10045人，占总人口的28%。为实现“老有所养，老有所乐”，东胜街道采用市场化运营的方式，让“专业的机构做专业的事”，将养老事业与智慧健康养老建设紧密结合，建立“智慧健康养老服务系统”，把养老、健康、医保、医疗等相关领域数据融合，依托“1+1+9”模式，寻找社会化运营方式，采取家院互融和“e养院”方式做好养老服务。

2019年8月13日，东胜街道曙光路综合整治工程项目启动

【曙光路综合整治项目启动】2019年8月13日，区政府发布《关于曙光路（中山东路—姚隘路）综合整治工程项目房屋征收决定公告》，东胜街道拆迁办正式启动曙光路综合整工程项目。该项目房屋征收范围东起曙光北路，西至职教中心，南起曙光大地小区，北至姚隘路，具体门牌号为曙光路23号、37号、39号、41号。涉及被征收住宅60户，建筑面积约3400平方米；非住宅7户，建筑面积约1100平方米；未经登记建筑面积约1000平方米。东胜街道成立项目工作组，工作人员入户宣传拆迁政策，解决被征收人的需求，发挥“5+2”“白+黑”的工作作风，获取被征收人的认可。至年底，曙光路综合整治项目完成住宅户全部签约清零。

【万科惇叙里小区获评省级垃圾分类高标准示范小区】2020年3月30日，省住建厅公布2019年度浙江省生活垃圾分类高标准示范小区名单，万科惇叙里小区获选。戎家社区万科惇叙里小区总建筑面积17.62万平方米，于2016年交付，小区共有10幢楼24个单元，共有住户814户，入住率达95%。街道社区制定垃圾分类行动部署，在征询群众意见基础上制定改造计划，打造垃圾分类精品示范小区。通过强化宣传引导，发动志愿者守桶员力量，每月定期开展居民培训活动，举办小区有害垃圾回收活动，推动垃圾分类成为“新时尚”。

（崔鑫波）

白鹤街道

【概况】 2019年，白鹤街道辖11个社区，区域面积2.04平方千米，总人口76047人，其中常住人口55234人、外来人口20813人。实现地区生产总值37.45亿元。财政总收入8.25亿元，比上年增长58.35%，其中一般公共预算收入3.63亿元。

实际利用内资7.15亿元、外资1500万美元、浙商回归6.55亿元、固定资产投资1.11亿元，货物出口9亿美元。实现规模以上工业增加值4155.80万元、工业服务业研发费用872.10万元、楼宇经济税收8521万元。引进注册资本500万以上的企业30家，其中1000万元以上17家。推动浙商资产等项目签订服务协议，实现总投资额10亿元。举办"白鹤展翅"航运外贸分论坛会议，聘请世贸通、航交所等12家单位作为招商引资大使或招才引智平台，宁波建恒国际物流有限公司等9家企业相继落户，世贸通入选首批国家级国际营销服务平台，为全省唯一。宁波铁大大供应链管理有限公司被纳入2019年宁波市重点培育电子商务平台企业，畅想软件开发"甬贸贷"融资平台助力中小微外贸企业解决融资难、融资贵问题，航运物流业营收占全区的22.10%。以"四扫四争"扫出辖区10万平方米招商空间、盘活6万平方米老旧楼宇空间，打造联安品牌产业园、飞歌会展等六大新平台。创新"老楼新生"模式对日月宾馆整体改造，产生固定资产投资1.04亿元并入库国家统计局。开辟美国波士顿及加拿大多伦多2个海外人才项目引进工作站，承办128CUTE海外高层次人才鄞州行等5场人才活动，吸引海外人才项目50余个。11家科技人才团队申报创新型初创企业，申报"泛创业鄞州·精英引领计划"以上项目25个，入围答辩10个、获奖4个，申报数位居同类街道前列。人才项目宁波复立保险科技项目在"新三板"挂牌。新增省级博士后工作站1个。

王隘一村基本完成房屋拆除工作，总拆除面积4.20万平方米。王隘二村完成拆除清零、土地平整工作，总拆除面积约49000平方米。金钟地块项目全面完成签约清零，征收房屋产权证注销涉及住宅321户，非住宅19户，全部收缴并完成注销工作，登上"鄞州擂台"首张红榜，获评市级国有土地上房屋征收工作先进单位。启动贺丞路258弄拆迁项目，涉及被征收330户，总建筑面积约35000平方米，先后完成入户调查登记、征收意愿征询、补偿方案意见征求和风险评估等工作。孔雀小区被列入鄞州区2019年老旧小区改造试点第二批名单，总投资约1800万元，完成招投标并进场施工。白鹤社区通过省级评测，入围浙江省首批未来社区试点创建项目建议名单。

完成绿化修补7631平方米、路面修补5957平方米、墙面修葺2359平方米、屋顶修缮5522平方米和设施修复528处，规范乱停车5091辆，清理"僵尸车"128辆、乱张贴楼道10522个、各类垃圾7318.36吨和乱吊挂6591处，集中处置黄鹂、白鹤、贺丞、紫鹃和镇安等社区违章搭篷约200处1800平方米，拆除落地雨篷200余处和洗衣台300余处。开展夜间整治30次，扣押无证摊贩64起，共规范商铺153家，发放责令限期改正通知书103份，暂扣三轮车25辆，电子秤46台，其他物品68件，立案查处"四店一小"类案件96起。完成辖区421家单位有关环境卫生责任书签订，对141家引领性单位实行挂牌上墙。完成2.40千米铁路沿线综合环境整治，完成黄鹂铁路沿线历史遗留的52处1540平方米的违建拆除工作。拆除辖区内违建11620平方米，其中存量违建拆除10493平方米，新增违建拆除1127平方米。辖区内完成10间垃圾房新建、32间既有垃圾房改建升级，原有1231个垃圾桶点位完成撤桶并点880个，占比71%，20个小区安装固定智能回收柜，22个小区签订流动回收合同。丹顶鹤社区、紫鹃小区等5个小区创建市级示范小区。"五水共治""污水零直排"完成市级复验，投资800余万元安排2个治水工程，其中白鹤街道老旧小区创新采用新型吸污净化车处理化粪池，污水管网综合整治工程完成竣工验收，孔雀小区雨污分流改造工程完工50%。

新增低保家庭17户，取消低保享受资格25户（在册低保户155户，发放低保金170.16万元）。发放残疾补贴43.22万元；困境儿童16人，发放补助金20.06万元；临时救助13人次，发放救助金8.94万元；医疗救助24人次，救助金额7.69万元。募集慈善资金149.54万元，新签订向捐款协议7份，慈善应急性助困助医共54人次，支出救助金10.17万元；常年助困26人，支出救助金7.80万元；使用基金开展特色活动14次，支出75.15万元。在册公租房申请368户，享受廉租房补贴356人。城乡居民医保参加人数2500余人，参保率达到99.45%，其中涉及的"三无"人员、重残人员、低保人员、低保边缘人员、优抚人员等免缴人员共计384人。受理再就业援助补贴11人次，三车人员社保补贴25人次，共计发放补贴金额20800元。办理就业创业补贴64件，涉及人数364人，总金额1207581元。新增残疾人102人、重度护理补贴发放人员65人、精准康复服务与补助61人次、残疾证换新证350个、助残日慰问困难残疾人64人等。劳动用工巡查企业及资料审核450家，调解欠薪案件17起金额11.20万元。计生奖扶和特扶分别新增917人和23人，在李惠利医院建成标准型母婴室并通过市区两级实地验收。创建区级重点"1+9"式街居两级社会组织服务中心平台，资助培育"共享厨房""银巢养老""爱在屋檐"3个重点公益项目。组织"艺起来"基层文艺团队综艺巡演6场次，服务群众1500余人次。在镇安小学演出儿童话剧《遇见名著》，近千名小学生参与观看。开展精品戏剧进校园、"扫黄打非·绿书签2019"系列宣传、"我和我的祖国"非遗创意作品大赛等特色文化服务活动10余场。

表 39

2019 年白鹤街道各社区基本情况

社区	面积（平方千米）	户数（户）	人口数（人）	集体经济总收入（万元）	集体经济总费用（万元）	总资产（万元）
丹顶鹤社区	0.17	1261	3384	—	—	—
紫鹃社区	0.18	1786	3950	—	—	—
孔雀社区	0.19	1830	4580	—	—	—
日月星城社区	0.31	2446	6135	—	—	—
黄鹂社区	0.60	5118	12979	—	—	—
王隘社区	0.30	2120	6104	—	—	—
周宿渡社区	0.30	1286	3472	—	—	—
白鹤社区	0.33	3668	8500	—	—	—
丹凤社区	0.14	2972	7214	—	—	—
贺丞社区	0.21	3263	9789	—	—	—
镇安社区	0.21	2389	5972	—	—	—

说明：表格中数据为调查数

【北电小区“鹤采智邻”平安智慧小区创建项目试点】 2019年7月，白鹤街道北电小区试点探索“鹤采智邻”平安智慧小区创建项目。该项目将小区打造成集智慧消防、智慧用电、智慧管人管车、便捷高效服务、平安志愿者参与的“物联网+安全+自治”的未来生活单元为目标，采取业委会和居民出资、第三方参与、街道适当补贴的形式，在全区率先实施。至年底，共建设物联网电子防盗门21扇，设置小区出入口智能道闸2处、消防栓水压监测设备2处、智能井盖监测终端2处，以楼道为单元安装电气火灾监控探测设备21套、火灾逃生弱势群体家庭智慧消防套装25套，改造更新小区视频监控点位22个，采集的所有隐患数据将点对点传至街道指挥中心以及小区物业中心，实现信息化、可视化、数据化智慧生活居住方式。推进“居民说事”，建立“楼幢说事”“小区说事”“社区说事”三级响应制度。依托业委会“管家”，挖掘打造隐患排查、矛盾调解、普法宣传等专业平安志愿者队伍3支、邻里互助队伍7支，提升小区共治共建共享水平。

【“银龄安居”老年人住宅适老化全屋改造项目启动】 2019年10月18日，白鹤街道全面启动“银龄安居”老年人住宅适老化全屋改造项目。6月，白鹤街道在全市率先探索城市社区的老年人居家适老化全屋改造，通过第三方机构为辖区老年人家庭提供住房安全性和无障碍设施等方面改造。7月，街道首批4户适老化全屋改造样板间试点完成后，陆续完成居民自主报名、意愿排摸、逐户走访、征求意见及政府采购的竞争性磋商等环节，当月为辖区内52户老年居民送上适老化改造协议书。改造对室内老化或裸露的电气管线路、插座进行更换或改造、安装安全扶手、智能灯改造等五大类8个方面共20余项内容外，针对老人提出的小花园改造、晾晒、门铃、防盗、淋浴等问题，进行个性化订制。在“四加”“四支持”的运行模式下，采用一户一案的原则，至活动结束，分2批完成47套老年人家庭住房改造。完成街道居家养老服务中心法人和第三方变更、服务项目调整；探索黄鹂“中央厨房”和丹顶鹤社区慢生活馆的餐饮、文艺和休闲一体化的养老服务模式，共接待各类参观调研近20批次；新升级2家居家养老服务站点，AAA级居家养老服务站点数量居全区第一。争取到国家级智慧健康养老示范街道试点。

【孔雀小区首批维修金补缴试点楼道改造完成】 2019年7月，孔雀小区的贺丞路188弄22号、王隘路47弄82号和王隘路47弄68号3个维修金补缴试点楼道正式完成改造。孔雀小区交付于1997年，共有居民960户，其中608户未缴纳物业专项维修资金，2018年11月，孔雀小区在全省率先试点老小区物业专项维修资金补缴工作。该次改造工程实施即缴、即用、即补，整个楼道补缴完成后立即对楼道雨棚、线路、墙壁等进行维修改造，并安装电子防盗门和声控光控节能灯。改造经费50%由市、区财政补贴外，剩余50%分摊到每家物业专项维修资金账户，每户家庭出费约1000元。至年底，孔雀小区物业专项资金补缴率超85%。

【白鹤街道老旧楼宇（街区）改造启动】 2019年，白鹤街道以楼宇经济发展双百攻坚行动为契机，推出打造六大发展新平台，推动“老楼新生”的计划。该计划从主体导入、资源导入、团队导入、治理导入4个方面，对辖区内日月宾馆、亚太四季酒店、向阳渔港、东方商务中心、大步公园、黄鹂老巢6个老旧楼宇（街区）进行改造，促进辖区经济发展。白鹤街道累计吸引投资2

2019年9月24日，白鹤街道"老楼新生"暨六大发展新平台投资落户活动在东港喜来登酒店举行

亿余元，引进30家新企业，并和宁波8718家服务企业建立合作，打造大步里院文化创意园、联安品牌产业园、老巢泛居家养老产业园等5个品牌，创立创新club项目、海外人才项目引进工作站等7个项目。9月，宁波日月宾馆正式完成改造变身产业园，总投资1.04亿元，于10月开始试运营，提供从商标注册到专利保护等多个环节的一条龙服务，引入豪斯估价有限公司、仁和集团全国营销中心等30家企业，预计到2020年可实现全年楼宇税收约1000万元。

【白鹤街道"三式"居家养老服务推行】2019年，白鹤街道推行"三式"居家养老服务打造无墙养老院2.0版。通过破冰全链式服务、专业智慧式服务、集成嵌入式服务3个方面，保障老人居家安全便利，提高老人幸福感。通过适老化改造、物业维修资金补缴、加装电梯、小区"微更新"等，完成从屋里到屋外、从居家到出门的全方面覆盖。在丹顶鹤社区试点智慧居家养老模式，以"呼叫中心+智能看护系统"为基础，整合紧急呼救系统、睡眠监测带、智能网关、视频监护系统等6类系统化健康产品，为老年人提供紧急呼救、跌倒报警、行踪监护等服务。依托小棉袄、锋之社、爱乐聚、狮子会等特色为老服务团队，建立健全辖区老人助餐、助行、精神关爱等全方位服务的"1+11"式的居家养老服务站点体系，为老人提供康复活动、心理慰藉、助餐助浴、就医陪护及文体娱乐等"1+X一门式"整合照护。

【矛盾化解"504030"工作法推行】2019年6月，白鹤街道探索总结出"504030工作法"，即"五大触角排摸力争矛盾零隐藏、四大战术化解力争矛盾零升级、三大源头把控力争矛盾零爆发"，年均化解矛盾纠纷1000余起，实现历年信访积案零存量，敏感期辖区内人员到省进京零上访、群体性事件零发生三个"零"。开发"白鹤大石头"微信公众号，设置"群众爆料"版块，方便辖区内单位、群众将问题进行反馈。成立全市首家警民联调中心，配备人民调解员、民警、律师以及纠纷涉及领域补充力量的"3+X"的工作力量，采取"行政调解、人民调解、律师参与、法律援助"四位一体的调解模式，专门负责处置突发性矛盾纠纷，年均调处案件600起以上。建立"宋大姐"婚姻调解、"老支书"邻里调解2支专业调解队，年均化解婚姻纠纷100起，邻里纠纷近200起。

【白鹤街道"初心"系列主题教育活动】2019年10月—12月，白鹤街道在辖区内开展"初心"系列主题教育活动，下辖144个党支部，3654名党员参与党支部集中学习共计1217次；党员带头践"初心"，开展志愿服务、办实事5823件。统一为街居干部配备主题教育学习包和主题教育记录本，在机关、社区合计开辟15个"初心自习室"和"初心图书角"，配备专用书架和各类学习资料，面向辖区全体党员开放。推进"十名导师说初心、百名书记讲党课、千名党员谈感言"理论大学习活动，9月10日邀请第七届全国道德模范周秀芳到街道开展"学标杆、践初心"先进事迹宣讲；9月29日邀请浙江省优秀党务工作者、浙江省十大优秀宣讲员、"网红书记"董国福进行"导师说初心"专题党课；10月22日邀请全国交通文明志愿者陈国荣、宁波建工工程集团总经理熊昱栋、全省"千名好支书"黄菊芬、宁波小棉袄爱心服务社负责人陈红英4位优秀党员分享"初心与使命"。至年底，合计邀请10位导师分享"初心"，基层书记讲党课达130场次、收集党员感言1000余条。开展基层党员轮训活动，参训党员2000余人次，组织安排党员干部到咸祥罗浦暴动纪念碑、宁波第一农村党支部陈列馆、宁波市档案馆等地开展"初心"之旅。

（章婷琪）

首南街道

【概况】2019年，首南街道辖6个行政村、5个股份经济合作社、12个社区和1个社区居委会筹备组，区域面积23.10平方千米，总人口14.87万人，其中户籍人口3.55万人、暂住人口3.67万人、学生7.65万人。实现地区生产总值70.78亿元、比上年增长10.20%。财政总收入11.49亿元，其中一般公共预算收入6.80亿元。

实现工业增加值总量7.93亿元，增长8.10%；实现服务业增加值总量27.41亿元，增长16.71%；实现限额以上批发零售业销售额203.18亿元，增长35.90%；实现进出口额14.14亿美元，增长6.30%；完成固定资产投资

54.60亿元；完成实到外资1900万美元、实到内资24.35亿元和浙商回归8.60亿元。引进高素质人才62人，共入选市"3315计划"资本引才计划2人、区"创业鄞州·精英引领计划"4人；创建省级孵化器3个、省级博士后工作站1个以及市级专家工作室2个。微电子创新产业园注册落户企业18家，整规楼宇企业124家。宁波安盾微电子技术有限公司、宁波尚进自动化科技有限公司等主要企业完成计税销售12.20亿元，纳税总额2685万元；德洲电子集成电路引线框架项目竣工投产2000万元，波迪针织投入1000万元智能化漂染项目。豪洋智能电表项目完工。通过楼宇整规成果实现23家企业上规入库，编制的"一楼一档"成为全区清册范本。建立"红黄绿"三色管理机制，聘请9位优秀企业家作为楼宇"招商大使"，双管齐下带动楼宇经济提档升级，全年辖区内楼宇属地注册率和纳税率均稳定在99.90%，楼宇税收达2.42元，增长18.12%。

全年累计推进重点区块拆迁项目签约或拆除30户，其中被纳入全区37个"拔钉清零"的重点项目横江岸地块和石路头地块，分别提前6个月和4个月清零，实现净地交付。完成石路头和鲍家埭等两个村级集体厂房的拆迁安置工作，其中石路头村级集体厂房基本完成拆除，鲍家埭村级集体厂房完成签约。推进西城小区签约后场地利用工作，将其改造为临时停车场。分两批次共划定24个小区作为油烟禁设区域，涉及店铺超过700家，该项工作在南裕新村一期启动；完成九曲三期南北区中间结构验收，南区装饰装修基本完成，北区装饰完成50%；和众家园地下室底板完成90%，地下室顶板完成30%；九曲幼儿园完成主体中间结构验收。全年共报批土地4宗、出让土地3宗，征地面积7.87公顷。完成CPD-3地块的挂牌出让前期手续。全年出动1500人次开展"四店一小"跨门经营整治行动，排摸登记99家问题商铺信息，立案7起、处罚6起。整改完成文华派出所排查的44套群租房任务，对首南派出所排查的568套群租房，整改任务完成率达到96.30%。完成被列入全区"污水零直排"计划的5个项目。累计拆除违建约10万平方米，尤其是年初大棚房整治中共拆除3.10万平方米大棚房、复耕土地9公顷。

开展扫黑除恶专项斗争，全年共排摸涉黑涉恶线索30条，打击涉黑团伙13个，解决历史遗留问题3件，刑事和治安案件总量分别下降51.90%和34.20%。升级陈婆渡社区平安法治软硬件设施，指导九曲社区成功创建平安示范社区，开展平安直通车宣传进社区、进高校、进商圈等活动，累计发放"三率"公开信、问卷等资料5万余份。共计检查生产经营单位350余家，发现并整改安全隐患490余项，立案处罚违法违规不配合企业27家。对451名企业负责人、安管员及村（社区）安全协管员等进行安全生产集中培训，完成10个社区微型消防站的建设并通过验收。

首南街道学士小学正式竣工交付，新校舍位于学士路与泰安中路交叉口，总投资1.90亿元，设计班额48个班，计划于2020年春季学期正式投入使用。完成学府、鲍家埭、陈婆渡、格兰春天及锦悦湾等社区的标准化创建工程。完成11个社区社会组织服务中心平台的建设，对280家社会组织全部进行备案登记。完成街道区域性居家养老服务中心的运营与验收，设立物业管理办公室，全年总共解决各类矛盾纠纷150余件，处置率100%。实现蔡家、泰安两所民办学校由首南一小托管。正式投入使用首南医院中医馆，相继启用南裕社区、和众社区等卫生服务站，加紧建设九曲卫生服务站，其中南裕社区卫生服务站成为全区标杆服务站。

全年在辖区内各村（社区）落实"天天演"文化惠民工程共演出46场次，11月承办市文联庆祝新中国成立70周年暨"送欢乐下基层"文艺晚会。五大保险在保人数已达3万余人，提升10%以上。帮扶就业困难人员、高校毕业生等各类群体5113人，补贴金额1440万元，发放失业救济金420人。在全市首推创业担保贷款资格认定即时办，化解5起群体性劳动纠纷，处理劳动争议仲裁案件179件。

专题召开党风廉政建设和反腐败工作会议，与村（社区）签订责任书共54份，配合区委巡察组对25个村（社区）开展"微巡察"，发现并彻底整改群众身边微腐败问题10余件。共约谈党员干部12人、开展廉政谈话100余人次、发放监督建议书2份及执纪处理5人，全年立案4件、结案4件。开展警示教育月活动，先后组织4场警示教育参观活动、6场党风廉政专题培训。

表40 2019年首南街道各行政村（股份经济合作社、社区）基本情况

行政村（股份经济合作社、社区）名	面积（平方千米）	户数（户）	人口数（人）	集体经济总收入（万元）	集体经济总费用（万元）	总资产（万元）
桃江村	1.80	597	1747	681	899	4237
傅家村	0.50	294	707	144	200	311
石家村	1.00	595	1394	274	362	2001
三里村	0.70	203	648	894	681	1851
肖皋碶村	0.50	163	426	390	424	3742
高塘桥村	2.20	604	1590	1857	5201	11125

续表40

行政村（股份经济合作社、社区）名	面积（平方千米）	户数（户）	人口数（人）	集体经济总收入（万元）	集体经济总费用（万元）	总资产（万元）
陈婆渡股份经济合作社	0.30	368	813	1383	2442	7324
石路头股份经济合作社	0.70	204	592	460	407	5504
李花桥股份经济合作社	2.10	551	1480	1115	916	6391
茶亭庵股份经济合作社	0.90	296	757	735	545	2582
前周股份经济合作社	1.80	529	1475	2004	985	6599
陈婆渡社区	0.53	3663	4324	—	—	—
鲍家埲社区	0.96	3268	2616	—	—	—
南裕社区	0.12	2446	3618	—	—	—
雍城社区	0.20	2718	2461	—	—	—
九曲社区	0.16	4508	756	—	—	—
和众社区	0.28	4067	385	—	—	—
和顺社区	0.42	3833	277	—	—	—
锦悦湾社区	0.80	3378	1466	—	—	—
学府社区	0.14	2869	1526	—	—	—
格兰春天社区	0.20	2862	1868	—	—	—
文华社区	0.08	2380	318	—	—	—
日丽社区	0.11	2282	892	—	—	—
都市工业社区（筹）	0.03	—	3859	—	—	—

说明：表格中数据为调查数

【首南街道"城市基层党建工作推进会暨八大工程提升出征仪式】 2019年3月，首南街道"城市基层党建工作推进会暨八大工程提升出征仪式"举行。首南街道在活动现场创新发布"'首善先锋'城市基层党建十条"，具体细分为120个项目，由各科室和村（社）认领，实施清单化推进。"城市基层党建十条"包括"全域实施党建'1+7''幸福共同体'工程""高质量建设首南街道党群服务中心""组建宁波南高教园区'高校党建联盟'""凝聚各方力量打造学士路'红色大道'"等10条目标。至年底，各项目标任务全部如期完成。

2019年3月，首南街道"城市基层党建工作推进会暨八大工程提升出征仪式"举行

【德胜家园（鲍家埲三期）解困房公开抽签】 2019年4月，首南街道德胜家园（鲍家埲三期）解困房各档套型公开抽签仪式举行。该次抽签对象为首南街道住房解困户，抽签现场严格按照"1户1人"进行，当天实际有69位住户参与。

【轨道交通3号线鄞州区站点通车】 2019年6月，轨道交通3号线一期试运营，15座站点中在首南街道辖区的有5座，具体分别为鄞州区政府站、南部商务区站、鄞州客运总站站、句章路站、高塘桥站。地铁通车意味着首南街道正式进入"地铁时代"，首南街道的区位发展优势将更加明显，居民日常生活也将更加便利。

【首南街道首届村社基层治理竞技赛】 2019年9月，首南街道首届"对标找差距·清单抓落实"村社基层治理竞技赛举行。活动现场，36位来自首南街道辖区范围内各村、社区的基层“管家”分成12组，通过“对标找差”“情景再现”“比武抢答”“专家点评”4个环节同台竞技，对标先进基层治理经验，剖析其各自所在单位基层治理的优势和薄弱点，探讨村社基层治理的发展之道，规范基层公权力运行。经过2个半小时同台竞技，锦悦湾社区、陈婆渡社区、日丽社区分别获得首南街道首届村社基层治理竞技赛的一、二、三等奖。

【学士小学竣工交付】 2019年10月，首南街道学士小学正式竣工交付。该小学是公办小学，以“学而上行、惟志惟勤”为校训。新校舍位于学士路与泰安中路交叉口，总投资1.90亿元，设计班额48个班，2017年10月动工建设，施工单位为宁波市鄞州建筑有限公司，计划于2020年春季学期正式投入使用。

【“榜样红心”初心分享会】 2019年11月，首南街道“榜样红心”初心分享会在辖区学士小学学术报告厅举行。自“不忘初心、牢记使命”主题教育开展以来，首南街道探索“自选动作”，聘请来自不同行业的15名年轻党员代表为“初心宣讲员”，组成“初心分享团”。活动现场，“初心宣讲员”向在座的300余名党员宣讲6个“首南初心故事”，通过身边人的先进事迹，带动辖区更多党员群众守初心、践使命。

【院士公园河获选省级“美丽河湖”】 2019年12月，浙江省水利厅发布2019年“美丽河湖”名单，首南街道院士公园河获选。院士公园河位于宁波市南高教园区，北起鄞县大道，南至鄞州大道，水域面积10.20公顷，属于鄞州区重点养护的十条主要景观河道之一。2014年整治之前，该河总体水质为劣Ⅴ类。随着“五水共治”开展，街道配合区治水办、区城管局等部门对河道实施工程整治、离岸处理、生态修复、景观提升等，清淤近5万立方米，并清理河道护坡及河岸垃圾，2018年水质基本达Ⅲ类水标准，2019年良好的景观和“水下森林”生态获国家、省、市、区各级领导及媒体的认可，经过养护后，当前水质整体达到Ⅱ类水标准。

【大棚房整治】 2019年3月1至4月15日，首南街道大棚房整治工作开展。首南街道紧盯辖区内大棚房问题较为严重的7处区块进行集中攻坚，先后拆除大棚房面积3.10万平方米，复耕土地9公顷，全部通过验收，相关做法得到上级肯定，并通过省、市专项工作督察组的三次“回头看”核查。

（王　薇　张程豪）

钟公庙街道

【概况】 2019年，钟公庙街道总区域面积11.37平方千米，总人口约14万人，户籍人口5.10万人，下辖15个社区、11个股份经济合作社。全年实现地区生产总值44.02亿元，比上年增长4.40%，完成一般公共预算收入13.72亿元，增长40.70%。

全社会固定资产投资58.83亿元，限额以上社会消费品零售额35.17亿元，实到内资23.65亿元，浙商回归8.08亿元，规模以上工业增加值增长18.70%、高新技术产业增加值增长18.30%、规模以上服务业增加值增长17.10%。楼宇经济全面发展，全年域内楼宇税收达2.13亿元，增长10.50%，腾出新的楼宇招商空间6000余平方米；浙江华和万润信息科技有限公司等纳税大户回归街道，宁波鄞州林林芭陆文化传播有限公司通过个转企创新方式入库鄞州区统计，支撑街道楼宇经济发展。招商引资择优选录，明州文体中心、宁波茶城、百纳大厦、万达美华酒店等重大引进项目逐步盘活联盛区块业态；引进宁波金融市场发展有限公司注册落户街道，获得网易（杭州）网络有限公司融资，成为宁波股权交易中心等龙头企业上级集团公司；华侨城欢乐海岸项目大商业整体将于2020年内开业；引进各类人才1267人、高层次人才37人。

做好杭甬高速南侧、环城南路、广德湖路、建设路、菜场等重要地段的拆违清零复绿工作，清理乱堆放垃圾约3000吨，清理农棚农舍及集装箱135个，拆除存量、新增违建共11.30万平方米，成功创建市级“基本无违建街道”；复绿1万余平方米，改善基础设施、绿化造景，提升人居环境；开展“五水共治”百日攻坚行动，改善水环境质量；根据“家园计划”小区品质提升工程，完成繁裕一期老旧小区提升改造工程。推进群防群治管控，完成群租房整改675间，整改违规车棚车库29间；新都美地小区智慧安防系统建成投入使用，启动打造宁广社区区级平安家庭体验中心建设项目；全面摸排整改安全隐患900余处，立案查处26家生产经营单位，安全生产形势持续稳定向好，未发生安全生产事故，相关工作在全区名列前茅。

“退红空间”改造成效显著，设置道路收费泊位1114个，成为全区首批实现智慧停车全覆盖的街道，违章停车数量下降90%以上，道路停车泊位周转率提升；启用全国首创的“巡逻车”现场管理方式，管理人员人均管理道路收费停车泊位达150个以上，停车管理总成本下降70%左右；分2批纳入全区禁止开设产生油烟、异味、废气的餐饮店目录清单，做好新都美地、钟盈小区沿街餐饮油烟扰民整治，实现62个交付小区垃圾分类全覆盖，完成省级高标准小区创建4个、市级示范小区3个、垃圾分类示范商业街1条。建成区域化居家养老服务中心1个，AA级、A级居家养老服务站11个，各个居家养老服务站为老人提供助餐送餐、健康管理、文体活动等服务，8000余名老人从中受益，其中有240名老人享受居家养老政府购买服务。举办庆祝新中国成立70周年系列主题活动，展现街道城市风貌、群众生活、钟公文化的历史变迁，弘扬社会正能量，营造良好社会文化氛围。全年共开展公益性培训400余场，公益性演出40余次，受益群众5万余人次。

优化“最多跑一次”，全年受理量为8.23万件，群众整体办事满意率达到100%。办理企业222家次、个人5102人次，发放各类社保补贴近1912万余元；办理小额创业贷款18笔，发放贷款金额510万元；社会保险缴费基数申报2284家，超额完成考核指标；协调处理建筑工地欠薪案件35起，涉及员工804人，依法讨要欠薪787万元；仲裁立案112起，劳动争议仲裁时效内结案率达到100%，为劳动者追回工资、经济补偿金、社保待遇等损失共计197万余元。

表41　　2019年钟公庙街道各社区基本情况

社区	面积（平方千米）	户数（户）	人口数（人）	集体经济总收入（万元）	集体经济总费用（万元）	集体经济净收入（万元）	总资产（万元）
都市森林社区	0.93	4096	12011	—	—	—	—
金宁社区	0.50	1630	4819	—	—	—	—
金色水岸社区	0.30	4582	12280	—	—	—	—
钟公庙社区	0.80	3997	11000	—	—	—	—
宁广社区	0.34	3148	7488	—	—	—	—
泰安社区	0.46	3343	7136	—	—	—	—
泰康社区	0.48	2972	—	—	—	—	—
钟裕社区	0.86	5361	4826	—	—	—	—
凌江社区	0.90	3013	8738	—	—	—	—
金家漕社区	0.31	3302	12262	—	—	—	—
长丰社区	0.80	4860	11267	—	—	—	—
惠风社区	0.60	1874	6559	—	—	—	—
后庙社区	0.80	2254	8182	—	—	—	—
欢乐海岸社区	0.64	212	552	—	—	—	—
繁裕社区	0.70	3613	11000	—	—	—	—

说明：表格中数为调查数

【历史征迁安置工作完成】 2019年12月，钟公庙街道繁裕四期抽签及结账工作完成，涉及7档套型1410套，基本解决历史剩余拆迁户的房屋安置问题。完成钟盈小区、钟盈新村和天裕家园3个安置小区182间沿街商铺产权证办理工作。

【宁波鄞州国家安全主题公园授牌暨2019年反间谍法治宣传周启动仪式】 2019年10月28日，宁波鄞州国家安全主题公园授牌暨2019年反间谍法治宣传周启动仪式在鄞州公园举行。浙江省国家安全厅厅长黄宝坤及市委副书记、政法委书记宋越舜出席并讲话，市委常委、区委书记褚银良为公园揭牌。现场群众代表宣读反奸防谍倡议书，与会代表依次参观国安主题教育展览，并参加国安题材微电影首映活动。宁波鄞州国家安全主题公园是全国首个国家安全主题公园，坐落于

改造提升后的繁裕新村小区

鄞州公园二期，总占地面积约5万平方米，规划建成包含约500平方米的国安主题教育馆及国安英雄墙、国安文化宣传长廊等互动式、沉浸式的宣传教育载体，力争建设成为省级乃至全国示范样板。

【钟公庙街道第十六届商贸文化艺术节】 2019年9月23日，为庆祝新中国成立70周年，钟公庙街道第十六届商贸文化艺术节在宁波华贸外国语学校体育馆举办。晚会以“海丝之路展钟公风采，谱写成歌迎祖国华诞”为主题，通过“不忘初心、牢记使命、奋力前行”三个篇章，以合唱、诗朗诵、情景舞蹈、戏曲联唱等方式，全面展示钟公庙街道商贸历史文化底蕴和现代文明成果，弘扬社会正能量，让民众了解钟公庙文化，展示时代新风采。

【新都美地智慧安防试点样板小区建立】 2019年6月29日，钟公庙街道新都美地智慧安防试点样板小区建立。该项工作以“共治共享共建”为核心理念，打造基层社会治安综合治理样板，为全区领先，总投入168万元，实现小区“人、屋、车、场、网”等管理的立体化、可视化和可控化，将小区安全纳入到公安安防监控体系中，为全面推进小区平安建设积累经验。

（吴闽勇）

梅墟街道

【概况】 2019年，梅墟街道辖4个社区、10个股份经济合作社。区域面积7.86平方千米，户籍人口1.66万人，流动人口2.39万人。财政总收入4.40亿元，比上年增长7.60%。

实现工业总产值28.70亿元，下降5.60%。服务业总收入22.50亿元，下降9.80%。批零业收入155亿元，下降10%。实际招商引资28.73亿元，其中新引进企业营业收入17.70亿元、税收收入5088.58万元。新引进企业372家，其中注册资本1亿元以上企业8家、5000万元以上企业11家。引进商贸物流及与居民生活相关的服务型和优质税源型项目200个。完成第四次经济普查工作。全年拆迁7.04万平方米，其中个人住宅完成签约30户（国有7户，集体23户），面积0.65万平方米，非住宅回购签约11家，面积6.39万平方米，C、E地块18户滞留户完成签约。完成梅景路、扬帆路改造项目5家非住宅签约。完成方桥变项目涉及的汇海公司回购签约；完成梅北三期安置房项目邱隘水管站管理用房拆迁补偿协议签订并腾空移交；完成姜陇、梅墟2个村集体资产处置赔偿。推进梅陇新村小区环境整治，开展梅沁园老旧小区改造居民意愿征询并设计初步改造方案，完成各类零星工程20余项。“清爽梅墟”专项行动推进，完成江南路南侧、东外环东侧、路宝科技南侧、明州大桥西侧地块及5个拆迁地块环境整治和日常保洁，推进垃圾分类工作，完成市级示范小区4个，完善达标小区分类基础设施建设，推动小区“撤桶并点、定时定点”。

围绕国庆70周年系列活动，开展“我和国旗合个影”主题摄影征集、“学习强国”知识竞赛等群众性主题宣传教育活动7场次。开展各类青少年活动120余场次，累计参与学生达3000余人；组织社区“最美系列”评比，评选“最美楼道”3个、“最美家庭”10户。落实预约和上门走访机制，累计为群众办事服务近1700次，上门走访59577次。设立居民驿站，完善设施综合便民功能，开展群众文化文体活动395场。开展习近平新时代中国特色社会主义思想理论宣讲和第二批“不忘初心，牢记使命”主题教育活动。主题教育期间，领导班子开展学习交流会3次，累计授党课9次，走访调研48次，座谈15次，完成专题调研报告9份，召开调研成果交流会1次，对照党章党规找差距专题会议1次。街道获评2019年宁波市征收工作先进集体、平安护航建国70周年工作成绩突出集体、经济普查先进集体等市级荣誉。

表 42　　2019年梅墟街道各社区（股份经济合作社）基本情况

社区（股份经济合作社）	面积（平方千米）	户数（户）	户籍人口数（人）	集体经济总收入（万元）	集体经济总费用（万元）	总资产（万元）
梅墟社区	0.80	946	2142	—	—	—
梅福社区	1.75	5663	5672	—	—	—
梅苑社区	0.26	4637	5072	—	—	—
梅沁社区	0.20	3703	3763	—	—	—
龙山股份经济合作社	—	—	—	6810	2075	6377
钱家股份经济合作社	—	—	—	9098	1359	8084
姜陇股份经济合作社	—	—	—	1105	1003	8567
徐家洼股份经济合作社	—	—	—	2962	1264	7427
潭头河股份经济合作社	—	—	—	1346	1950	6379
梅墟股份经济合作社	—	—	—	5780	2193	3572

续表42

社区（股份经济合作社）	面积（平方千米）	户数（户）	户籍人口数（人）	集体经济总收入（万元）	集体经济总费用（万元）	总资产（万元）
滕园股份经济合作社	—	—	—	324	1303	1556
宝桥金股份经济合作社	—	—	—	621	3441	5821
上王股份经济合作社	—	—	—	8746	4015	4953
方家桥股份经济合作社	—	—	—	708	286	12438

说明：表格中数据为调查数

【暑期青少年“我爱我家”系列活动】 2019年7月5日至9月10日，梅墟街道暑期青少年“我爱我家”系列活动。活动以“爱国爱家”为主题，由梅墟街道团工委主办，各社区承办，活动分为“我爱我家”主题征文比赛、主题电影观影、社区文明小志士活动、“家风家教家训”书画比赛、“小候鸟”关爱活动等5类。其间，举行垃圾分类、多肉种植、法治宣讲、消防安全实践教育、科普实践、手工创意、影视教育、“小小银行家”金融体验、书画学堂、科学实验、健康教育讲座、益智游戏、音乐课堂等活动120余场，参加青少年3000余人。

【梅墟街道人大试点工作启动】 2019年3月14日，梅墟街道召开街道人大工作和建设试点动员部署会。作为浙江省在宁波市实施基层人大试点的3个街道之一，梅墟街道正式启动人大试点工作。工作受鄞州区人大常委会和高新区管委会双重领导。梅墟街道人大成立3支队伍。人大街道工委，配备工委主任、副主任及委员共9人；街道议政员，配备机关、事业、企业、社区（村）等各线议政员33人，工委专业小组，设立财经、法制、社会治理3个小组；建立一个机构，设立人大街道工委办公室，配备1名专职联络员，负责人大日常工作。

【梅墟街道首届“梅墟杯”门球邀请赛】 2019年6月17—18日，梅墟街道首届“梅墟杯”门球邀请赛举行。比赛由梅墟街道主办，高新区门球协会承办，梅墟街道门球队协办，在宁波市老年体育活动贵驷街道门球场举行。比赛共邀请50支球队参加，每队8人，预赛采取小组循环赛，积分淘汰制。共8支队伍进入决赛，经过抽签分组比赛，梅墟街道、军休中心获第一名，新明街道、骆兴村获第二名，后大街、敬德村、朝阳村、江北老干部局获第三名。

2019年9月25日，梅墟街道庆祝中华人民共和国成立70周年文艺会演举行

【梅墟街道庆祝新中国成立70周年系列活动】 2019年9月5日至11月30日，梅墟街道举办庆祝新中国成立70周年系列活动。9月25日，庆祝新中国成立70周年文艺会演活动在梅墟文体中心举行。活动以“职工新风采，共筑中国梦”为主题，由梅墟街道总工会主办，街道各企业工会协办。现场表演群舞《美丽中国》、相声《祖国的数字》、男女对唱《我们都是追梦人》、沙画《诗画梅墟》、越剧《唱支山歌给党听》等16个节目。参与活动人员430余人。9月26日，《歌唱祖国》群众性快闪活动在金沙码头奥莱广场举行，活动分为集体合唱《我的祖国》、与国旗合影、为祖国祝福三部分。来自高新区的各行各业代表与现场600余名群众参与活动。系列活动期间，举行升国旗仪式、“祖国在我心中，我和国旗合个影”主题摄影征集、“不忘初心、牢记使命”主题教育、“学习强国”知识竞赛、社区国庆晚会、“我和我的祖国”爱国主义电影观影、征文比赛等7个系列活动，累计参加人数2万余人。

（褚琦玮）

新明街道

【概况】 2019年，新明街道辖4个社区、2个股份经济合作社，区域面积5.32平方千米，户籍人口2.10万人，流动人口1.72万人。财政总收入5.78亿元，其中一般公共预算收入3.09亿元。街道规模以上工业企业产值9.89

亿元，限额以上服务业总收入696.46亿元，限额以上批零业商品销售额718.56亿元，软件业业务收入2440.11万元。累计新引进企业197家，实际利用内资18.30亿元。新申报新型三维显示与智能图像处理等高新精英计划项目5个，引进各类海内外博士、硕士7人，新增创新型初创企业29家（考核目标24家）。

发挥社会治理“一张网”作用，2327件网格事件，办结2202件。建立街道四级及以上事件协调处置工作机制，整合相关部门的力量和资源，强化街道的统一指挥和统筹协调职能。落实矛盾纠纷化解年工作，研究出台街道矛盾纠纷调处工作方案，排查化解各类矛盾纠纷213件。推进“扫黑除恶”专项斗争，开展安全生产整治百日攻坚大会战，完成中华人民共和国成立70周年、中共十九届四中全会期间安保维稳任务。新晖社区、明珠社区办公场所实现更新，滨江社区新办公场所已在建设，社区办公条件得到改善。各个社区都能结合区域实际，打造“一社一品”的工作亮点。明月社区推出“睦邻乐活”社区品牌项目，新晖社区推出“温暖公益、和谐邻里”社区微公益项目，滨江社区主打慈孝文化，明珠社区主打科普教育，都得到市、区有关部门的肯定。社工待遇提高以后，社工队伍基本稳定，社工素质也得到提升，能做到业务知识“一口清”，基础数据“一口清”，民情社情“一口清”。

制订征收拆迁工作落实方案，组建5个攻坚小分队，主攻体育运动学校（部分）等5个单位。结合文明城市创建要求，对丁香苑一期二期、老庙新村、商都大厦、东城峰汇、银珠明园、明辰紫月等老小区进行综合整治，累计清理菜地1.33公顷、补种绿化2600平方米、清运垃圾与杂物近300车。配合做好中央环保督查迎检工作，整治辖区退红线区域及背街小巷的市容问题，改造点位600处。组织辖区网格长和志愿者对沿街店铺环境卫生、噪音扰民等现象进行劝导，推进“优美宜居”街道建设。围绕垃圾分类工作。“搭把手”智能资源回收机已在32个小区投用，新型厨余及其他垃圾智能箱体在交通紫园试运行。银珠明园、滨江花苑2个小区成功创建市级示范小区。撤桶并点工作推进。全年有300余名机关党员、志愿者、街道工作人员主动参与垃圾分类督导工作。

【2019年新明街道经济科技工作会议】 2019年3月4日，新明街道召开2019年经济科技工作会议，街道相关领导、管委会职能部门领导代表、街道各部门、社区负责人以及街道企业、银行机构代表参加本次会议。会议总结街道上年招商、科技、人才、安全生产等方面的工作情况，并安排部署2019年度工作。指出2018年街道经济社会发展成绩优异，各项指标大幅增长，涌现一批高成长优质税源和高技术含量科技培育企业，区域经济实现质与量齐升，为街道下阶段发展打下坚实基础。会议强调，高新区经过20年发展，各项事业取得进步，随着国家自创区建设推进和宁波软件产业园建设，各项政策红利相继释放，新明街道作为高新区的门户区域，2019年街道工作必须高起点定位，高标准谋划，把优势运用到位，把潜力挖掘到位，把工作落实到位。会上通报表彰街道2018年度经济工作先进企业64家、2018年度安全生产暨消防安全工作先进个人20人。

表43　2019年新明街道各社区（股份经济合作社）基本情况

社区（股份经济合作社）	面积（平方千米）	户数（户）	人口数（人）	集体经济总收入（万元）	集体经济总费用（万元）	总资产（万元）
明月社区	—	4569	11762	—	—	—
滨江社区	—	5007	15021	—	—	—
新晖社区	—	10797	21000	—	—	—
明珠社区	—	4136	7000	—	—	—
朱一股份经济合作社	—	—	—	1706	4289	15901
老庙股份经济合作社	—	—	—	1514	3482	44306

说明：表格中数据为调查数

【省平安建设考核迎检】 2019年3月6日，省平安建设考核组到新明街道开展省平安建设检查，管委会相关领导陪同，新明街道全员协同参与、做好各方面迎检工作。此次省平安建设检查，分基层基础组、消防安全组、公共安全组3个检查小组，对新明街道综治办口径“DSS-平安城市”平台的治安实时监控系统和综合指挥室口径的“宁波市基层社会服务管理综合信息系统”进行重点抽查。检查组领导建议下一步要对综治监控系统增加分类查询功能，便于提高点对点查询效率。同时，检查组通过宁波市基层社会服务管理综合信息系统平台现场电话随机抽查明珠社区网格长，考核网格内“一口清”业务，并询问网格长学习、工作、收入和生活等情况。

【江南一品商业街环境整治】 2019年4月15日，新明街道联合城管、消防、公安等多个部门，对江南一品商业街及背街小巷环境进行联合整治行动。江南一品商业街环境“脏乱差”，特别是背街小巷堆放杂物、占道经营，一直是街道环境整治的“老大难”问题，同时也存在极大的消防安全隐患。街道党工委下决心，根治江南一品商业街环境脏、乱、差的“顽症”。由街道牵头召开协调会，要求各部门各尽其职、齐抓共管，切实把问题整改落实到位，并于两周前由小区物业对占用公共区域的商家下发《整改通知书》劝导各经营户做好相关整改工作，告知整改最后期限。对公共区域乱堆乱占和消防安全隐患进行联合清理、整治。整治行动涉及20余家商铺，清理清运杂物10余车，保障公共区域的安全、畅通、整洁。街道还联合城管等执法部门配合物业建立长效机制，以集中整治后的照片为标准，由物业制作牌子或册子规范经营摆放，按标准每日进行定时巡查，保持整治成果。

【新明街道科普知识竞赛】 2019年5月14日，新明街道科学技术协会举办以“弘扬科学精神，普及科学知识”为主题的科普知识竞赛，内容涉及《科学世界》《科普知识》《天文爱好者手册》《垃圾分类》等。比赛期间，参赛队伍依次进行必答选择题、抢答选择题、必答简答题、抢答简答题四个环节，每个环节之间设有观众互动抢答。来自宁波八益集团有限公司代表队获一等奖，宁波国家高新区外国语学校等5支代表队分获二、三等奖。竞赛活动加大科学知识宣传普及力度，建立科学、文明、健康的生活方式和行为习惯，营造爱科学、用科学、信科学的良好生活氛围。

【社会治理创新校地合作项目动员会】 2019年8月5日，新明街道召开社会治理创新校地合作项目动员会。2019年是街道与浙江理工大学合作建立社会工作科研教学实习实践基地运行的第二年，共有27名大学生参与本期实践活动。在为期一个月的实践活动中，街道各社区将与大学生们一起，探索基层社会治理创新，提升社区社会工作专业化建设水平。

【“学习强国”学习大评比活动】 2019年，新明街道为持续推广使用“学习强国”学习平台，推动党员干部群众学习常态化，开展“学习强国”学习大评比活动。活动启动后，各基层党组织纷纷组织党员主动学习，形成“比学赶超”良好学习氛围。大评比活动共有600余名党员群众参加，经评选产生宁波凯洋国际贸易有限公司党支部等5个学习型支部，王惠君等5名优秀管理员，刘子禄等30名学习标兵和毕琪菁等30名学习新星。

【新明街道庆祝新中国成立70周年活动】 2019年9月23日，新明街道庆祝新中国成立70周年文艺晚会在滨江水韵公园举行。街道工作人员、辖区企事业单位、居民群众共同庆祝中华人民共和国成立70周年，祝愿祖国更加繁荣昌盛。此次文艺晚会以“盛世华诞，筑梦新明”为主题，精心编排15个节目。现场吸引约600名居民群众观赏。9月26日，庆祝新中国成立70周年文艺汇演在街道党群商宇港湾举办。文艺汇演结合“不忘初心、牢记使命”主题教育开展，围绕“以知促行谋发展，砥砺奋进新时代”主题，由新明街道党建办主办，党群商宇港湾承办，邓山理工作室、涌金大厦管理处等单位协办，参与演出的10支表演团队均来自街道志愿者、民间艺术团以及总部基地楼宇企业职工。结合主题教育，现场还设置了有奖答题环节，观众实现互动。该次演出是由志愿者和楼宇职工自发组织参演的迎国庆公益演出，受到楼宇企业职工和附近居民欢迎。2019年，新明街道举办“不忘初心、筑梦未来”庆祝中华人民共和国成立70周年活动。9月30日和10月9日，街道分两批次组织街道机关及直属企事业单位全体干部职工，“大工委”兼职委员，社区、股份经济合作社全体工作人员，基层党组织书记、党务工作者以及党员代表、群众代表300余名党员干部群众，进行“我与国旗合影”、合唱歌曲《我和我的祖国》以及观看庆祝中华人民共和国成立70周年优秀影片《我和我的祖国》系列活动，欢度国庆。

【宪法宣传周系列活动】 2019年12月4日，新明街道司法所联合禁毒办、安监所、计生办等部门，与高帆律师事务所共同在华润万家广场门口举办“法治宁波，‘宪’行一步”宪法宣传活动。活动现场设置律师咨询、禁毒咨询、宪法问答等平台，为居民提供各类咨询服务。12月6日，街道邀请高帆律师事务所律师刘志龙为街道党工委

2019年12月4日，新明街道“法治宁波，‘宪’行一步”宪法宣传活动在华润万家广场举行

成员作“行政程序的司法要求及风险防范启示”讲座。街道在辖区各小区、大型超市、主要路口等人流密集处悬挂宣传横幅，在社区公共橱窗、公告栏等张贴宣传海报；在辖区分发法治倡议书近20000册，做好入户宣传。每周在微信公众号推送热点法律类文章，提高普法宣传的覆盖面和影响力。

（张力拉）

聚贤街道

【概况】 2019年9月20日，根据《宁波市人民政府关于同意鄞州区梅墟街道行政区划调整的批复》和宁波市鄞州区人民政府关于梅墟街道行政区划调整的通知，聚贤街道正式成立。街道位于剑兰路以西，东界梅墟街道，南临五乡镇、邱隘镇，西连新明、福明街道，北至甬江。区域面积8.94平方千米，户籍人口15742人，流动人口19023人，下辖翔云、聚贤、广贤、菁华4个社区，澳家桥、大漕、大池、庄前、涂田涨5个股份经济合作社。

聚贤街道区域内集聚宁波市1/3的重点研发机构、2/3的检测认证机构和1/2的公共技术服务平台，包括宁波市创新创业管理服务中心、宁波市软件与服务外包产业园管理服务中心两家创新创业管理主体和一批科技创新平台和企业，是高新技术产业聚集区和新旧动能转换的主要基地。街道加强与梅墟街道、双创中心的对接，明确过渡期工作边界，梳理熟悉各项事务，理清职能职责，理顺条块关系，完成综治、民生、安全生产、城市管理、党建等多条线的基础事务移交，完成4个社区和5个股份经济合作社的管理交接。

制订财务管理、公文签发、公章使用、人员考核、采购管理等16项基础规章制度，明确工作流程，提高工作效率。完成食堂、物业、基本存款账户、工会账户招标，开设社保、公积金、单位公务卡账户等，成立政协聚贤街道联合委员会，建立聚贤街道人大代表联络站，完成梅墟街道第三选区人大代表增选工作。完成国庆宣传、防汛抗台风、文明城市迎检、“三服务”等专项工作，协调解决广贤社区办公用房的购买事宜，完成1处34人居住的三合一场所整改工作。城市管理、社区管理、民生事务和安全生产等工作逐步展开。

表44　　2019年聚贤街道各社区（股份经济合作社）基本情况表

社区（股份经济合作社）	面积（平方千米）	户数（户）	户籍人口数（人）	集体经济总收入（万元）	集体经济总费用（万元）	总资产（万元）
翔云社区	2.50	4502	3638	—	—	—
聚贤社区	0.23	4969	3723	—	—	—
广贤社区	0.30	5029	3946	—	—	—
菁华社区	0.04	2900	410	—	—	—
大漕股份经济合作社	—	—	—	5560	4661	2346
大池股份经济合作社	—	—	—	169	1557	864
庄前股份经济合作社	—	—	—	366	4543	2343
涂田涨股份经济合作社	—	—	—	381	3098	2777
澳嘉桥股份经济合作社	—	—	—	1572	2082	710

说明：表格中数据为调查数

【“三方联动”机制落实】 2019年，因聚贤街道管辖范围内集聚包括宁波市创新创业管理服务中心（以下简称“双创中心”）和宁波市软件与服务外包产业园管理服务中心（以下简称“软件园”）等一批科技创新平台和企业，宁波国家高新区管委会先后出台《宁波国家高新区（新材料科技城）党工委关于明确聚贤街道与双创中心、软件园三方联动机制的意见》和《宁波国家高新区（新材料科技城）聚贤街道区域企业服务实施办法（试行）》，按照“统筹领导、精简高效、资源共享、优势互补”原则，建立聚贤街道与双创中心、软件园联动机制，明确聚贤街道主要以党建群团、基层治理、社会事务、城市管理等工作为主，双创中心和软件园主要以经济发展、招商引智、企业服务等工作为主，并明确企业认定办法以及企业服务方式。

【聚贤街道办事处挂牌成立】 2019年9月20日，宁波市鄞州区聚贤街道办事处正式挂牌成立。宁波市民政局党组成员、副局长周根强，鄞州区人民政府副区长朱晓丽，高新区党工委、管委会领导黄利琴、杨正平、张旭、罗绍东、吕锡云出席活动，高新区各部门负责人、街道全体人员参加。街道由鄞州区委托宁波国家高新区全面管理，履行相应的经济、社会管理职能，街道人大、政协和人民武装工作由鄞州区管理。街道党政机关设8个职能科室，核定行政编制7名，根据聚贤街道经济社会事业发展的需要，设公共事务管理服务中心（挂应急管理所、退役军人服务站牌子），为街道下属公益一类事业单位，规格相当于正科级，核定人员编制20名，领导职数为正职1名、副职2名，现有一名正职，在编人员11人。至年底，街道在编在岗人员32人，其中领导

2019年9月20日，宁波市鄞州区人民政府聚贤街道办事处揭牌成立

班子成员7人，科级人员9人，普通干部4人，辅岗12人。每个科室基本上由1~2名正岗人员和1~2名辅岗人员组成。

【聚贤街道“不忘初心、牢记使命”主题教育活动】 2019年9月，聚贤街道机关党支部正式成立，支部落实上级要求，开展“不忘初心、牢记使命”主题教育活动。街道党工委围绕习近平中国特色社会主义思想、习近平在浙江视察时重要讲话及关于社会治理工作的重要论述、党的十九届四中全会精神，组织开展3次集中交流研讨，并结合“学习一点通”活动，组织学习研讨40余次。9—10月，街道全体人员深入辖区内的4个社区和5个股份合作社，采取“蹲一点、带一片”的方法，对基层社会治理情况开展调研，形成5篇调研报告。街道推进“三服务”进社区工作，对4个社区反映的诸如办公用房不足、群租房问题、业委会问题、公寓安全隐患问题等情况，谋划思路举措，边排摸边整改，在检视问题中，领导班子和领导干部共查找问题29个，班子之间互相提意见20条，听取4个社区和5个股份经济合作社代表对党工委领导班子及街道工作的建议14条，即知即改、立行立改。

（焦　越　邹　莹）

瞻岐镇

【概况】 2019年，瞻岐镇辖17个行政村和1个社区，镇域面积94平方千米，其中海域面积11平方千米，总户数10184户，户籍人口25163人。实现地区生产总值16.38亿元，比上年增长12.80%；完成财政总收入3.13亿元，增长107%，其中一般公共预算收入1.52亿元，增长81.20%。

实现农业总产值3.62亿元，增长4%。其中，农业产值2.60亿元，增长8%；渔业产值8843万元，增长10%。以市级示范性镇级农合联为基础，委托浙江万里学院实施农业强镇总体规划，突出水果、渔业两大特色，着重发展休闲观光、滨海养殖、微旅产业，被列入2019年省级农业特色强镇创建对象。联合8家农业龙头企业成立“宁波山禾海农业开发有限公司”，注册“瞻岐小八鲜”品牌，注册资金500万元。一而斋紫菜、三丰可味鄞州雪菜获省农博会金奖；利裕家庭农场秀水长香粳米获选宁波市最好吃十大金奖稻米；金山谷“阳光玫瑰”葡萄获市首届“阳光玫瑰”评比大赛金奖。全年耕地地力补贴户数656户，补贴面积290.33公顷，补贴金额52.27万元。全年减少花木种植面积269.80公顷，完成鉴证土地流转204.87公顷，排查23公顷农业大棚，核查图版54个，“一房一档”推进大棚房整治。投资1800万元完成东一村土地开发项目、姚家村高标准基本农田建设项目、姚南高标准林间道路建设项目等6个“611”耕地保护工程。投资1350万元推进岐西溪坑、卢一溪坑、瞻岐大溪坑、瞻岐自来水厂水毁应急抢险工程、瞻岐镇原小学桥头危桥拆建工程、瞻岐镇水毁零星抢修工程、库区、河道应急突击清理7个水利设施“利奇马”台风灾后修复工程。

实现工业增加值7.50亿元，增长20%。19家规模以上企业实现工业产值18.60亿元、销售17.30亿元、利润3.30亿元，分别增长14%、13%和249%，规模以上工业增加值3.97亿元，增长22.30%；高新技术产业增加值1.96亿元，增长7.70%；规模以上服务业增加值0.35亿元，增长12%；限额以上批发零售业销售额1.20亿元，增长30%；限额以上社会消费品零售额1000万元，增长7.6%。实现出口总额0.60亿美元，增长1%；实现税收收入合计3.10亿元，增长104%。新增规模以上企业和限额以上个体7家，其中工业4家、服务业1家、限额以上个体2家；成功申报高新技术企业2家，新增创新型初创企业5家、区级企业工程技术中心2家。引进浙商回归项目1亿元，外资500万美元；引进各类项目17个，累计注册资金4.10亿元，完成固定资产投资2.62亿元。成功申报“创业鄞州·精英引领计划”1个，新引进高素质人才7人，1人入选宁波市领军拔尖人才第二梯队，1人获评“鄞州银匠”。

瞻岐镇04号地块6.11公顷住宅用地旭辉地产“上宁府”项目开盘销售；推进07号地块6.53公顷商住用地土地征用，完成该地块表土剥离招投标相关前期工作。疏港高速昆亭至塘溪段工程开工；瞻虹路路面改造提升工程、老穿咸线（中心小学—岐下洋段）道路两侧改造提升工程、合一农村公路新建工程等重点项目完成竣工，自来水厂二期扩建主体工程完成90%，镇中心小学三号教学楼获“甬江建设杯”优质工程奖。岐西村通过市级美丽宜居示范村、美丽乡村示范村验收；周一村联户自建项目被列入宁波市浙东民居试点村并开工建设；嵩一村、方桥村上报区镇村联席会议审批，成功创建省级“四好农村公路”示范镇。全年审批农村建房51件，农房确权发证1600余户，处置违建123宗，面积14.10万平方米，完成“三改一拆”任务145%。两期水环境建设项目已全部完工并投入使用；投资约300万元完成小流域治理项目张东周村（周家来点）分洪工程；投资78万元完成姚家村新东湖塘桥拆建工程；拆除沿河违章建筑9个点位2608平方米，收集处理各类农资包装废弃物10.50吨。开展“瞻岐·最美河道”评比，14条镇级、106条村级河道水质保持Ⅳ类水以上标准，河长制签到率、巡河率均达100%。投资50万元完成河道疏浚4.50千米，清淤量达2.30万立方米；实现农村生活污水工程各村全覆盖，审核发放排水许可证31家。处置来信来访环保案件65起，配合咸祥环保所立案处罚3家企业。投入360余万元建成生活垃圾分类减量综合体项目，包括易腐垃圾处理设备和垃圾渗滤液处理设备各1套，日处理能力最高均为10吨，实际减量100余吨；打造“一街两村三点”模范单位，获评2019年市级生活垃圾分类示范镇。

“最多跑一次”改革提质，推广“互联网+”服务，启用2台24小时自助一体机，加速“一窗受理”全覆盖，窗口办件量约53000件，政务服务网受理事项超2700件。完成3个村级便民服务中心标准化建设。全镇基本职工养老、医疗、工伤、失业和生育保险参保人数分别达到18616人、19610人、17012人、16994人和16728人，城乡居民养老保险参保7003人，被征地养老保险参保1180人。启用劳动人事仲裁派出庭，服务周边“四镇一区”，挂牌成立“瞻岐镇劳动人事争议调解中心”，接受来电来访咨询850人次，受理投诉案件134件，全年结案81件，结案金额368万元。开展4次劳动监察专项执法行动，检查企业71家，涉及职工6689人。办理失业业务283件，新增灵活就业90人次；毕业两年内大学生就业情况调查109人次；企业薪酬调查涉及11家企业4136员工；人力资源调查11701人次。“慈善一日捐”活动募集善款147万余元；救助困难群众543人次，发放救助款93万余元；为134名困难白内障患者申请慈爱光明工程，共计268000元；做好申报助医10人次，共计155000元；开展慈善助学行动，为86人次困难大学生发放助学款共计26万余元。投资90余万元建成瞻岐镇居家养老服务中心，推进东城村、合一村村级居家养老服务中心建设；100余名老人享受家院互融政府购买服务；为1100余名80周岁以上老人每月发放高龄津贴6万元。

打响“山海瞻岐”文化品牌，举办第八届瞻岐元宵灯会、“鄞州建筑杯”第四届职工羽毛球等级联赛、瞻岐镇乡贤大会暨首届蛏子节、“瞻岐梦·山海情”庆祝新中国成立70周年合唱大赛等大型活动。瞻岐海韵合唱团原创舞蹈《海之韵》在鄞州区合唱大赛和舞蹈大赛中均获金奖。全镇安排各类公益性演出113场次，安排电影放映413场次。新建方桥村“汤和纪念馆”、东城村“大嵩历史陈列馆”、南一村“周奋烈士纪念馆”等文化阵地。率先成立全区首家镇级乡贤馆，梳理经济发展、文化促进、社会管理组三个领域乡贤109人，建立乡贤动态数据库。高标准新建唐家村、姚家村、岐下洋村三家文化礼堂，岐化村获评鄞州区四星级文化礼堂、东城村获评鄞州区三星级文化礼堂。“一村一节一品”亮点纷呈，依托特色文化礼堂，合一村举办橘子节、南一村举办采茶节、岐化村举办旗袍节、方桥村举办农民丰收节等。推进镇图书馆改建工程，打造首家镇级“城市书房”，完成相关设计工作。瞻岐卫生院完成与鄞州人民医院医共体联建。落实积分入学制，与鄞州实验中学结对，普高上线率领先周边乡镇。全镇17个村实现区级文明村全覆盖，新创建区级洁美村庄岐化村，通过市级文明村复评、国家级卫生镇验收。

表45 2019年瞻岐镇各行政村（社区）基本情况

行政村（社区）	面积（平方千米）	户数（户）	人口数（人）	集体经济总收入（万元）	集体经济总费用（万元）	总资产（万元）
卢一村	5.19	553	1347	510	467	1838
合一村	4.35	1079	2721	740	721	1370
南一村	3.71	774	1896	878	732	2578
南二村	2.25	616	1495	769	495	3023
东一村	4.53	936	2314	660	698	3534
东二村	3.87	916	2239	484	934	3850
岐西村	3.72	461	1200	1719	812	4722
唐家村	2.55	280	690	225	229	2119
姚家村	2.87	340	857	266	237	932

续表45

行政村（社区）	面积（平方千米）	户数（户）	人口数（人）	集体经济总收入（万元）	集体经济总费用（万元）	总资产（万元）
岐化村	1.71	573	1392	284	371	3115
东城村	2.77	845	2007	2458	1289	2381
西城村	8.96	977	2310	1206	481	1993
嵩一村	3.05	355	869	634	385	1447
方桥村	7.73	554	1416	661	413	1398
周一村	2.54	229	574	83	212	1797
岐下洋村	1.34	355	876	267	1071	1131
张东周村	3.28	252	677	183	169	735
瞻虹社区	0.05	89	283	54	74	16

说明：表格中数据为调查数

【瞻岐镇入选2019年浙江省级特色农业强镇创建对象】 2019年12月，瞻岐镇正式被列入2019年浙江省级特色农业强镇创建对象。瞻岐渔业水果特色农业强镇规划占地面积1866.67公顷，计划投资5800万元，以渔业、水果产业为主导开展重点建设，包括养殖中心区提升建设、金碧果业水果精品园提升项目建设、农业基础设施建设、水产养殖清洁化生产设施建设、现代农业综合服务中心建设、一而斋水产加工基地建设项目、农业众创空间建设、生态农业基地建设、大岭农旅体验园示范基地工程等一批重点项目。建设过程中将以周一村、东二村、南一村、姚家村、唐家村等瞻岐镇特色村为重点开展项目建设，推动乡村产业发展。

【瞻岐镇获评2019年宁波市农村生活垃圾分类处理工作示范镇】 2019年12月，瞻岐镇获评宁波市农村生活垃圾分类处理工作示范镇。瞻岐镇垃圾分类办公室和市容环境卫生主管部门牵头在瞻岐镇全镇上下开展垃圾分类专项行动。通过宣传全覆盖、入户指导全覆盖、分类处理全覆盖和纠错、撤桶并点、送桶入户等做法，打造“一街两村三点”模范单位。瞻岐镇上半年投入360余万元建设生活垃圾分类减量综合体项目，包括易腐垃圾处理设备和垃圾渗滤液处理设备各1套，日处理能力最高均为10吨，覆盖范围包括全镇17个行政村、1个社区和各企事业单位。运行以来，已实际减量100余吨，初步实现易腐垃圾就地减量与资源的循环利用，达到减量化和利用化的目标。全镇共建造四色分类垃圾收集点30余个，分发入户小型垃圾桶7000余套，新购置大型垃圾桶300余个，新购置垃圾专运车1辆，纠正垃圾分类错误标识1万余处，打造由镇区3条主干道路瞻虹路、振兴路和镇中路组成的“观学一体”垃圾分类示范街、南二村、东城村垃圾分类示范村和瞻岐镇政府、瞻岐镇卫生院、瞻岐小学3个瞻岐镇垃圾分类首批示范点。

【瞻岐镇第八届元宵灯会】 2019年1月28日，瞻岐镇第八届元宵灯会系列活动在瞻岐镇东港河公园正式开幕。活动由瞻岐镇政府主办，各行政村协办。灯会以“古邑寻旧味·山海闹新春”为主题，分为“寻味瞻岐·山海点灯”“体味瞻岐·四民赛灯”“回味瞻岐·古邑走灯”三大篇章，围绕瞻岐两大传统民俗项目“大嵩廿四市”和“闹元宵”，开展放河灯、猜灯谜、走灯巡游、非遗游园、赶集市等传统体验活动。活动当晚，村民们将1000余盏花灯放入大嵩江任其漂流，并许下美好愿望。1月29日为腊月二十四，近千米的大嵩街市，摆满瞻岐古产，桂花泥螺、乌葱烤麦鱼、敲骨酱、咸菜马鲛鱼等瞻岐特色菜品，米馒头、手工酿醋、手打年糕、农家炒货等传统美食，

2019年2月19日，瞻岐镇元宵走灯巡游活动举行

舞龙队、舞狮队等各村民间文艺小分队也在"大嵩廿四市"开市仪式展出。正月十五，合一抬阁、张东周高跷、南二彩船、岐西车子灯、东一舞狮、东城九莲灯、嵩一荷花仙子、南一龙船、姚家马灯、方桥舞龙灯等来自瞻岐田间地头的表演队参加元宵走灯巡游活动。瞻岐镇自古就有闹元宵传统，当地百姓在农历正月十三上灯，十四、十五拜祭溪坑姑娘、井潭姑娘，摇毛竹，赶老鼠，十五闹元宵、吃汤圆，直至十八落灯，活动丰富。"闹元宵"成为瞻岐一项特色品牌的文化活动，获评鄞州区非遗项目。瞻岐镇获评"省民间文化艺术之乡"。

【瞻岐镇乡贤大会暨首届蛏子节】 2019年4月7日，瞻岐镇举办乡贤大会暨首届蛏子节。活动当天，瞻岐镇共邀请42名乡贤，分为经济发展者、文化促进者、社会管理者三个组别，相聚在新落成的瞻岐乡贤馆，该馆是鄞州区首个乡贤馆。乡贤馆的建成为瞻岐镇乡贤精英们提供参与家乡基层建设和社会治理的平台，助力瞻岐实施乡村振兴战略。瞻岐镇首届蛏子节"蛏子厨艺"专业擂台赛和"小八鲜"专业擂台赛也在同期举行，分别评出"金勺""银勺"和"铜勺"奖。瞻岐人对当地美食进行评选，选出其中八样独具"鲜味"的瞻岐名菜：敲骨浆、红膏蟹糊、乌葱烤麦鱼、雪菜马鲛鱼、卷金龙、红烧望潮、倒笃蛏子、桂花泥螺，就是瞻岐"小八鲜"。

【周一村联户自建项目被列入宁波市浙东民居试点村】 2019年12月18日，瞻岐镇周一村"浙东民居"项目正式开工，该项目是2019年唯一一个被列入宁波市浙东民居试点村建设的项目，也是瞻岐镇新农村建设首次尝试打造浙东民居建筑风格。周一村有连片山林133.33公顷，连片良田53.33公顷，背山面海，风景秀丽。项目涉及面积13300平方米，总投资2000余万元，计划时间3~5年，项目建成后，将改善原有区域的环境面貌，形成农村新型业态，打造成为"浙东民居"新典范，为新农村发展注入活力和经济增长点。

【区第四届"鄞州建筑杯"职工羽毛球等级联赛】 2019年5月25日，鄞州区第四届"鄞州建筑杯"职工羽毛球等级联赛在瞻岐镇中心小学举行。比赛由区总工会主办，区体育总会、瞻岐镇总工会承办，区羽毛球协会协办。来自横溪铁羽队、公安局代表队、明楼街道代表队等13支队伍130余名运动员参比赛。比赛分为甲、乙两组，采用五场制混合团体赛赛制，鄞通集团代表队获甲组第一名，公安局代表队获乙组第一名。

（汪明宇）

咸祥镇

【概况】 2019年，咸祥镇辖17个行政村、1个渔业社和1个社区，镇域面积64.54平方千米，其中海域面积2.74平方千米，户籍人口26475人，外来人口6029人。实现地区生产总值17.63亿元，比上年增长14.48%。财政总收入3.42亿元，增长97.69%。其中，一般公共预算收入1.73亿元，增长88.04%。

实现农业总产值4.80亿元，增长4.35%。养殖核心区、特色渔业研发中心、咸祥农副产品交易集散中心得到提升，成功创建省级特色农业强镇。共清理花木100余公顷，新增流转土地146.33公顷，全年共种植稻谷371.40公顷，大小麦146.73公顷，其他谷类71.87公顷，油料作物88.13公顷，果用瓜316.33公顷。梭子蟹土池育苗面积266.67公顷，产量41150千克，产值8149万元。投资250余万元的虹祥水果基地的精品园提升项目、投资264万元的2017年度高标准农田建设项目、投资290万元的海南农业综开发项目完成。咸祥镇农合联现代农业服务中心获评市级第一批镇级农合联现代农业服务中心建设示范（基层服务示范窗口）。对里蔡桥下空间、鹰龙地块10公顷荒地等开展美化整理，咸祥镇鹰龙多彩农业美丽田园示范基地成功创建市级多彩农业美丽田园示范基地。

新增规模以上企业5家，全镇25家规模以上企业实现工业总产值13.70亿元、销售11.62亿元、利润0.26亿元。实现进出口总额0.19亿美元，增长5.80%。引进内资9000万元，完成全年目标的108.40%。浙商回归资金9000万元，完成全年目标的103.40%。完成第四次经济普查工作，普查企业数663户，个体数1683户，抽样27家。完成异地备案一家，朱留锋的宁波灯之芯科技有限公司由咸祥镇引进后落户鄞州四明金融小镇。新增区级企业工程技术中心2家，分别为宁波市鄞州一亩三分地家居用品有限公司和宁波圣达智能科技有限公司。新增3家企业高新技术企业入库，分别是宁波福玛特金属制品事宜有限公司、宁波塑金真空科技有限公司、宁波圣达智能科技有限公司。崔国栋团队的"环保型多元复合防腐处理关键技术及产业化"项目，入选2019宁波市"3315计划"资本引入项目。许振兴团队的"上市（拟上市公司）信息合规化办公平台"项目，入选鄞州区"泛创业鄞州·精英引领计划"创业团队A类项目。

构建"全域旅游"体系，成功创建AAA级景区村庄1个，A级景区村庄2个；加快提升鄞州区英雄烈士纪念馆、横山村烽火台等重要旅游节点品质，旅游服务设施不断完善；出台《咸祥镇民宿（客栈、农家乐）发展扶持政策（试行）》，新建、在建民宿3家，度假经济、民宿经济逐步兴起。举办马鲛鱼文化节、杨梅"甜"采摘节、海上美食海鲜节、海畔音乐节、海上明月马拉松等主题特色节庆活动，接待游客30余万人次。

全年实施城建类工程项目38个，咸祥中路（西宅至沿海中线）改建工程、咸兴路电力管线下埋工程、金山公园提升工程、菜场及周边配套道路改造工程完成，球山幼儿园、西宅至文化广场配套道路新建、芦浦农村生活污水改造及荣安房地产等项目推进。镇自筹资金894万元建设垃圾处理中心完工，是全市首个城镇生活垃圾机械化二次分类模式的垃圾处理中心。投资2000万元完成镇区弱电综合管线整治，投资6600万元完成7个村新村改造。咸祥镇获评市级美丽乡村示范镇，“蓝色海湾”风景线获评市级美丽乡村风景线，西宅村、海南村、咸五村成功创建市美丽乡村示范村，咸一村、横山村获区“最洁美村庄”称号。全年累计拆除违建32000余平方米，超额完成年度任务。完成河道疏浚工程4.50千米、清理淤泥1.75万立方米、拆除农棚田舍1016.50平方米，在咸祥河投放鱼苗近5000千克，改善水域生态环境。推进污水零直排，全年发放排水许可证37家，完成整改4家，取缔、关闭4家，通过市级复验。

实现“最多跑一次”事项205项，窗口办件量30012件，政务网办件1596件。养老保险参保率96.01%，城乡居民医保参保率99.47%。全镇企业社保基数申报率99.56%。全市范围率先引进“宁波办事”综合服务自助终端，实现无证办理事项201项，一证通办事项42项。开展“无欠薪”行动，日常企业巡查188家次，涉及员工1472人。共处理调解案件20起，涉及金额58.60万元。投资9万余元完成敬老院厨房改造，为老年人提供舒适用餐环境。

排查各类矛盾纠纷120余起，参与化解95起，移交职能部门处理32起；化解3起近10年信访积案，共接待处理镇级来访19批62人次，共处置各类信访问题105件次，顺利完成区政法委对咸祥镇2018年平安示范村（横山村）二次验收和2019年平安示范村（外蔡村）申报工作。投入财政资金60余万元（其中区级补助11万元），完成咸二村工业园区、文化广场路面监控建设，新增高清摄像探头35个，全部接入公安视频网络系统；完成镇域范围80余个老旧治安监控的修复工作；布点咸兴路、沙场码头等区域视频监控点位。投入10万元，引入流动人口“旅馆式管理”服务，规范房屋租赁。斥资7万余元完成公共法律服务站改造升级，实现“预防纠纷找公证、化解矛盾找调解、法律服务找律师、弱势维权找法援”的目标。镇村两级公共法律服务站（点）接待来访咨询26批72人次，电话咨询55人次，提供法律援助3批3人次，为企业开展“法律体检”4次。全年检查企业194家，排查安全隐患582条并全部得到整改。将镇域内17家涉化涉危企业列入动态监控范围，确保各类安全事故零发生。

球山籍烈士朱恺杰获评“浙江好人”、第六届宁波市道德模范见义勇为奖。咸祥镇与宁波卫生职业技术学院、浙江万里学院共建“蓝海志库”志愿服务品牌。“八月半渔棉会”项目成功入选“浙江省民间文化艺术之乡”，国家级非遗项目“宁波走书”基地落户咸六村，四明书院咸祥创作基地正式挂牌。成功创建“语言文字规范化乡镇”，“国家卫生镇”通过验收。

表46　　2019年咸祥镇各行政村（渔业社、社区）基本情况

行政村（渔业社、社区）	面积（平方千米）	户数（户）	人口数（人）	集体经济总收入（万元）	集体经济总费用（万元）	总资产（万元）
芦浦村	3.33	647	1648	311.81	256.58	1417.88
里蔡村	2.63	530	1276	172.47	168.17	1111.18
外蔡村	1.26	380	918	120.21	112.05	1616.62
横山村	1.79	612	1520	530.59	311.31	2854.93
咸一村	1.29	605	1477	184.52	184.50	1182.78
咸二村	0.83	295	714	138.80	103.35	2100.05
咸三村	1.37	462	1084	225.32	216.71	2144.42
咸四村	2.81	620	1556	318.59	193.11	9871.52
咸五村	1.32	461	1111	163.25	154.83	711.52
咸六村	2.13	646	1604	185.54	157.70	4853.09
西宅村	1.48	417	1006	159.47	241.14	2393.93
王家村	0.85	248	566	257.53	54.37	954.86
龚楼村	2.14	362	858	334.90	304.15	3159.31
球东村	1.17	679	1684	141.51	122.93	995.91
球山村	2.15	1414	3201	616.93	497.22	1777.43
南头村	0.70	575	1334	320.95	157.08	2454.41
海南村	1.47	809	1912	195.48	196.16	2933.66
渔业社	—	—	—	9.88	138.24	1868.10
金竹社区	—	1227	2121	—	—	—

说明：表格中数据为调查数

【2019“美丽鄞州”欢乐游启动仪式暨第三届咸祥马鲛鱼文化节开幕式举行】 2019年3月30日，2019“美丽鄞州”欢乐游启动仪式暨第三届咸祥马鲛鱼文化节开幕式在咸祥镇新湾沙滩举行。区领导王兆波、吕红琴、卜明长、沈剑波等出席活动。开幕式现场，有女子舞龙表演、小友友大提琴合奏、旗袍秀、咸祥渔腔等特色文化演出，有沙滩寻宝互动游戏，有美食集市可以品尝马鲛鱼、鲜2° 草莓等。活动新增项目，发起“海洋卫士”志愿服务队计划，在开幕式现场进行咸祥镇保护海洋渔业资源志愿者宣誓仪式，倡议“科学保护、有序开发”海洋资源，结合咸祥蓝海资源，开启鄞州首条海洋文化研学之旅。该活动是展示咸祥旅游形象、宣传蓝湾旅游文化、推介“鲜2°”旅游品牌的一个重要平台。

2019年3月30日，第三届咸祥马鲛鱼文化节开幕式在咸祥镇新湾沙滩举行

【2019咸祥海畔音乐节】 2019年9月22日，2019咸祥海畔音乐节在咸祥镇新湾沙滩举行，共计千余名观众观看。音乐节期间，咸祥海畔大提琴表演自助海鲜宴，当地摇滚乐队“FALLING STAR”演唱歌曲，现场吸引游客驻步拍照。海畔音乐节是咸祥镇深度探索精品旅游的重要平台，海鲜特产、观景资源和音乐故事三大特点，把“好吃”“好看”“好听”三大年轻人喜爱的元素融合，将“名气”转换为“人气”，把“网红地”打造成“长红地”，让更多年轻人在此释放生活的压力，打响咸祥“蓝湾小镇”的知名度和美誉度。

【咸祥镇入选省级特色农业强镇】 2019年9月26日，省特色农业强镇创建考评验收组对咸祥镇渔业特色农业强镇进行现场验收，通过实地走访、现场踏看、听取汇报、现场答辩、翻阅台账等程序，专家组打出94分高分，现场宣布通过特色强镇验收。自2017年被列入省级第二批特色农业强镇创建对象以来，咸祥镇按照创建工作方案，围绕“主导产业强、生态环境美、渔耕文化深、渔旅融合紧”的建设目标，发挥渔业经营主体创造性，完成各项创建工作任务，取得成效。咸祥镇将紧扣特色产业发展主线，在拓展产业链、补齐短板上下功夫，加强全产业链建设，挖掘资源优势，将渔业与滨海休闲旅游结合起来，把外地游客引进来，将渔业与文创结合起来，让咸祥品牌走出去，让海洋经济在咸祥的乡村振兴、富农强镇上发挥作用。

【咸祥镇“唱支村歌给党听”原创村歌演唱会】 2019年9月29日，咸祥镇“唱支村歌给党听”原创村歌演唱会在咸祥镇海南村文化礼堂举行，献礼新中国成立70周年。浙江省音乐家协会主席翁持更、宁波市音乐家协会原主席陈民宪，市委宣传部宣教处处长钟学政，区委宣传部部长方飞龙等出席活动。演唱会在镇“渔之声”合唱团带来的《咸祥渔腔》中拉开序幕，共分“鲜活篇”“时尚篇”“和美篇”“蓝湾篇”4个篇章，全镇17个村先后出场，为现场观众献上一场新时代乡村的视听场景。经过评比，晚会共评出最佳风采奖6个、最佳创意奖6个、最佳组织奖5个。演唱会现场观看人数约1200人，直播观看20余万人次，浙江新闻、《宁波日报》、甬派和《宁波晚报》《现代金报》《鄞州日报》、鄞响等媒体进行专题报道，其中新浪网阅读量达57.60万次。

【“宁波走书”传承基地落户咸祥镇】 2019年11月6日，国家级非物质文化遗产“宁波走书”传承基地揭牌仪式暨曲艺展演活动在咸祥镇咸六村举行。中国曲艺家协会副主席、省文联副主席、省曲艺家协会主席翁仁康，市文广旅局党组成员、副局长吕勇，市文广旅局艺术和公共服务处副处长罗健荣，市非遗中心主任纪云飞，市非遗中心副主任孔燕，区文广旅游体育局党委委员陆维，区委宣传部副部长、文学艺术界联合会副主席史晓卿，市曲艺家协会主席沈姿颖，咸祥镇党委书记凌剑晖，镇长王宏标，镇党委副书记陈力，以及宁波走书省级传承人共同出席揭牌仪式。活动现场，举行鄞州区曲艺公益基地、非遗曲艺书场、“雨露新苗”宁波市少儿曲艺传承基地、宁波走书少儿教育实践基地、宁波小调少儿教育实践基地的授牌仪式，以及为宁波走书两位省级代表性传承人69岁的沈健丽和57岁的闻海平举行收徒仪式。仪式之后安排甬剧、宁波走书、宁波小调、快板书、魔术等曲艺展演，受到现场观众好评。

【方言版主题教育栏目“听阿拉讲初心”上线】 2019年11月8日，咸祥镇与鄞州区委党校合作的方言版主题教育栏目“听阿拉讲初心”鄞响上线仪式在咸祥镇海南村文化礼堂举行。鄞州区委组织部副部长、“两新”工委书记罗峥嵘，区委第二巡回指导组组长顾同盟，区委党校党委书记、常务副校长朱英海，鄞州日报社社长、总编辑邵波，区委党校党委副书记、副校长潘敏敏，咸祥镇党委书记凌剑晖，镇党委副书记、镇长王宏标以及全镇机关干部、各基层党组织书记、机关退休支部老党员、退休支部书记协会成员参加仪式。仪式上举行“初心讲师”和“初心播音员”受聘仪式，区委党校的4位老师解正起、潘明策、应雁、干戈正式受聘为初心讲师。首批初心播音员由镇退休老师、人大代表、村干部等组成，他们分别是胡纪祥、王世军、朱璐、舒良波、黄海燕。仪式对参与“听阿拉讲初心”栏目录制的4位党员进行现场访谈。“听阿拉讲初心”栏目通俗易懂，收到较好传播和教育效果。至年底，“听阿拉讲初心”栏目共12期，参与录制人数50余人，受众千余人次。

【首届宁波全民运动会迷你马拉松选拔赛（鄞州咸祥站）暨2019海上明月马拉松】 2019年11月10日，首届宁波全民运动会迷你马拉松选拔赛（鄞州咸祥站）暨2019海上明月马拉松在西宅公园鸣枪开赛。该赛也是宁波市鄞州区“千里云道”分站赛第二站，共有近千名选手参赛。市体育局副局长徐健，市体育竞赛中心主任王丹明，鄞州银行党委副书记、监事长梁雪琴，区文广旅体副局长沈戈锋，市长跑协会主席陆亨伯，咸祥镇党委书记凌剑晖，咸祥镇镇长王宏标等出席开幕式。该次半程马拉松比赛路线形状为一个“海马”：西宅公园（起点）—咸祥中路—沿海中线—大礁面—村道—海南村—村道—咸祥人民营救美军飞行员纪念碑—南头渔村—村道—南头村大门—南头村—南头渔村—咸姚线—村道—球东村—村道—大嵩江堤—大嵩闸—海堤—横山码头（终点）。迷你马拉松（6.60千米）路线：西宅公园（起点）—咸祥中路—沿海中线—大礁面—村道—龙尾碶—海堤—横山码头（终点）。比赛结束，方加南和卢亚晶取得半程马拉松男子组和女子组的冠军。张浩海和陆巧克力取得迷你马拉松男子组和女子组的冠军。

【四明书画院咸祥创作基地授牌】 2019年11月13日，四明书画院咸祥创作基地授牌仪式在咸祥镇成人学校举行，省委宣传部原副部长、四明书画院常务副院长何福清，《浙江日报》报业集团高级编辑、四明书画院常务副院长盛元富，区委常委、宣传部部长方飞龙，四明书画院宁波分院院长邹大鸣，咸祥镇党委书记凌剑晖、镇长王宏标，以及参加天南海北鄞州人大会的文化界乡贤等30余人出席活动。四明书画院已成立10年，已拥有100余位旅杭宁波籍书画家，几乎每个月都会有创作和展览活动，活动深入基层，面向大众，与文化艺术普惠相结合，为群众提供精神食粮。咸祥是四明书画院的第三个基层创作基地。咸祥有文化氛围和群众基础，涌现“云南画派之父”蒋铁峰等书画名家，并有“省级书法村”咸六村和著名印石“大松石”。四明书画院的艺术家定期到咸祥开展书画采风、创作和交流活动，助推基层文化事业发展。至年底，开展活动20余次，参加人数400余人。

【《与共和国同行——叶辛散文朗诵读本》首发式举行】 2019年11月17日，中国作家协会副主席、宁波首批建立工作室的文艺大师叶辛到咸祥镇，举行数字出版物《与共和国同行——叶辛散文朗诵读本》首发式。宁波市政协副主席、党组副书记、浙江省文联副主席、宁波市文联主席郁伟年，市委宣传部常务副部长魏祖民，市摄影家协会主席王勇，鄞州区委网信办专职副主任徐铭，咸祥镇镇长王宏标、党委副书记陈力，以及阅读爱好者等500余人参与仪式。现场邀请宁波12位朗诵者朗诵相关作品，鄞州区网络社会组织联合会与鄞光溢彩主播团到现场对活动进行直播，线上访问量达300余万次。将阅读和朗诵相结合，以“互联网+读书”的新模式带动乡村阅读。让更多的人亲近文学、喜欢文学、热爱文学。

【咸祥镇通过国家卫生镇验收】 2019年底，咸祥镇通过“国家卫生镇”验收。咸祥镇于2017年底申报创建“国家卫生镇”，成立国家卫生镇领导小组和工作班子，制订《咸祥镇国家卫生镇创建工作总体规划（2017—2019）》和《咸祥镇创建国家卫生镇实施方案》，做到人员、经费、措施三到位。2018年，推进城镇建设、全域提升新村建设、全面优化生态环境，创新打造环境卫生红黑榜制度，全区率先建立路长制、河长制，整合派出所、交警中队、市场监管所、城管中队等力量，实施“轮流主导计划、多方共同参与”的课程式联合执法新模式，形成创卫工作“全域联动、人人参与”的氛围，并于同年10月25日通过市级验收。2019年，对照高标准的国卫要求，加大领导力度，加大基础建设力度，加大环境综合整治力度，加大长效管理力度，通过省级暗访和验收。

（黄　燕）

东吴镇

【概况】 2019年，东吴镇辖12个行政村和1个居委会，镇域面积71.40平方千米，户籍人口16625人。全镇实现地区生产总值32.49亿元，比上年增长9.60%；完成财政总收入5.54亿元，增长13.40%，其中一般公共预算收入2.93亿元，增长9.70%。

实现村级集体可用资金收入3943万元。以“整洁田园、美丽农业”为抓手，整治花木66.67公顷。完善农田水利设施，投资2000万元，对护岸、桥梁、堰坝等水毁项目进行紧急抢修，制订完善天童片区防灾应急预案。提升农村饮用水品质，饮用水达标一期工程完工。加强山林资源管理，完成林地的藤本治理66.67公顷、种植名贵树种10公顷。加强矿山资源监管，通过“人防+技防”，提高日常巡查力度，打击非法盗矿行为。实现规模以上工业增加值18.06亿元，增长9.70%。工业企业研发费用达2.23亿元，增长17.40%，高新技术产业实现增加值12.69亿元，增长12.40%。注重招商引资，全年新引进思通矿业（金童山项目）等企业80余家，引进外资1200万美元、内资4.15亿元，引入浙商回归资金4.01亿元。推进项目落地，富元生物、景元汇商贸等一批重点项目落户，镇南小微产业园实现投产。加强“低散乱”整治，处置、转移和关停企业11家，盘活低效厂房3万平方米。

推进“天童禅镇”“康养勤勇”等项目落地，成功创建为省AAAA级旅游景区镇、市级全域旅游示范区。引入高校资源，搭建“潘艺山房”艺术平台，探索教授驻村传学等模式。发展民宿经济，加快北大青鸟等精品民宿开发，成功引入“溪山研造”宋明家居研习基地，推进马术项目。推进天童小城镇建设，通过生态修复、文化挖掘、产业融合、民生提升，实施总投资1.80亿元的老街街景提升、线路“上改下”等一批民生项目，打造具有天童特色的历史文化街区。成功创建为省级小城镇环境综合整治“双样板”镇。加快东吴片区小城镇项目扫尾，实现小城镇环境综合整治全域覆盖，获评全省小城镇环境综合整治行动突出贡献集体。全年完成新村拆旧4635平方米，建新5904平方米，启动生姜、平塘、画龙3个村村庄规划设计，加快推进东村别墅地块二期工程，完成北村新村地块招投标，实现新村建设全域覆盖。抓好美丽宜居村建设，宁波大学中国乡村政策与实践研究院千村观察点落户南村、三塘，深入推进西村、天童、童一、三塘的美丽宜居示范村创建。完成天童老街街景提升、天童公交场站建设、门前河街区特色改造等6个工程，镇大龄青年安置房二期工程已按进度进场施工。

抗击“利奇马”“米娜”台风。开展人员转移、道路疏通、安置点保障等工作，安全转移人员4200余人。做好灾后重建，清除道路淤泥6万余立方米，分发消杀药品近8000份，巨灾保险理赔1646户，共计275.75万元。涌现出“最美退役军人”“风雨之抱”等爱心典型，抢险救灾工作得到省主要领导肯定，镇党委获省防台救灾先进集体，天童村党总支获得市防台救灾先进集体。抓好“五水共治”，完成栗树塘溪延伸段河道疏浚工程，推进童一、天童等村生活污水截污纳管工作，创新井（潭）长制，完善长效监督，成功创建为市级“污水零直排乡镇”。推进“治水拆违”攻坚行动，累计处置违建232宗，建筑面积3万余平方米。注重拆后利用，将原有的“低散乱”区域改建成“海丝”公园、太白湖文化广场等，拆后利用率达100%，成功创建为市级“基本无违建乡镇”。

开展安全生产和消防安全整治百日大会战，组织应急演练，实施“两小一危”、交通安全、工业厂房改建公寓楼等集中整治，排摸、核查“两小”企业632家，发现安全隐患1470个，行政处罚5家，处罚金额5.85万元。成立全区首家安全生产互助会，举办安全生产等各类培训4次，提升企业安全生产意识。成立“您好·东吴”志愿者联盟，全年开展志愿服务活动60余次。举办“海丝明珠·禅意天童”海丝文旅节，大型纪录片《天童寺》在中央广播电视总台首播。邀请小百花越剧团编排《杜孝子传》，登陆中央广播电视总台《戏曲采风》栏目。提升“魅力太白”文明示范线，推进新时代文明实践站所建设，文化礼堂创建实现全覆盖。加强环境卫生整治，常态化开展“清爽行动”，成功通过国家级卫生镇验收，提升垃圾分类水平，启动工业垃圾分类处置。推动“乡贤回归”，邀请院士陈剑平、教授陈信元等乡贤助力品质东吴建设。打造全市首个军人荣誉墙，建立“红色教育基地”，获评省级爱国拥军模范单位。

巩固“平安东吴”建设，连续7年获市级社会治安综合治理先进单位。推行“天天接访”，推进信访代办制度，成立镇村两级“存银调解站”，全年调解矛盾纠纷92起，调解成功率100%。开展扫黑除恶专项斗争，加大违法犯罪打击力度。推进交警监控、治安监控并轨联网，破解城镇管理难题。推进“最多跑一次”改革，推动养老社保扩面、城乡医保并轨，全镇参保率达98%以上。落实就业扶持政策，完善就业创业服务平台，推进“无欠薪乡镇”创建。加大对困难群体、残疾人员救助救济力度，全年走访困难群众530户，发放慰问金60.85万元，慈善帮扶952人，发放救助款135万元。规范开展公共资源交易工作，全年区镇两级平台完成招标64个，交易金额2.50亿元，节省资金1592万元。

表47　2019年东吴镇各行政村（居委会）基本情况

行政村	面积（平方千米）	户数（户）	人口数（人）	集体经济总收入（万元）	集体经济总费用（万元）	总资产（万元）
东村村	5.26	369	825	1023.37	913.36	13795.82
南村村	3.04	456	1037	484.52	605.24	1600.36
西村村	8.18	668	1460	439.10	477.88	21377.44
北村村	3.49	516	1156	322.40	214.72	1761.61
生姜村	1.12	267	599	146.75	185.88	1532.08
小白村	4.52	819	1875	365.66	393.60	10991.11
平塘村	4.20	626	1433	401.08	634.03	2462.45

续表44

行政村	面积（平方千米）	户数（户）	人口数（人）	集体经济总收入（万元）	集体经济总费用（万元）	总资产（万元）
童一村	8.17	678	1469	293.24	387.54	8053.22
天童村	5.90	599	1345	194.11	391.83	2155.03
三塘村	4.35	581	1262	498.60	412.36	6923.50
勤勇村	6.58	562	1222	459.98	454.75	1532.08
画龙村	2.49	610	1325	309.62	201.22	956.55
东吴镇居委会	—	696	1327	—	—	—

说明：表格中数据为调查数

（史　彬）

【"太白庙天童镴会"暨东吴镇全域旅游发布会】 2019年10月14日，"太白庙天童镴会"在天童老街举行。村民用24只镴制大盘供上全副猪羊、四京四果、十二烩肴等丰盛祭品，为神祝寿；20余支游行方队带着100余件精致镴器巡展7千米，吸引东吴及周边乡镇上万名村民沿路观看。镴会期间，原创越剧《杜孝子传》上演。东吴镇在太白湖文化广场举行"太白庙天童镴会"暨全域旅游发布会民俗节庆活动。现场宁波大学潘天寿建筑与艺术设计学院创新创业基地落户天童签约仪式，助力东吴旅游创新发展。

【东吴镇创建为国家级卫生镇】 2019年8月，东吴镇成功创建国家卫生镇。东吴镇统筹开展垃圾分类、"公厕革命"等工作，改善辖区城镇面貌。自年初始，根据前期工作中存在的主要问题，逐一整改，并围绕营造"清爽、整洁、有序、优美"的农村人居环境，实施农村清爽行动，完善农村环境卫生长效机制，多批次开展全镇范围环境大整治行动；将垃圾分类作为国家卫生域创建的重要内容，实施生活垃圾分类精细化，并在三塘、童一等村因地制宜实施平台积分制、"流动小喇叭"等举措，成效显著。

【纪录片《天童寺》首播】 2019年5月13日，纪录片《天童寺》全球首播仪式在天童景区五福门广场举行。活动由鄞州区人民政府主办，鄞州区委宣传部、鄞州区文化和广电旅游体育局、鄞州区文联、东吴镇人民政府、鄞州日报社承办，天童禅寺协办。鄞州区人民政府副区长卜明长、东吴镇党委书记汪辉分别致欢迎词。中国民间文艺家协会副主席吴元新、鄞州区委常委宣传部部长方飞龙一起为"中国海丝文化之乡——鄞州"揭牌。天童禅寺、阿育王寺、七塔禅寺、庆安会馆、天后宫、东钱湖南宋石刻博物馆首批6单位获鄞州"海丝文化遗迹"授牌，天童寺入选"中国世界文化遗产预备名单"授牌。东吴镇党委书记汪辉、中央广播电视总台《探索·发现》栏目总策划、总撰稿邓建永、天童禅寺方丈诚信大和尚登台，共同完成纪录片《天童寺》的全球首播仪式。

【"军人荣誉墙"揭幕】 2019年7月5日，全市首个"军人荣誉墙"在东吴镇文体中心揭幕。荣誉墙主要分为3个部分，中间党旗之下一组雕塑三个人物分别代表革命者、军人和最美东吴人。荣誉墙左侧，以浮雕形式体现中国人民军队与国防事业越来越强大，浮雕下则刻有首批27名屡次获得三等功及以上的东吴籍优秀军人名单，其中包括张继来等4名烈士。7月底，东吴镇获评浙江省爱国拥军模范单位。

【东吴镇获评省级防台救灾先进集体】 2019年8月，东吴镇获评省级防台救灾先进集体，天童村获评市级防台救灾先进集体。超强台风"利奇马"和山洪期间，东吴镇累计出动各级党员干部、志愿者1000余人次，参与人员转移、道路疏通、安置点保障等工作。部分机关干部工作超过30小时，天童禅

2019年5月13日，纪录片《天童寺》全球首播仪式在天童景区五福门广场举行

寺内300余人得到转移并妥善安置。至8月10日，全镇共安全转移人员近4000人，分别安置在各村文化礼堂、镇文体中心等避灾安置点。灾后平均每天清淤300吨以上，第一时间打通多条受损道路，天童、童一等受灾较严重的村也在短时间内恢复生产生活。

【天童集镇项目获评2019年度小城镇环境综合整治省级样板】 2019年8月，天童集镇项目获评2019年度小城镇环境综合整治省级样板，获评浙江省小城镇整治行动突出贡献集体。东吴镇投资1.90亿元，对天童村、童一村及三塘村建成区等约1平方千米区域内26个项目进行改造，还原天童老街明清时期风貌，变废为宝成功改造海丝公园、天童木作研习基地、天童镴器研习社、太白湖文化广场等，并对部分沿街房屋进行改建，引导村民开办民宿、农家乐。

【宁波太白湖国际马拉松赛暨第七届鄞州雪菜美食文化节】 2019年11月30日，由宁波市鄞州区人民政府主办的宁波太白湖国际马拉松赛暨第七届鄞州雪菜美食文化节在东吴镇举行，吸引10000余名村民和外来游客。宁波太白湖国际马拉松赛暨鄞州区“千里云道”分站赛第三站在东吴镇文体中心开跑，来自15个国家和地区的137支团队、1300多名选手参赛，其中外国选手25人。第七届鄞州雪菜美食文化节在雪里蕻丰收季节开幕，内容有“闹咸齑”（宁波方言音，即将新鲜的雪里蕻腌制成咸齑之过程）比赛、亲子欢乐赛和当地特色美食展示等。

（严　彬）

塘溪镇

【概况】 2019年，塘溪镇辖17个行政村。镇域面积94.60平方千米，户籍人口25572人，流动人口11172人。实现地区生产总值19.30亿元，比上年增长6.90%。财政总收入2.40亿元，增长7.70%，其中一般公共预算收入1.30亿元，增长10.40%。

落实“周二夜学”常态化，推进“三进”工作，完成18个两新党组织换届选举工作；完成6批次主题教育基层党员轮训，覆盖党员1000余人；提前谋划村级换届，物色培育各行政村后备干部。整合沙村上坎地块周边闲置资源，打造宁波第一农村党支部旧址群、宁波市第二批党员教育示范基地、鄞州区人才爱国奋斗红色教育基地，成为区“不忘初心、牢记使命”主题教育活动的重要场所；和上海大学管理学院签订院地合作协议，在沙村落户上海大学乡村振兴研究实验基地，将在党建、产学研、市场开拓、项目管理与培训等方面开展交流合作。

生态公益林面积2288.93公顷。小麦种植面积60公顷、水稻种植面积400余公顷，完成杂交水稻等各类种子调运2.20吨。开展农业环境整治，拆除农棚田舍1.60万余平方米。基本完成266.67公顷农业综合开发建设项目，完成133.33公顷高标准农田建设项目。流转主要道路两侧300米内土地，完成215省道两侧育硖村、前溪头村、东山村、鹳山村、上城村等约80公顷土地统一流转。政策性农业保险参保460户，投保金额4222万元，保费金额74万元。

实现规模以上工业总产值24.25亿元，增长7.40%。招商引资、浙商回归均为8700万元。宁波东江金属型材有限公司、浙江世纪瑞尔金属科技有限公司等4家企业销售额实现30%以上增长。完成全社会固定资产投资2.50亿元，规模以上企业数量达38家。龙头企业宁波市鄞州亚大汽车管件有限公司总投资2000万元的“年产3000万件汽车排气管总成生产线技改项目”完成安装和投产使用，并获评浙江省隐形冠军（培育）企业、2019年度鄞州区“银鼎”企业、汽车路管系统省级高新技术企业研发中心；宁波市鄞州朗凯斯锁业有限公司创立自主专利品牌，与迪拜、英国等全球知名企业达成长期合作关系；浙江世纪瑞尔金属科技有限公司和宁波市鄞州阔丹凌云空调管件有限公司成为高新技术企业和区工程中心重点培育对象；宁波荣华数码印刷设备有限公司申报浙江省科技进步三等奖；宁波市鄞州翰发五金配件厂、宁波晟挺机械有限公司、宁波市鄞州昕凯金属制品厂（普通合伙）、宁波鹏凯电气有限公司、宁波鑫涌五金工贸有限公司5家企业申报宁波市创新型初创企业。完成规模以上服务业增加值0.75亿元，增长4%；限额以上批发零售业销售额4.91亿元，增长39.70%；限上社会消费品零售额0.93亿元，增长11.90%。塘头1号商住A地块项目完成投资1.24亿元。完成第四次全国经济普查工作，涉及1151家法人单位，50家产业活动单位和158家个体工商户，并获评区级先进集体。

投资1982万元的梅溪水库上游片区农村饮用水达标提标工程，完成40%工程量；投资500万元建设塘头菜市场二期管理用房工程、塘头菜市场雨污水改造工程，投资300万元建设镇垃圾中转站二期污水治理工程；投资354万元建设塘头街高低压落地工程。推动污水零直排区建设，总投资2.50亿元用于农村生活污水工程，除东山村外的16个村基本完工；强化河道保洁维护，清除河道杂草1万余平方米；开展治水活动宣传，面向社会招募民间河长56人，全年河长App签到、巡河等工作完成率达到100%。处置新增违法建筑615宗30万平方米，处置两路两侧点位370个，取缔无照经营126件。投资5000万元创建童夏家村、童村、前溪头村美丽宜居示范村。

建立居民健康档案31459份，完成各类体检15069人，全镇65岁以上老年人体检人数为3494人，占65岁以上老年人的59.58%，家庭医生签约服务在签人数7855人，累计签约24936人。全镇户籍人口参保率达96.51%；“最多跑一次”改革推进，公共事务服务中心全年窗口办件量34341件，网上办件量3198件；发放就业、创业、失业等各类补助573万余元；受理调处劳动争议案件62件，涉及金额850万元。

表 48　　2019 年塘溪镇各行政村基本情况

行政村（居委会）	面积（平方千米）	户数（户）	人口数（人）	集体经济总收入（万元）	集体经济总费用（万元）	总资产（万元）
华山村	3.96	492	1156	300	49	428
东山村	9	1132	2540	276.90	51.60	46198
北岙村	3.80	460	1160	166	81	15198
上城村	3	396	962	205	71.80	16298
管江村	1.90	648	1524	320.90	42	2258
前溪头村	2.60	410	899	304.10	38.50	521
育碶村	4.22	608	1465	220	59	997
东西岙村	9.31	558	1388	201	47.40	1550
鹳山村	3.50	424	1038	235	22	2265
大碧浦村	1.62	262	641	747.20	35.80	332
邹溪村	7.73	1328	3210	366.80	81.40	1460
塘头村	2.42	543	1284	203	26.50	3180
施村	7.36	897	2046	268	70	875
沙村	2.87	687	1439	340	25	732
童村	9.60	1017	2200	590	85.20	1709
上周村	5.96	806	1858	53	17	6401
童夏家村	4.64	402	890	154	46.90	499

说明：表格中数据为调查数

【童夏家村获评中国传统村落】 2019年6月，鄞州区塘溪镇童夏家村获评由住建部、国家文物总局评定的第五批中国传统村落，是鄞州区获评的唯一古村。童夏家村自东至西长300余米，形如一列雁行，村民称童夏家村为“雁村”。童夏家村面积1平方千米，由雁村和夏家自然村合并，户籍人口890人，常住人口仅200~300人，其中多为老人。绿树、溪水、村居、古道保存完好，村民与自然和谐相处，被誉为“宁波的香格里拉”。村里有童氏宗祠，祠堂建于清代乾隆年间。祠堂朝北，占地面积434.38平方米，由5个单体建筑组成，包括前后入口、左右翼和舞台，屋顶是硬山制造。2010年9月，童氏宗祠成为鄞州区级文物保护单位。童夏家村有400多年历史。村庄在有狮山、白象山、乾隆山、菩提岭等群山中，其中最高的白岩山海拔628米。村庄有镇安桥、永晏桥、中兴桥、雁溪桥、永济桥等古桥。自2005年以来，童夏家村采取“公司+合作社+农户”模式，以农旅结合为中心，发展观光旅游业、生态农业。2017年，由宁波雁村农业旅游开发有限公司投资、整体规划、开发和运营的堇山居休闲度假山庄和占地面积20余公顷的风堇谷农场，成为童夏家村旅游代表。沿溪坑2千米的亲水游步道、白岩山上“最美风车公路”，成为宁波市民争相游玩之地。

【塘溪镇劳动人事争议调解中心获评浙江省基层调解优秀单位】 2019年1月，塘溪镇劳动人事争议调解中心获评浙江省基层调解优秀单位。塘溪镇劳动人事争议调解中心借鉴“枫桥经验”，实施“多元参与”工作模式，构建多层次、阶梯式劳动争议预防调处网络体系，整合劳动保障力量，实现调解、监察、仲裁“三位一体”“三岗一员”的工作模式，联合工会、司法、公安等部门力量，以镇综治平台建立“1+X”劳动纠纷多元化解中心，劳动纠纷调解中心纳入综治平台。扩大调解员队伍，从工会、司法等部门聘请兼职调解员，引入社会力量参与劳动纠纷调处工作。全镇专职劳动争议调解员共有3人，兼职仲裁员1人，兼职劳动争议调解员共有3人，身份为工会工作人员、司法助理员、人民调解员，另聘请1名律师为当事人免费提供法律咨询服务。开展调解员联系服务基层活动，长期结对走访企业，企业调解室开展“一对一、订单式”用工指导，增进企业对劳动纠纷调处工作的理解与配合。实行劳动纠纷窗口统一受理，全年劳动人事争议调解案件62件，劳动监察8件，处理工伤和工资纠纷累计394.32万元；区级仲裁24件，年度劳动纠纷属地化解率72.10%，调解成功率100%。

2019年12月6日，宁波市“最美人物”走进塘溪镇童夏家村

【宁波最美人物分享“最美故事”活动在塘溪镇举行】 2019年12月6日，宁波“最美人物”开展走访美丽乡村童夏家村，进文化礼堂分享“最美故事”活动。该活动在塘溪镇童夏家村文化礼堂举办，通过最美人物走访美丽乡村、走进文化礼堂，关爱“最美人物”，宣扬“最美”精神。活动由市委宣传部、市农村文化礼堂建设工作领导小组办公室主办，区委宣传部、塘溪镇党委、宁波海丝国际旅游交流中心承办。市红十字人体器官（角膜）捐献志愿服务队队员叶伟棠、2018全国“最美家庭”陈菁菁、“最美消防人”李春林等10余位“最美人物”走进童夏家村，分享“最美故事”。现场举行文化书籍和旅游宣传品进文化礼堂赠送仪式，宁波市“最美90后”汪琰斌作“农业产业”主题宣讲，“最美鄞州人”叶伟棠歌唱《我爱祖国的蓝天》，“最美宁波人”“全国最美家庭”李信标表演反扒小品，“最美退伍军人”李则龙分享军旅生涯等。

【“人文塘溪”文明示范线开线】 2019年12月13日，“人文塘溪”文明示范线在塘溪镇开线，该线串联起施村、沙村、童村、上周村、童夏家村5个行政村，展现塘溪镇文化、文明、生态、产业、旅游等自然生态和人文风采。市委宣传部副部长、市文明办主任任学军，市文明办农村处处长俞自东，市文明办农村处副处长张乃金，区委常委、宣传部部长方飞龙，副区长、公安分局局长陆朝晖，塘溪镇党委书记凌锡辉，塘溪镇党委副书记、镇长庄琪等参加开线仪式。开线仪式上举行“相约塘溪”摄影集发布仪式和“塘溪乡贤之家”上线仪式。“人文塘溪”文明示范线以“环境洁美、生态优美、生活甜美、乡风和美”为创建目标，设计20余个景观节点，通过创建展厅、墙绘、景观小品等方法，呈现“一村一品”，并串联成一带，形成辐射效应。施村展示公园和美丽庭院示范巷人与自然和谐相处；沙村以沙氏故居、鄞州区人才爱国奋斗红色教育基地、宁波第一农村党支部陈列馆等红色元素为特色；童村展示特色美食与墙绘；上周村展示蝴蝶为元素的主题公园特色文化；童夏家村以民宿民俗乡村旅游呈现乡村旅游业发展。

【纪录片《为了新中国·童第周》在湖南卫视播出】 2019年10月12日，湖南卫视推出“为了新中国”系列报道，播出《为了新中国·童第周》节目，时长35分钟，讲述童第周少年立志、成长生活及科研经历。节目回顾童第周在科研领域的成就、童第周之子童时中讲述家族往事、孙子童和钦展示童第周购买的第一台显微镜。2019年9月26日，湖南卫视《新闻当事人》节目组到宁波效实中学寻访童第周的足迹，童第周之子童时中夫妇从江苏南京赶来参与拍摄。9月27日，湖南卫视《新闻当事人》节目组到塘溪镇童第周故居等地拍摄其生活旧貌。童时中在故居讲述家族往事，介绍童第周旧时生活环境及重要成果，分享科研故事。

（戴庆来）

五乡镇

【概况】 2019年，五乡镇辖19个行政区、1个渔业社、1个居委会和1个社区。镇域面积47.38平方千米，户籍人口2.94万人，外来人口5.93万人。实现地区生产总值62.77亿元，比上年增长9.30%。财政总收入8.48亿元，其中一般预算收入4.77亿元。

实现农林牧渔业总产值3.55亿元，增长3.09%。20个村（社区）村级集体净资产2.55亿元，村级经营性收入8892万元，增长2%，其中14个村村级经营收入超百万元、2个村超千万元。新增七级耕地5.37公顷，新建87.47公顷高标准农田，全镇现有耕地面积843.45公顷。完成粮食订单任务35万吨，实现各类农作物保险147万平方米，依托绿洲果业专业合作社的鄞州绿洲农科星创天地成功创建为国家级星创天地（宁波共13家），成功引进31个创客、11家企业。全镇131家规模以上工业企业完成工业总产值120.23亿元、主营业务收入118.90亿元、利润总额6.08亿元，分别增长0.03%、0.30%和1.58%，其中中车产业基地完成工业总产值28.77亿元，增长17.10%。全社会固定资产投资10.94亿元，其中工业投资7.89亿元。限额以上商贸业销售额70.76亿元，进出口总额7.64亿美元。浙江中车电车有限公司入选第十一批浙江省院士专家工作站，全镇院士专家工作站增加至2

家。宁波中车新能源科技有限公司获评鄞州区首届博士后工作标杆单位，成功申报省级企业技术中心，主持制定国家标准、"浙江制造"标准。宁波中车新能源科技有限公司、宁波中车时代电气设备有限公司及浙江中车电车有限公司的3个项目分获省技术发明奖二等奖，省科学技术进步奖二、三等奖。全镇共有高级技术职称43人，中级技术职称164人，初级技术职称548人，其他技术人员819人，高新技术企业20家，省工程中心9家，市工程中心10家，区工程中心32家。全镇申请发明专利273个，授权发明申请量36个。全镇实现研发费用3.26亿元，增长12.93%。

五乡中部区域完成与宁波市轨道交通集团有限公司4.71平方千米合作开发框架协议签订。渡驾桥江河道工程提前4个月实现"拔钉清零"。泰和馨苑四期竣工验收交付并完成第一批255套安置房抽签分房，泰和馨苑五期完成桩基工程，项隘馨园二期完成规划方案审批。宝涵公路实现通车，郑家桥铁路下穿工程完成U型槽施工实现通车，清河路铁路下穿工程完成管线迁改对接和图纸变更，爱民路铁路下穿工程完成便道便桥施工，启动汇纤桥拓宽、U型槽及泵站施工。环卫站工程、五乡菜市场改造工程完成主体工程，宝幢停车场、宝幢公交首末站完成竣工验收，美迪斯路维修工程、龙兴路及宝同路街景改造工程完工。启动农房确权登记，完成全镇17个行政村房地一体调查，调查完成总户数9600余户，宗地数14505宗。规范跨门经营2200余户，强制拖离"僵尸车"265辆，报废回收121辆。聘任67位民间河长，小浃江五乡段取得全区"身边的最美河道"第一名，短视频《此心安处是吾乡》获"鄞州水美"短视频大赛一等奖。"污水零直排"通过市级复验。拆除新增违建105宗，建筑面积54403平方米。处置新增违建337宗，建筑面积429632平方米。拆除存量违建25宗，建筑面积31451平方米。处置存量违建72宗，建筑面积150982平方米。

受理办结各类公共服务事项173114件，办结率100%。受理城镇职工基本社会保险企业和个人申报业务2900件，城镇职工养老保险参保25113人，医疗保险参保28755人，工伤保险参保23993人，生育保险参保23498人，失业保险参保24043人，认证企业退休人员6708人，完成年度基数申报22872人，申报率达100%。处理劳动纠纷案件81件，涉及人数332人，涉案金额522.80万元。五乡镇劳动人事争议调解中心获评省劳动人事争议案件处理工作成绩突出单位，宝同村获评省级劳动争议预防调解示范村，宁波市亿嘉汽车电器有限公司获评第三批省级非公有制企业、商（协）会劳动争议预防调解示范工作单位。建立全区第一支专职消防队，共出警62起，其中火灾48起、抢险救援7起、社会援助7起。通过省级卫生镇复评，蟠龙村、汇纤村获评省卫生村，明堂岙村获评宁波市美丽乡村示范村。五乡中心小学获评宁波市文明校园、宁波市智慧校园、全国五子棋特色学校、区先进基层党支部，成人学校获评宁波市优秀社区学习共同体，逸夫中学、逸夫小学、贵玉小学均获评鄞州区文明校园，逸夫小学获评区书法特色学校、区语文先进教研组，中心幼儿园和中心小学获评区教育宣传工作先进单位。贵玉小学从点校升格为中心级小学。2名教师获评市"四有好教师"，13名教师获评区"四有好教师"。留本冠名基金和镇村两级慈善扶贫年增值额、专项捐款、慈善一日捐等共募集资金近602万元，发放救助资金345万元。

表49　2019年五乡镇各行政村（渔业社、居委会、社区）基本情况

行政村（渔业社、居委会、社区）	面积（平方千米）	户数（户）	人口数（人）	集体经济总收入（万元）	集体经济总费用（万元）	总资产（万元）
石山弄	3.73	780	1836	657	609	1648
钟家沙	2.19	631	1530	464	391	1073
李家洋	1.15	455	1159	414	430	424
仁久村	1.64	626	1504	707	510	2414
皎碶何	1.43	428	984	542	370	6571
蟠龙村	1.10	427	1065	583	746	2547
汇纤村	0.60	267	644	155	185	12602
四安村	1.71	633	1514	732	327	7599
天童庄村	0.94	316	815	408	484	2161
新诚村	0.90	308	786	470	471	1957
龙兴村	2.14	722	1824	911	718	2075
项隘村	1.18	515	1241	264	5349	1576
明堂岙村	8.37	505	1223	666	551	2725

续表49

行政村（渔业社、居委会、社区）	面积（平方千米）	户数（户）	人口数（人）	集体经济总收入（万元）	集体经济总费用（万元）	总资产（万元）
沙堰村	3.72	417	1039	451	585	1359
明伦村	2.96	447	1090	710	1056	5665
永乐村	0.77	359	778	515	291	5855
宝同村	5.00	398	925	1602	2063	8312
联合村	4.31	844	2054	2028	6070	5736
涵玉村	3.5	670	1559	656	784	864
渔业社	—	414	767	580	668	6560
泰悦社区	—	1936	4402	150	161	59
宝居居委会	—	379	659	26	24	25

说明：表格中数据为调查数

【五乡中部区域合作区块框架协议签订】 2019年8月，鄞州区人民政府与宁波市轨道交通集团有限公司签订五乡中部区域合作开发框架协议。合作范围位于五乡镇中部区域，总面积4.71平方千米，包括李家洋收储地块和中部其他收储地方。其中，李家洋收储地方范围东至规划南北大道，西南至大涵山江，北轨道1号线，面积0.71平方千米；中部其他收储地块范围东至规划南北大道（含轨道1号线预留站点周边地块），南至规划南外环卢，西至宁波绕城高速，北至规划五乡北路，面积约4平方千米。

【政企银促进民营企业发展战略合作签约仪式】 2019年4月11日，“实施融资畅通工程、聚力服务民营企业”政企促进民营企业发展战略合作签约仪式在开元名都大酒店举行，活动由鄞州区委、区政府和中信银行宁波分行主办，五乡镇人民政府、中信银行宁波分行、五乡镇商会承办，区委副书记、区长王兆波、中信银行宁波分行行长吴学文等出席活动。五乡镇党委副书记、镇长朱兵，中信银行宁波鄞州支行行长陈君，五乡镇商会会长傅其照签订政银企三方战略合作协议，中信银行鄞州支行将向五乡镇企业提供首期总额度人民币20亿元的授信支持，专项支持五乡镇小微企业，打通民企融资“最后一公里”。根据规模及资质的不同，分别配套大型企业、中型企业及小微企业10亿元、6亿元和4亿元的授信意向额度。3家五乡企业与中信银行鄞州支行现场签订银企协议，总计额度1.50亿元。

【宝涵公路建成通车】 2019年9月12日，宝涵公路建成通车，五乡镇由此增添一条南北走向的景观大道。宝涵公路北起329国道五乡东路交叉口，南至南外环延伸段，全长1.85千米，路面宽38米，双向设四车道，路面以沥青混合料铺设。五乡镇的路网框架主要依靠329国道和五乡宝幢至宝瞻公路连接线。五乡镇地域东西长、南北窄，群众南北向出行多依靠乡村道路，通行能力有限。宝涵公路和环城南路延伸段通车后，329国道的交通压力通过这两条道路的对接进行分流。

【“傅其芳杯”鄞州区第十届乒乓球等级赛举行】 2019年12月22日，2019年“傅其芳杯”鄞州区第十届乒乓球等级赛于在五乡镇文化中心球馆落幕。活动由区体育总会、区乒乓球协会主办，区体育中心、五乡镇承办，来自全区各镇（街道）、企事业单位、社会团体共32支代表队的180名男女选手参加为期2天的男子团体（甲、乙队），女子单打2个项目的比赛。经过

后塘河五乡段

角逐，宁波市自来水总公司代表队力获甲级队团体第一名，五乡镇代表队和宁波水星乒乓球俱乐部队分获第二名、第三名。

【全国太极拳普及推广大联动活动鄞州区主会场】 2019年5月17日，全国太极拳普及推广大联动活动鄞州区主会场在五乡镇文化中心举行，鄞州区老年体育协会主席王国定、副主席陈恩永、五乡镇党委副书记张力等出席活动，300多名武术协会成员参加活动。五乡镇练习太极拳的居民增长，掀起学习热潮。五乡镇连续3年开展太极拳普及推广展示活动。4月20日，在台州举行的浙江省第五届太极拳公开赛中，五乡镇代表团获得集体项目24式太极拳的金牌，个人获得11枚金牌10枚银牌5枚铜牌的成绩。

【鄞州现代电车小镇"动力党建联盟"成立】 2019年9月27日，鄞州现代电车小镇"动力党建联盟"成立仪式暨"锋领匠艺·技能大比武"开幕式在宁波中车产业基地举行。活动由区委组织部、区总工会主办，五乡镇党委、产城公司党委承办，区委常委、组织部部长王邦进，市总工会副主席严萍，区人大常委会副主任、总工会主席钱芳出席活动。成立仪式为首批29家联盟成员单位进行授牌，其中既有落户电车小镇的中车系企业党组织，也有公安、交通、税务、环保、教育、医院以及民营企业等机关、事业单位、村社、两新组织的党组织。党建联盟成立后，将通过整合党建、群团资源，形成"政+企+村"的党建工作新格局。该次活动开启鄞州现代电车"锋领匠艺·技能大比武"系列赛，通过举办设计制图、电焊技能、数控车床等十项工匠技能系列赛，为助推小镇"产业大提升"提供组织保障和人才支撑。

（徐　辉）

邱隘镇

【概况】 2019年，邱隘镇辖14个行政村、1个渔业社和5个社区。镇域面积22.82平方千米，户籍人口4.30万人，外来人口6万余人。实现地区生产总值46.50亿元，比上年增长8.90%。财政总收入14.70亿元，增长23.40%，其中一般公共预算收入8.80亿元，增长25.60%。

29家规模以上企业分别完成产、销、利分别为18.10亿元、15亿元和0.42亿元。限额以上商贸实现营收36.70亿元，限额以上社会消费品零售总额1.19亿元，自营进出口额17.30亿元。完成外资2200万美元、内资8.20亿元、浙商回归8.10亿元，实现固定资产投资85亿元。科学研究与试验发展经费投入4400万元，发明专利申请92件，发明专利授权29件。新增高新技术企业2家，市级工程中心1家。甬江人才创新中心正式开园，41家企业、400余名创新创业人才入驻办公。

完成前殷收储地块（环城南路以北）后殷村228户4万平方米、邱一村棚改二期886户12万平方米集体住宅100%签约清零，规划盛梅路、前殷收储地块（环城南路以南）、明湖区块3个项目"拔钉"完成，盛莫路工程、旧村改造7-A实现签约清零。完成拆迁23万平方米，实现净地7块，为东部新城东片区、轨道交通、南外环高架等市、区重点工程项目建设提供空间保障。

明湖北区地下室工程基本完成，湖面工程出土约20万立方米。莲湖路（湖滨路—青莲路）、会展路（盛梅路—沙洲路）、盛梅路（宁穿路—横河）等北片区配套工程先后启动，B1-4安置房及配套绿地工程开始附属工程，C1-6号九年一贯制学校完成主体结构施工，D3-1号九年一贯制学校完成立项，进行地块房屋拆除。新邱路万里路初步具备通车条件，上万龄村、张家瀛村美丽宜居示范村创建工程全面完工，改建、新建农村公厕32个，村庄整体整洁度、美观度明显改善。开展"两路两侧""四边三化"等专项整治38次，完善"网格化""全员化""全域化"监督管理体系，集中开展振兴路、人民路等镇区主要道路环境整治。结合文明城市创建，整治跨门占道、无证摊贩、夜宵摊等80余次，规范或查处各类违法行为2600余起。响应全区百日攻坚号召，处置新增违建和两路两侧点位304个，总面积51.70万平方米。

完成4个社区标准化建设，出台社区财务管理制度，推动社区公权力规范运行，完善社区考核体系，公开选拔社区后备干部6人。开展校园特色化培育，镇中心小学获评全国校园足球特色学校，实验小学获全国青少年车辆模型锦标赛冠军。开展"天天相约"系列培训50余场次，举办庆祝新中国成立70周年暨邱隘镇第七届文化体育艺术节系列活动。推进文化市场工作，成功创建国家级"扫黄打非"进基层示范点。全"进驻式"公共服务中心开业，实行"前台综合受理，内部分类办理，统一窗口出件"的服务模式。完成2次台风受灾理赔工作。完成省重点民生实事项目残疾人庇护中心建设，使20余名残疾人实现"残有所依"。

表50　2019年邱隘镇各行政村（渔业社、社区）基本情况

行政村（渔业社、社区）	面积（平方千米）	户数（户）	人口数（人）	集体经济总收入（万元）	集体经济总费用（万元）	总资产（万元）
邱一村	2	802	2075	13884	2853	19111
邱二村	0.50	1010	2665	3032	6910	34935
沈家村	0.71	423	1149	881	1499	7192
横泾村	0.90	499	1351	4248	4791	19490

续表50

行政村（渔业社、社区）	面积（平方千米）	户数（户）	人口数（人）	集体经济总收入（万元）	集体经济总费用（万元）	总资产（万元）
后殷村	0.70	297	786	20623	5011	19122
前殷村	0.50	325	869	2757	2738	5583
渔金村	1.04	716	1924	493	2309	7449
回龙村	2.50	650	1620	1100	1103	3709
田郑村	0.86	226	581	602	1015	4925
张家瀛村	1.40	412	1087	657	714	4714
东雅村	1.10	292	718	2470	2028	39571
汇头村	1	375	952	722	742	2126
上万龄村	0.78	250	624	354	454	2182
下万龄村	0.91	324	855	513	622	2093
渔业社	0.02	41	94	888	526	1545
镇南社区	—	3195	7770	—	—	—
镇北社区	—	1852	4503	—	—	—
方庄社区	—	2779	7299	—	—	—
银东社区	—	534	1333	—	—	—
明湖社区	—	3023	7231	—	—	—

说明：表格中数据为调查数

【宁波甬江人才创新中心开园】 2019年4月20日，宁波甬江人才创新中心正式开园。宁波甬江人才创新中心是邱隘镇联合宁波东部新城开发投资集团有限公司，围绕市委“六争攻坚”“三年攀高”行动计划，在市委组织部和东部新城指挥部支持引导下，打造的宁波市重点人才科创平台。该中心秉承“有中心无边界”理念，坚持统筹、共享、开放，按照“对标国际先进、瞄准国内一流，创新体制机制、打造宁波样板”的总体目标，融合“政、产、学、研、资、智、创”七大主题内容，聚焦新材料、智能制造、生命健康、人工智能、大数据、物联网、“互联网+”等重点研发领域，配备以智控中心、公共展区、综合服务平台等“1+X”全链条的服务体系，探索科技创新发展的新趋势，打造全市型人才科创平台。至年底，累计41家企业、400余名创新创业人才入驻办公。

【邱一村棚户区改造二期项目完成签约】 2019年8月10日，邱隘镇邱一村棚户区改造项目二期886户完成签约，签约率100%。该项目为邱隘镇第一个棚改项目，征收范围东至东外环，南至横河江，西至卜嘉河，北至后塘河，共涉及1800户22万平方米民宅，是目前邱隘镇体量最大的项目，产权复杂、拆迁难度高，分三期进行，其中一期项目于2018年完成，三期计划于2020年完成。

【邱隘镇全“进驻式”公共服务中心开业】 2019年7月，邱隘镇全“进驻式”公共服务中心开业。服务中心位于邱一村香溢湾店面房，总面积3000平方米，投资500万元，是该镇为推进行政

2019年7月1日，邱隘镇全“进驻式”公共服务中心开业

审批制度改革，加快建设服务型政府而设立的统一办理、联合办理、集中办理行政许可和公共服务事项的综合服务平台，打通市场监管局、国土、房管等各部门间的“信息孤岛”，实现系统信息共享，共有6个职能部门进驻中心设立服务窗口，可办理行政许可及便民服务事项218项。至年底，办理各类事项12万余件、办结率100%。

【邱隘镇创建为国家级“扫黄打非”进基层示范点】 2019年11月，全国“扫黄打非”办公室公布第三批全国“扫黄打非”进基层示范点，邱隘镇获评。邱隘镇把“扫黄打非”与基层党组织建设、精神文明创建等工作相结合，以“三进”活动和“周二夜学”为切入点，开展“扫黄打非”宣传教育，印发“扫黄打非”进基层宣传手册1000册，发布各类宣传信息300余条，制作“扫黄打非”展板160块、海报200余份。自下而上发挥公众主观能动性，形成党委政府、义务监督员、文化志愿者和普通群众共同参与的协同机制，共同营造“扫黄打非”进基层氛围。

【邱隘镇中心小学获评全国校园足球特色学校】 2019年10月，教育部发文公布全国青少年校园足球特色学校名单，邱隘镇中心小学入榜。邱隘镇中心小学通过多方联动，多头并进，组建足球训练梯队，采用“阶梯状、螺旋式”的训练方案，借助“课内+课外”“校内+校外”多种途径，面向全体学生做好足球知识和基本技能的普及，面向特长生做好综合素质的提高和创优。学校女子足球队多次代表鄞州区参加宁波市的比赛，先后获冠军1次，亚军3次，季军3次。2007年被认定为市级足球体育传统项目学校。2015年，男足获区第一届小学生校园足球联赛亚军；同年，学校申请成为浙江省首批足球特色学校；2016年分获鄞州区、宁波市校园足球联赛一等奖；2018年获区校园足球联赛二等奖，海德杯甬城青少年足球联盟春季联赛丁组季军；2019年获第三届甬城青少年联赛丙组亚军和甲组冠军，区校园足球联赛甲A第四名和丙A第六名。该校近10年来向各级各类学校输送足球人才20余人。

【邱隘实验小学获全国青少年车辆模型锦标赛冠军】 2019年7月24—29日，国家体育总局主办的2019年全国青少年车辆模型锦标赛在浙江永康飞神赛车场举行，邱隘实验小学3名学生代表宁波队参加比赛。邱隘实验小学六（1）班学生傅浩泰获“1/10电动方程式遥控赛车”U18组冠军。邱隘实验小学科技模型特色培育始于2007年，学校坚持创设各种条件为学生搭建平台，多途径开展科技类活动的培训与竞赛，学校科技教育团队在全国车辆模型金牌教练黄斌锵的带领下，形成以遥控车辆模型项目为主体，模型制作、无线电测向、纸飞机、种植养殖等项目为辅的科技教育特色。

【邱隘残疾人庇护中心建成】 2019年11月，邱隘镇残疾人庇护中心（阳光家园）建成运营。该中心依托镇敬老院建设，主要为本镇就业年龄段的中轻度智力、精神（病情稳定）残疾人提供日间照料、技能训练、康复护理、文化娱乐、体育健身等服务。中心用房200余平方米，内设阅览室、综合活动室、康复健身室、医务室、午休（男、女）室等功能区。中心配备专（兼）职工作人员4人，目标为20名残疾人提供庇护，已吸纳中轻度智力、精神残疾人10人。对有劳动能力的就业年龄段中轻度智力、精神残疾人，庇护中心主要组织其开展合适的工疗劳动，通过劳动锻炼开发智力，培养残疾人参与社会能力，增加残疾人家庭经济收入。对缺少劳动能力的残疾人，中心组织以康复训练、启智教育为主的各种活动，培养提高生活自理能力。

（蒋　哲）

云龙镇

【概况】 2019年，云龙镇辖17个行政村、2个渔业社、1个社区和1个居委会，镇域面积40平方千米，户籍人口26585人，外来人口60278人。实现地区生产总值51.80亿元，比上年增长8.20%，全区第10名。完成财政总收入8.21亿元，其中一般公共预算收入4.45亿元。

前20强企业完成工业总产值111.70亿元，增长7.30%，117家规模以上企业完成工业总产值145.7亿元，增长5.40%。全镇规模以上高新技术产业增加值19.86亿元，增长6.80%。完成限额以上商贸业销售额67.40亿元，增长22.40%。完成限额以上社会消费品零售额5.40亿元，增长9.25%。引入盛吉盛、唐鸿微迅等一批高成长型企业。整治“低、小、散”企业106家，完成低效厂房改造提升近23500平方米。引进各类人才1229人，其中高素质人才22人、博士后1人、本科及以上学历274人，3家企业入围宁波市“3315计划”人才项目。流转土地613.62公顷，陈黄村芳华农业鲜切花一期项目投产。

《云龙镇全域土地综合整治与生态修复工程》项目获省自然资源厅批准实施，永久基本农田调出规模位居全市首位，全省第四位。全年农转用报批12宗42.13公顷，居全区首位，划拨出让14宗36.41公顷，居全区第二位。宁波市新国际会议展览中心项目落户云龙镇，涉及范围内的住宅和非住宅入户评估完成招投标。全区重大工业项目集中开工仪式在镇微电子产业园举行；云龙综合交通枢纽项目与相关部门达成共识，宁横公路前后陈段改造项目被市住建委列入2020年1号工程，完成新宁横线至任新村农村公路工程、龙飞路中段、前徐村吴家桥、园垵村庙江大桥等工程。双桥新村一期完成交付，云龙村新村二期初步验收完成。获江新村、王夹岙新村全面启动，甲村新村进入招投标程序。镇区核心11-A号地块、12号地块挂牌出让。开展“治水拆违”工作。工业区污水、沿街店铺污水全部纳入污水管网系统，“污水零直排区”建设顺利通过市级验收。“公厕革命”成效显著，累计完成三批107座公厕改造提升。

"清爽品质提升行动"持续推进，农田棚舍整治工作完成，第三季度环境卫生测评名列全区第三名，其中上李家村名列第一。整治违规点位3处0.22公顷，拆除违法违章建筑9万平方米，没收4万平方米，整治8万平方米，拆后利用5000平方米。

推行基层公权力"三清单"运行法，创建上李家等一批示范村。试行村务听证，出台村务听证十八条，召开听证会13场，解决热点难点问题10个。指导各村制订完善村规民约，成立道德基金30万元，推行道德负面清单治村法。推行专职网格员制度，开展多元化矛盾化解试点工作，落实信访代办制，加大农村公共法律服务供给，全年提供法律咨询1800余件、办理公证200余件，司法鉴定19件，累计服务群众6000余人次。推广出租房屋旅馆式服务管理和"班前5分钟"安全教育。开展平安交通创建，发放安全头盔2万余顶，新建临水路段防护设施20余处。举办第十一届"我们的节日·端午看云龙"民俗活动和"商会杯"龙舟联赛。宁波鄞州云龙龙舟队先后荣获中华龙舟赛（福州站）第四名、宁波市全运会总冠军、金华邀请赛总冠军、昆明国际争霸赛12人组总冠军及全球首枚"陆上龙舟"金牌等一批奖项。小娘龙舟队舞蹈作品获省群众舞蹈大赛金奖。完成镇新时代文明实践所建设，新建1家文化礼堂，11条"说事长廊"，新增1家四星级、1家五星级文化礼堂。完成全国、省文明城市测评迎检，新增2个区级最洁美村庄（任新村、王夹岙村）、1个区级十佳品质社区。规模以上企业外来务工人员社保参保率100%。残疾人救助、康复、就业、居养等各项工作得到提升，"羽人竞渡"水上运动基地和"甬乐"残疾人阳光家园多次获市区领导肯定。"云享晚年"自助餐、配送餐服务实现全覆盖，"云乐学院"服务老人近万人次。超额完成征兵任务，成功帮扶安置多名退役军人。完成育英、曙光合并迁入新校址，甲南小学改扩建工程完工。云龙中学中考创历史新高，普高上线109人，其中鄞州中学、鄞州高级中学分别录取10人、12人。新增市骨干教师1人、市教坛新秀1人。云龙中心幼儿园获评2019年度全国足球特色幼儿园。首创家庭医生免费签约服务，为8069名老人提供家庭医生服务。

表51　　2019年云龙镇各行政村（渔业队、社区、居委会）基本情况

行政村（渔业队、社区、居委会）	面积（平方千米）	户数（户）	人口数（人）	集体经济总收入（万元）	集体经济总费用（万元）	总资产（万元）
王夹岙村	1.50	280	654	229.30	55.27	7334.67
荻江村	1.12	344	752	352.57	83.54	9304.19
云龙村	1.20	450	670	416.15	154.27	18869.38
双桥村	0.36	217	461	147.20	84.11	12657.98
前后陈村	2.50	810	1885	531.74	125.31	10696.11
姚家浦村	1.50	342	803	207.98	59.0	1565.20
园堍村	1.30	346	791	214.85	57.83	2254.06
前徐村	2.20	753	1399	300.91	82.94	4925.82
冠英村	2.50	838	1857	262.96	116.61	1873.34
顿岙村	2.50	309	909	1121.23	127.04	6158.54
陈黄村	3.40	976	2345	354.82	145.42	4192.74
甲村村	4.60	1762	3931	410.39	199.63	6977.15
任新村	1.50	618	1495	220.67	112.62	7808.63
徐东埭村	1.50	717	1634	301.07	157.12	13652.48
石桥村	4	1018	2254	296.09	139.02	7291.41
荷花桥	2.50	569	1332	231.64	84.92	4166.06
上李家村	0.43	197	462	634.50	93.77	11803.54
云达社区	730	752	2020	—	—	—
居民会	0.20	365	790	—	—	—
渔业队	—	—	141	160	—	—

说明：表格中数据为调查数据

【《云龙镇全域土地综合整治与生态修复工程》项目获省自然资源厅批准实施】 2019年12月,《云龙镇全域土地综合整治与生态修复工程》项目获省自然资源厅批准实施。云龙镇全年基本农田调出规模居全市首位、全省第四位。农转用报批12宗42.13公顷,居全区首位,划拨出让14宗36.41公顷。调出的区块将用于新村建设、1平方千米未来工业社区等重点项目建设,形成"一城一区一带"产业格局。双桥新村一期完成交付,云龙村新村二期初步验收完成。荻江新村、王夹岙新村全面启动,甲村新村进入招投标程序。镇区核心11-A号地块、12号地块挂牌出让。首期11.20公顷微电子产业园云龙分园的4个项目进入实质性建设阶段,总投资9.90亿元,计划2021年底投产。任新村工业园区3000平方米违建拆除,甲村片1平方千米未来工业社区的产业集聚效应显现。沿鄞城大道发展一批以芳华农业鲜切花二期等优质项目为龙头的观光农业、休闲农业。

【第十一届"我们的节日——端午看云龙"民俗活动】 2019年5月26日,云龙镇第十一届"我们的节日——端午看云龙"大型民俗活动在云龙镇开幕。2019年是"中国龙舟文化之乡"云龙镇连续举办端午龙舟活动的第十一个年头,也是首届羽人竞渡杯龙舟锦标赛。该届活动由以往的半天延至8天,龙舟赛的赛制首次采用锦标赛的形式,并对标全国标准与中华龙舟赛相一致。全镇14支男子龙舟队、4支女子龙舟队参与角逐,冠英村龙舟队获男子组第一名、前后陈村龙舟队获男子组第二名、园垰村龙舟队获男子组第三名,冠英村女子龙舟队获女子组第一名。

【出租房旅馆式服务管理试点】 2019年2月,云龙镇在上李家村和陈黄村试点出租房旅馆式服务管理,依托房管通云平台,将全镇出租房信息全部录入系统,实现二维码扫码管理。在新村中应用人证合一、人像采集、智能门禁等物联网技术,提升流动人口信息采集的精确度。设立出租房旅馆式服务管理总台,联合人保率先推出"出租无忧"居住房屋出租综合保险项目。该险种包含出租屋责任保险和家庭财产火灾爆炸保险两个子项,每年每户保费在80~200元,保障额度最低30万元,最高70万元,通过"保险+服务"的模式创新,保障出租人的租赁责任以及承租人的人身安全。提供租赁标准合同备案制和快捷找房服务,房客可以在"竞渡云龙"公众号中的出租房管理模块或者前往出租房总台的触摸屏前进行自主找房。出租房旅馆式服务管理实现镇区全覆盖,总台输入系统2万余条房间信息,服务房东房客1万余人次。

2019年5月26日,云龙镇第十一届"我们的节日——端午看云龙"大型民俗活动在云龙镇开幕

【上李家村"村民道德负面清单"推行】 2019年,云龙镇上李家村在村规民约小宪法基础上,针对村内不道德行为、不文明现象,配套制订"村民道德负面清单",列举农村封建迷信、垃圾不分、攀比浪费、不讲诚信、薄养厚葬、诽谤造谣、打架斗殴、乱堆乱放等20种不能做的事情,并成立道德评议委员会。针对有村民在庭院私自搭棚屡次劝说无效情况,道德评议委员会根据规定对其作出处罚,即停发村里每月的福利补贴,后该村民主动将违章搭建的棚子拆除。"村民道德负面清单"得到村民认同。全年议事12次,纠正8次,道德负面清单实行,使村务管理更加规范、乡风文明提升、干群关系融洽。

【"律云"公共法律服务】 2019年2月,云龙镇成立律师、公证员、司法鉴定员、交警等40名专业人士组成的"律云"服务团,主打村民"法务管家",为村民生活配置法律指引,并兼政府"法律顾问",为政府决策提供法律建议。"律云"法律服务站执行值班制度,律师、公证员、司法鉴定员和保险经理等轮流坐班,保证每天一项特色服务,每项一条惠民措施。定期为小微企业提供"法治体检",将入企指导、培训常态化,形成良性互动。纳入员额检察官、员额法官、派出所警员,壮大专业团队,建立"三员三进,周三有约"工作室和活动制度,下沉法律资源,为企业、群众提供服务。全年提供法律咨询1800余件、办理公证200余件,司法鉴定19件,服务群众6000余人次,民事诉讼案件量190余件,比上年明显下降。

【甲南小学改扩建工程完工】 2019年8月31日,云龙镇甲南小学改扩建工程完工。该工程土建项目自2017年11月始建,装修项目于2019年3月开始施工；运动场建设于4月进场施工；老校区外立面改造单位6月底进场；绿化施工单位6月底进场，所建设项目于8月底完工投入使用。建设项目工程由宁波市鄞州建筑设计院设计，主要包括教学楼、综合楼、风雨操场、水泵房、司令台、室外附属工程等项目新增建筑面积7466.15平方米。甲南小学改扩建后总建筑面积为14734平方米。班级数由21班增至32班，在校学生人数从900余人增至1400人。改扩建工程改善甲南小学办学条件，缩小城乡教育硬件差距，缓解周边居民子女"入学难"问题。

【云龙中心幼儿园获评2019年度全国足球特色幼儿园】 2019年8月20日，云龙镇中心幼儿园被教育部认定并命名为全国足球特色幼儿园。云龙镇中心幼儿园自2010年开园，确立"构建阳光体育课程"的特色发展目标，让孩子在阳光下健康快乐地成长。结合足球本身及幼儿身心发展特点，探索出"快乐足球课""激情足球赛""趣味足球乐""酷炫足球操"以及"浓浓足球情"五种实施方式。通过多样化评价方式促进足球课程完善。足球特色课程的开展在日常的教育教学活动中影响着孩子，使孩子们在与足球的互动中获得发展，使教师教科研水平得到提升。该园2011年5月入选"宁波市省级青少年校园足球定点学校"，先后获评浙江省幼儿体育示范幼儿园、浙江省"一园一品"特色示范幼儿园和鄞州区业余体育训练点学校（幼儿足球）等荣誉。

（戴佳鹏）

横溪镇

【概况】 2019年，横溪镇辖15个行政村、1个居委会和1个社区。镇域面积87.53平方千米，户籍人口2.80万人，在册外来人口1.80万人。实现地区生产总值28.10亿元，比上年增长7.70%。财政总收入3.76亿元，增长4.90%。

全镇规模以上工业产值55.90亿元，增长8.50%；工业增加值11.90亿元，增长8.50%；完成固定资产投资6.14亿元，实际利用外资900万美元，引进大市外内资2.38亿元，进出口3.60亿美元，增长14.80%。引进人才920人，其中高层次人才3人、"鄞州银匠"4人、技能大师1家。新增浙江省级小微企业"成长之星"1家，高新技术企业3家，申报宁波市"科技创新2025"重大科技项目1个，市"3315计划"资本引才项目1个，市级技改项目7家，新建博士后工作站1家。

推进环境保护以及治水拆违、平安建设、安全生产等专项整治。累计处置完成各类违建18万平方米，腾空可利用土地近4公顷，拆后利用率达到90%，完成违建别墅清查及"大棚房"专项整治工作。推进"三未"土地销号工作，完成供而未用土地销号12公顷，批而未供土地销号近6公顷。建立领导干部大接访制度以及信访代办制度，推进"四个平台建设"，事件办结率达100%。新增镇村两级治安监控93个，实现镇村主要路口监控覆盖率100%。共调处各类纠纷200余起，涉及金额250余万元，调解成功率100%。

编制《鄞州区横溪镇乡村产业振兴规划》，完成2家市级农业精品园区提升，投入运行横溪农创园，全镇共拥有农民专业合作社22家，家庭农场28家，全年实现林特水果产值1.60亿元。高标准通过浙江省特色农业强镇验收，获评浙江省避暑气候胜地，大岙茶园获浙江省"最美田园"称号。完成梅岭异地迁建工作一期项目建设及交付工作，推进占地面积12公顷、投资30亿元的横溪农旅小镇项目开工建设及统计入库工作。投资5500余万元的"观心山舍"民宿综合体完成主体框架建设，投资600余万元的周夹村"两棵树"民宿正式投入运营。编制完成《大梅山区域旅游发展规划》，全年共接待游客共接待游客90万人次，实现旅游收入8000万元。通过宁波市乡村全域旅游示范镇评定性复核。

推进"最多跑一次"改革，事项清单从110项增加到161项，新设立缴纳土地出让金窗口，引进"宁波办事"综合自助机。发放救济、优抚、残联、慈善等救助金1500万元，惠及4000余人次。推进社保统征工作，户籍养老保险参保率97.11%，户籍医疗保险参保率99.56%。全年失业率减少至12.23%。全年共受理举报投诉19件，出具劳动调解138份，办理简易工伤认定24起，大工伤234起。新建横溪镇文明实践站所11处，新增文化礼堂3座，实现村级志愿者服务站全覆盖。成功举办美丽庭院邻里分享会，举办大型文体活动30余场，惠及群众3万余人。开展横溪镇"最美系列"评选活动，树立"最美志愿者""最美家庭"等先进典型，营造文明乡风。

表52　　2019年横溪镇各行政村（居委会、社区）基本情况

行政村（居委会、社区）	面积（平方千米）	户数（户）	人口数（人）	集体经济总收入（万元）	集体经济总费用（万元）	总资产（万元）
横溪村	8.03	1112	2714	1613	671	11407
周夹村	7.22	457	1208	931	588	16967
栎斜村	6.91	581	1559	862	337	10604
金溪村	3.79	690	1722	1680	2201	29193
吴徐村	4.05	384	978	163	105	866
金山村	3.67	357	951	178	137	1148

续表52

行政村（居委会、社区）	面积（平方千米）	户数（户）	人口数（人）	集体经济总收入（万元）	集体经济总费用（万元）	总资产（万元）
梅山村	2.30	417	1084	313	312	1945
梅岭村	2.51	389	1080	165	133	1224
梅溪村	3.17	451	1147	259	221	903
梅福村	7.07	650	1606	169	129	1246
大岙村	13.76	1241	3055	1706	420	8951
上任村	4.00	534	1214	217	222	2883
金峨村	4.69	556	1382	629	229	9235
道成村	6.76	897	2266	166	199	2018
杨山村	2.68	241	607	199	114	1125
居委会	—	1567	3262	—	—	—
丰乐社区		410	888	—	—	—

说明：表格中数据为调查数

【横溪镇梅岭异地迁建工程一期（梅乐家园）房源抽签】 2019年12月28日，横溪镇梅岭异地迁建工程一期（梅乐家园）在横溪镇政府东边会场完成。横溪镇梅岭异地迁建工程一期（梅乐家园）共585套，其中多层共计453套，套型分为60平方米、75平方米、90平方米、100平方米和120平方米。高层共计132套，套型分为95平方米、115平方米和135平方米。该次抽签工作在征求各村群众意见的基础上拟定梅岭片区异地迁建政策，并于11月底完成585户拆迁协议签订，完成产权移交工作。作为横溪镇改善梅岭片区群众生活环境，推进大梅山全域旅游开发的重要抓手，一期项目的交付为二期项目建设以及大梅山全域旅游发展打下基础，提升梅岭片区百姓人居环境。

【横溪镇横溪农旅小镇项目一期完启动建设】 2019年10月，横溪镇农旅小镇一期地块以总价4.43亿元完成土地出让并于11月正式进场施工。该项目作为2019年宁波省市县长项目，地处横溪镇东北角，以凰山岙为中心，距东钱湖湖2千米，规划开发区域占地面积123.33公顷，建设主要内容包括颐养、农旅、度假等，建设周期为2~5年，一期项目占地约12公顷，总投资30亿元。该项目作为横溪镇农旅产业发展龙头项目，建设投产后将带动全镇农旅产业发展，推动经济社会转型升级。

【2019“美丽鄞州”欢乐游之横溪镇第七届樱桃节】 2019年4月27日，“美丽鄞州”欢乐游之横溪镇第七届樱桃节在横溪镇农创园举行。活动由鄞州区文化和广电旅游体育局、鄞州区农业农村局、鄞州区供销合作社联合社、共青团鄞州区委员会、鄞州区横溪镇人民政府共同主办。仪式现场，举行横溪农创园开园仪式和横溪青创农场授牌仪式。该农创园占地面积1500平方米，设有茶文化体验区、精品农业园区展示区、特色农产品展示区、非遗民俗文化展示区等功能区，形成农创产业文化的集聚效应。

【宁波市首届全民运动会健身气功赛鄞州选拔赛】 2019年8月8日，宁波市首届全民运动会健身气功赛鄞州选拔赛在横溪镇文体中心举办，来自全区17支代表队200余名健身气功爱

2019年8月8日，宁波市首届全民运动会健身气功赛鄞州选拔赛在横溪镇举办

好者上台表演，展示健身气功的魅力和全区群众的健身热情。活动由区文广旅游体育局主办，横溪镇人民政府、区体育中心和鄞州区体育总会共同承办。活动现场，健身气功爱好者先后展示易筋经、五禽戏、六字诀、八段锦、气舞等多个健身气功套路。在区武术协会健身气功分会和横溪镇体育协会推动下，横溪镇实现健身气功运动全覆盖，并建立2个区级健身气功站点。

【"龙腾中华"宁波百龙大赛鄞州选拔赛】 2019年9月8日，"龙腾中华"宁波百龙大赛鄞州选拔赛在横溪镇体育馆举行。活动由鄞州区文学艺术界联合会、横溪镇人民政府主办，鄞州区文化馆、区民间文艺家协会、横溪镇文联、横溪镇文化站承办。本次宁波百龙大赛鄞州选拔赛共有11支参赛队参加，除舞龙比赛，现场有口技卡戏、魔术等表演，并举行鄞州区民间文艺家协会龙舞分会成立仪式。横溪镇舞龙队伍达到14支，直接参与舞龙人数1000余人。横溪镇中心小学作为该镇首个校园舞龙文化传承基地，从2007年设立基地以来，培养一批批舞龙苗子。2018年，金峨小学被区政府评为鄞州区非物质文化遗产（大岙布龙）代表性教学传承基地。横溪镇利用每年的区古道文化节、灵秀横溪文体艺术节、传统节假日演出等平台，为当地民间舞龙队提供展示的舞台，提升舞龙队的整体水平。每年参加全镇或各村节假日表演活动20次以上，观摩人数2万余人次。

（叶芮岑）

姜山镇

【概况】 2019年，姜山镇辖55个行政村、7个社区、1个居委会、1个淡水渔业社和1个良种繁育场。面积87.80平方千米，户籍人口8.29万人，常住人口15.89万人，其中登记在册146262人。实现地区生产总值114.40亿元，比上年增长2.90%。财政总收入15.02亿元，增长13.70%，其中一般公共预算收入13.08亿元，增长13.50%。

全年完成粮食种植面积6244.47公顷次。实施高标准农田建设620余公顷，创建6个粮食绿色高产项目。镇农合联获评第二批省级现代农业综合服务中心，新建7个村级农合联。推进"美丽田园"建设，打造集中连片的"美丽田园"风景线，新增86.67公顷的百日草、油菜花等花海，走马塘、景江岸多彩农业美丽田园示范基地通过省级验收。

实现工业总产值523.80亿元，增长80%。全年192家规模以上企业完成产、销、利分别为443.40亿元、457.80亿元、14.70亿元，分别增长7.40%、3.60%、-6.10%。完成固定资产投资17.40亿元。10亿元、5亿元、1亿元级企业分别达到6家、3家、32家；研发费用支出10亿元，增长22%；培育市创新型初创企业37家；"小升规"22家，"小上限"27家。入选市"3315计划"资本引才项目2个。推进鄞南智造（数字）谷建设，累计引进高层次人才128人，增长23%。启迪之星等各类平台累计引进企业22家。建成3家博士后工作站、4家教授（专家）工作站、3家技能大师工作站，一舟集团有限公司创建全区首个外籍院士工作站。改造企业厂房3.60万平方米，整合低效厂房4处，利用面积2.30万平方米。智能医疗科技产业园、联东U谷·鄞工小微企业园2个小微企业园正式启动。

推进5个房地产项目、1个棚改安置类项目。启动镇区核心区城市设计和镇工业集聚区规划。全年完成地块征收6.50万平方米。18宗土地完成报批、入库、出让。东光村产业园和镇政府北侧产业综合体地块规划调整。推进8条主次干道、2条农村公路建设，完成道路改造提升10千米；宁奉城际铁路姜山站、狮山站、明辉路站开通运营，鄞城大道全线通车。实施6条集中式污水收集管网项目、16个农村生活污水治理项目和2个小区雨污分流改造项目，完成管网铺设7.10千米。疏浚河道60千米，排查企业排污1800家，发放排水许可证93家。实施4个公共设施类项目，改造农村公厕102个，提升路灯、绿化、公交候车亭等基础设施养护。全年完成拆旧3万平方米，建新10万平方米，新建、分配大龄青年房296套。"拆违治乱"全年排摸违建点位930个、建筑面积111.60万平方米，完成应拆面积15万平方米；实施茅山工业园区联合整治，拆除存量违建7.50万平方米。强化"两小一危"检查整改，排摸企业2200余家，排查出实际涉及危化企业60家，拆出消防通道面积3.30万平方米，关停强制搬离各类"散乱污"企业49家。推进茅山、丽水、顾家3个集聚区环境综合整治，推进"大棚房整治""田园整治""废品回收站整治"等专项行动，整治"农棚田舍"7000余平方米，清理无证废品回收站120家。成功创建"宁波市生活垃圾分类示范乡镇"；成功创建省级卫生村4个、AAA级旅游景区村庄1个。

实现20项业务"零跑腿"。全年办理各类服务事项11.90万件，仲裁调解各类劳动纠纷646件，交易各类公共资源项目81宗。建成居家养老服务站54个，陆家堰等区域性居家养老服务中心陆续投入运营，退役军人服务保障体系建立。发放各类救助资金700余万元，家庭医生签约率达84%。构建文化礼堂建、管、用一体机制，建成农村文化礼堂38个。推进"三治融合"基层治理，农村"契约式治理"在全区推广。镇人民调解委员会获"全国人民调解工作先进集体"称号。推进微型消防站"一张网"建设，火灾成灾下降6.30%；推进道路交通安全综合治理，交通事故数下降9.40%，伤人事故下降10.90%；推进"扫黑除恶"专项斗争，刑事、治安发案率分别下降5.40%、8.20%。配合推进区综合执法体制改革，实现村社信访代办点全覆盖。打造"一中心四平台全科网格"体系，平台受理事件2.80万件，解决重难点问题707件，完成率99.60%。开展特色社区创建，推进"三清单一流程"社区版，组织开展社工培养班，社工持证率65%以上。

表 53　　2019 年姜山镇各行政村（社区、居委会、渔业社、良种场）基本情况

行政村（社区、居委会、渔业社、良种场）	面积（平方千米）	户数（户）	人口数（人）	集体经济总收入（万元）	集体经济总费用（万元）	总资产（万元）
上张村	1.80	681	1493	305	344	1256
井亭村	1.82	611	1447	260	472	33700
陈介桥村	2.50	692	1652	216	321	676
定桥村	2.20	517	1245	583	685	13072
陆家堰村	1.20	366	863	356	369	1792
宏洲村	3	610	1387	386	634	1684
后鄮村	1.20	393	993	187	226	548
景江岸村	0.76	218	523	197	176	761
乔里村	1.17	348	881	752	293	3162
新汪村	1.98	584	1470	163	270	1446
侯家村	0.50	164	413	190	338	34324
陈家团村	2.35	526	1206	367	398	1847
张华山村	0.93	343	859	434	394	20708
励江岸村	1.90	578	1463	351	301	1109
曙光村	0.80	392	895	216	272	23085
东光村	1.37	487	1182	1027	1171	40934
仪门村	1.50	497	1178	965	1098	5666
墙弄村	0.19	230	594	406	148	1439
郁家村	0.50	282	698	467	348	3589
上何村	1.10	295	707	562	331	4703
夏施村	0.60	178	431	557	219	3276
姜山头村	1	215	561	673	205	3791
狮山渔业村	0	407	852	246	81	2020
五龙桥村	3.80	1003	2450	323	479	2045
姜南村	2.10	561	1398	153	296	2167
阳府兴村	1.57	535	1295	171	232	725
上游村	2.47	571	1389	324	207	1652
黎山后村	2.50	702	1661	240	358	5425
联荣村	1.50	587	1382	205	192	465
蔡郎桥村	1.80	494	1100	2419	949	2211
山西村	2.50	484	1198	347	354	3543
顾家村	1.38	474	1184	586	190	918
翻石渡村	1.50	451	1180	695	758	53144
奉先桥村	0.75	248	608	153	1082	2084
蓉江村	2.10	651	1567	1074	642	1432
东西郑村	1.90	452	1078	245	336	1083
和益村	2.30	495	1204	1697	609	1966
新张俞村	2.67	822	1949	1086	875	3222
张村庙村	2.20	611	1447	598	318	1248
甬江村	1.50	399	951	1304	308	3091

续表53

行政村（社区、居委会、渔业社、良种场）	面积（平方千米）	户数（户）	人口数（人）	集体经济总收入（万元）	集体经济总费用（万元）	总资产（万元）
周韩村	2	621	1431	1648	589	7435
花园村	1.70	352	857	197	267	1076
唐叶村	1.50	468	1158	327	348	55062
胡家坟村	3.50	535	1252	135	193	2903
杨家弄村	1.04	286	683	148	129	757
王伯桥村	1.60	428	957	364	398	7028
东林寺村	0.90	304	732	215	152	826
虎啸漕村	2.25	553	1315	190	119	908
茅东村	1.67	622	1505	369	485	941
茅山村	2.50	637	1539	228	214	1028
董家跳村	2	530	1271	217	156	1032
同三村	4	877	2048	245	315	472
沈风水村	1.30	540	1282	823	547	2016
走马塘村	2	619	1424	191	412	8744
南林村	2.10	689	1615	197	206	494
小城春秋社区	0.41	1086	2930	—	—	—
狮山社区	1.80	2289	5378	—	—	—
姜山社区	0.54	1833	4903	—	—	—
望府社区	0.21	476	1137	—	—	—
明南社区	0.14	327	834	—	—	—
华泰星城社区	0.11	603	1516	—	—	—
何郁社区	0.15	100	215	—	—	—
茅山居委会	0.18	198	470	—	—	—
良种繁育场	0.33	101	224	302	85	3371
淡水渔业社	0	56	87	381	210	1617

说明：表格中数据为调查数据

【姜山镇获评小城镇环境整治省级样板镇】 2019年1月22日，姜山镇被浙江省城乡环境整治工作领导小组评为小城镇环境整治省级样板镇。姜山镇立足区域大、村落多、人口多的实际，按照“布局一盘棋、发展一体化”的思路，坚持镇区与全域一起抓。编制完成《姜山镇环境综合整治规划》，重点围绕“一加强三整治”的行动要求，完善城镇环境综合整治规划设计实施和管控机制，强化城镇特色文化的传承与发扬，解决城镇生产生活设施供给滞后、特色缺失、管理薄弱等问题，提升城镇生产、生活和生态环境质量。斥资8.40亿元实施53个整治类项目和建设类项目，累计改造道路25.30千米，完成线路“上改下”37千米、整理线路35.60千米，改造公厕180个，改造公交候车厅37个，新建停车场9个，新增停车位10215个，新建光伏工程1.40万平方米。

【走马塘村获评国家级美丽宜居示范村】 2019年1月，姜山镇走马塘村获评国家级美丽宜居示范村。走马塘村被誉为“中国进士第一村”，北宋至明清，聚居于此的陈氏家族出过76名进士，161人出任地方官吏。村落环境干净，一步一景，村中保留有明代建筑8处，清代建筑随处可见，另有3幢民国时期建筑。2015年，走马塘村获评省级美丽宜居示范村，同年11月，斥资2300万元对走马塘村进行整体保护、综合整治和有效利用，挖掘内在价值，改造走马塘古村整体风貌。2016年7月，走马塘村进行国家级美丽宜居示范村的申报工作。经过前后5年时间的打造，村内历史建筑全部重新修葺，新建多个公共厕所和居民活动中心，建造村史村情馆、陈列馆等，重建走马塘幼儿园，生活垃圾处理纳入村统筹，建设休闲农业项目，引进资金，打造集古村文化游与农业休闲游一体的观光旅游业。

【姜山镇人民调解工作获“全国人民调节工作先进集体”称号】 2019年1月，姜山镇人民调解委员会获“全国人民调解工作先进集体”称号。姜山人民调解委员会有调解员9名，其中专职调解员5人、兼职调解员4人，业务用房面积200平方米，有独立接待窗口、调解室、办公室和矛盾联合调解中心，各种工作制度和流程健全完备并且全部上墙，将优秀调解员的照片、个人简介及擅长调解矛盾纠纷的范围，在公共法律服务站点进行上墙公布。整合社会资源，建立由人民调解员、法官、律师、退休村干部以及医疗、交通事故、工伤、治安等领域专业人士组成的调解专家库，把服务平台前移到企业、群众家门口，开展咨询+排查+调解的“一站式”服务。自2018年以来，姜山镇由“坐堂办案”向“主动出击”升级，尝试线上办案，开通网上调解业务，实现人民调解“零跑腿”突破。通过“名师带徒”制度，培育出一批优秀的调解能手，做到要案积案的调处件件有安排、事事有着落。至年底，镇调委会调解案件339起，成功率100%，群众满意度100%，其中ODR（线上调解）成功处理案件148起。

【姜山镇紫薇志愿者慈善义工学院成立】 2019年4月，姜山镇紫薇志愿者慈善义工学院成立，在紫薇志愿服务资金项目支持下开展服务。紫薇志愿服务资金项目为全区首个镇级志愿服务资金项目，计划10年支出300万元，用于支持“紫薇杯”姜山志愿服务项目大赛、姜山镇志愿者慈善义工学院、姜山镇志愿服务行动指导中心等建设，重点扶持优秀志愿者队伍及项目落户姜山。姜山镇志愿者慈善义工学院通过定期开展专题培训会的形式，提升全镇志愿者的专业化水平，并采取“专题培训+主题沙龙+项目辅导”的形式，强化基层志愿服务的项目化、社会化、常态化发展。全年共开展专题培训会5场，累计培训志愿者及志愿服务工作者300余人次，开展主题志愿服务沙龙6场，参加交流志愿者人数达200余人，推动8家青年社会组织参与陆家堰村志愿共建，组织社会志愿者及志愿服务组织开展各类志愿服务活动约160余次，志愿者参加人次达9000余次，累计志愿服务时长达4万余小时。2019年3月15日，姜山镇第一届“紫薇杯”姜山志愿服务项目大赛在姜山镇海港城开幕。4月26日，鄞州姜山微信公众号发布姜山镇志愿者大赛招募令，共有66个项目报名参赛，天天志愿服务队“传爱心，承技艺”爱心刀具投递箱志愿项目、姜山社区“光合小将青少年助力乡村振兴”志愿项目、星城社区亲子牵手共成长志愿项目、陆家堰村党群志愿队垃圾分类宣传检查志愿项目、走马塘古村保护宣讲志愿项目、茅山居委会“一针一线，十指春风”女红文化及手工艺品制作推广志愿项目、“搭把手”服务队鄞州三院导医志愿项目、顾家村“霞光”文艺志愿项目、东光村“阿拉之家”志愿联盟项目和迦渭志愿服务队“爱的阶梯—关爱服务”志愿项目10个项目入围决赛。8月29日“美丽城南，德善姜山”2019年姜山镇第一届“紫薇杯”志愿服务项目大赛在东光村举办。

【宁波至奉化城际铁路首通段开通】 2019年9月28日，宁波至奉化城际铁路（简称宁奉线）首通段开通运营。宁奉线自3号线高塘桥站向南引出，止于奉化区金海路站，全长21.53千米，共设高架车站9座，分别为姜山站、狮山站、明辉路站、朝阳站、方桥站、琎琳站、南渡站、大成东路、金海路站，串联起了鄞州姜山镇、鄞州工业园区，奉化方桥片区及主城区。其中首通段工程始建于2015年12月30日，全长5.61千米，分别为姜山站、狮山站、明辉路站3站三区间，全部在姜山镇镇域内，是连通宁波市区与鄞南片区的快速通道。3站均为高架站，其中姜山站、狮山站为高架三层侧式站，明辉路站为高架三层岛式站。3站均为单侧进站模式，分别各设有A、B两个出入口。其中姜山站位于鄞州区姜山镇博大路上，朝阳路与高压路之间，临近姜山镇人民政府、鄞州区税务局姜山税务所、姜山市场监督管理所等；狮山站位于雁湖路与明曙路交叉口西侧，临近姜山镇狮山公园；明辉路站位于雁湖路与规划道路交叉口西侧，临近奥克斯集团。宁奉线首段开通后，与3号线一期贯通运营，市民无须下车换乘。全天运营时间13小时35分，终点站明辉路站首末班车时间分别为6时25分、20时00分。工作日行车间隔高峰期为6分钟，平峰期为8分钟；双休日行车间隔为8分钟。

【宁波小提琴音乐馆暨俞丽拿祖居开馆】 2019年11月27日，“音乐·梦想”宁波小提琴音乐馆暨俞丽拿祖居开馆仪式在姜山镇新张俞村举行。著名小提琴演奏家、教育家、上海音乐学院教授、俞丽拿小提琴艺术基金理事

2019年11月27日，宁波小提琴音乐馆（俞丽拿祖居）开馆活动在新张俞村举行

长俞丽拿出席开馆仪式，并为祖居揭牌。宁波小提琴音乐馆位于姜山镇新张俞村，以知名小提琴演奏家、教育家俞丽拿的祖居为核心，结合周边区域改建而成。该馆是新时代文明实践基地之一，主要为群众提供音乐艺术的参观学习、交流培训。其中一楼为俞丽拿祖居展示区、小提琴视听欣赏区，主要展示俞丽拿的音乐人生、艺术成就、教育成果，提供视听功能；二楼设有小提琴音乐普及区和小提琴教育交流区，主要展示小提琴的发展历史、名品展示、器乐教学等；在祖居月洞门后院区域设有露天演绎交流区，可进行创作交流、小型演艺等。宁波小提琴音乐馆（俞丽拿祖居）面向社会开放，有“琴音绕梁”小提琴音乐欣赏、“文艺轻骑兵”乡村行、汝意音乐帮扶计划三个公益项目在馆内落地并定期开展活动。开馆仪式含“音乐故事”“追逐梦想”两个篇章，第一个篇章为原创音画诗《音乐与初心》、现场访谈《艺术人生·对话俞丽拿》、合唱《当你老了》；第二篇章为原创音画诗《追逐梦想》小提琴连奏《小海军》《小黑马》《欢乐颂》、音乐公益项目公布暨征集仪式、小提琴《梁祝》选段、宁波小提琴音乐馆暨俞丽拿祖居开馆、俞丽拿祖居揭牌。

【姜山镇第四届“姜山如画”草垛文化艺术节】 2019年9月22日，《我们的田野》——庆祝新中国成立70周年暨第四届“姜山如画”草垛文化艺术节开幕式晚会在狮山剧院举行。活动由姜山镇党委、姜山镇人民政府、鄞州工业园区管委会主办，姜山镇文联、姜山镇文化站承办。晚会以“我们的田野”为主题，表演序舞《龙舞姜山》，童声合唱《同在国旗下》，歌伴舞《一粒米》，越剧唱段《姜山依旧》，少儿舞蹈《姥姥门前看大戏》，说唱快板《天安门前看升旗》，甬剧联唱《乡情不忘》，小提琴与声乐组合《梁祝》，男子组合《小芳》，联舞《丰收的心情》，歌伴舞《草垛垛》，联唱《我的乡村我的歌》《歌唱祖国》13个节目。艺术节期间，举行“翰墨丹青颂祖国”——庆祝新中国成立70周年书画巡回展、“点靓姜山”——2019“一村（社）一品”文艺会演大赛暨“姜山之星”颁奖晚会、俞丽拿祖居开馆庆典暨“星聆其境”小提琴音乐会等系列活动，各村（社区）及部门举行各类文艺子活动29场。至活动结束，累计参与活动人数20余万人次。

【（*郑爽爽*）

东钱湖镇

【概况】 2019年，东钱湖镇辖25个行政村、4个渔业社、1个农牧场、12个股份经济合作社、4个居委会和8个社区。镇域面积130平方千米，总人口9.20万人，其中户籍人口4.90万人。实现地区生产总值54亿元，比上年增长15.20%。财政总收入13.32亿元，增长19%，其中一般公共预算收入2.40亿元，增长7%。

65家规模以上企业预计完成工业总产值60.60亿元，增长3%；实现工业增加值15.30亿元，增长6.40%。兑现工业政策奖励资金678万元，惠及47家企业，规模以上工业技术开发费达到1.40亿元，增长1%。新增上亿元企业1家，规模以上企业7家。宁波万金现代钣金有限公司项目地块完成军缆迁改和低压线路工作，总投资1.40亿元厂房完成结顶；宁波可挺汽车零部件有限公司项目地块完成高压线路迁改预算、低压线路迁改预算和通信线路迁改；完成宁波凯普电子有限公司项目用地出让，并启动地块内高压线和通讯线迁改工作；年产840万套宠物用品项目用地报告获主任办公会议同意，并处于地价评估阶段；俞塘工业区志豪塑业项目厂房建设，实现当年开工，当年结顶。完成创新工业园职工中心土地租赁、工程设计方案、建设方案，工程稳步推进。融入环东钱湖绿色创新圈建设，协助鄞州区推动东吴、五乡、云龙、横溪等交接板块开发，金童山矿区52.73公顷土地政策处理完成，高起点谋划椅子岙3+2+X优势产业孵化园，鄞县大道以北高端制造业基地布局扎实推进。陶公山山上山下联动开发，院士中心项目保障，未来村项目对接，国际会议中心项目选址落地，白石仙坪生命健康管理中心项目、茶亭智谷项目等地块顺利完成出让，全域旅游美食文化节、“一村一品”贯穿全年，12场活动成功吸引200余家媒体和上百万游客关注，直接或间接实现东钱湖农产品销售500余万元。

国家级卫生镇顺利通过验收。实现垃圾分类村社全覆盖，统一配备分类垃圾桶，推进“一栏、二图、三点、四桶、五导”工作，推进社区撤桶并点，仙枰苑、英伦水岸完成市级示范创建，锦绣钱湖、馨湖茗苑待市分类办验收；推进澜湖郡等10个小区垃圾分类工作。完成8个村27座公厕改造，“公厕革命”三年任务两年完成。韩岭开街，韩岭项目完成专变引入、进村道路提升；完成老村与水街周边提升节点4个；新建2个厕所，其中一个三星级；老街12家商铺完成装修；韩岭公共停车场竣工并验收使用，韩岭菜场工程方案施工图设计完成并进入施工。建设村沿湖管线工程顺利开工并完成70%，石板路接近收尾。洋山、绿野、俞塘等村街景改造、利民、陶公村一级导视及周边工程、小城镇综合绿化提升和拆后围挡、老镇区亮化工程、黄榭桥危桥改造等项目完工；投资612万元韩天线农地景观提升工程全面推进，俞塘村停车场及振兴桥两侧慢行步道完成方案设计，进入到招标、施工阶段，完善城杨亭溪古道维修提升设计方案。村民建房东西村、城杨顺利完成工程结顶，绿野、洋山村民建房资格审查、场地平整等基础工作基本完成，象坎村民联户自建改造试点顺利启动，前期班子配备、方案设计、资金测算等工作有序推进。东村完成“一村万树”示范村建设。

投资约800万元完成绿野等村农村饮用水达标提标工程。开展山塘水库物业化管理、白蚁防治、河网清淤及小流域治理，实施亭溪俞塘段及城杨段整治工程，完成后横河清淤及生态化治理。完成创新工业园区、湖塘等7个村级工业点76家企业生活污水纳管。完成东钱湖镇农村生活污水治理规划，新增农村生活污水纳管255户，完成城杨、俞塘两个村污水标准化运维提标改造。湖心岛、利民杨梅山2处畜禽整治完成。开展鹿山脚下、金童山、防化连、农田湖边、两路两侧整治，拆除农棚、农舍300余个，占地面积5000余平方米，清运垃圾100余车。做好桃花岭堆场、前堰头村三夹岙等场地清理。完成椅子岙5万平方米大型拆违、城杨村横山岙、镇区老鼠山6户约600平方米违章拆除。制定出台下王村房屋拆迁原地过渡实施方案，完成拆迁测绘及评估结果核对等前期各项准备，做好前堰头、郭家峙两个村发展定位谋划研究。拆迁“拔钉清零”116户，钱湖新村一期、钱湖新村三期、高钱、莫枝菜场和镇政府5个地块“清零”，完成4个场地清空和1172户房屋清退，完成锦绣钱湖一期948套安置房分配。完成金童山、国际会议中心、新城核心区、院士中心、茶亭村二期1号地块等政策处理，1882万元作物补偿资金拨付。建立专职预征地管理队伍，全部完成现场踏勘及现状拍摄任务，实现预征地档案电子化、信息化。

新城幼儿园、高钱幼儿园启动新建，东钱湖中学、韩岭小学等综合提升工程完成，中学扩招1班，幼儿园扩招1班，符合条件流动人口子女公办学校接纳率100%。获省优课1人，市教坛新秀1人，市优质课二等奖2人。49名初中学生被鄞州中学、高级中学等重点高中提前批录取，普高升学率为51.20%。获评宁波市骨干校长1人，宁波市浙派名师1人。合唱、舞蹈、乒乓球等多次获省市奖项。契约式家庭医生扩面，失智老人项目获得市健康促进会资金补助，严重精神障碍患者定位管理系统成功落地，慢性病配药主要在社区完成，骨质疏松项目获得受到国家项目组肯定并摄制专访，成人流感疫苗接种项目初步目标完成，率先开展国民体质检测。13名社工考取中级职称，18名考取初级职称，社工持证率达到40%。婚庆礼堂、便民服务中心等社区基础建设得到完善，撤筒并点点位改造完成，钱湖丽园社区便民服务中心与居家养老场地互换，成立镇物业管理服务站。组织垃圾分类等志愿活动、社科讲坛400余次，挖掘并表彰一批社区公益热心人、“最美志愿者”、社区之星等，让志愿服务成为新风尚。居家养老服务扩面，下水、陶公等片区居家养老对外开放，推进居家养老助餐服务，完成居家养老政府购买服务，通过专业力量和志愿服务双管齐下试点养老服务。发放低保及临时救助229.20万元，惠及485人。实施洋山、绿野、城杨3个村部分退休人员待遇保障工作。高钱片区便民服务中心加强运行管理，下水片区便民服务中心对外开放，利民村便民服务中心整体提升，莫枝村新便民服务中心进行施工建设。依托镇文化中心、村级文化礼堂等平台，将“田螺姑娘”打造为“钱湖八美”形象代言人，举办首届“田螺姑娘”评选，“钱湖社戏”“钱湖村晚”，开展“最美奋斗者”表彰，成功举办世界杯龙舟赛和首届钱马两项重大赛事，以中秋龙舟赛为龙头，推出“一村一品”全域旅游系列活动，通过市文明镇创建，建成新时代文明实践站29个，创建“田螺姑娘巡湖队”等10余个特色品牌，1000余名志愿者在“时间银行”存服务时长超5万小时。70华诞表彰活动组织千名党员国庆献礼行动，开展“三进三聚”主题实践活动，开设“铁军讲坛”，建立“八提八美”推进“作战图”，实行按季排名、亮灯作战。部署“不忘初心，牢记使命”主题教育，覆盖全镇116家党组织2700余名党员。

完成新中国成立70周年平安护航任务，实现前堰头后进村整转，缓息埠河、方水等群访事件，化解信访积案15件，成立横街工作专班，启动横街历史遗留问题处置，全年来访、来信数量为48件，下降62%，摘除宁波市信访重点乡镇帽子。分9批次开展集中专项整治，共检查整治400余家企业、消除隐患4000余条。安全生产集中轮训累计超2000人次。全镇安全生产实现零事故，开展“平安三率”宣传，加强“扫黑除恶”氛围营造，集中开展小区工程车、流浪狗、车库违章等专项整治行动。全面启动实施基层公权力“三清单”运行法，开展20家镇企事业单位专项巡查。党纪处分5人，问责处理7人，收缴违规发放的值班费和工作津贴173.18万元，挽回经济损失29.22万元。

表54　　2019年东钱湖镇各行政村（渔业社、农牧场、居委会、社区）基本情况

行政村（渔业社、农牧场、居委会、社区）	面积（平方千米）	户数（户）	人口数（人）	集体经济总收入（万元）	集体经济总费用（万元）	总资产（万元）
西村	5.67	501	1169	543	921	1434
东村	4.56	452	1105	400	289	4977
绿野村	4.34	407	971	439	296	1128
洋山村	3.31	281	698	117	168	354
郭家峙村	2.75	591	1427	324	515	2019
象坎村	1.54	308	682	854	166	3019

续表54

行政村(渔业社、农牧场、居委会、社区)	面积(平方千米)	户数(户)	人口数(人)	集体经济总收入(万元)	集体经济总费用(万元)	总资产(万元)
韩岭村	6.38	687	1674	814	756	1208
横街村	—	470	1120	915	883	618
俞塘村	4.09	613	1582	423	300	1992
城杨村	2.99	363	918	164	243	913
莫枝村	0.03	460	1121	922	420	4683
殷湾村	0.06	492	1150	203	331	3789
红林村	0.08	377	910	495	72	2967
红舒村	—	333	768	154	27	1478
黄隘村	—	148	311	176	56	1691
沙家垫村	0.75	598	1272	1530	1123	2107
建设村	0.11	321	716	175	95	3628
陶公村	1.14	653	1569	858	701	3781
利民村	0.96	621	1480	551	427	4143
大堰村	—	563	1362	906	480	1574
高钱村	1.72	763	1708	1404	1035	2259
前堰头村	1.51	596	1358	563	372	1411
梅湖村	—	219	495	818	713	2368
方水村	0.31	320	711	2591	2825	2424
下王村	0.65	294	684	160	206	699
莫枝渔业社	0.61	165	407	263	73	1525
大公渔业社	0.26	109	222	36	23	200
钱湖外海社	—	104	202	15	14	97
高钱渔业社	0.50	166	348	144	58	751
农牧场	—	52	139	37	18	233
莫枝居委会	0.83	1056	2214	—	—	—
新村居委会	0.17	1154	2653	—	—	—
大公居委会	—	661	1120	—	—	—
韩岭居委会	0.42	445	782	—	—	—
钱湖人家社区	0.63	1712	4460	—	—	—
隐学山庄社区	0.16	128	300	—	—	—
钱湖丽园社区	0.22	878	2480	—	—	—
钱湖景苑社区	0.14	223	534	—	—	—
清泉山庄社区	0.23	665	1644	—	—	—
仙枰社区	0.10	254	823	—	—	—
万金社区	0.23	338	956	—	—	—
东湖观邸社区	—	714	1888	—	—	—

说明:表格中数据为调查数

【第十一届东钱湖国际湖泊休闲节】2019年10月17日，第十一届东钱湖国际湖泊休闲节开幕式暨东钱湖国际艺事季启动仪式在韩岭举行。宁波市委常委、常务副市长陈仲朝，浙江省文化和旅游厅副厅长许澎，中国青年报社党委常委、团中央网络影视中心副主任张健为等致辞。国际湖泊休闲节由宁波市人民政府、浙江省文化和旅游厅、中国青年报社主办，宁波市文化广电旅游局、宁波东钱湖旅游度假区管理委员会承办。开幕式上韩岭开街，国际建筑大师隈研吾作品"韩岭美术馆"现场奠基，众多国内外知名设计大师、旅行商和游客代表参加活动。休闲节的六大系列活动从10月中旬持续到12月上旬，主要活动包括首届创智钱湖发展论坛暨2019宁波东钱湖投资环境推介会、国际划联龙舟世界杯、恒上2019宁波东钱湖马拉松、"万金智造"杯2019年全国帆板冠军赛等重量级赛事，并组织"一带一路"沿线国际留学生参加东钱湖国际艺事季、国际青年乐活体验季、2019善行钱湖毅行活动及美食、秋收、采摘等乡村体验活动。休闲节参与人数约10000人。

【恒上2019宁波东钱湖马拉松】2019年12月8日，恒上2019宁波东钱湖马拉松在东钱湖举行。市委常委、鄞州区委书记、东钱湖旅游度假区党委书记褚银良，副市长许亚南，市政府副秘书长杨小平，市体育局党组书记、局长、市体育总会主席张霓，区党委副书记、管委会副主任徐挺，中国田径协会马拉松赛事总监李响，省体育竞赛管理中心副主任金铁群，市体育局副局长王雷钧，鄞州区副区长卜明长，宁波广电集团副总裁郑海江以及恒上地产董事长王国利出席开幕式鸣枪仪式。赛事由中国田径协会、宁波市体育局、宁波东钱湖旅游度假区管委会共同主办，浙江省马拉松及路跑协会指导，鄞州区人民政府协办，宁波广播电视集团运营和推广，来自20个国家近7000人参赛。赛事为国家A类赛事、浙江省马拉松积分赛事，分为全程马拉松、半程马拉松和迷你马拉松3个分项，埃塞俄比亚的Asrat Melaku Kasik 以2小时22分03秒的成绩获全程马拉松男子组冠军；中国的曹凤英以2小时51分04秒的成绩获全程马拉松女子组冠军。中国的徐龙以1小时11分05秒的成绩摘得半程马拉松男子组桂冠，中国的王玲娜以1小时28分19秒的成绩摘得半程马拉松女子组桂冠。

【2019国际划联龙舟世界杯】参见"文化·传媒·体育"类目"体育"分目。

【"万金智造"杯2019年全国帆板冠军赛】2019年10月20—25日，"万金智造"杯2019年全国帆板冠军赛在环湖南路逸帆航海俱乐部（帆船基地）举行。副市长李关定、中国帆船帆板运动协会主席张小冬、市体育局局长张霓、东钱湖旅游度假区管委会副主任苏少敏出席开幕式。比赛由中国帆船帆板运动协会主办，东钱湖管委会承办，宁波万金投资有限公司冠名赞助，宁波泓渤体育发展有限公司负责运营。来自全国各省市的17支代表队、150名运动员参赛。比赛是全国性的A级赛事，设有练习赛、场地赛、障碍滑赛、长距离赛。共产生18个冠军，福建队获6个冠军，海口队、海南队、阳江队各获3个冠军，四川队、宁夏队、辽宁队各获1个冠军。

2019年10月20—25日，"万金智造"杯2019年全国帆板冠军赛在东钱湖举行

【"铁军讲坛"设立】2019年2月26日，"铁军讲坛"第一期暨"先锋之美"创建动员大会召开。第一期"铁军讲坛"以开展"先锋之美"创建为主题，围绕支部班子建设、党员队伍管理、党建载体设置、先锋作用发挥等创建重点，从强化组织领导、开展创建交流、加强督查考核和做好宣传引导4个方面提出保障要求。来自全镇机关、农村、社区的7名优秀党员代表交流发言，镇党政人大班子成员，机关干部，村（社、场、居）书记或负责人，部分事业、"两新"党组织负责人130人参加会议。至年底，共开设"铁军讲坛"4期，来自基层的25名优秀党员代表交流发言，500余人参加会议。

【东钱湖首届全域旅游美食文化节】2019年4月13日，东钱湖首届全域旅游美食文化节开幕式暨下水麻糍文化节在下水湿地公园广场举行，活动由东钱湖旅游度假区管委会主办，东钱湖镇人民政府承办。东钱湖首届全域旅游美食文化节以"钱湖春宴，古村旅游"为载体，以"享山水乐，品湖鲜美，尝时令鲜，采福泉茶"为活动内容，发掘东钱湖自然资源优势，展示地方特色。活动为期15天，持续至4月27日结束。其间，举办下水麻糍文化节、城杨春笋文化节、福泉采茶文化节、钱湖湖鲜文化节四大系列活动。参与人数约1万人。

【宁波院士中心项目启动】 2019年7月，宁波院士中心项目启动。项目选址在陶公山南麓，对原宁波师范学院旧校舍进行改造，包括东西两幢教学楼、食堂和宿舍，其中东西两楼建筑面积为6921平方米、6631平方米。项目占地面积3.50公顷，总投资4.17亿元，以“居、养、产、学、研”为主体功能构架，围绕“1（家）+2（楼）+3（基地）”整体布局，整合东钱湖全域资源打造辐射宁波市域，影响浙江全省乃至长三角地区的未来科研创新的策源地、研发场和量产源。建成后作为“两院”院士在宁波的工作创新中心、交流发布中心、咨询培训中心、孵化共创中心，为院士专家等顶尖人才开展创新创业、学术交流、成果转化、决策咨询、项目指导、休闲度假提供一流平台。至年底，有10名院士有意向进驻，另有多名院士正在邀请；“浙江院士之家”申报获省里同意。项目计划2020年5月底完工。

【东钱湖志愿者联盟成立】 2019年1月22日，东钱湖志愿者联盟成立。启动仪式上，东钱湖商会捐赠10万元成立志愿者基金，鄞州银行“时间银行卡”首发，宁波启克服饰有限公司爱心捐赠志愿者服饰1000套，志愿者代表上台交流发言，10支志愿者代表队举行授旗仪式。志愿者联盟成立以来，东钱湖镇创建“钱湖之心”志愿者品牌，先后创建“田螺姑娘巡湖队”、葛祖兴工作室、城管义工、步道护绿、“邻距离”等特色志愿品牌10余个，提供助洁、助困、助学、助婚、助医、助游等特色便民服务。至年底，共有志愿者队伍42支，人数1600余人，开展志愿服务活动600余次，在“时间银行”存服务时长超5万小时。

【韩岭开街】 2019年10月17日，在第十一届东钱湖国际湖泊休闲节开幕式暨东钱湖国际艺事季启动仪式上韩岭开街。韩岭地处东钱湖南岸，距宁波市区约20千米，三面环山，一面临湖，繁盛时期有百余家商铺，号称“浙东第一街”。韩岭古村保护开发建设由东钱湖旅游度假区管委会统筹，分为政府开发项目和宁波东钱湖旅游度假区韩岭古村保护开发有限公司（均胜）项目。政府开发项目分2块，其中宁波东钱湖旅游度假区新农村建设投资有限公司以韩岭老街维修改造提升项目立项，总投资3.50亿元，项目用地面积7.62万平方米，建筑面积7.47万平方米，覆盖整个村庄建成区（除水街和龙泽地块外）；东钱湖镇人民政府立项韩岭公共停车场（游客集散服务中心）的开发建设，概算总投资5978万元，占地面积10614平方米，地上建筑面积1120平方米，地上地下车位304个。宁波东钱湖旅游度假区韩岭古村保护开发有限公司（均胜）主要负责水街和龙泽地块的开发建设，总投资约10亿元，水街地块项目于2015年10月启动开工，地块面积61474平方米，建筑面积61267平方米，龙泽地块项目于2017年8月启动开工，地块面积12327平方米，建筑面积7642平方米。按照新时代文艺休闲地的定位，集住宿、购物、餐饮、休闲、艺术、文化于一体。至年底，有商户63家，月客流量15万人次以上。

（曹文斌）

韩岭老街效果图

2019年2月19日，宁波市和睦邻里节现场活动暨第三届“品质社区”现场评议活动评选产生10个品质社区，鄞州区首南街道日丽社区、明楼街道和丰社区、东柳街道东海花园、东胜街道戎家社区入选

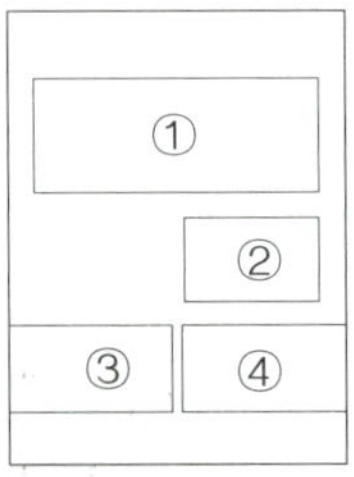

① 明楼街道和丰社区

② 东柳街道东海花园社区

③ 东胜街道戎家社区

④ 首南街道日丽社区

人物·先进集体

新任区领导

【王兆波】 男，汉族，1971年3月出生，浙江宁波人，中共党员，中央党校硕士研究生毕业。1991年1月至1992年5月，任宁波市镇海区长石乡团委书记；1992年5月至1995年10月，任宁波市镇海区骆驼镇组织干事（1995年4月任骆驼镇党委委员）；1995年10月至1997年11月，任共青团宁波市镇海区委副书记；1997年11月至1998年9月，任共青团宁波市镇海区委书记；1998年9月至2001年9月，任宁波市镇海区庄市镇党委副书记、纪委书记；2001年9月至2002年11月，任宁波市镇海区庄市街道党工委副书记、办事处主任；2002年11月至2004年3月，任宁波市镇海区蛟川街道党工委书记；2004年3月至2006年4月，任宁波市镇海区庄市街道党工委书记；2006年4月至2006年12月，任宁波市镇海区新城管委会党组书记、常务副主任；2006年12月至2013年7月，任宁波市镇海区政府党组成员、副区长、九龙湖旅游区管委会主任（2011年6月至2011年12月挂职任浙江省建设厅政策法规处副处长）；2013年7月至2013年8月，任宁波市镇海区副区长，宁波国家高新区（新材料科技城）党工委委员；2013年8月至2013年12月，任宁波市镇海区副区长，宁波国家高新区（新材料科技城）管委会副主任（兼）、党工委委员；2013年12月至2015年5月，任宁波市镇海区委常委（兼）、副区长，宁波国家高新区（新材料科技城）管委会副主任（兼）、党工委委员；2015年5月至2016年11月，任宁波市发改委副主任、党委委员；2016年11月至2018年12月，任宁波市鄞州区委常委、常务副区长；2018年12月，任宁波市鄞州区委副书记、代区长；2019年1月，任宁波市鄞州区区长。

市“五一劳动奖章”获得者

【吴慧明】 女，汉族，1967年9月出生，江苏南通人，博士研究生学历，博士教授级高级工程师，大连理工大学特聘教授，《地基处理》杂志副理事长，现为浙江开天工程技术有限公司总经理。她先后获2017年中国岩石力学与工程学会科技进步特等奖、2018年国家科技进步奖一等奖。吴慧明是岩土工程界兼具深厚理论功底和丰富实践经验的青年领军人物，在岩土工程领域取得多项具有国际水平的原创性成果，是“柔性基础复合地基”的开创者和奠基者，推动复合地基的深入研究；主持的“高压气溶胶排水固结地基处理”构建全新立体排水固结系统，大大缩短处理时间、大幅降低处理成本、显著提高处理质量，特别适合拥有丰富软土地基的沿海地区的开发建设，获赞“国内外首创，国际领先”，在渣土大规模资源化利用、软土地基处理等领域产生较好的社会和经济效益。

【陆勤康】 男，汉族，1964年6月出生，浙江宁波人，群众，硕士研究生，现任鄞州人民医院院长，浙江省省市共建眼科学重点学科、浙江省区域专病中心（眼科）、宁波市眼科学重点学科学科带头人。他从事临床、教育、科研工作31年，先后获2013年宁波市有突出贡献专家、2016年浙江省眼科

界年度突出贡献奖、2017年宁波市“五一劳动奖章”，2018年宁波市十大卫生名医等，享受国务院特殊津贴。陆勤康在各类白内障扭动超乳手术、各种角膜病及移植术、玻璃体视网膜疾病诊治手术等方面有较深造诣，所开展的穿透性角膜移植+青光眼+白内障+人工晶体四联手术等10余项新技术填补宁波市、浙东地区空白。发表学术论文50余篇，SCI总影响因子18.64分，获国家发明专利1项，主编眼科专著1部。主持国家、省、厅局级课题近20项，其中5项分别获省科技进步二、三等奖等奖项。2010年独立主办全市眼科界第一个国家级继续教育项目，至年底主办国家级继续教育项目8个、省级继续教育项目6个。

【姚宏法】 男，汉族，1959年8月出生，浙江宁波人，中共党员，现任鄞州区姜山镇陆家堰村党支部书记。他先后获评区劳动模范、“最美鄞州人”、市十佳道德模范、浙江省千名好支书等荣誉。2016年至2018年，他所带领的陆家堰村获评全国文明村、省级卫生村、省级森林村庄、市级生态村、市千村绿化工程示范村、宁波市水环境示范村、宁波市最洁美村庄提名奖、宁波市家风家训十大名村落、宁波市“六争功坚”先锋榜、鄞州区洁美村庄等多项荣誉。带头出资赞助，安装村路灯、建造兄弟凉亭、文化礼堂、文化长廊、休闲娱乐为一体观光蓝图等大型文化场所，创新制定“乡村契约式治理”，民主启动村级基础设施建设和集体经济项目，陆家堰村摘除“脏乱村”“贫困村”帽子。创新评议“说事会”，建立“六点半说事会”，自2008年以来，陆家堰村通过“六点半说事会”，讨论村级事务9200余项，大龄青年房、文化礼堂、文化公园、河道砌石等民生实事工程等工作通过“六点半说事会”得到有效解决。

【徐　庆】 女，汉族，1981年10月出生，浙江宁波人，中共党员，大学本科学历，现任斐戈集团股份有限公司总裁助理，分管澳洲业务部，同时任斐戈集团党总支副书记，负责党群工作。2012年获市“五一劳动奖章”。2009年，徐庆担任生产部负责人，主管生产、面辅料采购、技术科等多个生产部门。在担任生产主管的8年内，通过运用ERP精细化管理和技术大改造使车间生产产能大幅提高，车间生产规模不断扩大，从梭织为主变为针织、梭织齐步发展，成为宁波市第一家通过美国国际“WRAP”人权认证的服装企业，同时还通过欧盟“BSCI”认证，及ISO 9001、ISO 14001质量管理体系认证及环境管理体系认证。2017年，徐庆主要负责澳洲市场的业务开发和维护。她通过自己的专业知识及客户至上的服务理念，多元化开发产品，走出一条独特销售道路。两年内销售比原来翻一番，2018年销售额5000万元，为公司创造较好经济效益。

【黄　莉】 女，汉族，1977年4月出生，浙江龙游人，中共党员，大学本科学历，现任宁波轿辰集团股份有限公司广汽本田品牌线副总经理。2014年获市“五一劳动奖章”，2015获“浙江省优秀工会工作者”称号。2007年，任宁波轿辰集团股份有限公司总裁办主任，2015年12月至2017年3月，兼任轿辰集团一汽大众品牌店总经理。黄莉协助集团管理层优化管理架构及机制，规范行政管理制度，结合集团公司的行业类型制订轿辰集团《行政管理制度》，建立公司的经营管理体制，根据市场变化不断调整公司的经营方向，使公司持续健康发展，屡屡突破各项指标。她重视集团党建、团建、工会工作，坚持建设以人为本的企业“家”文化理念，注重因人设事，人尽其才，使轿辰集团加速成为宁波知名汽车销售行业品牌。

【张霁明】 男，汉族，1976年10月出生，浙江宁波人，中共党员，大学本科学历，现任国网浙江宁波市鄞州区供电有限公司自动化运维班班组长。他先后参与国家电网公司宁波鄞州农网智能化建设试点工程、宁波电网新一代配电自动化建设工程等一系列重大电网工程建设，在科技核心刊物上发表论文12篇，编写《地区电网自动化系统典型缺陷案例分析及处理》《电力调度自动化员工作业一本通》等系列专业书籍，被浙江省电力公司评定为优秀员工培训教材。他先后获评国网浙江省电力公司劳动模范、首席技师、优秀专家人才、宁波市“港城工匠”、国网宁波市供电公司江小金式员工等荣誉。领衔成立“张霁明电力自动化工匠工作室”，培养出2名宁波供电公司级优秀专家人才、2名高级工程师、1名高级技师。专注解决电力生产过程中的技术瓶颈，取得7项发明专利，2项实用新型专利，获2013年、2015年、2016年“海洋王杯”全国质量管理成果奖，获授“全国优秀质量小组”，2018年获评“全国示范性劳模和工匠人才创新工作室”“鄞州区十佳工匠工作室”等。带领工作室参与各级岗位技能比武和劳动竞赛，获浙江电网调度自动化专业技能竞赛团体一等奖和三等奖；作为教练带队

参加宁波电网调度自动化技能竞赛和配电自动化技能竞赛分别获团体一等奖和二等奖。

【蔡秋华】 男，汉族，1980年9月出生，浙江宁波人，大学本科学历。现任宁波水墨艺术馆书法创作员、策展人，同时担任宁波市政协委员、宁波市青联委员、浙江省党外知识分子联谊会理事、宁波市党外知识分子联谊会常务理事、宁波市书法家协会常务理事、宁波市文艺评论协会理事、鄞州区青联委员、鄞州区文联委员。2014年、2015年连续2年获评宁波市“知联之星”。2016年，增选为第十届浙江省青年联合会委员。2017年，当选第十五届宁波市政协委员。2018年，获评宁波十大杰出青年。先后策划举办庆祝建党90周年中国书画名家作品邀请展、庆祝香港回归20周年中国当代书画艺术名家作品展、“勇立潮头”庆祝改革开放四十周年中国书法名家作品展等全国大型书画展览活动，在全国书画艺术界产生较好影响。他创作的书法作品入展“中国梦·世界梦，企盼和平——联合国与中国书画名家作品展”“浙江省青年书法名家精品展”等。参与各项公益活动，策划“水墨情深、与爱同行”慈善拍卖、“海山相连”慈善拍卖活动，拍卖所得全部捐赠。每年举办书法公益培训班，每周举办书法公益课，免费培训学员2000余人次。

【刘太泽】 男，侗族，1984年9月出生，贵州黎平人，群众，硕士研究生学历，副高级工程师，现任宁波中科远东催化工程技术有限公司技术负责人，先后获区岗位操作能手、全国焦化技术创新成果一等奖、区优秀师徒等称号。2018年，他作为合成气制乙二醇项目负责人，由中科远东提供技术建设的中国自主研发、单套规模最大的高效合成气制乙二醇装置建成投产，创造乙二醇装置大型化、设备全部国产化、单位乙二醇装置投资最低等多项纪录，该项技术获国家焦化技术创新成果一等奖，被列入市科技创新2025重大专项。同时还为公司形成17项自主知识产权，授权6项，实现乙二醇产品替代进口。他还参加尿素技改项目、煤焦油加氢项目、煤气化项目、脱硫项目等多个重大项目的技术攻关及工程设计。

【李碧莹】 女，汉族，1973年12月出生，浙江宁波人，群众，大学本科学历，毕业于温州医学院临床医学，从医25年，年均出勤300天以上，日均接诊患儿百余人，现任姜山镇茅山卫生院儿科主任医师。先后获宁波市人民政府白

求恩式医务工作者、五一巾帼文明标兵、市优秀基层医师奖、区妇联十佳岗位明星、十佳女医护工作者、鄞州第四届十大杰出青年、区卫生系统二十佳职业道德标兵、首届白求恩式医务工作者和2010—2012年鄞州区劳动模范等荣誉。李碧莹总是微笑着接待，慎重接诊，习惯于设身处地地替病人想如何以最短时间、最少花费。作为一名基层临床医生，特别是儿科医生，她有着有过硬的医技水平。潜心研究疑难杂症，撰写论文参加学术交流，其中《布地纳德联合特布他林雾化吸入治疗小儿哮喘急性发作35例》发表在《中国药业》，《清开灵注射雾化吸入佐治毛细支气管炎45例》发表在《中国中医急症》。在她的儿科团队共同努力下，茅山卫生院儿科远近闻名，原本只有1人的小儿科发展成3名儿科医生的专科门诊，住院部儿科病区配置4名医生、8名护士、38张床位。

【黄菊芬】 女，汉族，1974年9月出生，浙江宁波人，中共党员，现任白鹤街道丹顶鹤社区居委会党委书记。她先后获浙江省千名好支书、市志愿服务先进工作者、市容环卫工作先进个人、市优秀党务工作者、“宁波好人”、浙江省首批社会工作领军人才、市社区工作领军人人才等荣誉。推行“1+N”机制，设立“能人库”，组建“鹤童工作室”，开展“专业化”、“定制式”的个性化服务，全面拓展服务领，打造全能社工。推动“工作坊”开展律师咨询、心理咨询、水电气维修等服务。推进“区域党建联建”工作机制，选聘民警、物业及辖区单位负责人兼职社区党委委员，成功化解噪音扰民、污水外溢、占道停车、楼道堆物等难点热点问题50余件。2014年打造全市首个公益街区，开设“爱心超市”“货郎铺子”“花草医院”等6间功能小屋，提供爱绿护绿、裁补修剪等公益服务。社区先后获全国文明单位、全国交通文明先进单位、省级先进基层党组织、省科普示范社区、省级以老助老先进单位、宁波市“最美老小区”、首批品质社区及首批社会工作示范单位等30余项全国、省、市级以上荣誉，完成全区唯一、全市体量最大的宜居示范小区创建。

其他典型人物

【周秀芳】 女，汉族，1948年6月13日出生，浙江宁波人，大专学历，小学高级教师。1971年，到象山县东门岛做代

课教师。两年后，调入象山县石浦小学，教科学、数学和音乐等课，并担任班主任。2003年，从江东区李惠利小学退休后为私立学校聘用。2014年3月，为圆支教梦想，只身到湖南、贵州偏远山区扶贫支教。周秀芳和她的爱心团队在湖南溆浦山区捐建希望小学29所，为建校和资助贫困生捐献款物2000余万元。曾获评“宁波好人”“最美宁波人”“浙江教育十大年度影响力人物”“宁波市道德模范”等荣誉，他的事迹被《光明日报》、人民网、中国新闻网、凤凰网、湖南在线、浙江在线、浙江文明网和中央广播电视总台等报道。2017年获评2016年度“感动中国之感动湖南”人物；2019年分别获评全国道德模范、“全国最美志愿者”、2019CCTV年度慈善人物、浙江省道德模范。

【张亚芬】 女，汉族，1967年3月出生，浙江宁波人，中共党员，大学本科学历，现任国网浙江宁波市鄞州区供电有限公司营业厅班长、鄞州区妇联兼职副主席。她先后获评“全国五一巾帼标兵”“全国电力用户满意服务明星”“浙江省道德模范”等荣誉，2017年当选浙江省第十四次党代会代表，2018年当选浙江省第十四次妇女代表，市人大代表，鄞州区兼职妇联副主席。她带领的班组获评“全国巾帼文明岗”“全国工人先锋号”“国网公司一流班组”“宁波市巾帼文明岗创建20周年最具影响力品牌岗”等荣誉。“张亚芬爱心基金”2016年启动，时任全国妇联书记处书记杨柳为爱心基金揭牌并给予肯定。2019年3月，张亚芬获评“全国三八红旗手”。

【李靖慧】 女，汉族，1996年4月出生，浙江丽水人，大学本科学历，工学学士，共青团员。现为鄞州区青年志愿者、宁波市鄞州区银巢养老服务中心理事长。2010年12月加入中国共产主义青年团，2015年9月在校期间创立银巢积极养老公益项目。2017年10月，银巢养老服务中心在鄞州区成功注册，入住区青年公益创业实验园，成为省内首个由在校大学生注册的养老民非机构。经过发展，该项目已建立46个社区志愿服务基地，带动3万余名老人参与志愿服务活动，先后获第四届中国青年志愿服务公益创业赛金奖、全国“创青春”第十一届“挑战杯”大学生公益创业赛银奖、浙江省社会工作和志愿服务示范项目赛金奖等50余个奖项。围绕积极养老理念，将有一定能力的老年人从被服务者转变为价值创造者。先后获评2017年度省级优秀团员、2018年度全国优秀团员、宁波市“最美90后”、宁波市优秀志愿者等，2019年3月入选浙江省志愿者协会第二次理事会会员，2019年10月获福布斯30under30精英称号。2018年1月联合编辑的《关于及早谋划实施“积极老龄化”战略的提案》以致公党中央的名义提交到全国政协十三届一次会议，并获相关部门批示肯定；2018年5月在ICMSE2018联合发表《DecisionTree-BasedExtensionStrategyGenerationandKnowledgeDiscovery》；2019年10月联合编辑浙江省教育部项目《积极老龄化的劳动供给效应》。2019年5月，获评2018年度全国优秀共青团员。

【施　晓】 男，汉族，1992年1月出生，浙江宁波人，大学本科学历，管理学学士，2012年7月加入中国共产党，2014年7月毕业于电子科技大学中山学院。2014年8月进入宁波鄞州农村商业银行股份有限公司担任客户经理，兼任团支部书记；2017年6月通过换届竞选任鄞州银行团委书记，主要负责鄞州银行党团活动、志愿服务活动，宣传文案以及各类精神文明、荣誉评比等工作；2018年6月挂职鄞州团区委副部长一职；工作期间曾获2017年度全国金融系统优秀共青团干部；2018年度全国“银团合作”优秀个人；2018年度宁波创建全国文明城市市级个人嘉奖；2017年度宁波市金融系统优秀共青团干部；2017年度鄞州区志愿服务先进工作者等荣誉。

【孙斌寅】 男，汉族，中共党员，1985年4月出生，宁波市鄞州区东钱湖镇韩岭村人，大学学历，现任中国人民解放军94686部队飞机空中机械师。2004年，他从宁波市鄞州中学毕业后，考入中国人民解放军空军工程大学飞行器与动力工程系，参军入伍；2008年，孙斌寅军校毕业后分配到中国人民解放军94686部队担任飞机空中机械师；2010年参加上海世博会安全保障任务，工作成绩突出；2013年12月，因连续保障飞行安全600小时而，获记三等功1次；2019年，因连续安全保障飞行时间1500小时，获记个人二等功。

先进个人

表 55　　2019 年鄞州区获国家级表彰的先进个人

姓　名	荣　誉	工作单位
张　迪	2018 年度中国统一战线宣传先进个人	统战部
刘优珍	2018 年度中国红十字会总会报刊宣传先进个人二等奖	红十字会

表 56　　2019 年鄞州区获省级表彰的先进个人

姓　名	荣　誉	工作单位
齐泽仁	2017 年度个人二等功	法院
潘敏敏	2018 年度全省党校系统成绩突出个人	党校
孙伟儿	浙江省基层宣讲名师	党校
姚燕君	浙江省优秀妇联干部	妇联
高依敏	2017 年度省“小升规”培育及小微企业运行监测工作考核优秀个人	经信局
仇　波	“609”专案一等功	公安分局
赵丹杨	“609”专案二等功	公安分局
戴旭东、黄振飞	第四届互联网大会·乌镇峰会安保工作突出贡献个人	公安分局
徐光耀	浙江省党的十九大维稳安保工作先进个人	司法局
周晶晶	2017 年度全省司法行政新闻和网络宣传工作嘉奖	司法局
张倩	2017 年度全省司法行政系统信息工作嘉奖	司法局
王丽萍	“千村示范、万村整治”工程和美丽浙江建设突出贡献个人二等功	环保局
孙浩	环境执法个人三等功	环保局
唐元震	“千村示范、万村整治”工程和美丽浙江建设突出贡献个人三等功	住建局
鲁思佳	2017 年度浙江省智慧城管工作先进个人	综合行政执法局
朱李坚	实行最严格水资源管理制度成绩突出个人	水利局
史红霞	浙江省森林资源保护管理工作突出贡献个人	农林局
刘保锋	2017 年度全省政务信息工作先进个人	市场监管局
竺妗波	全省剿灭劣V类水突出贡献个人	“五水共治”办
范丽娜	2017 年度“无违建县(市、区)”创建工作先进个人	“三改一拆”办
黄晓兰	气象工作嘉奖	气象局
徐明星	浙江省森林资源保护管理工作突出贡献个人	瞻岐镇
张　巍、史昊宇、周徽阳、俞世军、许哲军、李政一	“千村示范、万村整治”工程和美丽浙江建设突出贡献个人	住建局、环保局、咸祥镇、东吴镇、横溪镇、姜山镇
蔡璐璐	全省“优秀网格员”	潘火街道

表 57　　2019 年鄞州区获市级表彰的先进个人

姓　名	荣　誉	工作单位
陈国军、王兆波、朱法传、方飞龙、吕红琴、卜明长、朱剑涛、沈剑波	争创全国文明城市“五连冠”工作三等功	
蔡正元、陈琪树、忻明飞、张行君、施　洋、张　华、梁　诚、徐宁军、刘学文、董嘉平、徐红光、严岩平、蔡建泓、戴　路、禤　慧、胡　畏、姚红军、陈伟智	争创全国文明城市“五连冠”工作三等功	区委办、区人大机关、区政府办、宣传部、团区委、公安分局、住建局、综合行政执法局、交通运输局、商务局、文广新局、市场监管局、金融办、交警大队、东胜街道
傅利国	2018 年度全市党委系统信息工作先进个人	区委办
余学超	2018 年度全市党委系统督查工作先进个人	区委办
王发振	2017 年度市“两会”建议提案办理先进个人	区政府办
毛孟波	2018 年政务督查工作先进个人	区政府办
陈萍萍	2017 年度宁波市党政系统优秀调研成果奖	社科院
陈春玲、巫利民、俞　泳、陆立平、徐宏光、刘军涛	宁波市党的十九大维稳安保工作先进个人	法院、信访局、教育局、文广新局、交通运输局、百丈街道
胡校生、赵文强、李建杰	2017 年度推进“中国制造 2025”试点示范城市建设工作先进个人	科技局、经信局
陈逸明	宁波市第七届水利“大禹杯”优秀个人	水利局
周宏杰、钱海波	2017 年度宁波市治安综合治理工作先进个人	中河街道、潘火街道
孙亚飞、钱小蕴、储秀科、郑红年、施武能、许佳锋、周　冲、马晓英、陈　凌、李国定、王　芸、刘莹姿、郑儿君、高　燕、周盼盼、陆显志、黄　阳、郁健平、应林辉、何小红、钟正中、徐　铭、杨　磊、石碧辉、梁侃亮、应争宏、郑　磊、杜元波、郜凌云、高培霞、肖圣华、励一恺、徐静建、任　意、唐永华、张　莳、徐　荣、钱赛红、陈立基、陈　斌、蔡浩平、王春徽、潘敏敏、徐　滨、孙自昌、赵　涵、忻春意、贾俏丽、蔡豪斌、吴志远、王冠宇、李鹏程、陈　晛、张　静、高依敏、郑锡军、徐　超、张松鹤、潘　利、郑科杰、顾小华、毛盈飞、王伟伟、王丽萍、祁文杰、罗张勇、金吕才、胡祖璟、卢　彤、张　莺、邬冬骥、忻贤滨、应冬乐、杨　丽、许苏甬、葛豪杰、忻继霞、黄雪萍、徐慧娟、徐　伦、陈七一、王　飞、李　璐、徐亚辉、陈伯水、王　涛、李春丽、施诗韵、周永宽、周坤山、陈幼云、洪晓薇、张高峰、叶慧娜、张剑列、张振斌、童建华、汪国新、夏瑜蕾、陈　敏、宣林萍、吴海霞、史芸飞、胡雯雯、励　黎、钱升德、程新科、林　桑、冯宇钦、谭　红、叶　玲、黄　红、潘群威、毛超芳、朱巧玲、周燕华、李成光、荆英姿、吕　君、钟维红、邵志明、陈　勇、孙华怡、吴祈德、毛伟亮、周时奋、周飞波、俞仲良、李菡倩、姜国民、毛亚听、钱璐娜、任　恩、汪　磊、汤浩梁、凌锡辉、严频燕、舒佩蕾、张　宾、周　萍、袁红锋、吴王斌、徐寒江、汪海云、应钟铱、盛文柯、王朱芸、夏腾峰、陈　启、朱风华、陈　锐、张天鸣、叶海东、许国华、竺培勤、俞培珍、邱　春、张君平、刘兴邦、倪　骋、沈　婧、夏红霞、马道永、杨晓丽、马荧波、胡军涛、陆　雁、蔡永江、王力波、严志勇、林佩燕、卢娟华、周　涛、石　艳、应培培、周明峰、卢　豪、沈　远、张银飞、蒋　诺、钱亨通、崔素琴、柴建忠、王竹莹、金建永、董家俊、严　俊、沈晓威、徐　波、施　南、施鼎鸣	争创全国文明城市“五连冠”工作嘉奖	区政协、区委办、区人大机关、区政府办、区政协机关、纪委、法院、检察院、组织部、宣传部、统战部、政法委、政研室、农办、机关党工委、信访局、老干部局、档案局、党校、总工会、团区委、妇联、文联、社科院、慈善总会、红十字会、关工委、发改局、经信局、教育局、科协、公安分局、司法局、民政局、财政局、人力社保局、环保局、住建局、综合行政执法局、综合行政执法局、交通运输局、水利局、农林局、商务局、文广新局、卫生计生局、统计局、市场监管局、金融办、审管办、南部商务区管委会、长丰开发建设指挥部、广播电视台、征管办、城区办、供销社、城投公司、规划分局、国土分局、国税局、地税局、鄞州日报社、供电公司、邮政局、消防大队、移动分公司、电信分公司、联通分公司、瞻岐镇、咸祥镇、东吴镇、塘溪镇、五乡镇、邱隘镇、邱隘镇、云龙镇、横溪镇、姜山镇、潘火街道、福明街道、东柳街道、中河街道、东郊街道、下应街道、明楼街道、百丈街道、东胜街道、白鹤街道、首南街道、钟公庙街道

先进集体

表 58

2019 年鄞州区获国家级表彰的先进集体

获奖单位	荣誉
鄞州区（商务局）	国家级出口工业产品质量安全示范区
鄞州区（卫生计生局、区流动人口办）	2017年度流动人口基本公共卫生计生服务均等化示范区
统战部	2018年度中国统一战线宣传先进单位
台办	2018年度中央台办“两刊”对台宣传工作先进单位
总工会	2017年度工会财务工作先进单位
红十字会	2018年度中国红十字会总会报刊宣传先进集体一等奖
科技局（科协）	2018年全国科普日活动优秀组织单位
卫生计生局	2017年度全国生育状况抽样调查优秀单位
市场监管局	2018年全国清理整顿人力资源市场秩序专项行动突出成绩单位、全国工商和市场监督管理部门广告工作表现突出单位
国税第一稽查局	2017年打击骗取出口退税和虚开增值税专用发票专项工作成绩突出集体

表 59

2019 年鄞州区获省级表彰的先进集体

获奖单位	荣誉
鄞州区（政法委）	2017年度省级平安县（市、区）
鄞州区（农办）	2017年度社会主义新农村建设优秀单位
鄞州区（水利局）	2018年度全省市县水利工作综合考核优秀市县
鄞州区（农林局）	省级农产品质量安全放心县、2017年度森林浙江建设目标责任制考核优秀单位、农业绿色发展先行区
鄞州区政府（农办）	结对帮扶工作先进集体
鄞州区政府（五水共治办）、咸祥镇	全省剿灭劣V类水突出贡献集体
检察院、公安分局	2017—2018年度全省政法系统先进集体
检察院	2018年度检察工作成绩突出基层检察院
统战部	2018年度全省统战工作实践创新优秀奖
台办	2018年度浙台经济社会融合发展突出贡献单位
团区委	2017年度省级先进团委
工商联	2018年度全省工商联系统先进单位
红十字会	2017年度全省红十字工作考评综合优秀单位
社科院（社科联）	2018年度县社科联测评优秀单位
科技局（科协）	2018年度全省科协工作考核优秀单位
民政局	2017年度民政工作考核先进单位
环保局	“千村示范、万村整治”工程和美丽浙江建设突出贡献集体三等功
综合行政执法局	2017年度浙江省智慧城管工作先进集体
农林局	2017年度全省农业工作考核优秀单位
审计局	2018年度全省审计机关考核先进单位
鄞州四明金融小镇（金融办）	省级特色小镇创建考核优秀小镇
鄞州现代电车小镇（产城公司）	省级特色小镇创建单位
调查队	2017年度全省调查队系统综合考核优秀
广播电视台	2018年全省广播电视新闻协作县级广播一等奖
瞻岐镇	浙江省文化强镇
云龙镇	2017年度浙江省小城镇文明行动样板小城镇
鄞州区（信访局）	2018年度基本实现无信访积案县（市、区）

续表59

获奖单位	荣　誉
区政府办	2018年度政务信息工作考核优秀单位三等奖
扫黑办、公安分局	2018年度全省扫黑除恶专项斗争先进集体
公安分局	专案办理工作集体二等功
司法局	全省人民调解工作先进集体
农林局	浙江省水稻高产创建工作突出贡献集体

表60　　2019年鄞州区获市级表彰的先进集体

获奖单位	荣　誉
鄞州区	2017年全市目标管理考核优秀单位
鄞州区（组织部、人力社保局）	2017年度人才工作先进区金奖
鄞州区（科技局）	2017年度科技进步目标责任考核良好单位
鄞州区（商务局）	2017年度粮食安全责任制考核优秀单位
鄞州区政府（发改局）	2018年度重点工程综合先进奖建设类金奖
鄞州区政府（经信局）	2017年度推进“中国制造2025”试点示范城市建设工作先进单位
宣传部	争创全国文明城市“五连冠”工作三等功、全市宣传思想文化工作创新大奖
综合行政执法局	全市党的十九大维稳安保工作先进集体
卫生计生局、东吴镇、云龙镇、百丈街道	2017年度社会治安综合治理工作考核优秀单位
瞻岐镇	宁波市文明镇
区委办、区人大办、区政府办、区政协办、政法委、团区委、公安分局、教育局、民政局、财政局、住建局、综合行政执法局、交通运输局、商务局、文广新局、卫生计生局、市场监管局、金融办、广播电视台、城投公司、鄞州日报社、交警大队、消防大队、瞻岐镇、咸祥镇、东吴镇、塘溪镇、五乡镇、邱隘镇、云龙镇、横溪镇、姜山镇、潘火街道、福明街道、东柳街道、中河街道、东郊街道、下应街道、明楼街道、百丈街道、东胜街道、白鹤街道、首南街道、钟公庙街道	争创全国文明城市“五连冠”工作嘉奖
鄞州区（政法委）	2017年度社会治安综合治理工作单项考核优秀单位
鄞州区（教育局）	宁波市实施第二轮学前教育提升行动计划先进单位
鄞州区政府（区政府办）	2017年度浙江政务服务网宁波平台建设工作先进单位、2018年度政务公开工作先进单位、2018年度宁波市政府系统网站综合评测结果良好单位、2018年度政务督查工作先进单位、2018年度宁波市法治政府建设先进单位
鄞州区政府（交通运输局）	2017年度宁波市交通拥堵治理工作先进单位
鄞州区政府（住建局）	2017年度宁波市物业管理工作优秀单位、2017年度宁波市地下综合管廊建设工作优秀单位、2017年度宁波市中心城区暨美丽县城品质提升工作优秀单位、2017年度宁波市小城镇环境综合整治工作优秀单位、2018年度宁波市城乡危旧房治理工作优秀单位、2018年度宁波市建筑业发展工作优秀单位、2018年度宁波市装配式建筑发展工作优秀单位、2018年度宁波市海绵城市建设工作优秀单位、2018年度宁波市公共设施投资工作优秀单位、2018年度宁波市棚户区改造工作优秀单位、2018年度宁波市农村“三居”专项行动工作优秀单位
鄞州区政府（商务局）	2017年度宁波市商贸流通业发展大奖金奖、2017年度宁波市服务贸易工作先进奖金奖、2017年度宁波市电子商务工作大奖金奖、2017年度宁波市外贸工作先进奖银奖、2017年度宁波市外经工作先进奖铜奖
鄞州区政府（商务局、投资合作局）	2017年度宁波市开放型经济工作大奖金奖
鄞州区政府（征管办）	2017年度宁波市国有土地上房屋征收工作优秀单位
鄞州区政府（投资合作局）	2017年度支持浙商创业创新促进宁波发展工作银奖、2017年度宁波市外资工作先进奖银奖
区委办	2018年度宁波市党委系统信息工作先进单位一等奖、2018年度宁波市党委系统督查工作先进单位
区政府办	2018年度政务信息工作先进单位
人力社保局	2018年中国宁波青年大学生创业大赛最佳组织奖
东郊街道、福明街道、潘火街道	宁波市无违建街道

统计资料

表 61　　2019 年鄞州区经济和社会主要指标

指标	单位	2019年	2018年
一、概况			
区域面积	平方千米	814.20	814.20
年末总户数（户籍）	万户	36.95	35.62
年末总人口（户籍）	万人	93.05	90.22
其中：乡村人口	万人	18.73	19.02
其中：城镇人口	万人	74.32	71.20
人口密度	人/平方千米	1143	1108
人口出生率	‰	10.44	10.83
人口死亡率	‰	4.36	5.77
人口自然增长率	‰	6.09	5.06
二、生产总值			
地区生产总值	亿元	2211.02	2031.72
其中：第一产业	亿元	26.54	25.27
第二产业	亿元	630.06	602.04
其中：工业	亿元	502.49	476.01
第三产业	亿元	1554.42	1404.41
人均地区生产总值（按户籍人口计算）	元	234061	225460
三、农业			
农业总产值	亿元	38.35	36.25
粮食播种面积	千公顷	12.50	12.91
粮食总产量	万吨	8.28	8.66
蔬菜面积	千公顷	8.36	8.30
蔬菜总产量	万吨	27.92	28.47
水果总产量	万吨	4.81	4.80
生猪年末存栏数	万头	0.34	0.64
生猪年内出栏数	万头	1.09	0.78
家禽年末存栏数	万只	4.15	11.83
家禽年内出栏数	万只	13.04	9.45

续表61

指标	单位	2019年	2018年
肉类总产量	万吨	0.13	0.10
禽蛋产量	万吨	0.05	0.08
水产品总产量	万吨	1.57	1.46
四、工业			
全部工业企业家数	家	26039	12573
其中：规模以上工业企业	家	1093	984
其中：1亿元—10亿元企业	家	231	230
10亿元及以上企业	家	14	16
全部工业总产值	亿元	1921.43	1788
规模以上工业总产值	亿元	1498.58	1401.45
规模以上工业主营业务收入	亿元	1465.38	1405.29
规模以上利税总额	亿元	117.42	124.94
规模以上利润总额	亿元	85.15	84.44
五、国内贸易			
批发零售业贸易业销售总额	亿元	5321.64	4677.19
住宿餐饮业营业额	亿元	149.09	133.97
社会消费品零售总额	亿元	878.89	811.14
其中：批零零售业	亿元	764.50	708.79
住宿餐饮业	亿元	114.38	102.35
亿元以上商品交易市场成交额	亿元	358.47	351.03
六、外经外贸			
当年新签项目（合同）数	个	128	113
合同利用外资	万美元	90232	87345
实际利用外资	万美元	40700	79050
进出口总额	万美元	2465424	2444602
其中：出口	万美元	1888820	1872010
进口	万美元	576604	572591
七、财政、金融			
财政总收入	亿元	453.38	453.91
其中：公共财政预算收入	亿元	269.33	252.99
公共财政预算支出	亿元	233.53	212.51
金融机构年末存款余额（本外币）	亿元	6623.95	6304.69
金融机构年末贷款余额（本外币）	亿元	8494.83	7586.95
金融机构年末存款余额（人民币）	亿元	6623.95	6101.81
其中：居民储蓄	亿元	1772.18	1557.53
金融机构年末贷款余额（人民币）	亿元	8494.83	7262.20
保费收入	亿元	86.56	69.35

续表61

指标	单位	2019年	2018年
八、电力			
全社会用电量	亿千瓦时	93.30	90.47
其中:工业用电量	亿千瓦时	45.00	45.21
城乡居民生活用电量	亿千瓦时	18.40	17.32
九、城乡居民收入			
城镇常住居民人均可支配收入	元	70074	64888
城镇常住居民人均消费支出	元	46171	42027
农村常住居民人均可支配收入	元	39953	36589
农村常住居民人均生活消费支出	元	25792	24225

说明:1.GDP和农业总产值增幅按可比价计算
2.由于户籍改革,自2015年起取消农业与非农业人口登记,统计口径改为乡村人口与城镇人口
3.财政有关数据含高新区和东钱湖旅游度假区
4.国内贸易、餐饮和盈利性服务业数据均不含梅墟街道和新明街道

表62 2019年鄞州区农村基本情况

指标	单位	数值	指标	单位	数值
农村基层组织			农村人口	万人	43.88
镇乡政府	个	10	**农村社会基础设施**		
其中:镇政府	个	10	自来水受益村数	个	228
乡政府	个	0	通汽车村数	个	228
农村街道办事处	个	4	通邮村数	个	228
农村住户数、人口			通电话村数	个	228
农村住户数	万户	17.33	通电村数	个	228

说明:1.农村居委会住户数、人口数包括农村社区居委会住户数、人口数
2.从2010年开始,中河街道划分为城镇街道,不列入农村统计范围;从2014年开始,梅墟街道划分为城镇街道,不列入农村统计范围

表63 2019年鄞州区农林牧渔业分项产值和增加值

单位:万元

指标	产值	增加值	指标	产值	增加值
合计	383538	21082	**林业产值**	10889	327
农业产值			其中:人造林木生长	3020	-326
其中:副产品产值	—	—	林产品	4374	78
粮食作物	31241	-392	村及村以下竹木采伐	2749	571
谷物	26792	405	采集野生作物	746	4
豆类	1586	-305	**牧业产值**	10760	-553
薯类	2863	-492	其中:牲畜	4603	2247
油料	1241	11	家禽饲养	1049	139
棉花	20	-4	活的畜禽产品	4369	-2923
甘蔗	133	-75	捕猎野兽野禽	255	-20
药材类	4936	0	其他动物饲养	484	4

续表63

指标	产值	增加值	指标	产值	增加值
蔬菜	134448	6747	**渔业产值**	56868	5663
花卉园艺	15819	−380	其中:海水产品	36720	−29811
茶、桑、果	86794	6636	淡水产品	20148	2426
其他	759	97	农林牧渔服务业	28430	−22582

表64　　2019年鄞州区规模以上工业企业基本情况

单位:万元

指标	企业家数(家)	工业总产值	资产总计	主营业务收入	利润总额
总计	1093	14985814	16695566	14653845	851469
按轻重工业分					
轻工业	392	5753634	4565997	5794526	183556
重工业	701	9232180	12129569	8859319	667913
按注册登记类型分					
国有企业	2	5966	23989	7065	564
集体企业	1	3703	3879	2053	23
股份合作企业	6	107022	126856	105252	11543
联营企业					
有限责任公司	26	1113460	1518920	1089556	50202
股份有限公司	12	2776807	3818863	2973051	108852
私营企业	885	7677722	7260011	7303275	405807
港澳台商投资企业	88	2290827	2581862	2201281	206259
外商投资企业	73	1010306	1361186	972312	68219
在总计中:亏损企业	198	1530792	2136683	1441584	−98126
在总计中:国有及国有控股	13	918362	1305644	905550	35281
按规模分					
大型企业	10	3828018	4640884	3975077	195420
中型企业	94	4100245	5844956	3943127	341244
小型企业	946	6882747	6039103	6556143	306371
微型企业	43	174805	170624	179499	8433
按工业行业分					
非金属矿采选业	1	39925	30338	39056	19507
农副食品加工业	6	42327	57797	37911	1619
食品制造业	4	15665	12392	14993	−28
酒、饮料和精制茶制造业	2	22697	21914	21049	437
纺织业	36	341157	232661	303618	−330
纺织服装、服饰业	70	575267	484926	548832	10304
皮革、毛皮、羽毛及其制品和制鞋业	5	19400	5175	18655	202
木材加工和木、竹、藤、棕、草制品业	5	18545	11582	18439	−176

续表64

指标	企业家数（家）	工业总产值	资产总计	主营业务收入	利润总额
家具制造业	29	228122	275035	232085	3893
造纸和纸制品业	9	128648	76863	122238	2384
印刷和记录媒介复制业	27	147730	187378	138644	17534
文教、工美、体育和娱乐用品制造业	33	162508	136295	156950	8005
石油加工、炼焦和核燃料加工业	1	16950	10905	15800	−1461
化学原料和化学制品制造业	20	512700	214350	500022	24220
医药制造业	5	143290	454927	131937	28798
化学纤维制造业	1	6275	5450	5973	811
橡胶和塑料制品业	49	430384	365486	404916	28573
非金属矿物制品业	38	521039	567742	504442	40645
黑色金属冶炼和压延加工业	13	156078	65875	149380	1189
有色金属冶炼和压延加工业	18	638677	709622	605396	40846
金属制品业	145	1251269	1656798	1254115	98353
通用设备制造业	149	1432695	2209890	1356115	88280
专用设备制造业	59	420087	477353	405891	32557
汽车制造业	112	1689385	2082646	1563641	179683
铁路、船舶、航空航天和其他运输设备制造	13	160341	121216	160755	3836
电气机械和器材制造业	125	3666055	2443130	3816437	88488
计算机、通信和其他电子设备制造业	84	1017318	1531557	925201	60794
仪器仪表制造业	17	372704	1056872	392651	35282
其他制造业	6	75427	69753	73799	2814
废弃资源综合利用业	1	8506	4980	16366	−37
电力、热力生产和供应业	5	566059	345674	563141	7642
燃气生产和供应业	2	18075	15882	18075	6382
水的生产和供应业	3	140512	753104	137324	20422

表65　　2019年鄞州区工业主要产品产量

产品	单位	产量	产品	单位	产量
大米	万吨	—	水泥	万吨	—
饲料	万吨	0.33	#散装水泥	万吨	—
精制食用植物油	万吨	—	成品钢材	万吨	—
冷冻水产品	万吨	0.81	铜材	万吨	0.02
罐头	万吨	1.32	铝材	万吨	1.24
软饮料	万吨	—	液压元件	万件	630.80
瓶(罐)装饮用水	万吨	—	气动元件	万件	—
精制茶	万吨	0.65	粉末冶金制品	万吨	—
纱	万吨	1.71	塑料加工设备	万吨	—
布	万米	4778	塑料加工专用设备	万台	0.43

续表65

产品	单位	产量	产品	单位	产量
印染布	万米	9311	摩托车	万辆	—
帘子布	万吨	—	两轮脚踏自行车	万辆	112.51
绒线(毛线)	吨	—	民用钢质船舶	综合吨	—
毛机织物(呢绒)	万米	627	交流电动机	万千瓦	55.89
服装	万件	11835	变压器	万千伏安	2.61
梭织服装	万件	2712	电力电缆	万公里	0.12
#羽绒服装	万件	—	自动化仪表系统	万套	—
西服及西服套装	万件	68	原电池(折一号电池)	万只	62277
衬衫	万件	757	家用洗衣机	万台	102.53
针织服装	万件	9123	家用吸尘器	万台	175.86
机制纸及纸板	万吨	28.27	家用电风扇	万台	—
纸制品	万吨	19.74	房间空气调节器	万台	1544.49
涂料	吨	10730.50	家用吸排油烟机	万台	7.54
染料	吨	—	移动通信手持机(手机)	万部	—
化学药品原药	吨	—	光学仪器	万台	3.65
塑料制品	万吨	8.13	发电量	亿千瓦小时	—

表66　　2019年鄞州区自营进出口贸易情况

单位:万美元

类别	进出口		出口		进口	
	贸易额	增幅(%)	贸易额	增幅(%)	贸易额	增幅(%)
企业性质						
国有企业	18837	-59.6	10586	-55.4	8250	-64.0
三资企业	319260	-9.9	229883	-12.7	89376	-1.8
#合作	1270	17.9	1199	18.1	70	14.1
合资	188160	-5.3	114437	-7.4	73723	-1.9
独资	129828	-16.0	114246	-17.7	15582	-1.5
集体企业	17409	-7.0	17221	-6.3	188	-46.5
私营企业	2107612	4.6	1628860	4.8	478751	4.2
其他企业	2304	-1.3	2267	0.2	37	-47.7
贸易方式						
一般贸易	2391476	2.1	1835418	2.4	556058	1.2
来料加工	24352	-14.3	15930	-12.1	10346	-17.1
进料加工	46758	-24.4	53845	-28.6	8328	4.2
外商投资企业作为投资进口的设备、物品	—	—	—	—	—	—
保税仓库进出境货物	—	—	—	—	—	—
其他	—	—	—	—	—	—

续表66

类别	进出口		出口		进口	
	贸易额	增幅(%)	贸易额	增幅(%)	贸易额	增幅(%)
地区						
亚洲	773770	1.6	50109	2.4	272671	0.0
东盟	248884	21.8	139919	13.0	108965	35.4
中国香港	19890	−30.7	18877	−32.8	1013	65.6
日本	86167	−0.8	60874	6.6	25293	−15.1
韩国	77660	−6.4	30368	−1.7	47291	−9.2
中国台湾	26043	−4.1	13679	1.8	12363	−9.8
非洲	156843	33.2	112290	7.9	44553	225.8
欧洲	655845	−1.9	603947	5.0	51898	−44.7
欧盟	552024	3.7	515785	4.4	36238	−5.2
拉丁美洲	279524	8.4	176881	0.1	102642	26.6
北美洲	442651	−8.5	426489	−4.4	16161	−57.0
美国	394085	−10.0	386486	−5.3	7598	−74.6
大洋洲	156777	7.0	68106	−5.0	88670	18.5

表67　　2019年鄞州区利用外资情况

单位：万美元

指标	项目数(个)	合同利用外资	实际利用外资
总计	128	90232	40700
外商直接投资	128	90232	40700
合资经营	43	13377	3341
独资企业	85	76855	37359
其他	—	—	—

表68　　2019年鄞州区旅游业基本情况

指标	单位	数值	指标	单位	数值
国际旅行社(含分社)	家	28	台湾同胞	人	16596
国内旅行社	家	90	香港同胞	人	24803
旅游星级饭店	家	12	澳门同胞	人	933
国内旅游总人数	万人次	3073	接待过夜境外旅游者人天数	人天	394824
旅游总收入	亿元	343.59	外国人	人天	312389
#旅游创汇	万美元	8927	台湾同胞	人天	29771
国内旅游总收入	亿元	337.42	香港同胞	人天	50696
接待过夜境外旅游者人数	人	192822	澳门同胞	人天	1966
外国人	人	150490	—	—	—

表 69　　2019 年鄞州区交通运输、邮政基本情况

指标	单位	数值	指标	单位	数值
货运量	万吨	4033	邮政业务总量	万元	5125
货运车辆	辆	4104	函件（出口）	万件	228.90
货运周转量	万吨公里	1051866	国际函件	万件	3.15
客运量	万人	494	国内函件	万件	235.04
客运车辆	辆	232	邮政储蓄年末余额	万元	256100
客运量周转量	万人公里	81822	特快专递（出口）	万件	7.20
邮政局、所数	处	43	集邮业务	万元	90
#在农村的	处	23	订销报纸累计份数	万份	3204.00
邮路总长度（单程）	公里	5994	订销杂志累计份数	万份	72.50
农村投递路线	公里	4512	—	—	—

表 70　　2019 年鄞州区财政分项目收入、全区及区本级财政支出情况

指标	2019	指标	2019	
			区本级	全区
财政收入	6892874	一般公共预算支出	1747213	2335341
财政总收入	4533817	一般公共服务	183779	223217
中央财政收入	1840524	国防	1532	2583
#消费税	3807	公共安全	93717	115495
增值税	921432	教育	287334	325015
一般公共预算收入	2693293	科学技术	105683	166998
增值税	921432	文化体育与传媒	32991	39195
营业税	—	社会保障和就业	294535	331962
企业所得税	452991	医疗卫生	142001	160066
个人所得税	147969	节能环保	27238	30733
资源税	2528	城乡社区事务	292664	483532
城市维护建设税	138174	农林水事务	72487	81575
房产税	59861	交通运输	17726	21003
印花税	36271	资源勘探电力信息等事务	48097	125017
城镇土地使用税	13170	商业服务业等事务	28271	61859
土地增值税	156324	金融支出	16697	17068
车船使用税	18876	援助其他地区支出	5805	7646
耕地占用税	11475	自然资源海洋气象等支出	11104	12947
契税	344082	住房保障支出	36384	52660
环保税	467	粮油物资储备管理事务	5512	5512
其他税收收入	919	灾害防治及应急管理支出	8294	11243
国有资产经营收益	32	**债务付息支出**	34847	43856
国有企业计划亏损补贴	—	共他支出	515	16159
行政性收费收入	19176	政府性基金支出	1482345	1873427

续表70

指标	2019	指标	2019	
			区本级	全区
罚没收入	52482	—	—	—
专项收入	164152	—	—	—
其他收入	152912	—	—	—
基金收入	2359057	—	—	—

表 71　　2019 年鄞州区金融系统本级人民币年末存款、贷款情况

单位：万元

项目	数值	项目	数值
各项存款年末余额	66239498	4.非存款类金融机构贷款	15706274
1.储蓄存款	17721835	**企业贷款**	—
2.机关团体存款	4070814	农林牧渔业	102406
3.企业存款	29283530	制造业贷款	12301456
4.代理财政性存款	744467	服务业贷款	44999049
5.其他存款	411484	其中：房地产业贷款	11283246
6.非存款类金融机构存款	13358869	其他贷款	3742931
各项贷款年末余额	84948317	大企业贷款	24351896
1.短期贷款	23115052	中小企业贷款	32841019
2.中长期贷款	43805096	微型企业贷款	2700672
3.企业贷款	63636517	**四、基本建设贷款**	15757511

表 72　　2019 年鄞州区保险公司业务经济技术指标

单位：万元

指标	保费收入		赔付支出	
	绝对量	增幅(%)	绝对量	增幅(%)
合计	865553	24.8	248507	−13.2
财产险	197895	−6.7	176845	−4.7
机动车辆保险	165101	−10.2	97313	−15.6
人身险	575737	45.8	71662	−28.8
人身意外伤害险	14971	−9.6	5588	1.0
健康险	63399	67.4	7813	31.7
寿险	497368	46.1	58261	−34.7
按公司类别分				
财产保险公司	300173	−1.2	180685	−3.5
财产险	197895	−6.7	176845	−3.6
机动车辆保险	165101	−10.2	97313	−15.6
人身险	10434	14.0	3840	0.4
人身意外伤害险	9940	13.6	3594	1.5
健康险	492	23.6	246	−13.4

续表72

指标	保费收入		赔付支出	
	绝对量	增幅(%)	绝对量	增幅(%)
寿险	3	-70.4	—	—
人寿保险公司	—	—	—	—
人身险	565303	46.5	67822	-30.0
人身意外伤害险	5032	-35.6	1994	0.1
健康险	62907	67.8	7568	33.9
寿险	497365	46.1	58261	-34.7

表73　　2019年鄞州区学校基本情况

	单位	2019		单位	2019
学校及幼儿园数			小　学	人	79448
高　中:完全中学	所	1	幼儿园	人	45735
高级中学	所		特殊教育	人	173
十二年一贯制学校	所	1	毕业生数		
职业中学	所		高　中	人	128
初　中:初级中学	所	21	职业中学	人	
九年一贯制学校	所	5	初　中	人	9274
小　学	所	59	小　学	人	11602
幼儿园	所	137	特殊教育	人	22
特殊教育	所	1	招生数		
班级数			高　中	人	155
高　中	个	12	职业中学	人	
职业中学	个		初　中	人	10734
初　中	个	718	小　学	人	14977
小　学	个	1945	特殊教育	人	12
幼儿园	个	1576	毕业班学生数		
特殊教育	个	16	高　中	人	78
在校学生数			职业中学	人	
高　中	人	345	初　中	人	9959
职业中学	人		小　学	人	11653
初　中	人	31180	—	—	—

表74　　2019年鄞州区文化、广播、电视基本情况

项目	单位	数值	项目	单位	数值
艺术表演团体	个	1	电影放映单位		
机构人员数	人	62	放映管理机构	个	1
国内演出场次	场次	145	电影院	个	20
国内观众人次	千人	115	放映队	个	15
公共图书馆	个	1	电影放映场次	场	298722
机构人员数	人	37	电影观众人次	万人次	615

续表74

项目	单位	数值	项目	单位	数值
总藏量	万册	276.69	**广播电视机构**		
古籍	千册	1.09	电台和转播台	座	1
图书	万册	267.09	电视台和转差台	座	1
群艺馆.文化馆	个	1	**全年播出公共节目时间**	—	—
机构人员数	人	26	广播播音时间	千小时	8
文化站	个	22	制作节目播出时间	千小时	7
机构人员数	人	36	电视播出时间	千小时	7
文物单位			制作节目播出时间	千小时	1
文物保护管理机构	个	1	**公共电视套数**	套	1
国家级文保单位	个	5	**公共广播套数**	套	1
博物馆.纪念馆	个	23	**有线电视用户数**	万户	32.4
文物商店	个	—	—	—	—

表75 2019年鄞州区卫生事业基本情况

项目	单位	数值	项目	单位	数值
卫生事业机构数	个	640	**从业人员总计**	人	19426
医院合计	家	36	卫生技术人员	人	16208
综合医院	家	13	医生数	人	6145
中医医院	家	2	执业医师	人	5782
中西医结合医院	家	1	执业助理医师	人	363
专科医院	家	19	注册护士	人	7094
口腔医院	家	7	药剂人员	人	900
骨科医院	家	2	检验人员	人	544
其他专科医院	家	10	其他	人	1279
社区卫生服务中心	个	12	其他技术人员	人	621
卫生院	家	9	管理人员	人	998
街道卫生院	家	—	工勤人员	人	1552
乡镇卫生院	家	9	每千人拥有卫生技术人员	人	11.34
中心卫生院	家	3	每千人拥有医生	人	4.30
乡卫生院	家	6	每千人拥有护师、护士	人	4.96
急救中心(站)	个	1	**卫生事业床位数**	张	9293
门诊部	个	110	医院床位	张	8935
妇幼保健院(所、站)	个	2	社区卫生服务中心床位	张	122
专科疾病防治院(所、站)	个	1	卫生院床位	张	212
疾病预防控制中心(防疫站)	个	1	妇幼保健院(所、站)床位	张	—
卫生监督所	个	1	专科疾病防治院(所、站)床位	张	—
诊所、卫生保健所、医务室社区卫生服务站合计	个	206	每千人拥有总床位	张	6.50
其他卫生机构	个	2	每千人拥有医院卫生院床位	张	6.25

表 76　　2019 年鄞州区体育工作情况

项目	单位	数值	项目	单位	数值
各类体校情况			参加射击学生	人	55
业余体校个数	个	1	参加蓝球学生	人	104
重点业余体校	个	—	参加排球学生	人	42
业余体校在校学生数	人	142	参加足球学生	人	413
业余体校送入优秀运动队	人	5	参加乒乓排球学生	人	400
业余体校考入高等院校	人	3	参加羽毛球学生	人	409
传统项目布局情况			游泳池情况(体育系统)		
分布学校数	个	55	游泳池个数	个	3
中学	个	24	室内游泳池	个	2
小学	个	31	游泳池活动场次	场次	—
市区健身路径年新增数	套	—	室内游泳池	场次	—
传统项目活动情况			参赛获奖数	枚	44
参加活动学生人数	人	1920	省级及以上金牌	枚	31
参加田径学生	人	185	省级及以上银牌	枚	9
参加游泳学生	人	312	省级及以上铜牌	枚	4

表 77　　2019 年浙江省部分经济强县（市、区）主要经济指标

县（市、区）	生产总值（亿元）	人均生产总值（按户籍人口计算，元）	社会消费品零售总额（亿元）	实际利用外资（万美元）	自营进出口（亿元）	自营出口（亿元）	财政总收入（亿元）	其中：一般公共预算收入（亿元）	城镇常住居民人均可支配收入(元)	农村常住居民人均可支配收入(元)
鄞州区	2211.02	234061	948.17	48759	1992	1476	453.38	269.33	70074	39953
柯桥区	1504.27	219713	362.10	20772	910	866	197.82	131.41	68948	40655
萧山区	2198.51	164744	771.77	83516	837	639	430.44	267.66	70702	41132
余杭区	2824.02	249869	757.82	89560	479	441	726.47	391.45	68159	41347
慈溪市	1898.64	179514	658.55	15001	885	781	352.53	201.69	63964	38081
余姚市	1166.26	139485	407.05	31058	943	599	178.13	107.23	61988	36811
海宁市	1026.57	146624	477.48	51025	563	511	157.36	97.02	65526	38739
桐乡市	968.17	137721	424.76	50098	419	317	135.26	79.65	60880	38197
上虞区	978.11	125412	436.87	34694	303	278	147.61	89.52	65234	35443
温岭市	1105.13	90459	689.57	5231	360	343	126.69	78.27	62948	33842
诸暨市	1312.36	120973	475.44	6296	488	417	142.03	89.81	67862	39380
瑞安市	1003.96	79947	525.37	10137	305	274	125.20	79.64	64721	33497
义乌市	1421.14	171796	973.10	16205	2969	2868	152.44	101.22	77150	39529
乐清市	1209.93	92226	535.41	5265	186	180	167.02	99.69	64442	35478
平湖市	765.77	152673	235.15	81519	666	267	144.14	88.45	62943	37219
富阳区	820.47	119637	368.62	29747	296	132	131.26	80.00	60576	35531
永康市	629.56	101998	323.49	124	323	319	94.53	59.93	58877	30831

说明：本表部分数据为快报数，最终以各地统计局公布数为准

表 78　　2019 年沿海部分县（市、区）主要经济指标

县（市、区）	地区生产总值(亿元)	规模以上工业企业数(个)	规模以上工业总产值(亿元)	进出口总额(亿元)	其中：出口总额(亿元)	实际到账外资(亿美元)	社会消费品零售总额(亿元)	财政总收入(亿元)	其中：一般公共预算收入(亿元)	农民人均可支配收入(元)	城镇居民人均可支配收入(元)
鄞州区	2211.02	1208	1699.04	1991.64	1476.24	4.88	948.17	453.38	269.33	39953	70074
武进区	2483.42	1846	4256.82	809.71	571.17	7.60	697.39	316.12	187.51	32362	61229
江阴市	4001.12	1729	6069.31	—	—	9.31	695.95	—	256.58	36095	69342
昆山市	4045.06	2090	—	5700.62	3840.12	7.84	—	—	407.31	35779	69168
柯桥区	1504.27	1221	2044.55	911.47	867.52	4.01	337.45	197.72	131.41	40655	68948
顺德区	3523.18	—	—	1919.20	1527.20	2.58	1039.45	659.76	246.84	—	58820
常熟市	2269.82	1540	3514.70	—	—	4.98	1031.00	572.58	203.02	35576	68962
张家港市	2547.26	1199	4559.06	—	—	5.03	639.62	564.42	247.00	35453	69243
通州区	1385.46	731	—	245.65	205.55	3.00	406.81	—	70.67	25846	52158
靖江市	979.57	523	919.72	—	—	1.16	219.09	163.87	66.61	25317	50725
启东市	1157.55	557	789.88	249.53	191.03	3.04	410.54	—	70.65	25714	47982
海门市	1352.37	731	—	—	—	3.69	423.72	—	71.02	26858	51870
宜兴市	1770.12	1037	3305.84	—	—	3.79	727.66	—	123.85	30434	58515
江宁区	2371.41	809	2911.31	—	—	8.60	945.80	461.05	265.56	28369	62492
太仓市	1324.97	1015	2376.18	—	—	4.56	363.15	504.47	162.97	35198	68204
萧山区	1847.66	1342	2732.50	765.36	580.84	9.24	771.77	430.44	267.66	41132	70702
慈溪市	1898.64	1604	3317.72	885.11	781.01	3.38	658.55	352.53	201.69	38081	63964
诸暨市	1312.36	1078	1155.13	488.08	416.69	0.63	385.95	142.03	89.81	39380	67862
余杭区	2824.02	1151	1925.89	478.56	441.23	10.52	757.82	726.47	391.45	41347	68159
南海区	3176.62	2738	6757.01	1469.10	1017.20	—	1202.29	603.75	245.43	36606	55880
三水区	1258.76	997	3611.87	250.70	202.60	—	256.71	216.89	66.97	30537	41402
高明区	871.58	—	3278.88	214.80	186.70	—	148.54	151.54	42.53	26952	38827
荣成市	930.79	236	—	257.00	188.40	1.39	283.65	181.20	63.60	24229	47334
莱州市	663.67	208	—	104.78	75.21	0.14	280.03	103.58	40.00	22828	47371
滕州市	748.35	254	—	37.73	34.45	0.46	—	—	68.00	17871	37473
嘉定区	2608.10	1237	5716.60	1361.20	668.00	11.20	1302.50	932.10	270.70	—	—
青浦区	1166.25	859	1600.12	768.42	431.45	8.00	542.34	580.68	207.19	—	—
晋江市	2546.18	1769	5489.10	761.19	590.11	2.25	783.30	221.62	137.91	25965	53185
吴江区	1958.16	1492	3626.36	—	—	4.86	558.10	—	223.10	34879	68644
锡山区	921.66	—	1369.26	—	—	3.72	219.42	215.11	89.74	33937	58897
惠山区	937.07	948	1685.92	—	—	2.45	237.68	223.40	95.57	33925	60125
义乌市	1421.10	614	602.40	2967.80	2867.90	1.62	722.60	152.40	101.20	39529	77150
即墨市	1201.05	521	1087.11	376.11	313.45	7.95	548.42	256.41	111.87	23002	49493
闵行区	2520.82	813	3172.29	—	—	7.30	1144.80	783.23	297.70	—	—

表 79　　2019 年全国、浙江省、宁波市、鄞州区主要经济指标

指　标	单位	全　国		浙江省		宁波市		鄞州区	
		实绩	增长（%）	实绩	增长（%）	实绩	增长（%）	实绩	增长（%）
地区生产总值	亿元	990865	6.1	62352	6.8	11985	6.8	2211	7.0
其中：第一产业	亿元	70467	3.1	2097	2.0	322	2.3	27	1.7
第二产业	亿元	386165	5.7	26567	5.9	5783	6.2	630	6.0
其中：工业	亿元	317109	5.7	22841	7.0	5165	7.0	502	7.8
第三产业	亿元	534233	6.9	33688	7.8	5880	7.6	1554	7.5
规模以上工业增加值	亿元	—	5.7	16157	6.6	3992	6.4	359	6.4
规上工业利润总额	亿元	61996	−3.3	4759	5.4	1298	4.7	105	1.6
固定资产投资总额	亿元	560874	5.1	—	10.1	—	8.1	—	14.6
其中：工业投资	亿元	—	—	—	9.7	—	10.5	—	−3.7
服务业投资	亿元	375775	6.6	—	10.4	—	7.4	—	17.0
社会消费品零售总额	亿元	411649	8.0	27176	8.7	4474	7.7	948	8.4
财政总收入	亿元	190390	3.8	12268	4.8	2785	4.9	453	4.0
其中：一般公共预算收入	亿元	101081	3.2	7048	6.8	1469	6.4	269	6.5
公共财政预算支出	亿元	238858	8.1	10053	16.5	1768	10.9	234	9.9
全社会用电量	亿千瓦时	72255	4.5	4706	3.8	808	4.2	93	3.1
其中：工业用电	亿千瓦时	48473	2.9	3244	2.1	590	3.2	45	−0.4
进出口总额	亿元	315446	3.4	30832	8.1	9170	6.9	1992	8.3
其中：出口总额	亿元	172298	5.0	23070	9.0	5970	7.6	1476	6.6
合同利用外资	亿美元	—	—	436	18.0	77	48.1	11	—
实际利用外资	亿美元	1381	2.3	136	8.7	24	19.7	5	—
农村常住居民人均可支配收入	元	16021	9.6	29876	6.0	36632	8.9	39953	9.2
农村常住居民人均生活消费支出	元	13328	9.9	21352	8.3	22797	7.3	25792	6.5
城镇常住居民人均可支配收入	元	42359	7.9	60182	5.4	64886	7.9	70074	8.0
城镇常住居民人均生活消费支出	元	28063	7.5	37508	8.4	38274	4.3	46171	9.9

注：1、本表部分数据为快报数，最终以各级统计局公布数为准
2、全国财政支出数据为总支出
3、本表鄞州区数据含高新区

附　录

文件选编

关于做好区级机构改革有关事项的通知

经上级批准，区委已印发《宁波市鄞州区机构改革方案》。为认真贯彻落实中央和省、市、区委决策部署，确保我区机构改革方案实施工作平稳有序推进，现就做好区级机构改革有关事项通知如下。

一、深入学习领会中央和省、市、区委机构改革精神

1.深化党和国家机构改革，是党中央从党和国家事业发展全局高度作出的重大政治决策，是推进党和国家治理体系和治理能力现代化的一场深刻变革。地方机构改革是深化党和国家机构改革的重要组成部分。区级机关各部门要把习近平新时代中国特色社会主义思想，特别是习近平总书记关于深化党和国家机构改革的重要论述作为推进机构改革的根本遵循和行动指南，深入学习领会党中央关于深化地方机构改革和省委关于市县机构改革的总体要求，准确把握上级批复的《宁波市鄞州区机构改革方案》部署要求。要充分认识做好机构改革的重要性和紧迫性，把机构改革的组织实施工作摆到当前各项工作的突出位置，坚决维护党中央的权威和集中统一领导，树牢“四个意识”，坚定“四个自信”，提高政治站位，切实把思想和行动统一到中央和省、市、区委关于深化机构改革的决策部署上来，迅速行动，不折不扣抓好区机构改革方案的贯彻落实工作。

二、积极有序做好机构组建和有关工作衔接

2.强化组织领导和责任落实。区机构改革方案明确的涉改部门要成立机构改革工作领导小组，统筹负责本部门机构改革组织实施工作，并抽调精干力量组成工作专班，研究制定《部门机构改革组织实施工作方案》，报区深化机构改革协调小组（以下简称“区协调小组”）审核同意后组织实施，确保机构改革各项任务全面落实。区级机关各部门主要领导要当好第一责任人，牵头挂帅、靠前指挥、亲力亲为、抓好落实。各部门确定1名直接参与机构改革的科级干部作为联络员，负责与区协调小组办公室的沟通联络工作。

3.推进部门集中办公和挂牌运行。涉改部门办公用房的调配使用，由区机关事务管理局研究提出方案，并按程序报批后组织实施。要妥善安排办公地点，确保各新组建或合并部门领导班子和综合科室集中办公。新组建的部门应依据区机构改革方案，悬挂书写有机构名称的牌子。部门挂牌时序和方案由区委办、区府办统筹安排，报区协调小组审核同意后组织实施。全区机构改革动员大会后1个月内，新组建部门均应完成挂牌并以新的部门名称对外开展工作。

4.落实“先立后破、不立不破”原则。区级机关各部门要按照“先立后破、不立不破”的原则，主动做好改革前后有关工作的衔接。在相关职责调整到位前，各有关部门要继续按照原职责规定做好各项工作。要坚持底线思维，周密安排，确保各项业务特别是涉及民生、应急、安全生产等方面工作无缝衔接、平稳运行，确保区委部署的各项工作持续推进。机构变动后，原部门发布的规范性（政策）文件、应急预案等，对内对外签订的协议、协定、合同以及债权债务等仍然有效，由有关新部门或承接职责的部门继续执行。

三、扎实推进人员转隶和部门“三定”工作

5.推进机构和人员转隶。按照先转隶、后“三定”的原则，新组建部门领导班子成立后，即根据有关职责机构调整的要求，与涉及的相关部门衔接需要划入的职责，着手开展转隶工作，将有关职责、机构和人员划转到新组建部门。划入的职责、机构和人员由新组建部门行使和领导，对新组建部门负责，以新组建部门的名义开展工作。涉及的机构、编制及现有人员，先一并划转，保证工作正常运转、干部队伍稳定，特别是负责安全生产、应急救援、维护社会稳定等部门，要确保工作不出现空档期。涉及机构、职责调整划出的部门，要服从大局，确保机构、职责、人员等按要求及时调整到位。要认真做好干部职工思想政治工作，做到思想不乱、工作不断、队伍不散、干劲不减。

6.制定部门“三定”规定。研究制定区级机关各部门机构编制框架，经区协调小组审议通过后印发各部门。各部门按照区委统一部署，在机构编制框架范围内抓紧起草本部门“三定”（定职责、定内设机构和定人员编制）规定草案，按程序做好报批工作。区协调小组办公室要加强对各部门“三定”工作的业务培训和指导督促，及时协调有关分歧意见。区委工作机关的“三定”规定报区委批准，以区委办名义印发；区政府工作部门“三定”规定报区委、区政府批准，以区委办、区府办名义印发。

7.同步调整部门所属事业单位。全面梳理各部门所属事业单位，按照党政机构撤并组建和职能调整情况，同步调整相关事业单位隶属关系。全面清理承担行政职能事业单位承担的行政职能，将行政职能划归主管部门或职能相近的行政机构，并写入部门“三定”规定。坚持能转职能的不转机构，其他类别的事业单位原则上只进行必要的划转、更名和整合。

8.做好离退休干部归属交接工作。按照有利于深化机构改革平稳推进、有利于离退休干部安享晚年的原则，重视做好离退休干部归属交接和服务管理工作。

四、依法依规管理处置涉改部门的经费资产

9.加强经费保障和财务管理工作。涉改部门要严格按照相关规定和经费保障责任不变、财务管理要求不变、会计责任主体不变的要求，做好机构改革期间部门经费保障和财务管理等工作。区财政局要按“人随编走、费随事走”的原则，加强涉改部门预算经费保障，做好涉改经费的预算指标管理工作。新组建部门新增的筹建或开办等急需支出，由新组建部门申请，按区级部门预算管理程序审核后预核部分启动经费指标，待部门预算调整方案确定后再清算。涉改部门改革当年的其他非急需基本支出和项目支出，由划出部门与划入部门协商，提出部门预算经费指标调整申请，按规定审核后予以调整。

10.做好国有资产处置管理工作。涉改部门要制定资产清查工作方案，以区机构改革方案印发之日前一个会计月末作为资产清查基准日，全面清理、细致核实资产，按规定报国资管理部门审核确认。分类做好国有资产处置管理工作，有关部门根据机构、职责调整情况，提出国有资产调整和处置方案，按照相关规定和管理权限报区机关事务管理局和国资管理部门批准后，办理资产的移交、接收、划转和处置手续。要切实加强改革涉及的办公用房、土地和公务用车等重点资产管理。在资产划转过程中，要制定资产划转工作方案，做到程序规范，手续完备，确保账账相符、账实相符。要严防国有资产流失，并妥善处理各项遗留问题。国资管理部门、区机关事务管理局要加强指导检查，有关部门密切配合，切实做好经费资产管理处置工作。区审计局要按规定认真做好机构改革部门（单位）财政财务收支审计工作。

五、规范涉改部门文件发送、印章使用和档案移接管理

11.规范文件发送管理。调整变动部门以新的部门名称对外开展工作之前，区委办、区府办对调整变动部门的文件发送范围、份数及渠道不变，并将文件增发各新组建部门。以新的机构名称对外开展工作后，有关部门应依据机构设置变动情况，抓紧提出所需区委文件、区政府文件和区委办文件、区府办文件的种类、份数及收文渠道，分别报区委办、区府办核准并按要求发送相关文件。

12.做好印章刻制和使用管理。区委办、区府办将及时向新组建的部门颁发新印章。新印章启用后，原相关部门和单位印章同时废止并送交区委办、区府办。

13.规范档案移交管理。涉改部门要制定档案管理与处置工作方案，明确档案工作机构和人员，确定档案归属流向，及时做好档案收集、整理、保管、利用和清点、交接工作，确保档案齐全完整与安全。不再保留、纳入重新组建部门和撤销建制的部门，实行封口管理，不得分散，达到规定年限后移交区档案馆。新组建部门自成立之日起形成的档案，由各部门新设档案全宗进行管理。保留部门名称的、优化职责或部门职责发生变化的，沿用原档案全宗。部门部分职责划入其他机构的，划入前履行该职责形成的档案仍属原档案全宗，不得分散。更名、调整领导管理体制的部门继续沿用原档案全宗。改革涉及的部门形成的电子档案，参照前述规定确定归属流向，按要求向区档案馆移交。区档案局要加强指导监督，协调档案归属处置争议。

六、严守纪律规矩

14.严明机构改革纪律。各部门要按照《中共中央办公厅关于严明纪律切实保证党和国家机构改革顺利进行的通知》（中办发电〔2018〕11号）、《中共浙江省委办公厅关于严明机构改革纪律规矩切实抓好当前各项工作落实的通知》（浙委办传〔2018〕10号）、《关于严明党和国家机构改革纪律要求的通知》（甬党办传〔2018〕24号）要求，严明政治纪律、组织纪律，严肃机构编制、干部人事、财经纪律，严格保密纪律，坚决贯彻落实中央八项规定及其实施细则精神。

15.落实请示报告制度。区协调小组成员单位要结合实际对机构改革期间相关工作提出具体要求，积极支持配合涉改部门工作，遇到疑难事项要及时研究协调、及时请示，不允许出现“真空”，坚决做到令行禁止，确保政令畅通。

七、加强舆论宣传和督查评估

16.重视舆论宣传引导。要积极配合机构改革的组织实施，加大宣传力度，加强正面引导，壮大改革主流声音，做好统一思想、凝聚共识的工作，为推进机构改革营造良好社会环境和舆论氛围。要积极宣传党中央和省、市、区委关于机构改革决策部署精神，充分阐释机构改革的重要意义和作用，宣传解读改革的总体思路、主要原则和重大举措。要利用新组建部门挂牌、部门“三定”规定印发等契机，跟踪报道改革进展情况，全方位多形式宣传改革的阶段性成果，充分反映各方面的积极评价。

17.强化督查评估。区级机关各部门要按照区委的决策部署，不折不扣抓好机构改革方案的组织实施工作，确保改革各项任务如期顺利完成。各部门在改革推进过程中出现的重要情况和问题，要及时向区委和区协调小组报告。各部门“三定”规定印发实施后，区协调小组将组织开展专项督查评估，查找各部门机构编制运行中存在的问题，研究提出进一步优化机构职能配置的意见。

——摘自《关于做好区级机构改革有关事项的通知》（鄞党办〔2019〕2号）

关于实施“泛创业鄞州·精英引领计划”引进支持急需紧缺高层次人才的意见（试行）

为贯彻落实《中共鄞州区委办公室鄞州区人民政府办公室关于印发〈关于进一步激发人才创业创新活力加快建设国内一流人才强区的若干意见〉的通知》（鄞党办〔2018〕28号）文件精神，全力推进“两高四好”示范区建设，引育一批城市经济社会发展急需紧缺的海内外高层次人才，现就实施“泛创业鄞州·精英引领计划”提出如下意见。

一、目标任务

紧紧围绕我区五大千亿级主导产业、五大五百亿级优势行业发展方向，深入实施“人才强区”战略，重点在电子商务、港航物流、金融保险、教文卫体、专业服务、规划设计、科技服务、时尚创意、现代农业等领域，引育一批海内外现代服务业高层次人才团队，把鄞州区建设成为城市经济人才高地，进一步优化全区人才队伍的规模、素质和结构，为鄞州高质量发展领跑领先提供强有力的人才保障。力争到2021年累计引育“泛创业鄞州·精英引领计划”人才（团队）100个，带动集聚相关领域高层次人才1000名。

二、引进对象

重点引进支持电子商务、港航物流、金融保险、教文卫体、专业服务、规划设计、时尚创意、科技服务、现代农业等9大领域人才。根据鄞州区经济社会发展和人才队伍建设需要，可对重点引进支持领域进行动态调整。

三、评选类别和申报条件

“泛创业鄞州·精英引领计划”分创业团队、创新团队、创业人才、创新人才4类，其中创业人才（团队）是指带项目、技术、资金来鄞州创办企业的人才（团队），创新人才（团队）是指受聘为鄞州企事业单位或有法人资格的社会组织工作（服务）的人才（团队）。

（一）创业团队

1.创业团队应包括1名带头人和至少2名核心成员（不包括顾问），来鄞创业不超过3年或尚未在鄞创业。

2.团队带头人一般应取得硕士及以上学历学位，或具有较高业内影响力，年龄一般不超过55周岁，熟悉行业相关领域和规则，具备较强的经营管理能力。

3.团队成员一般应取得本科及以上学历学位，或具有3年以上相关从业经历，年龄一般不超过50周岁，团队组成结构合理，与带头人已建立稳定的合作关系或与创业项目有较大关联度。

4.创业项目技术较为领先，商业理念先进、模式可行，具备市场化条件；无严重影响项目开展的知识产权、经济等纠纷。

5.创办公司实际到位注册资金中货币出资不少于100万元（人民币，下同）；团队带头人实际到位的货币出资不少于50万元、持股比例超过20%且为第一大股东；团队带头人及成员合计持股比例超过50%。

（二）创新团队

1.创新团队包括1名带头人和至少2名核心成员，来鄞工作不超过1年或尚未在鄞州工作，入选后均须全职在鄞州连续工作不少于5年。

2.创新团队带头人应取得硕士及以上学历学位，或具有较高业内影响力，年龄一般不超过55周岁。

3.团队成员一般应取得本科以上学历学位，或具有3年以上相关行业从业经历，年龄一般不超过50周岁。团队组成结构合理，拥有项目合作经历或关联、互补性强，可稳定合作5年以上。

4.创新团队拥有相关行业的创新成果且达到国内一流水平，研究成果较为成熟或具有较强的前瞻性、方向性，能填补我区空白，具有市场潜力或能推动相关学科发展，能较好提升依托单位的经营业绩或创新水平。

5.创新团队依托的单位应具备较好的经营业绩或社会声誉，创新体系健全，配套支持措施完善，能为团队创新提供必要的资金、设备、场所等保障。

（三）创业人才

1.创业人才一般应取得硕士及以上学历学位，或具有较高业内影响力，年龄一般不超过55周岁，熟悉行业相关领域和规则，具备较强的经营管理能力。

2.创业人才项目的技术较为领先，商业理念先进、模式可行，具备市场化条件；无严重影响项目开展的知识产权、经济等纠纷。

3.近3年内来鄞州创业，并在申报截止前完成工商注册登记等相关手续。创业人才应为公司主要创办人、法定代表人、第一大股东，在公司实际到位的注册资金中货币出资不少于50万元。

（四）创新人才

1.创新人才一般应取得硕士及以上学历学位，或具有较高业内影响力，年龄一般不超过55周岁（其中外裔创新人才可放宽至65周岁），来鄞州工作不超过1年或与依托单位签订意向合同且承诺在半年内到岗，入选后均须全职在鄞州工作，连续工作不少于5年。

2.拥有相关行业的创新成果且达到国内一流水平，研究成果较为成熟或具有较强的前瞻性、方向性，能填补我区空白，具有市场潜力或能推动相关学科发展，能较好提升依托单位的经营业绩或创新水平。

3.创新人才依托的单位运营情况良好，创新体系健全，配套支持措施完善。以企业为依托的，所在企业应具备较好的经营业绩，能为创新人才提供必要的科研资金和研发设备。

各领域责任单位可根据行业实际情况对申报条件进行适当调整，具体申报条件按照年度公告执行。

四、政策措施

（一）创业团队政策

对经评审入选且落户的创业团队，确定A类、B类、C类三个层次，享受以下政策：

1.项目资助

A类、B类、C类项目可分别给予200万元、100万元、50万元的创业项目资助。具有国际一流水平，能引领我区产业发展、产生重大效益的，可以实行“一事一议”。

2.场地补贴

对需要租赁办公生产场地的创业团队，可自入选“泛创业鄞州·精英引领计划”后3年内，按实际租赁费用给予补贴。A类、B类、C类项目每年场地租赁补贴额度分别不超过20万元、10万元、5万元。

3.融资支持

创业团队在入选“泛创业鄞州·精英引领计划”后3年内向银行贷款用于企业发展的，可按当年实际贷款额度和银行基准利率进行贴息。A类、B类、C类项目每年贴息额度分别不超过30万元、20万元、10万元。

4.发展激励

创业团队入选后5年内，自该项目盈利年度起，可连续3年按企业当年度对区贡献部分给予100%奖励。企业在境内外首发上市，在享受区级金融政策的基础上，再给予创业团队100万元的奖励。

（二）创新团队政策

对经评审入选且落户的创新团队，确定A类、B类、C类三个层次，分别给予200万元、100万元、50万元的创新项目资助。

（三）创业（创新）人才政策

对经评审入选且落户的创业人才，参照创业团队C类享受项目资助、场地补贴、融资支持、发展激励等政策支持。

对经评审入选且全职到岗的创新人才，给予50万元的创新资助。

（四）入选“泛创业鄞州·精英引领”的创业（创新）人才（团队），还可享受以下政策：

1.住房保障

创业团队带头人、创新人才在入选“泛创业鄞州·精英引领计划”后前3年申请租住区人才公寓（公租房）的，全额补贴房租。自行解决住房的，给予人才最高3万元/年·人的房租补贴。

2.工作津贴

创业团队带头人、创新人才在入选“泛创业鄞州·精英引领计划”后前3年，按其个人工资薪金对区贡献部分，100%

给予工作津贴。股权转让、红利所得的个人所得税在10万元以上的，超额部分对区贡献的50%奖励给个人，最高奖励金额不超过100万元。

3.培养发展

创业创新团队带头人和创新人才在入选“泛创业鄞州·精英引领计划”后前5年，赴国外参加各种国际学术会议、行业论坛的机票费用及会务费的，给予交通费及会务费80%的补助，每年最高不超过6万元。优先推荐申报国家、省、市“百千万人才工程”“151人才工程”“领军拔尖类人才培养工程”等各级培养工程人选。

4.子女就学

创业团队带头人和创新人才的子女申请就读公办初中、小学、幼儿园的，根据人才居住区域或就学意向，以及学校入学要求等，经区人社局审核后，可在区教育部门提供的具备优质教育资源的公办学校中选择就读一次；自主就读区内民办学校的，由区财政每年每学期补助1万元，补助3年。创业团队其他核心成员子女入学的，根据人才居住区域，享受本区户籍居民同等待遇，经区人社局审核后，由区教育部门协调解决。

5.医疗保障

设立高层次人才健康服务定点医院，对创业团队带头人及核心成员、创新人才给予定点医院优先安排、专家预约、医疗特需服务等绿色就医通道服务。定期组织创业团队带头人和创新人才选择省内外优质医疗资源进行全面体检，并做好日常保健工作。

6.市“泛3315计划”及以上人才计划支持政策

列入市“泛3315计划”的，按照市资助额度给予最高1:1配套资助。对创业类人才（团队），已入选“泛创业鄞州·精英引领计划”或享受过其他资助的，已资助部分视作配套，不足部分予以补足；尚未入选“泛创业鄞州·精英引领计划”的，可享受除项目资助外的其他创业和保障政策；入选市“泛3315计划”创业团队的，直接纳入“泛创业鄞州·精英引领计划”，按入选层次给予相应政策支持；入选市“泛3315计划”创业人才的，按“泛创业鄞州·精英引领计划”创业人才给予相应政策支持。对创新类人才（团队），直接纳入“泛创业鄞州·精英引领计划”，享受相应创新配套政策。

五、工作机制

（一）组织领导。“泛创业鄞州·精英引领计划”在区委人才工作领导小组统一领导下，由区委组织部（区委人才办）牵头，区委宣传部、区农业农村局、区经信局、区科技局、区住建局、区商务局、区金融办等各领域责任单位会同区人力社保局分别制定各领域的评审和管理办法，并与相关配合单位做好公告制定、项目评审、经费拨付、服务管理等工作，要强化人才和团队的落户服务和日常管理。

（二）申报评审。各领域申报公告经区人力社保局汇总审定后，由区委组织部（区委人才办）统一对外发布。各责任单位负责项目受理申报、组织评审，择优确定入围建议人选。建议人选报区委人才办主任会议审议后，由区委人才工作领导小组审定，确定最终入选名单。

各领域受理单位：电子商务、港航物流由区商务局受理；金融保险由区金融办受理；教文卫体由区委宣传部牵头，区教育局、区卫生健康局、区文广旅游体育局根据职能分别受理；专业服务由区人力社保局受理；规划设计由区住建局受理；时尚创意由区经信局受理；科技服务区科技局受理；现代农业由区农业农村局受理。

（三）管理机制。区设立“泛创业鄞州·精英引领计划”专项资金。各领域入选人才和团队资助经费由各责任单位会同区财政局负责拨付和管理，拨付前报区人力社保局和区委人才办备案。对“泛创业鄞州·精英引领计划”人才和团队的资助经费，由各责任单位拨付给人才所在单位，由人才所在单位负责管理，资助经费拨付办法及程序等由相关管理办法明确。人才资助经费拨付前，各责任单位要进行走访评估，评估不合格的，暂停经费资助并责令整改，整改后符合要求的再给予经费资助；整改后仍不符合要求的，视情降级资助，或终止经费资助并取消“泛创业鄞州·精英引领计划”资格，视情追回全部或部分资助经费。

六、其他要求

（一）“泛创业鄞州·精英引领计划”人才和团队须遵守相关法律和财政财务纪律，对弄虚作假、骗取财政资金的单位和个人，将根据情节轻重全部或部分追回资助经费，存在违法行为的，依法追究相关单位和人员的法律责任。

（二）入选“泛创业鄞州·精英引领计划”，已享受我区其他扶持政策的，按照就高不重复的原则执行。

（三）已入选“泛创业鄞州·精英引领计划”的人才和团队（含带头人和核心成员）不得申报“创业鄞州·精英引领计划”，已入选“创业鄞州·精英引领计划”的人才和团队（含带头人和核心成员）不得申报“泛创业鄞州·精英引领计划”。

（四）本办法自2019年1月1日起实施。

——摘自《印发〈关于实施“泛创业鄞州·精英引领计划”引进支持急需紧缺高层次人才的意见（试行）〉的通知》

（鄞党办〔2019〕28号）

关于加快小微企业园高质量发展的实施意见

为贯彻落实省、市《关于加快小微企业园高质量发展的实施意见》文件精神，加快小微企业园建设提升，不断优化小微企业发展环境，促进工业经济转型升级，推动我区经济高质量发展，特制定本实施意见。

一、总体要求

1.指导思想。以乡村振兴战略为指引，深入贯彻落实省、市关于加快小微企业园建设的部署要求，按照"企业集聚、产业集群、要素集约、服务集中"原则，通过小微企业园建设，推进传统产业改造提升、推动小微企业创业创新，加快打造一批规划布局科学、产业特色鲜明、土地利用集约的新型小微企业园，为小微企业创业创新开辟发展空间、营造优质环境。

2.发展定位。小微企业园是指经统一规划，各类主体开发建设，集聚效应明显，产业定位明确，配套设施齐全，运营管理规范，生产生活服务健全，企业入园成本合理，为小微企业创业创新和成长壮大提供的生产经营场所，具有准公共属性。

3.基本原则。

——坚持乡村振兴与小城镇环境综合整治相结合，着眼推动产业的集聚提升，以整治倒逼转型升级，实现产镇融合发展，为乡村振兴培育产业、补齐短板，打造可持续的内生动力；

——坚持政府引导与市场运作相结合，积极发挥政府政策引导、公共管理与服务职能，同时充分发挥市场配置资源的决定性作用，鼓励支持社会资本参与，积极引进专业开发投资机构，共同推进小微企业园发展；

——坚持统筹规划与分类施策相结合，结合市里统筹部署，在统筹推进小微企业园建设的基础上，按照启动新建、改造提升、示范带动、整治淘汰的原则，分类推进小微企业园开发建设和管理；

——坚持盘活存量与用好增量相结合，以盘活低效用地为重点，支持鼓励企业转型建设小微企业园，严格节约集约用地，科学合理使用新增土地资源，建设产出效益高、发展前景好的小微企业园。

4.主要目标。实施"621"计划，到2022年，力争全区建成和提升工业集聚区6个，建成和提升小微企业园20个以上，并实现绩效评价全覆盖，整理提升一批老旧工业园区，入园集聚小微企业1000家以上，培育"专精特新"企业500家，实现"小升规"企业300家，新增科技型小微企业500家，整治"低散乱"企业（作坊）400家，形成布局合理、产业集聚、配套完善、管理规范的小微企业园高质量发展格局。

二、重点任务

1.强化规划引导管控。按照"优化布局、规模合理、有序推进"的原则，依据城乡规划、土地利用规划、环境功能区划、产业发展规划等相关要求，科学编制小微企业园建设发展五年规划。小微企业园要有相对明确的产业定位，突出新兴产业培育和传统产业升级，入园企业产业门类一般不多于2个、主导及关联产业的企业集聚度原则上不低于70%。各镇（街道、园区）要着眼小微企业发展需求，综合考虑园区定位、行业特点、产业特色、企业规模等因素，认真制订小微企业园建设实施方案，报区工业强区建设工作领导小组办公室审核。中心城区优先发展研发设计、检验检测、科技孵化等科技型、服务型小微企业园；都市近郊优先打造新型工业化与城镇化融合，集研发设计、孵化加速、营销、总部等于一体的都市工业园；远郊镇提倡采用"园中园"模式，在产业集聚区、工业园区规划建设小微园，避免"散而乱"。[责任单位：区经信局、区发改局、区环保局、区自然资源和规划分局、各镇（街道、园区）]

2.推进节约集约用地。围绕"产城融合、两化融合、产业集聚"目标，小微企业园必须坚持集约用地，完善配套设施，空间边界明确，产权结构清晰，规划建设、环境保护、消防安全等手续完备。新建生产制造类小微企业园，占地面积6.67公顷或建筑面积在10万平方米左右；改扩建的生产制造类小微企业园，占地面积50亩或建筑面积在5万平方米左右；其他类型的小微企业园规模要求可适当降低。倡导园区建设多层标准厂房，原则上建筑厂房一般应达到3层以上；在安全允许、符合规划及相关法律法规的前提下，建筑容积率一般不低于1.5，绿地率不设下限，非生产性用房用地面积不得超过工业用地面积的7%，建筑面积占项目总建筑面积的比例一般不得超过15%，园区内原则上不配建职工宿舍，由园区周边区域进行配套平衡。（责任单位：区自然资源和规划分局、区经信局、区环保局、区住建局、区应急管理局）

3.加强开发建设管理。一是创新开发模式。因地制宜，合理选择政府主导开发、工业地产开发、龙头企业开发、企业联建、村集体联合开发等模式建设小微企业园。优先选择熟悉企业生产经营、具有较强实力的行业龙头企业、专业运营机构和工业地产开发商投资建设和运营管理具有产业特色的小微企业园。优先支持利用闲置厂房、仓库、楼宇等空间，结合对老旧工业点、成片标准厂房、小微企业集聚片区的整体改造，腾笼换鸟，打造小微企业园。二是推进园区建设。原则上要求小微企业园开发建设主体取得建设用地使用权6个月内开工建设、2年内竣工、3年内通过综合验收，分期建设的，可以延长1-2年通过验收；建设进度履约保证金按不低于土地成交价款的10%确定，根据项目履约情况分三次返还，按期开工的返还40%，按期竣工的返还40%，按期通过综合验收的再返20%。超过合同约定的期限未开工、未竣工、未通过综合验收的，相应比例的建设进度履约保证金予以收缴并归入国库。三是加强租售管理。社会资本为主投资建设的小微企业园，投资主体自持用房比例新建的原则上不低于25%、改扩建的原则上不低于20%且不可分割、销售和转让，自持年限与土地使用年限一致；非生产性经营用房必须由开发商自持，且只能供入园企业使用。入园企业购置和租用的厂房（非生产性用房）必须自用，未经批准不得转售和处置。若进行二次交易，交易价格以成本价为准，溢价率不超过10%。开发建设主体或小微企业园运营机构享有优先回购权，新入驻企业必须符合小微企业园入园相关规定，未经运营机构同意，不得进行改扩建。企业联建的小微企业园有关产权按照约定比例分割登记，登记后不得分割销售，但可整体转让。（责任单位：区住建局、区自然资源和规划分局、区经信局）

4.分类实施小微园区建设。一是启动新建一批。各镇（街道、园区）要根据产业转型发展要求，结合“三改一拆”、五水共治、小城镇环境综合整治、企业搬迁等工作，细致排摸需求，启动建设一批小微企业园。各地各部门要落实主体责任，将小微企业园纳入年度建设供地计划，优先规划用地指标，鼓励推进低效用地再开发或者通过异地盘活等途径解决用地问题。二是改造提升一批。支持老旧工业点以及原有功能布局不科学、基础设施不完善、配套服务不健全、主导产业不突出的标准厂房和小微企业园进行改造提升，达到小微企业园标准的，可纳入统一备案管理，享受相应扶持政策。结合环保、质量、节能、安全、消防、职业卫生、营业许可等国家有关法律法规，对问题园区实施监管，引导园区达标规范经营、依法依规经营。三是示范带动一批。按照亩均效益综合评价要求，对园区实行分类分档管理并在资源要素配置上实施差别化措施。鼓励有条件的小微企业园创建市级及以上小微企业示范园、产业创新服务综合体，申报国家级小微企业创业创新示范基地和国家级科技企业孵化器。四是整治淘汰一批。实施“低散乱”老旧工业点和低效园区大排查，重点整治淘汰一批选址不当、规划不科学、产业层次低，高污染、高排放、高耗能以及“四无”企业（作坊）集聚点。对法律法规明确关停、整改无望或整改后仍不达标的企业（作坊），依法通过兼并重组、破产等方式出清。[责任单位：区经信局、区自然资源和规划分局、区住建局、区环保局、区应急管理局、区市场监管局、区科技局、各镇（街道、园区）]

5.推进入园企业提升发展。一是明确企业入园条件。设定产业类型、亩产效益、技术水平、投资强度、环保消防等入园标准。入园项目必须符合我区产业导向及小微企业园产业发展规划要求，必须符合环保、安全生产有关规定，生产制造企业入园达产后销售产值应达到1000万元以上或每平方米税收150元以上，未达到的要求其按约定补交，补交不到位的予以退出。支持创新型、科技型、成长型、“专精特新”小微企业优先入园。对整治搬迁的企业，须同步实施技术改造等途径达到入园标准方可入园。二是加快入园企业培育。实施小微企业梯度培育计划，引导小微企业“专精特新”发展，加快“小升规、规改股、股上市”，培育一批细分行业领域的“隐形冠军”和“单项冠军”，培育一批高新技术企业。加大政府购买服务力度，小微企业服务券和创新券重点面向入园企业发放。对成长势头好、需要更大空间的入园企业，优先安排发展用地。三是实行动态管理。对亩均效益综合评价排位末档或未达到其他约定条件的已入园企业，要坚决采取差别化用地、用水、用电、排污等资源要素配置政策措施，倒逼企业加快整改，整改无望或整改后仍不达标的企业要及时退出。每年对小微企业园区进行绩效评价，评价等级分为ABCD四档，连续2年获评D档的小微企业园，取消小微企业园资格，同时不再享受有关扶持政策。开展小微企业园星级申报和评定，绩效评价结果C档及以上的小微企业园可申报星级。小微企业园按发展水平从低到高依次确定为一至五星五个等级，按照评价结果和等级给予小微企业园相应奖励。（责任单位：区经信局、区自然资源和规划分局、区环保局、区应急管理局、区科技局、区金融办）

6.提升配套服务能力。一是加大公共服务供给。园区应建设完善消防、安全、环保、仓储、物流等基础设施建设，在园区内或者周边安排一定比例的生产服务、行政办公、生活设施用房。加快中小企业公共服务平台网络向小微企业园延伸，为企业提供知识产权、技术转移、科技金融、上市辅导等高端增值服务，支持小微企业园加大资金投入，配套构建公共技术服务平台，满足入园企业在专业检验检测、中试方面的技术服务需求。二是推进数字化园区建设。支持完善园区网络信息基础设施，运用物联网、大数据等新一代信息技术，对园区人流、物流、用能和生产经营等进行高效精准智慧化管理。支持园区企业上云和“两化”融合，鼓励有条件的园区和企业接入行业工业互联网。三是提升园区运营水平。推行园区运营专业化，培育、引进一批专业化园区运营机构，支持管理服务能力强、有经营实力和品牌效应的区内外专业运营机构开展连锁运营。物业管理方面，可借鉴城市住宅小区物业管理服务经验，推行园区专业化物业管理模式。研究制定园区物业专项维修基金和物业保修金收取、使用制度。小微企业园在国家规定的范围内可适当降低物业维修基金缴存标准，建成运营3年内，可按照浙政办发〔2018〕59号文件享受相关政策。（责任单位：区住建局、区经信局、区科技局、区金融办）

三、政策支持

1.强化用地保障。将小微企业园建设用地纳入我区年度供地计划，由区政府统筹当年新增建设用地、历年批而未供土地、存量建设用地等。各镇（街道、园区）应在所属工业园区内预留一定空间用于小微企业园区建设。批而未供土地、收回的闲置土地和盘活的存量建设用地优先用于小微企业园建设，可按照“标准地”模式进行出让。对厂房设备投资低于5000万元或用地规模小于20亩的项目，原则上不再单独供地，引导其进入小微企业园。支持低效用地再开发、存量建设用地盘活建设小微企业园，涉及周边农用地和未利用地的，优先安排新增建设用地计划进行整体开发。利用多宗存量用地合并进行小微企业园开发的，对涉及边角地、夹心地的，可考虑纳入周边土地一并开发。土地使用权人利用存量房产兴办新产业、新业态小微企业园的，可实行继续按原用途和土地权利类型使用土地过渡期政策。国有独资性质的企业开发建设小微企业园并以出租方式运营的，其对应的土地可以作价出资方式供应。（责任单位：区自然资源和规划分局、区经信局、区财政局、区发改局）

2.减轻企业入园成本。小微企业园区建设可采用"限房价、竞地价"等方式，明确园区建设标准和最高租售价格，最大限度降低小微企业入园成本。小微企业园新增建设用地出让净收益全额奖励给镇（街道、园区），用于园区内外公共设施配套建设。市场开发主体采用工业地产方式开发建设小微企业园区的，给予优先享受区、镇两级招商引资政策；旧厂房原使用人、同一开发区块内的原土地使用权人联合体、收购相邻多宗地块的市场开发主体，其开发建设小微企业园的，可以享受"零土地技改"、城镇低效用地再开发等优惠政策。支持以园区为单位开展"区域能评+环评"，对符合条件的项目和企业实行简易程序。（责任单位：区自然资源和规划分局、区住建局、区经信局、区财政局、区发改局、区环保局）

3.支持产权分割转让。允许小微企业园定制化预售和产权分割并办理权证，预售办法可以参照商品房模式，具体由区住建局会同有关部门制定。在公共部位明确、满足房屋独立使用的条件下，生产性用房可按幢、层、竖向单元为基本分割单元，单家企业的面积应不小于500平方米。分割后为单体建筑的，以建筑占地面积作为用地面积；分割后为非单体建筑的，以其建筑面积占本幢总建筑面积比例计算用地面积。园区内道路、绿化、配电、消防等公共设施，属于全体业主共有。（责任单位：区住建局、区自然资源和规划分局）

4.加大财政支持。园区建成通过竣工验收后，对存量土地改造的新增建筑面积每平方米补助100元。小微企业园开发建设的土地增值税按现有规定从低预征；对小微企业园开发主体预售厂房取得的收入，在征收企业所得税时计税毛利率按5%计算。对于新建及改扩建小微园新增财政收入上缴区财政部分，按照前3年全额、后2年50%的额度奖励给园区主体。对整治拆迁企业进入小微企业园的补偿办法由属地镇（街道、园区）和区征管办参照现有拆迁政策另行制订完善。对利用现有工业用地扩大生产性用房，或新建、扩建、翻建多层标准厂房或老旧厂房建设小微企业园的，符合相关政策规定的，容积率增加部分不再增收土地价款（建成后转让的除外）、免征城建配套费。贯彻落实各级支持小微企业发展政策，鼓励入园企业实施技术改造、品牌建设、科技创新、电商换市、股改上市及信息化建设，按相关政策给予企业奖励或补助。对新获得国家级小微双创示范基地、国家级中小企业公共服务示范平台或国家级科技企业孵化器、省级、市级小微企业示范园（基地）称号的，分别给予100万元、50万元、30万元晋级奖励。对建设规模大、投资额度特别大的小微企业园，经区政府同意，给予"一事一议"政策。（责任单位：区财政局、区税务局、区住建局、区自然资源和规划分局、区征管办、区经信局、区科技局）

四、保障措施

1.加强组织领导。区工业强区建设工作领导小组承担全区小微企业园建设发展的组织领导和统筹管理工作，负责制定小微企业园建设发展规划和政策措施，研究协调、统筹推进各项工作。各镇（街道、园区）要切实履行属地管理主体责任，立足自身资源现状与产业定位，加大要素投入，确保小微企业园区建设取得突破性成效。各成员单位要根据责任分工，协同做好小微企业园建设管理的协调、保障、指导、监督工作，切实加大政策支持和条件保障力度。［责任单位：区工业强区办、各镇（街道、园区）］

2.完善审批管理。行业指向明确的新建工业小微企业园，园区内基础设施及标准厂房投资按工业固定资产投资项目进行整体一次性审批，并纳入工业投资统计范畴，允许按工业地产销售。优化小微企业园建设审批流程，按照"最多跑一次"改革要求，最大限度地优化审批招标流程、减少审批招标环节、压缩审批招标时限，力争新建工业小微企业园投资项目开工前审批全流程缩短至59天。对不涉及审批目录清单的"零土地"小微企业园技术改造项目，实行承诺验收制。对利用拆后土地、低效用地建设小微企业园涉及完善土地征收等手续的，开通绿色通道，实行单独建库、单独报批。优先支持优质小微企业园建设项目申报市、区级重大产业项目和重点项目。（责任单位：区发改局、区行政审批办、区经信局、区自然资源和规划分局、区环保局、区住建局、区统计局）

3.强化督查考核。将推动发展小微企业园、促进小微企业集聚发展工作纳入区委、区政府对镇（街道、园区）的年度工作督查考核内容，区工业强区建设工作领导小组按年度组织开展督查和考评工作，督查考核结果在全区通报。对小微企业园区建设管理工作成效显著、示范突出的镇（街道、园区）、部门和运营管理机构予以鼓励。（责任单位：区委政研室、区工业强区办）

4.加强宣传引导。要加大对小微企业园建设情况、发展成效的宣传力度，大力宣传相关政策和先进典型，总结推广先进经验和做法。利用各级各类媒体和新媒体等现代传播工具，及时发布全区小微企业园建设情况和供需信息，充分调动各方积极性，形成良好舆论导向和氛围。（责任单位：区委宣传部、区工业强区办）

——摘自《关于加快小微企业园高质量发展的实施意见》（鄞党办〔2019〕33号）

2019年中共宁波市鄞州区委落实全面从严治党主体责任工作要点

2019年，中共宁波市鄞州区委落实全面从严治党主体责任的总体要求是：以习近平新时代中国特色社会主义思想为指导，全面贯彻党的十九大和十九届二中、三中全会及十九届中央纪委二次、三次全会精神，增强“四个意识”、坚定“四个自信”、坚决做到“两个维护”，以党的政治建设为统领，以清廉鄞州建设为主线，全面理解准确把握新时代党的建设总要求，深化拓展全面从严治党向纵深推进态势，为鄞州打造“两高四好”示范区提供坚强的政治保证，以优异成绩向新中国成立70周年献礼。

一、聚焦“两个维护”，强化党的政治建设，进一步严明政治纪律和政治规矩

1. *突出党的政治建设，坚决维护习近平总书记的核心地位、维护党中央权威和集中统一领导。*始终把政治建设作为首要任务，不断树牢“四个意识”、坚定“四个自信”、坚决做到“两个维护”。强化信念教育、党性锤炼，严守政治纪律、政治规矩，始终在思想上、政治上、行动上同以习近平同志为核心的党中央保持高度一致。特别是要把不折不扣贯彻落实习近平总书记对浙江、对宁波和视察鄞州时的重要批示指示精神作为践行“两个维护”最根本的政治任务。组织开展“不忘初心、牢记使命”主题教育、“温故知新、知行合一”主题教育实践活动，以各级领导干部为重点，深入学习贯彻习近平新时代中国特色社会主义思想以及习近平总书记对宁波工作重要指示精神，掀起新一轮学习贯彻习近平总书记重要批示指示精神的热潮，确保总书记重要指示精神在鄞州落地生根，在切实抓好贯彻落实和创新实践中，努力创出鄞州模式、鄞州样板。聚焦“七个有之”，进一步强化政治监督，加强对习近平总书记重要讲话、重要指示精神和中央、省市委重大决策部署落实情况的监督检查，确保政令畅通、政策落实。认真贯彻实施《中共宁波市鄞州区委关于打造“两高四好”示范区的决定》，全力打造政治生态好、经济生态好、社会生态好、自然生态好“两高四好”示范区这一鄞州经济社会发展总目标和总抓手，作为鄞州落实省委决策部署的行动纲领。（责任单位：区委办、区纪委区监委、区委组织部）

2. *严肃党内政治生活。*严格执行《关于新形势下党内政治生活若干准则》，认真落实《关于进一步加强全区领导班子思想政治建设的实施意见》，把执行党的政治路线，严格遵守党的政治纪律、政治规矩放在首位，维护党的团结统一，保证令行禁止。严格落实民主集中制，健全完善“三会一课”、民主生活会、组织生活会、领导干部双重组织生活等基本制度，民主生活会、组织生活会、重大问题及个人有关事项请示报告等制度，完善科学、民主、依法决策的工作制度。开展政治生态建设状况评估报告工作，通过加强监督检查，强化分析研判，引领带动全区营造良好的政治生态。（责任单位：区委办、区委组织部、区纪委区监委）

3. *高质量开展“不忘初心，牢记使命”主题教育。*按照中央统一部署要求，精心谋划、高标准组织实施“不忘初心、牢记使命”主题教育，教育引导党员干部牢记党的宗旨，坚持实事求是的思想路线，树立正确的政绩观，焕发干事创业的精气神，勇担职责使命，真抓实干，转变作风，把党的十九大精神和党中央决策部署特别是全面建成小康社会各项任务落实到位。切实加强指导、压实责任，不折不扣落实规定动作，因地制宜体现特色，坚决防止搞形式、走过场，确保取得实实在在的成效。（责任单位：区委办、区委组织部）

4. *切实做好省委巡视反馈意见整改落实。*提高政治站位、统一思想认识，以最坚定的态度、最严明的纪律抓好省委巡视反馈意见的整改落实工作。对照省委巡视组反馈意见建议，按照《中共宁波市鄞州区委落实省委巡视反馈意见整改方案》，严整实改、立行立改。以问题为导向，做深做细做实省委巡视反馈意见整改“后半篇”、“回头看”文章，确保问题整到位、改彻底、不反弹。注重标本兼治、严格制度监管，从问题短板和痛点难点出发，建立完善长效工作机制，进一步用好巡视成果，不断建好防线、守牢底线。（责任单位：区委办、区纪委区监委、区委巡察办、有关整改责任单位）

二、聚焦意识形态责任制，深入学习贯彻习近平新时代中国特色社会主义思想，进一步提升思想引领力

5. *认真学习贯彻习近平新时代中国特色社会主义思想和党的十九大精神。*把学习贯彻习近平新时代中国特色社会主义思想和党的十九大精神作为首要政治任务，坚持用党的创新理论武装头脑、指导实践、推动工作。在党委（党组）中心组理论学习安排中突出对习近平新时代中国特色社会主义思想的学习，在学懂弄通做实上不断引向深入。加强对习近平新时代中国特色社会主义思想的研究阐释和宣传普及，开展习近平新时代中国特色社会主义思想在鄞州的创新实践等重大课题研究。紧紧围绕庆祝新中国成立70周年这条主线，做强做优主题宣传报道，积极提炼、弘扬、实践新时代鄞州精神。（责任单位：区委办、区委宣传部）

6. 落实意识形态工作责任制。贯彻落实《中国共产党宣传工作条例》，制定出台鄞州区实施细则。深入贯彻中央《党委（党组）意识形态工作责任制实施办法》和省委《党委（党组）意识形态工作责任制实施细则》、市委《党委（党组）意识形态工作责任制工作规范》，推动各级党委（党组）进一步加强和改进对意识形态工作的领导。严格落实《鄞州区党委（党组）落实意识形态工作责任制清单》工作要求，完善意识形态工作责任制落实情况督查巡查工作机制，组织开展监督检查工作，推动各级党委（党组）切实履行好主体责任。（责任单位：区委宣传部）

7. 深入开展法律法规宣传和纪律教育。加强对党员领导干部、公务员的法律法规宣传和纪律教育，把党章党规和宪法、监察法作为干部教育培训和党委（党组）理论中心组学习的必修内容，深化清风宣讲进机关、进国企、进学校、进医院、进基层站所、进村社等“六进”活动。组织开展警示教育月活动，做深做实“七个一”规定动作，结合实际提升警示教育的政治性、针对性，做到内容实、形式新、效果好。（责任单位：区纪委区监委、区委宣传部、区司法局）

三、聚焦实干实绩，加强组织和干部队伍建设，进一步锻造实干担当奋进的党员干部队伍

8. 夯实基层党组织建设。牢固树立大抓基层的导向，重心下移、力量下沉，深化“下抓一级”工作机制，通过“三进三访”、村（社）“第一书记”选派等，让力量沉到基层、工作抓到基层、成效体现在基层。全面落实区委《关于大力实施“鄞领工程”全面加强新时代城市基层党建工作的实施意见》，坚持到基层一线建强战斗堡垒，深入实施“鄞领工程”，高标准推进新一轮“整镇（街道）推进、整区提升”三年行动计划。实施基层党建“百千万”工程，以划船、湾底等党建品牌为引领，强化后进党组织整转、星级党组织创建，形成百个党建特色品牌、千个三星以上党支部、万名锋领党员的格局；统筹推进区域党建联盟、物居党建联建、行业党建整合、企业党建方阵和“两新”党建示范带建设，进一步扩大基层党组织覆盖面；加大“第一书记”选派力度，探索村社党建助理员机制，发挥“红匠”工作室传帮带作用，把基层党组织建到最强。（责任单位：区委组织部）

9. 加强党员干部队伍建设。坚持在发展一线锻造鄞州铁军，突出实干实绩导向，在深化区管领导班子和领导干部年度考核“四述四评一清单”制度基础上，创新考察方式方法，提高以事择人精准度。建立健全“1+X”干部考察考核机制，研究制定干部政治素质考察办法，出台干部一线考察识别办法，加大竞标选才、交流挂职等力度，深化“百名干部一线攻坚挂职”计划，在急难险重任务、攻坚破难一线选拔优秀干部。制定队伍建设三年规划，出台加快年轻干部选拔培养实施意见，压实各单位年轻干部培养选拔主体责任。健全干部大监督体系，完善“履职负面清单”，抓好党员干部“关键小事”和“八小时外”的监督，健全完善容错纠错和关心关爱干部工作。（责任单位：区委组织部、区纪委区监委）

10. 有序推进机构改革。严格落实中央、省、市机构改革要求对应调整的20项“规定动作”，稳妥有序推进地方机构改革。在工作部署、组织实施上上下协同、有机衔接、紧凑有序。在党政主要机构设置和职能配置上与中央和省市机关基本对应，同时强化社会管理和公共服务职能，优化机构设置和职能配置，确保党的全面领导体现在各领域各方面，实现上下贯通、执行有力。严明机构改革纪律规矩，机构、职责、队伍按照改革要求及时调整到位，确保思想不乱、工作不断、队伍不散、干劲不减。（责任单位：区委办、区政府办、区纪委区监委、区委组织部、区委编办、区人社局、区财政局）

四、聚焦作风建设，健全常态化监督，进一步从严纠正“四风”突出问题

11. 持之以恒推动中央八项规定精神贯彻落实。严格执行《中共中央政治局贯彻落实中央八项规定实施细则》和省、市相关政策文件，以及区委、区政府《贯彻落实中央八项规定实施细则的具体办法》，从讲政治的高度集中整治形式主义、官僚主义的四个方面12类问题，持续严纠享乐主义和奢靡之风，从严查处不收手不收敛的顶风违纪行为。紧盯关键节点、聚焦突出问题，严肃查处违规设置“小金库”、违规公款吃喝、违规使用公车和办公用房、违规操办婚丧喜庆等各类突出问题，坚决防止回潮复燃，持续释放越往后执纪越严的强烈信号。（责任单位：区委办、区纪委区监委）

12. 巩固深化作风建设成果。立足全新的发展坐标，完善巩固深化作风建设的规定和制度。以实施“两高四好”示范区战略为总抓手，大力实施重大项目攻坚年、改革深化突破年、基层治理创新年“三个年活动”，以及项目大攻坚、产业大提升、动能大转换、改革大突破、空间大拓展、品质大提档、作风大提振“七大行动计划”，奋力推动鄞州“二次创业”再出发、“两高四好”勇攀高。以“鄞州擂台·六赛六比”为载体，以“三进”活动为抓手，深入开展“大走访、大接访、大回访”活动，建立“三亮三考”机制，并把结果与目标管理考核、评先评优、干部选拔等结合起来，激励镇街部门比学赶超、创出特色。持续推进“最多跑一次”改革，进一步深化简政放权、放管结合、优化服务各项工作，加快政府职能转变。（责任单位：区委办、区政府办、区纪委区监委、区委组织部、区审管办、区委编办等）

13. 组织开展破除形式主义、官僚主义专项行动。紧盯形式主义、官僚主义4个方面、12类问题、20种表现形式，扎实开展集中整治行动，通过“五聚焦五整治”，聚焦“推拖绕”“怕躲避”“虚浮飘”“粗疏浅”“慵懒散”等“五种现象”，严肃整治庸政懒政怠政和不担当不作为慢作为假作为问题，特别是基层“七多”问题，坚决破除形式主义、官僚主义，确保区委重大决策部署落地见效。（责任单位：区纪委区监委）

五、聚焦风险防控，严格监督执纪，进一步保持反腐败高压态势

14. 加强关键领域的廉政风险防控。强化基层公权力监督制约，全面实施城乡基层公权力“三清单”运行法，推进基层公权力“三清单一流程”制度的落实，着力构建具有鄞州特色的基层公权力规范运行制度和政策体系，打造全国基层公权力运行样板区。规范公共权力运行，健全防范利益冲突机制，认真贯彻《浙江省党员领导干部防止利益冲突暂行办法》，落实“五不直接分管”等制度，抓好廉政风险排查。强化招投标领域监管，严格规范邀请招标审核流程，加大对镇（街道）招标文件的审核力度和宣传教育，落实400万元以上工程建设项目必须在区级平台操作要求，将工程领域招投标作为经责审计、政府投资项目审计、财政财务收支审计等的必审内容。强化政府采购监督管理，完善政府采购预算编制，加强政府采购预算管理，严控采购预算调整，推进政府采购全过程“阳光化”。强化专项资金使用监督管理，严格财政补助资金审核关，规范财政补助资金审核流程。加强征地拆迁领域的监督，完善全区统一的国有土地与集体土地房屋征收拆迁政策，严格执行全区有关征迁补偿标准，引入第三方跟踪审计，并将征迁政策执行情况作为领导干部经济责任审计重点，全面推进征迁工作公开化透明化。（责任单位：区纪委区监委、区委组织部、区民政局、区财政局、区审计局、区审管办、区征管办、市自然资源和规划局鄞州分局）

15. 做实日常监督和精准监督。深化对新任党委（党组）主要负责人“三交底”廉政谈话制度，传递责任压力，明晰履行主体责任的方向和重点。坚持抓早抓小抓常，落实好《关于进一步深化干部教育监督管理 抓早抓小抓常工作的实施意见》《关于对领导干部开展提醒、函询和诫勉的实施办法》，及时发现阶段性、倾向性、苗头性问题，打好“四种形态”组合拳，重点用好第一种形态。突出“主题监督”，重点实时关注“四大件”问题、区抓落实专项办公室督查指导中发现的突出问题，护航区委重点工作。在纪律监督、监察监督、派驻监督、巡察监督“四个全覆盖”的基础上，形成监督合力，不断提高发现问题的能力。（责任单位：区纪委区监委、区委组织部）

16. 突出政治巡察工作。强化巡察工作政治导向，依据《鄞州区委巡察工作实施细则》和区委巡察工作五年规划，全年完成对24家单位党组织的常规巡察，开展1次以上专项巡察，并全面部署推进对村（社）、基层站所基层党组织的巡察。把群众利益密切相关的重要部门、镇（街道）党组织作为巡察监督的重点对象，将震慑“关键少数”与触动绝大多数相结合。加强巡察结果运用，制定出台《区委巡察成果运用暂行办法》，建立巡审联动、“3+X”巡前协作、问题线索快查快办、重点问题整改督查等制度，做实后半篇文章。（责任单位：区纪委区监委、区委巡察办）

17.持续重拳反腐。把查处群众身边的腐败问题和不正之风作为重要任务，持续开展扶贫及帮扶领域腐败和作风问题专项治理，重点解决影响产业项目扶贫、对口帮扶及扶贫工程推进等问题。深化民生领域专项治理，坚决查纠发生在民生资金、“三资”管理、征地拆迁、生态环保、教育医疗、工程项目建设等方面侵害群众利益的问题。强化对权力集中、资金密集、资源富集部门和行业的监督，严肃查处项目招投标、工程建设、政府采购、资产管理、审批监管等领域和环节的腐败问题。加大涉黑涉恶腐败查处力度，深挖彻查“保护伞”。完善监察机关与公安、司法机关的协作配合机制，规范案件调查、移送、起诉、审判等方面衔接程序，推动形成监察权、检察权、审判权互相配合、互相制约的体制机制。（责任单位：区纪委区监委、区公安分局、区法院、区检察院）

六、聚焦“两个责任”落实，完善工作格局，进一步推动全面从严治党落到实处

18. 完善从严治党工作格局。各级党委（党组）严格落实全面从严治党主体责任，认真落实《中共宁波市鄞州区委关于落实党委从严治党主体责任的工作规定（试行）》，统筹领导和推进落实本单位全面从严治党工作，坚持管党治党工作与中心工作同步谋划、同步部署、同步实施。党委领导班子和成员要根据《全面从严治党主体责任工作责任清单》，进一步明确在从严治党工作中的职责任务。党委（党组）书记履行第一责任人责任，党委（党组）领导班子其他成员抓好管党治党工作在分管部门、分管领域的贯彻落实。坚持党委（党组）抓、书记抓，带动各有关部门抓，一级抓一级、层层抓落实，坚定不移推动全面从严治党向纵深推进、向基层延伸、向每个基层党组织和每名党员覆盖。（责任单位：全区各级党组织）

19. 健全完善考核评议制度。按照中央关于党建述职评议考核的部署要求，组织开展年度镇（街道）和区级机关党组织书记抓基层党建述职评议，形成对党组织党建工作责任落实情况的评价；年末开展党风廉政建设主体责任和意识形态主体责任落实情况考核督查，全面检查党组织和领导干部履行主体责任等情况。检查结果作为对党政领导班子总体评价和年度目标管理考核以及领导干部业绩评定、奖励惩处、选拔任用的重要依据。对党的领导弱化、党的建设缺失、全面从严治党责任落实不到位、维护党的纪律不力、推进党风廉政建设和反腐败工作不坚决不扎实的，严抓严管严问责。（责任单位：区委办、区纪委区监委、区委组织部、区委宣传部）

20.压实管党治党工作责任。各级党组织进一步健全主抓直管工作机制，严格按照要求制订责任分工文件，逐级签订党风廉政建设责任书，完善主体责任报告制度。落实“四专”工作要求，加强对全面从严治党主体责任工作的统筹协调、组织落实、督促指导和监督检查。充分发挥“两个责任”在线监管平台作用，运用“互联网+”技术破解责任落实压力递减的问题。深化“四单”运用，强化过程监督和动态管理，夯实责任担当。（责任单位：区委办、区纪委区监委）

——摘自《关于印发〈2019年宁波市鄞州区委落实全面从严治党主体责任工作要点〉的通知》（鄞党办〔2019〕99号）

关于促进低收入农户高水平全面小康的实施意见

为深入贯彻落实《中共中央国务院关于打赢脱贫攻坚战三年行动的指导意见》(中发〔2018〕16号)、《中共浙江省委浙江省人民政府关于印发〈低收入农户高水平全面小康计划(2018—2022年)〉的通知》(浙委发〔2018〕41号)、《中共宁波市委办公厅宁波市人民政府办公厅关于促进低收入农户高水平全面小康的若干意见》(甬党办〔2019〕24号)精神和区委、区政府关于实施乡村振兴战略的决策部署,进一步推动我区低收入农户持续增收,促进低收入农户实现高水平全面小康,提出如下实施意见。

一、总体要求

(一)指导思想。以习近平新时代中国特色社会主义思想为指导,充分发挥政治优势和制度优势,认真践行以人民为中心的发展理念和精准扶贫基本方略,围绕市委"六争攻坚、三年攀高"、区委"两高四好"示范区建设工作部署,以低收入农户增收和提升生活品质为目的,以促进增收优惠、社会保障优厚、公共服务优先、精准帮扶优待为重点,充分发挥保障救助和开发帮扶政策的叠加效应,加快形成常态化、制度化的帮扶机制,创新工作举措,综合精准施策,确保"小康路上一个不少",不断提升低收入农户获得感和幸福感,加快推进共同富裕。

(二)基本原则。坚持目标导向、分类施策,有效促进低收入农户共享全面小康社会发展成果;坚持创新举措、精准帮扶,有效解决扶持谁、谁来扶、怎么扶问题;坚持政策兜底、综合保障,有效发挥各级党委政府的主导作用;坚持党建引领、结对帮扶,有效调动基层组织和党员干部、农民群众主体力量;坚持广泛发动、社会共建,有效扩大社会力量主动参与。

(三)实施对象。实施对象为本区户籍的低收入农户,主要包括农村低保家庭和农村低保边缘家庭。低收入农户的认定,以家庭按照不低于上年本区最低生活保障标准的1.5倍或者本区农民人均可支配收入的40%确定收入标准线,并每年进行动态调整。低收入农户经认定后建档立卡,发证管理。

(四)主要目标。到2022年,低收入农户的收入水平不断提高,社会保障更加完善,公共服务更加优化,帮扶体系更加健全,共建共享高水平全面小康的美好生活。全区低收入农户收入年增幅保持在10%以上,低收入农户最低收入水平达到年人均11000元以上,有劳动力的低收入农户年人均收入达到19000元以上,农村最低生活保障标准不低于11000元。

二、主要举措

(一)精准扶持增收

1.鼓励支持有帮扶能力的镇联村干部、驻村第一书记、农村工作指导员、农村党员干部和先富群众结对低收入农户,共同谋划有市场前景、有特色优势、有增收实效的实用型项目,实行全程帮扶指导,确保项目取得实效。项目可以个人为主体实施,也可以多户联合建设,由个人申报、村审核、镇(街道)审定,并由镇(街道)负责督促检查,同时探索建立规范的项目实施流程、运行机制、监管机制、保廉机制等。(牵头单位:区农业农村局,责任单位:区财政局,各镇、街道)

2.鼓励低收入农户以参股合作等方式加入专业合作社、家庭农场、农业企业,有意愿的安排务工,探索建立紧密的利益联结机制,合理共享利益分配。经区有关主管部门审核认定,对吸纳低收入农户就业和带动增收的经营实施主体给予小额贷款贴息和购买贷款保证保险补助。(牵头单位:区农业农村局,责任单位:区财政局)

3.引导和鼓励无劳动力的低收入农户流转土地经营权、山林经营权、房屋使用权,探索推进宅基地"三权分置"改革,由村集体流转收购上述权属再统一招租,发包时优先考虑低收入农户,并在利益分配时给予照顾,增加农民财产性收入。(牵头单位:区农业农村局,责任单位:区自然资源规划分局)

4.鼓励各类来料加工经营主体在低收入农户相对集中的地方设立加工点,培育发展来料加工经纪人,带动低收入农户从事来料加工。市、区、镇(街道)三级财政对低收入农户按本人从事来料加工实际收入总额的一定比例进行补助;对来料加工经营主体(经纪人)按其实际支付给低收入农户加工费总额的一定比例进行补助。具体办法由区妇联、区农业农村局、区财政局负责制定。(牵头单位:区农业农村局,责任单位:区妇联、区财政局,各镇、街道)

5.鼓励镇(街道)或村整合财政帮扶资金、相关涉农资金和社会帮扶资金等投入设施农业、养殖、乡村旅游等项目,形成的资产收益分红权折股量化到低收入农户和村集体,并优先保障丧失劳动能力的低收入农户获得稳定收益。(责任单位:各镇、街道)

6.同等条件下优先吸纳低收入家庭劳动力参与保洁、治安、护路、护林、管水、扶残助残、养老护理等公益性岗位,参与小型产业基础设施、美丽乡村建设等项目建设,增加其劳务收入。(责任单位:各镇、街道)

7.促进低收入农户中的高校毕业生就业,毕业2年内到区内中小微企业就业,或以灵活就业形式自主就业,符合条件的可按规定享受高校毕业生就业补贴和灵活就业社会保险补贴。对吸纳低收入农户高校毕业生就业的中小微企业,符合条件的可按规定享受用人单位吸纳就业社保补贴和中小微企业吸纳就业贷款贴息。(牵头单位:区人力社保局)

8.对低收入农户开办家庭农场、农家乐、小作坊、手工业、特色小吃等，可按规定享受创业担保贷款贴息、创业者社会保险补贴、创业场租补贴、创业带动就业岗位补贴等政策。（牵头单位：区人力社保局）

9.通过购买、租赁或利用产权集体所有的农贸市场摊位、临街商业用房，以优先租用、优惠租用等措施扶持有创业意愿和创业能力的低收入农户从事门槛较低、风险较小、经营收益相对稳定的三产服务项目。（牵头单位：区商务局，责任单位：各镇、街道）

（二）强化保障救助

1.建立居民消费支出联动调整机制，稳步提高最低生活保障标准。将完全丧失劳动能力和部分丧失劳动能力且无法依靠产业就业帮扶脱贫的低收入农户纳入兜底保障。对符合最低生活保障条件的农村困难对象做到应保尽保，月低保标准按市规定进行调整。（牵头单位：区民政局，责任单位：区财政局）

2.低保对象和低保边缘对象享受基本生活价格补助，低保家庭和低保边缘家庭享受春节一次性节日生活补助。（牵头单位：区民政局，责任单位：区发改局、区财政局）

3.按规定对低保户和其他符合条件的低收入农户由地方政府代缴全部或部分当地最低档次缴费标准的城乡居民养老保险费，个人缴费部分由区财政按规定标准补助。（牵头单位：区人力社保局，责任单位：各镇、街道）

4.落实低收入农户城乡居民医疗保险个人缴费财政补助政策，低保家庭城乡居民医疗保险个人应缴纳医疗保险费由财政全额补助，低保边缘家庭自2019年度开始个人缴费部分的50%由市、区两级财政按比例给予补助。（牵头单位：区医疗保障局，责任单位：区财政局，各镇、街道）

5.将低收入农户纳入城乡居民基本医疗保险、大病保险和医疗救助范围，对发生重特大疾病的普通农户导致返贫的，经认定可纳入低收入农户范围并享受医疗救助。（牵头单位：区医疗保障局，责任单位：区财政局）

6.低保和低保边缘家庭成员住院治疗所产生的基本医疗费用，经基本医疗保险、大病保险补偿及其他各类补助后，个人负担的基本医疗费用分别按不低于70%、60%的标准给予救助，年度最高救助额度不低于8万元。对患重特大疾病和《宁波市医疗救助办法》规定的特殊病种疾病的低收入农户，其门诊基本费用视同住院费用予以救助。（牵头单位：区医疗保障局，责任单位：区卫生健康局、区财政局）

7.逐步提高危旧房改造补助标准，确保低收入农户住房安全，鼓励村集体调剂或配套建设一定比例安置房。2019年起，实行低收入农户住房即时救助保障，危房救助资金由市区两级财政全额补助，实施精准管理，并建立台账，改造一户、销档一户。继续做好地质灾害点移民和下山移民工作，并按原有相关政策进行补助。对低收入农户的移民搬迁原则上按区村庄改建政策执行。（牵头单位：区住建局，责任单位：区自然资源规划分局、区财政局）

8.对因遭受自然灾害造成基本生活受到严重影响的低收入农户，及时提供生活救助。对遭遇突发事件、意外伤害、重大疾病或其他特殊原因导致基本生活陷入困境，其他社会救助制度暂时无法覆盖或救助之后基本生活暂时仍有严重困难的低收入农户给予临时救助，救助额度一般控制在每人当地低保标准6倍以下；特别困难的最高不超过当地低保标准12倍。（牵头单位：区民政局，责任单位：区财政局）

9.落实困难残疾人生活补贴、重度残疾人护理补贴、残疾人康复补贴、残疾人社会保险补贴等四项补贴制度。落实对依靠家庭供养的成年重度残疾人和成年三、四级精神、智力残疾人，本人按规定核定的收入低于低保标准且财产符合低保条件的，以及低保边缘家庭中的重度残疾人，可按照单人户纳入低保范围，并享受与低保家庭同等的和个人直接相关的专项社会救助政策，其中，低保家庭和低保边缘家庭中的重度残疾人本人按最低生活保障标准的全额计发。（牵头单位：区民政局，责任单位：区人力社保局、区财政局、区医疗保障局、区残联）

10.积极探索完善政府主导、保险核心、公益依托、金融支撑、社会参与的“五联统保”精准帮扶模式，条件成熟时区财政将统筹安排资金用于引导设立区级公益性低收入农户帮扶基金平台，基金收益主要用于低收入农户补充商业保险。基金平台建成前，继续推进低收入农户补充商业保险。具体办法由区农业农村局、区医疗保障局、区民政局、区财政局制定并组织实施。（牵头单位：区农业农村局，责任单位：区金融办、区医疗保障局、区民政局、区财政局）

（三）优化公共服务

1.医疗健康服务。保障低收入人口享有基本医疗卫生服务，低收入农户成员家庭医生签约服务覆盖率达100%，其个人所需的签约服务费由当地政府承担；低收入农户在本区区域内住院实行先诊疗后结算制度；完善大病保险政策，落实提高大病保险支付比例，大病保险合规医疗费用支付比例达到60%以上，按照省市有关规定落实扩大大病保险特殊药品范围。（牵头单位：区卫生健康局，责任单位：区医疗保障局，各镇、街道）

2.教育帮扶服务。进一步完善我区帮困助学政策，帮扶对象覆盖到全区所有低收入农户，加大低收入农户子女教育帮扶力度，根据经济社会生活水平适当提高补助标准。（牵头单位：区教育局）

3.培训就业服务。对低收入农户参加劳动预备制培训、岗前培训、订单培训和岗位技能提升培训，实行免费培训政策。到2022年，全区培育10个以上致富带头人，争取每个致富带头人至少带动10户低收入农户创业就业。为有创业意愿的低收入农户提供信息、技术、资金、场所、土地流转、人才引进、人员培训和行政审批等服务。建立一对一创业辅导制度，帮助理清创业思路，解决创业中的困难，加大精神鼓励，激发创业热情。(牵头单位：区人力社保局，责任单位：区农业农村局)

4.保障救助服务。鼓励各地通过互助养老、设立孝善基金等途径，创新家庭养老方式。建立完善低收入家庭关爱服务体系，落实家庭赡养、监护照料法定义务。按照“最多跑一次”的要求，加强镇(街道)社会救助服务窗口建设，完善社会救助申请“一门受理、协同办理”，确保困难群众“求助有门、受助及时”。(责任单位：各镇、街道)

5.文化科技服务。深入推进文化帮扶，提升低收入农户的公共文化服务获得感。认真组织送科技下乡活动，发挥科技专家优势，为低收入农户发展特色产业提供智力支持。(牵头单位：区文广旅游体育局，责任单位：区科技局)

6.金融帮扶服务。积极支持扶贫小额信贷工作，鼓励各类银行业金融机构为低收入农户提供免抵押、免担保的小额信用贷款。在风险可控的前提下可办理无还本续贷业务。鼓励各类金融机构按照自愿原则，捐助一定额度资金形成帮扶基金，用于低收入农户创业支持、贷款贴息和生活补助等用途。(牵头单位：区金融办，责任单位：鄞州银行、区农业农村局)

7.公用事业服务。农村低保户农户每月免费用电15度，免管道天然气安装费、有线电视免基本收视费、家庭固定电话免开户费和月租费。利用村级服务中心，积极为低收入农户开展各种代办服务。(牵头单位：区综合行政执法局，责任单位：区供电公司、区水利局、区文广旅游体育局、区电信分公司、区民政局)

8.法律援助服务。为低收入农户免费提供法律援助，低保户享受案件受理免交诉讼费。(牵头单位：区司法局，责任单位：区人民法院)

9.康复治疗服务。加强农村残疾人公共服务供给，加快推进无障碍社区建设，加大残疾人家庭无障碍改造力度，大力实施残疾人文化助残工程。加强残疾预防，大力实施残疾人精准康复服务行动，推进社区精准康复和康复体育进低收入残疾人家庭，加大心理咨询、疏导服务。加快残疾人康复、托养以及庇护性照料机构建设，满足农村残疾人康复、托养、庇护照料等服务需求。(牵头单位：区卫生健康局，责任单位：区残联)

10.扶志扶智服务。充分尊重低收入农户意愿，广泛调动他们的积极性、主动性、创造性。加强思想、文化、道德、法律、感恩教育，帮助低收入农户转变思想观念，激发和增强致富奔小康的热情和信心。把扶贫领域诚信依法依规纳入国家信用监管体系，将不履行赡养义务、虚报冒领扶贫资金、严重违反公序良俗等行为人列入失信人员名单，并按情节进行相应处置。(责任单位：各镇、街道)

(四)健全帮扶体系

1.统筹多元帮扶。坚持政府主导、行业协同、社会参与，构建专项帮扶、行业帮扶、对口帮扶和社会帮扶有机结合帮扶体系，健全主体多元、形式多样、相互补充的帮扶机制。(牵头单位：区农业农村局，责任单位：各镇、街道)

2.强化行业帮扶。加大教育、健康、就业、文化、科技、金融、旅游、网络等行业帮扶力度，加快基础设施建设和社会事业发展，健全社会保障体系和服务，提升低收入农户生活品质。(牵头单位：区农业农村局，责任单位：区民政局、区教育局、区住建局、区交通局、区自然资源规划分局、区人力社保局、区文广旅游体育局、区科技局、区卫生健康局、区残联、区电信分公司、区金融办)

3.完善部门结对。明确区级机关事业单位结对行政村，把低收入农户帮扶作为一项重要的工作内容，选派农村工作指导员驻村帮扶，区级部门和单位结对低收入农户较多的行政村，做到帮困慰问对象全覆盖。(牵头单位：区农业农村局，责任单位：区委组织部)

4.完善对口协作。探索要素共享、产业互动、协同发展新路径，加强两地在促进低收入农户产业发展、稳定就业、民生保障等方面的对接合作，实现跨区域低收入农户帮扶的同频共振。(牵头单位：区发改局，责任单位：区农业农村局，各镇、街道)

5.深化村企结对。深入开展“村企结对、助力振兴”专项行动，着力帮助低收入农户增收奔小康，鼓励企业面向农村定向招收员工，通过购买农产品为低收入农户拓宽收入来源。(牵头单位：区委组织部，责任单位：区工商联、区农业农村局)

6.实施专项帮扶。以区域村庄整治提升、下山移民、低收入农户增收帮扶为重点，开展专项帮扶。(牵头单位：区农业农村局，责任单位：区住建局，各镇、街道)

7.汇聚群团力量。发挥工会、共青团、妇联、工商联、侨联、科协等群团组织的作用，利用各民主党派、无党派人士在人才和智力帮扶上的优势，有针对性地组织开展社会帮扶活动。(责任单位：区总工会、团区委、区妇联、区工商联、区侨联、区科协)

8.依托慈善公益。发挥各级各类慈善机构、公益基金扶贫帮困功能导向作用，将低收入农户作为重要帮助对象，对低收入农户定向定项捐助的企业和个人可享受有关税费减免和优惠政策。(牵头单位：区慈善总会)

9.发挥村级作用。发挥村级对低收入农户帮扶的直接主体作用，在土地流转、吸纳用工、福利分配等方面对低收入农户予以倾斜。制定低收入农户网格图，由村干部和党员落实“一对一”结对联系服务。鼓励组建村级志愿者服务队伍，利用村规民约引导子女尽赡养义务。(责任单位：各镇、街道)

10.引导社会参与。以组织开展好“10·17”全国扶贫日活动为抓手，普遍建立扶贫志愿者制度，构建扶贫志愿者网络，组织扶贫志愿者服务，鼓励个人积极参与爱心捐赠等帮扶助困活动。鼓励引导民营企业、各界乡贤、各类社会组织、城乡居民等社会力量，通过设立专项基金、乡情基金、结对帮扶和认领捐助等形式助弱、助学、助老、助残、助医。认真落实扶贫捐赠税前扣除、税收减免、信贷支持、财政贴息、扶持资金倾斜等优惠政策。（牵头单位：团区委，责任单位：各镇、街道）

三、组织保障

（一）完善工作机制。建立健全党委领导、政府主抓、乡村振兴领导小组牵头协调、各部门共同参与的帮扶工作领导体制，实行党政一把手负总责的帮扶工作责任制。坚持区级落实、镇（街道）组织实施的工作机制。区级作为促进低收入农户高水平全面小康的责任主体，主要抓好工作部署、完善政策、推进落实、指导协调、检查督促、评估考核等；镇（街道）抓好项目建设、政策落实、党员结对带动等具体实施工作。各级各部门要发挥职能作用，加强指导督促，形成合力共推机制。

（二）强化政策落实。加大各类低收入农户帮扶政策宣传力度，让低收入农户全面了解政策、结合应用政策、广泛享受政策成果。各级各部门应进一步改进工作作风，积极主动服务，加大政策执行力度，尽快制定具体的操作办法，并加强政策执行情况的检查和督查，确保政策落到实处、取得实效。充分发挥基层帮扶干部、镇（街道）联村干部作用，深入基层一线，推动政策落地。

（三）加大要素投入。建立健全各级财政帮扶投入增长机制，整合使用财政资金、信贷资金和社会资金，提高资金使用效率。加强土地要素保障，优先满足农民移民搬迁小区、低收入农户就业创业项目、集体经济发展项目建设的用地指标需求。探索有效盘活农村闲置资源资产的路径和方式，引导更多工商资本、金融资本、社会资本等投向帮扶开发。

（四）完善工作管理。强化帮扶信息的精准和共享，加快实现扶贫数据库和低保对象数据库的无缝衔接。实行帮扶对象动态管理，区、镇（街道）两级建立低收入农户档案，做到一户一档、一年一核、“销号”管理，对符合条件退出低收入农户范围的给予一年的观察期，并享受相关政策，确保其稳定增收致富。落实信息公开制度，加强各类监督，确保资金安全运行。完善扶贫统计监测制度，认真做好低收入农户增收统计监测和第三方绩效评价。加强各级帮扶干部队伍建设，关心关爱帮扶干部，积极营造干事创业的工作氛围。

（五）加强监督考核。明确部门监管责任，加强对帮扶工作责任落实、政策制定、工作推进、项目管理和资金使用的监督管理，每年组织开展帮扶督查检查。强化党风廉政建设，进一步加大监督执纪问责工作力度，扎实开展帮扶领域腐败和作风问题专项治理，严肃查处优亲厚友、弄虚作假、挪用套取、虚报冒领等违法违纪现象。强化考核，把低收入农户帮扶工作纳入实施乡村振兴战略情况报告的内容，列入各镇（街道）、各部门年度目标考核，对工作业绩突出的单位和个人进行通报表扬。

（六）加强宣传引导。积极开展扶志教育活动，用身边人身边事示范带动贫困群众，总结推广脱贫典型，弘扬自尊、自爱、自强精神。大力开展移风易俗活动，倡导婚丧简办，加大人情支出的监管与约束。修订完善村规民约，发挥村民议事会、道德评议会等群众组织作用。坚持自治、法治、德治相结合，教育引导贫困群众弘扬传统美德、树立文明新风。

——摘自《关于促进低收入农户高水平全面小康的实施意见》（鄞党办〔2019〕129号）

全面加强党的政治建设的若干措施

为全面加强党的政治建设，根据《中共中央关于加强党的政治建设的意见》、《中共浙江省委贯彻落实〈中共中央关于加强党的政治建设的意见〉若干措施》和《中共宁波市委关于印发〈全面加强党的政治建设的若干措施〉的通知》精神，结合我区实际，现制定如下若干措施。

一、深化理论武装，坚定政治信仰

1.学懂弄通做实习近平新时代中国特色社会主义思想。坚持把学习贯彻习近平新时代中国特色社会主义思想作为首要政治任务，组织党员认真读原著、学原文、悟原理，知其然又知其所以然。坚持用习近平新时代中国特色社会主义思想武装头脑，切实把学习成效转化为“两个维护”的生动实践。［牵头领导：褚银良；牵头单位：区委办公室；配合单位：区级机关各单位党组织，各镇（街道）党（工）委］

2.推动党的创新理论学习制度化常态化。强化各级党委（党组）理论学习中心组学习，深入学习习近平新时代中国特色社会主义思想，每年对各镇（街道）和不少于20%的区级机关开展巡听。各级党委（党组）理论学习中心组每季度至少组织1次研讨式交流学习。完善各级领导干部上讲台、讲党课制度，党校（行政学校）主体班次中领导干部讲课课时不低于总课时的20%。［牵头领导：方飞龙；牵头单位：区委宣传部；配合单位：区委组织部，各镇（街道）党（工）委］

3. 加强党员干部教育培训。高标准开展“不忘初心、牢记使命”主题教育，巩固和发展主题教育成果。充分发挥区委党校、红色初心洗礼基地等阵地作用，不断深化理论教育、党性教育、理想信念宗旨教育。深入实施习近平新时代中国特色社会主义思想教育培训计划，区管干部每年接受脱产培训至少1周。党校（行政学院）教学安排中，要以习近平新时代中国特色社会主义思想课程为主，理论教育和党性教育的比重不低于总课时的70%。大力推进基层党员群众学习教育，确保农村（社区）班子成员和“两新”组织党员骨干每年培训时间不少于56学时，农村（社区）全体党员和村民代表培训时间不少于40学时。[牵头领导：王邦进；牵头单位：区委组织部；配合单位：区纪委、区委办公室、区委宣传部、区委党校，各镇（街道）党（工）委]

4. 广泛开展中国特色社会主义和中国梦宣传。实施理论宣讲“十百千”工程，组织好“百支宣讲团、千名宣讲员”进基层宣讲，推动机关领导干部走进农村文化礼堂、基层党校，面对面开展宣讲。坚持以“微型党课”为载体，积极培育“草根”宣讲队伍，深入基层广泛开展党的创新理论宣讲。进一步丰富、创新宣讲形式，通过文艺党课等贴近基层党员群众，增强宣讲的吸引力、感染力。[牵头领导：方飞龙；牵头单位：区委宣传部；配合单位：各镇（街道）党（工）委]

5. 强化党的意识形态工作。严格落实意识形态工作责任制。通过巡察、专项检查和日常监督检查，推动意识形态工作责任制落地见效。加强对报告会、研讨会和农村文化礼堂、图书馆、博物馆等文化阵地及网站、微博、微信群等网络舆论阵地的管理。强化舆论引导和舆情管控，坚决打击政治谣言和恶意炒作，防范西方意识形态渗透，确保意识形态安全。[牵头领导：方飞龙；牵头单位：区委宣传部；配合单位：区级机关各单位党组织，各镇（街道）党（工）委]

二、践行“两个维护”，增强政治自觉

6. 以实际行动当好“两个维护”的排头兵。始终把落实“两个维护”作为最高政治原则和最根本政治要求，推动各级党组织和广大党员干部增强“四个意识”、坚定“四个自信”。坚持党的政治领导，切实做到党中央提倡的坚决响应、党中央决定的坚决照办、党中央禁止的坚决杜绝。发挥领导机关和领导干部在践行“两个维护”上的带头示范作用，坚决纠正一切偏离“两个维护”的错误言行，防止任何形式的“低级红”“高级黑”。[牵头领导：褚银良；牵头单位：区委办公室；配合单位：区级机关各单位党组织，各镇（街道）党（工）委]

7. 完善保障“两个维护”的制度机制。严格执行《中国共产党重大事项请示报告条例》等党内法规制度，健全党中央重大决策部署贯彻落实的监督检查和问责机制，把落实“两个维护”情况作为领导干部年度报告和民主生活会的重要内容进行对照检查，作为政治监督的重要内容和选人用人的首要标准。[牵头领导：褚银良；牵头单位：区委办公室；配合单位：区纪委、区委组织部、区级机关各单位党组织，各镇（街道）党（工）委]

8. 坚决贯彻习近平总书记对宁波，特别是对鄞州工作重要指示精神。坚持把贯彻落实习近平总书记重要指示作为头等大事，作为鄞州工作的“指南针”，转化为推进“三个年”活动“七大行动”计划的强大动力，以钉钉子精神抓好每一项要求的落地生根，以“四个高分答卷”的工作成效体现鄞州的政治责任和政治担当。[牵头领导：褚银良；牵头单位：区委办公室；配合单位：区级机关各单位党组织，各镇（街道）党（工）委]

9. 推动党的组织和党的工作全面有效覆盖。坚持区委集中统一领导全区重大工作，充分发挥区委各议事协调机构对重要工作、重要领域的领导作用，健全地方党委对同级人大、政府、政协和监察、审判、检察机关领导制度，统筹推进“五位一体”总体布局和“四个全面”战略布局。将坚持党的全面领导要求载入国有企业、各类学校、社会组织等的章程，确保党的政策主张和区委工作部署在这些组织贯彻落实。[牵头领导：褚银良；牵头单位：区委办公室；配合单位：区级机关各单位党组织，各镇（街道）党（工）委]

10. 加强依法执政能力建设。坚持在宪法法律范围内开展工作，依法把党的政策转化为规章制度和群众自觉行动。领导干部要带头学法尊法用法守法，坚持依法治国与依规治党相统一。区委党校要加强对法律知识和党内法规的学习培训，把相关内容列入教育计划。认真贯彻《中国共产党地方委员会工作条例》等党内法规制度，全面落实地方党委、党组、党的工作机关实施党的领导的体制机制，切实发挥国有企业党委和农村、事业单位、街道社区等基层党组织领导作用。[牵头领导：褚银良；牵头单位：区委办公室；配合单位：区委各议事协调机构办公室、区级机关各单位党组织，各镇（街道）党（工）委]

11. 加强政府系统政治建设。坚决把加强政治建设作为政府系统党的建设的首要任务，坚持以政治建设为统领，认真贯彻落实中央决策、省委市委部署和区委要求。坚持把党的政治建设贯穿于政府工作各领域、全过程，体现到制定重大政策、部署重大任务、推进重大工作中，努力推动政府各项工作更有实效。全面加强自身建设，推动政府系统政治建设取得明显成效。[牵头领导：王兆波；牵头单位：区政府办公室党组；配合单位：区级机关各单位党组织，各镇（街道）党（工）委]

12. 加强人大系统政治建设。深入学习贯彻习近平总书记关于坚持和完善人民代表大会制度的重要思想，人大工作中的重大问题、重要事项、重要情况，及时向同级党委请示报告。充分发挥人大常委会党组在人大工作中的领导作用，自觉从政治高度谋划和推进人大工作。切实加强自身建设，履行好地方监督、代表工作、重大事项决定等法定职责。（牵头领导：杨慧芳；责任单位：区人大常委会机关党组）

13. 加强政协系统政治建设。全面贯彻习近平总书记关于加强和改进人民政协工作的重要思想，发挥好协商民主这一实现党的领导重要方式的作用。坚持把思想政治引领、广泛凝聚共识作为中心环节，认真落实新时代人民政协党建工作总体部署。加强政协党的组织建设，实现党的组织对党员委员的全覆盖、党的工作对政协委员的全覆盖。（牵头领导：郑坤法；责任单位：区政协机关党组）

14. 建立完善抓落实机制。围绕“三个年”活动“七大行动”计划重点任务，完善分工落实、督查问责、成效考评等工作机制，及时报告贯彻落实中的重大问题，对重要任务指定1名区领导领衔推动、1个区级机关牵头落实，做到严格执行不打折扣。[牵头领导：朱法传；牵头单位：区委办公室；配合单位：区级机关各单位党组织，各镇（街道）党（工）委]

三、加强实践锻炼，提高政治能力

15. 加强机关党的建设。通过争做“三个表率”、结合模范机关创建，推动机关党建全面进步、全面过硬。深化机关党组织建设规范提升三年行动，到2020年实现机关党的领导全面加强，党建工作责任制全面落实，工作制度化、规范化、信息化水平全面提高。实施“一机关一品牌”行动，深化岗位建功和联系服务群众工作，搭建有效载体，提升机关党组织战斗堡垒作用和机关党员干部先锋模范作用，增强机关党建服务中心工作的能力和水平。[牵头领导：王邦进；牵头单位：区委组织部（区直机关工委）；配合单位：区级机关各单位党组织，各镇（街道）党（工）委]

16. 提升基层党建质量。全面落实基层党建“全领域建强、全区域提升”，建设基层党建“鄞领工程”。开展新一轮“整镇（街）推进、整区提升”行动，实施村级班子整固、“消薄”攻坚、村级组织活动场所建设等提升工程，到2022年建成7个左右“整镇（街）推进”示范镇街和100个左右示范村社，确保全区三星级以上党组织占比达95%以上，至少建成500个锋领支部。深化街道体制改革，加强专职社区工作者队伍建设，进一步做实街道“大工委”和社区“大党委”制。全面推进业主委员会和物业企业党建工作，统筹抓好行业系统党建工作。[牵头领导：王邦进；牵头单位：区委组织部；配合单位：区委统战部、区教育局党委、区民政局党委、区财政局党组、区人力社保局党委、区住建局党委、区农业农村局党委、区国资中心党组，各镇（街道）党（工）委]

17. 把牢国有企事业单位政治方向。加强国企领域党建，深化国企党建“强根固魂”工程，强化党组织在公司法人治理结构中的地位作用。深化中小学校党组织领导下的校长负责制试点。加强公立医院党建工作，把党的建设更好嵌入现代医院管理。到2022年，国企领域“双强”党组织占比达90%以上。[牵头领导：王邦进；牵头单位：区委组织部；配合单位：区教育局党委、区卫生健康局党委，各镇（街道）党（工）委]

18. 推动两新党建“赋能提效”。深化推进两新组织党组织“双强先锋”工程，深入推行党建联盟做法，大力推进新领域新业态党建工作。全面实施新生代企业家政治、事业“双传承”计划。探索推进产业工人党建工作。建优建强区社会组织党建指导中心。抓好高校毕业生、农民工、网络从业者等群体的党员发展和管理工作，到2022年实现非公企业职工30人以上的有党员、80人以上的单建党组织，推动单建两新党组织书记进入高级管理层。[牵头领导：王邦进；牵头单位：区委组织部；配合单位：各镇（街道）党（工）委，区委两新工委成员单位]

19. 发挥群团组织政治作用。优化完善新时代党建带群建制度体系，以增“二性”、去“四化”为突破口，持续深化群团组织改革，全面完成3家基层群团改革试点任务，重点推进全国共青团基层组织改革综合试点、新时代产业工人队伍建设改革试点工作。加强区级群团组织资源整合，推动力量配备、服务资源向基层倾斜。引导群团组织深入开展“三进三服务”、基层全域治理等活动，进一步夯实党的执政基础和群众基础。[牵头领导：朱法传；牵头单位：区委办公室；配合单位：区群团改革专项小组各成员单位党组织，各镇（街道）党（工）委]

20. 提高党员干部政治本领。强化党员干部政治训练，实施“一把手”政治能力提升计划，每年举办“一把手”进修班、研修班，到党校和国内知名高校开展培训。开展年轻干部理想信念宗旨教育计划，2021年前实现优秀年轻干部培训全覆盖。有计划选派干部到市委“六争攻坚”、区委“三个年活动”“七大行动计划”等中心工作一线、对口支援和扶贫协作主战场、防范化解风险最前沿锻炼磨砺，持续选派村（社）“第一书记”，在基层一线加强政治历练。充分用好“六赛六比”“三亮三考”“五夜六送”等载体，让各层面干部在比学赶超中不断增强政治本领。[牵头领导：王邦进；牵头单位：区委组织部；配合单位：区纪委、区委改革办、区委党校、区发改局党委、区教育局党委、区人力社保局党委、区卫生健康局党委、各镇（街道）党（工）委]

21. 提高防范和应对政治风险能力。增强忧患意识和风险防范意识，切实提升政治敏锐性和政治鉴别力，坚决同违反政治纪律、危害政治安全行为作斗争。依托国安文化示范区建设，围绕“4·15”全民国家安全教育日、“11·1”《反间谍法》颁布纪念日等重要节点，每年组织开展形式多样的宣传教育活动。[牵头领导：朱法传；牵头单位：区委办公室；配合单位：区级机关各单位党组织，各镇（街道）党（工）委]

四、坚持标本兼治，净化政治生态

22. 严肃党内政治生活。严格执行《关于新形势下党内政治生活的若干准则》，坚决做到“五个必须”、防止“七个有之”。认真贯彻落实民主集中制，严格执行党委（党组）议事规则和决策程序，落实民主生活会、组织生活会、“三会一课”、领导干部双重组织生活等制度，全面推行“党性体检、民主评议”，党员领导干部100%做到以普通党员身份参加所在党支部或党小组的组织生活，党委（党组）书记每年至少讲1次党课，党支部每月开展1次主题党日活动，不断强化重温入党誓词、集体过政治生日等政治仪式。［牵头领导：王邦进；牵头单位：区委组织部；配合单位：区级机关各单位党组织，各镇（街道）党（工）委］

23. 严明政治纪律和政治规矩。坚持把政治纪律和政治规矩列入干部学习培训的必修内容，作为新提任领导干部廉政教育的必谈内容，作为领导班子和领导干部考察考核的必核内容。严格执行《中国共产党纪律处分条例》，严肃查处政治上离心离德、思想上蜕化变质、组织上拉帮结派、行动上阳奉阴违等违反党的政治纪律和政治规矩行为。［牵头单位：区纪委；配合单位：区委组织部，各镇（街道）党（工）委］

24.改进干部选拔任用工作。始终把政治标准放在第一位，调研出台进一步加强领导干部政治素质考察实施细则，切实加强政治考核和政治体检，注重选拔任用忠诚干净担当的干部，对政治不合格的干部实行“一票否决”，已经在领导岗位的坚决调整。贯彻落实新修订的《党政领导干部选拔任用工作条例》，修订完善干部选任流程，全面实施《一线精准培育识别选用干部的实施办法（试行）》，强化党组织领导和把关作用，进一步规范各级领导干部选拔任用。大力发现培养优秀年轻干部和专业干部，不断优化我区干部队伍结构功能。完善干部大监督工作机制，深化选人用人专项检查，严格执行任前事项报告、“凡提四必”“一报告两评议”“带病提拔”集中倒查、干部选拔任用工作全程纪实等要求，加强监督信息共享研判，推动信息研判成果充分运用。［牵头领导：王邦进；牵头单位：区委组织部；配合单位：区纪委，区委编办，区人力社保局党委，各镇（街道）党（工）委］

25.倡导积极健康的党内政治文化。坚持“三严三实”，大力弘扬忠诚老实、公道正派、实事求是、清正廉洁等价值观。把党内政治文化建设融入党组织的一切活动和党员干部日常生活中，教育引导广大党员干部明是非、辨真伪、养正气、祛邪气，坚决反对搞两面派、做两面人，坚决防止和反对宗派主义、圈子文化，构建清清爽爽的同志关系、规规矩矩的上下级关系和亲清新型政商关系。（牵头领导：方飞龙；牵头单位：区委宣传部；配合单位：区委组织部、区委统战部）

26.深入推进清廉鄞州建设。拓展延伸“三交底”廉政谈话，完善主体责任考核办法，各级党委（党组）每年至少开展1次对下级党组织管党治党责任履行情况的检查。全面实行“四单一书”“三零”约谈等督责机制，压紧压实主体责任、监督责任、监管责任和领导责任。贯通运用监督执纪“四种形态”，全面推行党委（党组）书记约谈提醒、签字背书制度。保持正风反腐高压态势，重点查处“四风”方面的顶风违纪问题、党员领导干部利用职权违规行为和腐败问题。深入开展民生领域专项整治，严查小官大贪和“微腐败”，深挖彻查黑恶势力“保护伞”。组织开展“清廉宁波·你我同行”“清风宣讲”等活动，深化“一案五必须”制度，每个单位每年至少开展1次警示教育专题活动。［牵头单位：区纪委；配合单位：区级机关各单位党组织，各镇（街道）党（工）委］

27.落实中央八项规定精神。高标准抓好中央八项规定及其实施细则和省、市、区有关办法举措的贯彻执行。认真落实有关整治形式主义官僚主义突出问题和开展“基层减负年”的各项要求，严格实行年度计划和审批备案制度，实现对县、镇（街道）、村（社区）及相关企业的督查检查考核事项减少50%，切实减轻基层负担。全力做好“基层点题、上级落实”工作，每季度以书面无记名形式征求镇（街道）、村（社区）干部对上级机关形式主义、官僚主义问题的意见，逐条分析、集中督办、定期复查。［牵头单位：区纪委；配合单位：区委办公室，各镇（街道）党（工）委］

28.加强重点领域和关键环节监督。针对管人管事管钱管项目的单位和岗位，切实做好廉政风险化解防范。充分发挥巡察利剑作用，聚焦重点领域和关键环节，区委每年开展3至4轮巡察，加快推进村（社）和基层站所党组织巡察全覆盖工作，确保十四届区委一届任期内保质保量完成巡察全覆盖任务。加强领导干部经济责任审计和领导干部自然资源离任审计，严格落实重大事项请示报告制度。强化干部因私出国（境）管理，探索制定实施领导干部配偶子女工作变动预报告制度。［牵头单位：区纪委；配合单位：区委组织部、区委巡察办、区财政局党组、区审计局党组，各镇（街道）党（工）委］

五、落实主体责任，强化政治担当

29.建立健全推进党的政治建设工作责任制。强化各级党委（党组）的主体责任，党委（党组）书记要认真履行第一责任人职责，党委（党组）其他成员要履行“一岗双责”。纪检监察机关和党委工作部门要协同推进相关任务落实。［牵头领导：褚银良；牵头单位：区委办公室；配合单位：区级机关各单位党组织］

30.加强监督考核。把党的政治建设作为巡察和监督检查的重要内容，纳入党委（党组）书记抓党建述职评议和党建考核评价体系。（牵头单位：区纪委；配合单位：区委组织部、区委巡察办）

——摘自《关于印发〈全面加强党的政治建设的若干措施〉的通知》（鄞党办〔2019〕127号）

鄞州区老旧住宅小区改造工作实施方案

老旧住宅小区是城市的重要功能单元，是“住有所居”工程的重要组成部分，是广大业主的共同家园。为全面推动我区老旧住宅小区居住品质的改造工作，根据《关于推进老旧住宅小区改造工作的实施意见》（甬党办〔2018〕93号）、《宁波市老旧住宅小区改造建设指南》（甬建函〔2018〕112号）及《宁波市老旧住宅小区改造专项资金管理办法（试行）》（甬建发〔2018〕145号）等文件，决定在全区范围内全面开展老旧住宅小区改造工作，并制定实施方案如下：

一、目标要求

深入贯彻党的十九大及习近平总书记重要讲话和中央、省委城市工作会议精神，全面打造品质鄞州，以为民惠民为出发点，先民生后提升，先安全后功能，实施“三微”（微整治、微更新、微改造）工程，重点解决老旧住宅小区建筑物破损、环境脏乱差、市政设施不完善及管理机制不健全、社区治理体系不完善等问题。按照“共同缔造”的基本要求，全区每年改造面积原则上不低于50万平方米，2025年底之前基本完成2000年底前建成交付的老旧住宅小区改造工作。

二、基本原则

（一）自下而上、共同缔造。坚持以居民为主体，调动居民群众的积极性，参与老旧住宅小区改造全过程，自下而上为主，自下而上和自上而下相结合实施改造，实现共谋、共建、共管、共评、共享，形成“区级统筹、属地实施”的工作机制。

（二）党建引领、政府引导。老旧住宅小区所在街道办事处对老旧住宅小区改造负总责。各街道办事处应制定具体实施方案，明确目标计划。各相关部门要明确责任人，配合做好工作，要制定严格科学的考核办法，强化落实情况的监督管理。

（三）民生菜单，群众点单。坚持群众主体地位，顺应群众期盼，以实施改造的项目为单位，综合改造和微改造相结合，结合“三改一拆”“雨污分流”“二次供水改造”等各专项工作，按照居民群众的意愿，服务群众需求，对小区建筑物本体和周边环境等进行适度改造、提升。

（四）建管并举、注重长效。按照改造与管理并重要求，明确改造后小区实行的管理方式，实现小区后续管理的专业化、常态化，提升居民群众的满意度和幸福感，保障改造成果，构建“纵向到底、横向到边、协商共治”的社会治理体系。

（五）因地制宜，汇聚民智。结合小区实际，激发群众热情，汇聚民众智慧，科学制定并优化老旧住宅小区改造方案，力求设计方案精细化，充分体现小区人文特点。

三、组织领导

为加强对老旧住宅小区改造工作的领导，成立以区领导为组长的区老旧住宅小区改造（整治）工作领导小组，建立工作协调机制，统筹决策部署推进我区老旧住宅小区改造工作。领导小组下设办公室，办公室设在区住建局，具体负责日常工作。

四、职责分工

（一）区政府办：负责统筹协调区老旧住宅小区改造中的工作问题。

（二）区委宣传部：负责做好老旧住宅小区改造工作的宣传报道，正确引导社会舆论。

（三）区信访局：负责协调改造工作中涉及的群众来信、来访等信访事项。

（四）区发改局：负责改造项目的立项审批等工作；联系市级有关部门指导老旧住宅小区相关收费事宜。

（五）区财政局：负责改造专项资金的统筹安排及监管，按财政资金审核程序做好改造项目资金审核相关工作。

（六）区住建局：负责领导小组办公室的日常工作；统筹我区老旧住宅小区改造的有关政策，牵头推进体制机制创新。组建改造项目专家评审组对申报项目实施竞争性评审，明确年度优先改造项目，制定我区改造储备项目库。负责协调处理小区内的违法装修等行为。开展对街道办事处实施老旧住宅小区改造进行指导监督工作。监督物业企业配合老旧住宅小区改造工作。

（七）区综合执法局：负责联系市综合执法局协调各管线单位做好供水改造；做好老旧住宅小区周边涉及的市政道路开挖、修复等工作；指导、协调各街道办事处做好老旧住宅小区雨污管网与周边市政管网衔接，以及绿化迁移，路灯、雨污管网等设施改造事宜。

（八）区水利局：负责改造工程中需要拆除、改动、迁移供水、排水与污水处理设施审核；污水排入排水管网许可证核发；涉河涉堤建设项目审批等。

（九）区审管办：统筹改造项目的行政审批推进工作，简化审批环节，优化申报流程，压缩办理时限，加快招标程序。

（十）区民政局：负责指导协调街道办事处、社区宣传发动居民群众积极参与改造工作；指导协助街道办事处做好居民自治的监督工作。

（十一）区审计局：负责对老旧住宅小区改造项目的审计工作的指导和监督。

（十二）区公安分局：负责指导、协调监控、消防、停车位及停车管理系统、小区交通组织的改造，牵头负责群租房整改。

（十三）市生态环境局鄞州分局：对住宅区餐饮、娱乐场所和工业生产等环境噪声问题进行改造。

（十四）市自然资源和规划局鄞州分局：负责老旧住宅小区改造中涉及规划审批工作，负责老旧住宅小区改造新改扩建项目的不动产登记等工作。

（十五）鄞州交警大队：负责指导、协调老旧住宅小区周边施工期间的交通组织，指导停车位改造等相关事宜。

（十六）鄞州消防救援大队：负责指导、监督老旧住宅小区消防设施设备设计、施工、安装、验收。

（十七）各街道办事处：负责辖区内老旧住宅小区基本情况调查摸底、优选推荐改造项目、预算资金编制和组织实施；负责落实老旧住宅小区改造的实施工作；负责统筹老旧住宅小区改造和改造后的物业管理工作；负责委托开展老旧住宅小区改造的方案设计以及有关施工图设计、施工招标投标等；做好业主参与共同缔造资金的收缴工作；负责委托开展竣工决算审核工作。指导社区居委会组织开展老旧住宅小区改造征求民意工作，按照本实施方案向业主提供菜单式服务内容，供业主选择；争取广大业主对老旧住宅小区改造的支持和理解工作；指导社区居委会积极组织或会同业主委员会开展共同缔造过程中业主出资部分的征求意见工作；项目完工后，受小区业主委员会或社区居民委员会委托组织各方验收，验收合格向区领导小组办公室申请竣工备案。

（十八）供水、供电、供气、通信、有线电视等管线单位：负责所属管线改造工作，配合各街道办事处协同设计、施工。地下排管的土建部分由各改造实施单位负责施工，各工程管线单位须向改造实施单位提供线路走向图和排管数量。

五、改造内容

优先改造市政设施基础较差、改造较迫切和社区党组织核心作用发挥突出、领导能力强，群众参与意愿较强的老旧住宅小区。按照老旧住宅小区改造与城市主干道综合整治、区块建设同步规划，与棚户区、“城中村”改造计划统筹安排，原则上为绕城高速公路范围内2000年底前建成交付、且未列入棚改计划或5年内未列入征收计划的老旧住宅小区。安置房、保障房小区放宽到2004年。

按照“先民生、后提升”“先安全、后功能”要求，确定基本改造和自选改造内容，包括建筑物本体、市政配套设施、其他配套设施等内容。小区改造按照共同缔造模式待居民达成共识后，才进行改造。具体分类如下：

（一）建筑物本体

建筑物本体改造包括建筑屋顶（渗漏水）、外墙面（渗漏水和脱落）、楼道修缮（楼道内墙破损、脱落、开裂修复，楼梯扶手破损改造，楼道照明改造、单元防盗门和对讲系统配套等）。同步加装电梯的，按市相关政策执行。

（二）市政配套设施

市政配套设施包括消防设施、供水、供电、弱电（通信、有线电视）、市政道路、路灯、雨污水、停车位等改造项目。

其他配套设施

小区范围内围墙和大门、监控系统、绿化修复等改造项目。

对具备相关基础条件的老旧住宅小区区域，由各街道办事处统筹完善社区综合服务站、室外活动场地、慢行系统等公共服务设施。具体改造内容详见附件。

六、改造标准及资金分担

老旧住宅小区改造标准要因地制宜、民主决策。改造所需资金由小区居民、相关企业、政府等共同筹措。

（一）居民出资

不同的改造项目对居民有不同的出资比例要求。具体改造项目及其居民出资要求详见附件。

居民资金来源主要有：

1.由居民根据专有部分建筑面积等因素协商，按一定分摊比例共同出资；

2.已设立首期专项维修资金或收取日常专项维修资金的小区，居民可按照有关规定申请使用专项维修资金；

3.已缴存维修资金的房改房，可按相关规定申请使用房改房维修资金，相关管理部门应简化流程方便居民申请使用；

4.小区公共停车、广告、房屋出租等公共收益，依法经居民同意，可安排用于改造；

5.其他符合规定的资金。老旧住宅小区属于由单位分配给职工居住的，鼓励原单位捐资捐物共同参与改造工作。

居民出资可包括但不限于物业专项维修资金（含物业管理专项资金、房改房维修资金）、共有部位及共有设施设备征收补偿、经营收益、赔偿及个人直接出资等资金。

低保家庭、困难职工家庭等特殊人群家庭改造出资相关减免政策由各实施街道办事处自行制定。

（二）财政出资

绕城高速公路范围内改造项目的市级资金按市相关文件规定补助，区、街道财政资金按照区老旧住宅小区改造专项资金管理办法执行，具体由区财政局和区住建局另行制定。

改造中，要有效整合汽车充电桩建设、光伏发电、建筑节能、雨污分流、海绵城市等涉及老旧住宅小区工程建设单项财政经费，统筹纳入到老旧住宅小区改造范围，集中投资、集中建设、集中见效益，避免重复投资和浪费。

各街道办事处要结合自身实际情况，鼓励社会资本参与建设卫生服务站、幼儿园、室外活动场地等公共服务设施。

七、改造流程

拟实施改造小区需同时满足以下三个条件：

1.小区物业服务费、日常维修费按照物业合同约定或相关规定标准缴纳，收缴率不低于70%。

2.改造资金由小区居民、政府、相关企业等共同筹措，出资比例应符合要求。

3.启动物业专项维修资金补缴工作，逐步建账到户。

老小区改造实施“储备项目库”制度，项目入库遵循“合规、必要、可行”的原则。各街道办事处可参照如下流程实施改造，也可根据属地实际情况做相应调整。实施程序如下：

（一）征求居民意见

改造申报主体为业主委员会。无业主委员会的，改造申报主体可以是社区居委会。

由申报主体发放意见征求书，征集居民对改造内容的意见，并对改造事项进行于表决，表决应经专有部分占建筑物总面积2/3以上的业主且占总户数2/3以上（以下简称“双三分之二”）的业主同意。

（二）制定初步计划

申报主体汇总意见，制定改造计划。计划应包括小区基本情况、改造内容、总体费用、共同缔造资金筹集方式、物业专项维修资金交纳方案等。也可通过购买服务方式提供方案设计、造价咨询服务，制定初步设计方案。

（三）开展居民决策

改造计划（方案）、初步预算、资金筹集方案等编制完成后须进行公示，组织居民进行二次表决，表决应经“双三分之二”的业主同意。申报主体应将表决结果在小区内显著位置进行公示，公示时间不少于5个工作日，公示内容包括居民意见公示书、住户房号，及改造初步计划（方案）等。申报主体应申请所在社区居委会对其公示情况进行见证备案。

（四）申报主体申请

二次表决通过且经公示小区居民无异议后，申请主体向社区居委会提交以下申请材料：

（1）《×××小区改造项目申报表》；

（2）《×××小区改造计划（设计方案）》；

（3）《×××小区管理规约》；

（4）《×××小区改造业主意见公示书》；

（5）《×××小区改造居民承诺书》；

（6）《×××小区改造后长效管理方案》；

（7）其他必要材料。

相关表格参照《宁波市老旧住宅小区改造建设指南》。

（五）街道初审

社区居委会对提交申请的项目进行汇总，上报所在街道，所在街道综合考虑项目自筹资金承诺比例、居民参与度与积极性等因素进行初审，择优确定推荐项目并进一步完善，上报区领导小组办公室。

（六）入库评审

区领导小组办公室建立老小区改造项目专家组对街道办事处上报项目进行论证评审。按照“先急后缓、统筹平衡、共同缔造”的原则，由评审专家主导，根据方案结合共同缔造情况，对按规定建立物业专项维修资金比例较高或个人出资比例较高或社会资本参与度高的项目，优先列入储备项目库。

年度实施项目由区领导小组根据年度经费情况，量力而行，尽力而为，实行竞争性安排，择优选取“共同缔造”基础好的项目列入年度政府投资计划库。

（七）组织实施

各属地街道办事处作为实施主体负责辖区内老旧住宅小区改造具体推进工作，各部门做好相关行政许可工作，提高审批效率。

项目改造可由实施街道办事处选择项目管理单位，由项目管理单位会同街道办事处通过招标方式选定施工、监理、设计等单位。可研究尝试工程EPC总承包等工程管理模式。

（八）竣工验收

项目完工后，由小区业主委员会或社区居民委员会作为全体居民代表委托街道办事处组织各方验收，验收合格向区领导小组办公室申请竣工备案。

（九）长效管理

街道办事处负责落实社会化管理或依托社区居民委员会实施自治管理方案，切实建立起物业管理长效机制。建立健全由社区党组织牵头，社区居民委员会、业主委员会、物业服务企业共同参与的议事协调机制。

（十）绩效评估和后评估

老旧住宅小区改造结束后应当由街道办事处、社区居民委员会组织开展群众满意度回访，听取业主对改造工作意见，开展改造绩效评估，并将改造评估报告反馈给区领导小组办公室。改造工程结束后，区领导小组办公室应当委托第三方，对改造情况和改造后的长效管理情况组织开展评估。

八、组织保障

（一）强化组织领导。老旧住宅小区改造工作由区领导小组统筹协调推进。各街道办事处作为实施主体同步成立相应工作领导机构，建立健全工作机制，制定工作实施方案，强力推动落实。各部门要各司其职，各负其责，采取务实举措，加强指导服务，强化协调联动，形成工作合力。

（二）严格任务考核。要加强对各街道办事处各部门工作落实的巡查督查，建立健全考评制度，各单位要落实限期反馈制度，促进各项工作落到实处。改造完成后，区级按照年度改造计划，从改造户数、改造内容、改造标准、配套资金到位、长效管理机制建立情况等方面进行综合考核。

（三）加强资金监管。充分发挥财政资金的杠杆作用，老旧住宅小区改造专项资金列入区、街道办事处财政预算，财政、审计部门会同有关部门建立健全专项资金监管机制，确保资金用到实处。

（四）加大宣传引导。加大宣传力度，扩大宣传覆盖面，全方位、多角度、宽领域宣传老旧住宅小区改造的重要意义、方法步骤和改造成效，切实做到网络上有内容、电视上有图像、广播里有声音、报纸上有文章，做到家喻户晓，人人皆知，形成领导重视、社会支持、群众参与的浓厚氛围。

——摘自《关于印发〈鄞州区老旧住宅小区改造工作实施方案〉的通知》（鄞政办发〔2019〕12号）

鄞州区“四大精英”培养计划实施意见

为加快培养和造就一支能够带动我区各领域发展的本土中青年骨干人才队伍，围绕区委区政府“二次创业”再出发，“两高四好”勇攀高的总体要求，结合《关于进一步激发人才创业创新活力加快建设国内一流人才强区的若干意见》（鄞党办〔2018〕28号）的文件精神，特制定鄞州区“四大精英”培养计划实施意见（以下简称“计划”）。

一、培养目标和基本原则

（一）培养目标。根据我区经济发展需要，重点在四大领域各引进培养100名中青年精英人才：分别为“智造精英”“堇山精英”“技能精英”及“服务业精英”。“计划”以五年为一个培养周期，按照2个层次进行选拔，第一层次人才各选拔培养20名，第二层次人才各选拔培养80名。利用五年左右时间，努力造就和带动一批能够引领我区相关产业发展的亟须型、专业型、创新型人才。

（二）基本原则

——坚持党管人才，德才兼备。以党管人才为原则，坚持“德才兼备、以德为先”的选才用才标准，以品德论优劣、以贡献论英雄。

——坚持发展导向，引培结合。紧紧围绕新鄞州“5+5+5”产业体系，人才引进培养紧密衔接发展需求，重点引进培养特色产业人才。

——坚持质量导向，择优选拔。运用竞争机制，“以市场辨人才”“凭业绩来说话”，择优选拔培养人选。

——坚持实绩导向，动态管理。遵循人才成长规律，发挥企业主体作用，对培养人选实行业绩考核，滚动培养，动态管理，能进能出。

二、选拔条件

（一）范围对象

1.“智造精英”：培养人选在全区企业从事专业技术工作的优秀中青年人才中选拔；重点以数字经济发展为导向，聚焦新材料、高端装备和新一代信息技术等战略性新兴产业的紧缺人才，按照特色产业人才培养需求，设立智能制造产业人才培养专项；在选拔过程中优先考虑各类创新团队的核心成员，承担重大项目、课题的研究人员，海外高层次人才和从事过博士后研究的高端人才。

2. “堇山精英”：培养人选在全区企事业单位从事专业技术工作的优秀中青年人才中选拔；重点面向我区教育、医疗卫生、文化等社会事业领域；在选拔过程中优先考虑各类创新团队的核心成员，承担重大项目、课题的研究人员，海外高层次人才和从事过博士后研究的高端人才，以及经组织选派赴对口支援地区工作1个月及以上且表现突出的专业技术人才。

3. “技能精英”：培养人选在全区企业从事一线操作的优秀技能人才中选拔，重点支持具有良好职业道德、高超技能水平，在技术革新、发明创造中作出较大贡献，或在培养技能人才和传授技艺等方面业绩突出，为单位和社会创造较高经济效益，在生产和工作一线起到示范带头作用的优秀高技能人才。

4. “服务业精英”：培养人选在全区现代服务业企业（国企除外）从事经营管理和技术的人才中选拔，重点扶持在金融保险、港航物流、科技服务、专业服务、时尚创意、电子商务等现代服务业领域发展贡献突出的优秀中青年人才。

（二）选拔条件

1.基础条件：培养人选必须热爱祖国、政治立场坚定、坚持科学精神、恪守职业道德、治学态度严谨，具有强烈的事业心、开拓创新精神和良好的团队合作意识，能够潜心一线、刻苦钻研、不断进取；申报对象为2018年4月19日（区“人才新政”发布之日）起新引进或新取得成绩的人才（已入选原鄞州“青年英才培养工程”的人才不得重复申报）。

2.专业条件：具体参见附件。

（三）选拔程序

1.企事业单位根据选拔条件择优推荐人选并在本单位进行信息公示，经所在镇（街道、园区）或主管部门初审后，报区人力社保局。

2.区人力社保局对推荐人选进行审核，并委托第三方评审机构组织评审。

3.第三方评审机构对推荐人选进行综合评审后（必要时组织实地考察），形成评审报告，报区人力社保局。

4.区人力社保局会同相关行业主管部门对评审报告进行会商、初定拟入选人员名单，提交区委人才工作领导小组审议，审议通过后，最终确定拟入选人员名单，向社会公示，无异议后发文公布。

三、培养管理

（一）给予培养人选培养资助

1. “智造精英”培养资助：给予第一层次培养人选20万元的经费资助，其中前三年给予一次性12万元资助，通过考核后给予后两年一次性8万元资助；给予第二层次培养人选10万元的经费资助，其中前三年给予一次性6万元资助，通过考核后给予后两年一次性4万元资助。

对成功申请国家自然科学基金、国家科技重大专项和国家重点研发计划的“智造精英”（课题负责人）给予个人一次性20万元的资助；对成功申请技术创新引导专项的“智造精英”（课题负责人）给予10万元的一次性资助。

2. “堇山精英”“技能精英”“服务业精英”培养资助：

给予第一层次培养人选15万元的经费资助，其中前三年给予一次性8万元资助，通过考核后给予后两年一次性7万元资助；给予第二层次培养人选8万元的经费资助，其中前三年给予一次性5万元资助，通过考核后给予后两年一次性3万元资助。

3.培养经费的使用：培养资助经费专款专用，用于培养人选主持或参与科研项目，参加培训、进修、研修、考察和参加国内外学术交流活动，购置必要的图书、资料和出版学术著作等提高培养人选学术、技术水平所需的开支。培养人选所在单位要制定切实可行的经费管理办法，确保经费的有效使用。

（二）建立入选人才激励机制。对入选“计划”第一层次的人才，每月发放“鄞州英才”政府特殊津贴（按第5类人才3000元/月标准发放，连续享受三年），并吸收他们参与全区重大经济社会活动，参与政府决策和管理；优先作为申报国家、省、市有突出贡献的中青年专家、享受政府特殊津贴人员等奖励项目、各级人才培养工程以及国家、省重点人才计划项目的推荐人选；重点申报评审和破格晋升相应的专业技术职称。

（三）建立入选人才考核机制。重点考核入选人才在工作业绩及在行业中的引领作用。在培养周期内对培养人选采取年度考核、中期考核和期终考核相结合的方式，考核情况作为“计划”人选调整的重要依据，具体评价办法另行制定。

四、组织领导

“计划”在区委人才工作领导小组的领导下，由区人力社保局牵头负责组织实施。区财政局和相关行业主管部门要各司其职，相互协作，密切配合。各镇（街道、园区）和区级机关各有关部门要把这项工作作为推动全区高端创新人才培养的重要举措，加强对培养人选的动态跟踪和对用人单位的指导监督，努力形成“代表鄞州精神、具有鄞州特色、满足鄞州需要、支撑鄞州发展”的人才培养工作机制。

本实施意见自2019年7月1日起施行，由区人力社保局负责解释。

——摘自《关于印发鄞州区“四大精英”培养计划实施意见的通知》（鄞政办发〔2019〕37号）

宁波市鄞州区政府投资项目管理办法

第一章　总　则

第一条　为规范政府投资项目管理，建立健全科学的政府投资项目决策和组织实施程序，提高投资效益，根据《政府投资条例》（中华人民共和国国务院令第712号）、《浙江省政府投资项目管理办法》（浙江省人民政府令第185号、浙江省人民政府令第363号）、《宁波市政府投资项目管理办法》（宁波市人民政府令第167号、宁波市人民政府令第240号）、《宁波市人民政府办公厅关于进一步加强政府投资项目管理的通知》（甬政办发〔2019〕12号）以及有关法律、法规，结合本区实际，制定本办法。

第二条　本办法所称的政府投资项目，是指政府利用一般公共预算、政府性基金预算、国有资本经营预算中的资金，以直接投资和资本金注入方式所进行的固定资产投资项目。

第三条　政府投资主要用于公共安全和市场不能有效配置资源的经济和社会发展领域，以公益性、基础性非经营性项目为主，其主要类型包括：

（一）农业、水利、能源、交通、城乡公用设施、人防工程等基础性项目；

（二）教育、文化、卫生、体育、社会保障、生态建设、环境保护、资源节约、防灾减灾等公益性项目；

（三）促进加快地区发展的重要项目；

（四）科技进步、高新技术、现代服务业等国家、省、市、区重点扶持的产业发展项目；

（五）政府公共服务设施项目；

（六）保障性住房、安置房和棚户区改造项目；

（七）电子政务和信息化类项目。

以上类型项目，采取政府和社会资本合作模式的，按照政府投资项目管理。鼓励和支持民间资本向可以实行市场化运作的基础设施、市政工程和其他公共服务领域投资。

区属国有企业出资建设的公益性、基础性非经营性项目，按照政府投资项目管理。

第四条　区发改局为政府投资项目综合管理部门，负责政府投资项目规划和计划的编制、组织实施、协调监督等综合管理工作。

区财政局负责政府投资项目资金财务活动的监督管理。

区审计局依法独立履行政府投资项目的管理实施情况、预算执行情况、竣工财务决算的审计监督，专项审计调查，重大项目跟踪审计。

区交管办负责政府投资项目招投标活动管理和限额以下参建单位预选名录库管理。

区机关事务管理局负责党政机关办公用房和技术业务用房政府投资项目的标准规模核定、年度计划编制、监督检查等工作。

区国资中心负责政府投资项目固定资产移交登记的监督管理和国有企业出资建设的公益性、基础性非经营性项目资金财务活动的监督管理。

区大数据中心承担全区电子政务和信息化类投资项目行业管理职责，负责协助区发改局开展不含基建内容的电子政务和信息化类政府投资项目综合管理工作，协助区发改局开展项目储备库管理、年度计划编制等工作，并受区发改局委托，组织开展项目建设方案评审、项目概算审核、竣工验收等工作。

区教育、交通运输、水利、住建、综合执法、卫生健康等主管部门分别负责全区本行业政府投资项目规划编制、年度计划汇总初审，并履行其行业主管部门职责。

区档案、经信、生态环境、农业农村、应急管理、审管办、自然资源规划等有关部门，按照各自职责对政府投资项目进行监督管理。

政府投资项目业主根据政府投资项目管理有关规定和基本建设程序具体负责项目的组织实施。

第五条　政府投资项目造价管理应遵循估算控制概算、概算控制预算、预算控制决算的原则。

第六条　政府投资项目组织实施过程中，应充分利用社会专业技术力量，推进服务外包，不断提高政府投资效益和管理水平。

第七条　政府投资项目计划应纳入国民经济和社会发展计划，执行情况接受区人民代表大会及其常务委员会的监督。

第二章　前期管理和项目计划

第八条　政府投资项目实行项目储备制度。区发改局牵头建立政府投资项目储备库，储备拟在近三年内开工建设的项目。根据国民经济和社会发展中长期规划、区域规划、专项规划、行动计划等，政府有关部门和项目业主开展政府投资项目前期工作，经区发改局会同区财政局组织咨询论证后，列入政府投资项目储备库。其中，总投资在3000万元以上的项目，在列入政府投资项目储备库前，需报区政府常务会议审议通过。区发改局按照“申报储备、调整补充、建设出库”的原则对项目储备库实行动态管理。列入年度政府投资计划的项目，应从政府投资项目储备库中选取。

列入政府投资项目储备库的项目，可根据建设方案和选址条件论证情况，在资金条件暂缺的情况下先行审批项目建议书，并采取模拟审批方式（操作办法见附件1），开展选址、用地、勘察、可行性研究、环评、初步设计、施工图设计等前期研究。

第九条　区财政局每年应统筹安排资金保障政府投资项目前期工作经费需求。列入政府投资项目储备库的项目和列入年度政府投资项目计划中的前期项目，项目业主可根据项目年度前期工作目标申请前期工作经费，由区发改局和区财政局审核后下达。

第十条　政府投资项目计划应根据可用财力进行编制，遵循量入为出、综合平衡的原则。区发改局牵头组织年度政府投资项目计划编制工作，区财政局负责提出年度政府投资项目区财政资金出资总额建议，有关行业主管部门负责对本行业政府投资项目进行汇总初审，区机关事务局负责提出年度党政机关办公用房和技术业务用房项目计划建议。区发改局在编制年度政府投资项目计划的过程中，应充分征求区财政局和有关行业主管部门意见。年度政府投资项目计划经区政府常务会议和区人民代表大会审议通过后发文下达。

第十一条　列入年度政府投资项目计划的项目，应明确项目名称、建设内容及规模、建设工期、项目总投资及资金来源、年度投资额及资金来源、年度进度目标等内容。政府投资项目计划一经批准，必须严格执行，任何单位和个人不得擅自变更。区发改局会同区财政局，对年度政府投资项目执行情况进行检查评估，确因特殊原因不能按年度计划实施的项目，项目业主需向区发改局、区财政局提交书面说明。各项目业主年度政府投资项目计划执行情况，作为下一年度政府投资项目计划安排的参考。列入年度政府投资项目计划的项目当年内未启动的，下一年度区发改局不再进行审批，区财政局根据存量资金管理规定收回已安排的项目资金，项目下次实施需重新申报年度政府投资项目计划。

第十二条　未列入年度政府投资项目计划的项目，原则上当年内不得实施，不得审批初步设计及项目概算。因特殊原因确需实施计划外项目的，项目业主应向区发改局提交书面申请，由区发改局会同区财政局进行初审，初审通过后由项目业主报区政府同意后方可实施，其中，项目总投资在400万元以上的项目，项目业主需报区政府常务会议审议通过；项目总投资在3000万元以上的项目，项目业主需报区人大常委会审议通过。

已列入年度政府投资项目计划的项目，项目实施过程中总投资超出年度政府投资项目计划中的项目总投资的，项目业主应向区发改局提交书面申请，由区发改局会同区财政局进行初审，初审通过后由项目业主报区政府同意后方可实施，其中，总投资超出400万元以上的项目，项目业主需报区政府常务会议审议通过；总投资超出3000万元以上的项目，项目业主需报区人大常委会审议通过。

第十三条　政府投资项目应落实资金或者明确资金来源，资金未落实或来源未明确的，不得列入年度政府投资项目计划。经批准的年度政府投资计划作为项目资金已落实或来源已明确的依据。

第十四条　区财政局应按照年度政府投资项目计划安排项目预算资金，按照预算级次、拨款程序、项目进度、投资比例拨付项目建设资金。

第三章　项目审批管理

第十五条　政府投资项目应当按照国家规定的权限和程序在批准项目建议书、项目可行性研究报告、初步设计和项目概算后方可进行建设。区发改局可以结合具体政府投资项目类型、建设规模、建设条件等情况，通过合并审批项目建议书、项目可行性研究报告、初步设计和项目概算等方式，适当简化审批程序。

第十六条　项目业主应委托工程咨询单位编制项目建议书和可行性研究报告，申报的政府投资项目建议书和可行性研究报告应符合下列条件：

（一）符合国民经济和社会发展规划、计划以及相关行业发展规划；

（二）符合城乡规划、土地利用规划；

（三）符合国家产业政策、环境保护标准；

（四）符合法律、法规、规章规定的其他条件。

第十七条　项目可行性研究报告应包括项目建设规模、场址选择和地质条件、工程方案、节能分析、环境影响、招投标方案、投资估算和资金筹措方案等方面内容，并应对建设方案、工程技术方案、场址选择、设备选型等相关内容进行多方案比较选择和优化。

第十八条 项目可行性研究报告须对项目资金平衡进行充分论证，资金未落实或资金来源未明确的，区发改局不得批复可行性研究报告、初步设计和项目概算，项目不得开工建设。

第十九条 项目可行性研究报告批准前，区自然资源和规划分局应提出规划选址意见和用地预审意见。

第二十条 区发改局在审批项目建议书和可行性研究报告前，应征询区财政局、国资中心和有关行业主管部门的意见，对项目投资估算的科学性、合理性、可行性进行审查，并委托有关专家或第三方工程咨询单位进行评估，经批复的项目投资估算作为控制项目初步设计概算的依据。

对经济社会发展、社会公众利益有重大影响或者投资规模较大的政府投资项目，区发改局应当在中介服务机构评估、公众参与、专家评议、风险评估的基础上作出是否批准的决定。

第二十一条 建立和规范重大项目社会稳定风险评估机制，与社会公众利益密切相关或者可能对社会公众生产生活造成重大影响的政府投资项目，项目业主应当在可行性研究阶段进行社会稳定风险评估。社会稳定风险评估主要内容包括因规划许可、土地征收、房屋征收等方面引起的可能出现的社会稳定突出问题和风险分析。

第二十二条 涉及党政机关办公用房和技术业务用房内容的项目，需严格执行国家、省、市、区相关规定，项目申报前应取得区机关事务局的审查意见。

第二十三条 项目可行性研究报告批准后，项目业主应委托符合资质的设计单位依据批准的可行性研究报告编制初步设计和项目概算，并达到相应的深度和质量要求。初步设计和项目概算确定的建设内容和建设标准不得超过可行性研究报告批复的范围。设计单位应严格按照有关规范，遵循估算控制概算的原则，进行限额设计。

第二十四条 项目业主在完成初步设计和项目概算后，应报区发改局进行初审，区发改局初审通过后方可组织各职能部门、相关单位进行初步设计和项目概算审查，并委托有关专家或工程咨询单位进行评估。项目业主应根据审查意见调整初步设计和项目概算，报区发改局审批。区发改局在批准前，应委托工程咨询单位对项目概算进行审核，并征询区财政局意见。初步设计及概算未经批准的项目，不得开工建设（应急、救灾等特殊项目除外）。

第二十五条 区发改局应定期通过公开招标的方式确定承担我区政府投资项目概算审核工作的第三方工程造价咨询单位名单，并建立公平公正公开的委托规则以及信用评价和应用机制。

第二十六条 项目概算超过可行性研究报告批准投资估算金额10%以上的，区发改局可以要求项目业主重新报批可行性研究报告。

第二十七条 初步设计及项目概算一经批准，必须严格按照批准的建设规模、标准、内容和项目概算组织实施，不得擅自变动。项目实施过程中，由于客观因素出现下列情形之一，可申请概算调整：

（一）因自然灾害等人力不可抗拒原因造成项目建设条件发生重大变化的；

（二）因资源、水文、地质、考古和征迁政策处理等情况有重大变化，造成投资增加或需要调整建设方案的；

（三）因国家、省、市重大政策变化或者材料价格波动超过规定的风险包干幅度，对项目造价影响较大的；

（四）因项目建设实施过程中出现其他特殊情况，原设计方案或施工方案经批准已作重大修改的。

除上述情形外，其他在建设过程中擅自增加内容、扩大规模、提高标准、改变方案和因把关不严在概算中出现重大漏项等主观因素引起工程超概算的，原则上不予调整。因特殊情况确需调整概算的，按规定程序报批，未经批准，项目单位不得组织实施。

第二十八条 项目业主和行业主管部门应建立概算执行跟踪制度，概算变更应及时按规定报批调整。项目业主申请概算调整，必须编制调整概算对比表（分类应与批复概算中单位工程一致），并定量说明调整概算的原因、依据和计算方法。

第二十九条 初步设计及项目概算确需调整的，按以下程序办理：

（一）因客观原因项目总投资增加400万元以下且原批复概算10%以内的，项目业主须先报区发改局和区财政局初审，再报区政府书面同意后，由区发改局办理审批手续；

（二）因客观原因项目总投资增加400万元以上或原批复概算10%以上的，项目业主须先报区发改局和区财政局初审，再报区政府常务会议审议通过后，由区发改局办理审批手续。

（三）因主观原因调整项目概算的，项目业主须先报区发改局和区财政局初审，再报区政府常务会议审议通过后，由区发改局办理审批手续。

第三十条 区发改局在审批调整后的初步设计及项目概算前，应对调整概算进行审核。其中，土地征用、迁移补偿等为取得或租用土地使用权而发生的费用由区政府投资项目审计中心审核，其他费用由区发改局委托第三方工程造价咨询单位审核。项目概算中的土地征用、迁移补偿等为取得或租用土地使用权而发生的费用调整可不单独审批，可结合其他费用概算调整时一并审批。经批准的调整概算，作为项目资金拨付、工程结算和竣工财务决算的依据。

第三十一条 计划总投资在3000万元以上的项目，扣除土地征用、迁移补偿等为取得或租用土地使用权而发生的费用后，项目其余部分概算总投资增减30%或2000万元以上的，项目业主须报区人大常委会审议通过。

第三十二条 按照国家和省市的有关规定，审批权限属于市及市以上的政府投资项目，由区发改局初审后转报。

第三十三条 区财政每年应安排一定的经费用于政府投资项目咨询、评估、概算审核、后评价等工作。

第四章 建设管理

第三十四条 政府投资项目应实行项目法人制。

第三十五条 非经营性政府投资项目应推行代建制或全过程咨询服务。对实施代建制或全过程咨询服务的项目，区发改局应在项目建议书或可行性研究报告批复中予以明确。

鄞城集团、鄞开集团、鄞通集团、鄞工集团等区属国有公司和区公共项目建设中心受区政府委托可直接承担政府投资项目的代建工作。

第三十六条 政府投资项目实行履约担保制度。勘察设计、施工、监理单位应向项目业主提供由金融机构出具的一定金额的履约担保。

第三十七条 项目业主应按照批准的初步设计和项目概算，遵循概算控制预算的原则进行施工图设计，编制施工图预算，合理确定工程造价。经批准的项目概算按单位工程进行控制，项目施工图预算的单位工程类别应与概算书单位工程类别相一致，施工图预算应控制在项目概算范围内，招标控制价应当在施工图预算限额内。招标内容与项目初步设计批复建设内容、规模不一致的，或招标控制价超过项目概算的不得招标，公共资源交易机构不得受理。项目业主和行业主管部门应建立项目概算控制预警机制，监控项目建设阶段可能出现的重大超概情况，按有关程序报批。

第三十八条 凡从政府投资项目总投资中列支的，依照《宁波市招标投标管理办法》规定应招标范围以内和规模标准以上的工程、货物和服务，应进行招标。宁波市规定的应招标范围以外或者规模标准以下的，由区交管办根据我区实际制定管理办法。工程设计应招标而未招标的，不得批准初步设计。

第三十九条 区交管办应通过公开招标方式建立我区规定的招标限额以下的勘察、设计、施工、监理等参建单位预选名录库，建立对入围企业考核评比、信用评价等工作机制，实行优胜劣汰的竞争机制。全区政府投资项目招标限额以下的参建单位应从名录库中选取。名录库中如无符合条件的参建单位，经区交管办批准后，方可从名录库外选取。

第四十条 政府投资项目在组织招标前，其招标范围、招标方式、招标组织形式应报区发改局认定，并在项目建议书、可行性研究报告和初步设计批复中明确。

第四十一条 项目业主和施工单位应按照中标通知书、招投标文件等文件订立书面合同。合同订立后，合同双方不得在合同之外另行订立与招投标文件或合同实质性内容不一致的其他协议。

第四十二条 区住建、交通运输、农业农村、水利等各行业主管部门将本行业对招标投标活动的监督管理职权，委托区公共资源交易监督管理中心具体实施。各行业主管部门对区公共资源交易监督管理中心履行职权情况进行监督，公共资源交易监督管理中心应在委托的职权范围内履行职责，并接受行业主管部门监督。

第四十三条 项目开工后，项目业主应按月将项目的形象进度和资金的运行情况报至区发改局、区财政局和区国资中心，并填报至全国投资项目在线审批监管平台。

第四十四条 政府投资项目完工后，项目业主应对施工单位提交的工程结算进行核对并编制竣工财务决算，政府投资项目工程结算和竣工财务决算实行必审制，由区审计局按相关规定分类实施。区财政局和项目主管部门负责办理政府投资项目竣工财务决算审核批复手续。区财政局应加强对财政安排资金的拨款审核，对未按规定程序和要求进行报批或存在明显审核质量缺陷的项目，可要求原审核单位重新审核或委托第三方检测。

第四十五条 政府投资项目涉及消防、人防、安全生产、档案等专项验收的，应由有关行业主管部门依法组织专项验收。各项专项验收完成后，应由区发改局或由其委托的行业主管部门组织竣工验收。对于符合固定资产投资统计范围，达到固定资产投资统计标准的项目，项目业主应及时做好项目统计入库工作，并按时报送固定资产投资统计报表。项目竣工验收时，项目业主须提供区统计局出具的关于项目已经统计入库的证明材料。

第四十六条 政府投资项目竣工验收后，项目业主应及时向区国资中心办理产权登记手续。

第四十七条 项目业主和主管部门应按照《中华人民共和国档案法》和《浙江省重点建设项目档案登记备份管理办法》的规定，收集、整理、归档和移交项目档案资料，并做好项目档案的登记备份工作。列入城建档案管理机构档案接收范围的工程，由城建档案管理机构出具工程档案认可文件；其他重点工程，由区档案局依照《浙江省重点建设项目档案验收办法》组织项目档案专项验收。逐步推行政府投资项目档案资料电子化归档工作。

第四十八条 逐步推行政府投资项目财政资金国库集中支付制度。

第五章　工程变更管理

第四十九条　政府投资项目应严格按照批准的设计文件进行建设，不得擅自变动，确有必要调整和变更的，应严格按规定办理工程变更手续。

第五十条　项目业主应制定工程变更各项内控制度，并对工程变更事项的真实性和合理性负总责。工程招标前，项目业主应会同设计、工程咨询、监理等单位审查施工图，做好对主要材料、设备的市场调查，使施工图最大限度地符合施工要求，并核对施工图及工程量清单，以减少工程变更。在编制招标文件和订立施工合同时应明确工程变更的处理方式和价款调整方法，并从严控制工程变更。

第五十一条　工程变更按等级分为重大变更、较大变更和一般变更。

（一）工程变更有下列情形之一的为重大变更：

1.单项变更造价增减绝对额之和500万元以上的；

2.单项变更造价增减在200万元以上的。

（二）工程变更有下列情形之一的为较大变更：

1.单项变更造价增减绝对额之和200万元以上500万元以下的；

2.单项变更造价增减在50万元以上200万元以下的；

3.累计变更造价增减绝对额之和超过合同价50%的；

4.累计变更造价增减超过合同价20%的；

5.单项变更造价增减超过合同价10%且未达到重大变更标准的。

（三）工程其他变更为一般变更。实行工程量清单计价的项目，招标人提供的工程量清单出现错项、计算错误的情况按一般变更处理。

第五十二条　政府投资项目工程变更实行分级管理，具体为：

（一）重大变更由区政府批准。重大变更应在工程变更实施前提出申请，报区发改局初审通过后，由项目业主报区政府批准。其中，单项变更增加造价在400万元以上的，由项目业主报区政府常务会议审议通过。

（二）较大变更实施前，项目业主须报区发改局审批。

（三）一般变更实施前，项目业主须如实填写政府投资项目工程变更登记表。

未按本办法规定办理手续的工程变更，工程结算时一律不予承认。

第五十三条　项目业主在办理工程变更手续时，应提供以下材料：

（一）政府投资项目重要事项审批表（重大变更和较大变更需提供，一般变更不需提供）；

（二）政府投资项目工程变更登记表；

（三）工程变更联系单；

（四）设计变更应附设计图纸及说明；

（五）工程变更预算书（须由注册造价工程师编制）；

（六）工程变更资金平衡表；

（七）其他相关材料。

第五十四条　工程变更实施前，业主、设计、施工、监理等相关单位项目负责人应在工程变更联系单上签署明确意见，并签名盖章。

第五十五条　工程变更原则上应在先办理工程变更手续后再进行施工。如因特殊情况，工程急需变更的，报区发改局同意后，可在工程变更实施的同时按规定报批。

第五十六条　工程变更价款应严格执行合同的约定。项目业主应会同监理单位对变更工程量、单价、费用及造价变化进行审核，最终变更造价以工程结算审定造价为准。

第五十七条　因工程变更需调整项目概算的，应先办理概算调整审批手续，再办理工程变更程序。

第六章　监督管理

第五十八条　政府投资项目应在施工现场显著位置对项目业主、勘察、设计、施工、监理单位名称等信息进行公示。任何单位和个人均有权举报政府投资项目审批和建设中的违规、违法行为。

第五十九条　有关主管部门应加强政府投资项目建设过程中工程质量、安全等方面监督管理，建立信息通报和共享制度。区审计局对重大政府投资项目实行跟踪审计制度。

第六十条　大中型政府投资项目交付试用期满后，区发改局应有选择地组织政府有关部门或委托工程咨询单位对项目进行后评价，后评价包括前期工作、实施情况、工程质量、投资效益、环境效益、社会效益等内容。

第六十一条 政府投资项目业主与勘察、设计、施工、监理等单位签订合同时，必须按规定同时签订廉政合同。

第七章 责任追究

第六十二条 项目业主有下列行为之一的，区发改局和其他有关主管部门按照各自职责，责令其限期纠正，视情节轻重通报责任单位、责令项目停工及停止资金拨付等，并依法追究项目业主负有直接责任的主管人员和其他直接责任人员的责任：

（一）以不立项或规避招标为目的拆分项目的；

（二）未按基本建设程序办理相关手续擅自开工的；

（三）未经批准擅自变更设计方案、提高建设标准、增加建设内容、扩大建设规模、增加项目概算的；

（四）依法应当实行招标未招标的；

（五）未经竣（交）工验收或者验收不合格投入使用的；

（六）其他违反有关法律、法规和本办法规定的行为。

第六十三条 加强工程建设领域诚信体系建设，落实《宁波市建设市场不良行为记录和公示办法》《宁波市公共资源交易“黑名单”管理办法》，规范市场准入、清出制度，建立建筑业类企业信用评价和工程招标投标挂钩机制。推行“黑名单”制度、失信惩戒制度和守信激励制度，招标代理、工程勘察、设计、监理、代建、咨询等中介机构或其工作人员弄虚作假的，按照《浙江省市场中介机构管理办法》的规定予以处罚。

各项目业主应制定相应管理、考核办法，对参建单位进行监督和考核。

第六十四条 区发改局和其他政府部门违反本办法的，追究负有直接责任的主管人员和其他直接责任人员的责任。

第八章 附 则

第六十五条 本办法中所称以上包含本数，以下不包含本数。

第六十六条 本办法自2019年7月1日起施行，《宁波市鄞州区人民政府办公室关于印发鄞州区政府投资项目管理办法的通知》（鄞政办发〔2013〕153号）同时废止。

——摘自《关于印发宁波市鄞州区政府投资项目管理办法的通知》（鄞政办发〔2019〕42号）

关于建立健全鄞州区违法建筑长效管控机制的通知

为进一步建立健全我区违法建筑长效管控机制，推动违法建设防控治理工作向纵深推进、向更高水平提升，根据《浙江省人民政府办公厅关于建立健全违法建设防控治理长效机制的若干意见》（浙政办发〔2018〕23号）文件要求，结合我区实际情况，经区政府同意，现就建立健全鄞州区违法建筑长效管控机制通知如下：

一、总体要求

以习近平新时代中国特色社会主义思想为指导，按照省市“三改一拆”“无违建创建”决策部署和市委、区委主要领导相关批示指示精神，结合“不忘初心、牢记使命”主题教育和区委“三个年”活动“七大行动”计划的总体要求，深入推进“三改一拆”及“无违建”创建工作，依法推进存量违法建筑分类处置、应拆尽拆，新增违法建筑实行零容忍，发现一起、查处一起，坚决把新增违法建筑遏制在萌芽状态，持续为“两高四好”示范区建设提供坚实保障。

二、健全责任机制

（一）属地政府职责：各镇政府和街道办事处是违法建设防控治理工作的直接责任主体，要落实村（社区）巡查责任制，切实做好辖区内违法建设的巡查、劝阻和案情上报工作，并根据法律法规规定，组织或协同实施违法建筑拆除工作，做好违法建筑拆除善后等工作。属地镇政府具体负责本行政区域内乡村违法建筑处置工作。对在村庄规划区域内，未依法取得乡村建设规划许可证或未按照乡村建设规划许可证规定进行建设的，属地镇政府应依法责令停止建设、限期改正；逾期不改正的，依法实施拆除。

（二）职能部门职责：自然资源规划、交通运输、水利、农业农村等主管部门或其他职能部门要依法开展违法建设日常巡查工作，并承担本行政区域内违反土地管理、交通运输、水利、林业等法律法规的违法建筑处置工作。综合行政执法部门会同自然资源规划部门具体负责对本行政区域内城镇违法建筑的处置工作，指导、监督对乡村违法建筑的处置工作，并根据综合行政执法体制改革相关处罚职权划转情况，会同有关部门开展相应领域的违法建筑处置工作。其他有关部门要按照法定职责承担违法建设防控治理相关工作。

（三）协查联动部门职责：综合行政执法、自然资源规划、住建、交通运输、水利、农业农村、市场监管等部门和供电、供水、供气等单位，要在区政府的统一领导下，进一步加强协调配合、信息互通和资源共享，合力构建条块结合、部门联动、反应快速、执法有序、运行高效的违法建设防控治理工作机制。有关部门和单位根据相关法律规定，不得对违法建设知情不报；在违法建筑处置决定执行完毕前，不得为违法建筑办理不动产登记或提供供电、供水、供气等服务；不得将违法建筑登记为企业住所或者生产、经营场所。

（四）其他单位职责：国家机关、人民团体、事业单位、区属国有企业对本单位干部员工的违法建设行为负有监督职责。

三、健全防控体系

根据工作职责要求，实行分工负责、分片包干、责任到人，建立日常巡查网络和上下监督巡查网络。

（一）建立完善村（社区）巡查、镇（街道）巡视、区级督查的三级网格化动态防控体系。实行定人、定时、定岗、定责制度，按照谁巡查、谁发现、谁劝阻的原则，及时发现、及时处置违法建设行为，确保新增违法建筑从产生到发现不超过7个工作日。镇（街道）、村（社区）两级可结合镇街网格管理要求开展巡查工作。同时，进一步拓宽群众投诉举报渠道，充分运用卫星遥感监测、无人机动态巡查、视频监控等技术手段，收集掌握各类违法建设线索。

（二）实行首查负责制、案件移送制和即查即拆制。首查单位对在其管辖范围内的首查案件，应立即依法查处；首查单位对不在其管辖范围内的首查案件，应立即通知有管辖权的单位并在2个工作日内移送案件；有管辖权的单位接到案件后应立即依法查处，并在处理决定作出后2个工作日内书面通报首查单位。对正在建设中的城镇违法建筑，有关职能部门一经发现，应当立即责令当事人停止建设；当事人拒不停止建设的，由区政府责成镇（街道）或有关部门采取拆除继续建设部分的措施。

（三）各镇（街道）要对本行政区域内的建筑物进行普查登记，摸清违法建筑底数，形成数据库。在此基础上，要充分将鄞州区防违控违平台与“四个平台”结合起来，统筹实施运用，落实违建巡查发现、投诉举报、违建处置、反馈跟踪等工作。

四、建立督考制度

（一）区“三改一拆”办要每月开展一次新增违法建筑管控情况督查，对查处不力、拆后再建、群众反映强烈的案件进行挂牌督办，并跟踪落实整改，特别是对未能采取有力措施对新增违法建筑实施有效管控等情况，及时报送区委、区政府，并抄送区纪委监委和区委组织部。同时，将违法建筑防控情况纳入年度“三改一拆”工作考核内容。

（二）充分利用广播、电视、网络、报刊等载体，加大对违法建设行为的曝光力度，加强对违法建设行为处罚结果的跟踪报道，形成警示和震慑作用，营造守信激励和失信惩戒的社会氛围。

（三）各镇街、相关部门在做好日常巡查和监管工作的同时，要结合本地实际研究制定违法建筑长效管控考核制度，加强对网格员管理，做到用制度管人管事。

（四）严格执行责任追究制度，对新增违法建筑管控不力、日常巡查不到位的，严格按照《进一步加强新增违法建筑管控强化责任追究实施办法》（鄞党办〔2017〕48号）文件精神，进行约谈、通报、问责。

本通知自2020年2月1日起施行。此前有关规定与本通知不一致的按本通知执行。

——摘自《关于建立健全鄞州区违法建筑长效管控机制的通知》（鄞政办发〔2019〕102号）

关于进一步强化高层次人才激励保障工作的实施办法

为进一步加强高层次人才队伍建设，服务“两高四好”示范区建设，根据《关于进一步激发人才创业创新活力加快建设国内一流人才强区的若干意见》（鄞党办〔2018〕28号）等文件精神，结合鄞州区人才工作实际，特制定本办法。

一、明确高层次人才激励保障的范围对象

本办法所指高层次人才主要是指符合我区经济社会发展需要并具有创新能力、创新业绩的下列7类人才，相关分类依据最新实施的《宁波市人才分类目录》及鄞州区人才工作实际，其中社会事业领域人才另行分类。

第1类：《宁波市人才分类目录》中的顶尖人才；

第2类：《宁波市人才分类目录》中的特优人才；

第3类：《宁波市人才分类目录》中的领军人才；

第4类：《宁波市人才分类目录》中的拔尖人才；

第5类：《宁波市人才分类目录》中的高级人才、“创业鄞州·精英引领”计划团队带头人或创新人才；“泛创业鄞州·精英引领”计划创业团队带头人或创新人才；鄞州区“四大精英”培养工程第一层次人才；

第6类：双一流专业全日制本科毕业生；全日制硕士研究生；具有副高级专业技术职务任职资格人才；高级技师；

第7类：普通全日制本科毕业生；技师。

二、突出企业主体，加快高层次人才开发和集聚

（一）鼓励企业自主培养和引入高层次人才。扩大自主职称评审试点单位规模，打造一批人才自主评价示范单位。每年遴选5家左右职称自主评审或技能自主评价工作突出的示范企业，给予总额15万元的资助，分三年拨付，每年资助5万元，期间若出现工作未有效开展的，即暂停当年资助。

对区内企业从国内知名院校、科研机构、上市公司等全职引进的硕士研究生学历及以上、副高级专业技术职称资格及以上人才，符合我区产业方向且年个税15万元以上的，经认定择优给予企业一次性50%的薪酬补贴（按人才年个税计算），最高不超过15万元。

对区内企业全职新引进或引进后入选最新《宁波市人才分类目录》中领军人才、拔尖人才，属于我区经济社会发展急需紧缺的，分别给予企业一次性30万元、10万元的引才资助。

上述两类企业引才补贴（资助）按就高不重复原则享受。

（二）鼓励企业加强高层次人才创新平台建设。引导企业加快推进企业技术创新团队建设，重点在制造业和服务业领域培养和集聚一批技术骨干，打造一批区级企业技术创新团队，同时为创建省、市企业技术创新团队做好梯队建设。每2年组织1次区级企业技术创新团队的评比，由各镇（街道、园区）推荐或企业自荐，区人力社保局组织实施，入选后给予一次性10万元的奖励；获得省级、市级企业技术创新团队称号的，按上级奖励资金的50%给予配套奖励。

鼓励企业与高校院所建立智力对接平台，对经择优推荐并进入市企业专家工作站报备名单的工作站，直接授牌设立区企业教授（专家）工作室，并给予三年总计20万元的资助，其中第一年10万元，后两年各5万元；对经遴选进入市企业专家工作站重点支持名单的，按照市定标准1∶1进行配套资助。鼓励区内企业与宁波南高教园区高校合作，通过企业冠名班、订单班等方式进行联合、定向培养毕业生而产生费用的，经区人力社保局认定后，按照企业支出的50%予以补助，最高不超过10万元。

三、强化政策引导，加大高层次人才激励保障力度

（一）设立“鄞州英才”特殊津贴。对为企事业单位开拓创新、技术攻关并取得显著业绩的高端人才发放“鄞州英才”区级特殊津贴（教、文、卫、体等社会事业领域政策另行制定）：第1类人才，每月15000元；第2类人才，每月12000元；第3类人才，每月9000元；第4类人才，每月6000元；第5类人才，每月3000元。瞻岐镇、咸祥镇、塘溪镇、鄞州经济开发区等偏远镇（园区）的人才享受待遇提高20%。

“鄞州英才”特殊津贴实行动态管理，享受期限3年，每年发放一次，享受人员须在鄞正常连续缴纳社保或个税12个月以上，发放期间符合更高层次的给予就高享受。发放期满后若达到更高人才层次标准的，可再享受一轮特殊津贴，每人总计最多享受两轮，具有多重荣誉的人员按就高原则享受。若在享受期内离开鄞州的，则从社保或个税中断当月起停止津贴发放。原享受过类似津贴政策的人才不再同一事由享受此政策。

（二）实施高层次人才租房补贴。由我区企业正式新引进或新培养，在我区签订3年及以上劳动合同，在区内企业（不含五大国有银行以及邮政、电力、电信、水利等垂直管理单位人员）、个体工商户、民办非企业单位等工作并在鄞缴纳社保或个税6个月及以上的高层次人才。人才须在宁波市六区范围内无住房（包括父母、配偶、未婚子女）。

上述符合条件的高层次人才享受租房补贴的时间累计不超过36个月，每半年申请1次。在享受补贴期间，获得更高学历、职称或技能等级的，提高到相应标准享受津贴。若在此期间购买房屋的，按购买住房并交付达到半年的当月起停止发放（当月不补贴）。已经享受原人才工作生活津贴、人才公寓政策的，则不再重复享受租房补贴。原江东已享受租房补贴的人才，补贴享受未满36个月的可以继续申报，直至满36个月为止。

高层次人才租房补贴具体标准分别如下：

1.第5类人才中取得正高级专业技术职务资格的人才，每月2000元；

2.第5类人才中取得全日制博士研究生学历的人才、博士后工作站在站博士后研究人才，每月1500元；

3.第6类人才中的高级技师、取得副高级专业技术职务资格的人才、取得全日制硕士研究生学历的人才、“双一流”院校或者“双一流”学科毕业的全日制本科学历人才，每月1000元；

4.第7类人才中的技师每月500元；

5.第7类人才中普通全日制本科学历人才（市六区外引进），按市有关政策给予一次性1万元的补贴。

（三）实施企业实用人才评选。根据《鄞州区企业实用人才评价暂行办法》（鄞政办发〔2016〕60号）文件精神，面向

在鄞州区注册纳税的传统优势产业、战略新兴产业和生产性服务业企业（不含区属非生产经营性国有企业）一线从事技术、技能工作的人才，每年开展企业实用人才评选活动。评选分“鄞州金匠”和“鄞州银匠”两类。

获评“鄞州金匠”可享受以下待遇：

1.每月1000元/人、累计36个月的工作生活津贴；

2.享受工作生活津贴期间给予每年一次（总计三次）的免费健康体检；

3.列入公租房申请对象（须满足申请公租房通用条件）；

4.子女入学由区教育主管部门统筹安排；

5.在流动人口积分管理中予以加分；

6.颁发鄞州区“鄞州金匠”证书，享受区高层次人才服务中心相关服务。

获评“鄞州银匠”可享受以下待遇：

1.享受每月500元/人、累计36个月的工作生活津贴；

2.列入公租房申请对象（须满足申请公租房通用条件）；

3.在流动人口积分管理中予以加分；

4.颁发鄞州区“鄞州银匠”证书，享受区高层次人才服务中心相关服务。

其中，实用人才工作生活津贴每年发放一次，一次发放12个月（享受原鄞州人才津贴者可就高享受）；若享受期间离开鄞州区的，则自社保中断当月起停止发放。

（四）实施高端人才精英卡制度。推出“鄞州区高层次人才精英卡”（分红卡和蓝卡），申领红卡的人才为宁波市鄞州区企事业单位（不含参照公务员法管理的单位，下同）全职引进的符合最新宁波市人才分类目录的国内外顶尖人才和特优人才；申领蓝卡的人员为宁波市鄞州区企事业单位引进的符合最新宁波市人才分类目录的领军人才、拔尖人才、“创业鄞州·精英引领”计划及“泛创业鄞州·精英引领”团队带头人和创新人才。凡持有精英卡的人才可享受政策范围内的优先服务，人才直系家属可申请办理精英卡副卡（最多可办理3张），享受同等待遇。

（五）实施精英人才购房补贴。持精英卡（红卡）的顶尖人才、特优人才在鄞以本人或以配偶名义首次购买唯一住房，给予一次性100万、80万元的购房补贴。

持精英卡（蓝卡）的领军人才、拔尖人才在鄞以本人或以配偶名义首次购买唯一住房，给予一次性50万元、30万元购房补贴；“创业鄞州·精英引领”计划团队带头人和创新人才，在鄞以本人或以配偶名义首次购买家庭唯一住房的，给予一次性20万元购房补贴；“泛创业鄞州·精英引领”计划入选团队带头人和创新人才，在鄞以本人或以配偶名义首次购买家庭唯一住房的，给予一次性10万元购房补贴。

已购买低收入家庭住房、经济适用房、限价房、人才公寓等保障性住房的，已享受用人单位实物分房的、博士后出站留甬补助的、博士生购房补贴的按就高享受不重复原则，不再享受上述购房补贴政策；已享受市区两级及用人单位购房补贴的，按就高、补差、不重复原则发放。夫妻双方同时符合享受条件的，其中一方全额享受，另一方享受50%。

（六）切实解决精英人才生活保障问题。切实保障人才子女入学，持有精英卡的人才，其子女自主就读区内民办学校的，由区财政每人每学期补助1万元，补助3年；通过教育部门协调就读民办学校的，不再享受补助；申请就读公办学校的，可通过区教育部门提供的具备优质教育资源的公办学校中选择就读一次；其他政策内人才子女按照现行的人才政策解决。切实保障人才配偶就业，按照“对口安置为主、统筹调配为辅”原则帮助解决企业高层次人才的配偶就业问题。

切实提升人才医疗服务保障水平，设立高层次人才健康服务定点医院，持有精英卡及副卡人员享受定点医院优先安排、专家预约、医疗特需服务等绿色就医通道服务。定期组织高层次人才进行全面体检，并做好日常保健工作。为顶尖人才、领军人才、高端人才等“高精尖”人才提供综合保险保障，建立人才健康与创新风险保险制度等。

四、加大投入力度，构建社会化的人才培育体系

（一）给予各级人才培养工程经费资助。对入选省“151人才工程”和市“领军和拔尖人才培养工程”第一层次的培养人选按照市定配套资助标准给予1∶1配套资助；对入选市“领军和拔尖人才培养工程”第二层次、第三层次的培养人选，分别对应区“智造精英”“堇山精英”培养计划第一层次、第二层次直接列入培养和资助，不占指标；市“领军和拔尖人才培养工程”第二层次、第三层次的培养人选已入选“智造精英”“堇山精英”培养计划对应层次的，不再重复资助。

对区内各类人才入选最新《宁波市人才分类目录》中特优人才、领军人才、拔尖人才，属于我区经济社会发展急需紧缺的，分别一次性给予个人100万元、30万元、20万元的奖励。

（二）鼓励企业高层次人才加强学习提升。对企事业单位高层次人才参加由组织人社部门组织（推荐、备案）赴国内外先进地区、高等院校考察、交流、培训、研修的，国外给予最高10万元的补贴，国内给予最高5万元的补贴，企业承担部分不低于50%。对“四大精英”培养计划的第一层次人才攻读所从事专业的硕士、博士学位学历的，经认定给予全额学费补贴；第二层次人才攻读所从事专业的硕士、博士学位学历的，在市政策补贴50%的基础上再给予20%的学费补贴，最高

不超过10万元。

本办法自2019年7月1日起开始执行，所述政策条款对象自区人才新政发布之日起计。如与原鄞州、原江东区人才政策有冲突的，按本办法执行，如实施中遇上级政策调整，按上级政策执行。本办法由区人力社保局负责解释。

——摘自《关于印发关于进一步强化高层次人才激励保障工作的实施办法的通知》（鄞政办发〔2019〕38号）

表80　2019年中共宁波市鄞州区委部分文件目录

日期	发文字号	文件目录
1.9	鄞党办〔2019〕1号	关于抓紧做好2018年度鄞州区镇（街道）、工业园区和南部商务区管委会目标管理考核工作的通知
1.17	鄞党办〔2019〕2号	关于做好区级机构改革有关事项的通知
2.22	鄞党办〔2019〕3号	关于印发《鄞州区开展区域医疗卫生服务共同体建设工作方案》的通知
1.18	鄞党办〔2019〕4号	关于评选2016—2018年度鄞州区劳动模范和模范集体的通知
1.18	鄞党办〔2019〕5号	关于建立分级负责协同推进狠抓落实工作机制的通知
1.18	鄞党办〔2019〕6号	关于表彰第二届鄞州区道德模范的通报
2.14	鄞党办〔2019〕7号	关于建立区抓落实专项办公室及有关工作机制的通知
2.13	鄞党办〔2019〕8号	印发《关于进一步加强专职社区工作者队伍建设的实施意见》的通知
2.21	鄞党办〔2019〕9号	关于印发《区委领导同志批示（指示）件“马上就办、办就办好”工作规则》的通知
2.25	鄞党办〔2019〕11号	关于聘任区委区政府督查专员的通知
3.6	鄞党办〔2019〕13号	关于全区2018年度主要经济指标完成情况的通报
3.7	鄞党办〔2019〕15号	印发《关于开展“温故知新、知行合一”主题教育实践活动的实施方案》的通知
3.8	鄞党办〔2019〕16号	关于开展2019年“大学习大调研大抓落实”活动的通知
3.7	鄞党办〔2019〕17号	关于印发《中共宁波市鄞州区委宁波市鄞州区人民政府信访局职能配置、内设机构和人员编制规定》的通知
3.7	鄞党办〔2019〕18号	关于印发《中共宁波市鄞州区委宁波市鄞州区人民政府政策研究室职能配置、内设机构和人员编制规定》的通知
3.13	鄞党办〔2019〕19号	关于印发《中共宁波市鄞州区委 宁波市鄞州区人民政府 政协宁波市鄞州区委员会2019年度民主监督工作计划》的通知
3.13	鄞党办〔2019〕20号	关于印发《中共宁波市鄞州区委 宁波市鄞州区人民政府 政协宁波市鄞州区委员会2019年度协商工作计划》的通知
3.5	鄞党办〔2019〕22号	关于印发《宁波市鄞州区医疗保障局职能配置、内设机构和人员编制规定》的通知
3.5	鄞党办〔2019〕23号	关于印发《宁波市鄞州区统计局职能配置、内设机构和人员编制规定》的通知
3.14	鄞党办〔2019〕27号	印发《关于深化实施“创业鄞州·精英引领计划”的意见》的通知
3.22	鄞党办〔2019〕28号	印发《关于实施“泛创业鄞州·精英引领计划”引进支持急需紧缺高层次人才的意见（试行）》的通知
3.22	鄞党办〔2019〕29号	印发《关于深化涉农资金统筹整合工作的实施意见》的通知
3.20	鄞党办〔2019〕31号	关于2018年度获得市级以上主要荣誉情况的通报
3.22	鄞党办〔2019〕30号	印发《关于深化社会宣传促进创建活动群众“三率”提升工作方案》的通知
3.25	鄞党办〔2019〕32号	关于表彰2018年度乡村振兴工作先进集体的通报
3.22	鄞党办〔2019〕33号	关于加快小微企业园高质量发展的实施意见
3.22	鄞党办〔2019〕34号	印发鄞州区关于开展八大重点产业招商工作方案的通知
3.8	鄞党办〔2019〕38号	关于印发《宁波市鄞州区审计局职能配置、内设机构和人员编制规定》的通知
3.8	鄞党办〔2019〕39号	关于印发《宁波市鄞州区卫生健康局职能配置、内设机构和人员编制规定》的通知
3.8	鄞党办〔2019〕40号	关于印发《宁波市鄞州区财政局职能配置、内设机构和人员编制规定》的通知

续表80

日期	发文字号	文件目录
3.8	鄞党办〔2019〕41号	关于印发《宁波市鄞州区交通运输局职能配置、内设机构和人员编制规定》的通知
3.8	鄞党办〔2019〕42号	关于印发《宁波市鄞州区科学技术局职能配置、内设机构和人员编制规定》的通知
3.8	鄞党办〔2019〕43号	关于印发《宁波市鄞州区民政局职能配置、内设机构和人员编制规定》的通知
3.8	鄞党办〔2019〕44号	关于印发《宁波市鄞州区人力资源和社会保障局职能配置、内设机构和人员编制规定》的通知
3.8	鄞党办〔2019〕45号	关于印发《宁波市鄞州区司法局职能配置、内设机构和人员编制规定》的通知
3.8	鄞党办〔2019〕46号	关于印发《宁波市鄞州区农业农村局职能配置、内设机构和人员编制规定》的通知
3.8	鄞党办〔2019〕47号	关于印发《宁波市鄞州区教育局职能配置、内设机构和人员编制规定》的通知
3.8	鄞党办〔2019〕48号	关于印发《中共宁波市鄞州区委老干部局职能配置、内设机构和人员编制规定》的通知
3.8	鄞党办〔2019〕49号	关于印发《中共宁波市鄞州区委机构编制委员会办公室职能配置、内设机构和人员编制规定》的通知
3.8	鄞党办〔2019〕50号	关于印发《宁波市鄞州区市场监管局职能配置、内设机构和人员编制规定》的通知
3.8	鄞党办〔2019〕51号	关于印发《宁波市鄞州区商务局职能配置、内设机构和人员编制规定》的通知
3.8	鄞党办〔2019〕52号	关于印发《宁波市鄞州区经济和信息化局职能配置、内设机构和人员编制规定》的通知
3.8	鄞党办〔2019〕53号	关于印发《宁波市鄞州区水利局职能配置、内设机构和人员编制规定》的通知
3.8	鄞党办〔2019〕54号	关于印发《宁波市鄞州区文化和广电旅游体育局职能配置、内设机构和人员编制规定》的通知
3.8	鄞党办〔2019〕55号	关于印发《宁波市鄞州区应急管理局职能配置、内设机构和人员编制规定》的通知
3.8	鄞党办〔2019〕56号	关于印发《宁波市鄞州区发展和改革局职能配置、内设机构和人员编制规定》的通知
3.8	鄞党办〔2019〕57号	关于印发《宁波市鄞州区综合行政执法局职能配置、内设机构和人员编制规定》的通知
3.8	鄞党办〔2019〕58号	关于印发《宁波市鄞州区人民政府办公室职能配置、内设机构和人员编制规定》的通知
3.8	鄞党办〔2019〕59号	关于印发《宁波市鄞州区人民政府金融工作办公室职能配置、内设机构和人员编制规定》的通知
3.8	鄞党办〔2019〕60号	关于印发《宁波市鄞州区住房和城乡建设局职能配置、内设机构和人员编制规定》的通知
4.3	鄞党办〔2019〕66号	关于对2018年度平安镇（街道）和平安综治工作突出单位予以表扬的通报
4.8	鄞党办〔2019〕67号	关于深化鄞州区属企业负责人薪酬制度改革的实施意见
4.8	鄞党办〔2019〕68号	关于印发2019年度鄞州区房屋征迁“拔钉清零”行动实施方案的通知
4.10	鄞党办〔2019〕70号	关于做好2018年度区委常委会民主生活会整改工作的通知
4.10	鄞党办〔2019〕71号	印发《关于进一步推进社区准入工作的实施意见》的通知
4.22	鄞党办〔2019〕73号	关于印发《中共宁波市鄞州区委2019年度民主协商（会议协商）计划》的通知
4.28	鄞党办〔2019〕74号	印发《关于推进“牢记初心使命、勇于实干担当”专题教育实践活动第二阶段重点工作的任务安排》的通知
5.10	鄞党办〔2019〕77号	关于印发《宁波市鄞州区国有资产发展服务中心职能配置、内设机构和人员编制规定》的通知
5.10	鄞党办〔2019〕78号	关于印发《宁波市鄞州区大数据发展服务中心职能配置、内设机构和人员编制规定》的通知
5.10	鄞党办〔2019〕79号	关于印发《宁波市鄞州区档案馆职能配置、内设机构和人员编制规定》的通知
5.10	鄞党办〔2019〕80号	关于印发《宁波市鄞州区归国华侨联合会职能配置、内设机构和人员编制规定》的通知
5.13	鄞党办〔2019〕81号	关于在全区开展“群众考干部、企业考干部、基层考部门”工作的通知
4.29	鄞党办〔2019〕82号	关于进一步加强党政人员因公出国（境）管理工作的通知
5.21	鄞党办〔2019〕83号	关于印发《省环境保护督察宁波市鄞州区整改工作领导小组工作方案》的通知
5.21	鄞党办〔2019〕84号	关于印发《2019年度宁波市鄞州区干部教育培训计划表（主体班次）》的通知
5.30	鄞党办〔2019〕87号	印发《关于在全区开展“亮灯亮牌亮剑”的实施办法》的通知

续表80

日期	发文字号	文件目录
6.6	鄞党办〔2019〕88号	关于印发《宁波市鄞州区城市开发前期中心职能配置、内设机构和人员编制规定》的通知
6.5	鄞党办〔2019〕89号	关于树立过紧日子思想严格压缩一般性支出的通知
6.5	鄞党办〔2019〕90号	关于成立鄞州区对口和山海协作工作领导小组的通知
6.11	鄞党办〔2019〕92号	关于印发《宁波市鄞州区接待服务中心职能配置、内设机构和人员编制规定》的通知
6.19	鄞党办〔2019〕93号	关于在国资国企整合期间严明纪律的通知
6.19	鄞党办〔2019〕94号	关于印发《全区推进"服务企业服务群众服务基层"活动2019年实施方案》的通知
6.20	鄞党办〔2019〕95号	关于印发2019年区领导重点工作调研课题的通知
6.27	鄞党办〔2019〕96号	关于印发《鄞州区五水共治百日攻坚方案》《鄞州区拆违治乱百日攻坚方案》的通知
6.28	鄞党办〔2019〕97号	印发《关于加强新时代人民政协党的建设工作的实施意见》的通知
7.5	鄞党办〔2019〕99号	关于印发《2019年宁波市鄞州区委落实全面从严治党主体责任工作要点》的通知
7.18	鄞党办〔2019〕105号	关于印发《宁波市鄞州区"二次创业再攀高"解放思想大讨论活动实施方案》的通知
7.29	鄞党办〔2019〕107号	关于印发《宁波市鄞州区建设新时代文明实践中心工作实施方案》的通知
7.26	鄞党办〔2019〕108号	关于印发《鄞州区政协协商成果转化实施办法(试行)》的通知
8.1	鄞党办〔2019〕109号	关于印发《鄞州区2019年党风廉政建设和反腐败工作组织领导与责任分工》的通知
8.16	鄞党办〔2019〕110号	关于印发《鄞州区2019年度区级机关目标管理考核实施意见》《鄞州区2019年度镇(街道)目标管理考核实施意见》《鄞州区2019年度工业园区目标管理考核实施意见》和《鄞州区2019年度南部商务区管委会目标管理考核实施意见》的通知
9.6	鄞党办〔2019〕111号	关于印发鄞州区全面深化国有企业改革三年行动方案的通知
9.12	鄞党办〔2019〕113号	关于印发《区委常委会带头深入开展"不忘初心、牢记使命"主题教育的实施方案》的通知
10.13	鄞党办〔2019〕117号	关于印发《鄞州区国土空间总体规划编制工作方案》的通知
10.15	鄞党办〔2019〕118号	关于印发《中共宁波市鄞州区委法律顾问工作规则》的通知
11.1	鄞党办〔2019〕119号	关于切实做好2020年度党报党刊发行工作严格规范报刊发行秩序的通知
11.8	鄞党办〔2019〕120号	关于印发《宁波市鄞州经济开发区发展服务中心职能配置、内设机构和人员编制规定》的通知
11.6	鄞党办〔2019〕121号	关于印发《鄞州区高质量发展指标体系实施办法》的通知
12.31	鄞党办〔2019〕122号	印发《关于深入推进城市安全发展的实施意见》的通知
11.26	鄞党办〔2019〕123号	关于印发《鄞州区公务员职务与职级并行制度实施方案(试行)》的通知
11.29	鄞党办〔2019〕124号	印发《关于进一步推进清廉鄞州建设工作要点》的通知
11.29	鄞党办〔2019〕125号	关于印发《宁波市鄞州区生态环境保护工作责任规定》的通知
12.4	鄞党办〔2019〕126号	关于印发《宁波市鄞州区党政领导干部食品安全责任制工作清单》的通知
12.16	鄞党办〔2019〕127号	关于印发《全面加强党的政治建设的若干措施》的通知
12.18	鄞党办〔2019〕128号	关于调整区委区政府有关部门与区政协各专门委员会对口联系的通知
12.18	鄞党办〔2019〕129号	关于促进低收入农户高水平全面小康的实施意见
12.18	鄞党办〔2019〕130号	关于印发《鄞州区区属事业单位清理规范整合工作方案》的通知
12.30	鄞党办〔2019〕131号	关于建立鄞州区党内法规工作联席会议制度的通知
12.31	鄞党办〔2019〕132号	关于印发《区委常委会"不忘初心牢记使命"专题民主生活会征求到的意见建议责任分解》的通知
12.31	鄞党办〔2019〕133号	关于印发《共青团宁波市鄞州区委员会职能配置、内设机构和人员编制规定》的通知

表 81　　2019年宁波市鄞州区人民政府部分文件目录

日期	发文字号	文件目录
3.6	鄞政办发〔2019〕12号	宁波市鄞州区人民政府办公室关于印发《鄞州区老旧住宅小区改造工作实施方案》的通知
4.28	鄞政办发〔2019〕25号	宁波市鄞州区人民政府办公室关于印发鄞州区高速公路桥下空间合理利用管理试行办法的通知
5.21	鄞政办发〔2019〕29号	宁波市鄞州区人民政府办公室关于进一步加强农村电力表后服务体系建设工作的通知
5.27	鄞政办发〔2019〕35号	宁波市鄞州区人民政府办公室关于印发鄞州区引进重点高层次人才配偶就业子女入学的实施意见
5.27	鄞政办发〔2019〕36号	宁波市鄞州区人民政府办公室关于印发鄞州区社会事业领域高层次人才引进与激励专项资金管理办法的通知
5.27	鄞政办发〔2019〕37号	宁波市鄞州区人民政府办公室关于印发鄞州区“四大精英”培养计划的实施意见
5.27	鄞政办发〔2019〕38号	宁波市鄞州区人民政府办公室关于印发关于进一步强化高层次人才激励保障工作的实施办法的通知
5.28	鄞政办发〔2019〕40号	宁波市鄞州区人民政府办公室关于印发鄞州区小微企业园工业地产发展管理办法（试行）的通知
5.31	鄞政办发〔2019〕42号	宁波市鄞州区人民政府办公室关于印发宁波市鄞州区政府投资项目管理办法的通知
6.18	鄞政办发〔2019〕45号	宁波市鄞州区人民政府办公室关于印发鄞州区现代农业园区提升行动实施方案的通知
6.21	鄞政办发〔2019〕47号	宁波市鄞州区人民政府办公室关于印发鄞州区云龙、横溪镇铸造行业深化整治提升方案的通知
6.21	鄞政办发〔2019〕48号	宁波市鄞州区人民政府办公室关于印发《鄞州区农村饮水工程运行管理办法（试行）》的通知
7.8	鄞政办发〔2019〕59号	宁波市鄞州区人民政府办公室关于做好2019年粮食收购工作的通知
7.15	鄞政办发〔2019〕60号	宁波市鄞州区人民政府办公室关于印发宁波市鄞州区公共投资项目审计监督办法的通知
7.29	鄞政办发〔2019〕64号	宁波市鄞州区人民政府办公室关于印发宁波市鄞州区特困人员救助供养实施细则的通知
8.1	鄞政办发〔2019〕66号	宁波市鄞州区人民政府办公室关于规范鄞州区征收（收回）范围内不动产注销登记的意见
8.8	鄞政办发〔2019〕69号	宁波市鄞州区人民政府办公室关于印发进一步明确企业享受区经济发展政策须有研发投入实施办法的通知
9.10	鄞政办发〔2019〕81号	宁波市鄞州区人民政府办公室关于推进村级集体经济“飞地”抱团发展的实施意见
9.19	鄞政办发〔2019〕83号	宁波市鄞州区人民政府办公室关于关于进一步提升美丽宜居村建设工作的补充意见
11.29	鄞政办发〔2019〕96号	宁波市鄞州区人民政府办公室关于改革最低生活保障标准调整机制的通知
12.25	鄞政办发〔2019〕99号	宁波市鄞州区人民政府办公室关于鄞州区公共租赁住房保障对象扩面及公共租赁住房轮候家庭租赁补贴发放有关事项的通知
12.31	鄞政办发〔2019〕102号	宁波市鄞州区人民政府办公室关于建立健全鄞州区违法建筑长效管控机制的通知

媒体看鄞州

宁波鄞州区创新乡村治理方式

日前，由中国小康建设研究会和浙江省宁波市鄞州区人民政府联合主办的乡村全域治理体系研讨会在京召开。

鄞州区区委书记褚银良介绍，鄞州经过多年发展已经形成了一套乡村治理的“鄞州解法”，以更好地探索以城带乡、城乡一体的现代化治理。包括基层组织强化带头作用，随时随地为农民提供服务、帮助农民解决问题；乡村集体经济快速发展，为乡村治理提供支撑保障作用；农村多元化社会组织发挥调解、沟通、协调作用。其中，当地农民合作社充分发挥反映诉求、化解矛盾、提供服务的功能，有效促进乡村全域治理体系建设。

（《人民日报》海外版2019年7月19日3版）

宁波“支教奶奶”周秀芳牵线捐建的10所希望小学落成总数已达29所

23日，湖南省怀化市溆浦县观音阁镇颜家垅村兴华希望小学等10所小学落成。至此，由全国道德模范、宁波“支教奶奶”周秀芳牵线捐建的希望小学已达29所。

溆浦地处湘西雪峰山区，全县70%以上是山区。这些新落成的希望小学分别坐落于溆浦县统溪河、深子湖、龙潭、均坪、观音阁、沿溪、低庄等7个乡镇。老校舍年久失修，无法继续使用。

据介绍，此次落成的10所希望小学，宁海九旬“慈善老人”王春文捐建了5所，存希基金创始人宋丽娜捐建了2所，本恩根爱心公益平台捐建了2所，宁波湖南商会捐建了1所。

落成典礼上，周秀芳上台与91岁的王春文视频连线，这一幕感动了现场许多人。

“是成千上万的爱心人士帮助溆浦建了那么多小学，这样的力量会推动我在助学助教帮扶路上继续走下去。”周秀芳激动地说。

4年多来，经她牵线，溆浦已有40位老师到鄞州挂职，鄞州多次送教到溆浦，开展纸飞机、汉字棋、编程课等教学的零起点培训，拓展和丰富了溆浦山区的课程。

此次，在周秀芳的奔走努力下，王春文、宋丽娜、鄞州区白鹤街道等爱心人士和群体为溆浦希望小学捐建了36台多媒体教学一体机，两块屏幕连接起相隔1300多千米的两个教室。

“溆浦的明天会更好，孩子们，祝福你们！”在新中国成立70周年之际，落成典礼上，72岁的周秀芳向这片洒满爱的土地送上祝福。

（人民网2019年9月24日）

全域治理的鄞州路径

宁波市鄞州区陆家堰村党支部书记姚宏法有一辆三轮车——“初心号党群连心车”。村里的小巷又多又窄，这辆专门定制的小车刚好可以通过。姚宏法常骑着它穿梭于村弄巷道，沿路将收到的村民建议、看到的村里情况，一一记录在专门的问题簿里，然后及时解决。

在姚宏法的带领下，陆家堰村从曾经的“贫困村”“脏乱村”“上访村”逆袭成为全国文明村。不过，陆家堰村的“蝶变”只是宁波市鄞州区全域治理的一个缩影。

“鄞州半城半乡，城乡管理、统筹融合等问题相互交织；流动人口、老年人口多，利益诉求更多元，对城乡治理提出了新的要求，倒逼着必须以‘全域治理的理念创新社会治理。”宁波市鄞州区区委书记褚银良在接受《瞭望东方周刊》采访时说。

“书记一点通”

自从家中装上了一部特殊的热线电话——“书记一点通”座机，82岁的钱利德安心不少——只要按下电话上的“党徽键”，就能联系上村党支部书记钱立丰。“以前都是有事出门找村干部，现在一个电话就解决了。”

发源于鄞州区云龙镇的“书记一点通”机制，已在鄞州区全面推广。它以基层党组织书记为核心，村社干部、党小组长为骨干，组建服务团队，提供困难帮扶、应急救助、矛盾调处等服务，让“有事找支部、有困难找党组织”的理念落到实处。

党建引领是宁波全域化治理体系的核心，“书记一点通”正是鄞州区的创新做法之一。

自2018年以来，鄞州从实际情况出发，推出不少“鄞领工程”。

比如，对于一些攻坚任务重，矛盾复杂的村社，鄞州派出“第一书记”全脱产任职、全日制住村社。

2018年10月22日，时任宁波市鄞州区市场监管局信用监管科科长沈慈波来到鄞州区下应街道海创社区挂职担任“第一书记”，为期一年。

沈慈波称自己是“带着嫁妆”到村社挂职的，报到之初特意先跑遍了“娘家”——市场监管局的每个职能科室，了解他们的年度工作安排和职能创新举措，希望为社区带去相应的政策和资金。

"'嫁妆只是个比喻，实际是希望职能部门能通过'第一书记将党的温暖、组织的关心和政策的红利传递到人民群众中，落地到村社工作中。"沈慈波告诉《瞭望东方周刊》。

鄞州的全域治理模式，打造出了共建、共治、共享的生态系统，为"以政府的有效性激活社会的有效性"提供了新路径。

短短一年，鄞州已先后两批派出105名"第一书记"到村社去"摸爬滚打"。

以文化人

"全域治理，只有行动者，没有旁观者。我们坚持全员出征，一级做给一级看，党员领着群众干；坚持发动群众、组织群众、依靠群众，凝心聚力推进全域治理。"褚银良说。

以文化人是凝聚民心的第一步。

近年来，宁波大力推进农村文化礼堂平台建设，截至2018年底，全市共建成农村文化礼堂1350家。

目前，鄞州区121个村已建成文化礼堂。文化礼堂里不是简单的"陈列+活动"，而是"党群活动功能+文化服务功能+文明实践功能"的多功能平台。

本刊记者在陆家堰村的文化礼堂看到了各种技能培训、法律援助、健康养生等志愿服务活动。为了丰富村民文化生活，礼堂还开展了中老年戏曲、甬剧、快板等交流学习。

除了平台的搭建、文化的塑造，制度规范同样在助力全员出征。

2017年，宁波市就开始以《宁波市文明行为促进条例》规范人们文明习惯的养成。

"第一书记"蒋钰伶到陆家堰村已有三月余。她介绍，在陆家堰村，村干部践行"初心契约"，如带头守护洁净家园、带头开展志愿活动等；党员践行"奉献契约"，包括"五个争做""五个不得"；村民践行"生活契约"，垃圾分类、文明养犬与奖励、罚款挂钩。

正是这样的制度保障，让村民们看到了村风村貌的变化，从而对村里的治理模式更加认同，积极参与。

小手拉大手

与村民相比，社区居民相互之间的熟悉度较低，想把他们凝聚起来积极参与社区建设并不容易。

对此，各社区有自己的"绝招"。沈慈波介绍，海创社区倡导小手拉大手，根据社区内儿童多的特点，用小朋友的手拉动大人的手，孩子们想要参与了，会带动更多的大人带着孩子参与社区活动。

在她看来，社区推行全域治理，重点还在"凝聚"。通过活动建立居民们感情联系的纽带，带动居民们树立主人公意识，能有效打破居民"自扫门前雪"的状态。

在全域治理的大背景下，"党建+"在鄞州亦被充分赋能。

仍以海创社区为例，该社区提炼了"海纳百姓·创想生活"党建品牌，通过"便民服务中心""红船精神宣传角""创心党建工作室"等红色阵地，引领社会组织参与社区治理的新模式。

"90后"朱文韬曾是海创社区支部最年轻的党员，去年因去外地读研组织关系转出，至今在社区党员微信群里仍十分活跃，总是参加捐款。

他说，海创党组织是他离开大学后第一个接纳他的温暖之家，也是他永远的家。

干部沉下去，局长窗口坐

晚上9点多，鄞州区住建局局长纪杰仍在孔雀小区内与业主面对面沟通，共商老旧小区维修改造的解决办法。

孔雀小区是一个有着22年房龄的老小区。小区里道路老化、防盗门破损等问题不少，维修需要大笔资金。然而，物业专项维修资金迟迟不能到位。

"我们试点把物业专项维修资金缴纳制度确定下来，让问题一次性解决，让老小区最多改一次，避免十几年之后小区改造问题再次出现。"纪杰在接受《瞭望东方周刊》采访时表示。

在纪杰看来，"机关干部下基层，除了能了解企业、村社在发展中存在的难点、痛点、堵点，也能让民众了解并信任各部门工作，从而使过去难以推行的制度一点点实施下去，形成良性循环。"

"脚步丈量民情，真心换取民心。"今年以来，鄞州全区上下一心解决难题1.5万个，问题解决率90%以上。

"下基层走访后，我们联合了多部门通力协作，很快帮助三个村解决了历史遗留问题。"鄞州区审管办主任李春丽对"三进"活动颇有感受。

如塘溪镇塘头村的大龄青年安置房建设问题，因人防工程不到位，此前搁置了五六年。李春丽带队走访后，协调了多个部门通力协作。

“去年，这个问题解决了，群众们心中的石头也放下了。”李春丽说。

除了“干部沉下去”，鄞州区行政服务中心开展的“局长窗口坐班”活动，也获得了群众点赞。

发改局局长来窗口后发现9个问题，很快解决了7个；民政局局长发现了民政局和文管局的交叉管理事项，很快加以简化……

“与普通工作人员相比，‘一把手能够更快统筹，加速处理问题。”李春丽说。

浙江省委党校公共管理教研部副主任汪锦军说，鄞州的全域治理模式，打造出了共建、共治、共享的生态系统，为“以政府的有效性激活社会的有效性”提供了新路径。

（新华社《瞭望东方周刊》第23期2019年11月14日）

宁波市鄞州区：为垃圾分类“扫死角”

春意融融，86岁的陈国荣跟往常一样站在小区的垃圾房前，看看来倒垃圾的邻居们有没有把垃圾分错类。作为宁波市垃圾分类的志愿者形象代言人，他编写的《垃圾分类拍手歌》在小区家喻户晓。

“都说垃圾是‘放错地方的资源’，垃圾分类的意义不言而喻。宁波市鄞州区抓住顶层设计、过程控制、末端治理三个环节，坚持党员引领，做深社区自治、做强学区覆盖、做精物居联动。”宁波市鄞州区垃圾分类领导小组办公室负责同志介绍，从2015年8月实行垃圾分类至今，全区生活垃圾分类覆盖率达到96%、市民垃圾分类知晓率达到94%。

一座城区的分类实践

鄞州是宁波市的中心城区，全区每天人均产生垃圾1.2公斤。从源头抓起，鄞州采取巡回宣讲、入户指导等10余种形式，将垃圾分类理念传递到家家户户。在各个小区，由社区干部、居民小组长、业主代表和物业组成的垃圾分类督导队伍，以及由社区居民为成员的志愿者队伍，每到垃圾倾倒集中的时间，就会站在垃圾房旁负责垃圾分类指导、监督和检查，解决了“不会分、不愿分、盲目分”的弊病。

居民分类了，怎么避免混运混收？鄞州全面启动小区垃圾分类投放设施改造，推广“投口朝外、成列摆放、桶盖合严、桶身整洁、对号收运、地面清爽”模式，还率先在宁波市推出智能化垃圾分类系统，由线上App和线下6个子系统组成，App包括查阅积分、益币等10多种功能，子系统包含居民姓名、住址、垃圾类型等信息。配备智能垃圾箱，箱口处显示绿灯，表示垃圾未满可继续投放，亮红灯则表明垃圾已满，有督导员及时将垃圾运至垃圾分类站。对厨余垃圾的收运，他们采取“定人、定车、定时、定点、定线”的方式，确保厨余垃圾收运顺畅、安全、准点。

党群联动、物居联动、校社联动、管罚联动，鄞州区将垃圾分类的每一个环节、每一个部门都凝聚成同一种力量。区教育局局长王建平说，生活垃圾分类内容将融入学校教育，与课程相结合、与德育教育相结合、与日常行为规范相结合，实现全区校园内生活垃圾分类知识普及率100%；校园内设立垃圾分类收集点，实现校园垃圾分类实施率100%；各中小学幼儿园都要与学校所在的社区（村）进行结对，全面实施“学校+社区（村）”结对模式，实现学校与社区（村）结对覆盖率100%。

2018年6月23日，鄞州区综合行政执法局对辖区内的一家物业公司作出了罚款人民币5000元的行政处罚决定，因为垃圾收运工作人员将已经分类的厨余垃圾和其他垃圾混合倒入一起，装在同一辆垃圾清运车上。这是自当年4月1日《浙江省城镇生活垃圾分类管理办法》施行以来，宁波市首例关于生活垃圾分类的行政处罚案件。

一个老社区的分类样板

晚饭时间，白鹤新村455号淳美楼一楼，65岁的毛阿姨和老伴儿熟练地把手里洗下的菜叶放进“厨余垃圾”桶里，把一个纸壳箱子折叠进了另一个袋子准备卖掉。下楼来，随处可见垃圾分类宣传板的小区里却看不到一个垃圾桶。居民要扔垃圾，必须到统一的垃圾房，每个垃圾房标配四个垃圾桶：厨余、其他、有害和可回收。社区里还安放了一台智能回收机。扫描下载App，投放、称重、积分、返钱，可回收垃圾的回收程序就可在手机上全部完成。

这是鄞州区白鹤街道丹顶鹤社区的日常。

“不少一人、不漏一户、不缺一分”，社区党委书记黄菊芬说，虽然这里是一个建于上个世纪80年代的老小区，1261户居住者以老年人居多，其中还不乏外来租房户。但是，作为全市垃圾分类率先试点小区，他们从源头提高垃圾分类的正确率。每天早上，社区党员和志愿者一起站在垃圾房旁，检查、帮助每家每户做好垃圾分类，如今，这里已经成为了全市的样板小区。2018年，丹顶鹤社区一共接待了来自全国各地的140多批次的参观者。

132幢住着一位聋哑人。如何沟通？黄菊芬和志愿者们特地去学了手语。在每天早上的垃圾分类检查中，黄菊芬带着空白塑料袋，等到这位居民来倒垃圾时当着他的面打开重新分类。这样手把手地指导，最终教会了对方。

一所幼儿园的分类教育

让小朋友记住垃圾分类不是件容易的事，鄞州区德培幼儿园开展垃圾分类教学已经4年了。“小班的学生学分类，中班学利用改造，大班的孩子做实验、科学探究”，幼儿园的垃圾分类课程体系有着明确的学习目标。

小班的教室外挂着一个个游戏板，上面是香蕉皮、电池等物品的图标，下面是红、蓝、黑、绿四种颜色的小纸箱，对应着垃圾的四种类型。每个物品的图标下都有一个可伸缩的线，小朋友按照自己的理解把线连入纸箱内，有关垃圾分类的知识连接就这样直观地完成了。小朋友喜欢听故事，就用孩子的语言编童话故事；小朋友们喜欢玩具，就带他们用废弃物品做各种卡通小手工、小玩具；小朋友喜欢游戏，就带他们做垃圾分类的小游戏。德培幼儿园的老师将垃圾分类知识绘本编成舞台剧《小蚁哥学垃圾分类》，还结合宁波方言推出了说唱《阿拉分垃圾》，不仅用孩子们带动家中老人垃圾分类，还走上了社区舞台广泛传播。

今年，由德培幼儿园编制的《幼儿园垃圾分类主题活动创新设计》正式出版，填补了国内幼儿段垃圾分类教材的空白。

“对孩子们讲大道理是没有用的，只有言传身教，让他们觉得垃圾分类是有意义的，废物利用是有趣的，才能帮助他们养成良好的行为习惯。”德培幼儿园园长梨芬说。

（《光明日报》2019年4月8日10版）

共聚湾底话桑麻　乡村振兴启新程

——长篇报告文学《一湾到底是大道》研讨会在宁波举行

为了迎接新中国成立70周年，进一步探索乡村振兴的湾底模式，讲述“千万”工程的样板村——湾底40年来走过的振兴路径，5月14日上午，由浙江省作家协会、宁波市委宣传部指导，红旗出版社、宁波市鄞州区委宣传部主办，鄞州区文联和下应街道承办的《一湾到底是大道》新书研讨会在宁波召开。

长篇报告文学《一湾到底是大道》由浙江省作协诗创委主任、杭州作协副主席孙昌建历时一年精心创作，日前已由红旗出版社出版。

《一湾到底是大道》以湾底村的发展历史为背景，聚焦脱贫致富的引路人——村党委书记吴祖楣，讲述了他是如何带领湾底村在40多年的历程中，以“穷则思变”“创业万岁”“人民第一”三大口号为思想统领，积极带领村民农业起家、工业发家、生态兴家，摸索探寻出了湾底村在乡村振兴中独具特色的实施路径，最终实现了湾底村的乡村蝶变。

孙昌建早年在农村当过插队知青，后又在乡村中学任教多年，对农村和农民有着天然的亲切感和深刻的理解，在本书中，孙昌建以第一人称的参与者的视角来展开叙述，语言平实、幽默而又娓娓道来，讲述了在40多年的历史时间跨度中，湾底村在当家人吴祖楣带领下从一穷二白到实现振兴崛起的过程。

与会专家就《一湾到底是大道》的创作艺术以及作品的现实意义发表了看法。专家们指出，该书立意宏远，以小见大唱响了乡村振兴这一时代主旋律，而且架构巧妙，让几十年来的历史脉络生动清晰，在细节处，特别是对人物的描摹鲜活可感。

红旗出版社总编辑徐澜讲述了该书的组织策划经过。红旗出版社、鄞州区委宣传部有着丰富的组织和出版经验，再加上资深作家孙昌建，此次三方强强联合，围绕“三农”这一时代命题，推出了这部反映新时代乡村振兴成就的重量级作品《一湾到底是大道》，也是对新中国成立70周年的庄严献礼。

在浙江省发改委副巡视员、省作协报告文学创委会主任张国云看来，《一湾到底是大道》不只是一部热情讴歌时代模范生、反映时代精神的力作，更是一部特色鲜明的长篇报告文学，是对中国乡村振兴、“三农”问题这一世界级难题的一次整体回望与思考，可谓是一部中国乡村振兴的史诗。

浙江省作协创研部主任苏沧桑则认为，全书既贴近地气，又立意宏远，既目光敏锐，又富有诗意，特别是塑造的吴祖楣这一个性鲜明的人物形象，破解了报告文学材料化脸谱化的难题，实现了报告文学新闻性和文学性的统一，具有很强的艺术感染力。

“这是一本成功的书、一本精彩的书。”省作协副主席、宁波市作协主席、鲁迅文学奖获得者荣荣点评道，《一湾到底是大道》的作者运用了诗人特有的细腻笔触，细致深入的采写了湾底村新农村建设的精彩故事，书中场景的选取很有融入感、代入感，向读者全面客观的呈现了乡村振兴湾底模式，讲述了湾底传奇。荣荣表示自己阅读了该书后，深受湾底村人把乡村建设做成了一项美丽事业的精神感动，激起了文化人心中朴素的乡村情怀。

“这是一部血肉丰满而又气韵生动的大书。”杭州市作协副主席袁明华解释说，很多的报告文学只见报告不见文学，甚至类同于文史资料和解密档案，抚摸不到人的血脉，感受不到人的体温和气息，更不要说触摸那颗跳动的心脏，及时仰望星空时的无边思绪。但《一湾到底是大道》一书做到了。袁明华还分享了一个细节，自己就是作者在书中提到的植物发烧友，来湾底后确实深受震撼和感动，希望能将自己的新书赠送给湾底。

浙江大学中文系副教授、省作协会员朱首献则是从独特的艺术素质和复杂的美学魅力出发，认为这是一部在艺术上具有非常性的成功的力作。他指出，该书在作品结构空间的架设上匠心独运，将湾底村的过往和当下巧妙地勾连在一起，有着复杂的美学运动和构成。在叙述手法上，作者选择了外视角的角度，使作品充满着一种语言干净利落、简洁明快、腴辞云构、质地硬朗的美学格调。而以小诗作为每章的题记，让诗性思维的介入进一步开拓了作品的艺术表现力。

中国报告文学学会理事、鲁迅文学奖获得者朱晓军点评道，农民是中国最大群体，也是伟大的群体。无论新中国成立70年，还是改革开放40年，中国农民的贡献都是巨大的。《一湾到底是大道》不仅证明了这一点，也颠覆了我们对乡村的认识。小岗村以分田到户的方式拉开中国改革的序幕，湾底村从分田到户到集体经营创造了中国农村的辉煌。“人民第一”“创业万岁”是颠扑不破的真理。

“孙先生以报告文学的形式向读者展示了湾底村现代社会的发展简史。也可以说，这是一部浓缩了的可以洞见中国农民不屈不挠、‘穷则思变’奔小康的奋斗史。”浙江大学出版社原副社长陈晓嘉点评说，“相信这部报告文学的出版，将对全国其他乡村的脱贫、发展和建设提供可资借鉴的湾底发展模式；相信孙先生对湾底人精神的揭示和生活变迁的历程的记录，也会为世界提供一个中国农民、农村、农业脱贫、发展、富强的中国样本。”

（《光明日报》光明网2019年5月14日）

宁波鄞州区强化土地资源市场化配置

——“亩均效益改革”撬动经济转型

宁波鄞州区作为浙江民营经济高地、工业制造的排头兵，面对资源要素趋紧、生态环境制约的双重“夹击”，以“亩均效益改革”为杠杆，不断强化资源要素市场化配置和正向激励，加速撬动区域经济从要素投入、投资驱动向质量驱动转变。统计显示，鄞州区2018年实现地区生产总值1820.1亿元，总量稳居宁波市各区县（市）首位、浙江省各区县（市）第三；全区规模以上工业亩均增加值达到152.7万元，排名宁波市各区县（市）第一。

鄞州区将“亩产效益”作为硬标尺，加快高产项目集聚。在积极整治提升“低小散”产业基础上，鄞州区将宝贵的土地资源优化供给高质量项目和优质企业。紧靠鄞州区南部新城的鄞州工业园区是省级开发区，此前，该园区对外发布了3项效益指标：新进项目入园投产后，亩均投入须达到500万元、亩均产出须达到1500万元、亩均税收须达到75万元，均高于省市标准40%以上。

提高效益指标之举不仅没有吓退客商，反而为优质企业拓宽了发展空间。博格华纳公司在5万平方米的土地上，投资3600万美元建设智慧数字工厂，成功实现大规模客户个性化定制，并将在此建设排放及热能系统全球研发中心，公司亩均产值超过4000万元。在2018年宁波市制造业“亩均论英雄”排行榜单中，该园区有包括博格华纳在内的3家企业成功跻身宁波市2018年工业亩产十强。

以“亩产效益”评价倒逼企业加快转型升级步伐，在鄞州，传统行业通过机器换人、空间换地、设计赋值等不同路径，纷纷按下高质量发展“快进键”。

30年专注生产工业缝纫机旋梭的德鹰精密机械有限公司，去年通过加大智能制造投入，有效整合原先80余道生产工序，只需要6分钟就能生产出1枚旋梭，该设备和工艺填补国内空白，进一步巩固了全球行业领先地位。在鄞州投资创业中心，圣龙股份公司的“机器换人”正在如火如荼推进，一条条投资上百万元的真空泵装配流水线相继投入使用，效能提升了6倍。

宁波市委常委、鄞州区委书记褚银良说：“鄞州向着‘二次创业’进发，必须用好五大发展理念‘金钥匙’，持续推动质量变革、效率变革、动力变革，走精明增长的新路子。”未来，鄞州区还将建立先进制造业和现代服务业全覆盖评价体系，大力实施创新引领“亩产效益”、低效用地“亩产倍增”、扶优做强“亩产英雄”等“三大行动”，力促“亩产效益”全面提档升级。

（《经济日报》2019年2月18日1版）

宁波鄞州区融合发展积聚新动能工业经济跑出加速度

位于浙江省宁波市鄞州区云龙镇的集成电路产业项目——盛吉盛半导体科技项目正在快马加鞭推进中。此项目建成投产后，将大大地满足我国半导体生产设备市场的需求，企业年销售收入可突破10亿元。

2019年以来，像“盛吉盛”这样市场前景好、科技含量高、产出效益高的“俊鸟”项目快速集聚，正源源不断地为宁波鄞州区工业经济高质量发展增添后劲。

制造业兴则鄞州兴，制造业强则鄞州强。连续四年居全国综合实力百强区第四的鄞州，拥有雄厚的先进制造业基础，同时创业创新动能强劲，是浙江省内入选全国第二批双创示范基地的行政区。2019年5月，国家发布通报，对2018年落实重大政策措施真抓实干成效明显的地方予以督查激励，鄞州区成为成效明显的区域“双创”示范基地之一。

在聚力打造“两高四好”示范区新征程上，鄞州区聚力抓好六皮招商、企业集群、创新生态、重点产业，努力当好制造业高质量发展排头兵。2019年1—4月份，鄞州工业经济强势开局，实现“开门红”。规上工业累计完成总产值474.03亿元，与2018年同期相比增长7.3个百分点，规上工业增加值增长7.2%。凭借制造业扎实的基础和不断推进的融合互促，一季度鄞州GDP达417亿元，同比增长8.3%，GDP增速创“十三五”以来鄞州区的新高。

“鄞州将充分发挥综合优势，助推制造业高质量发展，奋进攀高抢占最上游，干出‘鄞州制造’大发展、大跨越。”鄞州区委主要负责人表示，鄞州区力争提前两年进入GDP 2000亿元俱乐部，朝着全国综合实力百强区前三阔步前进。

融合驱动 激发“二次创业”活力

先进制造业是鄞州的一张“金名片”，支撑着鄞州经济长期领跑。一组数据为证，鄞州区软件服务、智能家电、关键基础件产值分别占宁波市的31.6%、30.1%和19.6%，拥有18家宁波市级以上制造业单项冠军示范企业，其中国家示范企业3家，奥克斯、中哲、博威、美康生物、圣龙等省“三名”培育试点企业5家，工业上市企业15家，数量均位列全市前茅。

如何让工业经济这张“金名片”更加熠熠生辉？抢抓新一轮科技革命、产业革命和经济优化升级的交汇融合机遇，鄞州坚定“融”字当先的发展路径，推动工业经济“二次创业”。鄞州区将以先进制造业和现代服务业、工业化和信息化的融合互促之力，驱动鄞州工业经济实现高质量发展。

为鼓励传统企业推进智能化改造，鄞州区一方面拿出真金白银，提高对重点领域优质企业、优质项目的补助比例；另一方面，税务部门强化减税降费政策实施，有效降低制造企业的经营成本。作为全国家电的龙头企业之一，近年来奥克斯砸下30亿元真金白银，用于关键技术攻关。2018年，奥克斯实现营收860亿元，增幅33%，空调互联网销量全国领先。除奥克斯之外，2018年鄞州区共实施技改的规上企业新增364家，近两年累计达到685家，占全区规上企业总数的71%。

越来越多的鄞州工业企业开始布局智能制造生态系统，构建数字工厂。截至目前，鄞州区已有博德高科、德晶元、中车电车、普锐明、欣达5家数字工厂，在宁波智造领域领先领跑。鄞州技改投资正加速工业经济从速度主导向质效优先转变。目前，鄞州企业亩均税收、亩均增加值、研发投入3项指标均高于省市平均水平。

浙江省不久前发布的《2018年浙江省区域两化融合发展水平评估报告》显示，鄞州两化融合发展水平总指数达到99.05，位列浙江97个县级地区第一梯队，并连续4年位居宁波前列。

数字引领 抢占“换道超车”先机

经过20余年的发展，位于鄞州的宁波康强电子股份有限公司成为我国芯片产业的材料“尖兵”。在日前出炉的“2018年中国半导体材料十强企业”榜单上，康强电子凭借产量、销售额的领先优势名列榜首。

顺应浙江省大力发展数字经济的浪潮，2019年初鄞州发布《数字经济三年行动计划》，重点布局集成电路产业，积极打造智能家电、智能汽车零部件、软件和信息服务等产业集群，力争2019年数字经济占地区生产总值的比重达到48%。

康强电子的图强之路，正是鄞州推动数字经济发展的生动写照。鄞州汽车零部件、智能家电等产业基础优厚，集成电路产品能够与本地制造业企业"无缝对接"，应用空间与市场广阔。从自身实际出发，鄞州正加速引培康强电子、安盾微电子等一批驱动集成电路产业高质量发展的"强引擎"，以及与之相配套的企业，通过持续"补链""强链"，完善产业生态，打造集成电路产业设计与装备的高地。

2019年以来，鄞州区高端装备、集成电路、新一代信息技术产业3个招商小分队接待客商64批次，完成注册项目37个，注册资金共计27.1亿元。在全区2019年重点推进的30个工业项目中，不乏中芯国际创新设计服务中心、盛吉盛半导体、芯能源电子科技等潜力巨大的集成电路项目。

创业之"芯"快速集聚成长，让鄞州集成电路产业发展动力大增。宁波微电子创新产业园目前已集聚40多家集成电路产业企业。2016年第一家落户园区的安盾微电子，凭借自主研发设计的安全防伪芯片等产品，2018年销售额已突破4亿元。隔空智能的手势识别雷达芯片，应用在智能马桶、智能垃圾桶中，市场前景广阔。预计两年后，园区的产值会迎来爆发式增长。

以数字经济为引领，鄞州战略性新兴产业占规上工业比重持续提升，新增长点不断涌现。截至2019年4月份，数字经济占鄞州区GDP比重约48%；软件及信息技术服务业营业收入71.9亿元，同比增长25.6%。

双创赋能点燃"动能转换"引擎

制造业高质量发展离不开科技和人才支撑。近年来，鄞州着力打造城南智创大走廊，构建"热带雨林式"创新生态。目前，全区拥有各类"双创"载体面积达51万平方米，各类人才总数已达37.8万人，专利申请量和授权量连续7年位居浙江省前茅。

从只有10人的初创团队，到如今员工超过2000人，年销售额约30亿元并成功上市，美康生物只用了15年。作为鄞州工业领域一家冉冉上升的明星企业，美康生物依托技术和商业模式创新，筑起了"产品+服务"的融合发展链条，实现规模和利润的裂变式增长。

如今，在鄞州，创业创新已成为引领工业高质量发展的最强引擎，新技术、新业态不断涌现。2019年1—4月份，鄞州规上工业新产品产值达192.18亿元，同比增长15.7%，规上高新技术产业产值达207.3亿元，同比增长2%，占规上工业总产值的比重分别为40.5%和43.7%。

瞄准"高精尖"、聚力大发展，鄞州将提速建设国家自主创新示范区园中园、数字信息园、软件产业园，狠抓楼宇整规、小微企业园建设，主攻软件服务、智能家电等产业，力争2025年R&D投入比重突破3.5%。

为了让新动能继续成长，引领工业经济持续向好，鄞州区着力打造一批"小而精"的小微企业园。前不久，潘火都市产业园正式开园，当天集中开工的4家企业正是各自细分行业里的"单打冠军"或"隐形冠军"。该园区还落户了国内率先实现脉冲强光技术规模化应用的生产商，同时吸纳了高性能钕铁硼磁性材料、无线通信技术等高新技术企业。根据计划，至2022年，鄞州将建成和提升小微企业园20个以上，入园集聚小微企业1000家以上。

做一天不耽搁的奔跑者，做一刻也不停歇的急先锋。当前，在817平方千米的鄞州大地上，158万鄞州人民正以实干、担当、奋进的精气神，凝心聚力推进工业经济高开稳走、领跑领先，为建设"两高四好"示范区，以优异成绩向新中国成立70周年献礼而不懈努力！

（《经济日报》2019年6月6日12版）

大事小事"请你来协商"
宁波市鄞州区"对话式协商"开创基层政协民主协商样板

编者按：

新时代政协新样子是个什么样？政协作为专门协商机构如何有效发挥作用？在浙江省宁波市鄞州区有一个响亮的回答——"对话式共商"。

线下火热，线上热烈。网友点题，部门回应。鄞州区的“对话式共商”在浙江省政协推出的“请你来协商”平台上不断上演着“商量”的各种精彩，不断开放出基层社会治理的和谐之花。

在区政协负责人看来，人民政协成立70年来，已成为国家治理体系的重要组成部分。县级政协作为各级政协组织中最基层的组织，大量工作直接面对老百姓，同人民群众的联系更直接、更广泛、更密切，与推进基层协商有着天然联系。“请你来协商”这个专门协商平台的创建，就是省政协推动政协协商与基层协商最有效的衔接。

2018年鄞州区被浙江省政协列为“请你来协商”平台建设试点县（区），为了把该平台建设好，区政协率先启动了系列活动，坚持以习近平总书记关于加强和改进人民政协工作的重要思想和中共十九大精神为指导，坚持自下而上和自上而下，沉下去、请上来相结合的原则，推行从党政所需中确立选题、从日常履职中发现选题、从委员群众中获得选题的“开门选题”模式，着力就牵一发而动全身、事关群众切身利益的问题进行协商。坚持“发展大事+关键小事”相结合，既聚焦区域经济社会发展中的大事要事，又关注涉及群众切身利益的关键小事。

聚焦经济社会发展大事小情，2018年7月至今，全区近300名政协委员深入社区、农村，在“请你来协商”平台，带着鄞州“对话式共商”独特标记与党政一把手、部门负责人、基层群众一起，“线上+线下”相结合，着力就牵一发而动全身、事关群众切身利益的问题进行协商，切实提升群众获得感和幸福感。

如今，在鄞州区“请你来协商”平台上，党委政府真情回应、政协委员激情履职、网民群众热情参与，每一场协商活动都成了响当当的鄞州“头条”。

“区委负责人（区政府负责人）与委员面对面协商”活动——鄞州区域范围内最高层面的协商平台

通知，通知，通知——重要的事情说三遍！推进老旧小区“最多改一次”协商会即将召开。3月16日，鄞州发布的页面上蹦出来的提醒，让居住在老旧小区的网友不由上了心。

大家都向往美好生活，为让百姓居住环境更优美，鄞州住建部门牵头的老旧小区改造、雨污分流、截污纳管，综合行政执法部门牵头的社区公厕建设、垃圾房建设、垃圾桶点位改造、“二次供水改造”，公安部门牵头社区“雪亮工程”，经信部门牵头的“多网融合”工程等。可由于没有统一规划、统筹建设、统合资源，老旧社区今天刷墙、明天挖路、后天铺管道……这些影响着日常生活的改建能不能一起开工、收尾牵动着大部分网友的心。

3月18日，聚焦老旧小区“最多改一次”，鄞州区“请你来协商——区委负责人与委员面对面协商会”召开。偌大的会议室内，区财政、住建、综合行政执法等十余个职能部门主要负责人坐成一排，耐心细致地回答着政协委员提出的问题，现场气氛十分热烈。看着委员与部门之间的交流与互动，鄞州区委负责人8次进行“抢答”。

鄞州区委负责人的“抢答”，激发了委员们的发言热情，问题被一一道出。“城市精细化管理，说到底就是要把各项措施落细、落小、落地、落实。”鄞州区委负责人在回答中，3次提及要深化城市精细化管理，要“拿出管用的招”。随着现场交流的深入，委员们的问题也越来越“尖锐”。针对老旧小区违建违占问题，鄞州区委负责人一语道破：“关键是要联合‘执法’进社区，先试点再推广。我们的干部要转变作风，用脚步丈量民情，走到一线去倾听民声解决难题。”

群众关切无小事，鄞州区委负责人的回答始终充满力量。“要始终坚定群众路线，解决好‘依靠谁、为了谁’问题。”“老旧小区改造要秉持共建共享、共治共管、共同缔造的理念。”……

参加“最多改一次”的协商会后，鄞州区委负责人对这样的“商量”印象很深刻。“‘请你来协商’是民生难题的现场破解，民本意识的充分体现，民主政治的创新实践。协商题目虽小、文章很大，办的都是实事要事百家事，议的都是难点痛点关键点，做的都是真访真议真服务，通过现场问、现场答、现场办的方式，一起议出了很多好思路、好办法，也现场解决了很多群众关切的热点问题、焦点问题。各级各有关单位一定要以问题为导向，加强清单化管理，把委员的真知灼见作为政府改进工作、抓好工作的重要内容，积极梳理、吸收、采纳。‘面对面’这种形式背后所蕴含的民本精神、民主意识、工作方法，弘扬下去、运用起来，贯穿到各项工作中，不断激发广大党员干部实干、担当、奋进的新时代鄞州精神，用辛苦指数换群众的满意指数。”鄞州区委负责人强调说。

5月30日，鄞州区政府负责人作为《关于提升，住宅小区居住品质的全会提案》的提案领办人也走进了区政协“请你来协商·区长领办全会提案推进会”的会场。鄞州区政府负责人直言，这次的全会提案给他的三点感受是提案提到点子上，真切反映群众的感受；问题问到根子上，“一难两多三差”直指痛点，非常精准；建议提到了关键处，15条建议，为政府工作提供了好参谋。

作为市民群众生活的基本场所，住宅小区居住品质好与不好，最能体现群众的获得感和幸福感，推动提案由“建议”变“举措”、由“蓝图”变“实景”、由“思想”变“共识”，才能推动城市管理和品质提升。

推进会上，鄞州区政府负责人积极回应全体政协委员对提升住宅小区居住品质的关切。他要求各级各部门高度重视、合力推进，切实把群众最关心的身边小事办好抓实，要“强整治”、“全覆盖”、“聚合力”，切实推动共建共享、共治共管。

推进会的召开采用线下推进、线上直播交流的形式同步进行。两个多小时的直播，点击量达到102468人次，在线留言759条。

要做就要做最好，要走就走在前列。在高层面的协商平台开展“对话式共商”不但提升了委员的履职热情，也促进了问题的解决。

站在更高的角度、更客观的立场，就需要提出有深度、有启迪、有前瞻性、有操作性的意见建议，鄞州区的委员们信心满满。

据悉，今年的“请你来协商”平台还增加了政府与政协议政协商，区政府班子成员与区政协班子成员每年进行一次面对面协商，交流全区经济社会发展情况，共同商讨改革发展中的重要议题和群众关心关注的热点问题。

有事好商量・民情恳谈会
一个有温度的传声筒，一条暖民心的民意通道

“区里领导来我们村里开会了。”2018年9月6日下午，鄞州区邱隘镇上万令村的村民奔走相告。上万令村是邱隘镇第一批垃圾分类改造试点村，随着该村整体改造提升工作启动，生活垃圾分类工作正按计划开展。村民们对生活垃圾分类是否重视，执行如何，还有什么困难？外来人口的增加和村民生活水平的提高，机动车保有量逐年增加与村内公共空间不足之间的矛盾突出该如何解决？村民们整个下午与区农办、区住建局、区国土资源分局、区流动人口办一起围绕着“生活垃圾分类”和“停车难”进行零距离交流，要“全民提高意识，养成习惯，成为垃圾分类减量的主力军。”“农村垃圾分类要注重源头分类。”“建议充分利用有限空间，改造停车位并加强管理，破解停车难。”……与会的政协委员、村民代表等争相发言，积极建言，气氛热烈。

为了开好民情恳谈会，针对“生活垃圾分类”和“停车难”问题，区政协早已多次进行实地调研，因而，民情恳谈会上的发言自然胸有成竹，既指出问题，又提出破解方案。

“我们将继续跟踪关注上万令村民生难题的解决。既要尽快完善议政成果，努力为党委、政府科学决策提供有益参考，同时也要密切关注工作进程，持续为农村建设发展献计出力，切切实实改善上万令村的人居环境，不断提升广大村民的获得感。”区政协负责人的表态掷地有声。“一下午的促膝长谈真是过瘾，区领导到现场，既看问题，又解难题，恳谈会是开到了我们心里头了。”村民纷纷竖起大拇指。

民情恳谈会是区政协“请你来协商”协商平台直接推进到民生前沿的一种协商形式。区政协负责人的想法很接地气，“民情恳谈协商”就是要走到百姓当中，在百姓中开展“对话式共商”实现了“决策需求”与“民众诉求”有效对接，群众的利益诉求和问题解决有了畅通渠道，党委政府在这个平台也能够倾听基层的声音。这样“对话式共商”，结合了鄞州区“进企业进社区进农村”活动，使委员履职的视角也拓展得更深、更远。

2019年6月，区农业农村局会议室里气氛活跃，参加区政协“请你来协商・民情恳谈会”的政协委员、群众代表围绕“农产品质量安全”主题，一连向职能部门抛出了9个问题。“市场上流通的小散农户生产的农产品点多面广，如何加强管理，让老百姓买得放心、吃得安心？”“我比较关心快检人员的业务水平，市场监管部门对提高他们的责任意识、检测水平有没有好的举措？”“村级市场改造提升，职能部门有何打算？”……面对政协委员、群众代表的呼声，区政府有关负责人积极回应。“民以食为天、食以安为先，我们必须把农产品质量安全摆在十分重要的位置，强化质量安全监管，提升质量安全的水平，切实回应人民群众的关切。”区政府有关负责人表示，下一步，区政府将着力增强责任、风险“两个意识”，确保制度、监管、宣传“三个到位”，把好源头、生产、流通、检测“四道关口”。

在“请你来协商・民情恳谈会”平台，区政协密切关注涉及群众切身利益的关键小事，以实际行动和智慧来诠释政协担当、展现政协作为。在这个平台，相关部门也积极回应百姓诉求，处理好监管与服务的关系，不断形成多元化、常态化、品牌化的治理模式。在这个平台，人民群众的“烦心事”“操心事”越来越少，收获了更多幸福感。

鄞州区政协的“请你来协商”平台建设不断推陈出新。“委员说事・委员与网民在线协商”，围绕网民关注的热点问题开展协商，推动“请你来协商”向网络延伸；开展“委员在身边・委员与群众微协商”，依托“委员工作室”建设，推动“请你来协商”向基层延伸。

区政协把“请你来协商”平台建设与其他创新工作有效结合起来，增强政协工作的整体成效。在委员工作室全覆盖的基础上，成立了一家省级委员会客厅——和丰创意委员会客厅。“请你来协商”纳入了委员会客厅的日常工作机制中，党外人士、新社会阶层人士、非公经济人士成为协商主体，画大了同心圆。在“请你来协商”这个开放型的平台上，区政协充分发挥应用型智库优势，建立专业结构优、研究能力强的调研队伍，组织和动员更多方面的专业学者，参与到“请你来协商”工作中来。区政协还热情拥抱互联网，把网络开放性、交互性、便捷性的特点与“请你来协商”平台联动结合起来，在

鄞州政协微信公众号开设常态化的“请你来协商”栏目，畅通民意渠道，请居民群众与政协委员展开日常协商，为委员日常履职提供便利。

在“对话式共商”活动组织开展过程中，区政协始终坚持问题导向和求解思维，委员在对话式共商中唱主角、担主责、当主力。在广泛调研上下真功，在深度研究上见真章，在坦诚协商上求真效，不断锤炼自身履职能力，在调查研究、联系群众、合作共事、建言献策等方面都得到了较大提升。

协商平台“制度化”建设开创先河

实践中，鄞州区政协的协商格局越来越“优”，协商形式越来越“实”，协商制度“建”了起来，协商平台也“活”了起来。7月19日，鄞州区委常委会议审议并通过了《鄞州区政协协商成果转化实施办法（试行）》，通过有流程、有督办、有反馈、有考核的制度安排，切实提高政协协商成果的采纳率和落实率。委员们围绕“城市精细化管理”提出的“老旧小区整治”“僵尸车治理”“群租房管理”等建议，成为鄞州老旧小区“微整治”“微更新”“微改造”的重要参考，纳入到《鄞州区城市精细化管理工作实施意见》和推进“两高四好”示范区建设的总体思路当中，并以城市精细化管理大会的形式予以推进落实。“城乡生活垃圾分类处理”民情恳谈会后，区城管局、区住建局等部门在半个月内就将委员建议落实到位，改造完成了华严社区的两处垃圾房，合力办好这件民生关键小事，得到周边市民群众的点赞，并以点带面推动了全区243个垃圾房在布局、设施、功能和管理方面的全面提升……一系列协商活动有序开展，一大批协商建言成果受到重视和采纳。

区政协在推进各项协商成果转化的同时，及时总结实践经验，逐步用制度把平台规则和程序确定下来，强化平台建设制度保障。

在《关于建设“请你来协商”基层政协协商民主平台的意见（试行）》中，明确了目标，细化了任务，规范了程序。按照试行意见，区政协与区委、区政府协商制定“请你来协商”年度计划。年度计划主要为“6+X”形式，即6次由区政协牵头组织的专题性“请你来协商”，X次由区政协界别专业组、镇街联委会开展的“小微协商”。

《鄞州区“请你来协商”平台运行细则（试行）》的制定则见证着鄞州“请你来协商”平台建设从探索走向成熟。这份“说明书”，重点对协商活动中“确定议题—调查研究—开展协商—成果报送—跟踪督办—持续问效”6个环节进行细化规范，形成全环节覆盖、全过程监控、全流程指导的有效运行机制，不仅适用鄞州，也同样适用基层政协协商平台创建。

鄞州还创新推出了平台建设“质保卡”。按照高质量发展要求，研究制定了《鄞州区“请你来协商”平台质量评价工作办法（试行）》，明确评价维度、评价主体、评价办法等内容，并将适时组织开展评价工作，推动各次协商从“做了什么”“做了多少”向“做出了什么效果”转变。通过一项项制度的不断建立、完善，鄞州区政协以“请你来协商”平台高质量发展为切入点，推动政协各项工作全面提质增效。

一年来，鄞州区政协聚焦协商这个主业主责，坚持以服务发展为导向、以制度建设为抓手、以成果转化为根本，扎实推进“请你来协商”平台建设，制定规范实施细则和平台质量评价标准，形成了成果转化办法和一批可复制、可推广的操作典型案例，开创了基层政协民主协商的“鄞州样板”，以实实在在的举措和成效彰显了县级政协作为专门协商机构的重要作用。

（《人民政协报》2019年7月23日4版）

陆家堰村三份特殊“契约”打造乡村全域治理新样本

编者按

浙江宁波是民主法治村建设发源地。近年来，宁波沿着习近平总书记开创的法治浙江建设道路砥砺前行，不断推进基层社会治理创新，持续深化法治乡村建设，涌现出了丰富多彩的乡村治理创新样本，陆家堰村就是其中的典型。陆家堰村坚持党建引领，探索三份特殊“契约”，以“初心契约”推动村干部带头干，加强村党支部村班子建设；以“奉献契约”带动志愿者抢着干，发展乡村治理的中坚力量；以“生活契约”引导老百姓跟着干，打造共建共治共享的新时代乡村治理格局，形成了“看起来人人被约束、到头来人人得实惠”的乡村全域治理新样本，打通了全面依法治国“最后一公里”。本报今天刊发陆家堰村的全域治理经验，敬请关注。

《幸福陆家堰》村报出炉了，报上“最美陆家堰人”郁品龙手拿奖杯、证书，身披绶带，村民们无不点赞。

原来，这位老人尽管自身收入有限，仍捐款支持“说事长廊”建设，建成后风雨无阻打扫长廊数月。

在浙江省宁波市鄞州区陆家堰村，像这样拥有“扫长廊精神”的志愿者还有140名。

曾经是"贫困村""脏乱村""上访村"的陆家堰，如今村集体经济由6万元攀升到75万元，不仅成功摘掉了贫困帽子，连续4年无上访、无诉讼、无大案，还逆袭荣获宁波市"最洁美村庄"20强、省级"森林村庄"、全国文明村等诸多荣誉称号。

这背后的奥秘，是因为陆家堰村有三份特殊的"契约"——初心契约、奉献契约、生活契约，助力打造乡村全域治理新样本。

宁波市委常委、鄞州区委书记褚银良向《法制日报》记者介绍说："我们坚持从'半城半乡'实际出发，坚持自治、法治、德治'三治'融合，积极探索'城乡融合式共生、干群对话式共商、主体多元式共治、权力清单式共管、事务契约式共建、成果普惠式共享'的新时代基层全域治理之路，努力将鄞州打造成为全国基层治理先行区。"

"初心契约"村干部带头干

一走进陆家堰村，就被翠绿的稻田、整洁的村貌、美丽的墙绘所吸引，文化礼堂门口"民有所呼，我有所应"八个字尤其引人注目。

陆家堰村村支书姚宏法2008年上任后，在调研村情民风基础上，借鉴他经商办厂时"讲诚信、遵协议"理念，带领全体村干部签订包含"带头严守工作纪律、带头遵守村规民约、带头建设平安乡村"等"十个带头"的"村干部公约"——"初心契约"。

"我们村干部，就是要把上任获得的权，变成为村干事的责。"姚宏法说，陆家堰村干部有条不成文规矩——上班走大路，下班回家走小路。为的是在村巷看到垃圾就捡，看到杂物就清，看到困难就帮。

在村委办公楼门口，记者看到3辆"初心号——党群连心车"，小小的电动三轮车后面堆着胶鞋、锄头、水管等各种工具，它们可都是村干部轮流每日骑车走村入巷的好伙伴。5月以来，村干部已开展走访120多次，累计清理临时堆放50多处，收集村民意见、建议55条。

说话间，姚宏法拿出一个小本子，定睛一看是"'党群连心车'工作服务登记册"。他解释道："这是刚刚设计的新本子，原来那本记得满满当当，在上次台风天里给老人送餐时弄丢了。"翻阅登记册，上面列有村里80岁以上需重点关注老人的信息，还有每一次走访的所见所闻所感。

在走访中，姚宏法发现村民法律意识淡薄，村干部自身法律知识欠缺，针对这一情况，第一时间加强普法长廊、法治宣传窗、法治阅读角等普法阵地建设；在沿河墙面绘制平安法治、"三清单一流程"等主题公益画，在主要路段统一安装平安法治文化旗幔；结合《幸福陆家堰》村报，开辟普法专栏，供群众取阅。

姚宏法说："治村我们没有什么秘诀，就是做到公平公正公开。"

陆家堰村党群服务中心里放着10本"微账本"，包括村干部履责留痕重大决策事项、人员任用等内容。这些"微账本"由一张工作流程图开篇、一本记录表留痕组成，对于什么人、什么时间、反映什么事项、处理过程及结果如何等，记录得清清楚楚，供群众取阅，让权力在阳光下运行。

"奉献契约"志愿者抢着干

"一名党员就是一面旗帜，党员就是天然的志愿者"，陆家堰村通过党员的志愿行动带动其他村民踊跃成为志愿者，并通过融入全科网格服务管理，成为乡村治理的中坚力量。

陆家堰村全体党员都签订包含"五个争做""五个不得"的"党员公约"——"奉献契约"，承诺不得触碰法律、组织纪律等底线。

村头红色党建长廊里，记者看到了上半年的党员锋领指数考评排名，村支部每季度对包括村干部在内的党员先锋承诺情况督查，每半年开展一次党员锋领指数考评，由全村党员、村民代表评分，实行百分制排名。

对于考核结果还设置"红黑榜"，排名前两位的列入红榜，后两位的列入黑榜，连续两次以上列入红榜的党员，评先评优时优先考虑，连续两次列入黑榜的，村支书进行约谈，并取消评先评优资格。

党员模范作用辐射带动村民们踊跃加入，即使是外地人也不例外。来自河南的张政伟在村里有需要时总是第一时间报名，生怕被人抢了先。

在陆家堰村洁净的柏油马路上漫步，记者注意到家家门前都放着带编号的垃圾桶，分为其他垃圾和厨余垃圾。特别是，厨余垃圾桶都没有塑料袋，每天固定时段会有人将门口的厨余垃圾回收，并在清洗消毒后送回垃圾桶。收集的厨余垃圾都被送到村里的发酵池变成沼气循环利用。

汤建国是一位靠村民投票竞聘上岗的垃圾处理保洁员，在最近一次村民对保洁人员的测评中，他是唯一没有差评票的人。

村民任月琴说："洗垃圾桶是件小事，可他态度认真，每个垃圾桶都洗得干净，态度也好，上门送桶时看到家里有什么事也会搭把手，投票选他准没错。”

“生活契约”老百姓跟着干

陆家堰村每户家庭都签订了一份“村民承诺书”——“生活契约”，包括垃圾分类、平安建设、文明养犬等生活内容。承诺书中规定，若认真履责，则给予一次性奖励；若出现反弹自愿罚款，如被3次警告成为“不合格村民”，自愿停止股份分红及村内福利待遇。

记者在一些村户门外看到一张带有卡通萌犬的牌子，写着“文明养犬”，下方还挂着一个小铲子。

陆家堰村第一书记蒋钰伶告诉记者，村里现在登记在册有107只犬，只有在早晨和傍晚的5点至8点才可以牵绳出来遛，如果狗狗随地大便了，就可以用挂在门前的小铲子立刻处理干净。

乡村治理，用心用情是正理。即使是门外的晾衣竿竟也是村里统一安装，见记者啧啧称奇，蒋钰伶笑道：“原先晾晒衣服自拉绳索观感很差，村里根据调查得到的实际需求，给350户安装了长短不一的晾晒竿。”

随着垃圾分类、文明养犬、门前三包等顺利推进，陆家堰全村垃圾分类率实现100%，“洁美陆家堰”渐成品牌。村里环境洁美了，出租房价格也提高了，一些原本不理解不配合的村民，主动清理门前杂物，参与“美丽庭院”建设，目前全村庭院达标户301户，示范户75户。

环境优美和谐背后是陆家堰村的村民广泛参与，通过“六点半说事会”“说事长廊”等载体，邀请党员、村民代表、志愿者和村民参与梳理出乡村治理过程中需要集中商议的具体问题。如一次“六点半说事会”中商议解决停车难问题，几户村民无条件将自家门前公共区域贡献出来，让村里划分停车位，10多年来累计“说事”9200多项。

陆家堰村日子蒸蒸日上越发红火，正如村歌唱的那样：“陆家堰我亲爱的家乡，我们用汗水种下希望，等幸福悄悄爬上砖墙……”

鄞州区委政法委常务副书记吴敏刚告诉记者，契约治理让陆家堰村脱胎换骨，以陆家堰村为治理样本，鄞州以党建引领为核心，以自治、法治、德治“三治”融合为基础，以共商、共治、共管、共建、共享为路径，构建基层治理“同心圆”，让群众成为自治的主体，让群众真正共享乡村建设的成果。

（《法制日报》2019年9月11日1版）

宁波上李家村治村有“三宝”

10月11日上午，在浙江省宁波市鄞州区上李家村，3名志愿者在巡查中。

“这边没什么垃圾了，走吧。”

“好的，刚刚看到那堆装修垃圾要不在群里通知下主任？”

“我用手机拍张照发一下。”

3名穿着红马甲的志愿者拿着铁钳、小桶，结束了志愿时间，一转身打开各自家别墅院门，归拢好工具，进了屋。这是《法制日报》记者在上李家村看到的极为日常的一幕。

别墅林立、道路整洁、绿化优美……置身上李家村，让人错觉是某城市高档别墅区，却没有城市的喧嚣嘈杂。上个世纪90年代，上李家村曾获得“全球500佳国际环境保护村”称号。但随着村经济增长放缓，村里矛盾纠纷不断，这个远近闻名的“明星村”便光环不在。

上李家村党支部书记李德龙告诉记者，2008年3月他任支部书记后，如何化解村民矛盾纠纷、解决村民生活难题、让村民日子过得更好成为摆在他面前的考题。以经济发展为基础，新村建设为抓手，党建服务为保障，共同富裕为目标，十多年来，全村拆迁建新房、建厂房、成立社区服务中心、文化礼堂、引进污水治理系统，硬件环境跟上去的同时，“公开、民主、自治”成为了上李家村治村“三宝”。

道德评议公开有术

去年，上李家村升级了村规民约。十章内容从创建平安乡村、共建和睦邻里、创建和美家庭等方面对村民日常行为作出约定。

光有村规民约不够，还得有奖罚制度。上李家村创新制定道德评议规范，设置道德负面清单，旨在通过交流情况、沟通信息等评议活动在村里营造团结和谐、讲正气树新风的良好氛围。

“垃圾不乱丢，宠物不放养，财富不攀比，车辆不乱停，严禁打架斗殴，不得涉黑及恶。”道德负面清单的精华提炼成顺口溜，朗朗上口十分好记。

道德评议委员会由村民代表大会选举产生，每月30日召开村民道德评议会，并对评议结果进行公示。同时还设立道德基金，通过企业和个人自愿募捐构成。对道德基金的使用由村监会严格把关。

上李家村所有住户都建立了道德评议档案，考核结果直接与村民福利挂钩，违反一条道德负面清单且两次提醒仍不改正的减发村民福利费200元，以此递增，直至违反4条及以上的，取消全部福利待遇。租房户违反的，减发房东福利，同时影响日后居住证办理。购房户违反的，则直接影响子女读书积分。道德负面清单年度不扣分的村户，则由道德基金出资奖励。

道德评议结果公示就在村里的文化礼堂门口，一块LED大屏滚动播放村里住户的得分与扣分情况。

黄红苗是本村村民，她说每次路过文化礼堂都会关注那块大屏，看看自家分数，谁家要是扣得多了那不就是很丢人呀！

大事小事村民做主

上李家村绝大多数村民都有自己的别墅，日子红火。可当初拆老房建别墅提上议程时，尽管村民们愿意拆，可是怎么建、谁来建、标准多少钱？却让村委会犯了难。一来二去，村干部觉得开会讨论多少次都不如聚民智、听民意。于是，让村民代表商量好建造资金标准，村里负责找来7家建筑商，让村民自己挑。经过多次讨论，最后大家一致同意，通过统一规划、统一拆迁、统一配套、统一管理、联户自建的“四统一联”改建方式进行新农村建设，其间没发生过一起矛盾纠纷。

郑科亚、张丽英都是新上李家村人，张丽英是郑科亚的舅妈。因为上李家村环境优美、氛围和谐，她们相约在这里购置房产，成为上李家村的一分子。她们热心做志愿者维护环境整洁，也加入村里的娱乐活动。“走，到文化礼堂广场去跳舞。”饭后，一声吆喝，她们换上舞鞋拎上小包一路说笑往文化礼堂走。

说起文化礼堂建设，村民都点赞。为满足村民的精神文化需求，村里决定出资建造文化礼堂。按照建别墅的路子，文化礼堂怎么建，建成啥样，都由村民说了算。最终，经村民代表大会表决，决定开设村史陈列室、图书室、电子阅览室、老年活动室等场所。如今文化礼堂天天开放，村民们早上来健身、晚上来活动，其乐融融。

自治平台为办民事

上李家村社区服务中心门口，一块刻有“百姓动口，干部跑腿”的石头吸引了记者的目光。村主任赵烈宏说，这句话就是我们上李家村各方面工作的精髓。比如将党旗插进百姓家的“904901”书记一点通，无论大事小情，村民们只要拨打“904901”这个号码，就能直接与村支书联系，反映问题。

“78幢408能不能不要现在跳绳？”

“不好意思，打扰你了。”

“实在是隔音不好，楼下像地震。”

这是上李家村高楼自治管理群里晚上9点多的聊天记录，事情虽小，却沟通及时双方矛盾立消。据了解，上李家村分为三个网格，每个网格建一个微信群，不仅方便村民相互联系及时沟通，更是村民与村干部互动的平台，村民遇到难事在群里“@村干部”，村里大事小情村干部“@所有人”。

高楼片区的网格长叫黄勇，他在微信群里的名片是“勇往直前黄勇”，人如其名。每当村民发现情况拍摄照片在群里@他时，他总是立刻回复，及时出动，并将处理结果反馈给村民。

说起自己的快速反应，他还有些不好意思，直言这是自己的本职工作，更积极的是把手机上拍摄的70岁老人清扫路面、80岁老人擦楼道人脸识别显示器这样的感人瞬间照片，给记者看。

在自治群里，人人都是网格员，都是村务参与者。通过自治群沟通，民意直达，矛盾自然就少了。据了解，上李家村已连续十年零上访零刑事发案。

“上李家村是鄞州区推进全域治理的一个样本。”宁波市鄞州区委副书记、政法委书记朱法传说，近年来，鄞州区按照推进国家治理体系和治理能力的现代化要求，坚持重心下移、资源下沉、权力下放，在治风、治村、治难、治安、治事上创新发力，变被动服务为主动服务、变为民做主为群众自主、变单一破难为系统解难、变治标为主为标本兼治、变党政独唱为社会合唱，全力打造全国基层治理先行区。

（《法制日报》2019年11月3日1版）

从"三进"到"三变"

——鄞州激励干部精气神助推高质量发展

打开宁波地图，鄞州版图神似一颗心脏，在宁波各县（市、区）中心有力地跳动着。

怎样让这颗心脏跳动得更加有力，给全区甚至宁波的经济长远发展带来不竭动力？2018年下半年以来，鄞州在全区开展"进企业、进社区、进农村"等活动，不断激发广大干部"实干、担当、奋进"的精气神，昔日有些干部干事创业激情有所衰退等现象明显改变，全区干部群众的士气大大提振。

精神一变天地宽。"三进"活动把基层作为改革发展的主战场、服务企业和群众的主阵地，区委号召各级干部深入了解企业、群众和基层反映的痛点、堵点，企业、群众和基层办什么事烦，就把什么列入改革范围；企业、群众和基层办什么事难，就把什么纳入必须解决的范畴。

一子落而满盘活。干部向一线下沉，工作在一线落实，难题在一线破解，随之带来"化学反应"：困难变机遇、劣势变优势、麻烦变样板。截至目前，"三进"活动共发现问题8140个，解决问题6191个。

这一切只是起步。"鄞州要全面推进高质量发展、建设高品质强区，出路在发展、在转型、在创新，但关键还得靠干部、靠实干。"鄞州区委主要负责人表示，踏上新征程，鄞州要用各级干部的"实干指数"来换取高质量"发展指数"。

进企业——真心帮扶，困难变机遇

"走进企业，走近企业家，把他们发展中遇到的困难、需要政府帮助解决的问题带上来！"2018年11月中旬，千人参加的鄞州民营经济发展大会向全区发出号召，各级领导带头，广大干部积极响应，全区迅速兴起帮扶民营企业的热潮。

捧出一颗真心，留下一串脚印。数次登门，虚心求教，深入交流，鄞州区科技局等单位的干部叩开了企业家的心门。一个普遍问题被提了出来：企业有转型升级的意愿，也有资本，但缺乏好的项目。

对此，政府能做什么？一阵头脑风暴后，区里决定，由鄞州区委人才办作为牵头单位，组织相关部门和镇街，举办一次大规模的产业研究活动。通知发出后，企业报名异常热烈。最终，来自全区的新材料、高端装备等领域的124家企业的经营者走进中科院上海分院，进行系统深入的对接。

参会的宁波维真显示科技股份有限公司，是国内首家有能力制造不闪式LED3D电影屏的企业。"我们想寻找设备工艺改造技术，加速产业化，这样的对接机会，真是雪中送炭！"该企业负责人如是说。活动当日，鄞州企业与中科院上海分院系统达成合作意向项目36个，为企业解决难题40余个。

在鄞州，像这样深受企业欢迎的活动越来越多。鄞州区委主要负责人表示，要坚持帮扶企业的态度不变、热度不降、力度不减，抓紧把促进民营经济高质量发展的各项政策措施落到实处。

区域竞争，归根到底是企业的竞争，关键是企业家的竞争。而企业的发展，营商环境至关重要。在鄞州，一般工业类、房产类企业投资项目，开工前审批全流程分别缩短至59天、95天。地方政府还为项目落地提供从洽谈签约、到注册落地、再到运行管理的"店小二"式服务。

企业最务实，也最讲实惠。政府如果真心实意为民营企业着想，全力以赴解难题，民营企业就会留下来、强起来。

在鄞州经济技术开发区，宁波博威新材料有限公司年产5万吨特殊合金带材项目正在紧张施工。两年后，这里生产的特殊合金带材，将应用于智能互联装备等行业高端市场，年产值将达到33亿元。

因为项目科技含量高、投资大，很多地方开出相当优厚的条件加以招引，但该企业负责人最终还是选择留下。"我们最看重的，还是政府高效务实。"据悉，该项目审批过程中，当地有关部门提供了精准对接服务，帮企业腾出精力用在项目上。

栽下梧桐树，引得凤凰来。在各地招商引资竞争如此激烈的态势下，去年以来，盛吉盛半导体科技、高世代电子纸等9个高端制造项目落户鄞州。2018年1月至11月，鄞州新设外商投资企业98家。

进乡村——资源下沉，劣势变优势

"绿水青山就是金山银山"，这是至理名言。如何把"绿水青山"转化成"金山银山"？这是一个大课题，也是一道必答题。

行政区划调整后的鄞州，虽然有许多基础好、资源多、有特色的村庄，但有的有愿景却没能力，有的有想法却没资金，有的有资源却没项目。怎么办？鄞州区委从“人”上破题，把机关干部“从办公室里赶出去”。

新张俞村地处鄞州姜山镇最西端，距今已有500余年历史。冬日暖阳下，走进俞家古村落，一间间高低错落的老房子、一条条四通八达的小弄堂、一块块青砖红石板……令人有时空穿梭之感。

记者跟路边的村民攀谈，听说了“小陈书记”的故事。之前，村里漫天电线混乱交织，古村风貌大受影响。但要把电线改为“地线”需数千万元投资，这让村干部连想都不敢想。从鄞州区委办下派的“第一书记”陈露洁了解到这一情况后及时上报，经区委办领导牵线搭桥，协调电力、电信运营商等单位，最终把经费压缩了一半以上，电线“上改下”得以顺利实施。

干部到一线，资源“下”基层。2018年10月，鄞州加大选派力度，一批精兵强将纷纷下到亟须攻坚克难的村，成为“全日制”驻村（社区）“第一书记”。目前，像陈露洁这样以全脱产挂职、全日制驻村的方式选派担任村（社区）“第一书记”的机关优秀干部，一共有66名。

一个关键的能人，可能激活一个村，带动一方产业。在鄞州，瞻岐村相对偏远，村“第一书记”、鄞州区审计局数据分析科科长王国新在走访中得知，村里农特产品丰富，但出不了村。作为审计领域熟悉大数据应用的资深科长，他接触过的一家央企——国研软件股份有限公司，其总部刚刚落户鄞州，网络营销正是其特长。

王国新立马邀请“国研软件”两名工程师前去村里实地调研，并顺利结对。该企业将整合在食品安全追溯领域积累的上下游资源，结合镇村特色，推动兴农平台建设，为线上供销、农产品质量追溯等提供技术资源服务，真正提升村级经济“造血功能”。

乡村振兴，因人而兴。眼下，活跃在鄞州乡村的“第一书记”们结合实际，各展所长，截至目前共解决问题380个。而且，基层群众的心热起来了，劲鼓起来了，力聚起来了。更重要的是，好资源加上好点子，乡村原先的劣势逐渐转变成优势，美丽乡村的蓝图正在“落地开花”。统计显示，2018年，鄞州全区村集体经济年收入均超50万元，经营性收入超10万元村有近200个，覆盖率达99%。

进社区——创新模式，麻烦变样板

2018年12月初，一场“千人大会”吹响了鄞州城市精细化管理的号角。“作为城市管理者，每天作出的抉择大多是有得有失的‘痛苦级’……但自己的‘痛苦’就是群众的幸福。”会上，鄞州区委主要负责人一番“表白”，让与会的党员干部颇受震动。

半城半乡的鄞州，既是宁波的核心城区，又有广袤的乡村，城市管理区域更广、要求更高、问题更复杂，特别是与先进城市相比，还存在一定差距。

一直以来，城市老旧小区改造是一个棘手难题。房屋老化、破损日益加剧，单靠物业日常维护远远不能满足小区需求，也导致了居民跟物业的矛盾。直面问题不回避。鄞州区委、区政府将老旧小区改造列入“一把手工程”，发动各级党员干部担当作为，主动想方设法解决问题。

有20多年历史的孔雀小区，曾经设施陈旧、环境脏乱，居民多有抱怨。如今，在这场行动中孔雀小区却成了“明星小区”。最近几个月来，孔雀社区党委书记石蓉和同事们，一户一户地跑，讲政策、算细账。原来，作为试点小区，孔雀小区在物业专项维修资金补缴工作上，在全省“第一个吃螃蟹”。物业专项维修资金补缴之后，小区维护还能享受政府补贴。

改造老小区，鄞州干部“脑洞大开”，总结出一套“三结合”模式，将改造政策和居民意愿有机结合，涉居建设项目与专项工作相结合，改造与管理相结合，大大提高了居民的积极性。

孔雀小区所在的白鹤街道党工委书记祝健敏感慨：“老旧小区以前是个麻烦，现在大家都到孔雀小区取经，我们成了样板，这背后离不开干部一趟趟串门入户所作的沟通与担责。补缴物业专项维修资金，只是孔雀社区一小步，却是宁波老小区探索自治自理一大步。”

不怕麻烦，肯动脑筋，服务群众就有使不完的法宝。最近，鄞州“微审批”平台凭借搭建区级审批“大数据平台”，在部门数据间建起互联互通的“高速公路”，荣获第四届（2018）中国“互联网+政务”50强。

借力“微审批”平台，鄞州300余个“微审批”事项平均办件时间已缩短3天，7个部门的58个事项实现远程视频审批。鄞州区审管办主任李春丽说，服务民生就要“不怕麻烦、自找麻烦”。

为鼓励干部在实干中创新，目前，鄞州已出台《改革创新和实干攻坚容错纠错实施办法（试行）》等系列文件。通过在全区范围公开“竞标选才”，13位优秀年轻人走上区管领导干部岗位，一批扎根一线、敢于作为的干部有了干事创业的更大舞台。

（《浙江日报》2019年1月6日1版）

表 82　2019 年中央广播电视总台涉及鄞州区报道情况

序号	日期	栏目	题目
1	2019.3.11	新闻直播间	浙江宁波：5岁男孩命悬一线 8岁姐姐抓紧不放
2	2019.4.1	中国财经报道	全国乡村振兴与扶贫协作（宁波）论坛举行
3	2019.6.5	社会与法频道夕阳红	儿子的一道菜
4	2019.7.5	新闻直播间	周秀芳：支教奶奶大山深处传爱心
5	2019.7.17	新闻直播间	高空紧急救援！旅客突发疾病 航班放油45吨备降救人
6	2019.8.10	东方时空	浙江宁波：引发山洪 天童寺安全转移300余人
7	2019.8.10	新闻直播间	浙江宁波：村庄600余人被困 紧急疏散转移（沙堰村）
8	2019.8.10	新闻联播	台风利奇马在浙江登陆：400多万人受灾（沙堰村）
9	2019.8.11	朝闻天下	浙江宁波：引发山洪 天童寺安全转移300余人
10	2019.8.11	朝闻天下	利奇马袭击浙江：台州温州宁波等地用电受影响
11	2019.8.11	焦点访谈	揪心！利奇马所到之处，都经历了什么？（沙堰村）
12	2019.8.13	新闻直播间	浙江宁波：东吴镇灾后清理工作正有序进行
13	2019.8.13	24小时	“利奇马”影响持续 灾后恢复展开·浙江宁波35小时未眠“阿二站长”坚持在岗
14	2019.8.13	新闻直播间	东吴灾后清理，400多人奋战一线
15	2019.9.22	新闻联播	迎国庆 各地节日气氛渐浓
16	2019.9.26	新闻直播间	湖南溆浦：退休教师牵线捐建29所希望学校
17	2019.10.10	新闻直播间	国际划联首届龙舟世界杯落户中国
18	2019.10.10	新闻30分	国际皮划艇联合会首届龙舟世界杯启动 世界顶级龙舟队参赛 推动龙舟入奥
19	2019.10.11	体育频道	国际滑联龙舟世界杯将在宁波举行
20	2019.10.26	体育5套	支教奶奶周秀芳亮相甬马央视报道
21	2019.11.2	新闻联播	2019国际划联龙舟世界杯开幕
22	2019.11.3	朝闻天下	浙江宁波 2019国际划联龙舟世界杯 中国队摘得龙舟世界杯首金
23	2019.11.3	新闻直播间	浙江宁波 2019国际划联龙舟世界杯 各项决赛今天进行 共产生10枚金牌
24	2019.11.3	新闻直播间	浙江宁波 2019国际划联龙舟世界杯 扩大国际影响力 推动龙舟进入奥运会
25	2019.11.3	体育频道	国际划联龙舟世界杯决赛 中国队夺冠
26	2019.11.3	体育频道	2019年国际划联龙舟世界杯决赛
27	2019.11.3	体育频道	龙舟世界杯继续进行 中国收获多项冠军
28	2019.11.4	新闻直播间	浙江宁波 2019国际划联龙舟世界杯 扩大国际影响力 推动龙舟进入奥运会
29	2019.11.23	焦点访谈	倡导好风尚 弘扬正能量
30	2019.11.25	音乐周刊	2019天南海北鄞州人发展大会交响之夜上演

“项目大攻坚”行动计划重大实施类项目

表 83　　2019 年鄞州区“项目大攻坚”行动计划重大实施类项目

序号	项目名称	项目性质	建设期限	总投资（万元）	2019年	
					当年投资（万元）	形象进度
合计（项目数：120；其中，续建项目数：82，新建项目数：38）				13066665	2813860	
重大工业类项目				976285	195493	
1	丰银电池年产10亿只无汞锌锰电池项目	续建	2018—2020	17700	8000	办理竣工验收
2	源霸年产10亿只锂锰电池项目	续建	2018—2020	29030	18000	设备安装调试
3	卓尔博年产100万套汽车电机项目	续建	2018—2019	15000	7500	投产
4	日兴电子年产800万台音箱项目	续建	2018—2020	18550	5000	开展装饰装修工程
5	圣龙年产480万套新能源汽车关键零部件项目	续建	2018—2023	120000	10000	主体结构施工
6	圣龙年产110万套新能源汽车关键零部件项目	续建	2018—2023	50000	18000	一期投产、二期项目桩基施工
7	维汇年产20万套智能物流装备电子集成、15000套高效现代物流集成系统装备及配套仓储物流项目	续建	2018—2020	110000	8522	进场施工
8	大吉慕年产12万立方米PC构件生产线项目	续建	2018—2019	20100	6910	一期工程竣工验收完成，二期准备中
9	博威合金年产5万吨特殊合金带材项目	续建	2018—2020	150000	39029	主厂房设备基础土建施工
10	盛光包装年产5万只汽车轮毂生产线建设项目	续建	2017—2019	12000	2560	竣工验收完成
11	中茵集成年产300万平米电子集群高端PCB板生产线项目	续建	2015—2020	52000	6130	项目竣工
12	博德高科年产6700吨新型铝焊丝项目	续建	2018—2020	23065	8504	该项目已统计入库，完成第一阶段投资
13	赛丰电子年产2000万只汽车执行器项目	续建	2018—2020	11000	6145	主体部分验收完成
14	国创年产5000套轨道车辆用控制阀项目	新建	2019—2020	12000	3000	主体结构封顶，建筑外立面施工
15	中车年产80万套加工新能源电机仓储项目	新建	2019—2020	72000	4000	建筑外立面施工
16	悦丰新电智能家用、商用厨余机项目	新建	2019—2020	10900	1620	主体建筑结顶
17	安迅达年产10万套金属制品项目	新建	2019—2020	9970	6864	工程主体完工
18	鑫海年产3万套智能箱柜项目	新建	2019—2020	8810	6581	工程主体完工
19	恒达高智能家居项目	新建	2019—2020	60000	0	摘牌后正在进行前期工作
20	百禾电器智能集成厨电项目	新建	2019—2021	9160	2012	主体建筑施工
21	奥克斯年产50万台气体压缩机机械设备项目	新建	2019—2020	28700	10168	主体建筑施工，内部装修进行中
22	奥克斯年产100万台电动机保护装置项目	新建	2019—2020	51300	16838	主体建筑基本完成，外部幕墙基本安装完成，内部装修进行中、设备陆续进场

续表83

序号	项目名称	项目性质	建设期限	总投资（万元）	2019年	
					当年投资（万元）	形象进度
23	华瑞电器换向器及智能家电项目	新建	2019—2020	25000	0	区政府常务会议已通过，启动转让手续
24	科达精工高性能铝合金汽车零部件项目	新建	2019—2020	20000	10	施工许可证办结
25	盛吉盛年优化升级150台半导体设备产业项目	新建	2019—2020	40000	100	项目已立项，完成统计入库工作，正在办理施工许可证，计划2020年3月份正式动工建设。
	功能提升类项目			8667882	1870401	
26	宁波新世界广场（5号地块）	续建	2016—2020	179591	20768	核心筒已经封顶，钢结构施工至地上55F，幕墙施工至地上26楼
27	中海宁波湾一期（宁丰滨江YZ13-06-g1/YZ13-06-g1地块）	续建	2017—2019	319374	30579	本月精装修完成，并交付
28	宁波市白鹤地段JD05-06-（06、07、08）地块项目	续建	2018—2021	114300	66746	1.1号楼完成14层结构施工。2.2号楼完成15层结构施工。3.3号楼完成16层结构施工。4.办公楼完成10层结构施工。
29	戚隘桥商业地块	续建	2013—2020	155000	7950	项目处于主体施工阶段，部分单体结项。
30	城市之光三期	续建	2017—2021	130600	10200	项目处于挖土施工阶段
31	东部新城门户区	续建	2011—2020	400000	31005	局部地块竣工验收完成，项目总体基本完工
32	宁波市国际贸易展览中心11号馆	续建	2015—2020	330000	5000	工程竣工，精装基本完工
33	东部新城核心区A3-23、25-1地块（阪急阪神）	续建	2015—2019	296000	10820	工程竣工
34	鄞州区福明街道国际汽车城以东地块项目	续建	2018—2021	75000	14500	挖土完成，地下室完成，1号楼主体结顶
35	东部新城核心区H1-3-1/4号地块项目（融创信达宁波府）	续建	2016—2019	560000	55000	项目竣工
36	宁波数字传媒基地（鄞州文化创意产业园）	续建	2017—2021	54400	7048	完成地下室全部顶板出地面，完成北段地上一层模板、钢筋施工；中段支模、南段钢立柱、模板支模阶段
37	南部商务区三期A4地块	续建	2015—2020	50048	0	已复工
38	南部商务区三期A1地块（曼哈顿）	续建	2017—2022	209000	0	开庭时间已明确，桩基工程已完成
39	杨柳郡	续建	2017—2020	500000	65313	G地块已交付；B地块精装修中、景观工程已基本完工；A地块精装修施工
40	鄞州新城区首南街道陈婆渡片区CPD3-01-07B地块A项目（欢乐购）	续建	2014—2021	80600	16292	主体结顶
41	鄞州新城区陈婆渡东地段YZ09-08-C6/C9-A地块项目（新希望董天府）	续建	2017—2021	630000	77547	主体结构施工完工，室内外装饰装修工程完工
42	涌宁府	续建	2017—2019	415000	70000	交付使用
43	鄞州新城区首南地段YZ-08-06-b9地块项目（鄞州区财富管理总部南区）（鄞城代建）	续建	2017—2020	26400	10000	完工

续表83

序号	项目名称	项目性质	建设期限	总投资（万元）	2019年	
					当年投资（万元）	形象进度
44	斯玛特广场（宝龙广场）	续建	2017—2019	140000	95000	1-4号、5号、6号、7号、地下室内装修完成100%；地下停车位环氧地坪完成100%；室外道路附属完成100%；竣工开业
45	宁波钱湖乐都汇购物广场	续建	2017—2020	63000	#REF！	1.地上粗装修基本完成，后勤走道粗装大面积开始 2.幕墙采光顶闭水完成，外立面主龙骨施工基本完成，面板施工80% 3.机电工程一消验收进行中，机电进入收尾及调试整改阶段；专项工程设备安装 4.公区封棚完成；中庭落架完成 5.小市政已完成，红线内硬化完成，绿化土方回填完成50%
46	首南YZ08-07-（C2、C3、C4）地块（江山万里五期）	续建	2018—2020	260000	25083	室内精装及室外幕墙施工
47	鄞州新城区钟公庙地段YZ07-06（c2）地块项目（华侨城欢乐海岸）	续建	2018—2020	240000	29810	二期主体结顶
48	宁波新世界广场4号地块项目	新建	2019—2021	200100	89796	桩基施工正在进行，已打桩250根，完成总桩数的54%
49	宁波新世界广场6号地块项目	新建	2019—2021	39626	#REF！	桩基施工正在进行，已打桩1507根，完成总桩数的89%
50	中海宁波湾二期（宁丰滨江YZ13-06-d1/YZ13-06-f1/YZ13-06-h1地块）	新建	2019—2021	341800	172015	住宅主体结构施工，商业地下室施工
51	鄞州区轨道交通3号线永达路站地块项目	新建	2019—2021	193820	128850	1号楼~9号楼主体结构和砌体结构均施工完成
52	宁穿路地段A1-3地块	新建	2019—2021	59500	45289.48	现场进度：1号楼13层结构施工，2#楼16层结构施工，地库结构全部完成；2号楼1~10层墙体砌筑完成，1号楼1~9层墙体砌筑完成，地下室墙体砌筑完成
53	东部新城核心区A3-25-2地块项目（宁波中心四期）	新建	2019—2025	480000	30171	桩基施工完成
54	城市之光四期	新建	2019—2023	400000	41300	桩基施工基本完成
55	东部新城核心区以东片区C1-9号、C2-4号/7号/8号地块项目	新建	2019—2022	560000	173980	8号地块除2栋高层外全部结顶，东侧9栋砌筑完成，粉刷进行30%，门窗付款、外立面幕墙埋件等已进场施工；7号地块主楼距离封顶每栋楼剩余约最后2个楼层；地下室清理完成，局部管线支架、桥架正在施工，进行了约10%；9号地块负一层南侧支撑梁完成，出土约30%
56	鄞州新城区首南地段YZ08-09-15地块项目	新建	2019—2021	635000	156686	住宅地下室完工，主体工程地上三层，商业部分桩基施工
57	鄞州区XX-01-05-e2、XX01-05-e4商住地块（咸祥镇西宅村3号商住地块）项目	新建	2019—2021	73000	47000	主体施工完成60%
58	鄞州新城区原新华印刷有限公司A、B地块项目	新建	2019—2021	45000	27672	1号楼11层结构完成，2#楼5层结构完成
59	鄞州新城区钟公庙地段YZ07-03-b3b4b5、b6地块项目	新建	2019—2021	211723	149392	小高层主体结构封顶

续表83

序号	项目名称	项目性质	建设期限	总投资（万元）	2019年	
					当年投资（万元）	形象进度
60	首南地段YZ08-07-a2地块（江山万里七期）	新建	2019—2022	200000	140561	主体结构施工
	基础设施类项目			1721870	344771	
61	宁波市110千伏大河变迁扩建工程	续建	2018—2019	31000	9805	开始电力设备一次安装工作，主变压器、控制柜等设备吊装就位
62	大河泵站改扩建工程	续建	2018—2020	10153	2112	老泵站设备拆除完成，准备结构拆除后新建泵桩基施工
63	中兴路（江南路—兴宁路）综合整治工程	续建	2018—2020	52976	30466.7	完成工程初步验收，工程扫尾
64	宁波市东部新城中央公园（宁东路—宁穿路）工程	续建	2018—2021	238191	8810	挖土施工收尾，局部底板施工
65	姜山镇景江路东延新建工程	续建	2018—2019	13921	7500	完工
66	高阳路（翻石渡—明光路）拓宽改建工程	续建	2016—2019	17239	9000	完工
67	姜山镇环镇路改建工程	续建	2018—2020	17664	7000	基本完工
68	雁湖路（机场路至环镇路段）改建工程	续建	2018—2020	82427	25000	总体形象进度为25%，其中路基完成37%、路面完成5%、桥梁完成28%
69	明州大道（洞桥至云龙段）工程（鄞城大道）	续建	2014—2019	315234	5000	全面完工，计划于12月25日通车
70	鄞州经济开发区二期市政项目	续建	2017—2021	145600	40050	桥梁工程已完成，道路塘渣卸载完成100%，地块塘渣完成95%，经一路、经二路、经三路、经四路、经五路、纬一路、纬二路、德胜路雨污水管完成72%，绿化完成73%
71	邱隘镇万里路、新邱路工程	续建	2018—2019	14113	8521	项目完工
72	九曲河整治工程（城区段）（鄞城代建）	续建	2017—2021	56542	5000	完成部分岸墙砌筑、部分河道清淤、绿化土方局部造型，完成水工施工80%，绿化施工完成20%
73	庙堰碶泵站工程	续建	2017—2019	10056	1201	工程完工
74	五乡镇宝幢西侧道路工程	续建	2016—2019	24859	5000	竣工验收
75	宁波南部新城东南片区首南东路项目（下应南路—福庆路）（鄞城代建）	续建	2016—2020	27996	4200	四期道路完工
76	宁波市东部新城主干道南延金达路工程（鄞县大道-鄞州大道）（鄞城代建）	续建	2017—2020	57140	23000	崇实路—鄞州大道段：完工通车；鄞县大道—崇实路段西半幅水稳层施工
77	下应街道昇桥路（湖下路—同保路）、宗德路（应慈路—启明南路）（鄞城代建）	续建	2018—2019	35966	6000	宗德路昇桥路完工
78	咸祥镇咸祥中路（西宅至沿海中线）改造工程	续建	2017—2019	8650	4650	完工
79	鄞县大道（奉化江—镇岚路）改造提升	续建	2018—2022	138000	44024	完成桥梁拆除10%工作量，完成桥桩施工10%工程量完成地下人行通道70%主体结构
80	甬江大道（中兴北路—世纪大道）综合整治工程	续建	2018—2022	7902	4290	南侧地下管线，塘渣、水稳层完成

续表83

序号	项目名称	项目性质	建设期限	总投资（万元）	2019年	
					当年投资（万元）	形象进度
81	桑田北路（曙光北路—甬江大道）	续建	2017—2019	20000	15000	完工
82	广德湖路（环城南路—董山西路）匝道及地面辅道	续建	2016—2020	34540	3090	1.A匝道落地段搭板桩施工。2.高速拓宽人行通道桥拼宽段桩基施工完成。3.主路段绿化种植完成，标志标线完成
83	钱湖南路南延（鄞州大道—庆元大道）	续建	2018—2020	15768	9633	1号桥完成盖梁3座，U型通道完成50%，2号桥完成2座U型通道，2座盖梁（全部完成），排水工程累计完成60%，金峨路以南塘渣填筑完成
84	滨江路（惠风西路—鄞县大道、三桥江—四明西路）工程	续建	2018—2020	12858	5600	完成工程量的60%
85	奉化江东岸绿化工程（北起杭甬高速南至鄞州大道）	续建	2018—2022	46000	1500	一期工程（四明西路—杭甬高速）完工
86	宁波市220千伏潘桥变迁建工程	续建	2018—2022	100000	36065	完成变电站土建、隧道施工
87	环城南路（沧海路—后殷路）两侧绿化综合整治项目	续建	2018—2020	11250	1330	除轨道占用外其余完工
88	莲湖路（湖滨路—青莲路）道路工程	新建	2019—2020	13942	4475	完成道路水稳、桥梁梁板架设。
89	会展路（盛梅路—沙洲路）及南侧河道绿地工程	新建	2019—2020	33308	4848	完成河道栏杆，完成道路管线及水稳层，南侧景观土方整平
90	盛梅路（宁穿路—横河）新建道路工程	新建	2019—2021	24799	700	完成施工、监理招标，进场施工
91	杭甬高速南侧规划道路（嵩江西路—前河北路）	新建	2019—2022	28000	1000	Ⅰ标段完工
92	仇毕安置房配套道路	新建	2019—2022	48218	9600	完成一期工程50%
93	宁丰滨江地块配套道路（悦盛路、建兴西路、规划路）	新建	2019—2021	27558	1300	建兴西路（规划路-新典路）基本完工
社会事业类项目				1700628	4031948	
94	宁波市医疗中心李惠利医院原地改扩建项目	续建	2018—2022	63852	9780.8	II标段土方外运完成至100%；II标段地下一层底板完成至100% II标段底板结构完成至100% II标段基础完成100%
95	长丰幼儿园（鄞城代建）	续建	2017—2019	11479	5461	完工验收
96	长丰小学（鄞城代建）	续建	2018—2019	35464	7095	完工验收
97	鄞州区公共卫生服务中心（鄞州区妇幼保健院）	续建	2017—2020	12116	5223	完成地下一层砌体施工，外墙粉刷基层完成
98	梅岭安置房一期B-1地块	续建	2017—2019	28489	5700	专项验收
99	鄞州蓝青小学	续建	2017—2019	30000	8000	完成综合验收
100	王家弄安置小区	续建	2017—2019	129300	32000	完成验收
101	潘火实验中学	续建	2017—2019	16800	5800	完成验收

续表83

序号	项目名称	项目性质	建设期限	总投资（万元）	2019年	
					当年投资（万元）	形象进度
102	东南小学金达路校区	续建	2018—2020	18000	9000	主体结构完成
103	东部新城东片区B1-4地块及配套绿地工程	续建	2018—2020	56245	20000	吊篮安装完成，因近期阴雨天气较多，涂料无法施工，待天气转好后方可继续施工，地坪预计12月底完成
104	东部新城核心区以东片区C1-6号地块邱隘镇九年一贯制学校工程	续建	2018—2020	47510	30000	完成地下室腻子施工，上部主体室内粉刷完成80%，外墙粉刷完成80%，推进安装管线施工
105	桑家安置房	续建	2015—2019	123232	18569	开展相关验收。完成电表安装、技防检测、室内环境检测和Ⅰ、Ⅲ标段消防检测，以及有线电视、技防、Ⅰ、Ⅲ标段人防等专项对口验收，开展交警、Ⅰ、Ⅲ标段竣工质监验收
106	仇毕安置房	续建	2016—2019	447922	55997	开展相关验收。完成小区通水、电表安装，室内环境、技防、消防等检测，以及有线电视、人防、技防等专项对口验收；开展通信、竣工质监验收、联合验收
107	鄞州区中河街道孙马安置小区二期工程	续建	2017—2020	26466	10379	1.土建零星修补基本完成，室外附属工程完工，交通画线、标牌标识施工完成。2.消防、智能化、三网合一验收完成。
108	鄞州繁裕四期安置小区工程	续建	2016—2019	98000		完成竣工验收及备案
109	首南街道九曲三期安置小区工程	续建	2016—2020	90202	51638	主体结构及装饰工程完成86%（其中主体结构完成100%），室外附属完成30%
110	鄞州区首南第三小学	续建	2017—2019	17819	5537	项目竣工
111	鄞州区嵩江6#地块质量检测楼	续建	2017—2020	11052	2300	完工
112	鄞州新城区钟公庙地段嵩江六号北侧地块项目（北师大幼儿园）	续建	2018—2019	19612	6800	竣工验收
113	钟公庙街道金家漕小学改扩建工程	续建	2018—2019	13005	5500	主体完成
114	姜山镇棚改安置房工程（一期）	新建	2019—2022	116000	11000	桩基施工
115	东部新城东片区A1-1号地块学校项目	新建	2019—2020	29967	12822	地下室顶板完成70%
116	中河街道初级中学	新建	2019—2021	74767	7100	施工开工典礼于2019年11月22日完成。1.现场北区施工中（钻孔桩完成29%、围护桩完成30%、立柱桩完成40%）2.基坑和原水管监测招标完成。3.南区停工
117	钟公庙第二初级中学工程	新建	2019—2021	32358	17325	现场四层结构施工中，部分五层单体施工
118	和众家园安置房	新建	2019—2021	40259	18455	地下室结构完成及主体施工
119	长寿路邻里中心	新建	2019—2021	30712	8180	主体结构完成
120	徐戎棚改安置房项目（鄞城代建）	新建	2019—2021	80000	10000	施工单位场地平整，临时设施搭设，桩基开始施工

索 引

说 明

一、索引采用主题分析法编制，全书各类目均做索引，其中，“特载”“附录”两个类目做简略索引，“大事记”等类目均做详细索引。

二、个别标引词后有二级索引，二级索引标引词均缩进一个字符。

三、类目名标引词用黑体，其他标引词用宋体，以示区别。

四、索引均按标引词汉语拼音升序排列。

五、标引词后的阿拉伯数字表示内容所在页码。

主题词索引

0~9

10·29网络赌博案 116
10千伏线路 166
11·14非法侵入计算机信息系统案 116
110接处警 113
110千伏变电站 166
128CUTE海外高层次人才鄞州行暨智资对接会 58
“152”耕地生态建设保护工程 249
“2·12”特大组织领导传销活动案 111
2017—2019年度浙江省粮食收购工作成绩突出单位 142
2018年“健康浙江”建设考核优秀 263
2018年度国家科学技术进步奖二等奖 25
2018年度国家科学技术进步奖一等奖 25
2018年度省科学技术奖 27
2018年度浙江省美丽乡村特色精品村 26
2018年宁波名牌农产品 126
2018年浙江省青少年校园足球特色学校 226
2019“美丽鄞州”欢乐游 143 150 327
2019“一带一路”国际口岸合作大会 144
2019“鄞州杯”中国国际象棋电视快棋赛 262
2019“鄞州银行”杯“海上明月”马拉松 261
2019—2020年度国家文化出口重点企业 244
2019—2020浙江省文化出口重点企业 244
2019第十六届天宫庄园桑果文化节 301
2019国际划联龙舟世界杯 29 261 350
“2019雷霆”系列打击专项行动 199
2019年度宁波市“茶花杯”优秀园林工程奖 160
2019年度宁波市高质量就业社区 306
2019年度宁波市体育产业发展引导资金项目库 258
2019年度宁波市有突出贡献专家 100
2019年度全国“五好”县级工商联 107 108
2019年度社科研究课题 248
《2019年度鄞州区文化创意产业专项资金管理办法》 244
2019年度浙江省体育产业发展资金项目库 258
2019年度浙江制造精品企业 30
2019年度中国制造业企业500强 289
2019年反间谍法治宣传周 29 316
2019年国际社工日主题宣传活动 280

2019年国家医疗健康人工智能应用落地最佳案例 27 264
2019年宁波购物节鄞州区活动 142
2019年宁波市农村生活垃圾分类处理工作示范镇 324
2019年宁波市鄞州区村社治理竞技赛第二场项目建设专场 28
2019年宁波市鄞州区港澳(深圳)迎春联谊会 25 56
2019年宁波市鄞州区美容师职业技能大赛 274
2019年区级事业单位招聘 271
2019年全国科普日活动优秀组织单位 222
2019年全省优选文化和旅游投融资项目 244
2019年社会科学普及月活动 248
2019年新明街道经济科技工作会议 319
2019年鄞州区村社治理竞技赛第四场文明生态宜居专场 30
《2019年鄞州区农村文化礼堂资源配送菜单》 55
2019年鄞州区体育产业发展引导资金扶持项目 258
2019年鄞州区中小学生体育舞蹈比赛 262
2019年鄞州人才科技智创周 28 53
2019年浙江省高质量发展小城镇(街道) 289 291
2019年浙江省公共数字文化工程优秀数字阅读推广案例大赛“十佳案例” 243
2019年浙江省青少年校园足球特色学校 258
2019年浙江省社科普及创新示范推介项目 247
2019年浙江省中小学质量教育基地 213
2019年浙江省重点培育品牌体育赛事名录库 258
2019年中河城市生活周暨第十一届文化艺术节 297
2019宁波市第二届少儿非遗故事大赛 240
2019宁波市服务业百强 300
2019宁波市竞争力企业百强 300
2019宁波市旅展最佳组织奖 150
2019宁波市制造业企业百强 300
2019宁波市综合企业百强 300
2019衢江文旅走进鄞州推介暨文化走亲活动 150
2019全国双创周宁波(鄞州)分会场 27 78 157 198
2019世界数字经济大会 28 147 184
2019首届“清风正气”原创微电影展最佳影片 98
2019天南海北鄞州人发展大会交响之夜 238
2019文化软实力提升优秀城市 151
2019文旅融合影响力节庆 148 151 237
2019咸祥海畔音乐节 327
2019乡村文化振兴高峰论坛 126
2019延吉—鄞州文化旅游推广活动 151
2019鄞州城市发展论坛 26 164
《2019鄞州概览》 204
《2019鄞州区统计年鉴暨新中国成立七十周年鄞州区统计资料汇编》 203
2019中国(宁波)体育产业博览会 262
《2019中国年度散文》 100
“2019中国最具幸福感城市”(县级) 30 78
“2019中国最具幸福感城市”全域治理优秀案例 30 77 78
220千伏变电站 166
3.0模式智慧菜场 210
“3·5学雷锋”志愿服务主题活动 103
35千伏公用变 166
“365全域社区治理”模式 281
3D机器视觉系统”项目 216
4+X楼宇服务机制 146
4·28买卖国家机关公文案 116
“5·12”防空演练 123
500千伏变电站 166
5G基站 183
5G网络基础设施建设 181
5G先行示范区建设 26
5G智创园 181
5人足球场 37
6·28特大信用卡诈骗案 116
“6·5环境日”公益宣传 176
6000法拉高比能电池电容型超级电容器 139
60周岁以上老年人口 280
80周岁以上高龄老年人 280
959电商产业园 54

A

AAAA级景区镇 148
AAAA级旅游景区 33 36 147
AAA级“守合同重信用企业” 209
AAA级旅游景区 36 147
AAA级旅游景区村庄 80 148 343
AA级“守合同重信用企业” 209
AA级景区村庄 148
AA级居家养老服务中心 292
AA级旅游厕所 148
A级“守合同重信用企业” 209
A级景区村 77 148
A级网吧 245
A级娱乐场所 245
A类(优秀)国家级科技企业孵化器 52 218
阿里巴巴跨境电商人才培训孵化中心 147
阿育王寺 33 330
艾顿公学 225
爱国卫生活动 263
爱心固长城工程 284
爱心妈妈工作室 287
安居社区 295
安宁工程 284
“安全放学回家路”改造提升工程 171
安全生产监督管理 213
安全生产整治百日大会战 111 214
安置帮教人员 121
安置残疾员工 279
安置房 166
氨氮排放量 38
奥克斯集团有限公司 26 136

B

“八月半渔棉会”项目 326
“拔钉清零”行动 160
白鹤街道 279 310
白鹤街道“初心”系列主题教育活动 312
白鹤街道“三式”居家养老服务 312

白鹤街道城管义工服务点 170
白鹤街道老旧楼宇（街区）改造 311
白鹤街道侨联 58
白鹤社区 197 281 310
白内障复明工程 265
“百村万院美丽庭院”创建巾帼行动 106
百度智能云·消防物联网中心 84
“百佳先锋”企业家 165
百家上市（培育）企业梯队工程 194
“百家重点鄞企高校行”活动 273
百名中科院院士专家进鄞州“新一代人工智能为数字经济赋能”高峰论坛 28
“百名中科院院士专家进鄞州”活动 53
百人法治督察员 48 109
百岁老人 280
“百所知名院校鄞州行”活动 273
百丈（划船）党建综合示范区党群服务中心 307
百丈街道 26 305
百丈街道妇联 106
百丈街道区域性居家养老服务中心 307
颁发不动产权证书 199
办公用房管理 87
“榜样红心”初心分享会 315
包裹业务收入 180
宝涵公路 335
宝龙广场 141 295 297
宝同村 334
保费收入 36 187
保洁道路面积 169
保密工作 50
保险 36
保险机构 187
保障民生支出 185
报刊业务收入 180
北电小区“鹤采智邻”平安智慧小区创建项目 311
北沙牛 126
备案加工贸易手册 155
备案境外中方投资额 153
被征地人员养老保障待遇和缴费标准调整 275
本外币存款余额 187
编外用工管理 62 271
便民办税春风行动 234
“标准地”改革 197
标准篮球场 37
标准社区卫生服务站 37
表情包女孩妮妮 56 252
宾馆酒店客房价格监管 202
滨海产城融合示范区建设研究 86
滨海幼儿园 228
滨江花苑小区 319
殡葬改革 49
波波城社区 292
博格华纳汽车零部件（宁波）有限公司 26 135 137 289
博威集团有限公司 138
博物馆 37 241
捕诉一体办案机制 117
不动产登记 199
不动产登记“一窗受理”平台 200
不动产抵押登记银行窗口 199
“不忘初心、牢记使命”主题教育 19 49 250
“不忘初心”专题备课会 65

C

CCTV年度慈善人物 28 54
C级网吧 245
C级娱乐场所 245
财产险保费收入 36
财产险理赔支出 36
财政 185
财政·税务·金融 185
财政管理体制调整 185
财政基础建设 185
财政绩效管理 185
财政收入组织 185
财政收支 35
财政支持经济发展 185
财政总收入 35 45 77 185
蔡氏宗祠 33
餐饮服务案件 211
餐饮行业“红黑榜” 212
餐饮油烟公益诉讼专项行动 117
餐饮油烟联合整治 171 175
残疾人就业 287
残疾人事务 287
残疾人之家 288
沧海控股集团有限公司关工委 287
草根婚调员团队 105
茶叶产量 125
茶园面积 125
查获各类违法卷烟 144
拆除违法建筑 77
拆后空间利用 161
拆装式游泳池 258
产品监管 207
产业工人“动力党建联盟” 102
产业工人队伍改革 102
产业技术创新 219
常规统计调查 204
长丰片区开发建设 163
长江经济带生态环境整治 197
长篇散文《母亲与字》 100
长篇小说《左岸之光》 246
“长三角”地区民生档案异地免费查询 63
《唱响新时代——走进宁波》鄞州主会场活动 237
车辆购置税 186
撤并幼儿园 228
陈盖洪技能大师工作室 274
陈婆渡社区 315
城北社区教育恳谈会 232
城管义工 170
城南“智创”大走廊人力资源产业园 162
城区保洁的道路面积 38
城区公厕 169
城区节点花境 174
城区开发建设 162
城区绿地面积 174
城区绿化覆盖率 174
城区生活垃圾夜间收运 170
城区生活垃圾一体化收运 170
城市道路总长 38 169
城市更新项目 157 158
城市管理 168
城市管理慈善爱心基金 170
城市精细化管理专题研讨会 248
城市犬类管理信息系统 115
城市书房 243
城乡公厕 77
城乡建设与管理 159
城乡居民基本养老保险待遇调整 276
城乡居民生活用电 36
城乡居民医保基金收入 276
城乡居民最低生活保障标准 279
城乡一体化住房保障体系 166

城域出口带宽 183
城镇常住居民人均可支配收入 37 45 277
城镇常住居民人均自有现住房面积 38
城镇常住居民消费支出 38 278
城镇规划 159
城镇和农村居民人均可支配收入 77
城镇居委会 281
城镇职工基本医疗保险 275
城镇职工医保基金收入 276
城中村改造 38 77
驰名商标认定 207
出口额 36 153
出口交货值 35 133
出口名牌 153
出口退税 186
出入国(境)管理 114
出入境货物检验检疫 156
出生人口 110
出租车企业 177
出租房旅馆式管理创新 115 340
初心洗礼教育基地 51
"初心之旅·鄞领之路"活动 73
初中 225
储配站 167
储蓄存款 36 187
褚君浩院士工作站 296
处置违法建筑 160
《传家宝——鄞州家风故事》 63
传染病聚集性疫情 268
船舶 177
床位 265
创新券 216
创业脱贫扶一把工程 284
春运清运保障 178
慈爱光明工程 284
慈善扶贫产业基地 284
慈善工程 284
慈善公益 283
慈善基金 284
慈善夕阳工程 284
慈善资金 283
慈善总会 283
《促进民营经济高质量发展的三十条措施》 111
村(社区)慈善扶贫基金 284
村(社区)儿童之家 106
村歌《南头海》 55
村歌《又见走马塘》 55
村级社会组织服务中心 279
村居(社区)老年教学点 232
村社"说事长廊" 55
村社统一社会信用代码证 128
村社治理竞技赛 52
村卫生室 37 264
村庄建设规划 159 198
村庄景区化验收 150
存银调解站 329

D

打击非法传销专项行动 209
打击非法"大篷车"演出活动 245
打击环境污染集中交叉执法检查行动 176
打击虚开骗税违法犯罪专项行动 187
打击"洋垃圾"走私进境 155
大岙茶园 341
大革命时期宁波总工会旧址 33
大力鼎奖 26
大力神鼎奖 26
大岭登山健身步道环线 262
《大梅山区域旅游发展规划》 341
大棚房整治 77 97 315
大荣建设集团有限公司 165
大事记 25
大数据审计平台 206
大松石 35
大嵩历史陈列馆 323
大嵩所城遗址 33
大型空调压力容器专项检查 213
大学生就业实践基地 273
大运河-宁波三江口 33
代表建议办理工作绩效评估会议 74
代表培训 69
代理交易总额 187
丹顶鹤社区 310
单项体育协会 258
氮氧化物排放量 38
档案工作 63
档案微电影《情田无垢》 63
党的建设领域改革 49
党风政风监督 97
党派之家 56
党校工作 64
党校后勤服务中心 201
党员 51
党员功过簿 52
党员轮训 98
党政机构改革 62
党政机关廉政书法比赛 98
党政人员因公出国(境) 90
道路交通事故 114
道路收费泊位 162
道路消坑行动 171
道路运输亡人事故 177
德国Günter Horntrich教授工作室 134
德胜家园解困房 314
登革热 268
登记备案创新型初创企业 37 215
瞪羚企业 133 134
低保补助标准 38
低保对象 279
《砥砺奋进铸辉煌——宁波市鄞州区改革开放新时期党史专题集(三)》 66
地块出让 162
地理位置 31
地名"大讲堂" 279
地区生产总值 35 45 77
地形地貌 31
地质宝藏博物馆 242
第10期"金蝶"新闻论坛 55 257
第12届宁波美食节 29 141
第28个全国税收宣传月活动 186
第58期鄞州论坛 26
第八届青少年科技节 223
第八届水利"大禹杯"金杯奖 130
第八届中小学生应急救护技能比赛 270
第二产业增加值 35
第二次全国地名普查先进集体 27 279
第二届善荷计划大赛 285
第二届世界"宁波帮·帮宁波"发展大会签约项目 158
第二届"未来工匠·大师"培育班 272
第二届鄞州区道德模范 26
第二届中国职业装十大领军企业 300
第二批全国农村创新创业典型县 30 126

第二批省级民族团结进步重点培育单位 56
第二批省级社区治理和服务创新实验区 26 306
第二批省级现代农业综合服务中心 343
第二十一届中国外观设计优秀奖 222
第九届“金蝶”优秀新闻作品 55 257
第九届智博会 28 147 184
第九批省社科普及基地 248
第六届业余戏曲团体会演 237
第六届浙江慈善奖（慈善项目奖）285
第七届全国道德模范 28 105 227
第七届鄞州雪菜美食文化节 331
第七批全省集中开工仪式宁波分会场活动 81
第三产业增加值 35
第三届国际人才甄选洽谈会 272
第三届“企业实用型人才”评选 272
第三届天台佛教学术研讨会 59
第三届退役士兵返乡欢迎仪式 122
第三届咸祥马鲛鱼文化节 143 327
第三届鄞州南投高中生夏令营活动 50
第三届“浙东骨科高峰论坛” 268
第三届中国（宁波）国际航运物流交易会 144
第三批省成长型文化企业 244
第三批省级非公有制企业、商（协）会劳动争议预防调解示范工作单位 334
第三批智慧健康养老示范街道 279
第十二届滨海文化艺术节 139
第十九次“慈善一日捐”活动 283
第十一届“我们的节日——端午看云龙”民俗活动 340
第十一届东钱湖国际湖泊休闲节 350
第十一批浙江省院士专家工作站 333
第四次全国经济普查先进集体 203
第四届“甬创·鄞造”创客大赛 216
第四届电商武林大会 147
第四届汽车文化节 289
第四届中国青年志愿服务公益创业赛金奖 54 279 285
第四批员额法官 120
第五届中国（宁波）私募投资基金峰会 27 195
第一产业增加值 35
第一届全球IT助力产业峰会 147
电机电器联合研发中心 296
电商贷 209
电视问政栏目 249
电网建设 167
电子商务 146
电子信息产业 135
电子证照应用 88
调查 204
订单保证金保险 48 187
定点护理服务机构 275
定向专项捐赠 283
东部党群服务中心 292
东部新城开发建设 163
东城村 323
东光家园 182
东湖小学 261
东郊街道 298
东郊街道居家养老中心 300
东郊街道首届“红雁驻社”竞技赛 300
东杰幼儿园天宸园 290
东柳街道 279 294
东柳街道第六届睦邻文化节主题晚会 295
东柳街道人民调解委员会驻东柳派出所人民调解工作室 121
东睦新材料集团股份有限公司 30 284
东南小学 261
东钱湖 33
东钱湖风景名胜区 33
东钱湖岭南登山健身步道环线 262
东钱湖南宋石刻博物馆 330
东钱湖首届全域旅游美食文化节 350
东钱湖镇 347
东钱湖镇物业管理服务站 348
东钱湖镇中心小学 261
东钱湖志愿者联盟 351
东胜街道 279 308
东外滩花园 303
东外滩文化创意社科普及活动 247
《东吴这么好看呢》 56
东吴镇 148 151 164 328
东吴镇画龙村气象文化礼堂 224
东吴镇天童集镇 28 164
东西部就业扶贫专场招聘会 274
东雅村 129
都市森林社区 281
都市型平台园区 146
督查工作 51
毒品 111
毒品犯罪打击行动 113
短视频《此心安处是吾乡》 334
短视频《风雨之抱》 252
短视频《魅力鄞州》 252
短视频《鄞州深夜心跳》 252
断头路 80 162
对外经济和招商引资 36
对外经济贸易 153
“多审合一”“多证合一”改革 199

E

恩格尔系数 277
二级公路 36
二级社会体育指导员 258
二级资质企业 166
二星级粮库 142
二氧化硫排放量 38

F

发放低保金 38 279
发放各类救助款 283
发放困境儿童基本生活保障金 38
发放困难残疾人生活保障金 38
发放排水许可证 131 174
发放人道救助金 270
发放社会救助资金 279
发放食品经营许可证 211
发放慰问金 279
发放预售许可证 166
《发挥契约式共建在基层治理中的重要作用》 248
发明专利申请量 27 209 215 222
发明专利授权量 77 209 215 222
《发现鄞州》周刊 249 251
发展与改革 197

法律服务 121
法律服务从业人员 121
法人社会组织 279
法院 118
办结案件 118
审结各类毒品犯罪案件 119
审结行政诉讼案件 119
审结民商事案件 119
审结涉众型经济犯罪案件 119
审结贪污贿赂、渎职犯罪案件 119
审结刑事案件 119
受理各类案件 118
诉讼标的总额 119
法治·军事 109
法治文化阵地 120
法治政府建设 109
法治志愿者队伍 120
繁裕四期安置房 160
泛在物联网技术 167
方言 34
方言版主题教育栏目“听阿拉讲初心” 327
防溺水公共安全监管体系建设 115
防汛抗旱 130
防汛应急救援演练 83
防灾减灾日宣传活动 83
房地产 36
房地产开发投资 36 166
房地产企业“问题地图”专项整治 160
房地产业 166
“房管通”系统平台项目 182
房屋征收管理·城中村改造 160
放心肉菜示范超市 209
放心消费示范单位 211
放心消费示范街区 207
非法捕捞案 116
非法收购珍贵、濒危野生动物案 116
非法走私冻品案 116
非公有制经济人士理想信念教育实践活动 56
非机动车交通违法集中整治活动 111
非税收入 185
非遗传承基地 239
非遗传承人抢救性保护记录 240
非遗档案数据库建设 241
非遗曲艺书场 240 327
非遗专题展示馆 239
非洲灰鹦鹉 116
废弃矿山生态治理工程 199
“风险池基金”专户 215
凤山岙区域抢救性考古 240
佛教 58
服务基层走访活动 205
服务贸易 144
服务外包企业 144
服务外来务工人员公益法律服务行动 85
服务业 141
服务业增加值 141 197
服装鞋帽针纺织品类零售额 36
辐射管理 176
福彩公益金支出 279
福利企业 279
福明街道 292
福泉山茶叶 35
辅警 110
妇女儿童发展规划 106
妇女儿童普惠事业 106
妇女权益维护 105
妇女微家 106
妇幼保健院 37
附录 375
复旦大学附属肿瘤医院“叶定伟教授工作室” 267
“傅其芳”杯鄞州区第十届乒乓球等级赛 259 335

G

干部选任“一线工作法” 49 52
岗位操作能手 102
高层次人才精英卡 53
高层次专家 223
高层建筑专项治理 84
高等院校禁毒教育阵地 104
高端装备产业 135
高速公路 36
高新技术产品出口额 36
高新技术产业增加值 215 219
高新技术产业主营业务收入 219
高新技术企业 37 77 139 215 331
高新技术企业培育库 215
高新技术企业研究开发中心 215
高雅音乐普及暑期大师公开课 237 239
高质量就业社区(村)建设 273
革命老区行政村 283
革命老区镇 283
格兰云天幼儿园 228
葛道建技能大师工作室 274
个人所得税 186
个体工商户 207
各级各类编制 62
各级各类医疗机构 264
各类机动车维修企业 177
各类生产经营性事故 38
各类市场主体 207
工会 101
工匠“读经典、忆初心”分享会 102
工匠培育 102
工勤编制 62
工人荷池危旧房改造项目 309
工伤保险 275
工商行政管理 209
工业 35
工业·工业园区 133
工业和建筑业 35
工业经济 133
工业投资 36 133
工业用电 36
工业增加值 35 133
工资集体协商 102
公安 110
公安科技信息化建设 115
公办幼儿园保教费调整 202
公厕建设 81
公共法律服务点 121
公共机构节能 87
公共气象服务 224
公共事务受理中心 88
公共停车位 162
公共卫生 268
公共文化 237
公共项目建设 163
公共应急救护服务工程 270
公共资源交易监管中心 88
公共租赁住房 166
公立医院编制备案制 62
公路工程建设 177
公路货运量 36
公路货运周转量 36
公路客运量 36
公路客运周转量 36
公路网密度 177

公路治超专项整治行动 178
公路总里程 36 177
公民因私出国（境） 110
公务用车管理 87
公益诉讼证据设备管理中心 117
公益性墓园 280
公益性食品安全责任保险 49
公用事业 166
公寓楼整治专项活动 111
公租房运营监管平台 166
功能区噪声监测点位 175
龚建军绘画作品展 246 247
共青团宁波市鄞州区第二十次代表大会 26 103
共青团鄞州区委员会 102
供电 36
供电服务 167
“供而未用”土地 78
供气管道 166
供销合作 143
孤儿 279
古树名木保护 199
骨干路网建设 162
骨木镶嵌 239
固定电话 183
固定互联网 183
固定资产投资 36 77
关爱工作室 287
关爱生命工程 284
关键基础件产业 135
关心下一代事业 286
《关于促进民营经济发展打造一流营商环境的实施意见》 56
《关于加强和改进党的新闻舆论工作的实施意见》 55
《关于开展全面质量提升行动打造品质鄞州实施意见》 213
《关于提升住宅小区居住品质的全会提案》 93
管道供气用户 167
管道机器人蚁人 167
光缆总长度 183
广播FM105.2频道
广播电视作品获奖 249
归本大米 30
归本青创农场 102
规范化避灾安置场所 83
规模以上服务业营业收入 141 197
规模以上工业亩均增加值 77
规模以上工业企业 35 133
规模以上工业销售产值 35
规模以上工业研发费用 35 215
规模以上工业增加值 35 77 133
规模以上工业主营业务收入 35 133
规模以上科技服务业机构 215
规模以上文创产业实现增加值 244
轨道交通 180
轨道交通3号线工程鄞州段 180
轨道交通3号线鄞州区站点 314
轨道交通4号线工程鄞州段 180
轨道交通5号线工程鄞州段 180
贵玉小学 334
国防教育 122
国际赛事奖项 261
国际志愿者日新时代文明实践志愿服务工作座谈会 286
国家安全主题公园 50
“国家百万公里健身步道”2019宁波发布会 261
国家单项冠军产品 133
国家电网有限公司第五届青年创新创意大赛金奖 167
国家和省重点人才计划专家 271
国家黑臭水体专项督查迎检 157
国家级标准化试点 208
国家级代表性传承人 239
国家级非物质文化遗产保护名录 37 239
国家级非遗项目“宁波走书”基地 326
国家级孵化器 37
国家级国际营销服务公共平台 153
国家级留学人员创业园区 37
国家级美丽宜居示范村 25 345
国家级企业技术中心 37 215 220
国家级人力资源服务产业园 52 77 162 272
国家级社会体育指导员 258
国家级生态村 38 175
国家级生态镇 38 175
国家级“四好”示范商会 56 107
国家级外贸转型示范基地 153
国家级卫生镇 263 330 347
国家级文保单位 37
国家级小微企业双创示范基地 134
国家级星创天地 333
国家级知识产权示范企业 37 222
国家级知识产权优势企业 37 222
国家级制造业单项冠军产品 134
国家级制造业单项冠军企业 289
国家级智慧健康养老示范基地 78 279
国家级众创空间 37
国家级重点文物保护单位 33
国家开发银行宁波市分行 196
国家科技进步奖获奖人员座谈会 25
国家区域医疗健康信息互联互通标准化成熟度五级乙等 27 263 264
国家三级运动员 258
国家森林公园 33
国家卫生镇 78 326 328
国家医疗健康信息互联互通成标准化熟度四级甲等认证 264
国家知识产权强县工程示范区建设 207
国家中小企业公共服务示范平台 102 215 298 300
国家重点人才计划专家 271
国家自然科学基金大数据驱动的管理与决策研究重大研究计划集成项目示范基地 264
国内经济合作 157
国内贸易 36
国土空间总体规划 159 198
国网浙江宁波市鄞州区供电有限公司 26 27
国有粮食企业整合 143
国有企业集团 200
国有企业整合 201
国有资产管理 200
国有资产特定问题调查 72 202
国有资产总额 200
果树面积 125
果用瓜播种面积 35 125

H

海创社区 54
海尔创智港项目 158
海关 155
海关减免税政策 156
海南村 129 326
海事服务地方经济 179
海事管理 179
“海丝之旅”线路 238 246

海涂 31
海峡两岸科技与农业融合发展论坛 61
海洋捕捞产量 125
海洋世界 147
海悦社区科技创客中心 223
函件业务收入 180
韩岭 351
韩岭美术馆 350
汉字棋工作室 287
杭州市鄞州商会（乡贤联谊会） 57 107
航运交易服务 207 208
航运物流 144
好家风好家训集中宣传月活动 106
合同利用外资 36 157
和邦大厦 247
和邦楼宇商会 57 108
和邦文联 247
和丰创意广场 48 54
和丰创意政协委员会客厅“请你来协商”活动 304
和丰纱厂旧址 33 303
和丰社区 302 303
和丰社区“益丰巢” 279
和合讲堂 91
“和美家园共建会”建设 86
和谐企业创建 102
和众社区卫生服务站 313
河（湖）长制管理 173
恒上2019宁波东钱湖马拉松 350
横山村 148 407
横省石牌坊 33
横溪风景旅游区 148
横溪林特水果特色农业强镇 125
横溪农创园 341 342
横溪青创农场 342
横溪镇 26 33 164 341
横溪镇大岙茶园 126
横溪镇第七届樱桃节 143 342
横溪镇横溪农旅小镇项目一期 342
横溪镇凰山农旅小镇 245
红帮裁缝技艺 239
“红蚂蚁孝行集市”活动 281
红色鄞领人党建专场竞技赛 297
“红十字博爱送万家”活动 270
红十字会工作 270
红十字会基层组织 270
红十字会人道救助 270
红十字志愿者 270
虹祥水果采摘基地 148
洪氏环企鹅 156
后庙路公园 174
后庙社区 129
互联网广告专项整治 210
户籍人口 110
花卉苗木播种面积 35 109
花级饭店 36 147 245
划船社区 197 281 306
华光幼儿园 228
华侨城欢乐海岸项目 315
华睿晟通高铁路由光纤骨干网项目 157 158
化学需氧量 38
化妆品“百千万”美丽消费示范街及经营单位创建 212
画龙村 80 148
环东钱湖绿色创新圈大景区发展规划研究 150 197
《环东钱湖绿色创新圈建设发展总体思路研究》 197
环境保护 38 175
环境管理 174
黄古林阅读公园 243
挥发性有机物污染治理 176
回龙村 147 237
回龙村“以馆养堂”社会化运作模式 54
回收民办幼儿园 228
汇鼎文创大厦 54
汇金大通 146
汇聚·创业里 300
汇聚·创业里文创产业园 244
汇纤村 334
会展企业 144
惠风书院 262
惠民殡葬措施 280
婚姻家庭纠纷调解工作室 105
“活力基层工会”星级创建活动 101
火灾 84
货物检验检疫 156
货物运输量 36
货运车辆 177
货运周转量 36

J

机插面积 125
机电产品出口额 36
机动车排气污染防治 175
机构编制管理 62
机构改革人员转隶 271
机关内部“最多跑一次”改革 63
机关事务管理 87
基本无违建乡镇（街道） 160
基本药品监督抽检合格率 38
基层党组织 51
基层妇联组织 106
基层公权力“三清单”运行法 47 48 77
基层公权力“三清单”运行法撬动全域社会治理创新 30 95
基层供销社 143
基层康复机构 287
基层民主自治和社区建设 281
基层清廉联系点 98
基层商（协）会“一会一品”品牌亮化工程 56
基层商会示范工程 107
基层商协会改革 56
基层社会组织 279
基层特色专科 268
基层医疗机构互联网诊疗医保在线支付与家庭医生网上签约系统 269
基层应急管理体系改革 82
基础设施投资 36
基督教 58
基金会 279
急救中心 37
疾病预防控制中心 37
集盒复合型跨界产业园 147
集盒文创党支部 308
集盒文创园 54
集邮业务收入 180
集装箱运输车辆 177
集装箱运输企业 177
纪检·监察 95
纪检监察体制改革 97
纪录片《天童寺》 53 238 246 330
纪录片《为了新中国·童第周》 333
纪录片《支教奶奶周秀芳》 246
纪律检查体制改革 49
纪念五四运动100周年特别主题团日活动 104
技改投资 36
技术交易额 215

寄递营业部 180
加工贸易出口额 36
家禽 125
家庭“防盗抢”体验室 109
家庭教育工作 106
家庭文明建设 106
家院互融养老服务 30 78 279
嘉奖事业人员 271
甲南小学改扩建工程 340
假日学校 286
价格管理与监测 202
驾驶培训学校 177
监察体制改革试点 49
检测食品 211
检察 116
　办理职务犯罪案件 147
　批准逮捕 116
　批准逮捕涉黑涉恶案件 147
　诉源治理 117
　提起公诉 116
检验检疫进出口食品 157
检验进口商品 156
减免税费 186
减税降费“一户一档”系统 186
“见证·初心”书画展 93
《见证鄞州骄傲》专栏 249
建工城建专业初中级职称评审 165
建筑节能 165
建筑垃圾管控 169
建筑业 36 164
建筑业增加值 36
健康鄞州 263
健身气功站点 258
江城社区 292 293
江东国际幼儿园 228
江东实验幼儿园家长学校 106
江东中心小学 226 229
江东中心幼儿园 228
江南一品商业街环境整治 319
姜山草籽种 35
姜山实验中学 230
姜山卫星城 197
姜山再生资源分拣中心 49
姜山镇 164 343
姜山镇朝阳小学 232
姜山镇第四届“姜山如画”草垛文化艺术节 347
姜山镇定桥村全域土地综合整治试点 48
姜山镇妇联 106
姜山镇农合联 343
姜山镇农合联示范性服务中心 143
姜山镇人民调解委员会 345
姜山镇商会 56 107
姜山镇数字姜山项目（一期） 181
姜山镇中学 226 232
姜山镇紫薇志愿者慈善义工学院 346
姜山镇综合执法体制改革 172
匠心智造小镇 197
交通·邮电·信息 177
交通安全生产月活动 178
交通管理 114
交通建设投资 177
交通应急能力建设 179
交通运输 36 177
交通噪声监测点位 175
角膜捐献志愿者 270
教练车辆 177
教育 225
教育系统“夜办公”制度 226
教职人员 58
接待国内外游客 147
接待入境游客 36
街道·镇 289
街道居民议事会制度 69
街道人大工作和建设 47 72
街道议政会 48
节能环保产业 135
节水型单位 130
节水型基地 130
结婚登记 279
结婚生育户口“一件事”一站式联办 280
巾帼建功行动 105
金达南路 300
“金鼎”企业 165 289
金桥花园社区 290
金桥水岸花园 290
金融 36 187
金融代办点 180
金融机构 36 187
金融机构本外币存款余额 36
金融机构人民币贷款余额 36
金融业增加值 77 187
金山谷“阳光玫瑰”葡萄 322
金石榴女律师团队 105
金叶级绿色旅游饭店 36
“金鄞花”志愿者团队 240
董南书苑 243
“董”品牌文创产品 244
董山小学 229 258
董书房 243
“董书房”公共文化阅读空间 243
董苑幼儿园 228
进出口商品安全 156
进出口食品安全 156
进出口总额 77
进口额 36 153
“禁赌扫黄”行动 113
京东众创宁波创新设计产业基地 302
经济案件 113
经济犯罪专项打击 113
经济和社会发展 35
经济开发区商会 107
经济体制改革 48
经济总量 35
经营性公墓 280
荆城楼宇社区 292
惊驾路餐饮一条街 302
惊驾社区联络站 170
精神残疾人助残帮困专项基金 288
精神文明建设 54
精准扶贫考察 280
景江岸多彩农业美丽田园示范基地 343
景江岸省级农业绿色发展示范区 30 127
景区化村庄 80
景秀园 148
警企服务中心 111
“警示教育月”活动 98
《警调三十六计》 112
警医联动处置机制 112
竞赛考核 60
敬老月系列活动 281
敬献花篮暨《烈士光荣证》颁授仪式 29
境外承包工程劳务合作营业额 153
境外企业和机构 153
九三学社鄞州区基层委员会 101
酒埕岩 230
旧房改造 160
就业创业之星 282
就业和再就业 35
居家“益康病床” 287

居家养老服务站　38　279
居民生活　277
居民收入　37
局长问政公开赛　28　55　249　257
“局长找茬”行动　89
“局长坐班”活动　89
桔小实蝇　156
具条实蝇　156
“聚焦生态环境·鄞州议事厅”活动　175
聚贤街道　25　321
聚贤街道“不忘初心、牢记使命”主题教育活动　322
聚贤街道办事处　321
聚元集团非法吸收公众存款案　111　115
决策咨询　86
军人荣誉墙　330
“军事日”活动　122
军事训练　122
君睿社区　281

K

开放共享实验室　213
开放型经济·国内经济合作　153
抗台救灾报道　251
科创工作室　287
科技保险　215
科技部火炬中心2018年度A类考核评价　219
科技成果转移转化体系　220
科技创新奖励　216
科技贷款　215
科技工作者服务平台　222
科技工作者之家服务基地　222
科技合作与交流　220
科技机构与服务平台　217
科技金融体系建设　215
科技企业孵化器　217
科技企业加速器　217
科技项目与科技成果　220
科技信息孵化园　215
科技型中小微企业贷款保证保险　215
科技银行　215
科技与科普志愿服务队　223
科技“众创空间”　217
科普馆（科普公园）　223
科普画廊　223
科普教育基地　223
科普片　238
科普志愿服务品牌　223
科协工作　222
科协组织　222
科学技术　215
科学探索中心　147
可销售商品房　166
“可信认证+人脸识别”系统　64
客运场站　177
客运车辆　177
客运量　36
客运企业　177
客运周转量　36
“课后托管”服务　225
空气质量全年优良率　175
孔雀小区首批维修金补缴试点楼道改造　311
“口袋公园”建设　174
库藏文物档案藏品　37
跨国制售假冒国有品牌重型卡车案　115
跨境电商出口总额　153
快板书《老拳师》　306
矿产资源管理　199
昆仑信托有限责任公司　26　196
困难残疾人补助标准　38
困难老人家庭适老化改造　280
困难青少年帮扶　287

L

垃圾分类　169
垃圾分类示范镇　129　323
蓝额亚马逊鹦鹉　116
蓝海绿业生态建设股份有限公司　164　165
蓝海气象指数　224
“蓝海志库”志愿服务品牌　326
“蓝剑2019”专项行动　111
蓝色海湾风景线　129　326
劳动监察　274
劳动就业　273
劳动仲裁案件　274
劳模（工匠）技术攻关队和志愿服务队　102
“老兵关爱”基金　284
老干部工作　68
老龄事业　280
老年电大教学　281
老年健康服务　280
老年健康科普讲座　280
老年教育专项资金　232
老年人家庭适老化改造项目　279
老潘警调模式　112
老潘警调中心　48　115
老区开发建设　283
乐歌人体工学科技股份有限公司　139　184　221
乐悦咖啡宁波分公司　305
类金融风险专项整治　211
离婚登记　279
离休干部　68
黎山后村　33
李关弟中学　300
李惠利幼儿园　228
李家洋绿达榨菜　30
李家洋榨菜　35
历史名人　34
历史文化　32
利比里亚国际船员培训项目　145
利时集团股份有限公司　133　289
利裕家庭农场秀水长香粳米　322
联东U谷·鄞工小微企业园　343
联心菜场　210
联谊结对活动　287
廉政视频《新鞋踩泥》　98
廉政微电影《又一天——纪检人的一天》　98
粮库建设　142
粮食播种面积　125
粮食烘干装机容量　125
粮食收购　142
粮食总产量　125
粮油供应　142
粮油购销　142
“两化”融合发展总指数　184
“两新”妇女组织　105
“亮剑2019”系列执法行动　211
邻里中心　141
林业产值　35
临床检验机构　264
临时身份证　110
“领头雁和群雁飞”培养工程　225
流动人口　110
流动人口量化积分管理　85
流动人口融合发展　86
流动人口子女积分制入学制度　225

"六赛六比"村社治理竞技赛 129
"龙腾中华"宁波百龙大赛鄞州选拔赛 343
龙舟竞渡 239
龙舟事业突出贡献奖 77 261
笼式足球场 37 258
娄冬芳名班主任工作室 226
楼宇党群建设 146
楼宇经济 146
楼宇经济发展双百攻坚行动 77 146
楼宇联合工会 152
楼宇商会 108 296
楼宇社区 296
陆家堰村 80 129 148
陆家堰村"乡村契约式治理" 51
陆家堰区域性居家养老服务中心 343
陆勤康名医工作室 100 265 267
路灯 169
路域环境整治 178
"路长牌"设置 178
轮滑场 37
罗汉松 156
罗马尼亚油画大师科尔内留·巴巴油画作品中国巡展（宁波站） 242
旅行社 36 147 148
旅游 36 147
旅游公厕 77 148
旅游景区 147
旅游外汇收入 36 147
旅游总收入 36 147
律师事务所 121
"律云"法律服务站 340
绿道绿网建设 163
绿地面积 174
绿色帮扶工作室 287
绿色矿山 199
"绿卫2019"森林执法专项行动 199

M

马士基梅山国际物流中心 145
"满意消费长三角"行动 211
矛盾化解"504030"工作法 312
贸易 36
鄮山桥社 243
梅山村 33
梅墟街道 25 317
梅墟街道庆祝新中国成立70周年系列活动 318
梅墟街道人大试点工作 318
梅墟街道首届"梅墟杯"门球邀请赛 318
《媒体看鄞州》主题报道 55
媒体融合改革 48
美国128华人科技企业协会 58
美康生物科技股份有限公司 30 135 221 300
"美丽河湖"建设 173
美丽经济交通走廊 177
美丽庭院 106
美丽乡村建设 128
美丽消费示范街（商圈） 212
美丽宜居村 35 77 80 164
美丽镇村合格村 35 164
门球场 37 258
门诊 265
门诊急诊 37
灭火救援 84
民办非企业单位 279
民办培训机构管理 233
民办幼儿园 225
民革鄞州区基层委员会 99
"民间河长"选聘 173
民间投资 36
民建鄞州区基层委员会 99
民进鄞州区基层委员会 100
民警 110
民盟鄞州区基层委员会 99
"民情面对面"现场政情直通活动 72
民生实事项目 80
民营企业发展情况调查 205
民营企业公益事业 108
民营企业关工委 287
民政事务 279
民主党派·人民团体 99
民主法制领域改革 48
民族宗教事务 58
"名企访学"活动 108
名胜古迹 33
名师名校（园）长名班主任工作室 225
名优特产 35
明东小区 303
明楼街道 56 302
明楼街道"初心之旅"活动 304
明楼街道"医加益"公益助残基金 305
明楼街道侨联 58 305
明楼街道首届社工成长研习营"凌云志" 304
明堂岙村 129 334
"明州大讲堂"讲座 243
母亲爱心基金（阳光爱心资金） 105
母婴室 269
慕尚集团 27

N

NB568电商产业园 147
南部商务区建设 163
南部商务区月光经济综合体 77
南部新城 148
南村村科普公园 223
南瓜实蝇 156
南区污水处理厂 49
南头村 33
南裕社区卫生服务站 313
南裕新村配套幼儿园 228
南苑假日酒店 245
内河港口经营企业 177
内河客运企业 177
内资企业 207
能源 38
泥金彩漆工艺 246
"你选我买"图书荐购服务平台 238
娘家人工作室 245
"您好·东吴"志愿者联盟 329
宁波（上海）招商引资推介会签约项目 158
宁波（鄞州）博物馆 33 147
宁波（鄞州）气象科技馆 224
宁波（鄞州）气象科技馆志愿服务队 224
宁波（鄞州）社会组织创新园 279
宁波爱音美电声科技有限公司 59 289
宁波安盾微电子技术有限公司 313
宁波奥克斯电气股份有限公司 30 221 222
宁波奥克斯空调股份有限公司 37
宁波保险科技产业园 300
宁波必霸能源有限公司 139
宁波滨海生物科技有限公司 139
宁波博德高科股份有限公司 137
宁波博物馆 222 245
宁波城创小微企业创业创新基地 134

《宁波城南智创大走廊创新生态系统的建设策略研究》 248
宁波城南智创大走廊建设 52
宁波城市职业技术学院 234
宁波传奇农业科技有限公司 300
宁波大湾区建设工程技术研究中心 25
宁波大学潘天寿建筑与艺术设计学院创新创业基地 330
宁波大学中国乡村政策与实践研究院千村观察点 329
宁波得利时泵业有限公司 139
宁波灯之芯科技有限公司 325
《宁波登山健身步道2019》手册 262
宁波第一农村党支部旧址群 331
宁波东港波特曼大酒店有限公司 148
宁波东海银行 196
宁波东江金属型材有限公司 331
宁波饭店有限公司 141
宁波非遗政协委员会客厅 30
宁波伏尔肯科技股份有限公司 208
宁波福玛特金属制品事宜有限公司 325
宁波福士汽车部件有限公司 139
宁波富甬制造业投资基金有限公司 302 304
宁波港波电子有限公司妇代会 106
宁波高发汽车控制系统股份有限公司 135 137 289
宁波戈尔登国际酒店 141
宁波工投产业投资基金有限公司 302
宁波股权交易中心挂牌企业 195
宁波光大国际旅游有限公司 148
宁波国际创新设计周 303
宁波国际大厦有限公司中信宁波国际大酒店 148
宁波国际旅行社有限公司 148
宁波国家广告产业园区 48 54
宁波海尔欣光电科技有限公司 289
宁波海外旅游有限公司 148
宁波海洋世界 33
宁波汉扬古建筑有限公司 49
宁波好人 54 296
宁波浩渤工贸有限公司 28
宁波浩渤涂覆科技有限公司 218
宁波和丰创意委员工作室 305
宁波宏纬食品有限公司 195
宁波华丰制冷设备有限公司 284
宁波华茂外国语学校 236
宁波汇聚产业园发展有限公司 300
宁波建工工程集团有限公司 165
宁波健康家园公益服务中心 54
宁波江南国际旅行社 148
宁波交投资源有限公司 302
宁波今日未来馆 305
宁波今日未来文化有限公司 49 245
宁波金港大酒店有限公司 141
宁波金融市场发展有限公司 315
宁波金银彩绣 239
宁波经济社会变迁物证展 242
宁波九五九电子商务产业园 147
宁波巨神制泵实业有限公司 134
宁波卡酷动画制作有限公司 48 244
宁波开元曼居酒店管理有限公司 148
宁波开元名都大酒店有限公司 148
宁波开元名庭酒店管理有限公司凯利大酒店 148
宁波开元名庭酒店管理有限公司新晶都酒店 148
宁波凯普电子有限公司 347
宁波凯信服饰股份有限公司 213
宁波康强电子股份有限公司 137 221 289
宁波科森净化器制造有限公司 139
宁波科拓进出口有限公司工会 152
宁波科学探索中心 33 34
宁波可挺汽车零部件有限公司 347
宁波蓝泓心理咨询中心 86
宁波凌通商旅有限公司 148
宁波罗蒙环球商业广场有限公司罗蒙希尔顿花园酒店 148
宁波美康盛德医学检验所有限公司 300
宁波明州生物质发电（二阶段）EPC项目锅炉第一榀钢架 138
宁波明州医院 267
宁波摩根工业设计有限公司 302
宁波南部商务区（宁波广告产业园区） 151
宁波南部商务区慈善分会 152
宁波南部商务区总工会 152
宁波南高教园区 233
宁波南苑投资发展有限公司南苑环球酒店 148
宁波宁东开元大酒店 148
宁波宁兴丰田汽车销售服务有限公司 274
宁波诺丁汉大学 233
宁波诺丁汉大学国际创新创业孵化园项目 165
宁波欧琳厨具有限公司 30
宁波培罗成集团有限公司 300
宁波鹏凯电气有限公司 331
宁波普锐明汽车零部件有限公司 30
宁波启发电子有限公司 30
宁波千峰越窑青瓷博物馆 242
宁波人力资源服务产业园 272
宁波日兴电子有限公司 139
宁波荣大昌办公设备有限公司 133 289
宁波荣华数码印刷设备有限公司 331
宁波锐蜂动力文化传播有限公司 244
宁波瑞狄安采暖科技有限公司 195
宁波三星医疗电气股份有限公司 134 222
宁波色母粒有限公司 134 139
宁波山禾海农业开发有限公司 322
宁波尚进自动化科技有限公司 313
宁波圣达智能科技有限公司 325
宁波圣丰建筑有限公司 165
宁波圣龙汽车动力系统股份有限公司 284
宁波晟挺机械有限公司 331
宁波世纪乐家酒店有限公司 148
宁波市2019年“扶贫日”主题活动 29
宁波市产城生态建设集团有限公司 165
宁波市创新创业管理服务中心 321
宁波市第六医院 266
宁波市第六医院与余姚市人民医院医疗合作 268
宁波市第六医院与舟山市中医院医疗合作 268
宁波市第七中学 230 261
宁波市第三中学 235
宁波市第十八届运动会 260
宁波市第十八届运动会青少年部羽毛球比赛选拔赛 261
宁波市东钱湖旅游学校 236
宁波市恒兴玩具有限公司妇代会 106

宁波市化工研究设计院有限公司 302
宁波市纪念“5·29计生协会员活动日”宣传服务暨会演活动 269
宁波市建东置业有限公司 202
宁波市健康家园公益服务中心 248
宁波市江东城市建设投资发展有限公司 202
宁波市江东房地产开发公司 201
宁波市江东天港禧悦酒店管理有限公司 148
宁波市姜山中学 235
宁波市扩大有效投资重大项目集中开工活动 25
宁波市名校长 100
宁波市农村电商产业园 147
宁波市琵琶教学传承基地 230
宁波市平安宾馆有限公司 148
宁波市亲子阅读体验基地 243
宁波市庆祝中华人民共和国成立70周年大型广场献礼活动 29 237 239
宁波市软件与服务外包产业园管理服务中心 321
宁波市三羊机电制造有限公司 30
宁波市善园公益基金会 26 284
宁波市生态环境局鄞州分局 175
宁波市首届全民运动会 258
宁波市蔬菜有限公司 203
宁波市斯正项目管理咨询有限公司
宁波市特色客栈 36 147
宁波市文明校园创建工作现场推进会 226
宁波市五乡中学 236
宁波市咸祥中学 236
宁波市新国际会议展览中心项目 338
宁波市眼科医院 266
宁波市扬名国际旅行社有限公司 148
宁波市亿嘉汽车电器有限公司 334
宁波市鄞创科技孵化器 58
宁波市鄞州晨光大酒店有限公司 148
宁波市鄞州高级中学 235
宁波市鄞州翰发五金配件厂 331
宁波市鄞州建筑有限公司 165
宁波市鄞州阔丹凌云空调管件有限公司 331
宁波市鄞州朗凯斯锁业有限公司 331
宁波市鄞州粮食收储有限公司 201 202
宁波市鄞州区（香港）投资环境说明会 58 158
宁波市鄞州区城市开发建设有限责任公司 202
宁波市鄞州区大学生电子商务基地 147
宁波市鄞州区第十八届人民代表大会第三次会议 25
《宁波市鄞州区革命老区发展史》 283
《宁波市鄞州区健身步道图》 260
宁波市鄞州区路通公路养护中心 201
宁波市鄞州区民族团结进步联谊活动基地 59
宁波市鄞州区宁南建设开发有限公司 202
宁波市鄞州区人民代表大会 69
宁波市鄞州区人民政府 77
《宁波市鄞州区双创指数研究报告》 78 198
《宁波市鄞州区特困人员救助供养实施细则》 279
《宁波市鄞州区洗车行业标准化规范及指导手册》 131
宁波市鄞州区星脉社会工作服务中心 106
宁波市鄞州区政协十六届三次会议 25
宁波市鄞州盛飞专利代理事务所 222
宁波市鄞州祥丰粮油有限公司 142
宁波市鄞州昕凯金属制品厂（普通合伙） 331
宁波市鄞州亚大汽车管件有限公司 331
宁波市鄞州一亩三分地家居用品有限公司 325
宁波市鄞州甬致专利代理事务所 222
宁波市鄞州职业高级中学 236
宁波市鄞州职业教育中心学校 236
宁波市鄞州中心粮库 142 201
宁波市鄞州中学 235
宁波市正始中学 235
宁波市政核心区域 181
宁波书展 245
宁波舒普机电股份有限公司 30 222
宁波水利航运遗址碑–甬东天后宫碑 33
宁波思通矿业有限公司 201
宁波塑金真空科技有限公司 325
宁波太白湖国际马拉松赛 262 331
宁波陶瓷文化艺术馆 248
宁波通利新能源开发有限公司 201
宁波通商银行 196
宁波通运利达渣土消纳有限公司 201
宁波万达国际旅行社有限公司 148
宁波万金现代钣金有限公司 347
宁波万荣特种钢有限公司 139
宁波炜业科技有限公司 184
宁波卫生职业技术学院 234
宁波文化广场 245
宁波小提琴音乐馆 347
宁波小调少儿教育实践基地 327
宁波效实中学 234
宁波欣达（集团）有限公司 220
宁波欣达电梯配件厂 134
宁波新日月酒店物业股份有限公司 165
宁波新世纪国际旅游有限公司 148
宁波鑫涌五金工贸有限公司 331
宁波亚大汽车部件有限公司 220
宁波阳光药师视频考勤试点 212
宁波驿淘互联网产业园 147
宁波逸东酒店投资发展有限公司逸东诺富特酒店 148
宁波音王电声股份有限公司 48 134 244
宁波音王集团有限公司关工委 287
宁波银行 26 195
宁波银行大厦 146
宁波银行理财总部项目 158
宁波鄞州芳燕红线联姻部 106
宁波鄞州国家安全主题公园 29 316
宁波鄞州金银彩绣艺术馆 248
宁波鄞州林林芭陆文化传播有限公司 315
宁波鄞州农村商业银行股份有限公司 25
宁波鄞州新舟宾馆有限公司 148
宁波鄞州银行公益基金会 284
宁波鄞州中铭农业科技有限公司 300

宁波引发绿色食品有限公司 213
宁波甬江人才创新中心 337
宁波甬剧艺术博物馆 292
宁波甬芯集成电路股权投资有限公司 302
宁波优城悦邻商业运营管理有限责任公司 201
宁波远大国际旅行社有限公司 148
宁波远大检测技术有限公司 289
宁波远见传媒股份有限公司工会 152
宁波院士中心项目 351
宁波韵升股份有限公司 221
宁波浙信科技有限公司项目 140
宁波至奉化城际铁路首通段 346
宁波中车产业基地 139
宁波中车时代电气设备有限公司 334
宁波中车新能源超级电容研究院 139
宁波中车新能源科技有限公司 30 134 220 334
宁波中车新能源科技有限公司企业技术中心 139
宁波中淳高科股份有限公司 139 165
宁波中国旅行社集团有限公司 148
宁波中集集装箱制造有限公司 201
宁波中交象山湾疏港高速公路有限公司 302 305
宁波中青旅旅游有限公司 148
宁波中物光电科技企业孵化器 215 219
宁波中物科技园 48
宁波中学 235
宁波中哲慕尚控股有限公司 289
宁波中哲优宿旅业管理有限公司鄞州分公司 148
宁波卓越国际旅行社有限公司 148
宁波紫林坊委员工作室 30
宁波走书 239
宁波走书《走马塘奇闻》 237 246
宁波走书传承基地 240 241 327
宁波走书少儿教育实践基地 327
《宁波最具活力双创企业榜》 78 198
宁波最美人物分享"最美故事"活动 333
宁奉城际铁路工程首通段 180
宁广社区区级平安家庭体验中心 315
宁南路 174
农产品成本专项调查 203
农村"说事长廊"建设 48
农村常住居民人均可支配收入 38 45 277
农村常住居民人均生活消费支出 38 278
农村常住居民人均自有现住房面积 38
农村公厕 164
农村公路 81
农村公路网密度 36
农村集体经济组织登记证书 129
农村假冒伪劣食品专项整治 212
农村建设 35
农村经营管理 128
农村生活垃圾分类 49 129
农村生活污水处理终端 80
农村生活污水治理 173
农村文化礼堂 55
农村文化礼堂气象科普点建设 224
农村饮用水达标提标行动 131
农房确权登记 199
农工党鄞州区基层委员会 100
农机具 125
农机总动力 125
农林牧渔服务业产值 35
农民专业合作社 207
农事节庆系列活动 143
农药实名制购买 128
农业 35
农业产值 35
农业和农村建设 35
农业经济 125
农业龙头企业 125
农业绿色发展先行县 30
农业农村·水利 125
农业执法 127
农资连锁网点 143
《暖新闻》专栏 251
女性社会组织 106

P

PM10平均浓度 175
PM2.5平均浓度 175
派驻(出)机构改革工作会议 96
派驻机构改革 50 97
潘火高架桥下空间改造 171
潘火街道 289
潘火街道办事处 291
潘火街道德培幼儿园金桥园 228
潘火街道东杰幼儿园天宸园 228
潘火街道商会 289
潘火街道"丫丫开花"防女童性侵社会组织 105
潘火实验中学 291
潘火司法所 121
潘火投创中心商会 56 107
潘君耀技能大师工作室 274
"潘艺山房"艺术平台 329
蟠龙村 334
"旁听百场庭审"活动 120
赔款支出 36 187
棚改债券 185
棚户区改造 166
批发零售业改造提升试点工程 141
批发零售业商品销售额 36 141
批发销售卷烟 144
品牌培育 207
品牌文化活动 238
"品字标"认证 213
平安法治鄞州建设 93
平安家庭知识竞赛 105 109
平安银行宁波分行 308
平安鄞州发布 28
普惠性民办幼儿园 228
普通高中 225
普通货运企业 177
普通中学 37 225

Q

七塔禅寺 34 330
《七塔寺史话》 59 307
岐化村 323
岐化村文化礼堂 323
岐西村 26 129 323
岐下洋村文化礼堂 323
其他典型人物 355
其他卫生机构 37
企业创新载体建设 220
企业工会 152
企业股权划转 201
企业家健康管理合作协议 264
企业警务联络室 111
企业开办全程网上办平台 207
企业留本冠名基金 283

企业上市 194
企业“上云” 184
企业所得税 186
企业用工调查 204
企业用工状况 274
《企业知识产权管理规范》国家标准认证 222
气候 32
气象防灾减灾标准化村（社区） 224
气象防灾减灾联动合作框架协议 83
气象科技 223
气象科普进校园进社区活动 224
汽车产业 135
汽车类零售额 36
汽车零部件产业 134 153
汽车零部件外贸转型升级基地 77
汽车零部件制造业 133
契税 186
器官捐献志愿者 270
恰颐生活学院（老年大学） 306
千工甬式家具博物馆 222
“千里云道”健身步道 261
千亿级产业集群 135
潜龙社区 306
潜龙社区民情直通路 172
浅水湾农庄 148
侨务和港澳事务 58
桥梁 38 177
禽蛋产量 125
青创农场 54
青春红匠特聘讲师 103
青春健康俱乐部建设 269
“青春无毒”表情包 104
“青匠工程”专项行动 103
青少年“创客”启蒙志愿服务队 223
青少年夏令营 286
青少年校外教育基地 287
清华大学创新领军工程博士宁波智能制造论坛 28
清理规范涉企收费专项行动 211
清理“僵尸”企业 209
清廉文化建设 98
清明祭英烈活动 286
“请你来协商”活动 91
“请你来协商”平台 29 47 48
请你来协商·民情恳谈会 93
请你来协商·区长领办全会提案推进会 91 93
请你来协商·书记与委员面对面”协商会 92
请你来协商·政府与政协议政协商会 93
庆安会馆 34 58 148 330
庆祝“五一”暨劳模先进表彰大会 102
庆祝新中国成立70周年报道 249
庆祝中国医师节表彰大会 263
邱隘实验小学 261 338
邱隘咸齑 35
邱隘咸齑腌制技艺 239
邱隘镇 54 336
邱隘镇残疾人庇护中心 338
邱隘镇第七届文化体育艺术节 336
邱隘镇侨联 58
邱隘镇中心小学 225 258 338
邱一村棚户区改造二期项目 337
仇毕地块集体住宅 300
区2019年首宗地块挂牌 299
区“2019年文化和自然遗产日”活动 240
区“246”产业集群建设研讨会 133
区“百家先锋”企业 289
区博士后创新联盟 271
区残疾人艺术团 288 308
区城北教育管理服务中心 226
区城南教育管理服务中心 226
区慈善总会成立20周年表彰大会 283
区大数据发展与服务中心 182
区大学生（青年）创业园 102
区档案馆 63
区党员政治生活馆 66
区导游风采大赛 245
区第14届科普电影节 238
区第二届“未来工匠、大师”培育班开班典礼暨师徒结对仪式 102
区第九届王应麟读书节 27 238 243
区第三届“十佳品质社区” 292 293
区第十届乒乓球等级赛 259
区第十七届木球比赛 259
区第四届“鄞州建筑杯”职工羽毛球等级联赛 325
区第一届“青荷成长团” 228
区法律援助中心 121
区法律援助中心检察院工作站 121
区法院 119
区非遗馆 239
区妇女联合会 105
区工商业联合会 107 108
区供电公司 167
区供销合作社联合社 143
区关心下一代志愿者协会 287
区广播电视台 249
区轨道交通保障中心 180
区国有资产发展服务中心 200
区国有资产经营发展有限公司 200
区国资国企改革发展动员大会 202
区海丝文旅节 238 246
区行政服务中心新址 27 88
区行政复议局 48
区划人口 34
区“环境美丽型社区” 54
区婚姻登记中心 279
区婚姻家庭纠纷人民调解委员会 105
区级爱国主义教育基地 54
区级保护名录 239
区级儿童早期发展示范基地 269
区级辅具服务站 287
区级各类特色家庭 106
区级工程技术中心 220
区级公共服务窗口文明单位 54
区级公共资源交易平台 88
区级技能大师工作室 274
区级洁美村庄 54 323 326 336
区级科技企业孵化器（专业型） 215
区级企业工程（技术）中心 37
区级“十佳品质社区” 54 339
区级体质健康测试中心 258
区级文明村 54
区级文明单位 54
区级文明岗 105
区级文明规范公正司法所 120
区级文明社区 54
区级文明校园 54
区级文物保护单位 33
区级先进用人单位 86
区级以上非遗代表性传承人 239
区级以上研发机构 220
区级优秀外来务工人员 86
区级“众创空间” 215
区级重大实施类项目 81
区级“最美家庭”暨文明家庭 54
区级“最美退役军人” 282
区疾病预防控制中心 264

区计生特殊家庭健康关爱中心　269
区计生协会“小棉袄”服务队
　姜山分队　269
区纪委十四届五次全体会议　95
区技术转移协会　221
区“教坛新秀”　228
区金融发展服务中心　187
区警察协会　112
区科协　222
区跨境电商集聚区　202
区垃圾分类示范小区　290
区劳动模范　102
区老龄工作委员会　263
区粮食产业农合联　143
区粮食和物资储备局　142
区民生实事项目　80
区民政局　27　279
区名班主任工作室　225
区模范集体　102
区内部审计实务指导委员会　207
区内扶贫　129
区（宁波大学园区）图书馆　243
区农业气象实验室　224
区农业与生态气象综合探测基地
　223
区农业综合行政执法队　128
区女性社会组织服务中心　106
区平安志愿者联合会　109
区侨联　58
区青年社会组织联盟　103　132
区青少年服务中心　103　105
区青少年马术训练基地　258
区青少年事务社工中心　280
区曲艺公益基地　327
区人才爱国奋斗红色教育基地　331
区人大代表座谈会　73
区融媒体中心　27　48　55　249
区三星级文化礼堂　323
区少年儿童图书馆活动　243
区社会工作领域享受政府特殊津贴
　人才　281
区社会矛盾纠纷调处化解中心
　68　77
区社科联第二次代表大会　248
区社科院（社科联）　247
区十八届人大常委会会议　71
区十八届人大常委会主任会议　71
区十八届人大三次会议　70
区十大美丽河道　290
区十大名医　264
区十佳公共卫生卫士　264
区十佳家庭医生　263
区十佳医坛新秀　264
区市场监管综合行政执法队　209
区首届博士后工作标杆单位　334
区首届青少年校园足球文化节　227
区首例黑社会性质组织案　120
区书法特色学校　334
区水利局　130
区司法局　121
区“四有好教师”　334
区四星级文化礼堂　323
区“特别贡献”企业　165　289
区统计诚信单位　203
区统计局　203
区投资促进中心　157
区投资合作局　157
区突发公共事件预警信息发布系统
　223
区图书馆建馆30周年　243
区退役军人事务局　282
区退役军人事务局慈善分会　284
区外慈善救助　284
区委办公室工作　50
区委党校庆祝第35个教师节座谈会
　65
区委全面依法治区委员会第一次会议
　110
区委人大工作会议　73
区委审计委员会　206
区委十四届八次全体（扩大）会议
　27
区委十四届九次全体（扩大）会议
　28
区委十四届七次全体会议　25
区卫健系统突出贡献人物　264
区卫生健康局　263
区卫生健康信息化建设　263
区未成年人救助保护中心　279
区文化艺术发展委员会　29　53　247
区文联　245
区文联第10艺术区　233
区文明校园　334
区消防救援慈善爱心基金　84
区小学劳动教育现场会　230
区校（园）长、书记学习共同体暨
　“三名”工作室建设　227
区校园足球基地工作室　226
区“学科骨干”　228
区学前教育研究指导中心　228
区血液病诊疗中心　267
区医疗保障局　276
区“益·Ta”女性社会组织联盟　106
区“银鼎”企业　165　289　331
区英雄烈士纪念馆　66
区应急管理局　82　213
区应急管理协会　83
区甬动爱心服务中心　107
区优秀护士　263
区域环境噪声监测点位　175
区域性居家养老服务中心　279
区域作业改革调研　230
区政府办公室工作　80
区政府常务会议　78
区政府全体（扩大）会议　78
区政府宪法宣誓仪式　30
区政府质量奖　213
区政协十六届常委会会议　92
区政协十六届三次会议　91
区政协十六届主席会议　92
区政协政情通报会　93
区职业健康监管信息系统　268
区中小学美术科技实践基地　231
区中小学生“健康成长护航工程”
　基金　284
区中小学生棋类比赛　261
区中小学生视力健康促进中心　229
区中小学生心理健康促进中心　229
区中小学生羽毛球比赛　261
区自然资源数据中心　159
区总工会　101
全（专）科联合门诊　265
全国2019年互联网+政务服务
　创新应用　117
全国“安康杯”劳动竞赛优秀组织
　单位　101
全国创新社会治理十佳案例　47　48
　77
全国创业孵化示范基地　102
全国地方青联组织社团基础试点建设
　47
全国第三批智慧健康养老示范街道
　308　309
全国第三批智慧健康养老应用试点
　示范基地　281
全国电子材料行业50强企业　133
全国工人先锋号　27

全国工商联2019年民营企业调查点工作示范单位 107
全国公共资源交易十佳示范项目 47
全国共青团基层改革综合试点单位 103
全国和谐社区建设示范社区 281
全国机器人竞赛一等奖 231
全国基层中医药工作先进单位 263
全国集中统一组织合同能源管理项目试点区 87
全国坚持发展"枫桥经验"实现矛盾不上交试点工作表现突出集体 121
全国检察新媒体创意大赛金奖 117
全国科技创新百强区 77
全国模范司法所长 121
全国年度十佳示范项目奖 88
全国农村创新创业典型区 77
全国青少年车辆模型锦标赛冠军 338
全国青少年校园足球试点区 225 226
全国青少年校园足球特色学校 225 226 258
全国人民调解工作先进集体 345
全国三八红旗手称号 105
全国"扫黄打非"工作进基层示范点 54 338
全国"双创"示范基地建设 198
全国示范院士工作站 37
全国首批乡村治理体系建设试点 45 68 77
全国首批专精特新"小巨人"企业 133 289
全国"四个100"志愿服务先进典型 54
全国太极拳普及推广大联动活动 336
全国维护妇女儿童权益先进集体 105
全国五子棋特色学校 334
全国乡村振兴百县巡回大讲堂 126
全国乡村振兴示范区 77
全国乡村振兴优秀案例 78
全国乡村振兴与扶贫协作(宁波)论坛 26 125
全国乡村治理体系建设首批试点单位 126 281
全国校园足球试点幼儿园 225
全国校园足球特色学校 338
全国一等年鉴 69
全国优秀共青团员 103
全国政法智能化建设智慧检务优秀创新案例 117
全国智慧健康养老应用试点示范基地 263
全国智慧健康养老应用试点示范街道 295
全国综合实力百强区 77
全国足球特色幼儿园 228 341
全国"最美家庭" 27 54
全国最美志愿者 54 286
全科门诊 268
全面深化改革 47
全面深化国有企业改革三年行动 78 201
全民所有制企业公司制改制 201
全区安全生产暨消防工作会议 214
全区"不忘初心、牢记使命"主题教育工作 28
全区公安工作会议 28
全区机构改革工作 21
全区教育系统庆祝第三十五个教师节暨"最美教育人"表彰大会 227
全区经济工作会议 26
全区领导干部会议 29
全区旅游行业管理工作会议 245
全区民办教育培训机构负责人座谈会 233
全区民政暨社区建设工作会议 281
全区年鉴编纂工作培训会 66
全区庆祝中国共产党成立98周年大会 28
全区深化中小学作业管理改革研讨会 231
全区医疗保障工作会议 276
全社会固定资产投资 28
全社会用电量 36
全省城乡社区治理和服务成绩突出集体 279
全省地方志系统"刊"业先进单位 67
全省第十次慈善工作经验交流(论坛)会 27
全省公共文化服务综合评估第一名 237
全省机构改革成绩突出集体 28
全省"七五"普法中期成绩突出集体 121
全省侨联基层组织先进集体 58
全省社区治理和服务创新实验区 45
全省实施乡村振兴战略优秀单位 77
全省调解仲裁业务技能竞赛 275
全省"无信访积案县(市、区)" 61
全省县(市、区)政协"请你来协商"平台建设工作推进会 27 92
全省自然资源常规监测试点区 199
全市婚姻家庭调解现场会 107
全市扩大有效投资重大项目集中开工活动 81
全市特殊教育工作会议 231
全市文化精品创作工作暨第十四届精神文明建设"五个一工程"表彰座谈会 30
全市长期护理保险制度鄞州试点 275
全市助力"最多跑一次"巾帼文明岗创建现场推进会 107
全域土地综合整治 199
犬类管理整治 115
犬类收容留检中心 112
群众文化"自创自演"评选 238
群众性精神文明创建活动 54
群租房集中整治行动 111

R

燃气安全隐患排查整治行动 109
燃气安全整治 168
燃气管理 168
"热带雨林式"创新生态系统 198 215
"热带雨林式"人才生态系统研究报告 52
人才 37
人才对口扶贫协作 273
人才工作 271
人才开发 52
人才专列 53
人才总量 37 271
人大依法监督 70
人防工程建设 123
人防工程质量监督 123
人防宣传周活动 123
人均财产净收入 38
人均工资性收入 37
人均公绿面积 174
人均交通和通讯支出 38

人均教育文化娱乐服务支出　38
人均经营净收入　38
人均居住支出　38
人均食品支出　38
人均体育场地　37　258
人行道面积　38
人均衣着支出　38
人均用于食品支出　38
人均转移净收入　38
人口　35
人力资源服务产业园　51　52
人力资源和社会保障　271
人民防空　122
人民防空规划建设融入城市规划建设政策　123
人民调解　121
人民调解员　121
人民调解组织　121
人民武装　122
人身险保费收入　36
人身险理赔支出　36
人事工作　271
"人文塘溪"文明示范线　333
人物·先进集体　353
人物专访　257
仁久村　129
任新村　26　129　339
日常检测不合格农贸市场食品销毁理赔险　211
日常性捐赠　283
日丽社区　129　315
日月重工股份有限公司　134　184
融媒体　249
融资服务平台　211
肉类总产量　35　125
软件与新兴服务产业　135

S

STEAM（多学科融合的综合教育）科创教室　223
赛锦悦湾社区　315
三大优势产业产值　135
三大战略性新兴产业产值　135
三点棍腹实蝇　156
三丰可味鄞州雪菜　30　322
"三服务"活动　57　75　91
"三改一拆"工作　160
"三公"经费　78　185
三级（暂三级）企业　166
三级公路　36
三级社会体育指导员　258
三人篮球场　37
三维数据采集　159
"三位一体"农合联改革　77
三星级酒店　148
三星级旅行社　148
三星级农村文化礼堂　54
三星级示范站　287
三益社会工作师服务中心　279
"三治融合·平安法治"擂台赛　109
三资管理"第一道防线"工作　129
三资企业出口额　36
三字经文化交流活动　50　60
扫黑除恶专项斗争　23　111　113
"扫码悦读"全民数字阅读服务平台　238
森林防火演练　199
沙孟海书学院　242
《沙孟海研究》杂志　242
沙氏故居　33
沙氏故居周边环境整治　240
山地营造林面积　38
"山海协作"医学重点学科建设　263
山海协作乡村振兴示范点建设　77
《山河都记得》　246　247
山丘市集　77
山丘市集民俗风情街　141
杉杉集团有限公司　26　136
善荷计划　285
善园·社会创新实验室　285
善园公益转贷中心　284
善园网"急难救助"类项目　285
商会　107
商会企业党建联盟　56
商贸流通　141
商品房交易量　166
商品房施工面积　166
商品房销售额　36
商品房销售面积　36
商品房新开工面积　166
商品交易市场　36
商务楼宇　36
商务楼宇总面积　146
商业综合体　146
上海大学乡村振兴研究实验基地　29　331
上海特康公司特大合同诈骗案　116
上李家村"道德负面清单"　54　340
上市　36
上市公司　36　194
上周村　33
少儿宁波走书《诚信大妈》　246
少数民族　58
社保收入　186
社工　279
社会安全　38
社会保障　38　275
社会工作高峰论坛　280
社会工作人才建设　279
社会工作人才政府特殊津贴评选　279
社会工作师　279
社会管理与公共服务综合国家级标准化试点项目　281
社会救助家庭　279
社会力量艺术培训平台　237
社会矛盾纠纷调处化解中心（信访超市）　61
社会民生　277
社会培训机构展演平台　238
社会普法工作室　120
社会体制改革　68
社会团体　279
社会消费品零售总额　36　45　77　141
社会组织发展大生态基地创新园　068
社会组织服务平台标准化建设　279
社会组织管理　279
社会组织助残活动　288
社科工作　247
社区　281
社区（村）多功能运动场　258
社区便民服务　207　208
社区多功能运动场　37
社区服务标准化建设　281
社区服务中心标准化改造　281
《社区服务中心服务规范》　279　281
社区服刑人员　121
社区品质提升工程　54
社区微型消防站　84
社区卫生服务中心　37　264
社区文化家园　55
社区学院第10艺术区　233
社群电商平台项目　157

社有资产划分 143
涉案物品价格认定 202
涉黑涉恶团伙 111
涉黄涉赌刑事案件 111
涉纪信访“请你来办”模式 98
涉农项目信息管理系统 48
涉农资金整合 48 185
涉水工程 130
涉网犯罪专项打击 113
涉药单位 211
涉众型经济案件 111
审核进出口报关单 155
审计 206
“审批掌柜”工作机制 67 88
生产安全事故 213
生产经营性道路交通事故 38
生产企业出口额 36
生活必需商品应急供应 142
生活垃圾分类 78
生活垃圾日处理量 38
生活垃圾收运总量 169
生态公益林建设面积 38
生态环境 173
生态环境大讲堂 49
生态环境系统机构改革 175
生态环境议事厅 49
生态环境状况报告制度 49 175
生态文明体制改革 49
生态走廊 163
生物医药产业 135
生育保险 275
生育健康服务 269
生猪 125
省“劳动模范集体” 88
省“四好商会” 107 289
省AAAA级景区城 151
省AAAA级景区镇 151
省AAAA级旅游景区镇 329
省AAA级景区城 148
省避暑气候胜地 341
省道德模范 54
省第三批传统制造业改造提升试点 134
省第三批政协委员会客厅 305
省第三十届戏剧小品邀请赛金奖 237
省第十届曲艺新作大赛银奖 237
省第四批“放心粮油”示范企业 142
省动物卫生监督第一大案 128
省高技能人才创新工作室 102
省工人先锋号 102
省公共文化服务“十百千工程” 237
省供电公司“乡村振兴·电力先行”示范区 167
省关心下一代工作先进个人 286
省关心下一代工作先进集体 286
省管、市管高校 225
省基层调解优秀单位 332
省级爱国拥军模范单位 329
省级保护名录 239
省级避灾安置点 292
省级产业创新服务综合体 37
省级出口名牌 139
省级代表性传承人 239
省级电商产业基地 147
省级防台救灾先进集体 330
省级风景名胜区 33
省级服务型制造企业 133
省级高标准小区 303
省级高尔夫训练基地 258
省级高新技术研究开发中心 37 220
省级高质量就业社区 273 295
省级工业设计中心 133
省级和谐劳动关系企业 84
省级和谐示范社区 281
省级金果果蔬采摘旅游基地 148
省级跨境电商集群试点 153
省级跨境电商示范企业 146
省级垃圾分类高标准示范 169
省级垃圾分类示范片区 169
省级劳动争议预防调解示范村 334
省级旅游经济强镇 33
省级“美丽河湖” 49 131 173 315
省级美丽乡村示范镇 26 77
省级民主法治村（社区） 121
省级农业绿色发展示范区 127
省级农业绿色发展先行区 77
省级企业技术中心 134 334
省级企业研究院 37 215 220
省级青少年法制教育基地 120
省级“上云”标杆企业 184
省级社区精准康复试点镇（街道） 287
省级社区治理和服务创新实验区 47 281
省级生态镇 38 175
省级示范街道（片区） 303
省级示范青创农场 102
省级示范商会 107
省级树葬试点改革 280
省级“四好农村公路”示范镇 323
省级特色旅游村 33
省级特色农业强镇 125 325 327
省级特色小镇 29 77
省级外贸综合服务平台企业 153
省级委员会客厅 91
省级卫生村 343
省级文保单位 37
省级文明岗 105
省级文物保护单位 33
省级“污水零直排区”创建 173
省级“污水零直排区”示范小区 162
省级“无违建创建先进区” 160
省级无障碍社区创建 288
省级现代农业综合区 125
省级小城镇环境综合整治“双样板”镇 329
省级小微企业“成长之星” 341
省级小微企业园 209 217
省级新的社会阶层人士统战工作践创新基地 56
省级样板镇 164
省级以上博士后工作站 271
省级银果果蔬采摘旅游基地 148
省级银叶级酒店 148
省级院士工作站 139 222
省级制造业高质量发展示范区创建 47
省级“众创空间” 215
省级“最美共和国同龄人” 68
省级“最美田园”126
省级“最美银辉志愿服务团队” 68
省教坛新秀 225
省劳动模范 102
省劳动人事争议案件处理工作成绩突出单位 334
省联赛总冠军 258
省绿化美化示范路 174
省绿色家庭 106
省模范集体 102
省内居民身份证 110
省农博会金奖 322
省农业科技企业 300
省农业绿色发展先行县 127
省平安建设考核迎检 319

省区域推进语言文字规范化区 228
省区域整体推进智慧教育试点区 229
省全面深化改革工作优秀区 78
省群众舞蹈大赛金奖 339
省商标品牌示范单位 209
省社区治理和服务创新实验区 77
省生活垃圾分类高标准示范小区 308 309
省示范家长学校 106
省市集中开工项目 81
省首批美丽乡村美育村（社区）试点单位 237
省首批体育现代化乡镇（街道）标准化试点 258
省首批未来社区试点创建项目 197
省数字化试点园区 215
省特色小镇 187
省特殊艺术百场巡演鄞州区专场 288
省突出贡献专家 271
省卫生村 334
省未来社区试点创建项目 306
省文化示范村（社区） 237
省五星级农村文化礼堂 55
省县域社会治理十佳 77
省小城镇整治行动突出贡献集体 331
省小微企业“成长之星” 209
省小微企业园 215 218
省心理健康示范点 225 229
省心理健康一级辅导站 225 229
省新时代美丽乡村精品村 129
省休闲农业与乡村旅游精品线路 126
省隐形冠军（培育）企业 331
省优秀审计项目 206
省优秀园林工程奖 160
省优质综合公园 174
省志愿服务示范项目赛银奖 293
省中小学心理辅导一级站 230
省“最多跑一次改革”优秀县（市、区） 88
省“最美工匠” 246
省“最美家庭” 54 106
省“最美田园” 341
省专利示范企业 222
省足球特色幼儿园 228
盛莫社区 281
失蜡浇铸技艺 239
失业保险 275
“诗词in谈”活动 244
诗画浙江·鄞州十碗 150
十四届区委八次全体（扩大）会议 46
十四届区委九次全体（扩大）会议 46
十四届区委全体（扩大）会议 46
石榴籽轮值沙龙 59
石学敏院士创业团队 27
石学敏院士针灸研究院 27 52 53 296
石油及制品类零售额 36
时尚创客小镇 197
时尚纺织服装产业 135
时尚花漾街区 174
实到外资 77
实际利用外资 36 157
实体型社会组织党支部 279
食品安全责任保险 195
食品安全追溯联动平台 81 212
食品流通案件 211
食品流通领域专项整治行动 207
食品违法生产案件 211
食品药品监督管理 211
食药环刑事案件 111
史志工作 66
示范型居家养老服务中心 279
世界健美操冠军赛冠军 230
世界龙舟联赛工作会议 26
世界龙舟联赛联盟 26
世贸通 146 153 310
市“3315系列计划”专家 271
市标准化社区老年大学 232
市表彰审计项目 206
市残疾人康复中心 165
市拆除违法建筑百日攻坚行动 161
市场监督管理 207
市场主体 78
市场主体年报公示 209
市场主体自主申报承诺制 89
市成人双证制教育培训机构 232
市创建特色型中国软件名城资金补助 184
市担当作为好支书 303
市道德模范 54
市第二批党员教育示范基地 303 331
市第十八届运动会男子甲组足球比赛冠军 230
市第五届终身教育教师技能大赛 232
市“泛3315计划”文化（体育）领域创业人才 54
市工人先锋号 102
市骨干校长 225 348
市关心下一代工作“最美五老” 286
市管普通高中 225
市基层侨联先进集体 305
市级“众创空间” 215
市级保护名录 239
市级产业创新服务综合体 37
市级代表性传承人 239
市级单项冠军示范企业 133 289
市级第一批镇级农合联现代农业服务中心建设示范（基层服务示范窗口） 325
市级多彩农业美丽田园示范基地 325
市级法制教育基地 120
市级非遗“三位一体”示范体 239
市级高水平训练基地 258
市级各类特色家庭 106
市级工程技术中心 220
市级和谐企业创建标兵单位 84
市级和谐企业创建先进单位 84
市级和谐社区 281
市级基层侨务示范点 58
市级科技企业孵化器 215
市级科普教育基地 222
市级跨境电商产业园 146
市级垃圾分类示范小区 169
市级垃圾分类示范校 225
市级美丽乡村风景线 326
市级美丽乡村示范镇 326
市级民主法治村（社区） 121
市级品质社区 281
市级企业工程（技术）中心 37
市级企业研究院 37 139 215
市级亲子阅读基地 106
市级青春健康项目点 269
市级全域旅游示范区 329
市级社科普及基地 248
市级生态村 38 175
市级示范商会 107
市级示范小区 303
市级四星级工会 152

市级文明规范公正司法所 120
市级文明校园 54 225
市级“污水零直排镇(街道、园区)” 173
市级五星级工会 152
市级乡村全域旅游示范区 148
市级训练点 258
市级样板镇 164
市级以上环保模范(绿色)单位 38
市级以上企业工程中心 215
市级以上生态文明教育基地 38
市级院士工作站 222
市级制造业单项冠军示范企业 289
市级主导产业示范区 125
市级主题娱乐休闲旅游基地 148
市集成电路产业基金 202
市教坛新秀 348
市巾帼志愿者团队 84 106
市科技奖励 216
市劳动模范 102
市联赛第一名 258
市领军和拔尖人才 271
市“美丽水乡” 129
市美丽乡村合格村 129
市美丽乡村示范村 129 326 334
市名班主任工作室 226
市名校(园)长 225
市模范集体 102
市“亩产英雄500强” 134
市品质社区 302
市侨界创新创业基地 215
市清廉学校联系点 225
市商标专用权保险运营服务中心 195
市生活垃圾分类示范乡镇 343
市“十佳品质社区” 54
市食品安全示范超市 209
市首届“阳光玫瑰”评比大赛金奖 322
市首届全民运动会健身气功比赛(鄞州选拔赛) 342
市首批合格资源教室 231
市首批示范性资源教室 231
市“水美村庄” 129
市四星级农村文化礼堂 54
市“四有好教师” 334
市文化精品工程重点扶持项目 53
市文明家庭 54
市文明校园 334
市“污水零直排街道” 295
市“五个一工程”奖 30 53
市“五一劳动奖章”获得者 353
市“银辉”志愿者联合会鄞州分会活动 68
市“兴村治社”名师 303
市学科骨干 225
市优秀党务工作者 303
市优秀审计项目 206
市浙东民居试点村 325
市浙派名师 348
市政公共服务 38
市政桥梁 169
市制造业“亩产英雄500强” 289
市智慧校园 334
市重点建设项目 81
市专利示范企业 222
市自然资源和规划局鄞州分局 159 198
市最好吃十大金奖稻米 322
市“最美家庭” 54
事业编制 62
事业单位登记管理 63
事业单位改革 62
适老化改造项目 280
适龄儿童窝沟封闭项目定点医疗机构 269
室内羽毛球场 37
收养(解除)登记 279
首届蛏子节 325
“首届铿锵竹韵快板艺术交流展演”金奖 306
首届宁波全民运动会迷你马拉松选拔赛(鄞州咸祥站) 328
首届天南海北鄞州人发展大会 29 46 57 286
首届天南海北鄞州人发展大会签约项目 158
首届“田螺姑娘”评选 348
首届退役军人就业创业专场 282
首届外来务工人员亲子平安特训营活动 85
首届“万有鄞力”大会 28 53
首届鄞州区来延送教干部教育培训班 65
首届羽人竞渡杯龙舟锦标赛 340
首届浙江省社会工作和志愿服务示范项目赛 104
首届中国—中东欧国家博览会 155
首南第一小学 232
首南东路 300
首南街道 312
首南街道首届村社基层治理竞技 314
首南街道学府实验幼儿园学府园 228
首南街道雍城世家幼儿园南裕园 228
首南医院中医馆 313
首批“海丝文化遗迹” 238 246
首批国家级国际营销服务平台 310
首批区级文创产业园区 54
首席服务官”制 273
受理公民因私出国(境) 114
售电量 166
枢纽型社区社会组织 279
疏浚农村河道 129
蔬菜播种面积 35 125
曙光路综合整治项目 309
曙光小学 232
曙光中学 225 232 258 261
树葬 49 280
数字健康保险交易示范性平台 48
数字经济 77 183
数字经济发展综合评价指数 183
数字政务 182
“刷脸”查档 64
“双百”攻坚行动 160
“双创”平台 215 217
“双创”平台在孵企业 217
“双随机”抽查 211
水产品总产量 35 125
水产养殖总面积 125
水库山塘改造工程 129
水利工作 129
水利机构改革 130
水利建设投资 129
水上交通安全监管 179
水上巡航 179
水上运动基地建设运营项目 258
水土保持专项整治行动 130
水文潮汐 31
水运企业 177
税收收入 186
税收征管电子档案系统 186
税务 186
税务稽查 187
司法部“大排查、早调解、护稳定、迎国庆”专项活动表现突出个人 295
司法扶助工程 284

司法行政　120
司法援助保险制度　120
私营企业　207
斯正咨询慈善公益基金　294
“四边三化”两路两侧”专项整治　161
四点钟学校　225　286
“四个100”先进典型　26
“四好农村路”建设　178
四级公路　36
四级上访登记　61
四明书画院咸祥创作基地　328
四明书局　243
四明书院咸祥创作基地　326
四明中学非遗馆　240
四明中学校园非遗馆　239
四星级残疾人之家　303
四星级酒店　148
四星级旅行社　148
四眼碶小学　225　261
宋明家居研习基地　329
宋诏桥环境综合整治　297
宋诏桥中学　261
送药上山进岛便民服务点　212
诉讼制度改革　48
酸雨率　175
隧道　177
索引　433

T

T人才　279
《他山之石》专栏　251
台胞　60
台风“利奇马”　83
台风赈灾　284
台属　60
台湾猫文化产业公司“等於”　61
台湾美食文化节　50　61
台湾青年学生到大陆研学活动　150
台湾事务　60
台资企业　60
太白滴翠茶叶　126
太白庙天童镴会　330
太古城东片雨污分流改造工程　294
“太阳伞”男律师团队　105
泰康东路　300
泰康宁波医养综合体项目　157　293
汤和纪念馆　323
唐家村文化礼堂　323
塘溪镇　164　331
塘溪镇“人文塘溪”农村文明示范线　54
塘溪镇劳动人事争议调解中心　332
塘溪镇商会　56
塘溪镇生态墓园　280
塘溪镇中心小学　226
糖网筛查人工智能评估项目　264
陶然轩小区　303
套路贷犯罪　111
特大“集呈科技”网络传销案　209
特困供养对象最低生活保障　38
特困人员　279
特色化社区　281
特色精品村　77
特色消费业态　245
“特·社东胜”特色化社区建设　308
特殊教育　231
特殊教育学校　225
特载　1
特种设备安全监管　207
提单遗失保险　187
《提升鄞州全域旅游的对策建议》　248
体育　37　258
体育产业单位　37　258
体育公园　258
体育社会组织　258
天宫庄园　147
天宫庄园休闲旅游区　33
天后宫　330
天静里巷时尚小资风情街区　174
“天南海北鄞州人”大型异地采访活动　55　257
《天南海北鄞州人》(第一辑)
天南海北鄞州人暨鄞籍院士采访　222
天南海北鄞州人之家　250
“天天演”文化惠民工程　37　237
天童禅寺　33　330
天童禅寺唐呑左陇塔院考古调查　240
天童国家森林公园　33
天童街区　178
天童景区　33
天童–五龙潭　33
调水活水行动　131
“跳出鄞州看鄞州”异地采访工程　55　257
铁军讲坛　350
铁路工程建设　178
停车收费管理　202
停用特种设备专项排查清理　213
通路运输安全生产检查　179
通信　181
同一片蓝天工程　284
童第周故居　33
童夏家村　33　148　332
统计　203
统计工作站　204
统计调查基层基础建设　205
统计资料　361
统一战线工作　56
投递邮路　180
投资审计转型发展　207
突发公共卫生事件　268
突发事件　114
图书　243
图书总馆藏量　243
土地经营权流转履约保证保险　195
土壤污染防治　176
团员　102
退(职)休人员养老金调整　275
退休干部　68
退役军人就业创业联盟　282
退役军人事务　281
脱贫攻坚行动　287

W

外国人签证管理　114
外籍志愿者暑期垃圾分类活动　286
外来务工人员帮困基金　299
外来务工人员培训　232
外贸备案企业　153
外贸进出口总额　36　45　153
外贸综合服务平台　153
外墙脱落保险　187
外商投资企业　157
外事工作　90
外资　36
湾底村　33　167　248
湾底桑果　35
“万金智造”杯2019年全国帆板冠军赛　350

万科惇叙里小区 308 309
万洋小微产业园项目 157
“万有鄞力”品牌 49
“万有鄞力”人才工程 52
汪董小区 296
汪学敏技能大师工作室 274
王家弄社区 281
王夹岙村 339
王锦文甬剧艺术工作室 292
王孝和先进事迹陈列馆 67 292 293
网络零售额 146
网络市场监管专项行动 210
网络销售假冒“飞天”茅台案 116
网上交易市场 36
网上信访 61
“网约书”配送服务平台 238
危化品运输车辆 177
危化品运输企业 177
微电影《七色花开》 117
微电子创新产业园 313
“微萌”企业品牌 127
违法建筑防控与排查 162
违法排污整治 176
卫生 37
卫生技术人员 37 265
卫生监督所 37
卫生所(室) 264
卫生与健康 263
未成年人保护工作 117
“未来社区”省级试点 281
文创企业 151
文华社区 281
文化 37
文化·传媒·体育 237
文化产业·文化市场 244
文化产业项目 245
文化馆星光系列艺培活动 237
文化精品创作 237
文化空间和品牌建设 243
文化礼堂“公益超市”品牌 54
文化礼堂建设 54
“文化礼堂专项提升”行动 55
文化旅游体育惠民消费季活动 245
文化企业 244
文化软实力提升优秀城市 237
文化市场惠民消费季活动 245
文化市场监管 245
文化体制改革 48
文化遗产保护和开发 239
文件选编 375
文商旅产业总部 244
文特产业增加值 244
文学艺术 245
文学作品《故人在纸一方》 246
文学作品《秋分》 246
文艺活动 246
文艺精品创作 246
《我爱你中国》快闪活动 56 252
《我和我的祖国》专栏 249
“污水零直排区”建设 49 173
污水治理 130
“无复印件”窗口大厅 89
“无欠薪”创建 274
“无欠薪鄞州”行动 101
无人机监测松材线虫病试点 199
无违建创建先进乡镇(街道) 160
“无证件办事”改革 89
“无证明城市”改革 48
无证无照经营行为整治 211
五百亿级产业集群 135
五大领域综合行政执法改革 63
五花级酒店 148
五金工具 146 153
“五聚焦五整治”专项行动 97
“五水共治”工作 173
五乡镇 333
五乡镇劳动人事争议调解中心 334
五乡镇卫生院康复病区 287
五乡中心小学 334
五星级“活力基层工会” 101
五星级酒店 148
五星级旅行社 148
五星级农村文化礼堂示范线 54
五星级示范站 287
“五优联动”试点 142
“五有五好”基层商会 107
“五月的鲜花”朗读会 27
舞蹈《海之韵》 323
舞蹈《小娘龙舟队》 246
物价管理 202
物质文化遗产保护单位、点和名录 37

X

夕阳红工程 284
西藏《比如县志》 67
西江古村“巧媳妇”农家乐 105
西宅村 129 326
戏剧《红楼梦》 28
下水麻糍文化节 350
下应街道 300
下应街道海创社区卫生服务站 268
下应街道退役军人服务站 302
下应街道湾底田园 126
下应街道洋江水岸社区城市记忆馆 301
下应街道中海小学 262
下应街道中心幼儿园洋江园 228
下应悦邻菜市场 201
下应中心小学 226 232
先进个人 357
先进集体 359
咸六村 240 241 326
咸五村 129 326
咸祥渔业特色农业强镇 125
咸祥镇 26 129 325
咸祥镇“唱支村歌给党听”原创村歌演唱会 327
咸祥镇农合联现代农业服务中心 325
咸祥镇鹰龙多彩农业美丽田园示范基地 325
咸一村 80 326
县域社会治理指数模型 77
县域网络社会组织联合会党委 53
现代服务业发展 197
现代农业精品园 125
现代农业园区 125
现代甬剧《暖城》 292
限额以上批发零售业商品销售额 36
限额以上社会消费品零售额 36
宪法宣誓 110
乡村契约式治理 49 343
乡村全域治理体系研讨会 28
乡镇卫生院 37
香橙音乐节 245
香港宁波市鄞州区同乡会九周年庆典 27 58
享受国务院特殊津贴专家 272
项目审批改革 197
象棋公园 174
象山湾疏港高速项目 157 158
消防救援 84
消防救援慈善爱心基金 284
消防社会化一站式服务中心 84

消费升级类商品零售额 36
销售福利彩票 279
小城春秋幼儿园 228
小城镇环境整治省级样板镇 331 345
小城镇环境综合整治 164 178
小额冠名基金 284
小泱江五乡段 334
"小浪花"志愿者 286
小潘联调工作室 295
小品《我的四明山》 237
小微企业 209
小微企业违法建筑专项整治 161
小微企业园 77 134 209
小学 37 225
"小种子"公益阅读社 54
"校园服务熊"项目 216
校园及其周边食品安全专项整治 212
新材料产业 135
新产品产值 36 215
新城第一实验学校 232
新城第一幼儿园 228
新城中心幼儿园 228
新都美地智慧安防试点样板小区 317
新录用机关工作人员培训 271
新媒体活动 55
新媒体作品奖 257
新明街道 318
新明街道科普知识竞赛 320
新明街道庆祝新中国成立70周年活动 320
新任命人民陪审员就职宣誓 119
新任区领导 353
"新三板"挂牌公司 194
新设外商投资企业 36
新生代企业家成长培塑 108
新时代美丽乡村达标村 129
新时代文明实践示范基地 54
新时代文明实践所 54
新时代文明实践站 54
新时代文明实践志愿服务项目大赛决赛 285
新时代文明实践中心建设省级试点区 77
新市民培训流动课堂 232
新闻 257
新杨木碶河 49 173
新源社区 292
新张俞省级农业绿色发展示范区 30 127
《新中国成立70周年鄞州区经济社会发展综述》 203
信访代办制 62
信访工作 61
信息产业 183
信息公开政策解读 82
"信用+金融"电商监管服务模式 209
信用改革 197
"信用鄞州"建设 198
星辰东路 289
星级宾馆饭店 148
星级工会 101
"星级粮库"创建活动 142
星级旅游饭店 36 147
行政编制 62
行政处罚案件 169
行政村 281
行政村(社区)妇联 105
行政复议 110
行政复议体制改革 120
行政区划 34
行政审批服务·公共交易 88
行政诉讼案件在线庭审 119
《行知》专版 250
行知丹霞琵琶学社 230
行知琵琶艺术馆 230
行知实验小学 230 261
刑事发案 111
刑事涉案财物统一管理中心 109
刑事审判庭 119
刑释解矫人员 121
形式主义官僚主义问题 97
醒酒中心 112
兴艺家庭农场 148
兴艺青创农场 102
兴裕新村有机更新 296
幸福苑幼儿园 228
幸福指数工作法 49
性侵违法犯罪人员信息库 117
徐敏技能大师工作室 274
畜牧业产值 35
畜牧业总收入 125
宣传片《童心宪法》 121
宣传思想工作 53
宣讲工作室 287
学前教育 228
学士小学 315
学习强国"学习大评比活动 320
学习实践活动动员部署会 96
巡察工作 96
巡游出租车辆 177

Y

烟草专卖 144
烟花爆竹违规燃放整治 112
严重精神障碍患者定位管理系统 348
"研发准备金"制度 215
研究与试验发展经费 77
"研学旅行"试点区 225
阳光工坊 303
阳光育才工程 284
阳光助残基金 288
洋江水岸小区公用有序智能充电桩 168
养老服务 279
养老机构 38 279
姚家村 80
姚家村文化礼堂 323
药材播种面积 125
药品案件 211
业余文保员换证 241
业余文艺团队展演平台 238
液化气 167
一般公共预算收入 35 45 77 185
一般公共预算支出 185
一般贸易出口额 36
一而斋紫菜 30 322
一级公路 36
一级社会体育指导员 258
一级幼儿园 228
一级资质企业 166
《一湾到底是大道》 53 301
《一线精准培育识别选用干部的实施办法(试行)》 52
"一证通办"工作 144
医保基金监管 276
医保基金预算执行 276
医共体公共卫生建设 269
医共体建设 265
医疗帮扶 265
医疗互助报销点 101

医疗器械案件 211
医疗器械生产企业 211
医疗器械注册（备案）产品 211
医疗卫生管理 264
医疗卫生机构 37
医疗卫生机构业务总收入 265
医师 37
医务室 264
医养融合健康服务e站 75 81
医院 37
医院床位 37
依申请公开制度 82
宜家华府 290
宜家社区 290
移动电话 183
移动互联网 183
移动客户端建设 252
移动微法院 119
移民后期扶持直补资金 279
遗体捐献志愿者 270
“以案为鉴 以纪束行”警示教育参观活动 305
义务教育 228
“艺起来”鄞州区群众文化自创自演文艺节目（舞台舞蹈类）会演 238
疫情疫病传入防控 156
益家家庭教育服务中心 106
逸夫小学 334
逸夫中学 334
因公出国（境） 80
殷家花园 290
殷家社区 290
银巢养老 54 279 285
银桂社区 281
银行机构 187
银行预开户办理系统 89
银辉之家 085
“银龄安居”老年人住宅适老化全屋改造项目 311
银叶级绿色饭店 245
银亿东岸 303
银珠明园小区 319
鄞城大道 77 177 343
鄞城集团 201
鄞创大学生创业园 298
鄞创孵化器 37 52 215 218
鄞地新力量·如是之家 56
鄞奉海事处 179
鄞工集团 201
鄞光溢彩主播团 56 252
鄞籍文化名家恳谈会 29
“鄞检e站”综合服务平台 118
鄞开集团 202
鄞领·初心大讲堂 66
鄞领服务联盟 101 102
鄞领示范村 52
鄞领示范社区 52
鄞领驿站 49
鄞领志愿银行 86
鄞南智造（数字）谷 343
鄞企稳岗护航行动 273
鄞衢博爱之窗项目 270
鄞商发展论坛 108
鄞通集团 201
《鄞响聚焦》舆论监督栏目 250
鄞响客户端 48 249 252
鄞州（首南）电子商务创业园 147
《鄞州：改革开放微型口述史》 249
《鄞州百人》 91 93
“鄞州银行杯”国际男子网球挑战赛 258 262
《鄞州产业地图》 197
鄞州大道1号“零排放”公厕 169
鄞州党外知识分子统战工作 56
鄞州电信 181
鄞州概览 31
鄞州工匠 102
鄞州工业园区 138
鄞州公园 174
鄞州海关 155
鄞州海关揭牌仪式 26
鄞州好人 54 296
鄞州—和龙东西部扶贫协作联席会议 29
鄞州检察 28
鄞州教育大讲堂 227
鄞州教育人精神 225
鄞州教育系统微型党课比赛 226
鄞州金匠 139 272
鄞州经济开发区 139
鄞州经济开发区派出所 113
鄞州科技创新指数 48
鄞州科技大市场 220
鄞州科技信息孵化园 218
鄞州跨境电商集聚区 146
鄞州垃圾分类工作 93
鄞州联通 181
鄞州绿康博美康复医院 288
鄞州绿洲农科星创天地 333
鄞州美术书法篆刻作品特展 246
鄞州民建眼科工作站 100 265
鄞州民宗工作 92
鄞州南投高中生夏令营活动 61
《鄞州年鉴（2017）》 27 66
《鄞州年鉴（2018）》 29 67
《鄞州年鉴（2019）》 67
《鄞州千里云道导览图》 260
鄞州千里云道发布会 260
《鄞州千里云道路书》 262
鄞州青年企业家协会 195
鄞州区“青春无毒”千人大讲堂活动 104
鄞州区“十四五”规划编制 197
鄞州区八一拥军慰问演出 28
鄞州区餐饮业燃气使用安全指导”专项行动 168
鄞州区城市排水有限公司 201
《鄞州区城乡风貌特色研究》 160
鄞州区大学生（青年）创业小微园 48 215
鄞州区第二实验小学 226 232 262
鄞州区第二医院 266
鄞州区第二医院医共体 265 266
《鄞州区科技金融专项资金使用管理暂行办法》 215
鄞州区粮食公司 201
《鄞州区流动人口子女义务段积分入学管理办法》 84
《鄞州区路网河网持续性维护与更新》 159 198
鄞州区民营经济高质量发展对策建议研究 247 248
《鄞州区农村文化礼堂星级管理实施意见（试行）》 55
《鄞州区青少年校外教育实践基地（第一辑）》 287
鄞州区庆祝第三十五个教师节表彰大会 28
鄞州区庆祝中华人民共和国成立70周年主题文艺晚会 29 237 239
《鄞州区全面实施乡村振兴战略行动计划（2019—2022年）》 128
鄞州区实验小学 226
鄞州区实验小学教育集团 261
鄞州区实验幼儿园 228

《鄞州区乡村整治提升与产业发展三年规划（2019–2021）》 128
《鄞州区幼儿园保育员管理办法》 225 228
《鄞州区镇（街道）老年大学管理规定》 232
鄞州区中小企业融资担保有限公司 187
鄞州—衢江山海协作联席会议 26
鄞州人民医院 265
鄞州人民医院医共体 265
鄞州日报社 249
鄞州三江融通公益转贷基金 187
鄞州社区学院“追梦”朗诵团 232
“鄞州生态环境大讲堂”活动 175
鄞州实验中学 230
《鄞州史志》 28 69
鄞州书城 243
鄞州四明金融小镇 29 148 187 194
鄞州陶瓷艺术馆 148
鄞州文化创意产业园项目 143
鄞州现代电车小镇 197
鄞州现代电车小镇动力党建联盟 139 366
鄞州学子联会 104
“鄞州雪菜”区域公用品牌 127
鄞州移动 181
鄞州银行 196
鄞州银匠 139 272
鄞州越剧团 28
鄞州政策性小微企业财产保险 195
鄞州政协工作 92
《鄞州中心城区城中村改造和城市有机更新中长期专项规划（2019—2025）研究》 160
鄞州中心城区装修垃圾循环处置利用中心 49
鄞州竹编 239
引进内资 36 77 157
英特明州（宁波）医药有限公司 305
营商环境改革 197
应急管理 82
应家限价房 166
拥军优抚和褒扬纪念工作 282
甬动爱心服务中心 26
甬港澳台文化美食节 29 141
甬江村 26
甬江公园 174
“甬江建设杯”优质工程奖 323
甬江人才创新中心一期 181
甬乐阳光家园 288
甬商实业有限公司 302
甬式家具制作技艺 239
甬萝羊尾笋 30
甬新河 49 173
甬优9号大米 142
“甬优桥”新型校企合作平台 273
优势产业和细分行业 135
优秀“海外工程师” 215
优秀新闻作品奖 257
优质精品肉菜 209
尤努斯中国周·甬城论善论坛 285
邮政 180
邮政机构合并 181
邮政业务总收入 180
油料播种面积 35 125
游泳场所 258
友好交流 90
幼儿园 225
俞丽拿祖居 347
渔船太阳能固定式定位仪 128
渔业产值 35
渔业总收入 109
羽航潘火体育公园 258
“雨露新苗”宁波市少儿曲艺传承基地 327
语言文字规范化乡镇 326
语言文字规范化学校 226
育乐湾 230
育英学校 84
元棋马术学院等民营场馆 258
园林绿化 174
原产地证书 156
援疆送教活动 227
《源流——沙孟海》纪录短片 242
院士创新团队 37 223
院士工作站 37 215 222
院士公园 174
院士公园河 49 131 173 315
院士文化宣传科普志愿队 223
“院士专家企业行”活动 222
悦读时光·董书房 244
悦读时光姜山中学店 243
悦邻菜市场 302
越剧《杜孝子传》 237 329
云龙村 129
云龙龙舟队 27 339
云龙镇 129 164 338
云龙镇出租房旅馆式管理新模式 109
云龙镇关工委 286
云龙镇龙湾公园 37 258
云龙镇农合联 143
云龙镇侨联 58
云龙镇石桥小学 84
云龙镇中心幼儿园 225 228 341
云龙中学 232
运营机构床位 363

Z

灾害性天气服务 224
再融资债券 185
在册登记流动人口 84
早稻播种面积 125
造血干细胞志愿者 270
增值税 186
“瞻岐小八鲜”品牌 322
瞻岐镇 322
瞻岐镇第八届元宵灯会 324
瞻岐镇居家养老服务中心 323
瞻岐镇劳动人事争议调解中心 323
瞻岐镇农合联示范性服务中心 143
瞻岐镇市美丽乡村示范镇 129
瞻岐镇乡贤大会 325
瞻岐镇中心小学 261
展示展演活动 239
战略性新兴产业 183 219
招商引资 157
浙东佛教文化研究院佛教中国化研究中心 59
浙江艾汇教育科技有限公司 302
浙江北泰智能科技股份有限公司 218
浙江沧海建设有限公司 165 222
浙江产业数字化转型二十强地区 184
浙江大学附属第一医院淋巴瘤中心宁波分中心 267
浙江大学宁波理工学院 234
浙江大学社会治理研究院宁波中心 27
浙江好人 54 326
浙江华和万润信息科技有限公司 315
浙江集呈科技公司特大网络传销案 115
浙江蓝海绿业集团有限公司关工委 287
浙江老年开放大学鄞州学院 232

浙江立芯信息科技股份有限公司 274
浙江年轮映画文化传媒股份有限公司 244
浙江农业品牌百强榜 127
浙江清华长三角研究院宁波分院 218
浙江省第三季度第二片区团县（市、区）委书记工作交流会 104
浙江省工人先锋号 187
浙江省基层医疗机构综合能力高品质提升院长高峰研讨会 26
浙江省暨宁波市“5·12”人民防空人口疏散演练 27
浙江省街道人大工作（鄞州）论坛 30 74
浙江省民间文化艺术之乡 326
浙江省宁波市鄞州军粮供应站 201
浙江省三八红旗手 105
浙江省十大最美绿道 163
浙江省首届人民政协好新闻 30
浙江省首批慈善基地 26
浙江省推进批发零售业改造提升成效明显的县（市、区） 142
浙江世纪瑞尔金属科技有限公司 331
浙江速腾电子有限公司 289
浙江天苑景观建设有限公司 164 165
浙江万里学院 234
浙江新中源建设有限公司 165 274
浙江阳程国际旅行社有限公司 148
浙江一舟电子科技股份有限公司 30
浙江医药高等专科学校 234
浙江银晨建设有限公司 274
浙江宇恒建筑劳务有限公司 165
浙江元和装饰股份有限公司 165
浙江院士之家 351
“浙江制造”标准 213
浙江中车电车有限公司 140 222 333 334
浙江中车电车有限公司院士工作站 139
浙江中基控股集团有限公司工会 152
浙江中哲控股集团有限公司 137 289
浙商回归 36
浙商回归资金 77
浙台合作周鄞州专题活动 50 61
珍贵树种造林面积 38
珍贵文物 37
真武魂WBK世界极限格斗联赛 258
诊所 264
诊所和医务室 37
镇（街道）慈善扶贫基金 284
镇（街道）妇联 105
镇（街道）老年大学 232
镇安街38号危房解危工程 307
镇安小学 225 232
镇安小学国学课 229
镇村建设 164
镇级统计基础建设 204
镇卫生院 264
镇智慧城管三级网格化管理平台 170
征兵工作 122
证券机构 187
证券交易额 187
政策研究 59
政法委及综治 109
政府采购 185
政府投资类智慧城市建设项目 183
政企促进民营企业发展战略合作签约仪式 335
政区沿革 32
政务服务事项 182
政务公开 78 81
“政银智联”银行预开户系统 88
知识产权保护 222
知识产权运营 222
执业医师（含助理） 265
直属机关党建工作 51
职工工伤救治绿色通道框架协议 264
职业高中 225
职业技能竞赛 85
职业技能培训 85
职业健康管理信息系统 269
志愿服务项目大赛 346
志愿服务助力“七大行动” 103
志愿者协会 285
质量技术监督 213
质量强区建设 207 213
治爆缉枪专项行动 115
致公党鄞州区基层委员会 101
《致敬共和国70周年纪念章获得者》专栏 250
“智安校园”建设 115
“智慧安防社区”管理平台项目 182
智慧安防小区建设 111
智慧城管 170
智慧城市建设 182
“智慧健康养老”模式 280
智慧农贸市场建设 210
智慧停车位 169
智慧停车云服务项目 171
智慧治水信息化系统 173
智能家电产业 135
智能警务亭 111
智能手机技能普及志愿服务队 223
智能医疗产业园 157 158 343
“智鄞未来”中国智能制造高峰论坛 78
中兵金盈（宁波）股权投资合伙企业 305
《中共宁波市鄞州区委巡察工作实施细则》 96
中冠工程管理咨询有限公司 165
中国驰名商标 209
中国传统村落 332
中国电子材料行业50强 289
中国电子元件百强企业 133
中国工程物理研究院宁波军转民科技园 218
中国共产党宁波市鄞州区委员会 45
《中国共产党鄞州历史》第三卷（1978—2002） 66
中国国旅（宁波）国际旅行社有限公司 148
中国海丝文化之乡 246 330
“中国汉字棋公益万里行”活动 283
中国好人 54
中国华侨国际文化交流基地 58
中国机械工业制造百强企业 133
中国计划生育协会“计生协好新闻”一等奖 270
中国计生协优生优育指导中心 269
中国教育科学论坛 229
中国历史文化名村 159
中国留创园孵化基地 37 271
中国民企500强 133
中国宁波集成电路产业生态论坛 30 202
中国宁波技术转移高峰论坛 221
中国农村全面小康建设示范县 77
中国人民政治协商会议宁波市鄞州区委员会 91
中国小康建设研究会乡村振兴研究院 126

中国新闻奖三等奖 249
中国邮政集团公司宁波市分公司江东分局 181
中国邮政集团公司宁波市分公司鄞东分局 181
中国邮政集团公司宁波市分公司鄞中分局 181
中国邮政集团公司宁波市分公司鄞州区分公司 180
中国专利奖优秀外观设计奖 37
中海寰宇城 157
中河初级中学 298
中河街道 295
中河街道格兰云天幼儿园 228
中河街道侨联 58
中河议事厅 297
中基宁波集团股份有限公司 274
中劲新材料科技股份有限公司 218
中科盛博建设集团有限公司 165
中欧跨境电商产业园 147
中秋主题青春夜市活动 104
中塘河 290
中晚稻播种面积 125
中物光电所 218
中物九鼎孵化器 218
中西医结合医院 264
中小学生健康成长护航工程 229
中心城区消防设施 81
中央财政收入 185
中央和省环保督察问题整改 176
中央音乐学院新时代文明实践音乐中心 29 54 239
中医综合医院 264
中幼林抚育面积 38
终身教育与民办教育 232
钟公庙街道 315
钟公庙街道第十六届商贸文化艺术节 317
钟公庙街道实验幼儿园 228
钟公庙街道泰安幼儿园风华园 228
钟公庙绿茵君玺府幼儿园 228
钟公庙中心小学 232 261
钟公庙中心小学家长学校 106
钟公庙中学 225
仲裁庭审直播 274
众瑞速联（宁波）科技有限公司 134
重大工业项目集中开工活动 30
重大活动保供电 168
重大决策预公开 82
重大体制调整 60
重大主题报道 257
重点代表建议 74
重点地区消防安全综合治理 84
重点改革项目 47
重点工程建设 81
重点课题研究 60
重点企业 136 151
重点提案 94
重点文化消费场所 245
重点学科建设 265
重要党史事件及其重要人物纪念活动 66
重要会议 46 70 78 91 95
重要活动 72 92
重要天气事件 32
重要调研 46
重要外事活动 90
重要政策 60
舟孟社区 306
“周二夜市”工作机制 89
周奋烈士纪念馆 323
周夹村“两棵树”民宿 341
周尧故居 33
周尧昆虫博物馆 242
周一村联户自建项目 323 325
朱金漆木雕 239
朱雀社区智能公共电共车库 306
主动安全辅助驾驶系统 140
主动公开政府信息 81
主题公园 174
主题教育专题党课报告会 28
住房保障 166
住宿餐饮业营业额 36 244
住院病人实际占用床日 37
住宅安置房项目 160
住宅交易量 166
住宅开发投资 36
住宅施工面积 166
住宅销售额 36
住宅销售面积 36
住宅小区“污水零直排区”建设 162
注册护士 37 265
注册志愿者 285
驻区院校 233
专记 19
专科疾病防治院 37
专科医院 264
专类花卉园建设 174
专利代理机构 222
专利导航 222
专利申请量 27 209 215
专利授权量 209 215 222
专任教师 225
专项救助 279
专项审计调查 206
专项调查研究 204
专项债券 185
专业合作社 143
专业培训 105
专业特色楼宇 146
装配式建筑 164 165
状元楼宁波菜烹制技艺 239
卓尔博（宁波）精密机电股份有限公司 139 140
《咨询建议》 86
紫鹃小区 310
紫郡幼儿园 228
“紫薇”志愿服务资金项目 346
紫云堂雪菜 30
自强创业示范户 287
自然环境 31
自然灾害防御 199
自然资源管理 198
自助微诊室 268
“自助微诊室”海创社区卫生服务站 302
宗教活动场所 58
综合供能服务站 167
综合经济管理 197
综合性医院 264
《走马塘·中国进士第一村》 56
走马塘村 25 33 147 159 237 345
走马塘多彩农业美丽田园示范基地 343
组织工作 51
组织机构及负责人 38
“最多90天”改革 197
“最多跑一次”改革 22 88
最佳体育达人 27
最美放学路 225
最美经普团队 203
“最美退役军人”发布仪式 28
最美中国文化旅游区 28 77 148 150 237

人名索引

A

Asrat Melaku Kasik 350

B

白玉凯 59 307
白长岗 126
鲍国昌 34
毕琪菁 320
边巴次仁 67
边璐佳 103
卞吉安 284
卜明长 107 330 350
卜祥志 262

C

蔡良才 29
蔡秋华 355
蔡人俊 74
蔡燕娜 226 227
蔡珠佩 105
曹炳章 34
曹凤英 350
曹光彪 34
曹 璐 274
曹明艳 82
曹 晔 100
车 俊 47
陈 波 76
陈恩永 336
陈芳芳 305
陈盖洪 246
陈国荣 312
陈国桢 242
陈红英 312
陈 虹 27
陈加元 284
陈剑平 222 411
陈金妹 58
陈菁菁 333
陈晶晶 56 100
陈 君 334
陈俊亮 222
陈 力 195
陈立峰 28
陈立军 94
陈利权 248
陈莲涛 34
陈良飞 296
陈美芬 230
陈民宪 327
陈明伟 246
陈启元 29
陈秋霖 126
陈 群 29
陈铁雄 92
陈 伟 108
陈信元 329
陈修良 34
陈 炎 34
陈耀芳 285
陈 野 248
陈一令 100
陈一倩 245
陈裕光 34
陈 元 100 246
陈蕴博 222
陈 昭 100
陈正兴 29
陈仲朝 27 78
陈仲尼 27 58
诚 信 330
程亭鹤 305
程 勇 58
褚银良 25 122 285
崔国栋 325

D

戴君仁 34
邓建永 27
邓建永 330
邓 瑜 274
丁俊伟 94
丁立人 262
丁亦昕 262
丁祖年 74
董阿能 83
董凤涛 56
董乖娣 99
董国福 312
董廷瑶 34
董雅琴 94
董亚芬 126
杜恒峰 100
杜家毫 286
杜 莉 186
杜亚雄 53

F

范 钦 34
范文虎 34
方飞龙 27 126 330
方加南 261 328
冯 琪 100
付春林 230
傅 丹 230 305
傅弘煜 231
傅其芳 34
傅其照 334
傅旭敏 58

G

干 戈 328
高广滨 47
高 平 67
高曙明 67
高毓武 94
葛慧君 46
龚建军 247

贡通·蓬维吉 90
顾秋红 227
顾卫卫 107
郭琼颖 103
郭学君 103

H

韩翠菊 26
韩 斐 76
何福清 247
何福清 29
何国强 285
何华云 245
何 立 260
何 昃 284
何咏瑶 230
洪 波 246
侯菲菲 287
胡彩凤 26
胡定英 56
胡广良 286
胡国忠 305
胡加贝 261
胡嘉烈 34
胡 军 29
胡孟嘉 34
胡向阳 283
胡晓燕 262
胡雅娉 259
胡 勇 25
黄宝坤 316
黄斌锵 338
黄 成 103
黄建洲 99
黄菊芬 312 355
黄 莉 354
黄 茜 262
黄润玉 34
黄 晟 34
黄世芳 60
黄咏梅 247
黄 震 30

J

纪育沣 34
纪云飞 327
简水生 78
江海昌 250
姜 琴 232
蒋铁峰 328
蒋文强 58
杰米·查菲 90
金恩静 100
金锦萍 285
金 雷 56 100
金伟莉 108
金 昕 103
金轶群 350
金韵梅 34
金 忠 34

K

卡莱·纳塔拉詹 226
康慧君 56
康 明 126
柯炳生 26 126
科尔内留·巴巴 242
孔继烈 220
孔泾源 126
孔 燕 327
孔阳飞 103

L

郎 安 103
李本侹 246
李碧莹 355
李彬选 126
李焯芬 25
李春林 333
李春生 126
李达三 34
李关定 283
李 皓 244
李惠利 34
李靖慧 103 286 356
李君如 29
李康年 34
李南山 121
李荣岭 126
李卫宁 73
李文萍 274
李析军 114
李 响 350
李信标 333
李则龙 333
李正平 28
李仲诚 56
历健锋 262
励红良 26
梁 红 195
梁黎明 72
梁雪琴 328
廖文剑 29
林芳仔 60
林 红 100
林鸿波 26
林杰 100
林霜霜 262
林仲星 170
凌静寅 275
刘冬森 262
刘化龙 140
刘莉莉 286
刘满丽 106
刘满丽 26
刘青松 28
刘 群 232
刘太泽 355
刘 威 305
刘巍巍 274
刘 瑶 257
刘 勇 27
刘长春 226
刘志龙 320
刘子禄 320
娄冬芳 226
楼邦彦 34
卢亚晶 261 328
卢 燚 303
陆朝晖 104
陆春祥 247
陆道培 222
陆巧克力 261 328
陆勤康 25 272 353
陆银华 34
陆子瑜 99
罗海云 58

罗健荣　327
罗世军　244
吕　勇　327

M

马　骉　227
马芳武　53
马光明　92
马　衡　34
马　琪　306
马友友　34
毛科伟　260
毛雯雯　226　227
茅晓辉　229
梅益进　226
牟泽怀　220
穆罕默德·尤努斯　285

N

内山靖崇　262
尼玛次仁　67

P

潘超宇　25　272
潘凤云　107
潘明策　64　328
潘明杰　295
潘小梅　227
彭佳学　208
彭　妍　99

Q

齐续春　26　126
钱程熙　262
钱澄海　34
钱丁盛　246
钱　芳　336
钱国钿　26
钱国耀　75
钱肃乐　34
钱文斌　267
乔　叶　247
秦　涛　257
仇巧瑾　226
裘东耀　126
裘东耀　180
裘东耀　26　28
裘东耀　74
全山石　242

R

任柳芬　100
任美锷　34
任学军　333

S

沙更世　29
沙孟海　34
沙　耆　34
沙文汉　34
单霁翔　242
单　毅　294
尚琪凯　262
邵　峰　143
邵　基　34
邵善康　34
邵潇猷　100
邵孝杰　29
沈昌祥　30
沈继光　260
沈健丽　241　327
沈水琴　246
沈跃跃　47　73
沈壮海　226
盛　乐　29　104
施　晓　356
石春雷　303
石学敏　27　53
石钟慈　29　222
史定海　76
史　浩　34
史卫忠　118
史习忠　240
史习忠　250
史习忠　51
史耀芳　230
水黎明　264
姒健敏　73
宋洪远　126
宋兰英　107
宋溪云　34
宋　雁　102
宋越舜　102　316
孙斌寅　356
孙昌建　300
孙静　248
孙梅堂　34
孙晓东　100
孙媛媛　239

T

谭光明　147
唐炜铭　152
唐园结　126
唐韵领　298
天　涯　246
田腾云　306
田宇诺　230
童第周　34　333
童和钦　333
童时中　333
童中焘　34
屠姬娜　100
屠嫩斐　99
屠呦呦　34
托马斯·科涅茨科　29

W

汪　辉　330
汪琰斌　333
汪　洋　64
汪　政　247
王邦进　29　336
王倍菲　94　100
王昌荣　109
王丹明　328
王国定　336
王国利　350
王　皓　262
王和芳　26
王辉忠　74
王惠君　320
王慧琳　104

王慧云　100
王建平　227
王建宇　28
王乐君　26　126
王了瑜　100
王雷钧　350
王丽萍　101
王玲娜　350
王梅梅　26
王巧燕　250
王　威　239
王维庆　275
王伟忠　104
王贤国　94
王小荣　287
王孝和　67
王欣　102
王兴国　286
王耀鹤　231
王应麟　34
王　勇　328
王玉明　222
王兆波　26　164　353
王征南　34
王仲殊　34
王卓尔　230
隈研吾　350
魏祖民　328
闻海平　241　327
翁持更　327
翁仁康　327
翁阳明　51　251
沃勇特　78　104　164
乌格里曼·帕维尔·弗拉基米罗维奇　90
吴常信　222
吴　浩　114
吴慧明　25　27　105
吴生莲　104
吴双双　245
吴贤平　230
吴秀明　247
吴学文　334
吴玉霞　230
吴元新　27
吴元新　330
吴祖楣　300

X

奚余法　246
夏宝峰　27
夏军寅　246
谢福来　225
谢识才　108
谢武宏　246
谢旭人　29
谢　莹　227
解正起　328
忻元甫　56
忻元华　34
熊大同　30
熊建平　47　57
熊昱栋　312
徐秉汉　34
徐　丹　100
徐海峰　260
徐海蛟　100　246
徐红波　75
徐洪春　152
徐　健　328
徐　可　247
徐乐江　47　57
徐柳亚　226
徐　龙　350
徐明华　65
徐　庆　354
徐荣明　25
徐　挺　350
徐　霞　246
徐源男　261
许　昌　239
许谨伦　240
许亚南　350
许　颖　100
许振兴　325
许忠伟　250
薛永祺　28

Y

亚历山大·费伦茨　90
鄢　舟　66
闫　江　53
闫　铮　261
严　萍　336
严晓浪　30
严信才　29
杨慧芳　72
杨　简　34
杨美科　99
杨　倩　261
杨强华　58
杨小平　350
杨信龙　227
杨　志　294
姚春梅　105
姚福波　99
姚宏法　26　354
姚　林　244
叶春华　182
叶定伟　266
叶伟棠　333
叶小文　59
叶晓红　230
叶　辛　328
叶袁逍　230
叶正宣　66　251
伊　阳　227
殷承宗　298
尹成杰　126
应炳因　56
应惠珠　105
应　雁　328
应　瑛　99
于源春　239
余红艺　73
余佳子　100
余泱漪　262
余芝卿　34
俞成效　284
俞　峰　238
俞　峰　29

俞复玲 53 251 307
俞富裕 57 108
俞国娣 227
俞浩奇 100
俞丽拿 34 346
俞林明 103
俞梦孙 53
俞武建 262
俞晓光 248
俞志涛 227
俞珠飞 94
郁建兴 27 285
郁伟年 328
袁家军 29
袁文先 126
岳 玲 94

Z

曾步辉 244
曾广超 283
扎西索朗 67
翟 墨 262
詹凯智 226
占 玮 104
张保才 56 100
张 冰 152
张 丰 230
张浩海 261 328
张红坤 306
张 华 103
张纪南 47
张继光 34
张继来 330
张霁明 354
张珈源 230
张 菁 247
张 军 75
张俊伟 78
张 磊 294
张理萌 126
张 力 336
张明华 269
张 妮 262
张 霓 350
张其昀 34
张庆黎 46 92
张人利 227
张帅军 75
张天昱 57
张 甜 302
张 玮 227
张旭东 260
张雪门 34
张亚芬 105 356
张元华 250
张尊三 34
章惠珍 230
章 谦 274
赵 静 27
赵 娜 262
郑海江 350
郑坤法 93 283
郑纬民 30
郑栅洁 29 74 286
郑之先 274
钟蓉萨 195
钟旭明 287
钟学政 327
周国辉 93
周昊东 261
周 俊 231
周 立 99
周 林 103
周妙亚 26
周 容 34
周 婷 232
周文静 274
周小涛 74
周秀芳 25 105 286 355
周 尧 34
周咏南 26
朱 兵 334
朱从玖 47 74
朱法传 26 102
朱复戡 34
朱国贤 54
朱昊炜 29 104
朱恒毅 47
朱锦尔 262
朱镜我 34
朱开佩 246
朱恺杰 26 28 326
朱 榕 274
朱怡澄 230
朱英度 240
朱 宇 264
朱元鼎 34
宗锦耀 126
邹炳德 100
邹 勇 126
祖书勤 283

缩略语和名词解释索引

0~9

“015”工作法 50
“1+2+X”产业体系 8
“154”千百亿产业集群 8
“178”网络柔性治理 8
“1+N+1”机制 171
“254”外贸攻坚倍增提质行动 8
“3+8+5”招商 8
4+X服务管理机制 18

B

“八个一”活动 282

E

二个把握 265
二个核心 265
二条底线 265
二条红线 265

G

干部工作“十个一线” 8
个人和企业全生命周期“一件事” 18

H

行政审批“两集中、两到位” 174
好差评 18
河道“清澈见底” 18

J

基层公权力“三清单”运行法 8
家庭医生“三类”人群 288
经济指标数据口径 18
“举一反三”四步工作法 51

L

“理论与实践1+1+4”形式 65
历史文化“三名”保护 198
“两癌”筛查 269
“两隔离、两可视”模式 90
两进两回 8
“两小”企业 214
“两长三员”宗教活动场所服务管理组织模式 56
两中心一枢纽 18
六大新空间 8
六进活动 98
六赛六比 8

N

宁波“225”外贸双万亿行动 18
宁波“246”万千亿级产业集群 18
宁波“四大产业工程” 18
宁波市“246”产业集群 249

P

派驻机构“七个一体化” 97

Q

七大行动计划 18
七大专项执法行动 128
“七个一体化”建设 50

S

三办两不过 8
三大优势产业 219
三服务 18
三个年活动 18
三进三访 8
三亮 210
三亮三考 8
“三名”工作室 225
三品一标 209
三清单一流程 96
三属 282
三提升行动 120
三同 209
“三网融合”机制 173
“三位一体”防溺水工作 112
三线一单 49
“三项半”权利事项 279
三张清单 52
三长 222
十大工程 283
双下降 213
四必五法 8
四不四化两有 265
四大功能区 186
四大建设 18
四大精英 18
四大培训平台 237
四大体系 213
四大展演平台 238
“四高”人才 300
“四个一”服务 146
“四共”盟约 300
四好农村路 178
四级巡防工作机制 111
四类精英人才 272
四类重点车 114
“四理”模式 112
“四色”管理 182
“四上”单位 18
“四上”企业 203
四位一体架构 182
四助一赈 283

T

投资项目竣工联合验收“1015”改革 89

W

五大行业整治 175
五大经济 185
五大细分行业 219
五减 18
五金富民 8
“五进”活动 270
五聚焦五整治 8
五老 286
“五联通”工作法 96
“五入”上门宣传活动 174
“五小”行业 212
五夜六送 18
五镇一街道 150
五种形象 97

X

乡村德治“双清单一机制” 18
乡村振兴“十百千万”工程 8
小城镇建设“百千工程” 8
“新三包”机制 19

Y

一般企业投资项目开工前审批“1020”改革 89
一钉四香 144
一河四泵闸 8
“一核三区”定位 8
一核三治五共 8
一环五片 128
一基金两中心 229